8

סדר התפלות

DAS JÜDISCHE GEBETBUCH

Herausgegeben von Jonathan Magonet
in Zusammenarbeit mit Walter Homolka

Übersetzung aus dem Hebräischen: Annette Böckler

II

GEBETE FÜR DIE HOHEN FEIERTAGE

5758 – 1997
תשנ"ח

Gütersloher Verlagshaus

Deutsche Erstausgabe

Die Deutsche Bibliothek – CIP-Einheitsaufnahme
Seder hat-tefillôt: das jüdische Gebetbuch/ hrsg. von Jonathan Magonet.
In Zusammenarbeit mit Walter Homolka. Aus dem hebr. von
Annette Böckler. Gütersloh: Gütersloher Verl.–Haus

ISBN 3-579-02216-4

Bd. 2. (1997)

ISBN 3-579-02216-4

Satz und Druckvorlage: Annette Böckler, Wuppertal
Belichtung: Digital Print, Wuppertal
Druck und Bindung: Clausen & Bosse, Leck
Printed in Germany

Rabbiner Hugo Gryn ז"ל

geboren 1930 in der Tschechoslowakei
gestorben 1996 in London

Erster Executive Director der World Union for Progressive Judaism
Senior Rabbi der West London Synagogue
Präsident der Reform Synagogues of Great Britain

„Dieser Band – veröffentlicht mit brennender Hoffnung – vertiefe den Glauben unseres Volkes, stärke die Liebe und gegenseitige Anteilnahme und erhalte den Funken der Heiligkeit in unseren Synagogen, unseren Häusern und in uns selbst."

(Aus dem Vorwort Hugo Gryns zum Gebetbuch der RSGB)

INHALT

Vorwort 9

KALENDER FÜR DEN MONAT ELUL 13

GOTTESDIENSTE IM MONAT ELUL UND FÜR DIE ZEHN BUSSTAGE 35
Morgengebet für Wochentage 36
Nachmittagsgebet 44
Abendgebet für Wochentage 44
Abendgebet für den Schabbat Schuwa 46
Morgengebet für den Schabbat Schuwa 62
Amida für Schabbat und Wochentage 82
Ordnung der Thora-Lesung 96
Abschluss des Gottesdienstes 110

SELICHOT 117

ABENDGEBET FÜR ROSCH HA-SCHANA 149
MORGENGEBET FÜR ROSCH HA-SCHANA 191
Eingangsgebete 192
Sch'ma und Segenssprüche 214
Amida 222
Ordnung der Thora-Lesung 232
MUSSAFGEBET FÜR ROSCH HA-SCHANA 246

KALENDER FÜR DIE ZEHN BUSSTAGE 273

ABENDGEBET FÜR JOM KIPPUR (KOL NIDRE) 285
Meditation 282
Kol Nidre 288
Sch'ma und Segenssprüche 302
Amida 310
Selichot 328

MORGENGEBET FÜR JOM KIPPUR ... 361
Meditation ... 362
Eingangsgebete ... 364
Sch'ma und Segenssprüche ... 402
Amida ... 412
Selichot ... 430
Ordnung der Thora-Lesung ... 456

MUSSAFGEBET FÜR JOM KIPPUR ... 471
Meditation ... 472
Amida ... 476
Selichot (Ele Ezkera) ... 516

NACHMITTAGSGEBET FÜR JOM KIPPUR ... 553
Meditationen ... 554
Gebete ... 558
Ordnung der Thora-Lesung ... 564
Amida ... 582
Selichot ... 598

JISKOR-GEBET ... 621

SCHLUSSGEBET FÜR JOM KIPPUR (NEÏLA) ... 647
Meditation ... 648
Gebete ... 650
Amida ... 654
Selichot ... 670

HÄUSLICHE GEBETE UND GRUSSFORMELN ... 693
Grußformeln ... 694
Rosch ha-Schana ... 694
Jom Kippur ... 700
Tischgebet nach der Mahlzeit ... 704

GLOSSAR ... 712
ABBILDUNGSNACHWEIS UND INFORMATIONEN ZU DEN KÜNSTLERN . 729
QUELLENNACHWEIS ... 730
ANMERKUNGEN ZUM GEBRAUCH DES MACHZORS ... 730
SYNOPTISCHE ÜBERSICHT
DAS JÜD.GEBETBUCH-FORMS OF PRAYER ... 733

VORWORT

Dieser Machsor ist mehr als eine Ordnung für die öffentlichen Gottesdienste. Er ist eine Begleitung und Anleitung durch den gesamten Kreislauf von Bekenntnis, Reue und Sühne und läutert diejenigen, die ihn Jahr für Jahr benützen. Er liefert uns die Texte, die wir im öffentlichen Gottesdienst sprechen. Er hilft uns, den Gedanken Ausdruck zu verleihen, die wir tief in unserm Innern haben. Er steht uns in der Synagoge zur Verfügung und in unseren Häusern, wenn wir uns hinlegen und wenn wir aufstehen. Er reist mit uns, wenn wir unterwegs sind und tröstet uns in nächtlicher Stille. Er ist ein Kommentar, der uns die Opfer unseres eigenen Lebens und des Lebens unseres Volkes in Erinnerung ruft. Er setzt fort, was im zugehörigen ersten Band des Gebetbuchs begonnen wurde.

Wir haben die Ereignisse unserer Gegenwart mit dem Glauben der Vergangenheit in Verbindung gebracht. Die *Scho'ah* bekam ihren Ort unter den vielen und vielgestaltigen Vernichtungen unseres Volkes; dabei jedoch haben wir den Schwerpunkt auf das gelegt, was wir aus ihr lernen, nicht auf das, was uns erstarren lässt. Es ist die Tiefe und die Aufrichtigkeit der Fragen, die es uns möglich macht, mit ihnen zu leben.

Dieser Machsor hat die traditionelle Struktur der Liturgie und ihren inneren Aufbau bewahrt, hat sie aber gleichzeitig an unsere heutigen Fragen und Bedürfnisse angepasst und auf sie Bezug genommen. So haben wir zum Beispiel das Ritual für den Hohen Priester nicht entfernt und auch nicht versucht, es zu rechtfertigen. Es wurde stattdessen erweitert und gedeutet, denn die Symbole, die man in der Vergangenheit hatte, um Leben und Tod zu verstehen, können auch heute Licht auf die Opfer unserer eigenen Zeit werfen, die uns immer wieder verwirren. Ebenso wurde die Wiederholung des Bekenntnisses beibehalten, doch zielt eine der Versionen vor allem auf unser eigenes Versagen und die Sünden unserer heutigen Gesellschaft ab.

Aufgrund seiner Weite kann der Machsor generell als ein Zeugnis jüdischer Spiritualität und als eine Darstellung der *teschuwa* („Umkehr") verstanden werden. Jeder Mensch hat, zusätzlich zu dem von der Liturgie festgelegten Versöhnungstag, seine eigenen, persönlichen Tage der Umkehr und Versöhnung. Die Benutzung dieses Machsors ist daher nicht auf eine bestimmte Zeit des liturgischen Jahres begrenzt. Er kann ebenso immer wieder auch zur persönlichen Andacht benutzt werden.

Einige neue Stoffe wurden aufgenommen, zeitgenössische und traditionelle, um die Situation unserer Gegenwart mit dem uns überlieferten Glauben zu verbinden. Wir haben wie bereits im ersten Band des Gebetbuches Materialien verwendet, die uns als typisch und bedeutsam für die Spiritualität unseres Volkes erschienen sind. Wir haben versucht, rhetorische Spielereien zu vermeiden und stärkeres Gewicht auf die Inhalte der Texte zu legen als auf Ansehen und Akzeptanz der Autorinnen und Autoren. In der Verwirrung unserer Zeit kommt Gottes Wort (wie vielleicht in jeder Zeit) auf unerwartete Art und Weise zu uns und durch Menschen, von denen wir es nicht gedacht hätten: in Berichten von Sozialarbeitern und -arbeiterinnen, auf einem Einwickelpapier, das man in einem Konzentrationslager fand oder als Inschrift an der Wand einer Gefängniszelle, zur Zeit der Verfolgung geschrieben. Wir finden unsere Spiritualität in den Tagebüchern eines heranwachsenden Mädchens, in den Berichten von Ghetto-Ärzten und in der Ehrlichkeit moderner jüdischer Autorinnen und Autoren.

Auf unterschiedliche Art und Weise haben sie die großen Wahrheiten erfahren, und ihre Worte sprechen die Wahrheit. Sie sind für uns Zeuginnen und Zeugen der Gegenwart Gottes, ob sie sich ihrer Last bewusst waren oder nicht.

Bei der Vorbereitung der Texte haben wir die institutionelle Zerspaltenheit des Judentums außer Acht gelassen. Wir haben ausgewählt, was uns als richtig und bedeutsam für die Suche nach Umkehr und Versöhnung erschien. Die traditionellen Gebete wurden sowohl aus der sephardischen als auch aus der aschkenasischen Liturgie übernommen. Die neuen, modernen Abschnitte des Neïla-Gottesdienstes stammen aus dem radikalen Gebetbuch David Einhorns, die man in moderner Form ebenso auch in den Gebetbüchern der liberalen Synagogen Großbritanniens und der amerikanischen Reformsynagogen findet. Das Mussafgebet für Jom Kippur entstand in Anlehnung an die Liturgie der konservativen Synagogen Amerikas.

Die deutsche Übersetzung wurde von Annette Böckler, unterstützt von Gesine Popp und Lydia Lusch, unter der Aufsicht von Rabbiner Prof. Dr. Jonathan Magonet erstellt. Sie erfolgte nach denselben Prinzipien wie bereits im ersten Band des Gebetbuches. Ihr Ziel war es, eine möglichst genaue Übersetzung der hebräischen und englischen Texte mit einem liturgisch angemessenen deutschen Sprachstil zu verbinden. Die Übersetzerin ging von den hebräischen Originalen der Gebete aus. Wo es jedoch das Verständnis der Texte deutlicher zum Ausdruck brachte, folgte sie den Interpretationen der englischen Übersetzungen der *Forms of Prayer*. So wurde zum Beispiel im Falle des traditionellen Kol Nidre-

Gebetes der Paraphrase der Vorzug vor einer wörtlichen Übersetzung gegeben, da eine Wort-für-Wort-Übersetzung dem gegenwärtigen Verständnis dieses Gebetes, seiner Bedeutung und seiner Verwendungsweise nicht entsprochen hätte. Überall dort, wo eine Vielzahl von Übersetzungen möglich gewesen wäre, wurde diejenige gewählt, die das Anliegen der Hohen Feiertage am klarsten zum Ausdruck bringt. Es wurde zudem durchgängig versucht, die Übersetzung in einem nicht-exklusiven Sprachstil zu gestalten. Der Name Gottes, das Tetragramm, ist deswegen an den meisten Stellen mit dem Wort „Gott" wiedergegeben, das für verschiedene Gottesvorstellungen offen ist, an einigen Stellen wird – der von Moses Mendelsohn begründeten Tradition folgend – „der Ewige" verwendet, oder er wurde, je nach dem Kontext, durch andere Begriffe ersetzt, die besondere Eigenschaften Gottes ausdrücken.

Die Initiative zu einem solch großen Projekt, das erste neue vollständige Gebetbuch in Deutschland erscheinen zu lassen, kam von Rabbiner Dr. Dr. Walter Homolka. In seiner Hand lag die Organisation der Veröffentlichung. Wir danken dem Gütersloher Verlagshaus, insbesondere Ulrike von Essen, für die Bereitschaft zu diesem komplizierten verlegerischen Projekt. Wir danken den Mitarbeitern und Mitarbeiterinnen von Digital Print, Wuppertal, für die freundliche Zusammenarbeit während der Erstellung der Druckvorlage.

Wie der zugehörige erste Band dieses Gebetbuches basiert der Machsor auf den *Forms of Prayer for Jewish Worship* der *Reform Synagogues of Great Britain* (RSGB). (Dieser Band entspricht Band III, *Prayers for the High Holydays* (5745 – 1985). Aus Platzgründen konnte die umfangreiche Anthologie mit Studientexten und Kommentaren zur Thora nicht mit aufgenommen werden. Das englische Original wurde von Rabbiner Lionel Blue und Rabbiner Jonathan Magonet unter Leitung der *Assembly of Rabbis of the RSGB* herausgegeben. Wir danken den RSGB, dass wir den hebräischen Text sowie Ideen der englischen Übersetzung und die neuen englischen Gebete in dieser deutschen Ausgabe verwenden konnten.

Wir hoffen, dass dieser Machsor in derselben Weise, wie es bei der englischen Ausgabe der Fall ist, das Leben der jüdischen Gemeinden bereichert, die auf der Suche danach sind, ihre eigene religiöse Richtung zu entdecken. Die klassischen Gebete unserer Tradition sprechen in neuer Frische zu uns, und neuere Stimmen helfen uns, die Tiefen unserer eigenen, gegenwärtigen Erfahrungen zu entdecken. Gemeinsam fordern sie uns heraus, die Bedeutung unseres jüdischen Lebens zu entdecken, als Individuen und als Gemeinden. Sie bieten uns Hoffnung und Erneuerung an, trotz der Tragödien und Erschütterungen dieses Jahrhunderts.

Rabbiner Prof. Dr. Jonathan Magonet

KALENDER FÜR DEN MONAT ELUL

EIN GLEICHNIS ZUR EINFÜHRUNG

Warum wird im Elul das *Schofar* geblasen?

Im Monat Elul kann Gott mit einen König verglichen werden, der seinen Palast verlassen hat und durch das Land reist, um die Anliegen und die Tätigkeiten der Menschen dort kennenzulernen. Im Monat Tischri ist Gott ein König, der im innersten Saal eines befestigten Palastes thront und Urteile über sein Volk spricht.

Wenn ein König seinen Palast verlässt und durch das Land zieht, kann jeder ihm ganz leicht begegnen, aber wenn er in seinem Palast ist, ist es äußerst schwierig, mit ihm ins Gespräch zu kommen. Zuerst muss man auf die Spitze des steilsten Hügels steigen, auf dem der Palast steht. Dann hat man die Wachen am Tor zu überzeugen, dass man ein ernsthaftes Anliegen hat, und dann die Wachen am nächsten Tor und am nächsten und an allen weiteren Toren. Wenn du Kraft hattest für all das, dann kannst du tatsächlich zum innersten Saal gelangen, wo der höchste Richter auf seinem Thron sitzt und Leben und Tod in das Buch einträgt, das vor ihm liegt.

Du sollst nun aber wissen, dass im Elul Gott zu dir kommt, um dich zu treffen. Sei begierig zu lernen, zeige Reue und tue gute Taten, dann wirst du, wenn du im Tischri zum Palast gehst, weniger erschrocken sein auf der Reise dorthin und viel vertrauter mit dem Richter.

Warum wird im Elul das *Schofar* geblasen? Um dich daran zu erinnern, dass der König jeden Tag draußen unterwegs ist.

(Chassidisch, nacherzählt von David Freeman)

KALENDER FÜR DEN MONAT ELUL

Im Monat Elul kann täglich einer der folgenden Abschnitte gelesen werden, um sich auf die Hohen Feiertage vorzubereiten. Sie können zur privaten Meditation benutzt werden oder auch in die täglichen Gottesdienste eingefügt werden.

Am Schabbat können sie durch einen der Abschnitte auf S. 31ff ersetzt werden.

Gott, hilf mir, dass ich mich in diesen Tagen des Monats Elul auf das neue Jahr vorbereiten kann mit allen seinen Verheißungen, mir neues Leben an Körper und Seele zu bringen.

Hilf mir, mich den Fragen zu stellen, denen ich lieber aus dem Weg gehen würde.

Hilf mir, Wahrheiten anzunehmen, die unangenehm sind.

Ich möchte den Weg zum Licht gehen, aber dieser Weg liegt verborgen unter den Versprechungen, die ich nicht gehalten habe, und unter den guten Taten, die ich anderen schuldig geblieben bin.

Mögen die Worte der Vergangenheit mir den Weg zur Umkehr zeigen.

Ich mache mich nun auf den Weg der Reue. Begegne mir, Gott, während ich diesen Weg gehe.

1. ELUL

א

Was sind wir?
Was ist unser Leben?
(bJoma 87b)

מָה־אָנוּ מֶה־חַיֵּינוּ:

Wenn ich selbst nicht zu mir stehe, wer dann? Wenn nur ich selbst zu mir stehe, was bin ich? Wenn nicht jetzt, wann dann?

(Sprüche der Väter 1,14)

Ein Weiser sah eines Tages jemanden, der in großer Sorge war. Er fragte: „Machst du dir Sorgen um dein Leben in dieser Welt? Dann möge Gott deine Sorge verkleinern. Oder machst du dir Sorgen um dein Leben in der kommenden Welt? Dann möge Gott deine Sorge vergrößern."

(Orchot Zaddiqim)

2. ELUL

ב

Durch Umkehr, Gebet und gute Taten kann die Härte unseres Schicksals verwandelt werden.
(U-netanne Toqef)

וּתְשׁוּבָה וּתְפִלָּה וּצְדָקָה
מַעֲבִירִין אֶת־רֹעַ הַגְּזֵרָה:

Es ist alles vorhergesehen, doch die Wahlfreiheit bleibt erhalten. Die Welt wird in Güte gerichtet werden; alles wird nach der Mehrheit der Taten entschieden. Alles ist nur als Darlehen gegeben; ein Netz ist über allen Lebewesen ausgespannt. Der Laden ist offen, es wird auf Kredit verkauft, das Buch ist geöffnet und eine Hand schreibt auf. Jeder, der etwas leihen will, soll kommen und es sich leihen. Die Schuldeinforderer aber sind täglich unterwegs und treiben die Bezahlung von den Menschen ein, mit oder ohne deren Einverständnis. Es gibt etwas, das ihr Tun rechtfertigt, denn das Urteil ist ein wahrhaftiges Urteil. Doch für das Mahl ist alles vorbereitet.

(Sprüche der Väter 3,19 u. 20)

3. ELUL

ג

Denke an uns, damit wir leben,
Gott, du liebst das Leben!
Schreibe uns in das Buch des Lebens,
um deines Namens willen, lebendiger Gott!
(Amida für die Hohen Feiertage)

זָכְרֵנוּ לַחַיִּים מֶלֶךְ חָפֵץ בַּחַיִּים
וְכָתְבֵנוּ בְּסֵפֶר הַחַיִּים.
לְמַעַנְךָ אֱלֹהִים חַיִּים:

Was hier not tut, ist eine Wendung in der ganzen Fragestellung nach dem Sinn des Lebens: Wir müssen lernen und die verzweifelnden Menschen lehren, daß es eigentlich nie und nimmer darauf ankommt, was wir vom Leben noch zu erwarten haben, vielmehr lediglich darauf: was das Leben von uns erwartet! Zünftig philosophisch gesprochen könnte man sagen, daß es hier um eine Art kopernikanische Wende geht, so zwar, daß wir nicht mehr einfach nach dem Sinn des Lebens fragen, sondern daß wir uns selbst als die Befragten erleben, als diejenigen, an die das Leben täglich und stündlich Fragen stellt.

(Viktor E. Frankl)

4. ELUL

ד

Ja, alles ist wie nichts vor dir,
außer einer reinen Seele.
(Tägliches Morgengebet)

כִּי הַכֹּל הָבֶל
לְבַד הַנְּשָׁמָה הַטְּהוֹרָה:

Der böse Trieb ist wie einer, der unter den Menschen umherläuft, und seine Hand ist geschlossen, und niemand weiß, was in ihr ist. Und er geht zu jedem und fragt: „Was fasse ich wohl in meiner Hand?" Und jeden dünkt, es sei das in der Hand, was er zuinnerst begehrt. Und alle laufen jenem nach. Und dann öffnet er seine Hand, und es ist nichts darin.

(Nachman von Braclaw)

5. ELUL

ה

Beuge unseren Willen,
damit wir dir dienen.
(bBer 60b)

וְכֹף אֶת־יִצְרֵנוּ
לְהִשְׁתַּעְבֶּד־לָךְ:

In der kommenden Welt wird Gott – Gottes Heiligkeit sei gepriesen! – den bösen Trieb holen und ihn vor den Frommen und den Frevlern schlachten. Den Frommen wird er wie ein hoher Berg erscheinen, und den Frevlern wird er wie eine Haarfaser erscheinen. Diese werden weinen und jene werden weinen. Die Frommen werden weinen und sagen: „Wie konnten wir nur solch einen hohen Berg bezwingen!?" Die Frevler werden weinen und sagen: „Wie konnten wir nur solch eine Haarfaser nicht bezwingen!?"

(bSukka 52a)

6. ELUL

ו

Binde unser Herz an deine Gebote.
Lass unser Leben von Liebe und
von der Achtung vor Gott geprägt sein.
(Ahawat Rabba)

וְיַחֵד לְבָבֵנוּ לְאַהֲבָה
וּלְיִרְאָה אֶת־שְׁמֶךָ:

Als Jochanan ben Zakkai auf dem Sterbebett lag, traten seine Schüler bei ihm ein, um ihn zu besuchen. Bevor sie gingen, sprachen sie zu ihm: „Meister, segne uns!" Er erwiderte ihnen: „Möge es Gottes Wille sein, dass die Furcht vor Gott in euch so groß sei wie die Furcht vor einem Menschen aus Fleisch und Blut." Seine Schüler sprachen zu ihm: „Aber sollten wir Gott nicht mehr fürchten als Menschen?“ Er erwiderte ihnen: „Ach, wenn ihr wenigstens das erreichen könntet! Schaut her: Wenn der Mensch eine Sünde begeht, spricht er: Hoffentlich sieht mich jetzt kein Mensch! – Wenn die Furcht vor Gott nicht größer wäre, als das, würde es ausreichen, euch von vielen Sünden fernzuhalten.“

(bBer 28b)

7. ELUL

ז

Lass uns Güte, Liebe und Barmherzigkeit finden in deinen Augen und in den Augen aller Menschen, denen wir heute begegnen.

(bBer 60b)

וּתְנֵנוּ הַיּוֹם וּבְכָל־יוֹם
לְחֵן וּלְחֶסֶד וּלְרַחֲמִים
בְּעֵינֶיךָ וּבְעֵינֵי כָל־רוֹאֵינוּ:

Wirf deinem Nächsten keinen Fehler vor, den du selber hast.

(Raschi)

Sünder sind Spiegel. Wenn wir Fehler an ihnen finden, müssen wir feststellen, dass sie nur das Böse in uns selbst widerspiegeln.

(Ba'al Schem Tow)

Wir hassen den Kriminellen und gehen streng mit ihm um, denn wir sehen in seiner Tat, wie in einem verzerrenden Spiegel, unsere eigenen kriminellen Instinkte.

(Sigmund Freud)

8. ELUL

ח

Unser Vater, unser König, schreibe uns in das Buch für ein glückliches Leben ein.

(Awinu Malkenu)

אָבִינוּ מַלְכֵּנוּ. כָּתְבֵנוּ
בְּסֵפֶר חַיִּים טוֹבִים:

Beachte folgende drei Dinge, dann wirst du nicht in Sünde fallen: Sei dir dessen bewusst, was über dir ist: ein sehendes Auge und ein hörendes Ohr und ein Buch, in das alle deine Taten aufgeschrieben sind.

(Sprüche der Väter 2,1)

9. ELUL

ט

וְלִמְקַלְלַי נַפְשִׁי תִדּוֹם
וְנַפְשִׁי כֶּעָפָר לַכֹּל תִּהְיֶה׃

Denen gegenüber, die mir Böses wollen,
lass mich angemessen reagieren
und meine Seele möge gelassen bleiben,
was auch geschieht.
(bBer 17a)

Rabbi Menachem Mendel von Lubawitsch pflegte Zornausbrüche so lange zu unterdrücken, bis er in den Gesetzen nachgeforscht hatte, ob der Zorn unter diesen speziellen Umständen erlaubt sei. Aber wie groß konnte sein Zorn dann werden, nachdem er nach einer Belegstelle dafür im Schulchan Aruch gesucht hatte!

(Chassidisch)

10. ELUL

י

לֹא תִשָּׂא אֶת־שֵׁם־יְהוָֹה
אֱלֹהֶיךָ לַשָּׁוְא׃

Du sollst den Namen des Ewigen,
deines Gottes, nicht missbrauchen.
(Ex 20,7)

Der Verfasser von *Kol Omer Kera* sagte: In einem Midrasch erfahren wir, dass Kain und Abel miteinander gestritten haben, weil jeder von ihnen den heiligen Tempel auf seinem eigenen Land errichten wollte. Diese Ausrede wurde seitdem immer gebraucht, wenn Blut vergossen wurde oder wenn es zu einem Krieg kam. Die Menschen sagen immer, dass sie für einen heiligen Zweck kämpfen.

(Chassidisch)

11. ELUL

יא

הֲשִׁיבֵנוּ יְהוָֹה אֵלֶיךָ וְנָשׁוּבָה׃

Gott, bring uns zu dir zurück,
dann können wir zu dir zurückkehren.
Erneuere unsere Tage, damit sie werden wie früher.
(Kld 5,21)

Rabbi Sussja von Hanipol sagte: Fünf Bibelverse bringen das Wesentliche des Judentums zum Ausruck. Diese fünf Verse beginnen im Hebräischen mit den Buchstaben *Taw – Schin – Waw – Bet – He,* die das Wort Teschuwa „Umkehr“ bilden.

Taw: Ihr sollt ganz und ungeteilt auf der Seite des Ewigen, eures Gottes, stehen. *(Dtn 18,13)*

Schin: Ich habe den Ewigen immerzu vor Augen. *(Ps 16,8)*

Waw: Und du sollst deinen Nächsten lieben wie dich selbst. *(Lev 19,18)*

Bet: Strebe danach, Gott auf all deinen Wegen zu erkennen. *(Spr 3,6)*

He: Gehe in Bescheidenheit gemeinsam mit deinem Gott. *(Micha 6,8)*

Sei also entschlossen, in dieser Weise zu handeln, damit deine Umkehr aufrichtig ist.

(Chassidisch)

12. ELUL

יב

שֶׁלֹּא נֵבוֹשׁ
וְלֹא נִכָּלֵם לְעוֹלָם וָעֶד:

Damit wir niemals unsere Selbstachtung verlieren, noch je beschämt sein müssen.
(Ahawah Rabba)

In der Nachbarschaft von Rabbi Ze'era lebten einige böse Menschen. Er aber kam ihnen näher, damit sie die Möglichkeit der Umkehr hätten. Seine Kollegen, die anderen Rabbiner, nahmen ihm dies übel. Als Rabbi Ze'era starb, sagten diese Menschen: „Bis jetzt hatten wir Rabbi Ze'era, der um Erbarmen für uns flehte. Wer wird es jetzt tun?" Sie nahmen sich dies zu Herzen und kehrten um.

(bSanhedrin 37a)

Es ist eine zum Himmel schreiende Sünde, wenn man zu einem Menschen, der umgekehrt ist, sagt: „Erinnere dich an die Taten deiner Vergangenheit!" oder wenn man sie in seiner Gegenwart erwähnt, so dass sie ihn verlegen machen oder wenn man ähnliche Dinge zur Sprache bringt, die an das erinnern, was er tat. Dies alles ist verboten, ebenso wie alle Arten von verletzenden Worten, vor denen die Thora uns warnt, denn es steht geschrieben: „Ihr sollt einander nicht bedrücken". *(Lev 19,13)*

(Maimonides)

13. ELUL

יג

Gepriesen seist du, Ewiger, unser Gott;
du regierst die Welt.
Du hast uns durch deine Gebote geheiligt.
(Anfang von verschiedenen Segenssprüchen)

בָּרוּךְ אַתָּה יְיָ אֱלֹהֵינוּ
מֶלֶךְ הָעוֹלָם. אֲשֶׁר
קִדְּשָׁנוּ בְּמִצְוֹתָיו:

Eine Geschichte erzählt von einem Menschen, der bei dem Zaddiq Rabbi Mardochai von Nadvorna – es sei seiner zum Segen gedacht – studierte. Vor Rosch ha-Schana bat er darum, vom Unterricht befreit zu werden. Der Zaddiq fragt ihn: „Warum bist du so in Eile?“ Und er antwortete: „Ich bin Vorbeter und muss noch einen Blick in das Gebetbuch für die Festtage werfen, um meine Gebete in eine Ordnung zu bringen.“ Der Zaddiq sagte zu ihm: „Das Gebetbuch ist dasselbe wie letztes Jahr. Es wäre besser für dich, wenn du einen Blick auf deine Taten wirfst und dich selbst in Ordnung bringst.“

(Sch'muël Josef Agnon)

14. ELUL

יד

Und Gott sprach: „Auf dein Wort
hin habe ich vergeben.“
(Num 14,29)

וַיֹּאמֶר יְהוָֹה סָלַחְתִּי כִּדְבָרֶךָ:

Was heißt Bereitschaft zur Umkehr? R. Jehuda sagte: Wenn jemand einmal und zweimal Gelegenheit zur Sünde hatte und ihr entgangen ist. R. Jehuda ergänzte: Mit derselben Person, zu derselben Zeit und an demselbem Ort.

(bJoma 86b)

15. ELUL

טו

Im Namen Gottes und im Namen
der Gemeinde ist es uns erlaubt,
in der Gemeinschaft der Schuldig-
Gewordenen zu beten.
(Meïr von Rothenburg)

עַל דַּעַת הַמָּקוֹם וְעַל
דַּעַת הַקָּהָל. אָנוּ מַתִּירִין
לְהִתְפַּלֵּל עִם הָעֲבַרְיָנִים:

Und so können die Wir, in deren Gemeinschaft der Einzelne also … sein sündiges Ich fühlt…, keine engere Gemeinde sein als die eine der Menschheit selbst. Wie das Jahr an diesen Tagen unmittelbar die Ewigkeit vertritt, so Israel an ihnen unmittelbar die Menschheit. „Mit den

Sündern" ist sich Israel bewußt zu beten. Und das heißt ja, sei der Ursprung der dunkeln Form welcher er wolle: als Ganzes der Menschheit „mit" einem Jeden. Denn jeder ist ein Sünder.

(Franz Rosenzweig)

16. ELUL

טז

וַאֲנִי בְּרֹב חַסְדְּךָ אָבוֹא בֵיתֶךָ׃

Durch deine große Liebe, Gott, betrete ich dein Haus.
(Ps 5,8)

Das Gebet ist kein gelegentlich anzuwendendes Mittel, nicht ein letzter Ausweg dann und wann. Es ist vielmehr ein fester Wohnsitz für das Innerste der Person. Alle Dinge haben eine Heimat: Der Vogel hat sein Nest, der Fuchs seinen Bau und die Bienen ihren Stock. Eine Seele ohne Gebet ist eine Seele ohne Heimat. … Denn was die Seele betrifft: Die Seele ist immer dort zuhause, wo Gebet ist. …

(Abraham Joshua Heschel)

17. ELUL

יז

וְלֹא־תָתֻרוּ אַחֲרֵי לְבַבְכֶם׃

Und ihr sollt eurem Herzen nicht nachgeben.
(Num 15,39)

Man muß sich Gott auch des Neinsagens fähig vorstellen. Hier liegt vielleicht wirklich der Hauptunterschied zwischen Magie und Gebet. Es liegt im Begriff der Magie, daß sie gelingen muß. Wenn sie keine Resultate aufweist, muß das an der fehlerhaften Ausübung der magischen Riten gelegen haben, und die Magier werden den Ritus vorsichtiger und gewissenhafter wiederholen. Gebet jedoch ist an Gott gerichtet, der seinen eigenen Willen und seine eigenen Gedanken hat. Gott kann vom Menschen nicht manipuliert werden. Gott kann nur angesprochen werden. Gott mag einen bestimmten Wunsch erfüllen oder auch nicht. Es gibt keinen vom Menschen ausgedachten Mechanismus, Gott zu zwingen. Wenn der Mensch sich zu Gott wendet, weiß er, daß „nein" ebensowohl eine göttliche Antwort sein kann wie „ja".

(Jakob J. Petuchowski)

18. ELUL יח

Mein Geist birgt sich in deiner Hand,
stets, sei ich schlafend oder wach.
(Adon Olam)

בְּיָדוֹ אַפְקִיד רוּחִי.
בְּעֵת אִישַׁן וְאָעִירָה:

Gott, müde bin ich. Dennoch ich kaum wag'
die Bitte um Befreiung von der Last.
Du willst's! Ich trage sie den ganzen Tag,
wie du den Weg mir vorgezeichnet hast.

Gott, Angst macht mir der Schatten in der Nacht,
die Dunkelheit, die meinen Weg umhüllt.
Umsonst die Bitt', dass Licht mir länger lacht,
damit mein Auftrag doch noch werd' erfüllt.

Gott, unruhig bin ich. Doch ich will nicht flehn
um Tage voller Glück und voller Freud.
Ich kann um mich die Not der andern sehn,
die sie bedrängt, die Qualen und das Leid.

Gott, sei es so! Ich will dich nicht bedrängen
um Ruhe von der Mühe und den Schmerzen
und dass du wollst die Tage mir verlängern.
Doch ohne Ende bet' ich dies im Herzen:

Gott, allen, die auf deiner Erde gehn'
schenk' diesen Glauben, nicht nur mir allein:
du lässt, auch wenn wir es nicht ganz verstehn
in Liebe alles wohlgeordnet sein.

Gott, schenk uns Glauben, und in Müh' und Kummer
wird unser Weg von deinem Fried' bewacht.
Wir legen uns in Frieden hin zum Schlummer,
wenn der Tag endet und es kommt die Nacht.

(Alice Lucas; Übersetzung von Gesine Popp)

19. ELUL

יט

Du tust deine Hand auf
und machst alle Lebewesen
nach ihrem Wohlgefallen satt.
(Ps 145,16)

פּוֹתֵחַ אֶת־יָדֶךָ
וּמַשְׂבִּיעַ לְכָל־חַי רָצוֹן:

Warme Herzen sind immer zu finden, die zeitlebens in heißer Regung eine ganze Welt beglücken möchten, aber noch nie den prosaischen Versuch unternommen haben, auch nur einem Menschen wahrhaft Segen zu bereiten. Es ist leicht, sich an Menschenliebe zu begeistern, sich tränenfeucht in ihr zu ergehen. Irgendeinem, der nichts weiter als eben ein Mensch ist, Gutes zu tun, sein Menschenrecht durch die Tat anzuerkennen, ist schwerer. Wer im Namen seines Menschenrechts vor uns hintritt, fordert damit die bestimmte sittliche Handlung, die nicht ersetzt sein kann durch das bloße allgemeine Wohlwollen … Womit hat sich nicht die bloße Nächstenliebe schon abgefunden!

(Leo Baeck)

20. ELUL

כ

Wo ist der Ort der Gegenwart Gottes?
(Mussaf-Amida)

אַיֵּה מְקוֹם כְּבוֹדוֹ:

„Wo wohnt Gott?"
Mit dieser Frage überraschte der Kozker einige gelehrte Männer, die bei ihm zu Gast waren.
Sie lachten über ihn: „Wie redet Ihr! Ist doch die Welt seiner Herrlichkeit voll!"
Er aber beantwortete die eigene Frage:
„Gott wohnt, wo man ihn einläßt."

(Menachem Mendel von Kozk)

21. ELUL

כא

Das sind die Menschen,
die nach Gott fragen,
die dein Antlitz suchen, Gott Jakobs.
(Ps 24,6)

זֶה דּוֹר דֹּרְשָׁיו
מְבַקְשֵׁי פָנֶיךָ יַעֲקֹב סֶלָה:

Der Verlust

Ich glaube, ich habe etwas verloren,
unterwegs – ich weiß nicht, was.
Soll ich den ganzen Weg zurückgehn?
Schade drum, wenn ich's einfach liegenlass.

Ich habe irgendetwas verloren,
Hatte es irgendeinen Wert?
Ich sollte es einfach vergessen,
denn kurz ist der Tag und groß die Erd'.

Die Bäume werfen schon ihre Schatten.
mein eigener geht vor mir her.
Mein beunruhigtes Herz schreit: Kehr um!
Mein Verlust beunruhigt mich sehr.

Mitten auf dem Weg bleib ich stehn,
unruhig, vom Zweifel erfasst.
Ich habe irgendetwas verloren,
ich weiß nicht was, ich weiß nur: dass....

(Abraham Reisen)

22. ELUL

כב

וְדַבְּקֵנוּ בְּיֵצֶר הַטּוֹב:

Lass uns von unserem guten Trieb bestimmt sein.
(bBer 60b)

In jüngeren Jahren war mir das „Religiöse" die Ausnahme. ... Die „religiöse Erfahrung" war die Erfahrung einer Andersheit, die in den Zusammenhang des Lebens nicht einstand. ... Das „Religiöse" hob einen heraus. Drüben war nun die gewohnte Existenz mit ihren Geschäften, hier aber waltete Entrückung, Erleuchtung, Verzückung, zeitlos, folgelos. ... Die Unrechtmäßigkeit einer solchen Aufteilung ... ist mir durch ein Ereignis des Alltags aufgegangen, ein richtendes Ereignis.... Es ereignete sich nichts weiter, als daß ich einmal an einem Vormittag nach einem Morgen „religiöser" Begeisterung, den Besuch eines unbekannten jungen Menschen empfing, ohne mit der Seele dabei zu sein. Ich ließ es durchaus nicht an einem freundlichen Entgegenkommen fehlen, ich behandelte ihn nicht nachlässiger als alle seine Altersgenossen, die mich um diese Tageszeit wie ein Orakel das mit sich reden läßt, aufzusuchen pflegten, ich unterhielt mich mit ihm aufmerksam und freimütig – und unterließ nur, die Fragen zu erraten, die er nicht stellte. Diese Fragen habe ich später, nicht lange darauf, von einem seiner Freunde – er selber lebte schon nicht mehr – ihrem wesentlichen Gehalt nach erfahren, habe erfahren, daß er nicht beiläufig, sondern schicksalhaft zu mir gekommen war, nicht um Plauderei, sondern um Entscheidung, gerade zu mir, gerade in dieser Stunde. Was erwarten wir, wenn wir verzweifeln und doch noch zu einem Menschen gehen? Wohl eine Gegenwärtigkeit, durch die uns gesagt wird, daß es ihn dennoch gibt, den Sinn.

(Martin Buber)

23. ELUL

כג

נֹשֵׂא עָוֹן וָפֶשַׁע וְחַטָּאָה:

Gott vergibt Verkehrung, Eigensüchtigkeit und Verfehlung.
(Ex 34,7)

Im biblischen Hebräisch gibt es im Wesentlichen drei Begriffe für „Sünde“: *Päscha*, *Awon* und *Cheht*.

Der Begriff *Päscha* bedeutet: „Rebellion“. Er beschreibt die Einstellung eines Menschen, der sich selbst als der alleinige Richter seiner Taten sieht und weder Gott noch die Gesetze Gottes anerkennt. *Päscha* beschreibt den Menschen, der es ablehnt, für sich und seine Taten vor Gott verantwortlich zu sein. Für solche Menschen gibt es keine äußerlichen Maßstäbe für Gut und Böse. Für „gut“ halten sie alle Handlungen, die ihnen gefallen und die ihren Zielen entsprechen, für „böse“ alle jene, die ihnen missfallen und ihren Zielen im Wege stehen.

Der Begriff *Awon* kommt von einer Wurzel mit der Bedeutung „verbogen, krumm sein“. Er beschreibt einen Menschen, der davon abgelenkt wird, nach dem Guten zu streben. … Er beschreibt auch jene Verbiegung des menschlichen Charakters, die ihn dazu treibt, Böses zu tun, jene seltsame, widernatürliche Veranlagung, die einen dazu antreibt, die falsche Richtung einzuschlagen und Böses zu tun.

Der Begriff *Cheht* ist der schwächste dieser drei Begriffe. Er kommt von einer Wurzel mit der Bedeutung „etw. versäumen, verfehlen“. Das Wort kann sich zum Beispiel auf einen Bogenschützen beziehen, dessen Pfeil das Ziel verfehlt hat. Der Begriff *Cheht* beschreibt das Misslingen, dem guten Weg zu folgen, die Charakterschwäche oder die mangelnde

Ausdauer, die einen Menschen davon abhalten, das Ziel zu erreichen, das er sich selbst gesetzt hat. Schuld liegt sogar bei einer unwissentlichen Sünde vor, wenn man sie bei größerer Sorgfalt hätte vermeiden können. Unachtsame Fahrerinnen und Fahrer, schlampige Lehrerinnen und Lehrer, überfürsorgliche oder nachlässige Eltern, gedankenlose Kinder – sie alle machen sich schuldig durch *Cheht.*

(Louis Jacobs)

24. ELUL כד

Vorurteile und Aberglaube werden ausgerottet werden.
(Alenu)

וְהָאֱלִילִים כָּרוֹת יִכָּרֵתוּן:

Ich haderte mit meinem Schicksal, weil ich mein Abteil mit einem Deutschen teilen musste. Es war mir klar, dass er zu jung war, um irgendetwas mit der grauenhaften Vergangenheit zu tun zu haben, dass er ein netter, wohlerzogener Junge war. Aber ich konnte mir nicht helfen, ich hatte feindselige und verurteilende Gefühle ihm gegenüber. Ich hasste ihn wegen seiner Abstammung, und ich schämte mich dafür. Wie konnte gerade ich jemanden nur wegen seiner Abstammung hassen? (Als wir uns miteinander unterhielten, antwortete ich ihm barsch „Jawohl!“)

Sobald ich es gesagt hatte, tat es mir leid. Als ich dieses deutsche Wort benutzte, wollte ich ihn demütigen. Mein Verlangen, diesen jungen Mann zu demütigen, weckte Schuldgefühle in mir, aber gleichzeitig fragte ich mich auch, warum ich mich verletzt fühlen sollte, nur weil ich diesen Deutschen verletzen wollte. Dann wurde mir bewusst, dass genau dies auch das Argument der SS war: Juden zu verletzen, zu töten war keine Sünde. Es war eine Art Entlausung. Die Gefühle, die ich erlebte, waren nicht meine eigenen Gefühle, sondern ihre. Ich war verwirrt. Ich tat ihm an, was sie mir angetan hatten. Ich verfolgte einen unschuldigen Menschen, dessen einzige Sünde es war, zufällig in Deutschland geboren zu sein.

(Eugene Heimler)

25. ELUL כה׳

Darum hoffen wir darauf, Ewiger, unser Gott, dass deine Stärke bald für uns sichtbar wird.
(Alenu)

עַל־כֵּן נְקַוֶּה לְךָ יְיָ אֱלֹהֵינוּ
לִרְאוֹת מְהֵרָה בְּתִפְאֶרֶת עֻזֶּךָ:

Nackt stehen wir vor dem Schickal. Aber dadurch sind wir nicht nur von manchen bisherigen Hifsmitteln frei, sondern auch frei von dem Ballast der Vorurteile, Gewohnheiten und Konventionen, die unser Blickfeld verengten. Wir wollen uns der Situation nicht verschließen, und wir wollen uns auch keinem unverpflichtenden Fatalismus hingeben. Aber wir wollen unser Leben lieben, weil, nicht obgleich es sich uns in seiner ganzen elementaren Kraft offenbart hat.

Mit solchen Empfindungen bereiten wir uns auf die Hohen Tage unseres Jahres vor. Manches vertraute Gesicht, das wir in den vergangenen Jahren im Tempel sahen, werden wir diesmal vermissen; mancher Platz, der von drei oder vier Generationen der gleichen Familie benutzt worden war, wird verwaist sein. Die Tore vieler Kleinstadtsynagogen werden geschlossen bleiben, und in vielen Ortschaften rechnet man schon nach, ob man den Minjan noch zusammenbringen werde. Doch alle Juden vernehmen in diesen Tagen den Klang der Posaune. Aus den Synagogen dieses Landes, aus den Bethäusern aller Länder des Erdballes, die jüdischen Menschen zur neuen Heimat werden sollen, und auch aus den Kajüten der Überseedampfer entringt sich als Antwort mit nie gehörter Kraft und Innigkeit der Ruf, daß wir eingeschrieben werden mögen in das Buch des Lebens zu einem guten Jahr!

(Der Morgen 14 (1938), 224 – einer der letzten Artikel, der in einer jüdischen Zeitschrift in Deutschland kurz vor dem Zweiten Weltkrieg veröffentlicht wurde.)

26. ELUL כו

Wohltätigkeit rettet vor dem Tod. וּצְדָקָה תַּצִּיל מִמָּוֶת׃

(Spr 10,2)

Oft nimmt sich ein Mensch in seinem Herzen vor, wohltätig zu sein, aber der böse Trieb in ihm sagt: „Warum willst du etwas spenden und dadurch deinen Besitz verringern? Es wäre besser, du würdest es nicht irgendeinem Fremden geben, sondern deinen Kindern." Aber der gute Trieb bringt ihn dazu, eine Spende zu geben.

(Midrasch Schemot Rabba)

Der Rebbe von Leowo sagte: „Wenn jemand zu dir kommt und dich um Unterstützung bittet und du dann zu diesem Menschen sagst: ‚Gott wird dir helfen!‘, dann bist du ein untreuer Knecht Gottes. Du solltest begreifen, dass Gott dich gesandt hat, um den Bedürftigen zu helfen, nicht, um sie zu Gott zurückzuschicken.“

(Chassidisch)

Die Güte erhebt den Menschen so hoch, dass er Gott begegnet. Tue deshalb eine gute Tat, bevor du zu beten beginnst.

(Ahai Gaon)

27. ELUL

כז

Heile uns, Gott, dann sind wir geheilt!
Hilf uns, dann ist uns geholfen!
(Jer 17,14)

רְפָאֵנוּ יְיָ וְנֵרָפֵא. הוֹשִׁיעֵנוּ וְנִוָּשֵׁעָה:

Ein Europäer auf der Höh’ der Zeit,
ein Atheist, ein fortschrittlicher, progressiver Mensch,
plötzlich gestoppt in seinem Fortschritt,
wirft die Arme in die Luft und schreit: „Hilf und segne!

Mein Anzug hängt an mir herunter, passt nicht recht,
mein Schlipps ist wie ein Strick um meinen Hals,
wenn die Blitze an dem Himmel zucken
und wenn der Donner über alles kracht.

Ich habe Angst, deshalb komm’ ich zu dir,
nicht kriecherisch, nicht bettelnd, nein: verzweifelt.
Mit beiden Fäusten schlage ich an deine Tür,
damit du mir Trost und Ruhe gibst.

Ich brauche dich, wie eine Mutter und wie ein Zuhaus’.
Ich brauche dich wie das Brot und wie mein Blut.
Denn ich bin einsam und allein,
und unbekannt ist mir das Gute.“

(Mosche Schimmel)

28. ELUL

כח

Das große Schofar wird geblasen.
(U-netanne Toqef)

וּבְשׁוֹפָר גָּדוֹל יִתָּקַע:

Die drei Schofar-Töne *Teki'a, Schewarim, Teru'a* gaben Anlass zu symbolischen Deutungen. Die einen sehen darin drei Arten des Weinens, je nach unterschiedlichem Grad der Betrübnis. Andere deuten *Teki'a* als den optimistischen Ton der Zuversicht und der Hoffnung, dass alles Weinen eines Tages in Freude verwandelt werden wird. Und wieder andere verstehen die drei Töne als ein Zögern auf dem Weg zum König, das sich immer mehr in Vertrauen verwandelt, wenn der Bittende willkommen geheißen wird. Von einigen wird gelehrt, dass die drei Schofar-Töne drei unterschiedlichen Menschentypen entsprechen. Der feste und bestimmte Ton *Teki'a* entspricht einem guten Menschen, dessen Seele ungeteilt ist. Der zitternde Ton *Teru'a* entspricht einem bösen Menschen voller Reue und Bedauern. Seine Seele ist zerissen von seinem erfolglosen Kampf gegen das Böse. Die abgerissenen Töne *Schewarim* entsprechen dem durchschnittlichen Menschen, der weder ganz gut noch ganz böse ist und der sich ehrlichen Herzens darum bemüht, sein Leben vollkommener zu gestalten. *(Louis Jacobs)*

29. ELUL כט

Heut' feiern wir den Schöpfungstag der Welt. הַיּוֹם הֲרַת עוֹלָם:

(Mussafamida für Rosch ha-Schana)

Das ist das Schwierige in dieser Zeit, Ideale, Träume, schöne Erwartungen kommen noch nicht auf oder sie werden durch die grauenhafteste Wirklichkeit getroffen und so vollständig zerstört. Es ist ein großes Wunder daß ich nicht all meine Erwartungen aufgegeben habe, denn sie scheinen absurd und unausführbar. Trotzdem halte ich sie fest, trotz allem weil ich noch immer an die innere Güte der Menschen glaube.

Es ist mir zum einen unmöglich alles aufzubauen auf der Basis von Tod, Elend und Verwirrung, ich sehe wie die Welt langsam immer mehr in eine Wüste verwandelt wird, ich höre den anrollenden Donner immer lauter, der auch uns töten wird, ich fühle das Leid von Millionen Menschen mit und doch wenn ich zum Himmel schaue, denke ich daß dies alles sich wieder zum Guten wenden wird, daß auch diese Härte aufhören wird, daß wieder Ruhe und Frieden in die Weltordnung kommen wird. Inzwischen muß ich meine Vorstellungen hoch und trocken halten, in den Zeiten die kommen sind sie vielleicht doch noch auszuführen! *(Anne Frank, Samstag, 15. Juli 1944)*

FÜR SCHABBAT-GEBETE IM MONAT ELUL

שְׂאוּ שְׁעָרִים רָאשֵׁיכֶם
וְהִנָּשְׂאוּ פִּתְחֵי עוֹלָם׃

Ihr Tore, hebt euch nach oben,
hebt euch, ihr uralten Pforten!
(Ps 24,7.9)

In der kommenden Welt wird man einen Menschen fragen: „Was war deine Beschäftigung?“ Und wenn er antwortet: „Ich habe Hungrige gespeist“, dann wird man ihm antworten: „Dies ist das Tor zu Gott; wer Hungrige gespeist hat, darf eintreten.“ Wenn er sagt: „Ich habe Durstigen zu trinken gegeben“, dann wird man ihm antowrten: „Dies ist das Tor zu Gott; wer Durstigen zu trinken gegeben hat, darf eintreten.“ Wenn er sagt: „Ich habe Nackte bekleidet“, dann wird man ihm antworten: „Dies ist das Tor zu Gott; wer Nackte bekleidet hat, darf eintreten.“ Und ebenso geschieht es auch dem Menschen, der ein Waisenkind aufzog und dem Menschen, der für gemeinnützige Zwecke gespendet hat und dem Menschen, der gute Werke getan hat. Dies alles sind Tore zu Gott, und alle, die solche Taten getan haben, dürfen durch sie eintreten.

(Midrasch Tehillim zu Psalm 118,19)

הַשְׁכִּיבֵנוּ אָבִינוּ לְשָׁלוֹם׃

Gib, Quelle unseres Lebens,
dass wir uns zufrieden zur Ruhe legen.
(Haschkiwenu)

Heut’ abend

Ein Abend zuhause:
Ein Mann sitzt im Haus und schaut
aus dem Fenster.
Die Gattin sitzt im Sessel, vielleicht stickend
und nähend.
Ich drehe mich um und schaue zu ihr: Sie sitzt bloß da
und tut nichts,
untätig hält sie in ihren Händen
die Nadel, die Schere und den Stoff,
und denkt über unser gemeinsames Leben, Tag für Tag,
jeder davon mit seinen eigenen Sorgen;
dass, wenn wir reden, die wichtigsten Dinge
stets ungesagt bleiben,
dass man niemals fliehen kann
vor der gewöhnlichen, langweilenden Routine des Alltags;

dass jeder vergehende Tag verloren ist –
er wird niemals wiederkommen, niemals,
und so wie das Heute, wird auch das Morgen vergehen,
was immer es war, wofür du lebtest,
es hat dich dann besiegt.

Sie denkt etwas von dieser Art,
wenn sie voller Hoffnung zu dir hinüberblickt
in eben dem Moment, in dem du dich vom Fenster weggewandt hast
und zu ihr schaust; in diesem Blick
wird alles klar.
So stehst du auf,
gehst hinüber zu ihr, deiner eigenen Frau,
legst sanft die Hand auf ihre Schulter
und mit der anderen streichelst du ihr Haar,
und du willst viele, viele Dinge sagen,
aber kannst es nicht.
Du schaust wieder aus dem Fenster:
die dunkle Nacht, die funkelnden Sterne,
und in deinem Herzen ist Friede.

(Zischa Landau)

Gottes Gegenwart erfüllt die Erde.
(Amida für Schabbat-Morgen)

כְּבוֹדוֹ מָלֵא עוֹלָם:

Ein Mann zog einmal von Dorf zu Dorf und stellte immer wieder dieselbe Frage: „Wo finde ich Gott?“ Er reiste von Rabbiner zu Rabbiner. Aber nie war er mit den Antworten, die er erhielt, zufrieden. Und so brach er jedesmal schnell wieder auf und eilte zum nächsten Dorf. Einige der Rabbiner hatten ihm geantwortet: „Mein Sohn, bete! Dann wirst du Gott finden.“ Der Mann hatte dann versucht zu beten, aber er merkte, er konnte es nicht. Einige hatten geantwortet: „Studiere, mein Kind. Dann wirst du Gott finden.“ Aber je mehr er las, um so verwirrter wurde er, und um so größer erschien ihm der Abstand zwischen sich selbst und Gott. Und einige hatten geantwortet: „Lass deine Suche, mein Kind, Gott ist in dir.“ Und der Mann versuchte, Gott in sich selbst zu finden, aber er fand Gott nicht.

Eines Tages kam dieser Mann müde zu einem sehr kleinen Dorf, das mitten in einem Wald lag. Er ging auf eine Frau zu, die sich gerade um einige Hühner kümmerte. Sie fragte ihn: „Wen suchst du in solch einem kleinen Dorf?“ Sie schien nicht überrascht, als er ihr sagte, er suche

Gott. Sie zeigte ihm das Haus des Rabbiners.

Als er eintrat, studierte der Rabbiner gerade. Der Mann wartete einen Augenblick, aber er war so ungeduldig, dass er vielleicht wieder zum nächsten Dorf reisen müsse, falls die Antwort ihn nicht zufrieden stellte, dass er den Rabbiner unterbrach: „Rabbi – wo finde ich Gott?“ Der Rabbiner hielt inne, und der Mann war gespannt, welche der vielen Antworten, die er bereits erhalten hatte, er wohl diesmal zu hören bekam. Doch der Rabbiner sagte nur: „Du bist zum richtigen Ort gekommen, mein Kind. Gott ist hier, in diesem Dorf. Warum bleibst du nicht für ein paar Tage hier? Dann wirst du ihm begegnen.“

Der Mann war verblüfft. Er verstand nicht, was der Rabbiner sagte. Aber die Antwort war ungewöhnlich. Deshalb blieb er. An den folgenden zwei, drei Tagen ging er hierhin und dorthin und fragte die Dorfbewohner, wo Gott an diesem Morgen sei. Und sie lächelten ihm jedesmal freundlich zu und luden ihn zum Essen ein. Mit der Zeit lernte er sie kennen, und half manchmal sogar bei den Arbeiten, die im Dorf anfielen. Ab und zu traf er zufällig den Rabbiner, und dieser fragte ihn dann: „Bist du Gott begegnet, mein Sohn?“ Und der Mann nickte ihm dann freundlich zu, manchmal verstand er diese Frage und manchmal nicht. Etliche Monate verbrachte er in diesem Dorf. Und dann wurden es Jahre. Er wurde ein Teil des Dorfes und teilte sein Leben. Freitags ging er mit den Menschen zur Synagoge und betete mit ihnen; manchmal wusste er, warum er betete und machmal nicht. Manchmal sagte er wirklich Gebete und manchmal nur Worte. Und gewöhnlich ging er anschießend mit einem der Menschen zurück, um die Schabbatmahlzeit mit ihm zu essen. Und wenn sie über Gott sprachen, dann war er sich immer sicher, dass Gott in diesem Dorf war, obwohl er sich nicht sicher war, wo und wann Gott zu finden war. Allmählich glaubte er, dass Gott in diesem Dorf war, obwohl er sich nicht sicher war, wo. Er wusste jeodch, dass er Gott einige Male begegnet war.

Eines Tages besuchte ihn der Rabbiner – zu ersten Mal, und er sagte zu ihm: „Du bist Gott nun begegnet, nicht wahr?“ Und der Mann antwortete: „Ich danke dir, Rabbi. Ich glaube, ja. Aber ich bin mir nicht sicher, warum ich Gott begegnet bin, oder wie es geschehen ist oder wann. Und warum ist Gott nur in diesem Dorf?“

Daraufhin antwortete der Rabbiner: „Gott ist kein Mensch, mein Kind, und keine Sache. Du kannst Gott nicht auf diese Art begegnen. Als du in unser Dorf kamst, da hat dich deine Frage so beschäftigt, dass du keine Antwort verstanden hättest. Und du konntest Gott nicht erkennen, wenn du ihm begegnet bist, weil du ihn nicht wirklich gesucht hast. Nun, da du aufgehört hast, Gott zu verfolgen, da hast du Gott gefunden. Nun könntest du zurückkehren in deine eigene Stadt – wenn du das willst."

Da ging der Mann zurück in seine Stadt und Gott ging mit ihm. Und der Mann hatte Freude daran zu studieren und zu beten, und er wusste, dass Gott in ihm war und in anderen Menschen. Und die anderen Menschen wussten das auch. Und wenn jemand ihn manchmal fragte: „Wo finde ich Gott?", dann pflegte dieser Mann zu antworten: „Du bist am richtigen Ort. Gott ist hier."

(Jeffrey Newman)

Gott schafft Frieden in der Höhe (Hiob 25,2). עֹשֶׂה שָׁלוֹם בִּמְרוֹמָיו.
Möge Gott auch uns Frieden geben. הוּא יַעֲשֶׂה שָׁלוֹם עָלֵינוּ:

Neujahr und der Versöhnungstag stellen uns den Gedanken des Friedens vor Augen, des inneren Friedens mit Gott und des Friedens mit unserem Mitmenschen, und sie machen dadurch unser Bemühen um Frieden zu einer religiösen Pflicht. Die Notwendigkeit der Teschuwa, einer Umkehr zu einem religiösen Lebenskonzept, wird uns so nachdrücklich ans Herz gelegt, dass sich die große Gemeinde Israels an der Schwelle eines neuen Jahres keine religiöse Verstellung leisten kann, sondern in aller Aufrichtigkeit einen neuen Versuch wagen muss. Jüdinnen und Juden wissen, dass sie, um gute Menschen zu sein, dazu zurückkehren müssen, gute Jüdinnen und Juden zu sein, zurückkehren zu den Lehren der Propheten und der Weisen ihres Volkes. Wir müssen den Frieden nicht nur als ein religiöses Ziel innerhalb und außerhalb unserer Gemeinschaft verkünden, sondern uns auch ganz und gar für ihn einsetzen.

Friede sollte vor allem im Lager Israels herrschen, trotz aller religiösen Differenzen. Der wahre Beweis für lebendigen Frieden ist nicht der Friede mit den Gleichgesinnten, sondern der Friede mit denen, die anders sind. Friede und Toleranz sind Worte, die uns in unserer Zeit leicht von den Lippen gehen. Das Neujahrsfest und der Versöhnungstag unterstreichen die jüdische Auffassung, dass sie in die Tat umzusetzen sind. Es wird nicht nur von uns verlangt, für den Frieden zu beten und an ihn zu denken, sondern noch viel mehr, ihn zu leben. Die Hand, die wir einem Mitmenschen um des Friedens willen reichen, ist ein wichtiges jüdisches Symbol unserer Hohen Feiertage.

(Werner van der Zyl)

GOTTESDIENSTE IM MONAT ELUL UND FÜR DIE ZEHN BUSSTAGE

GOTTESDIENSTE IM MONAT ELUL UND FÜR DIE ZEHN BUSSTAGE

תפלת שחרית

Wenn Tallit und Tefillin getragen werden, wird folgendes gesagt:

Meditation vor dem Anziehen des Tallit:

טלית

בָּרְכִי נַפְשִׁי אֶת־יְהֹוָה יְהֹוָה אֱלֹהַי גָּדַלְתָּ מְּאֹד הוֹד וְהָדָר לָבָשְׁתָּ: עֹטֶה־אוֹר כַּשַּׂלְמָה נוֹטֶה שָׁמַיִם כַּיְרִיעָה:

הִנְנִי מִתְעַטֵּף בְּטַלִּית שֶׁל־צִיצִת כְּדֵי לְקַיֵּם מִצְוַת בּוֹרְאִי. כַּכָּתוּב בַּתּוֹרָה. וְעָשׂוּ לָהֶם צִיצִת עַל־כַּנְפֵי בִגְדֵיהֶם לְדֹרֹתָם. וּכְשֵׁם שֶׁאֲנִי מִתְכַּסֶּה בְטַלִּית בָּעוֹלָם הַזֶּה כֵּן תִּזְכֶּה נִשְׁמָתִי לְהִתְלַבֵּשׁ בְּטַלִּית נָאָה לָעוֹלָם הַבָּא בְּגַן עֵדֶן. אָמֵן:

Während man den Tallit anzieht:

בָּרוּךְ אַתָּה יְיָ אֱלֹהֵינוּ מֶלֶךְ הָעוֹלָם. אֲשֶׁר קִדְּשָׁנוּ בְּמִצְוֹתָיו וְצִוָּנוּ לְהִתְעַטֵּף בַּצִּיצִת:

Meditation vor dem Anlegen der Tefillin:

הנחת תפילין

הִנְנִי מְכַוֵּן בְּהַנָּחַת תְּפִלִּין לְקַיֵּם מִצְוַת בּוֹרְאִי שֶׁצִּוָּנוּ לְהָנִּיחַ תְּפִלִּין. כַּכָּתוּב בַּתּוֹרָה. וּקְשַׁרְתָּם לְאוֹת עַל־יָדֶךָ וְהָיוּ לְטֹטָפֹת בֵּין עֵינֶיךָ. וְהֵם אַרְבַּע פָּרָשׁוֹת אֵלּוּ. שְׁמַע. וְהָיָה אִם־שָׁמֹעַ. קַדֶּשׁ. וְהָיָה כִּי יְבִאֲךָ. שֶׁיֵּשׁ בָּהֶם יִחוּדוֹ וְאַחְדּוּתוֹ יִתְבָּרַךְ שְׁמוֹ. וְשֶׁנִּזְכֹּר נִסִּים וְנִפְלָאוֹת שֶׁעָשָׂה עִמָּנוּ בְּהוֹצִיאוֹ אֹתָנוּ מִמִּצְרָיִם. וַאֲשֶׁר לוֹ הַכֹּחַ וְהַמֶּמְשָׁלָה בָּעֶלְיוֹנִים וּבַתַּחְתּוֹנִים לַעֲשׂוֹת בָּהֶם כִּרְצוֹנוֹ. וְצִוָּנוּ לְהָנִּיחַ עַל־הַיָּד לְזִכְרוֹן זְרוֹעוֹ הַנְּטוּיָה. וְשֶׁהִיא נֶגֶד הַלֵּב לְשַׁעְבֵּד בָּזֶה תַּאֲוַת וּמַחְשְׁבוֹת לִבֵּנוּ לַעֲבוֹדָתוֹ יִתְבָּרַךְ שְׁמוֹ. וְעַל־הָרֹאשׁ נֶגֶד הַמּוֹחַ שֶׁהַנְּשָׁמָה שֶׁבְּמוֹחִי עִם־חוּשַׁי וְכוֹחוֹתַי כֻּלָּם יִהְיוּ מְשֻׁעְבָּדִים לַעֲבוֹדָתוֹ יִתְבָּרַךְ שְׁמוֹ. וּמִשֶּׁפַע מִצְוַת תְּפִלִּין יִתְמַשֵּׁךְ עָלַי לִהְיוֹת לִי

GOTTESDIENSTE IM MONAT ELUL UND FÜR DIE ZEHN BUSSTAGE

MORGENGEBET FÜR WOCHENTAGE

Wenn Tallit und Tefillin getragen werden, wird folgendes gesagt:

Meditation vor dem Anziehen des Tallit:

Meine Seele, preise den Ewigen. Ewiger, mein Gott, du bist gewaltig groß, du bist mit Pracht und Herrlichkeit bekleidet, du bist in Licht gehüllt wie in einen Mantel. Den Himmel hast du aufgespannt wie ein Zelttuch. *(Ps 104,1-4)*

Ich lege mir jetzt den mit Zizit gewobenen Gebetsschal um, um das Gebot meines Schöpfers zu erfüllen. In der Thora heißt es: „Man soll sich Quasten an die Kleiderzipfel nähen, von Generation zu Generation." *(Num 15,38)* So wie ich mich in dieser Welt mit dem Tallit bedecke, so möge meiner Seele in der kommenden Welt das Recht verliehen werden, den schönen Tallit anzuziehen im Garten Eden. Amen.

Während man den Tallit anzieht:

Gepriesen seist du, Ewiger, unser Gott; du regierst die Welt. Du hast uns durch deine Gebote geheiligt und hast uns aufgetragen, uns in ein mit Zizit gewebtes Kleidungsstück zu hüllen.

Meditation vor dem Anlegen der Tefillin:

Ich binde mir jetzt die Gebetsriemen um, um das Gebot meines Schöpfers zu erfüllen, denn es ist uns aufgetragen, uns die Gebetsriemen umzubinden. In der Thora heißt es: „Du sollst sie als Zeichen um dein Handgelenk binden. Sie sollen als Merkzeichen auf deiner Stirn sein" *(Dtn 6, 8)*. In vier Abschnitten der Thora steht über die Tefillin geschrieben: In den Abschnitten *Sch'ma (Dtn 6,4-9)*, *We-haja im schamo'a (Dtn 11,13-21)*, *Kadesch (Ex 13,1-10)* und *We-haja ki jewi'acha (Ex 13,11-16)*. Diese Abschnitte bezeugen die Einzigkeit und die Einheit Gottes, Gottes Name sei gepriesen! Und sie erinnern an die Zeichen und Wunder, die Gott uns beim Auszug aus Ägypten erwiesen hat. Sie zeigen, dass Gott über Himmel und Erde Kraft und Macht hat und nach göttlichem Willen an ihnen handelt. Gott hat uns aufgetragen, die Tefillin um den Arm zu binden, damit wir uns an Gottes ausgestreckten Arm erinnern. Gott hat uns aufgetragen, sie in die Nähe des Herzens zu binden, damit wir die Leidenschaften und Sehnsüchte des Herzens dem Dienst für Gott unterordnen, gepriesen sei Gottes Name. Gott hat uns aufgetragen, sie an den Kopf in die Nähe des Gehirns zu binden, damit mein Verstand, der im Gehirn ist, sich zusammen mit meinen Gefühlen und Willenskräf-

חַיִּים אֲרֻכִּים וְשֶׁפַע קֹדֶשׁ וּמַחֲשָׁבוֹת קְדֹשׁוֹת בְּלִי הִרְהוּר חֵטְא
וְעָוֹן כְּלָל. וְשֶׁלֹּא יְפַתֵּנוּ וְלֹא יִתְגָּרֶה בָּנוּ יֵצֶר הָרַע וְיַנִּיחֵנוּ
לַעֲבֹד אֶת־יְיָ כַּאֲשֶׁר עִם־לְבָבֵנוּ. אָמֵן:

Während man die Tefillin um den Arm bindet:

בָּרוּךְ אַתָּה יְיָ אֱלֹהֵינוּ מֶלֶךְ הָעוֹלָם. אֲשֶׁר קִדְּשָׁנוּ בְּמִצְוֹתָיו
וְצִוָּנוּ לְהָנִיחַ תְּפִלִּין:

Während man die Tefillin an den Kopf bindet:

בָּרוּךְ אַתָּה יְיָ אֱלֹהֵינוּ מֶלֶךְ הָעוֹלָם. אֲשֶׁר קִדְּשָׁנוּ בְּמִצְוֹתָיו
וְצִוָּנוּ עַל־מִצְוַת תְּפִלִּין:
בָּרוּךְ שֵׁם כְּבוֹד מַלְכוּתוֹ לְעוֹלָם וָעֶד:

Während der Riemen dreimal um den Mittelfinger gewunden wird:

וְאֵרַשְׂתִּיךְ לִי לְעוֹלָם.
וְאֵרַשְׂתִּיךְ לִי בְּצֶדֶק וּבְמִשְׁפָּט וּבְחֶסֶד וּבְרַחֲמִים.
וְאֵרַשְׂתִּיךְ לִי בֶּאֱמוּנָה וְיָדַעַתְּ אֶת־יְיָ:

יגדל *(S. 188) oder* אדון עולם *(S. 270) kann hier gesungen werden.*

אלהי נשמה

אֱלֹהַי. נְשָׁמָה שֶׁנָּתַתָּ־בִּי טְהוֹרָה. אַתָּה בְרָאתָהּ. אַתָּה
יְצַרְתָּהּ. אַתָּה נְפַחְתָּהּ בִּי. וְאַתָּה מְשַׁמְּרָהּ בְּקִרְבִּי. וְאַתָּה
עָתִיד לִטְּלָהּ מִמֶּנִּי לְחַיֵּי עוֹלָם: כָּל־זְמַן שֶׁהַנְּשָׁמָה בְקִרְבִּי
מוֹדֶה/מוֹדָה אֲנִי לְפָנֶיךָ יְיָ אֱלֹהַי וֵאלֹהֵי אֲבוֹתַי. שֶׁאַתָּה הוּא
רִבּוֹן כָּל־הַמַּעֲשִׂים. מוֹשֵׁל בְּכָל־הַבְּרִיּוֹת. אֲדוֹן
כָּל־הַנְּשָׁמוֹת: בָּרוּךְ אַתָּה יְיָ. הַמַּחֲזִיר נְשָׁמוֹת לַמֵּתִים:

בָּרוּךְ אַתָּה יְיָ אֱלֹהֵינוּ מֶלֶךְ הָעוֹלָם. מַתִּיר אֲסוּרִים:
בָּרוּךְ אַתָּה יְיָ אֱלֹהֵינוּ מֶלֶךְ הָעוֹלָם. זוֹקֵף כְּפוּפִים:

ten in den Dienst für Gott stellt, gepriesen sei Gottes Name. Weil ich die Tefillin anlege, möge mein Leben reich sein an der Erfüllung von Geboten. Möge ich die Fülle der Heiligkeit und reine Gedanken ohne Verfehlung und Verkehrung haben. Möge der böse Trieb uns nicht verführen oder reizen. Mögen wir Gott von Herzen dienen. Amen.

Während man die Tefillin um den Arm bindet:

Gepriesen seist du, Ewiger, unser Gott; du regierst die Welt. Du hast uns durch deine Gebote geheiligt und hast uns aufgetragen, uns Tefillin umzubinden.

Während man die Tefillin an den Kopf bindet:

Gepriesen seist du, Ewiger, unser Gott; du regierst die Welt. Du hast uns durch deine Gebote geheiligt und hast uns das Gebot über die Tefillin gegeben.

Während der Riemen dreimal um den Mittelfinger gewunden wird:

Ich verlobe mich mit dir für ewige Zeiten.
Ich verlobe mich mit dir in Gerechtigkeit und Recht,
in Liebe und Erbarmen.
Ich verlobe mich mit dir in Treue
– und du wirst den Ewigen erkennen.

(Hos 2,21-22)

Jigdal (S. 189) oder Adon Olam (S. 271) kann hier gesungen werden.

DER MENSCH IST GUT

Mein Gott, die Seele, die du mir geschenkt hast, ist rein. Du hast sie geschaffen. Du hast sie sich entwickeln lassen. Du hast sie mir eingehaucht. Du behütest sie in mir. Du wirst sie mir eines Tages nehmen und in ewiges Leben verwandeln. Mein Gott und Gott meiner Vorfahren, solange die Seele in mir ist, will ich dir danken, denn du waltest über alle Geschöpfe, du herrschst über alle Kreatur. Alles Leben ist in deiner Hand. Gepriesen seist du, Ewiger. Du bringst den Toten ihre Seelen zurück. *(bBer 60b)*

Gepriesen seist du, Ewiger, unser Gott; du regierst die Welt. Du machst Gebundene frei.

Gepriesen seist du, Ewiger, unser Gott; du regierst die Welt. Du richtest Erniedrigte auf.

בָּרוּךְ אַתָּה יְיָ אֱלֹהֵינוּ מֶלֶךְ הָעוֹלָם. שֶׁעָשָׂה־לִּי כָּל־צָרְכִּי:

בָּרוּךְ אַתָּה יְיָ אֱלֹהֵינוּ מֶלֶךְ הָעוֹלָם. אֲשֶׁר הֵכִין מִצְעֲדֵי־גָבֶר:

בָּרוּךְ אַתָּה יְיָ אֱלֹהֵינוּ מֶלֶךְ הָעוֹלָם. עוֹטֵר יִשְׂרָאֵל בְּתִפְאָרָה:

בָּרוּךְ אַתָּה יְיָ אֱלֹהֵינוּ מֶלֶךְ הָעוֹלָם. הַנּוֹתֵן לַיָּעֵף כֹּחַ:

בָּרוּךְ אַתָּה יְיָ אֱלֹהֵינוּ מֶלֶךְ הָעוֹלָם. הַמַּעֲבִיר שֵׁנָה מֵעֵינַי וּתְנוּמָה מֵעַפְעַפָּי:

לְעוֹלָם יְהֵא אָדָם יְרֵא שָׁמַיִם בַּסֵּתֶר כְּבַגָּלוּי. וּמוֹדֶה עַל־הָאֱמֶת וְדוֹבֵר אֱמֶת בִּלְבָבוֹ:

תורה ומצוות

יְהִי רָצוֹן מִלְּפָנֶיךָ יְיָ אֱלֹהֵינוּ וֵאלֹהֵי אֲבוֹתֵינוּ: שֶׁתַּרְגִּילֵנוּ בְּתוֹרָתֶךָ וְדַבְּקֵנוּ בְּמִצְוֹתֶיךָ. וְאַל תְּבִיאֵנוּ לֹא לִידֵי חֵטְא וְלֹא לִידֵי עֲבֵרָה וְלֹא לִידֵי נִסָּיוֹן וְלֹא לִידֵי בִזָּיוֹן. וְאַל תַּשְׁלֶט־בָּנוּ יֵצֶר הָרַע. וְהַרְחִיקֵנוּ מֵאָדָם רַע וּמֵחָבֵר רָע. וְדַבְּקֵנוּ בְּיֵצֶר הַטּוֹב וּבְמַעֲשִׂים טוֹבִים. וְכֹף אֶת־יִצְרֵנוּ לְהִשְׁתַּעְבֶּד־לָךְ. וּתְנֵנוּ הַיּוֹם וּבְכָל־יוֹם לְחֵן וּלְחֶסֶד וּלְרַחֲמִים בְּעֵינֶיךָ וּבְעֵינֵי כָל־רוֹאֵינוּ. וְתִגְמְלֵנוּ חֲסָדִים טוֹבִים: בָּרוּךְ אַתָּה יְיָ. גּוֹמֵל חֲסָדִים טוֹבִים לְעַמּוֹ יִשְׂרָאֵל:

רִבּוֹן הָעוֹלָמִים וַאֲדֹנֵי הָאֲדֹנִים. לֹא עַל־צִדְקֹתֵינוּ אֲנַחְנוּ מַפִּילִים תַּחֲנוּנֵינוּ לְפָנֶיךָ. כִּי עַל־רַחֲמֶיךָ הָרַבִּים: אֲדֹנָי שְׁמָעָה. אֲדֹנָי סְלָחָה. אֲדֹנָי הַקְשִׁיבָה וַעֲשֵׂה. מָה־אָנוּ. מֶה־חַיֵּינוּ. מֶה־חַסְדֵּנוּ. מַה־צִּדְקוֹתֵינוּ. מַה־יְּשׁוּעָתֵנוּ. מַה־כֹּחֵנוּ. מַה־גְּבוּרָתֵנוּ. מַה־נֹּאמַר לְפָנֶיךָ יְיָ אֱלֹהֵינוּ וֵאלֹהֵי אֲבוֹתֵינוּ. הֲלֹא הַגִּבּוֹרִים כְּאַיִן לְפָנֶיךָ. וְאַנְשֵׁי הַשֵּׁם כְּלֹא הָיוּ. וַחֲכָמִים כִּבְלִי מַדָּע. וּנְבוֹנִים כִּבְלִי הַשְׂכֵּל. כִּי רֹב מַעֲשֵׂינוּ תֹּהוּ. וִימֵי

Gepriesen seist du, Ewiger, unser Gott; du regierst die Welt. Du gibst mir all das, was ich zum Leben brauche.

Gepriesen seist du, Ewiger, unser Gott; du regierst die Welt. Du machst die Schritte eines Menschen sicher.

Gepriesen seist du, Ewiger, unser Gott; du regierst die Welt. Du krönst Israel mit Ehre.

Gepriesen seist du, Ewiger, unser Gott; du regierst die Welt. Du gibst den Müden Kraft.

Gepriesen seist du, Ewiger, unser Gott; du regierst die Welt. Du nimmst den Schlaf aus meinen Augen und den Schlummer von meinen Wimpern.

Stets sei der Mensch gottesfürchtig, sowohl im privaten als auch im öffentlichen Bereich. Stets bekenne er sich zur Wahrheit, und die Wahrheit bestimme auch seine Gedanken.

Hilf uns, Ewiger, unser Gott und Gott unserer Vorfahren, dass deine Weisung unsere Entscheidungen prägt und wir gemäß deiner Gebote leben. Hilf, dass die Verfehlung keine Macht über uns gewinnt und lass uns nicht zur Übertretung verleitet werden. Führe uns nicht in Versuchung und nicht in Situationen, für die wir uns schämen müssen. Lass uns nicht vom bösen Trieb beherrscht sein. Halte böse Menschen und falsche Freundinnen und Freunde von uns fern. Lass uns von unserem guten Trieb und von guten Taten bestimmt sein. Dränge unsere Triebe, dass sie sich dir unterwerfen. Lass uns Güte, Liebe und Barmherzigkeit finden in deinen Augen und in den Augen aller Menschen, denen wir heute begegnen. Heute und an jedem Tag lass uns deine Freundlichkeit spüren. Gepriesen seist du, Ewiger. Du erweist deinem Volk Israel Gutes. *(bBer 60b)*

DER MENSCH IST SCHWACH

Ursprung aller menschlichen Stärke und Macht, dem allein unsere Ehre gebührt, „nicht im Vertrauen auf unsere gerechten Taten legen wir dir unsere Bitten vor, sondern im Vertrauen auf dein großes Erbarmen. Gott, höre! Gott, verzeih! Gott, vernimm unser Gebet und handle!“ *(Dan 9,18f)* Was sind wir? Was ist unser Leben? Was ist unsere Liebe? Was ist unsere Gerechtigkeit? Was sind unsere Erfolge? Was ist unsere Kraft? Was ist unsere Macht? Ewiger, unser Gott und Gott unserer Vorfahren, was könnten wir in deiner Gegenwart sagen? Ist nicht unsere Kraft wie nichts vor dir? Und sind nicht ruhmreiche Menschen so, als wären sie nie gewesen? Sind nicht Kluge vor dir wie solche ohne Wissen, und Intelligente wie solche ohne Einsicht? Ja, die meisten unserer Werke sind vor dir wie Nichtigkeiten, und die Tage unseres Lebens sind wie nichts vor

חַיֵּינוּ הֶבֶל לְפָנֶיךָ. וּמוֹתַר הָאָדָם מִן הַבְּהֵמָה אָיִן. כִּי הַכֹּל הָבֶל לְבַד הַנְּשָׁמָה הַטְּהוֹרָה. שֶׁהִיא עֲתִידָה לִתֵּן דִּין וְחֶשְׁבּוֹן לִפְנֵי כִּסֵּא כְבוֹדֶךָ:

לעסוק בדברי תורה

בָּרוּךְ אַתָּה יְיָ אֱלֹהֵינוּ מֶלֶךְ הָעוֹלָם. אֲשֶׁר קִדְּשָׁנוּ בְּמִצְוֹתָיו וְצִוָּנוּ לַעֲסוֹק בְּדִבְרֵי תוֹרָה:

An dieser Stelle kann der jeweilige Abschnitt aus dem "Kalender für den Monat Elul" (S. 13 - 34) eingefügt werden.

וַיְבָרֶךְ דָּוִיד אֶת־יְהוָה לְעֵינֵי כָּל־הַקָּהָל. וַיֹּאמֶר דָּוִיד. בָּרוּךְ אַתָּה יְהוָה אֱלֹהֵי יִשְׂרָאֵל אָבִינוּ מֵעוֹלָם וְעַד־עוֹלָם: לְךָ יְהוָה הַגְּדֻלָּה וְהַגְּבוּרָה וְהַתִּפְאֶרֶת וְהַנֵּצַח וְהַהוֹד. כִּי־כֹל בַּשָּׁמַיִם וּבָאָרֶץ לְךָ יְהוָה הַמַּמְלָכָה וְהַמִּתְנַשֵּׂא לְכֹל לְרֹאשׁ: וְהָעֹשֶׁר וְהַכָּבוֹד מִלְּפָנֶיךָ. וְאַתָּה מוֹשֵׁל בַּכֹּל. וּבְיָדְךָ כֹּחַ וּגְבוּרָה. וּבְיָדְךָ לְגַדֵּל וּלְחַזֵּק לַכֹּל: וְעַתָּה אֱלֹהֵינוּ מוֹדִים אֲנַחְנוּ לָךְ. וּמְהַלְלִים לְשֵׁם תִּפְאַרְתֶּךָ: וִיבָרְכוּ שֵׁם כְּבֹדֶךָ. וּמְרוֹמַם עַל־כָּל־בְּרָכָה וּתְהִלָּה: אַתָּה־הוּא יְהוָה לְבַדֶּךָ. אַתָּה עָשִׂיתָ אֶת־הַשָּׁמַיִם שְׁמֵי הַשָּׁמַיִם וְכָל־צְבָאָם. הָאָרֶץ וְכָל־אֲשֶׁר עָלֶיהָ. הַיַּמִּים וְכָל־אֲשֶׁר בָּהֶם. וְאַתָּה מְחַיֶּה אֶת־כֻּלָּם. וּצְבָא הַשָּׁמַיִם לְךָ מִשְׁתַּחֲוִים:

יְיָ מֶלֶךְ. יְיָ מָלָךְ. יְיָ יִמְלֹךְ לְעוֹלָם וָעֶד:

וְהָיָה יְיָ לְמֶלֶךְ עַל־כָּל־הָאָרֶץ. בַּיּוֹם הַהוּא יִהְיֶה יְיָ אֶחָד וּשְׁמוֹ אֶחָד: הוֹשִׁיעֵנוּ יְיָ אֱלֹהֵינוּ. לְהוֹדוֹת לְשֵׁם קָדְשֶׁךָ לְהִשְׁתַּבֵּחַ בִּתְהִלָּתֶךָ: בָּרוּךְ יְיָ אֱלֹהֵי יִשְׂרָאֵל מִן־הָעוֹלָם וְעַד הָעוֹלָם. וְאָמַר כָּל־הָעָם אָמֵן. הַלְלוּיָהּ: כֹּל הַנְּשָׁמָה תְּהַלֵּל יָהּ. הַלְלוּיָהּ:

Der tägliche Morgen-Gottesdienst wird mit ישתבח *auf S. 72 fortgesetzt.*

dir. Sogar „der Vorrang des Menschen vor den Tieren wird bedeutungslos." *(Koh 3,19)* Ja, alles ist wie nichts vor dir – außer einer reinen Seele. Denn diese wird eines Tages in ihrer Verantwortlichkeit ernst genommen werden vor dem Thron deiner Herrlichkeit.

DIE PFLICHT ZU LERNEN

Gepriesen seist du, Ewiger, unser Gott; du regierst die Welt. Du hast uns durch deine Gebote geheiligt und hast uns aufgetragen, uns mit den Worten deiner Thora zu beschäftigen. *(bBer 11b)*

An dieser Stelle kann der jeweilige Abschnitt aus dem „Kalender für den Monat Elul" (S. 13 - 34) eingefügt werden.

Da pries David Gott vor der ganzen Versammlung und rief: Gepriesen seist du, Ewiger, Gott unseres Vaters Israel, von Ewigkeit zu Ewigkeit. Dein Eigen, Gott, sind Größe und Macht, Ruhm, Pracht und Hoheit. Dir gehört alles im Himmel und auf Erden. Dein, Gott, ist die Herrschaft und du erhebst dich als Haupt über alles. Reichtum und Ehre kommen von dir. Du herrschst über alles. In deiner Hand liegen Kraft und Macht. Durch deine Hand kommt alle Größe und Kraft. Darum danken wir dir, unser Gott, und rühmen deinen herrlichen Namen. *(1. Chron 29,10-13)* Erhebt euch und preist den Ewigen, euren Gott, von Ewigkeit zu Ewigkeit! Man preise deinen herrlichen Namen, obwohl er erhaben ist über allen Preis und Ruhm. Du, Gott, bist der Einzige. Du hast den Himmel geschaffen und die unzählbaren Sterne, die Erde und alles, was auf ihr ist, die Meere und alles, was darin lebt. Ihnen allen gibst du das Leben. Das ganze Universum betet dich an. *(Neh 9,5-6)*

GOTT HAT MACHT

Gott regiert, Gott hat regiert, und regieren wird Gott bis in Ewigkeit.

Dann wird Gott über die ganze Erde regieren. An jenem Tag wird Gott einzig sein und Gottes Name der Einzige. *(Sach 14,9)*
Hilf uns, Ewiger, unser Gott, dass wir deinen heiligen Namen preisen und gepriesen werden, weil wir dich loben.
Gepriesen sei der Ewige, Israels Gott, vom Anfang bis ans Ende der Zeiten. Alles Volk soll sprechen: Amen. Halleluja! *(Ps 106,47-48)*
Alles, was Atem hat, singe Lob unserm Gott! Halleluja! *(Ps 150,6)*

Der tägliche Morgen-Gottesdienst wird mit Jischtabach auf S. 73 fortgesetzt.

תפלת מנחה

אַשְׁרֵי יוֹשְׁבֵי בֵיתֶךָ עוֹד יְהַלְלוּךָ סֶּלָה:
אַשְׁרֵי הָעָם שֶׁכָּכָה לּוֹ אַשְׁרֵי הָעָם שֶׁיְיָ אֱלֹהָיו:

Hier kann Ps 145 (S. 580) oder ein anderer geeigneter Psalm gelesen werden.

Am Schabbat:

וּבָא לְצִיּוֹן גּוֹאֵל וּלְשָׁבֵי פֶשַׁע בְּיַעֲקֹב נְאֻם יְהוָֹה: וַאֲנִי זֹאת בְּרִיתִי אוֹתָם אָמַר יְהוָֹה רוּחִי אֲשֶׁר עָלֶיךָ וּדְבָרַי אֲשֶׁר־שַׂמְתִּי בְּפִיךָ לֹא יָמוּשׁוּ מִפִּיךָ וּמִפִּי זַרְעֲךָ וּמִפִּי זֶרַע זַרְעֲךָ:

בָּרוּךְ אֱלֹהֵינוּ שֶׁבְּרָאָנוּ לִכְבוֹדוֹ וְהִבְדִּילָנוּ מִן־הַתּוֹעִים: הוּא יִפְתַּח לִבֵּנוּ בְּתוֹרָתוֹ וְיָשֵׂם בְּלִבֵּנוּ אַהֲבָתוֹ וְיִרְאָתוֹ לְמַעַן לֹא נִיגַע לָרִיק וְלֹא נֵלֵד לַבֶּהָלָה: יְהִי רָצוֹן מִלְּפָנֶיךָ יְיָ אֱלֹהֵינוּ וֵאלֹהֵי אֲבוֹתֵינוּ. שֶׁנִּשְׁמוֹר חֻקֶּיךָ בָּעוֹלָם הַזֶּה. וְנִזְכֶּה וְנִחְיֶה וְנִרְאֶה וְנִירַשׁ טוֹבָה וּבְרָכָה לִשְׁנֵי יְמוֹת הַמָּשִׁיחַ וּלְחַיֵּי הָעוֹלָם הַבָּא: וְיִבְטְחוּ בְךָ יוֹדְעֵי שְׁמֶךָ כִּי לֹא־עָזַבְתָּ דֹּרְשֶׁיךָ יְיָ: יְיָ חָפֵץ לְמַעַן צִדְקוֹ יַגְדִּיל תּוֹרָה וְיַאְדִּיר:

Der Gottesdienst wird mit der Amida auf S. 82 fortgesetzt.

תפלת ערבית

וְהוּא רַחוּם יְכַפֵּר עָוֹן וְלֹא יַשְׁחִית וְהִרְבָּה לְהָשִׁיב אַפּוֹ וְלֹא יָעִיר כָּל־חֲמָתוֹ:

Der Gottesdienst wird mit Bar'chu auf S. 56 fortgesetzt.

NACHMITTAGSGEBET

Glücklich sind die, die in deinem Haus wohnen,
die dich allezeit loben! *(Ps 84,5)*
Glücklich ist das Volk, von dem dies gilt:
Glücklich ist das Volk, dessen Gott der Ewige ist. *(Ps 144,15)*

Hier kann Ps 145 (S. 581) oder ein anderer geeigneter Psalm gelesen werden.

Am Schabbat:
Erlösung wird für Zion kommen, für die in Jakob, die sich von ihren Taten gegen Gott abwenden, Ausspruch Gottes. Und ich: Dies ist mein Bund mit ihnen, spricht Gott: Mein Geist, der auf dir ruht, und meine Worte, die ich in deinen Mund legte, sie sollen nicht aus deinem Mund verschwinden, und aus dem Mund deiner Nachkommen, und aus dem Mund der Kinder deiner Nachkommen, von jetzt an bis in Ewigkeit, spricht Gott. *(Jes 59,20-21)*

AUF GOTT VERTRAUEN

Gepriesen sei unser Gott; zu Gottes Ehre wurden wir von Gott geschaffen und von denen ausgesondert, die ziellos umherirren. Möge Gott unsere Herzen öffnen für die Thora und sie erfüllen mit der Liebe zu Gott und mit dem Glauben an den Ewigen, damit wir nicht umsonst leben oder in grundloser Angst. Möge es dein Wille sein, Ewiger, unser Gott und Gott unserer Vorfahren, dass wir deine Satzungen in dieser Welt beachten. Denn dann werden wir für würdig befunden, Gutes zu erleben, Segen zu erfahren und teilzuhaben an der messianischen Zeit und am Leben der kommenden Welt.

Wer dich kennt, Gott, vertraut dir, denn niemals verlässt du die, die dich suchen. *(Ps 9,11)*

Um der göttlichen Gerechtigkeit willen hat es Gott gefallen, die Thora groß und prächtig zu machen. *(Jes 42,21)*

Der Gottesdienst wird mit der Amida auf S. 83 fortgesetzt.

ABENDGEBET FÜR WOCHENTAGE

Gott ist barmherzig, sühnt Verkehrung und vertilgt nicht. Immer wieder lässt Gott von seinem Zorn ab und unterdrückt den Grimm. *(Ps 78,38)*

Der Gottesdienst wird mit Bar'chu auf S. 57 fortgesetzt.

תְּפִלַּת עַרְבִית לְשַׁבַּת שׁוּבָה

מַה־טֹּבוּ אֹהָלֶיךָ יַעֲקֹב מִשְׁכְּנֹתֶיךָ יִשְׂרָאֵל:
וַאֲנִי בְּרֹב חַסְדְּךָ אָבוֹא בֵיתֶךָ
אֶשְׁתַּחֲוֶה אֶל־הֵיכַל־קָדְשְׁךָ בְּיִרְאָתֶךָ:
יְהוָה אָהַבְתִּי מְעוֹן בֵּיתֶךָ וּמְקוֹם מִשְׁכַּן כְּבוֹדֶךָ:
וַאֲנִי אֶשְׁתַּחֲוֶה וְאֶכְרָעָה אֶבְרְכָה לִפְנֵי־יְהוָה עֹשִׂי:
וַאֲנִי תְפִלָּתִי־לְךָ יְהוָה עֵת רָצוֹן
אֱלֹהִים בְּרָב־חַסְדֶּךָ עֲנֵנִי בֶּאֱמֶת יִשְׁעֶךָ:

מַה־נֹּאמַר לְפָנֶיךָ יוֹשֵׁב מָרוֹם. וּמַה־נְּסַפֵּר לְפָנֶיךָ שׁוֹכֵן שְׁחָקִים. הֲלֹא הַנִּסְתָּרוֹת וְהַנִּגְלוֹת אַתָּה יוֹדֵעַ: אַתָּה יוֹדֵעַ רָזֵי עוֹלָם. וְתַעֲלֻמוֹת סִתְרֵי כָל־חָי. אַתָּה חוֹפֵשׂ כָּל־חַדְרֵי בָטֶן. רוֹאֶה כְלָיוֹת וָלֵב: אֵין דָּבָר נֶעְלָם מִמֶּךָ. וְאֵין נִסְתָּר מִנֶּגֶד עֵינֶיךָ:

יְהִי רָצוֹן מִלְּפָנֶיךָ יְיָ אֱלֹהֵינוּ וֵאלֹהֵי אֲבוֹתֵינוּ שֶׁתְּרַחֵם עָלֵינוּ. וְתִמְחֹל לָנוּ אֶת־כָּל־חַטֹּאתֵינוּ. וּתְכַפֶּר־לָנוּ אֶת־כָּל־עֲוֹנוֹתֵינוּ. וְתִמְחֹל וְתִסְלַח לְכָל־פְּשָׁעֵינוּ. וְסָלַחְתָּ לַעֲוֹנֵנוּ וּלְחַטָּאתֵנוּ וּנְחַלְתָּנוּ: סְלַח לָנוּ אָבִינוּ כִּי חָטָאנוּ. מְחַל לָנוּ מַלְכֵּנוּ כִּי פָשָׁעְנוּ: כִּי־אַתָּה אֲדֹנָי טוֹב וְסַלָּח. וְרַב־חֶסֶד לְכָל־קֹרְאֶיךָ: לְמַעַן־שִׁמְךָ יְיָ. וְסָלַחְתָּ לַעֲוֹנֵנוּ כִּי רַב־הוּא. לְמַעַן שִׁמְךָ יְיָ תְּחַיֵּנוּ. בְּצִדְקָתְךָ תּוֹצִיא מִצָּרָה נַפְשֵׁנוּ: יְהוָה צְבָאוֹת עִמָּנוּ. מִשְׂגָּב לָנוּ אֱלֹהֵי יַעֲקֹב: יְהוָה צְבָאוֹת. אַשְׁרֵי אָדָם בֹּטֵחַ בָּךְ:

ABENDGEBET FÜR DEN SCHABBAT SCHUWA

EIN-GANGS-GEBETE

Wie schön sind deine Zelte, Jakob,
wie schön deine Wohnstätten, Israel! *(Num 24,5)*
Durch deine große Liebe, Gott, betrete ich dein Haus
und werfe mich voll Ehrfurcht
vor deiner heil'gen Lade nieder. *(Ps 5,8)*
Gott, wie ich den Ort liebte, an dem dein Tempel stand,
und die Stätte, wo deine Herrlichkeit wohnte, *(Ps 26,8)*
so falle ich nieder, verneige mich,
knie nieder vor Gott, meinem Schöpfer. *(Ps 95,6)*
Ich bete zu dir, Gott, zur Zeit der Gnade.
Erhöre mich in deiner großen Liebe, Gott,
hilf mir in deiner Treue! *(Ps 69,14)*

Gott in der Höhe, was könnten wir in deiner Gegenwart sagen? Gott im Himmel, was haben wir dir zu erzählen? Ist nicht alles Geheime und alles Offenkundige dir bekannt? Du kennst die Rätsel der Welt! Du weißt um die gehüteten Geheimnisse aller Lebewesen. Du kennst das Innerste des Körpers. Du weißt um die Gefühle und Gedanken. Nichts ist vor dir versteckt, nichts deinem Blick verborgen.

Erbarme dich über uns, Ewiger, unser Gott und Gott unserer Vorfahren. Verzeih uns alle unsere Verfehlungen und sühne all unsere Verkehrungen. Verzeih und vergib uns all unsere eigensüchtigen Taten. Vergib uns unsere Verkehrungen und unsere Verfehlungen und lass uns dein Eigentum bleiben. Quelle unseres Lebens, vergib uns, denn wir haben uns verfehlt. Ursprung aller Macht, verzeih uns, denn wir haben eigensüchtig gehandelt. Denn du, Gott, bist gut und verzeihst! Groß ist deine Güte, die du dem Menschen erweist, der zu dir betet. *(Ps 86,5)* Um deines Namens willen, Gott, vergib uns unsere Verkehrung, denn sie ist groß. *(Ps 25,11)* Um deines Namens willen erhalte uns am Leben; in deiner Gerechtigkeit rette unsere Seele aus der Bedrängnis! *(Ps 143,11)* Der Gott aller Geschöpfe ist bei uns, der Gott Jakobs ist unser Schutz. *(Ps 46, 8.12)* Glücklich ist der Mensch, der auf dich vertraut! (*Ps 84,13)*

יָהּ רִבּוֹן עָלַם וְעָלְמַיָּא. אַנְתְּ הוּא מַלְכָּא מֶלֶךְ מַלְכַיָּא:

עוֹבַד גְּבוּרְתֵּךְ וְתִמְהַיָּא. שְׁפִּיר קֳדָמָךְ לְהַחֲוָיָה:
יָהּ רִבּוֹן עָלַם וְעָלְמַיָּא. אַנְתְּ הוּא מַלְכָּא מֶלֶךְ מַלְכַיָּא:

שְׁבָחִין אֲסַדֵּר צַפְרָא וְרַמְשָׁא. לָךְ אֱלָהָא קַדִּישָׁא דִּי בְרָא כָּל־נַפְשָׁא. עִירִין קַדִּישִׁין וּבְנֵי אֱנָשָׁא. חֵיוַת בָּרָא וְעוֹפֵי שְׁמַיָּא:
יָהּ רִבּוֹן עָלַם וְעָלְמַיָּא. אַנְתְּ הוּא מַלְכָּא מֶלֶךְ מַלְכַיָּא:

רַבְרְבִין עוֹבְדָיךְ וְתַקִּיפִין. מָכֵךְ רָמַיָּא וְזָקֵף כְּפִיפִין. לוּ יְחֵא גְבַר שְׁנִין אַלְפִין. לָא יֵעֹל גְּבוּרְתֵּךְ בְּחֻשְׁבְּנַיָּא:
יָהּ רִבּוֹן עָלַם וְעָלְמַיָּא. אַנְתְּ הוּא מַלְכָּא מֶלֶךְ מַלְכַיָּא:

תהלים
צח

מִזְמוֹר

שִׁירוּ לַיהוָה שִׁיר חָדָשׁ כִּי־נִפְלָאוֹת עָשָׂה
הוֹשִׁיעָה־לּוֹ יְמִינוֹ וּזְרוֹעַ קָדְשׁוֹ:
הוֹדִיעַ יְהוָה יְשׁוּעָתוֹ לְעֵינֵי הַגּוֹיִם גִּלָּה צִדְקָתוֹ:
זָכַר חַסְדּוֹ וֶאֱמוּנָתוֹ לְבֵית יִשְׂרָאֵל
רָאוּ כָל־אַפְסֵי־אָרֶץ אֵת יְשׁוּעַת אֱלֹהֵינוּ:
הָרִיעוּ לַיהוָה כָּל־הָאָרֶץ פִּצְחוּ וְרַנְּנוּ וְזַמֵּרוּ:
זַמְּרוּ לַיהוָה בְּכִנּוֹר בְּכִנּוֹר וְקוֹל זִמְרָה:
בַּחֲצֹצְרוֹת וְקוֹל שׁוֹפָר הָרִיעוּ לִפְנֵי הַמֶּלֶךְ יְהוָה:
יִרְעַם הַיָּם וּמְלֹאוֹ תֵּבֵל וְיֹשְׁבֵי בָהּ:

JAH RIBON

Gott, bis in Ewigkeit herrschst du über die Welt.
Die Regierenden aller Länder stehen unter deiner Macht.
Es gefällt dir, uns Zeichen deiner Stärke
und deiner Wunder zu zeigen.
Gott, du bist ewig. Du herrschst über die Welt.
Die Regierenden aller Länder stehen unter deiner Macht.

Mein Lob bringe ich am Morgen und am Abend,
dir, heiliger Gott, Ursprung von allem, was lebt:
von den heiligen Engeln, jedem Menschenkind,
den Tieren der Erde und den Vögeln in der Luft.
Gott, du bist ewig. Du herrschst über die Welt.
Die Regierenden aller Länder stehen unter deiner Macht.

Zahlreich sind deine Taten und machtvoll,
du richtest die Gebeugten auf und erniedrigst die Stolzen.
Wären der Menschen Jahre auch tausend,
nie könnten unsere Gedanken deine Macht erfassen.
Gott, du bist ewig. Du herrschst über die Welt.
Die Regierenden aller Länder stehen unter deiner Macht.

(Israel Najara)

PSALM
98

Singt für Gott ein neues Lied;
denn Gott tat staunenswerte Taten.
Gottes rechte Hand hat dabei geholfen
und Gottes heiliger Arm.
Gott hat seine Hilfe bekannt gemacht,
und Gottes gerechtes Wirken
ist offenbart vor den Augen der Völker.
Gott dachte an die Huld
und an die Treue zur Familie Israels.
Alle Enden der Erde sahen
die Hilfe unsres Gottes.
Jauchzt vor Gott, alle Länder der Erde,
freut euch und singt!
Spielt für Gott auf der Harfe,
auf der Harfe und mit lautem Gesang!
Mit Trompeten und dem Ton des Schofar,
macht Musik für Gott, Gott regiert die Welt!
Das Meer soll brausen und alles, was es erfüllt,
die Erde und die auf ihr wohnen.

נְהָרוֹת יִמְחֲאוּ־כָף יַחַד הָרִים יְרַנֵּנוּ:
לִפְנֵי יְהוָה כִּי בָא לִשְׁפֹּט הָאָרֶץ
יִשְׁפֹּט־תֵּבֵל בְּצֶדֶק וְעַמִּים בְּמֵישָׁרִים:

ל **לְכָה דוֹדִי** לִקְרַאת כַּלָּה. פְּנֵי שַׁבָּת נְקַבְּלָה:

ש שָׁמוֹר וְזָכוֹר בְּדִבּוּר אֶחָד · הִשְׁמִיעָנוּ אֵל הַמְיֻחָד ·
יְיָ אֶחָד וּשְׁמוֹ אֶחָד · לְשֵׁם וּלְתִפְאֶרֶת וְלִתְהִלָּה:
לְכָה דוֹדִי לִקְרַאת כַּלָּה · פְּנֵי שַׁבָּת נְקַבְּלָה:

ל לִקְרַאת שַׁבָּת לְכוּ וְנֵלְכָה · כִּי הִיא מְקוֹר הַבְּרָכָה ·
מֵרֹאשׁ מִקֶּדֶם נְסוּכָה · סוֹף מַעֲשֶׂה בְּמַחֲשָׁבָה תְּחִלָּה:
לְכָה דוֹדִי לִקְרַאת כַּלָּה · פְּנֵי שַׁבָּת נְקַבְּלָה:

מ מִקְדַּשׁ מֶלֶךְ עִיר מְלוּכָה · קוּמִי צְאִי מִתּוֹךְ הַהֲפֵכָה ·
רַב לָךְ שֶׁבֶת בְּעֵמֶק הַבָּכָא · וְהוּא יַחֲמֹל עָלַיִךְ חֶמְלָה:
לְכָה דוֹדִי לִקְרַאת כַּלָּה · פְּנֵי שַׁבָּת נְקַבְּלָה:

ה הִתְנַעֲרִי מֵעָפָר קוּמִי · לִבְשִׁי בִּגְדֵי תִפְאַרְתֵּךְ עַמִּי ·
עַל־יַד בֶּן־יִשַׁי בֵּית הַלַּחְמִי · קָרְבָה אֶל נַפְשִׁי גְאָלָהּ:
לְכָה דוֹדִי לִקְרַאת כַּלָּה · פְּנֵי שַׁבָּת נְקַבְּלָה:

ה הִתְעוֹרְרִי הִתְעוֹרְרִי · כִּי בָא אוֹרֵךְ קוּמִי אוֹרִי ·
עוּרִי עוּרִי שִׁיר דַּבֵּרִי · כְּבוֹד יְיָ עָלַיִךְ נִגְלָה:
לְכָה דוֹדִי לִקְרַאת כַּלָּה · פְּנֵי שַׁבָּת נְקַבְּלָה:

Die Ströme sollen in die Hände klatschen,
die Berge sollen jubeln im Chor
vor Gott, denn Gott kommt,
um die Erde zu richten.
Gott richtet den Erdkreis gerecht,
die Nationen so, wie es recht ist.

LECHA DODI

„Auf, auf, mein Freund“ *(Hld 7,12)*,
lasst uns der Braut entgegengehn, lasst uns den Schabbat empfangen!

1. „Bewahre…!“ *(Dtn 5,12)* und „Gedenke…!“, (*Ex 20,8)*
so ließ der eine Gott in einem Wort es uns vernehmen.
„Der Ewige ist einzig, einzig ist sein Name,“ *(Sach 14,9)*
einzigartig „an Ruhm, Pracht“ *(1. Chron 22,5)* und an Herrlichkeit.
Auf, auf, mein Freund, …

2. Auf, auf, der Braut entgegen „lasst uns laufen“ *(Jes 2,5)*,
denn sie ist die Quelle allen Segens.
Seit uralten Zeiten ist diese Königin gesalbt.
Sie steht zwar am Ende der Schöpfung,
war in Gottes Gedanken jedoch von Anfang an geplant.
Auf, auf, mein Freund, …

3. „Heiligtum des Königs,“ *(Am 7,3)* du „königliche Stadt“ *(2. Sam 12,26)*,
steh auf, erhebe dich „aus der Zerstörung“ *(Gen 19,29)*!
Denn lang genug hast du „im Tränental“ *(Ps 84,7)* gesessen.
Jetzt wird Gott seine Barmherzigkeit über dir ausgießen.
Auf, auf, mein Freund, …

4. „Schüttle den Staub von dir ab, steh auf!“ *(Jes 52,2)*
„Zieht eure schönsten Kleider an,“ *(Jes 52,1)* mein Volk!
Durch einen Sohn „Isais aus Bethlehem“ *(1. Sam 16,1)*
„sei meiner Seele nah, erlöse sie!“ *(Ps 69,19)*
Auf, auf, mein Freund, …

5. „Erwache, erwache,“ *(Jes 51,17)* „denn gekommen ist dein Licht.“ *(Jes 60,1)*
„Steh auf und leuchte!“ *(ebd.)*
„Wach auf, wach auf, singe ein Lied!“ *(Ri 5,12)*
„Gottes Herrlichkeit wird sich an dir offenbaren.“ *(Jes 40,5)*
Auf, auf, mein Freund, …

ל לֹא תֵבֹושִׁי וְלֹא תִכָּלְמִי · מַה־תִּשְׁתּוֹחֲחִי וּמַה־תֶּהֱמִי ·
בָּךְ יֶחֱסוּ עֲנִיֵּי עַמִּי · וְנִבְנְתָה עִיר עַל־תִּלָּהּ :
לְכָה דוֹדִי לִקְרַאת כַּלָּה · פְּנֵי שַׁבָּת נְקַבְּלָה :

ו וְהָיוּ לִמְשִׁסָּה שֹׁאסָיִךְ · וְרָחֲקוּ כָּל־מְבַלְּעָיִךְ ·
יָשִׂישׂ עָלַיִךְ אֱלֹהָיִךְ · כִּמְשׂוֹשׂ חָתָן עַל כַּלָּה :

לְכָה דוֹדִי לִקְרַאת כַּלָּה · פְּנֵי שַׁבָּת נְקַבְּלָה :

י יָמִין וּשְׂמֹאל תִּפְרוֹצִי · וְאֶת־יְיָ תַּעֲרִיצִי ·
עַל יַד אִישׁ בֶּן־פַּרְצִי · וְנִשְׂמְחָה וְנָגִילָה :
לְכָה דוֹדִי לִקְרַאת כַּלָּה · פְּנֵי שַׁבָּת נְקַבְּלָה :

בּוֹאִי בְשָׁלוֹם עֲטֶרֶת בַּעְלָהּ · גַּם בְּשִׂמְחָה וּבְצָהֳלָה ·
תּוֹךְ אֱמוּנֵי עַם סְגֻלָּה · בּוֹאִי כַלָּה בּוֹאִי כַלָּה :
לְכָה דוֹדִי לִקְרַאת כַּלָּה · פְּנֵי שַׁבָּת נְקַבְּלָה :

6. „Du wirst nicht beschämt werden
und wirst nicht zuschanden kommen!“ *(Jes 45,17)*
„Was jammerst du, warum klagst du?“ *(Ps 42,6.12)*
„Die Schutzbedürftigen meines Volkes werden sich bei dir bergen.“ *(Jes 14,32)*
Auf, auf, mein Freund, …

7. „Die, die dich beraubten, werden selbst zum Raub.“ *(Jer 30,16)*
„Die, die dich zerstörten, sie sind weit entfernt.“ *(Jes 49,19)*
„Gott wird sich an dir erfreuen, so wie ein Bräutigam sich freut an seiner Braut.“ *(Jes 62,5)*
Auf, auf, mein Freund, …

8. „In alle Himmelsrichtungen wirst du dich verbreiten“ *(Jes 54,3)*
und deinen Gott verherrlichen,
durch einen Mann, den Sohn des Perez. *(Num 26,20)*
Auf, laßt uns fröhlich sein und jubeln!
Auf, auf, mein Freund, …

9. Komme, bring uns Frieden, du „Krone deines Gatten!“ *(Spr 12,4)*
Und bring auch Freude und Gelingen!
Tritt ein in die Mitte des „auserwählten Volkes“! *(Dtn 7,6)*
Komm herein, Braut, komm herein!
Auf, auf, mein Freund, …

(Sch'lomo ha-Levi Alkabez)

תהלים
צב

מִזְמוֹר שִׁיר לְיוֹם הַשַּׁבָּת:

טוֹב לְהוֹדוֹת לַיהוָֹה וּלְזַמֵּר לְשִׁמְךָ עֶלְיוֹן:
לְהַגִּיד בַּבֹּקֶר חַסְדֶּךָ וֶאֱמוּנָתְךָ בַּלֵּילוֹת:
עֲלֵי־עָשׂוֹר וַעֲלֵי־נָבֶל עֲלֵי הִגָּיוֹן בְּכִנּוֹר:
כִּי שִׂמַּחְתַּנִי יְהוָֹה בְּפָעֳלֶךָ בְּמַעֲשֵׂי יָדֶיךָ אֲרַנֵּן:

מַה־גָּדְלוּ מַעֲשֶׂיךָ יְהוָֹה מְאֹד עָמְקוּ מַחְשְׁבֹתֶיךָ:
אִישׁ־בַּעַר לֹא יֵדָע וּכְסִיל לֹא־יָבִין אֶת־זֹאת:
בִּפְרֹחַ רְשָׁעִים כְּמוֹ־עֵשֶׂב וַיָּצִיצוּ כָּל־פֹּעֲלֵי אָוֶן
לְהִשָּׁמְדָם עֲדֵי־עַד:

וְאַתָּה מָרוֹם לְעֹלָם יְהוָֹה:

כִּי הִנֵּה אֹיְבֶיךָ יְהוָֹה כִּי־הִנֵּה אֹיְבֶיךָ יֹאבֵדוּ
יִתְפָּרְדוּ כָּל־פֹּעֲלֵי אָוֶן:
וַתָּרֶם כִּרְאֵים קַרְנִי בַּלֹּתִי בְּשֶׁמֶן רַעֲנָן:
וַתַּבֵּט עֵינִי בְּשׁוּרָי בַּקָּמִים עָלַי מְרֵעִים
תִּשְׁמַעְנָה אָזְנָי:

צַדִּיק כַּתָּמָר יִפְרָח כְּאֶרֶז בַּלְּבָנוֹן יִשְׂגֶּה:
שְׁתוּלִים בְּבֵית יְהוָֹה בְּחַצְרוֹת אֱלֹהֵינוּ יַפְרִיחוּ:
עוֹד יְנוּבוּן בְּשֵׂיבָה דְּשֵׁנִים וְרַעֲנַנִּים יִהְיוּ:
לְהַגִּיד כִּי־יָשָׁר יְהוָֹה צוּרִי וְלֹא־עַוְלָתָה בּוֹ:

PSALM
92

Ein Psalm. Ein Lied für den Schabbattag.

Es ist schön, dem Ewigen zu danken,
deinem Namen, du Höchster, zu singen,
am Morgen deine Huld zu verkünden
und in den Nächten deine Treue,
zur zehnsaitigen Laute, zur Zither,
zum Klang der Harfe.
Denn du hast mich durch deine Taten froh gemacht;
Gott, ich will jubeln über die Werke deiner Hände.

Wie groß sind deine Werke, o Gott,
wie tief sind deine Gedanken!
Ein Mensch ohne Einsicht erkennt das nicht,
ein Tor kann es nicht verstehen.
Wenn auch das Böse gedeiht
und das Unrecht wächst,
so nur, damit du es für immer vernichtest.

Doch du bist bis in alle Ewigkeit erhöht, mein Gott!

Deine Feinde, Gott, wahrhaftig, deine Feinde vergehen;
auseinandergetrieben werden alle, die Unrecht tun.
Du hast mich stark gemacht wie einen Stier,
du hast mich mit frischem Öl gesalbt.
Mein Auge blickt herab auf meine Verfolger
und auf alle, die sich gegen mich erheben;
mein Ohr hört vom Geschick der Bösen.

Alle, die gerecht sind, werden gedeihen wie die Palme
und wachsen wie die Zedern des Libanon.
Gepflanzt im Hause Gottes
gedeihen sie in den Vorhöfen unseres Gottes.
Sie tragen Frucht noch im Alter
und bleiben voll Saft und Frische;
sie verkünden: Gerecht ist der Ewige;
Gott ist mein Fels, an dem kein Unrecht ist.

תהלים צג

יְהוָה מָלָךְ גֵּאוּת לָבֵשׁ לָבֵשׁ יְהוָה עֹז הִתְאַזָּר
אַף־תִּכּוֹן תֵּבֵל בַּל־תִּמּוֹט:
נָכוֹן כִּסְאֲךָ מֵאָז מֵעוֹלָם אָתָּה:
נָשְׂאוּ נְהָרוֹת יְהוָה נָשְׂאוּ נְהָרוֹת קוֹלָם
יִשְׂאוּ נְהָרוֹת דָּכְיָם:
מִקֹּלוֹת מַיִם רַבִּים אַדִּירִים מִשְׁבְּרֵי־יָם
אַדִּיר בַּמָּרוֹם יְהוָה:
עֵדֹתֶיךָ נֶאֶמְנוּ מְאֹד לְבֵיתְךָ נַאֲוָה־קֹדֶשׁ
יְהוָה לְאֹרֶךְ יָמִים:

Die Wochentagsgebete und das Abendgebet für Schabbat werden hier fortgesetzt:

ברכו

בָּרְכוּ אֶת־יְיָ הַמְבֹרָךְ:

בָּרוּךְ יְיָ הַמְבֹרָךְ לְעוֹלָם וָעֶד:

מעריב ערבים

בָּרוּךְ אַתָּה יְיָ אֱלֹהֵינוּ מֶלֶךְ הָעוֹלָם. אֲשֶׁר בִּדְבָרוֹ מַעֲרִיב עֲרָבִים. בְּחָכְמָה פּוֹתֵחַ שְׁעָרִים. וּבִתְבוּנָה מְשַׁנֶּה עִתִּים. וּמַחֲלִיף אֶת־הַזְּמַנִּים. וּמְסַדֵּר אֶת־הַכּוֹכָבִים בְּמִשְׁמְרוֹתֵיהֶם בָּרָקִיעַ כִּרְצוֹנוֹ: בּוֹרֵא יוֹם וָלָיְלָה. גּוֹלֵל אוֹר מִפְּנֵי חֹשֶׁךְ וְחֹשֶׁךְ מִפְּנֵי אוֹר: הַמַּעֲבִיר יוֹם וּמֵבִיא לָיְלָה. וּמַבְדִּיל בֵּין יוֹם וּבֵין לָיְלָה. יְיָ צְבָאוֹת שְׁמוֹ: בָּרוּךְ אַתָּה יְיָ. הַמַּעֲרִיב עֲרָבִים:

PSALM
93

Der Ewige ist König,
bekleidet mit Hoheit;
Gott hat sich bekleidet
und mit Macht umgürtet.

Der Erdkreis ist fest gegründet,
nie wird er wanken.
Dein Thron steht fest von Anbeginn,
du bist seit Ewigkeit.

Fluten erheben sich, Gott,
Fluten erheben ihr Brausen,
Fluten erheben ihr Tosen.

Gewaltiger als das Tosen vieler Wasser,
gewaltiger als die Brandung des Meeres
ist Gott in der Höhe.

Deine Gesetze sind fest und verlässlich;
Gott, deinem Haus gebührt Heiligkeit für alle Zeiten.

AUFRUF ZUM LOB

Die Wochentagsgebete und das Abendgebet für Schabbat werden hier fortgesetzt:

GOTT SCHAFFT UND ERHÄLT

Lasst uns Gott preisen; Gott gebührt unsere Ehre!

Gepriesen sei Gott; Gott gebührt unsere Ehre auf immer und ewig!

Gepriesen seist du, Ewiger, unser Gott; du regierst die Welt. Du lässt es durch dein Wort Abend werden, du führst die Dämmerung herbei und lässt voller Einsicht die Augenblicke verstreichen und die Zeit voranschreiten. Gemäß deines Wohlgefallens erscheinen am Himmel die Sterne in ihren Sternbildern. Schöpfer von Tag und Nacht, du lässt das Licht vor der Finsternis weichen und die Finsternis vor dem Licht. Du lässt den Tag vorübergehen und führst die Nacht herbei. Du trennst den Tag von der Nacht. Schöpfer aller Geschöpfe – das ist dein Name. Gepriesen seist du, Ewiger. Du lässt es Abend werden.

אהבת עולם

אַהֲבַת עוֹלָם בֵּית יִשְׂרָאֵל עַמְּךָ אָהָבְתָּ. תּוֹרָה וּמִצְוֹת חֻקִּים וּמִשְׁפָּטִים אוֹתָנוּ לִמַּדְתָּ: עַל־כֵּן יְיָ אֱלֹהֵינוּ. בְּשָׁכְבֵנוּ וּבְקוּמֵנוּ נָשִׂיחַ בְּחֻקֶּיךָ. וְנִשְׂמַח וְנַעֲלוֹז בְּדִבְרֵי תוֹרָתֶךָ וּמִצְוֹתֶיךָ וְחֻקּוֹתֶיךָ לְעוֹלָם וָעֶד: כִּי הֵם חַיֵּינוּ וְאֹרֶךְ יָמֵינוּ. וּבָהֶם נֶהְגֶּה יוֹמָם וָלָיְלָה. וְאַהֲבָתְךָ אַל־תָּסִיר מִמֶּנּוּ לְעוֹלָמִים: בָּרוּךְ אַתָּה יְיָ. אוֹהֵב אֶת־עַמּוֹ יִשְׂרָאֵל:

שמע ישראל

שְׁמַע יִשְׂרָאֵל. יְהוָה אֱלֹהֵינוּ יְהוָה אֶחָד:

בָּרוּךְ שֵׁם כְּבוֹד מַלְכוּתוֹ לְעוֹלָם וָעֶד:

וְאָהַבְתָּ אֵת יְהוָה אֱלֹהֶיךָ. בְּכָל־לְבָבְךָ וּבְכָל־נַפְשְׁךָ וּבְכָל־מְאֹדֶךָ: וְהָיוּ הַדְּבָרִים הָאֵלֶּה אֲשֶׁר אָנֹכִי מְצַוְּךָ הַיּוֹם עַל־לְבָבֶךָ: וְשִׁנַּנְתָּם לְבָנֶיךָ וְדִבַּרְתָּ בָּם. בְּשִׁבְתְּךָ בְּבֵיתֶךָ וּבְלֶכְתְּךָ בַדֶּרֶךְ וּבְשָׁכְבְּךָ וּבְקוּמֶךָ: וּקְשַׁרְתָּם לְאוֹת עַל־יָדֶךָ. וְהָיוּ לְטֹטָפֹת בֵּין עֵינֶיךָ: וּכְתַבְתָּם עַל־מְזֻזוֹת בֵּיתֶךָ וּבִשְׁעָרֶיךָ:

Der zweite und dritte Abschnitt des Sch'ma befindet sich auf S. 218-220.

גאולה

אֱמֶת וֶאֱמוּנָה כָּל־זֹאת וְקַיָּם עָלֵינוּ כִּי הוּא יְיָ אֱלֹהֵינוּ וְאֵין זוּלָתוֹ וַאֲנַחְנוּ יִשְׂרָאֵל עַמּוֹ. הָעֹשֶׂה גְדֹלוֹת עַד־אֵין חֵקֶר וְנִפְלָאוֹת עַד־אֵין מִסְפָּר. וְרָאוּ בָנָיו גְּבוּרָתוֹ שִׁבְּחוּ וְהוֹדוּ לִשְׁמוֹ וּמַלְכוּתוֹ בְּרָצוֹן קִבְּלוּ עֲלֵיהֶם. מֹשֶׁה וּבְנֵי יִשְׂרָאֵל לְךָ עָנוּ שִׁירָה בְּשִׂמְחָה רַבָּה. וְאָמְרוּ כֻלָּם.

מִי־כָמֹכָה בָּאֵלִם יְהוָה מִי כָּמֹכָה נֶאְדָּר בַּקֹּדֶשׁ נוֹרָא תְהִלֹּת עֹשֵׂה פֶלֶא:

GOTT LIEBT ISRAEL

Mit unzerstörbarer Liebe liebst du Israel, dein Volk. Die Thora, Gebote, Satzungen und Rechtssprüche hast du uns gelehrt. Deshalb bist du, Ewiger, unser Gott. Wenn wir uns niederlegen und wenn wir aufstehen, denken wir über deine Satzungen nach. Und wir freuen uns und sind allezeit fröhlich über die Worte deiner Weisung, deiner Gebote und deiner Satzungen, denn sie sind unser Leben und unsere Lebenszeit. Wir sinnen darüber nach Tag und Nacht. Lass niemals deine Liebe von uns weichen. Gepriesen seist du, Ewiger. Du liebst Israel, dein Volk.

ISRAELS GOTT

Höre Israel, der Ewige ist Gott, der Ewige ist einzig. *(Dtn 6,4)*

Gepriesen sei Gottes ruhmreiche Herrschaft immer und ewig! *(mJoma 6,2)*

Darum sollst du den Ewigen, deinen Gott, lieben mit ganzem Herzen, mit ganzer Seele und mit ganzer Kraft. Diese Worte, auf die ich dich heute verpflichte, sollen auf deinem Herzen geschrieben stehen. Du sollst sie deinen Kindern erzählen. Du sollst von ihnen reden, wenn du zu Hause sitzt und wenn du auf der Straße gehst, wenn du dich schlafen legst und wenn du aufstehst. Du sollst sie als Zeichen um dein Handgelenk binden. Sie sollen als Merkzeichen auf deiner Stirn sein. Du sollst sie auf die Türpfosten deines Hauses und in deine Tore schreiben.
(Dtn 6,5-9)

Der zweite und dritte Abschnitt des Sch'ma befindet sich auf S. 219-221.

GOTT ERLÖST UNS

Wahr und wahrhaftig ist dies alles, und es wird von uns gehalten, denn du bist der Ewige, unser Gott. Es gibt keinen Gott außer dir, und wir sind Israel, dein Volk. Große Dinge vollbringst du, die über unseren Verstand hinausgehen und Wunder in unzählbarer Zahl. Deine Kinder sahen deine Stärke, sie priesen und lobten deinen Namen und nahmen deine Herrschaft willig an. Mose und die Kinder Israels antworteten dir in großer Freude mit einem Lied. Sie sangen gemeinsam:
Wer ist wie du unter den Göttern, o Gott?
Wer ist wie du – so heilig, so gewaltig?
Wem sonst erzeigen Loblieder Ehrfurcht?
Wer sonst kann deine Wunder tun? *(Ex 15,11)*

מַלְכוּתְךָ יְיָ אֱלֹהֵינוּ רָאוּ בָנֶיךָ עַל הַיָּם. יַחַד כֻּלָּם הוֹדוּ וְהִמְלִיכוּ וְאָמְרוּ. יְהוָֹה יִמְלֹךְ לְעֹלָם וָעֶד:

וְנֶאֱמַר כִּי־פָדָה יְיָ אֶת־יַעֲקֹב וּגְאָלוֹ מִיַּד חָזָק מִמֶּנּוּ. בָּרוּךְ אַתָּה יְיָ. גָּאַל יִשְׂרָאֵל:

השכיבנו הַשְׁכִּיבֵנוּ אָבִינוּ לְשָׁלוֹם וְהַעֲמִידֵנוּ מַלְכֵּנוּ לְחַיִּים. וּפְרוֹשׂ עָלֵינוּ סֻכַּת שְׁלוֹמֶךָ וְתַקְּנֵנוּ בְּעֵצָה טוֹבָה מִלְּפָנֶיךָ וְהוֹשִׁיעֵנוּ לְמַעַן שְׁמֶךָ. וְהָגֵן בַּעֲדֵנוּ וְהָסֵר מֵעָלֵינוּ אוֹיֵב דֶּבֶר וְחֶרֶב וְרָעָב וְיָגוֹן. וּבְצֵל כְּנָפֶיךָ תַּסְתִּירֵנוּ כִּי אֵל שׁוֹמְרֵנוּ וּמַצִּילֵנוּ אָתָּה כִּי אֵל מֶלֶךְ חַנּוּן וְרַחוּם אָתָּה:

Am Schabbat:

וּשְׁמוֹר צֵאתֵנוּ וּבוֹאֵנוּ לְחַיִּים וּלְשָׁלוֹם מֵעַתָּה וְעַד עוֹלָם. וּפְרוֹשׂ עָלֵינוּ סֻכַּת שְׁלוֹמֶךָ: בָּרוּךְ אַתָּה יְיָ. הַפּוֹרֵשׂ סֻכַּת שָׁלוֹם עָלֵינוּ וְעַל־עַמּוֹ יִשְׂרָאֵל וְעַל־כָּל־הָעוֹלָם:

ושמרו וְשָׁמְרוּ בְנֵי־יִשְׂרָאֵל אֶת־הַשַּׁבָּת לַעֲשׂוֹת אֶת־הַשַּׁבָּת לְדֹרֹתָם בְּרִית עוֹלָם: בֵּינִי וּבֵין בְּנֵי יִשְׂרָאֵל אוֹת הִוא לְעֹלָם כִּי־שֵׁשֶׁת יָמִים עָשָׂה יְהוָֹה אֶת־הַשָּׁמַיִם וְאֶת־הָאָרֶץ וּבַיּוֹם הַשְּׁבִיעִי שָׁבַת וַיִּנָּפַשׁ:

An Wochentagen:

וּשְׁמוֹר צֵאתֵנוּ וּבוֹאֵנוּ לְחַיִּים וּלְשָׁלוֹם מֵעַתָּה וְעַד עוֹלָם: בָּרוּךְ אַתָּה יְיָ. שׁוֹמֵר עַמּוֹ יִשְׂרָאֵל לָעַד:

בָּרוּךְ יְיָ בַּיּוֹם. בָּרוּךְ יְיָ בַּלָּיְלָה. בָּרוּךְ יְיָ בְּשָׁכְבֵנוּ. בָּרוּךְ יְיָ בְּקוּמֵנוּ: כִּי בְיָדְךָ נַפְשׁוֹת הַחַיִּים וְהַמֵּתִים: אֲשֶׁר בְּיָדוֹ נֶפֶשׁ כָּל־חָי וְרוּחַ כָּל־בְּשַׂר־אִישׁ: בְּיָדְךָ אַפְקִיד רוּחִי פָּדִיתָה אוֹתִי יְיָ אֵל אֱמֶת: אֱלֹהֵינוּ שֶׁבַּשָּׁמַיִם יַחֵד שִׁמְךָ וְקַיֵּם מַלְכוּתְךָ תָּמִיד וּמְלוֹךְ עָלֵינוּ לְעוֹלָם וָעֶד:

Der Gottesdienst wird mit der Amida auf S. 82 fortgesetzt.

Deine Herrschaft, Ewiger, unser Gott, sahen deine Kinder am Meer, gemeinsam priesen und lobten sie deine Herrschaft und sangen:
Gott regiert für immer und ewig. *(Ex 15,18)*
Und es ist gesagt:
Gott wird Jakob erlösen
und ihn befreien aus der Hand des Stärkeren. *(Jer 31,11)*
Gepriesen seist du, Ewiger. Du erlöst Israel.

GOTT SCHENKT FRIEDE, FREUDE UND RUHE

Gib, Quelle unseres Lebens, dass wir uns zufrieden zur Ruhe legen und lass uns, Ursprung unsrer Stärke, mit neuer Lebenskraft wieder aufstehen. Breite deinen Frieden über uns aus wie ein Zelt, leite uns durch deine guten Ratschläge und hilf uns um deines Namens willen. Beschütze uns und halte Feinde und Krankheiten, Krieg, Hungersnot und Kummer von uns fern. Im Schatten deiner Flügel birg uns, denn du bist Gott, du beschützt und rettest uns; denn du bist Gott, du regierst in Gnade und Barmherzigkeit.

Am Schabbat:

Behüte unseren Ausgang und Eingang, unser Schlafen und unser Wachen von nun an bis in Ewigkeit. Breite deinen Frieden über uns aus wie ein Zelt.
Gepriesen seist du, Ewiger. Du breitest deinen Frieden wie ein Zelt über uns aus, über dein Volk Israel und über die ganze Welt.

Die Kinder Israels sollen den Schabbat halten und ihn von Generation zu Generation als einen ewigen Bund bewahren. Für alle Zeiten wird er ein Zeichen zwischen mir und den Kindern Israels sein. Denn in sechs Tagen hat Gott Himmel und Erde gemacht; am siebten Tag aber ruhte Gott und atmete auf. *(Ex 31,16-17)*

An Wochentagen:

Behüte unseren Ausgang und Eingang, unser Schlafen und unser Wachen von nun an bis in Ewigkeit. Gepriesen seist du, Ewiger. Du behütest Israel, dein Volk, bis in Ewigkeit.
Gepriesen sei Gott am Tage. Gepriesen sei Gott in der Nacht. Gepriesen sei Gott, wenn wir uns hinlegen. Gepriesen sei Gott, wenn wir aufstehen. Denn in deiner Hand, Gott, sind die Seelen aller Lebendigen und Toten. Deine Hand birgt die Seele eines jeden lebendigen Wesens und den Geist allen Fleisches. *(Hiob 12,10)* Deiner Hand vertraue ich meinen Geist an, denn du, Ewiger, hast mich errettet; du bist in Wahrheit Gott! *(Ps 31,6)* Unser Gott im Himmel, offenbare die Einheit deines Namens, errichte deine ewige Herrschaft und regiere über uns bis in Ewigkeit.

Der Gottesdienst wird mit der Amida auf S. 83 fortgesetzt.

וּקְרָאתֶם אֹתִי וַהֲלַכְתֶּם וְהִתְפַּלַּלְתֶּם אֵלָי וְשָׁמַעְתִּי אֲלֵיכֶם: וּבִקַּשְׁתֶּם אֹתִי וּמְצָאתֶם כִּי תִדְרְשֻׁנִי בְּכָל־לְבַבְכֶם: וְנִמְצֵאתִי לָכֶם נְאֻם־יְהוָה:

מַה־טֹּבוּ אֹהָלֶיךָ יַעֲקֹב מִשְׁכְּנֹתֶיךָ יִשְׂרָאֵל:
וַאֲנִי בְּרֹב חַסְדְּךָ אָבוֹא בֵיתֶךָ
אֶשְׁתַּחֲוֶה אֶל־הֵיכַל־קָדְשְׁךָ בְּיִרְאָתֶךָ:
יְהוָה אָהַבְתִּי מְעוֹן בֵּיתֶךָ וּמְקוֹם מִשְׁכַּן כְּבוֹדֶךָ:
וַאֲנִי אֶשְׁתַּחֲוֶה וְאֶכְרָעָה אֶבְרְכָה לִפְנֵי־יְהוָה עֹשִׂי:
וַאֲנִי תְפִלָּתִי־לְךָ יְהוָה עֵת רָצוֹן
אֱלֹהִים בְּרָב־חַסְדֶּךָ עֲנֵנִי בֶּאֱמֶת יִשְׁעֶךָ:

Das alte Jahr ist vergangen, das neue hat gerade erst begonnen. In dieser Pause, bevor ich Rechenschaft über die Vergangenheit ablege und mein Leben beurteilt wird so wie es ist, in dieser Pause bitte ich um Aufrichtigkeit, Weitblick und Mut. Ich bitte um Aufrichtigkeit, damit ich mich selbst so sehen kann, wie ich wirklich bin. Ich bitte um Weitblick, damit ich erkenne, wie ich eigentlich sein sollte. Ich bitte um den Mut, mich zu verändern.

Viele Hindernisse hemmen meine Umkehr: Mein Mangel an Vertrauen, meine Sorgen und Ängste und alte Gewohnheiten voller Selbstsucht und Gier. Sie trennen mich, Gott, von dir. Sie trennen mich von meiner wahren Natur und verwehren mir den Zugang zu der Zufriedenheit und dem Frieden, den du schenkst.

Deine geöffnete Hand reichst du jedem lebendigen Wesen. Auf das kleinste Zeichen hin kommst du, um uns zu begegnen. Du bist großzügig darin zu vergeben. An diesem Tag der Reue und der Umkehr reich mir deine Hand, damit ich sie fassen kann. Führe mich auf den Pfaden der Liebe und des Dienstes zu der Harmonie und zu dem Frieden, die du für mich bereitet hast.

הֲשִׁיבֵנוּ יְהוָה אֵלֶיךָ וְנָשׁוּבָה חַדֵּשׁ יָמֵינוּ כְּקֶדֶם:

MORGENGEBET FÜR DEN SCHABBAT SCHUWA

Wenn ihr mich ruft, wenn ihr zu mir kommt und zu mir betet, werde ich euch hören. Wenn ihr mich sucht, werdet ihr mich finden; ja, wenn ihr mich von ganzem Herzen sucht, dann werde ich mich von euch finden lassen – Ausspruch Gottes. *(Jer 29,12-14)*

EIN-GANGS-GEBETE

Wie schön sind deine Zelte, Jakob,
wie schön deine Wohnstätten, Israel! *(Num 24,5)*
Durch deine große Liebe, Gott, betrete ich dein Haus
und werfe mich voll Ehrfurcht
vor deiner heil'gen Lade nieder. *(Ps 5,8)*
Gott, wie ich den Ort liebte, an dem dein Tempel stand,
und die Stätte, wo deine Herrlichkeit wohnte, *(Ps 26,8)*
so falle ich nieder, verneige mich,
knie nieder vor Gott, meinem Schöpfer. *(Ps 95,6)*
Ich bete zu dir, Gott, zur Zeit der Gnade.
Erhöre mich in deiner großen Liebe, Gott,
hilf mir in deiner Treue! *(Ps 69,14)*

Das alte Jahr ist vergangen, das neue hat gerade erst begonnen. In dieser Pause, bevor ich Rechenschaft über die Vergangenheit ablege und mein Leben beurteilt wird so wie es ist, in dieser Pause bitte ich um Aufrichtigkeit, Weitblick und Mut. Ich bitte um Aufrichtigkeit, damit ich mich selbst so sehen kann, wie ich wirklich bin. Ich bitte um Weitblick, damit ich erkenne, wie ich eigentlich sein sollte. Ich bitte um den Mut, mich zu verändern.

Viele Hindernisse hemmen meine Umkehr: Mein Mangel an Vertrauen, meine Sorgen und Ängste und alte Gewohnheiten voller Selbstsucht und Gier. Sie trennen mich, Gott, von dir. Sie trennen mich von meiner wahren Natur und verwehren mir den Zugang zu der Zufriedenheit und dem Frieden, den du schenkst.

Deine geöffnete Hand reichst du jedem lebendigen Wesen. Auf das kleinste Zeichen hin kommst du, um uns zu begegnen. Du bist großzügig darin zu vergeben. An diesem Tag der Reue und der Umkehr reich mir deine Hand, damit ich sie fassen kann. Führe mich auf den Pfaden der Liebe und des Dienstes zu der Harmonie und zu dem Frieden, die du für mich bereitet hast.

Gott, bring uns zu dir zurück, dann können wir zu dir zurückkehren.
Erneuere unsere Tage, damit sie werden wie früher. *(Kld 5,21)*

שחר אבקשך

שַׁחַר אֲבַקֶּשְׁךָ. צוּרִי וּמִשְׂגַּבִּי.
אֶעֱרֹךְ לְפָנֶיךָ שַׁחְרִי וְגַם עַרְבִּי:
לִפְנֵי גְדֻלָּתְךָ אֶעֱמֹד וְאֶבָּהֵל.
כִּי עֵינְךָ תִרְאֶה כָּל־מַחְשְׁבוֹת לִבִּי:
מַה־זֶּה אֲשֶׁר יוּכַל הַלֵּב וְהַלָּשׁוֹן לַעֲשׂוֹת.
וּמַה כֹּחַ־רוּחִי בְּתוֹךְ קִרְבִּי:
הִנֵּה לְךָ תִיטַב זִמְרַת אֱנוֹשׁ. עַל כֵּן
אוֹדְךָ בְּעוֹד תִּהְיֶה נִשְׁמַת אֱלֹהַּ בִּי:

וְאֵרַשְׂתִּיךְ לִי לְעוֹלָם.
וְאֵרַשְׂתִּיךְ לִי בְּצֶדֶק וּבְמִשְׁפָּט וּבְחֶסֶד וּבְרַחֲמִים.
וְאֵרַשְׂתִּיךְ לִי בֶּאֱמוּנָה וְיָדַעַתְּ אֶת־יְיָ:

בָּרוּךְ אַתָּה יְיָ אֱלֹהֵינוּ מֶלֶךְ הָעוֹלָם אֲשֶׁר נָתַן לָנוּ אֶת־הַשַּׁבָּת לִקְדֻשָּׁה וְלִמְנוּחָה:

בָּרוּךְ אַתָּה יְיָ אֱלֹהֵינוּ מֶלֶךְ הָעוֹלָם. מַתִּיר אֲסוּרִים:

בָּרוּךְ אַתָּה יְיָ אֱלֹהֵינוּ מֶלֶךְ הָעוֹלָם. זוֹקֵף כְּפוּפִים:

בָּרוּךְ אַתָּה יְיָ אֱלֹהֵינוּ מֶלֶךְ הָעוֹלָם. שֶׁעָשָׂה־לִּי כָּל־צָרְכִּי:

בָּרוּךְ אַתָּה יְיָ אֱלֹהֵינוּ מֶלֶךְ הָעוֹלָם. אֲשֶׁר הֵכִין מִצְעֲדֵי־גָבֶר:

בָּרוּךְ אַתָּה יְיָ אֱלֹהֵינוּ מֶלֶךְ הָעוֹלָם. עוֹטֵר יִשְׂרָאֵל בְּתִפְאָרָה:

בָּרוּךְ אַתָּה יְיָ אֱלֹהֵינוּ מֶלֶךְ הָעוֹלָם. הַנּוֹתֵן לַיָּעֵף כֹּחַ:

בָּרוּךְ אַתָּה יְיָ אֱלֹהֵינוּ מֶלֶךְ הָעוֹלָם. הַמַּעֲבִיר שֵׁנָה מֵעֵינַי וּתְנוּמָה מֵעַפְעַפָּי:

LOB-LIEDER

Ich such' dich in der Frühe,
mein Schutz und meine Zuflucht;
am Morgen und am Abend,
mein Gott, bet' ich zu dir.

Vor deiner Größe steh' ich,
ich stehe voller Furcht,
denn alles was ich denke,
ist dir, mein Gott, bekannt.

Die Zunge, der Verstand,
was können sie vollbringen?
Was ist schon meine Kraft,
mein Geist in meinem Innern?

Dir gefällt des Menschen Lied,
danken will ich dir dafür,
solang das Leben in mir wohnt,
das du mir schenkst, o großer Gott.

(Ibn Gawirol)

Ich verlobe mich mit dir für ewige Zeiten.
Ich verlobe mich mit dir in Gerechtigkeit und Recht,
in Liebe und Erbarmen.
Ich verlobe mich mit dir in Treue
– und du wirst den Ewigen erkennen.

(Hos 2,21-22)

Gepriesen seist du, Ewiger, unser Gott; du regierst die Welt. Du gabst uns den Schabbat zu Heiligkeit und Ruhe.

Gepriesen seist du, Ewiger, unser Gott; du regierst die Welt. Du machst Gebundene frei.

Gepriesen seist du, Ewiger, unser Gott; du regierst die Welt. Du richtest Erniedrigte auf.

Gepriesen seist du, Ewiger, unser Gott; du regierst die Welt. Du gibst mir all das, was ich zum Leben brauche.

Gepriesen seist du, Ewiger, unser Gott; du regierst die Welt. Du machst die Schritte eines Menschen sicher.

Gepriesen seist du, Ewiger, unser Gott; du regierst die Welt. Du krönst Israel mit Ehre.

Gepriesen seist du, Ewiger, unser Gott; du regierst die Welt. Du gibst den Müden Kraft.

Gepriesen seist du, Ewiger, unser Gott; du regierst die Welt. Du nimmst den Schlaf aus meinen Augen und den Schlummer von meinen Wimpern.

תורה ומצוות

יְהִי רָצוֹן מִלְּפָנֶיךָ יְיָ אֱלֹהֵינוּ וֵאלֹהֵי אֲבוֹתֵינוּ: שֶׁתַּרְגִּילֵנוּ בְּתוֹרָתֶךָ וְדַבְּקֵנוּ בְּמִצְוֹתֶיךָ. וְאַל תְּבִיאֵנוּ לֹא לִידֵי חֵטְא וְלֹא לִידֵי עֲבֵרָה וְלֹא לִידֵי נִסָּיוֹן וְלֹא לִידֵי בִזָּיוֹן. וְאַל תַּשְׁלֶט־בָּנוּ יֵצֶר הָרָע. וְהַרְחִיקֵנוּ מֵאָדָם רָע וּמֵחָבֵר רָע. וְדַבְּקֵנוּ בְּיֵצֶר הַטּוֹב וּבְמַעֲשִׂים טוֹבִים. וְכֹף אֶת־יִצְרֵנוּ לְהִשְׁתַּעְבֶּד־לָךְ. וּתְנֵנוּ הַיּוֹם וּבְכָל־יוֹם לְחֵן וּלְחֶסֶד וּלְרַחֲמִים בְּעֵינֶיךָ וּבְעֵינֵי כָל־רוֹאֵינוּ. וְתִגְמְלֵנוּ חֲסָדִים טוֹבִים: בָּרוּךְ אַתָּה יְיָ. גּוֹמֵל חֲסָדִים טוֹבִים לְעַמּוֹ יִשְׂרָאֵל:

רִבּוֹן הָעוֹלָמִים וַאֲדֹנֵי הָאֲדֹנִים. לֹא עַל־צִדְקוֹתֵינוּ אֲנַחְנוּ מַפִּילִים תַּחֲנוּנֵינוּ לְפָנֶיךָ. כִּי עַל־רַחֲמֶיךָ הָרַבִּים: אֲדֹנָי שְׁמָעָה. אֲדֹנָי סְלָחָה. אֲדֹנָי הַקְשִׁיבָה וַעֲשֵׂה. מָה־אָנוּ. מֶה־חַיֵּינוּ. מֶה־חַסְדֵּנוּ. מַה־צִּדְקוֹתֵינוּ. מַה־יְּשׁוּעָתֵנוּ. מַה־כֹּחֵנוּ. מַה־גְּבוּרָתֵנוּ. מַה־נֹּאמַר לְפָנֶיךָ יְיָ אֱלֹהֵינוּ וֵאלֹהֵי אֲבוֹתֵינוּ. הֲלֹא הַגִּבּוֹרִים כְּאַיִן לְפָנֶיךָ. וְאַנְשֵׁי הַשֵּׁם כְּלֹא הָיוּ. וַחֲכָמִים כִּבְלִי מַדָּע. וּנְבוֹנִים כִּבְלִי הַשְׂכֵּל. כִּי רֹב מַעֲשֵׂינוּ תֹּהוּ. וִימֵי חַיֵּינוּ הֶבֶל לְפָנֶיךָ. וּמוֹתַר הָאָדָם מִן הַבְּהֵמָה אָיִן. כִּי הַכֹּל הָבֶל לְבַד הַנְּשָׁמָה הַטְּהוֹרָה. שֶׁהִיא עֲתִידָה לִתֵּן דִּין וְחֶשְׁבּוֹן לִפְנֵי כִסֵּא כְבוֹדֶךָ:

יְיָ מֶלֶךְ. יְיָ מָלָךְ. יְיָ יִמְלֹךְ לְעוֹלָם וָעֶד:

וְהָיָה יְיָ לְמֶלֶךְ עַל־כָּל־הָאָרֶץ. בַּיּוֹם הַהוּא יִהְיֶה יְיָ אֶחָד וּשְׁמוֹ אֶחָד: הוֹשִׁיעֵנוּ יְיָ אֱלֹהֵינוּ. לְהוֹדוֹת לְשֵׁם קָדְשֶׁךָ לְהִשְׁתַּבֵּחַ בִּתְהִלָּתֶךָ: בָּרוּךְ יְיָ אֱלֹהֵי יִשְׂרָאֵל מִן־הָעוֹלָם וְעַד הָעוֹלָם. וְאָמַר כָּל־הָעָם אָמֵן. הַלְלוּיָהּ: כֹּל הַנְּשָׁמָה תְּהַלֵּל יָהּ. הַלְלוּיָהּ:

DER MENSCH IST GUT

Hilf uns, Ewiger, unser Gott und Gott unserer Vorfahren, dass deine Weisung unsere Entscheidungen prägt und wir gemäß deiner Gebote leben. Hilf, dass die Verfehlung keine Macht über uns gewinnt und lass uns nicht zur Übertretung verleitet werden. Führe uns nicht in Versuchung und nicht in Situationen, für die wir uns schämen müssen. Lass uns nicht vom bösen Trieb beherrscht sein. Halte böse Menschen und falsche Freundinnen und Freunde von uns fern. Lass uns von unserem guten Trieb und von guten Taten bestimmt sein. Dränge unsere Triebe, dass sie sich dir unterwerfen. Lass uns Güte, Liebe und Barmherzigkeit finden in deinen Augen und in den Augen aller Menschen, denen wir heute begegnen. Heute und an jedem Tag lass uns deine Freundlichkeit spüren. Gepriesen seist du, Ewiger. Du erweist deinem Volk Israel Gutes.

(bBer 60b)

DER MENSCH IST SCHWACH

Ursprung aller menschlichen Stärke und Macht, dem allein unsere Ehre gebührt, "nicht im Vertrauen auf unsere gerechten Taten legen wir dir unsere Bitten vor, sondern im Vertrauen auf dein großes Erbarmen. Gott, höre! Gott, verzeih! Gott, vernimm unser Gebet und handle!" *(Dan 9,18f)* Was sind wir? Was ist unser Leben? Was ist unsere Liebe? Was ist unsere Gerechtigkeit? Was sind unsere Erfolge? Was ist unsere Kraft? Was ist unsere Macht? Ewiger, unser Gott und Gott unserer Vorfahren, was könnten wir in deiner Gegenwart sagen? Ist nicht unsere Kraft wie nichts vor dir? Und sind nicht ruhmreiche Menschen so, als wären sie nie gewesen? Sind nicht Kluge vor dir wie solche ohne Wissen, und Intelligente wie solche ohne Einsicht? Ja, die meisten unserer Werke sind vor dir wie Nichtigkeiten, und die Tage unseres Lebens sind wie nichts vor dir. Sogar "der Vorrang des Menschen vor den Tieren wird bedeutungslos." *(Koh 3,19)* Ja, alles ist wie nichts vor dir – außer einer reinen Seele. Denn diese wird eines Tages in ihrer Verantwortlichkeit ernst genommen werden vor dem Thron deiner Herrlichkeit.

GOTT HAT MACHT

Gott regiert, Gott hat regiert, und regieren wird Gott bis in Ewigkeit.

Dann wird Gott über die ganze Erde regieren. An jenem Tag wird Gott einzig sein und Gottes Name der Einzige. *(Sach 14,9)*
Hilf uns, Ewiger, unser Gott, dass wir deinen heiligen Namen preisen und gepriesen werden, weil wir dich loben.
Gepriesen sei der Ewige, Israels Gott, vom Anfang bis ans Ende der Zeiten. Alles Volk soll sprechen: Amen. Halleluja! *(Ps 106,47-48)*
Alles, was Atem hat, singe Lob unserm Gott! Halleluja! *(Ps 150,6)*

תָּשֵׁב אֱנוֹשׁ עַד־דַּכָּא וַתֹּאמֶר שׁוּבוּ בְנֵי־אָדָם׃

Niemand weiß, inwieweit der Mensch frei ist. Aber er sollte so handeln, als wäre er frei. *(Bachja ibn Paquda)*

אִם תָּשׁוּב יִשְׂרָאֵל נְאֻם־יְהוָה אֵלַי תָּשׁוּב׃

Alles steht in Gottes Macht, außer der Ehrfucht vor Gott. *(bBer 33b)*

וְאַתָּה בֵּאלֹהֶיךָ תָשׁוּב חֶסֶד וּמִשְׁפָּט שְׁמֹר וְקַוֵּה אֶל־אֱלֹהֶיךָ תָּמִיד׃

Auch wenn es in deinen Augen unangemessen erscheint: Keines deiner guten Werke geht verloren! *(Nachman von Braclaw)*

שׁוּבוּ אֵלַי נְאֻם יְהוָה צְבָאוֹת וְאָשׁוּב אֲלֵיכֶם׃

Ich suchte deine Nähe. Von ganzem Herzen rief ich dich. Und als ich mich aufmachte, dir zu begegnen, fand ich dich: Du kamst mir entgegen. *(Jehuda ha-Levi)*

יְהוָה אֱלֹהִים צְבָאוֹת הֲשִׁיבֵנוּ הָאֵר פָּנֶיךָ וְנִוָּשֵׁעָה׃

Gott gefunden haben ist kein Abschluss, sondern selber ein Anfang. *(Franz Rosenzweig)*

הֲשִׁיבֵנוּ יְהוָה אֵלֶיךָ וְנָשׁוּבָה חַדֵּשׁ יָמֵינוּ כְּקֶדֶם׃

Das Heute gab es niemals zuvor und es wird es niemals mehr geben. Die Aufgabe, die dir gestellt ist, ist ganz neu. Die Pflicht, sie anzugehen, liegt bei dir. *(Nachman von Braclaw)*

בָּרוּךְ יְהוָה לְעוֹלָם. אָמֵן וְאָמֵן׃

בָּרוּךְ יְהוָה אֱלֹהִים אֱלֹהֵי יִשְׂרָאֵל. עֹשֵׂה נִפְלָאוֹת לְבַדּוֹ׃

וּבָרוּךְ שֵׁם כְּבוֹדוֹ לְעוֹלָם. וְיִמָּלֵא כְבוֹדוֹ אֶת־כָּל־הָאָרֶץ.

אָמֵן וְאָמֵן׃

Du lässt die Menschen zum Staub zurückkehren und spricht: Kommt zurück, Menschenkinder! *(Ps 90,3)*

> Niemand weiß, inwieweit der Mensch frei ist. Aber er sollte so handeln, als wäre er frei. *(Bachja ibn Paquda)*

Wenn du umkehren willst, Israel, darfst du zu mir umkehren – Ausspruch Gottes. *(Jer 4,1)*

> Alles steht in Gottes Macht, außer der Ehrfucht vor Gott. *(bBer 33b)*

Du aber, wenn du zu deinem Gott zurückkehren willst, bewahre die Güte und das Recht und hoffe auf deinen Gott allezeit! *(Hos 12,7)*

> Auch wenn es in deinen Augen unangemessen erscheint: Keines deiner guten Werke geht verloren! *(Nachman von Braclaw)*

Wendet euch mir zu, spricht der allmächtige Gott, dann will ich mich euch zuwenden. *(Sach 1,3)*

> Ich suchte deine Nähe. Von ganzem Herzen rief ich dich. Und als ich mich aufmachte, dir zu begegnen, fand ich dich: Du kamst mir entgegen. *(Jehuda ha-Levi)*

Ewiger, Gott aller Geschöpfe, führe uns zurück zu dir, damit uns geholfen ist. *(Ps 80,20)*

> Gott gefunden haben ist kein Abschluss, sondern selber ein Anfang. *(Franz Rosenzweig)*

Gott, bring uns zu dir zurück, dann können wir zu dir zurückkehren. Erneuere unsere Tage, damit sie werden wie früher. *(Kld 5,21)*

> Das Heute gab es niemals zuvor und es wird es niemals mehr geben. Die Aufgabe, die dir gestellt ist, ist ganz neu. Die Pflicht, sie anzugehen, liegt bei dir. *(Nachman von Braclaw)*

Gepriesen sei Gott bis in Ewigkeit. Amen, so sei es!
Gepriesen sei Israels Gott, Gott allein tut Wunder.
Gepriesen sei der Ruhm der Gegenwart Gottes.
Gottes Gegenwart erfüllt die ganze Erde. Amen, so sei es!

נִשְׁמַת כָּל־חַי תְּבָרֵךְ אֶת־שִׁמְךָ יְיָ אֱלֹהֵינוּ. וְרוּחַ כָּל־בָּשָׂר תְּפָאֵר וּתְרוֹמֵם זִכְרְךָ מַלְכֵּנוּ תָּמִיד: מִן הָעוֹלָם וְעַד הָעוֹלָם אַתָּה אֵל. וּמִבַּלְעָדֶיךָ אֵין לָנוּ מֶלֶךְ גּוֹאֵל וּמוֹשִׁיעַ פּוֹדֶה וּמַצִּיל וְעוֹנֶה וּמְרַחֵם. בְּכָל־עֵת צָרָה וְצוּקָה אֵין לָנוּ מֶלֶךְ עוֹזֵר וְסוֹמֵךְ זוּלָתֶךָ: אֱלֹהֵי הָרִאשׁוֹנִים וְהָאַחֲרוֹנִים. אֱלוֹהַּ כָּל־בְּרִיּוֹת. אֲדוֹן כָּל־תּוֹלָדוֹת הַמְהֻלָּל בְּכָל־הַתִּשְׁבָּחוֹת. הַמְנַהֵג עוֹלָמוֹ בְּחֶסֶד וּבְרִיּוֹתָיו בְּרַחֲמִים: וַייָ לֹא יָנוּם וְלֹא יִישָׁן. הַמְעוֹרֵר יְשֵׁנִים וְהַמֵּקִיץ נִרְדָּמִים. מְחַיֶּה מֵתִים וְרוֹפֵא חוֹלִים. פּוֹקֵחַ עִוְרִים וְזוֹקֵף כְּפוּפִים. לְךָ לְבַדְּךָ אֲנַחְנוּ מוֹדִים:

לעסוק בדברי תורה *I*

בָּרוּךְ אַתָּה יְיָ אֱלֹהֵינוּ מֶלֶךְ הָעוֹלָם. אֲשֶׁר קִדְּשָׁנוּ בְּמִצְוֹתָיו וְצִוָּנוּ לַעֲסוֹק בְּדִבְרֵי תוֹרָה:

Gottesferne ist natürlich nicht eine Frage des räumlichen Abstandes, sondern vielmehr eine geistige Frage der Beziehung. Eine Person, die nicht auf dem rechten Weg geht, ist nicht räumlich weiter von Gott entfernt. Aber sie ist eine Person, deren Seele sich von anderem leiten lässt und sich zu anderem hingezogen fühlt. Umkehr beginnt genau an dem Wendepunkt, an dem ein Mensch kehrt macht, sich von seinen Sehnsüchten abwendet und sich seinem Verlangen stellt, Gott zu begegnen. Genau dies ist der Augenblick der Umkehr, der entscheidende Moment der Reue. Man sollte sich jedoch bewusst sein, dass dies in der Regel nicht in einem Moment großer Selbsterkenntnis geschieht. Auch wenn ein Mensch sich genau über den Augenblick der Reue bewusst ist, kann die Erkenntnis darüber erst viel später folgen. Umkehr schließt außerdem die Erwartung einer Antwort ein, die Erwartung einer Bestätigung Gottes, dass der gewählte Weg richtig ist und dass die eingeschlagene Richtung stimmt. Aber das Wesentliche der Umkehr liegt nicht so sehr in diesem Warten auf Antwort, sondern in dem Umkehren selbst. Denn wenn die Antwort unmittelbar und sofort erfolgte, dann könnte der Prozess der Umkehr sich nicht fortsetzen, er hätte ja in gewisser Weise das Ziel bereits erreicht. Es ist vielmehr eines der wesentlichen Elemente der Umkehr, die zunehmende Spannung auszuhalten, die Spannung zwischen der andauernden Erfahrung und der Sehnsucht. So lange der Prozess des Umkehrens andauert, so lange geht auch die Suche nach Antwort weiter, und so lange versucht auch die Seele sehnsüchtig, von irgendwoher Antwort und Vergebung zu bekommen. *(Adin Steinsaltz)*

DAS GEBET DER SCHÖPFUNG

Alles, was atmet und lebt, preise deinen Namen, Ewiger, unser Gott; jedes Wesen aus Körper und Geist verherrliche und erhebe deinen Ruhm. Du bist Gott von Ewigkeit zu Ewigkeit. Außer dir haben wir niemanden, der über uns regiert, der uns erlöst und hilft, rettet und befreit, der uns antwortet und sich unser erbarmt. Zur Zeit der Not und der Angst haben wir niemanden, der sich für uns verantwortlich weiß, als dich, niemanden, der uns hilft und uns stützt, außer dir, du Gott der ersten und der letzten Dinge, Gott aller Geschöpfe, Gott aller Generationen, dir wird auf vielfältige Weise Lob gesungen, du lenkst den Lauf der Welt in Güte und deine Geschöpfe in Erbarmen. Ja, du, Gott, schläfst und schlummerst nicht. Vielmehr lässt du die Schlafenden erwachen und weckst die Eingeschlafenen auf. Du schaffst Leben angesichts des Todes und heilst die Kranken. Du öffnest den Blinden die Augen und richtest die Gebeugten auf. Dir allein gebührt unser Dank.

DIE PFLICHT ZU LERNEN II

Gepriesen seist du, Ewiger, unser Gott; du regierst die Welt. Du hast uns durch deine Gebote geheiligt und hast uns aufgetragen, uns mit den Worten deiner Thora zu beschäftigen. *(bBer 11b)*

Einmal machte ein Vater mit seinem Sohn eine Reise in einem Wagen. Sie kamen an einem Waldrand vorbei. Da erregten einige Sträucher voll mit köstlichen Beeren die Aufmerksamkeit des Kindes. „Vater“, fragte es, „könnten wir nicht einen Moment anhalten? Ich möchte Beeren pflücken.“ Der Vater hätte seine Reise lieber fortsetzen wollen, konnte es aber nicht übers Herz bringen, die Bitte seines Sohnes abzuschlagen. So ließ er den Wagen anhalten, und der Sohn stieg aus, um Beeren zu pflücken. Nach einer Weile wollte der Vater die Reise fortsetzen. Sein Sohn aber war in das Beeren pflücken so vertieft, dass er sich nicht von dem Wald trennen konnte. „Kind!“, rief der Vater, „wir können hier nicht den ganzen Tag bleiben. Wir müssen unsere Reise fortsetzen!“

Aber selbst die Bitten des Vaters konnten den Jungen nicht von den Beeren weglocken. Was sollte der Vater nun tun? Er liebte das Kind nun selbstverständlich nicht weniger wegen seines kindlichen Verhaltens. Er konnte es nicht allein zurücklassen. Aber er musste auch seine Reise dringend fortsetzen. Schließlich rief er: „Hör zu! Du darfst noch eine Weile Beeren plücken, aber prüfe dabei ständig, ob du mich wiederfinden kannst, denn ich werde jetzt ganz langsam die Reise fortsetzen. Während du beschäftigt bist, rufe alle paar Minuten ‚Vater! Vater!‘ und ich antworte dir dann. Solange du mich hören kannst, bin ich noch in deiner Nähe. Wenn du mich nicht mehr hören kannst, dann hast du mich verloren. Dann renn mit all deiner Kraft, damit du mich wiederfindest!“

(Chassidisch)

Die Wochentags- und Schabbat-Gottesdienste werden hier fortgesetzt:

יִשְׁתַּבַּח שִׁמְךָ לָעַד מַלְכֵּנוּ. הָאֵל הַמֶּלֶךְ הַגָּדוֹל וְהַקָּדוֹשׁ בַּשָּׁמַיִם וּבָאָרֶץ. כִּי לְךָ נָאֶה יְיָ אֱלֹהֵינוּ וֵאלֹהֵי אֲבוֹתֵינוּ לְעוֹלָם וָעֶד שִׁיר וּשְׁבָחָה. קְדֻשָּׁה וּמַלְכוּת. בְּרָכוֹת וְהוֹדָאוֹת לְשִׁמְךָ הַגָּדוֹל וְהַקָּדוֹשׁ. וּמֵעוֹלָם וְעַד־עוֹלָם אַתָּה אֵל: בָּרוּךְ אַתָּה יְיָ. בּוֹרֵא כָל־הַנְּשָׁמוֹת. רִבּוֹן כָּל־הַמַּעֲשִׂים. מֶלֶךְ חַי הָעוֹלָמִים:

ברכו

בָּרְכוּ אֶת־יְיָ הַמְבֹרָךְ:

בָּרוּךְ יְיָ הַמְבֹרָךְ לְעוֹלָם וָעֶד:

יוצר

בָּרוּךְ אַתָּה יְיָ אֱלֹהֵינוּ מֶלֶךְ הָעוֹלָם. יוֹצֵר אוֹר וּבוֹרֵא חֹשֶׁךְ. עֹשֶׂה שָׁלוֹם וּבוֹרֵא אֶת־הַכֹּל: הַכֹּל יוֹדוּךָ. וְהַכֹּל יְשַׁבְּחוּךָ. וְהַכֹּל יֹאמְרוּ אֵין קָדוֹשׁ כַּייָ: הַמֵּאִיר לָעוֹלָם כֻּלּוֹ וּלְיוֹשְׁבָיו וּבְטוּבוֹ מְחַדֵּשׁ בְּכָל־יוֹם תָּמִיד מַעֲשֵׂה בְרֵאשִׁית: מָה רַבּוּ מַעֲשֶׂיךָ יְיָ. כֻּלָּם בְּחָכְמָה עָשִׂיתָ. מָלְאָה הָאָרֶץ קִנְיָנֶךָ: הַמֶּלֶךְ הַמְרוֹמָם לְבַדּוֹ מֵאָז. הַמְשֻׁבָּח וְהַמְפֹאָר וְהַמִּתְנַשֵּׂא מִימוֹת עוֹלָם:

Am Schabbat Schuwa *wird folgendes eingefügt:*

כתר מלכות

נִפְלָאִים מַעֲשֶׂיךָ וְנַפְשִׁי יֹדַעַת מְאֹד.
מִי יְמַלֵּל גְּבוּרוֹתֶיךָ. מִי יְחַוֶּה גְדֻלּוֹתֶיךָ.
מִי יַזְכִּיר תְּהִלּוֹתֶיךָ. מִי יְסַפֵּר צִדְקוֹתֶיךָ.
מִי יַכִּיר אוֹתוֹתֶיךָ. מִי יֵדַע פְּלִיאוֹתֶיךָ.
מִי יַבִּיעַ נוֹרְאוֹתֶיךָ. מִי יֵדַע הֲלִיכוֹתֶיךָ:
יְיָ מִי יַחְקוֹר תַּעֲלֻמוֹתֶיךָ. יְיָ מִי יַעֲמִיק לְמַחְשְׁבוֹתֶיךָ:
מִי יַעֲשֶׂה כְּמַעֲשֶׂיךָ. מִי יִגְמוֹל עַל טוֹבוֹתֶיךָ:

Die Wochentags- und Schabbat-Gottesdienste werden hier fortgesetzt:

DIE PFLICHT ZU LOBEN

Gepriesen sei dein Name bis in Ewigkeit, Gott. Du bist groß und heilig, du regierst im Himmel und auf Erden. Ja, du bist würdig, dass man dich, unseren Gott und Gott unserer Vorfahren, immer und ewig in Lied und Lob preise. Heiligkeit und Herrschaft, Preis und Dank gebühren deinem großen und heiligen Namen. Von jeher bis in alle Ewigkeit warst und bist du Gott. Gepriesen seist du, Ewiger. Alles, was lebt, hast du geschaffen. Alle Geschöpfe sind dein. Du herrschst über das Leben.

AUFRUF ZUM LOB

Lasst uns Gott preisen; Gott gebührt unsere Ehre!

Gepriesen sei Gott; Gott gebührt unsere Ehre auf immer und ewig!

GOTT SCHAFFT UND ERHÄLT

Gepriesen seist du, Ewiger, unser Gott; du regierst die Welt. Du lässt das Licht scheinen, aber schaffst auch die Finsternis, du bringst Frieden, du schaffst alles. Alles lobt dich und alles preist dich, alles sagt: Nichts ist heilig wie der lebendige Gott! Du gibst der ganzen Welt und all ihren Bewohnern Licht, und durch deine Güte erneuerst du deine Schöpfung Tag für Tag. Wie zahlreich sind deine Werke, Gott. Sie alle hast du in Weisheit gemacht. Die Erde ist erfüllt mit deinem Eigentum. Gott, du allein bist erhöht seit jeher. Du wirst gepriesen und verherrlicht und erhoben seit den Tagen der Vorzeit.

Am Schabbat Schuwa *wird folgendes eingefügt:*

Ich weiß es allzugut: Wunderbar sind deine Werke!
Wer kann deine machtvollen Taten erzählen,
wer deine Größe benennen?
Wer kann deinen Ruhm verkünden,
wer deine Wohltaten zählen?
Wer kann deine Zeichen erkennen,
wer deine Wunder erfassen?
Wer kann deine Heiligkeit ermessen,
wer deine Wege ahnen?
Wer kann deine Geheimnisse erforschen,
wer deine Gedanken ergründen?
Wer kann das tun, was du tust?
Wer kann dir deine Güte vergelten?

אֱלֹהַי בּשְׁתִּי וְנִכְלַמְתִּי. לַעֲמוֹד לְפָנֶיךָ לְדַעְתִּי.
כִּי כְּפִי עָצְמַת גְּדֻלָּתְךָ כֵּן תַּכְלִית דַּלּוּתִי וְשִׁפְלוּתִי
וּכְפִי שְׁלֵימוּתְךָ כֵּן חֶסְרוֹנִי:
כִּי אַתָּה אֶחָד. וְאַתָּה חַי. וְאַתָּה גִבּוֹר. וְאַתָּה קַיָּם
וְאַתָּה גָדוֹל. וְאַתָּה חָכָם. וְאַתָּה אֱלוֹהַּ:
וַאֲנִי גּוּשׁ וְרִמָּה. עָפָר מִן הָאֲדָמָה.
כְּלִי מָלֵא כְלִמָּה. צֵל עוֹבֵר. רוּחַ הוֹלֵךְ וְלֹא יָשׁוּב
מָה־אֲנִי מֶה־חַיַּי וּמַה־גְּבוּרָתִי. וּמַה־צִּדְקָתִי:
אֱלֹהַי יָדַעְתִּי כִּי עֲוֹנוֹתַי עָצְמוּ מִסַּפֵּר.
וְאַשְׁמוֹתַי עָצְמוּ מִלִּזְכּוֹר.
אַךְ אֶזְכּוֹר מֵהֶם כְּטִפָּה מִן הַיָּם. וְאֶתְוַדֶּה בָּהֶם.
אוּלַי אַשְׁבִּיחַ שְׁאוֹן גַּלֵּיהֶם וְדָכְיָם.
וְאַתָּה תִּשְׁמַע הַשָּׁמַיִם וְסָלַחְתָּ:
חָטָאתִי וּפָשַׁעְתִּי. וְיָשָׁר הֶעֱוֵיתִי. וְלֹא־שָׁוָה לִי:
סַרְתִּי מִמִּצְוֹתֶיךָ וּמִמִּשְׁפָּטֶיךָ הַטּוֹבִים.
וְאַתָּה צַדִּיק עַל כָּל־הַבָּא עָלַי.
כִּי אֱמֶת עָשִׂיתָ וַאֲנִי הִרְשָׁעְתִּי:
יְהִי רָצוֹן מִלְּפָנֶיךָ יְיָ אֱלֹהַי לָכֹף אֶת־יִצְרִי.
וְהַסְתֵּר פָּנֶיךָ מֵחֲטָאַי וּמֵאֲשָׁמַי. אַל תַּעֲלֵנִי
בַּחֲצִי יָמָי:
אָנָּא הָאֱלֹהִים. בְּמִדַּת רַחֲמֶיךָ שָׁפְטֵנִי.
אַל־בְּאַפְּךָ פֶּן תַּמְעִיטֵנִי.
וְשׁוּב אֵלַי בְּרַחֲמִים. וַהֲשִׁיבֵנִי בִּתְשׁוּבָה
שְׁלֵמָה לְפָנֶיךָ.
וֶהֱיֵה עִם פִּי וְהֶגְיוֹנִי. וּשְׁמוֹר דְּרָכַי
מֵחֲטוֹא בִלְשׁוֹנִי.
וְזָכְרֵנִי לְחֶסֶד וּלְרַחֲמִים לַנְחֵנִי בְמַעְגְּלֵי צֶדֶק
לְמַעַן שִׁמְךָ הַגָּדוֹל:

Mein Gott, ich schäme mich und wage nicht in deine Gegenwart zu treten, denn ich weiß, deiner machtvollen Größe entspricht die Schwäche meiner Armut und Niedrigkeit, ... und deiner Vollkommenheit entsprechen meine Mängel. Denn du bist einzigartig und lebendig. Du bist stark und beständig. Du bist groß und du bist weise. Du bist Gott. Ich aber bin ein Erdklumpen und ein Wurm, Staub vom Acker, ein Gefäß voller Schande, ... ein flüchtiger Schatten, ein Wind, der vergeht und nicht wiederkehrt. Was bin ich? Was ist mein Leben? Was ist meine Macht? Was ist meine Liebe? ...

Mein Gott, ich weiß, meine Sünden sind zu viele, als dass ich sie zählen könnte, und meine Vergehen zu zahlreich, um sie zu benennen. Was ich von ihnen erwähne und bekenne, ist wie ein Tropfen im Meer, doch vielleicht kann ich so das Brausen ihrer Wellen und ihrer Fluten stillen, und du, Gott, wirst hören und vergeben. ...

Ich habe gefehlt ... und gesündigt und das Gerade gebeugt, aber du hast nicht Gleiches mit Gleichem vergolten. Ich bin von deinen Geboten und deinen guten Rechtssprüchen abgewichen. Du aber hast gerecht gehandelt bei all dem, was über mich gekommen ist. Ja, du hast mir Treue erwiesen, ich aber tat Unrecht. ...

Es möge dein Wille sein, Ewiger, mein Gott, meinen Trieb zu beugen. Verbirg dein Angesicht vor meiner Schuld und Sünde. Raff mich nicht weg in der Mitte des Lebens! ... Richte mich, o Gott, nach deinem Erbarmen. Lass mich nicht durch deinen Zorn vergehen. ...

Wende dich mir mit Erbarmen wieder zu und lass mich durch eine vollständige Umkehr wieder zu dir zurückkehren. ... Sei mit meinen Worten und Gedanken. Bewahre meine Zunge vor Sünde. Denke an mich mit Gnade und Barmherzigkeit. Führe mich auf Wegen der Gerechtigkeit um deines großen Namens willen. ...

וּלְךָ יְיָ חֶסֶד עַל כָּל־הַטּוֹבָה אֲשֶׁר גְּמַלְתָּנִי.
וַאֲשֶׁר עַד־יוֹם מוֹתִי תִּגְמְלֵנִי.
וּבְיִרְאָתְךָ הַטְּהוֹרָה תְּחַזְּקֵנִי.
וְעַל כָּל־זֶה אֲנִי חַיָּב לְהוֹדוֹת וּלְיַחֵד
אֶת־שִׁמְךָ הַגָּדוֹל.
כִּי אֵין כָּמוֹךָ בָּאֱלֹהִים אֲדֹנָי וְאֵין כְּמַעֲשֶׂיךָ:

Der Gottesdienst wird hier fortgesetzt:

אֱלֹהֵי עוֹלָם. בְּרַחֲמֶיךָ הָרַבִּים רַחֵם עָלֵינוּ. אֲדוֹן עֻזֵּנוּ. צוּר מִשְׂגַּבֵּנוּ. מָגֵן יִשְׁעֵנוּ. מִשְׂגָּב בַּעֲדֵנוּ: בָּרוּךְ אַתָּה יְיָ. יוֹצֵר הַמְּאוֹרוֹת:

אהבה רבה

אַהֲבָה רַבָּה אֲהַבְתָּנוּ יְיָ אֱלֹהֵינוּ. חֶמְלָה גְדוֹלָה וִיתֵרָה חָמַלְתָּ עָלֵינוּ: אָבִינוּ מַלְכֵּנוּ. בַּעֲבוּר שִׁמְךָ הַגָּדוֹל וּבַעֲבוּר אֲבוֹתֵינוּ שֶׁבָּטְחוּ בָךְ. וַתְּלַמְּדֵם חֻקֵּי חַיִּים לַעֲשׂוֹת רְצוֹנְךָ בְּלֵבָב שָׁלֵם. כֵּן תְּחָנֵּנוּ: הָאֵר עֵינֵינוּ בְּתוֹרָתֶךָ. וְדַבֵּק לִבֵּנוּ בְּמִצְוֹתֶיךָ. וְיַחֵד לְבָבֵנוּ לְאַהֲבָה וּלְיִרְאָה אֶת־שְׁמֶךָ. לְמַעַן לֹא נֵבוֹשׁ וְלֹא נִכָּלֵם. כִּי אֵל פּוֹעֵל יְשׁוּעוֹת אָתָּה. וּבָנוּ בָחַרְתָּ מִכָּל־עַם וְלָשׁוֹן. וְקֵרַבְתָּנוּ מַלְכֵּנוּ לְשִׁמְךָ הַגָּדוֹל בְּאַהֲבָה. לְהוֹדוֹת לְךָ וּלְיַחֶדְךָ וּלְאַהֲבָה אֶת־שְׁמֶךָ: בָּרוּךְ אַתָּה יְיָ. הַבּוֹחֵר בְּעַמּוֹ יִשְׂרָאֵל בְּאַהֲבָה:

שמע ישראל

שְׁמַ**ע** יִשְׂרָאֵל. יְהֹוָה אֱלֹהֵינוּ יְהֹוָה אֶחָ**ד**:

בָּרוּךְ שֵׁם כְּבוֹד מַלְכוּתוֹ לְעוֹלָם וָעֶד:

וְאָהַבְתָּ אֵת יְהֹוָה אֱלֹהֶיךָ. בְּכָל־לְבָבְךָ וּבְכָל־נַפְשְׁךָ וּבְכָל־מְאֹדֶךָ: וְהָיוּ הַדְּבָרִים הָאֵלֶּה אֲשֶׁר אָנֹכִי מְצַוְּךָ הַיּוֹם עַל־לְבָבֶךָ: וְשִׁנַּנְתָּם לְבָנֶיךָ וְדִבַּרְתָּ בָּם. בְּשִׁבְתְּךָ בְּבֵיתֶךָ וּבְלֶכְתְּךָ בַדֶּרֶךְ וּבְשָׁכְבְּךָ וּבְקוּמֶךָ: וּקְשַׁרְתָּם לְאוֹת עַל־יָדֶךָ. וְהָיוּ לְטֹטָפֹת בֵּין עֵינֶיךָ: וּכְתַבְתָּם עַל־מְזֻזוֹת בֵּיתֶךָ וּבִשְׁעָרֶיךָ:

Gott, dir gebührt Liebe für all das Gute, das du mir erwiesen hast und das du mir bis zu meinem Tode noch erweisen wirst. … Stärke in mir die reine Gottesfurcht. Für all dies bin ich verpflichtet, dir zu danken und die Einheit deines Namens zu verkündigen. Ewiger, unter den Göttern ist keiner wie du, und nichts gleicht den Werken, die du geschaffen hast.

(Ibn Gawirol, Keter Malkut; Kommentar zu "Keter Malkut" im Glossar.)

Der Gottesdienst wird hier fortgesetzt:

Ewiger Gott, in deinem großen Erbarmen erbarme dich über uns. Gott, du bist unsere Kraft. Du bist der Fels, den wir als Zufluchtsort haben. Du bist der Schutzschild zu unserem Heil. Du allein bist unsere Zuflucht! Gepriesen seist du, Ewiger. Du schaffst das Licht.

GOTT LIEBT ISRAEL

Mit großer Liebe hast du uns geliebt; mit großer und überreichlicher Sanftmut hast du uns angenommen – um deines Namens willen und wegen unserer Vorfahren, die auf dich vertrauten. Du hast sie die lebenserhaltenden Satzungen gelehrt, damit sie deinen Willen tun sollten mit ungeteiltem Herzen, so erweise uns deine Gnade. Erleuchte unsere Augen durch deine Thora. Binde unser Herz an deine Gebote. Lass unser Leben von Liebe und von der Achtung vor Gott geprägt sein, damit wir niemals unsere Selbstachtung verlieren noch je beschämt sein müssen, denn du bist Gott, der uns Hilfe zuteil werden lässt. Uns hast du erwählt aus allen Völkern und Nationen, und aufgrund deiner Liebe hast du es uns ermöglicht, uns dir zu nahen, um dich zu loben, deine Einzigartigkeit zu bezeugen und dich zu lieben, Ewiger, unser Gott. Gepriesen seist du, Ewiger. Du hast dein Volk Israel in Liebe erwählt.

ISRAELS GOTT

Höre Israel, der Ewige ist Gott, der Ewige ist einzig. *(Dtn 6,4)*

Gepriesen sei Gottes ruhmreiche Herrschaft immer und ewig! *(mJoma 6,2)*

Darum sollst du den Ewigen, deinen Gott, lieben mit ganzem Herzen, mit ganzer Seele und mit ganzer Kraft. Diese Worte, auf die ich dich heute verpflichte, sollen auf deinem Herzen geschrieben stehen. Du sollst sie deinen Kindern erzählen. Du sollst von ihnen reden, wenn du zu Hause sitzt und wenn du auf der Straße gehst, wenn du dich schlafen legst und wenn du aufstehst. Du sollst sie als Zeichen um dein Handgelenk binden. Sie sollen als Merkzeichen auf deiner Stirn sein. Du sollst sie auf die Türpfosten deines Hauses und in deine Tore schreiben.

(Dtn 6,5-9)

In der Stille können die beiden traditionellen Abschnitte des Sch'ma gelesen werden (S. 218 - 220) oder die folgenden Abschnitte:

חָדְשֵׁיכֶם וּמוֹעֲדֵיכֶם שָׂנְאָה נַפְשִׁי.
הָיוּ עָלַי לָטֹרַח.
נִלְאֵיתִי נְשֹׂא:
וּבְפָרִשְׂכֶם כַּפֵּיכֶם אַעְלִים עֵינַי מִכֶּם.
גַּם כִּי־תַרְבּוּ תְפִלָּה אֵינֶנִּי שֹׁמֵעַ.
יְדֵיכֶם דָּמִים מָלֵאוּ:
רַחֲצוּ הִזַּכּוּ הָסִירוּ רֹעַ מַעַלְלֵיכֶם מִנֶּגֶד עֵינָי.
חִדְלוּ הָרֵעַ:
לִמְדוּ הֵיטֵב דִּרְשׁוּ מִשְׁפָּט
אַשְּׁרוּ חָמוֹץ שִׁפְטוּ יָתוֹם רִיבוּ אַלְמָנָה:
לְכוּ־נָא וְנִוָּכְחָה יֹאמַר יְהוָֹה.
אִם־יִהְיוּ חֲטָאֵיכֶם כַּשָּׁנִים כַּשֶּׁלֶג יַלְבִּינוּ
אִם־יַאְדִּימוּ כַתּוֹלָע כַּצֶּמֶר יִהְיוּ:
צִיּוֹן בְּמִשְׁפָּט תִּפָּדֶה. וְשָׁבֶיהָ בִּצְדָקָה:

כִּי יָדַעְתִּי רַבִּים פִּשְׁעֵיכֶם וַעֲצֻמִים חַטֹּאתֵיכֶם:

צֹרְרֵי צַדִּיק לֹקְחֵי כֹפֶר וְאֶבְיוֹנִים בַּשַּׁעַר הִטּוּ:

לָכֵן הַמַּשְׂכִּיל בָּעֵת הַהִיא יִדֹּם כִּי עֵת רָעָה הִיא:

דִּרְשׁוּ־טוֹב וְאַל־רָע לְמַעַן תִּחְיוּ.

וִיהִי־כֵן יְהוָֹה אֱלֹהֵי־צְבָאוֹת אִתְּכֶם כַּאֲשֶׁר אֲמַרְתֶּם:

In der Stille können die beiden traditionellen Abschnitte des Sch'ma gelesen werden (S. 219 -221) oder die folgenden Abschnitte:

Eure Neumond-Feste und eure Feiertage
sind mir in der Seele verhasst,
sie sind mir zur Last geworden,
ich bin es müde, sie zu ertragen.
Wenn ihr eure Hände erhebt,
verhülle ich mein Angesicht vor euch.
Wenn ihr auch noch so viel betet,
ich höre es nicht.
Eure Hände sind voller Blut.
Wascht euch, reinigt euch!
Lasst von euren bösen Taten vor meinen Augen ab!
Hört auf damit, Böses zu tun!
Lernt, Gutes zu tun!
Sorgt für das Recht!
Helft den Unterdrückten!
Tretet für das Recht der Waisen ein!
Ergreift Partei für die Witwen!
Kommt her, lasst uns miteinander streiten,
spricht Gott.
Wenn eure Sünden auch scharlachrot sind,
schneeweiß sollen sie werden.
Wenn sie auch rot wie Purpur sind,
sie sollen weiß wie Wolle werden. …
Zion wird durch das Recht gerettet werden,
und alle, die darin umkehren, durch gerechte Taten.

(Jesaja 1, 14-18.27)

Ich kenne die große Anzahl eurer Verbrechen.
Ich weiß, wie schwer eure Schuld ist.
Ihr bringt den Gerechten in Not. Ihr lasst euch bestechen.
Ihr beugt das Recht der Armen am Gerichtsort.
Wer klug ist, schweigt in dieser Zeit,
denn die Zeit ist böse.
Strebt nach dem Guten, nicht nach dem Bösen,
damit ihr am Leben bleibt.
Dann wird der Ewige, der Gott aller Geschöpfe, bei euch sein
– wie ihr es bekennt.

שִׂנְאוּ־רָע וְאֶהֱבוּ טוֹב וְהַצִּיגוּ בַשַּׁעַר מִשְׁפָּט.

אוּלַי יֶחֱנַן יְהוָֹה אֱלֹהֵי־צְבָאוֹת שְׁאֵרִית יוֹסֵף:

הָסֵר מֵעָלַי הֲמוֹן שִׁרֶיךָ. וְזִמְרַת נְבָלֶיךָ לֹא אֶשְׁמָע:

וְיִגַּל כַּמַּיִם מִשְׁפָּט. וּצְדָקָה כְּנַחַל אֵיתָן:

גאולה

אֱמֶת וְיַצִּיב וְקַיָּם וּמְקֻבָּל וְטוֹב הַדָּבָר הַזֶּה עָלֵינוּ לְעוֹלָם וָעֶד: אֱמֶת אֱלֹהֵי עוֹלָם מַלְכֵּנוּ. צוּר יַעֲקֹב מָגֵן יִשְׁעֵנוּ. לְדוֹר וָדוֹר הוּא קַיָּם. וּמַלְכוּתוֹ וֶאֱמוּנָתוֹ לָעַד קַיָּמֶת: אֱמֶת שָׁאַתָּה הוּא יְיָ אֱלֹהֵינוּ וֵאלֹהֵי אֲבוֹתֵינוּ. פּוֹדֵנוּ וּמַצִּילֵנוּ. מֵעוֹלָם הוּא שְׁמֶךָ. אֵין אֱלֹהִים זוּלָתֶךָ:

עֶזְרַת אֲבוֹתֵינוּ אַתָּה הוּא מֵעוֹלָם. מָגֵן וּמוֹשִׁיעַ לָהֶם וְלִבְנֵיהֶם אַחֲרֵיהֶם בְּכָל־דּוֹר וָדוֹר: אַשְׁרֵי אִישׁ שֶׁיִּשְׁמַע לְמִצְוֹתֶיךָ. וְתוֹרָתְךָ וּדְבָרְךָ יָשִׂים עַל־לִבּוֹ: אֱמֶת אַתָּה הוּא רִאשׁוֹן. וְאַתָּה הוּא אַחֲרוֹן. וּמִבַּלְעָדֶיךָ אֵין לָנוּ מֶלֶךְ גּוֹאֵל וּמוֹשִׁיעַ:

צוּר יִשְׂרָאֵל. קוּמָה בְּעֶזְרַת יִשְׂרָאֵל. גֹּאֲלֵנוּ יְיָ צְבָאוֹת שְׁמוֹ קְדוֹשׁ יִשְׂרָאֵל. בָּרוּךְ אַתָּה יְיָ גָּאַל יִשְׂרָאֵל:

Der Gottesdienst wird auf der folgenden Seite fortgesetzt.

Hasst das Böse und liebt das Gute.
Sprecht Recht an euren Gerichtsstätten.
Vielleicht ist der Ewige, der Gott aller Geschöpfe,
dem Rest des Hauses Josef dann gnädig.
Haltet den Lärm eurer Lieder von mir fern.
Die Klänge eurer Harfen kann ich nicht mehr hören.
Lasst vielmehr das Recht fließen wie Wasser
und die Gerechtigkeit strömen wie ein nie versiegender Bach.

(Amos 5,12-15.23f)

DIE WAHRHEIT UND DIE ERLÖSUNG

Dieses Wort ist die Wahrheit. Allezeit ist es für uns gültig, anerkannt und gut. Es ist wahr, dass du bis in Ewigkeit Gott bist und über uns regierst. Du bist der Fels Jakobs, der Schutzschild zu unserem Heil. Beständig bist du von Generation zu Generation. Deine Herrschaft und deine Treue haben immerwährenden Bestand. Du, Ewiger, bist in Wahrheit unser Gott und der Gott unserer Vorfahren. Unser Erlöser und unser Erretter – das ist von jeher dein Name. Es gibt keinen anderen Gott außer dir.

Die Hilfe unserer Vorfahren warst du schon seit immer. Du warst für sie ein Schutzschild. Du warst ihre Hilfe – für sie und für ihre Kinder und ihre Enkel in jeder Generation. Glücklich ist der Mensch, der sich nach deinen Geboten richtet und sich deine Weisung und dein Wort zu Herzen nimmt. Dies ist wahr: Du bist der Anfang und du bist das Ende. Und außer dir gibt es für uns nichts, das uns erlösen und helfen kann.

Fels Israels, erhebe dich, um Israel zu helfen! Unser Erlöser, der alle Kreatur versorgt, Heiliger Israels, das ist sein Name. Gepriesen seist du, Ewiger. Du erlöst Israel .

Der Gottesdienst wird auf der folgenden Seite fortgesetzt.

Alle Gottesdienste werden hier fortgesetzt:

אֲדֹנָי שְׂפָתַי תִּפְתָּח. וּפִי יַגִּיד תְּהִלָּתֶךָ:

Einer der beiden folgenden Absätze:

אבות ואמהות

בָּרוּךְ אַתָּה יְיָ אֱלֹהֵינוּ
וֵאלֹהֵי אֲבוֹתֵינוּ. אֱלֹהֵי
אַבְרָהָם. אֱלֹהֵי יִצְחָק.
וֵאלֹהֵי יַעֲקֹב. הָאֵל
הַגָּדוֹל הַגִּבּוֹר וְהַנּוֹרָא.
אֵל עֶלְיוֹן. גּוֹמֵל חֲסָדִים
טוֹבִים קוֹנֵה הַכֹּל וְזוֹכֵר
חַסְדֵי אָבוֹת וּמֵבִיא גוֹאֵל
לִבְנֵי בְנֵיהֶם לְמַעַן שְׁמוֹ
בְּאַהֲבָה:

בָּרוּךְ אַתָּה יְיָ אֱלֹהֵינוּ וֵאלֹהֵי
אֲבוֹתֵינוּ וְאִמּוֹתֵינוּ. אֱלֹהֵי
אַבְרָהָם וֵאלֹהֵי שָׂרָה. אֱלֹהֵי
יִצְחָק וֵאלֹהֵי רִבְקָה. אֱלֹהֵי
יַעֲקֹב אֱלֹהֵי רָחֵל וֵאלֹהֵי לֵאָה.
הָאֵל הַגָּדוֹל הַגִּבּוֹר וְהַנּוֹרָא.
אֵל עֶלְיוֹן. גּוֹמֵל חֲסָדִים טוֹבִים
קוֹנֵה הַכֹּל וְזוֹכֵר חַסְדֵי אָבוֹת
וְאִמָּהוֹת וּמֵבִיא גוֹאֵל לִבְנֵי
בְנֵיהֶם לְמַעַן שְׁמוֹ בְּאַהֲבָה:

Während der Zehn Bußtage:

(זָכְרֵנוּ לַחַיִּים מֶלֶךְ חָפֵץ בַּחַיִּים. וְכָתְבֵנוּ בְּסֵפֶר הַחַיִּים.
לְמַעַנְךָ אֱלֹהִים חַיִּים:)

מֶלֶךְ עוֹזֵר
וּמוֹשִׁיעַ וּמָגֵן. בָּרוּךְ
אַתָּה יְיָ. מָגֵן אַבְרָהָם:

מֶלֶךְ עוֹזֵר וּמוֹשִׁיעַ וּמָגֵן. בָּרוּךְ
אַתָּה יְיָ. מָגֵן אַבְרָהָם וְשָׂרָה:

גבורות

אַתָּה גִּבּוֹר לְעוֹלָם יְיָ. מְחַיֵּה מֵתִים אַתָּה רַב לְהוֹשִׁיעַ.
מְכַלְכֵּל חַיִּים בְּחֶסֶד. מְחַיֵּה מֵתִים בְּרַחֲמִים רַבִּים.
סוֹמֵךְ נוֹפְלִים. וְרוֹפֵא חוֹלִים. וּמַתִּיר אֲסוּרִים. וּמְקַיֵּם
אֱמוּנָתוֹ לִישֵׁנֵי עָפָר: מִי כָמוֹךָ בַּעַל גְּבוּרוֹת וּמִי דּוֹמֶה לָּךְ.
מֶלֶךְ מֵמִית וּמְחַיֶּה. וּמַצְמִיחַ יְשׁוּעָה:

Während der Zehn Bußtage:

(מִי כָמוֹךָ אַב הָרַחֲמִים זוֹכֵר יְצוּרָיו לַחַיִּים בְּרַחֲמִים:)

וְנֶאֱמָן אַתָּה לְהַחֲיוֹת מֵתִים. בָּרוּךְ אַתָּה יְיָ. מְחַיֵּה הַמֵּתִים:

Alle Gottesdienste werden hier fortgesetzt:

Gott, öffne meine Lippen, dass mein Mund deinen Ruhm verkünde! *(Ps 51,17)*

Einer der beiden folgenden Absätze:

GOTT ALLER GENERATIONEN

Gepriesen seist du, Ewiger, unser Gott und Gott unserer Väter, Gott Abrahams, Gott Isaaks und Gott Jakobs. Du bist groß und mächtig. Dir gebührt unsere Ehrfurcht. Du bist über alles erhaben. Du vollbringst Wohltaten. Alles hältst du in deiner Hand. Du erinnerst dich an die Frömmigkeit unserer Vorfahren und bringst deshalb liebevoll ihren Enkeln Erlösung um deines Namens willen.

Gepriesen seist du, Ewiger, unser Gott und Gott unserer Väter und Mütter, Gott Abrahams und Gott Saras, Gott Isaaks und Gott Rebekkas, Gott Jakobs, Gott Rahels und Gott Leas. Du bist groß und mächtig. Dir gebührt unsere Ehrfurcht. Du bist über alles erhaben. Du vollbringst Wohltaten. Alles hältst du in deiner Hand. Du erinnerst dich an die Frömmigkeit unserer Vorfahren und bringst deshalb liebevoll ihren Enkeln Erlösung um deines Namens willen.

(*Während der Zehn Bußtage:*
Denke an uns, damit wir leben, Gott, du liebst das Leben! Schreibe uns in das Buch des Lebens um deines Namens willen, lebendiger Gott!)

Du wachst über unser Leben und hilfst uns, du bist Rettung und Schild. Gepriesen seist du, Ewiger, unser Gott, Schutzschild Abrahams.

Du wachst über unser Leben und hilfst uns, du bist Rettung und Schild. Gepriesen seist du, Ewiger, unser Gott, Schutzschild Abrahams und Saras.

GOTT IST MÄCHTIG

Du bist die nie erschöpfende Kraft, du schenkst Leben angesichts des Todes. Vielfältig sind deine Wege zu helfen. Die Lebenden ernährst du in Güte. In großem Erbarmen schaffst du Leben angesichts des Todes. Du stützt die Fallenden. Du heilst die Kranken. Du machst die Gebundenen los und hältst die Treue denen, die im Staube schlafen. Wer ist wie du, der solche Kraft hätte, und wer ist dir gleich? – Du, Gott, hast Macht über Tod und Leben, und du lässt Hilfe sprossen.

(*Während der Zehn Bußtage:*
Wer ist wie du, Quelle aller Barmherzigkeit! In Barmherzigkeit gedenkst du deiner Geschöpfe und schenkst ihnen Leben.)

Du bist treu, Leben angesichts des Todes zu schaffen. Gepriesen seist du, Ewiger. Du schenkst Leben angesichts des Todes.

קדושת השם

Im Nachmittagsgebet an Schabbat und im Morgen- und Nachmittagsgebet an Wochentagen:

נְקַדֵּשׁ אֶת־שִׁמְךָ בָּעוֹלָם כְּשֵׁם שֶׁמַּקְדִּישִׁים אוֹתוֹ בִּשְׁמֵי מָרוֹם כַּכָּתוּב עַל יַד נְבִיאֶךָ. וְקָרָא זֶה אֶל זֶה וְאָמַר.

קָדוֹשׁ קָדוֹשׁ קָדוֹשׁ יְיָ צְבָאוֹת. מְלֹא כָל־הָאָרֶץ כְּבוֹדוֹ:

לְעֻמָּתָם בָּרוּךְ יֹאמֵרוּ.

בָּרוּךְ כְּבוֹד יְיָ מִמְּקוֹמוֹ:

וּבְדִבְרֵי קָדְשְׁךָ כָּתוּב לֵאמֹר.

יִמְלֹךְ יְיָ לְעוֹלָם אֱלֹהַיִךְ צִיּוֹן לְדֹר וָדֹר. הַלְלוּיָהּ:

לְדוֹר וָדוֹר נַגִּיד גָּדְלֶךָ. וּלְנֵצַח נְצָחִים קְדֻשָּׁתְךָ נַקְדִּישׁ. וְשִׁבְחֲךָ אֱלֹהֵינוּ מִפִּינוּ לֹא יָמוּשׁ לְעוֹלָם וָעֶד. כִּי אֵל מֶלֶךְ גָּדוֹל וְקָדוֹשׁ אָתָּה. בָּרוּךְ אַתָּה יְיָ. הָאֵל הַקָּדוֹשׁ: (הַמֶּלֶךְ הַקָּדוֹשׁ:)

Im Morgengebet an Schabbat:

נַעֲרִיצְךָ וְנַקְדִּישְׁךָ כְּשֵׁם שֶׁמַּקְדִּישִׁים אוֹתוֹ בִּשְׁמֵי מָרוֹם כַּכָּתוּב עַל יַד נְבִיאֶךָ. וְקָרָא זֶה אֶל זֶה וְאָמַר.

קָדוֹשׁ קָדוֹשׁ קָדוֹשׁ יְיָ צְבָאוֹת. מְלֹא כָל־הָאָרֶץ כְּבוֹדוֹ:

כְּבוֹדוֹ מָלֵא עוֹלָם מְשָׁרְתָיו שׁוֹאֲלִים זֶה לָזֶה אַיֵּה מְקוֹם כְּבוֹדוֹ. לְעֻמָּתָם בָּרוּךְ יֹאמֵרוּ.

בָּרוּךְ כְּבוֹד יְיָ מִמְּקוֹמוֹ:

מִמְּקוֹמוֹ הוּא יִפֶן בְּרַחֲמִים וְיָחֹן עַם הַמְיַחֲדִים שְׁמוֹ עֶרֶב וָבֹקֶר בְּכָל־יוֹם תָּמִיד פַּעֲמַיִם בְּאַהֲבָה שְׁמַע אוֹמְרִים.

שְׁמַע יִשְׂרָאֵל יְיָ אֱלֹהֵינוּ יְיָ אֶחָד:

אֶחָד הוּא אֱלֹהֵינוּ הוּא אָבִינוּ הוּא מַלְכֵּנוּ הוּא מוֹשִׁיעֵנוּ. וְהוּא יַשְׁמִיעֵנוּ בְּרַחֲמָיו שֵׁנִית לְעֵינֵי כָּל־חָי לִהְיוֹת לָכֶם לֵאלֹהִים:

אֲנִי יְיָ אֱלֹהֵיכֶם:

וּבְדִבְרֵי קָדְשְׁךָ כָּתוּב לֵאמֹר.

יִמְלֹךְ יְיָ לְעוֹלָם אֱלֹהַיִךְ צִיּוֹן לְדֹר וָדֹר. הַלְלוּיָהּ:

Im Nachmittagsgebet an Schabbat und im Morgen- und Nachmittagsgebet an Wochentagen:

GOTT IST HEILIG

Wir wollen dich verehren und heiligen und deinen Ruhm auf der Erde so groß machen wie im Himmel, denn es heißt bei dem Propheten: Sie riefen einander zu:

Heilig, heilig, heilig ist der Schöpfer aller Kreatur. Die ganze Welt ist mit Gottes Gegenwart erfüllt. *(Jes 6,3)*

Sie riefen einander zu: „Gepriesen!"

Gepriesen sei die Gegenwart Gottes an jedem Ort. *(Ez 3,12)*

Und in deiner Heiligen Schrift steht geschrieben:

Gott herrscht allezeit, dein Gott, o Zion, bis in Ewigkeit. Halleluja! *(Ps 146,10)*

Von Generation zu Generation wollen wir deine Größe erzählen. Von Ewigkeit zu Ewigkeit wollen wir deine Heiligkeit verkünden. Das Lob, das wir dir, unser Gott, bringen, soll niemals in unseren Mündern verstummen. Denn du bist Gott, du regierst in Größe und Heiligkeit. Gepriesen seist du, Ewiger, heiliger Gott.

(*Während der Zehn Bußtage:* Gepriesen seist du Ewiger; du herrschst und du bist heilig.)

Im Morgengebet an Schabbat:

Wir wollen dich verehren und heiligen und deinen Ruhm auf der Erde so groß machen wie im Himmel, denn es heißt bei dem Propheten: Sie riefen einander zu:

Heilig, heilig, heilig ist der Schöpfer aller Kreatur. Die ganze Welt ist mit Gottes Gegenwart erfüllt. *(Jes 6,3)*

Gottes Gegenwart erfüllt die Erde. Die, die dir dienen, fragen einander: „Wo ist der Ort der Gegenwart Gottes?" Als Antwort rufen sie: „Gepriesen!"

Gepriesen sei die Gegenwart Gottes an jedem Ort! *(Ez 3,12)*

Mögest du dich zu uns wenden und Gnade erweisen dem Volk, das die Einheit deines Namens morgens und abends verkündet, das täglich zweimal in Liebe zu dir das *Sch'ma* rezitiert.

Höre Israel, der Ewige ist unser Gott, der Ewige ist einzig! *(Dtn 6,4)*

Einzig ist unser Gott. Einzig ist Gott – Gott hat uns geschaffen und sorgt für uns. Einzig ist Gott – Gott regiert über uns. Einzig ist Gott – Gott hilft uns. Gott, du lässt es uns neu hören, in Gegenwart aller lebendigen Wesen, dass du unser Gott bist:

Ich, der Ewige, bin euer Gott. *(Num 15,41)*

Und in deinen heiligen Worten steht geschrieben:

Gott herrscht allezeit, dein Gott, Zion, regiert bis in Ewigkeit. Halleluja! *(Ps 146,10)*

Im Abendgebet an Schabbat und Wochentagen:

אַתָּה קָדוֹשׁ וְשִׁמְךָ קָדוֹשׁ וּקְדוֹשִׁים בְּכָל־יוֹם יְהַלְלוּךָ סֶּלָה. בָּרוּךְ אַתָּה יְיָ. הָאֵל הַקָּדוֹשׁ: (הַמֶּלֶךְ הַקָּדוֹשׁ:)

לְדוֹר וָדוֹר נַגִּיד גָּדְלֶךָ. וּלְנֵצַח נְצָחִים קְדֻשָּׁתְךָ נַקְדִּישׁ. וְשִׁבְחֲךָ אֱלֹהֵינוּ מִפִּינוּ לֹא יָמוּשׁ לְעוֹלָם וָעֶד. כִּי אֵל מֶלֶךְ גָּדוֹל וְקָדוֹשׁ אָתָּה. בָּרוּךְ אַתָּה יְיָ הָאֵל הַקָּדוֹשׁ: (הַמֶּלֶךְ הַקָּדוֹשׁ:)

Der Wochentags-Gottesdienst wird auf S. 90 fortgesetzt.

Im Abendgebet an Schabbat:

קדושת היום אַתָּה קִדַּשְׁתָּ אֶת־יוֹם הַשְּׁבִיעִי לִשְׁמֶךָ. תַּכְלִית מַעֲשֵׂה שָׁמַיִם וָאָרֶץ. וּבֵרַכְתּוֹ מִכָּל־הַיָּמִים וְקִדַּשְׁתּוֹ מִכָּל־הַזְּמַנִּים וְכֵן כָּתוּב בְּתוֹרָתֶךָ:

וַיְכֻלּוּ הַשָּׁמַיִם וְהָאָרֶץ וְכָל־צְבָאָם: וַיְכַל אֱלֹהִים בַּיּוֹם הַשְּׁבִיעִי מְלַאכְתּוֹ אֲשֶׁר עָשָׂה. וַיִּשְׁבֹּת בַּיּוֹם הַשְּׁבִיעִי מִכָּל־מְלַאכְתּוֹ אֲשֶׁר עָשָׂה: וַיְבָרֶךְ אֱלֹהִים אֶת־יוֹם הַשְּׁבִיעִי וַיְקַדֵּשׁ אֹתוֹ. כִּי בוֹ שָׁבַת מִכָּל־מְלַאכְתּוֹ אֲשֶׁר בָּרָא אֱלֹהִים לַעֲשׂוֹת:

Der Gottesdienst wird auf S. 88 mit אלהינו ואלהי אבותינו *fortgesetzt.*

Im Morgengebet an Schabbat:

ושמרו וְשָׁמְרוּ בְנֵי־יִשְׂרָאֵל אֶת־הַשַּׁבָּת לַעֲשׂוֹת אֶת־הַשַּׁבָּת לְדֹרֹתָם בְּרִית עוֹלָם: בֵּינִי וּבֵין בְּנֵי יִשְׂרָאֵל אוֹת הִוא לְעֹלָם כִּי־שֵׁשֶׁת יָמִים עָשָׂה יְהוָֹה אֶת־הַשָּׁמַיִם וְאֶת־הָאָרֶץ וּבַיּוֹם הַשְּׁבִיעִי שָׁבַת וַיִּנָּפַשׁ:

Der Gottesdienst wird auf S. 88 mit אלהינו ואלהי אבותינו *fortgesetzt.*

Im Abendgebet an Schabbat und Wochentagen:

Heilig bist du, heilig ist dein Name, Heilige preisen dich Tag für Tag.
Gepriesen seist du, Ewiger, heiliger Gott.

(*Während der Zehn Bußtage:* Gepriesen seist du Ewiger; du herrschst und du bist heilig.)

Von Generation zu Generation wollen wir deine Größe erzählen und von Ewigkeit zu Ewigkeit deine Heiligkeit verkünden. Das Lob, das wir dir, unserem Gott, bringen, soll niemals aus unseren Mündern weichen, denn du bist Gott, du regierst in Größe und Heiligkeit. Gepriesen seist du, Ewiger, heiliger Gott.

(*Während der Zehn Bußtage:* Gepriesen seist du Ewiger; du herrschst und du bist heilig.)

Der Wochentags-Gottesdienst wird auf S. 91 fortgesetzt.

Im Abendgebet an Schabbat:

DER FESTTAG IST HEILIG

Du hast den siebten Tag für deinen Namen geheiligt. Mit ihm wurde die Schöpfung von Himmel und Erde vollendet. Er trägt einen Segen, der alle anderen Tage übertrifft, und eine Heiligkeit über alle anderen Zeiten. Denn so steht es in der Thora geschrieben:

So wurden Himmel und Erde vollendet und ihr ganzes Gefüge. Am siebten Tag vollendete Gott das Werk, das Gott geschaffen hatte, und ruhte am siebten Tag, nachdem das ganze Werk vollbracht worden war. Und Gott segnete den siebten Tag und erklärte ihn für heilig, denn an ihm ruhte Gott, nachdem das ganze Werk der Schöpfung vollendet war. *(Gen 2,1-3)*

Der Gottesdienst wird auf S. 89 mit „Unser Gott…“ fortgesetzt.

Im Morgengebet an Schabbat:

Die Kinder Israels sollen den Schabbat halten und ihn von Generation zu Generation als einen ewigen Bund bewahren. Für alle Zeiten wird er ein Zeichen zwischen mir und den Kindern Israels sein. Denn in sechs Tagen hat Gott Himmel und Erde gemacht; am siebten Tag aber ruhte Gott und atmete auf. *(Ex 31,16-17)*

Der Gottesdienst wird auf S. 89 mit „Unser Gott…“ fortgesetzt.

Im Nachmittagsgebet an Schabbat:

אַתָּה אֶחָד וְשִׁמְךָ אֶחָד. וּמִי כְּעַמְּךָ יִשְׂרָאֵל גּוֹי אֶחָד בָּאָרֶץ: תִּפְאֶרֶת גְּדֻלָּה. וַעֲטֶרֶת יְשׁוּעָה. יוֹם מְנוּחָה וּקְדֻשָּׁה לְעַמְּךָ נָתָתָּ: אַבְרָהָם יָגֵל. יִצְחָק יְרַנֵּן. יַעֲקֹב וּבָנָיו יָנוּחוּ בוֹ: מְנוּחַת אַהֲבָה וּנְדָבָה. מְנוּחַת אֱמֶת וֶאֱמוּנָה. מְנוּחַת שָׁלוֹם וְשַׁלְוָה וְהַשְׁקֵט וָבֶטַח. מְנוּחָה שְׁלֵמָה שָׁאַתָּה רוֹצֶה בָּהּ. יַכִּירוּ בָנֶיךָ וְיֵדְעוּ כִּי מֵאִתְּךָ הִיא מְנוּחָתָם וְעַל מְנוּחָתָם יַקְדִּישׁוּ אֶת־שְׁמֶךָ:

Alle Schabbat-Gottesdienste werden hier fortgesetzt:

אֱלֹהֵינוּ וֵאלֹהֵי אֲבוֹתֵינוּ. רְצֵה־נָא בִמְנוּחָתֵנוּ. קַדְּשֵׁנוּ בְּמִצְוֹתֶיךָ. שִׂים חֶלְקֵנוּ בְּתוֹרָתֶךָ. שַׂבְּעֵנוּ מִטּוּבֶךָ. שַׂמַּח נַפְשֵׁנוּ בִּישׁוּעָתֶךָ. וְטַהֵר לִבֵּנוּ לְעָבְדְּךָ בֶּאֱמֶת. וְהַנְחִילֵנוּ יְיָ אֱלֹהֵינוּ בְּאַהֲבָה וּבְרָצוֹן שַׁבַּת קָדְשֶׁךָ. וְיָנוּחוּ בָהּ כָּל־יִשְׂרָאֵל מְקַדְּשֵׁי שְׁמֶךָ: בָּרוּךְ אַתָּה יְיָ. מְקַדֵּשׁ הַשַּׁבָּת:

Die Schabbat-Gottesdienste werden mit רצה יי אלהינו *auf S. 92 fortgesetzt.*

Im Nachmittagsgebet an Schabbat:

Du bist einzig; einzigartig ist dein Ruhm. Und wer ist wie dein Volk Israel ein einzigartiges Volk auf der Erde? Du hast deinem Volk eine erhabene Pracht und eine Krone des Heils, ja, einen Tag zur Ruhe und Heiligung gegeben. Abraham jubelt. Isaak jauchzt. Jakob und seine Kinder ruhen an diesem Tag. An ihm haben wir Ruhe für Liebe und Freigebigkeit. An ihm haben wir Ruhe für Wahrhaftigkeit und Treue. An ihm haben wir Ruhe für Frieden und Gelassenheit, Sicherheit und Entspannung. Es ist eine vollkommene Ruhe, die dir an diesem Tag gefällt. Deine Kinder haben dies erkannt. Sie wissen, dass diese Ruhe von dir kommt, und durch ihre Ruhe heiligen sie deinen Namen.

Alle Schabbat-Gottesdienste werden hier fortgesetzt:

Unser Gott und Gott unserer Vorfahren, habe Gefallen an unserer Ruhe. Lass unser Leben auf dich ausgerichtet sein und hilf uns, deine Gebote zu beachten. Lass deine Weisung zu unserem eigenen Anliegen werden. Sättige uns mit deiner Güte. Erfreue uns mit deiner Hilfe und reinige unsere Herzen, dass sie dir in Wahrhaftigkeit dienen. In Liebe und in Wohlgefallen lass uns, Gott, den Schabbat zu eigen machen, und lass an ihm ganz Israel, das dich sucht, zur Ruhe kommen. Gepriesen seist du, Ewiger. Du hast den Schabbat geheiligt.

Die Schabbat-Gottesdienste werden mit der „Dank- und Friedensbitte“ auf S. 93 fortgesetzt.

Alle Wochentags-Gottesdienste werden hier fortgesetzt:

בינה אַתָּה חוֹנֵן לְאָדָם דַּעַת. וּמְלַמֵּד לֶאֱנוֹשׁ בִּינָה. חָנֵּנוּ מֵאִתְּךָ דֵּעָה וּבִינָה וְהַשְׂכֵּל. בָּרוּךְ אַתָּה יְיָ. חוֹנֵן הַדָּעַת:

תשובה הֲשִׁיבֵנוּ אָבִינוּ לְתוֹרָתֶךָ. וְקָרְבֵנוּ מַלְכֵּנוּ לַעֲבוֹדָתֶךָ. וְהַחֲזִירֵנוּ בִּתְשׁוּבָה שְׁלֵמָה לְפָנֶיךָ. בָּרוּךְ אַתָּה יְיָ. הָרוֹצֶה בִּתְשׁוּבָה:

סליחה סְלַח־לָנוּ אָבִינוּ כִּי חָטָאנוּ. מְחַל־לָנוּ מַלְכֵּנוּ כִּי פָשָׁעְנוּ. כִּי אֵל טוֹב וְסַלָּח אָתָּה. בָּרוּךְ אַתָּה יְיָ. חַנּוּן הַמַּרְבֶּה לִסְלוֹחַ:

גאולה רְאֵה בְעָנְיֵנוּ וְרִיבָה רִיבֵנוּ. וּגְאָלֵנוּ מְהֵרָה לְמַעַן שְׁמֶךָ. כִּי גוֹאֵל חָזָק אָתָּה. בָּרוּךְ אַתָּה יְיָ. גּוֹאֵל יִשְׂרָאֵל:

רפואה רְפָאֵנוּ יְיָ וְנֵרָפֵא. הוֹשִׁיעֵנוּ וְנִוָּשֵׁעָה. כִּי תְהִלָּתֵנוּ אָתָּה. וְהַעֲלֵה אֲרֻכָה וּמַרְפֵּא לְכָל־תַּחֲלוּאֵינוּ וּלְכָל־מַכְאוֹבֵינוּ וּלְכָל־מַכּוֹתֵינוּ. כִּי אֵל רוֹפֵא רַחֲמָן וְנֶאֱמָן אָתָּה. בָּרוּךְ אַתָּה יְיָ. רוֹפֵא הַחוֹלִים:

ברכת השנים בָּרֵךְ עָלֵינוּ יְיָ אֱלֹהֵינוּ אֶת־הַשָּׁנָה הַזֹּאת וְאֶת־כָּל־מִינֵי תְבוּאָתָהּ לְטוֹבָה. וְתֵן בְּרָכָה עַל פְּנֵי הָאֲדָמָה. וְשַׂבְּעֵנוּ מִטּוּבֶךָ. וּבָרֵךְ שְׁנוֹתֵינוּ כַּשָּׁנִים הַטּוֹבוֹת. בָּרוּךְ אַתָּה יְיָ. מְבָרֵךְ הַשָּׁנִים:

חרות תְּקַע בְּשׁוֹפָר גָּדוֹל לְחֵרוּתֵנוּ. וְתִשְׁמַע מְהֵרָה פְּדוּת בְּעָרֵי־אַרְצוֹתֵינוּ כִּי אֵל פּוֹדֶה וְגוֹאֵל אָתָּה. בָּרוּךְ אַתָּה יְיָ. הַפּוֹדֶה עַמּוֹ יִשְׂרָאֵל בְּרַחֲמִים:

משפט הָשֵׁב מִשְׁפַּט־צִדְקָתְךָ בָּעוֹלָם וְהָסֵר מִמֶּנּוּ יָגוֹן וַאֲנָחָה. וּמְלוֹךְ עָלֵינוּ אַתָּה יְיָ לְבַדְּךָ בְּחֶסֶד וּבְרַחֲמִים. וְצַדְּקֵנוּ בַּמִּשְׁפָּט. בָּרוּךְ אַתָּה יְיָ. מֶלֶךְ אוֹהֵב צְדָקָה וּמִשְׁפָּט:

Alle Wochentags-Gottesdienste werden hier fortgesetzt:

VERNUNFT Du begabst den Menschen mit Verstand, das menschliche Wesen lehrst du Vernunft. Lass uns begabt sein mit Verstand, Vernunft und Klugheit. Gepriesen seist du, Ewiger. Du begabst den Menschen mit Verstand.

UMKEHR Quelle allen Erbarmens, rufe uns immer wieder deine Weisung ins Gedächtnis. Ursprung aller Stärke, nimm uns in deinen Dienst. Lass uns durch eine vollständige Umkehr zu dir zurückkehren. Gepriesen seist du, Gott. Dir gefällt es, wenn Menschen zu dir umkehren.

VERGEBUNG Quelle allen Erbarmens, vergib uns, denn wir haben gesündigt. Ursprung aller Kraft, verzeih uns, denn wir haben Unrecht getan. Du bist doch ein Gott der Güte und der Vergebung. Gepriesen seist du, Ewiger. Du bist gnädig, und deine Geduld zu vergeben ist unendlich.

ERLÖSUG Sieh unsere Betrübnis und kämpfe unsere Kämpfe. Errette uns bald um deines Namens willen, denn deine Macht zur Rettung ist groß. Gepriesen seist du, Ewiger. Du errettest Israel.

HEILUNG Heile uns, Gott, dann sind wir geheilt! Hilf uns, dann ist uns geholfen! Denn dich preisen alle unsere Loblieder. Lass uns von Krankheiten genesen, lindere unsere Schmerzen und heile unsere Wunden. Denn du bist Gott, du heilst und erbarmst dich, du hältst uns die Treue. Gepriesen seist du, Ewiger. Du heilst Krankheiten.

WOHLSTAND Segne dieses Jahr, und lass alles, was es uns bringt, zum Guten beitragen. Gib dem Erdboden Fruchtbarkeit. Sättige uns mit deinen Gütern. Segne dieses Jahr wie die besten Jahre. Gepriesen seist du, Ewiger. Du segnest die Jahre.

FREIHEIT Lass zu unserer Freiheit das große Widderhorn ertönen und lass die Botschaft von der Befreiung in allen Orten unseres Landes laut werden. Du bist doch Gott, du befreist und erlöst. Gepriesen seist du, Ewiger. Durch dein Erbarmen befreist du dein Volk Israel.

RECHT Lass die Welt wieder von deiner Gerechtigkeit beherrscht sein, so dass alle Trauer und jeder Kummer aus der Welt verschwinden. Herrsche du allein über uns in Güte und Erbarmen. Gott, sorge du für unser Recht! Gepriesen seist du, Ewiger. Du liebst Gerechtigkeit und Recht.

על המלשינות

וְלַמַּלְשִׁינוּת אַל תְּהִי תִקְוָה וְכָל־הָרִשְׁעָה הָפֵר. כִּי אַתָּה יוֹדֵעַ אֶת־עֲצַת־אָדָם. בָּרוּךְ אַתָּה יְיָ. הַמַּעֲבִיר רִשְׁעָה מִן־הָאָרֶץ:

על הצדיקים

עַל־הַצַּדִּיקִים וְעַל־הַחֲסִידִים וְעַל־הַתְּמִימִים וְעַל גֵּרֵי הַצֶּדֶק וְעָלֵינוּ יֶהֱמוּ רַחֲמֶיךָ יְיָ אֱלֹהֵינוּ. וְתֵן שָׂכָר טוֹב לְכֹל הַבּוֹטְחִים בְּשִׁמְךָ בֶּאֱמֶת. בָּרוּךְ אַתָּה יְיָ. מִשְׁעָן וּמִבְטָח לַצַּדִּיקִים:

בונה ירושלים

וְלִירוּשָׁלַיִם עִירְךָ בְּרַחֲמִים תָּשׁוּב. וְתִשְׁכּוֹן בְּתוֹכָהּ וּבְנֵה עִיר־צִדְקָתְךָ בִּמְהֵרָה בְּיָמֵינוּ וְתָכִין בְּתוֹכָהּ מְכוֹן־תְּפִלָּה לְכָל־הָעַמִּים. בָּרוּךְ אַתָּה יְיָ. בּוֹנֵה יְרוּשָׁלָיִם:

ישועה

מַלֵּא בְיָמֵינוּ דִּבְרֵי־דָוִד עַבְדֶּךָ כְּמוֹ שֶׁהִבְטַחְתָּ שֶׁאַתָּה תִּמְשֹׁל בְּעוֹלָמְךָ בְּצֶדֶק וּבְרַחֲמִים. מְהֵרָה תָּאִיר לָעוֹלָם בְּאוֹרְךָ הַטּוֹב כִּי לִישׁוּעָתְךָ קִוִּינוּ. בָּרוּךְ אַתָּה יְיָ. מַצְמִיחַ קֶרֶן־יְשׁוּעָה:

שומע תפלה

שְׁמַע קוֹלֵנוּ יְיָ אֱלֹהֵינוּ אָב הָרַחֲמָן. חוּס וְרַחֵם עָלֵינוּ. וְקַבֵּל בְּרַחֲמִים וּבְרָצוֹן אֶת־תְּפִלָּתֵנוּ. כִּי אֵל שׁוֹמֵעַ תְּפִלּוֹת וְתַחֲנוּנִים אָתָּה. וּמִלְּפָנֶיךָ מַלְכֵּנוּ רֵיקָם אַל־תְּשִׁיבֵנוּ. כִּי אַתָּה שׁוֹמֵעַ תְּפִלַּת כָּל־פֶּה. בָּרוּךְ אַתָּה יְיָ. שׁוֹמֵעַ תְּפִלָּה:

Alle Gottesdienste werden hier fortgesetzt:

עבודה

רְצֵה יְיָ אֱלֹהֵינוּ בְּעַמְּךָ יִשְׂרָאֵל. וְלִתְפִלָּתָם שְׁעֵה. וּבְרַחֲמֶיךָ הָרַבִּים תַּחְפֹּץ בָּנוּ וְתַשְׁרֶה שְׁכִינָתְךָ עַל צִיּוֹן. וְתֶחֱזֶינָה עֵינֵינוּ בְּשׁוּבְךָ לְצִיּוֹן בְּרַחֲמִים. בָּרוּךְ אַתָּה יְיָ. הַמַּחֲזִיר שְׁכִינָתוֹ לְצִיּוֹן:

GEGEN DIE VERLEUMDUNG

Lass die Verleumdung keine Hoffnung auf Bestand haben und lass das Unrecht aus der Welt verschwinden. Du, Gott, kennst doch die Pläne der Menschen. Gepriesen seist du, Ewiger. Du entfernst die Ungerechtigkeit aus der Welt.

FÜR DIE GERECHTEN

Lass deine Barmherzigkeit walten über allen Gerechten, Ewiger, unser Gott, über allen Frommen und über allen Unschuldigen, über all denen, die sich uns aus Überzeugung zugesellt haben und über uns. Gib allen, die fest auf dich vertrauen, guten Lohn. Gepriesen seist du, Ewiger. Du bist Stütze und Zuflucht für die Gerechten.

JERUSALEM

Habe Acht auf Jerusalem, deine Stadt. Lass deine Gegenwart in ihr wohnen und lass es bald und noch in unseren Tagen eine Stadt sein, in der deine Gerechtigkeit wohnt. Möge sie ein Zentrum des Gebets sein für alle Völker. Gepriesen seist du, Ewiger. Du baust Jerusalem.

HEIL

Erfülle in unseren Tagen die Verheißungen, die du David, deinem Knecht, gegeben hast, dass du über die Welt herrschst in Gerechtigkeit und in Erbarmen. Eilend erleuchte die Welt mit deinem Licht, guter Gott, denn auf deine Hilfe hoffen wir. Gepriesen seist du, Ewiger. Du lässt die Kräfte zum Heil wachsen.

DU ERHÖRST GEBET

Höre unsere Stimme, unser Gott, Ursprung allen Erbarmens. Habe Mitleid und erbarme dich über uns. In Erbarmen und in Wohlwollen höre unser Gebet. Du bist doch Gott, der Gebete und Bitten hört. Gott, Ursprung unserer Kraft, von dir kehren wir nie leer zurück, denn du hörst das Gebet eines jeden Menschen. Gepriesen seist du, Ewiger. Du erhörst Gebet.

Alle Gottesdienste werden hier fortgesetzt:

DANK UND FRIEDENSBITTE

Habe Gefallen an deinem Volk Israel und höre seine Gebete. In großem Erbarmen finde Gefallen an uns und lass deine Gegenwart über Zion ruhen. Lass unsere Augen Ausschau halten nach deiner Rückkehr zum Zion in Erbarmen.

הודאה

מוֹדִים אֲנַחְנוּ לָךְ שָׁאַתָּה הוּא יְיָ אֱלֹהֵינוּ וֵאלֹהֵי אֲבוֹתֵינוּ לְעוֹלָם וָעֶד. צוּרֵנוּ צוּר חַיֵּינוּ וּמָגֵן יִשְׁעֵנוּ אַתָּה הוּא לְדוֹר וָדוֹר: נוֹדֶה לְךָ וּנְסַפֵּר תְּהִלָּתֶךָ עַל חַיֵּינוּ הַמְּסוּרִים בְּיָדֶךָ. וְעַל נִשְׁמוֹתֵינוּ הַפְּקוּדוֹת לָךְ. וְעַל נִסֶּיךָ שֶׁבְּכָל־יוֹם עִמָּנוּ. וְעַל נִפְלְאוֹתֶיךָ וְטוֹבוֹתֶיךָ שֶׁבְּכָל־עֵת עֶרֶב וָבֹקֶר וְצָהֳרָיִם: הַטּוֹב כִּי לֹא כָלוּ רַחֲמֶיךָ. הַמְרַחֵם כִּי לֹא תַמּוּ חֲסָדֶיךָ. כִּי מֵעוֹלָם קִוִּינוּ לָךְ:

וְעַל כֻּלָּם יִתְבָּרַךְ וְיִתְרוֹמַם וְיִתְנַשֵּׂא תָּמִיד שִׁמְךָ מַלְכֵּנוּ לְעוֹלָם וָעֶד: (וּכְתוֹב לְחַיִּים טוֹבִים כָּל־בְּנֵי בְרִיתֶךָ:) וְכָל־הַחַיִּים יוֹדוּךָ סֶּלָה. וִיהַלְלוּ וִיבָרְכוּ אֶת־שִׁמְךָ הַגָּדוֹל בֶּאֱמֶת. הָאֵל יְשׁוּעָתֵנוּ וְעֶזְרָתֵנוּ סֶלָה: בָּרוּךְ אַתָּה יְיָ. הַטּוֹב שִׁמְךָ וּלְךָ נָאֶה לְהוֹדוֹת:

ברכת שלום

Am Morgen:

שִׂים שָׁלוֹם טוֹבָה וּבְרָכָה חַיִּים
חֵן וָחֶסֶד צְדָקָה וְרַחֲמִים עָלֵינוּ.
וּבָרְכֵנוּ אָבִינוּ כֻּלָּנוּ יַחַד בְּאוֹר פָּנֶיךָ.
כִּי בְאוֹר פָּנֶיךָ נָתַתָּ לָנוּ יְיָ אֱלֹהֵינוּ
תּוֹרָה וְחַיִּים. אַהֲבָה וָחֶסֶד. צְדָקָה
וְרַחֲמִים. בְּרָכָה וְשָׁלוֹם. וְטוֹב
בְּעֵינֶיךָ לְבָרֵךְ אֶת־עַמְּךָ יִשְׂרָאֵל
בְּרָב־עֹז וּבְשָׁלוֹם:

Am Nachmittag und Abend:

שָׁלוֹם רָב עַל
יִשְׂרָאֵל עַמְּךָ תָּשִׂים
לְעוֹלָם. כִּי אַתָּה הוּא
מֶלֶךְ אָדוֹן לְכָל־
הַשָּׁלוֹם. וְטוֹב בְּעֵינֶיךָ
לְבָרֵךְ אֶת־עַמְּךָ
יִשְׂרָאֵל בְּכָל־עֵת
וּבְכָל־שָׁעָה בִּשְׁלוֹמֶךָ:

(בְּסֵפֶר חַיִּים נִזָּכֵר וְנִכָּתֵב לְפָנֶיךָ אֲנַחְנוּ וְכָל־עַמְּךָ בֵּית יִשְׂרָאֵל לְחַיִּים טוֹבִים וּלְשָׁלוֹם:)

בָּרוּךְ אַתָּה יְיָ. הַמְבָרֵךְ אֶת־עַמּוֹ יִשְׂרָאֵל בַּשָּׁלוֹם:

Wir danken dir, denn du bist der Ewige, unser Gott und der Gott unserer Vorfahren, seit eh und je. Wir danken dir, denn du bist unser Fels und das Fundament, auf dem unser Leben ruht. Deine Hilfe haben wir zum Schutzschild – Fels und Schutzschild bist du uns seit jeher. Wir loben dich und erzählen von deinem Ruhm. Wir loben dich für unser Leben, das in deine Hand gegeben ist, und für unsere Seele, die dir anvertraut ist; für die Zeichen deiner Gegenwart, die uns täglich umgeben, für die Wunder und Wohltaten zu jeder Zeit, abends, morgens und mittags. Du bist gut, denn dein Erbarmen wird niemals aufhören. Du bist barmherzig, denn deine Gnade wird niemals versiegen. Von jeher hofften wir auf dich!

Für all dies preisen wir dich und erheben und rühmen deinen Namen, unser Herrscher, allezeit.

(*Während der Zehn Bußtage:*
Schreibe uns und alle Kinder deines Bundes für ein gutes Leben ein.)

Alles, was lebt, möge dir danken. Und man soll deinen großen Namen loben und preisen in Wahrhaftigkeit. Preisen soll man dich, Gott, unsere Hilfe und unsere Rettung. Gepriesen seist du, Ewiger. „Guter Gott" – das ist dein Name. Schön ist es, dich zu loben.

Am Morgen:

Schenke uns Frieden und Gutes. Segne uns und schütze unser Leben. Lass deine Gnade und Güte über uns walten. Deine Gerechtigkeit und dein Erbarmen mögen uns stets begleiten. Quelle allen Erbarmens, sei unter uns gegenwärtig. Denn deine Gegenwart gab uns die Thora, und sie gab uns unser Leben, die Liebe und Güte, die Gerechtigkeit und das Erbarmen, sie gab uns Segen und Frieden. Ja, es gefällt dir, dein Volk Israel mit Stärke und Frieden zu segnen.

Am Nachmittag und Abend:

Frieden in Fülle verleihe deinem Volk Israel zu jeder Zeit, denn du hast die Macht, du bist der Ursprung des Friedens. Du mögest Freude daran haben, dein Volk Israel mit deinem Frieden zu segnen, zu jeder Zeit und zu jeder Stunde.

(*Während der Zehn Bußtage:*
In das Buch des Lebens mögest du uns und dein ganzes Volk Israel eintragen, damit du an uns denkst und unser Leben erhältst, damit du uns Gutes schenkst und uns Frieden gibst.)

Gepriesen seist du, Ewiger. Du segnest dein Volk Israel mit Frieden.

אלהי נצור

אֱלֹהַי נְצוֹר לְשׁוֹנִי מֵרָע. וּשְׂפָתוֹתַי מִדַּבֵּר מִרְמָה. וְלִמְקַלְלַי נַפְשִׁי תִדּוֹם. וְנַפְשִׁי כֶּעָפָר לַכֹּל תִּהְיֶה: פְּתַח לִבִּי בְּתוֹרָתֶךָ. וְאַחֲרֵי מִצְוֹתֶיךָ תִּרְדּוֹף נַפְשִׁי. וְכָל־הַקָּמִים עָלַי לְרָעָה מְהֵרָה הָפֵר עֲצָתָם וְקַלְקֵל מַחְשְׁבוֹתָם: יִהְיוּ לְרָצוֹן אִמְרֵי־פִי. וְהֶגְיוֹן לִבִּי לְפָנֶיךָ. יְהוָה צוּרִי וְגֹאֲלִי:

עֹשֶׂה שָׁלוֹם בִּמְרוֹמָיו. הוּא יַעֲשֶׂה שָׁלוֹם עָלֵינוּ וְעַל כָּל־יִשְׂרָאֵל. וְאִמְרוּ אָמֵן:

Das Nachmittags- und Abendgebet wird mit עלינו *auf S. 184 fortgesetzt.*

Wenn keine Thoralesung folgt, wird das Morgengebet mit אין כאלהינו *auf S. 110 fortgesetzt.*

Wenn eine Thoralesung folgt, wird der Gottesdienst hier fortgesetzt:

סדר קריאת התורה

אֵין כָּמוֹךָ בָאֱלֹהִים אֲדֹנָי וְאֵין כְּמַעֲשֶׂיךָ: מַלְכוּתְךָ מַלְכוּת כָּל־עֹלָמִים וּמֶמְשַׁלְתְּךָ בְּכָל־דּוֹר וָדֹר: יְיָ מֶלֶךְ יְיָ מָלָךְ יְיָ יִמְלֹךְ לְעֹלָם וָעֶד: יְיָ עֹז לְעַמּוֹ יִתֵּן יְיָ יְבָרֵךְ אֶת־עַמּוֹ בַשָּׁלוֹם:

אַב הָרַחֲמִים הֵיטִיבָה בִרְצוֹנְךָ אֶת־צִיּוֹן. כִּי־בְךָ לְבַד בָּטָחְנוּ. מֶלֶךְ אֵל רָם וְנִשָּׂא אֲדוֹן עוֹלָמִים:

כֹּה אָמַר יְהוָה. שִׁמְרוּ מִשְׁפָּט וַעֲשׂוּ צְדָקָה. כִּי־קְרוֹבָה יְשׁוּעָתִי לָבוֹא וְצִדְקָתִי לְהִגָּלוֹת: אַשְׁרֵי אֱנוֹשׁ יַעֲשֶׂה־זֹּאת וּבֶן־אָדָם יַחֲזִיק בָּהּ. שֹׁמֵר שַׁבָּת מֵחַלְּלוֹ וְשֹׁמֵר יָדוֹ מֵעֲשׂוֹת כָּל־רָע: וְאַל־יֹאמַר בֶּן־הַנֵּכָר הַנִּלְוָה אֶל־יְהוָה לֵאמֹר. הַבְדֵּל יַבְדִּילַנִי יְהוָה מֵעַל עַמּוֹ. וְאַל־יֹאמַר הַסָּרִיס הֵן אֲנִי עֵץ יָבֵשׁ: כִּי־כֹה אָמַר יְהוָה לַסָּרִיסִים אֲשֶׁר יִשְׁמְרוּ אֶת־שַׁבְּתוֹתַי וּבָחֲרוּ בַּאֲשֶׁר חָפָצְתִּי וּמַחֲזִיקִים בִּבְרִיתִי: וְנָתַתִּי לָהֶם בְּבֵיתִי וּבְחוֹמֹתַי יָד וָשֵׁם טוֹב מִבָּנִים וּמִבָּנוֹת. שֵׁם עוֹלָם אֶתֶּן־לוֹ אֲשֶׁר לֹא יִכָּרֵת:

MEDITATION Mein Gott, bewahre meine Zunge vor böser Rede und meine Lippen vor Lüge. Denen gegenüber, die mir Böses wollen, lass mich angemessen reagieren, und meine Seele möge gelassen bleiben, was auch geschieht. Mache mich bereit für deine Weisung. Nach deinen Geboten will ich leben. Eilig aber zerbrich die Pläne derer, die Böses gegen mich ersinnen, und vernichte ihre Gedanken. „Die Worte meines Mundes und meine Gedanken mögen dir angenehm sein, Ewiger, mein Fels und mein Heil.“ *(Ps 19,15)* *(bBer 17a)*
Gott schafft Frieden in der Höhe. Möge Gott uns und ganz Israel Frieden geben. Darauf sprecht: Amen.

Das Nachmittags- und Abendgebet wird mit dem Alenu auf S. 185 fortgesetzt.

Wenn keine Thoralesung folgt, wird das Morgengebet mit En Kelohenu auf S. 111 fortgesetzt.

Wenn eine Thoralesung folgt, wird der Gottesdienst hier fortgesetzt:

ORDNUNG DER THORALESUNG

Ewiger, unter den Göttern ist keiner wie du, und nichts gleicht den Werken, die du geschaffen hast. *(Ps 86,8)*
Dein Königtum ist ein Königtum für ewige Zeiten, deine Herrschaft währt von Generation zu Generation. *(Ps 145,13)*
Gott regiert, Gott hat regiert, und regieren wird Gott bis in Ewigkeit.
Gott gebe dem Gottesvolk Kraft, Gott segne das Gottesvolk mit Frieden. *(Ps 29,11)*

Ursprung allen Erbarmens, erweise Zion Gutes und erbaue Jerusalems Mauern, denn auf dich allein vertrauen wir. Du herrschst über alles. Du bist groß und mächtig. Du regierst über die ganze Welt.

So spricht Gott: Wahrt das Recht und übt Gerechtigkeit, denn bald kommt meine Hilfe, und meine Gerechtigkeit wird sich euch offenbaren. Glücklich sind die Menschen, die so handeln, glücklich ist der Mensch, der daran festhält, der meinen Schabbat vor der Entweihung bewahrt und seine Hand von allem Bösen fernhält. Die Fremden, die sich Gott angeschlossen haben, sollen nicht sagen: „Sicher wird Gott mich aus dem Gottesvolk ausschließen.“ Die Kastrierten sollen nicht sagen: „Ich bin nur ein dürrer Baum.“ Denn so spricht Gott: Den Kastrierten, die meinen Schabbat halten, die gerne tun, was mir gefällt und an meinem Bund festhalten, ihnen allen errichte ich in meinem Haus und in meinen Mauern ein Denkmal. Ich gebe ihnen einen Namen, der mehr wert ist als Söhne und Töchter. Einen ewigen Namen gebe ich ihnen, der niemals ausgetilgt wird.

וּבְנֵי הַנֵּכָר הַנִּלְוִים עַל־יְהֹוָה לְשָׁרְתוֹ וּלְאַהֲבָה אֶת־שֵׁם יְהֹוָה לִהְיוֹת לוֹ לַעֲבָדִים כָּל־שֹׁמֵר שַׁבָּת מֵחַלְּלוֹ וּמַחֲזִיקִים בִּבְרִיתִי: וַהֲבִיאוֹתִים אֶל־הַר קָדְשִׁי וְשִׂמַּחְתִּים בְּבֵית תְּפִלָּתִי. עוֹלֹתֵיהֶם וְזִבְחֵיהֶם לְרָצוֹן עַל־מִזְבְּחִי. כִּי בֵיתִי בֵּית־תְּפִלָּה יִקָּרֵא לְכָל־הָעַמִּים:

כִּי מִצִּיּוֹן תֵּצֵא תוֹרָה וּדְבַר־יְיָ מִירוּשָׁלָיִם:

וַיְהִי בִּנְסֹעַ הָאָרֹן. וַיֹּאמֶר מֹשֶׁה: קוּמָה יְיָ. וְיָפֻצוּ אֹיְבֶיךָ. וְיָנֻסוּ מְשַׂנְאֶיךָ מִפָּנֶיךָ: כִּי מִצִּיּוֹן תֵּצֵא תוֹרָה. וּדְבַר־יְיָ מִירוּשָׁלָיִם:

בָּרוּךְ שֶׁנָּתַן תּוֹרָה לְעַמּוֹ יִשְׂרָאֵל בִּקְדֻשָּׁתוֹ:

שְׁמַע יִשְׂרָאֵל יְהֹוָה אֱלֹהֵינוּ יְהֹוָה אֶחָד:

אֶחָד אֱלֹהֵינוּ גָּדוֹל אֲדוֹנֵינוּ קָדוֹשׁ וְנוֹרָא שְׁמוֹ:

גַּדְּלוּ לַיהֹוָה אִתִּי וּנְרוֹמְמָה שְׁמוֹ יַחְדָּו:

לְךָ יְהֹוָה הַגְּדֻלָּה וְהַגְּבוּרָה וְהַתִּפְאֶרֶת וְהַנֵּצַח וְהַהוֹד כִּי־כֹל בַּשָּׁמַיִם וּבָאָרֶץ לְךָ יְהֹוָה הַמַּמְלָכָה וְהַמִּתְנַשֵּׂא לְכֹל לְרֹאשׁ: רוֹמְמוּ יְהֹוָה אֱלֹהֵינוּ. וְהִשְׁתַּחֲווּ לַהֲדֹם רַגְלָיו. קָדוֹשׁ הוּא: רוֹמְמוּ יְהֹוָה אֱלֹהֵינוּ. וְהִשְׁתַּחֲווּ לְהַר קָדְשׁוֹ. כִּי קָדוֹשׁ יְהֹוָה אֱלֹהֵינוּ:

אֵין קָדוֹשׁ כַּיהֹוָה כִּי־אֵין בִּלְתֶּךָ. וְאֵין צוּר כֵּאלֹהֵינוּ: כִּי מִי אֱלוֹהַּ מִבַּלְעֲדֵי יְהֹוָה. וּמִי צוּר זוּלָתִי אֱלֹהֵינוּ: תּוֹרָה צִוָּה־לָנוּ מֹשֶׁה. מוֹרָשָׁה קְהִלַּת יַעֲקֹב: עֵץ־חַיִּים הִיא לַמַּחֲזִיקִים בָּהּ. וְתֹמְכֶיהָ מְאֻשָּׁר: דְּרָכֶיהָ דַרְכֵי־נֹעַם. וְכָל־נְתִיבֹתֶיהָ שָׁלוֹם: שָׁלוֹם רָב לְאֹהֲבֵי תוֹרָתֶךָ. וְאֵין־לָמוֹ מִכְשׁוֹל: יְהֹוָה עֹז לְעַמּוֹ יִתֵּן. יְהֹוָה יְבָרֵךְ אֶת־עַמּוֹ בַשָּׁלוֹם: כִּי שֵׁם יְהֹוָה אֶקְרָא. הָבוּ גֹדֶל לֵאלֹהֵינוּ: הַכֹּל תְּנוּ עֹז לֵאלֹהִים. וּתְנוּ כָבוֹד לַתּוֹרָה:

Die Fremden, die sich Gott angeschlossen haben, um Gott anzubeten, die Gottes Namen lieben und die Gott dienen, alle, die den Schabbat vor der Entweihung bewahren, die an meinem Bund festhalten – sie alle werde ich zu meinem heiligen Berg bringen, und ich werde sie in meinem Bethaus mit Freude erfüllen. Ihre Brandopfer und Schlachtopfer finden Gefallen auf meinem Altar, denn mein Haus wird ein Haus des Gebets für alle Völker genannt. *(Jesaja 56,1-7)*

Die Thora wird von Zion herkommen und Gottes Wort von Jerusalem. *(Jes 2,3)*

Wenn die Lade aufbrach, sagte Mose:
Erhebe dich, Gott, dann zerstreuen sich deine Feinde,
dann fliehen deine Gegner vor dir, *(Num 10,35)*
denn die Thora wird von Zion herkommen
und Gottes Wort von Jerusalem. *(Jes 2,3)*

Gepriesen sei Gott; Gott gab Israel in göttlicher Heiligkeit die Thora.
Höre Israel, der Ewige ist Gott, der Ewige ist einzig! *(Dtn 6,4)*
Einzigartig ist unser Gott. Gott ist groß und Gott herrscht.
Heilig ist Gottes Name und furchtgebietend! *(Ps 147,5)*
Preiset mit mir den lebendigen Gott und lasst uns miteinander den Namen Gottes erhöhen! *(Ps 34,4)*

Dein Eigen, Gott, sind Größe und Macht, Ruhm, Pracht und Hoheit. Dir gehört alles im Himmel und auf Erden. Dein, Gott, ist die Herrschaft und du erhebst dich als Haupt über alles. *(1. Chron 29,11)*
Rühmt den Ewigen, unsern Gott; werft euch am Schemel der Füße Gottes nieder! Denn Gott ist heilig. Rühmt den Ewigen, unsern Gott, werft euch nieder an Gottes heiligem Berge! Denn heilig ist der Ewige, unser Gott. *(Ps 99,5.9)*

Niemand ist heilig, nur der Ewige; denn außer dem Ewigen gibt es keinen Gott; niemand ist ein Fels wie unser Gott. *(1. Sam 2,2)* Ja, wer ist Gott, als allein der Ewige, wer ist ein Fels, wenn nicht unser Gott? *(Ps 18,32)* Mose hat uns die Thora übergeben, der Erbbesitz der Gemeinde Jakobs. *(Dtn 33,4)* Wer nach ihr greift, dem ist sie ein Lebensbaum, wer sie festhält, ist glücklich zu preisen. *(Spr 3,18)* Ihre Wege sind Wege der Freude, all ihre Pfade führen zum Glück. *(Spr 3,17)* Alle, die deine Weisung lieben, empfangen Heil in Fülle; es trifft sie kein Unheil. *(Ps 119,165)* Gott gebe dem Gottesvolk Kraft, Gott segne das Gottesvolk mit Frieden. *(Ps 29,11)* Alles verkünde die Kraft Gottes und die Herrlichkeit der göttlichen Weisung!

וְזֹאת הַתּוֹרָה אֲשֶׁר־שָׂם מֹשֶׁה. לִפְנֵי בְּנֵי יִשְׂרָאֵל: תּוֹרָה צִוָּה־לָנוּ מֹשֶׁה. מוֹרָשָׁה קְהִלַּת יַעֲקֹב: הָאֵל תָּמִים דַּרְכּוֹ. אִמְרַת יְהֹוָה צְרוּפָה. מָגֵן הוּא לְכֹל הַחוֹסִים בּוֹ:

Vor der Thoralesung:

בָּרְכוּ אֶת־יְיָ הַמְבֹרָךְ:

בָּרוּךְ יְיָ הַמְבֹרָךְ לְעוֹלָם וָעֶד:

בָּרוּךְ אַתָּה יְיָ אֱלֹהֵינוּ מֶלֶךְ הָעוֹלָם. אֲשֶׁר בָּחַר־בָּנוּ מִכָּל־הָעַמִּים. וְנָתַן־לָנוּ אֶת־תּוֹרָתוֹ. בָּרוּךְ אַתָּה יְיָ. נוֹתֵן הַתּוֹרָה:

THORALESUNG

Nach der Thoralesung:

בָּרוּךְ אַתָּה יְיָ אֱלֹהֵינוּ מֶלֶךְ הָעוֹלָם. אֲשֶׁר נָתַן־לָנוּ תּוֹרַת אֱמֶת. וְחַיֵּי עוֹלָם נָטַע בְּתוֹכֵנוּ. בָּרוּךְ אַתָּה יְיָ. נוֹתֵן הַתּוֹרָה:

Vor der Haftara:

בָּרוּךְ אַתָּה יְיָ אֱלֹהֵינוּ מֶלֶךְ הָעוֹלָם. אֲשֶׁר בָּחַר בִּנְבִיאִים טוֹבִים וְרָצָה בְדִבְרֵיהֶם הַנֶּאֱמָרִים בֶּאֱמֶת: בָּרוּךְ אַתָּה יְיָ. הַבּוֹחֵר בַּתּוֹרָה וּבְמֹשֶׁה עַבְדּוֹ וּבְיִשְׂרָאֵל עַמּוֹ וּבִנְבִיאֵי הָאֱמֶת וָצֶדֶק:

Nach der Haftara:

עַל־הַתּוֹרָה וְעַל־הָעֲבוֹדָה וְעַל־הַנְּבִיאִים וְעַל־יוֹם הַשַּׁבָּת הַזֶּה שֶׁנָּתַתָּ־לָּנוּ יְיָ אֱלֹהֵינוּ לִקְדֻשָּׁה וְלִמְנוּחָה לְכָבוֹד וּלְתִפְאָרֶת. עַל־הַכֹּל יְיָ אֱלֹהֵינוּ אֲנַחְנוּ מוֹדִים לָךְ וּמְבָרְכִים אוֹתָךְ. יִתְבָּרַךְ שִׁמְךָ בְּפִי כָל־חַי תָּמִיד לְעוֹלָם וָעֶד. בָּרוּךְ אַתָּה יְיָ. מְקַדֵּשׁ הַשַּׁבָּת:

Dies ist die Thora, die Mose den Kindern Israels gegeben hat. *(Dtn 4,44)* Mose hat uns die Thora übergeben, der Erbbesitz der Gemeinde Jakobs. *(Dtn 33,4)* Vollkommen ist Gottes Weg, das Wort des Ewigen ist im Feuer geläutert. Gott ist ein Schutzschild für alle, die sich bei ihm bergen. *(Ps 18,31)*

Vor der Thoralesung:

Lasst uns Gott preisen; Gott gebührt unsere Ehre!
Gepriesen sei Gott; Gott gebührt unsere Ehre auf immer und ewig!
Gepriesen seist du, Ewiger, unser Gott, du regierst die Welt. Aus allen Völkern hast du uns erwählt um uns deine Thora zu geben. Gepriesen seist du, Ewiger. Du gibst die Thora.

THORALESUNG

Nach der Thoralesung:

Gepriesen seist du, Ewiger, unser Gott; du regierst die Welt. Du hast uns die Weisung zur Wahrheit gegeben und ewiges Leben in uns eingepflanzt. Gepriesen seist du, Ewiger. Du gibst die Thora.

Vor der Haftara:

Gepriesen seist du, Ewiger, unser Gott; du regierst die Welt. Du hast gute Propheten erwählt. Du hattest Gefallen an ihren Worten, weil sie der Wahrheit entsprachen. Gepriesen seist du, Ewiger, unser Gott. Du hast die Thora, deinen Knecht Mose, dein Volk Israel und die wahren und gerechten Propheten erwählt.

Nach der Haftara:

Für die Thora, für den Gottesdienst, für die Worte der Propheten, für diesen Schabbattag, den du uns zur Besinnung auf die Heiligkeit, Ruhe, Herrlichkeit und Pracht gewährst, dafür danken wir dir und preisen dich, Ewiger, unser Gott. Dein Name möge durch jeden Mund stets gepriesen werden, immer und ewig. Gepriesen seist du, Ewiger. Du hast den Schabbat geheiligt.

Das folgende oder das Gebet auf der gegenüberliegenden Seite:

I
GEBET FÜR DIE REGIERUNG

Gott, schenke der Regierung dieses Landes deine Weisheit; sei mit denen, die unser Land leiten und mit allen, die für die Sicherheit und das Wohlergehen unseres Landes Verantwortung tragen.

Gib uns allen die Kraft, unseren Verpflichtungen in Liebe nachzukommen, damit Gerechtigkeit und Güte in unserem Land wohnen. Lass unsere Herzen mit Frieden erfüllt sein. Lass die Verantwortlichen unseres Landes einander in Achtung begegnen. Lass sie sich einig sein in der Liebe zum Guten und in dem Willen, Gewalt und Streit abzuwehren. Gemeinsam mit allen Nationen dieser Welt lass uns nach Frieden und Gerechtigkeit streben, damit wir und die kommenden Generationen in Frieden leben.

Darin möge unser Land seine Ehre finden und seinen Ruhm darin, dass es mitwirkt an der Erlösung und an der Verwirklichung der Herrschaft Gottes auf der Erde. Amen.

אֱלֹהֵינוּ וֵאלֹהֵי אֲבוֹתֵינוּ שְׁלַח־נָא בִּרְכָתְךָ עַל־מְדִינַת־יִשְׂרָאֵל וְעַל־כָּל־יוֹשְׁבֶיהָ. שְׁלַח־נָא אוֹרְךָ וַאֲמִתְּךָ לְמַנְהִיגֵי־הָעָם וְהַדְרִיכֵם בְּחָכְמָה וּבִתְבוּנָה כְּדֵי שֶׁיִּשְׂרוֹר שָׁלוֹם בִּגְבוּלוֹתֶיהָ וְשַׁלְוָה בְּבָתֶּיהָ. רוּחַ־אַחֲוָה וַהֲבָנָה הֲדָדִית תְּרַפֵּא כָּל־פֶּצַע וְחַבּוּרָה. תִּקְוַת־עַמָּהּ וַעֲבוֹדַת־בָּנֶיהָ תַּגְשֵׁמְנָה אֶת־חֲזוֹן־הַנְּבִיאִים: כִּי מִצִּיּוֹן תֵּצֵא תוֹרָה וּדְבַר־יְיָ מִירוּשָׁלָיִם. אָמֵן:

אַב הָרַחֲמִים חֲמָל־נָא וְחוּס־נָא עַל אָבוֹת וּבָנִים הָאֲבֵלִים בְּקִרְבֵּנוּ: נַחֵם אוֹתָם בְּחַסְדְּךָ הַגָּדוֹל חַזְּקֵם בְּתִקְוַת אַלְמָוֶת לַחֲזוֹת בְּנֹעַם בִּרְכוֹתֶיךָ בְּחַיֵּי־הַנֶּצַח: יְקַבְּלוּ בְהַכְנָעָה אֶת־מוּסָרְךָ וְיַעֲשׂוּ רְצוֹנְךָ כִּרְצוֹנָם. אָמֵן:

אֵל מֶלֶךְ נֶאֱמָן הָרוֹפֵא לִשְׁבוּרֵי לֵב וּמְחַבֵּשׁ לְעַצְּבוֹתָם שְׁלַח רְפוּאָה שְׁלֵמָה לְחוֹלֵי עַמֶּךָ: יֵדְעוּ כֻלָּם כִּי זִכְרוֹנָם לְפָנֶיךָ תָּמִיד וְאַתָּה הוּא מָגֵן וּמוֹשִׁיעַ לְכֹל הַחוֹסִים בָּךְ. אָמֵן:

Das folgende oder das Gebet auf der gegenüberliegenden Seite:

II

GEBET FÜR INTERNATIONALE VERSTÄNDIGUNG

Gott, Quelle des Friedens, sei mit denjenigen, die die Geschicke der Welt lenken, damit Stolz und Prahlerei ein Ende nehmen und die Herrschaft der Arroganz aus unserer Zeit verschwindet. Gib ihnen den Mut, die Wahrheit zu sagen, und die Demut, anderen zuhören zu können.

Hilf uns allen, dass uns das Wohl unserer Mitmenschen wichtiger ist als unsere eigenen ehrgeizigen Ziele. Hilf uns, dass uns mehr an der Wahrheit liegt, auch wenn sie uns schadet, als an einer Lüge, die uns nützt. Dadurch können wir aufrecht stehen, frei und unbelastet von Furcht und Verdächtigungen und bereit, einander zu vertrauen.

Hilf jedem und jeder von uns, den eigenen Beitrag zur Verständigung und das eigene Opfer für den Frieden zu geben, damit wir in Frieden mit uns selbst und in Frieden mit unseren Mitmenschen leben. Dann können wir in Gelassenheit beginnen, dein Reich in dieser Welt zu bauen, bis die Erde erfüllt ist von der Erkenntnis Gottes, wie das Meer mit Wasser gefüllt ist. Amen.

GEBET FÜR DEN STAAT ISRAEL

Unser Gott und Gott unserer Vorfahren, wir bitten dich um deinen Segen für den Staat Israel und für alle, die in ihm wohnen. Sende seinen Verantwortlichen dein Licht und deine Wahrheit, lass sie in Weisheit und Einsicht regieren, so dass Friede an den Grenzen des Landes herrscht und Sicherheit in den Häusern aller, die dort wohnen. Der Geist der Verbundenheit und gegenseitiges Verständnis mögen alle Wunden und Verletzungen heilen. Lass allen, die dort leben, Barmherzigkeit und Wahrhaftigkeit zuteil werden, so dass erfüllt werde, was die Propheten schauten: Die Thora wird von Zion herkommen und Gottes Wort von Jerusalem. *(Jes 2,3)*

GEBETE FÜR DIE GEMEINDE

Quelle allen Erbarmens, erbarme dich über diejenigen unter uns, die trauern, und nimm Anteil an ihrem Leid. Kümmere dich um sie in deiner großen Güte. Stärke sie durch die Hoffnung, dass du Leben gibst, selbst angesichts des Todes. Lass sie die Wohltat deiner Segnungen spüren. Schenke ihnen Mut und Glauben. Amen.

Gott, du wachst in Treue über alles Leben. Du kannst verletzte Gefühle heilen und Wunden verbinden. Sende vollständige Heilung allen denen unter uns, die krank sind. Hilf, dass sie nicht vergessen, dass du stets an sie denkst. Du bist ein Schutzschild zum Heil für alle, die auf dich vertrauen. Amen.

מִי שֶׁבֵּרַךְ אֲבוֹתֵינוּ אַבְרָהָם יִצְחָק וְיַעֲקֹב וְאִמּוֹתֵינוּ
שָׂרָה רִבְקָה רָחֵל וְלֵאָה הוּא יְבָרֵךְ אֶת־כָּל־הַקָּהָל
הַקָּדוֹשׁ הַזֶּה עִם כָּל־קְהִלּוֹת הַקֹּדֶשׁ. הֵם וּנְשֵׁיהֶם
וּבְנֵיהֶם וּבְנוֹתֵיהֶם וְכֹל אֲשֶׁר לָהֶם. וּמִי שֶׁמְּיַחֲדִים
בָּתֵּי כְנֵסִיּוֹת לִתְפִלָּה. וּמִי שֶׁבָּאִים בְּתוֹכָם לְהִתְפַּלֵּל.
וּמִי שֶׁנּוֹתְנִים נֵר לַמָּאוֹר וְיַיִן לְקִדּוּשׁ וּלְהַבְדָּלָה וּפַת
לָאוֹרְחִים וּצְדָקָה לָעֲנִיִּים. וְכָל־מִי שֶׁעוֹסְקִים בְּצָרְכֵי
צִבּוּר בֶּאֱמוּנָה.

מֶלֶךְ עוֹלָמִים יְבָרֵךְ אֶתְכֶם וִיזַכֶּה אֶתְכֶם. וְיִשְׁמַע
קוֹל תְּפִלּוֹתֵיכֶם. וְיִפְדֶּה וְיַצִּיל אֶתְכֶם מִכָּל־צָרָה
וְצוּקָה. וְחֶסֶד יְהוָֹה יְהִי בְּסַעְדְּכֶם וְיָגֵן בַּעַדְכֶם.
וְיִפְרוֹשׂ סֻכַּת שְׁלוֹמוֹ עֲלֵיכֶם וְיִטַּע בֵּינֵיכֶם אַהֲבָה
וְאַחֲוָה שָׁלוֹם וְרֵעוּת לְעוֹלָם.
יְהוָֹה אֱלֹהֵי אֲבוֹתֵיכֶם וְאִמּוֹתֵיכֶם יֹסֵף עֲלֵיכֶם כָּכֶם
אֶלֶף פְּעָמִים וִיבָרֵךְ אֶתְכֶם כַּאֲשֶׁר דִּבֶּר־לָכֶם. וְכֵן יְהִי
רָצוֹן. אָמֵן:

יְהַלְלוּ אֶת־שֵׁם יְיָ כִּי־נִשְׂגָּב שְׁמוֹ לְבַדּוֹ.
הוֹדוֹ עַל־אֶרֶץ וְשָׁמָיִם: וַיָּרֶם קֶרֶן לְעַמּוֹ תְּהִלָּה
לְכָל־חֲסִידָיו לִבְנֵי יִשְׂרָאֵל עַם־קְרֹבוֹ. הַלְלוּיָהּ:

Gott hat unsere Väter Abraham, Isaak und Jakob und unsere Mütter Sara, Rebekka, Lea und Rahel gesegnet. Möge Gott auch unsere Gemeinde segnen, zusammen mit allen anderen Gemeinden. Gottes Segen sei mit ihnen, ihren Familien und mit allem, was zu ihnen gehört. Gottes Segen sei mit allen, die Synagogen als Orte des Gebets unterhalten, und mit denen, die dort hineinkommen, um zu beten. Gottes Segen sei mit allen, die den Schabbatkerzen ihr Licht geben und den Wein für den Kiddusch und die Hawdala bereiten. Gottes Segen sei mit allen, die Fremde bewirten und den Randgruppen unserer Gesellschaft Hilfe und Anerkennung zuteil werden lassen. Gottes Segen sei mit allen, die zum Wohle der Gemeinschaft mit Aufrichtigkeit tätig sind.

Gott, dem die ganze Welt untertan ist, segne euch und schätze euch. Gott möge eure Gebete hören und euch befreien und erretten aus aller Bedrängnis und Not. Die Güte Gottes sei mit euch, sie stärke und schütze euch. Sie breite ihren Frieden über euch aus wie ein Zelt. Sie lasse Liebe, Geschwisterlichkeit, Friede und Freundschaft tief in euch verwurzelt sein.

Möge der Gott unserer Väter und Mütter euch vielfältig vermehren und euch segnen, seinem Versprechen gemäß. Möge dies Gottes Wille sein! Amen.

DIE ROLLE WIRD ZURÜCKGEBRACHT

Loben soll man den Namen Gottes,
denn Gottes Name allein ist erhaben,
Gottes Hoheit strahlt über Erde und Himmel.
Dem Gottesvolk verleiht Gott Macht,
das ist ein Ruhm für alle, die an Gott glauben,
für Israels Kinder, das Volk, das sich Gott nahen darf.
Halleluja – Lobet Gott! *(Ps 148,13 u. 14)*

תהלים כט

מִזְמוֹר לְדָוִד

הָבוּ לַיהוָה בְּנֵי אֵלִים הָבוּ לַיהוָה כָּבוֹד וָעֹז:

הָבוּ לַיהוָה כְּבוֹד שְׁמוֹ הִשְׁתַּחֲווּ לַיהוָה בְּהַדְרַת־
קֹדֶשׁ:

קוֹל יְהוָה עַל־הַמָּיִם אֵל־הַכָּבוֹד הִרְעִים
יְהוָה עַל־מַיִם רַבִּים:

קוֹל־יְהוָה בַּכֹּחַ קוֹל יְהוָה בֶּהָדָר:

קוֹל יְהוָה שֹׁבֵר אֲרָזִים וַיְשַׁבֵּר יְהוָה אֶת־אַרְזֵי
הַלְּבָנוֹן:

וַיַּרְקִידֵם כְּמוֹ־עֵגֶל לְבָנוֹן וְשִׂרְיוֹן כְּמוֹ בֶן־רְאֵמִים:

קוֹל־יְהוָה חֹצֵב לַהֲבוֹת אֵשׁ:

קוֹל יְהוָה יָחִיל מִדְבָּר יָחִיל יְהוָה מִדְבַּר קָדֵשׁ:

קוֹל יְהוָה יְחוֹלֵל אַיָּלוֹת וַיֶּחֱשֹׂף יְעָרוֹת
וּבְהֵיכָלוֹ כֻּלּוֹ אֹמֵר כָּבוֹד:

יְהוָה לַמַּבּוּל יָשָׁב וַיֵּשֶׁב יְהוָה מֶלֶךְ לְעוֹלָם:

יְהוָה עֹז לְעַמּוֹ יִתֵּן יְהוָה יְבָרֵךְ אֶת־עַמּוֹ בַשָּׁלוֹם:

תהלים כד

לְדָוִד מִזְמוֹר

לַיהוָה הָאָרֶץ וּמְלוֹאָהּ תֵּבֵל וְיֹשְׁבֵי בָהּ:

כִּי־הוּא עַל־יַמִּים יְסָדָהּ וְעַל־נְהָרוֹת יְכוֹנְנֶהָ:

מִי־יַעֲלֶה בְהַר־יְהוָה וּמִי־יָקוּם בִּמְקוֹם קָדְשׁוֹ:

PSALM
29

Ein Psalm Davids

Bringt dar dem Ewigen, ihr Himmlischen,
bringt dar dem Ewigen Lob und Ehre!
Bringt dar dem Ewigen die Ehre seines Namens,
werft euch vor Gott nieder in heiligem Schmuck!

Die Stimme Gottes erschallt über den Wassern.
Der Gott der Herrlichkeit donnert,
der Ewige über gewaltigen Wassern.
Die Stimme Gottes ertönt mit Macht,
die Stimme des Ewigen voll Majestät.

Die Stimme Gottes zerbricht die Zedern,
der Ewige zerschmettert die Zedern des Libanon.
Gott lässt den Libanon hüpfen wie ein Kalb,
wie einen Wildstier den Hermon.

Die Stimme Gottes sprüht flammendes Feuer,
die Stimme Gottes lässt die Wüste beben,
beben lässt Gott die Wüste von Kadesch.

Die Stimme Gottes wirbelt Eichen empor,
ganze Wälder reißt sie kahl.
In Gottes Palast rufen alle: O herrlicher Gott!

Der Ewige thront über der Flut,
Gott thront königlich bis in Ewigkeit.

Gott gebe dem Gottesvolk Kraft,
Gott segne das Gottesvolk mit Frieden.

PSALM
24

Ein Psalm Davids

Gott gehört die Erde und was sie erfüllt,
das Festland und die darauf wohnen.
Denn Gott hat es auf den Meeren gegründet,
es über den Strömen befestigt.

Wer darf zu Gottes Berg hinaufziehen?
Wer darf an heiliger Stätte stehen?

נְקִי כַפַּיִם וּבַר־לֵבָב אֲשֶׁר לֹא־נָשָׂא לַשָּׁוְא נַפְשׁוֹ
וְלֹא נִשְׁבַּע לְמִרְמָה:

יִשָּׂא בְרָכָה מֵאֵת יְהוָה וּצְדָקָה מֵאֱלֹהֵי יִשְׁעוֹ:

זֶה דּוֹר דֹּרְשָׁיו מְבַקְשֵׁי פָנֶיךָ יַעֲקֹב סֶלָה:

שְׂאוּ שְׁעָרִים רָאשֵׁיכֶם וְהִנָּשְׂאוּ פִּתְחֵי עוֹלָם וְיָבוֹא
מֶלֶךְ הַכָּבוֹד:

מִי זֶה מֶלֶךְ הַכָּבוֹד יְהוָה עִזּוּז וְגִבּוֹר יְהוָה גִּבּוֹר
מִלְחָמָה:

שְׂאוּ שְׁעָרִים רָאשֵׁיכֶם וּשְׂאוּ פִּתְחֵי עוֹלָם
וְיָבֹא מֶלֶךְ הַכָּבוֹד:

מִי הוּא זֶה מֶלֶךְ הַכָּבוֹד יְהוָה צְבָאוֹת הוּא מֶלֶךְ
הַכָּבוֹד סֶלָה:

שְׁכֹן יְהוָה בְּתוֹךְ עַמֶּךָ וְתָנוּחַ רוּחֲךָ בְּבֵית תְּפִלָּתֶךָ כִּי כָל־פֶּה וְכָל־לָשׁוֹן יִתְּנוּ הוֹד וְהָדָר לְמַלְכוּתֶךָ: כִּי לֶקַח טוֹב נָתַתִּי לָכֶם תּוֹרָתִי אַל־תַּעֲזֹבוּ: הֲשִׁיבֵנוּ יְהוָה אֵלֶיךָ וְנָשׁוּבָה חַדֵּשׁ יָמֵינוּ כְּקֶדֶם:

וּבְנֻחֹה יֹאמַר: שׁוּבָה יְיָ רִבְבוֹת אַלְפֵי יִשְׂרָאֵל: קוּמָה יְיָ לִמְנוּחָתֶךָ אַתָּה וַאֲרוֹן עֻזֶּךָ: כֹּהֲנֶיךָ יִלְבְּשׁוּ־צֶדֶק וַחֲסִידֶיךָ יְרַנֵּנוּ: בַּעֲבוּר דָּוִד עַבְדֶּךָ אַל־תָּשֵׁב פְּנֵי מְשִׁיחֶךָ: כִּי לֶקַח טוֹב נָתַתִּי לָכֶם תּוֹרָתִי אַל־תַּעֲזֹבוּ: עֵץ חַיִּים הִיא לַמַּחֲזִיקִים בָּהּ וְתֹמְכֶיהָ מְאֻשָּׁר: דְּרָכֶיהָ דַרְכֵי־נֹעַם וְכָל־נְתִיבוֹתֶיהָ שָׁלוֹם:
הֲשִׁיבֵנוּ יְהוָה אֵלֶיךָ וְנָשׁוּבָה חַדֵּשׁ יָמֵינוּ כְּקֶדֶם:

Wer reine Hände hat
und ein lauteres Herz,
wer nicht betrügt
und keine falschen Eide schwört.

Ein solcher Mensch wird Segen von Gott empfangen
und Wohltaten von Gott; Gott ist seine Hilfe.
Dies sind die Menschen, die nach Gott fragen,
die deine Gegenwart suchen, Gott Jakobs.

Ihr Tore, hebt euch nach oben,
hebt euch, ihr uralten Pforten,
denn es kommt der König der Ehre.
Wer ist der König der Ehre?
Gott, stark und gewaltig,
Gott, mächtig im Kampf.

Ihr Tore, hebt euch nach oben,
hebt euch, ihr uralten Pforten,
denn es kommt der König der Ehre.
Wer ist der König der Ehre?
Gott, der alles geschaffen hat,
das ist der König der Ehre.

ISRAEL KEHRT ZURÜCK

Gott, sei in deinem Volk gegenwärtig und lass deinen Geist wohnen im Haus deines Lobes, denn jeder Mund und jede Zunge sollen dir Lob singen und deine Herrschaft preisen. Denn du hast gesagt: Eine gute Lehre gebe ich euch. Lasst nicht ab von meiner Thora! *(Spr 4,2)* Gott, bring uns zu dir zurück, dann können wir zu dir zurückkehren. Erneuere unsere Tage, damit sie werden wie früher. *(Kld 5,21)*

Wenn man haltmachte, sagte man: Lass dich nieder, Gott, bei den zehntausendmal Tausenden Israels! *(Num 10,36)* Erhebe dich, Gott, komm an den Ort deiner Ruhe, du und deine machtvolle Lade! Deine Priester sollen sich mit Gerechtigkeit bekleiden, und deine Frommen sollen jubeln. Weil David dein Knecht ist, weise deinen Gesalbten nicht ab! *(Ps 132,8-10)* Denn eine gute Lehre gebe ich euch. Lasst nicht ab von meiner Thora! *(Spr 4,2)* Wer nach ihr greift, dem ist sie ein Lebensbaum, wer sie festhält, ist glücklich zu preisen. *(Spr 3,18)* Ihre Wege sind Wege der Freude, all ihre Pfade führen zum Glück. *(Spr 3,17)* Gott, bring uns zu dir zurück, dann können wir zu dir zurückkehren. Erneuere unsere Tage, damit sie werden wie früher. *(Kld 5,21)*

Die Wochentags- und Schabbatgottesdienste werden hier fortgesetzt:

אֵין כֵּאלֹהֵינוּ. אֵין כַּאדוֹנֵינוּ. אֵין כְּמַלְכֵּנוּ. אֵין כְּמוֹשִׁיעֵנוּ:
מִי כֵאלֹהֵינוּ. מִי כַאדוֹנֵינוּ. מִי כְמַלְכֵּנוּ. מִי כְמוֹשִׁיעֵנוּ:
נוֹדֶה לֵאלֹהֵינוּ. נוֹדֶה לַאדוֹנֵינוּ. נוֹדֶה לְמַלְכֵּנוּ. נוֹדֶה לְמוֹשִׁיעֵנוּ:
בָּרוּךְ אֱלֹהֵינוּ. בָּרוּךְ אֲדוֹנֵינוּ. בָּרוּךְ מַלְכֵּנוּ. בָּרוּךְ מוֹשִׁיעֵנוּ:
אַתָּה הוּא אֱלֹהֵינוּ. אַתָּה הוּא אֲדוֹנֵינוּ. אַתָּה הוּא מַלְכֵּנוּ. אַתָּה הוּא מוֹשִׁיעֵנוּ:

עָלֵינוּ לְשַׁבֵּחַ לַאֲדוֹן הַכֹּל לָתֵת גְּדֻלָּה לְיוֹצֵר בְּרֵאשִׁית. אֲשֶׁר בָּחַר־בָּנוּ מִכָּל־הָעַמִּים. וְנָתַן־לָנוּ אֶת־תּוֹרָתוֹ. וַאֲנַחְנוּ כֹּרְעִים וּמִשְׁתַּחֲוִים וּמוֹדִים לִפְנֵי מֶלֶךְ מַלְכֵי הַמְּלָכִים הַקָּדוֹשׁ בָּרוּךְ הוּא. שֶׁהוּא נוֹטֶה שָׁמַיִם וְיוֹסֵד אָרֶץ. וּמוֹשַׁב יְקָרוֹ בַּשָּׁמַיִם מִמַּעַל וּשְׁכִינַת עֻזּוֹ בְּגָבְהֵי מְרוֹמִים: הוּא אֱלֹהֵינוּ. אֵין עוֹד. אֱמֶת מַלְכֵּנוּ. אֶפֶס זוּלָתוֹ. כַּכָּתוּב בְּתוֹרָתוֹ. וְיָדַעְתָּ הַיּוֹם וַהֲשֵׁבֹתָ אֶל־לְבָבֶךָ כִּי יְיָ הוּא הָאֱלֹהִים בַּשָּׁמַיִם מִמַּעַל וְעַל־הָאָרֶץ מִתָּחַת אֵין עוֹד:

Die Wochentags- und Schabbatgottesdienste werden hier fortgesetzt:

Niemand ist wie unser Gott,
niemand ist wie unser Herr,
niemand wie unser König,
niemand wie unser Helfer!

Wer ist wie unser Gott,
wer ist wie unser Herr,
wer wie unser König,
wer wie unser Helfer?

Dank sei dir, unser Gott,
dank sei dir, unser Herr,
dank dir, unser König,
dank dir, unser Helfer.

Lob sei dir, unser Gott,
Lob sei dir, unser Herr,
Lob dir, unser König,
Lob dir, unser Helfer!

Du, Gott, bist unser Gott,
du, Gott, bist unser Herr,
du bist unser König,
du bist unser Helfer.

UNSERE AUFGABE

Es ist unsere Aufgabe, den Ewigen, der alles in seinen Händen hält, zu preisen und die Größe des Schöpfers aller Anfänge anzuerkennen. Gott hat uns aus allen Völkern erwählt um uns die Thora zu geben. Wir knien nieder; wir verneigen uns und danken in der Gegenwart des allmächtigen Gottes, Gott regiert über alle Herrschenden in der Welt, Gottes Heiligkeit sei gepriesen! Denn Gott hat die Weite des Himmel geschaffen und die Erde gegründet. Gottes Ehre ist so umfassend wie der Himmel über uns, und Gottes Kraft reicht bis in die fernsten Höhen. Der lebendige Gott ist unser Gott – niemand sonst. Gott ist unser Leben anvertraut – niemandem außer Gott! So wie es geschrieben ist in der Thora: Heute sollst du erkennen und dir zu Herzen nehmen: Der Ewige ist der Gott im Himmel droben und auf der Erde unten, niemand sonst. *(Dtn 4,39)*

עלינו • קדיש

עַל־כֵּן נְקַוֶּה לְּךָ יְיָ אֱלֹהֵינוּ לִרְאוֹת מְהֵרָה בְּתִפְאֶרֶת עֻזֶּךָ. לְהַעֲבִיר גִּלּוּלִים מִן הָאָרֶץ וְהָאֱלִילִים כָּרוֹת יִכָּרֵתוּן. לְתַקֵּן עוֹלָם בְּמַלְכוּת שַׁדַּי וְכָל־בְּנֵי בָשָׂר יִקְרְאוּ בִשְׁמֶךָ. לְהַפְנוֹת אֵלֶיךָ כָּל־רִשְׁעֵי אָרֶץ: יַכִּירוּ וְיֵדְעוּ כָּל־יוֹשְׁבֵי תֵבֵל כִּי לְךָ תִּכְרַע כָּל־בֶּרֶךְ תִּשָּׁבַע כָּל־לָשׁוֹן: לְפָנֶיךָ יְיָ אֱלֹהֵינוּ יִכְרְעוּ וְיִפּוֹלוּ. וְלִכְבוֹד שִׁמְךָ יְקָר יִתֵּנוּ. וִיקַבְּלוּ כֻלָּם אֶת־עֹל מַלְכוּתֶךָ. וְתִמְלוֹךְ עֲלֵיהֶם מְהֵרָה לְעוֹלָם וָעֶד. כִּי הַמַּלְכוּת שֶׁלְּךָ הִיא וּלְעוֹלְמֵי עַד תִּמְלוֹךְ בְּכָבוֹד. כַּכָּתוּב בְּתוֹרָתֶךָ. יְיָ יִמְלֹךְ לְעוֹלָם וָעֶד: וְנֶאֱמַר. וְהָיָה יְיָ לְמֶלֶךְ עַל־כָּל־הָאָרֶץ בַּיּוֹם הַהוּא יִהְיֶה יְיָ אֶחָד וּשְׁמוֹ אֶחָד:

קדיש שלם

יִתְגַּדַּל וְיִתְקַדַּשׁ שְׁמֵהּ רַבָּא בְּעָלְמָא דִּי־בְרָא כִרְעוּתֵהּ. וְיַמְלִיךְ מַלְכוּתֵהּ בְּחַיֵּיכוֹן וּבְיוֹמֵיכוֹן וּבְחַיֵּי דְּכָל־בֵּית יִשְׂרָאֵל בַּעֲגָלָא וּבִזְמַן קָרִיב. וְאִמְרוּ אָמֵן:

יְהֵא שְׁמֵהּ רַבָּא מְבָרַךְ לְעָלַם וּלְעָלְמֵי עָלְמַיָּא.

יִתְבָּרַךְ וְיִשְׁתַּבַּח וְיִתְפָּאַר וְיִתְרוֹמַם וְיִתְנַשֵּׂא וְיִתְהַדָּר וְיִתְעַלֶּה וְיִתְהַלַּל שְׁמֵהּ דִּי־קֻדְשָׁא. בְּרִיךְ הוּא. לְעֵלָּא לְעֵלָּא מִן־כָּל־בִּרְכָתָא וְשִׁירָתָא תֻּשְׁבְּחָתָא וְנֶחֱמָתָא דִּי־אֲמִירָן בְּעָלְמָא. וְאִמְרוּ אָמֵן:

יְהֵא שְׁלָמָא רַבָּא מִן־שְׁמַיָּא וְחַיִּים עָלֵינוּ וְעַל־כָּל־יִשְׂרָאֵל. וְאִמְרוּ אָמֵן:

עֹשֶׂה שָׁלוֹם בִּמְרוֹמָיו הוּא יַעֲשֶׂה שָׁלוֹם עָלֵינוּ וְעַל־כָּל־יִשְׂרָאֵל. וְאִמְרוּ אָמֵן:

UNSERE HOFFNUNG FÜR DIE MENSCHHEIT

Darum hoffen wir darauf, Ewiger, unser Gott, dass deine Stärke bald für uns sichtbar wird, dass die Anbetung des Geldes von der Erde verschwinden und dass Vorurteile und Aberglaube ausgerottet werden; dass die Welt von deiner Herrschaft geprägt ist und alle Menschen deinen Namen anrufen; dass alle Ungerechten der Welt sich dir zuwenden.

Alle Bewohner der Erde sollen erkennen und wissen, dass sich vor dir jedes Knie beugt und jede Zunge bei dir schwört. Vor dir, Ewiger, unser Gott, wird man sich beugen und niederfallen, und man wird der Herrlichkeit deines Namens Achtung erweisen. Alle werden deine Herrschaft anerkennen, und du wirst bald über alle herrschen, von nun an bis in Ewigkeit. Denn dir allein gebührt die Herrschaft, und du herrschst bis in alle Ewigkeit in Herrlichkeit, wie es geschrieben steht in deiner Thora:

Gott regiert für immer und ewig. *(Ex 15,18)*

Und es ist gesagt: Dann wird Gott über die ganze Erde herrschen. An jenem Tag wird Gott einzig sein und sein Name einzig. *(Sach 14,9)*

Verherrlicht und geheiligt werde Gottes großer Name
in der Welt, die Gott nach eig'nem Ratschluss schuf.
Gottes Reich erstehe in eurem Leben und zu euren Zeiten
und im Leben ganz Israels schnell und bald.
Darauf sprecht: Amen.

Gottes großer Name sei gepriesen,
immerzu und bis in Ewigkeit!

Gottes Name sei gepriesen und gelobt,
Gottes Name sei verherrlicht und erhoben.
Gottes Name sei verehrt und gerühmt,
Gottes Name sei gefeiert und besungen.
Gepriesen sei er über allem Lob und jedem Lied,
hoch über allem Preis und jedem Trost der Welt.
Darauf sprecht: Amen.

Frieden in Fülle komme vom Himmel,
Leben für uns und ganz Israel.
Darauf sprecht: Amen.

Gott schafft Frieden in der Höhe.
Möge Gott uns und ganz Israel Frieden geben.
Darauf sprecht: Amen.

אדון עולם

אֲדוֹן עוֹלָם אֲשֶׁר מָלַךְ· בְּטֶרֶם כָּל־יְצִיר נִבְרָא:

לְעֵת נַעֲשָׂה כְחֶפְצוֹ כֹּל· אֲזַי מֶלֶךְ שְׁמוֹ נִקְרָא:

וְאַחֲרֵי כִּכְלוֹת הַכֹּל· לְבַדּוֹ יִמְלוֹךְ נוֹרָא:

וְהוּא הָיָה· וְהוּא הֹוֶה· וְהוּא יִהְיֶה בְּתִפְאָרָה:

וְהוּא אֶחָד וְאֵין שֵׁנִי· לְהַמְשִׁילוֹ לְהַחְבִּירָה:

בְּלִי רֵאשִׁית בְּלִי תַכְלִית· וְלוֹ הָעֹז וְהַמִּשְׂרָה:

וְהוּא אֵלִי וְחַי גּוֹאֲלִי· וְצוּר חֶבְלִי בְּיוֹם צָרָה:

וְהוּא נִסִּי וּמָנוּסִי· מְנָת כּוֹסִי בְּיוֹם אֶקְרָא:

בְּיָדוֹ אַפְקִיד רוּחִי· בְּעֵת אִישַׁן וְאָעִירָה:

וְעִם רוּחִי גְּוִיָּתִי· אֲדֹנָי לִי וְלֹא אִירָא:

Gott aller Welt, du hast regiert,
eh' ein Geschöpf geschaffen ward.
Als einst durch dich das All entstand,
da ward dein Nam' „König" genannt.

Und einst am Ende aller Zeit
wirst du allein regiern in Macht.
Du warst, du bist, und du wirst sein,
die Herrlichkeit ist dir allein.

Einzig bist du, und keiner ist
vergleichbar dir, Gott aller Welt.
Du bist ohn' Anfang und ohn' End',
du hast die Macht, bist der Regent.

Du bist mein Gott, du rettest mich,
du bist mein Fels, bin ich in Not.
Du bist mein Schutz, mein Zufluchtsort,
versorgest mich, wenn ich dich ruf.

Mein Geist birgt sich in deiner Hand,
stets, sei ich schla- fend oder wach.
Und auch mein Leib birgt sich in dir.
ich fürcht mich nicht, du bist bei mir.

סדר סליחות

SELICHOT

Für die Suche nach Vergebung und Versöhnung

סדר סליחות

In einem Abendgebet:

PSALM 134

Psalm 134

Ein Wallfahrtslied

Wohlan, preist Gott,
ihr alle, die ihr Gott dient,
die ihr in den Nächten im
Hause Gottes steht.
Hebt in Heiligung eure Hände
und preist Gott!
Gott segne dich von Zion aus,
Gott hat Himmel und Erde
geschaffen!

קלד

שִׁיר הַמַּעֲלוֹת
הִנֵּה בָּרְכוּ אֶת־יְהוָה
כָּל־עַבְדֵי יְהוָה
הָעֹמְדִים בְּבֵית־יְהוָה בַּלֵּילוֹת׃
שְׂאוּ יְדֵיכֶם קֹדֶשׁ
וּבָרְכוּ אֶת־יְהוָה׃
יְבָרֶכְךָ יְהוָה מִצִּיּוֹן
עֹשֵׂה שָׁמַיִם וָאָרֶץ׃

Das neue Jahr naht. Wir bereiten uns darauf vor, uns selbst zu sehen – nicht im Spiegel unserer Eitelkeit, und auch nicht durch die Augen unserer Mitmenschen, sondern wir wollen uns so sehen, wie du uns siehst, Gott. Deine Ohren hören uns, deine Augen sehen uns, in deinem Buch ist unser Leben verzeichnet.

Wir leben in Unfrieden mit uns selbst, mit unseren Mitmenschen und mit Gott. Unsere Probleme, unser Stolz und unsere Ungeduld versperren uns den Weg zu der Versöhnung, die wir suchen. Aber ohne sie nehmen wir Schaden an Geist und Seele. Die Last alter Streitigkeiten, an deren Ursachen wir uns kaum noch erinnern, liegt auf uns. Uns belasten die zerbrochenen Freundschaften und die gebrochenen Versprechen; die Bitten um Hilfe, die wir abgelehnt und die Anfragen, die wir abgewiesen haben, und die vielen Gelegenheiten zum Guten, die wir nicht genutzt haben.

Wir bekennen, dass wir Vergebung und Versöhnung nötig haben, um unser Leben und unsere Seele in Ordnung zu bringen. Wir wollen uns in der Stille an unsere Sünden erinnern, an unsere Verfehlungen und Fehler.

Für alles dieses bitten wir dich, Gott aller Vergebung:
Vergib uns, verzeih uns, gib uns Versöhnung.

וְעַל כֻּלָּם אֱלוֹהַּ סְלִיחוֹת סְלַח לָנוּ. מְחַל לָנוּ. כַּפֶּר־לָנוּ׃

SELICHOT

Für die Suche nach Vergebung und Versöhnung

In einem Morgengebet:

PSALM
5

Psalm 5,1-4

Für den Chormeister. Zum Flötenspiel. Ein Psalm Davids.

Gott, schenke meinen Worten Gehör,
achte auf mein Seufzen,
höre meinen Schrei um Hilfe.
denn ich bete zu dir, mein Gott;
du regierst über mich.
Gott, du hörst mein Morgengebet,
ich bete zu dir am Morgen,
und warte gespannt.

ה

לַמְנַצֵּחַ אֶל־הַנְּחִילוֹת מִזְמוֹר לְדָוִד׃

אֲמָרַי הַאֲזִינָה יְהוָה בִּינָה הֲגִיגִי׃
הַקְשִׁיבָה לְקוֹל שַׁוְעִי
מַלְכִּי וֵאלֹהָי כִּי־אֵלֶיךָ אֶתְפַּלָּל׃
יְהוָה בֹּקֶר תִּשְׁמַע קוֹלִי
בֹּקֶר אֶעֱרָךְ־לְךָ וַאֲצַפֶּה׃

Hilf mir, Gott, wenn ich mich auf die ernsten Feiertage, die Tage des Gerichts, vorbereite. Hilf mir, mit dir und mit meinen Mitmenschen ins Reine zu kommen. Hilf mir vor allen Dingen, dass ich mit mir selbst ins Reine komme, damit diese kostbaren Tage nicht durch Heuchelei und Selbsttäuschung verloren gehen.

Gib mir die Kraft, meine Gebete ehrlich zu sprechen und mich so zu sehen, wie ich wirklich bin: ein Mensch, gegen den gesündigt wurde und der selbst gesündigt hat. Bewahre mich davor, anderen oder gar dir die Verantwortung zuzuschieben, wenn ich über das vergangene Jahr nachdenke. Hilf mir, dass ich die Verantwortung, die ich für mich und mein Leben habe, annehme, damit ich an Würde und Güte nach deinem Willen wachse.

Gott, du bist das Licht in meiner Dunkelheit; du bist die Weisheit in meiner Torheit; du bist die Güte in meiner Selbstsucht. Du bist der Sinn meines Lebens. Sei mir nahe, wenn ich jetzt den Weg zum Gericht und zur Versöhnung beginne.

Für alles dieses bitten wir dich, Gott aller Vergebung:
Vergib uns, verzeih uns, gib uns Versöhnung.

וְעַל כֻּלָּם אֱלוֹהַּ סְלִיחוֹת סְלַח לָנוּ. מְחַל לָנוּ. כַּפֶּר־לָנוּ׃

Einer der drei folgenden Pijjutim:

א אָתָאנוּ לְחַלּוֹת פָּנֶיךָ. כִּי חֶסֶד וֶאֱמֶת יְקַדְּמוּ פָנֶיךָ: נָא אַל תְּבִישֵׁנוּ. נָא אַל תְּשִׁיבֵנוּ רֵיקָם מִלְּפָנֶיךָ: סְלַח לָנוּ. שְׁלַח לָנוּ יְשׁוּעָה וְרַחֲמִים מִמְּעוֹנֶיךָ:

אָתָאנוּ לְבַקֵּשׁ מִמְּךָ כַּפָּרָה. אָיוֹם וְנוֹרָא. מִשְׂגָּב לְעִתּוֹת בַּצָּרָה: תְּחַיֵּינוּ. תְּחָנֵּנוּ. וּבְשִׁמְךָ נִקְרָא: סְלַח לָנוּ. וּשְׁלַח לָנוּ סְלִיחָה וְרַחֲמִים מִמְּעוֹנֶיךָ:

ב כִּי הִנֵּה כַּחֹמֶר בְּיַד הַיּוֹצֵר. בִּרְצוֹתוֹ מַרְחִיב וּבִרְצוֹתוֹ מְקַצֵּר.
כֵּן אֲנַחְנוּ בְּיָדְךָ חֶסֶד נוֹצֵר. לַבְּרִית הַבֵּט וְאַל תֵּפֶן לַיֵּצֶר:

כִּי הִנֵּה כָּאֶבֶן בְּיַד הַמְסַתֵּת. בִּרְצוֹתוֹ אוֹחֵז וּבִרְצוֹתוֹ מְכַתֵּת.
כֵּן אֲנַחְנוּ בְּיָדְךָ מְחַיֶּה וּמְמוֹתֵת. לַבְּרִית הַבֵּט וְאַל תֵּפֶן לַיֵּצֶר:

כִּי הִנֵּה כַּגַּרְזֶן בְּיַד הֶחָרָשׁ. בִּרְצוֹתוֹ דִּבֵּק לָאוֹר וּבִרְצוֹתוֹ פֵּרַשׁ.
כֵּן אֲנַחְנוּ בְּיָדְךָ תּוֹמֵךְ עָנִי וָרָשׁ. לַבְּרִית הַבֵּט וְאַל תֵּפֶן לַיֵּצֶר:

Einer der drei folgenden Pijjutim:

I
BITTE UM VERGEBUNG

Wir sind gekommen, um deine Gegenwart zu suchen,
denn bei dir sind Güte und Treue.
Lass uns nicht beschämt werden.
Lass uns nicht leer von dir weggehen.
Vergib uns! Gib uns Hilfe und Erbarmen
von dem Ort, an dem du wohnst.

Wir sind gekommen, um Versöhnung zu suchen,
denn dir gilt uns're Furcht und Ehrfurcht.
Du bist die Zuflucht in Zeiten der Not.
Gib neues Leben, gib uns Gnade, wenn wir zu dir beten.
Vergib uns! Gib uns Vergebung und Erbarmen
von dem Ort, an dem du wohnst.

II
IN GOTTES HÄNDEN

Wie Ton, den eines Töpfers Hand
nach seinem Willen kunstgewandt
bald dehnt und bald zusammenpresst,
so sind auch wir in deiner Hand,
die Güte immer walten lässt.
Gott, sieh auf dein Bundesversprechen,
und nicht auf unseres Triebs Verbrechen.

Wie Stein, den eines Steinmetz Hand
nach seinem Willen kunstgewandt
bald fügsam macht und bald auch sprengt,
so sind auch wir in deiner Hand,
die Leben schafft und Tod verhängt.
Gott, sieh auf dein Bundesversprechen,
und nicht auf unseres Triebs Verbrechen.

Wie Eisen, das des Schmiedes Hand
nach seinem Willen kunstgewandt
in Glut bald lötet und bald kühlt,
so sind auch wir in deiner Hand,
du, der Bedrückten Schutz und Schild.
Gott, sieh auf dein Bundesversprechen,
und nicht auf unseres Triebs Verbrechen.

כִּי הִנֵּה כַּהֶגֶה בְּיַד הַמַּלָּח. בִּרְצוֹתוֹ אוֹחֵז וּבִרְצוֹתוֹ שִׁלַּח.
כֵּן אֲנַחְנוּ בְּיָדְךָ אֵל טוֹב וְסַלָּח. לַבְּרִית הַבֵּט וְאַל תֵּפֶן לַיֵּצֶר:

כִּי הִנֵּה כַּזְּכוּכִית בְּיַד הַמְזַגֵּג. בִּרְצוֹתוֹ חוֹגֵג וּבִרְצוֹתוֹ מְמוֹגֵג.
כֵּן אֲנַחְנוּ בְּיָדְךָ מַעֲבִיר זָדוֹן וְשׁוֹגֵג. לַבְּרִית הַבֵּט וְאַל תֵּפֶן לַיֵּצֶר:

כִּי הִנֵּה כַּיְרִיעָה בְּיַד הָרוֹקֵם. בִּרְצוֹתוֹ מְיַשֵּׁר וּבִרְצוֹתוֹ מְעַקֵּם.
כֵּן אֲנַחְנוּ בְּיָדְךָ אֵל קַנֹּא וְנוֹקֵם. לַבְּרִית הַבֵּט וְאַל תֵּפֶן לַיֵּצֶר:

כִּי הִנֵּה כַּכֶּסֶף בְּיַד הַצּוֹרֵף. בִּרְצוֹתוֹ מְסַגְסֵג וּבִרְצוֹתוֹ מְצָרֵף.
כֵּן אֲנַחְנוּ בְּיָדְךָ מַמְצִיא לְמָזוֹר תֶּרֶף. לַבְּרִית הַבֵּט וְאַל תֵּפֶן לַיֵּצֶר:

כִּי הִנֵּה כַּחֹמֶר בְּיַד הַיּוֹצֵר. בִּרְצוֹתוֹ מַרְחִיב וּבִרְצוֹתוֹ מְקַצֵּר.
כֵּן אֲנַחְנוּ בְּיָדְךָ חֶסֶד נוֹצֵר. לַבְּרִית הַבֵּט וְאַל תֵּפֶן לַיֵּצֶר:

Wie Ruder, die des Schiffers Hand
nach seinem Willen kunstgewandt
bald hält, bald hinschlägt in die Flut,
so sind auch wir in deiner Hand,
o Gott, so nachsichtsvoll und gut.
Gott, sieh auf dein Bundesversprechen,
und nicht auf unseres Triebs Verbrechen.

Wie Glas, das eines Bläsers Hand
nach seinem Willen kunstgewandt
bald schmelzen lässt, bald formet fest,
so sind auch wir in deiner Hand,
die Sünde und Vergehn erlässt.
Gott, sieh auf dein Bundesversprechen,
und nicht auf unseres Triebs Verbrechen.

Wie Teppich, dem des Webers Hand
nach seinem Willen kunstgewandt
Muster einwebt, bald grad, bald quer,
so sind auch wir in deiner Hand,
du rächst und eiferst um uns sehr.
Gott, sieh auf dein Bundesversprechen,
und nicht auf unseres Triebs Verbrechen.

Wie Silber, das des Meisters Hand
nach seinem Willen kunstgewandt
verschlacket bald und bald ent-erzt,
so sind auch wir in deiner Hand,
die Heil schafft, wenn die Wunde schmerzt.
Gott, sieh auf dein Bundesversprechen,
und nicht auf unseres Triebs Verbrechen.

Wie Ton, den eines Töpfers Hand
nach seinem Willen kunstgewandt
bald dehnt und bald zusammenpresst,
so sind auch wir in deiner Hand,
die Güte immer walten lässt.
Gott, sieh auf dein Bundesversprechen,
und nicht auf unseres Triebs Verbrechen.

(Kommentar zu „Wie Ton" im Glossar.)

ג לְךָ יְהוָֹה הַצְּדָקָה וְלָנוּ בֹּשֶׁת הַפָּנִים.
מַה נִּתְאוֹנֵן. מַה נֹּאמַר. מַה נְּדַבֵּר וּמַה נִּצְטַדָּק:
נַחְפְּשָׂה דְרָכֵינוּ וְנַחְקֹרָה וְנָשׁוּבָה אֵלֶיךָ.
כִּי־יְמִינְךָ פְשׁוּטָה לְקַבֵּל שָׁבִים:
לֹא בְחֶסֶד וְלֹא בְמַעֲשִׂים בָּאנוּ לְפָנֶיךָ.
כְּדַלִּים וּכְרָשִׁים דָּפַקְנוּ דְלָתֶיךָ:
דְּלָתֶיךָ דָּפַקְנוּ רַחוּם וְחַנּוּן.
נָא אַל תְּשִׁיבֵנוּ רֵיקָם מִלְּפָנֶיךָ:
מִלְּפָנֶיךָ מַלְכֵּנוּ רֵיקָם אַל תְּשִׁיבֵנוּ.
כִּי אַתָּה שׁוֹמֵעַ תְּפִלָּה:

רִבּוֹן הָעוֹלָמִים וַאֲדוֹנֵי הָאֲדֹנִים. לֹא עַל־צִדְקוֹתֵינוּ אֲנַחְנוּ מַפִּילִים תַּחֲנוּנֵינוּ לְפָנֶיךָ. כִּי עַל־רַחֲמֶיךָ הָרַבִּים: אֲדֹנָי שְׁמָעָה. אֲדֹנָי סְלָחָה. אֲדֹנָי הַקְשִׁיבָה וַעֲשֵׂה. מָה־אָנוּ. מֶה־חַיֵּינוּ. מֶה־חַסְדֵּנוּ. מַה־צִּדְקוֹתֵינוּ. מַה־יְּשׁוּעָתֵנוּ. מַה־כֹּחֵנוּ. מַה־גְּבוּרָתֵנוּ. מַה־נֹּאמַר לְפָנֶיךָ יְיָ אֱלֹהֵינוּ וֵאלֹהֵי אֲבוֹתֵינוּ. הֲלֹא הַגִּבּוֹרִים כְּאַיִן לְפָנֶיךָ. וְאַנְשֵׁי הַשֵּׁם כְּלֹא הָיוּ. וַחֲכָמִים כִּבְלִי מַדָּע. וּנְבוֹנִים כִּבְלִי הַשְׂכֵּל. כִּי רֹב מַעֲשֵׂינוּ תֹּהוּ. וִימֵי חַיֵּינוּ הֶבֶל לְפָנֶיךָ. וּמוֹתַר הָאָדָם מִן הַבְּהֵמָה אָיִן. כִּי הַכֹּל הָבֶל לְבַד הַנְּשָׁמָה הַטְּהוֹרָה. שֶׁהִיא עֲתִידָה לִתֵּן דִּין וְחֶשְׁבּוֹן לִפְנֵי כִסֵּא כְבוֹדֶךָ:

לעסוק בדברי תורה

בָּרוּךְ אַתָּה יְיָ אֱלֹהֵינוּ מֶלֶךְ הָעוֹלָם. אֲשֶׁר קִדְּשָׁנוּ בְּמִצְוֹתָיו וְצִוָּנוּ לַעֲסוֹק בְּדִבְרֵי תוֹרָה:

III ALS DIE ARMEN

Bei dir, Gott, ist Wohltätigkeit. Bei uns sind beschämte Gesichter.
Was könnten wir vorbringen? Was könnten wir sagen?
Wie könnten wir reden? Wie könnten wir uns rechtfertigen?
Wir wollen unsere Wege erforschen und bedenken
und zu dir zurückkehren.
Denn deine Hand ist ausgestreckt,
sie nimmt alle auf, die umkehren.
Wir kommen zu dir, nicht mit Verdiensten und Werken,
sondern als Arme und Geringe klopfen wir an deine Tür.
An deine Tür klopfen wir, Gott; du bist barmherzig und gnädig.
Lass uns nicht leer von dir weggehen.
Von dir, Gott, lass uns nicht leer weggehen.
Du, Gott, regierst über uns. Ja, du hörst Gebet!

DER MENSCH IST SCHWACH

Ursprung aller menschlichen Stärke und Macht, dem allein unsere Ehre gebührt, „nicht im Vertrauen auf unsere gerechten Taten legen wir dir unsere Bitten vor, sondern im Vertrauen auf dein großes Erbarmen. Gott, höre! Gott, verzeih! Gott, vernimm unser Gebet und handle!“ *(Dan 9,18f)* Was sind wir? Was ist unser Leben? Was ist unsere Liebe? Was ist unsere Gerechtigkeit? Was sind unsere Erfolge? Was ist unsere Kraft? Was ist unsere Macht? Ewiger, unser Gott und Gott unserer Vorfahren, was könnten wir in deiner Gegenwart sagen? Ist nicht unsere Kraft wie nichts vor dir? Und sind nicht ruhmreiche Menschen so, als wären sie nie gewesen? Sind nicht Kluge vor dir wie solche ohne Wissen, und Intelligente wie solche ohne Einsicht? Ja, die meisten unserer Werke sind vor dir wie Nichtigkeiten, und die Tage unseres Lebens sind wie nichts vor dir. Sogar „der Vorrang des Menschen vor den Tieren wird bedeutungslos.“ *(Koh 3,19)* Ja, alles ist wie nichts vor dir – außer einer reinen Seele. Denn diese wird eines Tages in ihrer Verantwortlichkeit ernst genommen werden vor dem Thron deiner Herrlichkeit.

DIE PFLICHT ZU LERNEN

Gepriesen seist du, Ewiger, unser Gott; du regierst die Welt. Du hast uns durch deine Gebote geheiligt und hast uns aufgetragen, uns mit den Worten deiner Thora zu beschäftigen. *(bBer 11b)*

Der folgende Abschnitt oder ein anderer geeigneter Studientext kann hier gelesen werden:

וּבְעֵת אֲשֶׁר יָדַע הָאָדָם כִּי יְבִיאוּ אֶת־דִּינוֹ לִפְנֵי מֶלֶךְ בָּשָׂר־וָדָם. הֲלֹא יֶחֱרַד חֲרָדָה גְדוֹלָה וְיָשִׁית עֵצוֹת בְּנַפְשׁוֹ. וּבְכָל־דַּרְכֵי חֲרִיצוּת יָחִישׁ מִפְלָט לוֹ. וְלֹא תַעֲלֶה עַל רוּחוֹ לִפְנוֹת עַל יָמִין אוֹ עַל שְׂמֹאל וּלְהִתְעַסֵּק בְּיֶתֶר חֲפָצָיו: לָכֵן מַה־נּוֹאֲלוּ הַיּוֹצְאִים לְפָעֳלָם וְלַעֲבוֹדָתָם עֲדֵי־עֶרֶב בַּיָּמִים הַנּוֹרָאִים יְמֵי־הַדִּין וְהַמִּשְׁפָּט וְאֵינָם יוֹדְעִים מַה־יִּהְיֶה מִשְׁפָּטָם. הֲלֹא לַאֲחוֹתָם יֶהְגֶּה לִבָּם: וְרָאוּי לְכָל־יְרֵא־אֱלֹהִים לְמַעֵט בַּעֲסָקָיו וְלִקְבּוֹעַ בַּיּוֹם וּבַלַּיְלָה עִתִּים. לְהִתְבּוֹדֵד בַּחֲדָרָיו וּלְחַפֵּשׂ דְּרָכָיו וְלַחְקֹר. וּלְהִתְעַסֵּק בְּדַרְכֵי־הַתְּשׁוּבָה וְכִשְׁרוֹן הַמַּעֲשֶׂה. וְלִשְׁפּוֹךְ שִׂיחַ. וְלָשֵׂאת תְּפִלָּה וְרִנָּה. וּלְהַפִּיל תְּחִנָּה. וְהָעֵת עֵת רָצוֹן וְהַתְּפִלָּה נִשְׁמַעַת בָּהּ:

Eine Auswahl aus den folgenden sechs Abschnitten kann hier gelesen werden:

I ICH BEKENNE

Gott, du bist mein treuster Freund und meine treuste Freundin. Ich bekenne dir mein Bedürfnis nach Freundschaft. Manchmal fühle ich mich im Stich gelassen, oder sogar verraten. Hilf mir, mich an die Situationen zu erinnern, in denen ich anderen nicht die Treue gehalten oder sie fallen gelassen habe. Vielleicht verbindet mich dann mein Scheitern mit ihnen, denn ich verstehe dadurch ihr Verhalten, wenn ich sie auch nicht lieben kann.

Ich bekenne dir die Momente, in denen ich mich ungeliebt gefühlt habe oder in denen ich unfähig war, genug zu lieben. Gott, du bist die Kraft der Liebe. Gib mir in dem vor mir liegenden Jahr die Kraft zu lieben, die Kraft zu geben, ohne etwas dafür zu erwarten, und zu empfangen, ohne mich dafür zu rechtfertigen.

Ich bekenne dir die Wünsche meines Herzens, für die ich mich schäme, und die Vorurteile in meinem Geist, die weder richtig noch berechtigt sind, denn dir, Gott, vertraue ich. Gib mir den Mut, mich ihnen zu stellen. Hilf mir, dass ich sie als meine eigenen annehme und dass ich sie mit deiner Hilfe korrigiere.

Der folgende Abschnitt oder ein anderer geeigneter Studientext kann hier gelesen werden:

Wenn ein Mensch weiß, dass sein Prozess vor einem irdischen König ansteht, bangt er dann nicht mit großer Angst, und überlegt er sich nicht, wie er sich verteidigen könnte? Er findet keine Ruhe mehr bei allem, was er tut, und seine Gedanken drehen sich um nichts anderes und er beschäftigt sich nicht mit den Dingen, die er gewöhnlich tut. …

Wie können wir nun also geneigt sein, bis zum Abend vor den hohen Feiertagen unseren Geschäften und Arbeiten nachzugehen, denn diese Tage sind Tage des Gerichts und des Urteils und niemand weiß, wie sein Urteil lauten wird. Sollten wir nicht stattdessen in uns gehen und uns besinnen? …

Alle, die an Gott glauben, sollten ihre Beschäftigungen verringern und sich bestimmte Zeiten am Abend und am Morgen einräumen, in denen sie für sich allein im stillen Kämmerlein die eigenen Wege bedenken, sich mit den Möglichkeiten der Umkehr beschäftigen und damit, wie man sie in die Tat umsetzen könnte.

Sie sollten sich besinnen, beten, singen und flehen. Denn jetzt ist die Zeit der Gnade, und Gebete werden gehört.

(Scha'are Teschuwa 2,14)

Eine Auswahl aus den folgenden sechs Abschnitten kann hier gelesen werden:

II MEINE EINSAMKEIT

O Gott der Barmherzigkeit und Reue,
hier steht dein Volk:
sie schreien, sie klagen,
sie bitten um Vergebung für ihre Schuld
und schlagen sich an ihre Brust.

Ich steh allein.
Meine Lippen sind geschlossen, sie wollen nicht beten.
Mein Auge ist hart wie ein Stein.
Doch Gott – vergib auch mir – bin ich nicht auch dein Kind?
Und ganz tief im Herzen, da schreie und klage auch ich.

(Abraham Vievorka)

Ich bekenne dir alle meine Fehler und Unvollkommenheiten, denn du, Gott, bist vollkommen. Du kennst sie besser, als ich sie selbst kenne, aber du möchtest, dass ich mich offen zu ihnen bekenne. Ich bekenne meine Heuchelei und Selbstgefälligkeit, meinen Mangel an Gefühlen und meine doppelte Moral. Es fällt mir nicht leicht, all dies zu sehen. Hilf mir, dass ich es sehe.

Ich bekenne dir die Situationen, in denen ich eingebildet und stur gewesen bin, denn du, Gott, bist geduldig. Lass mich zur Vernunft kommen. Hilf, dass ich mich selbst so sehen kann, wie andere mich sehen, und mich damit zufriedengeben kann.

Ich bekenne dir alle meinen kleinen und dummen Taten. Gott, du verstehst mich. Beschämt erinnere ich mich an meine Gemeinheiten, meine Notlügen, meine Taktlosigkeiten und Halbwahrheiten. Bewahre mich davor, anderen oder mir selbst etwas vorzumachen.

(Lionel Blue)

ד
תהלים
לט

לַמְנַצֵּחַ לידותון
מִזְמוֹר לְדָוִד:
אָמַרְתִּי אֶשְׁמְרָה דְרָכַי מֵחֲטוֹא בִלְשׁוֹנִי
אֶשְׁמְרָה לְפִי מַחְסוֹם בְּעֹד רָשָׁע לְנֶגְדִּי:
נֶאֱלַמְתִּי דוּמִיָּה הֶחֱשֵׁיתִי מִטּוֹב וּכְאֵבִי נֶעְכָּר:
חַם־לִבִּי בְּקִרְבִּי בַּהֲגִיגִי תִבְעַר־אֵשׁ דִּבַּרְתִּי בִּלְשׁוֹנִי:
הוֹדִיעֵנִי יְהוָֹה קִצִּי וּמִדַּת יָמַי מַה־הִיא
אֵדְעָה מֶה־חָדֵל אָנִי:
הִנֵּה טְפָחוֹת נָתַתָּה יָמַי וְחֶלְדִּי כְאַיִן נֶגְדֶּךָ
אַךְ־כָּל־הֶבֶל כָּל־אָדָם נִצָּב סֶלָה:

III
LASTEN

Hilf mir, Gott!
Mein Kopf – ich trage ihn so hoch,
dass niemand, den ich liebe, mich erreichen kann.

Hilf mir, Gott!
Wo ich auch hingehe, sehe ich meine Sklaven, wie sie sich mühn,
meine Lasten auf ihren Schultern,
meine Hände weisen sie an, und ich laufe ihnen hinterher,
mit hoch erhobenem Kopf, auf hohem Ross.

Hilf mir, Gott!
Wenn ich, ich selbst einmal so dünn bin und so blass.
Ein wenig Brot wäre genug für mich
und ein paar Meter Stoff würden reichen,
um diesen Körper warm zu halten.
Warum sind da so viele Rücken,
die sich unter meinen Lasten beugen?

Gott, hilf mir, hilf meinem hoch erhobnen Kopf und meinem hohen Ross.

(Malka Heifetz Tussman)

IV
PSALM
39
GOTT KENNT MICH

Für den Chormeister. Von Jedutun. Ein Psalm Davids.

Ich sagte: Ich will auf meine Wege achten,
damit ich nicht durch meine Zunge sündige.
Ich will meinen Mund im Zaum halten,
solang der Frevler vor mir steht.
So blieb ich stumm.

Von Gutem bin ich verlassen.
Mein Schmerz ist aufgewühlt.
Mein Herz brennt in meinem Innern,
mein Grübeln entfacht ein Feuer.
Ich muss reden!

Belehre mich, Gott, über mein Ende
und darüber, wieviel Zeit mir noch bleibt.
Ich weiß, wie vergänglich ich bin.
Siehe, nur eine Spanne lang sind die Tage, die du mir gegeben hast,
und die Dauer meines Lebens ist wie nichts, im Vergleich zu dir.
Ja, jeder Mensch, wie sicher er auch steht, ist ein Windhauch.

אַךְ־בְּצֶלֶם יִתְהַלֶּךְ־אִישׁ אַךְ־הֶבֶל יֶהֱמָיוּן
יִצְבֹּר וְלֹא־יֵדַע מִי־אֹסְפָם:
וְעַתָּה מַה־קִּוִּיתִי אֲדֹנָי תּוֹחַלְתִּי לְךָ הִיא:
מִכָּל־פְּשָׁעַי הַצִּילֵנִי חֶרְפַּת נָבָל אַל־תְּשִׂימֵנִי:
נֶאֱלַמְתִּי לֹא אֶפְתַּח־פִּי כִּי אַתָּה עָשִׂיתָ:
הָסֵר מֵעָלַי נִגְעֶךָ מִתִּגְרַת יָדְךָ אֲנִי כָלִיתִי:
בְּתוֹכָחוֹת עַל־עָוֹן יִסַּרְתָּ אִישׁ
וַתֶּמֶס כָּעָשׁ חֲמוּדוֹ אַךְ הֶבֶל כָּל־אָדָם סֶלָה:
שִׁמְעָה תְפִלָּתִי יְיָ וְשַׁוְעָתִי הַאֲזִינָה
אֶל־דִּמְעָתִי אַל־תֶּחֱרַשׁ כִּי גֵר אָנֹכִי עִמָּךְ
תּוֹשָׁב כְּכָל־אֲבוֹתָי:
הָשַׁע מִמֶּנִּי וְאַבְלִיגָה בְּטֶרֶם אֵלֵךְ וְאֵינֶנִּי:

ה הֲתִשְׁמַע קוֹלִי. רְחוֹקִי שֶׁלִּי.
הֲתִשְׁמַע קוֹלִי. בַּאֲשֶׁר הִנְּךָ—
קוֹל קוֹרֵא בְּעֹז. קוֹל בּוֹכֶה בְּדֳמִי
וּמֵעַל לַזְּמַן מְצַוֶּה בְּרָכָה:

תֵּבֵל זוֹ רַבָּה וּדְרָכִים בָּהּ רָב:
נִפְגָּשׁוֹת לְרֶגַע. נִפְרָדוֹת לָעַד:
מְבַקֵּשׁ אָדָם. אַךְ כּוֹשְׁלוֹת רַגְלָיו.
לֹא יוּכַל לִמְצֹא אֵת אֲשֶׁר אָבַד:

אַחֲרוֹן יָמַי כְּבָר קָרוֹב אוּלַי.
כְּבָר קָרוֹב הַיּוֹם שֶׁל דִּמְעוֹת פְּרִידָה:
אֲחַכֶּה לְךָ עַד יִכְבּוּ חַיַּי.
כְּחַכּוֹת רָחֵל לְדוֹדָהּ:

Das Leben eines Menschen ist wie ein Schatten,
um ein Nichts macht er Lärm.
Er häuft vieles an, aber weiß nicht, wer es einsammeln wird.

Nun also, worauf kann ich hoffen, Gott?
Meine Sehnsucht, sie gilt dir!
Rette mich aus all meiner Aufsässigkeit gegen dich,
lass mich nicht zum Opfer der Ungerechten werden.
Ich habe geschwiegen, ich tat meinen Mund nicht auf,
denn du hast dies so gefügt.
Nimm deine Plage von mir weg,
ich vergehe durch den Schlag deiner Hand.
Du strafst den Menschen
mit Strafen für seine Sünde.
Meine Anmut zerfällt wie eine Motte.
Ja, jeder Mensch ist ein Windhauch.

Gott, höre mein Gebet!
Vernimm mein Schreien um Hilfe.
Schweige nicht zu meinen Tränen!
Denn ich bin nur ein Gast bei dir,
ein Fremdling, wie es schon meine Vorfahren waren.
Höre auf, mich zu verfolgen,
lass mich wieder fröhlich werden,
bevor ich gehe und nicht mehr bin.

V
WARTEN

Ob du meine Stimme hörst, du bist mir so fern?
Ob du meine Stimme hörst, wo immer du auch bist?
Eine Stimme ruft mit Macht, eine Stimme seufzt schweigend.
Und immerzu wartet sie voller Hoffnung auf Segen.

Diese Erde ist weit, ihrer Wege sind viele.
Sie treffen sich kurz, um sich für immer zu trennen.
Der Mensch ist auf der Suche, doch seine Füße stolpern.
Es gelingt ihm nicht zu finden, was er verlor.

Vielleicht ist mein letzter Tag mir schon ganz nah,
nah jener Tag, an dem keine Tränen mehr fließen.
Ich warte auf dich, bis mein Leben verlischt,
wie Rahel einst wartete auf ihren Geliebten.

(Rachel)

ו א בְּמוֹצָאֵי מְנוּחָה קִדַּמְנוּךָ תְּחִלָּה
הַט אָזְנְךָ מִמָּרוֹם יוֹשֵׁב תְּהִלָּה
לִשְׁמֹעַ אֶל הָרִנָּה וְאֶל הַתְּפִלָּה:

אֶת־יְמִין עֹז עוֹרְרָה לַעֲשׂוֹת חָיִל
בְּצֶדֶק נֶעֱקַד. וְנִשְׁחַט תְּמוּרוֹ אָיִל:
גְּנֹן נָא גִּזְעוֹ בְּזַעֲקָם בְּעוֹד לָיִל
לִשְׁמֹעַ אֶל הָרִנָּה וְאֶל הַתְּפִלָּה:

דְּרֹשׁ נָא דוֹרְשֶׁיךָ בְּדָרְשָׁם פָּנֶיךָ
הִדָּרֵשׁ לָמוֹ מִשְּׁמֵי מְעוֹנֶךָ
וּלְשַׁוְעַת חִנּוּנָם אַל תַּעְלֵם אָזְנֶךָ
לִשְׁמֹעַ אֶל הָרִנָּה וְאֶל הַתְּפִלָּה.

זוֹחֲלִים וְרוֹעֲדִים מִיּוֹם בּוֹאֶךָ
חָלִים כִּמְבַכִּירָה מֵעֶבְרַת מַשָּׂאֶךָ
טְנוּפָם מְחֵה נָא וְיוֹדוּ פְּלָאֶיךָ
לִשְׁמֹעַ אֶל הָרִנָּה וְאֶל הַתְּפִלָּה:

ב יוֹצֵר אַתָּה לְכָל־יְצִיר נוֹצָר
כּוֹנַנְתָּ מֵאָז תֶּרֶף לְחַלְּצָם מִמֵּצָר
לְחָנְנָם חִנָּם מֵאוֹצָר הַמְּנֻצָּר
לִשְׁמֹעַ אֶל הָרִנָּה וְאֶל הַתְּפִלָּה:

מָרוֹם אִם עָצְמוּ פִּשְׁעֵי קְהָלֶךָ
נָא שַׂגְּבֵם מֵאוֹצָר הַמּוּכָן בִּזְבוּלֶךָ
עֲדֶיךָ לָחֹן חִנָּם בָּאִים אֵלֶיךָ
לִשְׁמֹעַ אֶל הָרִנָּה וְאֶל הַתְּפִלָּה:

VI
UNSERE PRIVATEN GEBETE IN DER ÖFFENTLICHKEIT

א. Der letzte Schabbat dieses Jahres geht nun zu Ende.
In der kurzen Zeit, die uns bleibt, bringen wir dir unser Lob.
Obwohl du so fern scheinst, jenseits von all unserem Lobpreis,
höre unsere Lieder und unser persönliches Gebet.

Wir erinnern uns an Isaak, der dir gehorsam als Opfer gebracht wurde.
Der Widder trat an seine Stelle, und auch wir sind so gerettet.
Beschirme uns mit deiner Stärke, wenn wir rufen im Dunkel der Nacht:
Höre unsere Lieder und unser persönliches Gebet.

Wir sind gekommen, um dich zu suchen,
obwohl du so fern zu sein scheinst.
Suche uns auf unserem Weg, lass dich von uns finden.
Verstopfe deine Ohren nicht für unseren Ruf.
Höre unsere Lieder und unser persönliches Gebet.

Wir fürchten uns, dir zu begegnen, wir fürchten dein Gericht.
Angstvoll und unsicher sind wir, wie eine Mutter, die gebiert.
Wenn du unsere Sünden nicht tilgst,
wie können wir deine Wunder sehen?
Höre unsere Lieder und unser persönliches Gebet.

ב. Du hast alle Lebenwesen geschaffen.
und hast Heilung für unsere Trübsal in uns gelegt.
Schenke uns von dem Segen dieses verborgenen Schatzes.
Höre unsere Lieder und unser persönliches Gebet.

Doch wenn die Sünden deiner Gemeinde so groß sind,
dann kannst nur du uns die Stärke geben, die von dir kommt.
Gib uns diesen Segen, wenn wir zu dir unterwegs sind.
Höre unsere Lieder und unser persönliches Gebet.

פְּנֵה נָא אֶל הַתְּלָאוֹת וְאַל לְחַטָּאוֹת.
צַדֵּק צוֹעֲקֶיךָ מַפְלִיא פְלָאוֹת.
קְשָׁב נָא חִנּוּנָם אֱלֹהִים יְיָ צְבָאוֹת
לִשְׁמֹעַ אֶל הָרִנָּה וְאֶל הַתְּפִלָּה:

רְצֵה עֲתִירָתָם בְּעָמְדָם בַּלֵּילוֹת.
שְׁעֵה בְרָצוֹן כְּקָרְבַּן כָּלִיל וְעוֹלוֹת.
תַּרְאֵם נִסֶּיךָ עוֹשֶׂה גְדוֹלוֹת
לִשְׁמֹעַ אֶל הָרִנָּה וְאֶל הַתְּפִלָּה:

אֵל מֶלֶךְ יוֹשֵׁב עַל כִּסֵּא רַחֲמִים מִתְנַהֵג בַּחֲסִידוּת. מוֹחֵל עֲוֹנוֹת עַמּוֹ. מַרְבֶּה מְחִילָה לְחַטָּאִים וּסְלִיחָה לְפוֹשְׁעִים. עוֹשֶׂה צְדָקוֹת עִם כָּל־בָּשָׂר וְרוּחַ. לֹא כְרָעָתָם לָהֶם גּוֹמֵל: אֵל הוֹרֵתָנוּ מִדּוֹת טוּבְךָ וְרַחֲמֶיךָ. כַּכָּתוּב בְּתוֹרָתֶךָ. וַיֵּרֶד יְיָ בֶּעָנָן. וַיִּתְיַצֵּב עִמּוֹ שָׁם. וַיִּקְרָא בְשֵׁם יְיָ. וַיַּעֲבֹר יְיָ עַל פָּנָיו וַיִּקְרָא: **יְיָ יְיָ אֵל רַחוּם וְחַנּוּן. אֶרֶךְ אַפַּיִם וְרַב חֶסֶד וֶאֱמֶת: נֹצֵר חֶסֶד לָאֲלָפִים נֹשֵׂא עָוֹן וָפֶשַׁע וְחַטָּאָה וְנַקֵּה:**

שְׁמַע קוֹלֵנוּ יְיָ אֱלֹהֵינוּ. חוּס וְרַחֵם עָלֵינוּ. וְקַבֵּל בְּרַחֲמִים וּבְרָצוֹן אֶת־תְּפִלָּתֵנוּ:
הֲשִׁיבֵנוּ יְיָ אֵלֶיךָ וְנָשׁוּבָה. חַדֵּשׁ יָמֵינוּ כְּקֶדֶם:
אֲמָרֵינוּ הַאֲזִינָה יְיָ. בִּינָה הֲגִיגֵנוּ:
יִהְיוּ לְרָצוֹן אִמְרֵי פִינוּ וְהֶגְיוֹן לִבֵּנוּ לְפָנֶיךָ יְיָ צוּרֵנוּ וְגוֹאֲלֵנוּ:
אַל תַּשְׁלִיכֵנוּ מִלְּפָנֶיךָ. וְרוּחַ קָדְשְׁךָ אַל תִּקַּח מִמֶּנּוּ:
אַל תַּשְׁלִיכֵנוּ לְעֵת זִקְנָה. כִּכְלוֹת כֹּחֵנוּ אַל תַּעַזְבֵנוּ:

Sieh auf unser Leid, sieh nicht auf unsere Sünden.
Nur du kannst uns wieder schuldlos machen, Gott aller Wunder.
Höre auf unser Flehen, du Gott aller Geschöpfe.
Höre unsere Lieder und unser persönliches Gebet.

Nimm unsere Gebete an, wenn wir hier allabendlich stehen.
Nimm sie an wie die Opfer und Gaben vergangener Zeit.
Lass uns dieses Wunder sehen, denn du allein hast solche Macht.
Höre unsere Lieder und unser persönliches Gebet.

DIE BARMHERZIGKEIT GOTTES

Gott, du regierst durch Barmherzigkeit; Liebe prägt alles, was du tust. Du verzeihst die Verkehrungen deines Volkes. Auf vielfältige Weise verzeihst du seine Verfehlungen und vergibst seine eigensüchtigen Taten. Alle Menschen lässt du deine aufrichtende Gerechtigkeit erfahren. Du handelst nicht an ihnen, wie es ihrer Boshaftigkeit entsprechen würde. Gott, du hast uns deine guten und barmherzigen Eigenschaften wissen lassen, denn in deiner Thora steht geschrieben:

„Der Ewige kam in einer Wolke hinab und stellte sich neben ihn. Er rief den Namen des Ewigen an. Und der Ewige zog an ihm vorüber, und er rief: **Der Ewige, der Ewige, Gott, barmherzig und gnädig, nachsichtig, von unendlicher Liebe und Treue; bewahrt Gnade bis in die tausendste Generation, vergibt Verkehrung, Eigensüchtigkeit und Verfehlung und befreit.**“ *(Ex 34,5-7)*

Ewiger, unser Gott, höre unsere Stimme.
Habe Mitleid und erbarme dich über uns.
In Erbarmen und in Wohlwollen höre unser Gebet. *(Amida)*
Gott, bring uns zu dir zurück, dann können wir zu dir zurückkehren.
Erneuere unsere Tage, damit sie werden wie früher. *(Kld 5,21)*
Gott, schenke uns'ren Worten Gehör,
achte auf unser Seufzen. *(Ps 5,2)*
Die Worte, die wir sprechen
und unsere Gedanken mögen dir angenehm sein,
Ewiger, unser Fels und unser Heil. *(Ps. 19,15)*
Vertreibe uns nicht aus deiner Nähe
und nimm deinen heiligen Geist nicht von uns. *(Ps 51,13)*
Vertreibe uns nicht aus deiner Nähe, wenn wir alt sind.
Verlass uns nicht, wenn unsere Kräfte schwinden! *(Ps 71,9)*
Ewiger, unser Gott, verlass uns nicht!
Halte dich nicht von uns fern. *(Ps 38,22)*
Denn wir verlassen uns auf dich, Gott.
Du wirst uns Antwort geben, Ewiger, unser Gott. *(Ps 38,16)*

תהלים קל

שִׁיר הַמַּעֲלוֹת

מִמַּעֲמַקִּים קְרָאתִיךָ יְיָ:
אֲדֹנָי שִׁמְעָה בְקוֹלִי תִּהְיֶינָה אָזְנֶיךָ קַשֻּׁבוֹת
לְקוֹל תַּחֲנוּנָי:
אִם־עֲוֹנוֹת תִּשְׁמָר־יָהּ אֲדֹנָי מִי יַעֲמֹד:
כִּי־עִמְּךָ הַסְּלִיחָה לְמַעַן תִּוָּרֵא:
קִוִּיתִי יְיָ קִוְּתָה נַפְשִׁי וְלִדְבָרוֹ הוֹחָלְתִּי:
נַפְשִׁי לַאדֹנָי מִשֹּׁמְרִים לַבֹּקֶר שֹׁמְרִים לַבֹּקֶר:
יַחֵל יִשְׂרָאֵל אֶל־יְיָ כִּי־עִם־יְיָ הַחֶסֶד
וְהַרְבֵּה עִמּוֹ פְדוּת:
וְהוּא יִפְדֶּה אֶת־יִשְׂרָאֵל מִכֹּל עֲוֹנוֹתָיו:

אֱלֹהֵינוּ וֵאלֹהֵי אֲבוֹתֵינוּ תָּבֹא לְפָנֶיךָ תְּפִלָּתֵנוּ. וְאַל תִּתְעַלַּם מִתְּחִנָּתֵנוּ: שֶׁאֵין אֲנַחְנוּ עַזֵּי פָנִים וּקְשֵׁי עֹרֶף לוֹמַר לְפָנֶיךָ יְיָ אֱלֹהֵינוּ וֵאלֹהֵי אֲבוֹתֵינוּ. צַדִּיקִים אֲנַחְנוּ וְלֹא חָטָאנוּ: אֲבָל אֲנַחְנוּ וַאֲבוֹתֵינוּ חָטָאנוּ:

אשמנו

אָשַׁמְנוּ. **בָּ**גַדְנוּ. **גָּ**זַלְנוּ. **דִּ**בַּרְנוּ דֹפִי:
הֶעֱוִינוּ. **וְ**הִרְשַׁעְנוּ. **זַ**דְנוּ. **חָ**מַסְנוּ. **טָ**פַלְנוּ שֶׁקֶר:
יָעַצְנוּ רָע. **כִּ**זַּבְנוּ. **לַ**צְנוּ. **מָ**רַדְנוּ. **נִ**אַצְנוּ:
סָרַרְנוּ. **עָ**וִינוּ. **פָּ**שַׁעְנוּ. **צָ**רַרְנוּ. **קִ**שִּׁינוּ עֹרֶף:
רָשַׁעְנוּ. **שִׁ**חַתְנוּ. **תִּ**עַבְנוּ. **תָּ**עִינוּ. **תִּ**עְתָּעְנוּ:

PSALM
130

Ein Wallfahrtslied

Aus den Tiefen rufe ich, Gott, zu dir.
Gott, höre meine Stimme!
Lass deine Ohren aufmerksam sein
auf die Stimme meines Flehens.
Wenn du, Gott, auf unsere Verkehrungen achten würdest,
Gott, wer könnte dann bestehen?
Doch bei dir ist Vergebung,
damit man dir in Ehrfurcht dient.
Ich hoffe auf Gott,
meine Seele hat Hoffnung.
Ich warte auf Gottes Wort.
Ich sehne mich nach Gott
mehr als Wächter am Morgen,
die das Morgenrot herbeisehnen.
Hoffe, Israel, auf Gott!
Denn bei Gott ist Güte,
bei ihm ist Erlösung in Fülle.
Gott wird Israel von all seinen Verkehrungen erlösen.

UNSER BEKENNTNIS

Unser Gott und Gott unserer Vorfahren, lass unsere Gebete dich erreichen. Sei nicht taub für unsere Bitte um Erbarmen. Denn wir sind nicht so hochmütig und nicht so starrsinnig, dass wir in deiner Gegenwart, unser Gott und Gott unserer Vorfahren, behaupten würden, wir seien gerecht und hätten nicht gesündigt. Vielmehr bekennen wir: Wir und unsere Vorfahren haben gesündigt.

Wir waren **A**rrogant, **B**oshaft und **C**harakterlos. Wir haben **D**iebstahl begangen und uns **E**ingeschmeichelt. Wir haben **F**revelhaft gehandelt und **G**etötet. Wir sind **H**artnäckig gewesen und haben andere **I**rregeführt. Wir haben ohne **J**ede Vorsicht über andere geredet und waren **K**altherzig. Wir haben **L**ügen erdichtet, **M**acht missbraucht und die **N**ot anderer übersehen. Wir haben gegen die **O**bhut Gottes rebelliert und uns von **P**restige-Gedanken leiten lassen. Wir haben anderen **Q**ualen zugefügt und **R**atschläge erteilt, die schlecht waren. Wir haben uns **S**chuldig gemacht und sind **T**reulos gewesen. Wir waren Gott **U**ngehorsam und haben uns **V**erfehlt. Wir haben Gottes **W**eisung unbeachtet gelassen und **X**-beliebige eigene Wünsche in sie hineingelesen. Unser Verhalten war **Z**erstörerisch.

(Kommentar zu „Aschamnu" im Glossar.)

סַ֫רְנוּ מִמִּצְוֹתֶ֫יךָ וּמִמִּשְׁפָּטֶ֫יךָ הַטּוֹבִים. וְלֹא שָׁ֫וָה לָ֫נוּ: וְאַתָּה צַדִּיק עַל כָּל־הַבָּא עָלֵ֫ינוּ. כִּי אֱמֶת עָשִׂ֫יתָ וַאֲנַ֫חְנוּ הִרְשָׁ֫עְנוּ:

Hier kann die folgende Form des Sündenbekenntnisses oder die Form, die auf der gegenüberliegenden Seite abgedruckt ist, gebetet werden:

PERSÖNLICHES BEKENNTNIS

Die Sünde, die wir gegen dich taten, als wir uns zurückgezogen haben und ausgewichen sind, weil wir der Wahrheit nicht ins Gesicht sehen konnten;

die Heuchelei und den Betrug, in die wir geflüchtet sind, weil wir nicht den Mut hatten, die Wahrheit zu sagen;

die vorgetäuschten und beschönigten Tatsachen und unsere Entschuldigungen:

וְעַל כֻּלָּם אֱלֽוֹהַּ סְלִיחוֹת סְלַח לָֽנוּ. מְחַל לָֽנוּ. כַּפֶּר־לָֽנוּ:

Wo wir unseren Körper ernährt haben und unsere Seele hungern ließen;

wo wir uns an den Seelen anderer vergangen und ihre Bedürfnisse nicht beachtet haben;

wo wir vor Verantwortung ausgewichen sind, uns Vorwürfe gemacht und uns gegenseitig die Schuld zugeschoben haben:

וְעַל כֻּלָּם אֱלֽוֹהַּ סְלִיחוֹת סְלַח לָֽנוּ. מְחַל לָֽנוּ. כַּפֶּר־לָֽנוּ:

Unsere Dummheiten, unsere albernen und falschen Normen;

unsere Fähigkeit, diese Dinge nur bei anderen zu entdecken, nie bei uns selbst;

unsere Selbstzufriedenheit, die uns blind macht, unsere Selbstgerechtigkeit, die uns entwürdigt:

וְעַל כֻּלָּם אֱלֽוֹהַּ סְלִיחוֹת סְלַח לָֽנוּ. מְחַל לָֽנוּ. כַּפֶּר־לָֽנוּ:

Wo wir Freundlichkeit berechnet und Mitleid bemessen haben;

wo unsere Nächstenliebe kalt war und unsere Gebete ohne Gefühl;

wo wir unsere Liebe in Rechnung gestellt haben:

Wir sind von deinen Geboten und von deinen guten Satzungen abgewichen. Doch es hat uns nichts genützt. Du aber hast gerecht gehandelt bei all dem, was über uns gekommen ist. Ja, du hast uns Treue erwiesen, wir aber taten Unrecht. *(Neh 9,33)*

Hier kann die folgende Form des Sündenbekenntnisses oder die Form, die auf der gegenüberliegenden Seite abgedruckt ist, gebetet werden:

ALLGEMEINES BEKENNTNIS

Unser Gott und Gott aller Geschöpfe, wir haben mehr Schaden verursacht, als wir in Erinnerung haben. Wir haben mehr Menschen verletzt, als uns bewusst ist – durch das, was wir getan haben und durch das, was wir zu tun versäumt haben. Wir wagen es nicht, die Wirkungen unserer Sünde zu sehen. Wegen deiner großen Barmherzigkeit, die auch all diesen Dingen gilt, bitten wir dich um Verzeihung und Vergebung.
Wir bitten dich um Vergebung, nicht nur für die großen Sünden, sondern auch für die kleinen. Beide sind ein Teil unseres Lebens, und du allein weißt, was groß ist und was klein.

Wo wir deiner Stimme in uns nicht zugehört haben;
wo wir die Bedürfnisse unserer Seele vernachlässigt haben;
wo wir die Welt zu Gott gemacht haben:
Vergib uns, verzeih uns, gib uns Versöhnung.

Wo wir uns selbst nicht gerecht geworden sind;
wo wir unser Geld gegeben haben, aber nicht uns selbst;
wo wir mit Achselzucken reagiert haben:
Vergib uns, verzeih uns, gib uns Versöhnung.

Wo wir die Verantwortung auf andere abgeschoben haben;
wo wir andere für unsere eigenen Zwecke missbraucht haben;
wo wir Verantwortung nicht übernommen haben:
Vergib uns, verzeih uns, gib uns Versöhnung.

Wo wir Groll und Beleidigungen gehortet haben;
wo wir nicht loslassen konnten;
wo wir die Hoffnung aufgegeben haben:
Vergib uns, verzeih uns, gib uns Versöhnung.

Wo wir Gott nach unserem eigenen Bild geformt haben;
wo wir heuchlerisch und selbstgerecht gewesen sind;
wo wir Heiliges profanisiert haben:
Vergib uns, verzeih uns, gib uns Versöhnung.

die Appelle, die wir überhört, und die Menschen, die wir abgelehnt haben;

die gestorbene Zuneigung und die bitter gewordene Liebe;

die verblassten Visionen, die vernachlässigten Ideale, die versäumten Gelegenheiten:

וְעַל כֻּלָּם אֱלוֹהַּ סְלִיחוֹת סְלַח לָנוּ. מְחַל לָנוּ. כַּפֶּר־לָנוּ:

Wo wir Angst vor Veränderungen und Erneuerungen hatten und nicht geglaubt haben:
wo wir Gebete laut gesagt haben, aber nicht bereit waren, hinzuhören:
dass wir selbst unser eigener, größter Feind sind:

וְעַל כֻּלָּם אֱלוֹהַּ סְלִיחוֹת סְלַח לָנוּ. מְחַל לָנוּ. כַּפֶּר־לָנוּ:

Unser Gott und Gott aller Geschöpfe, in der Stille erinnern wir uns an unsere geheimen Sünden und unsere persönlichen Verfehlungen aus dem Jahr, das nun vergangen ist. Einige sind vielleicht keinem Menschen bekannt. Doch du kennst sie. Wir bitten dich um Hilfe und Vergebung.

Hier sollte eine Zeit gelassen werden für die stille Meditation und das stille Bekenntnis.

וְעַל כֻּלָּם אֱלוֹהַּ סְלִיחוֹת סְלַח לָנוּ. מְחַל לָנוּ. כַּפֶּר־לָנוּ:

כִּי אָנוּ עַמֶּךָ וְאַתָּה אֱלֹהֵינוּ: אָנוּ בָנֶיךָ וְאַתָּה אָבִינוּ:

אָנוּ עֲבָדֶיךָ וְאַתָּה אֲדוֹנֵנוּ: אָנוּ קְהָלֶךָ וְאַתָּה חֶלְקֵנוּ:

אָנוּ נַחֲלָתֶךָ וְאַתָּה גוֹרָלֵנוּ: אָנוּ צֹאנֶךָ וְאַתָּה רוֹעֵנוּ:

אָנוּ כַרְמֶךָ וְאַתָּה נוֹטְרֵנוּ: אָנוּ פְעֻלָּתֶךָ וְאַתָּה יוֹצְרֵנוּ:

אָנוּ רַעְיָתֶךָ וְאַתָּה דוֹדֵנוּ: אָנוּ סְגֻלָּתֶךָ וְאַתָּה קְרוֹבֵנוּ:

אָנוּ עַמֶּךָ וְאַתָּה מַלְכֵּנוּ: אָנוּ מַאֲמִירֶיךָ וְאַתָּה מַאֲמִירֵנוּ.

Wo wir nicht erwachsen geworden sind;
wo wir nur an dieses Leben geglaubt haben;
wo wir die Ewigkeit vergessen haben:
Vergib uns, verzeih uns, gib uns Versöhnung.

יְהִי רָצוֹן מִלְּפָנֶיךָ יְיָ אֱלֹהֵינוּ וֵאלֹהֵי אֲבוֹתֵינוּ. שֶׁתְּכַפֵּר לָנוּ
עַל־כָּל־חַטֹּאתֵינוּ. וְתִמְחַל לָנוּ עַל־כָּל־עֲוֹנוֹתֵינוּ. וְתִסְלַח לָנוּ
עַל־כָּל־פְּשָׁעֵינוּ:

Ewiger, unser Gott und Gott unserer Vorfahren,
gib uns Versöhnung für all unsere Verfehlungen.
Verzeih uns all unsere Verkehrungen.
Vergib uns all unsere eigensüchtigen Taten und Gedanken.

Unser Gott und Gott aller Geschöpfe, in der Stille erinnern wir uns an unsere geheimen Sünden und unsere persönlichen Verfehlungen aus dem Jahr, das nun vergangen ist. Einige sind vielleicht keinem Menschen bekannt. Doch du kennst sie. Wir bitten dich um Hilfe und Vergebung.

Hier sollte eine Zeit gelassen werden für die stille Meditation und das stille Bekenntnis.

Für alles dieses bitten wir dich, Gott aller Vergebung:
Vergib uns, verzeih uns, gib uns Versöhnung.

Denn wir sind dein Volk; du bist unser Gott.
Wir sind deine Kinder; du bist uns Vater und Mutter.
Wir sind deine Knechte und Mägde; du gebietest uns.
Wir sind deine Gemeinde; du bist unser Teil.
Wir sind dein Erbe; du bist unser Schicksal.
Wir sind deine Herde; du weidest uns.
Wir sind dein Weinberg; du pflegst uns.
Wir sind dein Werk; du hast uns geschaffen.
Wir sind die von dir Geliebten; du liebst uns.
Wir sind dein Eigentum; du bist uns nahe.
Wir sind dein Volk; du regierst über uns.
Wir bringen dich zu Ehren; du bringst uns zu Ehren.

(vgl. Schir Ha-Schirim Rabba 2,16)

Das öffentliche Gebet kommt nun zu seinem Ende. Unsere persönlichen Gebete aber werden bleiben und in uns fortdauern, wenn wir diesen Ort verlassen. Die Tage der Selbstprüfung und des Gerichts lasten auf uns, auf jedem und jeder einzelnen von uns und auf uns allen als Gemeinde.

Wir wissen, wie schwierig es ist, sich zu verändern. Diese Herausforderung wäre ohne Hilfe zu groß für uns. Denn wir kämpfen gegen eine selbstsüchtige Gesellschaft und gegen die Selbstsüchtigkeit in uns selbst. Wir setzen uns mit den Dingen in uns selbst auseinander, denen wir sonst lieber aus dem Weg gehen. Wir versuchen, die Gewohnheiten eines ganzen Lebens zu überwinden.

Gott aller Kraft und Macht, du hast für unsere Vorfahren Wunder vollbracht. Du hast sie aus ihrer Unwissenheit und Dunkelheit zur Weiheit und zum Licht geführt. Wirke dieses Wunder auch in uns. Leite uns Schritt für Schritt zum Guten und zur Versöhnung.

Möge dies dein Wille sein. Amen.

Einer der beiden folgenden Pijjutim:

א מִי שֶׁעָנָה לְאַבְרָהָם אָבִינוּ בְּהַר הַמּוֹרִיָּה הוּא יַעֲנֵנוּ.
מִי שֶׁעָנָה לְיִצְחָק בְּנוֹ כְּשֶׁנֶּעֱקַד עַל גַּב הַמִּזְבֵּחַ הוּא יַעֲנֵנוּ.
מִי שֶׁעָנָה לְיַעֲקֹב בְּבֵית אֵל הוּא יַעֲנֵנוּ.
מִי שֶׁעָנָה לְמֹשֶׁה בְּחוֹרֵב הוּא יַעֲנֵנוּ.
מִי שֶׁעָנָה לְאַהֲרֹן בַּמַּחְתָּה הוּא יַעֲנֵנוּ.
מִי שֶׁעָנָה לְחַנָּה בְּשִׁלֹה הוּא יַעֲנֵנוּ.
מִי שֶׁעָנָה לְדָוִד וּשְׁלֹמֹה בְנוֹ בִּירוּשָׁלָיִם הוּא יַעֲנֵנוּ.
מִי שֶׁעָנָה לְאֵלִיָּהוּ בְּהַר הַכַּרְמֶל הוּא יַעֲנֵנוּ.
מִי שֶׁעָנָה לְיוֹנָה בִּמְעֵי הַדָּגָה הוּא יַעֲנֵנוּ.
מִי שֶׁעָנָה לְדָנִיֵּאל בְּגֹב הָאֲרָיוֹת הוּא יַעֲנֵנוּ.
מִי שֶׁעָנָה לְמָרְדְּכַי וְאֶסְתֵּר בְּשׁוּשַׁן הַבִּירָה הוּא יַעֲנֵנוּ.

GOTTES HILFE

Das öffentliche Gebet kommt nun zu seinem Ende. Unsere persönlichen Gebete aber werden bleiben und in uns fortdauern, wenn wir diesen Ort verlassen. Die Tage der Selbstprüfung und des Gerichts lasten auf uns, auf jedem und jeder einzelnen von uns und auf uns allen als Gemeinde.

Wir wissen, wie schwierig es ist, sich zu verändern. Diese Herausforderung wäre ohne Hilfe zu groß für uns. Denn wir kämpfen gegen eine selbstsüchtige Gesellschaft und gegen die Selbstsüchtigkeit in uns selbst. Wir setzen uns mit den Dingen in uns selbst auseinander, denen wir sonst lieber aus dem Weg gehen. Wir versuchen, die Gewohnheiten eines ganzens Lebens zu überwinden.

Gott aller Kraft und Macht, du hast für unsere Vorfahren Wunder vollbracht. Du hast sie aus ihrer Unwissenheit und Dunkelheit zur Weiheit und zum Licht geführt. Wirke dieses Wunder auch in uns. Leite uns Schritt für Schritt zum Guten und zur Versöhnung.

Möge dies dein Wille sein. Amen.

Einer der beiden folgenden Pijjutim:

I GOTT ERHÖRT UNS

Gott hat Abraham, unseren Vater, auf dem Berg Morija erhört.
Möge Gott uns erhören.
Gott hat Isaak, seinen Sohn, erhört, als er gebunden auf dem Altar lag.
Möge Gott uns erhören.
Gott hat Jakob in Bethel erhört. Möge Gott uns erhören.
Gott hat Mose auf dem Horeb erhört. Möge Gott uns erhören.
Gott hat Aaron erhört, als er mit der Räucherpfanne zur Stiftshütte kam.
Möge Gott uns erhören.
Gott hat Hanna in Silo erhört. Möge Gott uns erhören.
Gott hat David und seinen Sohn Salomo in Jerusalem erhört.
Möge Gott uns erhören.
Gott hat Elia am Karmel erhört. Möge Gott uns erhören.
Gott hat Jona im Bauch des Fisches erhört. Möge Gott uns erhören.
Gott hat Daniel in der Löwengrube erhört. Möge Gott uns erhören.
Gott hat Mardochai und Ester in der Hauptstadt Susa erhört.
Möge Gott uns erhören.

מִי שֶׁעָנָה לְעֶזְרָא בַּגּוֹלָה הוּא יַעֲנֵנוּ.
מִי שֶׁעָנָה לְיוֹחָנָן בֶּן זַכַּי יוֹם חָרְבַּן הַבַּיִת הוּא יַעֲנֵנוּ.
מִי שֶׁעָנָה לְרַבִּי עֲקִיבָא בִּשְׁעַת נִסְיוֹנוֹ הוּא יַעֲנֵנוּ.
מִי שֶׁעָנָה לְרַבֵּנוּ משֶׁה בֶּן מַיְמוֹן עֵת דָּרְשׁוֹ
בְּדַרְכֵי הַחָכְמָה הוּא יַעֲנֵנוּ.
מִי שֶׁעָנָה לְרַבִּי יִשְׂרָאֵל בַּעַל שֵׁם טוֹב
שֶׁרָאָה אֶת־הַקְּדֻשָּׁה בְּתוֹךְ הַחֻלִּין הוּא יַעֲנֵנוּ.
מִי שֶׁעָנָה לַחֲלוּצִים שֶׁהִפְרִיחוּ אֶת־הַשְּׁמָמָה הוּא יַעֲנֵנוּ.
מִי שֶׁעָנָה לְמשֶׁה מֶנְדֶלְסוֹן עֵת בִּקֵּשׁ
לְהָאִיר אוֹתָנוּ בְּאוֹר הַהַשְׂכָּלָה הוּא יַעֲנֵנוּ.
מִי שֶׁעָנָה לְלֵיאוֹ בֶּק עֵת יָרְדָה הַחֲשֵׁכָה הוּא יַעֲנֵנוּ.
מִי שֶׁעָנָה לְאָנָה פְרַאנְק שֶׁכָּבְשָׁה אֶת־הַשִּׂנְאָה הוּא יַעֲנֵנוּ.
מִי שֶׁעָנָה לַפְּלִיטִים אֲשֶׁר שָׁבוּ וּבָנוּ חַיֵּי
יַהֲדוּת כְּקֶדֶם הוּא יַעֲנֵנוּ.
מִי שֶׁעָנָה לַצַּדִּיקִים וְלַחֲסִידִים לַתְּמִימִים
וְלַיְשָׁרִים הוּא יַעֲנֵנוּ:

ב שׁוֹמֵר יִשְׂרָאֵל. שְׁמוֹר שְׁאֵרִית יִשְׂרָאֵל
וְאַל יֹאבַד יִשְׂרָאֵל הָאוֹמְרִים שְׁמַע יִשְׂרָאֵל:
שׁוֹמֵר גּוֹי אֶחָד. שְׁמוֹר שְׁאֵרִית עַם אֶחָד
וְאַל יֹאבַד גּוֹי אֶחָד הַמְיַחֲדִים שִׁמְךָ.
יְהוָה אֱלֹהֵינוּ יְהוָה אֶחָד:
שׁוֹמֵר גּוֹי קָדוֹשׁ. שְׁמוֹר שְׁאֵרִית עַם קָדוֹשׁ
וְאַל יֹאבַד גּוֹי קָדוֹשׁ הַמְשַׁלְּשִׁים
בְּשִׁלּוּשׁ קְדֻשָּׁה לְקָדוֹשׁ:

מִתְרַצֶּה בְּרַחֲמִים וּמִתְפַּיֵּס בְּתַחֲנוּנִים.
הִתְרַצֶּה וְהִתְפַּיֵּס לְדוֹר עָנִי כִּי אֵין עוֹזֵר:

Gott hat Esra im Exil erhört. Möge Gott uns erhören.
Gott hat Jochanan ben Zakkai erhört, als der Tempel zerstört wurde. Möge Gott uns erhören.
Gott hat Rabbi Aqiwa erhört, in der Stunde seines Martyriums. Möge Gott uns erhören.
Gott hat Maimonides erhört, der Gott auf den Wegen der Vernunft gesucht hat. Möge Gott uns erhören.
Gott hat Ba'al Schem Tow erhört, der das Heilige im Alltäglichen sehen konnte. Möge Gott uns erhören.
Gott hat die Chaluzim erhört, die die Wüste zum Blühen gebracht haben. Möge Gott uns erhören.
Gott hat Moses Mendelsohn erhört, der uns die Gedanken der Aufklärung nahebrachte. Möge Gott uns erhören.
Gott hat Leo Baeck erhört zur Zeit, als die Dunkelheit hereinbrach. Möge Gott uns erhören.
Gott hat Anne Frank erhört, die dem Hass getrotzt hat. Möge Gott uns erhören.
Gott hat die Flüchtenden erhört, die ihr jüdisches Leben neu entdeckten. Möge Gott uns erhören.
Gott erhört die Gerechten, die Frommen, die Vollkommenen und die Rechtschaffenen. Möge Gott uns erhören.

II GOTT BEHÜTET ISRAEL

Du behütest Israel. *(Ps 121,4)*
Behüte den Rest Israels.
Lass Israel nicht zugrunde gehen,
das das „Höre Israel" spricht.

Du behütest das einzigartige Volk. *(2. Sam 7,23)*
Behüte den Rest des einzigartigen Volkes.
Lass „das einzigartige Volk" nicht zugrunde gehen,
das die Einzigartigkeit deines Namens verkündet:
„Der Ewige ist Gott, der Ewige ist einzig."

Du behütest das heilige Volk. *(Ex 19,6)*
Behüte den Rest des heiligen Volkes.
Lass das heilige Volk nicht zugrunde gehen,
das dreimal das „Heilig, Heilig, Heilig" spricht.

Du bist bereit, dich zu erbarmen, und du erhörst Gebete.
Erbarme dich und erhöre die Generation,
die arm und hilflos ist. *(Ps 72,12)*

אָבִינוּ מַלְכֵּנוּ. חָנֵּנוּ וַעֲנֵנוּ. כִּי אֵין בָּנוּ מַעֲשִׂים.
עֲשֵׂה עִמָּנוּ צְדָקָה וָחֶסֶד וְהוֹשִׁיעֵנוּ:

וַאֲנַחְנוּ לֹא נֵדַע מַה נַּעֲשֶׂה. כִּי עָלֶיךָ עֵינֵינוּ.
זְכֹר רַחֲמֶיךָ יְהוָֹה וַחֲסָדֶיךָ. כִּי מֵעוֹלָם הֵמָּה:

יְהִי חַסְדְּךָ יְהוָֹה עָלֵינוּ כַּאֲשֶׁר יִחַלְנוּ לָךְ.
אַל תִּזְכָּר־לָנוּ עֲוֹנוֹת רִאשֹׁנִים.
מַהֵר יְקַדְּמוּנוּ רַחֲמֶיךָ כִּי דַלּוֹנוּ מְאֹד:
חָנֵּנוּ יְהוָֹה חָנֵּנוּ. כִּי רַב שָׂבַעְנוּ בוּז. בְּרֹגֶז רַחֵם תִּזְכּוֹר.
כִּי הוּא יָדַע יִצְרֵנוּ זָכוּר כִּי עָפָר אֲנָחְנוּ:

עָזְרֵנוּ אֱלֹהֵי יִשְׁעֵנוּ עַל דְּבַר כְּבוֹד שְׁמֶךָ.
וְהַצִּילֵנוּ וְכַפֵּר עַל חַטֹּאתֵינוּ לְמַעַן שְׁמֶךָ:

קדיש שלם

יִתְגַּדַּל וְיִתְקַדַּשׁ שְׁמֵהּ רַבָּא בְּעָלְמָא דִּי־בְרָא כִרְעוּתֵהּ.
וְיַמְלִיךְ מַלְכוּתֵהּ בְּחַיֵּיכוֹן וּבְיוֹמֵיכוֹן וּבְחַיֵּי דִי־
כָל־בֵּית יִשְׂרָאֵל בַּעֲגָלָא וּבִזְמַן קָרִיב. וְאִמְרוּ אָמֵן:
יְהֵא שְׁמֵהּ רַבָּא מְבָרַךְ לְעָלַם וּלְעָלְמֵי עָלְמַיָּא.
יִתְבָּרַךְ וְיִשְׁתַּבַּח וְיִתְפָּאַר וְיִתְרוֹמַם וְיִתְנַשֵּׂא וְיִתְהַדַּר וְיִתְעַלֶּה
וְיִתְהַלַּל שְׁמֵהּ דִּי־קֻדְשָׁא. בְּרִיךְ הוּא. לְעֵלָּא לְעֵלָּא מִן־כָּל־
בִּרְכָתָא וְשִׁירָתָא תֻּשְׁבְּחָתָא וְנֶחֱמָתָא דִּי־אֲמִירָן בְּעָלְמָא. וְאִמְרוּ
אָמֵן:
יְהֵא שְׁלָמָא רַבָּא מִן־שְׁמַיָּא וְחַיִּים עָלֵינוּ וְעַל־כָּל־יִשְׂרָאֵל.
וְאִמְרוּ אָמֵן:
עֹשֶׂה שָׁלוֹם בִּמְרוֹמָיו הוּא יַעֲשֶׂה שָׁלוֹם עָלֵינוּ וְעַל־כָּל־
יִשְׂרָאֵל. וְאִמְרוּ אָמֵן:

Der Gottesdienst wird mit יגדל *(S. 188),* ויאתיו *(S. 616) oder* אבינו מלכנו *(S. 182) abgeschlossen.*

Unser Vater, unser König, sei uns gnädig und erhöre uns, denn wir haben keine Taten vorzuweisen. Erweise uns Wohltätigkeit und Liebe und hilf uns.

Wir wissen nicht, was wir tun könnten, deshalb richten wir unsere Augen auf dich. *(2. Chron 20,12)* Gott, denke an dein Erbarmen und an deine Liebe, denn sie bestehen seit ewigen Zeiten. *(Ps 25,6)*

Gott, lass deine Liebe über uns walten, denn wir hoffen auf dich. *(Ps 33,22)* Rechne uns die Schuld unserer Vorfahren nicht an. Komm uns eilend mit deinem Erbarmen entgegen, denn wir sind sehr erniedrigt. *(Ps 79,8)*

Sei uns gnädig, Gott. Sei uns gnädig. Denn übersatt sind wir von Verachtung. *(Ps 123,3)* Auch wenn du zürnst, denke an dein Erbarmen! *(Hab 3,2)* Denn Gott weiß, was für Gebilde wir sind, Gott denkt daran, dass wir nur Staub sind. *(Ps 103,14)*

Um der Ehre deines Namens willen hilf uns, du Gott unseres Heils! Um deines Namens willen rette uns und vergib uns unsere Verfehlungen. *(Ps 79,9)*

Verherrlicht und geheiligt werde Gottes großer Name
in der Welt, die Gott nach eig'nem Ratschluss schuf.
Gottes Reich erstehe in eurem Leben und zu euren Zeiten
und im Leben ganz Israels schnell und bald.
Darauf sprecht: Amen.

Gottes großer Name sei gepriesen, immerzu und bis in Ewigkeit!

Gottes Name sei gepriesen und gelobt,
Gottes Name sei verherrlicht und erhoben.
Gottes Name sei verehrt und gerühmt,
Gottes Name sei gefeiert und besungen.
Gepriesen sei er über allem Lob und jedem Lied,
hoch über allem Preis und jedem Trost der Welt.
Darauf sprecht: Amen.

Frieden in Fülle komme vom Himmel,
Leben für uns und ganz Israel.
Darauf sprecht: Amen.

Gott schafft Frieden in der Höhe.
Möge Gott uns und ganz Israel Frieden geben.
Darauf sprecht: Amen.

Der Gottesdienst wird mit Jigdal (S. 189), We-Etaju (S. 617) oder Awinu Malkenu (S. 183) abgeschlossen.

תפלת ערבית לראש השנה

ABENDGEBET FÜR ROSCH HA-SCHANA

תפלת ערבית לראש השנה

כֹּה־אָמַר יְהוָֹה גֹּאַלְכֶם קְדוֹשׁ יִשְׂרָאֵל:
הִנְנִי עֹשֶׂה חֲדָשָׁה עַתָּה תִצְמָח
הֲלוֹא תֵדָעוּהָ
אַף אָשִׂים בַּמִּדְבָּר דֶּרֶךְ בִּישִׁימוֹן נְהָרוֹת:

מַה־טֹּבוּ אֹהָלֶיךָ יַעֲקֹב מִשְׁכְּנֹתֶיךָ יִשְׂרָאֵל:
וַאֲנִי בְּרֹב חַסְדְּךָ אָבוֹא בֵיתֶךָ
אֶשְׁתַּחֲוֶה אֶל־הֵיכַל־קָדְשְׁךָ בְּיִרְאָתֶךָ:
יְהוָֹה אָהַבְתִּי מְעוֹן בֵּיתֶךָ וּמְקוֹם מִשְׁכַּן כְּבוֹדֶךָ:
וַאֲנִי אֶשְׁתַּחֲוֶה וְאֶכְרָעָה אֶבְרְכָה לִפְנֵי־יְהוָֹה עֹשִׂי:
וַאֲנִי תְפִלָּתִי־לְךָ יְהוָֹה עֵת רָצוֹן
אֱלֹהִים בְּרָב־חַסְדֶּךָ עֲנֵנִי בֶּאֱמֶת יִשְׁעֶךָ:

Am Abend des vergehenden Jahres wenden wir uns zu dir, wie es unsere Vorfahren in den Generationen vor uns getan haben. Wir kommen in deiner Gegenwart zusammen, gemeinsam mit allen heiligen Gemeinden deines Volkes, denn du reinigst Israel von Jahr zu Jahr. Reinige uns von unseren Sünden und erneuere unser Leben.

Wenn der Ton des Schofars in uns widerhallt, möge er unsere Sehnsucht nach Güte wecken und neues Leben in unseren Seelen schaffen.

Gib uns den Mut, ehrlich zu uns selbst zu sein.

Gib uns die Kraft, alte Streitigkeiten zu beenden.

Lass uns mutig genug sein, dir ohne Entschuldigungen zu nahen, und demütig genug, um Vergebung zu empfangen.

Der Neumond des Monats Tischri erscheint am Himmel, er ist das Zeichen unserer Erneuerung.

Mit Dankbarkeit preisen wir deinen Namen dafür, dass du uns diese Zeit hast erreichen lassen.

שהחינו **בָּרוּךְ אַתָּה יְיָ אֱלֹהֵינוּ מֶלֶךְ הָעוֹלָם. שֶׁהֶחֱיָנוּ וְקִיְּמָנוּ וְהִגִּיעָנוּ לַזְּמַן הַזֶּה:**

ABENDGEBET FÜR ROSCH HA-SCHANA

Bei Gott ist Erlösung,
Gott ist für Israel heilig.
So spricht Gott:
Siehe, ich schaffe Neues,
jetzt schon kommt es zum Vorschein
– seht ihr es nicht?
Ja, ich lege einen Weg durch die Steppe
und Straßen durch die Wüste. *(Jes 43,14.19)*

EIN-GANGS-GEBETE

Wie schön sind deine Zelte, Jakob,
wie schön deine Wohnstätten, Israel! *(Num 24,5)*
Durch deine große Liebe, Gott, betrete ich dein Haus
und werfe mich voll Ehrfurcht
vor deiner heil'gen Lade nieder. *(Ps 5,8)*
Gott, wie ich den Ort liebte, an dem dein Tempel stand,
und die Stätte, wo deine Herrlichkeit wohnte, *(Ps 26,8)*
so falle ich nieder, verneige mich,
knie nieder vor Gott, meinem Schöpfer. *(Ps 95,6)*
Ich bete zu dir, Gott, zur Zeit der Gnade.
Erhöre mich in deiner großen Liebe, Gott,
hilf mir in deiner Treue! *(Ps 69,14)*

Am Abend des vergehenden Jahres wenden wir uns zu dir, wie es unsere Vorfahren in den Generationen vor uns getan haben. Wir kommen in deiner Gegenwart zusammen, gemeinsam mit allen heiligen Gemeinden deines Volkes, denn du reinigst Israel von Jahr zu Jahr. Reinige uns von unseren Sünden und erneuere unser Leben.

Wenn der Ton des Schofars in uns widerhallt, möge er unsere Sehnsucht nach Güte wecken und neues Leben in unseren Seelen schaffen.

Gib uns den Mut, ehrlich zu uns selbst zu sein.

Gib uns die Kraft, alte Streitigkeiten zu beenden.

Lass uns mutig genug sein, dir ohne Entschuldigungen zu nahen, und demütig genug, um Vergebung zu empfangen.

Der Neumond des Monats Tischri erscheint am Himmel, er ist das Zeichen unserer Erneuerung.

Mit Dankbarkeit preisen wir deinen Namen dafür, dass du uns diese Zeit hast erreichen lassen.

Gepriesen seist du, Ewiger, unser Gott; du regierst die Welt. Du hast uns am Leben erhalten und bewahrt. Und nun hast du uns diese Zeit erreichen lassen.

Einer oder mehrere der folgenden Psalmen können hier gebetet werden:

Am Schabbat:

תהלים
צב

מִזְמוֹר שִׁיר לְיוֹם הַשַּׁבָּת:

טוֹב לְהוֹדוֹת לַיהוָה וּלְזַמֵּר לְשִׁמְךָ עֶלְיוֹן:
לְהַגִּיד בַּבֹּקֶר חַסְדֶּךָ וֶאֱמוּנָתְךָ בַּלֵּילוֹת:
עֲלֵי־עָשׂוֹר וַעֲלֵי־נָבֶל עֲלֵי הִגָּיוֹן בְּכִנּוֹר:
כִּי שִׂמַּחְתַּנִי יְהוָה בְּפָעֳלֶךָ בְּמַעֲשֵׂי יָדֶיךָ אֲרַנֵּן:

מַה־גָּדְלוּ מַעֲשֶׂיךָ יְהוָה מְאֹד עָמְקוּ מַחְשְׁבֹתֶיךָ:
אִישׁ־בַּעַר לֹא יֵדָע וּכְסִיל לֹא־יָבִין אֶת־זֹאת:
בִּפְרֹחַ רְשָׁעִים כְּמוֹ־עֵשֶׂב וַיָּצִיצוּ כָּל־פֹּעֲלֵי אָוֶן
לְהִשָּׁמְדָם עֲדֵי־עַד:

וְאַתָּה מָרוֹם לְעֹלָם יְהוָה:

כִּי הִנֵּה אֹיְבֶיךָ יְהוָה כִּי־הִנֵּה אֹיְבֶיךָ יֹאבֵדוּ
יִתְפָּרְדוּ כָּל־פֹּעֲלֵי אָוֶן:
וַתָּרֶם כִּרְאֵים קַרְנִי בַּלֹּתִי בְּשֶׁמֶן רַעֲנָן:
וַתַּבֵּט עֵינִי בְּשׁוּרָי בַּקָּמִים עָלַי מְרֵעִים
תִּשְׁמַעְנָה אָזְנָי:

צַדִּיק כַּתָּמָר יִפְרָח כְּאֶרֶז בַּלְּבָנוֹן יִשְׂגֶּה:
שְׁתוּלִים בְּבֵית יְהוָה בְּחַצְרוֹת אֱלֹהֵינוּ יַפְרִיחוּ:
עוֹד יְנוּבוּן בְּשֵׂיבָה דְּשֵׁנִים וְרַעֲנַנִּים יִהְיוּ:
לְהַגִּיד כִּי־יָשָׁר יְהוָה צוּרִי וְלֹא־עַוְלָתָה בּוֹ:

Einer oder mehrere der folgenden Psalmen können hier gebetet werden:

Am Schabbat:

PSALM 92

Ein Psalm. Ein Lied für den Schabbattag.

Es ist schön, dem Ewigen zu danken,
deinem Namen, du Höchster, zu singen,
am Morgen deine Huld zu verkünden
und in den Nächten deine Treue,
zur zehnsaitigen Laute, zur Zither,
zum Klang der Harfe.
Denn du hast mich durch deine Taten froh gemacht;
Gott, ich will jubeln über die Werke deiner Hände.

Wie groß sind deine Werke, o Gott,
wie tief sind deine Gedanken!
Ein Mensch ohne Einsicht erkennt das nicht,
ein Tor kann es nicht verstehen.
Wenn auch das Böse gedeiht
und das Unrecht wächst,
so nur, damit du es für immer vernichtest.

Doch du bist bis in alle Ewigkeit erhöht, mein Gott!

Deine Feinde, Gott, wahrhaftig, deine Feinde vergehen;
auseinandergetrieben werden alle, die Unrecht tun.
Du hast mich stark gemacht wie einen Stier,
du hast mich mit frischem Öl gesalbt.
Mein Auge blickt herab auf meine Verfolger
und auf alle, die sich gegen mich erheben;
mein Ohr hört vom Geschick der Bösen.

Alle, die gerecht sind, werden gedeihen wie die Palme
und wachsen wie die Zedern des Libanon.
Gepflanzt im Hause Gottes
gedeihen sie in den Vorhöfen unseres Gottes.
Sie tragen Frucht noch im Alter
und bleiben voll Saft und Frische;
sie verkünden: Gerecht ist der Ewige;
Gott ist mein Fels, an dem kein Unrecht ist.

Am Schabbat:

תהלים
צג

יְהוָה מָלָךְ גֵּאוּת לָבֵשׁ לָבֵשׁ יְהוָה עֹז הִתְאַזָּר
אַף־תִּכּוֹן תֵּבֵל בַּל־תִּמּוֹט׃
נָכוֹן כִּסְאֲךָ מֵאָז מֵעוֹלָם אָתָּה׃
נָשְׂאוּ נְהָרוֹת יְהוָה נָשְׂאוּ נְהָרוֹת קוֹלָם
יִשְׂאוּ נְהָרוֹת דָּכְיָם׃
מִקֹּלוֹת מַיִם רַבִּים אַדִּירִים מִשְׁבְּרֵי־יָם
אַדִּיר בַּמָּרוֹם יְהוָה׃
עֵדֹתֶיךָ נֶאֶמְנוּ מְאֹד לְבֵיתְךָ נַאֲוָה־קֹּדֶשׁ
יְהוָה לְאֹרֶךְ יָמִים׃

תהלים
צח

מִזְמוֹר

שִׁירוּ לַיהוָה שִׁיר חָדָשׁ כִּי־נִפְלָאוֹת עָשָׂה
הוֹשִׁיעָה־לּוֹ יְמִינוֹ וּזְרוֹעַ קָדְשׁוֹ׃
הוֹדִיעַ יְהוָה יְשׁוּעָתוֹ לְעֵינֵי הַגּוֹיִם גִּלָּה צִדְקָתוֹ׃
זָכַר חַסְדּוֹ וֶאֱמוּנָתוֹ לְבֵית יִשְׂרָאֵל
רָאוּ כָל־אַפְסֵי־אָרֶץ אֵת יְשׁוּעַת אֱלֹהֵינוּ׃
הָרִיעוּ לַיהוָה כָּל־הָאָרֶץ פִּצְחוּ וְרַנְּנוּ וְזַמֵּרוּ׃
זַמְּרוּ לַיהוָה בְּכִנּוֹר בְּכִנּוֹר וְקוֹל זִמְרָה׃
בַּחֲצֹצְרוֹת וְקוֹל שׁוֹפָר הָרִיעוּ לִפְנֵי הַמֶּלֶךְ יְהוָה׃

Am Schabbat:

PSALM 93

Der Ewige ist König,
bekleidet mit Hoheit;
Gott hat sich bekleidet
und mit Macht umgürtet.

Der Erdkreis ist fest gegründet,
nie wird er wanken.
Dein Thron steht fest von Anbeginn,
du bist seit Ewigkeit.

Fluten erheben sich, Gott,
Fluten erheben ihr Brausen,
Fluten erheben ihr Tosen.

Gewaltiger als das Tosen vieler Wasser,
gewaltiger als die Brandung des Meeres
ist Gott in der Höhe.

Deine Gesetze sind fest und verlässlich;
Gott, deinem Haus gebührt Heiligkeit für alle Zeiten.

PSALM 98

Singt für Gott ein neues Lied;
denn Gott tat staunenswerte Taten.
Gottes rechte Hand hat dabei geholfen
und Gottes heiliger Arm.
Gott hat seine Hilfe bekannt gemacht,
und Gottes gerechtes Wirken
ist offenbart vor den Augen der Völker.
Gott dachte an die Huld
und an die Treue zur Familie Israels.
Alle Enden der Erde sahen
die Hilfe unsres Gottes.
Jauchzt vor Gott, alle Länder der Erde,
freut euch und singt!
Spielt für Gott auf der Harfe,
auf der Harfe und mit lautem Gesang!
Mit Trompeten und dem Ton des Schofar,
macht Musik für Gott, Gott regiert die Welt!

יִרְעַם הַיָּם וּמְלֹאוֹ תֵּבֵל וְיֹשְׁבֵי בָהּ:
נְהָרוֹת יִמְחֲאוּ־כָף יַחַד הָרִים יְרַנֵּנוּ:
לִפְנֵי יְהוָה כִּי בָא לִשְׁפֹּט הָאָרֶץ
יִשְׁפֹּט־תֵּבֵל בְּצֶדֶק וְעַמִּים בְּמֵישָׁרִים:

יום הדין

אֱמֶת אַתָּה הוּא רִאשׁוֹן. וְאַתָּה הוּא אַחֲרוֹן:
אֱמֶת כִּי אַתָּה הוּא דַּיָּן וּמוֹכִיחַ וְיוֹדֵעַ וָעֵד:

Der folgende oder der gegenüberliegende Abschnitt kann hier gelesen werden:

Können wir dem Urteil entfliehen?

Wenn ein Mensch sich selbst nicht richtet,
richten ihn alle Dinge,
und alle Dinge werden die Boten Gottes.

(Nachman von Braclaw)

שָׁאֲלוּ לַחָכְמָה. חוֹטֵא מָה עוֹנְשׁוֹ:
אָמְרָה לָהֶם. חַטָּאִים תְּרַדֵּף רָעָה:
שָׁאֲלוּ לַנְּבוּאָה. חוֹטֵא מָה עוֹנְשׁוֹ:
אָמְרָה לָהֶם. הַנֶּפֶשׁ הַחֹטֵאת הִיא תָמוּת:
שָׁאֲלוּ לַתּוֹרָה. חוֹטֵא מָה עוֹנְשׁוֹ:
אָמְרָה לָהֶם. יָבִיא אָשָׁם וְיִכַּפֵּר לוֹ.
שָׁאֲלוּ לַקָּדוֹשׁ בָּרוּךְ הוּא. חוֹטֵא מָה עוֹנְשׁוֹ:
אָמַר לָהֶם. יַעֲשֶׂה תְשׁוּבָה וְיִתְכַּפֵּר לוֹ.
בָּנַי מָה אֲנָא בָּעֵי מִנְּכוֹן דִּרְשׁוּנִי וִחְיוּ:

רַבִּי עֲקִיבָא הָיָה אוֹמֵר. הַכֹּל נָתוּן בָּעֵרָבוֹן וּמְצוּדָה פְרוּסָה עַל־כָּל־הַחַיִּים. הֶחָנוּת פְּתוּחָה וְהַחֶנְוָנִי מַקִּיף וְהַפִּנְקָס פָּתוּחַ וְהַיָּד כּוֹתֶבֶת וְכָל־הָרוֹצֶה לִלְווֹת יָבֹא וְיִלְוֶה וְהַגַּבָּאִים מַחֲזִירִים

Das Meer soll brausen und alles, was es erfüllt,
die Erde und die auf ihr wohnen.
Die Ströme sollen in die Hände klatschen,
die Berge sollen jubeln im Chor
vor Gott, denn Gott kommt,
um die Erde zu richten.
Gott richtet den Erdkreis gerecht,
die Nationen so, wie es recht ist.

DER TAG DES GERICHTS

Es ist wahr: Du bist zuerst und du bist zuletzt.
Es ist wahr: Du sprichst Recht und legst die Beweise vor.
Du machst die Tatsachen bekannt und bezeugst sie.

Der folgende oder der gegenüberliegende Abschnitt kann hier gelesen werden:

GLEICHNISSE FÜR DAS GERICHT

Wie wird das Urteil stattfinden?

Nur auf diese Weise: Gott wird euch einzeln beiseite nehmen und euch erzählen, was euer Leben wirklich gewesen ist. Dann werdet ihr das Gute verstehen, das ihr getan habt, und das Böse. Dieses wird für euch der Himmel sein und jenes die Hölle. Aber auf die wahre Erkenntnis folgt die Vergebung. *(Chassidisch, erzählt von Joseph Weiss)*

Man fragte die Weisheit: „Was geschieht, wenn jemand sündigt?“

Sie antwortete: „Böses wird die Sünder verfolgen.“ *(Spr 13,21)*
Man fragte die Prophetie: „Was geschieht, wenn jemand sündigt?“
Sie antwortete: „Die sündige Seele wird sterben.“ *(Ez 18,4)*
Man fragte die Thora: „Was geschieht, wenn jemand sündigt?“
Sie antwortete: „Der soll ein Schuldopfer bringen und sich Sühne schaffen.“
Man fragte Gott – Gottes Heiligkeit sei gepriesen! – „Was geschieht, wenn jemand sündigt?“
Gott antwortete: „Der kehre um, und er wird gesühnt werden. … Was fragt ihr danach, meine Kinder? Sucht mich, dann werdet ihr leben.“
(Am 5,4) *(Pesikta de Raw Kahana 24,7)*

Von Rabbi Aqiwa ist uns das Wort überliefert: … Alles ist nur als Darlehen gegeben; ein Netz ist über allen Lebewesen ausgespannt. Der Laden ist offen, es wird auf Kredit verkauft, das Buch ist geöffnet und eine Hand schreibt auf. Jeder, der etwas leihen will, soll kommen und es sich leihen. Die Schuldeinforderer aber sind täglich unterwegs und treiben

תָּדִיר בְּכָל־יוֹם וְנִפְרָעִים מִן־הָאָדָם מִדַּעְתּוֹ וְשֶׁלֹּא מִדַּעְתּוֹ וְיֵשׁ לָהֶם עַל מַה שֶּׁיִּסְמֹכוּ וְהַדִּין דִּין אֱמֶת. וְהַכֹּל מְתֻקָּן לִסְעוּדָה:

בָּרוּךְ אַתָּה יְיָ. מֶלֶךְ אוֹהֵב צְדָקָה וּמִשְׁפָּט:

מִי כָמוֹךָ עֲמֻקּוֹת גֹּלֶה
נוֹרָא תְהִלֹּת עֹשֵׂה־פֶלֶא:

יוֹצֵר הַמְצִיא כֹל מֵאַיִן נִגְלָה לַלֵּבָב לֹא לָעַיִן
כֵּן אַל־תִּשְׁאַל אֵיךְ וְאַיִן כִּי שָׁמַיִם וָאָרֶץ מָלֵא:

הָסֵר תַּאֲוָה מִקִּרְבֶּךָ תִּמְצָא צוּרְךָ תּוֹךְ חֵיקֶךָ
מִתְהַלֵּךְ לְאַט בִּלְבָבֶךָ הוּא הַמּוֹרִיד וְהוּא הַמַּעֲלֶה:

וּרְאֵה דֶּרֶךְ סוֹד הַנֶּפֶשׁ וַחֲקֹר אֹתָהּ וּבָהּ תִּנָּפֵשׁ
הוּא יַשְׂכִּילְךָ וְתִמְצָא חֹפֶשׁ כִּי אַתְּ אָסִיר וְעוֹלָם כֶּלֶא:

דַּעַת שִׂים צִיר בֵּינְךָ וּבֵינוֹ וּבַטֵּל רְצוֹנְךָ וַעֲשֵׂה רְצוֹנוֹ
וְדַע כִּי בַּאֲשֶׁר תַּסְתִּיר עֵינוֹ וְדָבָר מִמֶּנּוּ לֹא־יִפָּלֵא:

הוּא הַחַי בְּאֵין עַפְרוּת תֵּבֵל וְהוּא הָעֹשֶׂה וְהוּא הַסֹּבֵל
וְאָדָם נֶחְשָׁב כְּצִיצַת נֹבֵל מַהֵר יִבּוֹל כִּנְבֹל עָלֶה:

die Bezahlung von den Menschen ein, mit oder ohne deren Einverständnis. Es gibt etwas, das ihr Tun rechtfertigt, denn das Urteil ist ein wahrhaftiges Urteil. Doch für das Mahl ist alles vorbereitet.

(Sprüche der Väter 3,20)

Gepriesen seist du, Ewiger, unser Gott; du regierst und du liebst Gerechtigkeit und Recht.

Wer gleicht Dir, dem Tiefen helle,
Lobumraunt du, Wunderquelle!

Jäh umschuf er Nichts ins Sosein;
Herzen naht er, Augen floh sein
Bild; drum frag nicht, wie und wo! Sein
Voll im All ist jede Stelle.

Hältst dir ferne böse Lust du,
Findest Gott in deiner Brust du;
Herzensstill nur wandeln mußt du –
Er senkt, hebt des Lebens Welle.

Und Rätsel sieh: der Seele Pfade!
In dieser Weisheit selig bade; –
Findest drin der Freiheit Gnade:
Bist ja Häftling, Welt die Zelle.

Denken – sends, dich Ihm zu einen!
Lösch deinen Willen und tu Seinen!
Wohin würd nicht Sein Aug scheinen?
Sein Tun kennt Grenze nicht noch Schwelle.

All-erst lebt vor Weltstaubs Krume
Er. Und erschuf. Und trägt. Wie Blume,
Die welkt, so gehts des Menschen Ruhme:
Wie ein Blatt welkt, welkt er schnelle.

(Jehuda ha-Levi in der Übersetzung von Franz Rosenzweig; Kommentar zu „Wer gleicht dir“ im Glossar.)

יום הזכרון

Ein neues Jahr liegt offen vor uns. Wir nähern uns ihm voller Unsicherheit, gleichzeitig jedoch auch voller Hoffnung. Wir wissen nicht, was vor uns liegt, welche Gelegenheiten und welche Versuchungen, welche Freuden und welches Leid. An der Schwelle zwischen dem alten und dem neuen Jahr halten wir inne. In Stille besinnen wir uns auf das vergangene Jahr und denken darüber nach, was wir aus ihm gemacht haben. Gott, gib uns größere Weisheit. Zeige uns, was unserem Leben seinen Sinn gibt und unseren Tagen ihre Bedeutung.

אָמַר רַבִּי יוֹחָנָן. שְׁלֹשָׁה סְפָרִים נִפְתָּחִין בְּרֹאשׁ הַשָּׁנָה. אֶחָד שֶׁל רְשָׁעִים גְּמוּרִין וְאֶחָד שֶׁל צַדִּיקִים גְּמוּרִין וְאֶחָד שֶׁל בֵּינוֹנִים: צַדִּיקִים גְּמוּרִין נִכְתָּבִין וְנֶחְתָּמִין לְאַלְתַּר לְחַיִּים. רְשָׁעִים גְּמוּרִין נִכְתָּבִין וְנֶחְתָּמִין לְאַלְתַּר לְמִיתָה. בֵּינוֹנִים תְּלוּיִין וְעוֹמְדִין מֵרֹאשׁ הַשָּׁנָה וְעַד יוֹם הַכִּפּוּרִים. זָכוּ נִכְתָּבִין לְחַיִּים. לֹא זָכוּ נִכְתָּבִין לְמִיתָה:

וְהוּא רַחוּם יְכַפֵּר עָוֹן וְלֹא יַשְׁחִית וְהִרְבָּה לְהָשִׁיב אַפּוֹ. וְלֹא יָעִיר כָּל־חֲמָתוֹ.

יְהוָֹה הוֹשִׁיעָה. הַמֶּלֶךְ יַעֲנֵנוּ בְיוֹם קָרְאֵנוּ:

ברכו

בָּרְכוּ אֶת־יְיָ הַמְבֹרָךְ:

בָּרוּךְ יְיָ הַמְבֹרָךְ לְעוֹלָם וָעֶד:

מעריב ערבים

בָּרוּךְ אַתָּה יְיָ אֱלֹהֵינוּ מֶלֶךְ הָעוֹלָם. אֲשֶׁר בִּדְבָרוֹ מַעֲרִיב עֲרָבִים. בְּחָכְמָה פּוֹתֵחַ שְׁעָרִים. וּבִתְבוּנָה מְשַׁנֶּה עִתִּים. וּמַחֲלִיף אֶת־הַזְּמַנִּים. וּמְסַדֵּר אֶת־הַכּוֹכָבִים בְּמִשְׁמְרוֹתֵיהֶם בָּרָקִיעַ כִּרְצוֹנוֹ: בּוֹרֵא יוֹם וָלָיְלָה. גּוֹלֵל אוֹר מִפְּנֵי חֹשֶׁךְ וְחֹשֶׁךְ מִפְּנֵי אוֹר: הַמַּעֲבִיר יוֹם וּמֵבִיא לָיְלָה. וּמַבְדִּיל בֵּין יוֹם וּבֵין לָיְלָה. יְיָ צְבָאוֹת שְׁמוֹ: בָּרוּךְ אַתָּה יְיָ. הַמַּעֲרִיב עֲרָבִים:

אהבת עולם

אַהֲבַת עוֹלָם בֵּית יִשְׂרָאֵל עַמְּךָ אָהָבְתָּ. תּוֹרָה וּמִצְוֹת חֻקִּים וּמִשְׁפָּטִים אוֹתָנוּ לִמַּדְתָּ: עַל־כֵּן יְיָ אֱלֹהֵינוּ. בְּשָׁכְבֵנוּ וּבְקוּמֵנוּ

DER TAG DER ERINNERUNG

Ein neues Jahr liegt offen vor uns. Wir nähern uns ihm voller Unsicherheit, gleichzeitig jedoch auch voller Hoffnung. Wir wissen nicht, was vor uns liegt, welche Gelegenheiten und welche Versuchungen, welche Freuden und welches Leid. An der Schwelle zwischen dem alten und dem neuen Jahr halten wir inne. In Stille besinnen wir uns auf das vergangene Jahr und denken darüber nach, was wir aus ihm gemacht haben. Gott, gib uns größere Weisheit. Zeige uns, was unserem Leben seinen Sinn gibt und unseren Tagen ihre Bedeutung.

Rabbi Jochanan sagte: Drei Bücher werden am Neujahrsfest aufgeschlagen: Eins für die ganz Ungerechten, eins für die ganz Gerechten und eins für die Durchschnittlichen. Die ganz Gerechten werden sofort für das Leben eingeschrieben und besiegelt. Die ganz Ungerechten werden sofort für den Tod eingeschrieben und besiegelt. Die Durchschnittlichen bleiben von Neujahr bis zum Versöhnungstag in der Schwebe. Wenn sie für würdig befunden werden, werden sie für das Leben eingeschrieben. Wenn sie nicht für würdig befunden werden, werden sie für den Tod eingeschrieben. *(bRosch ha-Schana 16b)*

Gott ist barmherzig, sühnt Verkehrung und vertilgt nicht.
Immer wieder lässt Gott von seinem Zorn ab und unterdrückt den Grimm. **(Ps 78,38)**
Hilf uns, Gott! Du regierst. Erhöre uns, wenn wir zu dir rufen. **(Ps 20,10)**

AUFRUF ZUM LOB

Lasst uns Gott preisen; Gott gebührt unsere Ehre!

Gepriesen sei Gott; Gott gebührt unsere Ehre auf immer und ewig!

GOTT SCHAFFT UND ERHÄLT

Gepriesen seist du, Ewiger, unser Gott; du regierst die Welt. Du lässt es durch dein Wort Abend werden, du führst die Dämmerung herbei und lässt voller Einsicht die Augenblicke verstreichen und die Zeit voranschreiten. Gemäß deines Wohlgefallens erscheinen am Himmel die Sterne in ihren Sternbildern. Schöpfer von Tag und Nacht, du lässt das Licht vor der Finsternis weichen und die Finsternis vor dem Licht. Du lässt den Tag vorübergehen und führst die Nacht herbei. Du trennst den Tag von der Nacht. Schöpfer aller Geschöpfe – das ist dein Name. Gepriesen seist du, Ewiger. Du lässt es Abend werden.

GOTT LIEBT ISRAEL

Mit unzerstörbarer Liebe liebst du Israel, dein Volk. Die Thora, Gebote, Satzungen und Rechtssprüche hast du uns gelehrt. Deshalb bist du, Ewiger, unser Gott. Wenn wir uns niederlegen und wenn wir aufstehen,

נָשִׂיחַ בְּחֻקֶּיךָ. וְנִשְׂמַח וְנַעֲלוֹז בְּדִבְרֵי תוֹרָתֶךָ וּמִצְוֹתֶיךָ וְחֻקּוֹתֶיךָ לְעוֹלָם וָעֶד: כִּי הֵם חַיֵּינוּ וְאֹרֶךְ יָמֵינוּ. וּבָהֶם נֶהְגֶּה יוֹמָם וָלָיְלָה. וְאַהֲבָתְךָ אַל־תָּסִיר מִמֶּנּוּ לְעוֹלָמִים: בָּרוּךְ אַתָּה יְיָ. אוֹהֵב אֶת־עַמּוֹ יִשְׂרָאֵל:

שמע ישראל

שְׁמַע יִשְׂרָאֵל. יְהוָֹה אֱלֹהֵינוּ יְהוָֹה **אֶחָד**:

בָּרוּךְ שֵׁם כְּבוֹד מַלְכוּתוֹ לְעוֹלָם וָעֶד:

וְאָהַבְתָּ אֵת יְהוָֹה אֱלֹהֶיךָ. בְּכָל־לְבָבְךָ וּבְכָל־נַפְשְׁךָ וּבְכָל־מְאֹדֶךָ: וְהָיוּ הַדְּבָרִים הָאֵלֶּה אֲשֶׁר אָנֹכִי מְצַוְּךָ הַיּוֹם עַל־לְבָבֶךָ: וְשִׁנַּנְתָּם לְבָנֶיךָ וְדִבַּרְתָּ בָּם. בְּשִׁבְתְּךָ בְּבֵיתֶךָ וּבְלֶכְתְּךָ בַדֶּרֶךְ וּבְשָׁכְבְּךָ וּבְקוּמֶךָ: וּקְשַׁרְתָּם לְאוֹת עַל־יָדֶךָ. וְהָיוּ לְטֹטָפֹת בֵּין עֵינֶיךָ: וּכְתַבְתָּם עַל־מְזֻזוֹת בֵּיתֶךָ וּבִשְׁעָרֶיךָ:

In der Stille können die beiden traditionellen Abschnitte des Sch'ma gelesen werden (S. 218-220) oder die folgenden Abschnitte:

הוֹי כָּל־צָמֵא לְכוּ לַמַּיִם
וַאֲשֶׁר אֵין־לוֹ כָּסֶף לְכוּ שִׁבְרוּ וֶאֱכֹלוּ
וּלְכוּ שִׁבְרוּ בְּלוֹא־כֶסֶף וּבְלוֹא מְחִיר יַיִן וְחָלָב:
לָמָּה תִשְׁקְלוּ־כֶסֶף בְּלוֹא־לֶחֶם
וִיגִיעֲכֶם בְּלוֹא לְשָׂבְעָה:
הַטּוּ אָזְנְכֶם וּלְכוּ אֵלַי
שִׁמְעוּ וּתְחִי נַפְשְׁכֶם:
דִּרְשׁוּ יְהוָֹה בְּהִמָּצְאוֹ קְרָאֻהוּ בִּהְיוֹתוֹ קָרוֹב:
יַעֲזֹב רָשָׁע דַּרְכּוֹ וְאִישׁ אָוֶן מַחְשְׁבֹתָיו
וְיָשֹׁב אֶל־יְהוָֹה וִירַחֲמֵהוּ
וְאֶל־אֱלֹהֵינוּ כִּי־יַרְבֶּה לִסְלוֹחַ:
כִּי לֹא מַחְשְׁבוֹתַי מַחְשְׁבוֹתֵיכֶם
וְלֹא דַרְכֵיכֶם דְּרָכָי נְאֻם יְהוָֹה:

denken wir über deine Satzungen nach. Und wir freuen uns und sind allezeit fröhlich über die Worte deiner Weisung, deiner Gebote und deiner Satzungen, denn sie sind unser Leben und unsere Lebenszeit. Wir sinnen darüber nach Tag und Nacht. Lass niemals deine Liebe von uns weichen. Gepriesen seist du, Ewiger. Du liebst Israel, dein Volk.

ISRAELS GOTT

Höre Israel, der Ewige ist Gott, der Ewige ist einzig. *(Dtn 6,4)*

Gepriesen sei Gottes ruhmreiche Herrschaft immer und ewig! *(mJoma 6,2)*

Darum sollst du den Ewigen, deinen Gott, lieben mit ganzem Herzen, mit ganzer Seele und mit ganzer Kraft. Diese Worte, auf die ich dich heute verpflichte, sollen auf deinem Herzen geschrieben stehen. Du sollst sie deinen Kindern erzählen. Du sollst von ihnen reden, wenn du zu Hause sitzt und wenn du auf der Straße gehst, wenn du dich schlafen legst und wenn du aufstehst. Du sollst sie als Zeichen um dein Handgelenk binden. Sie sollen als Merkzeichen auf deiner Stirn sein. Du sollst sie auf die Türpfosten deines Hauses und in deine Tore schreiben.
(Dtn 6,5-9)

In der Stille können die beiden traditionellen Abschnitte des Sch'ma gelesen werden (S. 219-221) oder die folgenden Abschnitte:

Auf, ihr Durstigen, kommt zum Wasser!
Auch wer kein Geld hat, soll kommen!
Kauft Getreide und eßt!
Kommt, kauft Getreide ohne Geld,
kauft Wein und Milch ohne Bezahlung!
Warum kauft ihr für Geld, was euch nicht ernährt,
und mit eurem Arbeitslohn das, was euch nicht satt macht? …
Merkt auf und kommt zu mir!
Hört zu, dann werdet ihr leben! …
Sucht Gott, denn Gott ist zu finden!
Betet zu Gott, denn Gott ist nahe!
Der Ungerechte verlasse seinen Weg, der Mensch,
der Böses im Sinn hat, lasse ab von seinen Gedanken.
Zu unserem Gott soll er zurückkehren,
dann wird Gott sich seiner erbarmen,
denn bei unserem Gott ist viel Vergebung.
Denn Gott spricht:
Meine Gedanken sind nicht eure Gedanken,
und eure Wege sind nicht meine Wege.

כִּי־גָבְהוּ שָׁמַיִם מֵאָרֶץ
כֵּן גָּבְהוּ דְרָכַי מִדַּרְכֵיכֶם
וּמַחְשְׁבֹתַי מִמַּחְשְׁבֹתֵיכֶם:

הִנֵּה יָמִים בָּאִים נְאֻם־יְהוָֹה וְכָרַתִּי אֶת־בֵּית יִשְׂרָאֵל וְאֶת־בֵּית יְהוּדָה בְּרִית חֲדָשָׁה: לֹא כַבְּרִית אֲשֶׁר כָּרַתִּי אֶת־אֲבוֹתָם בְּיוֹם הֶחֱזִיקִי בְיָדָם לְהוֹצִיאָם מֵאֶרֶץ מִצְרָיִם אֲשֶׁר הֵמָּה הֵפֵרוּ אֶת־בְּרִיתִי וְאָנֹכִי בָּעַלְתִּי בָם נְאֻם־יְהוָֹה: כִּי זֹאת הַבְּרִית אֲשֶׁר אֶכְרֹת אֶת־בֵּית יִשְׂרָאֵל אַחֲרֵי הַיָּמִים הָהֵם נְאֻם־יְהוָֹה נָתַתִּי אֶת־תּוֹרָתִי בְּקִרְבָּם וְעַל־לִבָּם אֶכְתֳּבֶנָּה וְהָיִיתִי לָהֶם לֵאלֹהִים וְהֵמָּה יִהְיוּ־לִי לְעָם: וְלֹא יְלַמְּדוּ עוֹד אִישׁ אֶת־רֵעֵהוּ וְאִישׁ אֶת־אָחִיו לֵאמֹר. דְּעוּ אֶת־יְהוָֹה כִּי כוּלָּם יֵדְעוּ אוֹתִי לְמִקְּטַנָּם וְעַד־גְּדוֹלָם נְאֻם־יְהוָֹה כִּי אֶסְלַח לַעֲוֹנָם וּלְחַטָּאתָם לֹא אֶזְכָּר־עוֹד:

גאולה **אֱמֶת וֶאֱמוּנָה** כָּל־זֹאת וְקַיָּם עָלֵינוּ כִּי הוּא יְיָ אֱלֹהֵינוּ וְאֵין זוּלָתוֹ וַאֲנַחְנוּ יִשְׂרָאֵל עַמּוֹ. הָעֹשֶׂה גְדֹלוֹת עַד־אֵין חֵקֶר וְנִפְלָאוֹת עַד־אֵין מִסְפָּר. וְרָאוּ בָנָיו גְּבוּרָתוֹ שִׁבְּחוּ וְהוֹדוּ לִשְׁמוֹ וּמַלְכוּתוֹ בְּרָצוֹן קִבְּלוּ עֲלֵיהֶם. מֹשֶׁה וּבְנֵי יִשְׂרָאֵל לְךָ עָנוּ שִׁירָה בְּשִׂמְחָה רַבָּה. וְאָמְרוּ כֻלָּם.

מִי־כָמֹכָה בָּאֵלִם יְהוָֹה מִי כָּמֹכָה נֶאְדָּר בַּקֹּדֶשׁ נוֹרָא תְהִלֹּת עֹשֵׂה פֶלֶא:

מַלְכוּתְךָ יְיָ אֱלֹהֵינוּ רָאוּ בָנֶיךָ עַל הַיָּם. יַחַד כֻּלָּם הוֹדוּ וְהִמְלִיכוּ וְאָמְרוּ. יְהוָֹה יִמְלֹךְ לְעֹלָם וָעֶד:

וְנֶאֱמַר כִּי־פָדָה יְיָ אֶת־יַעֲקֹב וּגְאָלוֹ מִיַּד חָזָק מִמֶּנּוּ. בָּרוּךְ אַתָּה יְיָ. גָּאַל יִשְׂרָאֵל:

Sondern so hoch, wie der Himmel über der Erde ist,
so viel höher sind meine Wege als eure Wege
und meine Gedanken als eure Gedanken. *(Jes 55, 1-3.6-9)*

Siehe, es werden Tagen kommen – Ausspruch Gottes – in denen ich mit dem Haus Israel und dem Haus Juda einen neuen Bund schließen werde, anders, als der Bund war, den ich mit ihren Vorfahren geschlossen habe, als ich sie bei der Hand nahm, um sie aus Ägypten herauszuführen. Diesen Bund haben sie gebrochen, obwohl ich ihr Eigentümer war – Ausspruch Gottes. Sondern dies wird der Bund sein, den ich nach jenen Tagen mit dem Haus Israel schließen werde – Ausspruch Gottes: Ich werde meine Thora in sie hineinlegen und sie auf ihre Herzen schreiben. Ich werde ihr Gott sein und sie mein Volk. Sie werden nicht mehr einander lehren müssen: ‚Erkennt Gott!', denn alle werden mich kennen, von den Kleinen bis hin zu den Großen – Ausspruch Gottes. Ich werde ihnen ihre Schuld verzeihen und an ihre Sünden nicht mehr denken. *(Jer 31,31-34)*

GOTT ERLÖST UNS

Wahr und wahrhaftig ist dies alles, und es wird von uns gehalten, denn du bist der Ewige, unser Gott. Es gibt keinen Gott außer dir, und wir sind Israel, dein Volk. Große Dinge vollbringst du, die über unseren Verstand hinausgehen und Wunder in unzählbarer Zahl. Deine Kinder sahen deine Stärke, sie priesen und lobten deinen Namen und nahmen deine Herrschaft willig an. Mose und die Kinder Israels antworteten dir in großer Freude mit einem Lied. Sie sangen gemeinsam:
Wer ist wie du unter den Göttern, o Gott?
Wer ist wie du – so heilig, so gewaltig?
Wem sonst erzeigen Loblieder Ehrfurcht?
Wer sonst kann deine Wunder tun? *(Ex 15,11)*
Deine Herrschaft, Ewiger, unser Gott, sahen deine Kinder am Meer, gemeinsam priesen und lobten sie deine Herrschaft und sangen:
Gott regiert für immer und ewig. *(Ex 15,18)*
Und es ist gesagt:
Gott wird Jakob erlösen
und ihn befreien aus der Hand des Stärkeren. *(Jer 31,11)*
Gepriesen seist du, Ewiger. Du erlöst Israel.

השכיבנו

הַשְׁכִּיבֵנוּ אָבִינוּ לְשָׁלוֹם וְהַעֲמִידֵנוּ מַלְכֵּנוּ לְחַיִּים. וּפְרוֹשׂ עָלֵינוּ סֻכַּת שְׁלוֹמֶךָ וְתַקְּנֵנוּ בְּעֵצָה טוֹבָה מִלְּפָנֶיךָ וְהוֹשִׁיעֵנוּ לְמַעַן שְׁמֶךָ. וְהָגֵן בַּעֲדֵנוּ וְהָסֵר מֵעָלֵינוּ אוֹיֵב דֶּבֶר וְחֶרֶב וְרָעָב וְיָגוֹן. וּבְצֵל כְּנָפֶיךָ תַּסְתִּירֵנוּ כִּי אֵל שׁוֹמְרֵנוּ וּמַצִּילֵנוּ אָתָּה כִּי אֵל מֶלֶךְ חַנּוּן וְרַחוּם אָתָּה: וּשְׁמוֹר צֵאתֵנוּ וּבוֹאֵנוּ לְחַיִּים וּלְשָׁלוֹם מֵעַתָּה וְעַד עוֹלָם. וּפְרוֹשׂ עָלֵינוּ סֻכַּת שְׁלוֹמֶךָ: בָּרוּךְ אַתָּה יְיָ. הַפּוֹרֵשׂ סֻכַּת שָׁלוֹם עָלֵינוּ וְעַל־עַמּוֹ יִשְׂרָאֵל וְעַל־כָּל־הָעוֹלָם:

Am Schabbat:

ושמרו

וְשָׁמְרוּ בְנֵי־יִשְׂרָאֵל אֶת־הַשַּׁבָּת לַעֲשׂוֹת אֶת־הַשַּׁבָּת לְדֹרֹתָם בְּרִית עוֹלָם: בֵּינִי וּבֵין בְּנֵי יִשְׂרָאֵל אוֹת הִוא לְעֹלָם כִּי־שֵׁשֶׁת יָמִים עָשָׂה יְהוָה אֶת־הַשָּׁמַיִם וְאֶת־הָאָרֶץ וּבַיּוֹם הַשְּׁבִיעִי שָׁבַת וַיִּנָּפַשׁ:

תִּקְעוּ בַחֹדֶשׁ שׁוֹפָר.
בַּכֵּסֶה לְיוֹם חַגֵּנוּ:
כִּי חֹק לְיִשְׂרָאֵל הוּא.
מִשְׁפָּט לֵאלֹהֵי יַעֲקֹב:

Hier kann das חצי קדיש *gelesen werden.*

GOTT SCHENKT FRIEDE, FREUDE UND RUHE

Gib, Quelle unseres Lebens, dass wir uns zufrieden zur Ruhe legen und lass uns, Ursprung unsrer Stärke, mit neuer Lebenskraft wieder aufstehen. Breite deinen Frieden über uns aus wie ein Zelt, leite uns durch deine guten Ratschläge und hilf uns um deines Namens willen. Beschütze uns und halte Feinde und Krankheiten, Krieg, Hungersnot und Kummer von uns fern. Im Schatten deiner Flügel birg uns, denn du bist Gott, du beschützt und rettest uns; denn du bist Gott, du regierst in Gnade und Barmherzigkeit. Du behütest unseren Ausgang und Eingang, unser Schlafen und unser Wachen von nun an bis in Ewigkeit. Du breitest deinen Frieden über uns aus wie ein Zelt. Gepriesen seist du, Ewiger. Du breitest deinen Frieden wie ein Zelt über uns aus, über dein Volk Israel und über die ganze Welt.

Am Schabbat:

Die Kinder Israels sollen den Schabbat halten und ihn von Generation zu Generation als einen ewigen Bund bewahren. Für alle Zeiten wird er ein Zeichen zwischen mir und den Kindern Israels sein. Denn in sechs Tagen hat Gott Himmel und Erde gemacht; am siebten Tag aber ruhte Gott und atmete auf. *(Ex 31,16-17)*

Blast das Schofar am Neumondstag,
wenn der Mond verhüllt ist, am Tag eures Festes.
Denn dies ist eine Bestimmung für Israel,
eine Satzung des Gottes Jakobs.

(Ps 81,4-5)

Hier kann das Chazi-Kaddisch gelesen werden.

אֲדֹנָי שְׂפָתַי תִּפְתָּח· וּפִי יַגִּיד תְּהִלָּתֶךָ:

Einer der beiden folgenden Absätze:

אבות ואמהות

בָּרוּךְ אַתָּה יְיָ אֱלֹהֵינוּ וֵאלֹהֵי אֲבוֹתֵינוּ· אֱלֹהֵי אַבְרָהָם· אֱלֹהֵי יִצְחָק· וֵאלֹהֵי יַעֲקֹב· הָאֵל הַגָּדוֹל הַגִּבּוֹר וְהַנּוֹרָא· אֵל עֶלְיוֹן· גּוֹמֵל חֲסָדִים טוֹבִים קוֹנֵה הַכֹּל וְזוֹכֵר חַסְדֵי אָבוֹת וּמֵבִיא גוֹאֵל לִבְנֵי בְנֵיהֶם לְמַעַן שְׁמוֹ בְּאַהֲבָה:

בָּרוּךְ אַתָּה יְיָ אֱלֹהֵינוּ וֵאלֹהֵי אֲבוֹתֵינוּ וְאִמּוֹתֵינוּ· אֱלֹהֵי אַבְרָהָם וֵאלֹהֵי שָׂרָה· אֱלֹהֵי יִצְחָק וֵאלֹהֵי רִבְקָה· אֱלֹהֵי יַעֲקֹב אֱלֹהֵי רָחֵל וֵאלֹהֵי לֵאָה· הָאֵל הַגָּדוֹל הַגִּבּוֹר וְהַנּוֹרָא· אֵל עֶלְיוֹן· גּוֹמֵל חֲסָדִים טוֹבִים קוֹנֵה הַכֹּל וְזוֹכֵר חַסְדֵי אָבוֹת וְאִמָּהוֹת וּמֵבִיא גוֹאֵל לִבְנֵי בְנֵיהֶם לְמַעַן שְׁמוֹ בְּאַהֲבָה:

(זָכְרֵנוּ לַחַיִּים מֶלֶךְ חָפֵץ בַּחַיִּים. וְכָתְבֵנוּ בְּסֵפֶר הַחַיִּים. לְמַעַנְךָ אֱלֹהִים חַיִּים:)

מֶלֶךְ עוֹזֵר וּמוֹשִׁיעַ וּמָגֵן· בָּרוּךְ אַתָּה יְיָ· מָגֵן אַבְרָהָם:

מֶלֶךְ עוֹזֵר וּמוֹשִׁיעַ וּמָגֵן· בָּרוּךְ אַתָּה יְיָ· מָגֵן אַבְרָהָם וְשָׂרָה:

גבורות

אַתָּה גִּבּוֹר לְעוֹלָם יְיָ. מְחַיֵּה מֵתִים אַתָּה רַב לְהוֹשִׁיעַ. מְכַלְכֵּל חַיִּים בְּחֶסֶד. מְחַיֵּה מֵתִים בְּרַחֲמִים רַבִּים. סוֹמֵךְ נוֹפְלִים. וְרוֹפֵא חוֹלִים. וּמַתִּיר אֲסוּרִים. וּמְקַיֵּם אֱמוּנָתוֹ לִישֵׁנֵי עָפָר: מִי כָמוֹךָ בַּעַל גְּבוּרוֹת וּמִי דּוֹמֶה לָּךְ. מֶלֶךְ מֵמִית וּמְחַיֶּה. וּמַצְמִיחַ יְשׁוּעָה:

מִי כָמוֹךָ אַב הָרַחֲמִים זוֹכֵר יְצוּרָיו לַחַיִּים בְּרַחֲמִים:

וְנֶאֱמָן אַתָּה לְהַחֲיוֹת מֵתִים. בָּרוּךְ אַתָּה יְיָ. מְחַיֵּה הַמֵּתִים:

Gott, öffne meine Lippen, dass mein Mund deinen Ruhm verkünde! *(Ps 51,17)*

Einer der beiden folgenden Absätze:

GOTT ALLER GENERATIONEN

Gepriesen seist du, Ewiger, unser Gott und Gott unserer Väter, Gott Abrahams, Gott Isaaks und Gott Jakobs. Du bist groß und mächtig. Dir gebührt unsere Ehrfurcht. Du bist über alles erhaben. Du vollbringst Wohltaten. Alles hältst du in deiner Hand. Du erinnerst dich an die Frömmigkeit unserer Vorfahren und bringst deshalb liebevoll ihren Enkeln Erlösung um deines Namens willen.

Gepriesen seist du, Ewiger, unser Gott und Gott unserer Väter und Mütter, Gott Abrahams und Gott Saras, Gott Isaaks und Gott Rebekkas, Gott Jakobs, Gott Rahels und Gott Leas. Du bist groß und mächtig. Dir gebührt unsere Ehrfurcht. Du bist über alles erhaben. Du vollbringst Wohltaten. Alles hältst du in deiner Hand. Du erinnerst dich an die Frömmigkeit unserer Vorfahren und bringst deshalb liebevoll ihren Enkeln Erlösung um deines Namens willen.

Denke an uns, damit wir leben, Gott, du liebst das Leben! Schreibe uns in das Buch des Lebens um deines Namens willen, lebendiger Gott!

Du wachst über unser Leben und hilfst uns, du bist Rettung und Schild. Gepriesen seist du, Ewiger, unser Gott, Schutzschild Abrahams.

Du wachst über unser Leben und hilfst uns, du bist Rettung und Schild. Gepriesen seist du, Ewiger, unser Gott, Schutzschild Abrahams und Saras.

GOTT IST MÄCHTIG

Du bist die nie erschöpfende Kraft, du schenkst Leben angesichts des Todes. Vielfältig sind deine Wege zu helfen. Die Lebenden ernährst du in Güte. In großem Erbarmen schaffst du Leben angesichts des Todes. Du stützt die Fallenden. Du heilst die Kranken. Du machst die Gebundenen los und hältst die Treue denen, die im Staube schlafen. Wer ist wie du, der solche Kraft hätte, und wer ist dir gleich? – Du, Gott, hast Macht über Tod und Leben, und du lässt Hilfe sprossen.

Wer ist wie du, Quelle aller Barmherzigkeit! In Barmherzigkeit gedenkst du deiner Geschöpfe und schenkst ihnen Leben.

Du bist treu, Leben angesichts des Todes zu schaffen. Gepriesen seist du, Ewiger. Du schenkst Leben angesichts des Todes.

קדושת השם

אַתָּה קָדוֹשׁ וְשִׁמְךָ קָדוֹשׁ וּקְדוֹשִׁים בְּכָל־יוֹם יְהַלְלוּךָ סֶּלָה.

קָדוֹשׁ קָדוֹשׁ יְיָ צְבָאוֹת. מְלֹא כָל־הָאָרֶץ כְּבוֹדוֹ:

וּבְכֵן תֵּן פַּחְדְּךָ יְיָ אֱלֹהֵינוּ עַל כָּל־מַעֲשֶׂיךָ וְאֵימָתְךָ עַל כָּל־מַה־שֶּׁבָּרָאתָ. וְיִירָאוּךָ כָּל־הַמַּעֲשִׂים וְיִשְׁתַּחֲווּ לְפָנֶיךָ כָּל־הַבְּרוּאִים. וְיֵעָשׂוּ כֻלָּם אֲגֻדָּה אַחַת לַעֲשׂוֹת רְצוֹנְךָ בְּלֵבָב שָׁלֵם. כְּמוֹ שֶׁיָּדַעְנוּ יְיָ אֱלֹהֵינוּ שֶׁהַשִּׁלְטוֹן לְפָנֶיךָ. עֹז בְּיָדְךָ וּגְבוּרָה בִּימִינֶךָ וְשִׁמְךָ נוֹרָא עַל כָּל־מַה־שֶּׁבָּרָאתָ:

וּבְכֵן תֵּן כָּבוֹד יְיָ לְעַמֶּךָ תְּהִלָּה לִירֵאֶיךָ וְתִקְוָה לְדוֹרְשֶׁיךָ וּפִתְחוֹן פֶּה לַמְיַחֲלִים לָךְ. שִׂמְחָה לְאַרְצֶךָ וְשָׂשׂוֹן לְעִירֶךָ וּצְמִיחַת קֶרֶן לְדָוִד עַבְדֶּךָ וַעֲרִיכַת נֵר לְבֶן־יִשַׁי מְשִׁיחֶךָ בִּמְהֵרָה בְיָמֵינוּ:

וּבְכֵן צַדִּיקִים יִרְאוּ וְיִשְׂמָחוּ וִישָׁרִים יַעֲלֹזוּ וַחֲסִידִים בְּרִנָּה יָגִילוּ. וְעוֹלָתָה תִּקְפָּץ־פִּיהָ וְכָל־הָרִשְׁעָה כֻּלָּהּ כְּעָשָׁן תִּכְלֶה כִּי תַעֲבִיר מֶמְשֶׁלֶת זָדוֹן מִן הָאָרֶץ:

וְתִמְלֹךְ אַתָּה יְיָ לְבַדֶּךָ עַל כָּל־מַעֲשֶׂיךָ בְּהַר צִיּוֹן מִשְׁכַּן כְּבוֹדֶךָ וּבִירוּשָׁלַיִם עִיר קָדְשֶׁךָ. כַּכָּתוּב בְּדִבְרֵי קָדְשֶׁךָ.

יִמְלֹךְ יְיָ לְעוֹלָם אֱלֹהַיִךְ צִיּוֹן לְדֹר וָדֹר הַלְלוּיָהּ:

קָדוֹשׁ אַתָּה וְנוֹרָא שְׁמֶךָ וְאֵין אֱלוֹהַּ מִבַּלְעָדֶיךָ. כַּכָּתוּב: וַיִּגְבַּהּ יְיָ צְבָאוֹת בַּמִּשְׁפָּט. וְהָאֵל הַקָּדוֹשׁ נִקְדַּשׁ בִּצְדָקָה.

בָּרוּךְ אַתָּה יְיָ. הַמֶּלֶךְ הַקָּדוֹשׁ:

GOTT IST HEILIG

Heilig bist du, heilig ist dein Name, Heilige preisen dich Tag für Tag.

Heilig, heilig, heilig ist der Schöpfer aller Kreatur.
Die ganze Welt ist mit Gottes Gegenwart erfüllt. *(Jes 6,3)*

Und so lass nun, Ewiger, unser Gott, die Scheu vor dir über alle deine Werke kommen und ein ehrfürchtiges Bangen vor dir über alles, was du erschaffen hast, damit alle deine Geschöpfe dir Ehrfurcht erweisen und alle Menschen dich in Demut verehren. So werden sie alle eine Gemeinschaft bilden, die deinen Willen von ganzem Herzen erfüllt. Denn wir wissen ja, Ewiger, unser Gott, dass dir die Herrschaft gehört. Deine Hand hat Kraft und deine Rechte hat Macht. Alles, was du geschaffen hast, bezeugt deinen Namen, dem die Ehrfurcht gebührt.

Und so bringe nun dein Volk zu Ehren und alle, die dich fürchten, zu Ruhm. Gib allen, die dich suchen, Hoffnung und allen, die auf dich hoffen, Freimut. Erfülle dein Land mit Freude und deine Stadt mit Jubel. Lass das Werk der Erlösung, das mit deinem Knecht David begann, neu erblühen. Lass das Licht der messianischen Zeit schon in unserer Zeit erstrahlen.

Und so mögen nun die Gerechten dies sehen und sich freuen. Die Aufrichtigen werden fröhlich sein, und die Glaubenden werden jubelnd singen. Dem Unrecht aber wird der Mund gestopft werden, und alles Böse wird wie Rauch vergehen, wenn du die Herrschaft der Bosheit von der Erde verschwinden lässt.

Dann wirst du, Gott, allein über alle deine Werke regieren, über den Berg Zion, den Ort deiner Gegenwart und über Jerusalem, die Stadt deiner Heiligkeit, wie in deinen heiligen Worten geschrieben steht:

Gott herrscht allezeit, dein Gott, Zion, regiert bis in Ewigkeit. Halleluja! *(Ps 146,10)*

Heilig bist du; deinem Namen gebührt Ehrfurcht. Es gibt keinen Gott außer dir, wie geschrieben steht: Der Gott aller Geschöpfe ist erhaben im Gericht. Der Gott der Heiligkeit ist geheiligt durch Gerechtigkeit. *(Jes 5,16)*

Gepriesen seist du, Ewiger. Du herrschst und du bist heilig.

קדושת היום

אַתָּה בְחַרְתָּנוּ מִכָּל־הָעַמִּים. אָהַבְתָּ אוֹתָנוּ. וְרָצִיתָ בָּנוּ. וְרוֹמַמְתָּנוּ מִכָּל־הַלְּשׁוֹנוֹת. וְקִדַּשְׁתָּנוּ בְּמִצְוֹתֶיךָ. וְקֵרַבְתָּנוּ מַלְכֵּנוּ לַעֲבוֹדָתֶךָ. וְשִׁמְךָ הַגָּדוֹל וְהַקָּדוֹשׁ עָלֵינוּ קָרָאתָ: וַתִּתֶּן־לָנוּ יְיָ אֱלֹהֵינוּ בְּאַהֲבָה אֶת־יוֹם (הַמָּנוֹחַ הַזֶּה. וְאֶת־יוֹם) הַזִּכָּרוֹן הַזֶּה. יוֹם תְּרוּעָה מִקְרָא קֹדֶשׁ זֵכֶר לִיצִיאַת מִצְרָיִם:

יעלה ויבא

אֱלֹהֵינוּ וֵאלֹהֵי אֲבוֹתֵינוּ יַעֲלֶה וְיָבֹא. יַגִּיעַ וְיֵרָאֶה. זִכְרוֹנֵנוּ וּפִקְדוֹנֵנוּ. וְזִכְרוֹן אֲבוֹתֵינוּ. וְזִכְרוֹן מָשִׁיחַ בֶּן־דָּוִד עַבְדֶּךָ. וְזִכְרוֹן יְרוּשָׁלַיִם עִיר קָדְשֶׁךָ. וְזִכְרוֹן כָּל־עַמְּךָ בֵּית יִשְׂרָאֵל לְפָנֶיךָ לִפְלֵיטָה וּלְטוֹבָה. לְחֵן וּלְחֶסֶד. וּלְרַחֲמִים. בְּיוֹם (הַמָּנוֹחַ הַזֶּה וּבְיוֹם) הַזִּכָּרוֹן הַזֶּה:

זָכְרֵנוּ יְיָ אֱלֹהֵינוּ בּוֹ לְטוֹבָה. אָמֵן:
וּפָקְדֵנוּ בוֹ לִבְרָכָה. אָמֵן:
וְהוֹשִׁיעֵנוּ בוֹ לְחַיִּים טוֹבִים: אָמֵן:

וּבִדְבַר יְשׁוּעָה וְרַחֲמִים חוּס וְחָנֵּנוּ. כִּי אֵלֶיךָ עֵינֵינוּ. כִּי אֵל מֶלֶךְ חַנּוּן וְרַחוּם אָתָּה:

אֱלֹהֵינוּ וֵאלֹהֵי אֲבוֹתֵינוּ. מְלֹךְ עַל כָּל־הָעוֹלָם כֻּלּוֹ בִּכְבוֹדֶךָ. וְהִנָּשֵׂא עַל כָּל־הָאָרֶץ בִּיקָרֶךָ. וְהוֹפַע בַּהֲדַר גְּאוֹן עֻזֶּךָ. עַל כָּל־יוֹשְׁבֵי תֵבֵל אַרְצֶךָ: וְיֵדַע כָּל־פָּעוּל כִּי אַתָּה פְעַלְתּוֹ. וְיָבִין כָּל־יָצוּר כִּי אַתָּה יְצַרְתּוֹ. וְיֹאמַר כֹּל אֲשֶׁר נְשָׁמָה בְאַפּוֹ. יְיָ אֱלֹהֵי יִשְׂרָאֵל מֶלֶךְ. וּמַלְכוּתוֹ בַּכֹּל מָשָׁלָה:

אֱלֹהֵינוּ וֵאלֹהֵי אֲבוֹתֵינוּ (רְצֵה בִמְנוּחָתֵנוּ) קַדְּשֵׁנוּ בְּמִצְוֹתֶיךָ. וְתֵן חֶלְקֵנוּ בְּתוֹרָתֶךָ. שַׂבְּעֵנוּ מִטּוּבֶךָ. וְשַׂמְּחֵנוּ בִּישׁוּעָתֶךָ. (וְהַנְחִילֵנוּ יְיָ אֱלֹהֵינוּ בְּאַהֲבָה וּבְרָצוֹן שַׁבַּת קָדְשֶׁךָ. וְיָנוּחוּ בָהּ יִשְׂרָאֵל מְקַדְּשֵׁי שְׁמֶךָ.) וְטַהֵר לִבֵּנוּ לְעָבְדְּךָ בֶּאֱמֶת. כִּי אַתָּה אֱלֹהִים אֱמֶת. וּדְבָרְךָ אֱמֶת וְקַיָּם לָעַד. בָּרוּךְ אַתָּה יְיָ. מֶלֶךְ עַל כָּל־הָאָרֶץ מְקַדֵּשׁ (הַשַּׁבָּת וְ)יִשְׂרָאֵל וְיוֹם הַזִּכָּרוֹן:

DER FESTTAG IST HEILIG

Du hast uns aus allen Völkern erwählt. Du hast uns lieb und hast Gefallen an uns. Du hast uns eine besondere Stellung unter allen Völkern gegeben, indem du uns durch deine Gebote geheiligt hast. Du hast uns in deinen Dienst gestellt. Wir sind nach deinem großen und heiligen Namen benannt. Ewiger, unser Gott, du schenkst uns in deiner Liebe (diesen Tag der Ruhe und) diesen Tag der Erinnerung, den Tag, an dem das Schofar geblasen wird, eine heilige Versammlung, eine Erinnerung an den Auszug aus Ägypten.

Unser Gott und Gott unserer Vorfahren, das Gedenken an uns und die Verantwortung für uns, das Gedenken an unsere Vorfahren und an die messianische Zeit, das Gedenken an Jerusalem, die Stadt deiner Heiligkeit, und an die ganze Familie Israels mögen zu dir gelangen und vor dich kommen; sie mögen dich erreichen und wahrgenommen werden. Es geschehe, damit wir deine Rettung und Güte erfahren, damit uns deine Gnade und Liebe zuteil werden. Ewiger, unser Gott, heute, (an diesem Tag der Ruhe und) an diesem Tag der Erinnerung
denke an uns, damit wir Gutes erfahren – Amen.
Schenke uns deinen Segen – Amen.
Hilf uns zu einem guten Leben – Amen.
Du hast uns Hilfe und Erbarmen versprochen, deshalb erbarme dich über uns und zeige uns deine Gnade. Denn auf dich richtet sich unser Blick, du bist die Quelle aller Gnade und allen Erbarmens.

Gott und Gott unserer Vorfahren, lass deine Gegenwart die ganze Welt beherrschen. Bringe dein Ansehen in der ganzen Welt zu Ehren. Lass die Größe deiner Kraft deutlich sichtbar werden für alle, die auf der Erde wohnen. Jedes Geschöpf soll wissen, dass du es geschaffen hast, und jede Gestalt soll begreifen, dass du sie gestaltet hast. Alles, was atmet, soll bekennen: Der Ewige, Israels Gott, herrscht. Und Gottes Herrschaft erstreckt sich über alles.

Unser Gott und Gott unserer Vorfahren, (habe Gefallen an unserer Ruhe,) lass unser Leben auf dich ausgerichtet sein und hilf uns, deine Gebote zu beachten. Lass deine Weisung zu unserem eigenen Anliegen werden. Sättige uns mit deiner Güte. Erfreue uns mit deiner Hilfe. (In Liebe und in Wohlgefallen lass uns, Gott, den Schabbat zu eigen machen, und lass an ihm ganz Israel, das dich sucht, zur Ruhe kommen.) Reinige unsere Herzen, dass sie dir in Wahrhaftigkeit dienen. Denn du, Gott, bist die Wahrheit und dein Wort ist wahr und hat für immer Gültigkeit. Gepriesen seist du, Ewiger; du regierst über die ganze Erde. Du hast (den Schabbat,) dein Volk Israel und diesen Tag der Erinnerung geheiligt.

עבודה רְצֵה יְיָ אֱלֹהֵינוּ בְּעַמְּךָ יִשְׂרָאֵל. וְלִתְפִלָּתָם שְׁעֵה. וּבְרַחֲמֶךָ הָרַבִּים תַּחְפֹּץ בָּנוּ וְתַשְׁרֶה שְׁכִינָתְךָ עַל צִיּוֹן. וְתֶחֱזֶינָה עֵינֵינוּ בְּשׁוּבְךָ לְצִיּוֹן בְּרַחֲמִים. בָּרוּךְ אַתָּה יְיָ. הַמַּחֲזִיר שְׁכִינָתוֹ לְצִיּוֹן:

הודאה מוֹדִים אֲנַחְנוּ לָךְ שָׁאַתָּה הוּא יְיָ אֱלֹהֵינוּ וֵאלֹהֵי אֲבוֹתֵינוּ לְעוֹלָם וָעֶד. צוּרֵנוּ צוּר חַיֵּינוּ וּמָגֵן יִשְׁעֵנוּ אַתָּה הוּא לְדוֹר וָדוֹר: נוֹדֶה לְךָ וּנְסַפֵּר תְּהִלָּתֶךָ עַל חַיֵּינוּ הַמְּסוּרִים בְּיָדֶךָ. וְעַל נִשְׁמוֹתֵינוּ הַפְּקוּדוֹת לָךְ. וְעַל נִסֶּיךָ שֶׁבְּכָל־יוֹם עִמָּנוּ. וְעַל נִפְלְאוֹתֶיךָ וְטוֹבוֹתֶיךָ שֶׁבְּכָל־עֵת עֶרֶב וָבֹקֶר וְצָהֳרָיִם: הַטּוֹב כִּי לֹא כָלוּ רַחֲמֶיךָ. הַמְרַחֵם כִּי לֹא תַמּוּ חֲסָדֶיךָ. כִּי מֵעוֹלָם קִוִּינוּ לָךְ:

וְעַל כֻּלָּם יִתְבָּרַךְ וְיִתְרוֹמֵם וְיִתְנַשֵּׂא תָּמִיד שִׁמְךָ מַלְכֵּנוּ לְעוֹלָם וָעֶד: וּכְתוֹב לְחַיִּים טוֹבִים כָּל־בְּנֵי בְרִיתֶךָ: וְכָל־הַחַיִּים יוֹדוּךָ סֶּלָה. וִיהַלְלוּ וִיבָרְכוּ אֶת־שִׁמְךָ הַגָּדוֹל בֶּאֱמֶת. הָאֵל יְשׁוּעָתֵנוּ וְעֶזְרָתֵנוּ סֶלָה: בָּרוּךְ אַתָּה יְיָ. הַטּוֹב שִׁמְךָ וּלְךָ נָאֶה לְהוֹדוֹת:

ברכת שלום שָׁלוֹם רָב עַל יִשְׂרָאֵל עַמְּךָ תָּשִׂים לְעוֹלָם. כִּי אַתָּה הוּא מֶלֶךְ אָדוֹן לְכָל־הַשָּׁלוֹם. וְטוֹב בְּעֵינֶיךָ לְבָרֵךְ אֶת־עַמְּךָ יִשְׂרָאֵל בְּכָל־עֵת וּבְכָל־שָׁעָה בִּשְׁלוֹמֶךָ: בְּסֵפֶר חַיִּים נִזָּכֵר וְנִכָּתֵב לְפָנֶיךָ אֲנַחְנוּ וְכָל־עַמְּךָ בֵּית יִשְׂרָאֵל לְחַיִּים טוֹבִים וּלְשָׁלוֹם: בָּרוּךְ אַתָּה יְיָ. הַמְבָרֵךְ אֶת־עַמּוֹ יִשְׂרָאֵל בַּשָּׁלוֹם:

אלהי נצור אֱלֹהַי נְצוֹר לְשׁוֹנִי מֵרָע. וְשִׂפְתוֹתַי מִדַּבֵּר מִרְמָה. וְלִמְקַלְלַי נַפְשִׁי תִדּוֹם. וְנַפְשִׁי כֶּעָפָר לַכֹּל תִּהְיֶה: פְּתַח לִבִּי בְּתוֹרָתֶךָ. וְאַחֲרֵי מִצְוֹתֶיךָ תִּרְדּוֹף נַפְשִׁי. וְכָל־הַקָּמִים עָלַי לְרָעָה מְהֵרָה הָפֵר עֲצָתָם וְקַלְקֵל מַחְשְׁבוֹתָם: יִהְיוּ לְרָצוֹן אִמְרֵי־פִי. וְהֶגְיוֹן לִבִּי לְפָנֶיךָ. יְהוָֹה צוּרִי וְגֹאֲלִי:

DANK UND FRIEDENSBITTE

Habe Gefallen an deinem Volk Israel und höre seine Gebete. In großem Erbarmen finde Gefallen an uns und lass deine Gegenwart über Zion ruhen. Lass unsere Augen Ausschau halten nach deiner Rückkehr zum Zion in Erbarmen. Gepriesen seist du, Ewiger. Du lässt deine Gegenwart nach Zion zurückkehren.

Wir danken dir, denn du bist der Ewige, unser Gott und der Gott unserer Vorfahren, seit eh und je. Wir danken dir, denn du bist unser Fels und das Fundament, auf dem unser Leben ruht. Deine Hilfe haben wir zum Schutzschild – Fels und Schutzschild bist du uns seit jeher. Wir loben dich und erzählen von deinem Ruhm. Wir loben dich für unser Leben, das in deine Hand gegeben ist, und für unsere Seele, die dir anvertraut ist; für die Zeichen deiner Gegenwart, die uns täglich umgeben, für die Wunder und Wohltaten zu jeder Zeit, abends, morgens und mittags. Du bist gut, denn dein Erbarmen wird niemals aufhören. Du bist barmherzig, denn deine Gnade wird niemals versiegen. Von jeher hofften wir auf dich!

Für all dies preisen wir dich und erheben und rühmen deinen Namen, unser Herrscher, allezeit.

Schreibe uns und alle Kinder deines Bundes für ein gutes Leben ein.

Alles, was lebt, möge dir danken. Und man soll deinen großen Namen loben und preisen in Wahrhaftigkeit. Preisen soll man dich, Gott, unsere Hilfe und unsere Rettung. Gepriesen seist du, Ewiger. „Guter Gott" – das ist dein Name. Schön ist es, dich zu loben.

Frieden in Fülle verleihe deinem Volk Israel zu jeder Zeit, denn du hast die Macht, du bist der Ursprung des Friedens. Du mögest Freude daran haben, dein Volk Israel mit deinem Frieden zu segnen, zu jeder Zeit und zu jeder Stunde. In das Buch des Lebens mögest du uns und dein ganzes Volk Israel eintragen, damit du an uns denkst und unser Leben erhältst, damit du uns Gutes schenkst und uns Frieden gibst. Gepriesen seist du, Ewiger. Du segnest dein Volk Israel mit Frieden.

MEDITATION

Mein Gott, bewahre meine Zunge vor böser Rede und meine Lippen vor Lüge. Denen gegenüber, die mir Böses wollen, lass mich angemessen reagieren, und meine Seele möge gelassen bleiben, was auch geschieht. Mache mich bereit für deine Weisung. Nach deinen Geboten will ich leben. Eilig aber zerbrich die Pläne derer, die Böses gegen mich ersinnen, und vernichte ihre Gedanken. „Die Worte meines Mundes und meine Gedanken mögen dir angenehm sein, Ewiger, mein Fels und mein Heil." *(Ps 19,15)* *(bBer 17a)*

עֹשֶׂה שָׁלוֹם בִּמְרוֹמָיו. הוּא יַעֲשֶׂה שָׁלוֹם עָלֵינוּ וְעַל כָּל־יִשְׂרָאֵל. וְאִמְרוּ אָמֵן:

כתר מלכות

נִפְלָאִים מַעֲשֶׂיךָ וְנַפְשִׁי יֹדַעַת מְאֹד.
מִי יְמַלֵּל גְּבוּרוֹתֶיךָ. מִי יְחַוֶּה גְּדֻלּוֹתֶיךָ.
מִי יַזְכִּיר תְּהִלּוֹתֶיךָ. מִי יְסַפֵּר צִדְקוֹתֶיךָ.
מִי יַכִּיר אוֹתוֹתֶיךָ. מִי יֵדַע פְּלִיאוֹתֶיךָ.
מִי יַבִּיעַ נוֹרְאוֹתֶיךָ. מִי יֵדַע הֲלִיכוֹתֶיךָ:
יְיָ מִי יַחְקוֹר תַּעֲלֻמוֹתֶיךָ. יְיָ מִי יַעֲמִיק לְמַחְשְׁבוֹתֶיךָ:
מִי יַעֲשֶׂה כְּמַעֲשֶׂיךָ. מִי יִגְמוֹל עַל טוּבוֹתֶיךָ:
אֱלֹהַי בֹּשְׁתִּי וְנִכְלַמְתִּי. לַעֲמוֹד לְפָנֶיךָ לְדַעְתִּי.
כִּי כְפִי עָצְמַת גְּדֻלָּתְךָ כֵּן תַּכְלִית דַּלּוּתִי וְשִׁפְלוּתִי.
וּכְפִי שְׁלֵימוּתְךָ כֵּן חֶסְרוֹנִי:
כִּי אַתָּה אֶחָד. וְאַתָּה חַי. וְאַתָּה גִּבּוֹר. וְאַתָּה קַיָּם.
וְאַתָּה גָדוֹל. וְאַתָּה חָכָם. וְאַתָּה אֱלוֹהַּ:
וַאֲנִי גוּשׁ וְרִמָּה. עָפָר מִן הָאֲדָמָה.
כְּלִי מָלֵא כְלִמָּה. צֵל עוֹבֵר. רוּחַ הוֹלֵךְ וְלֹא יָשׁוּב:
מָה־אֲנִי מֶה־חַיַּי וּמַה־גְּבוּרָתִי. וּמַה־צִּדְקָתִי:
אֱלֹהַי יָדַעְתִּי כִּי עֲוֹנוֹתַי עָצְמוּ מִסַּפֵּר.
וְאַשְׁמוֹתַי עָצְמוּ מִלִּזְכּוֹר.
אַךְ אֶזְכּוֹר מֵהֶם כְּטִפָּה מִן הַיָּם. וְאֶתְוַדֶּה בָּהֶם.
אוּלַי אַשְׁבִּיחַ שְׁאוֹן גַּלֵּיהֶם וְדָכְיָם.
וְאַתָּה תִּשְׁמַע הַשָּׁמַיִם וְסָלַחְתָּ:
חָטָאתִי וּפָשַׁעְתִּי. וְיָשָׁר הֶעֱוֵיתִי. וְלֹא־שָׁוָה לִי:
סַרְתִּי מִמִּצְוֹתֶיךָ וּמִמִּשְׁפָּטֶיךָ הַטּוֹבִים.
וְאַתָּה צַדִּיק עַל כָּל־הַבָּא עָלָי.
כִּי אֱמֶת עָשִׂיתָ וַאֲנִי הִרְשָׁעְתִּי:
יְהִי רָצוֹן מִלְּפָנֶיךָ יְיָ אֱלֹהַי לָכֹף אֶת־יִצְרִי.
וְהַסְתֵּר פָּנֶיךָ מֵחֲטָאַי וּמֵאֲשָׁמַי. אַל תַּעֲלֵנִי בַּחֲצִי יָמָי:

Gott schafft Frieden in der Höhe. Möge Gott uns und ganz Israel Frieden geben. Darauf sprecht: Amen.

KÖNIGSKRONE

Ich weiß es allzugut: Wunderbar sind deine Werke!
Wer kann deine machtvollen Taten erzählen,
wer deine Größe benennen?
Wer kann deinen Ruhm verkünden,
wer deine Wohltaten zählen?
Wer kann deine Zeichen erkennen,
wer deine Wunder erfassen?
Wer kann deine Heiligkeit ermessen,
wer deine Wege ahnen?
Wer kann deine Geheimnisse erforschen,
wer deine Gedanken ergründen?
Wer kann das tun, was du tust?
Wer kann dir deine Güte vergelten?

Mein Gott, ich schäme mich und wage nicht in deine Gegenwart zu treten, denn ich weiß, deiner machtvollen Größe entspricht die Schwäche meiner Armut und Niedrigkeit, … und deiner Vollkommenheit entsprechen meine Mängel. Denn du bist einzigartig und lebendig. Du bist stark und beständig. Du bist groß und du bist weise. Du bist Gott. Ich aber bin ein Erdklumpen und ein Wurm, Staub vom Acker, ein Gefäß voller Schande, … ein flüchtiger Schatten, ein Wind, der vergeht und nicht wiederkehrt. Was bin ich? Was ist mein Leben? Was ist meine Macht? Was ist meine Liebe? …

Mein Gott, ich weiß, meine Sünden sind zu viele, als dass ich sie zählen könnte, und meine Vergehen zu zahlreich, um sie zu benennen. Was ich von ihnen erwähne und bekenne, ist wie ein Tropfen im Meer, doch vielleicht kann ich so das Brausen ihrer Wellen und ihrer Fluten stillen, und du, Gott, wirst hören und vergeben. …

Ich habe gefehlt … und gesündigt und das Gerade gebeugt, aber du hast nicht Gleiches mit Gleichem vergolten. Ich bin von deinen Geboten und deinen guten Rechtssprüchen abgewichen. Du aber hast gerecht gehandelt bei all dem, was über mich gekommen ist. Ja, du hast mir Treue erwiesen, ich aber tat Unrecht. …

Es möge dein Wille sein, Ewiger, mein Gott, meinen Trieb zu beugen. Verbirg dein Angesicht vor meiner Schuld und Sünde. Raff mich nicht weg in der Mitte des Lebens! …

אָנָּא הָאֱלֹהִים. בְּמִדַּת רַחֲמֶיךָ שָׁפְטֵנִי.
אַל־בְּאַפְּךָ פֶּן תַּמְעִיטֵנִי.
וְשׁוּב אֵלַי בְּרַחֲמִים. וַהֲשִׁיבֵנִי בִּתְשׁוּבָה שְׁלֵמָה לְפָנֶיךָ.
וֶהֱיֵה עִם פִּי וְהֶגְיוֹנִי. וּשְׁמוֹר דְּרָכַי מֵחֲטוֹא בִלְשׁוֹנִי.
וְזָכְרֵנִי לְחֶסֶד וּלְרַחֲמִים לַנְחֵנִי בְּמַעְגְּלֵי צֶדֶק לְמַעַן
שִׁמְךָ הַגָּדוֹל:

וּלְךָ יְיָ חֶסֶד עַל כָּל־הַטּוֹבָה אֲשֶׁר גְּמַלְתָּנִי.
וַאֲשֶׁר עַד־יוֹם מוֹתִי תִּגְמְלֵנִי.
וּבְיִרְאָתְךָ הַטְּהוֹרָה תְּחַזְּקֵנִי.
וְעַל כָּל־זֶה אֲנִי חַיָּב לְהוֹדוֹת וּלְיַחֵד אֶת־שִׁמְךָ הַגָּדוֹל.
כִּי אֵין כָּמוֹךָ בָּאֱלֹהִים אֲדֹנָי וְאֵין כְּמַעֲשֶׂיךָ:

Richte mich, o Gott, nach deinem Erbarmen. Lass mich nicht durch deinen Zorn vergehen. …

Wende dich mir mit Erbarmen wieder zu und lass mich durch eine vollständige Umkehr wieder zu dir zurückkehren. … Sei mit meinen Worten und Gedanken. Bewahre meine Zunge vor Sünde. Denke an mich mit Gnade und Barmherzigkeit. Führe mich auf Wegen der Gerechtigkeit um deines großen Namens willen. …

Gott, dir gebührt Liebe für all das Gute, das du mir erwiesen hast und das du mir bis zu meinem Tode noch erweisen wirst. … Stärke in mir die reine Gottesfurcht. Für all dies bin ich verpflichtet, dir zu danken und die Einheit deines Namens zu verkündigen. Ewiger, unter den Göttern ist keiner wie du, und nichts gleicht den Werken, die du geschaffen hast.

(Ibn Gawirol, Keter Malkut; Kommentar zu "Keter Malkut" im Glossar.)

Die folgenden Abschnitte können im Wechsel gelesen werden.

Wodurch sind wir hierher gerufen worden, heraus aus dem Alltag unseres Lebens? *I*

> Der Ton des Schofar… ruft uns alle zu Gott. Er ruft Arme und Reiche zu dem wahren Reichtum; er ruft die, die in der fernsten Ferne wandern, nach Hause. *(Samson Raphaël Hirsch)*

Was wird von uns heute abend in dieser Gemeinschaft, die zum Gebet versammelt ist, erwartet? *II*

> Wach auf und denke über deine Taten nach. Verwechsle die Schatten nicht mit der Wirklichkeit und verschwende dein Leben nicht durch das Jagen nach vergänglichen Dingen, die dir nicht helfen können. *(Maimonides)*

Was werden wir entdecken, wenn wir das Buch unseres Lebens öffnen? *III*

> Wer wird an diesem Tag nicht geprüft! Alle unsere Taten ziehen an dir vorbei; die Arbeit eines Menschen und seine Beschäftigung, seine Taten und seine Entscheidungen, seine verborgenen Gedanken und seine Prinzipien, die wahren Beweggründe seiner Taten. *(Machsor)*

Womit sollen wir anfangen, wenn wir über unser Leben nachdenken? *IV*

> Wenn ein Mensch zu seinem endgültigen Urteil geführt wird, wird er gefragt: Bist du aufrichtig gewesen? Hast du dir Zeit zum Lernen genommen? Hast du nach Weisheit gesucht? *(bSchabbat 31a)*

Welchen Unterschied macht es für die Welt, wenn wir uns selbst ehrlich beurteilen? *V*

> Die Welt wird nach der Mehrheit ihrer Menschen beurteilt und der einzelne Mensch nach der Mehrheit seiner Taten. Glücklich ist der Mensch, der eine gute Tat tut. Er hat für sich und für die ganze Welt die Waagschale der Verdienste zum Überwiegen gebracht. *(bQidduschin 40b)*

Fortsetzung auf der gegenüberliegenden Seite.

Fortsetzung auf der gegenüberliegenden Seite.

VI Können wir dem, was wir in diesen Gebeten über uns selbst lernen, Vertrauen schenken?

> Glücklich ist der Mensch, der dich nicht vergisst und seine Stärke von dir bezieht. Denn alle, die dich suchen, werden niemals zu Fall kommen, und alle, die ihr Vertrauen in dich setzen, werden niemals enttäuscht werden. *(Machsor)*

VII Können wir die Gewohnheiten und Muster unseres Lebens ändern?

> Ich schenke euch ein neues Herz und lege einen neuen Geist in euch hinein. Ich nehme das Herz aus Stein aus eurer Brust und gebe euch ein Herz aus Fleisch. *(Ezechiel 36,26)*

VIII Können wir die alten Wege hinter uns lassen und unser Leben völlig neu beginnen?

> Denn siehe, ich schaffe einen neuen Himmel und eine neue Erde. Man wird nicht an das Frühere denken, es kommt niemandem mehr in den Sinn, sondern ihr werdet euch ohne Ende freuen und jubeln über das, was ich erschaffe. *(Jesaja 65,17-18)*

Eines der beiden folgenden Gebete:

א אבינו מלכנו

אָבִינוּ מַלְכֵּנוּ. חָטָאנוּ לְפָנֶיךָ:
אָבִינוּ מַלְכֵּנוּ. אֵין לָנוּ מֶלֶךְ זוּלָתֶךָ:
אָבִינוּ מַלְכֵּנוּ. עֲשֵׂה עִמָּנוּ לְמַעַן שְׁמֶךָ:
אָבִינוּ מַלְכֵּנוּ. חַדֵּשׁ עָלֵינוּ שָׁנָה טוֹבָה:
אָבִינוּ מַלְכֵּנוּ. כַּלֵּה דֶּבֶר וְחֶרֶב וְרָעָב וּשְׁבִי וּמַשְׁחִית
וּמַגֵּפָה מִבְּנֵי בְרִיתֶךָ:
אָבִינוּ מַלְכֵּנוּ. בַּטֵּל מֵעָלֵינוּ כָּל־גְּזֵרוֹת קָשׁוֹת:
אָבִינוּ מַלְכֵּנוּ. שְׁלַח רְפוּאָה שְׁלֵמָה לְחוֹלֵי עַמֶּךָ:
אָבִינוּ מַלְכֵּנוּ. מְחַל לָנוּ וּסְלַח לְכָל־עֲוֹנוֹתֵינוּ:
אָבִינוּ מַלְכֵּנוּ. כָּתְבֵנוּ בְּסֵפֶר פַּרְנָסָה וְכַלְכָּלָה:
אָבִינוּ מַלְכֵּנוּ. זְכוֹר כִּי עָפָר אֲנָחְנוּ:
אָבִינוּ מַלְכֵּנוּ. זָכְרֵנוּ לְחַיִּים טוֹבִים:
אָבִינוּ מַלְכֵּנוּ. כָּתְבֵנוּ בְּסֵפֶר גְּאֻלָּה וִישׁוּעָה:
אָבִינוּ מַלְכֵּנוּ. הָרֵם קֶרֶן יִשְׂרָאֵל עַמֶּךָ:
אָבִינוּ מַלְכֵּנוּ. הַחֲזִירֵנוּ בִּתְשׁוּבָה שְׁלֵמָה לְפָנֶיךָ:
אָבִינוּ מַלְכֵּנוּ. שְׁמַע קוֹלֵנוּ חוּס וְרַחֵם עָלֵינוּ:
אָבִינוּ מַלְכֵּנוּ. חֲמוֹל עָלֵינוּ וְעַל עוֹלָלֵינוּ וְטַפֵּינוּ:
אָבִינוּ מַלְכֵּנוּ. תְּהֵי הַשָּׁעָה הַזֹּאת שְׁעַת רַחֲמִים
וְעֵת רָצוֹן מִלְּפָנֶיךָ:
אָבִינוּ מַלְכֵּנוּ. עֲשֵׂה לְמַעַן הֲרוּגִים עַל שֵׁם קָדְשֶׁךָ:
אָבִינוּ מַלְכֵּנוּ. אַל תְּשִׁיבֵנוּ רֵיקָם מִלְּפָנֶיךָ:

אָבִינוּ מַלְכֵּנוּ. חָנֵּנוּ וַעֲנֵנוּ. כִּי אֵין בָּנוּ מַעֲשִׂים.
עֲשֵׂה עִמָּנוּ צְדָקָה וָחֶסֶד וְהוֹשִׁיעֵנוּ:

Eines der beiden folgenden Gebete:

I
UNSER VATER, UNSER KÖNIG

Unser Vater, unser König, wir haben uns vor dir verfehlt.
Unser Vater, unser König, niemand und nichts hat Macht über uns außer dir.
Unser Vater, unser König, handle an uns um deines Namens willen.
Unser Vater, unser König, lass das neue Jahr für uns ein gutes Jahr werden.
Unser Vater, unser König, wende Krankheit, Gewalt, Hunger, Gefangenschaft, zerstörerische Mächte und Verletzungen von uns ab.
Unser Vater, unser König, lass die Gesetze verschwinden, die andere benachteiligen.
Unser Vater, unser König, gib den Kranken deines Volks Genesung.
Unser Vater, unser König, verzeih uns und vergib alle unsere Verkehrungen.
Unser Vater, unser König, schreibe uns ein im Buch des guten Auskommens und des guten Lebensunterhaltes.
Unser Vater, unser König, denke daran, dass wir Staub sind.
Unser Vater, unser König, denke an uns, damit wir ein gutes Leben haben.
Unser Vater, unser König, schreibe uns ein im Buch der Erlösung und Hilfe.
Unser Vater, unser König, gib deinem Volke Israel Kraft.
Unser Vater, unser König, gib uns die Kraft für eine vollständige Umkehr zu dir.
Unser Vater, unser König, höre unsere Stimme, ergreife Partei für uns und erbarme dich über uns.
Unser Vater, unser König, erbarme dich über uns, über unsere Kinder und Kleinkinder.
Unser Vater, unser König, lass diesen Augenblick eine Zeit des Erbarmens und eine Zeit deines Wohlgefallens sein.
Unser Vater, unser König, sei uns gnädig um derer willen, die um deines Namens willen getötet wurden.
Unser Vater, unser König, lass uns nicht leer von dir fortgehen.

Unser Vater, unser König, sei uns gnädig und erhöre uns, denn wir haben keine Taten vorzuweisen.
Erweise uns Wohltätigkeit und Liebe und hilf uns.

ב אֱלֹהֵינוּ שֶׁבַּשָּׁמַיִם. שְׁמַע קוֹלֵנוּ וְקַבֵּל תְּפִלָּתֵנוּ בְּרָצוֹן:
אֱלֹהֵינוּ שֶׁבַּשָּׁמַיִם. בְּרִיתְךָ זְכוֹר וְאַל תַּשְׁכָּחֵנוּ:
אֱלֹהֵינוּ שֶׁבַּשָּׁמַיִם. דְּרַשְׁנוּךָ הִמָּצֵא לָנוּ:
אֱלֹהֵינוּ שֶׁבַּשָּׁמַיִם. נִקְרָא וְאַתָּה תַעֲנֵנוּ:
אֱלֹהֵינוּ שֶׁבַּשָּׁמַיִם. חֲמוֹל עָלֵינוּ וְעַל עוֹלָלֵינוּ וְטַפֵּינוּ:
אֱלֹהֵינוּ שֶׁבַּשָּׁמַיִם. טַהֲרֵנוּ מֵעֲוֹנֵינוּ:
אֱלֹהֵינוּ שֶׁבַּשָּׁמַיִם. כָּתְבֵנוּ בְּסֵפֶר מְזוֹנוֹת וּפַרְנָסָה טוֹבָה:
אֱלֹהֵינוּ שֶׁבַּשָּׁמַיִם. מַלֵּא מִשְׁאֲלוֹת לִבֵּנוּ לְטוֹבָה:
אֱלֹהֵינוּ שֶׁבַּשָּׁמַיִם. פְּדֵנוּ מִידֵי אוֹיְבֵינוּ:
אֱלֹהֵינוּ שֶׁבַּשָּׁמַיִם. צַדְּקֵנוּ בְּמִשְׁפָּטֶיךָ:
אֱלֹהֵינוּ שֶׁבַּשָּׁמַיִם. קָרֵב לָנוּ יוֹם הַיְשׁוּעָה:
אֱלֹהֵינוּ שֶׁבַּשָּׁמַיִם. קָרְבֵנוּ לַעֲבוֹדָתֶךָ:
אֱלֹהֵינוּ שֶׁבַּשָּׁמַיִם. רְאֵה בָּעֳנִי עַמְּךָ יִשְׂרָאֵל:
אֱלֹהֵינוּ שֶׁבַּשָּׁמַיִם. רְפָא חוֹלֵי עַמְּךָ יִשְׂרָאֵל:
אֱלֹהֵינוּ שֶׁבַּשָּׁמַיִם. שִׁית שַׁלְוָה בְּמוֹשְׁבוֹתֵינוּ:
אֱלֹהֵינוּ שֶׁבַּשָּׁמַיִם. תֵּן שָׁלוֹם בָּאָרֶץ:
אֱלֹהֵינוּ שֶׁבַּשָּׁמַיִם. תֵּן זֶרַע לַזּוֹרֵעַ וְלֶחֶם לָאוֹכֵל:
אֱלֹהֵינוּ שֶׁבַּשָּׁמַיִם. תֵּן לֶחֶם לְפִי הַטָּף:
אֱלֹהֵינוּ שֶׁבַּשָּׁמַיִם. תִּכּוֹן תְּפִלָּתֵנוּ קְטֹרֶת לְפָנֶיךָ:

Kiddusch siehe S. 696.

עָלֵינוּ לְשַׁבֵּחַ לַאֲדוֹן הַכֹּל לָתֵת גְּדֻלָּה לְיוֹצֵר בְּרֵאשִׁית. אֲשֶׁר בָּחַר־בָּנוּ מִכָּל־הָעַמִּים. וְנָתַן־לָנוּ אֶת־תּוֹרָתוֹ. וַאֲנַחְנוּ כֹּרְעִים וּמִשְׁתַּחֲוִים וּמוֹדִים לִפְנֵי מֶלֶךְ מַלְכֵי הַמְּלָכִים הַקָּדוֹשׁ בָּרוּךְ הוּא. שֶׁהוּא נוֹטֶה שָׁמַיִם וְיוֹסֵד אָרֶץ. וּמוֹשַׁב יְקָרוֹ בַּשָּׁמַיִם מִמַּעַל וּשְׁכִינַת עֻזּוֹ בְּגָבְהֵי מְרוֹמִים: הוּא אֱלֹהֵינוּ. אֵין עוֹד. אֱמֶת מַלְכֵּנוּ. אֶפֶס זוּלָתוֹ. כַּכָּתוּב בְּתוֹרָתוֹ. וְיָדַעְתָּ הַיּוֹם וַהֲשֵׁבֹתָ אֶל־לְבָבֶךָ כִּי יְיָ הוּא הָאֱלֹהִים בַּשָּׁמַיִם מִמַּעַל וְעַל־הָאָרֶץ מִתָּחַת אֵין עוֹד:

UNSER GOTT IM HIMMEL

Unser Gott im Himmel, höre unsere Stimme und nimm unsere Gebete wohlwollend an.
Unser Gott im Himmel, erinnere dich an deinen Bund und vergiss uns nicht.
Unser Gott im Himmel, wir suchen dich; lass dich von uns finden.
Unser Gott im Himmel, wir rufen; du mögest uns erhören.
Unser Gott im Himmel, erbarme dich über uns, über unsere Kinder und Säuglinge.
Unser Gott im Himmel, reinige uns von unseren Verkehrungen.
Unser Gott im Himmel, schreibe uns ein in das Buch der Ernährung und des guten Auskommens.
Unser Gott im Himmel, erfülle die Bitten unseres Herzens, uns zum Guten.
Unser Gott im Himmel, befreie uns aus der Gewalt von Feinden.
Unser Gott im Himmel, schaffe uns Recht durch dein Gericht.
Unser Gott im Himmel, bringe die Zeit des Heils näher.
Unser Gott im Himmel, nimm uns in deinen Dienst.
Unser Gott im Himmel, sieh die Hilfsbedürftigkeit deines Volkes Israel.
Unser Gott im Himmel, heile die Kranken deines Volkes Israel.
Unser Gott im Himmel, lass uns in Sicherheit wohnen.
Unser Gott im Himmel, gib dem Land Frieden.
Unser Gott im Himmel, gib den Säenden Saat und den Essenden Brot.
Unser Gott im Himmel, gib Nahrung für unsere Kleinkinder.
Unser Gott im Himmel, lass unsere Gebete zu dir aufsteigen wie die Rauchopfer vergangener Zeiten.

Kiddusch siehe S. 697.

UNSERE AUFGABE

Es ist unsere Aufgabe, den Ewigen, der alles in seinen Händen hält, zu preisen und die Größe des Schöpfers aller Anfänge anzuerkennen. Gott hat uns aus allen Völkern erwählt um uns die Thora zu geben. Wir knien nieder; wir verneigen uns und danken in der Gegenwart des allmächtigen Gottes, Gott regiert über alle Herrschenden in der Welt, Gottes Heiligkeit sei gepriesen! Denn Gott hat die Weite des Himmels geschaffen und die Erde gegründet. Gottes Ehre ist so umfassend wie der Himmel über uns, und Gottes Kraft reicht bis in die fernsten Höhen. Der lebendige Gott ist unser Gott – niemand sonst. Gott ist unser Leben anvertraut – niemandem außer Gott! So wie es geschrieben ist in der Thora: Heute sollst du erkennen und dir zu Herzen nehmen: Der Ewige ist der Gott im Himmel droben und auf der Erde unten, niemand sonst. *(Dtn 4,39)*

עַל־כֵּן נְקַוֶּה לְּךָ יְיָ אֱלֹהֵינוּ לִרְאוֹת מְהֵרָה בְּתִפְאֶרֶת עֻזֶּךָ. לְהַעֲבִיר גִּלּוּלִים מִן הָאָרֶץ וְהָאֱלִילִים כָּרוֹת יִכָּרֵתוּן. לְתַקֵּן עוֹלָם בְּמַלְכוּת שַׁדַּי וְכָל־בְּנֵי בָשָׂר יִקְרְאוּ בִשְׁמֶךָ. לְהַפְנוֹת אֵלֶיךָ כָּל־רִשְׁעֵי אָרֶץ: יַכִּירוּ וְיֵדְעוּ כָּל־יוֹשְׁבֵי תֵבֵל כִּי לְךָ תִּכְרַע כָּל־בֶּרֶךְ תִּשָּׁבַע כָּל־לָשׁוֹן: לְפָנֶיךָ יְיָ אֱלֹהֵינוּ יִכְרְעוּ וְיִפּוֹלוּ. וְלִכְבוֹד שִׁמְךָ יְקָר יִתֵּנוּ. וִיקַבְּלוּ כֻלָּם אֶת־עֹל מַלְכוּתֶךָ. וְתִמְלוֹךְ עֲלֵיהֶם מְהֵרָה לְעוֹלָם וָעֶד. כִּי הַמַּלְכוּת שֶׁלְּךָ הִיא וּלְעוֹלְמֵי עַד תִּמְלוֹךְ בְּכָבוֹד. כַּכָּתוּב בְּתוֹרָתֶךָ. יְיָ יִמְלֹךְ לְעוֹלָם וָעֶד: וְנֶאֱמַר. וְהָיָה יְיָ לְמֶלֶךְ עַל־כָּל־הָאָרֶץ בַּיּוֹם הַהוּא יִהְיֶה יְיָ אֶחָד וּשְׁמוֹ אֶחָד:

יִתְגַּדַּל וְיִתְקַדַּשׁ שְׁמֵהּ רַבָּא בְּעָלְמָא דִּי־בְרָא כִרְעוּתֵהּ. וְיַמְלִיךְ מַלְכוּתֵהּ בְּחַיֵּיכוֹן וּבְיוֹמֵיכוֹן וּבְחַיֵּי דִי־כָל־בֵּית יִשְׂרָאֵל בַּעֲגָלָא וּבִזְמַן קָרִיב. וְאִמְרוּ אָמֵן:

יְהֵא שְׁמֵהּ רַבָּא מְבָרַךְ לְעָלַם וּלְעָלְמֵי עָלְמַיָּא.

יִתְבָּרַךְ וְיִשְׁתַּבַּח וְיִתְפָּאַר וְיִתְרוֹמַם וְיִתְנַשֵּׂא וְיִתְהַדַּר וְיִתְעַלֶּה וְיִתְהַלַּל שְׁמֵהּ דִּי־קֻדְשָׁא. בְּרִיךְ הוּא. לְעֵלָּא לְעֵלָּא מִן־כָּל־בִּרְכָתָא וְשִׁירָתָא תֻּשְׁבְּחָתָא וְנֶחֱמָתָא דִּי־אֲמִירָן בְּעָלְמָא. וְאִמְרוּ אָמֵן:

יְהֵא שְׁלָמָא רַבָּא מִן־שְׁמַיָּא וְחַיִּים עָלֵינוּ וְעַל־כָּל־יִשְׂרָאֵל. וְאִמְרוּ אָמֵן:

עֹשֶׂה שָׁלוֹם בִּמְרוֹמָיו הוּא יַעֲשֶׂה שָׁלוֹם עָלֵינוּ וְעַל־כָּל־יִשְׂרָאֵל. וְאִמְרוּ אָמֵן:

UNSERE HOFFNUNG FÜR DIE MENSCHHEIT

Darum hoffen wir darauf, Ewiger, unser Gott, dass deine Stärke bald für uns sichtbar wird, dass die Anbetung des Geldes von der Erde verschwinden und dass Vorurteile und Aberglaube ausgerottet werden; dass die Welt von deiner Herrschaft geprägt ist und alle Menschen deinen Namen anrufen; dass alle Ungerechten der Welt sich dir zuwenden.

Alle Bewohner der Erde sollen erkennen und wissen, dass sich vor dir jedes Knie beugt und jede Zunge bei dir schwört. Vor dir, Ewiger, unser Gott, wird man sich beugen und niederfallen, und man wird der Herrlichkeit deines Namens Achtung erweisen. Alle werden deine Herrschaft anerkennen, und du wirst bald über alle herrschen, von nun an bis in Ewigkeit. Denn dir allein gebührt die Herrschaft, und du herrschst bis in alle Ewigkeit in Herrlichkeit, wie es geschrieben steht in deiner Thora:

Gott regiert für immer und ewig. *(Ex 15,18)*

Und es ist gesagt: Dann wird Gott über die ganze Erde herrschen. An jenem Tag wird Gott einzig sein und sein Name einzig. *(Sach 14,9)*

Verherrlicht und geheiligt werde Gottes großer Name
in der Welt, die Gott nach eig'nem Ratschluss schuf.
Gottes Reich erstehe in eurem Leben und zu euren Zeiten
und im Leben ganz Israels schnell und bald.
Darauf sprecht: Amen.

Gottes großer Name sei gepriesen,
immerzu und bis in Ewigkeit!

Gottes Name sei gepriesen und gelobt,
Gottes Name sei verherrlicht und erhoben.
Gottes Name sei verehrt und gerühmt,
Gottes Name sei gefeiert und besungen.
Gepriesen sei er über allem Lob und jedem Lied,
hoch über allem Preis und jedem Trost der Welt.
Darauf sprecht: Amen.

Frieden in Fülle komme vom Himmel,
Leben für uns und ganz Israel.
Darauf sprecht: Amen.

Gott schafft Frieden in der Höhe.
Möge Gott uns und ganz Israel Frieden geben.
Darauf sprecht: Amen.

יִגְדַּל אֱלֹהִים חַי וְיִשְׁתַּבַּח. נִמְצָא וְאֵין עֵת אֶל־מְצִיאוּתוֹ:

אֶחָד וְאֵין יָחִיד כְּיִחוּדוֹ. נֶעְלָם וְגַם אֵין סוֹף לְאַחְדּוּתוֹ:

אֵין לוֹ דְמוּת הַגּוּף וְאֵינוֹ גוּף. לֹא נַעֲרוֹךְ אֵלָיו קְדֻשָּׁתוֹ:

קַדְמוֹן לְכָל־דָּבָר אֲשֶׁר נִבְרָא. רִאשׁוֹן וְאֵין רֵאשִׁית לְרֵאשִׁיתוֹ:

הִנּוֹ אֲדוֹן עוֹלָם. לְכָל־נוֹצָר יוֹרֶה גְדֻלָּתוֹ וּמַלְכוּתוֹ:

שֶׁפַע נְבוּאָתוֹ נְתָנוֹ אֶל־אַנְשֵׁי סְגֻלָּתוֹ וְתִפְאַרְתּוֹ:

לֹא קָם בְּיִשְׂרָאֵל כְּמשֶׁה עוֹד נָבִיא. וּמַבִּיט אֶל־תְּמוּנָתוֹ:

תּוֹרַת אֱמֶת נָתַן לְעַמּוֹ אֵל. עַל יַד נְבִיאוֹ נֶאֱמַן בֵּיתוֹ:

לֹא יַחֲלִיף הָאֵל וְלֹא יָמִיר־דָּתוֹ לְעוֹלָמִים לְזוּלָתוֹ:

צוֹפֶה וְיוֹדֵעַ סְתָרֵינוּ. מַבִּיט לְסוֹף דָּבָר בְּקַדְמוּתוֹ:

גּוֹמֵל לְאִישׁ חָסִיד כְּמִפְעָלוֹ. נוֹתֵן לְרָשָׁע רָע כְּרִשְׁעָתוֹ:

יִשְׁלַח לְקֵץ יָמִים מְשִׁיחֵנוּ. לִפְדּוֹת מְחַכֵּי קֵץ יְשׁוּעָתוֹ:

מֵתִים יְחַיֶּה אֵל בְּרֹב חַסְדּוֹ. בָּרוּךְ עֲדֵי עַד שֵׁם תְּהִלָּתוֹ:

יְבָרֶכְךָ יְיָ וְיִשְׁמְרֶךָ.
יָאֵר יְיָ פָּנָיו אֵלֶיךָ וִיחֻנֶּךָּ.
יִשָּׂא יְיָ פָּנָיו אֵלֶיךָ וְיָשֵׂם לְךָ שָׁלוֹם:

JIGDAL

Gepriesen sei der lebendige Gott,
Gott ist, und keine Zeit begrenzt Gottes Sein.
Einzig ist Gott, nichts ist Gott gleich.
Uns verborgen und ohn' End' ist Gottes Einzigkeit.
Kein Körper ist Gott, ohne körperlich' Gestalt
niemals erahnen wir Gottes Heiligkeit.
Gott war vor allem da, vor einem jeden Geschöpf,
war da von Angang an, doch selbst ohne Beginn.
Gott herrscht über die Welt, und alles, was Gott schafft,
offenbart Gottes Größe, Gottes Macht.
Fülle an Prophetie gab Gott für die,
die Gottes Eigentum sind und Gottes Ruhm.
Niemals in Israel war wie Mose ein Prophet,
der Gott von Angesicht zu Angesicht geschaut.
Die gute Lebensweisung gab Gott seinem Volk
durch Mose, Gottes treuen Prophet.
Diese Lebensweise wird Gott niemals gereu'n,
niemals durch eine andere revidier'n.
Gott sieht und kennt, was verborgen in uns ist.
Das Ende einer Sach' ist vorab Gott bekannt.
Die Frommen belohnt Gott ihren Taten gemäß,
den Bösen zahlt Gott ihre Bosheit zurück.
Am Ende aller Zeit sendet Gott uns das Heil,
um zu erlösen die, die Gottes Hilfe erharrt.
Gott wird durch seine Gnad' Tote beleben.
Gepriesen sei Gottes Name bis in Ewigkeit.

Gott segne dich und behüte dich;
Gottes Angesicht leuchte über dir; Gott sei dir gnädig;
Gottes Angesicht sei über dir erhoben; Gott gebe dir Frieden.

(Num 6,24-26)

היום הרת עולם

תפלת שחרית לראש השנה

MORGENGEBET FÜR ROSCH HASCHANA

תפלת שחית לראש השנה

כִּי־הִנְנִי בוֹרֵא שָׁמַיִם חֲדָשִׁים וָאָרֶץ חֲדָשָׁה. וְלֹא תִזָּכַרְנָה הָרִאשֹׁנוֹת וְלֹא תַעֲלֶינָה עַל־לֵב: כִּי־אִם־שִׂישׂוּ וְגִילוּ עֲדֵי־עַד אֲשֶׁר אֲנִי בוֹרֵא:

מַה־טֹּבוּ אֹהָלֶיךָ יַעֲקֹב מִשְׁכְּנֹתֶיךָ יִשְׂרָאֵל:
וַאֲנִי בְּרֹב חַסְדְּךָ אָבוֹא בֵיתֶךָ
אֶשְׁתַּחֲוֶה אֶל־הֵיכַל־קָדְשְׁךָ בְּיִרְאָתֶךָ:
יְהוָה אָהַבְתִּי מְעוֹן בֵּיתֶךָ וּמְקוֹם מִשְׁכַּן כְּבוֹדֶךָ:
וַאֲנִי אֶשְׁתַּחֲוֶה וְאֶכְרָעָה אֶבְרְכָה לִפְנֵי־יְהוָה עֹשִׂי:
וַאֲנִי תְפִלָּתִי־לְךָ יְהוָה עֵת רָצוֹן
אֱלֹהִים בְּרָב־חַסְדֶּךָ עֲנֵנִי בֶּאֱמֶת יִשְׁעֶךָ:

MORGENGEBET FÜR ROSCH HA-SCHANA

Denn siehe, ich schaffe einen neuen Himmel und eine neue Erde. Man wird nicht an das Frühere denken, es kommt niemandem mehr in den Sinn, sondern ihr werdet euch ohne Ende freuen und jubeln über das, was ich erschaffe.

(Jesaja 65,17-18)

EIN-GANGS-GEBETE

Wie schön sind deine Zelte, Jakob,
wie schön deine Wohnstätten, Israel! *(Num 24,5)*
Durch deine große Liebe, Gott, betrete ich dein Haus
und werfe mich voll Ehrfurcht
vor deiner heil'gen Lade nieder. *(Ps 5,8)*
Gott, wie ich den Ort liebte, an dem dein Tempel stand,
und die Stätte, wo deine Herrlichkeit wohnte, *(Ps 26,8)*
so falle ich nieder, verneige mich,
knie nieder vor Gott, meinem Schöpfer. *(Ps 95,6)*
Ich bete zu dir, Gott, zur Zeit der Gnade.
Erhöre mich in deiner großen Liebe, Gott,
hilf mir in deiner Treue! *(Ps 69,14)*

Am Neujahrsfest denken wir darüber nach,
wie das Urteil gefällt wird;
am Versöhnungstag denken wir darüber nach,
wie das Urteil besiegelt wird.

Gott, wir kommen zu dir, weil wir deine Hilfe brauchen. Wir brauchen den Mut, uns selbst so zu sehen, wie wir sind, und wir brauchen die Kraft, einem Gericht gegenüberzutreten. Wir brauchen deine Barmherzigkeit, die uns vergibt und genug Vertrauen, diese Vergebung anzunehmen. Die Welt umgibt uns mit ihrer Gier und ihrer Güte, ihrer Gewalt und ihren guten Werten. Wir wissen, dies ist auch in uns selbst. Der Ton des Schofar ruft uns, Rechenschaft abzulegen, und deine ruhige, leise Stimme spricht in uns. Wir wissen, wie schwer es ist, sich zu verändern und zum Guten zurückzukehren. Deshalb vertrauen wir uns an diesem Tag des Gerichts hoffnungsvoll deinen Händen an.

Wenn die Eingangsgebete ausgelassen werden, wird der Gottesdienst mit נשמת כל חי *auf S. 210 fortgesetzt.*

אלהי נשמה

אֱלֹהַי. נְשָׁמָה שֶׁנָּתַתָּ־בִּי טְהוֹרָה. אַתָּה בְרָאתָהּ. אַתָּה יְצַרְתָּהּ. אַתָּה נְפַחְתָּהּ בִּי. וְאַתָּה מְשַׁמְּרָהּ בְּקִרְבִּי. וְאַתָּה עָתִיד לִטְּלָהּ מִמֶּנִּי לְחַיֵּי עוֹלָם: כָּל־זְמַן שֶׁהַנְּשָׁמָה בְּקִרְבִּי מוֹדֶה/מוֹדָה אֲנִי לְפָנֶיךָ יְיָ אֱלֹהַי וֵאלֹהֵי אֲבוֹתַי. שֶׁאַתָּה הוּא רִבּוֹן כָּל־הַמַּעֲשִׂים. מוֹשֵׁל בְּכָל־הַבְּרִיּוֹת. אֲדוֹן כָּל־הַנְּשָׁמוֹת: בָּרוּךְ אַתָּה יְיָ. הַמַּחֲזִיר נְשָׁמוֹת לִמֵתִים:

Wenn ich an deiner Existenz zweifle oder meine eigenen Wünsche zu Gott mache, dann lass mich dich neu finden.

בָּרוּךְ אַתָּה יְיָ אֱלֹהֵינוּ מֶלֶךְ הָעוֹלָם. שֶׁלֹּא עָשַׂנִי
נָכְרִי (נָכְרִיָּה):

Wenn ich Angst vor Entscheidungen habe oder davor, mit einer Entscheidung allein zu stehen, dann stärke in mir den Willen, frei zu sein.

בָּרוּךְ אַתָּה יְיָ אֱלֹהֵינוּ מֶלֶךְ הָעוֹלָם. שֶׁלֹּא עָשַׂנִי
עָבֶד (שִׁפְחָה):

Wenn ich mich selbst oder die Welt verachte, dann lass mich dein Bild in mir neu entdecken.

בָּרוּךְ אַתָּה יְיָ אֱלֹהֵינוּ מֶלֶךְ הָעוֹלָם. שֶׁעָשַׂנִי כִּרְצוֹנוֹ:

Wenn ich andere für die Dunkelheit in mir verantwortlich mache, dann gib mir den Mut, die Wahrheit zu sehen.

בָּרוּךְ אַתָּה יְיָ אֱלֹהֵינוּ מֶלֶךְ הָעוֹלָם. פּוֹקֵחַ עִוְרִים:

Wenn ich meine eigene Bedeutungslosigkeit entdecke, dann umhülle mich mit deiner Kraft.

בָּרוּךְ אַתָּה יְיָ אֱלֹהֵינוּ מֶלֶךְ הָעוֹלָם. מַלְבִּישׁ עֲרֻמִּים:

Wenn die Eingangsgebete ausgelassen werden,
wird der Gottesdienst mit Nischmat kol Chai auf S. 211 fortgesetzt.

DER MENSCH IST GUT

Mein Gott, die Seele, die du mir geschenkt hast, ist rein. Du hast sie geschaffen. Du hast sie sich entwickeln lassen. Du hast sie mir eingehaucht. Du behütest sie in mir. Du wirst sie mir eines Tages nehmen und in ewiges Leben verwandeln. Mein Gott und Gott meiner Vorfahren, solange die Seele in mir ist, will ich dir danken, denn du waltest über alle Geschöpfe, du herrschst über alle Kreatur. Alles Leben ist in deiner Hand. Gepriesen seist du, Ewiger. Du bringst den Toten ihre Seelen zurück. *(bBer 60b)*

Wenn ich an deiner Existenz zweifle oder meine eigenen Wünsche zu Gott mache, dann lass mich dich neu finden.

> Gepriesen seist du, Ewiger, unser Gott; du regierst die Welt. Du hast mich nicht geschaffen als jemand, der dir fremd ist.

Wenn ich Angst vor Entscheidungen habe oder davor, mit einer Entscheidung allein zu stehen, dann stärke in mir den Willen, frei zu sein.

> Gepriesen seist du, Ewiger, unser Gott; du regierst die Welt. Du hast mich nicht geschaffen als jemand, der von anderen versklavt wird.

Wenn ich mich selbst oder die Welt verachte, dann lass mich dein Bild in mir neu entdecken.

> Gepriesen seist du, Ewiger, unser Gott; du regierst die Welt. Du hast mich nach deinem Willen geschaffen.

Wenn ich andere für die Dunkelheit in mir verantwortlich mache, dann gib mir den Mut, die Wahrheit zu sehen.

> Gepriesen seist du, Ewiger, unser Gott; du regierst die Welt. Du machst Blinde sehend.

Wenn ich meine eigene Bedeutungslosigkeit entdecke, dann umhülle mich mit deiner Kraft.

> Gepriesen seist du, Ewiger, unser Gott; du regierst die Welt. Du bekleidest Nackte.

Wenn alte Schuld mich einholt oder wenn zerstörerische Angewohnheiten mein Leben bestimmen, dann befreie mich aus dem Gefängnis meiner Vergangenheit.

בָּרוּךְ אַתָּה יְיָ אֱלֹהֵינוּ מֶלֶךְ הָעוֹלָם. מַתִּיר אֲסוּרִים:

Wenn mein Besitz mich belastet, dann lehre mich, wie ich abgeben kann.

בָּרוּךְ אַתָּה יְיָ אֱלֹהֵינוּ מֶלֶךְ הָעוֹלָם. זוֹקֵף כְּפוּפִים:

Wenn ich eifersüchtig, neidisch oder gierig bin, dann hilf mir, dass ich zufrieden sein kann mit dem, was ich habe.

בָּרוּךְ אַתָּה יְיָ אֱלֹהֵינוּ מֶלֶךְ הָעוֹלָם. שֶׁעָשָׂה־לִּי כָּל־צָרְכִּי:

Wenn ich versucht bin zu betrügen, dann hilf mir, dass ich ehrlich bin zu mir selbst und zu anderen.

בָּרוּךְ אַתָּה יְיָ אֱלֹהֵינוּ מֶלֶךְ הָעוֹלָם. אֲשֶׁר הֵכִין מִצְעֲדֵי־גָבֶר:

Wenn ich nicht weiß, was es bedeutet, jüdisch zu sein, dann zeige mir den Sinn meines Lebens.

בָּרוּךְ אַתָּה יְיָ אֱלֹהֵינוּ מֶלֶךְ הָעוֹלָם. עוֹטֵר יִשְׂרָאֵל בְּתִפְאָרָה:

Wenn ein Misserfolg oder eine Enttäuschung mich bitter machen, dann gib mir die Kraft, die Verbitterung zu überwinden.

בָּרוּךְ אַתָּה יְיָ אֱלֹהֵינוּ מֶלֶךְ הָעוֹלָם. הַנּוֹתֵן לַיָּעֵף כֹּחַ:

Wenn Wunschvorstellungen mich irreleiten und mich meine eigenen Wünsche zum Narren halten, dann öffne meine Augen für deine Weisung.

בָּרוּךְ אַתָּה יְיָ אֱלֹהֵינוּ מֶלֶךְ הָעוֹלָם. הַמַּעֲבִיר שֵׁנָה מֵעֵינַי וּתְנוּמָה מֵעַפְעַפָּי:

Wenn alte Schuld mich einholt oder wenn zerstörerische Angewohnheiten mein Leben bestimmen, dann befreie mich aus dem Gefängnis meiner Vergangenheit.

> Gepriesen seist du, Ewiger, unser Gott; du regierst die Welt. Du machst Gebundene frei.

Wenn mein Besitz mich belastet, dann lehre mich, wie ich abgeben kann.

> Gepriesen seist du, Ewiger, unser Gott; du regierst die Welt. Du richtest Erniedrigte auf.

Wenn ich eifersüchtig, neidisch oder gierig bin, dann hilf mir, dass ich zufrieden sein kann mit dem, was ich habe.

> Gepriesen seist du, Ewiger, unser Gott; du regierst die Welt. Du gibst mir all das, was ich zum Leben brauche.

Wenn ich versucht bin zu betrügen, dann hilf mir, dass ich ehrlich bin zu mir selbst und zu anderen.

> Gepriesen seist du, Ewiger, unser Gott; du regierst die Welt. Du machst die Schritte eines Menschen sicher.

Wenn ich nicht weiß, was es bedeutet, jüdisch zu sein, dann zeige mir den Sinn meines Lebens.

> Gepriesen seist du, Ewiger, unser Gott; du regierst die Welt. Du krönst Israel mit Ehre.

Wenn ein Misserfolg oder eine Enttäuschung mich bitter machen, dann gib mir die Kraft, die Verbitterung zu überwinden.

> Gepriesen seist du, Ewiger, unser Gott; du regierst die Welt. Du gibst den Müden Kraft.

Wenn Wunschvorstellungen mich irreleiten und mich meine eigenen Wünsche zum Narren halten, dann öffne meine Augen für deine Weisung.

> Gepriesen seist du, Ewiger, unser Gott; du regierst die Welt. Du nimmst den Schlaf aus meinen Augen und den Schlummer von meinen Wimpern.

רִבּוֹן הָעוֹלָמִים וַאֲדֹנֵי הָאֲדֹנִים. לֹא עַל־צִדְקוֹתֵינוּ אֲנַחְנוּ מַפִּילִים תַּחֲנוּנֵינוּ לְפָנֶיךָ. כִּי עַל־רַחֲמֶיךָ הָרַבִּים: אֲדֹנָי שְׁמָעָה. אֲדֹנָי סְלָחָה. אֲדֹנָי הַקְשִׁיבָה וַעֲשֵׂה. מָה־אָנוּ. מֶה־חַיֵּינוּ. מֶה־חַסְדֵּנוּ. מַה־צִּדְקוֹתֵינוּ. מַה־יְּשׁוּעָתֵנוּ. מַה־כֹּחֵנוּ. מַה־גְּבוּרָתֵנוּ. מַה־נֹּאמַר לְפָנֶיךָ יְיָ אֱלֹהֵינוּ וֵאלֹהֵי אֲבוֹתֵינוּ. הֲלֹא הַגִּבּוֹרִים כְּאַיִן לְפָנֶיךָ. וְאַנְשֵׁי הַשֵּׁם כְּלֹא הָיוּ. וַחֲכָמִים כִּבְלִי מַדָּע. וּנְבוֹנִים כִּבְלִי הַשְׂכֵּל. כִּי רֹב מַעֲשֵׂינוּ תֹּהוּ. וִימֵי חַיֵּינוּ הֶבֶל לְפָנֶיךָ. וּמוֹתַר הָאָדָם מִן הַבְּהֵמָה אָיִן. כִּי הַכֹּל הָבֶל לְבַד הַנְּשָׁמָה הַטְּהוֹרָה. שֶׁהִיא עֲתִידָה לִתֵּן דִּין וְחֶשְׁבּוֹן לִפְנֵי כִסֵּא כְבוֹדֶךָ:

אֲבָל אֲנַחְנוּ עַמְּךָ בְּנֵי בְרִיתֶךָ. בְּנֵי אַבְרָהָם אוֹהַבְךָ שֶׁנִּשְׁבַּעְתָּ־לּוֹ בְּהַר הַמּוֹרִיָּה. זֶרַע יִצְחָק עֲקֵדְךָ שֶׁנֶּעֱקַד עַל גַּבֵּי הַמִּזְבֵּחַ. עֲדַת יַעֲקֹב בִּנְךָ בְּכוֹרֶךָ. שֶׁמֵּאַהֲבָתְךָ שֶׁאָהַבְתָּ אוֹתוֹ וּמִשִּׂמְחָתְךָ שֶׁשָּׂמַחְתָּ בּוֹ קָרָאתָ שְׁמוֹ יִשְׂרָאֵל וִישֻׁרוּן:

לְפִיכָךְ אֲנַחְנוּ חַיָּבִים לְהוֹדוֹת לְךָ וּלְשַׁבֵּחֲךָ וּלְפָאֶרְךָ. וּלְבָרֵךְ וּלְקַדֵּשׁ וְלָתֵת שֶׁבַח וְהוֹדָיָה לִשְׁמֶךָ: אַשְׁרֵינוּ. מַה־טּוֹב חֶלְקֵנוּ. וּמַה־נָּעִים גּוֹרָלֵנוּ וּמַה־יָּפָה יְרֻשָּׁתֵנוּ: אַשְׁרֵינוּ שֶׁאָנוּ מַשְׁכִּימִים וּמַעֲרִיבִים עֶרֶב וָבֹקֶר. וְאוֹמְרִים פַּעֲמַיִם בְּכָל־יוֹם.

שְׁמַע יִשְׂרָאֵל. יְהוָֹה אֱלֹהֵינוּ יְהוָֹה אֶחָד:
בָּרוּךְ שֵׁם כְּבוֹד מַלְכוּתוֹ לְעוֹלָם וָעֶד:

ברוך שאמר

בָּרוּךְ שֶׁאָמַר וְהָיָה הָעוֹלָם.
בָּרוּךְ אוֹמֵר וְעֹשֶׂה.
בָּרוּךְ גּוֹזֵר וּמְקַיֵּם.
בָּרוּךְ עֹשֶׂה בְרֵאשִׁית.
בָּרוּךְ מְרַחֵם עַל הָאָרֶץ.
בָּרוּךְ מְרַחֵם עַל הַבְּרִיּוֹת.
בָּרוּךְ מְשַׁלֵּם שָׂכָר טוֹב לִירֵאָיו.

DER MENSCH IST SCHWACH

Ursprung aller menschlichen Stärke und Macht, dem allein unsere Ehre gebührt, „nicht im Vertrauen auf unsere gerechten Taten legen wir dir unsere Bitten vor, sondern im Vertrauen auf dein großes Erbarmen. Gott, höre! Gott, verzeih! Gott, vernimm unser Gebet und handle!“ *(Dan 9,18f)* Was sind wir? Was ist unser Leben? Was ist unsere Liebe? Was ist unsere Gerechtigkeit? Was sind unsere Erfolge? Was ist unsere Kraft? Was ist unsere Macht? Ewiger, unser Gott und Gott unserer Vorfahren, was könnten wir in deiner Gegenwart sagen? Ist nicht unsere Kraft wie nichts vor dir? Und sind nicht ruhmreiche Menschen so, als wären sie nie gewesen? Sind nicht Kluge vor dir wie solche ohne Wissen, und Intelligente wie solche ohne Einsicht? Ja, die meisten unserer Werke sind vor dir wie Nichtigkeiten, und die Tage unseres Lebens sind wie nichts vor dir. Sogar „der Vorrang des Menschen vor den Tieren wird bedeutungslos.“ *(Koh 3,19)* Ja, alles ist wie nichts vor dir – außer einer reinen Seele. Denn diese wird eines Tages in ihrer Verantwortlichkeit ernst genommen werden vor dem Thron deiner Herrlichkeit.

ISRAEL IST ERWÄHLT

Wir aber sind dein Volk, die Kinder deines Bundes. Wir sind die Kinder Abrahams, den du geliebt hast und dem du auf dem Berg Moria eine Verheißung gegeben hast. Wir sind die Nachkommen Isaaks, der für dich auf dem Altar gebunden wurde. Wir sind die Gemeinde Jakobs, deines erstgeborenen Sohnes, dem du wegen der Liebe und der Freude, die du für ihn empfunden hast, die Namen „Israel“ *(Gen 32,29)* und „Jeschurun“ *(Dtn 33,26)* gegeben hast.

Deshalb müssen wir dir danken, dich loben und rühmen. Wir sind verpflichtet, dich zu preisen und deine Heiligkeit zu verkünden; wir haben deinem Namen Preis und Dank zu erweisen. Wir können uns glücklich preisen. Wie schön ist unser Teil! Und wie angenehm unser Los und wie herrlich unsere Erbschaft! Wir können uns glücklich preisen, dass wir täglich zweimal, morgens und abends bekennen:

Höre Israel, der Ewige ist Gott, der Ewige ist einzig.
Gepriesen sei Gottes ruhmreiche Herrschaft immer und ewig!

Gepriesen sei Gott; durch Gottes Wort besteht die Welt.
Gepriesen sei Gott; Gottes Wort geschieht.
Gepriesen sei Gott; Gott trifft Entscheidungen und führt sie aus.
Gepriesen sei Gott; Gott hat alles geschaffen.
Gepriesen sei Gott; Gott nimmt sich der Erde an.
Gepriesen sei Gott; Gott nimmt sich der Geschöpfe an.
Gepriesen sei Gott; Gott zahlt guten Lohn denen, die Gott lieben.

בָּרוּךְ מַעֲבִיר אֲפֵלָה וּמֵבִיא אוֹרָה.
בָּרוּךְ אֵל חַי לָעַד וְקַיָּם לָנֶצַח.
בָּרוּךְ שֶׁאֵין לְפָנָיו עַוְלָה וְלֹא שִׁכְחָה וְלֹא מַשּׂוֹא פָנִים וְלֹא
מִקַּח שֹׁחַד. צַדִּיק הוּא בְּכָל־דְּרָכָיו וְחָסִיד בְּכָל־מַעֲשָׂיו.
בָּרוּךְ פּוֹדֶה וּמַצִּיל.
בָּרוּךְ שֶׁנָּתַן לְעַמּוֹ יִשְׂרָאֵל אֶת־יוֹם (הַשַּׁבָּת הַזֶּה. וְאֶת־יוֹם)
הַזִּכָּרוֹן הַזֶּה. וְאֶת־יוֹם טוֹב מִקְרָא קֹדֶשׁ הַזֶּה:

Einer oder mehrere der folgenden Psalmen können hier gelesen werden:

א
תהלים
קג

לְדָוִד

בָּרְכִי נַפְשִׁי אֶת־יְהוָה וְכָל־קְרָבַי אֶת־שֵׁם קָדְשׁוֹ:
בָּרְכִי נַפְשִׁי אֶת־יְהוָה וְאַל־תִּשְׁכְּחִי כָּל־גְּמוּלָיו:

הַסֹּלֵחַ לְכָל־עֲוֺנֵכִי הָרֹפֵא לְכָל־תַּחֲלוּאָיְכִי:
הַגּוֹאֵל מִשַּׁחַת חַיָּיְכִי הַמְעַטְּרֵכִי חֶסֶד וְרַחֲמִים:
הַמַּשְׂבִּיעַ בַּטּוֹב עֶדְיֵךְ תִּתְחַדֵּשׁ כַּנֶּשֶׁר נְעוּרָיְכִי:

עֹשֵׂה צְדָקוֹת יְהוָה וּמִשְׁפָּטִים לְכָל־עֲשׁוּקִים:
יוֹדִיעַ דְּרָכָיו לְמֹשֶׁה לִבְנֵי יִשְׂרָאֵל עֲלִילוֹתָיו:

רַחוּם וְחַנּוּן יְהוָה אֶרֶךְ אַפַּיִם וְרַב־חָסֶד:
לֹא־לָנֶצַח יָרִיב וְלֹא לְעוֹלָם יִטּוֹר:
לֹא כַחֲטָאֵינוּ עָשָׂה לָנוּ וְלֹא כַעֲוֺנֹתֵינוּ גָּמַל עָלֵינוּ:

Gepriesen sei Gott; Gott lässt die Dunkelheit vergehen und bringt Licht.
Gepriesen sei Gott; Gott ist für alle Zeit lebendig und dauerhaft beständig.
Gepriesen sei Gott; Gott ist ohne Verkehrtheit und Vergesslichkeit, Gott ist unparteilich und unbestechbar. Gott ist in jeder Hinsicht gerecht und treu in allen Taten.
Gepriesen sei Gott; Gott befreit und rettet.
Gepriesen sei Gott; Gott gewährt dem Volk Israel (diesen Schabbattag und) diesen Tag der Erinnerung, diesen Festtag und diese heilige Versammlung.

Einer oder mehrere der folgenden Psalmen können hier gelesen werden:

I

PSALM

103

Von David.

Preise den Ewigen, meine Seele!
Was in mir ist, preise Gottes heiligen Namen!
Preise den Ewigen, meine Seele!
Vergiss es nicht, was Gott dir Gutes getan hat!

Gott vergibt dir alle deine Verkehrungen
und heilt alle deine Wunden.
Gott erlöst dein Leben von der Vernichtung
und krönt dich mit Liebe und Barmherzigkeit.
Gott sättigt dich mit Gutem dein Leben lang
und gibt dir neue, jugendliche Kraft, einem Adler gleich.

Gott vollbringt Wohltaten
und setzt sich für das Recht derer ein,
die unter Gewalt leiden.
Gott ließ Mose die Wege Gottes wissen
und ließ die Kinder Israels die Taten Gottes sehen.

Gnädig und barmherzig ist Gott,
nachsichtig und unendlich liebevoll.
Gott klagt nicht immerzu an
und hält am Zorn nicht fest.
Gott handelte nicht an uns, wie es unseren Verfehlungen entsprochen hätte,
und ging nicht nach unseren Verkehrungen mit uns um.

כִּי כִגְבֹהַּ שָׁמַיִם עַל־הָאָרֶץ גָּבַר חַסְדּוֹ עַל־יְרֵאָיו:
כִּרְחֹק מִזְרָח מִמַּעֲרָב הִרְחִיק מִמֶּנּוּ אֶת־פְּשָׁעֵינוּ:

כְּרַחֵם אָב עַל־בָּנִים רִחַם יְהוָה עַל־יְרֵאָיו:
כִּי־הוּא יָדַע יִצְרֵנוּ זָכוּר כִּי־עָפָר אֲנָחְנוּ:

אֱנוֹשׁ כֶּחָצִיר יָמָיו כְּצִיץ הַשָּׂדֶה כֵּן יָצִיץ:
כִּי רוּחַ עָבְרָה־בּוֹ וְאֵינֶנּוּ וְלֹא־יַכִּירֶנּוּ עוֹד מְקוֹמוֹ:

וְחֶסֶד יְהוָה מֵעוֹלָם וְעַד־עוֹלָם עַל־יְרֵאָיו וְצִדְקָתוֹ לִבְנֵי בָנִים:
לְשֹׁמְרֵי בְרִיתוֹ וּלְזֹכְרֵי פִקֻּדָיו לַעֲשׂוֹתָם:

יְהוָה בַּשָּׁמַיִם הֵכִין כִּסְאוֹ וּמַלְכוּתוֹ בַּכֹּל מָשָׁלָה:
בָּרֲכוּ יְהוָה מַלְאָכָיו גִּבֹּרֵי כֹחַ עֹשֵׂי דְבָרוֹ לִשְׁמֹעַ בְּקוֹל דְּבָרוֹ:

בָּרֲכוּ יְהוָה כָּל־צְבָאָיו מְשָׁרְתָיו עֹשֵׂי רְצוֹנוֹ:
בָּרֲכוּ יְהוָה כָּל־מַעֲשָׂיו בְּכָל־מְקֹמוֹת מֶמְשַׁלְתּוֹ

בָּרֲכִי נַפְשִׁי אֶת־יְהוָה:

Sondern so hoch, wie der Himmel über der Erde ist,
so groß ist Gottes Güte über allen, die an Gott glauben.
So fern, wie der Osten von Westen ist,
so fern lässt er unsere Freveltaten von uns sein.

Wie Eltern sich über ihre Kinder erbarmen,
so erbarmt sich Gott über die, die Gott achten.
Denn Gott weiß, was für Gebilde wir sind,
Gott denkt daran, dass wir nur Staub sind.

Ein Mensch ist wie ein Grashalm,
seine Lebenszeit wie eine Blume auf dem Feld.
Weht ein Sturm darüber, vergeht sie und ist nicht mehr da,
und man kennt nicht einmal mehr ihren Ort.

Die Güte Gottes aber besteht immer und ewig
über denen, die Gott achten,
und Gottes Wohltätigkeit überdauert die Generationen
all derer, die Gottes Bund halten
und die sich an die Anordnungen Gottes erinnern
und sie tun.

Gott hat im Himmel einen Thron für sich errichtet,
Gottes Herrschaft erstreckt sich über alles.
Preist den Ewigen, ihr Boten Gottes,
die ihr mit Macht das Wort Gottes ausführt,
dem Worte Gottes gehorsam.

Preist den Ewigen, alle Geschöpfe Gottes,
alle, die ihr Gott dient und den Willen Gottes tut.
Preist den Ewigen, ihr Werke Gottes,
an jedem Ort, an dem Gott herrscht.
Preise den Ewigen, meine Seele!

ב

תהלים

פא

לַמְנַצֵּחַ עַל הַגִּתִּית לְאָסָף:

הַרְנִינוּ לֵאלֹהִים עוּזֵּנוּ. הָרִיעוּ לֵאלֹהֵי יַעֲקֹב:

שְׂאוּ־זִמְרָה וּתְנוּ־תֹף. כִּנּוֹר נָעִים עִם־נָבֶל:

תִּקְעוּ בַחֹדֶשׁ שׁוֹפָר. בַּכֶּסֶה לְיוֹם חַגֵּנוּ:

כִּי חֹק לְיִשְׂרָאֵל הוּא. מִשְׁפָּט לֵאלֹהֵי יַעֲקֹב:

עֵדוּת בִּיהוֹסֵף שָׂמוֹ. בְּצֵאתוֹ עַל־אֶרֶץ מִצְרָיִם.
שְׂפַת לֹא־יָדַעְתִּי אֶשְׁמָע:

הֲסִירוֹתִי מִסֵּבֶל שִׁכְמוֹ. כַּפָּיו מִדּוּד תַּעֲבֹרְנָה:

בַּצָּרָה קָרָאתָ וָאֲחַלְּצֶךָּ. אֶעֶנְךָ בְּסֵתֶר רַעַם.
אֶבְחָנְךָ עַל־מֵי מְרִיבָה סֶלָה:

שְׁמַע עַמִּי וְאָעִידָה בָּךְ. יִשְׂרָאֵל אִם־תִּשְׁמַע־לִי:

לֹא־יִהְיֶה בְךָ אֵל זָר. וְלֹא תִשְׁתַּחֲוֶה לְאֵל נֵכָר:

אָנֹכִי יְהֹוָה אֱלֹהֶיךָ הַמַּעַלְךָ מֵאֶרֶץ מִצְרָיִם.
הַרְחֶב־פִּיךָ וַאֲמַלְאֵהוּ:

וְלֹא־שָׁמַע עַמִּי לְקוֹלִי. וְיִשְׂרָאֵל לֹא־אָבָה לִי:

וָאֲשַׁלְּחֵהוּ בִּשְׁרִירוּת לִבָּם. יֵלְכוּ בְּמוֹעֲצוֹתֵיהֶם:

לוּ עַמִּי שֹׁמֵעַ לִי. יִשְׂרָאֵל בִּדְרָכַי יְהַלֵּכוּ:

כִּמְעַט אוֹיְבֵיהֶם אַכְנִיעַ. וְעַל צָרֵיהֶם אָשִׁיב יָדִי:

II

PSALM
81

Dem Chorleiter. Auf der Gittit. Von Asaf.

Jubelt über Gott. Gott ist unsere Stärke.
Jauchzt über den Gott Jakobs.
Singt Lieder, schlagt die Pauke.
Lasst Laute und Harfe lieblich erklingen.
Blast das Schofar am Neumondstag,
wenn der Mond verhüllt ist, am Tag eures Festes.
Denn dies ist eine Bestimmung für Israel,
eine Satzung des Gottes Jakobs.
Das hat Gott als Gesetz für Josef gegeben,
als er aus dem Land Ägypten auszog.

Ich vernahm eine Stimme, die ich vorher nicht gekannt:

„Ich habe die Last von seinen Schultern genommen;
seine Hände vom Tragkorb.
Als du in der Not gerufen hast, da habe ich dich herausgerissen.
Aus der Gewitterwolke habe ich dir geantwortet.
An der Quelle von Meriba habe ich dein Vertrauen geprüft.
Höre mein Volk, ich verwarne dich!
Israel, würdest du doch auf mich hören!

Es soll keine andere Gottheit bei dir geben.
Und du sollst keinen anderen Gott verehren.

Ich bin der Ewige, dein Gott.
Ich habe dich aus dem Land Ägypten herausgeführt.
Öffne deinen Mund, ich will ihn füllen.

Doch mein Volk hat nicht auf mich gehört.
Israel wollte nichts von mir wissen.
Deshalb habe ich es der Verstocktheit seines Herzen überlassen,
und es seinen eigenen Plänen folgen lassen.

Würdest du doch auf mich hören, mein Volk!
Würde Israel doch auf meinen Wegen gehen!

Ich würde auf der Stelle seine Feinde bezwingen,
und gegen seine Bedränger Hand anlegen.

מְשַׂנְאֵי יְהֹוָה יְכַחֲשׁוּ־לוֹ. וִיהִי עִתָּם לְעוֹלָם:

וַיַּאֲכִילֵהוּ מֵחֵלֶב חִטָּה. וּמִצּוּר דְּבַשׁ אַשְׂבִּיעֶךָ:

ג *Am Schabbat:*

תהלים צב

מִזְמוֹר שִׁיר לְיוֹם הַשַּׁבָּת:

טוֹב לְהוֹדוֹת לַיהֹוָה וּלְזַמֵּר לְשִׁמְךָ עֶלְיוֹן:
לְהַגִּיד בַּבֹּקֶר חַסְדֶּךָ וֶאֱמוּנָתְךָ בַּלֵּילוֹת:
עֲלֵי־עָשׂוֹר וַעֲלֵי־נָבֶל עֲלֵי הִגָּיוֹן בְּכִנּוֹר:
כִּי שִׂמַּחְתַּנִי יְהֹוָה בְּפָעֳלֶךָ בְּמַעֲשֵׂי יָדֶיךָ אֲרַנֵּן:

מַה־גָּדְלוּ מַעֲשֶׂיךָ יְהֹוָה מְאֹד עָמְקוּ מַחְשְׁבֹתֶיךָ:
אִישׁ־בַּעַר לֹא יֵדָע וּכְסִיל לֹא־יָבִין אֶת־זֹאת:
בִּפְרֹחַ רְשָׁעִים כְּמוֹ־עֵשֶׂב וַיָּצִיצוּ כָּל־פֹּעֲלֵי אָוֶן
לְהִשָּׁמְדָם עֲדֵי־עַד:

וְאַתָּה מָרוֹם לְעֹלָם יְהֹוָה:

כִּי הִנֵּה אֹיְבֶיךָ יְהֹוָה כִּי־הִנֵּה אֹיְבֶיךָ יֹאבֵדוּ
יִתְפָּרְדוּ כָּל־פֹּעֲלֵי אָוֶן:
וַתָּרֶם כִּרְאֵים קַרְנִי בַּלֹּתִי בְּשֶׁמֶן רַעֲנָן:
וַתַּבֵּט עֵינִי בְּשׁוּרָי בַּקָּמִים עָלַי מְרֵעִים
תִּשְׁמַעְנָה אָזְנָי:

צַדִּיק כַּתָּמָר יִפְרָח כְּאֶרֶז בַּלְּבָנוֹן יִשְׂגֶּה:
שְׁתוּלִים בְּבֵית יְהֹוָה בְּחַצְרוֹת אֱלֹהֵינוּ יַפְרִיחוּ:

Alle, die Gott hassen, würden vor Gott zurückschrecken,
und dies würde für immer so bleiben.

Ich würde Israel mit dem besten Getreide ernähren,
und mit Honig aus den Bergen sättigen."

III *Am Schabbat:*

PSALM 92

Ein Psalm. Ein Lied für den Schabbattag.

Es ist schön, dem Ewigen zu danken,
deinem Namen, du Höchster, zu singen,
am Morgen deine Huld zu verkünden
und in den Nächten deine Treue,
zur zehnsaitigen Laute, zur Zither,
zum Klang der Harfe.
Denn du hast mich durch deine Taten froh gemacht;
Gott, ich will jubeln über die Werke deiner Hände.

Wie groß sind deine Werke, o Gott,
wie tief sind deine Gedanken!
Ein Mensch ohne Einsicht erkennt das nicht,
ein Tor kann es nicht verstehen.
Wenn auch das Böse gedeiht
und das Unrecht wächst,
so nur, damit du es für immer vernichtest.

Doch du bist bis in alle Ewigkeit erhöht, mein Gott!

Deine Feinde, Gott, wahrhaftig, deine Feinde vergehen;
auseinandergetrieben werden alle, die Unrecht tun.
Du hast mich stark gemacht wie einen Stier,
du hast mich mit frischem Öl gesalbt.
Mein Auge blickt herab auf meine Verfolger
und auf alle, die sich gegen mich erheben;
mein Ohr hört vom Geschick der Bösen.

Alle, die gerecht sind, werden gedeihen wie die Palme
und wachsen wie die Zedern des Libanon.
Gepflanzt im Hause Gottes
gedeihen sie in den Vorhöfen unseres Gottes.

עוֹד יְנוּבוּן בְּשֵׂיבָה דְּשֵׁנִים וְרַעֲנַנִּים יִהְיוּ׃
לְהַגִּיד כִּי־יָשָׁר יְהוָה צוּרִי וְלֹא־עַוְלָתָה בּוֹ׃

Am Schabbat:

ד
תהלים
צג

יְהוָה מָלָךְ גֵּאוּת לָבֵשׁ לָבֵשׁ יְהוָה עֹז הִתְאַזָּר
אַף־תִּכּוֹן תֵּבֵל בַּל־תִּמּוֹט׃
נָכוֹן כִּסְאֲךָ מֵאָז מֵעוֹלָם אָתָּה׃

נָשְׂאוּ נְהָרוֹת יְהוָה נָשְׂאוּ נְהָרוֹת קוֹלָם
יִשְׂאוּ נְהָרוֹת דָּכְיָם׃

מִקֹּלוֹת מַיִם רַבִּים אַדִּירִים מִשְׁבְּרֵי־יָם
אַדִּיר בַּמָּרוֹם יְהוָה׃

עֵדֹתֶיךָ נֶאֶמְנוּ מְאֹד לְבֵיתְךָ נַאֲוָה־קֹדֶשׁ
יְהוָה לְאֹרֶךְ יָמִים׃

Sie tragen Frucht noch im Alter
und bleiben voll Saft und Frische;
sie verkünden: Gerecht ist der Ewige;
Gott ist mein Fels, an dem kein Unrecht ist.

Am Schabbat:

IV

PSALM

93

Der Ewige ist König,
bekleidet mit Hoheit;
Gott hat sich bekleidet
und mit Macht umgürtet.

Der Erdkreis ist fest gegründet,
nie wird er wanken.
Dein Thron steht fest von Anbeginn,
du bist seit Ewigkeit.

Fluten erheben sich, Gott,
Fluten erheben ihr Brausen,
Fluten erheben ihr Tosen.

Gewaltiger als das Tosen vieler Wasser,
gewaltiger als die Brandung des Meeres
ist Gott in der Höhe.

Deine Gesetze sind fest und verlässlich;
Gott, deinem Haus gebührt Heiligkeit für alle Zeiten.

בָּרוּךְ יְהוָֹה לְעוֹלָם. אָמֵן וְאָמֵן:
בָּרוּךְ יְהוָֹה אֱלֹהִים אֱלֹהֵי יִשְׂרָאֵל. עֹשֵׂה נִפְלָאוֹת לְבַדּוֹ:
וּבָרוּךְ שֵׁם כְּבוֹדוֹ לְעוֹלָם. וְיִמָּלֵא כְבוֹדוֹ אֶת־כָּל־הָאָרֶץ.
אָמֵן וְאָמֵן:

Wenn die Eingangsgebete ausgelassen werden, wird der Gottesdienst hier fortgesetzt:

נִשְׁמַת כָּל־חַי תְּבָרֵךְ אֶת־שִׁמְךָ יְיָ אֱלֹהֵינוּ. וְרוּחַ
כָּל־בָּשָׂר תְּפָאֵר וּתְרוֹמֵם זִכְרְךָ מַלְכֵּנוּ תָּמִיד:
מִן הָעוֹלָם וְעַד הָעוֹלָם אַתָּה אֵל. וּמִבַּלְעָדֶיךָ אֵין לָנוּ מֶלֶךְ
גּוֹאֵל וּמוֹשִׁיעַ פּוֹדֶה וּמַצִּיל וְעוֹנֶה וּמְרַחֵם. בְּכָל־עֵת צָרָה
וְצוּקָה אֵין לָנוּ מֶלֶךְ עוֹזֵר וְסוֹמֵךְ זוּלָתֶךָ: אֱלֹהֵי הָרִאשׁוֹנִים
וְהָאַחֲרוֹנִים. אֱלוֹהַּ כָּל־בְּרִיּוֹת. אֲדוֹן כָּל־תּוֹלָדוֹת הַמְהֻלָּל
בְּכָל־הַתִּשְׁבָּחוֹת. הַמְנַהֵג עוֹלָמוֹ בְּחֶסֶד וּבְרִיּוֹתָיו בְּרַחֲמִים: וַייָ
לֹא יָנוּם וְלֹא יִישָׁן. הַמְעוֹרֵר יְשֵׁנִים וְהַמֵּקִיץ נִרְדָּמִים. מְחַיֵּה
מֵתִים וְרוֹפֵא חוֹלִים. פּוֹקֵחַ עִוְרִים וְזוֹקֵף כְּפוּפִים. לְךָ לְבַדְּךָ
אֲנַחְנוּ מוֹדִים:

לעסוק בדברי תורה

בָּרוּךְ אַתָּה יְיָ אֱלֹהֵינוּ מֶלֶךְ הָעוֹלָם. אֲשֶׁר קִדְּשָׁנוּ בְּמִצְוֹתָיו
וְצִוָּנוּ לַעֲסוֹק בְּדִבְרֵי תוֹרָה:

Der folgende Abschnitt oder derjenige auf der gegenüberliegenden Seite kann hier gelesen werden:

I

Der Wille eines jeden Menschen ist frei! Wenn er dem guten Weg folgen und gerecht sein will, dann steht es in seiner Macht, dies zu tun. Wenn der dem Weg der Ungerechtigkeit folgen und böse sein will, dann steht es ebenfalls in seiner Macht, dies zu tun. Lasst unter euch nicht den Gedanken zu, den viele Unwissende für wahr halten, dass nämlich Gott – Gottes Heiligkeit sei gepriesen! – von der Geburt eines Menschen an beschlossen hätte, ob er gerecht oder ungerecht sein würde.

Da es in unserer Macht liegt, Gutes oder Böses zu tun, und da wir alle unsere bösen Taten bei voller Entscheidungsfähigkeit getan haben, steht es uns an, in Reue umzukehren und von unserem bösen Tun abzulassen. *(Maimonides)*

Gepriesen sei Gott bis in Ewigkeit. Amen, so sei es!
Gepriesen sei Israels Gott, Gott allein tut Wunder.
Gepriesen sei der Ruhm der Gegenwart Gottes.
Gottes Gegenwart erfüllt die ganze Erde. Amen, so sei es!

Wenn die Eingangsgebete ausgelassen werden, wird der Gottesdienst hier fortgesetzt:

DAS GEBET DER SCHÖPFUNG

Alles, was atmet und lebt, preise deinen Namen, Ewiger, unser Gott; jedes Wesen aus Körper und Geist verherrliche und erhebe deinen Ruhm. Du bist Gott von Ewigkeit zu Ewigkeit. Außer dir haben wir niemanden, der über uns regiert, der uns erlöst und hilft, rettet und befreit, der uns antwortet und sich unser erbarmt. Zur Zeit der Not und der Angst haben wir niemanden, der sich für uns verantwortlich weiß, als dich, niemanden, der uns hilft und uns stützt, außer dir, du Gott der ersten und der letzten Dinge, Gott aller Geschöpfe, Gott aller Generationen, dir wird auf vielfältige Weise Lob gesungen, du lenkst den Lauf der Welt in Güte und deine Geschöpfe in Erbarmen. Ja, du, Gott, schläfst und schlummerst nicht. Vielmehr lässt du die Schlafenden erwachen und weckst die Eingeschlafenen auf. Du schaffst Leben angesichts des Todes und heilst die Kranken. Du öffnest den Blinden die Augen und richtest die Gebeugten auf. Dir allein gebührt unser Dank.

DIE PFLICHT ZU LERNEN

Gepriesen seist du, Ewiger, unser Gott; du regierst die Welt. Du hast uns durch deine Gebote geheiligt und hast uns aufgetragen, uns mit den Worten deiner Thora zu beschäftigen. *(bBer 11b)*

Der folgende Abschnitt oder derjenige auf der gegenüberliegenden Seite kann hier gelesen werden:

II DER TAG DES GERICHTS

Wer von denen, die das Konzentrationslager erlebt haben, wüßte nicht von jenen Menschengestalten zu erzählen, die da über die Appellplätze oder durch die Baracken des Lagers gewandelt sind, hier ein gutes Wort, dort den letzten Bissen Brot spendend? Und mögen es auch nur wenige gewesen sein – sie haben Beweiskraft dafür, daß man dem Menschen im Konzentrationslager alles nehmen kann, nur nicht: die letzte menschliche Freiheit, sich zu den gegebenen Verhältnissen so oder so einzustellen. Und es gab ein „So oder so"! Und jeder Tag und jede Stunde im Lager gab tausendfältige Gelegenheit, diese innere Entscheidung zu vollziehen, die eine Entscheidung des Menschen für oder gegen den Verfall an jene Mächte der Umwelt darstellt, die dem Menschen sein Eigentliches zu rauben drohen – seine innere Freiheit – und ihn dazu verführen, unter Verzicht auf Freiheit und Würde zum bloßen Spielball und Objekt der äußeren Bedingungen zu werden und sich von ihnen zum „typischen" Lagerhäftling umprägen zu lassen. *(Viktor E. Frankl)*

וְהַעֲרֶב־נָא יְיָ אֱלֹהֵינוּ אֶת־דִּבְרֵי תוֹרָתְךָ בְּפִינוּ וּבְפִי עַמְּךָ בֵּית יִשְׂרָאֵל. וְנִהְיֶה אֲנַחְנוּ וְצֶאֱצָאֵינוּ וְצֶאֱצָאֵי עַמְּךָ בֵּית יִשְׂרָאֵל כֻּלָּנוּ יוֹדְעֵי שְׁמֶךָ וְלוֹמְדֵי תוֹרָתְךָ לִשְׁמָהּ. בָּרוּךְ אַתָּה יְיָ. הַמְלַמֵּד תּוֹרָה לְעַמּוֹ יִשְׂרָאֵל:

הָאֵל בְּתַעֲצֻמוֹת עֻזֶּךָ.

הַגָּדוֹל בִּכְבוֹד שְׁמֶךָ.

הַגִּבּוֹר לָנֶצַח.

וְהַנּוֹרָא בְּנוֹרְאוֹתֶיךָ:

הַמֶּלֶךְ

יוֹשֵׁב עַל כִּסֵּא רָם וְנִשָּׂא.

שׁוֹכֵן עַד מָרוֹם וְקָדוֹשׁ שְׁמוֹ.

וְכָתוּב. רַנְּנוּ צַדִּיקִים בַּייָ לַיְשָׁרִים נָאוָה תְהִלָּה:

בְּפִי **יְ**שָׁרִים תִּתְ**רוֹ**מָם

וּבְדִבְרֵי **צַ**דִּיקִים תִּתְ**בָּ**רַךְ

וּבִלְשׁוֹן **חֲ**סִידִים תִּתְ**קַ**דָּשׁ

וּבְקֶרֶב **קְ**דוֹשִׁים תִּתְ**הַ**לָּל:

וּבְמַקְהֲלוֹת רִבְבוֹת עַמְּךָ בֵּית יִשְׂרָאֵל בְּרִנָּה יִתְפָּאַר שִׁמְךָ מַלְכֵּנוּ בְּכָל־דּוֹר וָדוֹר. שֶׁכֵּן חוֹבַת כָּל־הַיְצוּרִים לְפָנֶיךָ יְיָ אֱלֹהֵינוּ וֵאלֹהֵי אֲבוֹתֵינוּ לְהוֹדוֹת לְהַלֵּל לְשַׁבֵּחַ לְפָאֵר לְרוֹמֵם לְהַדֵּר לְבָרֵךְ לְעַלֵּה וּלְקַלֵּס עַל כָּל־דִּבְרֵי שִׁירוֹת וְתִשְׁבְּחוֹת דָּוִד בֶּן־יִשַׁי עַבְדְּךָ מְשִׁיחֶךָ:

יִשְׁתַּבַּח שִׁמְךָ לָעַד מַלְכֵּנוּ. הָאֵל הַמֶּלֶךְ הַגָּדוֹל וְהַקָּדוֹשׁ בַּשָּׁמַיִם וּבָאָרֶץ. כִּי לְךָ נָאֶה יְיָ אֱלֹהֵינוּ וֵאלֹהֵי

Ewiger, unser Gott, lass die Worte deiner Thora süß sein in unseren Mündern und in den Mündern deines Volkes Israel. Lass uns, unsere Kinder und die Kinder deines Volkes, der Familie Israels, lass uns und sie alle Menschen sein, die deinen Namen kennen und die die Thora um ihrer selbst willen lernen. Gepriesen seist du, Ewiger. Du hast dein Volk Israel die Thora gelehrt.

GOTT REGIERT

Wir nennen dich
GOTT aufgrund der Fülle deiner Kraft.
DU BIST GROSS aufgrund der Herrlichkeit deines Ruhms.
DU BIST MÄCHTIG für immer.
DIR GEBÜHRT UNSERE EHRFURCHT aufgrund deiner Ehrfurcht weckenden Taten.

GOTT REGIERT,

Gott herrscht in Erhabenheit und Transzendenz.
Gottes Gegenwart ist allumfassend; Gottes Name ist heilig!

Es steht geschrieben:
Jubelt Gott zu, ihr Gerechten.
Für die Frommen ist es angenehm, Gott zu loben. *(Ps 33,1)*

Durch den Mund der Ehrlichen wird Gott gerühmt,
durch die Worte der Gerechten wird Gott gepriesen,
durch die Zunge der Frommen wird Gott geheiligt,
inmitten der Heiligen wird Gott gelobt.

In den großen Chören deines Volkes Israel wird in allen Generationen dein Name, Gott aller Macht, im Gesang verherrlicht. Ewiger, unser Gott und Gott unserer Vorfahren, alle Geschöpfe haben dir zu danken, dir zu singen und dich zu loben. Alles, was du geschaffen hast, hat dich zu verherrlichen, dich zu rühmen und deinen Ruhm zu verbreiten. Alles, was lebt, soll dich preisen, dich erheben und dich würdigen – mit den Worten der Lieder und Hymnen deines Knechtes David, dem Sohn Isaïs, deines Gesalbten.

DIE PFLICHT ZU LOBEN

Gepriesen sei dein Name bis in Ewigkeit, Gott. Du bist groß und heilig, regierst im Himmel und auf Erden. Ja, du bist würdig, dass man dich, unseren Gott und Gott unserer Vorfahren, immer und ewig in Lied und

אֲבוֹתֵינוּ לְעוֹלָם וָעֶד שִׁיר וּשְׁבָחָה. קְדֻשָּׁה וּמַלְכוּת. בְּרָכוֹת וְהוֹדָאוֹת לְשִׁמְךָ הַגָּדוֹל וְהַקָּדוֹשׁ. וּמֵעוֹלָם וְעַד־עוֹלָם אַתָּה אֵל: בָּרוּךְ אַתָּה יְיָ. בּוֹרֵא כָל־הַנְּשָׁמוֹת. רִבּוֹן כָּל־הַמַּעֲשִׂים. מֶלֶךְ חֵי הָעוֹלָמִים:

Hier kann das חצי קדיש *eingefügt werden.*

ברכו

בָּרְכוּ אֶת־יְיָ הַמְבֹרָךְ:

בָּרוּךְ יְיָ הַמְבֹרָךְ לְעוֹלָם וָעֶד:

יוצר

בָּרוּךְ אַתָּה יְיָ אֱלֹהֵינוּ מֶלֶךְ הָעוֹלָם. יוֹצֵר אוֹר וּבוֹרֵא חֹשֶׁךְ. עֹשֶׂה שָׁלוֹם וּבוֹרֵא אֶת־הַכֹּל: הַכֹּל יוֹדוּךָ. וְהַכֹּל יְשַׁבְּחוּךָ. וְהַכֹּל יֹאמְרוּ אֵין קָדוֹשׁ כַּייָ: הַמֵּאִיר לָעוֹלָם כֻּלּוֹ וּלְיוֹשְׁבָיו וּבְטוּבוֹ מְחַדֵּשׁ בְּכָל־יוֹם תָּמִיד מַעֲשֵׂה בְרֵאשִׁית: מָה רַבּוּ מַעֲשֶׂיךָ יְיָ. כֻּלָּם בְּחָכְמָה עָשִׂיתָ. מָלְאָה הָאָרֶץ קִנְיָנֶךָ: הַמֶּלֶךְ הַמְרוֹמָם לְבַדּוֹ מֵאָז. הַמְשֻׁבָּח וְהַמְפֹאָר וְהַמִּתְנַשֵּׂא מִימוֹת עוֹלָם:

אֱלֹהֵי עוֹלָם. בְּרַחֲמֶיךָ הָרַבִּים רַחֵם עָלֵינוּ. אֲדוֹן עֻזֵּנוּ. צוּר מִשְׂגַּבֵּנוּ. מָגֵן יִשְׁעֵנוּ. מִשְׂגָּב בַּעֲדֵנוּ: בָּרוּךְ אַתָּה יְיָ. יוֹצֵר הַמְּאוֹרוֹת:

אהבה רבה

אַהֲבָה רַבָּה אֲהַבְתָּנוּ יְיָ אֱלֹהֵינוּ. חֶמְלָה גְדוֹלָה וִיתֵרָה חָמַלְתָּ עָלֵינוּ: אָבִינוּ מַלְכֵּנוּ. בַּעֲבוּר שִׁמְךָ הַגָּדוֹל וּבַעֲבוּר אֲבוֹתֵינוּ שֶׁבָּטְחוּ בָךְ. וַתְּלַמְּדֵם חֻקֵּי חַיִּים לַעֲשׂוֹת רְצוֹנְךָ בְּלֵבָב שָׁלֵם. כֵּן תְּחָנֵּנוּ: הָאֵר עֵינֵינוּ בְּתוֹרָתֶךָ. וְדַבֵּק לִבֵּנוּ בְּמִצְוֹתֶיךָ. וְיַחֵד לְבָבֵנוּ לְאַהֲבָה וּלְיִרְאָה אֶת־שְׁמֶךָ. לְמַעַן לֹא נֵבוֹשׁ וְלֹא נִכָּלֵם. כִּי אֵל פּוֹעֵל יְשׁוּעוֹת אָתָּה. וּבָנוּ בָחַרְתָּ מִכָּל־עַם וְלָשׁוֹן. וְקֵרַבְתָּנוּ מַלְכֵּנוּ לְשִׁמְךָ הַגָּדוֹל בְּאַהֲבָה. לְהוֹדוֹת לְךָ וּלְיַחֶדְךָ וּלְאַהֲבָה אֶת־שְׁמֶךָ: בָּרוּךְ אַתָּה יְיָ. הַבּוֹחֵר בְּעַמּוֹ יִשְׂרָאֵל בְּאַהֲבָה:

Lob preise. Heiligkeit und Herrschaft, Preis und Dank gebühren deinem großen und heiligen Namen. Von jeher bis in alle Ewigkeit warst und bist du Gott. Gepriesen seist du, Ewiger. Du schufst alles, was lebt. Alle Geschöpfe sind dein. Du herrschst über das Leben.

Hier kann das Chazi-Kaddisch eingefügt werden.

AUFRUF ZUM LOB

Lasst uns Gott preisen; Gott gebührt unsere Ehre!

Gepriesen sei Gott; Gott gebührt unsere Ehre auf immer und ewig!

GOTT SCHAFFT UND ERHÄLT

Gepriesen seist du, Ewiger, unser Gott; du regierst die Welt. Du lässt das Licht scheinen, aber schaffst auch die Finsternis, du bringst Frieden, du schaffst alles. Alles lobt dich und alles preist dich, alles sagt: Nichts ist heilig wie der lebendige Gott! Du gibst der ganzen Welt und all ihren Bewohnern Licht, und durch deine Güte erneuerst du deine Schöpfung Tag für Tag. Wie zahlreich sind deine Werke, Gott. Sie alle hast du in Weisheit gemacht. Die Erde ist erfüllt mit deinem Eigentum. Gott, du allein bist erhöht seit jeher. Du wirst gepriesen und verherrlicht und erhoben seit den Tagen der Vorzeit.

Ewiger Gott, in deinem großen Erbarmen erbarme dich über uns. Gott, du bist unsere Kraft. Du bist der Fels, den wir als Zufluchtsort haben. Du bist der Schutzschild zu unserem Heil. Du allein bist unsere Zuflucht! Gepriesen seist du, Ewiger. Du schaffst das Licht.

GOTT LIEBT ISRAEL

Mit großer Liebe hast du uns geliebt; mit großer und überreichlicher Sanftmut hast du uns angenommen – um deines Namens willen und wegen unserer Vorfahren, die auf dich vertrauten. Du hast sie die lebenserhaltenden Satzungen gelehrt, damit sie deinen Willen tun sollten mit ungeteiltem Herzen, so erweise uns deine Gnade. Erleuchte unsere Augen durch deine Thora. Binde unser Herz an deine Gebote. Lass unser Leben von Liebe und von der Achtung vor Gott geprägt sein, damit wir niemals unsere Selbstachtung verlieren noch je beschämt sein müssen, denn du bist Gott, der uns Hilfe zuteil werden lässt. Uns hast du erwählt aus allen Völkern und Nationen, und aufgrund deiner Liebe hast du es uns ermöglicht, uns dir zu nahen, um dich zu loben, deine Einzigartigkeit zu bezeugen und dich zu lieben, Ewiger, unser Gott. Gepriesen seist du, Ewiger. Du hast dein Volk Israel in Liebe erwählt.

שמע ישראל

שְׁמַ**ע** יִשְׂרָאֵל. יְהֹוָה אֱלֹהֵינוּ יְהֹוָה אֶחָ**ד**׃

בָּרוּךְ שֵׁם כְּבוֹד מַלְכוּתוֹ לְעוֹלָם וָעֶד׃

וְאָהַבְתָּ אֵת יְהֹוָה אֱלֹהֶיךָ. בְּכָל־לְבָבְךָ וּבְכָל־נַפְשְׁךָ וּבְכָל־מְאֹדֶךָ׃ וְהָיוּ הַדְּבָרִים הָאֵלֶּה אֲשֶׁר אָנֹכִי מְצַוְּךָ הַיּוֹם עַל־לְבָבֶךָ׃ וְשִׁנַּנְתָּם לְבָנֶיךָ וְדִבַּרְתָּ בָּם. בְּשִׁבְתְּךָ בְּבֵיתֶךָ וּבְלֶכְתְּךָ בַדֶּרֶךְ וּבְשָׁכְבְּךָ וּבְקוּמֶךָ׃ וּקְשַׁרְתָּם לְאוֹת עַל־יָדֶךָ. וְהָיוּ לְטֹטָפֹת בֵּין עֵינֶיךָ׃ וּכְתַבְתָּם עַל־מְזֻזוֹת בֵּיתֶךָ וּבִשְׁעָרֶיךָ׃

In der Stille können die beiden traditionellen Abschnitte des Sch'ma gelesen werden (S. 218-220) oder die folgenden Abschnitte:

תהלים

קלט

יְהֹוָה חֲקַרְתַּנִי וַתֵּדָע׃

אַתָּה יָדַעְתָּ שִׁבְתִּי וְקוּמִי בַּנְתָּה לְרֵעִי מֵרָחוֹק׃

אָרְחִי וְרִבְעִי זֵרִיתָ וְכָל־דְּרָכַי הִסְכַּנְתָּה׃

כִּי אֵין מִלָּה בִּלְשׁוֹנִי הֵן יְהֹוָה יָדַעְתָּ כֻלָּהּ׃

אָחוֹר וָקֶדֶם צַרְתָּנִי וַתָּשֶׁת עָלַי כַּפֶּכָה׃

פְּלִיאָה דַעַת מִמֶּנִּי נִשְׂגְּבָה לֹא־אוּכַל לָהּ׃

אָנָה אֵלֵךְ מֵרוּחֶךָ וְאָנָה מִפָּנֶיךָ אֶבְרָח׃

אִם־אֶסַּק שָׁמַיִם שָׁם אָתָּה וְאַצִּיעָה שְּׁאוֹל הִנֶּךָּ׃

אֶשָּׂא כַנְפֵי־שָׁחַר אֶשְׁכְּנָה בְּאַחֲרִית יָם׃

גַּם־שָׁם יָדְךָ תַנְחֵנִי וְתֹאחֲזֵנִי יְמִינֶךָ׃

וָאֹמַר אַךְ־חֹשֶׁךְ יְשׁוּפֵנִי וְלַיְלָה אוֹר בַּעֲדֵנִי׃

גַּם־חֹשֶׁךְ לֹא־יַחְשִׁיךְ מִמֶּךָ וְלַיְלָה כַּיּוֹם יָאִיר
כַּחֲשֵׁיכָה כָּאוֹרָה׃

ISRAELS GOTT

Höre Israel, der Ewige ist Gott, der Ewige ist einzig. *(Dtn 6,4)*

Gepriesen sei Gottes ruhmreiche Herrschaft immer und ewig! *(mJoma 6,2)*

Darum sollst du den Ewigen, deinen Gott, lieben mit ganzem Herzen, mit ganzer Seele und mit ganzer Kraft.

Diese Worte, auf die ich dich heute verpflichte, sollen auf deinem Herzen geschrieben stehen. Du sollst sie deinen Kindern erzählen. Du sollst von ihnen reden, wenn du zu Hause sitzt und wenn du auf der Straße gehst, wenn du dich schlafen legst und wenn du aufstehst. Du sollst sie als Zeichen um dein Handgelenk binden. Sie sollen als Merkzeichen auf deiner Stirn sein. Du sollst sie auf die Türpfosten deines Hauses und in deine Tore schreiben. *(Dtn 6,5-9)*

In der Stille können die beiden traditionellen Abschnitte des Sch'ma gelesen werden (S. 219-221) oder die folgenden Abschnitte:

PSALM 139 *GOTT ERFORSCHT MICH*

Gott, du erforschst und du kennst mich.
Ob ich lieg' oder stehe, ist dir bekannt.
Meine Gedanken verstehst du von ferne.
Ob ich geh' oder ruhe, das weißt du.
All meine Wege sind dir bekannt.
Ja, kein Wort ist auf meiner Zunge,
das du, Gott, nicht schon wüsstest.
Von hinten, von vorn umschließt du mich,
auf mir liegt deine Hand.
Zu sonderbar ist dieses Wissen für mich,
zu hoch, ich kann ihm nicht folgen.

Wohin könnt' ich deinem Geist entrinnen,
wohin vor deinem Angesicht fliehen?
Würde ich den Himmel erklimmen, so bist du schon da.
Würde ich in die Unterwelt hinabsteigen, bist du auch da.
Nähme ich als Flügel das Morgenrot
und wohnte am äußersten Meer,
auch dort würde deine Hand mich leiten,
deine rechte Hand mich ergreifen.
Spräche ich: Finsternis soll mich bedecken
und Nacht soll statt Licht um mich sein,
dann wäre die Finsternis nicht finster für dich,
die Nacht wäre hell wie der Tag,
ja, Finsternis wäre wie Licht.

חָקְרֵנִי אֵל וְדַע לְבָבִי בְּחָנֵנִי וְדַע שַׂרְעַפָּי׃
וּרְאֵה אִם־דֶּרֶךְ־עֹצֶב בִּי וּנְחֵנִי בְּדֶרֶךְ עוֹלָם׃

בְּשׁוּב־צַדִּיק מִצִּדְקָתוֹ וְעָשָׂה עָוֶל וּמֵת עֲלֵיהֶם. בְּעַוְלוֹ אֲשֶׁר־עָשָׂה יָמוּת׃ וּבְשׁוּב רָשָׁע מֵרִשְׁעָתוֹ אֲשֶׁר עָשָׂה וַיַּעַשׂ מִשְׁפָּט וּצְדָקָה. הוּא אֶת־נַפְשׁוֹ יְחַיֶּה׃ וַיִּרְאֶה וַיָּשָׁב מִכָּל־פְּשָׁעָיו אֲשֶׁר עָשָׂה. חָיוֹ יִחְיֶה לֹא יָמוּת׃ וְאָמְרוּ בֵּית יִשְׂרָאֵל. לֹא יִתָּכֵן דֶּרֶךְ אֲדֹנָי. הַדְּרָכַי לֹא יִתָּכְנוּ בֵּית יִשְׂרָאֵל. הֲלֹא דַרְכֵיכֶם לֹא יִתָּכֵן׃ לָכֵן אִישׁ כִּדְרָכָיו אֶשְׁפֹּט אֶתְכֶם בֵּית יִשְׂרָאֵל. נְאֻם אֲדֹנָי יֱהוִֹה׃ שׁוּבוּ וְהָשִׁיבוּ מִכָּל־פִּשְׁעֵיכֶם. וְלֹא־יִהְיֶה לָכֶם לְמִכְשׁוֹל עָוֹן׃ הַשְׁלִיכוּ מֵעֲלֵיכֶם אֶת־כָּל־פִּשְׁעֵיכֶם אֲשֶׁר פְּשַׁעְתֶּם בָּם. וַעֲשׂוּ לָכֶם לֵב חָדָשׁ וְרוּחַ חֲדָשָׁה. וְלָמָּה תָמֻתוּ בֵּית יִשְׂרָאֵל׃ כִּי לֹא אֶחְפֹּץ בְּמוֹת הַמֵּת. נְאֻם אֲדֹנָי יֱהוִֹה. וְהָשִׁיבוּ וִחְיוּ׃

והיה אם שמע

וְהָיָה אִם־שָׁמֹעַ תִּשְׁמְעוּ אֶל־מִצְוֹתַי אֲשֶׁר אָנֹכִי מְצַוֶּה אֶתְכֶם הַיּוֹם. לְאַהֲבָה אֶת־יְהֹוָה אֱלֹהֵיכֶם וּלְעָבְדוֹ בְּכָל־לְבַבְכֶם וּבְכָל־נַפְשְׁכֶם׃ וְנָתַתִּי מְטַר־אַרְצְכֶם בְּעִתּוֹ יוֹרֶה וּמַלְקוֹשׁ. וְאָסַפְתָּ דְגָנֶךָ וְתִירֹשְׁךָ וְיִצְהָרֶךָ׃ וְנָתַתִּי עֵשֶׂב בְּשָׂדְךָ לִבְהֶמְתֶּךָ. וְאָכַלְתָּ וְשָׂבָעְתָּ׃ הִשָּׁמְרוּ לָכֶם פֶּן־יִפְתֶּה לְבַבְכֶם. וְסַרְתֶּם וַעֲבַדְתֶּם אֱלֹהִים אֲחֵרִים וְהִשְׁתַּחֲוִיתֶם לָהֶם׃ וְחָרָה אַף־יְהֹוָה בָּכֶם וְעָצַר אֶת־הַשָּׁמַיִם וְלֹא־יִהְיֶה מָטָר וְהָאֲדָמָה לֹא תִתֵּן אֶת־יְבוּלָהּ. וַאֲבַדְתֶּם מְהֵרָה מֵעַל הָאָרֶץ הַטֹּבָה אֲשֶׁר יְהֹוָה נֹתֵן לָכֶם׃ וְשַׂמְתֶּם אֶת־דְּבָרַי אֵלֶּה עַל־לְבַבְכֶם וְעַל־נַפְשְׁכֶם. וּקְשַׁרְתֶּם אֹתָם לְאוֹת עַל־יֶדְכֶם וְהָיוּ לְטוֹטָפֹת בֵּין עֵינֵיכֶם׃ וְלִמַּדְתֶּם אֹתָם אֶת־בְּנֵיכֶם לְדַבֵּר בָּם. בְּשִׁבְתְּךָ בְּבֵיתֶךָ וּבְלֶכְתְּךָ

Erforsche mich, Gott, kenne mein Herz.
Prüfe mich, wisse um meine Sorgen.
Sieh, ob in mir der Weg zur Verzweiflung ist
und leite mich auf dem Weg zur Ewigkeit.

(Psalm 139,1b-12.23f)

WIR ERFORSCHEN UNSER LEBEN

Wenn ein Gerechter sich von seinem rechtschaffenen Leben abwendet und Unrecht tut, wird er dafür sterben. Wegen des Unrechts, das er getan hat, wird er sterben. Wenn sich ein Ungerechter von der Ungerechtigkeit, die er getan hat, abwendet und Recht und Gerechtigkeit übt, dann wird seine Seele am Leben erhalten werden. Wenn er alle Taten, die er gegen Gott getan hat, einsieht und umkehrt, wird er in jedem Fall am Leben bleiben und nicht sterben. Das Haus Israel sagt: Der Weg Gottes ist nicht richtig. – Sollten meine Wege nicht richtig sein, Haus Israel? Sind es nicht eure Wege, die nicht richtig sind! Deshalb beurteile ich einen jeden, eine jede von euch nach seinen und ihren Wegen, Haus Israel! So spricht der Ewige, euer Gott: Kehrt um, wendet euch ab von all euren Taten gegen Gott! Sie sollen nicht länger der Anlass zum Unrecht für euch sein. Streift all die Taten, die ihr gegen Gott getan habt, von euch ab. Schafft euch ein neues Herz und einen neuen Geist! Warum wollt ihr sterben, Haus Israel? Ich habe keinen Gefallen am Tod dessen, der stirbt, sagt Gott. Kehrt um, damit ihr am Leben bleibt. *(Ezechiel 18,26-32)*

DIE TRADITIONELLEN

Und wenn ihr auf meine Gebote hört, auf die ich euch heute verpflichte, wenn ihr also den Ewigen, euren Gott, liebt und ihm mit ganzem Herzen und mit ganzer Seele dient, dann gebe ich eurem Land seinen Regen zur rechten Zeit, den Frühregen im Herbst und den Spätregen im Frühjahr, und du kannst Korn, Most und Öl ernten; dann gebe ich deinem Vieh sein Gras auf dem Feld, und du kannst essen und satt werden. Aber nehmt euch in Acht! Lasst euer Herz nicht verführt werden, weicht nicht vom Weg ab, dient nicht anderen Göttern und werft euch nicht vor ihnen nieder! Sonst wird der Zorn des Ewigen gegen euch entbrennen; er wird den Himmel zuschließen, es wird kein Regen fallen, der Acker wird keinen Ertrag bringen, und ihr werdet unverzüglich aus dem prächtigen Land getilgt sein, das der Ewige euch geben will. Diese meine Worte sollt ihr auf euer Herz und eure Seele schreiben. Ihr sollt sie als Zeichen um das Handgelenk binden. Sie sollen als Merkzeichen auf eurer Stirn sein. Ihr sollt sie eure Kinder lehren und

בַּדֶּרֶךְ וּבְשָׁכְבְּךָ וּבְקוּמֶךָ: וּכְתַבְתָּם עַל־מְזוּזוֹת בֵּיתֶךָ וּבִשְׁעָרֶיךָ: לְמַעַן יִרְבּוּ יְמֵיכֶם וִימֵי בְנֵיכֶם עַל הָאֲדָמָה אֲשֶׁר נִשְׁבַּע יְהוָֹה לַאֲבֹתֵיכֶם לָתֵת לָהֶם. כִּימֵי הַשָּׁמַיִם עַל־הָאָרֶץ:

ויאמר יהוה

וַיֹּאמֶר יְהוָֹה אֶל־מֹשֶׁה לֵּאמֹר: דַּבֵּר אֶל־בְּנֵי יִשְׂרָאֵל וְאָמַרְתָּ אֲלֵיהֶם וְעָשׂוּ לָהֶם צִיצִת עַל־כַּנְפֵי בִגְדֵיהֶם לְדֹרֹתָם. וְנָתְנוּ עַל־צִיצִת הַכָּנָף פְּתִיל תְּכֵלֶת: וְהָיָה לָכֶם לְצִיצִת וּרְאִיתֶם אֹתוֹ וּזְכַרְתֶּם אֶת־כָּל־מִצְוֹת יְהוָֹה וַעֲשִׂיתֶם אֹתָם. וְלֹא־תָתוּרוּ אַחֲרֵי לְבַבְכֶם וְאַחֲרֵי עֵינֵיכֶם אֲשֶׁר־אַתֶּם זֹנִים אַחֲרֵיהֶם: לְמַעַן תִּזְכְּרוּ וַעֲשִׂיתֶם אֶת־כָּל־מִצְוֹתָי. וִהְיִיתֶם קְדֹשִׁים לֵאלֹהֵיכֶם: אֲנִי יְהוָֹה אֱלֹהֵיכֶם אֲשֶׁר הוֹצֵאתִי אֶתְכֶם מֵאֶרֶץ מִצְרַיִם לִהְיוֹת לָכֶם לֵאלֹהִים. אֲנִי **יְהוָֹה אֱלֹהֵיכֶם:**

Nach einer Zeit der Stille wird der Gottesdienst hier fortgesetzt:

גאולה

אֱמֶת וְיַצִּיב וְקַיָּם וּמְקֻבָּל וְטוֹב הַדָּבָר הַזֶּה עָלֵינוּ לְעוֹלָם וָעֶד: אֱמֶת אֱלֹהֵי עוֹלָם מַלְכֵּנוּ. צוּר יַעֲקֹב מָגֵן יִשְׁעֵנוּ. לְדוֹר וָדוֹר הוּא קַיָּם. וּמַלְכוּתוֹ וֶאֱמוּנָתוֹ לָעַד קַיָּמֶת: אֱמֶת שֶׁאַתָּה הוּא יְיָ אֱלֹהֵינוּ וֵאלֹהֵי אֲבוֹתֵינוּ. פּוֹדֵנוּ וּמַצִּילֵנוּ. מֵעוֹלָם הוּא שְׁמֶךָ. אֵין אֱלֹהִים זוּלָתֶךָ:

עֶזְרַת אֲבוֹתֵינוּ אַתָּה הוּא מֵעוֹלָם. מָגֵן וּמוֹשִׁיעַ לָהֶם וְלִבְנֵיהֶם אַחֲרֵיהֶם בְּכָל־דּוֹר וָדוֹר: אַשְׁרֵי אִישׁ שֶׁיִּשְׁמַע לְמִצְוֹתֶיךָ. וְתוֹרָתְךָ וּדְבָרְךָ יָשִׂים עַל־לִבּוֹ: אֱמֶת אַתָּה הוּא רִאשׁוֹן. וְאַתָּה הוּא אַחֲרוֹן. וּמִבַּלְעָדֶיךָ אֵין לָנוּ מֶלֶךְ גּוֹאֵל וּמוֹשִׁיעַ:

צוּר יִשְׂרָאֵל. קוּמָה בְּעֶזְרַת יִשְׂרָאֵל. גֹּאֲלֵנוּ יְיָ צְבָאוֹת שְׁמוֹ קְדוֹשׁ יִשְׂרָאֵל. בָּרוּךְ אַתָּה יְיָ גָּאַל יִשְׂרָאֵל:

ABSCHNITTE

ihnen davon erzählen, wenn du zu Hause sitzt und wenn du auf der Straße gehst, wenn du dich hinlegst und wenn du aufstehst. Du sollst sie auf die Türpfosten deines Hauses und in deine Tore schreiben. Damit ihr und eure Kinder lange in dem Land lebt, das der Ewige euren Vorfahren geschworen hat zu geben; so zahlreich sollen eure Tage darin sein wie die Tage, die sich der Himmel über der Erde wölbt. *(Dtn 11,13-21)*

Der Ewige sprach zu Mose: Rede zu den Kindern Israels und sage ihnen, sie sollen sich Quasten an die Enden ihrer Gewänder nähen, von Generation zu Generation. An den Quasten sollen sie einen blauen Faden anbringen. Es sollen Merkquasten für euch sein: Wenn ihr sie seht, dann sollt ihr euch an alle Gebote des Ewigen erinnern und sie tun. Ihr sollt eurem Herzen und euren Augen nicht nachgeben, wenn sie euch zur Untreue verleiten wollen. Durch sie erinnert ihr euch an alle meine Gebote und werdet sie beachten und so eurem Gott heilig sein. Ich bin der Ewige, euer Gott; ich habe euch aus Ägypten herausgeführt, um für euch Gott zu sein; Ich, der Ewige, bin euer Gott. *(Num 15, 37-41)*

Nach einer Zeit der Stille wird der Gottesdienst hier fortgesetzt:

DIE WAHRHEIT UND DIE ERLÖSUNG

Dieses Wort ist die Wahrheit. Allezeit ist es für uns gültig, anerkannt und gut. Es ist wahr, dass du bis in Ewigkeit Gott bist und über uns regierst. Du bist der Fels Jakobs, der Schutzschild zu unserem Heil. Beständig bist du von Generation zu Generation. Deine Herrschaft und deine Treue haben immerwährenden Bestand. Du, Ewiger, bist in Wahrheit unser Gott und der Gott unserer Vorfahren. Unser Erlöser und unser Erretter – das ist von jeher dein Name. Es gibt keinen anderen Gott außer dir.

Die Hilfe unserer Vorfahren warst du seit eh und je. Du warst für sie ein Schutzschild. Du warst ihre Hilfe – für sie und für ihre Kinder und ihre Enkel in jeder Generation. Glücklich ist der Mensch, der sich nach deinen Geboten richtet und sich deine Weisung und dein Wort zu Herzen nimmt. Dies ist wahr: Du bist der Anfang und du bist das Ende. Und außer dir gibt es für uns nichts, das uns erlösen und helfen kann.

Fels Israels, erhebe dich, um Israel zu helfen! Unser Erlöser, der alle Kreatur versorgt, Heiliger Israels, das ist sein Name. Gepriesen seist du, Ewiger. Du erlöst Israel .

אֲדֹנָי שְׂפָתַי תִּפְתָּח· וּפִי יַגִּיד תְּהִלָּתֶךָ:

Einer der beiden folgenden Absätze:

אבות ואמהות

בָּרוּךְ אַתָּה יְיָ אֱלֹהֵינוּ וֵאלֹהֵי אֲבוֹתֵינוּ· אֱלֹהֵי אַבְרָהָם· אֱלֹהֵי יִצְחָק· וֵאלֹהֵי יַעֲקֹב· הָאֵל הַגָּדוֹל הַגִּבּוֹר וְהַנּוֹרָא· אֵל עֶלְיוֹן· גּוֹמֵל חֲסָדִים טוֹבִים קוֹנֵה הַכֹּל וְזוֹכֵר חַסְדֵי אָבוֹת וּמֵבִיא גוֹאֵל לִבְנֵי בְנֵיהֶם לְמַעַן שְׁמוֹ בְּאַהֲבָה:

בָּרוּךְ אַתָּה יְיָ אֱלֹהֵינוּ וֵאלֹהֵי אֲבוֹתֵינוּ וְאִמּוֹתֵינוּ· אֱלֹהֵי אַבְרָהָם וֵאלֹהֵי שָׂרָה· אֱלֹהֵי יִצְחָק וֵאלֹהֵי רִבְקָה· אֱלֹהֵי יַעֲקֹב אֱלֹהֵי רָחֵל וֵאלֹהֵי לֵאָה· הָאֵל הַגָּדוֹל הַגִּבּוֹר וְהַנּוֹרָא· אֵל עֶלְיוֹן· גּוֹמֵל חֲסָדִים טוֹבִים קוֹנֵה הַכֹּל וְזוֹכֵר חַסְדֵי אָבוֹת וְאִמָּהוֹת וּמֵבִיא גוֹאֵל לִבְנֵי בְנֵיהֶם לְמַעַן שְׁמוֹ בְּאַהֲבָה:

(זָכְרֵנוּ לַחַיִּים מֶלֶךְ חָפֵץ בַּחַיִּים. וְכָתְבֵנוּ בְּסֵפֶר הַחַיִּים. לְמַעַנְךָ אֱלֹהִים חַיִּים:)

מֶלֶךְ עוֹזֵר וּמוֹשִׁיעַ וּמָגֵן· בָּרוּךְ אַתָּה יְיָ· מָגֵן אַבְרָהָם:

מֶלֶךְ עוֹזֵר וּמוֹשִׁיעַ וּמָגֵן· בָּרוּךְ אַתָּה יְיָ· מָגֵן אַבְרָהָם וְשָׂרָה:

גבורות

אַתָּה גִּבּוֹר לְעוֹלָם יְיָ. מְחַיֵּה מֵתִים אַתָּה רַב לְהוֹשִׁיעַ. מְכַלְכֵּל חַיִּים בְּחֶסֶד. מְחַיֵּה מֵתִים בְּרַחֲמִים רַבִּים. סוֹמֵךְ נוֹפְלִים. וְרוֹפֵא חוֹלִים. וּמַתִּיר אֲסוּרִים. וּמְקַיֵּם אֱמוּנָתוֹ לִישֵׁנֵי עָפָר: מִי כָמוֹךָ בַּעַל גְּבוּרוֹת וּמִי דּוֹמֶה לָּךְ. מֶלֶךְ מֵמִית וּמְחַיֶּה. וּמַצְמִיחַ יְשׁוּעָה:

(מִי כָמוֹךָ אַב הָרַחֲמִים זוֹכֵר יְצוּרָיו לַחַיִּים בְּרַחֲמִים:)

וְנֶאֱמָן אַתָּה לְהַחֲיוֹת מֵתִים. בָּרוּךְ אַתָּה יְיָ. מְחַיֵּה הַמֵּתִים:

Gott, öffne meine Lippen, dass mein Mund deinen Ruhm verkünde! *(Ps 51,17)*

Einer der beiden folgenden Absätze:

GOTT ALLER GENERATIONEN

Gepriesen seist du, Ewiger, unser Gott und Gott unserer Väter, Gott Abrahams, Gott Isaaks und Gott Jakobs. Du bist groß und mächtig. Dir gebührt unsere Ehrfurcht. Du bist über alles erhaben. Du vollbringst Wohltaten. Alles hältst du in deiner Hand. Du erinnerst dich an die Frömmigkeit unserer Vorfahren und bringst deshalb liebevoll ihren Enkeln Erlösung um deines Namens willen.

Gepriesen seist du, Ewiger, unser Gott und Gott unserer Väter und Mütter, Gott Abrahams und Gott Saras, Gott Isaaks und Gott Rebekkas, Gott Jakobs, Gott Rahels und Gott Leas. Du bist groß und mächtig. Dir gebührt unsere Ehrfurcht. Du bist über alles erhaben. Du vollbringst Wohltaten. Alles hältst du in deiner Hand. Du erinnerst dich an die Frömmigkeit unserer Vorfahren und bringst deshalb liebevoll ihren Enkeln Erlösung um deines Namens willen.

> Denke an uns, damit wir leben, Gott, du liebst das Leben! Schreibe uns in das Buch des Lebens um deines Namens willen, lebendiger Gott!

Du wachst über unser Leben und hilfst uns, du bist Rettung und Schild. Gepriesen seist du, Ewiger, unser Gott, Schutzschild Abrahams.

Du wachst über unser Leben und hilfst uns, du bist Rettung und Schild. Gepriesen seist du, Ewiger, unser Gott, Schutzschild Abrahams und Saras.

GOTT IST MÄCHTIG

Du bist die nie erschöpfende Kraft, du schenkst Leben angesichts des Todes. Vielfältig sind deine Wege zu helfen. Die Lebenden ernährst du in Güte. In großem Erbarmen schaffst du Leben angesichts des Todes. Du stützt die Fallenden. Du heilst die Kranken. Du machst die Gebundenen los und hältst die Treue denen, die im Staube schlafen. Wer ist wie du, der solche Kraft hätte, und wer ist dir gleich? – Du, Gott, hast Macht über Tod und Leben, und du lässt Hilfe sprossen.

> Wer ist wie du, Quelle aller Barmherzigkeit! In Barmherzigkeit gedenkst du deiner Geschöpfe und schenkst ihnen Leben.

Du bist treu, Leben angesichts des Todes zu schaffen. Gepriesen seist du, Ewiger. Du schenkst Leben angesichts des Todes.

קדושת השם

אַתָּה קָדוֹשׁ וְשִׁמְךָ קָדוֹשׁ וּקְדוֹשִׁים בְּכָל־יוֹם יְהַלְלוּךָ סֶּלָה.

קָדוֹשׁ קָדוֹשׁ קָדוֹשׁ יְיָ צְבָאוֹת. מְלֹא כָל־הָאָרֶץ כְּבוֹדוֹ:

וּבְכֵן תֵּן פַּחְדְּךָ יְיָ אֱלֹהֵינוּ עַל כָּל־מַעֲשֶׂיךָ וְאֵימָתְךָ עַל כָּל־מַה־שֶּׁבָּרָאתָ. וְיִירָאוּךָ כָּל־הַמַּעֲשִׂים וְיִשְׁתַּחֲווּ לְפָנֶיךָ כָּל־הַבְּרוּאִים. וְיֵעָשׂוּ כֻלָּם אֲגֻדָּה אַחַת לַעֲשׂוֹת רְצוֹנְךָ בְּלֵבָב שָׁלֵם. כְּמוֹ שֶׁיָּדַעְנוּ יְיָ אֱלֹהֵינוּ שֶׁהַשִּׁלְטוֹן לְפָנֶיךָ. עֹז בְּיָדְךָ וּגְבוּרָה בִּימִינֶךָ וְשִׁמְךָ נוֹרָא עַל כָּל־מַה־שֶּׁבָּרָאתָ:

וּבְכֵן תֵּן כָּבוֹד יְיָ לְעַמֶּךָ תְּהִלָּה לִירֵאֶיךָ וְתִקְוָה לְדוֹרְשֶׁיךָ וּפִתְחוֹן פֶּה לַמְיַחֲלִים לָךְ. שִׂמְחָה לְאַרְצֶךָ וְשָׂשׂוֹן לְעִירֶךָ וּצְמִיחַת קֶרֶן לְדָוִד עַבְדֶּךָ וַעֲרִיכַת נֵר לְבֶן־יִשַׁי מְשִׁיחֶךָ בִּמְהֵרָה בְיָמֵינוּ:

וּבְכֵן צַדִּיקִים יִרְאוּ וְיִשְׂמָחוּ וִישָׁרִים יַעֲלֹזוּ וַחֲסִידִים בְּרִנָּה יָגִילוּ. וְעוֹלָתָה תִּקְפָּץ־פִּיהָ וְכָל־הָרִשְׁעָה כֻּלָּהּ כְּעָשָׁן תִּכְלֶה כִּי תַעֲבִיר מֶמְשֶׁלֶת זָדוֹן מִן הָאָרֶץ:

וְתִמְלֹךְ אַתָּה יְיָ לְבַדֶּךָ עַל כָּל־מַעֲשֶׂיךָ בְּהַר צִיּוֹן מִשְׁכַּן כְּבוֹדֶךָ וּבִירוּשָׁלַיִם עִיר קָדְשֶׁךָ. כַּכָּתוּב בְּדִבְרֵי קָדְשֶׁךָ.

יִמְלֹךְ יְיָ לְעוֹלָם אֱלֹהַיִךְ צִיּוֹן לְדֹר וָדֹר הַלְלוּיָהּ:

קָדוֹשׁ אַתָּה וְנוֹרָא שְׁמֶךָ וְאֵין אֱלוֹהַּ מִבַּלְעָדֶיךָ. כַּכָּתוּב: וַיִּגְבַּהּ יְיָ צְבָאוֹת בַּמִּשְׁפָּט. וְהָאֵל הַקָּדוֹשׁ נִקְדַּשׁ בִּצְדָקָה.

בָּרוּךְ אַתָּה יְיָ. הַמֶּלֶךְ הַקָּדוֹשׁ:

GOTT IST HEILIG

Heilig bist du, heilig ist dein Name, Heilige preisen dich Tag für Tag.

Heilig, heilig, heilig ist der Schöpfer aller Kreatur.
Die ganze Welt ist mit Gottes Gegenwart erfüllt. *(Jes 6,3)*

Und so lass nun, Ewiger, unser Gott, die Scheu vor dir über alle deine Werke kommen und ein ehrfürchtiges Bangen vor dir über alles, was du erschaffen hast, damit alle deine Geschöpfe dir Ehrfurcht erweisen und alle Menschen dich in Demut verehren. So werden sie alle eine Gemeinschaft bilden, die deinen Willen von ganzem Herzen erfüllt. Denn wir wissen ja, Ewiger, unser Gott, dass dir die Herrschaft gehört. Deine Hand hat Kraft und deine Rechte hat Macht. Alles, was du geschaffen hast, bezeugt deinen Namen, dem die Ehrfurcht gebührt.

Und so bringe nun dein Volk zu Ehren und alle, die dich fürchten, zu Ruhm. Gib allen, die dich suchen, Hoffnung und allen, die auf dich hoffen, Freimut. Erfülle dein Land mit Freude und deine Stadt mit Jubel. Lass das Werk der Erlösung, das mit deinem Knecht David begann, neu erblühen. Lass das Licht der messianischen Zeit schon in unserer Zeit erstrahlen.

Und so mögen nun die Gerechten dies sehen und sich freuen. Die Aufrichtigen werden fröhlich sein, und die Glaubenden werden jubelnd singen. Dem Unrecht aber wird der Mund gestopft werden, und alles Böse wird wie Rauch vergehen, wenn du die Herrschaft der Bosheit von der Erde verschwinden lässt.

Dann wirst du, Gott, allein über alle deine Werke regieren, über den Berg Zion, den Ort deiner Gegenwart und über Jerusalem, die Stadt deiner Heiligkeit, wie in deinen heiligen Worten geschrieben steht:

Gott herrscht allezeit, dein Gott, Zion, regiert bis in Ewigkeit. Halleluja!
(Ps 146,10)

Heilig bist du; deinem Namen gebührt Ehrfurcht. Es gibt keinen Gott außer dir, wie geschrieben steht: Der Gott aller Geschöpfe ist erhaben im Gericht. Der Gott der Heiligkeit ist geheiligt durch Gerechtigkeit.
(Jes 5,16)

Gepriesen seist du, Ewiger. Du herrschst und du bist heilig.

קדושת היום

אַתָּה בְחַרְתָּנוּ מִכָּל־הָעַמִּים. אָהַבְתָּ אוֹתָנוּ. וְרָצִיתָ בָּנוּ. וְרוֹמַמְתָּנוּ מִכָּל־הַלְּשׁוֹנוֹת. וְקִדַּשְׁתָּנוּ בְּמִצְוֹתֶיךָ. וְקֵרַבְתָּנוּ מַלְכֵּנוּ לַעֲבוֹדָתֶךָ. וְשִׁמְךָ הַגָּדוֹל וְהַקָּדוֹשׁ עָלֵינוּ קָרָאתָ: וַתִּתֶּן־לָנוּ יְיָ אֱלֹהֵינוּ בְּאַהֲבָה אֶת־יוֹם (הַמָּנוֹחַ הַזֶּה. וְאֶת־יוֹם) הַזִּכָּרוֹן הַזֶּה. יוֹם תְּרוּעָה מִקְרָא קֹדֶשׁ זֵכֶר לִיצִיאַת מִצְרָיִם:

יעלה ויבא

אֱלֹהֵינוּ וֵאלֹהֵי אֲבוֹתֵינוּ יַעֲלֶה וְיָבֹא. יַגִּיעַ וְיֵרָאֶה. זִכְרוֹנֵנוּ וּפִקְדּוֹנֵנוּ. וְזִכְרוֹן אֲבוֹתֵינוּ. וְזִכְרוֹן מָשִׁיחַ בֶּן־דָּוִד עַבְדֶּךָ. וְזִכְרוֹן יְרוּשָׁלַיִם עִיר קָדְשֶׁךָ. וְזִכְרוֹן כָּל־עַמְּךָ בֵּית יִשְׂרָאֵל לְפָנֶיךָ לִפְלֵיטָה וּלְטוֹבָה. לְחֵן וּלְחֶסֶד. וּלְרַחֲמִים. בְּיוֹם (הַמָּנוֹחַ הַזֶּה וּבְיוֹם) הַזִּכָּרוֹן הַזֶּה:

זָכְרֵנוּ יְיָ אֱלֹהֵינוּ בּוֹ לְטוֹבָה. אָמֵן:

וּפָקְדֵנוּ בוֹ לִבְרָכָה. אָמֵן:

וְהוֹשִׁיעֵנוּ בוֹ לְחַיִּים טוֹבִים: אָמֵן:

וּבִדְבַר יְשׁוּעָה וְרַחֲמִים חוּס וְחָנֵּנוּ. כִּי אֵלֶיךָ עֵינֵינוּ. כִּי אֵל מֶלֶךְ חַנּוּן וְרַחוּם אָתָּה:

אֱלֹהֵינוּ וֵאלֹהֵי אֲבוֹתֵינוּ. מְלֹךְ עַל כָּל־הָעוֹלָם כֻּלּוֹ בִּכְבוֹדֶךָ. וְהִנָּשֵׂא עַל כָּל־הָאָרֶץ בִּיקָרֶךָ. וְהוֹפַע בַּהֲדַר גְּאוֹן עֻזֶּךָ. עַל כָּל־יוֹשְׁבֵי תֵּבֵל אַרְצֶךָ: וְיֵדַע כָּל־פָּעוּל כִּי אַתָּה פְעַלְתּוֹ. וְיָבִין כָּל־יָצוּר כִּי אַתָּה יְצַרְתּוֹ. וְיֹאמַר כֹּל אֲשֶׁר נְשָׁמָה בְאַפּוֹ. יְיָ אֱלֹהֵי יִשְׂרָאֵל מֶלֶךְ. וּמַלְכוּתוֹ בַּכֹּל מָשָׁלָה:

אֱלֹהֵינוּ וֵאלֹהֵי אֲבוֹתֵינוּ (רְצֵה בִמְנוּחָתֵנוּ) קַדְּשֵׁנוּ בְּמִצְוֹתֶיךָ. וְתֵן חֶלְקֵנוּ בְּתוֹרָתֶךָ. שַׂבְּעֵנוּ מִטּוּבֶךָ. וְשַׂמְּחֵנוּ בִּישׁוּעָתֶךָ. (וְהַנְחִילֵנוּ יְיָ אֱלֹהֵינוּ בְּאַהֲבָה וּבְרָצוֹן שַׁבַּת קָדְשֶׁךָ. וְיָנוּחוּ בָהּ יִשְׂרָאֵל מְקַדְּשֵׁי שְׁמֶךָ.) וְטַהֵר לִבֵּנוּ לְעָבְדְּךָ בֶּאֱמֶת. כִּי אַתָּה אֱלֹהִים אֱמֶת. וּדְבָרְךָ אֱמֶת וְקַיָּם לָעַד. בָּרוּךְ אַתָּה יְיָ. מֶלֶךְ עַל כָּל־הָאָרֶץ מְקַדֵּשׁ (הַשַּׁבָּת וְ)יִשְׂרָאֵל וְיוֹם הַזִּכָּרוֹן:

DER FESTTAG IST HEILIG

Du hast uns aus allen Völkern erwählt. Du hast uns lieb und hast Gefallen an uns. Du hast uns eine besondere Stellung unter allen Völkern gegeben, indem du uns durch deine Gebote geheiligt hast. Du hast uns in deinen Dienst gestellt. Wir sind nach deinem großen und heiligen Namen benannt. Ewiger, unser Gott, du schenkst uns in deiner Liebe (diesen Tag der Ruhe und) diesen Tag der Erinnerung, den Tag, an dem das Schofar geblasen wird, eine heilige Versammlung, eine Erinnerung an den Auszug aus Ägypten.

Unser Gott und Gott unserer Vorfahren, das Gedenken an uns und die Verantwortung für uns, das Gedenken an unsere Vorfahren und an die messianische Zeit, das Gedenken an Jerusalem, die Stadt deiner Heiligkeit, und an die ganze Familie Israels mögen zu dir gelangen und vor dich kommen; sie mögen dich erreichen und wahrgenommen werden. Es geschehe, damit wir deine Rettung und Güte erfahren, damit uns deine Gnade und Liebe zuteil werden. Ewiger, unser Gott, heute, (an diesem Tag der Ruhe und) an diesem Tag der Erinnerung
denke an uns, damit wir Gutes erfahren – Amen.
Schenke uns deinen Segen – Amen.
Hilf uns zu einem guten Leben – Amen.
Du hast uns Hilfe und Erbarmen versprochen, deshalb erbarme dich über uns und zeige uns deine Gnade. Denn auf dich richtet sich unser Blick, du bist die Quelle aller Gnade und allen Erbarmens.

Gott und Gott unserer Vorfahren, lass deine Gegenwart die ganze Welt beherrschen. Bringe dein Ansehen in der ganzen Welt zu Ehren. Lass die Größe deiner Kraft deutlich sichtbar werden für alle, die auf der Erde wohnen. Jedes Geschöpf soll wissen, dass du es geschaffen hast, und jede Gestalt soll begreifen, dass du sie gestaltet hast. Alles, was atmet, soll bekennen: Der Ewige, Israels Gott, herrscht. Und Gottes Herrschaft erstreckt sich über alles.

Unser Gott und Gott unserer Vorfahren, (habe Gefallen an unserer Ruhe,) lass unser Leben auf dich ausgerichtet sein und hilf uns, deine Gebote zu beachten. Lass deine Weisung zu unserem eigenen Anliegen werden. Sättige uns mit deiner Güte. Erfreue uns mit deiner Hilfe. (In Liebe und in Wohlgefallen lass uns, Gott, den Schabbat zu eigen machen, und lass an ihm ganz Israel, das dich sucht, zur Ruhe kommen.) Reinige unsere Herzen, dass sie dir in Wahrhaftigkeit dienen. Denn du, Gott, bist die Wahrheit und dein Wort ist wahr und hat für immer Gültigkeit. Gepriesen seist du, Ewiger; du regierst über die ganze Erde. Du hast (den Schabbat,) dein Volk Israel und diesen Tag der Erinnerung geheiligt.

עבודה רְצֵה יְיָ אֱלֹהֵינוּ בְּעַמְּךָ יִשְׂרָאֵל. וְלִתְפִלָּתָם שְׁעֵה. וּבְרַחֲמֶיךָ הָרַבִּים תַּחְפֹּץ בָּנוּ וְתַשְׁרֶה שְׁכִינָתְךָ עַל צִיּוֹן. וְתֶחֱזֶינָה עֵינֵינוּ בְּשׁוּבְךָ לְצִיּוֹן בְּרַחֲמִים. בָּרוּךְ אַתָּה יְיָ. הַמַּחֲזִיר שְׁכִינָתוֹ לְצִיּוֹן:

הודאה מוֹדִים אֲנַחְנוּ לָךְ שָׁאַתָּה הוּא יְיָ אֱלֹהֵינוּ וֵאלֹהֵי אֲבוֹתֵינוּ לְעוֹלָם וָעֶד. צוּרֵנוּ צוּר חַיֵּינוּ וּמָגֵן יִשְׁעֵנוּ אַתָּה הוּא לְדוֹר וָדוֹר: נוֹדֶה לְּךָ וּנְסַפֵּר תְּהִלָּתֶךָ עַל חַיֵּינוּ הַמְּסוּרִים בְּיָדֶךָ. וְעַל נִשְׁמוֹתֵינוּ הַפְּקוּדוֹת לָךְ. וְעַל נִסֶּיךָ שֶׁבְּכָל־יוֹם עִמָּנוּ. וְעַל נִפְלְאוֹתֶיךָ וְטוֹבוֹתֶיךָ שֶׁבְּכָל־עֵת עֶרֶב וָבֹקֶר וְצָהֳרָיִם: הַטּוֹב כִּי לֹא כָלוּ רַחֲמֶיךָ. הַמְרַחֵם כִּי לֹא תַמּוּ חֲסָדֶיךָ. כִּי מֵעוֹלָם קִוִּינוּ לָךְ:

וְעַל כֻּלָּם יִתְבָּרַךְ וְיִתְרוֹמַם וְיִתְנַשֵּׂא תָּמִיד שִׁמְךָ מַלְכֵּנוּ לְעוֹלָם וָעֶד: וּכְתוֹב לְחַיִּים טוֹבִים כָּל־בְּנֵי בְרִיתֶךָ: וְכָל־הַחַיִּים יוֹדוּךָ סֶּלָה. וִיהַלְלוּ וִיבָרְכוּ אֶת־שִׁמְךָ הַגָּדוֹל בֶּאֱמֶת. הָאֵל יְשׁוּעָתֵנוּ וְעֶזְרָתֵנוּ סֶלָה: בָּרוּךְ אַתָּה יְיָ. הַטּוֹב שִׁמְךָ וּלְךָ נָאֶה לְהוֹדוֹת:

ברכת שלום שִׂים שָׁלוֹם טוֹבָה וּבְרָכָה חַיִּים חֵן וָחֶסֶד צְדָקָה וְרַחֲמִים עָלֵינוּ. וּבָרְכֵנוּ אָבִינוּ כֻּלָּנוּ יַחַד בְּאוֹר פָּנֶיךָ. כִּי בְאוֹר פָּנֶיךָ נָתַתָּ לָּנוּ יְיָ אֱלֹהֵינוּ תּוֹרָה וְחַיִּים. אַהֲבָה וָחֶסֶד. צְדָקָה וְרַחֲמִים. בְּרָכָה וְשָׁלוֹם. וְטוֹב בְּעֵינֶיךָ לְבָרֵךְ אֶת־עַמְּךָ יִשְׂרָאֵל בְּרָב־עֹז וּבְשָׁלוֹם: בְּסֵפֶר חַיִּים נִזָּכֵר וְנִכָּתֵב לְפָנֶיךָ אֲנַחְנוּ וְכָל־עַמְּךָ בֵּית יִשְׂרָאֵל לְחַיִּים טוֹבִים וּלְשָׁלוֹם: בָּרוּךְ אַתָּה יְיָ. הַמְבָרֵךְ אֶת־עַמּוֹ יִשְׂרָאֵל בַּשָּׁלוֹם:

אלהי נצור אֱלֹהַי נְצוֹר לְשׁוֹנִי מֵרָע. וּשְׂפָתוֹתַי מִדַּבֵּר מִרְמָה. וְלִמְקַלְלַי נַפְשִׁי תִדּוֹם. וְנַפְשִׁי כֶּעָפָר לַכֹּל תִּהְיֶה: פְּתַח לִבִּי בְּתוֹרָתֶךָ. וְאַחֲרֵי מִצְוֹתֶיךָ תִּרְדּוֹף נַפְשִׁי. וְכָל־הַקָּמִים עָלַי לְרָעָה מְהֵרָה הָפֵר עֲצָתָם וְקַלְקֵל מַחְשְׁבוֹתָם: יִהְיוּ לְרָצוֹן אִמְרֵי־פִי. וְהֶגְיוֹן לִבִּי לְפָנֶיךָ. יְהֹוָה צוּרִי וְגֹאֲלִי:

DANK UND FRIEDENS-BITTE

Habe Gefallen an deinem Volk Israel und höre seine Gebete. In großem Erbarmen finde Gefallen an uns und lass deine Gegenwart über Zion ruhen. Lass unsere Augen Ausschau halten nach deiner Rückkehr zum Zion in Erbarmen. Gepriesen seist du, Ewiger. Du lässt deine Gegenwart nach Zion zurückkehren.

Wir danken dir, denn du bist der Ewige, unser Gott und der Gott unserer Vorfahren, seit eh und je. Wir danken dir, denn du bist unser Fels und das Fundament, auf dem unser Leben ruht. Deine Hilfe haben wir zum Schutzschild – Fels und Schutzschild bist du uns seit jeher. Wir loben dich und erzählen von deinem Ruhm. Wir loben dich für unser Leben, das in deine Hand gegeben ist, und für unsere Seele, die dir anvertraut ist; für die Zeichen deiner Gegenwart, die uns täglich umgeben, für die Wunder und Wohltaten zu jeder Zeit, abends, morgens und mittags. Du bist gut, denn dein Erbarmen wird niemals aufhören. Du bist barmherzig, denn deine Gnade wird niemals versiegen. Von jeher hofften wir auf dich!

Für all dies preisen wir dich und erheben und rühmen deinen Namen, unser Herrscher, allezeit.

Schreibe uns und alle Kinder deines Bundes für ein gutes Leben ein.

Alles, was lebt, möge dir danken. Und man soll deinen großen Namen loben und preisen in Wahrhaftigkeit. Preisen soll man dich, Gott, unsere Hilfe und unsere Rettung. Gepriesen seist du, Ewiger. „Guter Gott“ – das ist dein Name. Schön ist es, dich zu loben.

Frieden in Fülle verleihe deinem Volk Israel zu jeder Zeit, denn du hast die Macht, du bist der Ursprung des Friedens. Du mögest Freude daran haben, dein Volk Israel mit deinem Frieden zu segnen, zu jeder Zeit und zu jeder Stunde. In das Buch des Lebens mögest du uns und dein ganzes Volk Israel eintragen, damit du an uns denkst und unser Leben erhältst, damit du uns Gutes schenkst und uns Frieden gibst. Gepriesen seist du, Ewiger. Du segnest dein Volk Israel mit Frieden.

MEDITATION

Mein Gott, bewahre meine Zunge vor böser Rede und meine Lippen vor Lüge. Denen gegenüber, die mir Böses wollen, lass mich angemessen reagieren, und meine Seele möge gelassen bleiben, was auch geschieht. Mache mich bereit für deine Weisung. Nach deinen Geboten will ich leben. Eilig aber zerbrich die Pläne derer, die Böses gegen mich ersinnen, und vernichte ihre Gedanken. „Die Worte meines Mundes und meine Gedanken mögen dir angenehm sein, Ewiger, mein Fels und mein Heil.“ *(Ps 19,15)* *(bBer 17a)*

אבינו מלכנו

אָבִינוּ מַלְכֵּנוּ. חָטָאנוּ לְפָנֶיךָ:
אָבִינוּ מַלְכֵּנוּ. אֵין לָנוּ מֶלֶךְ זוּלָתֶךָ:
אָבִינוּ מַלְכֵּנוּ. עֲשֵׂה עִמָּנוּ לְמַעַן שְׁמֶךָ:
אָבִינוּ מַלְכֵּנוּ. חַדֵּשׁ עָלֵינוּ שָׁנָה טוֹבָה:
אָבִינוּ מַלְכֵּנוּ. כַּלֵּה דֶּבֶר וְחֶרֶב וְרָעָב וּשְׁבִי וּמַשְׁחִית
וּמַגֵּפָה מִבְּנֵי בְרִיתֶךָ:
אָבִינוּ מַלְכֵּנוּ. בַּטֵּל מֵעָלֵינוּ כָּל־גְּזֵרוֹת קָשׁוֹת:
אָבִינוּ מַלְכֵּנוּ. שְׁלַח רְפוּאָה שְׁלֵמָה לְחוֹלֵי עַמֶּךָ:
אָבִינוּ מַלְכֵּנוּ. מְחַל לָנוּ וּסְלַח לְכָל־עֲוֹנוֹתֵינוּ:
אָבִינוּ מַלְכֵּנוּ. כָּתְבֵנוּ בְּסֵפֶר פַּרְנָסָה וְכַלְכָּלָה:
אָבִינוּ מַלְכֵּנוּ. זְכוֹר כִּי עָפָר אֲנָחְנוּ:
אָבִינוּ מַלְכֵּנוּ. זָכְרֵנוּ לְחַיִּים טוֹבִים:
אָבִינוּ מַלְכֵּנוּ. כָּתְבֵנוּ בְּסֵפֶר גְּאֻלָּה וִישׁוּעָה:
אָבִינוּ מַלְכֵּנוּ. הָרֵם קֶרֶן יִשְׂרָאֵל עַמֶּךָ:
אָבִינוּ מַלְכֵּנוּ. הַחֲזִירֵנוּ בִּתְשׁוּבָה שְׁלֵמָה לְפָנֶיךָ:
אָבִינוּ מַלְכֵּנוּ. שְׁמַע קוֹלֵנוּ חוּס וְרַחֵם עָלֵינוּ:
אָבִינוּ מַלְכֵּנוּ. חֲמוֹל עָלֵינוּ וְעַל עוֹלָלֵינוּ וְטַפֵּינוּ:
אָבִינוּ מַלְכֵּנוּ. תְּהִי הַשָּׁעָה הַזֹּאת שְׁעַת רַחֲמִים
וְעֵת רָצוֹן מִלְּפָנֶיךָ:
אָבִינוּ מַלְכֵּנוּ. עֲשֵׂה לְמַעַן הֲרוּגִים עַל שֵׁם קָדְשֶׁךָ:
אָבִינוּ מַלְכֵּנוּ. אַל תְּשִׁיבֵנוּ רֵיקָם מִלְּפָנֶיךָ:

אָבִינוּ מַלְכֵּנוּ. חָנֵּנוּ וַעֲנֵנוּ. כִּי אֵין בָּנוּ מַעֲשִׂים.
עֲשֵׂה עִמָּנוּ צְדָקָה וָחֶסֶד וְהוֹשִׁיעֵנוּ:

Das חצי קדיש *kann hier eingefügt werden.*

UNSER VATER, UNSER KÖNIG

Unser Vater, unser König, wir haben uns vor dir verfehlt.

Unser Vater, unser König, niemand und nichts hat Macht über uns außer dir.

Unser Vater, unser König, handle an uns um deines Namens willen.

Unser Vater, unser König, lass das neue Jahr für uns ein gutes Jahr werden.

Unser Vater, unser König, wende Krankheit, Gewalt, Hunger, Gefangenschaft, zerstörerische Mächte und Verletzungen von uns ab.

Unser Vater, unser König, lass die Gesetze verschwinden, die andere benachteiligen.

Unser Vater, unser König, gib den Kranken deines Volks Genesung.

Unser Vater, unser König, verzeih uns und vergib alle unsere Verkehrungen.

Unser Vater, unser König, schreibe uns ein im Buch des guten Auskommens und des guten Lebensunterhaltes.

Unser Vater, unser König, denke daran, dass wir Staub sind.

Unser Vater, unser König, denke an uns, damit wir ein gutes Leben haben.

Unser Vater, unser König, schreibe uns ein im Buch der Erlösung und Hilfe.

Unser Vater, unser König, gib deinem Volke Israel Kraft.

Unser Vater, unser König, gib uns die Kraft für eine vollständige Umkehr zu dir.

Unser Vater, unser König, höre unsere Stimme, ergreife Partei für uns und erbarme dich über uns.

Unser Vater, unser König, erbarme dich über uns, über unsere Kinder und Kleinkinder.

Unser Vater, unser König, lass diesen Augenblick eine Zeit des Erbarmens und eine Zeit deines Wohlgefallens sein.

Unser Vater, unser König, sei uns gnädig um derer willen, die um deines Namens willen getötet wurden.

Unser Vater, unser König, lass uns nicht leer von dir fortgehen.

Unser Vater, unser König, sei uns gnädig und erhöre uns, denn wir haben keine Taten vorzuweisen.

Erweise uns Wohltätigkeit und Liebe und hilf uns.

Das Chazi-Kaddisch kann hier eingefügt werden.

סדר קריאת התורה

וַיֵּאָסְפוּ כָל־הָעָם כְּאִישׁ אֶחָד אֶל־הָרְחוֹב אֲשֶׁר לִפְנֵי שַׁעַר־הַמָּיִם. וַיֹּאמְרוּ לְעֶזְרָא הַסֹּפֵר לְהָבִיא אֶת־סֵפֶר תּוֹרַת מֹשֶׁה אֲשֶׁר־צִוָּה יְהוָֹה אֶת־יִשְׂרָאֵל: וַיָּבִיא עֶזְרָא הַכֹּהֵן אֶת־הַתּוֹרָה לִפְנֵי הַקָּהָל מֵאִישׁ וְעַד־אִשָּׁה וְכֹל מֵבִין לִשְׁמֹעַ. בְּיוֹם אֶחָד לַחֹדֶשׁ הַשְּׁבִיעִי: וַיִּקְרָא־בוֹ לִפְנֵי הָרְחוֹב אֲשֶׁר לִפְנֵי שַׁעַר־הַמַּיִם מִן־הָאוֹר עַד־מַחֲצִית הַיּוֹם. נֶגֶד הָאֲנָשִׁים וְהַנָּשִׁים וְהַמְּבִינִים וְאָזְנֵי כָל־הָעָם אֶל־סֵפֶר הַתּוֹרָה: וַיַּעֲמֹד עֶזְרָא הַסֹּפֵר עַל־מִגְדַּל־עֵץ אֲשֶׁר עָשׂוּ לַדָּבָר: וַיִּפְתַּח עֶזְרָא הַסֵּפֶר לְעֵינֵי כָל־הָעָם. כִּי־מֵעַל כָּל־הָעָם הָיָה. וּכְפִתְחוֹ עָמְדוּ כָל־הָעָם: וַיְבָרֶךְ עֶזְרָא אֶת־יְהוָֹה הָאֱלֹהִים הַגָּדוֹל. וַיַּעֲנוּ כָל־הָעָם אָמֵן אָמֵן בְּמֹעַל יְדֵיהֶם. וַיִּקְּדוּ וַיִּשְׁתַּחֲוֻ לַיהוָֹה אַפַּיִם אָרְצָה: וְהַלְוִיִּם מְבִינִים אֶת־הָעָם לַתּוֹרָה וְהָעָם עַל־עָמְדָם: וַיִּקְרְאוּ בַסֵּפֶר בְּתוֹרַת הָאֱלֹהִים מְפֹרָשׁ. וְשׂוֹם שֶׂכֶל וַיָּבִינוּ בַּמִּקְרָא:

אֵין כָּמוֹךָ בָאֱלֹהִים אֲדֹנָי וְאֵין כְּמַעֲשֶׂיךָ: מַלְכוּתְךָ מַלְכוּת כָּל־עֹלָמִים וּמֶמְשַׁלְתְּךָ בְּכָל־דּוֹר וָדֹר: יְיָ מֶלֶךְ יְיָ מָלָךְ יְיָ יִמְלֹךְ לְעֹלָם וָעֶד: יְיָ עֹז לְעַמּוֹ יִתֵּן יְיָ יְבָרֵךְ אֶת־עַמּוֹ בַשָּׁלוֹם:

אַב הָרַחֲמִים הֵיטִיבָה בִרְצוֹנְךָ אֶת־צִיּוֹן. כִּי־בְךָ לְבַד בָּטָחְנוּ. מֶלֶךְ אֵל רָם וְנִשָּׂא אֲדוֹן עוֹלָמִים:

וַיְהִי בִּנְסֹעַ הָאָרֹן. וַיֹּאמֶר מֹשֶׁה: קוּמָה יְיָ. וְיָפֻצוּ אֹיְבֶיךָ. וְיָנֻסוּ מְשַׂנְאֶיךָ מִפָּנֶיךָ: כִּי מִצִּיּוֹן תֵּצֵא תוֹרָה. וּדְבַר־יְיָ מִירוּשָׁלָיִם:

יְיָ יְיָ אֵל רַחוּם וְחַנּוּן. אֶרֶךְ אַפַּיִם וְרַב חֶסֶד וֶאֱמֶת: נֹצֵר חֶסֶד לָאֲלָפִים נֹשֵׂא עָוֹן וָפֶשַׁע וְחַטָּאָה וְנַקֵּה:

בָּרוּךְ שֶׁנָּתַן תּוֹרָה לְעַמּוֹ יִשְׂרָאֵל בִּקְדֻשָּׁתוֹ:
שְׁמַע יִשְׂרָאֵל יְהוָֹה אֱלֹהֵינוּ יְהוָֹה אֶחָד:
אֶחָד אֱלֹהֵינוּ גָּדוֹל אֲדוֹנֵינוּ קָדוֹשׁ וְנוֹרָא שְׁמוֹ:
גַּדְּלוּ לַיהוָֹה אִתִּי וּנְרוֹמְמָה שְׁמוֹ יַחְדָּו:

ORDNUNG DER THORALESUNG

Das ganze Volk versammelte sich geschlossen auf dem Platz vor dem Wassertor. Man bat Esra, den Schriftgelehrten, die Thora des Mose zu holen, die Gott Israel aufgetragen hatte. Da brachte der Priester Esra die Thora vor die Gemeinde. Zu ihr gehörten Männer und Frauen und alle, die schon verstehen konnten, was sie hörten. Dies geschah am ersten Tag des siebten Monats. Und Esra las vom frühen Morgen bis zum Mittag auf dem Platz vor dem Wassertor vor den Männern und Frauen und allen, die es verstehen konnten. Das ganze Volk lauschte den Worten der Thora. Esra, der Schriftgelehrte, stand auf einer Kanzel aus Holz, die man eigens dafür errichtet hatte. ... Und Esra schlug das Buch vor den Augen des ganzen Volkes auf, denn er stand höher als das ganze Volk. Während er das Buch aufschlug, erhoben sich alle. Dann pries Esra den Ewigen, den großen Gott, und das ganze Volk antwortete mit erhobenen Händen: "Amen, amen!" Sie warfen sich zu Boden und fielen vor dem Ewigen nieder. ... Die Leviten legten dem Volk die Thora aus. Die Leute blieben dabei auf ihren Plätzen stehen. Die Leviten lasen aus der Thora Gottes in Abschnitten vor und gaben Erklärungen dazu, damit man das Geschriebene verstand. *(Neh 8, 1-8)*

Ewiger, unter den Göttern ist keiner wie du, und nichts gleicht den Werken, die du geschaffen hast. *(Ps 86,8)*
Dein Königtum ist ein Königtum für ewige Zeiten, deine Herrschaft währt von Generation zu Generation. *(Ps 145,13)*
Gott regiert, Gott hat regiert, und regieren wird Gott bis in Ewigkeit.
Gott gebe dem Gottesvolk Kraft, Gott segne das Gottesvolk mit Frieden. *(Ps 29,11)*

Ursprung allen Erbarmens, erweise Zion Gutes und erbaue Jerusalems Mauern, denn auf dich allein vertrauen wir. Du herrschst über alles. Du bist groß und mächtig. Du regierst über die ganze Welt.

Der Ewige, der Ewige, Gott, barmherzig und gnädig, nachsichtig, von unendlicher Liebe und Treue; bewahrt Gnade bis in die tausendste Generation, vergibt Verkehrung, Eigensüchtigkeit und Verfehlung und befreit. *(Ex 34,6-7)*

Gepriesen sei Gott; Gott gab Israel in göttlicher Heiligkeit die Thora.
Höre Israel, der Ewige ist Gott, der Ewige ist einzig! *(Dtn 6,4)*
Einzigartig ist unser Gott. Gott ist groß und Gott herrscht.
Heilig ist Gottes Name und furchtgebietend! *(Ps 147,5)*
Preiset mit mir den lebendigen Gott
und lasst uns miteinander den Namen Gottes erhöhen! *(Ps 34,4)*

לְךָ יְהֹוָה הַגְּדֻלָּה וְהַגְּבוּרָה וְהַתִּפְאֶרֶת וְהַנֵּצַח וְהַהוֹד כִּי־כֹל בַּשָּׁמַיִם וּבָאָרֶץ לְךָ יְהֹוָה הַמַּמְלָכָה וְהַמִּתְנַשֵּׂא לְכֹל לְרֹאשׁ: רוֹמְמוּ יְהֹוָה אֱלֹהֵינוּ. וְהִשְׁתַּחֲווּ לַהֲדֹם רַגְלָיו. קָדוֹשׁ הוּא: רוֹמְמוּ יְהֹוָה אֱלֹהֵינוּ. וְהִשְׁתַּחֲווּ לְהַר קָדְשׁוֹ. כִּי קָדוֹשׁ יְהֹוָה אֱלֹהֵינוּ:

אֵין קָדוֹשׁ כַּיהֹוָה כִּי־אֵין בִּלְתֶּךָ. וְאֵין צוּר כֵּאלֹהֵינוּ: כִּי מִי אֱלוֹהַּ מִבַּלְעֲדֵי יְהֹוָה. וּמִי צוּר זוּלָתִי אֱלֹהֵינוּ: תּוֹרָה צִוָּה־לָנוּ מֹשֶׁה. מוֹרָשָׁה קְהִלַּת יַעֲקֹב: עֵץ־חַיִּים הִיא לַמַּחֲזִיקִים בָּהּ. וְתֹמְכֶיהָ מְאֻשָּׁר: דְּרָכֶיהָ דַרְכֵי־נֹעַם. וְכָל־נְתִיבֹתֶיהָ שָׁלוֹם: שָׁלוֹם רָב לְאֹהֲבֵי תוֹרָתֶךָ. וְאֵין־לָמוֹ מִכְשׁוֹל: יְהֹוָה עֹז לְעַמּוֹ יִתֵּן. יְהֹוָה יְבָרֵךְ אֶת־עַמּוֹ בַשָּׁלוֹם: כִּי שֵׁם יְהֹוָה אֶקְרָא. הָבוּ גֹדֶל לֵאלֹהֵינוּ: הַכֹּל תְּנוּ עֹז לֵאלֹהִים. וּתְנוּ כָבוֹד לַתּוֹרָה:

וְזֹאת הַתּוֹרָה אֲשֶׁר־שָׂם מֹשֶׁה. לִפְנֵי בְּנֵי יִשְׂרָאֵל: תּוֹרָה צִוָּה־לָנוּ מֹשֶׁה. מוֹרָשָׁה קְהִלַּת יַעֲקֹב: הָאֵל תָּמִים דַּרְכּוֹ. אִמְרַת יְהֹוָה צְרוּפָה. מָגֵן הוּא לְכֹל הַחוֹסִים בּוֹ:

Vor der Thoralesung:

בָּרְכוּ אֶת־יְיָ הַמְבֹרָךְ:

בָּרוּךְ יְיָ הַמְבֹרָךְ לְעוֹלָם וָעֶד:

בָּרוּךְ אַתָּה יְיָ אֱלֹהֵינוּ מֶלֶךְ הָעוֹלָם. אֲשֶׁר בָּחַר־בָּנוּ מִכָּל־הָעַמִּים. וְנָתַן־לָנוּ אֶת־תּוֹרָתוֹ. בָּרוּךְ אַתָּה יְיָ. נוֹתֵן הַתּוֹרָה:

THORALESUNG

Nach der Thoralesung:

בָּרוּךְ אַתָּה יְיָ אֱלֹהֵינוּ מֶלֶךְ הָעוֹלָם. אֲשֶׁר נָתַן־לָנוּ תּוֹרַת אֱמֶת. וְחַיֵּי עוֹלָם נָטַע בְּתוֹכֵנוּ. בָּרוּךְ אַתָּה יְיָ. נוֹתֵן הַתּוֹרָה:

Dein Eigen, Gott, sind Größe und Macht, Ruhm, Pracht und Hoheit. Dir gehört alles im Himmel und auf Erden. Dein, Gott, ist die Herrschaft und du erhebst dich als Haupt über alles. *(1. Chron 29,11)* Rühmt den Ewigen, unsern Gott; werft euch am Schemel der Füße Gottes nieder! Denn Gott ist heilig. Rühmt den Ewigen, unsern Gott, werft euch nieder an Gottes heiligem Berge! Denn heilig ist der Ewige, unser Gott. *(Ps 99,5.9)*

Niemand ist heilig, nur der Ewige; denn außer dem Ewigen gibt es keinen Gott; niemand ist ein Fels wie unser Gott. *(1. Sam 2,2)* Ja, wer ist Gott, als allein der Ewige, wer ist ein Fels, wenn nicht unser Gott? *(Ps 18,32)*. Mose hat uns die Thora übergeben, der Erbbesitz der Gemeinde Jakobs. *(Dtn 33,4)* Wer nach ihr greift, dem ist sie ein Lebensbaum, wer sie festhält, ist glücklich zu preisen. *(Spr 3,18)* Ihre Wege sind Wege der Freude, all ihre Pfade führen zum Glück. *(Spr 3,17)* Alle, die deine Weisung lieben, empfangen Heil in Fülle; es trifft sie kein Unheil. *(Ps 119,165)* Gott gebe dem Gottesvolk Kraft, Gott segne das Gottesvolk mit Frieden. *(Ps 29,11)* Alles verkünde die Kraft Gottes und die Herrlichkeit der göttlichen Weisung!

Dies ist die Thora, die Mose den Kindern Israels gegeben hat. *(Dtn 4,44)* Mose hat uns die Thora übergeben, der Erbbesitz der Gemeinde Jakobs. *(Dtn 33,4)* Vollkommen ist Gottes Weg, das Wort des Ewigen ist im Feuer geläutert. Gott ist ein Schutzschild für alle, die sich bei ihm bergen. *(Ps 18,31)*

Vor der Thoralesung

Lasst uns Gott preisen; Gott gebührt unsere Ehre!
Gepriesen sei Gott; Gott gebührt unsere Ehre auf immer und ewig!
Gepriesen seist du, Ewiger, unser Gott, du regierst die Welt. Aus allen Völkern hast du uns erwählt um uns deine Thora zu geben. Gepriesen seist du, Ewiger. Du gibst die Thora.

THORALESUNG

Nach der Thoralesung

Gepriesen seist du, Ewiger, unser Gott; du regierst die Welt. Du hast uns die Weisung zur Wahrheit gegeben und ewiges Leben ins uns eingepflanzt. Gepriesen seist du, Ewiger. Du gibst die Thora.

Vor der Haftara:

בָּרוּךְ אַתָּה יְיָ אֱלֹהֵינוּ מֶלֶךְ הָעוֹלָם. אֲשֶׁר בָּחַר בִּנְבִיאִים טוֹבִים וְרָצָה בְדִבְרֵיהֶם הַנֶּאֱמָרִים בֶּאֱמֶת: בָּרוּךְ אַתָּה יְיָ. הַבּוֹחֵר בַּתּוֹרָה וּבְמֹשֶׁה עַבְדּוֹ וּבְיִשְׂרָאֵל עַמּוֹ וּבִנְבִיאֵי הָאֱמֶת וָצֶדֶק:

Nach der Haftara:

עַל־הַתּוֹרָה וְעַל־הָעֲבוֹדָה וְעַל־הַנְּבִיאִים (וְעַל־יוֹם הַשַּׁבָּת הַזֶּה) וְעַל־יוֹם הַזִּכָּרוֹן הַזֶּה שֶׁנָּתַתָּ־לָּנוּ יְיָ אֱלֹהֵינוּ (לִקְדֻשָּׁה וְלִמְנוּחָה) לְכָבוֹד וּלְתִפְאָרֶת. עַל הַכֹּל יְיָ אֱלֹהֵינוּ אֲנַחְנוּ מוֹדִים לָךְ וּמְבָרְכִים אוֹתָךְ. יִתְבָּרַךְ שִׁמְךָ בְּפִי כָּל־חַי תָּמִיד לְעוֹלָם וָעֶד. וּדְבָרְךָ אֱמֶת וְקַיָּם לָעַד: בָּרוּךְ אַתָּה יְיָ. מֶלֶךְ עַל־כָּל־הָאָרֶץ מְקַדֵּשׁ (הַשַּׁבָּת וְ)יִשְׂרָאֵל וְיוֹם הַזִּכָּרוֹן:

Das folgende oder das Gebet auf der gegenüberliegenden Seite:

I GEBET FÜR DIE REGIERUNG

Gott, schenke der Regierung dieses Landes deine Weisheit; sei mit denen, die unser Land leiten und mit allen, die für die Sicherheit und das Wohlergehen unseres Landes Verantwortung tragen.

Gib uns allen die Kraft, unseren Verpflichtungen in Liebe nachzukommen, damit Gerechtigkeit und Güte in unserem Land wohnen. Lass unsere Herzen mit Frieden erfüllt sein. Lass die Verantwortlichen unseres Landes einander in Achtung begegnen. Lass sie sich einig sein in der Liebe zum Guten und in dem Willen, Gewalt und Streit abzuwehren. Gemeinsam mit allen Nationen dieser Welt lass uns nach Frieden und Gerechtigkeit streben, damit wir und die kommenden Generationen in Frieden leben.

Darin möge unser Land seine Ehre finden und seinen Ruhm darin, dass es mitwirkt an der Erlösung und an der Verwirklichung der Herrschaft Gottes auf der Erde. Amen.

אֱלֹהֵינוּ וֵאלֹהֵי אֲבוֹתֵינוּ שְׁלַח־נָא בִּרְכָתְךָ עַל־מְדִינַת־יִשְׂרָאֵל וְעַל־כָּל־יוֹשְׁבֶיהָ. שְׁלַח־נָא אוֹרְךָ וַאֲמִתְּךָ לְמַנְהִיגֵי־הָעָם וְהַדְרִיכֵם בְּחָכְמָה וּבִתְבוּנָה כְּדֵי שֶׁיִּשְׂרוֹר שָׁלוֹם בִּגְבוּלוֹתֶיהָ וְשַׁלְוָה בְּבָתֶּיהָ. רוּחַ־אַחֲוָה וַהֲבָנָה הֲדָדִית תְּרַפֵּא כָּל־פֶּצַע וְחַבּוּרָה. תִּקְוַת־עַמָּהּ וַעֲבוֹדַת־בָּנֶיהָ תַּגְשֵׁמְנָה אֶת־חֲזוֹן־הַנְּבִיאִים: כִּי מִצִּיּוֹן תֵּצֵא תוֹרָה וּדְבַר־יְיָ מִירוּשָׁלָיִם. אָמֵן:

Vor der Haftara

Gepriesen seist du, Ewiger, unser Gott; du regierst die Welt. Du hast gute Propheten erwählt. Du hattest Gefallen an ihren Worten, weil sie der Wahrheit entsprachen. Gepriesen seist du, Ewiger, unser Gott. Du hast die Thora, deinen Knecht Mose, dein Volk Israel und die wahren und gerechten Propheten erwählt.

Nach der Haftara

Für die Thora, für den Gottesdienst, für die Worte der Propheten, für (diesen Schabbattag und) diesen Tag der Erinnerung, den du uns zur Besinnung auf die (Heiligkeit, Ruhe,) Herrlichkeit und Pracht gewährst, dafür danken wir dir und preisen dich, Ewiger, unser Gott. Dein Name möge durch jeden Mund stets gepriesen werden, immer und ewig. Dein Wort ist wahr und hat für immer Gültigkeit. Gepriesen seist du, Ewiger. Du hast (den Schabbat,) Israel und diesen Tag der Erinnerung geheiligt.

Das folgende oder das Gebet auf der gegenüberliegenden Seite:

II GEBET FÜR INTERNATIONALE VERSTÄNDIGUNG

Gott, Quelle des Friedens, sei mit denjenigen, die die Geschicke der Welt lenken, damit Stolz und Prahlerei ein Ende nehmen und die Herrschaft der Arroganz aus unserer Zeit verschwindet. Gib ihnen den Mut, die Wahrheit zu sagen, und die Demut, anderen zuhören zu können. Hilf uns allen, dass uns das Wohl unserer Mitmenschen wichtiger ist als unsere eigenen ehrgeizigen Ziele. Hilf uns, dass uns mehr an der Wahrheit liegt, auch wenn sie uns schadet, als an einer Lüge, die uns nützt. Dadurch können wir aufrecht stehen, frei und unbelastet von Furcht und Verdächtigungen und bereit, einander zu vertrauen.

Hilf jedem und jeder von uns, den eigenen Beitrag zur Verständigung und das eigene Opfer für den Frieden zu geben, damit wir in Frieden mit uns selbst und in Frieden mit unseren Mitmenschen leben. Dann können wir in Gelassenheit beginnen, dein Reich in dieser Welt zu bauen, bis die Erde erfüllt ist von der Erkenntnis Gottes, wie das Meer mit Wasser gefüllt ist. Amen.

GEBET FÜR DEN STAAT ISRAEL

Unser Gott und Gott unserer Vorfahren, wir bitten dich um deinen Segen für den Staat Israel und für alle, die in ihm wohnen. Sende seinen Verantwortlichen dein Licht und deine Wahrheit, lass sie in Weisheit und Einsicht regieren, so dass Friede an den Grenzen des Landes herrscht und Sicherheit in den Häusern aller, die dort wohnen. Der Geist der Verbundenheit und gegenseitiges Verständnis mögen alle Wunden und Verletzungen heilen. Lass allen, die dort leben, Barmherzigkeit und Wahrhaftigkeit zuteil werden, so dass erfüllt werde, was die Propheten schauten: Die Thora wird von Zion herkommen und Gottes Wort von Jerusalem. *(Jes 2,3)*

מִי שֶׁבֵּרַךְ אֲבוֹתֵינוּ אַבְרָהָם יִצְחָק וְיַעֲקֹב וְאִמּוֹתֵינוּ שָׂרָה רִבְקָה רָחֵל וְלֵאָה הוּא יְבָרֵךְ אֶת־כָּל־הַקָּהָל הַקָּדוֹשׁ הַזֶּה עִם כָּל־קְהִלּוֹת הַקֹּדֶשׁ. הֵם וּנְשֵׁיהֶם וּבְנֵיהֶם וּבְנוֹתֵיהֶם וְכֹל אֲשֶׁר לָהֶם. וּמִי שֶׁמְּיַחֲדִים בָּתֵּי כְנֵסִיּוֹת לִתְפִלָּה. וּמִי שֶׁבָּאִים בְּתוֹכָם לְהִתְפַּלֵּל. וּמִי שֶׁנּוֹתְנִים נֵר לַמָּאוֹר וְיַיִן לְקִדּוּשׁ וּלְהַבְדָּלָה וּפַת לָאוֹרְחִים וּצְדָקָה לָעֲנִיִּים. וְכָל־מִי שֶׁעוֹסְקִים בְּצָרְכֵי צִבּוּר בֶּאֱמוּנָה.

מֶלֶךְ עוֹלָמִים יְבָרֵךְ אֶתְכֶם וִיזַכֶּה אֶתְכֶם. וְיִשְׁמַע קוֹל תְּפִלּוֹתֵיכֶם. וְיִפְדֶּה וְיַצִּיל אֶתְכֶם מִכָּל־צָרָה וְצוּקָה. וְחֶסֶד יְהוָה יְהִי בְּסַעַדְכֶם וְיָגֵן בַּעַדְכֶם. וְיִפְרוֹשׂ סֻכַּת שְׁלוֹמוֹ עֲלֵיכֶם וְיִטַּע בֵּינֵיכֶם אַהֲבָה וְאַחֲוָה שָׁלוֹם וְרֵעוּת לְעוֹלָם.

יְהוָה אֱלֹהֵי אֲבוֹתֵיכֶם וְאִמּוֹתֵיכֶם יֹסֵף עֲלֵיכֶם כָּכֶם אֶלֶף פְּעָמִים וִיבָרֵךְ אֶתְכֶם כַּאֲשֶׁר דִּבֶּר־לָכֶם. וְכֵן יְהִי רָצוֹן. אָמֵן:

תקיעת שופר

תהלים מז עָלָה אֱלֹהִים בִּתְרוּעָה יְהוָה בְּקוֹל שׁוֹפָר:

זַמְּרוּ אֱלֹהִים זַמֵּרוּ זַמְּרוּ לְמַלְכֵּנוּ זַמֵּרוּ:

כִּי מֶלֶךְ כָּל־הָאָרֶץ אֱלֹהִים זַמְּרוּ מַשְׂכִּיל:

מָלַךְ אֱלֹהִים עַל־גּוֹיִם אֱלֹהִים יָשַׁב עַל־כִּסֵּא קָדְשׁוֹ:

נְדִיבֵי עַמִּים נֶאֱסָפוּ עַם אֱלֹהֵי אַבְרָהָם

כִּי לֵאלֹהִים מָגִנֵּי־אֶרֶץ מְאֹד נַעֲלָה:

GEBETE FÜR DIE GEMEINDE

Gott hat unsere Väter Abraham, Isaak und Jakob und unsere Mütter Sara, Rebekka, Lea und Rahel gesegnet. Möge Gott auch unsere Gemeinde segnen, zusammen mit allen anderen Gemeinden. Gottes Segen sei mit ihnen, ihren Familien und mit allem, was zu ihnen gehört. Gottes Segen sei mit allen, die Synagogen als Orte des Gebets unterhalten, und mit denen, die dort hineinkommen, um zu beten. Gottes Segen sei mit allen, die den Schabbatkerzen ihr Licht geben und den Wein für den Kiddusch und die Hawdala bereiten. Gottes Segen sei mit allen, die Fremde bewirten und den Randgruppen unserer Gesellschaft Hilfe und Anerkennung zuteil werden lassen. Gottes Segen sei mit allen, die zum Wohle der Gemeinschaft mit Aufrichtigkeit tätig sind.

Gott, dem die ganze Welt untertan ist, segne euch und schätze euch. Gott möge eure Gebete hören und euch befreien und erretten aus aller Bedrängnis und Not. Die Güte Gottes sei mit euch, sie stärke und schütze euch. Sie breite ihren Frieden über euch aus wie ein Zelt. Sie lasse Liebe, Geschwisterlichkeit, Friede und Freundschaft tief in euch verwurzelt sein.

Möge der Gott unserer Väter und Mütter euch vielfältig vermehren und euch segnen, seinem Versprechen gemäß. Möge dies Gottes Wille sein! Amen.

ORDNUNG DES SCHOFARBLASENS

PSALM 47

Gott ist hinaufgestiegen beim Lärm des Schofars;
Der Ewige ist erhöht unter dem Ton des Widderhorns.
Singt Gott, ja singt!
Singt für Gott, denn Gott herrscht über uns!
Denn Gott regiert über die ganze Erde,
singt für Gott Psalmlieder!
Gott regiert über alle Völker,
Gott sitzt auf dem Thron göttlicher Heiligkeit.
Die Einflussreichen der Völker sind versammelt,
versammelt ist das Volk des Gottes Abrahams.
Alle, die auf der Erde Macht haben, unterstehen Gott,
Gott ist über alles erhaben. *(Ps 47,6-10)*

Der Ton des Schofars bricht in unser Leben ein. Er zerschmettert unsere Illusionen, und wir erwachen für die Wahrheit. Unsere Zeit auf der Erde ist kurz, und wir werden herausgefordert zu wählen. Leben und Tod wurden vor uns gesetzt, Gutes und Böses, Segen und Fluch. Ohne Reue bringt Sünde nur Zerstörung. Der Schofar-Ton warnt uns und ruft uns, Rechenschaft abzulegen.

Vor dem Schofarblasen:

בָּרוּךְ אַתָּה יְיָ אֱלֹהֵינוּ מֶלֶךְ הָעוֹלָם. אֲשֶׁר קִדְּשָׁנוּ בְּמִצְוֹתָיו וְצִוָּנוּ לִשְׁמֹעַ קוֹל שׁוֹפָר:

בָּרוּךְ אַתָּה יְיָ אֱלֹהֵינוּ מֶלֶךְ הָעוֹלָם. שֶׁהֶחֱיָנוּ וְקִיְּמָנוּ וְהִגִּיעָנוּ לַזְּמַן הַזֶּה: שהחינו

תְּקִיעָה שְׁבָרִים־תְּרוּעָה תְּקִיעָה
תְּקִיעָה שְׁבָרִים תְּקִיעָה
תְּקִיעָה תְּרוּעָה תְּקִיעָה
תְּקִיעָה שְׁבָרִים־תְּרוּעָה תְּקִיעָה גְדוֹלָה

אַשְׁרֵי הָעָם יוֹדְעֵי תְרוּעָה. יְהוָֹה בְּאוֹר פָּנֶיךָ יְהַלֵּכוּן: בְּשִׁמְךָ יְגִילוּן כָּל־הַיּוֹם. וּבְצִדְקָתְךָ יָרוּמוּ: כִּי תִפְאֶרֶת עֻזָּמוֹ אָתָּה. וּבִרְצוֹנְךָ תָּרוּם קַרְנֵנוּ: כִּי לַיהוָֹה מָגִנֵּנוּ. וְלִקְדוֹשׁ יִשְׂרָאֵל מַלְכֵּנוּ:

יְהַלְלוּ אֶת־שֵׁם יְיָ כִּי־נִשְׂגָּב שְׁמוֹ לְבַדּוֹ.
הוֹדוֹ עַל־אֶרֶץ וְשָׁמָיִם: וַיָּרֶם קֶרֶן לְעַמּוֹ תְּהִלָּה לְכָל־חֲסִידָיו לִבְנֵי יִשְׂרָאֵל עַם־קְרֹבוֹ. הַלְלוּיָהּ:

Der Ton des Schofars bricht in unser Leben ein. Er zerschmettert unsere Illusionen, und wir erwachen für die Wahrheit. Unsere Zeit auf der Erde ist kurz, und wir werden herausgefordert zu wählen. Leben und Tod wurden vor uns gesetzt, Gutes und Böses, Segen und Fluch. Ohne Reue bringt Sünde nur Zerstörung. Der Schofar-Ton warnt uns und ruft uns, Rechenschaft abzulegen.

Vor dem Schofarblasen:

Gepriesen seist du, Ewiger, unser Gott; du regierst die Welt. Du hast uns durch deine Gebote geheiligt und hast uns aufgetragen, den Schofar-Ton zu hören.

Gepriesen seist du, Ewiger, unser Gott; du regierst die Welt. Du hast uns am Leben erhalten und bewahrt. Und nun hast du uns diese Zeit erreichen lassen.

TEKI'A	SCHEWARIM-TERU'A	TEKI'A
TEKI'A	SCHEWARIM	TEKI'A
TEKI'A	TERU'A	TEKI'A
TEKI'A	SCHEWARIM-TERU'A	TEKI'A GEDOLA

Glücklich ist das Volk, das den Schofar-Ton kennt.
Das Angesicht Gottes leuchtet über seinen Wegen.
An Gottes Ruhm kann es sich täglich erfreuen.
Es rühmt Gottes Wohltätigkeit.
Denn du, Gott, bist seine Schönheit und Stärke.
An deinem Willen liegt unsere Lebenskraft.
Ja, unsere Macht gehört dem Ewigen;
die heilige Gottheit Israels regiert über uns. *(Ps 89,16-19)*

DIE ROLLE WIRD ZURÜCKGEBRACHT

Loben soll man den Namen Gottes,
denn Gottes Name allein ist erhaben,
Gottes Hoheit strahlt über Erde und Himmel.
Dem Gottesvolk verleiht Gott Macht,
das ist ein Ruhm für alle, die an Gott glauben,
für Israels Kinder, das Volk, das sich Gott nahen darf.
Halleluja – Lobet Gott! *(Ps 148,13 u. 14)*

Einer der folgenden Psalmen:

תהלים כד

לְדָוִד מִזְמוֹר

לַיהֹוָה הָאָרֶץ וּמְלוֹאָהּ תֵּבֵל וְיֹשְׁבֵי בָהּ׃

כִּי־הוּא עַל־יַמִּים יְסָדָהּ וְעַל־נְהָרוֹת יְכוֹנְנֶהָ׃

מִי־יַעֲלֶה בְהַר־יְהֹוָה וּמִי־יָקוּם בִּמְקוֹם קָדְשׁוֹ׃

נְקִי כַפַּיִם וּבַר־לֵבָב אֲשֶׁר לֹא־נָשָׂא לַשָּׁוְא נַפְשׁוֹ
וְלֹא נִשְׁבַּע לְמִרְמָה׃

יִשָּׂא בְרָכָה מֵאֵת יְהֹוָה וּצְדָקָה מֵאֱלֹהֵי יִשְׁעוֹ׃

זֶה דּוֹר דֹּרְשָׁיו מְבַקְשֵׁי פָנֶיךָ יַעֲקֹב סֶלָה׃

שְׂאוּ שְׁעָרִים רָאשֵׁיכֶם וְהִנָּשְׂאוּ פִּתְחֵי עוֹלָם וְיָבוֹא
מֶלֶךְ הַכָּבוֹד׃

מִי זֶה מֶלֶךְ הַכָּבוֹד יְהֹוָה עִזּוּז וְגִבּוֹר יְהֹוָה גִּבּוֹר
מִלְחָמָה׃

שְׂאוּ שְׁעָרִים רָאשֵׁיכֶם וּשְׂאוּ פִּתְחֵי עוֹלָם וְיָבֹא
מֶלֶךְ הַכָּבוֹד.

מִי הוּא זֶה מֶלֶךְ הַכָּבוֹד יְהֹוָה צְבָאוֹת הוּא מֶלֶךְ
הַכָּבוֹד סֶלָה׃

תהלים כט

מִזְמוֹר לְדָוִד

הָבוּ לַיהֹוָה בְּנֵי אֵלִים הָבוּ לַיהֹוָה כָּבוֹד וָעֹז׃

הָבוּ לַיהֹוָה כְּבוֹד שְׁמוֹ הִשְׁתַּחֲווּ לַיהֹוָה בְּהַדְרַת־
קֹדֶשׁ׃

Einer der folgenden Psalmen:

PSALM 24

Ein Psalm Davids

Gott gehört die Erde und was sie erfüllt,
das Festland und die darauf wohnen.
Denn Gott hat es auf den Meeren gegründet,
es über den Strömen befestigt.

Wer darf zu Gottes Berg hinaufziehen?
Wer darf an heiliger Stätte stehen?
Wer reine Hände hat
und ein lauteres Herz,
wer nicht betrügt
und keine falschen Eide schwört.

Ein solcher Mensch wird Segen von Gott empfangen
und Wohltaten von Gott; Gott ist seine Hilfe.
Dies sind die Menschen, die nach Gott fragen,
die deine Gegenwart suchen, Gott Jakobs.

Ihr Tore, hebt euch nach oben,
hebt euch, ihr uralten Pforten,
denn es kommt der König der Ehre.
Wer ist der König der Ehre?
Gott, stark und gewaltig,
Gott, mächtig im Kampf.

Ihr Tore, hebt euch nach oben,
hebt euch, ihr uralten Pforten,
denn es kommt der König der Ehre.
Wer ist der König der Ehre?
Gott, der alles geschaffen hat,
das ist der König der Ehre.

PSALM 29

Ein Psalm Davids

Bringt dar dem Ewigen, ihr Himmlischen,
bringt dar dem Ewigen Lob und Ehre!
Bringt dar dem Ewigen die Ehre seines Namens,
werft euch vor Gott nieder in heiligem Schmuck!

קוֹל יְהוָה עַל־הַמָּיִם אֵל־הַכָּבוֹד הִרְעִים
יְהוָה עַל־מַיִם רַבִּים:
קוֹל־יְהוָה בַּכֹּחַ קוֹל יְהוָה בֶּהָדָר:
קוֹל יְהוָה שֹׁבֵר אֲרָזִים וַיְשַׁבֵּר יְהוָה אֶת־אַרְזֵי
הַלְּבָנוֹן:
וַיַּרְקִידֵם כְּמוֹ־עֵגֶל לְבָנוֹן וְשִׂרְיוֹן כְּמוֹ בֶן־רְאֵמִים:
קוֹל־יְהוָה חֹצֵב לַהֲבוֹת אֵשׁ:
קוֹל יְהוָה יָחִיל מִדְבָּר יָחִיל יְהוָה מִדְבַּר קָדֵשׁ:
קוֹל יְהוָה יְחוֹלֵל אַיָּלוֹת וַיֶּחֱשֹׂף יְעָרוֹת
וּבְהֵיכָלוֹ כֻּלּוֹ אֹמֵר כָּבוֹד:
יְהוָה לַמַּבּוּל יָשָׁב וַיֵּשֶׁב יְהוָה מֶלֶךְ לְעוֹלָם:
יְהוָה עֹז לְעַמּוֹ יִתֵּן יְהוָה יְבָרֵךְ אֶת־עַמּוֹ בַשָּׁלוֹם:

Die Thoralesung endet mit einem der folgenden Gebete:

שְׁכֹן יְהוָה בְּתוֹךְ
עַמֶּךָ וְתָנוּחַ רוּחֲךָ
בְּבֵית תְּפִלָּתֶךָ כִּי
כָּל־פֶּה וְכָל־לָשׁוֹן
יִתְּנוּ הוֹד וְהָדָר
לְמַלְכוּתֶךָ: כִּי לֶקַח
טוֹב נָתַתִּי לָכֶם
תּוֹרָתִי אַל־תַּעֲזֹבוּ:
הֲשִׁיבֵנוּ יְהוָה אֵלֶיךָ
וְנָשׁוּבָה חַדֵּשׁ יָמֵינוּ
כְּקֶדֶם:

וּבְנֻחֹה יֹאמַר: שׁוּבָה יְיָ רִבְבוֹת
אַלְפֵי יִשְׂרָאֵל: קוּמָה יְיָ לִמְנוּחָתֶךָ
אַתָּה וַאֲרוֹן עֻזֶּךָ: כֹּהֲנֶיךָ יִלְבְּשׁוּ־צֶדֶק
וַחֲסִידֶיךָ יְרַנֵּנוּ: בַּעֲבוּר דָּוִד עַבְדֶּךָ
אַל־תָּשֵׁב פְּנֵי מְשִׁיחֶךָ: כִּי לֶקַח טוֹב
נָתַתִּי לָכֶם תּוֹרָתִי אַל־תַּעֲזֹבוּ: עֵץ
חַיִּים הִיא לַמַּחֲזִיקִים בָּהּ וְתֹמְכֶיהָ
מְאֻשָּׁר: דְּרָכֶיהָ דַרְכֵי־נֹעַם וְכָל־
נְתִיבוֹתֶיהָ שָׁלוֹם:
הֲשִׁיבֵנוּ יְהוָה אֵלֶיךָ וְנָשׁוּבָה חַדֵּשׁ
יָמֵינוּ כְּקֶדֶם:

Hier kann חצי קדיש *gebetet werden.*

Die Stimme Gottes erschallt über den Wassern.
Der Gott der Herrlichkeit donnert,
der Ewige über gewaltigen Wassern.
Die Stimme Gottes ertönt mit Macht,
die Stimme des Ewigen voll Majestät.

Die Stimme Gottes zerbricht die Zedern,
der Ewige zerschmettert die Zedern des Libanon.
Gott lässt den Libanon hüpfen wie ein Kalb,
wie einen Wildstier den Hermon.
Die Stimme Gottes sprüht flammendes Feuer,
die Stimme Gottes lässt die Wüste beben,
beben lässt Gott die Wüste von Kadesch.

Die Stimme Gottes wirbelt Eichen empor,
ganze Wälder reißt sie kahl.
In Gottes Palast rufen alle: O herrlicher Gott!

Der Ewige thront über der Flut,
Gott thront königlich bis in Ewigkeit.

Gott gebe dem Gottesvolk Kraft,
Gott segne das Gottesvolk mit Frieden.

Die Thoralesung endet mit einem der folgenden Gebete:

ISRAEL KEHRT ZURÜCK

Gott, sei in deinem Volk gegenwärtig und lass deinen Geist wohnen im Haus deines Lobes, denn jeder Mund und jede Zunge sollen dir Lob singen und deine Herrschaft preisen. Denn du hast gesagt: Eine gute Lehre gebe ich euch. Lasst nicht ab von meiner Thora! *(Spr 4,2)* Gott, bring uns zu dir zurück, dann können wir zu dir zurückkehren. Erneuere unsere Tage, damit sie werden wie früher. *(Kld 5,21)*

Wenn man haltmachte, sagte man: Lass dich nieder, Gott, bei den zehntausendmal Tausenden Israels! *(Num 10,36)* Erhebe dich, Gott, komm an den Ort deiner Ruhe, du und deine machtvolle Lade! Deine Priester sollen sich mit Gerechtigkeit bekleiden, und deine Frommen sollen jubeln. Weil David dein Knecht ist, weise deinen Gesalbten nicht ab! *(Ps 132,8-10)* Denn eine gute Lehre gebe ich euch. Lasst nicht ab von meiner Thora! *(Spr 4,2)* Wer nach ihr greift, dem ist sie ein Lebensbaum, wer sie festhält, ist glücklich zu preisen. *(Spr 3,18)* Ihre Wege sind Wege der Freude, all ihre Pfade führen zum Glück. *(Spr 3,17)* Gott, bring uns zu dir zurück, dann können wir zu dir zurückkehren. Erneuere unsere Tage, damit sie werden wie früher. *(Kld 5,21)*

Hier kann das Chazi-Kaddisch gebetet werden.

תפלת מוסף לראש השנה

אוֹחִילָה לָאֵל. אֲחַלֶּה פָנָיו. אֶשְׁאֲלָה מִמֶּנּוּ מַעֲנֵה לָשׁוֹן: אֲשֶׁר בִּקְהַל עָם אָשִׁיר עֻזּוֹ. אַבִּיעָה רְנָנוֹת בְּעַד מִפְעָלָיו: לְאָדָם מַעַרְכֵי־לֵב. וּמֵיְיָ מַעֲנֵה לָשׁוֹן:

Einer der beiden folgenden Absätze:

עמידה

בָּרוּךְ אַתָּה יְיָ אֱלֹהֵינוּ וֵאלֹהֵי אֲבוֹתֵינוּ. אֱלֹהֵי אַבְרָהָם. אֱלֹהֵי יִצְחָק. וֵאלֹהֵי יַעֲקֹב. הָאֵל הַגָּדוֹל הַגִּבּוֹר וְהַנּוֹרָא. אֵל עֶלְיוֹן קוֹנֵה בְרַחֲמָיו שָׁמַיִם וָאָרֶץ: מָגֵן אָבוֹת בִּדְבָרוֹ. מְחַיֵּה מֵתִים בְּמַאֲמָרוֹ. הָאֵל הַקָּדוֹשׁ:

בָּרוּךְ אַתָּה יְיָ אֱלֹהֵינוּ וֵאלֹהֵי אֲבוֹתֵינוּ וְאִמּוֹתֵינוּ. אֱלֹהֵי אַבְרָהָם וֵאלֹהֵי שָׂרָה. אֱלֹהֵי יִצְחָק וֵאלֹהֵי רִבְקָה. אֱלֹהֵי יַעֲקֹב אֱלֹהֵי רָחֵל וֵאלֹהֵי לֵאָה. הָאֵל הַגָּדוֹל הַגִּבּוֹר וְהַנּוֹרָא. אֵל עֶלְיוֹן קוֹנֵה בְרַחֲמָיו שָׁמַיִם וָאָרֶץ: מָגֵן אָבוֹת בִּדְבָרוֹ. מְחַיֵּה מֵתִים בְּמַאֲמָרוֹ. הָאֵל הַקָּדוֹשׁ:

קדושת השם

וּבְכֵן לְךָ תַעֲלֶה קְדֻשָּׁה כִּי אַתָּה אֱלֹהֵינוּ מֶלֶךְ:

ונתנה תקף

וּנְתַנֶּה תֹּקֶף קְדֻשַּׁת הַיּוֹם כִּי הוּא נוֹרָא וְאָיֹם. וּבוֹ תִנָּשֵׂא מַלְכוּתֶךָ וְיִכּוֹן בְּחֶסֶד כִּסְאֶךָ וְתֵשֵׁב עָלָיו בֶּאֱמֶת. אֱמֶת כִּי אַתָּה הוּא דַיָּן וּמוֹכִיחַ וְיוֹדֵעַ וָעֵד. וְכוֹתֵב וְחוֹתֵם וְסוֹפֵר וּמוֹנֶה. וְתִזְכֹּר כָּל־הַנִּשְׁכָּחוֹת. וְתִפְתַּח אֶת־סֵפֶר הַזִּכְרוֹנוֹת. וּמֵאֵלָיו יִקָּרֵא וְחוֹתַם יַד כָּל־אָדָם בּוֹ:

וּבְשׁוֹפָר גָּדוֹל יִתָּקַע וְקוֹל דְּמָמָה דַקָּה יִשָּׁמַע. וּמַלְאָכִים יֵחָפֵזוּן וְחִיל וּרְעָדָה יֹאחֵזוּן וְיֹאמְרוּ הִנֵּה יוֹם הַדִּין: לִפְקֹד עַל צְבָא מָרוֹם בַּדִּין כִּי לֹא יִזְכּוּ בְעֵינֶיךָ בַּדִּין. וְכָל־בָּאֵי עוֹלָם

MUSSAFGEBET FÜR ROSCH HA-SCHANA

Ich warte auf Gott. Ich suche Gottes Gegenwart. Ich bitte Gott um Antwort. Hier in meiner Gemeinde singe ich von der Stärke Gottes. Ich singe von Gottes wunderbaren Taten. Es ist des Menschen Auftrag, sein Herz für das Gebet zu öffnen; die Antwort kommt von Gott.

Einer der beiden folgenden Absätze:

AMIDA Gepriesen seist du, Ewiger, unser Gott und Gott unserer Väter, Gott Abrahams, Gott Isaaks und Gott Jakobs. Du bist groß und mächtig. Dir gebührt unsere Ehrfurcht. Du bist über alles erhaben. Du hast in deiner Barmherzigkeit Himmel und Erde erschaffen. Du warst ein Schutzschild für unsere Vorfahren durch deine Verheißung. Durch dein Wort schenkst du Leben angesichts des Todes. Du, Gott, bist heilig.

Gepriesen seist du, Ewiger, unser Gott und Gott unserer Väter und Mütter, Gott Abrahams und Gott Saras, Gott Isaaks und Gott Rebakkas, Gott Jakobs, Gott Rahels und Gott Leas. Du bist groß und mächtig. Dir gebührt unsere Ehrfurcht. Du bist über alles erhaben. Du hast in deiner Barmherzigkeit Himmel und Erde erschaffen. Du warst ein Schutzschild für unsere Vorfahren durch deine Verheißung. Durch dein Wort schenkst du Leben angesichts des Todes. Du, Gott, bist heilig.

GOTT IST HEILIG Und so lass nun die Gebete, mit denen wir dich heiligen, zu dir aufsteigen, denn du bist unser Gott und du regierst.

U-NETANNE TOQEF Wir wollen die Heiligkeit dieses Tages verkünden, denn dieser Tag weckt Gefühle der Ehrfurcht für dich. An diesem Tag werden wir von deiner Herrschaft bewegt und überwältigt. Dein Königsthron ist auf Gnade gegründet, und du regierst auf ihm in Wahrhaftigkeit. Es ist wahr: Du sprichst Recht und legst die Beweise vor. Du machst die Tatsachen bekannt und bezeugst sie. Du schreibst auf und besiegelst. Du berichtest und zählst auf. Du bringst längst vergessene Taten in Erinnerung. Du öffnest das Buch der Erinnerungen. Es spricht für sich selbst, denn es enthält die Handschrift eines jeden Menschen.

Das große Schofar wird geblasen, und eine ruhige, leise Stimme ist zu hören. Gottes Boten werden unruhig, Angst und Bangen überfällt sie, und sie sagen: Dies ist der Tag des Gerichts! An ihm werden Himmel und Erde im Gericht geprüft, denn niemand ist unschuldig vor deinen

יַעַבְרוּן לְפָנֶיךָ כִּבְנֵי מָרוֹן: כְּבַקָּרַת רוֹעֶה עֶדְרוֹ מַעֲבִיר צֹאנוֹ תַּחַת שִׁבְטוֹ. כֵּן תַּעֲבִיר וְתִסְפֹּר וְתִמְנֶה וְתִפְקֹד נֶפֶשׁ כָּל־חָי. וְתַחְתֹּךְ קִצְבָה לְכָל־בְּרִיָּה וְתִכְתֹּב אֶת־גְּזַר דִּינָם:

בְּרֹאשׁ הַשָּׁנָה יִכָּתֵבוּן
וּבְיוֹם צוֹם כִּפּוּר יֵחָתֵמוּן:

כַּמָּה יַעַבְרוּן וְכַמָּה יִבָּרֵאוּן. מִי יִחְיֶה וּמִי יָמוּת. מִי בְקִצּוֹ וּמִי לֹא בְקִצּוֹ. מִי בָאֵשׁ וּמִי בַמַּיִם. מִי בַחֶרֶב וּמִי בַחַיָּה. מִי בָרָעָב וּמִי בַצָּמָא. מִי בָרַעַשׁ וּמִי בַמַּגֵּפָה. מִי בַחֲנִיקָה וּמִי בַסְּקִילָה: מִי יָנוּחַ וּמִי יָנוּעַ. מִי יַשְׁקִיט וּמִי יְטֹּרַף. מִי יִשָּׁלֵו וּמִי יִתְיַסָּר. מִי יֵעָנִי וּמִי יֵעָשִׁיר. מִי יֻשְׁפַּל וּמִי יָרוּם:

וּתְשׁוּבָה וּתְפִלָּה וּצְדָקָה
מַעֲבִירִין אֶת־רֹעַ הַגְּזֵרָה:

כִּי כְּשִׁמְךָ כֵּן תְּהִלָּתֶךָ. קָשֶׁה לִכְעֹס וְנוֹחַ לִרְצוֹת: כִּי לֹא תַחְפֹּץ בְּמוֹת הַמֵּת כִּי אִם בְּשׁוּבוֹ מִדַּרְכּוֹ וְחָיָה: וְעַד יוֹם מוֹתוֹ תְּחַכֶּה־לּוֹ. אִם יָשׁוּב מִיַּד תְּקַבְּלוֹ:

אֱמֶת כִּי אַתָּה הוּא יוֹצְרָם וְיוֹדֵעַ יִצְרָם כִּי הֵם בָּשָׂר וָדָם:

אָדָם יְסוֹדוֹ מֵעָפָר וְסוֹפוֹ לֶעָפָר: בְּנַפְשׁוֹ יָבִיא לַחְמוֹ: מָשׁוּל כַּחֶרֶס הַנִּשְׁבָּר. כְּחָצִיר יָבֵשׁ וּכְצִיץ נוֹבֵל. כְּצֵל עוֹבֵר וּכְעָנָן כָּלֶה. וּכְרוּחַ נוֹשָׁבֶת. וּכְאָבָק פּוֹרֵחַ וְכַחֲלוֹם יָעוּף:

וְאַתָּה הוּא מֶלֶךְ אֵל חַי וְקַיָּם:

Augen im Gericht. Und du lässt alle, die die Welt bewohnen, wie Lämmer an dir vorüberziehen. Wie ein Hirte, der seine Herde überprüft und jedes Tier unter seinem Stab vorbeiziehen lässt, so lässt du die Seelen aller Lebenwesen an dir vorüberziehen, prüfst, zählst und bewertest. Und du beschließt das Geschick eines jeden Geschöpfs und schreibst seinen Urteilsspruch.

Am Neujahrsfest denken wir darüber nach,
wie das Urteil gefällt wird;
am Versöhnungstag denken wir darüber nach,
wie das Urteil besiegelt wird,

für die, die aus dem Leben scheiden und für die, die geboren werden; für die, die ihre Zeit leben und für die, die vor ihrer Zeit sterben werden; für die, die durch Feuer oder durch Wasser sterben werden, durch die Gewalt von Menschen oder durch Tiere, durch Hunger oder durch Durst, durch Katastrophen, Seuchen oder Hinrichtung; für die, die ruhen und für die, die auf Wanderschaft sind; für die, die sicher sein werden und für die, die gequält sein werden; für die, die verarmen und für die, die zu Wohlstand kommen werden; für die, die versagen und für die, die erfolgreich sein werden.

Doch durch Umkehr, Gebet und gute Taten
kann die Härte unseres Schicksals verwandelt werden.

Denn du machst deinem Namen Ehre: Du bist schwer zu erzürnen und leicht zu beschwichtigen. Du hast keinen Gefallen daran, dass jemand stirbt, sondern dass jemand von seinen Wegen umkehrt und lebt. Bis zum Todestag wartest du auf den Menschen, und wenn ein Mensch umkehrt, nimmst du ihn sofort an.

Es ist wahr: Du bist der Schöpfer der Menschen,
und du weißt um ihre Geschöpflichkeit.
Du weißt, dass sie sterblich sind.

Aus Staub wurde der Mensch geschaffen, und zum Staub kehrt er wieder zurück. Die Tage seines Lebens verbringt er mit der Sorge um sein Brot. Er gleicht einem Tongefäß, das leicht zerbricht. Er ist wie das Gras, das schnell verdorrt, wie eine Blume, die bald verwelkt, ein Schatten, der vorübergeht, eine Wolke, die schwindet, ein verwehender Wind, Staub in der Luft, fliehender Traum.

Du aber bist Gott, du regierst,
du bist allmächtig, lebendig und beständig!

אֵין קִצְבָה לִשְׁנוֹתֶיךָ וְאֵין קֵץ לְאֹרֶךְ יָמֶיךָ: וְאֵין שִׁעוּר לְמַרְכְּבוֹת כְּבוֹדֶךָ וְאֵין פֵּרוּשׁ לְעֵילוֹם שְׁמֶךָ: שִׁמְךָ נָאֶה לְךָ וְאַתָּה נָאֶה לִשְׁמֶךָ. וּשְׁמֵנוּ קָרָאתָ בִשְׁמֶךָ:

עֲשֵׂה לְמַעַן שְׁמֶךָ וְקַדֵּשׁ אֶת־שִׁמְךָ עַל מַקְדִּישֵׁי שְׁמֶךָ. בַּעֲבוּר כְּבוֹד שִׁמְךָ הַנַּעֲרָץ וְהַנִּקְדָּשׁ כְּסוֹד שִׂיחַ שַׂרְפֵי־קֹדֶשׁ הַמַּקְדִּישִׁים שִׁמְךָ בַּקֹּדֶשׁ. דָּרֵי מַעְלָה עִם דָּרֵי מַטָּה כַּכָּתוּב עַל יַד נְבִיאֶךָ. וְקָרָא זֶה אֶל זֶה וְאָמַר.

קָדוֹשׁ קָדוֹשׁ קָדוֹשׁ יְיָ צְבָאוֹת מְלֹא כָל־הָאָרֶץ כְּבוֹדוֹ:

כְּבוֹדוֹ מָלֵא עוֹלָם מְשָׁרְתָיו שׁוֹאֲלִים זֶה לָזֶה אַיֵּה מְקוֹם כְּבוֹדוֹ. לְעֻמָּתָם בָּרוּךְ יֹאמֵרוּ.

בָּרוּךְ כְּבוֹד יְיָ מִמְּקוֹמוֹ:

מִמְּקוֹמוֹ הוּא יִפֶן בְּרַחֲמִים וְיָחֹן עַם הַמְיַחֲדִים שְׁמוֹ עֶרֶב וָבֹקֶר בְּכָל־יוֹם תָּמִיד פַּעֲמַיִם בְּאַהֲבָה שְׁמַע אוֹמְרִים.

שְׁמַע יִשְׂרָאֵל יְיָ אֱלֹהֵינוּ יְיָ אֶחָד:

אֶחָד הוּא אֱלֹהֵינוּ הוּא אָבִינוּ הוּא מַלְכֵּנוּ הוּא מוֹשִׁיעֵנוּ. וְהוּא יַשְׁמִיעֵנוּ בְּרַחֲמָיו שֵׁנִית לְעֵינֵי כָּל־חָי. לִהְיוֹת לָכֶם לֵאלֹהִים:

אֲנִי יְיָ אֱלֹהֵיכֶם:

אַדִּיר אַדִּירֵנוּ יְיָ אֲדוֹנֵינוּ. מָה אַדִּיר שִׁמְךָ בְּכָל־הָאָרֶץ. וְהָיָה יְיָ לְמֶלֶךְ עַל־כָּל־הָאָרֶץ. בַּיּוֹם הַהוּא יִהְיֶה יְיָ אֶחָד וּשְׁמוֹ אֶחָד: וּבְדִבְרֵי קָדְשְׁךָ כָּתוּב לֵאמֹר.

יִמְלֹךְ יְיָ לְעוֹלָם אֱלֹהַיִךְ צִיּוֹן לְדֹר וָדֹר הַלְלוּיָהּ:

Deine Jahre haben kein Ende, und deine Lebenszeit ist unbegrenzt. Unerforschlich ist deine Herrlichkeit, unerklärlich das Geheimnis deines Namens. Dein Name entspricht dir, und du entsprichst deinem Namen. Und wir sind nach deinem Namen benannt.

Handle nun um deines Namens willen und lass deinen Namen heilig sein über denen, die deinen Namen heiligen. Um der Herrlichkeit deines Namens willen werde er verehrt und geheiligt von denen in der Höhe, ebenso wie von denen in der Tiefe, mit den Worten des geheimnissvollen Gebetes der Seraphim, die deinen Namen in Heiligkeit heiligen, denn es heißt bei dem Propheten: Sie riefen einander zu:

Heilig, heilig, heilig ist der Schöpfer aller Kreatur.
Die ganze Welt ist mit Gottes Gegenwart erfüllt. *(Jes 6,3)*

Gottes Gegenwart erfüllt die Erde. Die, die dir dienen, fragen einander: „Wo ist der Ort der Gegenwart Gottes?" Als Antwort rufen sie: „Gepriesen!"

Gepriesen sei die Gegenwart Gottes an jedem Ort. *(Ez 3,12)*

Mögest du dich zu uns wenden und von deinem Ort her dem Volk, das die Einheit deines Namens morgens und abends verkündet, Gnade erweisen, dem Volk, das täglich zweimal in Liebe zu dir das "Höre Israel" rezitiert.

Höre Israel, der Ewige ist unser Gott,
der Ewige ist einzig! *(Dtn 6,4)*

Einzig ist unser Gott. Einzig ist Gott – Gott hat uns geschaffen und sorgt für uns. Einzig ist Gott – Gott regiert über uns. Einzig ist Gott – Gott hilft uns. Gott, du lässt es uns neu hören, in Gegenwart aller lebendigen Wesen, dass du unser Gott bist:

Ich, der Ewige, bin euer Gott. *(Num 15,41)*

Unser Gott, du bist mächtig. Gott, du herrschst über uns. Wie gewaltig ist dein Name auf der ganzen Erde! Dann wird Gott über die ganze Erde herrschen. An jenem Tag wird Gott einzig sein und sein Name einzig. Und in deinen heiligen Worten steht geschrieben:

Gott herrscht allezeit, dein Gott, Zion, regiert bis in Ewigkeit.
Halleluja! *(Ps 146,10)*

לְדוֹר וָדוֹר נַגִּיד גָּדְלֶךָ. וּלְנֵצַח נְצָחִים קְדֻשָּׁתְךָ נַקְדִּישׁ. וְשִׁבְחֲךָ אֱלֹהֵינוּ מִפִּינוּ לֹא יָמוּשׁ לְעוֹלָם וָעֶד. כִּי אֵל מֶלֶךְ גָּדוֹל וְקָדוֹשׁ אָתָּה:

בָּרוּךְ אַתָּה יְיָ. הַמֶּלֶךְ הַקָּדוֹשׁ:

אָמַר רַבִּי יְהוּדָה מִשּׁוּם רַבִּי עֲקִיבָא. אָמַר הַקָּדוֹשׁ בָּרוּךְ הוּא. אִמְרוּ לְפָנַי בְּרֹאשׁ הַשָּׁנָה **מַלְכֻיּוֹת זִכְרוֹנוֹת וְשׁוֹפָרוֹת:** מַלְכֻיּוֹת כְּדֵי שֶׁתַּמְלִיכוּנִי עֲלֵיכֶם: זִכְרוֹנוֹת כְּדֵי שֶׁיַּעֲלֶה זִכְרוֹנְכֶם לְפָנַי לְטוֹבָה: וּבַמֶּה. בַּשּׁוֹפָר:

מלכיות

Lasst uns über die Mächte nachdenken, die unser Leben bestimmen: die Strömungen der Triebe und Sehnsüchte, die in den Tiefen unseres Seins entstehen; die Fluten des Ehrgeizes und der Begierden, die unseren Willen fortspülen; die kleinen Wellen der Gewohnheit und Routine, in denen unsere Visionen ertränkt werden – und doch ist Gott größer als all dieses und die leise Stimme Gottes lauter als ihr Getöse. Zu Beginn des Neuen Jahres bekennen wir, dass Gott regiert. Möge er über uns regieren und in uns herrschen.

עָלֵינוּ לְשַׁבֵּחַ לַאֲדוֹן הַכֹּל לָתֵת גְּדֻלָּה לְיוֹצֵר בְּרֵאשִׁית. אֲשֶׁר בָּחַר־בָּנוּ מִכָּל־הָעַמִּים. וְנָתַן־לָנוּ אֶת־תּוֹרָתוֹ. וַאֲנַחְנוּ כֹּרְעִים וּמִשְׁתַּחֲוִים וּמוֹדִים לִפְנֵי מֶלֶךְ מַלְכֵי הַמְּלָכִים הַקָּדוֹשׁ בָּרוּךְ הוּא. שֶׁהוּא נוֹטֶה שָׁמַיִם וְיוֹסֵד אָרֶץ. וּמוֹשַׁב יְקָרוֹ בַּשָּׁמַיִם מִמַּעַל וּשְׁכִינַת עֻזּוֹ בְּגָבְהֵי מְרוֹמִים: הוּא אֱלֹהֵינוּ. אֵין עוֹד. אֱמֶת מַלְכֵּנוּ. אֶפֶס זוּלָתוֹ. כַּכָּתוּב בְּתוֹרָתוֹ. וְיָדַעְתָּ הַיּוֹם וַהֲשֵׁבֹתָ אֶל־לְבָבֶךָ כִּי יְיָ הוּא הָאֱלֹהִים בַּשָּׁמַיִם מִמַּעַל וְעַל־הָאָרֶץ מִתָּחַת אֵין עוֹד:

Von Generation zu Generation wollen wir deine Größe erzählen und von Ewigkeit zu Ewigkeit deine Heiligkeit verkünden. Das Lob, das wir dir, unserem Gott, bringen, soll niemals aus unseren Mündern weichen, denn du bist Gott, du regierst in Größe und Heiligkeit.

Gepriesen seist du, Ewiger, du regierst und du bist heilig.

Rabbi Jehuda sagte im Namen Rabbi Aqiwas: „Gott – Gottes Heiligkeit sei gepriesen! – sagte: ‚Lest am Neujahrsfest Verse über Gottes Königtum, Verse über Gottes Erinnerung und Verse über das Schofarblasen. – Lest Verse über Gottes Königtum, damit ich über euch regiere. Lest Verse über Gottes Erinnerung, damit ich mich an euch zum Guten erinnere. Und wodurch geschieht es? Durch das Blasen des Schofars.'"

(Rosch haSchana 34b)

MALCHUJOT

GOTT REGIERT

Lasst uns über die Mächte nachdenken, die unser Leben bestimmen: die Strömungen der Triebe und Sehnsüchte, die in den Tiefen unseres Seins entstehen; die Fluten des Ehrgeizes und der Begierden, die unseren Willen fortspülen; die kleinen Wellen der Gewohnheit und Routine, in denen unsere Visionen ertränkt werden – und doch ist Gott größer als all dieses und die leise Stimme Gottes lauter als ihr Getöse. Zu Beginn des Neuen Jahres bekennen wir, dass Gott regiert. Möge er über uns regieren und in uns herrschen.

UNSERE AUFGABE

Es ist unsere Aufgabe, den Ewigen, der alles in seinen Händen hält, zu preisen und die Größe des Schöpfers aller Anfänge anzuerkennen. Gott hat uns aus allen Völkern erwählt um uns die Thora zu geben. Wir knien nieder; wir verneigen uns und danken in der Gegenwart des allmächtigen Gottes, Gott regiert über alle Herrschenden in der Welt, Gottes Heiligkeit sei gepriesen! Denn Gott hat die Weite des Himmel geschaffen und die Erde gegründet. Gottes Ehre ist so umfassend wie der Himmel über uns, und Gottes Kraft reicht bis in die fernsten Höhen. Der lebendige Gott ist unser Gott – niemand sonst. Gott ist unser Leben anvertraut – niemandem außer Gott! So wie es geschrieben ist in der Thora: Heute sollst du erkennen und dir zu Herzen nehmen: Der Ewige ist der Gott im Himmel droben und auf der Erde unten, niemand sonst. *(Dtn 4,39)*

עַל־כֵּן נְקַוֶּה לְּךָ יְיָ אֱלֹהֵינוּ לִרְאוֹת מְהֵרָה בְּתִפְאֶרֶת עֻזֶּךָ. לְהַעֲבִיר גִּלּוּלִים מִן הָאָרֶץ וְהָאֱלִילִים כָּרוֹת יִכָּרֵתוּן. לְתַקֵּן עוֹלָם בְּמַלְכוּת שַׁדַּי וְכָל־בְּנֵי בָשָׂר יִקְרְאוּ בִשְׁמֶךָ. לְהַפְנוֹת אֵלֶיךָ כָּל־רִשְׁעֵי אָרֶץ: יַכִּירוּ וְיֵדְעוּ כָּל־יוֹשְׁבֵי תֵבֵל כִּי לְךָ תִּכְרַע כָּל־בֶּרֶךְ תִּשָּׁבַע כָּל־לָשׁוֹן: לְפָנֶיךָ יְיָ אֱלֹהֵינוּ יִכְרְעוּ וְיִפֹּלוּ. וְלִכְבוֹד שִׁמְךָ יְקָר יִתֵּנוּ. וִיקַבְּלוּ כֻלָּם אֶת־עֹל מַלְכוּתֶךָ. וְתִמְלוֹךְ עֲלֵיהֶם מְהֵרָה לְעוֹלָם וָעֶד. כִּי הַמַּלְכוּת שֶׁלְּךָ הִיא וּלְעוֹלְמֵי עַד תִּמְלֹךְ בְּכָבוֹד. כַּכָּתוּב בְּתוֹרָתֶךָ.

יְהוָה יִמְלֹךְ לְעוֹלָם וָעֶד:

כֹּה־אָמַר יְיָ מֶלֶךְ־יִשְׂרָאֵל וְגֹאֲלוֹ יְיָ צְבָאוֹת. אֲנִי רִאשׁוֹן וַאֲנִי אַחֲרוֹן וּמִבַּלְעָדַי אֵין אֱלֹהִים:

עָנָן וַעֲרָפֶל סְבִיבָיו. צֶדֶק וּמִשְׁפָּט מְכוֹן כִּסְאוֹ:

הַמְלִיכֵהוּ עָלֶיךָ תְּחִלָּה. וְאַחַר כָּךְ בַּקֵּשׁ מִלְּפָנָיו רַחֲמִים:

תֶּן־לוֹ מִשֶּׁלּוֹ שֶׁאַתָּה וְשֶׁלְּךָ שֶׁלּוֹ:

כְּשֶׁאַתָּה עוֹשֶׂה רְצוֹנוֹ אָבִיךָ וְאַתָּה בְּנוֹ. וְאִם לָאו עַל כָּרְחֲךָ שֶׁלֹּא בְּטוֹבָתְךָ קוֹנֶךָ וְאַתָּה עַבְדּוֹ:

מַה הוּא מַעֲשֵׂהוּ הָרַע בְּיוֹתֵר שֶׁל יֵצֶר הָרָע: כְּשֶׁאָדָם שׁוֹכֵחַ שֶׁבֶּן מֶלֶךְ הוּא:

עַל יְדֵי שֶׁיֵּשׁ לְךָ אָדָם רָצוֹן אַחֵר חוּץ מֵרְצוֹן הַשֵּׁם יִתְבָּרַךְ נַעֲשָׂה מַלְכוּת לְסִטְרָא אַחֲרָא:

UNSERE HOFFNUNG FÜR DIE MENSCHHEIT

Darum hoffen wir darauf, Ewiger, unser Gott, dass deine Stärke bald für uns sichtbar wird, dass die Anbetung des Geldes von der Erde verschwinden und dass Vorurteile und Aberglaube ausgerottet werden; dass die Welt von deiner Herrschaft geprägt ist und alle Menschen deinen Namen anrufen; dass alle Ungerechten der Welt sich dir zuwenden.

Alle Bewohner der Erde sollen erkennen und wissen, dass sich vor dir jedes Knie beugt und jede Zunge bei dir schwört. Vor dir, Ewiger, unser Gott, wird man sich beugen und niederfallen, und man wird der Herrlichkeit deines Namens Achtung erweisen. Alle werden deine Herrschaft anerkennen, und du wirst bald über alle herrschen, von nun an bis in Ewigkeit. Denn dir allein gebührt die Herrschaft, und du herrschst bis in alle Ewigkeit in Herrlichkeit, wie es geschrieben steht in deiner Thora:

ZEHN VERSE ÜBER GOTTES KÖNIGTUM

Gott regiert für immer und ewig. *(Ex 15,18)*

> So spricht der Ewige, der über Israel regiert und es erlöst, der Gott aller Geschöpfe: Ich bist zuerst und ich bin zuletzt und außer mir gibt es keinen Gott. *(Jes 44,6)*

Gewölk und Dunkel umgibt Gott, Gerechtigkeit und Recht sind die Stützen des göttlichen Thrones. *(Ps 97,2)*

> Lass Gott zuerst über dich regieren. Und danach erbitte Gnade von Gott. *(Sifre)*

Gib Gott, was Gott gehört, denn du selbst und alles, was dir gehört, gehört Gott. *(Sprüche der Väter 3,8)*

> Wenn du Gottes Willen tust, dann ist Gott dir Vater (und Mutter) und du bist sein Kind. Wenn du ihn nicht tust, dann hat Gott gegen deinen Willen und ohne dein Einverständnis Autorität über dich und du bist Gottes Diener (oder Dienerin). *(Pesikta Rabbati 27)*

Rabbi Sch'lomo fragt: „Was ist die schlimmste Tat des Bösen Triebs?" Und er antwortete: „Wenn ein Mensch vergißt, daß er ein Königssohn ist." *(Sch'lomo von Karlin)*

> Andere werden Macht über dich bekommen, wenn dein Wille sich von Gottes Willen unterscheidet. *(Nachman von Braclaw)*

מַלְכוּת הָאֱלֹהִים אֵינֶנָּה בְּגֶדֶר שֶׁל עָתִיד פְּלָאִי. הִיא תָּמִיד קַיֶּמֶת וְתוֹבַעַת מִן הָאָדָם שֶׁיַּגִּיעַ לִכְלַל הַתְחָלָה וְהַחְלָטָה:

שְׁמַע יִשְׂרָאֵל. יְהוָֹה אֱלֹהֵינוּ יְהוָֹה אֶחָד:

בָּרוּךְ אַתָּה יְיָ. מֶלֶךְ עַל כָּל־הָאָרֶץ מְקַדֵּשׁ (הַשַּׁבָּת וְ)יִשְׂרָאֵל וְיוֹם הַזִּכָּרוֹן:

תְּקִיעָה שְׁבָרִים־תְּרוּעָה תְּקִיעָה
תְּקִיעָה שְׁבָרִים תְּקִיעָה
תְּקִיעָה תְּרוּעָה תְּקִיעָה

Einer der beiden folgenden Abschnitte:

א יְיָ מֶלֶךְ. יְיָ מָלָךְ. יְיָ יִמְלֹךְ לְעוֹלָם וָעֶד:

בְּטֶרֶם שְׁחָקִים וַאֲרָקִים נִמְתָּחוּ. יְיָ מֶלֶךְ:
וְעַד לֹא מְאוֹרוֹת זָרָחוּ. יְיָ מָלָךְ:
וְהָאָרֶץ כַּבֶּגֶד תִּבְלֶה. וְשָׁמַיִם כְּעָשָׁן נִמְלָחוּ.
יְיָ יִמְלֹךְ לְעוֹלָם וָעֶד:

יְיָ מֶלֶךְ. יְיָ מָלָךְ. יְיָ יִמְלֹךְ לְעוֹלָם וָעֶד:

וְעַד לֹא עָשָׂה אֶרֶץ וְחוּצוֹת. יְיָ מֶלֶךְ:
וּבַהֲכִינוֹ יְצוּרִים עֲלֵי אֲרָצוֹת. יְיָ מָלָךְ:
וְעֵת יְקַבֵּץ נְפוּצִים מֵאַרְבַּע נְפוּצוֹת.
יְיָ יִמְלֹךְ לְעוֹלָם וָעֶד:

יְיָ מֶלֶךְ. יְיָ מָלָךְ. יְיָ יִמְלֹךְ לְעוֹלָם וָעֶד:

Das Reich Gottes bedeutet … nichts Überschwengliches, nichts Jenseitiges und Überweltliches nur; es bezeichnet nichts anderes als das Dasein des Menschen, der sich in bereitem, freiem Gehorsam zu Gott und seinem Dienste hingewandt hat. *(Leo Baeck)*

Höre Israel, der Ewige ist Gott, der Ewige ist einzig. *(Dtn 6,4)*

Gepriesen seist du, Ewiger, unser Gott; du regierst die Welt. Du hast (den Schabbat,) dein Volk Israel und diesen Tag der Erinnerung geheiligt

TEKI'A	SCHEWARIM-TERU'A	TEKI'A
TEKI'A	SCHEWARIM	TEKI'A
TEKI'A	TERU'A	TEKI'A

Einer der beiden folgenden Abschnitte:

I

Gott regiert, Gott hat regiert,
und regieren wird Gott bis in Ewigkeit.

Bevor das himmlische Gewölbe gespannt,
und der Erdboden ausgebreitet war:
„Gott regiert."
Bevor die himmlischen Lichter schienen:
„Gott hat regiert."
Wenn einst die Erde abgenutzt ist wie ein altes Kleid,
der Himmel wie Rauch auseinanderreißt:
„Regieren wird Gott bis in Ewigkeit."

Gott regiert, Gott hat regiert,
und regieren wird Gott bis in Ewigkeit.

Als das Land und die Länder noch nicht geschaffen:
„Gott regiert."
Als die Gestalten die Länder bewohnten:
„Gott hat regiert."
Wenn einst die Zerstreuten von überall gesammelt sind:
„Regieren wird Gott bis in Ewigkeit."

Gott regiert, Gott hat regiert,
und regieren wird Gott bis in Ewigkeit.

ב אֲרֶשֶׁת שְׂפָתֵינוּ יֶעֱרַב לְפָנֶיךָ. אֵל רָם וְנִשָּׂא. מֵבִין וּמַאֲזִין. מַבִּיט וּמַקְשִׁיב לְקוֹל תְּקִיעָתֵנוּ: וּתְקַבֵּל בְּרַחֲמִים וּבְרָצוֹן סֵדֶר מַלְכֻיּוֹתֵינוּ:

זכרונות

Unsere Augen richten sich auf Gott, und Gottes Blick ruht auf uns. Gemeinsam erinnern wir uns an das vergangene Jahr mit all seinen Gelegenheiten, die niemals wiederkehren werden. Mit Gottes Hilfe versuchen wir, uns unserer Vergangenheit zu stellen, ohne Entschuldigungen oder Vorwürfe. Wir bedenken das Gute, das wir getan haben, und das Gute, das wir zu tun versäumt haben. Wir erinnern uns an die Verletzungen, die uns zugefügt worden sind, und an die Verletzungen, die wir anderen zugefügt haben. Das Buch der Erinnerung ist immer noch offen, und sein Ende ist noch nicht geschrieben. Wir lesen es, um zu bereuen.

אַתָּה זוֹכֵר מַעֲשֵׂה עוֹלָם וּפוֹקֵד כָּל־יְצוּרֵי קֶדֶם: זֶה הַיּוֹם תְּחִלַּת מַעֲשֶׂיךָ כִּי זֵכֶר כָּל־הַיְּצוּר לְפָנֶיךָ בָּא. מַעֲשֵׂה אִישׁ וּפְקֻדָּתוֹ: כִּי דוֹרְשֶׁיךָ לְעוֹלָם לֹא יִכָּשֵׁלוּ. וְלֹא יִכָּלְמוּ לָנֶצַח כָּל־הַחוֹסִים בָּךְ:

וְזָכַרְתִּי אֶת־בְּרִיתִי יַעֲקוֹב וְאַף אֶת־בְּרִיתִי יִצְחָק וְאַף אֶת־בְּרִיתִי אַבְרָהָם אֶזְכֹּר וְהָאָרֶץ אֶזְכֹּר:

שִׁמְעוּ אֶת־הַדָּבָר הַזֶּה אֲשֶׁר דִּבֶּר יְיָ עֲלֵיכֶם בְּנֵי יִשְׂרָאֵל עַל כָּל־הַמִּשְׁפָּחָה אֲשֶׁר הֶעֱלֵיתִי מֵאֶרֶץ מִצְרַיִם לֵאמֹר: רַק אֶתְכֶם יָדַעְתִּי מִכֹּל מִשְׁפְּחוֹת הָאֲדָמָה. עַל־כֵּן אֶפְקֹד עֲלֵיכֶם אֵת כָּל־עֲוֹנֹתֵיכֶם:

וַיִּזְכֹּר לָהֶם בְּרִיתוֹ וַיִּנָּחֵם כְּרֹב חֲסָדָיו:

II

Mögen unsere Worte dir angenehm sein,
Gott, du bist erhöht und bist erhaben.
Du verstehst und du vernimmst das Schofar.
Du bemerkst und beachtest den Ton des Widderhorns.
Nimm voll Erbarmen und Wohlgefallen unser Gebet an,
in dem wir dein Königtum gepriesen haben.

ZICHRONOT

GOTT ERINNERT SICH

Unsere Augen richten sich auf Gott, und Gottes Blick ruht auf uns. Gemeinsam erinnern wir uns an das vergangene Jahr mit all seinen Gelegenheiten, die niemals wiederkehren werden. Mit Gottes Hilfe versuchen wir, uns unserer Vergangenheit zu stellen, ohne Entschuldigungen oder Vorwürfe. Wir bedenken das Gute, das wir getan haben, und das Gute, das wir zu tun versäumt haben. Wir erinnern uns an die Verletzungen, die uns zugefügt worden sind, und an die Verletzungen, die wir anderen zugefügt haben. Das Buch der Erinnerung ist immer noch offen, und sein Ende ist noch nicht geschrieben. Wir lesen es, um zu bereuen.

Du erinnerst dich an die Schöpfung der Welt und ziehst alles, was du einst geschaffen hast, zur Rechenschaft. Heute ist der Tag des Beginns deiner Schöpfung, denn alles Geschaffene kommt dir in Erinnerung, die Schöpfung des Menschen und die Rechenschaft für seine Taten. Doch alle, die dich suchen, werden niemals zu Fall kommen, und alle, die auf dich hoffen, werden niemals beschämt werden.

ZEHN VERSE ÜBER GOTTES ERINNERUNG

Ich will mich an meinen Bund mit Jakob erinnern, an meinen Bund mit Isaak, an meinen Bund mit Abraham und an das Land. *(Lev 26,42)*

Hört das Wort, das Gott zu euch, ihr Kinder Israels, redet und zu der ganzen Familie, die Gott aus dem Land Ägypten herausgeführt hat: „Von allen Familien der Erde habe ich nur euch erwählt. Deshalb ziehe ich euch zur Rechenschaft für alle eure Vergehen." *(Am 3,1-2)*

Gott dachte um ihretwillen an den Bund und empfand Mitleid in unendlicher Liebe. *(Ps 106,45)*

הִסְתַּכֵּל בִּשְׁלֹשָׁה דְבָרִים וְאֵין אַתָּה בָא לִידֵי עֲבֵרָה. דַּע מַה־לְּמַעְלָה מִמְּךָ עַיִן רוֹאָה וְאֹזֶן שׁוֹמַעַת וְכָל־מַעֲשֶׂיךָ בַּסֵּפֶר נִכְתָּבִים:

בָּרוּךְ הוּא שֶׁאֵין לְפָנָיו לֹא עַוְלָה וְלֹא שִׁכְחָה וְלֹא מַשּׂוֹא פָנִים וְלֹא מִקַּח שֹׁחַד שֶׁהַכֹּל שֶׁלּוֹ:

לֹא רַק הַנִּסָּיוֹן בִּלְבַד. אֶלָּא כְּלַל מַעֲשֵׂינוּ וּכְלַל סִבְלוֹתֵינוּ. לַמְרוֹת הַשְׁעָרוֹתֵינוּ הַנַּעֲלוֹת. כָּל־אֵלֶּה הֵם לֹא לַשָּׁוְא. אָמְנָם שַׁיָּכִים הֵם לֶעָבָר אַךְ אֲנַחְנוּ יְצָרְנוּם:

הָיָה מֵחַסְדֵי הָאֵל עַל בְּרוּאָיו לִפְקוֹד אוֹתָם וְלִרְאוֹת מַעֲשֵׂיהֶם יוֹם אֶחָד בְּכָל־שָׁנָה וְשָׁנָה כְּדֵי שֶׁלֹּא יִתְרַבּוּ הָעֲוֹנוֹת וְיִהְיֶה מָקוֹם לְכַפָּרָה:

הַיָּמִים מְגִלּוֹת כִּתְבוּ בָהֶם מַה שֶּׁתַּחְפְּצוּ שֶׁיִּזָּכֵר לָכֶם:

אִם אָדָם חוֹטֵא וְלֹא חוֹזֵר בִּתְשׁוּבָה. כַּאֲשֶׁר יִשְׁכַּח חֲטָאָיו הַקָּדוֹשׁ בָּרוּךְ הוּא זוֹכְרָם. אִם אָדָם מְמַלֵּא מִצְוָה. עוֹשֶׂה מַעֲשֶׂה טוֹב וְשׁוֹכֵחַ מַעֲשָׂיו. הַקָּדוֹשׁ בָּרוּךְ הוּא זוֹכְרָם:

וְזָכַרְתָּ כִּי עֶבֶד הָיִיתָ בְּאֶרֶץ מִצְרַיִם וַיִּפְדְּךָ יְהוָֹה אֱלֹהֶיךָ:

בָּרוּךְ אַתָּה יְיָ זוֹכֵר הַבְּרִית.

תְּקִיעָה שְׁבָרִים־תְּרוּעָה תְּקִיעָה
תְּקִיעָה שְׁבָרִים תְּקִיעָה
תְּקִיעָה תְּרוּעָה תְּקִיעָה

Beachte folgende drei Dinge, dann wirst du nicht in Sünde fallen: Sei dir dessen bewusst, was über dir ist: ein sehendes Auge und ein hörendes Ohr und ein Buch, in das alle deine Taten aufgeschrieben sind.

(Sprüche der Väter 2,1)

Gepriesen sei Gott, denn bei Gott gibt es kein Unrecht und kein Vergessen und kein Ansehen der Person. Gott nimmt kein Bestechungsgeschenk an, denn alles gehört Gott.

(Sprüche der Väter 4,29)

Nicht nur unsere Erfahrungen, sondern auch alles, was wir getan haben, jeder Gedanke, den wir hatten, wie wichtig er auch war, und alles, was wir erlitten haben, all dies ist nicht verloren; – es ist zwar Vergangenheit, doch es lebt in uns. *(Viktor E. Frankl)*

Aus Liebe zu den Geschöpfen begutachtet Gott Jahr für Jahr an einem Tag ihre Taten und ruft sie zur Rechenschaft darüber auf, damit ihre Sünden nicht allzu groß werden und sie eine Gelegenheit zur Sühne haben. *(Sefer ha-Chinuch)*

Tage sind wie Schriftrollen. Schreibe in sie hinein, was der Erinnerung wert ist. *(Bachja ibn Pakuda)*

Wenn ein Mensch eine Sünde begeht und sie nicht bereut und diese Sünde dann vergisst, dann wird sich Gott – Gottes Heiligkeit sei gepriesen! – an sie erinnern. Wenn ein Mensch ein Gebot erfüllt, eine gute Tat tut und dies vergisst, dann wird sich Gott – Gottes Heiligkeit sei gepriesen! – an sie erinnern.

(Schmelke von Nickolsburg)

Denke daran, dass du versklavt warst im Lande Ägypten und dass der Ewige, dein Gott, dich losgekauft hat. *(Dtn 15,15)*

Gepriesen seist du, Ewiger. Du erinnerst dich an den Bund.

TEKI'A	SCHEWARIM-TERU'A	TEKI'A
TEKI'A	SCHEWARIM	TEKI'A
TEKI'A	TERU'A	TEKI'A

א הַיּוֹם יוֹם הַזִּכָּרוֹן. כַּכָּתוּב בַּתּוֹרָה. וַיְדַבֵּר יְהוָֹה אֶל־מֹשֶׁה לֵּאמֹר: דַּבֵּר אֶל־בְּנֵי יִשְׂרָאֵל לֵאמֹר. בַּחֹדֶשׁ הַשְּׁבִיעִי בְּאֶחָד לַחֹדֶשׁ יִהְיֶה לָכֶם שַׁבָּתוֹן זִכְרוֹן תְּרוּעָה מִקְרָא קֹדֶשׁ:

ב אֲרֶשֶׁת שְׂפָתֵינוּ יֶעֱרַב לְפָנֶיךָ. אֵל רָם וְנִשָּׂא. מֵבִין וּמַאֲזִין. מַבִּיט וּמַקְשִׁיב לְקוֹל תְּקִיעָתֵנוּ: וּתְקַבֵּל בְּרַחֲמִים וּבְרָצוֹן סֵדֶר זִכְרוֹנוֹתֵינוּ:

שופרות

Der Klang des Schofars hallt in unserer Geschichte wider. Sein Ton ruft die Bindung Isaaks ins Gedächtnis. Er verweist uns auf Abraham, unseren Vater, der zu solch einem Opfer bereit war. Die Kraft des Schofartons erinnert an jene Kraft, der unser Volk am Sinai begegnet ist, dieselbe Kraft, die uns heute hier zusammengeführt hat. Dieser Ton durchbricht unsere Anspruchshaltung. Doch die Härte dieses Klangs ist der Ton des Triumphes, der unsere Zuversicht und unsere Hoffnung erneuert. Er treibt uns an, dem Auftrag Israels nachzukommen und zur Erlösung der Menschheit beizutragen.

אַתָּה נִגְלֵיתָ בַּעֲנַן כְּבוֹדֶךָ עַל עַם קָדְשְׁךָ לְדַבֵּר עִמָּם. וּבְרִיּוֹת בְּרֵאשִׁית חָרְדוּ מִמֶּךָּ. בְּהִגָּלוֹתְךָ מַלְכֵּנוּ עַל הַר סִינַי לְלַמֵּד לְעַמְּךָ תּוֹרָה וּמִצְוֹת. וּבְקוֹל שׁוֹפָר עֲלֵיהֶם הוֹפָעְתָּ:

וַיְהִי בַיּוֹם הַשְּׁלִישִׁי בִּהְיֹת הַבֹּקֶר. וַיְהִי קֹלֹת וּבְרָקִים וְעָנָן כָּבֵד עַל־הָהָר וְקֹל שֹׁפָר חָזָק מְאֹד. וַיֶּחֱרַד כָּל־הָעָם אֲשֶׁר בַּמַּחֲנֶה:

וְהָיָה בַּיּוֹם הַהוּא יִתָּקַע בְּשׁוֹפָר גָּדוֹל. וּבָאוּ הָאֹבְדִים בְּאֶרֶץ אַשּׁוּר וְהַנִּדָּחִים בְּאֶרֶץ מִצְרָיִם. וְהִשְׁתַּחֲווּ לַיהוָֹה בְּהַר הַקֹּדֶשׁ בִּירוּשָׁלָיִם:

I

Heute ist der Tag der Erinnerung, denn in der Thora steht geschrieben:
Und Gott sprach zu Mose: Sprich zu den Kindern Israels und sage:
Der erste Tag des siebten Monats soll ein Tag der Ruhe sein,
der Erinnerung, des Schofarblasens und der heiligen Versammlung.
(Lev 23,23-24)

II

Mögen unsere Worte dir angenehm sein,
Gott, du bist erhöht und bist erhaben.
Du verstehst und du vernimmst das Schofar.
Du bemerkst und beachtest den Ton des Widderhorns.
Nimm voll Erbarmen und Wohlgefallen unser Gebet an,
in dem wir deine Erinnerung gepriesen haben.

SCHOFAROT

GOTT DECKT AUF UND FORDERT HERAUS

Der Klang des Schofars hallt in unserer Geschichte wider. Sein Ton ruft die Bindung Isaaks ins Gedächtnis. Er verweist uns auf Abraham, unseren Vater, der zu solch einem Opfer bereit war. Die Kraft des Schofartons erinnert an jene Kraft, der unser Volk am Sinai begegnet ist, dieselbe Kraft, die uns heute hier zusammengeführt hat. Dieser Ton durchbricht unsere Anspruchshaltung. Doch die Härte dieses Klangs ist der Ton des Triumphes, der unsere Zuversicht und unsere Hoffnung erneuert. Er treibt uns an, dem Auftrag Israels nachzukommen und zur Erlösung der Menschheit beizutragen.

In einer Wolke hast du dein heiliges Volk deine Gegenwart spüren lassen, um zu ihm zu sprechen. Die Geschöpfe, die du geschaffen hast, zitterten vor dir, als du dich auf dem Berg Sinai offenbart hast, um dein Volk die Thora und die Gebote zu lehren. Unter dem Klang des Schofars bist du ihnen erschienen:

ZEHN VERSE ÜBER DAS SCHOFARBLASEN

In der Morgendämmerung des dritten Tages begann es zu donnern und zu blitzen. Dichtes Gewölk lag über dem Berg und man hörte laut den Ton des Schofars. Das ganze Volk im Lager begann zu zittern. *(Ex 19,16)*

An jenem Tag wird man in das große Schofar blasen. Dann kommen die, die in Assyrien verirrt waren, und die, die in Ägypten zerstreut waren, zurück. Sie werden den Ewigen auf dem heiligen Berg in Jerusalem anbeten. *(Jes 27,13)*

תִּקְעוּ בַחֹדֶשׁ שׁוֹפָר. בַּכֶּסֶה לְיוֹם חַגֵּנוּ. כִּי חֹק לְיִשְׂרָאֵל הוּא. מִשְׁפָּט לֵאלֹהֵי יַעֲקֹב:

עִנְיַן הַשּׁוֹפָר. לְהַזְכִּירֵנוּ מַעֲמַד הַר סִינַי. וּנְקַבֵּל עַל עַצְמֵנוּ מַה שֶּׁקִּבְּלוּ אֲבוֹתֵינוּ עַל עַצְמָם:

תְּקִיעַת שׁוֹפָר בְּרֹאשׁ הַשָּׁנָה גְּזֵירַת הַכָּתוּב רֶמֶז יֵשׁ בּוֹ כְּלוֹמַר עוּרוּ יְשֵׁנִים מִשְּׁנַתְכֶם וְנִרְדָּמִים הָקִיצוּ מִתַּרְדֵּמַתְכֶם וְחַפְּשׂוּ בְּמַעֲשֵׂיכֶם וְחִזְרוּ בִתְשׁוּבָה וְזִכְרוּ בּוֹרַאֲכֶם:

בְּקֶרֶן הַכְּבָשִׂים הַכָּפוּף כְּדֵי שֶׁיִּזְכּוֹר הָאָדָם בִּרְאוֹתוֹ שֶׁיְּכַוֵּן לִבּוֹ לַשָּׁמַיִם:

תְּקִיעַת הַשּׁוֹפָר בְּרֹאשׁ הַשָּׁנָה מְסַמֶּנֶת אֶת־הַיּוֹם כְּיוֹם הַדִּין. כַּךְ מַקְדִּימִים לְעֶצֶם הַיּוֹם הַזֶּה אֶת־תְּקוּפַת הַדִּין אֲשֶׁר אֲמוּרָה לָבוֹא רַק בְּקֵץ הַיָּמִים:

קוֹל הַשּׁוֹפָר מַתְרִיעַ אֶת־הַלֵּב הָעִקֵּשׁ. הַשּׁוֹפָר הוּא הַתְּקִיעָה שֶׁל הַמַּצְפּוּן. הַמַּזְהִירָה אֶת־הַנֶּפֶשׁ הָרְדוּמָה עַל הַסַּכָּנָה הָעוֹמֶדֶת לָבוֹא:

קוֹל הַשּׁוֹפָר קוֹרֵא לָנוּ לַעֲבוֹדַת הַבּוֹרֵא. הוּא קוֹרֵא לֶעָנִי וְלֶעָשִׁיר גַּם יַחַד לְחַיֵּי עֹשֶׁר שֶׁל אֱמֶת. הוּא קוֹרֵא לַתּוֹעֶה הַנִּדָּח בְּיוֹתֵר לַחְזוֹר לְבֵיתוֹ:

וְהַעֲבַרְתָּ שׁוֹפַר תְּרוּעָה. וּקְרָאתֶם דְּרוֹר בָּאָרֶץ לְכָל־יֹשְׁבֶיהָ:

בָּרוּךְ אַתָּה יְיָ. שׁוֹמֵעַ קוֹל תְּרוּעַת עַמּוֹ יִשְׂרָאֵל בְּרַחֲמִים:

Blast das Schofar am Neumondstag, wenn der Mond verhüllt ist, am Tag eures Festes. Denn dies ist eine Bestimmung für Israel, eine Satzung des Gottes Jakobs. *(Ps 81,4-5)*

> Was das Schofar betrifft: … Es erinnert uns an das Geschehen am Sinai … und dass wir selbst für uns annehmen müssen, was unsere Vorfahren für sich angenommen haben. *(Saadja Gaon)*

Das Blasen am Neujahrsfest gemäß der Anordnung der Schrift verleiht dem Weckruf Ausdruck: Wacht vom Schlaf auf, ihr Schläfer! Erwacht aus dem Tiefschlaf, ihr Eingeschlafenen! Prüft eure Taten und kehrt reumütig um. Erinnert euch daran, wer euch erschuf. *(Maimonides)*

> Das Widderhorn ist gebogen, um den Menschen, wenn er es sieht, daran zu erinnern, dass sich sein Herz vor Gott beugen soll. *(Sefer HaChinuch)*

Die Posaune, die am Neujahrstag … geblasen wird, macht ihn zum „Tag des Gerichts". Das Gericht, das sonst in die Endzeit gelegt wird, hier wird es unmittelbar in den gegenwärtigen Augenblick gesetzt. *(Franz Rosenzweig)*

> Das Schofar läutet den Alarm für das eigenwillige Herz; es ist das Hornsignal des Gewissens; es warnt die eingeschlafene Seele vor der Gefahr. *(Morris Joseph)*

Der Ton des Schofar … ruft uns alle zu Gott. Er ruft Arme und Reiche zu dem wahren Reichtum; er ruft die, die in der fernsten Ferne wandern, nach Hause. *(Samson Raphaël Hirsch)*

> Du sollst das Schofarhorn ertönen lassen. … Und ihr sollt Freiheit verkünden für alle, die im Land wohnen. *(Lev 25,9f)*

Gepriesen seist du, Ewiger, du hörst voller Erbarmen den Ton des Schofarblasens deines Volkes Israel.

תְּקִיעָה שְׁבָרִים־תְּרוּעָה תְּקִיעָה
תְּקִיעָה שְׁבָרִים תְּקִיעָה
תְּקִיעָה תְּרוּעָה תְּקִיעָה
תְּקִיעָה שְׁבָרִים־תְּרוּעָה תְּקִיעָה גְדוֹלָה

Einer der beiden folgenden Abschnitte:

א הַיּוֹם הֲרַת עוֹלָם. הַיּוֹם יַעֲמִיד בַּמִּשְׁפָּט כָּל־יְצוּרֵי עוֹלָמִים אִם כְּבָנִים אִם כַּעֲבָדִים. אִם כְּבָנִים. רַחֲמֵנוּ כְּרַחֵם אָב עַל בָּנִים. וְאִם כַּעֲבָדִים . עֵינֵינוּ לְךָ תְלוּיוֹת עַד שֶׁתְּחָנֵּנוּ וְתוֹצִיא כָאוֹר מִשְׁפָּטֵנוּ. אָיֹם קָדוֹשׁ:

ב אֲרֶשֶׁת שְׂפָתֵינוּ יֶעֱרַב לְפָנֶיךָ. אֵל רָם וְנִשָּׂא. מֵבִין וּמַאֲזִין מַבִּיט וּמַקְשִׁיב לְקוֹל תְּקִיעָתֵנוּ: וּתְקַבֵּל בְּרַחֲמִים וּבְרָצוֹן סֵדֶר שׁוֹפְרוֹתֵינוּ:

רְצֵה יְיָ אֱלֹהֵינוּ בְּעַמְּךָ יִשְׂרָאֵל. וְלִתְפִלָּתָם שְׁעֵה: מוֹדִים אֲנַחְנוּ לָךְ עַל כָּל־הַטּוֹבוֹת שֶׁעָשִׂיתָ עִמָּנוּ וְעִם אֲבוֹתֵינוּ. וְאִם אָמַרְנוּ מָטָה רַגְלֵנוּ חַסְדְּךָ יְיָ יִסְעָדֵנוּ: שִׂים שָׁלוֹם טוֹבָה וּבְרָכָה עָלֵינוּ: בְּסֵפֶר חַיִּים בְּרָכָה וְשָׁלוֹם וּפַרְנָסָה טוֹבָה נִזָּכֵר וְנִכָּתֵב לְפָנֶיךָ אֲנַחְנוּ וְכָל־עַמְּךָ בֵּית יִשְׂרָאֵל לְחַיִּים טוֹבִים וּלְשָׁלוֹם: בָּרוּךְ אַתָּה יְיָ. הַמְבָרֵךְ אֶת־עַמּוֹ יִשְׂרָאֵל בַּשָּׁלוֹם:

Eines der beiden folgenden Lieder:

א הַיּוֹם תְּאַמְּצֵנוּ. אָמֵן.
הַיּוֹם תְּבָרְכֵנוּ. אָמֵן.
הַיּוֹם תְּגַדְּלֵנוּ. אָמֵן.
הַיּוֹם תִּדְרְשֵׁנוּ לְטוֹבָה. אָמֵן.

TEKI'A	SCHEWARIM-TERU'A	TEKI'A
TEKI'A	SCHEWARIM	TEKI'A
TEKI'A	TERU'A	TEKI'A
TEKI'A	SCHEWARIM-TERU'A	TEKI'A GEDOLA

Einer der beiden folgenden Abschnitte:

I

Heut' feiern wir den Schöpfungstag der Welt,
heut' werden alle vor Gericht gestellt.
Und flehend harren deines Worts die Deinen,
ob wir als Kind, Knecht oder Magd erscheinen.
Sind Kinder wir, so schenk' uns deine Huld,
und tilge doch in Liebe uns're Schuld.
Sind Knecht' und Mägde wir, so hab' Erbarmen,
und richte aus dem Staube auf die Armen.

(Kommentar zu „Ha-Jom Harat Olam" im Glossar.)

II

Mögen unsere Worte dir angenehm sein,
Gott, du bist erhöht und bist erhaben.
Du verstehst und du vernimmst das Schofar.
Du bemerkst und beachtest den Ton des Widderhorns.
Nimm voll Erbarmen und Wohlgefallen unser Gebet an,
in dem wir das Widderhorn geblasen haben.

Habe Gefallen an deinem Volk Israel und höre seine Gebete. Wir danken dir für all das Gute, das du uns und unseren Vorfahren erwiesen hast. Wenn unsere Füße schwach wurden, dann hat deine Liebe uns gestützt. Schenke uns Frieden und Gutes und segne uns. In das Buch des Lebens, des Friedens und des guten Lebensunterhaltes mögest du uns und dein ganzes Volk Israel eintragen, damit du an uns denkst und unser Leben erhältst, damit du uns Gutes schenkst und uns Frieden gibst. Gepriesen seist du, Ewiger. Du segnest dein Volk Israel mit Frieden.

Eines der beiden folgenden Lieder:

I

Am heutigen Tag gib uns Kraft. Amen.
Am heutigen Tag gib uns Segen. Amen.
Am heutigen Tag mache uns groß. Amen.
Am heutigen Tag suche uns zu unserem Guten. Amen.

הַיּוֹם תְּטַהֲרֵנוּ מֵעֲוֹנֵינוּ. אָמֵן.
הַיּוֹם תְּיַשֵּׁר כָּל אוֹרְחוֹתֵינוּ. אָמֵן.
הַיּוֹם תְּקַבֵּל בְּרַחֲמִים וּבְרָצוֹן אֶת־תְּפִלָּתֵנוּ. אָמֵן.
הַיּוֹם תִּתְמְכֵנוּ בִּימִין צִדְקֶךָ. אָמֵן.
הַיּוֹם תִּזְכְּרֵנוּ לְחַיִּים טוֹבִים. אָמֵן:

ב אֵין כֵּאלֹהֵינוּ. אֵין כַּאדוֹנֵינוּ. אֵין כְּמַלְכֵּנוּ. אֵין כְּמוֹשִׁיעֵנוּ:
מִי כֵאלֹהֵינוּ. מִי כַאדוֹנֵינוּ. מִי כְמַלְכֵּנוּ. מִי כְמוֹשִׁיעֵנוּ:
נוֹדֶה לֵאלֹהֵינוּ. נוֹדֶה לַאדוֹנֵינוּ. נוֹדֶה לְמַלְכֵּנוּ. נוֹדֶה לְמוֹשִׁיעֵנוּ:
בָּרוּךְ אֱלֹהֵינוּ. בָּרוּךְ אֲדוֹנֵינוּ. בָּרוּךְ מַלְכֵּנוּ. בָּרוּךְ מוֹשִׁיעֵנוּ:
אַתָּה הוּא אֱלֹהֵינוּ. אַתָּה הוּא אֲדוֹנֵינוּ. אַתָּה הוּא מַלְכֵּנוּ. אַתָּה הוּא מוֹשִׁיעֵנוּ:

קדיש שלם

יִתְגַּדַּל וְיִתְקַדַּשׁ שְׁמֵהּ רַבָּא בְּעָלְמָא דִּי־בְרָא כִרְעוּתֵהּ. וְיַמְלִיךְ מַלְכוּתֵהּ בְּחַיֵּיכוֹן וּבְיוֹמֵיכוֹן וּבְחַיֵּי דְּכָל־בֵּית יִשְׂרָאֵל בַּעֲגָלָא וּבִזְמַן קָרִיב. וְאִמְרוּ אָמֵן:
יְהֵא שְׁמֵהּ רַבָּא מְבָרַךְ לְעָלַם וּלְעָלְמֵי עָלְמַיָּא.
יִתְבָּרַךְ וְיִשְׁתַּבַּח וְיִתְפָּאַר וְיִתְרוֹמַם וְיִתְנַשֵּׂא וְיִתְהַדַּר וְיִתְעַלֶּה וְיִתְהַלַּל שְׁמֵהּ דִּי־קֻדְשָׁא. בְּרִיךְ הוּא. לְעֵלָּא לְעֵלָּא מִן־כָּל־בִּרְכָתָא וְשִׁירָתָא תֻּשְׁבְּחָתָא וְנֶחֱמָתָא דִּי־אֲמִירָן בְּעָלְמָא. וְאִמְרוּ אָמֵן:

Am heutigen Tag höre unseren Schrei nach Hilfe. Amen.
Am heutigen Tag reinige uns von unseren Verkehrungen. Amen.
Am heutigen Tag berichtige unsere Wege. Amen.
Am heutigen Tag nimm unser Gebet in Erbarmen
und Wohlgefallen an. Amen.
Am heutigen Tag stütze uns durch deine starke
und wohltuende Hand. Amen.
Am heutigen Tag erinnere dich an uns, damit wir ein gutes
Leben haben. Amen.

II

Niemand ist wie unser Gott,
niemand ist wie unser Herr,
niemand wie unser König,
niemand wie unser Helfer!

Wer ist wie unser Gott,
wer ist wie unser Herr,
wer wie unser König,
wer wie unser Helfer?

Dank sei dir, unser Gott,
dank sei dir, unser Herr,
dank dir, unser König,
dank dir, unser Helfer.

Lob sei dir, unser Gott,
Lob sei dir, unser Herr,
Lob dir, unser König,
Lob dir, unser Helfer!

Du, Gott, bist unser Gott,
du, Gott, bist unser Herr,
du bist unser König,
du bist unser Helfer.

Verherrlicht und geheiligt werde Gottes großer Name
in der Welt, die Gott nach eig'nem Ratschluss schuf.
Gottes Reich erstehe in eurem Leben und zu euren Zeiten
und im Leben ganz Israels schnell und bald.
Darauf sprecht: Amen.

Gottes großer Name sei gepriesen, immerzu und bis in Ewigkeit!

Gottes Name sei gepriesen und gelobt,
Gottes Name sei verherrlicht und erhoben.
Gottes Name sei verehrt und gerühmt,
Gottes Name sei gefeiert und besungen.
Gepriesen sei er über allem Lob und jedem Lied,
hoch über allem Preis und jedem Trost der Welt.
Darauf sprecht: Amen.

יְהֵא שְׁלָמָא רַבָּא מִן־שְׁמַיָּא וְחַיִּים עָלֵינוּ וְעַל־כָּל־יִשְׂרָאֵל. וְאִמְרוּ אָמֵן:

עֹשֶׂה שָׁלוֹם בִּמְרוֹמָיו הוּא יַעֲשֶׂה שָׁלוֹם עָלֵינוּ וְעַל־כָּל־יִשְׂרָאֵל. וְאִמְרוּ אָמֵן:

אֲדוֹן עוֹלָם אֲשֶׁר מָלַךְ· בְּטֶרֶם כָּל־יְצִיר נִבְרָא:
לְעֵת נַעֲשָׂה כְחֶפְצוֹ כֹּל· אֲזַי מֶלֶךְ שְׁמוֹ נִקְרָא:
וְאַחֲרֵי כִּכְלוֹת הַכֹּל· לְבַדּוֹ יִמְלוֹךְ נוֹרָא:
וְהוּא הָיָה· וְהוּא הֹוֶה· וְהוּא יִהְיֶה בְּתִפְאָרָה:
וְהוּא אֶחָד וְאֵין שֵׁנִי· לְהַמְשִׁילוֹ לְהַחְבִּירָה:
בְּלִי רֵאשִׁית בְּלִי תַכְלִית· וְלוֹ הָעֹז וְהַמִּשְׂרָה:
וְהוּא אֵלִי וְחַי גּוֹאֲלִי· וְצוּר חֶבְלִי בְּיוֹם צָרָה:
וְהוּא נִסִּי וּמָנוּסִי· מְנָת כּוֹסִי בְּיוֹם אֶקְרָא:
בְּיָדוֹ אַפְקִיד רוּחִי· בְּעֵת אִישַׁן וְאָעִירָה:
וְעִם רוּחִי גְּוִיָּתִי· אֲדֹנָי לִי וְלֹא אִירָא:

יְבָרֶכְךָ יְיָ וְיִשְׁמְרֶךָ.
יָאֵר יְיָ פָּנָיו אֵלֶיךָ וִיחֻנֶּךָּ.
יִשָּׂא יְיָ פָּנָיו אֵלֶיךָ וְיָשֵׂם לְךָ שָׁלוֹם:

Frieden in Fülle komme vom Himmel,
Leben für uns und ganz Israel.
Darauf sprecht: Amen.

Gott schafft Frieden in der Höhe.
Möge Gott uns und ganz Israel Frieden geben.
Darauf sprecht: Amen.

Gott aller Welt, du hast regiert,
eh' ein Geschöpf geschaffen ward.
Als einst durch dich das All entstand,
da ward dein Nam' „König" genannt.

Und einst am Ende aller Zeit
wirst du allein regiern in Macht.
Du warst, du bist, und du wirst sein,
die Herrlichkeit ist dir allein.

Einzig bist du, und keiner ist
vergleichbar dir, Gott aller Welt.
Du bist ohn' Anfang und ohn' End',
du hast die Macht, bist der Regent.

Du bist mein Gott, du rettest mich,
du bist mein Fels, bin ich in Not.
Du bist mein Schutz, mein Zufluchtsort,
versorgest mich, wenn ich dich ruf.

Mein Geist birgt sich in deiner Hand,
stets, sei ich schla- fend oder wach.
Und auch mein Leib birgt sich in dir.
ich fürcht mich nicht, du bist bei mir.

Gott segne dich und behüte dich;
Gottes Angesicht leuchte über dir; Gott sei dir gnädig;
Gottes Angesicht sei über dir erhoben; Gott gebe dir Frieden.

(Num 6,24-26)

KALENDER FÜR DIE ZEHN BUSSTAGE

KALENDER FÜR DIE ZEHN BUSSTAGE

Während der zehn Bußtage kann täglich einer der folgenden Abschnitte gelesen werden, um sich auf den Versöhnungstag vorzubereiten. Sie können zur privaten Meditation benutzt werden oder aber in die täglichen Gottesdienste eingefügt werden.

Am Schabbat Schuwa wird der Abschnitt auf S. 281 gelesen.

2. TISCHRI

Es ist wahr: Du sprichst Recht
und legst die Beweise vor.
Du machst die Tatsachen bekannt
und bezeugst sie.
Du schreibst auf und besiegelst.
Du berichtest und zählst auf.
(U-netanne Toqef)

אֱמֶת כִּי אַתָּה הוּא דַיָּן
וּמוֹכִיחַ וְיוֹדֵעַ וָעֵד.
וְכוֹתֵב וְחוֹתֵם וְסוֹפֵר וּמוֹנֶה:

(1) Man muss sich sehr in Acht nehmen, dass man seinen Nächsten nicht betrügt. Wer seinen Nächsten betrügt, sei es beim Verkauf oder beim Kauf, übertritt ein Verbot, denn es heißt *(Lev 25,14)*: „Wenn du deinem Nächsten etwas verkaufst oder etwas von deinem Nächsten kaufst, dann sollt ihr einander nicht betrügen." Die erste Frage, die man einem Menschen stellen wird, wenn er zum Gericht geführt wird, ist: „Hast du deinen Lebensunterhalt in Wahrhaftigkeit erworben?" *(vgl bSchab 31a)*
(2) So wie es verboten ist, in geschäftlichen Dingen zu betrügen, ebenso ist es auch beim Mieten, bei Vertragsabschlüssen und beim Geldwechseln verboten zu betrügen. …
(4) Wer eine Sache zum Verkauf anbietet, darf sie nicht verschönern, um dafür mehr zu erhalten. …
(5) Ebenso ist es verboten, ein paar schlechte Früchte unter eine Menge gute Früchte zu mischen, um sie unter dem Anschein zu verkaufen, sie seien alle gut; oder auch ein schlechtes Getränk unter ein gutes zu mischen. Wenn es aber am Geschmack zu erkennen ist, darf man es mischen, weil die Käufer es merken werden.
(6) Jemandem, der ein Geschäft besitzt, ist es erlaubt, Geröstetes oder Nüsse an Kinder zu verteilen, um sie daran zu gewöhnen, bei ihm [oder ihr] zu kaufen. Ebenso darf er [oder sie] unter dem Marktpreis verkaufen, damit man bei ihm [oder ihr] kaufe, und die Markthändler können ihn [oder sie] nicht davon abhalten.

(7) Jemand, der für einen Nächsten … mangelhaft abmisst oder abwiegt, übertritt ein Gebot, denn es heißt *(Lev 19,35)*: „Ihr sollt kein Unrecht begehen … mit Längenmaß, Gewicht oder Hohlmaß." … Die Strafe für Maße und Gewichte ist sehr schwer, denn es ist unmöglich, das Unrecht, das beim Messen oder Wiegen zugefügt worden ist, in angemessener Weise wieder gut zu machen, denn man weiß nicht, wieviel man wem zu erstatten hat. Selbst wenn man eine öffentliche Einrichtung stiftet, ist dies keine angemessene Wiedergutmachung. …
(9) Man muss wohlwollend messen und wiegen. …
(10) Man muss so messen, wie es der Gebrauch des Landes ist, und darf es in keiner Weise ändern …, denn die Thora hält es mit der Beugung von Maßen sehr genau, damit dadurch kein Unrecht geschieht. …

(Aus: Kizzur Schulchan Aruch 62, 1.4-7.9 u. 10)

3. TISCHRI

מוֹדֶה עַל־הָאֱמֶת
וְדוֹבֵר אֱמֶת בִּלְבָבוֹ:

Stets bekenne ein Mensch sich zur Wahrheit,
und die Wahrheit bestimme
auch seine Gedanken.
(Tägliches Morgengebet)

Wenn dein Leben Hals über Kopf abwärts stürzt,
tobend und schäumend wie ein Epileptiker,
dann bete nicht und biete keine Reue an,
dann habe keine Angst vor Gefängnis und Ruin.

Besinne dich auf deine Vergangenheit,
werte deine Tage aus ohne Überheblichkeit,
zermalme die letzten Reste der Illusionen unter deinen Füßen,
aber öffne dich allem, was hell ist und klar.

Ergib dich nicht der Ohnmacht und Bitterkeit,
überlass dich nicht dem Unglauben und den Lügen,
nicht jeder ist ein kriecherischer Hund,
nicht jeder ein Fanatiker, der denunziert.

Und während du auf den fremden Wegen gehst
in Länder, die auf deinen Landkarten nicht erscheinen,
dann zähle die Namen all deiner Freundinnen und Freunde
so, wie du es mit Perlen oder Gebetsperlen tätest.

Sei auf der Hut, heiter und wild,
und du wirst es schaffen, aufzustehen, ja, steh auf
unter den vielschichtigen Lasten des Elends
und unter der Last deines Lebensrechts.

(Yuli Daniel,
verfasst in einem Arbeitslager)

4. TISCHRI

Die Worte meines Mundes
und meine Gedanken
mögen dir angenehm sein,
Ewiger, mein Fels und mein Heil.
(Ps 19,15)

יִהְיוּ לְרָצוֹן אִמְרֵי־פִי.
וְהֶגְיוֹן לִבִּי לְפָנֶיךָ.
יְהוָה צוּרִי וְגֹאֲלִי:

Ein „Wort", das ich vor vielen Jahren von ihm (dem Rabbiner Jechiël Jakob Weinberg) gehört habe, hat im Laufe der Jahre immer mehr an Aktualität gewonnen. Ich denke, es stammte nicht von ihm selbst. Wenn ich mich nicht irre, erzählte er es uns im Namen seines Lehrers, Rabbiner Nathan Zvi Finkel (*zecher zaddik liwracha*), dem *maschgiach* von Slobodka. Es basierte auf dem bekannten talmudischen Ausspruch: „Jerusalem wurde nur deshalb zerstört, weil die Menschen dort ihre Worte mit den Worten der Thora begründeten." Der Talmud fragt nun selbstverständlich: „Was sonst hätten sie denn tun sollen?" Wie kann das Begründen der eigenen Worte mit den Worten der Thora als eine so schwerwiegende Sünde angesehen werden, dass deswegen Jerusalem zerstört wurde? Der Talmud gibt eine Antwort. Aber der *maschgiach* von Slobodka erklärte es anders. Er legte die Betonung auf den Ausdruck *diwrehem* im Original. *Dawar* ist im Hebräischen nicht nur das „Wort", sondern auch „die Sache, das Interesse", und so weiter. *Diwrehem* seien die Interessen, die persönlichen Angelegenheiten der Menschen. Die Jerusalemer begründeten ihre persönlichen Angelegenheiten mit Worten der Thora. Sie rechtfertigten ihr eigenes selbstsüchtiges Streben mit Worten der Thora. Sie identifizierten ihre eigenen Interessen mit den Interessen der Thora. Sie sagten: „Thora", aber sie meinten sich selbst. Dies sei, so erklärte Rabbiner Weinberg, die größte aller Sünden: die Verfälschung der Wahrheit, die Verkleidung der Lüge in das Gewand der Wahrheit. Dies ist die größte Sünde gegen die Thora. Von daher hat sie die größte Bestrafung verdient: die Zerstörung Jerusalems.

(Eliëzer Berkovits)

5. TISCHRI

Der du unterscheidest zwischen heilig und profan.
(Hawdala)

הַמַּבְדִּיל בֵּין קֹדֶשׁ לְחוֹל:

Am 10. November 1938 veranstalteten die Nationalsozialisten, was sie in ihrem beschönigenden Sprachstil „die Kristallnacht" nannten. Während der dunklen Stunden jener Nacht setzten sie die Synagogen Deutschlands in Brand oder zerstörten sie Stein für Stein. Ungefähr eine Woche später hatten wir uns im Tempel Beth El dazu entschlossen, einen Gottesdienst der Trauer und des Schmerzes über die Synagogen, die zerstört worden waren, zu veranstalten. Zu diesem besonderen Gottesdienst hatten wir alle jüdischen Flüchtlinge in Providence, Rhode Island, eingeladen. An jenem Freitagabend, etwa zehn Minuten bevor der Gottesdienst beginnen sollte, stürzte ein Mann, der aktiv in der Gemeinde mitarbeitete, zu mir in den kleinen Raum im hinteren Teil des Tempels, in dem ich saß: „Haben Sie die Erlaubnis gegeben, dass diese Leute Hüte tragen?" De facto hatte ich bis zu diesem Augenblick noch keinen Gedanken an die Kopfbedeckung unserer Gäste – der Flüchtlinge – verschwendet. Ich wusste nicht, ob unsere Gäste sich entscheiden würden, Hüte aufzusetzen oder Jarmulkes zu tragen oder keines von beidem. Und so war meine Antwort auf diese Frage, die in meinen Ohren klang, als hätte man gefragt „Wann haben Sie aufgehört, ihre Mutter zu schlagen?" eher indirekt. Ich begann zu erklären: „Aber diese Leute sind unsere Gäste. Sie haben schon so viel gelitten. Ob sie ihre Hüte tragen oder nicht, wir wollen sie doch nicht zusätzlich zu all den Verletzungen, die sie bereits erfahren haben, auch noch beleidigen!" Mein Fragesteller aber war unerbittlich. „Beantworten Sie meine Frage! Haben Sie die Erlaubnis gegeben, dass sie Hüte tragen, oder nicht?" Bis heute kenne ich den Ausgang dieses Krieges um die Hüte nicht. Der Schmerz schnürte mir zu sehr den Hals zu. Unwillkürlich musste ich an vergleichbare Befehle denken, die Befehle der kosakischen Beamten, die zu Juden sagen: *Schapka doloi* – „Hut runter!", der SS-Männer, die sagten: „Hut ab, Jude." Als ich den Tempel betrat, sah ich nicht auf. Mir drehte sich der Kopf. In meinen Augen standen die Tränen. Bis heute weiß ich nicht, ob es die Platzanweiser übernommen hatten, unsere Gäste aufzufordern, ihre Hüte abzusetzen und ob einige der Flüchtlinge in Protest gegangen sind. Was immer mit den Hüten unserer Gäste geschehen war, wenigstens war dieser Gottesdienst in der Tat ein Gottesdienst der Trauer und des Schmerzes.

(William G. Braude)

6. TISCHRI

Du gibst mir all das, was ich zum Leben brauche.
(bBer 60b)

שֶׁעָשָׂה-לִּי כָּל-צָרְכִּי:

Die Seele, die sich an überflüssige Dinge gewöhnt hat, entwickelt die starke Gewohnheit, weitere Dinge zu begehren, die weder für die Erhaltung des einzelnen noch für die Erhaltung der Gesellschaft notwendig sind. Dieses Begehren ist endlos. Demgegenüber sind die Dinge, die notwendig sind, nur wenige, und sie halten sich in bestimmten Grenzen. Präge dir dies ein und bedenke es immer und immer wieder: Das, was überflüssig ist, ist endlos (und von daher ist auch das Verlangen danach endlos). Wenn du zum Beispiel gerne silbernes Geschirr hättest, wirst du merken, dass goldenes besser wäre. Andere haben sogar Geschirr, das mit Saphir verziert ist, mit Smaragd oder mit Rubinstein. Wer die Wahrheit nicht kennt, dass das Verlangen nach überflüssigen Dingen ohne Ende ist, ist deshalb ständig in Unruhe und Sorge. Dadurch treten solchen Menschen die Folgen ihrer Lebensweise vor Augen, aber dann beschweren sie sich über das göttliche Gericht. Sie gehen soweit zu sagen, Gottes Macht sei unzulänglich, denn Gott habe dieser Welt Besitztümer gegeben, die, ihrer Vorstellung nach, diese Übel hervorbringen.

(Maimonides)

7. TISCHRI

Wenn du, Gott, auf unsere Verkehrungen achten würdest,
Gott, wer könnte dann bestehen?"
(Ps 130,3)

אִם-עֲוֺנוֹת תִּשְׁמָר-יָהּ
אֲדֹנָי מִי יַעֲמֹד:

Wenn jemand denkt: „Ich werde sündigen und dann umkehren, wieder sündigen und dann umkehren", dann wird es ihm nicht glücken, umzukehren. Wenn jemand denkt: „Ich will sündigen, der Versöhnungstag wird mir Sühne bringen", dann wird der Versöhnungstag ihm keine Sühne bringen. Der Versöhnngstag kann nur die Sünden sühnen, die der Mensch gegen Gott begangen hat. Für Sünden gegen Mitmenschen kann der Versöhnungstag keine Sühne bringen, nicht eher, als bis man sich mit dem Mitmenschen versöhnt hat.

(mJoma 8,9)

Der erste Schritt zur Umkehr, der der wesentlichste, gleichzeitig aber auch der schwerste ist, ist das Bekenntnis oder vielmehr das Eingeständnis vor sich selbst, dass man gesündigt hat. Nicht Gott braucht dieses Geständnis oder Bekenntnis, denn Gott kennt uns ganz und gar und tatsächlich sogar viel besser, als wir uns selbst kennen. Aber wir selber haben das ehrliche und offene Bekenntnis nötig. Wir müssen es uns selbst eingestehen, dass wir falsch gehandelt haben.

(Samson Raphaël Hirsch)

8. TISCHRI

Dir, Gott, gehört Größe. לְךָ יְהוָה הַגְּדֻלָּה:
(1. Chron 29,11)

Es gibt natürlich eine gewöhnliche Arznei, eine ganz alltägliche Medizin, stumpfsinnig, prosaisch, eine Arznei für gestoßene Zehen, Mandelentzündungen, Schwellungen und Furunkel. Aber wir alle tragen den Gedanken an eine andere Sorte von Arznei in uns, an eine tiefere, ältere, besondere, fast heilige, die unsere verlorene Gesundheit und Ganzheit wiederherstellen soll und die uns ein Gefühl des vollkommenen Wohlbefindens geben wird.

Denn wir alle haben das grundlegende, intuitive Gefühl, dass wir früher heil und wohlauf waren, unbekümmert, friedlich und zuhause in der Welt, vollkommen vereint mit den Wurzeln unseres Seins, aber dass wir dann jenen ursprünglichen, glücklichen, unschuldigen Stand verloren haben und in unser gegenwärtiges Kranksein und Leiden gefallen sind. Wir hatten etwas von unendlicher Schönheit, von unendlichem Wert – und wir haben es verloren. Nun verbringen wir unser Leben damit, nach dem zu suchen, was wir verloren haben. Und eines Tages, vielleicht, werden wir es plötzlich finden. Dies wäre das Wunder, das Millenium!

Vielleicht erwarten wir solche Gedanken eher bei denen, die extreme Schmerzen, Leiden oder Ängste zu erdulden haben, bei solchen, die verzehrt und aufgezehrt werden von dem Gedanken an das, was sie verloren oder verspielt haben, und von der Dringlichkeit, es wiederzugewinnen, bevor es zu spät ist. Solche Menschen oder Patienten wenden sich in sehnsüchtiger Verzweiflung an Geistliche oder Ärzte, bereit, alles zu glauben, um eine Gnadenfrist zu bekommen, eine Befreiung, eine Erneuerung, eine Erlösung. Je verzweifelter sie sind, um so leichtgläubiger sind sie – die potentiellen Opfer von Kurpfuschern und Schwärmern. Dieses Gefühl für das, was verloren wurde und was gefunden werden muss, ist im Wesentlichen ein metaphysisches. Wenn wir den

Patienten in seiner metaphysischen Suche anhalten und ihn fragen, was es denn sei, das er oder sie wünscht oder sucht, dann wird diese Person uns nicht eine geordnete Liste von Punkten nennen, sondern lediglich sagen: „Mein Glück“, oder: „meine verlorene Gesundheit“, „meine frühere Ausdauer“, „das Gespür für die Wirklichkeit“, „das Gefühl, wirklich zu leben“ und ähnliches. Diese Person sehnt sich nicht nach dieser Sache oder jener, sondern nach einer generellen Änderung der Dinge, damit alles wieder in Ordnung sei, makellos, wie es einst war.

Und wenn jemand so auf der Suche ist, hier und dort, mit einer so quälenden Notwendigkeit, dann kann es an diesem Punkt passieren, dass dieser Mensch einem spontanten, absurden Fehler verfällt, dass er (in Donne's Worten) den „Laden des Alchimisten“ mit einer „metaphorischen Gottheit“ verwechselt, ein Fehler, den Pharmazeuten oder Mediziner schnell versucht sind zu unterstützen.

(Oliver Sacks)

9. TISCHRI

הֲלוֹא זֶה צוֹם אֶבְחָרֵהוּ:
הֲלוֹא פָרֹס לָרָעֵב לַחְמֶךָ.
וַעֲנִיִּים מְרוּדִים תָּבִיא בָיִת:

Ist nicht dies das Fasten, das ich liebe...: mit dem Hungrigen das Brot zu brechen und die Heimatlosen in dein Zuhause zu bringen?

(Jes 58,6 u. 7)

Es werden vier Hauptgründe für das Fasten am Versöhnungstag genannt:

Fasten als Buße. Der offensichtlichste Grund für das Fasten am Versöhnungstag ist, dass es ein Mittel ist, durch das wir Reue zeigen für das Böse, das wir getan und das Gute, das wir zu tun versäumt haben. … Die meisten Menschen haben das Bedürfnis, etwas von sich selbst zu geben, irgendein Opfer zu bringen, um zu zeigen, dass ihnen ihre Beteuerung der Reue etwas bedeutet, dass es mehr ist als ein bloßes Lippenbekenntnis. Kasteiung … in Maßen ausgeübt, bekräftigt die Ernsthaftigkeit eines Menschen. Ein Mensch, der wegen seiner Sünden fastet, sagt damit ausdrücklich: Ich will nicht einfach leicht davonkommen. Ich verdiene es, bestraft zu werden.

Fasten als Selbstdisziplin. Nachsichtigkeit mit sich selbst und mangelnde Selbstkontrolle führen oft zur Sünde. So ist es natürlich, dass der Reue ein Versuch der Selbstdisziplin vorangeht. Sich selbst zu disziplinieren ist niemals leicht, aber alle religiösen Lehrer haben an dem Wert dieses Versuchs festgehalten. … Das traditionelle Idealbild eines jüdischen Charakters ist, hart zu sich selbst zu sein, aber nachsichtig anderen gegenüber. Das Fasten am Versöhnungstag dient als wirksame Erinnerung an die Notwendigkeit der Selbstdisziplin, die zu persönlichem Wachstum führt.

Fasten als Mittel, die Gedanken auf das Geistliche zu konzentrieren. Es wurde schon oft festgestellt, dass das Judentum körperliche Bedürfnisse und die Rechtmäßigkeit ihrer Befriedigung offen anerkennt. Und doch … versucht Religion, das geistliche Leben eines Menschen anzuregen und zu pflegen. Während des Fastens am Versöhnungstag bleiben die körperlichen Bedürfnisse für 24 Stunden unberücksichtigt, und man konzentriert sich auf die geistlichen Dinge. Die Schrift sagt, dass kein Mensch im Offenbarungszelt sein darf, wenn der Hohe Priester eintritt, um am Versöhnungstag die Sühne zu vollziehen. *(Lev 16,17)* Der Midrasch hat dies aufgegriffen und deutet es so, dass in jener schrecklichen Stunde der Hohe Priester kein „Mensch" war, sein Körper ätherisch wurde wie der von Engeln. Dies ist es, was allen Juden geschieht, die diesen Tag so feiern, wie er gefeiert werden will.

Fasten als Mittel, Mitgefühl zu wecken. Wenn wir erfahren, was es bedeutet, hungrig zu sein, und sei es auch nur für einen Tag, ergreifen unsere Herzen Partei für die, die leiden. Durch das Fasten werden wir angeregt, über die Bedürfnisse anderer nachzudenken und ihr Leiden zu mindern.

(Louis Jacobs)

SCHABBAT SCHUWA

וַאֲנִי תְפִלָּתִי־לְךָ יְהוָה עֵת רָצוֹן׃

Ich bete zu dir, Gott,
zur Zeit der Gnade.
(Ps 69,14)

Ach, meine Seele, richte deine Aufmerksamkeit auf die Straße, auf den Weg, den du gegangen bist. Denn alles ist aus Staub entstanden und alles wird zum Staub zurückkehren. Alles, was geschaffen und gestaltet wurde, hat ein Ende und ein Ziel und kehrt zu dem Stoff zurück, aus dem es gemacht wurde. Leben und Tod sind Geschwister, die zusammen wohnen. Sie hängen aneinander und können nicht getrennt werden. Sie sind miteinander verbunden als Anfang und Ende eines Weges, den alle Geschöpfe gehen. Das Leben ist der Eingang und der Tod ist der Ausgang. Das Leben schafft, der Tod zerstört. Das Leben sät, der Tod erntet. Das Leben pflanzt, der Tod reißt heraus. Das Leben verbindet, der Tod trennt. Das Leben bindet zusammen, der Tod zerstreut.

Deshalb wisse und sieh, dass der Kelch auch dir gereicht werden wird und dass auch du bald die Wohnung auf dem Wege verlassen musst, wenn die Zeit und die Gelegenheit gekommen ist und du in deine ewige Heimat zurückkehren wirst. An jenem Tage sollst du dich an deinem Werk erfreuen und den Lohn für die Arbeiten empfangen, um die du dich gemüht hast, seien sie gut gewesen oder schlecht.

(Bachja ibn Paquda)

MEDITATION ZUM ABENDGEBET FÜR JOM KIPPUR

Es gibt eine Geschichte, die in jedem Kulturkreis und in jeder Religion, in folkloristischen Erzählungen, in Legenden und in unseren Träumen erzählt wird. Es ist die Geschichte über die Reise eines Helden oder einer Heldin auf der Suche nach einem Schatz. Alle Versionen dieser Geschichte sind unterschiedlich, und dennoch sind sich sie im Grunde alle gleich. Der Held wird aus seinem normalen Leben herausgerufen – er sieht einen brennenden Dornbusch, er hört eine Stimme, die ruft Lech lecha! – „Geh! Um deiner selbst willen, geh!"

Vor einem solchen Menschen liegen viele Abenteuer. Auf dem Weg trifft er einen Feind, der versucht ihn aufzuhalten, und einen Freund, der versucht ihm zu helfen. Am Ende erreicht er den Eingang zur Unterwelt oder zur Welt der Götter – Jona wird von einem Fisch verschlungen, Mose steigt in den Himmel hinauf, um die Thora zu empfangen. Mit Glück, Geschick oder mit Hilfe überschreitet er die Schwelle und betritt dieses geheimnisvolle Land voller Dunkelheit oder Schönheit, wo der Schatz gefunden wird. Es ist ein Land, in dem die allgemeinen Regeln keine Geltung mehr haben, wo er entdeckt, dass der Feind und der Freund, denen er unterwegs begegnet ist, in Wirklichkeit ein und derselbe sind, und manchmal entpuppen sie sich als die Wächter des Schatzes, den diese geheimnisvolle Welt birgt. Der Schatz wird gegeben oder muss geraubt werden, und es beginnt die Rückreise in die vertraute Welt.

Am Ausgang gibt es einen Moment des Widerwillens: Warum sollte man das Paradies oder die Unterwelt wieder verlassen? Warum zurückkehren in eine beschränkte menschliche Realität? Aber irgendetwas drängt oder zieht einen zurück, denn dieser Schatz muss der Menschheit gebracht werden, dieses Geheimnis, das durch soviel Arbeit und Mühe erworben wurde. Die Reise des Helden ist abgeschlossen, und das Leben beginnt von neuem – in gewisser Weise verändert durch die Erfahrungen, die er gemacht hatte. Ob als mittelalterliche Ballade gesungen, ob als Indianergeschichte erzählt, ob dargestellt in einem religiösen Fest oder, wie in unserer Tradition, aus Bibel und Midrasch zusammengesetzt, es ist in irgendeiner Weise eine Geschichte über die Reise eines jeden und einer jeden von uns, die wir unterwegs sind, zu entdecken, wer wir sind und was dem Leben Sinn gibt.

An einem Tag im Jahr unternehmen wir diese Reise in Gemeinschaft mit der gesamten Gemeinde Israels – wir alle zusammen und doch jede und jeder von uns allein. Dieser Tag ist der Tag, der Versöhnungstag, der Todestag mitten im Leben. Es ist der Tag, an dem wir den Kittel tragen, jenes weiße Gewand, das eines Tages unser Totenhemd sein wird. Es ist der Tag, an dem essen, trinken, schmecken und ausscheiden aufhören. Es ist ein Tag, an dem alles Weltliche weicht und wir frei dafür sind, uns auf unsere persönliche Entdeckungsreise zu machen.

Es gibt fünf Hauptgottesdieste während des Versöhnungstages. Sie sind wie fünf Sätze in einer Symphonie oder fünf Etappen auf der Reise hin zu dem Ort, wo unser Schatz zu finden ist und zurück in die Alltagswelt.

Die Reise beginnt mit einem Ruf – nicht von solch einer Dramatik wie der brennende Dornbusch des Mose oder mit solch einer Klarheit wie Gottes Ruf an Abraham. Er ist eher so etwas wie ein quälendes Unbehagen, ausgelöst durch lästige Neujahrskarten oder vielleicht durch das Anbrechen dieser Jahreszeit, vielleicht durch eine Erinnerungsnotiz der Synagoge, durch die plötzliche Flut an Spendenaufrufen jüdischer Wohltätigkeitseinrichtungen oder durch sonst irgendeinen von den vielen möglichen formellen oder informellen Hinweisen darauf, dass die Hohen Feiertage nahe sind, dass es Zeit ist für den jährlichen Synagogenbesuch, oder vielleicht auch nur durch ein vages Bewusstsein über die

Bedeutung dieser Jahreszeit. Da immer noch jüdische Menschen während dieser Jahreszeit in der Synagoge erscheinen, aus welchen Gründen auch immer, zeigt das, in seiner eigenen, versteckten Art, dass der Ruf, der aus dem alltäglichen Leben herausruft, immer noch die Kraft besitzt, uns in Bewegung zu setzen, für wie kurze Zeit auch immer, wie nebensächlich auch immer und wie widerwillig auch immer.

Wir werden zu einem Gerichtshof gerufen. Wir sitzen auf der Anklagebank, wir stehen unter Eid. „Gott spricht Recht und legt Zeugnis ab, klagt an und wird den Urteilsspruch fällen." Im Gerichtshof Gottes „gibt es kein Unrecht und kein Vergessen, kein Ansehen der Person", denn „Gott nimmt kein Bestechungsgeschenk an". Wir werden herausgerufen aus unserem Alltag mit seinen Kompromissen und Halbwahrheiten, seinen Ausflüchten und Heucheleien, dem Überlebenskampf in der Hackordnung und dem Versuch, irgendwelche Werte zu bewahren in einer verirrten und irreführenden Welt – wir werden herausgerufen, um einen Augenblick lang die Gelegenheit zu haben, die Wahrheit zu sprechen. Wir können anfangen, uns selbst zu sehen, ohne Angst davor, belächelt oder missverstanden zu werden und, ohne dass wir uns entschuldigen oder etwas vorgeben müssten, was wir in Wirklichkeit nicht sind.

Kol Nidre sagt uns, dass „die Worte unserer Münder" nicht immer mit den „Gedanken unserer Herzen" übereinstimmen. Es erinnert uns daran, dass diese Kluft zwischen unserem inneren Sein und unseren äußeren Worten und Taten von Bedeutung ist. Sie hat eine Bedeutung über unsere privaten Belange hinaus, denn sie spiegelt eine grundsätzliche Spannung in der Struktur unserer Gesellschaft wider. Unser persönliches Leugnen der Wahrheit über uns selbst weitet sich zu öffentlicher Heuchelei aus. Bevor wir um Gottes Urteil über die Gesellschaft bitten können, müssen wir zuerst Gottes Urteil über uns selbst suchen. Zu Beginn des Jom Kippur unternehmen wir den ersten Schritt dazu, die Schichten der Gleichgültigkeit, Teilnahmslosigkeit und der Selbsterhaltung abzulegen, die wir Tag für Tag zu tragen gelernt haben.

(Jonathan Magonet)

תפלת ערבית ליום כפור

ABENDGEBET FÜR JOM KIPPUR (KOL NIDRE)

עֲנֵה עָנִי שְׁפַל כָּל־הַשְּׁפָלִים. וְשָׂא חֶטְאוֹ מְקַבֵּל הַתְּפִלּוֹת:
וְהַאֲרֶךְ־נָא בְּרַחֲמֶיךָ שְׁנוֹתָיו. וְצַוֵּה כָל־שְׁאֵלוֹתָיו לְמַלְּאוֹת:
וְתַחְשֹׁב כָּל־תְּפִלּוֹתָיו קְטֹרֶת לְפָנֶיךָ כְּקָרְבָּנוֹת וְעוֹלוֹת: וְהָאֵל
הַמְקַבֵּל הַתְּפִלּוֹת. שְׁמַע קוֹלִי אֲשֶׁר יִשְׁמַע בְּקוֹלוֹת:

רִבּוֹנוֹ שֶׁל עוֹלָם. הֲרֵינִי מוֹחֵל לְכָל־מִי שֶׁהִכְעִיס וְהִקְנִיט
אוֹתִי אוֹ שֶׁחָטָא כְנֶגְדִּי. בֵּין בְּגוּפִי בֵּין בְּמָמוֹנִי. בֵּין בִּכְבוֹדִי
בֵּין בְּכָל־אֲשֶׁר לִי. בֵּין בְּאֹנֶס בֵּין בְּרָצוֹן. בֵּין בְּשׁוֹגֵג בֵּין
בְּמֵזִיד. בֵּין בְּדִבּוּר בֵּין בְּמַעֲשֶׂה. לְכָל־בֶּן־אָדָם: וְלֹא יֵעָנֵשׁ
שׁוּם אָדָם בְּסִבָּתִי: יְהִי רָצוֹן מִלְּפָנֶיךָ יְהֹוָה אֱלֹהַי וֵאלֹהֵי אֲבוֹתַי
שֶׁלֹּא אֶחֱטָא עוֹד וְלֹא אֶחֱזוֹר בָּהֶם וְלֹא אָשׁוּב עוֹד לְהַכְעִיסֶךָ
וְלֹא אֶעֱשֶׂה הָרַע בְּעֵינֶיךָ: וּמַה־שֶּׁחָטָאתִי לְפָנֶיךָ מְחֹק בְּרַחֲמֶיךָ
הָרַבִּים. אֲבָל לֹא עַל יְדֵי יִסּוּרִים וָחֳלָיִם רָעִים: יִהְיוּ לְרָצוֹן
אִמְרֵי־פִי וְהֶגְיוֹן לִבִּי לְפָנֶיךָ. יְהֹוָה צוּרִי וְגֹאֲלִי:

Der Gottesdienst wird hier fortgesetzt:

In dieser Stunde steht ganz Israel vor Gott. Gott richtet und vergibt. In Gottes Gegenwart möge ein jeder und eine jede von uns seine und ihre Wege prüfen und über das nachdenken, was wir getan haben und was wir zu tun versäumt haben. Wo wir gesündigt haben, lasst uns bekennen: „Wir haben gesündigt“, und wenn wir umkehren, lasst uns beten: „Vergib uns“.

Wir stehen vor Gott, und wir verlassen uns auf Gott. Gott ist die Wahrheit, und in Gott liegt unser Ruhm. Von Gott kommt unsere Kraft in all den Veränderungen des Lebens und unsere Ausdauer in all den Zeiten der Not. Gott selbst hat unsere Vorfahren von Generation zu Generation geleitet, und genauso leitet Gott auch heute einen jeden und eine jede von uns.

Wir stehen vor Gott, gestärkt durch sein Gebot. Wir beugen uns vor Gott, vor unseren Mitmenschen aber stehen wir aufrecht. Wir verehren Gott allein und bleiben sicher, trotz all unserer Probleme. In Demut

Fortsetzung auf der gegenüberliegenden Seite.

Erhöre den Menschen, der hilfsbedürftig ist, der von sich selbst demütig denkt. Vergib seine Verfehlung. Nimm seine Gebete an. Gewähre ihm ein langes Leben in deiner Barmherzigkeit. Lass alle seine Bitten in Erfüllung gehen. Sieh alle seine Gebete als Rauchopfer an. Sie sollen vor dir wie die Gaben und Brandopfer sein, die man früher im Tempel darbrachte. Gott, du nimmst Gebete an. Höre meine Stimme – Gott du hörst die Stimmen der Menschen.

Gott, du regierst über die Welt. Ich vergebe allen Menschen, die mich erzürnt haben, die mich geärgert haben, die sich gegen mich verfehlt haben – sei es körperlich oder materiell; sei es, dass es meine Ehre betraf oder etwas, das mir gehört; sei es unter Zwang geschehen oder aus freier Entscheidung; sei es unabsichtlich oder absichtlich; seien es Worte oder Taten gewesen. Kein Mensch soll meinetwegen gestraft werden.

Ewiger, mein Gott, und Gott meiner Vorfahren, bewahre mich davor, mich weiterhin zu verfehlen und lass mich nicht an vergangenen Verfehlungen festhalten. Lass mich dich nicht mehr länger kränken und lass mich nicht mehr das tun, was böse in deinen Augen ist. In deinem großen Erbarmen tilge aus, wo ich mich gegen dich verfehlt habe, aber tilge es nicht durch Leid und schlimme Krankheiten. *(bJoma 87b)*

Die Worte meines Mundes und meine Gedanken mögen dir angenehm sein, Ewiger, mein Fels und mein Heil. *(Ps 19,15)*

Fortsetzung auf der gegenüberliegenden Seite.

Fortsetzung von der gegenüberliegenden Seite:

vertrauen wir Gott, und Gott zeigt uns den Weg, der vor uns liegt – wir sehen unsere Zukunft.

Ganz Israel steht in dieser Stunde vor Gott. In unseren Gebeten, in unserer Hoffnung und in unserer Schuld sind wir mit allen Jüdinnen und Juden auf der ganzen Welt verbunden. Wir nehmen einander wahr und wissen darum, wer wir sind. Wir blicken auf zu Gott und wissen, was uns bevorsteht.

Siehe, Gott behütet Israel.
Gott schläft und schlummert nicht. *(Ps 121,4)*
Gott schafft Frieden in der Höhe. *(Hiob 25,2)*
Möge Gott uns und ganz Israel Frieden geben.
Darauf sprecht: Amen.

(nach Leo Baeck)

כל נדרי

בִּישִׁיבָה שֶׁל מַעְלָה וּבִישִׁיבָה שֶׁל מַטָּה.
עַל דַּעַת הַמָּקוֹם וְעַל דַּעַת הַקָּהָל.
אָנוּ מַתִּירִין לְהִתְפַּלֵּל עִם הָעֲבַרְיָנִים:

Eine der beiden folgenden Versionen des Kol Nidre-Gebets:

כָּל־נִדְרֵי

א וֶאֱסָרֵי וַחֲרָמֵי וְקוֹנָמֵי וְכִנּוּיֵי וְקִנּוּסֵי וּשְׁבוּעוֹת דִּנְדַרְנָא וּדְאִשְׁתַּבַּעְנָא וּדְאַחֲרִמְנָא וְדַאֲסַרְנָא עַל נַפְשָׁתָנָא מִיּוֹם כִּפֻּרִים זֶה עַד יוֹם כִּפֻּרִים הַבָּא עָלֵינוּ לְטוֹבָה כֻּלְּהוֹן אִחֲרַטְנָא בְהוֹן: כֻּלְּהוֹן יְהוֹן שָׁרָן שְׁבִיקִין שְׁבִיתִין בְּטֵלִין וּמְבֻטָּלִין לָא שְׁרִירִין וְלָא קַיָּמִין: נִדְרָנָא לָא נִדְרֵי וֶאֱסָרָנָא לָא אֱסָרֵי וּשְׁבוּעָתָנָא לָא שְׁבוּעוֹת:

ב כָּל־נִדְרֵי בְנֵי יִשְׂרָאֵל. אֲשֶׁר הֵמָּה נוֹדְרִים לְךָ אָבִינוּ. לָשׁוּב אֵלֶיךָ בְּכָל־לְבָבָם. לָלֶכֶת בְּדַרְכֵי תוֹרָתֶךָ בְּאוֹרַח צְדָקָה וּמִשְׁפָּט. מִיּוֹם כִּפּוּרִים זֶה עַד יוֹם כִּפּוּרִים הַבָּא עָלֵינוּ לְטוֹבָה. כֻּלָּם יַעֲלוּ וְיָבֹאוּ וְיַגִּיעוּ וְיֵרָאוּ וְיֵרָצוּ וְיִשָּׁמְעוּ מִלְּפָנֶיךָ בְּרַחֲמִים. וְכוֹף נָא אֶת־יִצְרָם. וְתֵן בִּלְבָבָם לְאַהֲבָה וּלְיִרְאָה אֶת־שִׁמְךָ הַגָּדוֹל וְהַנּוֹרָא:

KOL NIDRE

Vor dem oberen und dem unteren Gerichtshof, im Namen Gottes und im Namen der Gemeinde, ist es uns erlaubt, in der Gemeinschaft der Schuldig-Gewordenen zu beten.

(Meïr von Rothenburg)

Eine der beiden folgenden Versionen des Kol Nidre-Gebets:

I Mögen wir von allen Gelübden und Verpflichtungen freigesprochen werden, die wir Gott gegenüber vergeblich machen werden von diesem Versöhnungstag an bis zum nächsten Versöhnungstag, der zu unserem Wohle kommen möge; von den Aufgaben und Versprechungen, die wir nicht erfüllen können, von der Einsatzbereitschaft, die wir besser nicht aufgebracht, und von den Unternehmungen, die wir besser nicht angefangen hätten.

Wir bitten darum, dass wir Vergebung erhalten und freigesprochen werden von unserem eigenen Versagen. Alle Versprechen, die wir unseren Mitmenschen gemacht haben, bleiben erhalten. Möge Gott uns aber von den leeren Versprechungen freisprechen, die wir in unserer Dummheit Gott gegenüber machen. Möge Gott uns vor ihren Konsequenzen bewahren.

Lege uns nicht auf solche Gelübde fest!
Lege uns nicht auf solche Verpflichtungen fest!
Lege uns nicht auf solche leeren Eide fest!

(Kommentar zu „Kol Nidre" und wörtliche Übersetzung im Glossar.)

II Alle Gelübde der Kinder Israels, die sie dir schwören werden, Ursprung unsres Lebens, von diesem Versöhnungstag an bis zum nächsten Versöhnungstag, der zu unserem Wohl kommen möge – alle Gelübde, die sie schwören werden, um von ganzem Herzen zu dir zurückzukehren und um in den Wegen deiner Thora zu gehen, auf dem Weg der Wohltätigkeit und des Rechts, alle diese Gelübde mögen zu dir gelangen und vor dich kommen, sie mögen dich erreichen und wahrgenommen werden, sie mögen zu dir hin eilen und du mögest sie in deiner Barmherzigkeit hören. Beuge den Trieb der Kinder Israels. Erfülle ihre Herzen mit Liebe und mit Ehrfurcht vor deinem großen Ruhm, dem alle Ehrfurcht gebührt.

וְנִסְלַח לְכָל־עֲדַת בְּנֵי יִשְׂרָאֵל וְלַגֵּר הַגָּר בְּתוֹכָם. כִּי לְכָל־הָעָם בִּשְׁגָגָה:

סְלַח נָא לַעֲוֹן הָעָם הַזֶּה כְּגֹדֶל חַסְדֶּךָ. וְכַאֲשֶׁר נָשָׂאתָה לָעָם הַזֶּה מִמִּצְרַיִם וְעַד הֵנָּה. וְשָׁם נֶאֱמַר: וַיֹּאמֶר יְהוָה סָלַחְתִּי כִּדְבָרֶךָ:

שהחינו

בָּרוּךְ אַתָּה יְיָ אֱלֹהֵינוּ מֶלֶךְ הָעוֹלָם. שֶׁהֶחֱיָנוּ וְקִיְּמָנוּ וְהִגִּיעָנוּ לַזְּמַן הַזֶּה:

Am Schabbat:

תהלים צב

מִזְמוֹר שִׁיר לְיוֹם הַשַּׁבָּת:

טוֹב לְהוֹדוֹת לַיהוָה וּלְזַמֵּר לְשִׁמְךָ עֶלְיוֹן:
לְהַגִּיד בַּבֹּקֶר חַסְדֶּךָ וֶאֱמוּנָתְךָ בַּלֵּילוֹת:
עֲלֵי־עָשׂוֹר וַעֲלֵי־נָבֶל עֲלֵי הִגָּיוֹן בְּכִנּוֹר:
כִּי שִׂמַּחְתַּנִי יְהוָה בְּפָעֳלֶךָ בְּמַעֲשֵׂי יָדֶיךָ אֲרַנֵּן:

מַה־גָּדְלוּ מַעֲשֶׂיךָ יְהוָה מְאֹד עָמְקוּ מַחְשְׁבֹתֶיךָ:
אִישׁ־בַּעַר לֹא יֵדָע וּכְסִיל לֹא־יָבִין אֶת־זֹאת:
בִּפְרֹחַ רְשָׁעִים כְּמוֹ־עֵשֶׂב וַיָּצִיצוּ כָּל־פֹּעֲלֵי אָוֶן
לְהִשָּׁמְדָם עֲדֵי־עַד:

וְאַתָּה מָרוֹם לְעֹלָם יְהוָה:

כִּי הִנֵּה אֹיְבֶיךָ יְהוָה כִּי־הִנֵּה אֹיְבֶיךָ יֹאבֵדוּ
יִתְפָּרְדוּ כָּל־פֹּעֲלֵי אָוֶן:
וַתָּרֶם כִּרְאֵים קַרְנִי בַּלֹּתִי בְּשֶׁמֶן רַעֲנָן:

Der ganzen Gemeinde der Kinder Israels und den Fremden, die mit ihnen leben, wird vergeben werden, denn das ganze Volk war von dem Versehen betroffen. *(Num 15,26)*

„Verzeih nun diesem Volk seine Sünde, denn deine Liebe ist groß, und du hast diesem Volk auch bisher vergeben, von Ägypten bis jetzt." Und Gott sprach: „Auf dein Wort hin habe ich vergeben." *(Num 14,19-20)*

Gepriesen seist du, Ewiger, unser Gott; du regierst die Welt. Du hast uns am Leben erhalten und bewahrt. Und nun hast du uns diese Zeit erreichen lassen.

Am Schabbat:

PSALM 92

Ein Psalm. Ein Lied für den Schabbattag.

Es ist schön, dem Ewigen zu danken,
deinem Namen, du Höchster, zu singen,
am Morgen deine Huld zu verkünden
und in den Nächten deine Treue,
zur zehnsaitigen Laute, zur Zither,
zum Klang der Harfe.
Denn du hast mich durch deine Taten froh gemacht;
Gott, ich will jubeln über die Werke deiner Hände.

Wie groß sind deine Werke, o Gott,
wie tief sind deine Gedanken!
Ein Mensch ohne Einsicht erkennt das nicht,
ein Tor kann es nicht verstehen.
Wenn auch das Böse gedeiht
und das Unrecht wächst,
so nur, damit du es für immer vernichtest.

Doch du bist bis in alle Ewigkeit erhöht, mein Gott!

Deine Feinde, Gott, wahrhaftig, deine Feinde vergehen;
auseinandergetrieben werden alle, die Unrecht tun.
Du hast mich stark gemacht wie einen Stier,
du hast mich mit frischem Öl gesalbt.

וַתַּבֵּט עֵינִי בְּשׁוּרָי בַּקָּמִים עָלַי מְרֵעִים
תִּשְׁמַעְנָה אָזְנָי׃

צַדִּיק כַּתָּמָר יִפְרָח כְּאֶרֶז בַּלְּבָנוֹן יִשְׂגֶּה׃
שְׁתוּלִים בְּבֵית יְהֹוָה בְּחַצְרוֹת אֱלֹהֵינוּ יַפְרִיחוּ׃
עוֹד יְנוּבוּן בְּשֵׂיבָה דְּשֵׁנִים וְרַעֲנַנִּים יִהְיוּ׃
לְהַגִּיד כִּי־יָשָׁר יְהֹוָה צוּרִי וְלֹא־עַוְלָתָה בּוֹ׃

Am Schabbat:

תהלים צג

יְהֹוָה מָלָךְ גֵּאוּת לָבֵשׁ לָבֵשׁ יְהֹוָה עֹז הִתְאַזָּר
אַף־תִּכּוֹן תֵּבֵל בַּל־תִּמּוֹט׃
נָכוֹן כִּסְאֲךָ מֵאָז מֵעוֹלָם אָתָּה׃
נָשְׂאוּ נְהָרוֹת יְהֹוָה נָשְׂאוּ נְהָרוֹת קוֹלָם
יִשְׂאוּ נְהָרוֹת דָּכְיָם׃
מִקֹּלוֹת מַיִם רַבִּים אַדִּירִים מִשְׁבְּרֵי־יָם
אַדִּיר בַּמָּרוֹם יְהֹוָה׃
עֵדֹתֶיךָ נֶאֶמְנוּ מְאֹד לְבֵיתְךָ נַאֲוָה־קֹּדֶשׁ
יְהֹוָה לְאֹרֶךְ יָמִים׃

מָה־אֱנוֹשׁ כִּי־תִזְכְּרֶנּוּ וּבֶן־אָדָם כִּי תִפְקְדֶנּוּ׃
מָה־אֱנוֹשׁ כִּי תְגַדְּלֶנּוּ וְכִי־תָשִׁית אֵלָיו לִבֶּךָ׃
מָה־אָדָם וַתֵּדָעֵהוּ בֶּן־אֱנוֹשׁ וַתְּחַשְּׁבֵהוּ׃

Mein Auge blickt herab auf meine Verfolger
und auf alle, die sich gegen mich erheben;
mein Ohr hört vom Geschick der Bösen.

Alle, die gerecht sind, werden gedeihen wie die Palme
und wachsen wie die Zedern des Libanon.
Gepflanzt im Hause Gottes
gedeihen sie in den Vorhöfen unseres Gottes.
Sie tragen Frucht noch im Alter
und bleiben voll Saft und Frische;
sie verkünden: Gerecht ist der Ewige;
Gott ist mein Fels, an dem kein Unrecht ist.

Am Schabbat:

PSALM
93

Der Ewige ist König,
bekleidet mit Hoheit;
Gott hat sich bekleidet
und mit Macht umgürtet.

Der Erdkreis ist fest gegründet,
nie wird er wanken.
Dein Thron steht fest von Anbeginn,
du bist seit Ewigkeit.

Fluten erheben sich, Gott,
Fluten erheben ihr Brausen,
Fluten erheben ihr Tosen.

Gewaltiger als das Tosen vieler Wasser,
gewaltiger als die Brandung des Meeres
ist Gott in der Höhe.

Deine Gesetze sind fest und verlässlich;
Gott, deinem Haus gebührt Heiligkeit für alle Zeiten.

Was ist der Mensch, dass du dich an ihn erinnerst,
das Menschenkind, dass du dich um es kümmerst? *(Ps 8,5)*
Was ist der Mensch, dass du ihm Größe verleihst,
dass du ihm deine Aufmerksamkeit schenkst? *(Hiob 7,17)*
Was ist der Mensch, dass du ihn kennst,
das Menschenkind, dass du an es denkst? *(Ps 144,3)*

VIER GLEICHNISSE ÜBER DAS LEBEN

שָׁאַלְנוּ לַחָכְמָה מֶה־חַיֵּינוּ: א
אָמְרָה לָנוּ. הַלֵּךְ בְּדַרְכֵי לִבֶּךָ וּבְמַרְאֵה עֵינֶיךָ. וְדָע כִּי עַל־כָּל־
אֵלֶּה יְבִיאֲךָ הָאֱלֹהִים בַּמִּשְׁפָּט:
שָׁאַלְנוּ לִנְבוּאָה: אָמְרָה לָנוּ: עֲשׂוֹת מִשְׁפָּט וְאַהֲבַת חֶסֶד
וְהַצְנֵעַ לֶכֶת עִם־אֱלֹהֶיךָ:
שָׁאַלְנוּ לַתּוֹרָה: אָמְרָה לָנוּ: הַחַיִּים וְהַמָּוֶת נָתַתִּי לְפָנֶיךָ
הַבְּרָכָה וְהַקְּלָלָה וּבָחַרְתָּ בַּחַיִּים:
שָׁאַלְנוּ אֶת־עַצְמֵנוּ מֶה־חַיֵּינוּ:

II UNSERE VERGANGENHEIT

In meinen eigenen Lebenserinnerungen will ich versuchen, es anders zu machen. Vielleicht ist das ein glücklicher Gedanke, vielleicht gelingt es, vielleicht ist es gerade so richtig.

Wenn du einen Brunnen aushebst, beginnst du mit der Arbeit auch nicht in der Tiefe, sondern du bewegst zunächst die obere Bodenschicht, wirfst das Erdreich auf, Schaufel um Schaufel, ohne zu wissen, was darunterliegt – wieviel verflochtenes Wurzelwerk, wieviele Hindernisse und Mängel, wieviele schwere, von anderen und dir selbst versenkte, längst vergessene Steine und andere harte Brocken.

…

„Gott helf dir, Väterchen! Was machst du da?"

„Du siehst es ja, ich suche nach unterirdischen Quellen, ich grabe nach dem reinen, kühlen Element des Wassers und setze meine Erinnerungen frei."

„Soll ich dir helfen?"

„Ach nein, mein Lieber, das muß jeder selbst tun. Keiner kann ihm dabei helfen, und keiner kann einen da vertreten. Alles andere können wir gemeinsam tun, wenn du mir noch vertraust und mich nicht unterschätzt; aber diese meine letzte Arbeit muß ich allein vollenden."

„Dann Glück auf."

(Janusz Korczak)

VIER GLEICHNISSE ÜBER DAS LEBEN

I UNSERE TRADITION

Wir fragten die Weisheit: Was ist unser Leben?
Sie antwortete uns: „Geh auf den Wegen deines Herzens und zu dem, was deine Augen sehen. Doch sei dir dessen bewusst, dass Gott dich für all das vor Gericht ziehen wird.“ *(Koh 11,9)*
Wir fragten die Prophetie: Was ist unser Leben?
Sie antwortete uns: „Es ist dir gesagt, Mensch, was gut ist. Was anderes erwartet Gott von dir, außer dass du Recht und solidarische Liebe übst und in Bescheidenheit mit deinem Gott mitgehst?“ *(Micha 6,8)*
Wir fragten die Thora: Was ist unser Leben?
Sie antwortete uns: „Ich lege dir Leben und Tod vor, Segen und Fluch. Wähle das Leben!“ *(Dtn 30,19)*
Wir fragen uns selbst: Was ist unser Leben?
...

III UNSERE ZUKUNFT

Ich befahl mein Pferd aus dem Stall zu holen. Der Diener verstand mich nicht. Ich ging selbst in den Stall, sattelte mein Pferd und bestieg es. In der Ferne hörte ich eine Trompete blasen, ich fragte ihn, was das bedeutete. Er wußte nichts und hatte nichts gehört. Beim Tore hielt er mich auf und fragte: „Wohin reitest du, Herr?“ „Ich weiß es nicht“, sagte ich, „nur weg von hier, nur weg von hier. Immerfort weg von hier, nur so kann ich mein Ziel erreichen.“ „Du kennst also dein Ziel?“, fragte er. „Ja“, antwortete ich, „ich sagte es doch: ‚Weg-von-hier‘, das ist mein Ziel.“ „Du hast keinen Eßvorrat mit“, sagte er. „Ich brauche keinen“, sagte ich, „die Reise ist so lang, daß ich verhungern muß, wenn ich auf dem Weg nichts bekomme. Kein Eßvorrat kann mich retten. Es ist ja zum Glück eine wahrhaft ungeheure Reise.“

(Franz Kafka)

ד
לכל איש
יש שם

לְכָל־אִישׁ יֵשׁ שֵׁם
שֶׁנָּתַן לוֹ אֱלֹהִים
וְנָתְנוּ לוֹ אָבִיו וְאִמּוֹ
לְכָל־אִישׁ יֵשׁ שֵׁם
שֶׁנָּתְנוּ לוֹ קוֹמָתוֹ וְאֹפֶן חִיּוּכוֹ
וְנָתַן לוֹ הָאָרִיג
לְכָל־אִישׁ יֵשׁ שֵׁם
שֶׁנָּתְנוּ לוֹ הֶהָרִים
וְנָתְנוּ לוֹ כְּתָלָיו
לְכָל־אִישׁ יֵשׁ שֵׁם
שֶׁנָּתְנוּ לוֹ הַמַּזָּלוֹת
וְנָתְנוּ לוֹ שְׁכֵנָיו
לְכָל־אִישׁ יֵשׁ שֵׁם
שֶׁנָּתְנוּ לוֹ חֲטָאָיו
וְנָתְנָה לוֹ כְּמִיהָתוֹ
לְכָל־אִישׁ יֵשׁ שֵׁם
שֶׁנָּתְנוּ לוֹ שׂוֹנְאָיו
וְנָתְנָה לוֹ אַהֲבָתוֹ
לְכָל־אִישׁ יֵשׁ שֵׁם
שֶׁנָּתְנוּ לוֹ חַגָּיו
וְנָתְנָה לוֹ מְלַאכְתּוֹ
לְכָל־אִישׁ יֵשׁ שֵׁם
שֶׁנָּתְנוּ לוֹ תְּקוּפוֹת הַשָּׁנָה
וְנָתַן לוֹ עִוְרוֹנוֹ
לְכָל־אִישׁ יֵשׁ שֵׁם
שֶׁנָּתַן לוֹ הַיָּם
וְנָתַן לוֹ
מוֹתוֹ:

IV
UNSER NAME

Jeder Mensch hat einen Namen,
den Gott ihm gegeben,
den Vater und Mutter ihm gaben.
    Jeder Mensch hat einen Namen,
    den seine Gestalt und sein Lächeln ihm geben,
    und den seine Kleidung ihm gibt.
Jeder Mensch hat einen Namen,
den das Gebirge ihm gibt,
und die Wände, in denen er lebt.
    Jeder Mensch hat einen Namen,
    den die Sterne ihm geben,
    den seine Nachbarn für ihn haben.
Jeder Mensch hat einen Namen,
den seine Sünde ihm gibt
und die Sehnsucht, die sein Leben prägt.
    Jeder Mensch hat einen Namen,
    den seine Feinde ihm geben,
    und den seine Liebe ihm gibt.
Jeder Mensch hat einen Namen,
den seine Feste ihm geben,
den seine Arbeit ihm gibt.
    Jeder Mensch hat einen Namen,
    vom Kreislauf des Jahres
    und von seiner Blindheit ihm beigelegt.
Jeder Mensch hat einen Namen,
vom Meer ihm gegeben
und
von seinem Tod.

(Zelda)

Einer der beiden folgenden Psalmen:

א

תהלים קג

לְדָוִד

בָּרְכִי נַפְשִׁי אֶת־יְהוָה וְכָל־קְרָבַי אֶת־שֵׁם קָדְשׁוֹ׃
בָּרְכִי נַפְשִׁי אֶת־יְהוָה וְאַל־תִּשְׁכְּחִי כָּל־גְּמוּלָיו׃

הַסֹּלֵחַ לְכָל־עֲוֺנֵכִי הָרֹפֵא לְכָל־תַּחֲלוּאָיְכִי׃
הַגּוֹאֵל מִשַּׁחַת חַיָּיְכִי הַמְעַטְּרֵכִי חֶסֶד וְרַחֲמִים׃
הַמַּשְׂבִּיעַ בַּטּוֹב עֶדְיֵךְ תִּתְחַדֵּשׁ כַּנֶּשֶׁר נְעוּרָיְכִי׃

עֹשֵׂה צְדָקוֹת יְהוָה וּמִשְׁפָּטִים לְכָל־עֲשׁוּקִים׃
יוֹדִיעַ דְּרָכָיו לְמֹשֶׁה לִבְנֵי יִשְׂרָאֵל עֲלִילוֹתָיו׃

רַחוּם וְחַנּוּן יְהוָה אֶרֶךְ אַפַּיִם וְרַב־חָסֶד׃
לֹא־לָנֶצַח יָרִיב וְלֹא לְעוֹלָם יִטּוֹר׃
לֹא כַחֲטָאֵינוּ עָשָׂה לָנוּ וְלֹא כַעֲוֺנֹתֵינוּ גָּמַל עָלֵינוּ׃

כִּי כִגְבֹהַּ שָׁמַיִם עַל־הָאָרֶץ גָּבַר חַסְדּוֹ עַל־יְרֵאָיו׃
כִּרְחֹק מִזְרָח מִמַּעֲרָב הִרְחִיק מִמֶּנּוּ אֶת־פְּשָׁעֵינוּ׃

כְּרַחֵם אָב עַל־בָּנִים רִחַם יְהוָה עַל־יְרֵאָיו׃
כִּי־הוּא יָדַע יִצְרֵנוּ זָכוּר כִּי־עָפָר אֲנָחְנוּ׃

אֱנוֹשׁ כֶּחָצִיר יָמָיו כְּצִיץ הַשָּׂדֶה כֵּן יָצִיץ׃
כִּי רוּחַ עָבְרָה־בּוֹ וְאֵינֶנּוּ וְלֹא־יַכִּירֶנּוּ עוֹד מְקוֹמוֹ׃

Einer der beiden folgenden Psalmen:

I
PSALM
103
EINE ANTWORT GOTTES

Von David.

Preise den Ewigen, meine Seele!
Was in mir ist, preise Gottes heiligen Namen!
Preise den Ewigen, meine Seele!
Vergiss es nicht, was Gott dir Gutes getan hat!

Gott vergibt dir alle deine Verkehrungen
und heilt alle deine Wunden.
Gott erlöst dein Leben von der Vernichtung
und krönt dich mit Liebe und Barmherzigkeit.
Gott sättigt dich mit Gutem dein Leben lang
und gibt dir neue, jugendliche Kraft, einem Adler gleich.

Gott vollbringt Wohltaten
und setzt sich für das Recht derer ein,
die unter Gewalt leiden.
Gott ließ Mose die Wege Gottes wissen
und ließ die Kindern Israels die Taten Gottes sehen.

Gnädig und barmherzig ist Gott,
nachsichtig und unendlich liebevoll.
Gott klagt nicht immerzu an
und hält am Zorn nicht fest.
Gott handelte nicht an uns, wie es unseren Verfehlungen
entsprochen hätte
und ging nicht nach unseren Verkehrungen mit uns um.

Sondern so hoch, wie der Himmel über der Erde ist,
so groß ist Gottes Güte über allen, die an Gott glauben.
So fern, wie der Osten von Westen ist,
so fern lässt er unsere Freveltaten von uns sein.

Wie Eltern sich über ihre Kinder erbarmen,
so erbarmt sich Gott über die, die Gott achten.
Denn Gott weiß, was für Gebilde wir sind,
Gott denkt daran, dass wir nur Staub sind.

Ein Mensch ist wie ein Grashalm,
seine Lebenszeit wie eine Blume auf dem Feld.
Weht ein Sturm darüber, vergeht sie und ist nicht mehr da,
und man kennt nicht einmal mehr ihren Ort.

וְחֶסֶד יְהוָה מֵעוֹלָם וְעַד־עוֹלָם עַל־יְרֵאָיו וְצִדְקָתוֹ לִבְנֵי בָנִים:
לְשֹׁמְרֵי בְרִיתוֹ וּלְזֹכְרֵי פִקֻּדָיו לַעֲשׂוֹתָם:

יְהוָה בַּשָּׁמַיִם הֵכִין כִּסְאוֹ וּמַלְכוּתוֹ בַּכֹּל מָשָׁלָה:
בָּרְכוּ יְהוָה מַלְאָכָיו גִּבֹּרֵי כֹחַ עֹשֵׂי דְבָרוֹ לִשְׁמֹעַ בְּקוֹל דְּבָרוֹ:

בָּרְכוּ יְהוָה כָּל־צְבָאָיו מְשָׁרְתָיו עֹשֵׂי רְצוֹנוֹ:
בָּרְכוּ יְהוָה כָּל־מַעֲשָׂיו בְּכָל־מְקֹמוֹת מֶמְשַׁלְתּוֹ

בָּרְכִי נַפְשִׁי אֶת־יְהוָה:

שִׁיר הַמַּעֲלוֹת

ב

תהלים

מִמַּעֲמַקִּים קְרָאתִיךָ יְיָ:

אֲדֹנָי שִׁמְעָה בְקוֹלִי תִּהְיֶינָה אָזְנֶיךָ קַשֻּׁבוֹת לְקוֹל
תַּחֲנוּנָי:

אִם־עֲוֹנוֹת תִּשְׁמָר־יָהּ אֲדֹנָי מִי יַעֲמֹד:

כִּי־עִמְּךָ הַסְּלִיחָה לְמַעַן תִּוָּרֵא:

קִוִּיתִי יְיָ קִוְּתָה נַפְשִׁי וְלִדְבָרוֹ הוֹחָלְתִּי:

נַפְשִׁי לַאדֹנָי מִשֹּׁמְרִים לַבֹּקֶר שֹׁמְרִים לַבֹּקֶר:

יַחֵל יִשְׂרָאֵל אֶל־יְיָ כִּי־עִם־יְיָ הַחֶסֶד
וְהַרְבֵּה עִמּוֹ פְדוּת:

וְהוּא יִפְדֶּה אֶת־יִשְׂרָאֵל מִכֹּל עֲוֹנֹתָיו:

Die Güte Gottes aber besteht immer und ewig
über denen, die Gott achten,
und Gottes Wohltätigkeit überdauert die Generationen
all derer, die Gottes Bund halten
und die sich an die Anordnungen Gottes erinnern
und sie tun.

Gott hat im Himmel einen Thron für sich errichtet,
Gottes Herrschaft erstreckt sich über alles.
Preist den Ewigen, ihr Boten Gottes,
die ihr mit Macht das Wort Gottes ausführt,
dem Worte Gottes gehorsam.

Preist den Ewigen, alle Geschöpfe Gottes,
alle, die ihr Gott dient und den Willen Gottes tut.
Preist den Ewigen, ihr Werke Gottes,
an jedem Ort, an dem Gott herrscht.
Preise den Ewigen, meine Seele!

II

PSALM
130
EINE BITTE AN GOTT

Ein Pilgerlied

Aus den Tiefen rufe ich, Gott, zu dir.
Gott, höre meine Stimme!
Lass deine Ohren aufmerksam sein
auf die Stimme meines Flehens.
Wenn du, Gott, auf unsere Verkehrungen achten würdest,
Gott, wer könnte dann bestehen?
Doch bei dir ist Vergebung,
damit man dir in Ehrfurcht dient.
Ich hoffe auf Gott,
meine Seele hat Hoffnung.
Ich warte auf Gottes Wort.
Ich sehne mich nach Gott
mehr als Wächter am Morgen,
die das Morgenrot herbeisehnen.
Hoffe, Israel, auf Gott!
Denn bei Gott ist Güte,
bei ihm ist Erlösung in Fülle.
Gott wird Israel von all seinen Verkehrungen erlösen.

וְהוּא רַחוּם יְכַפֵּר עָוֹן וְלֹא יַשְׁחִית וְהִרְבָּה לְהָשִׁיב אַפּוֹ.
וְלֹא יָעִיר כָּל־חֲמָתוֹ.
יְהוָֹה הוֹשִׁיעָה. הַמֶּלֶךְ יַעֲנֵנוּ בְיוֹם קָרְאֵנוּ:

ברכו

בָּרְכוּ אֶת־יְיָ הַמְבֹרָךְ:

בָּרוּךְ יְיָ הַמְבֹרָךְ לְעוֹלָם וָעֶד:

מעריב ערבים

בָּרוּךְ אַתָּה יְיָ אֱלֹהֵינוּ מֶלֶךְ הָעוֹלָם. אֲשֶׁר בִּדְבָרוֹ מַעֲרִיב עֲרָבִים. בְּחָכְמָה פּוֹתֵחַ שְׁעָרִים. וּבִתְבוּנָה מְשַׁנֶּה עִתִּים. וּמַחֲלִיף אֶת־הַזְּמַנִּים. וּמְסַדֵּר אֶת־הַכּוֹכָבִים בְּמִשְׁמְרוֹתֵיהֶם בָּרָקִיעַ כִּרְצוֹנוֹ: בּוֹרֵא יוֹם וָלָיְלָה. גּוֹלֵל אוֹר מִפְּנֵי חֹשֶׁךְ וְחֹשֶׁךְ מִפְּנֵי אוֹר: הַמַּעֲבִיר יוֹם וּמֵבִיא לָיְלָה. וּמַבְדִּיל בֵּין יוֹם וּבֵין לָיְלָה. יְיָ צְבָאוֹת שְׁמוֹ: בָּרוּךְ אַתָּה יְיָ. הַמַּעֲרִיב עֲרָבִים:

אהבת עולם

אַהֲבַת עוֹלָם בֵּית יִשְׂרָאֵל עַמְּךָ אָהָבְתָּ. תּוֹרָה וּמִצְוֹת חֻקִּים וּמִשְׁפָּטִים אוֹתָנוּ לִמַּדְתָּ: עַל־כֵּן יְיָ אֱלֹהֵינוּ. בְּשָׁכְבֵנוּ וּבְקוּמֵנוּ נָשִׂיחַ בְּחֻקֶּיךָ. וְנִשְׂמַח וְנַעֲלוֹז בְּדִבְרֵי תוֹרָתֶךָ וּמִצְוֹתֶיךָ וְחֻקּוֹתֶיךָ לְעוֹלָם וָעֶד: כִּי הֵם חַיֵּינוּ וְאוֹרֶךְ יָמֵינוּ. וּבָהֶם נֶהְגֶּה יוֹמָם וָלָיְלָה. וְאַהֲבָתְךָ אַל־תָּסִיר מִמֶּנּוּ לְעוֹלָמִים: בָּרוּךְ אַתָּה יְיָ. אוֹהֵב אֶת־עַמּוֹ יִשְׂרָאֵל:

שמע ישראל

שְׁמַ**ע** יִשְׂרָאֵל. יְהוָֹה אֱלֹהֵינוּ יְהוָֹה אֶחָ**ד**:

בָּרוּךְ שֵׁם כְּבוֹד מַלְכוּתוֹ לְעוֹלָם וָעֶד:

וְאָהַבְתָּ אֵת יְהוָֹה אֱלֹהֶיךָ. בְּכָל־לְבָבְךָ וּבְכָל־נַפְשְׁךָ וּבְכָל־מְאֹדֶךָ: וְהָיוּ הַדְּבָרִים הָאֵלֶּה אֲשֶׁר אָנֹכִי מְצַוְּךָ הַיּוֹם עַל־לְבָבֶךָ: וְשִׁנַּנְתָּם לְבָנֶיךָ וְדִבַּרְתָּ בָּם. בְּשִׁבְתְּךָ בְּבֵיתֶךָ וּבְלֶכְתְּךָ

Gott ist barmherzig, sühnt Verkehrung und vertilgt nicht.
Immer wieder lässt Gott von seinem Zorn ab
und unterdrückt den Grimm. *(Ps 78,38)*
Hilf uns, Gott! Du regierst.
Erhöre uns, wenn wir zu dir rufen. *(Ps 20,10)*

AUFRUF ZUM LOB

Lasst uns Gott preisen; Gott gebührt unsere Ehre!

Gepriesen sei Gott; Gott gebührt unsere Ehre auf immer und ewig!

GOTT SCHAFFT UND ERHÄLT

Gepriesen seist du, Ewiger, unser Gott; du regierst die Welt. Du lässt es durch dein Wort Abend werden, du führst die Dämmerung herbei und lässt voller Einsicht die Augenblicke verstreichen und die Zeit voranschreiten. Gemäß deines Wohlgefallens erscheinen am Himmel die Sterne in ihren Sternbildern. Schöpfer von Tag und Nacht, du lässt das Licht vor der Finsternis weichen und die Finsternis vor dem Licht. Du lässt den Tag vorübergehen und führst die Nacht herbei. Du trennst den Tag von der Nacht. Schöpfer aller Geschöpfe – das ist dein Name. Gepriesen seist du, Ewiger. Du lässt es Abend werden.

GOTT LIEBT ISRAEL

Mit unzerstörbarer Liebe liebst du Israel, dein Volk. Die Thora, Gebote, Satzungen und Rechtssprüche hast du uns gelehrt. Deshalb bist du, Ewiger, unser Gott. Wenn wir uns niederlegen und wenn wir aufstehen, denken wir über deine Satzungen nach. Und wir freuen uns und sind allezeit fröhlich über die Worte deiner Weisung, deiner Gebote und deiner Satzungen, denn sie sind unser Leben und unsere Lebenszeit. Wir sinnen darüber nach Tag und Nacht. Lass niemals deine Liebe von uns weichen. Gepriesen seist du, Ewiger. Du liebst Israel, dein Volk.

ISRAELS GOTT

Höre Israel, der Ewige ist Gott, der Ewige ist einzig. *(Dtn 6,4)*

Gepriesen sei Gottes ruhmreiche Herrschaft immer und ewig! *(mJoma 6,2)*

Darum sollst du den Ewigen, deinen Gott, lieben mit ganzem Herzen, mit ganzer Seele und mit ganzer Kraft. Diese Worte, auf die ich dich heute verpflichte, sollen auf deinem Herzen geschrieben stehen. Du sollst sie deinen Kindern erzählen. Du sollst von ihnen reden, wenn du zu Hause sitzt und wenn du auf der Straße gehst, wenn du dich schlafen

בַּדֶּרֶךְ וּבְשָׁכְבְּךָ וּבְקוּמֶךָ׃ וּקְשַׁרְתָּם לְאוֹת עַל־יָדֶךָ. וְהָיוּ
לְטֹטָפֹת בֵּין עֵינֶיךָ׃ וּכְתַבְתָּם עַל־מְזֻזוֹת בֵּיתֶךָ וּבִשְׁעָרֶיךָ׃

In der Stille können die beiden folgenden Abschnitte gelesen werden oder die traditionellen Abschnitte, die danach abgedruckt sind.

וְהָאָדָם יָדַע אֶת־חַוָּה אִשְׁתּוֹ. וַתַּהַר וַתֵּלֶד אֶת־קַיִן וַתֹּאמֶר.
קָנִיתִי אִישׁ אֶת־יְהוָה׃ וַתֹּסֶף לָלֶדֶת אֶת־אָחִיו אֶת־הָבֶל. וַיְהִי־
הֶבֶל רֹעֵה צֹאן וְקַיִן הָיָה עֹבֵד אֲדָמָה׃ וַיְהִי מִקֵּץ יָמִים וַיָּבֵא קַיִן
מִפְּרִי הָאֲדָמָה מִנְחָה לַיהוָה׃ וְהֶבֶל הֵבִיא גַם־הוּא מִבְּכֹרוֹת
צֹאנוֹ וּמֵחֶלְבֵהֶן. וַיִּשַׁע יְהוָה אֶל־הֶבֶל וְאֶל־מִנְחָתוֹ׃ וְאֶל־קַיִן
וְאֶל־מִנְחָתוֹ לֹא שָׁעָה. וַיִּחַר לְקַיִן מְאֹד וַיִּפְּלוּ פָּנָיו׃ וַיֹּאמֶר
יְהוָה אֶל־קָיִן לָמָּה חָרָה לָךְ וְלָמָּה נָפְלוּ פָנֶיךָ׃ הֲלוֹא אִם־תֵּיטִיב
שְׂאֵת וְאִם לֹא תֵיטִיב לַפֶּתַח חַטָּאת רֹבֵץ. וְאֵלֶיךָ תְּשׁוּקָתוֹ וְאַתָּה
תִּמְשָׁל־בּוֹ׃ וַיֹּאמֶר קַיִן אֶל־הֶבֶל אָחִיו. וַיְהִי בִּהְיוֹתָם בַּשָּׂדֶה
וַיָּקָם קַיִן אֶל־הֶבֶל אָחִיו וַיַּהַרְגֵהוּ׃ וַיֹּאמֶר יְהוָה אֶל־קַיִן. אֵי
הֶבֶל אָחִיךָ׃ וַיֹּאמֶר. לֹא יָדַעְתִּי הֲשֹׁמֵר אָחִי אָנֹכִי׃

וַיִּשְׁלַח יְהוָה אֶת־נָתָן אֶל־דָּוִד וַיָּבֹא אֵלָיו וַיֹּאמֶר לוֹ. שְׁנֵי
אֲנָשִׁים הָיוּ בְּעִיר אֶחָת אֶחָד עָשִׁיר וְאֶחָד רָאשׁ׃ לְעָשִׁיר הָיָה
צֹאן וּבָקָר הַרְבֵּה מְאֹד׃ וְלָרָשׁ אֵין־כֹּל כִּי אִם־כִּבְשָׂה אַחַת
קְטַנָּה אֲשֶׁר קָנָה וַיְחַיֶּהָ וַתִּגְדַּל עִמּוֹ וְעִם־בָּנָיו יַחְדָּו מִפִּתּוֹ
תֹאכַל וּמִכֹּסוֹ תִשְׁתֶּה וּבְחֵיקוֹ תִשְׁכָּב וַתְּהִי־לוֹ כְּבַת׃ וַיָּבֹא הֵלֶךְ
לְאִישׁ הֶעָשִׁיר וַיַּחְמֹל לָקַחַת מִצֹּאנוֹ וּמִבְּקָרוֹ לַעֲשׂוֹת לָאֹרֵחַ
הַבָּא־לוֹ. וַיִּקַּח אֶת־כִּבְשַׂת הָאִישׁ הָרָאשׁ וַיַּעֲשֶׂהָ לָאִישׁ הַבָּא
אֵלָיו׃ וַיִּחַר־אַף דָּוִד בָּאִישׁ מְאֹד וַיֹּאמֶר אֶל־נָתָן. חַי־יְהוָה כִּי
בֶן־מָוֶת הָאִישׁ הָעֹשֶׂה זֹאת׃ וְאֶת־הַכִּבְשָׂה יְשַׁלֵּם אַרְבַּעְתָּיִם
עֵקֶב אֲשֶׁר עָשָׂה אֶת־הַדָּבָר הַזֶּה וְעַל אֲשֶׁר לֹא־חָמָל׃ וַיֹּאמֶר
נָתָן אֶל־דָּוִד. אַתָּה הָאִישׁ׃

legst und wenn du aufstehst. Du sollst sie als Zeichen um dein Handgelenk binden. Sie sollen als Merkzeichen auf deiner Stirn sein. Du sollst sie auf die Türpfosten deines Hauses und in deine Tore schreiben.

(Dtn 6,5-9)

In der Stille können die beiden folgenden Abschnitte gelesen werden oder die traditionellen Abschnitte, die danach abgedruckt sind.

Und Adam erkannte Eva, seine Frau. Sie wurde schwanger und gebar Kain, und sie dachte: „*Kaniti* – Mit Gottes Hilfe habe ich einen Mann geschaffen." Sie gebar ein zweites Mal, Abel, seinen Bruder. Abel wurde ein Kleinviehhirte, und Kain wurde ein Ackerbauer. Nach einiger Zeit brachte Kain Gott von den Früchten seines Feldes ein Opfer dar. Auch Abel brachte Gott ein Opfer von den Erstgeborenen und den besten Tieren seiner Herde. Gott hörte Abel und nahm sein Opfer an. Aber Kain und sein Opfer beachtete er nicht. Da wurde Kain sehr zornig, und sein Blick senkte sich. Gott fragt Kain: „Warum bist du zornig und niedergeschlagen? Wenn du Gutes im Sinn hast, halte es hoch! Wenn du aber nichts Gutes im Sinn hast, lauert dann nicht die Verfehlung an der Tür; sie verlangt nach dir und du sollst über sie herrschen."

Und Kain redete zu seinem Bruder Abel. ... Und als sie auf dem Feld waren, erhob sich Kain gegen seinen Bruder Abel und brachte ihn um. Gott aber sprach zu Kain: „Wo ist Abel, dein Bruder?" Und er antwortete: „Ich weiß es nicht. Bin ich etwa der Hüter meines Bruders?"

(Gen 4,1-9)

Gott schickte Nathan zu David. Er kam zu ihm und sagte: „Zwei Männer lebten in einer Stadt. Der eine war reich, der andere war arm. Der Reiche hatte sehr viele Schafe und Rinder. Der Arme besaß nur ein einziges kleines Lamm, das er gekauft hatte. Er hatte es aufgezogen, und es war zusammen mit seinen Kindern aufgewachsen. Es aß von seinem Stück Brot und trank aus seinem Becher. Es lag in seinem Schoß und war für ihn wie eine Tochter. Eines Tages bekam der reiche Mann Besuch, und er brachte es nicht übers Herz, eines von seinen Schafen oder Rindern zu nehmen, um es für den Gast, der zu ihm gekommen war, vorzubereiten. Darum nahm er das Lamm des armen Mannes und bereitete es für seinen Gast zu."

David wurde wütend und sagte zu Nathan: „So wahr Gott lebt, wer so etwas tut, der hat den Tod verdient! Das Lamm soll er vierfach ersetzen, weil er eine solche Sache getan hat und kein Mitleid kannte."

Nathan sagte zu David: „Dieser Mann – das bist du!"

(2. Sam 12,1-7)

והיה אם שמע

וְהָיָה אִם־שָׁמֹעַ תִּשְׁמְעוּ אֶל־מִצְוֹתַי אֲשֶׁר אָנֹכִי מְצַוֶּה אֶתְכֶם הַיּוֹם. לְאַהֲבָה אֶת־יְהוָֹה אֱלֹהֵיכֶם וּלְעָבְדוֹ בְּכָל־לְבַבְכֶם וּבְכָל־נַפְשְׁכֶם: וְנָתַתִּי מְטַר־אַרְצְכֶם בְּעִתּוֹ יוֹרֶה וּמַלְקוֹשׁ. וְאָסַפְתָּ דְגָנֶךָ וְתִירֹשְׁךָ וְיִצְהָרֶךָ: וְנָתַתִּי עֵשֶׂב בְּשָׂדְךָ לִבְהֶמְתֶּךָ. וְאָכַלְתָּ וְשָׂבָעְתָּ: הִשָּׁמְרוּ לָכֶם פֶּן־יִפְתֶּה לְבַבְכֶם. וְסַרְתֶּם וַעֲבַדְתֶּם אֱלֹהִים אֲחֵרִים וְהִשְׁתַּחֲוִיתֶם לָהֶם: וְחָרָה אַף־יְהוָֹה בָּכֶם וְעָצַר אֶת־הַשָּׁמַיִם וְלֹא־יִהְיֶה מָטָר וְהָאֲדָמָה לֹא תִתֵּן אֶת־יְבוּלָהּ. וַאֲבַדְתֶּם מְהֵרָה מֵעַל הָאָרֶץ הַטֹּבָה אֲשֶׁר יְהוָֹה נֹתֵן לָכֶם: וְשַׂמְתֶּם אֶת־דְּבָרַי אֵלֶּה עַל־לְבַבְכֶם וְעַל־נַפְשְׁכֶם. וּקְשַׁרְתֶּם אֹתָם לְאוֹת עַל־יֶדְכֶם וְהָיוּ לְטוֹטָפֹת בֵּין עֵינֵיכֶם: וְלִמַּדְתֶּם אֹתָם אֶת־בְּנֵיכֶם לְדַבֵּר בָּם. בְּשִׁבְתְּךָ בְּבֵיתֶךָ וּבְלֶכְתְּךָ בַדֶּרֶךְ וּבְשָׁכְבְּךָ וּבְקוּמֶךָ: וּכְתַבְתָּם עַל־מְזוּזוֹת בֵּיתֶךָ וּבִשְׁעָרֶיךָ: לְמַעַן יִרְבּוּ יְמֵיכֶם וִימֵי בְנֵיכֶם עַל הָאֲדָמָה אֲשֶׁר נִשְׁבַּע יְהוָֹה לַאֲבֹתֵיכֶם לָתֵת לָהֶם. כִּימֵי הַשָּׁמַיִם עַל־הָאָרֶץ:

ויאמר יהוה

וַיֹּאמֶר יְהוָֹה אֶל־מֹשֶׁה לֵּאמֹר: דַּבֵּר אֶל־בְּנֵי יִשְׂרָאֵל וְאָמַרְתָּ אֲלֵהֶם וְעָשׂוּ לָהֶם צִיצִת עַל־כַּנְפֵי בִגְדֵיהֶם לְדֹרֹתָם. וְנָתְנוּ עַל־צִיצִת הַכָּנָף פְּתִיל תְּכֵלֶת: וְהָיָה לָכֶם לְצִיצִת וּרְאִיתֶם אֹתוֹ וּזְכַרְתֶּם אֶת־כָּל־מִצְוֹת יְהוָֹה וַעֲשִׂיתֶם אֹתָם. וְלֹא־תָתוּרוּ אַחֲרֵי לְבַבְכֶם וְאַחֲרֵי עֵינֵיכֶם אֲשֶׁר־אַתֶּם זֹנִים אַחֲרֵיהֶם: לְמַעַן תִּזְכְּרוּ וַעֲשִׂיתֶם אֶת־כָּל־מִצְוֹתָי. וִהְיִיתֶם קְדֹשִׁים לֵאלֹהֵיכֶם: אֲנִי יְהוָֹה אֱלֹהֵיכֶם אֲשֶׁר הוֹצֵאתִי אֶתְכֶם מֵאֶרֶץ מִצְרַיִם לִהְיוֹת לָכֶם לֵאלֹהִים. אֲנִי יְהוָֹה אֱלֹהֵיכֶם:

גאולה

אֱמֶת וֶאֱמוּנָה כָּל־זֹאת וְקַיָּם עָלֵינוּ כִּי הוּא יְיָ אֱלֹהֵינוּ וְאֵין זוּלָתוֹ וַאֲנַחְנוּ יִשְׂרָאֵל עַמּוֹ. הָעֹשֶׂה גְדֹלוֹת עַד־אֵין חֵקֶר וְנִפְלָאוֹת עַד־אֵין מִסְפָּר. וְרָאוּ בָנָיו גְּבוּרָתוֹ שִׁבְּחוּ וְהוֹדוּ לִשְׁמוֹ וּמַלְכוּתוֹ בְּרָצוֹן קִבְּלוּ עֲלֵיהֶם. מֹשֶׁה וּבְנֵי יִשְׂרָאֵל לְךָ עָנוּ שִׁירָה בְּשִׂמְחָה רַבָּה. וְאָמְרוּ כֻלָּם.

DIE TRADITIONELLEN ABSCHNITTE

Und wenn ihr auf meine Gebote hört, auf die ich euch heute verpflichte, wenn ihr also den Ewigen, euren Gott, liebt und ihm mit ganzem Herzen und mit ganzer Seele dient, dann gebe ich eurem Land seinen Regen zur rechten Zeit, den Frühregen im Herbst und den Spätregen im Frühjahr, und du kannst Korn, Most und Öl ernten; dann gebe ich deinem Vieh sein Gras auf dem Feld, und du kannst essen und satt werden. Aber nehmt euch in Acht! Lasst euer Herz nicht verführt werden, weicht nicht vom Weg ab, dient nicht anderen Göttern und werft euch nicht vor ihnen nieder! Sonst wird der Zorn des Ewigen gegen euch entbrennen; er wird den Himmel zuschließen, es wird kein Regen fallen, der Acker wird keinen Ertrag bringen, und ihr werdet unverzüglich aus dem prächtigen Land getilgt sein, das der Ewige euch geben will. Diese meine Worte sollt ihr auf euer Herz und eure Seele schreiben. Ihr sollt sie als Zeichen um das Handgelenk binden. Sie sollen als Merkzeichen auf eurer Stirn sein. Ihr sollt sie eure Kinder lehren und ihnen davon erzählen, wenn du zu Hause sitzt und wenn du auf der Straße gehst, wenn du dich hinlegst und wenn du aufstehst. Du sollst sie auf die Türpfosten deines Hauses und in deine Tore schreiben. Damit ihr und eure Kinder lange in dem Land lebt, das der Ewige euren Vorfahren geschworen hat zu geben; so zahlreich sollen eure Tage darin sein wie die Tage, die sich der Himmel über der Erde wölbt.

(Dtn 11,13-21)

Der Ewige sprach zu Mose: Rede zu den Kindern Israels und sage ihnen, sie sollen sich Quasten an die Enden ihrer Gewänder nähen, von Generation zu Generation. An den Quasten sollen sie einen blauen Faden anbringen. Es sollen Merkquasten für euch sein: Wenn ihr sie seht, dann sollt ihr euch an alle Gebote des Ewigen erinnern und sie tun. Ihr sollt eurem Herzen und euren Augen nicht nachgeben, wenn sie euch zur Untreue verleiten wollen. Durch sie erinnert ihr euch an alle meine Gebote und werdet sie beachten und so eurem Gott heilig sein. Ich bin der Ewige, euer Gott; ich habe euch aus Ägypten herausgeführt, um für euch Gott zu sein; Ich, der Ewige, bin euer Gott.

(Num 15, 37-41)

GOTT ERLÖST UNS

Wahr und wahrhaftig ist dies alles, und es wird von uns gehalten, denn du bist der Ewige, unser Gott. Es gibt keinen Gott außer dir, und wir sind Israel, dein Volk. Große Dinge vollbringst du, die über unseren Verstand hinausgehen und Wunder in unzählbarer Zahl. Deine Kinder sahen deine Stärke, sie priesen und lobten deinen Namen und nahmen deine Herrschaft willig an. Mose und die Kinder Israels antworteten dir in großer Freude mit einem Lied. Sie sangen gemeinsam:

מִי־כָמֹכָה בָּאֵלִם יְהוָה מִי כָּמֹכָה נֶאְדָּר בַּקֹּדֶשׁ נוֹרָא תְהִלֹּת עֹשֵׂה פֶלֶא:

מַלְכוּתְךָ יְיָ אֱלֹהֵינוּ רָאוּ בָנֶיךָ עַל הַיָּם. יַחַד כֻּלָּם הוֹדוּ וְהִמְלִיכוּ וְאָמְרוּ. יְהוָה יִמְלֹךְ לְעֹלָם וָעֶד:

וְנֶאֱמַר כִּי־פָדָה יְיָ אֶת־יַעֲקֹב וּגְאָלוֹ מִיַּד חָזָק מִמֶּנּוּ. בָּרוּךְ אַתָּה יְיָ. גָּאַל יִשְׂרָאֵל:

השכיבנו

הַשְׁכִּיבֵנוּ אָבִינוּ לְשָׁלוֹם וְהַעֲמִידֵנוּ מַלְכֵּנוּ לְחַיִּים. וּפְרוֹשׂ עָלֵינוּ סֻכַּת שְׁלוֹמֶךָ וְתַקְּנֵנוּ בְּעֵצָה טוֹבָה מִלְּפָנֶיךָ וְהוֹשִׁיעֵנוּ לְמַעַן שְׁמֶךָ. וְהָגֵן בַּעֲדֵנוּ וְהָסֵר מֵעָלֵינוּ אוֹיֵב דֶּבֶר וְחֶרֶב וְרָעָב וְיָגוֹן. וּבְצֵל כְּנָפֶיךָ תַּסְתִּירֵנוּ כִּי אֵל שׁוֹמְרֵנוּ וּמַצִּילֵנוּ אָתָּה כִּי אֵל מֶלֶךְ חַנּוּן וְרַחוּם אָתָּה: וּשְׁמוֹר צֵאתֵנוּ וּבוֹאֵנוּ לְחַיִּים וּלְשָׁלוֹם מֵעַתָּה וְעַד עוֹלָם. וּפְרוֹשׂ עָלֵינוּ סֻכַּת שְׁלוֹמֶךָ: בָּרוּךְ אַתָּה יְיָ. הַפּוֹרֵשׂ סֻכַּת שָׁלוֹם עָלֵינוּ וְעַל־עַמּוֹ יִשְׂרָאֵל וְעַל־כָּל־הָעוֹלָם:

Am Schabbat:

ושמרו

וְשָׁמְרוּ בְנֵי־יִשְׂרָאֵל אֶת־הַשַּׁבָּת לַעֲשׂוֹת אֶת־הַשַּׁבָּת לְדֹרֹתָם בְּרִית עוֹלָם: בֵּינִי וּבֵין בְּנֵי יִשְׂרָאֵל אוֹת הִוא לְעֹלָם כִּי־שֵׁשֶׁת יָמִים עָשָׂה יְהוָה אֶת־הַשָּׁמַיִם וְאֶת־הָאָרֶץ וּבַיּוֹם הַשְּׁבִיעִי שָׁבַת וַיִּנָּפַשׁ:

כִּי־בַיּוֹם הַזֶּה יְכַפֵּר עֲלֵיכֶם לְטַהֵר אֶתְכֶם.

מִכֹּל חַטֹּאתֵיכֶם לִפְנֵי יְהוָה תִּטְהָרוּ:

Hier kann das חצי קדיש *gebetet werden.*

Wer ist wie du unter den Göttern, o Gott?
Wer ist wie du – so heilig, so gewaltig?
Wem sonst erzeigen Loblieder Ehrfurcht?
Wer sonst kann deine Wunder tun? *(Ex 15,11)*
Deine Herrschaft, Ewiger, unser Gott, sahen deine Kinder am Meer, gemeinsam priesen und lobten sie deine Herrschaft und sangen:
Gott regiert für immer und ewig. *(Ex 15,18)*
Und es ist gesagt:
Gott wird Jakob erlösen
und ihn befreien aus der Hand des Stärkeren. *(Jer 31,11)*
Gepriesen seist du, Ewiger. Du erlöst Israel.

GOTT SCHENKT FRIEDE, FREUDE UND RUHE

Gib, Quelle unseres Lebens, dass wir uns zufrieden zur Ruhe legen und lass uns, Ursprung unsrer Stärke, mit neuer Lebenskraft wieder aufstehen. Breite deinen Frieden über uns aus wie ein Zelt, leite uns durch deine guten Ratschläge und hilf uns um deines Namens willen. Beschütze uns und halte Feinde und Krankheiten, Krieg, Hungersnot und Kummer von uns fern. Im Schatten deiner Flügel birg uns, denn du bist Gott, du beschützt und rettest uns; denn du bist Gott, du regierst in Gnade und Barmherzigkeit. Du behütest unseren Ausgang und Eingang, unser Schlafen und unser Wachen von nun an bis in Ewigkeit. Du breitest deinen Frieden über uns aus wie ein Zelt. Gepriesen seist du, Ewiger. Du breitest deinen Frieden wie ein Zelt über uns aus, über dein Volk Israel und über die ganze Welt.

Am Schabbat:

Die Kinder Israels sollen den Schabbat halten und ihn von Generation zu Generation als einen ewigen Bund bewahren. Für alle Zeiten wird er ein Zeichen zwischen mir und den Kindern Israels sein. Denn in sechs Tagen hat Gott Himmel und Erde gemacht; am siebten Tag aber ruhte Gott und atmete auf. *(Ex 31,16-17)*

An diesem Tag wird euch Versöhnung geschaffen, damit ihr rein werdet. Von all euren Verfehlungen vor dem Ewigen werdet ihr rein sein. *(Lev 16,30)*

Hier kann das Chazi-Kaddisch gebetet werden.

אֲדֹנָי שְׂפָתַי תִּפְתָּח. וּפִי יַגִּיד תְּהִלָּתֶךָ:

Einer der beiden folgenden Absätze:

אבות ואמהות

בָּרוּךְ אַתָּה יְיָ אֱלֹהֵינוּ
וֵאלֹהֵי אֲבוֹתֵינוּ. אֱלֹהֵי
אַבְרָהָם. אֱלֹהֵי יִצְחָק.
וֵאלֹהֵי יַעֲקֹב. הָאֵל
הַגָּדוֹל הַגִּבּוֹר וְהַנּוֹרָא.
אֵל עֶלְיוֹן. גּוֹמֵל חֲסָדִים
טוֹבִים קוֹנֵה הַכֹּל וְזוֹכֵר
חַסְדֵי אָבוֹת וּמֵבִיא גוֹאֵל
לִבְנֵי בְנֵיהֶם לְמַעַן שְׁמוֹ
בְּאַהֲבָה: מֶלֶךְ עוֹזֵר

בָּרוּךְ אַתָּה יְיָ אֱלֹהֵינוּ וֵאלֹהֵי
אֲבוֹתֵינוּ וְאִמּוֹתֵינוּ. אֱלֹהֵי
אַבְרָהָם וֵאלֹהֵי שָׂרָה. אֱלֹהֵי
יִצְחָק וֵאלֹהֵי רִבְקָה. אֱלֹהֵי
יַעֲקֹב אֱלֹהֵי רָחֵל וֵאלֹהֵי לֵאָה.
הָאֵל הַגָּדוֹל הַגִּבּוֹר וְהַנּוֹרָא.
אֵל עֶלְיוֹן. גּוֹמֵל חֲסָדִים טוֹבִים
קוֹנֵה הַכֹּל וְזוֹכֵר חַסְדֵי אָבוֹת
וְאִמָּהוֹת וּמֵבִיא גוֹאֵל לִבְנֵי
בְנֵיהֶם לְמַעַן שְׁמוֹ בְּאַהֲבָה:

זָכְרֵנוּ לַחַיִּים מֶלֶךְ חָפֵץ בַּחַיִּים. וְכָתְבֵנוּ בְּסֵפֶר הַחַיִּים.
לְמַעַנְךָ אֱלֹהִים חַיִּים:

מֶלֶךְ עוֹזֵר
וּמוֹשִׁיעַ וּמָגֵן. בָּרוּךְ
אַתָּה יְיָ. מָגֵן אַבְרָהָם:

מֶלֶךְ עוֹזֵר וּמוֹשִׁיעַ וּמָגֵן. בָּרוּךְ
אַתָּה יְיָ. מָגֵן אַבְרָהָם וְשָׂרָה:

גבורות

אַתָּה גִּבּוֹר לְעוֹלָם יְיָ. מְחַיֵּה מֵתִים אַתָּה רַב לְהוֹשִׁיעַ.
מְכַלְכֵּל חַיִּים בְּחֶסֶד. מְחַיֵּה מֵתִים בְּרַחֲמִים רַבִּים.
סוֹמֵךְ נוֹפְלִים. וְרוֹפֵא חוֹלִים. וּמַתִּיר אֲסוּרִים. וּמְקַיֵּם
אֱמוּנָתוֹ לִישֵׁנֵי עָפָר: מִי כָמוֹךָ בַּעַל גְּבוּרוֹת וּמִי דּוֹמֶה לָּךְ.
מֶלֶךְ מֵמִית וּמְחַיֶּה. וּמַצְמִיחַ יְשׁוּעָה:

מִי כָמוֹךָ אַב הָרַחֲמִים זוֹכֵר יְצוּרָיו לַחַיִּים בְּרַחֲמִים:

וְנֶאֱמָן אַתָּה לְהַחֲיוֹת מֵתִים. בָּרוּךְ אַתָּה יְיָ. מְחַיֵּה הַמֵּתִים:

Gott, öffne meine Lippen, dass mein Mund deinen Ruhm verkünde! *(Ps 51,17)*

Einer der beiden folgenden Absätze:

GOTT ALLER GENERATIONEN

Gepriesen seist du, Ewiger, unser Gott und Gott unserer Väter, Gott Abrahams, Gott Isaaks und Gott Jakobs. Du bist groß und mächtig. Dir gebührt unsere Ehrfurcht. Du bist über alles erhaben. Du vollbringst Wohltaten. Alles hältst du in deiner Hand. Du erinnerst dich an die Frömmigkeit unserer Vorfahren und bringst deshalb liebevoll ihren Enkeln Erlösung um deines Namens willen.

Gepriesen seist du, Ewiger, unser Gott und Gott unserer Väter und Mütter, Gott Abrahams und Gott Saras, Gott Isaaks und Gott Rebekkas, Gott Jakobs, Gott Rahels und Gott Leas. Du bist groß und mächtig. Dir gebührt unsere Ehrfurcht. Du bist über alles erhaben. Du vollbringst Wohltaten. Alles hältst du in deiner Hand. Du erinnerst dich an die Frömmigkeit unserer Vorfahren und bringst deshalb liebevoll ihren Enkeln Erlösung um deines Namens willen.

Denke an uns, damit wir leben, Gott, du liebst das Leben! Schreibe uns in das Buch des Lebens um deines Namens willen, lebendiger Gott!

Du wachst über unser Leben und hilfst uns, du bist Rettung und Schild. Gepriesen seist du, Ewiger, unser Gott, Schutzschild Abrahams.

Du wachst über unser Leben und hilfst uns, du bist Rettung und Schild. Gepriesen seist du, Ewiger, unser Gott, Schutzschild Abrahams und Saras.

GOTT IST MÄCHTIG

Du bist die nie erschöpfende Kraft, du schenkst Leben angesichts des Todes. Vielfältig sind deine Wege zu helfen. Die Lebenden ernährst du in Güte. In großem Erbarmen schaffst du Leben angesichts des Todes. Du stützt die Fallenden. Du heilst die Kranken. Du machst die Gebundenen los und hältst die Treue denen, die im Staube schlafen. Wer ist wie du, der solche Kraft hätte, und wer ist dir gleich? – Du, Gott, hast Macht über Tod und Leben, und du lässt Hilfe sprossen.

Wer ist wie du, Quelle aller Barmherzigkeit! In Barmherzigkeit gedenkst du deiner Geschöpfe und schenkst ihnen Leben.

Du bist treu, Leben angesichts des Todes zu schaffen. Gepriesen seist du, Ewiger. Du schenkst Leben angesichts des Todes.

קדושת השם

אַתָּה קָדוֹשׁ וְשִׁמְךָ קָדוֹשׁ וּקְדוֹשִׁים בְּכָל־יוֹם יְהַלְלוּךָ סֶּלָה.

קָדוֹשׁ קָדוֹשׁ קָדוֹשׁ יְיָ צְבָאוֹת. מְלֹא כָל־הָאָרֶץ כְּבוֹדוֹ:

וּבְכֵן תֵּן פַּחְדְּךָ יְיָ אֱלֹהֵינוּ עַל כָּל־מַעֲשֶׂיךָ וְאֵימָתְךָ עַל כָּל־מַה־שֶּׁבָּרָאתָ. וְיִירָאוּךָ כָּל־הַמַּעֲשִׂים וְיִשְׁתַּחֲווּ לְפָנֶיךָ כָּל־הַבְּרוּאִים. וְיֵעָשׂוּ כֻלָּם אֲגֻדָּה אַחַת לַעֲשׂוֹת רְצוֹנְךָ בְּלֵבָב שָׁלֵם. כְּמוֹ שֶׁיָּדַעְנוּ יְיָ אֱלֹהֵינוּ שֶׁהַשִּׁלְטוֹן לְפָנֶיךָ. עֹז בְּיָדְךָ וּגְבוּרָה בִימִינֶךָ וְשִׁמְךָ נוֹרָא עַל כָּל־מַה־שֶּׁבָּרָאתָ:

וּבְכֵן תֵּן כָּבוֹד יְיָ לְעַמֶּךָ תְּהִלָּה לִירֵאֶיךָ וְתִקְוָה לְדוֹרְשֶׁיךָ וּפִתְחוֹן פֶּה לַמְיַחֲלִים לָךְ. שִׂמְחָה לְאַרְצֶךָ וְשָׂשׂוֹן לְעִירֶךָ וּצְמִיחַת קֶרֶן לְדָוִד עַבְדֶּךָ וַעֲרִיכַת נֵר לְבֶן־יִשַׁי מְשִׁיחֶךָ בִּמְהֵרָה בְיָמֵינוּ:

וּבְכֵן צַדִּיקִים יִרְאוּ וְיִשְׂמָחוּ וִישָׁרִים יַעֲלֹזוּ וַחֲסִידִים בְּרִנָּה יָגִילוּ. וְעוֹלָתָה תִּקְפָּץ־פִּיהָ וְכָל־הָרִשְׁעָה כֻּלָּהּ כְּעָשָׁן תִּכְלֶה כִּי תַעֲבִיר מֶמְשֶׁלֶת זָדוֹן מִן הָאָרֶץ:

וְתִמְלֹךְ אַתָּה יְיָ לְבַדֶּךָ עַל כָּל־מַעֲשֶׂיךָ בְּהַר צִיּוֹן מִשְׁכַּן כְּבוֹדֶךָ וּבִירוּשָׁלַיִם עִיר קָדְשֶׁךָ. כַּכָּתוּב בְּדִבְרֵי קָדְשֶׁךָ.

יִמְלֹךְ יְיָ לְעוֹלָם אֱלֹהַיִךְ צִיּוֹן לְדֹר וָדֹר הַלְלוּיָהּ:

קָדוֹשׁ אַתָּה וְנוֹרָא שְׁמֶךָ וְאֵין אֱלוֹהַּ מִבַּלְעָדֶיךָ. כַּכָּתוּב: וַיִּגְבַּהּ יְיָ צְבָאוֹת בַּמִּשְׁפָּט. וְהָאֵל הַקָּדוֹשׁ נִקְדַּשׁ בִּצְדָקָה.

יִמְלֹךְ יְיָ לְעוֹלָם אֱלֹהַיִךְ צִיּוֹן לְדֹר וָדֹר הַלְלוּיָהּ:

GOTT IST HEILIG

Heilig bist du, heilig ist dein Name, Heilige preisen dich Tag für Tag.

Heilig, heilig, heilig ist der Schöpfer aller Kreatur.
Die ganze Welt ist mit Gottes Gegenwart erfüllt. *(Jes 6,3)*

Und so lass nun, Ewiger, unser Gott, die Scheu vor dir über alle deine Werke kommen und ein ehrfürchtiges Bangen vor dir über alles, was du erschaffen hast, damit alle deine Geschöpfe dir Ehrfurcht erweisen und alle Menschen dich in Demut verehren. So werden sie alle eine Gemeinschaft bilden, die deinen Willen von ganzem Herzen erfüllt. Denn wir wissen ja, Ewiger, unser Gott, dass dir die Herrschaft gehört. Deine Hand hat Kraft und deine Rechte hat Macht. Alles, was du geschaffen hast, bezeugt deinen Namen, dem die Ehrfurcht gebührt.

Und so bringe nun dein Volk zu Ehren und alle, die dich fürchten, zu Ruhm. Gib allen, die dich suchen, Hoffnung und allen, die auf dich hoffen, Freimut. Erfülle dein Land mit Freude und deine Stadt mit Jubel. Lass das Werk der Erlösung, das mit deinem Knecht David begann, neu erblühen. Lass das Licht der messianischen Zeit schon in unserer Zeit erstrahlen.

Und so mögen nun die Gerechten dies sehen und sich freuen. Die Aufrichtigen werden fröhlich sein, und die Glaubenden werden jubelnd singen. Dem Unrecht aber wird der Mund gestopft werden, und alles Böse wird wie Rauch vergehen, wenn du die Herrschaft der Bosheit von der Erde verschwinden lässt.

Dann wirst du, Gott, allein über alle deine Werke regieren, über den Berg Zion, den Ort deiner Gegenwart und über Jerusalem, die Stadt deiner Heiligkeit, wie in deinen heiligen Worten geschrieben steht:

Gott herrscht allezeit, dein Gott, Zion, regiert bis in Ewigkeit. Halleluja!
(Ps 146,10)

Heilig bist du; deinem Namen gebührt Ehrfurcht. Es gibt keinen Gott außer dir, wie geschrieben steht: Der Gott aller Geschöpfe ist erhaben im Gericht. Der Gott der Heiligkeit ist geheiligt durch Gerechtigkeit.
(Jes 5,16)

Gepriesen seist du, Ewiger. Du herrschst und du bist heilig.

קדושת היום

אַתָּה בְחַרְתָּנוּ מִכָּל־הָעַמִּים. אָהַבְתָּ אוֹתָנוּ. וְרָצִיתָ בָּנוּ. וְרוֹמַמְתָּנוּ מִכָּל־הַלְּשׁוֹנוֹת. וְקִדַּשְׁתָּנוּ בְּמִצְוֹתֶיךָ. וְקֵרַבְתָּנוּ מַלְכֵּנוּ לַעֲבוֹדָתֶךָ. וְשִׁמְךָ הַגָּדוֹל וְהַקָּדוֹשׁ עָלֵינוּ קָרָאתָ: וַתִּתֶּן לָנוּ יְיָ אֱלֹהֵינוּ בְּאַהֲבָה אֶת־יוֹם (הַמָּנוֹחַ הַזֶּה. וְאֶת־יוֹם) הַכִּפּוּרִים הַזֶּה. אֶת־יוֹם סְלִיחַת הֶעָוֹן הַזֶּה. אֶת־יוֹם מִקְרָא קֹדֶשׁ הַזֶּה. לִמְחִילָה. וְלִסְלִיחָה. וּלְכַפָּרָה. וְלִמְחוֹל בּוֹ אֶת־כָּל־עֲוֹנוֹתֵינוּ. (בְּאַהֲבָה) מִקְרָא קֹדֶשׁ. זֵכֶר לִיצִיאַת מִצְרָיִם:

יעלה ויבא

אֱלֹהֵינוּ וֵאלֹהֵי אֲבוֹתֵינוּ. מְחַל לַעֲוֹנוֹתֵינוּ בְּיוֹם (הַמָּנוֹחַ הַזֶּה וּבְיוֹם) הַכִּפּוּרִים הַזֶּה. מְחֵה וְהַעֲבֵר פְּשָׁעֵינוּ וְחַטֹּאתֵינוּ מִנֶּגֶד עֵינֶיךָ: כָּאָמוּר. אָנֹכִי אָנֹכִי הוּא מֹחֶה פְשָׁעֶיךָ לְמַעֲנִי. וְחַטֹּאתֶיךָ לֹא אֶזְכֹּר: וְנֶאֱמַר. מָחִיתִי כָעָב פְּשָׁעֶיךָ וְכֶעָנָן חַטֹּאתֶיךָ. שׁוּבָה אֵלַי כִּי גְאַלְתִּיךָ: וְנֶאֱמַר. כִּי בַיּוֹם הַזֶּה יְכַפֵּר עֲלֵיכֶם לְטַהֵר אֶתְכֶם. מִכֹּל חַטֹּאתֵיכֶם לִפְנֵי יְיָ תִּטְהָרוּ:

אֱלֹהֵינוּ וֵאלֹהֵי אֲבוֹתֵינוּ יַעֲלֶה וְיָבֹא. יַגִּיעַ וְיֵרָאֶה. זִכְרוֹנֵנוּ וּפִקְדוֹנֵנוּ. וְזִכְרוֹן אֲבוֹתֵינוּ. וְזִכְרוֹן מָשִׁיחַ בֶּן־דָּוִד עַבְדֶּךָ. וְזִכְרוֹן יְרוּשָׁלַיִם עִיר קָדְשֶׁךָ. וְזִכְרוֹן כָּל־עַמְּךָ בֵּית יִשְׂרָאֵל לְפָנֶיךָ לִפְלֵיטָה וּלְטוֹבָה. לְחֵן וּלְחֶסֶד. וּלְרַחֲמִים. בְּיוֹם (הַמָּנוֹחַ הַזֶּה וּבְיוֹם) הַכִּפּוּרִים הַזֶּה. לְרַחֵם בּוֹ עָלֵינוּ וּלְהוֹשִׁיעֵנוּ:

זָכְרֵנוּ יְיָ אֱלֹהֵינוּ בּוֹ לְטוֹבָה. אָמֵן:

וּפָקְדֵנוּ בוֹ לִבְרָכָה. אָמֵן:

וְהוֹשִׁיעֵנוּ בוֹ לְחַיִּים טוֹבִים: אָמֵן:

וּבִדְבַר יְשׁוּעָה וְרַחֲמִים חוּס וְחָנֵּנוּ. כִּי אֵלֶיךָ עֵינֵינוּ. כִּי אֵל מֶלֶךְ חַנּוּן וְרַחוּם אָתָּה:

DER FESTTAG IST HEILIG

Du hast uns aus allen Völkern erwählt. Du hast uns lieb und hast Gefallen an uns. Du hast uns eine besondere Stellung unter allen Völkern gegeben, indem du uns durch deine Gebote geheiligt hast. Du hast uns in deinen Dienst gestellt. Wir sind nach deinem großen und heiligen Namen benannt. Ewiger, unser Gott, du schenkst uns in deiner Liebe (diesen Tag der Ruhe und) diesen Tag der Versöhnung; diesen Tag der Vergebung unserer Verkehrung, diesen Tag heiliger Versammlung zur Verzeihung, Vergebung und Versöhnung, an dem du alle unsere Verkehrungen verzeihst. Er ist eine heilige Versammlung (in Liebe), eine Erinnerung an den Auszug aus Ägypten.

Unser Gott und Gott unserer Vorfahren, (an diesem Tag der Ruhe und) an diesem Tag der Versöhnung verzeih unsere Verkehrungen. Entferne unsere eigensüchtigen Taten und Gedanken und lass unsere Verfehlungen an deinen Augen vorüberziehen, wie es heißt: Ich, ja, ich entferne deine eigensüchtigen Taten und Gedanken um meinetwillen. An deine Verfehlungen will ich nicht mehr denken. *(Jes 43,25)* Und es heißt: Ich lasse deine eigensüchtigen Taten und Gedanken wie eine Wolke vergehen und deine Verfehlungen wie Rauch. Kehre um zu mir, denn ich habe dich erlöst! *(Jes 44,22)* Und es heißt: An diesem Tag wird euch Versöhnung geschaffen, damit ihr rein werdet. Von all euren Verfehlungen vor dem Ewigen werdet ihr rein sein. *(Lev 16,30)*

Unser Gott und Gott unserer Vorfahren, das Gedenken an uns und die Verantwortung für uns, das Gedenken an unsere Vorfahren und an die messianische Zeit, das Gedenken an Jerusalem, die Stadt deiner Heiligkeit, und an die ganze Familie Israels mögen zu dir gelangen und vor dich kommen; sie mögen dich erreichen und wahrgenommen werden. Es geschehe, damit wir deine Rettung und Güte erfahren, damit uns deine Gnade und Liebe zuteil werden. Ewiger, unser Gott, heute, (an diesem Tag der Ruhe und) an diesem Tag der Versöhnung
denke an uns, damit wir Gutes erfahren – Amen.
Schenke uns deinen Segen – Amen.
Hilf uns zu einem guten Leben – Amen.
Du hast uns Hilfe und Erbarmen versprochen, deshalb erbarme dich über uns und zeige uns deine Gnade. Denn auf dich richtet sich unser Blick, du bist die Quelle aller Gnade und allen Erbarmens.

אֱלֹהֵינוּ וֵאלֹהֵי אֲבוֹתֵינוּ. מְלֹךְ עַל כָּל־הָעוֹלָם כֻּלּוֹ בִּכְבוֹדֶךָ. וְהִנָּשֵׂא עַל כָּל־הָאָרֶץ בִּיקָרֶךָ. וְהוֹפַע בַּהֲדַר גְּאוֹן עֻזֶּךָ. עַל כָּל־יוֹשְׁבֵי תֵבֵל אַרְצֶךָ: וְיֵדַע כָּל־פָּעוּל כִּי אַתָּה פְעַלְתּוֹ. וְיָבִין כָּל־יָצוּר כִּי אַתָּה יְצַרְתּוֹ. וְיֹאמַר כָּל־אֲשֶׁר נְשָׁמָה בְּאַפּוֹ. יְיָ אֱלֹהֵי יִשְׂרָאֵל מֶלֶךְ. וּמַלְכוּתוֹ בַּכֹּל מָשָׁלָה:

אֱלֹהֵינוּ וֵאלֹהֵי אֲבוֹתֵינוּ (רְצֵה בִמְנוּחָתֵנוּ) קַדְּשֵׁנוּ בְּמִצְוֹתֶיךָ. וְתֵן חֶלְקֵנוּ בְּתוֹרָתֶךָ. שַׂבְּעֵנוּ מִטּוּבֶךָ. וְשַׂמְּחֵנוּ בִּישׁוּעָתֶךָ. (וְהַנְחִילֵנוּ יְיָ אֱלֹהֵינוּ בְּאַהֲבָה וּבְרָצוֹן שַׁבַּת קָדְשֶׁךָ. וְיָנוּחוּ בָהּ יִשְׂרָאֵל מְקַדְּשֵׁי שְׁמֶךָ.) וְטַהֵר לִבֵּנוּ לְעָבְדְּךָ בֶּאֱמֶת. כִּי אַתָּה אֱלֹהִים אֱמֶת. וּדְבָרְךָ אֱמֶת וְקַיָּם לָעַד. בָּרוּךְ אַתָּה יְיָ. מֶלֶךְ מוֹחֵל וְסוֹלֵחַ לַעֲוֹנוֹתֵינוּ וְלַעֲוֹנוֹת עַמּוֹ בֵּית יִשְׂרָאֵל. וּמַעֲבִיר אַשְׁמוֹתֵינוּ בְּכָל־שָׁנָה וְשָׁנָה. מֶלֶךְ עַל כָּל־הָאָרֶץ מְקַדֵּשׁ (הַשַּׁבָּת וְ)יִשְׂרָאֵל וְיוֹם הַכִּפּוּרִים:

עבודה

רְצֵה יְיָ אֱלֹהֵינוּ בְּעַמְּךָ יִשְׂרָאֵל. וְלִתְפִלָּתָם שְׁעֵה. וּבְרַחֲמֶיךָ הָרַבִּים תַּחְפֹּץ בָּנוּ וְתַשְׁרֶה שְׁכִינָתְךָ עַל צִיּוֹן. וְתֶחֱזֶינָה עֵינֵינוּ בְּשׁוּבְךָ לְצִיּוֹן בְּרַחֲמִים. בָּרוּךְ אַתָּה יְיָ. הַמַּחֲזִיר שְׁכִינָתוֹ לְצִיּוֹן:

הודאה

מוֹדִים אֲנַחְנוּ לָךְ שָׁאַתָּה הוּא יְיָ אֱלֹהֵינוּ וֵאלֹהֵי אֲבוֹתֵינוּ לְעוֹלָם וָעֶד. צוּרֵנוּ צוּר חַיֵּינוּ וּמָגֵן יִשְׁעֵנוּ אַתָּה הוּא לְדוֹר וָדוֹר: נוֹדֶה לְּךָ וּנְסַפֵּר תְּהִלָּתֶךָ עַל חַיֵּינוּ הַמְּסוּרִים בְּיָדֶךָ. וְעַל נִשְׁמוֹתֵינוּ הַפְּקוּדוֹת לָךְ. וְעַל נִסֶּיךָ שֶׁבְּכָל־יוֹם עִמָּנוּ. וְעַל נִפְלְאוֹתֶיךָ וְטוֹבוֹתֶיךָ שֶׁבְּכָל־עֵת עֶרֶב וָבֹקֶר וְצָהֳרָיִם: הַטּוֹב כִּי לֹא כָלוּ רַחֲמֶיךָ. הַמְרַחֵם כִּי לֹא תַמּוּ חֲסָדֶיךָ. כִּי מֵעוֹלָם קִוִּינוּ לָךְ:

Gott und Gott unserer Vorfahren, lass deine Gegenwart die ganze Welt beherrschen. Bringe dein Ansehen in der ganzen Welt zu Ehren. Lass die Größe deiner Kraft deutlich sichtbar werden für alle, die auf der Erde wohnen. Jedes Geschöpf soll wissen, dass du es geschaffen hast, und jede Gestalt soll begreifen, dass du sie gestaltet hast. Alles, was atmet, soll bekennen: Der Ewige, Israels Gott, herrscht. Und Gottes Herrschaft erstreckt sich über alles.

Unser Gott und Gott unserer Vorfahren, (habe Gefallen an unserer Ruhe,) lass unser Leben auf dich ausgerichtet sein und hilf uns, deine Gebote zu beachten. Lass deine Weisung zu unserem eigenen Anliegen werden. Sättige uns mit deiner Güte. Erfreue uns mit deiner Hilfe. (In Liebe und in Wohlgefallen lass uns, Gott, den Schabbat zu eigen machen, und lass an ihm ganz Israel, das dich sucht, zur Ruhe kommen.) Reinige unsere Herzen, dass sie dir in Wahrhaftigkeit dienen. Ja, du bist wahrhaftig Gott. Dein Wort ist wahrhaftig und hat für immer Gültigkeit. Gepriesen seist du, Ewiger, du regierst und du verzeihst. Du vergibst unsere Verkehrungen und die Verkehrungen deines Volkes, der Familie Israels. Jahr für Jahr lässt du unsere Schuld vergehen. Gepriesen seist du, Ewiger; du regierst über die ganze Erde. Du hast (den Schabbat,) dein Volk Israel und diesen Tag der Versöhnung geheiligt.

DANK UND FRIEDENSBITTE

Habe Gefallen an deinem Volk Israel und höre seine Gebete. In großem Erbarmen finde Gefallen an uns und lass deine Gegenwart über Zion ruhen. Lass unsere Augen Ausschau halten nach deiner Rückkehr zum Zion in Erbarmen. Gepriesen seist du, Ewiger. Du lässt deine Gegenwart nach Zion zurückkehren.

Wir danken dir, denn du bist der Ewige, unser Gott und der Gott unserer Vorfahren, seit eh und je. Wir danken dir, denn du bist unser Fels und das Fundament, auf dem unser Leben ruht. Deine Hilfe haben wir zum Schutzschild – Fels und Schutzschild bist du uns seit jeher. Wir loben dich und erzählen von deinem Ruhm. Wir loben dich für unser Leben, das in deine Hand gegeben ist, und für unsere Seele, die dir anvertraut ist; für die Zeichen deiner Gegenwart, die uns täglich umgeben, für die Wunder und Wohltaten zu jeder Zeit, abends, morgens und mittags. Du bist gut, denn dein Erbarmen wird niemals aufhören. Du bist barmherzig, denn deine Gnade wird niemals versiegen. Von jeher hofften wir auf dich!

וְעַל כֻּלָּם יִתְבָּרַךְ וְיִתְרוֹמֵם וְיִתְנַשֵּׂא תָּמִיד שִׁמְךָ מַלְכֵּנוּ לְעוֹלָם וָעֶד: וּכְתוֹב לְחַיִּים טוֹבִים כָּל־בְּנֵי בְרִיתֶךָ: וְכָל־הַחַיִּים יוֹדְוּךָ סֶּלָה. וִיהַלְלוּ וִיבָרְכוּ אֶת־שִׁמְךָ הַגָּדוֹל בֶּאֱמֶת. הָאֵל יְשׁוּעָתֵנוּ וְעֶזְרָתֵנוּ סֶלָה: בָּרוּךְ אַתָּה יְיָ. הַטּוֹב שִׁמְךָ וּלְךָ נָאֶה לְהוֹדוֹת:

ברכת שלום

שָׁלוֹם רָב עַל יִשְׂרָאֵל עַמְּךָ תָּשִׂים לְעוֹלָם. כִּי אַתָּה הוּא מֶלֶךְ אָדוֹן לְכָל־הַשָּׁלוֹם. וְטוֹב בְּעֵינֶיךָ לְבָרֵךְ אֶת־עַמְּךָ יִשְׂרָאֵל בְּכָל־עֵת וּבְכָל־שָׁעָה בִּשְׁלוֹמֶךָ: בְּסֵפֶר חַיִּים נִזָּכֵר וְנִכָּתֵב לְפָנֶיךָ אֲנַחְנוּ וְכָל־עַמְּךָ בֵּית יִשְׂרָאֵל לְחַיִּים טוֹבִים וּלְשָׁלוֹם: בָּרוּךְ אַתָּה יְיָ. הַמְבָרֵךְ אֶת־עַמּוֹ יִשְׂרָאֵל בַּשָּׁלוֹם:

וידוי

Bevor eine Frau geheilt werden kann,
muss sie ihre Krankheit erkennen.
Bevor ein Mensch das Licht finden kann,
muss er um seine eigene Dunkelheit wissen.
Bevor einem Volk vergeben werden kann,
muss es seine Sünden bekennen.
Wir bekennen unsere Sünden und diejenigen anderer Frauen,
denn wir tragen füreinander Verantwortung.
Heile uns, Gott, und geleite uns durch die Dunkelheit zum Licht.

Für all dies preisen wir dich und erheben und rühmen deinen Namen, unser Herrscher, allezeit.

Schreibe uns und alle Kinder deines Bundes für ein gutes Leben ein.

Alles, was lebt, möge dir danken. Und man soll deinen großen Namen loben und preisen in Wahrhaftigkeit. Preisen soll man dich, Gott, unsere Hilfe und unsere Rettung. Gepriesen seist du, Ewiger. „Guter Gott“ – das ist dein Name. Schön ist es, dich zu loben.

Frieden in Fülle verleihe deinem Volk Israel zu jeder Zeit, denn du hast die Macht, du bist der Ursprung des Friedens. Du mögest Freude daran haben, dein Volk Israel mit deinem Frieden zu segnen, zu jeder Zeit und zu jeder Stunde. In das Buch des Lebens mögest du uns und dein ganzes Volk Israel eintragen, damit du an uns denkst und unser Leben erhältst, damit du uns Gutes schenkst und uns Frieden gibst. Gepriesen seist du, Ewiger. Du segnest dein Volk Israel mit Frieden.

WIDUI

Bevor ein Mann geheilt werden kann,
muss er seine Krankheit erkennen.
Bevor ein Mensch das Licht finden kann,
muss er um seine eigene Dunkelheit wissen.
Bevor einem Volk vergeben werden kann,
muss es seine Sünden bekennen.
Wir bekennen unsere Sünden und diejenigen anderer Männer,
denn wir tragen füreinander Verantwortung.
Heile uns, Gott, und geleite uns durch die Dunkelheit zum Licht.

Die folgende Meditation kann laut gelesen werden:

אֲדֹנָי נֶגְדְּךָ כָּל־תַּאֲוָתִי
וְאִם־לֹא אַעֲלֶנָּה עַל־שְׂפָתִי
רְצוֹנְךָ אֶשְׁאֲלָה רֶגַע וְאֶגְוָע
וּמִי־יִתֵּן וְתָבוֹא שֶׁאֱלָתִי
בְּרָחְקִי מִמְּךָ מוֹתִי בְחַיָּי
וְאִם־אֶדְבַּק בְּךָ חַיַּי בְּמוֹתִי
דְּרָכֶיךָ אֲדֹנָי לַמְּדֵנִי
וְשׁוּב מִמַּאֲסַר סִכְלוּת שְׁבוּתִי
וְהוֹרֵנִי בְּעוֹד יֶשׁ־בִּי יְכֹלֶת
לְהִתְעַנּוֹת וְאַל־תִּבְזֶה עֱנוּתִי
וְאֶסַּע אֶל־מְקוֹם נָסְעוּ אֲבוֹתָי
וּבִמְקוֹם תַּחֲנוֹתָם תַּחֲנֹתִי
כְּגֵר תּוֹשָׁב אֲנִי עַל־גַּב אֲדָמָה
וְאוּלָם כִּי בְּבִטְנָהּ נַחֲלָתִי
נְעוּרַי עַד־הֲלוֹם עָשׂוּ לְנַפְשָׁם
וּמָתַי גַּם־אֲנִי אֶעֱשֶׂה לְבֵיתִי
וְהָעוֹלָם אֲשֶׁר נָתַן בְּלִבִּי
מְנָעַנִי לְבַקֵּשׁ אַחֲרִיתִי
וְאֵיכָה אֶעֱבֹד יֹצְרִי בְּעוֹדִי
אֲסִיר יִצְרִי וְעֶבֶד תַּאֲוָתִי
וְאֵיךְ יִיטַב בְּיוֹם טוֹבָה לְבָבִי
וְלֹא אֵדַע הֲיִיטַב מָחֳרָתִי
אֲנִי מִמַּעֲשִׂים שׁוֹלָל וְעָרוֹם

Die folgende Meditation kann laut gelesen werden:

O Gott, nach dir allein steht mein Verlangen,
auch wenns mir von den Lippen nie gegangen.
Lebt' einen Augenblick in deiner Huld ich,
wie gerne würd' ich dann den Tod umfangen,
Beföhle meines Geistes Rest deinen Händen
und schliefe sanft, ein Lächeln um die Wangen.
Von dir entfernt – o Tod in Lebens Bechern!
an dich geschmiegt – o Leben in Tods Zangen!
Jedoch nicht weiß ich, womit ich dir nahn soll
und welcher Dienst, welch' Tun zu dir hindrangen.
Woll deine Wege doch, o Gott, mich lehren,
mich ziehn aus Torheits Banden, die mich zwangen.
Und weise mich, solang noch Kraft zur Buße
in mir, und nicht missacht' mein büßend Bangen,
Eh ich mir selbst zur Last bin, eh sich beugen
dem obern Druck der untern Knochen Spangen
Und ich mich lege wider Willn, und Motte
die Knochen frißt, die lang sich müde schwangen,
Und hin ich zieh', wohin die Väter zogen,
und finde Ruh, wo sie sich Ruhstatt dangen.
Ein Beisaßfremdling auf der Erde Rücken,
in ihrem Bauch werd' ich als Erbherr prangen.
Die jungen Jahre schafften für sich selbst nur –
wann werd' ich stecken meines Zeltes Stangen?
Die Welt gab er ins Herz mir – deren Lüste
in Schlummer, der des Ends vergaß, mich sangen.
Wie kann ich meinem Bildner dienen, wo ich
gebildumstrickt, ein Knecht noch dem Verlangen.
Die morgen Brüder Erdgewürmen – dächt man,
daß heut' sie noch um Ehr' und Würden rangen?
Wie mag mein Herz an Freudentagen froh sein!
vielleicht daß sie schon morgen mir verklangen.
Vereint die Tag' und Nächt' rastlos an dies
mein Fleisch, den Garaus ihm zu machen, sprangen.
In Luft verstreut, in Staub verkehrt' ich – die zwei
sinds, die am Ende ihrem Haß gelangen.
Was sag' ich, den die Triebe hetzten, feindgleich
von Jugend an, bis daß sie mich verschlangen!
Nackt bin ich und bloß ich aller guten Werke –

וְצִדְקָתְךָ לְבַדָּהּ הִיא כְסוּתִי
וְעוֹד מָה אַאֲרִיךְ לָשׁוֹן וְאֶשְׁאַל
אֲדֹנָי נֶגְדְּךָ כָל־תַּאֲוָתִי:

אֱלֹהֵינוּ וֵאלֹהֵי אֲבוֹתֵינוּ תָּבֹא לְפָנֶיךָ תְּפִלָּתֵנוּ. וְאַל תִּתְעַלַּם מִתְּחִנָּתֵנוּ: שֶׁאֵין אֲנַחְנוּ עַזֵּי פָנִים וּקְשֵׁי עֹרֶף לוֹמַר לְפָנֶיךָ יְיָ אֱלֹהֵינוּ וֵאלֹהֵי אֲבוֹתֵינוּ. צַדִּיקִים אֲנַחְנוּ וְלֹא חָטָאנוּ: אֲבָל אֲנַחְנוּ וַאֲבוֹתֵינוּ חָטָאנוּ:

אשמנו
אָשַׁמְנוּ. **בָּ**גַדְנוּ. **גָּ**זַלְנוּ. **דִּ**בַּרְנוּ דֹפִי:
הֶעֱוִינוּ. **וְ**הִרְשַׁעְנוּ. **זַ**דְנוּ. **חָ**מַסְנוּ. **טָ**פַלְנוּ שֶׁקֶר:
יָעַצְנוּ רָע. **כִּ**זַּבְנוּ. **לַ**צְנוּ. **מָ**רַדְנוּ. **נִ**אַצְנוּ:
סָרַרְנוּ. **עָ**וִינוּ. **פָּ**שַׁעְנוּ. **צָ**רַרְנוּ. **קִ**שִּׁינוּ עֹרֶף:
רָשַׁעְנוּ. **שִׁ**חַתְנוּ. **תִּ**עַבְנוּ. **תָּ**עִינוּ. **תִּ**עְתָּעְנוּ:

סַרְנוּ מִמִּצְוֹתֶיךָ וּמִמִּשְׁפָּטֶיךָ הַטּוֹבִים. וְלֹא שָׁוָה לָנוּ: וְאַתָּה צַדִּיק עַל כָּל־הַבָּא עָלֵינוּ. כִּי אֱמֶת עָשִׂיתָ וַאֲנַחְנוּ הִרְשָׁעְנוּ:

מַה־נֹּאמַר לְפָנֶיךָ יוֹשֵׁב מָרוֹם. וּמַה־נְּסַפֵּר לְפָנֶיךָ שׁוֹכֵן שְׁחָקִים. הֲלֹא הַנִּסְתָּרוֹת וְהַנִּגְלוֹת אַתָּה יוֹדֵעַ:
אַתָּה מֵבִין תַּעֲלוּמוֹת לֵב. אֶפֶס לְךָ נִגְלוֹת וְגַם נִסְתָּרוֹת:
אַתָּה יוֹדֵעַ רָזֵי עוֹלָם. וְתַעֲלֻמוֹת סִתְרֵי כָל־חָי:
אַתָּה חוֹפֵשׂ כָּל־חַדְרֵי בָטֶן. רוֹאֶה כְלָיוֹת וָלֵב: אֵין דָּבָר נֶעְלָם מִמֶּךָּ. וְאֵין נִסְתָּר מִנֶּגֶד עֵינֶיךָ:

Dein Recht allein als Mantel mir umhangen.
Was reg' ich noch die Zunge viel, was dräng' ich –
o Gott, nach dir allein steht mein Verlangen.

(Jehuda ha-Levi in der Übersetzung von Franz Rosenzweig;
(Kommentar zu „O Gott nach dir allein" im Glossar.)

UNSER BEKENNTNIS

Unser Gott und Gott unserer Vorfahren, lass unsere Gebete dich erreichen. Sei nicht taub für unsere Bitte um Erbarmen. Denn wir sind nicht so hochmütig und nicht so stur, dass wir in deiner Gegenwart, unser Gott und Gott unserer Vorfahren, behaupten würden, wir seien gerecht und hätten nicht gesündigt. Vielmehr bekennen wir: Wir und unsere Vorfahren haben gesündigt.

Wir waren **A**rrogant, **B**oshaft und **C**harakterlos. Wir haben **D**iebstahl begangen und uns **E**ingeschmeichelt. Wir haben **F**revelhaft gehandelt und **G**etötet. Wir sind **H**artnäckig gewesen und haben andere **I**rregeführt. Wir haben ohne **J**ede Vorsicht über andere geredet und waren **K**altherzig. Wir haben **L**ügen erdichtet, **M**acht missbraucht und die **N**ot anderer übersehen. Wir haben gegen die **O**bhut Gottes rebelliert und uns von **P**restige-Gedanken leiten lassen.Wir haben anderen **Q**ualen zugefügt und **R**atschläge erteilt, die schlecht waren. Wir haben uns **S**chuldig gemacht und sind **T**reulos gewesen. Wir waren Gott **U**ngehorsam und haben uns **V**erfehlt. Wir haben Gottes **W**eisung unbeachtet gelassen und **X**-beliebige eigene Wünsche in sie hineingelesen. Unser Verhalten war **Z**erstörerisch.

(Kommentar zu „Aschamnu" im Glossar.)

Wir sind von deinen Geboten und von deinen guten Satzungen abgewichen. Doch es hat uns nichts genützt. Du aber hast gerecht gehandelt bei all dem, was über uns gekommen ist. Ja, du hast uns Treue erwiesen, wir aber taten Unrecht. *(Neh 9,33)*

Gott, du bist uns so fern – was könnten wir in deiner Gegenwart sagen? Gott, du bist uns so hoch überlegen wie der Himmel über uns – was könnten wir dir erzählen? Doch dir ist alles Geheime und alles Offenkundige bekannt. Du verstehst die verborgenen Sehnsüchte des Herzens. Du lässt dich von Äußerlichkeiten nicht täuschen, und nichts ist vor dir verborgen. Du kennst die Rätsel der Welt! Du weißt um die gehüteten Geheimnisse aller Lebewesen. Du kennst das Innerste des Körpers. Du weißt um die Gefühle und Gedanken. Nichts ist vor dir versteckt, nichts deinem Blick verborgen.

יְהִי רָצוֹן מִלְּפָנֶיךָ יְיָ אֱלֹהֵינוּ וֵאלֹהֵי אֲבוֹתֵינוּ. שֶׁתְּכַפֵּר לָנוּ עַל־כָּל־חַטֹּאתֵינוּ. וְתִמְחַל לָנוּ עַל־כָּל־עֲוֹנוֹתֵינוּ. וְתִסְלַח לָנוּ עַל־כָּל־פְּשָׁעֵינוּ:

Hier kann die folgende Form des Sündenbekenntnisses oder die Form, die auf der gegenüberliegenden Seite abgedruckt ist, gebetet werden:

PERSÖNLICHES BEKENNTNIS

Die Sünde, die wir gegen dich taten, als wir uns zurückgezogen haben und ausgewichen sind, weil wir der Wahrheit nicht ins Gesicht sehen konnten;
die Heuchelei und der Betrug, in die wir geflüchtet sind, weil wir nicht den Mut hatten, die Wahrheit zu sagen;
die vorgetäuschten und beschönigten Tatsachen und unsere Entschuldigungen:

וְעַל כֻּלָּם אֱלוֹהַּ סְלִיחוֹת סְלַח לָנוּ. מְחַל לָנוּ. כַּפֶּר־לָנוּ:

Wo wir unseren Körper ernährt haben und unsere Seele hungern ließen;
wo wir uns an den Seelen anderer vergangen und ihre Bedürfnisse nicht beachtet haben;
wo wir vor Verantwortung ausgewichen sind, uns Vorwürfe gemacht und uns gegenseitig die Schuld zugeschoben haben:

וְעַל כֻּלָּם אֱלוֹהַּ סְלִיחוֹת סְלַח לָנוּ. מְחַל לָנוּ. כַּפֶּר־לָנוּ:

Unsere Dummheiten, unsere albernen und falschen Normen;
unsere Fähigkeit, diese Dinge nur bei anderen zu entdecken, nie bei uns selbst;
unsere Selbstzufriedenheit, die uns blind macht, unsere Selbstgerechtigkeit, die uns entwürdigt:

וְעַל כֻּלָּם אֱלוֹהַּ סְלִיחוֹת סְלַח לָנוּ. מְחַל לָנוּ. כַּפֶּר־לָנוּ:

Wo wir Freundlichkeit berechnet und Mitleid bemessen haben;
wo unsere Nächstenliebe kalt war und unsere Gebete ohne Gefühl;
wo wir unsere Liebe in Rechnung gestellt haben:

וְעַל כֻּלָּם אֱלוֹהַּ סְלִיחוֹת סְלַח לָנוּ. מְחַל לָנוּ. כַּפֶּר־לָנוּ:

Ewiger, unser Gott und Gott unserer Vorfahren,
gib uns Versöhnung für all unsere Verfehlungen.
Verzeih uns all unsere Verkehrungen.
Vergib uns all unsere eigensüchtigen Taten und Gedanken.

Hier kann die folgende Form des Sündenbekenntnisses oder die Form, die auf der gegenüberliegenden Seite abgedruckt ist, gebetet werden:

ALLGEMEINES BEKENNTNIS

Unser Gott und Gott aller Geschöpfe, wir haben mehr Schaden verursacht, als wir in Erinnerung haben. Wir haben mehr Menschen verletzt, als uns bewusst ist – durch das, was wir getan und durch das, was wir zu tun versäumt haben. Wir wagen es nicht, die Wirkungen unserer Sünde zu sehen. Wegen deiner großen Barmherzigkeit, die auch all diesen Dingen gilt, bitten wir dich um Verzeihung und Vergebung.

Wir bitten dich um Vergebung, nicht nur für die großen Sünden, sondern auch für die kleinen. Beide sind ein Teil unseres Lebens, und du allein weißt, was groß ist und was klein.

Wo wir deiner Stimme in uns nicht zugehört haben;
wo wir die Bedürfnisse unserer Seele vernachlässigt haben;
wo wir die Welt zu Gott gemacht haben:
Vergib uns, verzeih uns, gib uns Versöhnung.

Wo wir uns selbst nicht gerecht geworden sind;
wo wir unser Geld gegeben haben, aber nicht uns selbst;
wo wir mit Achselzucken reagiert haben:
Vergib uns, verzeih uns, gib uns Versöhnung.

Wo wir die Verantwortung auf andere abgeschoben haben;
wo wir andere für unsere eigenen Zwecke missbraucht haben;
wo wir Verantwortung nicht übernommen haben:
Vergib uns, verzeih uns, gib uns Versöhnung.

Wo wir Groll und Beleidigungen gehortet haben;
wo wir nicht loslassen konnten;
wo wir die Hoffnung aufgegeben haben:
Vergib uns, verzeih uns, gib uns Versöhnung.

Wo wir Gott nach unserem eigenen Bild geformt haben;
wo wir heuchlerisch und selbstgerecht gewesen sind;
wo wir Heiliges profanisiert haben:
Vergib uns, verzeih uns, gib uns Versöhnung.

die Appelle, die wir überhört, und die Menschen, die wir abgelehnt haben;
die gestorbene Zuneigung und die bitter gewordene Liebe;
die verblassten Visionen, die vernachlässigten Ideale, die versäumten Gelegenheiten:

וְעַל כֻּלָּם אֱלוֹהַּ סְלִיחוֹת סְלַח לָנוּ. מְחַל לָנוּ. כַּפֶּר־לָנוּ:

Wo wir Angst vor Veränderungen und Erneuerungen hatten und nicht geglaubt haben:
wo wir Gebete laut gesagt haben, aber nicht bereit waren, hinzuhören:
dass wir selbst unser eigener, größter Feind sind:

וְעַל כֻּלָּם אֱלוֹהַּ סְלִיחוֹת סְלַח לָנוּ. מְחַל לָנוּ. כַּפֶּר־לָנוּ:

יְיָ אֱלֹהַי וֵאלֹהֵי אֲבוֹתַי. הִנֵּה אֲנִי לְפָנֶיךָ כִּכְלִי מָלֵא בוּשָׁה וּכְלִימָה. הוֹרֵנִי יְיָ אֱלֹהִים מֶלֶךְ רַחוּם וְחַנּוּן לָכֹף־אֶת יִצְרִי לְהִשְׁתַּעְבֵּד לָךְ שֶׁלֹּא אֶחֱטָא. וּמַה שֶּׁחָטָאתִי לְפָנֶיךָ מְחֹק בְּרַחֲמֶיךָ הָרַבִּים. אֲבָל לֹא עַל יְדֵי יִסּוּרִים רָעִים:

אֱלֹהַי נְצוֹר לְשׁוֹנִי מֵרָע. וּשְׂפָתוֹתַי מִדַּבֵּר מִרְמָה. וְלִמְקַלְלַי נַפְשִׁי תִדּוֹם. וְנַפְשִׁי כֶּעָפָר לַכֹּל תִּהְיֶה: פְּתַח לִבִּי בְּתוֹרָתֶךָ. וְאַחֲרֵי מִצְוֹתֶיךָ תִּרְדּוֹף נַפְשִׁי. וְכָל־הַקָּמִים עָלַי לְרָעָה מְהֵרָה הָפֵר עֲצָתָם וְקַלְקֵל מַחְשְׁבוֹתָם: יִהְיוּ לְרָצוֹן אִמְרֵי־פִי. וְהֶגְיוֹן לִבִּי לְפָנֶיךָ. יְהוָֹה צוּרִי וְגֹאֲלִי:

עֹשֶׂה שָׁלוֹם בִּמְרוֹמָיו הוּא יַעֲשֶׂה שָׁלוֹם עָלֵינוּ וְעַל־כָּל־יִשְׂרָאֵל. וְאִמְרוּ אָמֵן:

Wo wir nicht erwachsen geworden sind;
wo wir nur an dieses Leben geglaubt haben;
wo wir die Ewigkeit vergessen haben:
Vergib uns, verzeih uns, gib uns Versöhnung.

Ewiger, unser Gott und Gott unserer Vorfahren,
gib uns Versöhnung für all unsere Verfehlungen.
Verzeih uns all unsere Verkehrungen.
Vergib uns all unsere eigensüchtigen Taten und Gedanken.

Ewiger, mein Gott, und Gott meiner Vorfahren, ich bin ein Gefäß voller Schmach und Schande. Gott, du regierst in Gnade und Barmherzigkeit, lehre mich, meinen Trieb zu bezwingen; lehre mich, dir zu dienen, damit ich nicht sündige. In deinem großen Erbarmen tilge aus, wo ich mich gegen dich verfehlt habe, aber tilge es nicht durch Leid und schlimme Krankheiten. *(bJoma 87b)*

MEDITATION

Mein Gott, bewahre meine Zunge vor böser Rede und meine Lippen vor Lüge. Denen gegenüber, die mir Böses wollen, lass mich angemessen reagieren, und meine Seele möge gelassen bleiben, was auch geschieht. Mache mich bereit für deine Weisung. Nach deinen Geboten will ich leben. Eilig aber zerbrich die Pläne derer, die Böses gegen mich ersinnen, und vernichte ihre Gedanken. „Die Worte meines Mundes und meine Gedanken mögen dir angenehm sein, Ewiger, mein Fels und mein Heil" *(Ps 19,15)* *(bBer 17a)*

Gott schafft Frieden in der Höhe.
Möge Gott uns und ganz Israel Frieden geben.
Darauf sprecht: Amen.

SELICHOT FÜR KOL NIDRE

Wir beten nun die Selichot, die Gedichte über die Vergebung, die Lieder des Flehens, die Bitten unserer Vorfahren. Mögen die Gedanken unserer Herzen den Worten entsprechen, die laut über unsere Lippen kommen.

DIE BEGEGNUNG MIT GOTT

In jedem Augenblick unseres Lebens werden wir beurteilt nach dem, was wir getan haben und nach dem, was wir nicht getan haben. Dies ist das Urteil der Wahrheit, vor dem wir fliehen. Wir ersetzen es durch unser eigenes Urteil, das nur halbwahr ist, oder durch das Urteil der Welt, das wertlos ist.

Wenn wir für unsere Seele sorgen und die Ewigkeit suchen, dann ist es nun Zeit für dieses Urteil der Wahrheit, das wir beiseite geschoben haben. Ohne dieses Urteil können wir nicht weitergehen. Wenn wir es ablehnen, können wir nicht reifen. Heute können wir uns unserem Schicksal und seinen Anforderungen stellen. Wir finden Unterstützung durch die Gemeinde Israels und Begleitung durch die Bekenntnisse der Menschen neben uns und durch die Erinnerungen an die Ehrlichen und Aufrechten der Vergangenheit.

Ein ganzes Leben zu leben oder ein Jahrhundert an Jahren trägt nichts dazu bei, dass wir zur Ewigkeit finden. Denn Zeit allein erleuchtet uns nicht. Ein einziger Tag der Einsicht aber kann uns näherbringen zu dem ewigen Leben, das wir suchen.

Gott, du hast uns heute unsere Chance gegeben. Lass sie uns nun nutzen, denn „wenn nicht jetzt, wann dann?" *(Sprüche der Väter 1,14)*

יַעֲלֶה תַּחֲנוּנֵנוּ מֵעֶרֶב.
וְיָבֹא שַׁוְעָתֵנוּ מִבֹּקֶר.
וְיֵרָאֶה רִנּוּנֵנוּ עַד עָרֶב:
יַעֲלֶה קוֹלֵנוּ מֵעֶרֶב.
וְיָבֹא צְדָקָתֵנוּ מִבֹּקֶר.
וְיֵרָאֶה פִּדְיוֹנֵנוּ עַד עָרֶב:
יַעֲלֶה עִנּוּיֵנוּ מֵעֶרֶב.
וְיָבֹא סְלִיחָתֵנוּ מִבֹּקֶר.
וְיֵרָאֶה נַאֲקָתֵנוּ עַד עָרֶב:

SELICHOT FÜR KOL NIDRE

Wir beten nun die Selichot, die Gedichte über die Vergebung, die Lieder des Flehens, die Bitten unserer Vorfahren. Mögen die Gedanken unserer Herzen den Worten entsprechen, die laut über unsere Lippen kommen.

DIE BEGEGNUNG MIT GOTT

In jedem Augenblick unseres Lebens werden wir beurteilt nach dem, was wir getan haben und nach dem, was wir nicht getan haben. Dies ist das Urteil der Wahrheit, vor dem wir fliehen. Wir ersetzen es durch unser eigenes Urteil, das nur halbwahr ist, oder durch das Urteil der Welt, das wertlos ist.

Wenn wir für unsere Seele sorgen und die Ewigkeit suchen, dann ist es nun Zeit für dieses Urteil der Wahrheit, das wir beiseite geschoben haben. Ohne dieses Urteil können wir nicht weitergehen. Wenn wir es ablehnen, können wir nicht reifen. Heute können wir uns unserem Schicksal und seinen Anforderungen stellen. Wir finden Unterstützung durch die Gemeinde Israels und Begleitung durch die Bekenntnisse der Menschen neben uns und durch die Erinnerungen an die Ehrlichen und Aufrechten der Vergangenheit.

Ein ganzes Leben zu leben oder ein Jahrhundert an Jahren trägt nichts dazu bei, dass wir zur Ewigkeit finden. Denn Zeit allein erleuchtet uns nicht. Ein einziger Tag der Einsicht aber kann uns näherbringen zu dem ewigen Leben, das wir suchen.

Gott, du hast uns heute unsere Chance gegeben. Lass sie uns nun nutzen, denn „wenn nicht jetzt, wann dann?“ *(Sprüche der Väter 1,14)*

Am Abend möge unsere **Z**uversicht zu dir gelangen,
am Morgen möge unsere **W**ohltätigkeit vor dich kommen,
bis zum Abend möge unsere **V**ersühnung gesehen werden.

Am Abend mögen **U**nsere Vergebungsbitten zu dir gelangen,
am Morgen möge der **T**on uns're Stimmen vor dich kommen,
bis zum Abend möge unser **S**ingen gehört werden.

Am Abend möge unsere **R**einheit zu dir gelangen,
am Morgen mögen unsere **Q**ualen vor dich kommen,
bis zum Abend möge unser **P**ochen an deine Tore gehört werden.

יַעֲלֶה	מְנוּסֵנוּ	מֵעֶרֶב.	
וְיָבֹא	לְמַעֲנֵנוּ	מִבֹּקֶר.	
וְיֵרָאֶה	כִּפּוּרֵנוּ	עַד	עָרֶב:
יַעֲלֶה	יִשְׁעֵנוּ	מֵעֶרֶב.	
וְיָבֹא	טָהֳרֵנוּ	מִבֹּקֶר.	
וְיֵרָאֶה	חִנּוּנֵנוּ	עַד	עָרֶב:
יַעֲלֶה	זִכְרוֹנֵנוּ	מֵעֶרֶב.	
וְיָבֹא	וִעוּדֵנוּ	מִבֹּקֶר.	
וְיֵרָאֶה	הַדְרָתֵנוּ	עַד	עָרֶב:
יַעֲלֶה	דְּפִקֵנוּ	מֵעֶרֶב.	
וְיָבֹא	גִּילֵנוּ	מִבֹּקֶר.	
וְיֵרָאֶה	בַּקָּשָׁתֵנוּ	עַד	עָרֶב:
יַעֲלֶה	אֶנְקָתֵנוּ	מֵעֶרֶב.	
וְיָבֹא	אֵלֶיךָ	מִבֹּקֶר.	
וְיֵרָאֶה	אֵלֵינוּ	עַד	עָרֶב:

DIE SUCHE NACH GOTT IN UNSEREM LEBEN

בַּמָּה אֲקַדֵּם יְהוָה אִכַּף לֵאלֹהֵי־מָרוֹם:
הִנֵּה־בָאתִי בִּמְגִלַּת־סֵפֶר כָּתוּב עָלָי:

Wir bringen dir unsere Fragen, die unseren Glauben untergraben. Wir sind Glaubende im Verborgenen, die sich selbst zum Trotz glauben. Hilf uns, dich wieder zu finden.

Der folgende Abschnitt oder der Abschnitt auf der gegenüberliegenden Seite:

GOTTES ABWESENHEIT

Gott zu begegnen kann recht einfach sein. – Wenn es nicht einfach ist, wenn keine Stimme in unsere Stille spricht, wenn keine Hand zu uns ausgestreckt wird, die wir vertrauensvoll fassen könnten, dann sollten wir uns die folgenden Fragen stellen, denn das Problem könnte an uns selbst liegen:

Am Abend möge unser **O**pfer zu dir gelangen,
am Morgen mögen unsere **N**öte vor dich kommen,
bis zum Abend mögen unsere **M**ühen gesehen werden.

Am Abend möge unser **L**ösegeld zu dir gelangen,
am Morgen möge unser **K**lagen vor dich kommen,
bis zum Abend möge unser **J**ubel gehört werden.

Am Abend möge unser **H**ilferuf zu dir gelangen,
am Morgen möge unsere **G**emeinschaft vor dich kommen,
bis zum Abend möge unser **F**lehen gehört werden.

Am Abend möge **E**s zu dir gelangen,
am Morgen möge es um **D**einer selbst willen vor dich kommen,
bis zum Abend möge unsere Bitten um eine
neue **C**hance … gesehen werden.

Am Abend möge unsere **B**itten um Gnade zu dir gelangen,
am Morgen mögen unsere **B**itten vor dich kommen,
bis zum Abend möge unser **A**ndenken wahrgenommen werden.

(Kommentar zu „Ja'ale tachanunenu" im Glossar.)

DIE SUCHE NACH GOTT IN UNSEREM LEBEN

Womit soll ich in Gottes Gegenwart kommen, was soll ich Gott in der Höhe bringen, wenn ich mich vor ihm verbeuge?

(Micha 6,6)

Nun spreche ich:
Da komme ich mit der Rolle eines Buchs,
auf mir ists geschrieben. *(Ps 40,8 B/R)*

Wir bringen dir unsere Fragen, die unseren Glauben untergraben. Wir sind Glaubende im Verborgenen, die sich selbst zum Trotz glauben. Hilf uns, dich wieder zu finden.

Der folgende Abschnitt oder der Abschnitt auf der gegenüberliegenden Seite:

GOTTES GEGENWART

Zweifellos ist es für einen glaubenden Menschen sehr leicht, seinen Glauben völlig zu vergessen und sogar mehrere Jahre lang völlig ohne einen Gedanken an Gott zu leben: Sei es, dass dieser Mensch zu glücklich ist oder zu sehr in seinem Glück aufgeht, als dass er einen Nutzen in Gott finden könnte, oder sei es, dass dieser Mensch durch sein Leiden so

Vielleicht kann Gott nicht Gott selbst sein, weil wir Gott gegenüber nicht wir selbst sind, nicht unser wahres Selbst. Vielleicht haben wir nicht so zu Gott gebetet, wie wir wirklich sind, sondern so, wie wir meinten, dass wir sein sollten, oder so, wie es andere von uns verlangen, oder so, wie wir dachten, dass Gott es von uns erwarten würde. Dieses letzte ist am schwierigsten zu entdecken, denn es birgt eine Verwechslung oder eine Gotteslästerung.

Vielleicht begegnet Gott uns, aber wir erkennen Gott nicht. Gott kann zu uns in einer zufälligen Bemerkung sprechen, die wir überhören, durch einen nebensächlichen Gedanken in unserem Bewusstsein, durch ein Wort des Gebetbuchs, das in uns nachklingt. Vielleicht ist ein Nebeneingang der einzige Weg, den wir Gott offengelassen haben. Die anderen haben wir gut verteidigt oder verrammelt, so dass Gott sich in uns hineinstehlen muss wie ein Dieb in der Nacht.

Vielleicht gefällt es uns nicht, was Gott sagt, aber wir fürchten uns, uns dies einzugestehen. Lieber tun wir so, als wären wir Gott niemals begegnet, und wir können Gott in der Tat nicht begegnen, weil Gott ja nur eine Idee ist. Gott aus dem Weg zu gehen ist eine natürliche Reaktion, denn in Gottes Augen kann unser Erfolg ein Scheitern sein und unsere ehrgeizigen Ziele nur Staub.

Vielleicht sind wir zufrieden mit unserem Leben und haben gar kein Interesse daran, Gott zu begegnen. So singen wir unsere Gebete und unsere Hymnen, um die wenigen Augenblicke der Stille zu verhindern, denn Gott könnte in der Stille reden.

Vielleicht haben wir es nicht zugelassen, dass Gott über uns urteilt, weil wir unser Urteil über Gott bereits gefällt haben und dem Wort Gottes zuvorgekommen sind. Gott könnte uns mehr lieben, als wir ahnen; Gott könnte uns besser kennen, als wir uns selbst kennen. Gott könnte uns immer noch überraschen.

Vielleicht haben wir Angst vor dem, wohin Gott uns führen könnte. Gott könnte uns aus unser Heimat herausführen. Gott könnte uns in die Wüste führen. Gott könnte uns 40 Jahre lang darin wandern lassen und von uns verlangen, dass wir unsere Sicherheit in etwas finden, das für uns nicht greifbar ist. Wird Gott uns den Mut geben, der so groß ist wie unsere Bedürfnisse, wenn wir beten?

Gott zu begegnen kann recht einfach sein, aber nichts wird geschehen, wenn wir es nicht wollen. Wenn wir Gott suchen, kann Gott gefunden werden. Gott wird es zulassen, dass wir Gott finden, wenn wir Gott mit all unserer Kraft suchen.

(Lionel Blue)

hilflos ist, dass er keine Beschimpfungen oder Klagen mehr an Gott richten kann, sondern das Schweigen vorzieht. Mit Gott zu reden würde bedeuten, dass er auch zu sich selbst reden müsste, aber er spricht nicht mehr zu sich selbst. Ein solcher Mensch fühlt sich wie aus Stein. Manchmal erinnert er sich verwirrt, dass Gott mit Steinen nichts zu tun hat. …

Es gibt Zeiten, in denen er sich voller Ärger an Gott wenden könnte, und dies sind die einzigen Zeiten, in denen Worte in ihm hochkommen, die er Gott sagen könnte. Er möchte Gott strafen, wie man einen Menschen ins Gesicht schlägt, einen Menschen, dessen Verhalten sinnlos, unverständlich und absurd scheint und voller unwiderruflicher Fehler. Er sieht sich und sein Leben umgeben von Fehlern und Unglück; er sieht sich selbst und die Menschen, die er kennt, in hoffnungslosen Situationen zappeln. …

Und dennoch, wenn er an diese Momente zurückdenkt, dann ist er sich nicht völlig sicher, ob Gott Missfallen an ihnen hatte. Andere Augenblicke müssen Gott um einiges mehr missfallen haben. Zum Beispiel, als er sich feige für Handlungen hingab, die schwach und unehrenhaft waren; als er einem Menschen undankbar war, dem er sehr viel verdankte; als er mit eitlen oder zynischen Ideen spielte; als er gleichgültig war oder unkonzentriert zu jemandem, der ihn um Hilfe gebeten hatte oder als er Hilfe versprochen hatte, aber dann nichts dergleichen tat. …

Wenn diese Person auf ihren Zornausbruch zurückblickt, kann sie plötzlich etwas Komisches darin finden. Und wenn dies geschieht, dann lacht sie über sich selbst. Wie jedesmal, wenn sie herzhaft über sich selbst lacht, spürt sie, ganz tief im Innern ihrer Seele, zitternd und schwebend, etwas, das nach einem Moment schon wieder verschwunden ist, und dabei handelt es sich vielleicht um Gott.

(Natalia Ginzburg)

רַחוּם וְחַנּוּן.

חָטָֽאנוּ לְפָנֶֽיךָ רַחֵם עָלֵֽינוּ:

אָֽדוֹן הַסְּלִיחוֹת.
בּוֹחֵן לְבָבוֹת.
גּוֹלֶה עֲמוּקוֹת.
דּוֹבֵר צְדָקוֹת.

חָטָֽאנוּ לְפָנֶֽיךָ רַחֵם עָלֵֽינוּ:

הָדוּר בְּנִפְלָאוֹת.
וָֽתִיק בְּנֶחָמוֹת.
זוֹכֵר בְּרִית אָבוֹת.
חוֹקֵר כְּלָיוֹת.

חָטָֽאנוּ לְפָנֶֽיךָ רַחֵם עָלֵֽינוּ:

טוֹב וּמֵטִיב לַבְּרִיּוֹת.
יוֹדֵֽעַ כָּל־נִסְתָּרוֹת.
כּוֹבֵשׁ עֲוֹנוֹת.
לוֹבֵשׁ צְדָקוֹת.

חָטָֽאנוּ לְפָנֶֽיךָ רַחֵם עָלֵֽינוּ:

מָלֵא זַכִּיּוֹת.
נוֹרָא תְהִלּוֹת.
סוֹלֵֽחַ עֲוֹנוֹת.
עוֹנֶה בְּצָרוֹת.

חָטָֽאנוּ לְפָנֶֽיךָ רַחֵם עָלֵֽינוּ:

פּוֹעֵל יְשׁוּעוֹת.
צוֹפֶה עֲתִידוֹת.
קוֹרֵא הַדּוֹרוֹת.
רוֹכֵב עֲרָבוֹת.
שׁוֹמֵֽעַ תְּפִלּוֹת.
תְּמִים דֵּעוֹת.

חָטָֽאנוּ לְפָנֶֽיךָ רַחֵם עָלֵֽינוּ:

Gott, du bist barmherzig und gnädig.
Wir haben uns vor dir verfehlt. Sei barmherzig mit uns.

Gott **a**ller Vergebung,
du **b**ringst Hilfe.
Du bist gut und erweist deinen **C**reaturen Gutes;
du sprichst, was gerecht ist.

Wir haben uns vor dir verfehlt. Sei barmherzig mit uns.

Du **e**rhörst uns in Zeiten der Not.
Du bist **f**ehlerlos.
Du **g**edenkst des Bundes mit den Vorfahren.
Du **h**örst Gebet.

Wir haben uns vor dir verfehlt. Sei barmherzig mit uns.

Du bist **i**n Gerechtigkeit gekleidet.
Du **k**ennst die Beweggründe unserer Taten.
Du wirst in **L**obliedern gewürdigt.
Du hast **M**acht über die Natur.

Wir haben uns vor dir verfehlt. Sei barmherzig mit uns.

Nicht erforschbar ist dein Wissen.
Du **o**ffenbarst die Tiefen.
Du **p**rüfst die Herzen.
Du **r**ufst die Generationen.

Wir haben uns vor dir verfehlt. Sei barmherzig mit uns.

Du **s**iehst die Zukunft.
Du bist geschmückt mit deinen großen **T**aten
und mit deinen Wundern.
Du **v**ergibst Verkehrung.
Du **w**eißt alles Verborgene.
Du **z**ertrittst die Schuld.

Wir haben uns vor dir verfehlt. Sei barmherzig mit uns.

(Kommentar zu „Adon ha-selichot" im Glossar.)

DIE SUCHE NACH GOTT IN UNSERER TRADITION

בַּמָּה אֲקַדֵּם יְהוָֹה אִכַּף לֵאלֹהֵי־מָרוֹם:

קְחוּ עִמָּכֶם דְּבָרִים וְשׁוּבוּ אֶל־יְהוָֹה:
אִמְרוּ אֵלָיו
כָּל־תִּשָּׂא עָוֹן וְקַח־טוֹב:

DIE VERHEISSUNG

Wenn wir uns fern von Gott fühlen, dann erinnern wir uns an das, was wir vor langer Zeit einander bedeutet haben. Erinnere dich an die Versprechen in der Vergangenheit und lass uns dich heute wieder neu finden.

זְכֹר לָנוּ בְּרִית אָבוֹת כַּאֲשֶׁר אָמַרְתָּ.
וְזָכַרְתִּי אֶת־בְּרִיתִי־יַעֲקֹב. וְאַף אֶת־בְּרִיתִי־יִצְחָק.
וְאַף אֶת־בְּרִיתִי אַבְרָהָם אֶזְכֹּר וְהָאָרֶץ אֶזְכֹּר:

זְכֹר לָנוּ בְּרִית רִאשׁוֹנִים כַּאֲשֶׁר אָמַרְתָּ.
וְזָכַרְתִּי לָהֶם בְּרִית רִאשׁוֹנִים אֲשֶׁר הוֹצֵאתִי אוֹתָם
מֵאֶרֶץ מִצְרַיִם לְעֵינֵי הַגּוֹיִם לִהְיוֹת לָהֶם לֵאלֹהִים. אֲנִי יְיָ:

רַחֵם עָלֵינוּ וְעַל תַּשְׁחִיתֵנוּ. כְּמָה שֶׁכָּתוּב.
כִּי אֵל רַחוּם יְיָ אֱלֹהֶיךָ לֹא יַרְפְּךָ וְלֹא יַשְׁחִיתֶךָ.
וְלֹא יִשְׁכַּח אֶת־בְּרִית אֲבֹתֶיךָ אֲשֶׁר נִשְׁבַּע לָהֶם:

מֹל אֶת־לְבָבֵנוּ לְאַהֲבָה וּלְיִרְאָה אֶת־שְׁמֶךָ. כְּמָה שֶׁכָּתוּב.
וּמָל יְיָ אֱלֹהֶיךָ אֶת־לְבָבְךָ וְאֶת־לְבַב זַרְעֶךָ. לְאַהֲבָה
אֶת־יְיָ אֱלֹהֶיךָ בְּכָל־לְבָבְךָ וּבְכָל־נַפְשְׁךָ לְמַעַן חַיֶּיךָ:

DIE SUCHE NACH GOTT IN UNSERER TRADITION

Womit soll ich in Gottes Gegenwart kommen, was soll ich Gott in der Höhe bringen, wenn ich mich vor ihm verbeuge?

(Micha 6,6)

Nehmt Worte mit euch
und kehret um zu Gott.
Sprechet zu Gott:
Alles an Fehl trage davon
und ein Gutes nimm an. *(Hos 14,3)*

DIE VERHEISSUNG

Wenn wir uns fern von Gott fühlen, dann erinnern wir uns an das, was wir vor langer Zeit einander bedeutet haben. Erinnere dich an die Versprechen in der Vergangenheit und lass uns dich heute wieder neu finden.

Erinnere dich um unseretwillen an den Bund mit unseren Vorfahren, wie du gesagt hast:

> Ich will mich an meinen Bund mit Jakob erinnern, an meinen Bund mit Isaak, an meinen Bund mit Abraham und an das Land. *(Lev 26,42)*

Erinnere dich um unseretwillen an den Bund mit den früheren Generationen, wie du gesagt hast:

> Ich will mich um ihretwillen an den Bund mit den früheren Generationen erinnern, die ich aus dem Land Ägypten herausgeführt habe vor den Augen der Völker, um mich ihnen als ihr Gott zu erweisen, ich, der Ewige. *(Lev 26,45)*

Erbarme dich über uns und vernichte uns nicht, wie geschrieben ist:

> Denn der Ewige, dein Gott, ist ein Gott der Barmherzigkeit. Gott verlässt dich nicht und vernichtet dich nicht. Gott vergisst den Bund nicht, den er deinen Vorfahren geschworen hat. *(Dtn 4,31)*

Beschneide unsere Herzen mit Liebe und Ehrfurcht vor deinem Namen, wie geschrieben ist:

> Der Ewige, dein Gott, wird dein Herz und das Herz deiner Nachkommen beschneiden. Dann wirst du den Ewigen, deinen Gott, von ganzem Herzen und von ganzer Seele lieben können, damit du lebst. *(Dtn 30,6)*

הַמָּצֵא לָנוּ בְּבַקָּשָׁתֵנוּ. כְּמָה שֶׁכָּתוּב.
וּבִקַּשְׁתֶּם מִשָּׁם אֶת־יְיָ אֱלֹהֶיךָ וּמָצָאתָ. כִּי תִדְרְשֶׁנּוּ
בְּכָל־לְבָבְךָ וּבְכָל־נַפְשֶׁךָ:

מְחֵה פְשָׁעֵינוּ לְמַעַנְךָ כַּאֲשֶׁר אָמַרְתָּ.
אָנֹכִי אָנֹכִי הוּא מֹחֶה פְשָׁעֶיךָ לְמַעֲנִי.
וְחַטֹּאתֶיךָ לֹא אֶזְכֹּר:

מְחֵה פְשָׁעֵינוּ כָּעָב וְכֶעָנָן כַּאֲשֶׁר אָמַרְתָּ.
מָחִיתִי כָעָב פְּשָׁעֶיךָ וְכֶעָנָן חַטֹּאתֶיךָ.
שׁוּבָה אֵלַי כִּי גְאַלְתִּיךָ:

זְרֹק עָלֵינוּ מַיִם טְהוֹרִים וְטַהֲרֵנוּ. כְּמָה שֶׁכָּתוּב.
וְזָרַקְתִּי עֲלֵיכֶם מַיִם טְהוֹרִים וּטְהַרְתֶּם.
מִכֹּל טֻמְאוֹתֵיכֶם וּמִכָּל־גִּלּוּלֵיכֶם אֲטַהֵר אֶתְכֶם:

כַּפֵּר חֲטָאֵינוּ בַּיּוֹם הַזֶּה וְטַהֲרֵנוּ. כְּמָה שֶׁכָּתוּב.
כִּי בַיּוֹם הַזֶּה יְכַפֵּר עֲלֵיכֶם לְטַהֵר אֶתְכֶם.
מִכֹּל חַטֹּאתֵיכֶם לִפְנֵי יְיָ תִּטְהָרוּ:

DIE SUCHE NACH GOTT IN UNSERER SEELE

בַּמָּה אֲקַדֵּם יְהוָה אִכַּף לֵאלֹהֵי־מָרוֹם:

אֶזְכְּרָה נְגִינָתִי בַּלָּיְלָה עִם־לְבָבִי אָשִׂיחָה
וַיְחַפֵּשׂ רוּחִי:

DIE TRADITION

Wir singen die Lieder unserer Tradition, die Hymnen und Preisungen, die uns überliefert worden sind bis zum heutigen Tag. In den Worten unserer Lippen höre das stille Gebet unserer Seele.

Lass dich finden, wenn wir dich suchen, wie geschrieben ist:

> Von da an werdet ihr den Ewigen, deinen Gott, suchen, und du wirst Gott finden, wenn du Gott von ganzem Herzen und von ganzer Seele suchst. *(Dtn 4,29)*

Lass unsere Eigensüchtigkeit vergehen, wie du gesagt hast:

> Ich, ja, ich tilge deine Eigensüchtigkeit um meinetwillen. An deine Verfehlungen will ich nicht mehr denken. *(Jes 43,25)*

Lass unsere Eigensüchtigkeit vergehen wie eine Wolke und wie Rauch, wie du gesagt hast:

> Ich lasse deine Eigensüchtigkeit wie eine Wolke vergehen und deine Verfehlungen wie Rauch. Kehre um zu mir, denn ich habe dich erlöst! *(Jes 44,22)*

Besprenge uns mit reinem Wasser und reinige uns, wie geschrieben ist:

> Ich gieße reines Wasser über euch aus, dann werdet ihr rein. Ich reinige euch von aller Unreinheit und von allen euren Götzen. *(Ez 36,25)*

Sühne heute unsere Schuld und reinige uns, wie geschrieben ist:

> An diesem Tag wird euch Versöhnung geschaffen, damit ihr rein werdet. Von all euren Verfehlungen vor dem Ewigen werdet ihr rein sein. *(Lev 16,30)*

DIE SUCHE NACH GOTT IN UNSERER SEELE

Womit soll ich in Gottes Gegenwart kommen, was soll ich Gott in der Höhe bringen, wenn ich mich vor ihm verbeuge?

(Micha 6,6)

> Gedenken will ich
> meines Saitenspiels in der Nacht,
> mit meinem Herzen Klage halten,
> und mein Gemüt tappt umher. *(Ps 77,7 B/R)*

DIE TRADITION

Wir singen die Lieder unserer Tradition, die Hymnen und Preisungen, die uns überliefert worden sind bis zum heutigen Tag. In den Worten unserer Lippen höre das stille Gebet unserer Seele.

כִּי הִנֵּה כַּחֹמֶר בְּיַד הַיּוֹצֵר. בִּרְצוֹתוֹ מַרְחִיב וּבִרְצוֹתוֹ מְקַצֵּר.
כֵּן אֲנַחְנוּ בְּיָדְךָ חֶסֶד נוֹצֵר. לַבְּרִית הַבֵּט וְאַל תֵּפֶן לַיֵּצֶר:

כִּי הִנֵּה כָּאֶבֶן בְּיַד הַמְסַתֵּת. בִּרְצוֹתוֹ אוֹחֵז וּבִרְצוֹתוֹ מְכַתֵּת.
כֵּן אֲנַחְנוּ בְּיָדְךָ מְחַיֶּה וּמְמוֹתֵת. לַבְּרִית הַבֵּט וְאַל תֵּפֶן לַיֵּצֶר:

כִּי הִנֵּה כַּגַּרְזֶן בְּיַד הֶחָרָשׁ. בִּרְצוֹתוֹ דִּבֵּק לָאוֹר וּבִרְצוֹתוֹ פֵּרַשׁ.
כֵּן אֲנַחְנוּ בְּיָדְךָ תּוֹמֵךְ עָנִי וָרָשׁ. לַבְּרִית הַבֵּט וְאַל תֵּפֶן לַיֵּצֶר:

כִּי הִנֵּה כַּהֶגֶה בְּיַד הַמַּלָּח. בִּרְצוֹתוֹ אוֹחֵז וּבִרְצוֹתוֹ שִׁלַּח.
כֵּן אֲנַחְנוּ בְּיָדְךָ אֵל טוֹב וְסַלָּח. לַבְּרִית הַבֵּט וְאַל תֵּפֶן לַיֵּצֶר:

כִּי הִנֵּה כַּזְּכוּכִית בְּיַד הַמְזַגֵּג. בִּרְצוֹתוֹ חוֹגֵג וּבִרְצוֹתוֹ מְמוֹגֵג.
כֵּן אֲנַחְנוּ בְּיָדְךָ מַעֲבִיר זָדוֹן וְשׁוֹגֵג. לַבְּרִית הַבֵּט וְאַל תֵּפֶן לַיֵּצֶר:

כִּי הִנֵּה כַּיְרִיעָה בְּיַד הָרוֹקֵם. בִּרְצוֹתוֹ מְיַשֵּׁר וּבִרְצוֹתוֹ מְעַקֵּם.
כֵּן אֲנַחְנוּ בְּיָדְךָ אֵל קַנֹּא וְנוֹקֵם. לַבְּרִית הַבֵּט וְאַל תֵּפֶן לַיֵּצֶר:

Wie Ton, den eines Töpfers Hand
nach seinem Willen kunstgewandt
bald dehnt und bald zusammenpresst,
so sind auch wir in deiner Hand,
die Güte immer walten lässt.
   Gott, sieh auf dein Bundesversprechen,
   und nicht auf unseres Triebs Verbrechen.

Wie Stein, den eines Steinmetz Hand
nach seinem Willen kunstgewandt
bald fügsam macht und bald auch sprengt,
so sind auch wir in deiner Hand,
die Leben schafft und Tod verhängt.
   Gott, sieh auf dein Bundesversprechen,
   und nicht auf unseres Triebs Verbrechen.

Wie Eisen, das des Schmiedes Hand
nach seinem Willen kunstgewandt
in Glut bald lötet und bald kühlt,
so sind auch wir in deiner Hand,
du, der Bedrückten Schutz und Schild.
   Gott, sieh auf dein Bundesversprechen,
   und nicht auf unseres Triebs Verbrechen.

Wie Ruder, die des Schiffers Hand
nach seinem Willen kunstgewandt
bald hält, bald hinschlägt in die Flut,
so sind auch wir in deiner Hand,
o Gott, so nachsichtsvoll und gut.
   Gott, sieh auf dein Bundesversprechen,
   und nicht auf unseres Triebs Verbrechen.

Wie Glas, das eines Bläsers Hand
nach seinem Willen kunstgewandt
bald schmelzen lässt, bald formet fest,
so sind auch wir in deiner Hand,
die Sünde und Vergehn erlässt.
   Gott, sieh auf dein Bundesversprechen,
   und nicht auf unseres Triebs Verbrechen.

Wie Teppich, dem des Webers Hand
nach seinem Willen kunstgewandt
Muster einwebt, bald grad, bald quer,
so sind auch wir in deiner Hand,

כִּי הִנֵּה כַּכֶּסֶף בְּיַד הַצּוֹרֵף. בִּרְצוֹתוֹ מְסַגְסֵג וּבִרְצוֹתוֹ מְצָרֵף.
כֵּן אֲנַחְנוּ בְּיָדְךָ מַמְצִיא לְמָזוֹר תֶּרֶף. לַבְּרִית הַבֵּט וְאַל תֵּפֶן לַיֵּצֶר:

כִּי הִנֵּה כַּחֹמֶר בְּיַד הַיּוֹצֵר. בִּרְצוֹתוֹ מַרְחִיב וּבִרְצוֹתוֹ מְקַצֵּר.
כֵּן אֲנַחְנוּ בְּיָדְךָ חֶסֶד נוֹצֵר. לַבְּרִית הַבֵּט וְאַל תֵּפֶן לַיֵּצֶר:

על חטא

עַל חֵטְא שֶׁחָטָאנוּ לְפָנֶיךָ בְּטִפְשׁוּת פֶּה.
וְעַל חֵטְא שֶׁחָטָאנוּ לְפָנֶיךָ בִּבְלִי דָעַת:
עַל חֵטְא שֶׁחָטָאנוּ לְפָנֶיךָ בְּמַשָּׂא וּבְמַתָּן.
וְעַל חֵטְא שֶׁחָטָאנוּ לְפָנֶיךָ בְּחֹזֶק יָד:
עַל חֵטְא שֶׁחָטָאנוּ לְפָנֶיךָ בְּכַפַּת שֹׁחַד.
וְעַל חֵטְא שֶׁחָטָאנוּ לְפָנֶיךָ בְּאֹנֶס:

וְעַל כֻּלָּם אֱלוֹהַּ סְלִיחוֹת סְלַח לָנוּ. מְחַל לָנוּ. כַּפֶּר־לָנוּ:

עַל חֵטְא שֶׁחָטָאנוּ לְפָנֶיךָ בִּלְשׁוֹן הָרָע.
וְעַל חֵטְא שֶׁחָטָאנוּ לְפָנֶיךָ בְּלָצוֹן:
עַל חֵטְא שֶׁחָטָאנוּ לְפָנֶיךָ בְּנֶשֶׁךְ וּבְמַרְבִּית.
וְעַל חֵטְא שֶׁחָטָאנוּ לְפָנֶיךָ בְּשִׂקּוּר עָיִן:

du rächst und eiferst um uns sehr.
  Gott, sieh auf dein Bundesversprechen,
  und nicht auf unseres Triebs Verbrechen.

Wie Silber, das des Meisters Hand
nach seinem Willen kunstgewandt
verschlacket bald und bald ent-erzt,
so sind auch wir in deiner Hand,
die Heil schafft, wenn die Wunde schmerzt.
  Gott, sieh auf dein Bundesversprechen,
  und nicht auf unseres Triebs Verbrechen.

Wie Ton, den eines Töpfers Hand
nach seinem Willen kunstgewandt
bald dehnt und bald zusammenpresst,
so sind auch wir in deiner Hand,
die Güte immer walten lässt.
  Gott, sieh auf dein Bundesversprechen,
  und nicht auf unseres Triebs Verbrechen.

(Kommentar zu „Wie Ton“ im Glossar.)

BEKENNTNIS

Unsere Verfehlung vor dir durch törichtes Reden,
  und unsere Verfehlung vor dir durch ungenügendes Nachdenken;
unsere Verfehlung vor dir in geschäftlichen Dingen,
  und unsere Verfehlung vor dir durch Gewaltanwendung;
unsere Verfehlung vor dir durch Bestechung,
  und alle unsere Verfehlungen vor dir durch Ausübung von Zwang:

Sie alle, Gott aller Vergebung:
Vergib uns, verzeih uns und gib uns Versöhnung!

Unsere Verfehlung vor dir durch eine böse Zunge,
  und unsere Verfehlung vor dir durch Spott;
unsere Verfehlung vor dir durch finanzielle Gier,
  und unsere Verfehlung vor dir durch Verführung;

וְעַל חֵטְא שֶׁחָטָאנוּ לְפָנֶיךָ בְּשִׂקּוּר עָיִן:
עַל חֵטְא שֶׁחָטָאנוּ לְפָנֶיךָ בִּרְכִילוּת.
וְעַל חֵטְא שֶׁחָטָאנוּ לְפָנֶיךָ בְּרָצוֹן:

וְעַל כֻּלָּם אֱלוֹהַּ סְלִיחוֹת סְלַח לָנוּ. מְחַל לָנוּ. כַּפֶּר־לָנוּ:

עַל חֵטְא שֶׁחָטָאנוּ לְפָנֶיךָ בִּצְדִיַּת רֵעַ.
וְעַל חֵטְא שֶׁחָטָאנוּ לְפָנֶיךָ בְּאִמּוּץ הַלֵּב:
עַל חֵטְא שֶׁחָטָאנוּ לְפָנֶיךָ בְּעֵינַיִם רָמוֹת.
וְעַל חֵטְא שֶׁחָטָאנוּ לְפָנֶיךָ בְּתִמְהוֹן לֵבָב:
עַל חֵטְא שֶׁחָטָאנוּ לְפָנֶיךָ בְּיֵצֶר הָרָע.
וְעַל חֵטְא שֶׁחָטָאנוּ לְפָנֶיךָ בַּסָּתֶר:

וְעַל כֻּלָּם אֱלוֹהַּ סְלִיחוֹת סְלַח לָנוּ. מְחַל לָנוּ. כַּפֶּר־לָנוּ:

עַל חֵטְא שֶׁחָטָאנוּ לְפָנֶיךָ בְּמַאֲכָל וּבְמִשְׁתֶּה.
וְעַל חֵטְא שֶׁחָטָאנוּ לְפָנֶיךָ בְּהוֹנָאַת רֵעַ:
עַל חֵטְא שֶׁחָטָאנוּ לְפָנֶיךָ בְּזִלְזוּל הוֹרִים וּמוֹרִים.
וְעַל חֵטְא שֶׁחָטָאנוּ לְפָנֶיךָ בְּגִלּוּי עֲרָיוֹת:
עַל חֵטְא שֶׁחָטָאנוּ לְפָנֶיךָ בְּרִיצַת רַגְלַיִם לְהָרַע.
וְעַל חֵטְא שֶׁחָטָאנוּ לְפָנֶיךָ בַּגָּלוּי:

וְעַל כֻּלָּם אֱלוֹהַּ סְלִיחוֹת סְלַח לָנוּ. מְחַל לָנוּ. כַּפֶּר־לָנוּ:

עַל חֵטְא שֶׁחָטָאנוּ לְפָנֶיךָ בְּשִׂנְאַת חִנָּם.
וְעַל חֵטְא שֶׁחָטָאנוּ לְפָנֶיךָ בְּצָרוּת עָיִן:

unsere Verfehlung vor dir durch üble Nachrede,
alle unsere Verfehlungen vor dir aus freiem Entschluss:

Sie alle, Gott aller Vergebung:
Vergib uns, verzeih uns und gib uns Versöhnung!

Unsere Verfehlung vor dir durch böse Pläne gegen Mitmenschen,
und unsere Verfehlung vor dir durch Sturheit;
unsere Verfehlung vor dir durch Arroganz,
und unsere Verfehlung vor dir durch Verzweiflung;
unsere Verfehlung vor dir durch den bösen Trieb,
alle unsere Verfehlungen vor dir im Verborgenen:

Sie alle, Gott aller Vergebung:
Vergib uns, verzeih uns und gib uns Versöhnung!

Unsere Verfehlung vor dir durch übermäßiges Essen und Trinken,
und unsere Verfehlung vor dir durch Betrug;
unsere Verfehlung vor dir durch Geringschätzung von Eltern und Lehrenden,
und unsere Verfehlung vor dir durch Missbrauch von Sexualität;
unsere Verfehlung vor dir durch Mitläufertum,
alle unsere Verfehlungen vor dir in aller Öffentlichkeit:

Sie alle, Gott aller Vergebung:
Vergib uns, verzeih uns und gib uns Versöhnung!

Unsere Verfehlung vor dir durch grundlosen Hass,
und unsere Verfehlung vor dir durch Neid;

עַל חֵטְא שֶׁחָטָאנוּ לְפָנֶיךָ בִּתְשׂוּמֶת יָד.
וְעַל חֵטְא שֶׁחָטָאנוּ לְפָנֶיךָ בְּקַשְׁיוּת עֹרֶף:
עַל חֵטְא שֶׁחָטָאנוּ לְפָנֶיךָ בִּפְלִילוּת.
וְעַל חֵטְא שֶׁחָטָאנוּ לְפָנֶיךָ בְּשׁוֹגֵג:

וְעַל כֻּלָּם אֱלוֹהַּ סְלִיחוֹת סְלַח לָנוּ. מְחַל לָנוּ. כַּפֶּר־לָנוּ:

עַל חֵטְא שֶׁחָטָאנוּ לְפָנֶיךָ בְּכַחַשׁ וּבְכָזָב.
וְעַל חֵטְא שֶׁחָטָאנוּ לְפָנֶיךָ בִּשְׁבוּעַת שָׁוְא:
עַל חֵטְא שֶׁחָטָאנוּ לְפָנֶיךָ בְּחִלּוּל הַשֵּׁם.
וְעַל חֵטְא שֶׁחָטָאנוּ לְפָנֶיךָ בִּפְרִיקַת עֹל:
עַל חֵטְא שֶׁחָטָאנוּ לְפָנֶיךָ בְּדִבּוּר פֶּה.
וְעַל חֵטְא שֶׁחָטָאנוּ לְפָנֶיךָ בְּמֵזִיד:

וְעַל כֻּלָּם אֱלוֹהַּ סְלִיחוֹת סְלַח לָנוּ. מְחַל לָנוּ. כַּפֶּר־לָנוּ:

GLEICHNISSE ÜBER GOTT

אָמַר רַבִּי לֵוִי. נִרְאָה לָהֶן הַקָּדוֹשׁ בָּרוּךְ הוּא כְּאִיקוֹנִין הַזּוֹ שֶׁיֵּשׁ לָהּ פָּנִים מִכָּל־מָקוֹם: אֶלֶף בְּנֵי אָדָם מַבִּיטִין בָּהּ וְהִיא מַבֶּטֶת בְּכוּלָּן:

Gott, wenn wir von dir reden, benutzen wir tausende von Bildern und versuchen, die Wahrheit in ihnen zu entdecken. Wenn wir uns zu der Kraft bekennen, die deine Schöpfung durchwaltet, reden wir davon, dass du wie ein König regierst. Wenn wir deine Nähe spüren und ein Wunder, das uns berührt, erfahren wir dich wie einen Vater und wie eine Mutter als die Quelle des Lebens. Hilf uns, dass wir trotz der Namen, die wir dir geben, über sie hinaus gelangen und deine Gegenwart in unserem Leben finden.

unsere Verfehlung vor dir durch Missbrauch von Vertrauen,
und unsere Verfehlung vor dir durch falschen Stolz;
die Verfehlung, die wir vor dir taten durch ein vorschnelles Urteil,
alle unsere Verfehlungen vor dir mit Absicht:

Sie alle, Gott aller Vergebung:
Vergib uns, verzeih uns und gib uns Versöhnung!

Unsere Verfehlung vor dir durch Lüge und Täuschung,
und unsere Verfehlung vor dir durch Meineid;
unsere Verfehlung vor dir durch Verachtung deines Namens,
und unsere Verfehlung vor dir durch Vernachlässigung unserer religiösen Pflicht;
unsere Verfehlung vor dir durch unaufrichtiges Bekenntnis,
alle unsere Verfehlungen vor dir ohne Absicht:

Sie alle, Gott aller Vergebung:
Vergib uns, verzeih uns und gib uns Versöhnung!

(Kommentar zu „Al Chet" im Glossar.)

GLEICHNISSE ÜBER GOTT

Rabbi Levi sagte: Gott – Gottes Heiligkeit sei gepriesen! – erscheint für Israel wie ein Bild, auf dem überall viele Gesichter zu sehen sind. Tausende von Menschen betrachten es und es sieht jeden von ihnen an.

(Pesikta de Raw Kahana 12,25)

Gott, wenn wir von dir reden, benutzen wir tausende von Bildern und versuchen, die Wahrheit in ihnen zu entdecken. Wenn wir uns zu der Kraft bekennen, die deine Schöpfung durchwaltet, reden wir davon, dass du wie ein König regierst. Wenn wir deine Nähe spüren und ein Wunder, das uns berührt, erfahren wir dich wie einen Vater und wie eine Mutter als die Quelle des Lebens. Hilf uns, dass wir trotz der Namen, die wir dir geben, über sie hinaus gelangen und deine Gegenwart in unserem Leben finden.

לְבֶן מֶלֶךְ שֶׁהָיָה רָחוֹק מֵאָבִיו מַהֲלַךְ מֵאָה יוֹם: אָמְרוּ לוֹ אוֹהֲבִין. חֲזוֹר אֵצֶל אָבִיךָ: אָמַר לָהֶם. אֵינִי יָכוֹל: שָׁלַח אָבִיו וְאָמַר לוֹ. הֲלֹךְ מַה שֶׁאַתָּה יָכוֹל לְפִי כֹחֲךָ וַאֲנִי בָא אֶצְלְךָ בִּשְׁאַר הַדֶּרֶךְ: כָּךְ אָמַר לָהֶם הַקָּדוֹשׁ בָּרוּךְ הוּא. שׁוּבוּ אֵלַי וְאָשׁוּבָה אֲלֵיכֶם.

יְיָ מֶלֶךְ. יְיָ מָלָךְ. יְיָ יִמְלֹךְ לְעוֹלָם וָעֶד:

בְּטֶרֶם שְׁחָקִים וַאֲרָקִים נִמְתָּחוּ. יְיָ מֶלֶךְ:
וְעַד לֹא מְאוֹרוֹת זָרָחוּ. יְיָ מָלָךְ:
וְהָאָרֶץ כַּבֶּגֶד תִּבְלֶה. וְשָׁמַיִם כֶּעָשָׁן נִמְלָחוּ.
יְיָ יִמְלֹךְ לְעוֹלָם וָעֶד:

יְיָ מֶלֶךְ. יְיָ מָלָךְ. יְיָ יִמְלֹךְ לְעוֹלָם וָעֶד:

וְעַד לֹא עָשָׂה אֶרֶץ וְחוּצוֹת. יְיָ מֶלֶךְ:
וּבַהֲכִינוֹ יְצוּרִים עֲלֵי אֲרָצוֹת. יְיָ מָלָךְ:
וְעֵת יְקַבֵּץ נְפוּצִים מֵאַרְבַּע נְפוּצוֹת.
יְיָ יִמְלֹךְ לְעוֹלָם וָעֶד:

יְיָ מֶלֶךְ. יְיָ מָלָךְ. יְיָ יִמְלֹךְ לְעוֹלָם וָעֶד:

כִּי בְיָדְךָ נֶפֶשׁ כָּל־חָי. וְרוּחַ כָּל־בְּשַׂר אִישׁ: הַנְּשָׁמָה לָךְ וְהַגּוּף פָּעֳלָךְ. חוּסָה עַל עֲמָלָךְ: הַנְּשָׁמָה לָךְ וְהַגּוּף שֶׁלָּךְ: יְיָ עֲשֵׂה לְמַעַן שְׁמֶךָ. כִּי אֵל רַחוּם וְחַנּוּן שְׁמֶךָ:

Ein Gleichnis erzählt von einem Königssohn, der sich eine Hundert-Tage-Reise von seinem Vater entfernt hatte. Seine Freunde sagten zu ihm: „Kehre um zu deinem Vater!" Er antwortete ihnen: „Ich schaffe es nicht mehr." Da sandte sein Vater zu ihm und ließ ihm ausrichten: „Gehe soweit zurück, wie du kannst, wie es deinen Kräften entspricht, ich werde dir den Rest des Weges entgegenkommen." So sagt Gott – Gottes Heiligkeit sei gepriesen! – zu Israel: „Kehrt zu mir um, dann will ich zu euch zurückkehren!" *(Mal 3,7)* *(Pesikta Rabbati 44)*

GOTT SCHAFFT UND REGIERT

Gott regiert, Gott hat regiert,
und regieren wird Gott bis in Ewigkeit.

Bevor das himmlische Gewölbe gespannt,
und der Erdboden ausgebreitet war:
„Gott regiert."
Bevor die himmlischen Lichter schienen:
„Gott hat regiert."
Wenn einst die Erde abgenutzt ist wie ein altes Kleid,
der Himmel wie Rauch auseinanderreißt:
„Regieren wird Gott bis in Ewigkeit."

Gott regiert, Gott hat regiert,
und regieren wird Gott bis in Ewigkeit.

Als das Land und die Länder noch nicht geschaffen:
„Gott regiert."
Als die Gestalten die Länder bewohnten:
„Gott hat regiert."
Wenn einst die Zerstreuten von überall gesammelt sind:
„Regieren wird Gott bis in Ewigkeit."

Gott regiert, Gott hat regiert,
und regieren wird Gott bis in Ewigkeit.

Ja, in deiner Hand liegt die Seele eines jeden Lebewesens und der Geist eines jeden einzelnen Menschen. Die Seele gehört dir, der Körper ist deine Schöpfung. Erbarme dich über dein Werk! Dein ist die Seele und dein ist der Körper. Gott, handle an ihnen um deines Namens willen, denn „Gott, barmherzig und gnädig" *(Ex 34,6)* – das ist dein Name.

אֵל מֶֽלֶךְ יוֹשֵׁב עַל כִּסֵּא רַחֲמִים מִתְנַהֵג בַּחֲסִידוּת. מוֹחֵל עֲוֹנוֹת עַמּוֹ. מַרְבֶּה מְחִילָה לְחַטָּאִים וּסְלִיחָה לְפוֹשְׁעִים. עוֹשֶׂה צְדָקוֹת עִם כָּל־בָּשָׂר וְרוּחַ. לֹא כְרָעָתָם לָהֶם גּוֹמֵל: אֵל הוֹרֵֽתָנוּ מִדּוֹת טוּבְךָ וְרַחֲמֶֽיךָ. כַּכָּתוּב בְּתוֹרָתֶֽךָ. וַיֵּֽרֶד יְיָ בֶּעָנָן. וַיִּתְיַצֵּב עִמּוֹ שָׁם. וַיִּקְרָא בְשֵׁם יְיָ. וַיַּעֲבֹר יְיָ עַל פָּנָיו וַיִּקְרָא: **יְיָ יְיָ אֵל רַחוּם וְחַנּוּן. אֶֽרֶךְ אַפַּֽיִם וְרַב חֶֽסֶד וֶאֱמֶת: נֹצֵר חֶֽסֶד לָאֲלָפִים נֹשֵׂא עָוֹן וָפֶֽשַׁע וְחַטָּאָה וְנַקֵּה:**

שְׁמַע קוֹלֵֽנוּ יְיָ אֱלֹהֵֽינוּ. חוּס וְרַחֵם עָלֵֽינוּ. וְקַבֵּל בְּרַחֲמִים וּבְרָצוֹן אֶת־תְּפִלָּתֵֽנוּ:

הֲשִׁיבֵֽנוּ יְיָ אֵלֶֽיךָ וְנָשֽׁוּבָה. חַדֵּשׁ יָמֵֽינוּ כְּקֶֽדֶם:

אֲמָרֵֽינוּ הַאֲזִֽינָה יְיָ. בִּֽינָה הֲגִיגֵֽנוּ:

יִהְיוּ לְרָצוֹן אִמְרֵי פִֽינוּ וְהֶגְיוֹן לִבֵּֽנוּ לְפָנֶֽיךָ יְיָ צוּרֵֽנוּ וְגוֹאֲלֵֽנוּ:

אַל תַּשְׁלִיכֵֽנוּ מִלְּפָנֶֽיךָ. וְרֽוּחַ קָדְשְׁךָ אַל תִּקַּח מִמֶּֽנּוּ:

אַל תַּשְׁלִיכֵֽנוּ לְעֵת זִקְנָה. כִּכְלוֹת כֹּחֵֽנוּ אַל תַּעַזְבֵֽנוּ:

אַל תַּעַזְבֵֽנוּ יְיָ אֱלֹהֵֽינוּ. אַל תִּרְחַק מִמֶּֽנּוּ:

כִּי לְךָ יְיָ הוֹחָֽלְנוּ. אַתָּה תַעֲנֶה יְיָ אֱלֹהֵֽינוּ:

אֱלֹהֵֽינוּ וֵאלֹהֵי אֲבוֹתֵֽינוּ. אַל תַּעַזְבֵֽנוּ. וְאַל תִּטְּשֵֽׁנוּ. וְאַל תַּכְלִימֵֽנוּ. וְאַל תָּפֵר בְּרִיתְךָ אִתָּֽנוּ: קָרְבֵֽנוּ לְתוֹרָתֶֽךָ. לַמְּדֵֽנוּ מִצְוֹתֶֽיךָ. הוֹרֵֽנוּ דְרָכֶֽיךָ. הַט לִבֵּֽנוּ לְיִרְאָה אֶת־שְׁמֶֽךָ: וּמוֹל אֶת־לְבָבֵֽנוּ לְאַהֲבָתֶֽךָ. וְנָשׁוּב אֵלֶֽיךָ בֶּאֱמֶת וּבְלֵב שָׁלֵם.

וּלְמַֽעַן שִׁמְךָ הַגָּדוֹל תִּסְלַח וּתְכַפֵּר לַעֲוֹנֵֽנוּ. כַּכָּתוּב בְּדִבְרֵי קָדְשֶֽׁךָ. לְמַֽעַן שִׁמְךָ יְיָ וְסָלַחְתָּ לַעֲוֹנֵֽנוּ. כִּי רַב הוּא:

Hier sollte eine Zeit gelassen werden für die stille Meditation und das stille Bekenntnis.

DIE BARMHERZIGKEIT GOTTES

Gott, du regierst durch Barmherzigkeit; Liebe prägt alles, was du tust. Du verzeihst die Verkehrungen deines Volkes. Auf vielfältige Weise verzeihst du seine Verfehlungen und vergibst seine eigensüchtigen Taten. Alle Menschen lässt du deine aufrichtende Gerechtigkeit erfahren. Du handelst nicht an ihnen, wie es ihrer Boshaftigkeit entsprechen würde. Gott, du hast uns deine guten und barmherzigen Eigenschaften wissen lassen, denn in deiner Thora steht geschrieben: „Der Ewige kam in einer Wolke hinab und stellte sich neben ihn. Er rief den Namen des Ewigen an. Und der Ewige zog an ihm vorüber, und er rief:
Der Ewige, der Ewige, Gott, barmherzig und gnädig, nachsichtig, von unendlicher Liebe und Treue; bewahrt Gnade bis in die tausendste Generation, vergibt Verkehrung, Eigensüchtigkeit und Verfehlung und befreit.“ *(Ex 34,5-7)*

Ewiger, unser Gott, höre unsere Stimme. Habe Mitleid und erbarme dich über uns. In Erbarmen und in Wohlwollen höre unser Gebet. *(Amida)* Gott, bring uns zu dir zurück, dann können wir zu dir zurückkehren. Erneuere unsere Tage, damit sie werden wie früher. *(Kld 5,21)* Gott, schenke uns'ren Worten Gehör, achte auf unser Seufzen. *(Ps 5,2)* Die Worte, die wir sprechen und unsere Gedanken mögen dir angenehm sein, Ewiger, unser Fels und unser Heil. *(Ps. 19,15)* Vertreibe uns nicht aus deiner Nähe und nimm deinen heiligen Geist nicht von uns. *(Ps 51,13)* Vertreibe uns nicht aus deiner Nähe, wenn wir alt sind. Verlass uns nicht, wenn unsere Kräfte schwinden! *(Ps 71,9)* Ewiger, unser Gott, verlass uns nicht! Halte dich nicht von uns fern. *(Ps 38,22)* Denn wir verlassen uns auf dich, Gott. Du wirst uns Antwort geben, Ewiger, unser Gott. *(Ps 38,16)*

WIR SIND GOTTES VOLK

Unser Gott und Gott unserer Vorfahren, verlass und nicht und gib uns nicht auf! *(1. Kön 8,57)* Beschäme uns nicht und brich nicht den Bund, den du mit uns geschlossen hast. Bring uns deine Weisung nahe, lehre uns deine Gebote und zeige uns den Weg zu dir. Lass unser Herz willig sein, deinem Namen Ehrfurcht zu erweisen. Beschneide unsere Herzen für die Liebe zu dir. Dann wollen wir in Aufrichtigkeit und von ganzem Herzen zu dir umkehren. Um deines großen Namens willen vergib und sühne unsere Verkehrungen, wie in deinen heiligen Worten geschrieben steht: Um deines Namens willen, Gott, vergib uns unsere Verkehrung, denn sie ist groß. *(Ps 25,11)*

Hier sollte eine Zeit gelassen werden für die stille Meditation und das stille Bekenntnis.

אֱלֹהֵינוּ וֵאלֹהֵי אֲבוֹתֵינוּ. סְלַח לָנוּ. מְחַל לָנוּ. כַּפֶּר־לָנוּ:

כִּי אָנוּ עַמֶּךָ וְאַתָּה אֱלֹהֵינוּ. אָנוּ בָנֶיךָ וְאַתָּה אָבִינוּ:
אָנוּ עֲבָדֶיךָ וְאַתָּה אֲדוֹנֵינוּ. אָנוּ קְהָלֶךָ וְאַתָּה חֶלְקֵנוּ:
אָנוּ נַחֲלָתֶךָ וְאַתָּה גוֹרָלֵנוּ. אָנוּ צֹאנֶךָ וְאַתָּה רוֹעֵנוּ:
אָנוּ כַרְמֶךָ וְאַתָּה נוֹטְרֵנוּ. אָנוּ פְעֻלָּתֶךָ וְאַתָּה יוֹצְרֵנוּ:
אָנוּ רַעְיָתֶךָ וְאַתָּה דוֹדֵנוּ. אָנוּ סְגֻלָּתֶךָ וְאַתָּה קְרוֹבֵנוּ:
אָנוּ עַמֶּךָ וְאַתָּה מַלְכֵּנוּ. אָנוּ מַאֲמִירֶיךָ וְאַתָּה מַאֲמִירֵנוּ:

אַנְשֵׁי אֱמוּנָה אָבָדוּ. בָּאִים בְּכֹחַ מַעֲשֵׂיהֶם:
גִּבּוֹרִים לַעֲמוֹד בַּפֶּרֶץ. דּוֹחִים אֶת־הַגְּזֵרוֹת:
הָיוּ לָנוּ לְחוֹמָה. וּלְמַחֲסֶה בְּיוֹם זָעַם:
זוֹעֲכִים אַף בְּלַחֲשָׁם. חֵמָה עָצְרוּ בְשַׁוְעָם:
טֶרֶם קְרָאוּךָ עֲנִיתָם. יוֹדְעִים לַעֲתוֹר וּלְרַצּוֹת:
כְּאָב רִחַמְתָּ לְמַעֲנָם. לֹא הֱשִׁיבוֹתָ פְּנֵיהֶם רֵיקָם:
מֵרֹב עֲוֹנֵנוּ אֲבַדְנוּם. נֶאֶסְפוּ מֶנּוּ בַּחֲטָאֵינוּ:
סָעוּ הֵמָּה לִמְנוּחוֹת. עָזְבוּ אוֹתָנוּ לַאֲנָחוֹת:
פַּסּוּ גוֹדְרֵי גָדֵר. צָמְתוּ מְשִׁיבֵי חֵמָה:
קָמִים בַּפֶּרֶץ אַיִן. רְאוּיִם לְרַצּוֹתְךָ אָפֵסוּ:
שׁוֹטַטְנוּ בְּאַרְבַּע פִּנּוֹת. תְּרוּפָה לֹא מָצָאנוּ:
שַׁבְנוּ אֵלֶיךָ בְּבֹשֶׁת פָּנֵינוּ. לְחַלּוֹתְךָ אֵל בְּעֵת סְלִיחָתֵנוּ:

Für alles dieses bitten wir dich, Gott aller Vergebung:
Vergib uns, verzeih uns, gib uns Versöhnung.

Denn wir sind dein Volk; du bist unser Gott.
Wir sind deine Kinder; du bist uns Vater und Mutter.
Wir sind deine Knechte und Mägde; du gebietest uns.
Wir sind deine Gemeinde; du bist unser Teil.
Wir sind dein Erbe; du bist unser Schicksal.
Wir sind deine Herde; du weidest uns.
Wir sind dein Weinberg; du pflegst uns.
Wir sind dein Werk; du hast uns geschaffen.
Wir sind die von dir Geliebten; du liebst uns.
Wir sind dein Eigentum; du bist uns nahe.
Wir sind dein Volk; du regierst über uns.
Wir bringen dich zu Ehren; du bringst uns zu Ehren.

(vgl. Schir Ha-Schirim Rabba 2,16)

Die Menschen der Treue sind verschwunden,
die ihre Stärke in ihren guten Taten gefunden;
Sie besaßen die Kraft, um in die Bresche zu springen
und beschlossenes Unheil zum Schweigen zu bringen.
Sie umgaben uns wie schützende Mauern
als Zuflucht in Zeiten, wo der Zorn schien zu dauern;
Sie verlöschten den Zorn mit ihren Gesängen,
sie konnten den Grimm durch ihr Beten verdrängen.
Sie empfingen – eh sie riefen – die Antwort,
sie konnten beten, kannten das Vergebungswort.
Du hast sie mit Elternliebe geliebt
und sie nie leer von dir weggeschickt.
Verschwunden sind sie wegen uns'rer Verkehrung;
sie fehlen uns aufgrund uns'rer Verfehlung.
Sie kehrten in ihre Ruhe ein
und ließen uns zurück – allein.
Verschwunden sind die, die Mauern gebildet;
vernichtet die, die den Zorn getilget.
Fort sind, die in der Bresche gestanden
und die deine Gunst zu suchen verstanden.
In allen Richtungen irren wir umher
und finden keine Heilmittel mehr.
In Demut kehren wir zurück zu dir,
um Vergebung zu suchen, jetzt und hier.

(Kommentar zu „Ansche Emuna" im Glossar.)

אבינו מלכני

אָבִינוּ מַלְכֵּנוּ. חָטָאנוּ לְפָנֶיךָ:
אָבִינוּ מַלְכֵּנוּ. אֵין לָנוּ מֶלֶךְ זוּלָתֶךָ:
אָבִינוּ מַלְכֵּנוּ. עֲשֵׂה עִמָּנוּ לְמַעַן שְׁמֶךָ:
אָבִינוּ מַלְכֵּנוּ. חַדֵּשׁ עָלֵינוּ שָׁנָה טוֹבָה:
אָבִינוּ מַלְכֵּנוּ. כַּלֵּה דֶּבֶר וְחֶרֶב וְרָעָב וּשְׁבִי וּמַשְׁחִית
וּמַגֵּפָה מִבְּנֵי בְרִיתֶךָ:
אָבִינוּ מַלְכֵּנוּ. בַּטֵּל מֵעָלֵינוּ כָּל־גְּזֵרוֹת קָשׁוֹת:
אָבִינוּ מַלְכֵּנוּ. שְׁלַח רְפוּאָה שְׁלֵמָה לְחוֹלֵי עַמֶּךָ:
אָבִינוּ מַלְכֵּנוּ. מְחַל לָנוּ וּסְלַח לְכָל־עֲוֹנוֹתֵינוּ:
אָבִינוּ מַלְכֵּנוּ. כָּתְבֵנוּ בְּסֵפֶר פַּרְנָסָה וְכַלְכָּלָה:
אָבִינוּ מַלְכֵּנוּ. זְכוֹר כִּי עָפָר אֲנָחְנוּ:
אָבִינוּ מַלְכֵּנוּ. זָכְרֵנוּ לְחַיִּים טוֹבִים:
אָבִינוּ מַלְכֵּנוּ. כָּתְבֵנוּ בְּסֵפֶר גְּאֻלָּה וִישׁוּעָה:
אָבִינוּ מַלְכֵּנוּ. הָרֵם קֶרֶן יִשְׂרָאֵל עַמֶּךָ:
אָבִינוּ מַלְכֵּנוּ. הַחֲזִירֵנוּ בִּתְשׁוּבָה שְׁלֵמָה לְפָנֶיךָ:
אָבִינוּ מַלְכֵּנוּ. שְׁמַע קוֹלֵנוּ חוּס וְרַחֵם עָלֵינוּ:
אָבִינוּ מַלְכֵּנוּ. חֲמוֹל עָלֵינוּ וְעַל עוֹלָלֵינוּ וְטַפֵּינוּ:
אָבִינוּ מַלְכֵּנוּ. תְּהִי הַשָּׁעָה הַזֹּאת שְׁעַת רַחֲמִים
וְעֵת רָצוֹן מִלְּפָנֶיךָ:
אָבִינוּ מַלְכֵּנוּ. עֲשֵׂה לְמַעַן הֲרוּגִים עַל שֵׁם קָדְשֶׁךָ:
אָבִינוּ מַלְכֵּנוּ. אַל תְּשִׁיבֵנוּ רֵיקָם מִלְּפָנֶיךָ:

אָבִינוּ מַלְכֵּנוּ. חָנֵּנוּ וַעֲנֵנוּ. כִּי אֵין בָּנוּ מַעֲשִׂים.
עֲשֵׂה עִמָּנוּ צְדָקָה וָחֶסֶד וְהוֹשִׁיעֵנוּ:

UNSER VATER, UNSER KÖNIG

Unser Vater, unser König, wir haben uns vor dir verfehlt.

Unser Vater, unser König, niemand und nichts hat Macht über uns außer dir.

Unser Vater, unser König, handle an uns um deines Namens willen.

Unser Vater, unser König, lass das neue Jahr für uns ein gutes Jahr werden.

Unser Vater, unser König, wende Krankheit, Gewalt, Hunger, Gefangenschaft, zerstörerische Mächte und Verletzungen von uns ab.

Unser Vater, unser König, lass die Gesetze verschwinden, die andere benachteiligen.

Unser Vater, unser König, gib den Kranken deines Volks Genesung.

Unser Vater, unser König, verzeih uns und vergib alle unsere Verkehrungen.

Unser Vater, unser König, schreibe uns ein im Buch des guten Auskommens und des guten Lebensunterhaltes.

Unser Vater, unser König, denke daran, dass wir Staub sind.

Unser Vater, unser König, denke an uns, damit wir ein gutes Leben haben.

Unser Vater, unser König, schreibe uns ein im Buch der Erlösung und Hilfe.

Unser Vater, unser König, gib deinem Volke Israel Kraft.

Unser Vater, unser König, gib uns die Kraft für eine vollständige Umkehr zu dir.

Unser Vater, unser König, höre unsere Stimme, ergreife Partei für uns und erbarme dich über uns.

Unser Vater, unser König, erbarme dich über uns, über unsere Kinder und Kleinkinder.

Unser Vater, unser König, lass diesen Augenblick eine Zeit des Erbarmens und eine Zeit deines Wohlgefallens sein.

Unser Vater, unser König, sei uns gnädig um derer willen, die um deines Namens willen getötet wurden.

Unser Vater, unser König, lass uns nicht leer von dir fortgehen.

Unser Vater, unser König, sei uns gnädig und erhöre uns, denn wir haben keine Taten vorzuweisen.

Erweise uns Wohltätigkeit und Liebe und hilf uns.

עָלֵינוּ לְשַׁבֵּחַ לַאֲדוֹן הַכֹּל לָתֵת גְּדֻלָּה לְיוֹצֵר בְּרֵאשִׁית. אֲשֶׁר בָּחַר־בָּנוּ מִכָּל־הָעַמִּים. וְנָתַן־לָנוּ אֶת־תּוֹרָתוֹ. וַאֲנַחְנוּ כֹּרְעִים וּמִשְׁתַּחֲוִים וּמוֹדִים לִפְנֵי מֶלֶךְ מַלְכֵי הַמְּלָכִים הַקָּדוֹשׁ בָּרוּךְ הוּא. שֶׁהוּא נוֹטֶה שָׁמַיִם וְיוֹסֵד אָרֶץ. וּמוֹשַׁב יְקָרוֹ בַּשָּׁמַיִם מִמַּעַל וּשְׁכִינַת עֻזּוֹ בְּגָבְהֵי מְרוֹמִים: הוּא אֱלֹהֵינוּ. אֵין עוֹד. אֱמֶת מַלְכֵּנוּ. אֶפֶס זוּלָתוֹ. כַּכָּתוּב בְּתוֹרָתוֹ. וְיָדַעְתָּ הַיּוֹם וַהֲשֵׁבֹתָ אֶל־לְבָבֶךָ כִּי יְיָ הוּא הָאֱלֹהִים בַּשָּׁמַיִם מִמַּעַל וְעַל־הָאָרֶץ מִתָּחַת אֵין עוֹד:

עַל־כֵּן נְקַוֶּה לְךָ יְיָ אֱלֹהֵינוּ לִרְאוֹת מְהֵרָה בְּתִפְאֶרֶת עֻזֶּךָ. לְהַעֲבִיר גִּלּוּלִים מִן הָאָרֶץ וְהָאֱלִילִים כָּרוֹת יִכָּרֵתוּן. לְתַקֵּן עוֹלָם בְּמַלְכוּת שַׁדַּי וְכָל־בְּנֵי בָשָׂר יִקְרְאוּ בִשְׁמֶךָ. לְהַפְנוֹת אֵלֶיךָ כָּל־רִשְׁעֵי אָרֶץ: יַכִּירוּ וְיֵדְעוּ כָּל־יוֹשְׁבֵי תֵבֵל כִּי לְךָ תִּכְרַע כָּל־בֶּרֶךְ תִּשָּׁבַע כָּל־לָשׁוֹן: לְפָנֶיךָ יְיָ אֱלֹהֵינוּ יִכְרְעוּ וְיִפֹּלוּ. וְלִכְבוֹד שִׁמְךָ יְקָר יִתֵּנוּ. וִיקַבְּלוּ כֻלָּם אֶת־עֹל מַלְכוּתֶךָ. וְתִמְלוֹךְ עֲלֵיהֶם מְהֵרָה לְעוֹלָם וָעֶד. כִּי הַמַּלְכוּת שֶׁלְּךָ הִיא וּלְעוֹלְמֵי עַד תִּמְלוֹךְ בְּכָבוֹד. כַּכָּתוּב בְּתוֹרָתֶךָ.

קדיש שלם

יִתְגַּדַּל וְיִתְקַדַּשׁ שְׁמֵהּ רַבָּא בְּעָלְמָא דִּי־בְרָא כִרְעוּתֵהּ. וְיַמְלִיךְ מַלְכוּתֵהּ בְּחַיֵּיכוֹן וּבְיוֹמֵיכוֹן וּבְחַיֵּי דִי־כָל־בֵּית יִשְׂרָאֵל בַּעֲגָלָא וּבִזְמַן קָרִיב. וְאִמְרוּ אָמֵן:

יְהֵא שְׁמֵהּ רַבָּא מְבָרַךְ לְעָלַם וּלְעָלְמֵי עָלְמַיָּא.

יִתְבָּרַךְ וְיִשְׁתַּבַּח וְיִתְפָּאַר וְיִתְרוֹמַם וְיִתְנַשֵּׂא וְיִתְהַדָּר וְיִתְעַלֶּה וְיִתְהַלָּל שְׁמֵהּ דִּי־קֻדְשָׁא. בְּרִיךְ הוּא. לְעֵלָּא לְעֵלָּא מִן־כָּל־

UNSERE AUFGABE

Es ist unsere Aufgabe, den Ewigen, der alles in seinen Händen hält, zu preisen und die Größe des Schöpfers aller Anfänge anzuerkennen. Gott hat uns aus allen Völkern erwählt um uns die Thora zu geben. Wir knien nieder; wir verneigen uns und danken in der Gegenwart des allmächtigen Gottes, Gott regiert über alle Herrschenden in der Welt, Gottes Heiligkeit sei gepriesen! Denn Gott hat die Weite des Himmels geschaffen und die Erde gegründet. Gottes Ehre ist so umfassend wie der Himmel über uns, und Gottes Kraft reicht bis in die fernsten Höhen. Der lebendige Gott ist unser Gott – niemand sonst. Gott ist unser Leben anvertraut – niemandem außer Gott! So wie es geschrieben ist in der Thora: Heute sollst du erkennen und dir zu Herzen nehmen: Der Ewige ist der Gott im Himmel droben und auf der Erde unten, niemand sonst. *(Dtn 4,39)*

UNSERE HOFFNUNG FÜR DIE MENSCHHEIT

Darum hoffen wir darauf, Ewiger, unser Gott, dass deine Stärke bald für uns sichtbar wird, dass die Anbetung des Geldes von der Erde verschwinden und dass Vorurteile und Aberglaube ausgerottet werden; dass die Welt von deiner Herrschaft geprägt ist und alle Menschen deinen Namen anrufen; dass alle Ungerechten der Welt sich dir zuwenden.

Alle Bewohner der Erde sollen erkennen und wissen, dass sich vor dir jedes Knie beugt und jede Zunge bei dir schwört. Vor dir, Ewiger, unser Gott, wird man sich beugen und niederfallen, und man wird der Herrlichkeit deines Namens Achtung erweisen. Alle werden deine Herrschaft anerkennen, und du wirst bald über alle herrschen, von nun an bis in Ewigkeit. Denn dir allein gebührt die Herrschaft, und du herrschst bis in alle Ewigkeit in Herrlichkeit, wie es geschrieben steht in deiner Thora: Gott regiert für immer und ewig. *(Ex 15,18)* Und es ist gesagt: Dann wird Gott über die ganze Erde herrschen. An jenem Tag wird Gott einzig sein und sein Name einzig. *(Sach 14,9)*

Verherrlicht und geheiligt werde Gottes großer Name
in der Welt, die Gott nach eig'nem Ratschluss schuf.
Gottes Reich erstehe in eurem Leben und zu euren Zeiten
und im Leben ganz Israels schnell und bald.
Darauf sprecht: Amen.

Gottes großer Name sei gepriesen,
immerzu und bis in Ewigkeit!

Gottes Name sei gepriesen und gelobt,
Gottes Name sei verherrlicht und erhoben.
Gottes Name sei verehrt und gerühmt,
Gottes Name sei gefeiert und besungen.

בִּרְכָתָא וְשִׁירָתָא תֻּשְׁבְּחָתָא וְנֶחֱמָתָא דִּי־אֲמִירָן בְּעָלְמָא. וְאִמְרוּ אָמֵן:

יְהֵא שְׁלָמָא רַבָּא מִן־שְׁמַיָּא וְחַיִּים עָלֵינוּ וְעַל־כָּל־יִשְׂרָאֵל. וְאִמְרוּ אָמֵן:

עֹשֶׂה שָׁלוֹם בִּמְרוֹמָיו הוּא יַעֲשֶׂה שָׁלוֹם עָלֵינוּ וְעַל־כָּל־יִשְׂרָאֵל. וְאִמְרוּ אָמֵן:

יִגְדַּל אֱלֹהִים חַי וְיִשְׁתַּבַּח. נִמְצָא וְאֵין עֵת אֶל־מְצִיאוּתוֹ:

אֶחָד וְאֵין יָחִיד כְּיִחוּדוֹ. נֶעְלָם וְגַם אֵין סוֹף לְאַחְדּוּתוֹ:

אֵין לוֹ דְמוּת הַגּוּף וְאֵינוֹ גוּף. לֹא נַעֲרוֹךְ אֵלָיו קְדֻשָּׁתוֹ:

קַדְמוֹן לְכָל־דָּבָר אֲשֶׁר נִבְרָא. רִאשׁוֹן וְאֵין רֵאשִׁית לְרֵאשִׁיתוֹ:

הִנּוֹ אֲדוֹן עוֹלָם. לְכָל־נוֹצָר יוֹרֶה גְדֻלָּתוֹ וּמַלְכוּתוֹ:

שֶׁפַע נְבוּאָתוֹ נְתָנוֹ אֶל־אַנְשֵׁי סְגֻלָּתוֹ וְתִפְאַרְתּוֹ:

לֹא קָם בְּיִשְׂרָאֵל כְּמֹשֶׁה עוֹד נָבִיא. וּמַבִּיט אֶל־תְּמוּנָתוֹ:

תּוֹרַת אֱמֶת נָתַן לְעַמּוֹ אֵל. עַל יַד נְבִיאוֹ נֶאֱמַן בֵּיתוֹ:

לֹא יַחֲלִיף הָאֵל וְלֹא יָמִיר־דָּתוֹ לְעוֹלָמִים לְזוּלָתוֹ:

צוֹפֶה וְיוֹדֵעַ סְתָרֵינוּ. מַבִּיט לְסוֹף דָּבָר בְּקַדְמוּתוֹ:

גּוֹמֵל לְאִישׁ חָסִיד כְּמִפְעָלוֹ. נוֹתֵן לְרָשָׁע רָע כְּרִשְׁעָתוֹ:

יִשְׁלַח לְקֵץ יָמִים מְשִׁיחֵנוּ. לִפְדּוֹת מְחַכֵּי קֵץ יְשׁוּעָתוֹ:

מֵתִים יְחַיֶּה אֵל בְּרֹב חַסְדּוֹ. בָּרוּךְ עֲדֵי עַד שֵׁם תְּהִלָּתוֹ:

Gepriesen sei er über allem Lob und jedem Lied,
hoch über allem Preis und jedem Trost der Welt.
Darauf sprecht: Amen.

Frieden in Fülle komme vom Himmel,
Leben für uns und ganz Israel.
Darauf sprecht: Amen.

Gott schafft Frieden in der Höhe.
Möge Gott uns und ganz Israel Frieden geben.
Darauf sprecht: Amen.

JIGDAL

Gepriesen sei der lebendige Gott,
Gott ist, und keine Zeit begrenzt Gottes Sein.
Einzig ist Gott, nichts ist Gott gleich.
Uns verborgen und ohn' End' ist Gottes Einzigkeit.
Kein Körper ist Gott, ohne körperlich' Gestalt,
niemals erahnen wir Gottes Heiligkeit.
Gott war vor allem da, vor einem jeden Geschöpf,
war da von Angang an, doch selbst ohne Beginn.
Gott herrscht über die Welt, und alles, was Gott schafft,
offenbart Gottes Größe, Gottes Macht.
Fülle an Prophetie gab Gott für die,
die Gottes Eigentum sind und Gottes Ruhm.
Niemals in Israel war wie Mose ein Prophet,
der Gott von Angesicht zu Angesicht geschaut.
Die gute Lebensweisung gab Gott seinem Volk
durch Mose, Gottes treuen Prophet.
Diese Lebensweise wird Gott niemals gereu'n,
niemals durch eine andere revidier'n.
Gott sieht und kennt, was verborgen in uns ist.
Das Ende einer Sach' ist vorab Gott bekannt.
Die Frommen belohnt Gott ihren Taten gemäß,
den Bösen zahlt Gott ihre Bosheit zurück.
Am Ende aller Zeit sendet Gott uns das Heil,
um zu erlösen die, die Gottes Hilfe erharrt.
Gott wird durch seine Gnad' Tote beleben.
Gepriesen sei Gottes Name bis in Ewigkeit.

כי ביום הזה
יכפר עליכם
לטהר אתכם
מכל חטאתיכם
לפני יהוה
תטהרו

תפלת שחרית ליום כפור

MORGENGEBET FÜR JOM KIPPUR

MEDITATION
ZUM MORGENGEBET FÜR JOM KIPPUR

Wie wichtig ist die Nacht von Jom Kippur, die Zeit der Stille zwischen den Gesängen und Gebeten? Es ist ein seltsamer Zeitabschnitt, in dem die Zeit lang wird. All die gewöhnlichen Zerstreuungen, Kaffeetrinken mit Freunden, Fernsehen, oder andere Weisen sich zu unterhalten fallen aus – sei es aus Überzeugung oder sei es aufgrund eines gewissen Unbehagens, die Regeln oder vielleicht auch die Stimmung zu brechen. Das ist der Beginn dieses intensiven Unbehagens darüber, allein auf die eigenen Möglichkeiten und Reserven zurückgeworfen zu sein – eine fremde Erfahrung in einem ausgefüllten Lebensalltag. Es ist der Augenblick der Versuchung auf der Reise – der Versuchung, die Zeit zu füllen oder sich von der Zeit füllen zu lassen; voller Ungeduld kehrt zu machen oder weiterzugehen, vorbei an dem Fremden, der Langeweile, der Stille.

Im Morgengebet dringen wir tiefer in die innere Sprache dieses Tages ein. Dies ist der Punkt, an dem sich unsere eigene, individuelle Persönlichkeit mit der Persönlichkeit Israels verbindet. Die äußere Welt tritt noch stärker in den Hintergrund. Wir erleben das Drama unseres Volkes an seinem Tag der Begegnung mit Gott, und gleichzeitig stellen wir es selbst dar. Wir stehen vor Gericht. Aber es ist eine eigenartige Sprache, die wir hören: Es ist die symbolische Sprache der Opfer, der Böcke, der Priester, der Rituale, der weißen Kleider und des roten Blutes. Es ist die symbolische Sprache einer fernen, vergangenen Welt, und doch birgt sie ein Geheimnis über unsere Existenz als Volk, über unsere Werte, unsere Bestimmung und die Erneuerung unserer Aufgabe.

Abraham wurde berufen, ein Beispiel für eine neue Menschheit zu sein: fürsorgend, mitfühlend und gerecht. So wie er auf die Probe gestellt und geläutert wurde, so sind auch seine Nachkommen, die zu einem Volk werden sollten, selbst ein Beispiel für den Willen Gottes in einer gleichgültigen oder feindlichen Welt. Es wurde ihnen ein Land gegeben, ein Mikrokosmos auf der Erde, mit der Verantwortung, ihm zu dienen und es zu schützen, für es zu sorgen, füreinander zu sorgen und für alle, die dort wohnen.

Wenn uns dies gelingt, werden wir die Welt retten. Wenn wir daran scheitern, dann droht der Welt Gefahr. An diesem Tag wird für klare

Verhältnisse gesorgt. Was also an diesem Tag von uns erwartet wird, ist sehr einfach und doch die schwierigste aller Aufgaben. Es wird von uns erwartet, dass wir ehrlich sind über uns selbst als Volk: Inwieweit sind wir dieser Aufgabe nachgekommen? Wie gut haben wir einander behandelt? Wie gut haben wir die behandelt, mit denen wir freundschaftlich verbunden sind? Inwieweit haben wir versucht, die zu gewinnen, die uns feindlich gesonnen sind?

Unsere Geschichte scheint aus immer neuen Überraschungen zu bestehen. Jedesmal, wenn wir gerade den Willen Gottes oder Gottes Gegenwart festgestellt haben, dann ist es plötzlich etwas völlig anderes, etwas völlig Neues. Gott fordert uns heraus. Wenn die Wolkensäule sich bewegte, mussten wir ihr folgen. Wer zurückblieb, war in der Wüste verloren. Die Wolke war im Tempel, doch die Wolke bewegte sich weiter. Die Wolke war für kurze Zeit in Jerusalem, doch Jerusalem wurde zerstört. So laufen wir immerzu hinter der Wolke her, und wir erkennen immer erst im Nachhinein, dass wir versagt haben, die neue Herausforderung wahrzunehmen, vor die wir gestellt wurden. Und dafür bitten wir um Vergebung: dafür, dass uns unsere Gewohnheiten gefangen gehalten haben; dass wir religiös waren in allen unwichtigen Punkten; dass wir vergessen haben, wer wir sind.

So tragen wir die Gedichte vor, singen die Hymnen und rezitieren die Bekenntnisse, ob sie uns etwas bedeuten oder nicht und versuchen, die Schutzschichten zu durchdringen, die wir um unsere Seele herum aufgebaut haben. Sie sind zwar unser täglicher Schutz gegen eine gefährliche Welt, gelegentlich aber wird dieser Schutzschild wirklicher für uns als die Seele, die dahinter verborgen ist. Wenn wir also Dinge bekennen, die wir niemals getan haben, reicht es nicht aus, zu betonen, dass wir für ganz Israel sprechen und dass vielleicht jemand anderes diese Dinge getan haben könnte.

Wir sagen zu viele Worte an Jom Kippur; tausende, vielleicht hunderttausende von Worten kommen von unseren Lippen. Und je mehr Worte wir sagen, um so weniger bedeuten sie uns. So wie die Sprache des Tempelkults ein Geheimnis für uns ist, so verlieren die Worte des Jom Kippur ihre Bedeutung. Es ist geradezu so, als versuchten wir, einen Punkt jenseits der Worte zu erreichen, wo plötzlich etwas in uns selbst auf seine eigene Weise zu Gott zu sprechen beginnt. Alle die Rituale und Rezitationen dienen nur dazu, unsere Hindernisse der Gewohnheit, der Konvention und der Furcht, die uns im Wege stehen, abzuschütteln.

(Jonathan Magonet)

תפלת שחרית ליום כפור

כִּי־בַיּוֹם הַזֶּה יְכַפֵּר עֲלֵיכֶם לְטַהֵר אֶתְכֶם.
מִכֹּל חַטֹּאתֵיכֶם לִפְנֵי יְהוָֹה תִּטְהָרוּ:

עֲנֵה עָנִי שְׁפַל כָּל־הַשְּׁפָלִים. וְשָׂא חֶטְאוֹ מְקַבֵּל הַתְּפִלּוֹת:
וְהַאֲרֶךְ־נָא בְּרַחֲמֶיךָ שְׁנוֹתָיו. וְצַוֵּה כָּל־שְׁאֵלוֹתָיו לְמַלְּאוֹת:
וְתַחְשֹׁב כָּל־תְּפִלּוֹתָיו קְטֹרֶת לְפָנֶיךָ כְּקָרְבָּנוֹת וְעוֹלוֹת: וְהָאֵל
הַמְקַבֵּל הַתְּפִלּוֹת. שְׁמַע קוֹלִי אֲשֶׁר יִשְׁמַע בְּקוֹלוֹת:

MORGENGEBET FÜR JOM KIPPUR

An diesem Tag wird euch Versöhnung geschaffen, damit ihr rein werdet. Von all euren Verfehlungen vor dem Ewigen werdet ihr rein sein.

(Lev 16,30)

Am Neujahrsfest denken wir darüber nach,
wie das Urteil gefällt wird;
am Versöhnungstag denken wir darüber nach,
wie das Urteil besiegelt wird.

Wir sind mit der Sünde vertraut geworden. Fragmente der Thora liegen zerrissen in unserem Leben. Die Nächstenliebe ist an der Berechnung vertrocknet, und die Funken der Reinheit sind verloschen. Und doch kommen wir zum Jom Kippur, und Gott, der sagte: „Ich habe vergeben", flüstert es uns erneut zu und wartet auf unsere Antwort.

Wie soll sie aussehen? Welche Form kann sie annehmen?
Lasst uns wiedergutmachen, was wiedergutgemacht werden kann.
Lasst uns den Gewinn zurückgeben, den wir durch Ungerechtigkeit eingebracht haben.
Lasst uns Frieden schließen mit unserem verletzten Bruder, unserer verletzten Schwester.
Wir wollen die Person, der wir Unrecht getan haben, wieder zu Ehren bringen.
Wir wollen uns zu dem bekennen, was falsch bei uns selbst ist.
Wir wollen zurecht bringen, was in unseren Familien im Argen liegt.
Wir wollen uns die Freude am Leben nicht rauben lassen.

Möge Gott uns den Mut geben, diese Dinge zu tun, und uns helfen, unser Leben zu erneuern. Und wenn wir unsere Aufgabe beendet haben, möge Gott uns erlauben, das Licht, das für die Gerechten entfacht ist, zu genießen, damit Gott sich an uns erfreut.

Erhöre den Menschen, der hilfsbedürftig ist, der von sich selbst demütig denkt. Vergib seine Sünde. Nimm seine Gebete an. Gewähre ihm ein langes Leben in deiner Barmherzigkeit. Lass alle seine Bitten in Erfüllung gehen. Sieh alle seine Gebete als Rauchopfer an. Sie sollen vor dir wie die Gaben und Brandopfer sein, die man früher im Tempel darbrachte. Gott, du nimmst Gebete an. Höre meine Stimme. Ich weiß, dass du die Stimmen der Menschen hörst.

אלהי נשמה

אֱלֹהַי. נְשָׁמָה שֶׁנָּתַתָּ־בִּי טְהוֹרָה. אַתָּה בְרָאתָהּ. אַתָּה יְצַרְתָּהּ. אַתָּה נְפַחְתָּהּ בִּי. וְאַתָּה מְשַׁמְּרָהּ בְּקִרְבִּי. וְאַתָּה עָתִיד לִטְּלָהּ מִמֶּנִּי לְחַיֵּי עוֹלָם: כָּל־זְמַן שֶׁהַנְּשָׁמָה בְקִרְבִּי מוֹדֶה/מוֹדָה אֲנִי לְפָנֶיךָ יְיָ אֱלֹהַי וֵאלֹהֵי אֲבוֹתַי. שֶׁאַתָּה הוּא רִבּוֹן כָּל־הַמַּעֲשִׂים. מוֹשֵׁל בְּכָל־הַבְּרִיּוֹת. אֲדוֹן כָּל־הַנְּשָׁמוֹת: בָּרוּךְ אַתָּה יְיָ. הַמַּחֲזִיר נְשָׁמוֹת לַמֵּתִים:

Wenn ich an deiner Existenz zweifle oder meine eigenen Wünsche zu Gott mache, dann lass mich dich neu finden.

בָּרוּךְ אַתָּה יְיָ אֱלֹהֵינוּ מֶלֶךְ הָעוֹלָם. שֶׁלֹּא עָשַׂנִי
נָכְרִי (נָכְרִיָּה):

Wenn ich Angst vor Entscheidungen habe oder davor, mit einer Entscheidung allein zu stehen, dann stärke in mir den Willen, frei zu sein.

בָּרוּךְ אַתָּה יְיָ אֱלֹהֵינוּ מֶלֶךְ הָעוֹלָם. שֶׁלֹּא עָשַׂנִי
עָבֶד (שִׁפְחָה):

Wenn ich mich selbst oder die Welt verachte, dann lass mich dein Bild in mir neu entdecken.

בָּרוּךְ אַתָּה יְיָ אֱלֹהֵינוּ מֶלֶךְ הָעוֹלָם. שֶׁעָשַׂנִי כִּרְצוֹנוֹ:

Wenn ich andere für die Dunkelheit in mir verantwortlich mache, dann gib mir den Mut, die Wahrheit zu sehen.

בָּרוּךְ אַתָּה יְיָ אֱלֹהֵינוּ מֶלֶךְ הָעוֹלָם. פּוֹקֵחַ עִוְרִים:

Wenn ich meine eigene Bedeutungslosigkeit entdecke, dann umhülle mich mit deiner Kraft.

בָּרוּךְ אַתָּה יְיָ אֱלֹהֵינוּ מֶלֶךְ הָעוֹלָם. מַלְבִּישׁ עֲרֻמִּים:

DER MENSCH IST GUT

Mein Gott, die Seele, die du mir geschenkt hast, ist rein. Du hast sie geschaffen. Du hast sie sich entwickeln lassen. Du hast sie mir eingehaucht. Du behütest sie in mir. Du wirst sie mir eines Tages nehmen und in ewiges Leben verwandeln. Mein Gott und Gott meiner Vorfahren, solange die Seele in mir ist, will ich dir danken, denn du waltest über alle Geschöpfe, du herrschst über alle Kreatur. Alles Leben ist in deiner Hand. Gepriesen seist du, Ewiger. Du bringst den Toten ihre Seelen zurück. *(bBer 60b)*

Wenn ich an deiner Existenz zweifle oder meine eigenen Wünsche zu Gott mache, dann lass mich dich neu finden.

> Gepriesen seist du, Ewiger, unser Gott; du regierst die Welt. Du hast mich nicht geschaffen als jemand, der dir fremd ist.

Wenn ich Angst vor Entscheidungen habe oder davor, mit einer Entscheidung allein zu stehen, dann stärke in mir den Willen, frei zu sein.

> Gepriesen seist du, Ewiger, unser Gott; du regierst die Welt. Du hast mich nicht geschaffen als jemand, der von anderen versklavt wird.

Wenn ich mich selbst oder die Welt verachte, dann lass mich dein Bild in mir neu entdecken.

> Gepriesen seist du, Ewiger, unser Gott; du regierst die Welt. Du hast mich nach deinem Willen geschaffen.

Wenn ich andere für die Dunkelheit in mir verantwortlich mache, dann gib mir den Mut, die Wahrheit zu sehen.

> Gepriesen seist du, Ewiger, unser Gott; du regierst die Welt. Du machst Blinde sehend.

Wenn ich meine eigene Bedeutungslosigkeit entdecke, dann umhülle mich mit deiner Kraft.

> Gepriesen seist du, Ewiger, unser Gott; du regierst die Welt. Du bekleidest Nackte.

Wenn alte Schuld mich einholt oder wenn zerstörerische Angewohnheiten mein Leben bestimmen, dann befreie mich aus dem Gefängnis meiner Vergangenheit.

בָּרוּךְ אַתָּה יְיָ אֱלֹהֵינוּ מֶלֶךְ הָעוֹלָם. מַתִּיר אֲסוּרִים:

Wenn mein Besitz mich belastet, dann lehre mich, wie ich abgeben kann.

בָּרוּךְ אַתָּה יְיָ אֱלֹהֵינוּ מֶלֶךְ הָעוֹלָם. זוֹקֵף כְּפוּפִים:

Wenn ich eifersüchtig, neidisch oder gierig bin, dann hilf mir, dass ich zufrieden sein kann mit dem, was ich habe.

בָּרוּךְ אַתָּה יְיָ אֱלֹהֵינוּ מֶלֶךְ הָעוֹלָם. שֶׁעָשָׂה־לִּי כָּל־צָרְכִּי:

Wenn ich versucht bin zu betrügen, dann hilf mir, dass ich ehrlich bin zu mir selbst und zu anderen.

בָּרוּךְ אַתָּה יְיָ אֱלֹהֵינוּ מֶלֶךְ הָעוֹלָם. אֲשֶׁר הֵכִין מִצְעֲדֵי־
גָבֶר:

Wenn ich nicht weiß, was es bedeutet, jüdisch zu sein, dann zeige mir den Sinn meines Lebens.

בָּרוּךְ אַתָּה יְיָ אֱלֹהֵינוּ מֶלֶךְ הָעוֹלָם. עוֹטֵר יִשְׂרָאֵל
בְּתִפְאָרָה:

Wenn ein Misserfolg oder eine Enttäuschung mich bitter machen, dann gib mir die Kraft, die Verbitterung zu überwinden.

בָּרוּךְ אַתָּה יְיָ אֱלֹהֵינוּ מֶלֶךְ הָעוֹלָם. הַנּוֹתֵן לַיָּעֵף כֹּחַ:

Wenn Wunschvorstellungen mich irreleiten und mich meine eigenen Wünsche zum Narren halten, dann öffne meine Augen für deine Weisung.

בָּרוּךְ אַתָּה יְיָ אֱלֹהֵינוּ מֶלֶךְ הָעוֹלָם. הַמַּעֲבִיר שֵׁנָה מֵעֵינַי
וּתְנוּמָה מֵעַפְעַפָּי:

Wenn alte Schuld mich einholt oder wenn zerstörerische Angewohnheiten mein Leben bestimmen, dann befreie mich aus dem Gefängnis meiner Vergangenheit.

> Gepriesen seist du, Ewiger, unser Gott; du regierst die Welt. Du machst Gebundene frei.

Wenn mein Besitz mich belastet, dann lehre mich, wie ich abgeben kann.

> Gepriesen seist du, Ewiger, unser Gott; du regierst die Welt. Du richtest Erniedrigte auf.

Wenn ich eifersüchtig, neidisch oder gierig bin, dann hilf mir, dass ich zufrieden sein kann mit dem, was ich habe.

> Gepriesen seist du, Ewiger, unser Gott; du regierst die Welt. Du gibst mir all das, was ich zum Leben brauche.

Wenn ich versucht bin zu betrügen, dann hilf mir, dass ich ehrlich bin zu mir selbst und zu anderen.

> Gepriesen seist du, Ewiger, unser Gott; du regierst die Welt. Du machst die Schritte eines Menschen sicher.

Wenn ich nicht weiß, was es bedeutet, jüdisch zu sein, dann zeige mir den Sinn meines Lebens.

> Gepriesen seist du, Ewiger, unser Gott; du regierst die Welt. Du krönst Israel mit Ehre.

Wenn ein Misserfolg oder eine Enttäuschung mich bitter machen, dann gib mir die Kraft, die Verbitterung zu überwinden.

> Gepriesen seist du, Ewiger, unser Gott; du regierst die Welt. Du gibst den Müden Kraft.

Wenn Wunschvorstellungen mich irreleiten und mich meine eigenen Wünsche zum Narren halten, dann öffne meine Augen für deine Weisung.

> Gepriesen seist du, Ewiger, unser Gott; du regierst die Welt. Du nimmst den Schlaf aus meinen Augen und den Schlummer von meinen Wimpern.

תורה ומצוות

יְהִי רָצוֹן מִלְּפָנֶיךָ יְיָ אֱלֹהֵינוּ וֵאלֹהֵי אֲבוֹתֵינוּ: שֶׁתַּרְגִּילֵנוּ בְּתוֹרָתֶךָ וְדַבְּקֵנוּ בְּמִצְוֹתֶיךָ. וְאַל תְּבִיאֵנוּ לֹא לִידֵי חֵטְא וְלֹא לִידֵי עֲבֵרָה וְלֹא לִידֵי נִסָּיוֹן וְלֹא לִידֵי בִזָּיוֹן. וְאַל תַּשְׁלֶט־בָּנוּ יֵצֶר הָרַע. וְהַרְחִיקֵנוּ מֵאָדָם רַע וּמֵחָבֵר רָע. וְדַבְּקֵנוּ בְּיֵצֶר הַטּוֹב וּבְמַעֲשִׂים טוֹבִים. וְכֹף אֶת־יִצְרֵנוּ לְהִשְׁתַּעְבֶּד־לָךְ. וּתְנֵנוּ הַיּוֹם וּבְכָל־יוֹם לְחֵן וּלְחֶסֶד וּלְרַחֲמִים בְּעֵינֶיךָ וּבְעֵינֵי כָל־רוֹאֵינוּ. וְתִגְמְלֵנוּ חֲסָדִים טוֹבִים: בָּרוּךְ אַתָּה יְיָ. גּוֹמֵל חֲסָדִים טוֹבִים לְעַמּוֹ יִשְׂרָאֵל:

בָּרוּךְ אַתָּה יְיָ אֱלֹהֵינוּ מֶלֶךְ הָעוֹלָם. אֲשֶׁר קִדְּשָׁנוּ בְּמִצְוֹתָיו וְצִוָּנוּ לַעֲסוֹק בְּדִבְרֵי תוֹרָה:

UNSER GESPALTENES SELBST

Ich könnte sagen, dass ich an einem gespaltenen Bewusstsein leide. Es gibt zwei Kräfte in mir, von denen jede versucht, die andere zu beherrschen. Die eine erfahre ich als eine maskuline, bestimmende Kraft. Ich manipuliere und bin egozentrisch, ich haben den Drang, dominant und autoritär zu sein. Mein Intellekt genießt es, Antworten zu haben und Wahrheiten zu besitzen. Verstand, Wille und Logik dominieren. Dieser Teil von mir drängt zur Halacha und zur Ordnung, zum Streitgespräch und zur Debatte. Er sucht einen festen und sicheren jüdischen Bezugsrahmen, an dem sich mein tägliches Leben orientieren kann. Diese Kraft in mir sucht endlos nach einer Zusammenstellung der traditionellen Praxis, an der ich mich festhalten kann gegen die Entwurzelung und die oberflächlichen Wahrheiten, die mein Leben in Europa prägen. Wenn diese Kraft jedoch überbetont wird, erlebe ich sie als zerstörerisch. Sie ist ehrgeizig und gierig. Sie genießt es zu urteilen, zu besitzen, zu benutzen. Sie will Recht behalten. Alles muss nach ihrem Willen geschehen. Sie ist oft isoliert und abseits.

Der anderen Kraft geht es nicht darum, zu besitzen und zu benutzen. Ihr geht es um Gefühle und Empfindungen, um Träume, Kreativität, Phantasie, Aggada. Sie ist intuitiv, freundlich und ausdauernd. Sie gestattet mir, empfänglich zu sein, zuzulassen und anzunehmen. Wenn ich aus diesem ruhigen Zentrum heraus lebe, habe ich es nicht nötig, Menschen und Ereignisse zu manipulieren, damit sie meinen Bedürf-

Hilf uns, Ewiger, unser Gott und Gott unserer Vorfahren, dass deine Weisung unsere Entscheidungen prägt und wir gemäß deiner Gebote leben. Hilf, dass die Verfehlung keine Macht über uns gewinnt und lass uns nicht zur Übertretung verleitet werden. Führe uns nicht in Versuchung und nicht in Situationen, für die wir uns schämen müssen. Lass uns nicht vom bösen Trieb beherrscht sein. Halte böse Menschen und falsche Freundinnen und Freunde von uns fern. Lass uns von unserem guten Trieb und von guten Taten bestimmt sein. Dränge unsere Triebe, dass sie sich dir unterwerfen. Lass uns Güte, Liebe und Barmherzigkeit finden in deinen Augen und in den Augen aller Menschen, denen wir heute begegnen. Heute und an jedem Tag lass uns deine Freundlichkeit spüren. Gepriesen seist du, Ewiger. Du erweist deinem Volk Israel Gutes. *(bBer 60b)*

DIE PLICHT ZU LERNEN

Gepriesen seist du, Ewiger, unser Gott; du regierst die Welt. Du hast uns durch deine Gebote geheiligt und hast uns aufgetragen, uns mit den Worten deiner Thora zu beschäftigen. *(bBer 11b)*

UNSER GESPALTENES WESEN

Und Gott sah alles, was Gott gemacht hatte, und siehe, es war sehr gut. *(Gen 1,31)* – Dies bezieht sich auf die beiden Triebe im Menschen, den guten Trieb und den bösen Trieb. Ist also der böse Trieb „sehr gut"? – Gäbe es diesen Trieb nicht, würde niemand ein Haus bauen, heiraten, Kinder zeugen und empfangen oder geschäftliche Interessen verfolgen. *(Bereschit Rabba 9,7)*

Der böse Trieb kommt nicht auf den Nebenstraßen einher, sondern in der Mitte der Hauptstraße. Wenn er einen Menschen sieht, der schöne Augen macht, sein Haar richtet und einen angeberischen Gang hat, dann weiß er: „Diese Person gehört zu mir". *(Bereschit Rabba 22,6)*

Der böse Trieb ist wie einer, der unter den Menschen umherläuft, und seine Hand ist geschlossen, und niemand weiß, was in ihr ist. Und er geht zu jedem und fragt: „Was fasse ich wohl in meiner Hand?" Und jeden dünkt, es sei das in der Hand, was er zu innerst begehrt. Und alle laufen jenem nach. Und dann öffnet er seine Hand, und es ist nichts darin. *(Nachman von Braclaw)*

In der kommenden Welt wird Gott – Gottes Heiligkeit sei gepriesen! – den bösen Trieb holen und ihn vor den Frommen und den Frevlern schlachten. Den Frommen wird er wie ein hoher Berg erscheinen, und den Frevlern wird er wie eine Haarfaser erscheinen. Diese werden wei-

nissen entsprechen. Ich erfahre diese Kraft als stark und feminin. Mein Ich unterwirft sich einer Macht, die größer ist als ich selbst. Ihr Anliegen ist mein Wachstum, meine Entwicklung und meine Veränderung als Mensch. Es ist die Kraft des *rachamim*, die, wie die biblische Wurzel *rechem* (Mutterleib) nahelegt, eine schöpferische Kraft ist, die einen Reifungsprozess anregt und dazu beiträgt, dass ich mich zu einem menschlichen Wesen heranbilde, das mehr im Einklang mit Gottes Willen steht als mit seinem eigenen. Ich habe gelernt, diesen Ort der inneren Ruhe als meine eigene Seele zu erkennen, als den Ort, an dem Gott wohnt: „So wie Gott – Gottes Heiligkeit sei gepriesen! – rein ist, so ist auch die Seele rein." Die Zeiten, in denen ich von diesem Zentrum her leben kann, befähigen mich dazu, mich selbst, die anderen und die Situationen, die ich erlebe, klarer zu sehen. Dieser Kraft geht es stärker um Ehrlichkeit als um Selbstbetrug, mehr um die wirkliche Wahrheit als um das, was ich gerne für wahr halten möchte – *Ani Adonai Elohechem: Emet.*

(Howard Cooper)

תהלים קג

לְדָוִד

בָּרְכִי נַפְשִׁי אֶת־יְהֹוָה וְכָל־קְרָבַי אֶת־שֵׁם קָדְשׁוֹ:
בָּרְכִי נַפְשִׁי אֶת־יְהֹוָה וְאַל־תִּשְׁכְּחִי כָּל־גְּמוּלָיו:

הַסֹּלֵחַ לְכָל־עֲוֹנֵכִי הָרֹפֵא לְכָל־תַּחֲלוּאָיְכִי:
הַגּוֹאֵל מִשַּׁחַת חַיָּיְכִי הַמְעַטְּרֵכִי חֶסֶד וְרַחֲמִים:
הַמַּשְׂבִּיעַ בַּטּוֹב עֶדְיֵךְ תִּתְחַדֵּשׁ כַּנֶּשֶׁר נְעוּרָיְכִי:

עֹשֵׂה צְדָקוֹת יְהֹוָה וּמִשְׁפָּטִים לְכָל־עֲשׁוּקִים:
יוֹדִיעַ דְּרָכָיו לְמֹשֶׁה לִבְנֵי יִשְׂרָאֵל עֲלִילוֹתָיו:

רַחוּם וְחַנּוּן יְהֹוָה אֶרֶךְ אַפַּיִם וְרַב־חָסֶד:
לֹא־לָנֶצַח יָרִיב וְלֹא לְעוֹלָם יִטּוֹר:

nen und jene werden weinen. Die Frommen werden weinen und sagen: „Wie konnten wir nur solch einen hohen Berg bezwingen!?“ Die Frevler werden weinen und sagen: „Wie konnten wir nur solch eine Haarfaser nicht bezwingen!?“

(bSukka 52a)

PSALM 103

Von David.

Preise den Ewigen, meine Seele!
Was in mir ist, preise Gottes heiligen Namen!
Preise den Ewigen, meine Seele!
Vergiss es nicht, was Gott dir Gutes getan hat!

Gott vergibt dir alle deine Verkehrungen
und heilt alle deine Wunden.
Gott erlöst dein Leben von der Vernichtung
und krönt dich mit Liebe und Barmherzigkeit.
Gott sättigt dich mit Gutem dein Leben lang
und gibt dir neue, jugendliche Kraft, einem Adler gleich.

Gott vollbringt Wohltaten
und setzt sich für das Recht derer ein, die unter Gewalt leiden.
Gott ließ Mose die Wege Gottes wissen
und ließ die Kinder Israels die Taten Gottes sehen.

Gnädig und barmherzig ist Gott,
nachsichtig und unendlich liebevoll.
Gott klagt nicht immerzu an
und hält am Zorn nicht fest.

לֹא כַחֲטָאֵינוּ עָשָׂה לָנוּ וְלֹא כַעֲוֹנֹתֵינוּ גָּמַל עָלֵינוּ:

כִּי כִגְבֹהַּ שָׁמַיִם עַל־הָאָרֶץ גָּבַר חַסְדּוֹ עַל־יְרֵאָיו:
כִּרְחֹק מִזְרָח מִמַּעֲרָב הִרְחִיק מִמֶּנּוּ אֶת־פְּשָׁעֵינוּ:

כְּרַחֵם אָב עַל־בָּנִים רִחַם יְהוָֹה עַל־יְרֵאָיו:
כִּי־הוּא יָדַע יִצְרֵנוּ זָכוּר כִּי־עָפָר אֲנָחְנוּ:

אֱנוֹשׁ כֶּחָצִיר יָמָיו כְּצִיץ הַשָּׂדֶה כֵּן יָצִיץ:
כִּי רוּחַ עָבְרָה־בּוֹ וְאֵינֶנּוּ וְלֹא־יַכִּירֶנּוּ עוֹד מְקוֹמוֹ:

וְחֶסֶד יְהוָֹה מֵעוֹלָם וְעַד־עוֹלָם עַל־יְרֵאָיו וְצִדְקָתוֹ לִבְנֵי בָנִים:
לְשֹׁמְרֵי בְרִיתוֹ וּלְזֹכְרֵי פִקֻּדָיו לַעֲשׂוֹתָם:

יְהוָֹה בַּשָּׁמַיִם הֵכִין כִּסְאוֹ וּמַלְכוּתוֹ בַּכֹּל מָשָׁלָה:
בָּרְכוּ יְהוָֹה מַלְאָכָיו גִּבֹּרֵי כֹחַ עֹשֵׂי דְבָרוֹ לִשְׁמֹעַ בְּקוֹל דְּבָרוֹ:

בָּרְכוּ יְהוָֹה כָּל־צְבָאָיו מְשָׁרְתָיו עֹשֵׂי רְצוֹנוֹ:
בָּרְכוּ יְהוָֹה כָּל־מַעֲשָׂיו בְּכָל־מְקֹמוֹת מֶמְשַׁלְתּוֹ

בָּרְכִי נַפְשִׁי אֶת־יְהוָֹה:

Gott handelte nicht an uns, wie es unseren Verfehlungen
entsprochen hätte
und ging nicht nach unseren Verkehrungen mit uns um.

Sondern so hoch, wie der Himmel über der Erde ist,
so groß ist Gottes Güte über allen, die an Gott glauben.
So fern, wie der Osten von Westen ist,
so fern lässt er unsere Freveltaten von uns sein.

Wie Eltern sich über ihre Kinder erbarmen,
so erbarmt sich Gott über die, die Gott achten.
Denn Gott weiß, was für Gebilde wir sind,
Gott denkt daran, dass wir nur Staub sind.

Ein Mensch ist wie ein Grashalm,
seine Lebenszeit wie eine Blume auf dem Feld.
Weht ein Sturm darüber, vergeht sie und ist nicht mehr da,
und man kennt nicht einmal mehr ihren Ort.

Die Güte Gottes aber besteht immer und ewig
über denen, die Gott achten,
und Gottes Wohltätigkeit überdauert die Generationen
all derer, die Gottes Bund halten
und die sich an die Anordnungen Gottes erinnern
und sie tun.

Gott hat im Himmel einen Thron für sich errichtet,
Gottes Herrschaft erstreckt sich über alles.
Preist den Ewigen, ihr Boten Gottes,
die ihr mit Macht das Wort Gottes ausführt,
dem Worte Gottes gehorsam.

Preist den Ewigen, alle Geschöpfe Gottes,
alle, die ihr Gott dient und den Willen Gottes tut.
Preist den Ewigen, ihr Werke Gottes,
an jedem Ort, an dem Gott herrscht.
Preise den Ewigen, meine Seele!

רִבּוֹן הָעוֹלָמִים וַאֲדֹנֵי הָאֲדֹנִים. לֹא עַל־צִדְקֹתֵינוּ אֲנַחְנוּ מַפִּילִים תַּחֲנוּנֵינוּ לְפָנֶיךָ. כִּי עַל־רַחֲמֶיךָ הָרַבִּים: אֲדֹנָי שְׁמָעָה. אֲדֹנָי סְלָחָה. אֲדֹנָי הַקְשִׁיבָה וַעֲשֵׂה:

מָה־אָנוּ:

עַל כָּרְחֲךָ אַתָּה נוֹלָד וְעַל כָּרְחֲךָ אַתָּה חַי וְעַל כָּרְחֲךָ אַתָּה מֵת וְעַל כָּרְחֲךָ אַתָּה עָתִיד לִתֵּן דִּין וְחֶשְׁבּוֹן לִפְנֵי מֶלֶךְ מַלְכֵי הַמְּלָכִים הַקָּדוֹשׁ בָּרוּךְ הוּא:

מֶה־חַיֵּינוּ:

מִצְוָה הִיא עַל כָּל־אָדָם שֶׁיִּהְיוּ לוֹ שְׁנֵי כִּיסִים בְּכֵלָיו. כְּדֵי שֶׁיּוּכַל לְהוֹשִׁיט יָדוֹ אֶל הָאֶחָד אוֹ אֶל הַשֵּׁנִי לְפִי הַצֹּרֶךְ: בְּכִיסוֹ הַיְמִינִי יִמָּצֵא אֶת־הַמִּלִּם. לְמַעֲנִי נִבְרָא הָעוֹלָם וּבִשְׂמָאלִי יִמָּצֵא. עָפָר וָאֵפֶר אָנֹכִי:

מֶה־חַסְדֵּנוּ:

כָּל־אַהֲבָה שֶׁהִיא־תְלוּיָה בְדָבָר בָּטֵל דָּבָר בְּטֵלָה אַהֲבָה וְשֶׁאֵינָהּ תְּלוּיָה בְדָבָר אֵינָהּ בְּטֵלָה לְעוֹלָם:

מַה־צִּדְקוֹתֵינוּ:

שֶׁאֵין אֲנַחְנוּ עַזֵּי פָנִים וּקְשֵׁי עֹרֶף לוֹמַר לְפָנֶיךָ יְיָ אֱלֹהֵינוּ וֵאלֹהֵי אֲבוֹתֵינוּ. צַדִּיקִים אֲנַחְנוּ וְלֹא חָטָאנוּ: אֲבָל אֲנַחְנוּ וַאֲבוֹתֵינוּ חָטָאנוּ:

מַה־יְּשׁוּעָתֵנוּ:

אַל־תְּבַקֵּשׁ גְּדֻלָּה לְעַצְמֶךָ וְאַל־תַּחְמֹד כָּבוֹד. יוֹתֵר מִלִּמּוּדְךָ עֲשֵׂה. וְאַל־תִּתְאַוֶּה לְשֻׁלְחָנָם שֶׁל־מְלָכִים. שֶׁשֻּׁלְחָנְךָ גָּדוֹל מִשֻּׁלְחָנָם וְכִתְרְךָ גָּדוֹל מִכִּתְרָם:

DER MENSCH IST SCHWACH

Ursprung aller menschlichen Stärke und Macht, dem allein unsere Ehre gebührt, nicht im Vertrauen auf unsere guten Taten legen wir dir unsere Bitten vor, sondern im Vertrauen auf dein großes Erbarmen. Gott, erhöre! Gott, verzeih! Gott, vernimm unser Gebet und handle!

Was sind wir?

> Gegen deinen Willen wurdest du geboren, gegen deinen Willen lebst du, gegen deinen Willen wirst du sterben. Dann wirst du gegen deinen Willen Rechenschaft ablegen müssen vor Gott – Gott hat die höchste Macht und Gottes Heiligkeit sei gepriesen!
>
> *(Sprüche der Väter 4,29)*

Was ist unser Leben?

> Jeder von euch muß zwei Taschen haben, nach Bedarf in die eine oder andere greifen zu können: in der rechten liegt das Wort: „Um meinetwillen ist die Welt erschaffen worden" *(mSanh 4,5)*, und in der linken: „Ich bin Erde und Asche" *(Gen 18,27)*.
>
> *(Bunam von Pzyscha)*

Was ist unsere Liebe?

> Wenn Liebe zweckgebunden ist, endet sie mit dem Zweck. Wenn aber Liebe nicht zweckgebunden ist, wird sie niemals enden.
>
> *(Sprüche der Väter 5,19)*

Was ist unsere Gerechtigkeit?

> Wir sind nicht so hochmütig und nicht so stur, dass wir … behaupten würden, wir seien gerecht und hätten nicht gesündigt. Vielmehr bekennen wir: Wir und unsere Vorfahren haben gesündigt. *(Widui)*

Was sind unsere Erfolge?

> Strebe nicht nach deinem eigenen Ruhm und nach deiner eigenen Ehre. Wichtiger als die Gelehrsamkeit ist das Tun. Strebe nicht nach dem Tisch der Mächtigen, denn dein Tisch ist besser als ihr Tisch, und deine Krone ist glanzvoller als ihre Krone.
>
> *(Sprüche der Väter 6,5)*

מַה־כֹּחֵנוּ:

יָרֵא לוֹ הָאָדָם מֵאוֹתָם הַדְּבָרִים אֲשֶׁר אֵינָם עֲשׂוּיִים לִפְגוֹעַ בּוֹ וְיוֹדֵעַ הוּא זֹאת. נִמְשָׁךְ הוּא אֶל אוֹתָם הַדְּבָרִים אֲשֶׁר אֵינָם עֲשׂוּיִים לְסַיֵּעַ בְּיָדוֹ וְיוֹדֵעַ הוּא זֹאת: אֶלָּא לְמַעֲשֶׂה אֵין הָאָדָם יָרֵא אֶלָּא מִזֶּה אֲשֶׁר בּוֹ בְּתוֹכוֹ. וְאֵינוֹ נִמְשָׁךְ אֶלָּא אֶל זֶה אֲשֶׁר בּוֹ:

מַה־גְּבוּרָתֵנוּ:

כֹּה אָמַר יְהוָֹה אַל־יִתְהַלֵּל חָכָם בְּחָכְמָתוֹ. וְאַל־יִתְהַלֵּל הַגִּבּוֹר בִּגְבוּרָתוֹ. אַל־יִתְהַלֵּל עָשִׁיר בְּעָשְׁרוֹ: כִּי אִם־בְּזֹאת יִתְהַלֵּל הַמִּתְהַלֵּל. הַשְׂכֵּל וְיָדֹעַ אוֹתִי:

מַה־נֹּאמַר לְפָנֶיךָ:

אָז אָמַרְתִּי הִנֵּה־בָאתִי בִּמְגִלַּת־סֵפֶר כָּתוּב עָלָי:
לַעֲשׂוֹת־רְצוֹנְךָ אֱלֹהַי חָפָצְתִּי וְתוֹרָתְךָ בְּתוֹךְ מֵעָי:

יְהוָֹה אֱלֹהֵינוּ וֵאלֹהֵי אֲבוֹתֵינוּ. הֲלֹא הַגִּבּוֹרִים כְּאַיִן לְפָנֶיךָ וְאַנְשֵׁי הַשֵּׁם כְּלֹא הָיוּ. וַחֲכָמִים כִּבְלִי מַדָּע. וּנְבוֹנִים כִּבְלִי הַשְׂכֵּל. כִּי רֹב מַעֲשֵׂינוּ תֹּהוּ. וִימֵי חַיֵּינוּ הֶבֶל לְפָנֶיךָ. וּמוֹתַר הָאָדָם מִן הַבְּהֵמָה אָיִן. כִּי הַכֹּל הָבֶל לְבַד הַנְּשָׁמָה הַטְּהוֹרָה שֶׁהִיא עֲתִידָה לִתֵּן דִּין וְחֶשְׁבּוֹן לִפְנֵי כִּסֵּא כְבוֹדֶךָ:

אֲבָל אֲנַחְנוּ עַמְּךָ בְּנֵי בְרִיתֶךָ. בְּנֵי אַבְרָהָם אוֹהַבְךָ שֶׁנִּשְׁבַּעְתָּ־לוֹ בְּהַר הַמּוֹרִיָּה. זֶרַע יִצְחָק עֲקֵדֶךָ שֶׁנֶּעֱקַד עַל גַּבֵּי הַמִּזְבֵּחַ. עֲדַת יַעֲקֹב בִּנְךָ בְכוֹרֶךָ. שֶׁמֵּאַהֲבָתְךָ שֶׁאָהַבְתָּ אוֹתוֹ וּמִשִּׂמְחָתְךָ שֶׁשָּׂמַחְתָּ בּוֹ קָרָאתָ שְׁמוֹ יִשְׂרָאֵל וִישֻׁרוּן:

Was ist unsere Kraft?

> Der Mensch ängstet sich vor Dingen, die ihm nichts antun können, und er weiß es; und er gelüstet nach Dingen, die ihm nicht fruchten können, und er weiß es; aber in Wahrheit ist es ein Ding im Menschen selbst, vor dem er sich ängstet, und es ist ein Ding im Menschen selbst, nach dem er gelüstet. *(Nachman von Braclaw)*

Was ist unsere Stärke?

> Der Weise rühme sich nicht seiner Weisheit. Der Starke rühme sich nicht seiner Stärke. Der Reiche rühme sich nicht seines Reichtums. Sondern wer sich rühmen will, der rühme sich dessen, dass er Einsicht hat und mich kennt. *(Jeremia 9,22-23)*

Was könnten wir in deiner Gegenwart sagen?

> Ich sagte: „Siehe, ich komme mit einem Buch, in dem über mich geschrieben steht. Mein Gott, ich habe Gefallen daran, deinen Willen zu tun. Deine Thora habe ich verinnerlicht." *(Psalm 40,8-9)*

Ewiger, unser Gott und Gott unserer Vorfahren – ist nicht unsere Kraft wie nichts vor dir? Und sind nicht ruhmreiche Menschen so, als wären sie nie gewesen? Sind nicht Kluge vor dir wie solche ohne Wissen, und Intelligente wie solche ohne Einsicht? Ja, die meisten unserer Werke sind vor dir wie Nichtigkeiten, und die Tage unseres Lebens sind wie nichts vor dir. Sogar „der Vorrang des Menschen vor den Tieren wird bedeutungslos." *(Koh 3,19)* Ja, alles ist wie nichts vor dir – außer einer reinen Seele. Denn diese wird eines Tages in ihrer Verantwortlichkeit ernst genommen werden vor dem Thron deiner Herrlichkeit.

ISRAEL IST ERWÄHLT

Wir aber sind dein Volk, die Kinder deines Bundes. Wir sind die Kinder Abrahams, den du geliebt hast und dem du auf dem Berg Moria eine Verheißung gegeben hast. Wir sind die Nachkommen Isaaks, der für dich auf dem Altar gebunden wurde. Wir sind die Gemeinde Jakobs, deines erstgeborenen Sohnes, dem du wegen der Liebe und der Freude, die du für ihn empfunden hast, die Namen „Israel" *(Gen 32,29)* und „Jeschurun" *(Dtn 33,26)* gegeben hast.

לְפִיכָךְ אֲנַחְנוּ חַיָּבִים לְהוֹדוֹת לְךָ וּלְשַׁבֵּחֲךָ וּלְפָאֶרְךָ. וּלְבָרֵךְ וּלְקַדֵּשׁ וְלָתֵת שֶׁבַח וְהוֹדָיָה לִשְׁמֶךָ: אַשְׁרֵינוּ. מַה־טּוֹב חֶלְקֵנוּ. וּמַה־נָּעִים גּוֹרָלֵנוּ וּמַה־יָּפָה יְרֻשָּׁתֵנוּ: אַשְׁרֵינוּ שֶׁאָנוּ מַשְׁכִּימִים וּמַעֲרִיבִים עֶרֶב וָבֹקֶר. וְאוֹמְרִים פַּעֲמַיִם בְּכָל־יוֹם.

שְׁמַ**ע** יִשְׂרָאֵל. יְהוָֹה אֱלֹהֵינוּ יְהוָֹה אֶחָ**ד**:

בָּרוּךְ שֵׁם כְּבוֹד מַלְכוּתוֹ לְעוֹלָם וָעֶד:

אַתָּה הוּא אֶחָד קוֹדֶם שֶׁבָּרָאתָ הָעוֹלָם.
וְאַתָּה הוּא אֶחָד לְאַחַר שֶׁבָּרָאתָ הָעוֹלָם.
אַתָּה הוּא אֵל בָּעוֹלָם הַזֶּה.
וְאַתָּה הוּא אֵל בָּעוֹלָם הַבָּא.
אַתָּה הוּא וּשְׁנוֹתֶיךָ לֹא יִתָּמּוּ:

קַדֵּשׁ אֶת־שִׁמְךָ בְּעוֹלָמְךָ עַל עַם מְקַדְּשֵׁי שְׁמֶךָ. וּבִישׁוּעָתְךָ תָּרִים וְתַגְבִּיהַּ קַרְנֵנוּ. וְתוֹשִׁיעֵנוּ בְּקָרוֹב לְמַעַן שְׁמֶךָ: בָּרוּךְ אַתָּה יְיָ. מְקַדֵּשׁ אֶת־שִׁמְךָ בָּרַבִּים:

אַתָּה הוּא יְיָ הָאֱלֹהִים. בַּשָּׁמַיִם מִמַּעַל וְעַל הָאָרֶץ מִתָּחַת:

אַתָּה הוּא רִאשׁוֹן וְאַתָּה הוּא אַחֲרוֹן. וּמִבַּלְעָדֶיךָ אֵין אֱלֹהִים: קַבֵּץ נְפוּצוֹת קוֶֹיךָ מֵאַרְבַּע כַּנְפוֹת הָאָרֶץ. יַכִּירוּ וְיֵדְעוּ כָּל־בָּאֵי עוֹלָם. כִּי אַתָּה הוּא הָאֱלֹהִים לְבַדְּךָ לְכָל־מַמְלְכוֹת הָאָרֶץ:

אַתָּה עָשִׂיתָ אֶת־הַשָּׁמַיִם וְאֶת־הָאָרֶץ. אֶת־הַיָּם וְאֶת־כָּל־אֲשֶׁר בָּם. וּמִי בְּכָל־מַעֲשֵׂי יָדֶיךָ בָּעֶלְיוֹנִים וּבַתַּחְתּוֹנִים. שֶׁיֹּאמַר לְךָ מַה־תַּעֲשֶׂה וּמַה־תִּפְעָל:

אָבִינוּ שֶׁבַּשָּׁמַיִם. עֲשֵׂה עִמָּנוּ צְדָקָה וָחֶסֶד. בַּעֲבוּר שִׁמְךָ הַגָּדוֹל הַגִּבּוֹר וְהַנּוֹרָא שֶׁנִּקְרָא עָלֵינוּ. וְקַיֵּם לָנוּ יְיָ אֱלֹהֵינוּ אֶת־הַדָּבָר שֶׁהִבְטַחְתָּנוּ. בָּעֵת הַהִיא אָבִיא אֶתְכֶם וּבָעֵת קַבְּצִי אֶתְכֶם. כִּי־אֶתֵּן אֶתְכֶם לְשֵׁם וְלִתְהִלָּה בְּכֹל עַמֵּי הָאָרֶץ. בְּשׁוּבִי אֶת־שְׁבוּתֵיכֶם לְעֵינֵיכֶם. אָמַר יְיָ:

Deshalb müssen wir dir danken, dich loben und rühmen. Wir sind verpflichet, dich zu preisen und deine Heiligkeit zu verkünden; wir haben deinem Namen Preis und Dank zu erweisen. Wir können uns glücklich preisen. Wie schön ist unser Teil! Und wie angenehm unser Los und wie herrlich unsere Erbschaft! Wir können uns glücklich preisen, dass wir täglich zweimal, morgens und abends bekennen:

Höre Israel, der Ewige ist Gott, der Ewige ist einzig. *(Dtn 6,4)*
Gepriesen sei Gottes ruhmreiche Herrschaft immer und ewig! *(mJoma 6,2)*

Du warst einzig, bevor du die Welt geschaffen hast. Du bist einzig, nachdem du die Welt geschaffen hast. Du bist Gott in dieser Welt. Du bist Gott in der kommenden Welt. Du bist, und deine Jahre werden nie enden. Lass die Heiligkeit deines Namens in deiner ganzen Welt bekannt werden durch das Volk, das deinen Namen heiligt. Erhöhe uns durch deine Hilfe und erhalte unsere Kraft. Hilf uns schnell um deines Namens willen. Gepriesen seist du, Ewiger. Du lässt die Heiligkeit deines Namens in vielerlei Weisen bekannt werden.

Du, Ewiger, bist Gott, im Himmel droben und auf der Erde unten. Du bist zuerst und du bist zuletzt. Keinen Gott gibt es außer dir. Du sammelst die Zerstreuten derer, die auf dich hoffen, von allen Ecken der Erde zusammen. Alle, die auf der Erde wohnen, sollen erkennen und wissen, dass du allein Gott bist über alle Herrschaftsgebiete der Erde. Du hast den Himmel und die Erde gemacht, das Meer und alles, was darin ist. Wer von all den Werken deiner Hände oben und unten könnte dir vorwerfen: „Was hast du gemacht? Was hast du getan?“

Gott im Himmel, erweise uns deine Wohltätigkeit und Liebe um deines großen Namens willen, dem alle Ehrfurcht gebührt und nach dem wir benannt sind. Ewiger, unser Gott, erfülle an uns das Wort, auf das du uns so fest hast vertrauen lassen: „In jener Zeit bringe ich euch heim, in jener Zeit führe ich euch wieder zusammen. Ja, ich verleihe euch Ansehen und Ruhm bei allen Völkern der Erde, wenn ich vor euren Augen euer Geschick wende, spricht der Ewige.“ *(Zef 3,20)*

יְיָ מֶלֶךְ. יְיָ מָלָךְ. יְיָ יִמְלֹךְ לְעוֹלָם וָעֶד:

וְהָיָה יְיָ לְמֶלֶךְ עַל־כָּל־הָאָרֶץ. בַּיּוֹם הַהוּא יִהְיֶה יְיָ אֶחָד וּשְׁמוֹ אֶחָד: הוֹשִׁיעֵנוּ יְיָ אֱלֹהֵינוּ. לְהוֹדוֹת לְשֵׁם קָדְשֶׁךָ לְהִשְׁתַּבֵּחַ בִּתְהִלָּתֶךָ: בָּרוּךְ יְיָ אֱלֹהֵי יִשְׂרָאֵל מִן־הָעוֹלָם וְעַד הָעוֹלָם. וְאָמַר כָּל־הָעָם אָמֵן. הַלְלוּיָהּ: כֹּל הַנְּשָׁמָה תְּהַלֵּל יָהּ. הַלְלוּיָהּ:

Am Schabbat:

תהלים צב

מִזְמוֹר שִׁיר לְיוֹם הַשַּׁבָּת:

טוֹב לְהוֹדוֹת לַיהוָה וּלְזַמֵּר לְשִׁמְךָ עֶלְיוֹן:
לְהַגִּיד בַּבֹּקֶר חַסְדֶּךָ וֶאֱמוּנָתְךָ בַּלֵּילוֹת:
עֲלֵי־עָשׂוֹר וַעֲלֵי־נָבֶל עֲלֵי הִגָּיוֹן בְּכִנּוֹר:
כִּי שִׂמַּחְתַּנִי יְהוָה בְּפָעֳלֶךָ בְּמַעֲשֵׂי יָדֶיךָ אֲרַנֵּן:

מַה־גָּדְלוּ מַעֲשֶׂיךָ יְהוָה מְאֹד עָמְקוּ מַחְשְׁבֹתֶיךָ:
אִישׁ־בַּעַר לֹא יֵדָע וּכְסִיל לֹא־יָבִין אֶת־זֹאת:
בִּפְרֹחַ רְשָׁעִים כְּמוֹ־עֵשֶׂב וַיָּצִיצוּ כָּל־פֹּעֲלֵי אָוֶן
לְהִשָּׁמְדָם עֲדֵי־עַד:

וְאַתָּה מָרוֹם לְעֹלָם יְהוָה:

כִּי הִנֵּה אֹיְבֶיךָ יְהוָה כִּי־הִנֵּה אֹיְבֶיךָ יֹאבֵדוּ
יִתְפָּרְדוּ כָּל־פֹּעֲלֵי אָוֶן:
וַתָּרֶם כִּרְאֵים קַרְנִי בַּלֹּתִי בְּשֶׁמֶן רַעֲנָן:
וַתַּבֵּט עֵינִי בְּשׁוּרָי בַּקָּמִים עָלַי מְרֵעִים
תִּשְׁמַעְנָה אָזְנָי:

Gott regiert, Gott hat regiert, und regieren wird Gott bis in Ewigkeit.

Dann wird Gott über die ganze Erde regieren. An jenem Tag wird Gott einzig sein und Gottes Name der Einzige. *(Sach 14,9)*
Hilf uns, Ewiger, unser Gott, dass wir deinen heiligen Namen preisen und gepriesen werden, weil wir dich loben.
Gepriesen sei der Ewige, Israels Gott, vom Anfang bis ans Ende der Zeiten. Alles Volk soll sprechen: Amen. Halleluja! *(Ps 106,47-48)*
Alles, was Atem hat, singe Lob unserm Gott! Halleluja! *(Ps 150,6)*

Am Schabbat:

PSALM 92

Ein Psalm. Ein Lied für den Schabbattag.

Es ist schön, dem Ewigen zu danken,
deinem Namen, du Höchster, zu singen,
am Morgen deine Huld zu verkünden
und in den Nächten deine Treue,
zur zehnsaitigen Laute, zur Zither,
zum Klang der Harfe.
Denn du hast mich durch deine Taten froh gemacht;
Gott, ich will jubeln über die Werke deiner Hände.

Wie groß sind deine Werke, o Gott,
wie tief sind deine Gedanken!
Ein Mensch ohne Einsicht erkennt das nicht,
ein Tor kann es nicht verstehen.
Wenn auch das Böse gedeiht
und das Unrecht wächst,
so nur, damit du es für immer vernichtest.

Doch du bist bis in alle Ewigkeit erhöht, mein Gott!

Deine Feinde, Gott, wahrhaftig, deine Feinde vergehen;
auseinandergetrieben werden alle, die Unrecht tun.
Du hast mich stark gemacht wie einen Stier,
du hast mich mit frischem Öl gesalbt.
Mein Auge blickt herab auf meine Verfolger
und auf alle, die sich gegen mich erheben;
mein Ohr hört vom Geschick der Bösen.

צַדִּיק כַּתָּמָר יִפְרָח כְּאֶרֶז בַּלְּבָנוֹן יִשְׂגֶּה:
שְׁתוּלִים בְּבֵית יְהוָֹה בְּחַצְרוֹת אֱלֹהֵינוּ יַפְרִיחוּ:
עוֹד יְנוּבוּן בְּשֵׂיבָה דְּשֵׁנִים וְרַעֲנַנִּים יִהְיוּ:
לְהַגִּיד כִּי־יָשָׁר יְהוָֹה צוּרִי וְלֹא־עַוְלָתָה בּוֹ:

Am Schabbat:

תהלים צג

יְהוָֹה מָלָךְ גֵּאוּת לָבֵשׁ לָבֵשׁ יְהוָֹה עֹז הִתְאַזָּר
אַף־תִּכּוֹן תֵּבֵל בַּל־תִּמּוֹט:
נָכוֹן כִּסְאֲךָ מֵאָז מֵעוֹלָם אָתָּה:
נָשְׂאוּ נְהָרוֹת יְהוָֹה נָשְׂאוּ נְהָרוֹת קוֹלָם
יִשְׂאוּ נְהָרוֹת דָּכְיָם:
מִקֹּלוֹת מַיִם רַבִּים אַדִּירִים מִשְׁבְּרֵי־יָם
אַדִּיר בַּמָּרוֹם יְהוָֹה:
עֵדֹתֶיךָ נֶאֶמְנוּ מְאֹד לְבֵיתְךָ נַאֲוָה־קֹדֶשׁ
יְהוָֹה לְאֹרֶךְ יָמִים:

Alle, die gerecht sind, werden gedeihen wie die Palme
und wachsen wie die Zedern des Libanon.
Gepflanzt im Hause Gottes
gedeihen sie in den Vorhöfen unseres Gottes.
Sie tragen Frucht noch im Alter
und bleiben voll Saft und Frische;
sie verkünden: Gerecht ist der Ewige;
Gott ist mein Fels, an dem kein Unrecht ist.

Am Schabbat:

PSALM 93

Der Ewige ist König,
bekleidet mit Hoheit;
Gott hat sich bekleidet
und mit Macht umgürtet.

Der Erdkreis ist fest gegründet,
nie wird er wanken.
Dein Thron steht fest von Anbeginn,
du bist seit Ewigkeit.

Fluten erheben sich, Gott,
Fluten erheben ihr Brausen,
Fluten erheben ihr Tosen.

Gewaltiger als das Tosen vieler Wasser,
gewaltiger als die Brandung des Meeres
ist Gott in der Höhe.

Deine Gesetze sind fest und verlässlich;
Gott, deinem Haus gebührt Heiligkeit für alle Zeiten.

Gott, du bist unser Leben, unsere Mitte und der Sinn unserer Reise auf der Erde. Unsere Liebe, unsere Wahrheit und unsere Güte – all dies sind die Zeichen jenes ewigen Lebens, das du in uns eingepflanzt hast. Ohne sie hätten wir nur die Konturen des Lebens, aber mit ihnen ist das Leben Wirklichkeit.

Mögen einige der Worte dieser Psalmen und Gedichte in unserem Gedächtnis bleiben, damit wir in den Veränderungen und Herausforderungen unseres Lebens deine Gegenwart in uns nicht vergessen und die Wunder, die du durch uns vollbringen kannst.

Einer oder mehrere der folgenden Abschnitte können hier gelesen werden:

א

תְּפִלָּה לְמֹשֶׁה אִישׁ־הָאֱלֹהִים

תהלים צ

אֲדֹנָי מָעוֹן אַתָּה הָיִיתָ לָּנוּ בְּדֹר וָדֹר׃
בְּטֶרֶם הָרִים יֻלָּדוּ וַתְּחוֹלֵל אֶרֶץ וְתֵבֵל
וּמֵעוֹלָם עַד־עוֹלָם אַתָּה אֵל׃

תָּשֵׁב אֱנוֹשׁ עַד־דַּכָּא וַתֹּאמֶר שׁוּבוּ בְנֵי־אָדָם׃
כִּי אֶלֶף שָׁנִים בְּעֵינֶיךָ כְּיוֹם אֶתְמוֹל כִּי יַעֲבֹר
וְאַשְׁמוּרָה בַלָּיְלָה׃

זְרַמְתָּם שֵׁנָה יִהְיוּ בַּבֹּקֶר כֶּחָצִיר יַחֲלֹף׃
בַּבֹּקֶר יָצִיץ וְחָלָף לָעֶרֶב יְמוֹלֵל וְיָבֵשׁ׃

כִּי־כָלִינוּ בְאַפֶּךָ וּבַחֲמָתְךָ נִבְהָלְנוּ׃
שַׁתָּה עֲוֹנֹתֵינוּ לְנֶגְדֶּךָ עֲלֻמֵנוּ לִמְאוֹר פָּנֶיךָ׃
כִּי כָל־יָמֵינוּ פָּנוּ בְעֶבְרָתֶךָ כִּלִּינוּ שָׁנֵינוּ כְמוֹ־הֶגֶה׃

יְמֵי־שְׁנוֹתֵינוּ בָהֶם שִׁבְעִים שָׁנָה וְאִם בִּגְבוּרֹת שְׁמוֹנִים שָׁנָה
וְרָהְבָּם עָמָל וָאָוֶן כִּי־גָז חִישׁ וַנָּעֻפָה׃

מִי־יוֹדֵעַ עֹז אַפֶּךָ וּכְיִרְאָתְךָ עֶבְרָתֶךָ׃
לִמְנוֹת יָמֵינוּ כֵּן הוֹדַע וְנָבִא לְבַב חָכְמָה׃

DIE GEGENWART GOTTES IN UNSEREM LEBEN

Gott, du bist unser Leben, unsere Mitte und der Sinn unserer Reise auf der Erde. Unsere Liebe, unsere Wahrheit und unsere Güte – all dies sind die Zeichen jenes ewigen Lebens, das du in uns eingepflanzt hast. Ohne sie hätten wir nur die Konturen des Lebens, aber mit ihnen ist das Leben Wirklichkeit.

Mögen einige der Worte dieser Psalmen und Gedichte in unserem Gedächtnis bleiben, damit wir in den Veränderungen und Herausforderungen unseres Lebens deine Gegenwart in uns nicht vergessen und die Wunder, die du durch uns vollbringen kannst.

Einer oder mehrere der folgenden Abschnitte können hier gelesen werden:

I

PSALM 90

UNSERE WOHNUNG VON GENERATION ZU GENERATION

Ein Gebet Moses, des Mannes Gottes.

Du Gott warst die Wohnung für uns von Generation zu Generation.
Ehe die Berge geboren wurden und der Erdkreis gebar,
warst und bist du Gott von Ewigkeiten bis in Ewigkeit.
Du lässt einen Menschen zum Staub zurückkehren
und sprichst: „Kommt zurück zu mir, Menschenkinder!“
Ja, tausend Jahre sind in deinen Augen
wie der Tag, der gestern vergangen ist
und wie eine Nachwache.
Du setzt ihnen ein Ende, sie sind wie ein Schlaf;
wie ein Gras, das am Morgen wächst.
Am Morgen sprießt es und wächst,
abends ist es verwelkt und vertrocknet.
Ja, wir vergehen durch deinen Zorn
und werden vernichtet durch deine Zornesglut.
Du setzt unsere Sünden vor dich,
unsere Heimlichkeiten bringst du ins Licht deines Angesichtes.
Ja, alle unsere Tage verstreichen durch deinen Ärger,
unsere Jahre schwinden wie ein Seufzen.
Unsere Lebenszeit dauert siebzig Jahre,
oder, wenn es hoch kommt, achtzig Jahre,
und sie sind voll von Mühe und Leere;
ja, schnell ziehen sie vorüber und fliegen davon.
Wer ahnt die Kraft deines Zorns,
oder wüsste, wie groß die Furcht vor deinem Ärger ist?
Lehre uns, unsere Tage zu zählen,
dann erhalten wir ein weises Herz.

שׁוּבָה יְיָ עַד־מָתָי וְהִנָּחֵם עַל־עֲבָדֶיךָ׃
שַׂבְּעֵנוּ בַבֹּקֶר חַסְדֶּךָ וּנְרַנְּנָה וְנִשְׂמְחָה בְּכָל־יָמֵינוּ׃
שַׂמְּחֵנוּ כִּימוֹת עִנִּיתָנוּ שְׁנוֹת רָאִינוּ רָעָה׃

יֵרָאֶה אֶל־עֲבָדֶיךָ פָעֳלֶךָ וַהֲדָרְךָ עַל־בְּנֵיהֶם׃
וִיהִי נֹעַם אֲדֹנָי אֱלֹהֵינוּ עָלֵינוּ וּמַעֲשֵׂה יָדֵינוּ כּוֹנְנָה עָלֵינוּ
וּמַעֲשֵׂה יָדֵינוּ כּוֹנְנֵהוּ׃

II DAS GOTTES-HAUS

Das Gotteshaus verschließt den Sehnenden sich nicht,
und nie wird auf des Leuchters Arm gelöscht das Licht.
Bei Gottes Haus soll'n alle Wege sich verbinden.
Die Tauben fliegen hierher, um ein Nest zu finden.
Und wenn am Ende toller Tage, wilder Nächte,
du windest dich in Dunkelheit, teuflische Mächte
dich irreführ'n, dein Haupt voll Asche aus der Glut,
unter den Füßen Treibsand, schwer wie Blei dein Blut,
wird Gottes Haus still in der stillen Lichtung liegen.
Es wird nicht schelten, tadeln, spotten oder rügen.
Weit offen steht die Tür, das Licht brennt drinnen hell,
und keiner winkt dich her und keiner weist dich schnell
zurück. Zum Segnen wartet Liebe in der Tür.
Sie heilt die Wunden, lindert wehe Trübsal dir.

(Yehoash; Übersetzung von Gesine Popp)

III GOTT, DU SOLLST MICH LEITEN!

Gott, führe mich auf meinen Pilgerwegen,
Friede wird dann, was auch geschieht, mich begleiten.
Dunkel der Morgen, tief sich Wolken legen:
Gott, du sollst mich leiten.

Lass Sündennebel mich von dir nicht trennen.
Durchbrich sie mit der Gnade gold'nem Strahl.
als deine Prüfung werd ich's dann erkennen.

Sei Stütze, wenn der Weg mir wird zur Plage.
Im Sturm soll dein Schutz über mir sich weiten.
Durch Leben, Tod, bis zum himmlischen Tage:
Gott, du sollst mich leiten.

(Alice Lucas; Übersetzung von Gesine Popp)

Kehre um zu uns, Gott!
Erbarme dich über die, die dir dienen.
Sättige uns am Morgen mit deiner Güte,
dann können wir alle Tage unseres Lebens jubeln und fröhlich sein.
Erfreue uns soviele Tage, wie du uns gebeugt hast,
soviele Jahre, wie wir Unglück erfuhren.
Lass die, die dir dienen, dein Werk sehen,
zeige deinen Kindern deine Pracht.
Die Wonne des lebendigen Gottes sei mit uns.
sie unterstütze uns in unserem Werk,
sie unterstütze das Werk unserer Hände.

IV GOTT IN MIR

Mit einem einzigen Buchstaben all deiner unzähligen Namen
hast du dich in mich hineingeschnitten
und lebst in mir
dein eigenes, brennendes Leben.

Mit dem Schlag nur eines deiner unzähligen Namen
hast du dich in mich hineingeschlagen,
wo du dich nährst,
wachsend,
an meinem Herzensblut.

Bald und plötzlich
wirst du mich spalten von innen heraus.
Du wirst all meine Splitter einsammeln
und du liebst diesen zerbrochenen Haufen von Fragementen,
mein Gott. *(Malka Heifetz Tussman)*

V DIE SUCHE NACH GOTT

Ob du meine Stimme hörst, du bist mir so fern.
Ob du meine Stimme hörst, wo immer du auch bist?
Eine Stimme ruft mit Macht, eine Stimme seufzt schweigend.
Und immerzu wartet sie voller Hoffnung auf Segen.

Diese Erde ist weit, ihrer Wege sind viele.
Sie treffen sich kurz, um sich für immer zu trennen.
Ein Mensch ist auf der Suche, doch seine Füße stolpern.
Es gelingt ihm nicht zu finden, was er verlor.

Vielleicht ist mein letzter Tag mir schon ganz nah,
nah jener Tag, an dem die Abschiedstränen fließen.
Ich warte auf dich, bis mein Leben verlischt,
wie Rahel gewartet hat auf ihren Geliebten.

(Rachel)

ברוך שאמר

בָּרוּךְ שֶׁאָמַר וְהָיָה הָעוֹלָם.
בָּרוּךְ אוֹמֵר וְעֹשֶׂה.
בָּרוּךְ גּוֹזֵר וּמְקַיֵּם.
בָּרוּךְ עֹשֶׂה בְרֵאשִׁית.
בָּרוּךְ מְרַחֵם עַל הָאָרֶץ.
בָּרוּךְ מְרַחֵם עַל הַבְּרִיּוֹת.
בָּרוּךְ מְשַׁלֵּם שָׂכָר טוֹב לִירֵאָיו.
בָּרוּךְ מַעֲבִיר אֲפֵלָה וּמֵבִיא אוֹרָה.
בָּרוּךְ אֵל חַי לָעַד וְקַיָּם לָנֶצַח.
בָּרוּךְ שֶׁאֵין לְפָנָיו עַוְלָה וְלֹא שִׁכְחָה וְלֹא מַשּׂוֹא פָנִים וְלֹא מִקַּח שֹׁחַד. צַדִּיק הוּא בְּכָל־דְּרָכָיו וְחָסִיד בְּכָל־מַעֲשָׂיו.
בָּרוּךְ פּוֹדֶה וּמַצִּיל.
בָּרוּךְ שֶׁנָּתַן לְעַמּוֹ יִשְׂרָאֵל אֶת־יוֹם (הַשַּׁבָּת הַזֶּה. וְאֶת־יוֹם) הַזִּכָּרוֹן הַזֶּה. וְאֶת־יוֹם טוֹב מִקְרָא קֹדֶשׁ הַזֶּה:
בָּרוּךְ הוּא וּבָרוּךְ שְׁמוֹ.
וּבָרוּךְ זִכְרוֹ לְעוֹלְמֵי עַד:
בָּרוּךְ אַתָּה יְיָ אֱלֹהֵינוּ מֶלֶךְ הָעוֹלָם. הַמֶּלֶךְ הַגָּדוֹל וְהַקָּדוֹשׁ. אָב הָרַחֲמָן. מְהֻלָּל בְּפִי עַמּוֹ. מְשֻׁבָּח וּמְפֹאָר בִּלְשׁוֹן כָּל־חֲסִידָיו וַעֲבָדָיו: וּבְשִׁירֵי דָוִד עַבְדְּךָ נְהַלֶּלְךָ יְיָ אֱלֹהֵינוּ בִּשְׁבָחוֹת וּבִזְמִירוֹת נְהוֹדְךָ נְגַדֶּלְךָ נְפָאֶרְךָ וְנַמְלִיכְךָ וְנַזְכִּיר שִׁמְךָ מַלְכֵּנוּ אֱלֹהֵינוּ. יָחִיד חֵי הָעוֹלָמִים. מְשֻׁבָּח וּמְפֹאָר שְׁמוֹ עֲדֵי־עַד: בָּרוּךְ אַתָּה יְיָ. מֶלֶךְ מְהֻלָּל בַּתִּשְׁבָּחוֹת:

וַיְבָרֶךְ דָּוִיד אֶת־יְהוָה לְעֵינֵי כָּל־הַקָּהָל · וַיֹּאמֶר דָּוִיד · בָּרוּךְ אַתָּה יְהוָה אֱלֹהֵי יִשְׂרָאֵל אָבִינוּ מֵעוֹלָם וְעַד־עוֹלָם: לְךָ יְהוָה הַגְּדֻלָּה וְהַגְּבוּרָה וְהַתִּפְאֶרֶת וְהַנֵּצַח וְהַהוֹד · כִּי־כֹל בַּשָּׁמַיִם וּבָאָרֶץ לְךָ יְהוָה הַמַּמְלָכָה וְהַמִּתְנַשֵּׂא לְכֹל לְרֹאשׁ: וְהָעֹשֶׁר וְהַכָּבוֹד מִלְּפָנֶיךָ · וְאַתָּה מוֹשֵׁל בַּכֹּל ·

Gepriesen sei Gott; durch Gottes Wort besteht die Welt.
Gepriesen sei Gott; Gottes Wort geschieht.
Gepriesen sei Gott; Gott trifft Entscheidungen und führt sie aus.
Gepriesen sei Gott; Gott hat alles geschaffen.
Gepriesen sei Gott; Gott nimmt sich der Erde an.
Gepriesen sei Gott; Gott nimmt sich der Geschöpfe an.
Gepriesen sei Gott; Gott zahlt guten Lohn denen, die Gott lieben.
Gepriesen sei Gott; Gott lässt die Dunkelheit vergehen und bringt Licht.
Gepriesen sei Gott; Gott ist für alle Zeit lebendig und dauerhaft beständig.
Gepriesen sei Gott; Gott ist ohne Verkehrtheit und Vergesslichkeit, Gott ist unparteilich und unbestechbar. Gott ist in jeder Hinsicht gerecht und treu in allen Taten.
Gepriesen sei Gott; Gott befreit und rettet.
Gepriesen sei Gott; Gott gewährt dem Volk Israel (diesen Schabbattag und) diesen Tag der Versöhnung, diesen Tag der Vergebung der Verkehrung und diesen Tag heiliger Versammlung.
Gepriesen sei Gott; gepriesen sei Gottes Name; gepriesen sei die Anrufung des Namens immer und ewig.

Gepriesen seist du, Ewiger, unser Gott; du regierst die Welt in Größe und Heiligkeit. Du bist der Ursprung allen Erbarmens. Du wirst gepriesen durch dein Volk. Du wirst gelobt und verherrlicht im Munde aller, die an dich glauben und dir dienen. Wir wollen dich loben mit den Liedern, die David, dein Knecht, schrieb. Mit Gebeten und Liedern wollen wir dir danken, deine Größe und deine Ehre bekannt machen, deine Herrschaft verkünden und deinen Namen in Erinnerung bringen, unser Gott. Du, unser Gott, regierst über uns. Du allein bist das Leben der ganzen Welt – gepriesen und verherrlicht sei dein Name bis in Ewigkeit. Gepriesen seist du, Ewiger. Du regierst; alle unsere Lobsprüche preisen dich.

Da pries David Gott vor der ganzen Versammlung und rief: Gepriesen seist du, Ewiger, Gott unseres Vaters Israel, von Ewigkeit zu Ewigkeit. Dein Eigen, Gott, sind Größe und Macht, Ruhm, Pracht und Hoheit. Dir gehört alles im Himmel und auf Erden. Dein, Gott, ist die Herrschaft und du erhebst dich als Haupt über alles. Reichtum und Ehre kommen von dir. Du herrschst über alles. In deiner Hand liegen Kraft

וּבְיָדְךָ כֹּחַ וּגְבוּרָה · וּבְיָדְךָ לְגַדֵּל וּלְחַזֵּק לַכֹּל: וְעַתָּה אֱלֹהֵינוּ מוֹדִים אֲנַחְנוּ לָךְ · וּמְהַלְלִים לְשֵׁם תִּפְאַרְתֶּךָ:

וְכִי מִי אֲנִי וּמִי עַמִּי כִּי־נַעְצֹר כֹּחַ לְהִתְנַדֵּב כָּזֹאת. כִּי־מִמְּךָ הַכֹּל וּמִיָּדְךָ נָתַנּוּ לָךְ: כִּי־גֵרִים אֲנַחְנוּ לְפָנֶיךָ וְתוֹשָׁבִים כְּכָל־אֲבֹתֵינוּ. כַּצֵּל יָמֵינוּ עַל־הָאָרֶץ וְאֵין מִקְוֶה:
וְיָדַעְתִּי אֱלֹהַי. כִּי אַתָּה בֹּחֵן לֵבָב וּמֵישָׁרִים תִּרְצֶה. אֲנִי בְּיֹשֶׁר לְבָבִי הִתְנַדַּבְתִּי כָל־אֵלֶּה. וְעַתָּה עַמְּךָ הַנִּמְצְאוּ־פֹה רָאִיתִי בְשִׂמְחָה לְהִתְנַדֶּב־לָךְ: יְיָ אֱלֹהֵי אַבְרָהָם יִצְחָק וְיִשְׂרָאֵל אֲבֹתֵינוּ. שָׁמְרָה־זֹּאת לְעוֹלָם לְיֵצֶר מַחְשְׁבוֹת לְבַב עַמֶּךָ. וְהָכֵן לְבָבָם אֵלֶיךָ:

Ein Pijjut zur Vorbereitung auf Nischmat:

אֱלֹהִים אֵלִי אַתָּה.
אֲשַׁחֶרְךָ בְּסוֹד סְגֻלָּתֶךָ. אֱמוּנָתְךָ אוֹדִיעַ וְאַגִּיד גְּדֻלָּתֶךָ.
בְּקָרְאִי עֲנֵנִי. יוֹם אָקוּם בְּקֶרֶב קְהִלָּתֶךָ.
יְיָ שְׂפָתַי תִּפְתָּח. וּפִי יַגִּיד תְּהִלָּתֶךָ:

אֱלֹהִים אֵלִי אַתָּה.
נֶגְדְּךָ עֲלוּמַי נֶחְשָׂפוּ. נַפְשִׁי וְעַצְמוֹתַי מִפַּחְדְּךָ שֻׁסָּפוּ.
בְּקָרְאִי עֲנֵנִי. יוֹם נְבוּכִים לְיִשְׁעֲךָ נִכְסָפוּ.
נְדִיבֵי עַמִּים נֶאֱסָפוּ:

אֱלֹהִים אֵלִי אָתָּה.
הִנְנִי לְפָנֶיךָ בְּאַשְׁמִי. הָעֲוֹנוֹת אִם־תִּשְׁמָר־יָהּ.
אֲדֹנָי מִי יַעֲמוֹד מִי.
בְּקָרְאִי עֲנֵנִי. יוֹם זֶה אַל תָּבֹא בְּמִשְׁפָּט עִמִּי.
הֵן בְּעָוֹן חוֹלָלְתִּי. וּבְחֵטְא יֶחֱמַתְנִי אִמִּי:

und Macht. Durch deine Hand kommt alle Größe und Kraft. Darum danken wir dir, unser Gott, und rühmen deinen herrlichen Namen.

Wer aber bin ich und was ist mein Volk, dass wir die Kraft besaßen, alles dieses bereitwillig zu geben? Von dir kommt ja alles, und aus deiner Hand haben wir gegeben. Denn wir sind Gäste bei dir, Fremdlinge wie alle unsere Vorfahren. Wie ein Schatten und ohne Hoffnung sind unsere Tage auf der Erde. …

Mein Gott, ich weiß, dass du die Herzen prüfst und an Aufrichtigkeit Gefallen hast. Mit aufrichtigem Herzen habe ich dies alles gegeben, und ich habe mit Freuden gesehen, wie auch dein Volk, das hier versammelt ist, dir willig gibt. Ewiger, Gott unserer Vorfahren Abraham, Isaak und Israels, erhalte diese Gesinnung für immer im Herzen deines Volkes! Richte sein Herz auf dich! *(1. Chron 29,10-15.17-18)*

Ein Pijjut zur Vorbereitung auf Nischmat:

Gott, du bist mein Gott,
ich suche dich in der Gemeinschaft derer, die dein Eigentum sind.
Ich verkündige deine Treue; ich erzähle von deiner Größe.
Erhöre mich, wenn ich dich rufe,
an dem Tag, an dem ich in deiner Gemeinde stehe.
„Gott, öffne meine Lippen,
dass mein Mund deinen Ruhm verkünde!“ *(Ps 51,17)*

Gott, du bist mein Gott.
Vor dir liegt das, was ich verberge, offen da.
Meine Seele und mein Körper sind zerschlagen in der Furcht vor dir.
Erhöre mich, wenn ich dich rufe
an dem Tag, an dem wir verlegen nach deiner Hilfe verlangen,
an dem „die Einflussreichen der Völker versammelt sind“. *(Ps 47,10)*

Gott, du bist mein Gott.
Siehe, schuldig stehe ich vor dir.
Wenn du auf Verkehrungen achten würdest, Gott, wer könnte dann bestehen, wer?
Erhöre mich, wenn ich dich rufe.
An diesem Tag gehe mit deinem Volk nicht ins Gericht,
„obwohl ich in Verkehrung geboren wurde,
meine Mutter mich in Verfehlung empfangen hat.“ *(Ps 51,7)*

אֱלֹהִים אֵלִי אַתָּה.
הִקְדַּמְתָּ מָזוֹר לְיַשְּׁרֵנִי. הֲכִינוֹתָ יוֹם כִּפּוּר רָצוֹן בּוֹ לְעַטְּרֵנִי.
בְּקָרְאִי עֲנֵנִי. יוֹם הִנָּתֵק עֲבוֹת עָוֹן יַאַסְרֵנִי.
הֶרֶב כַּבְּסֵנִי מֵעֲוֹנִי. וּמֵחַטָּאתִי טַהֲרֵנִי:

אֱלֹהִים אֵלִי אַתָּה.
טִהֲרוּ לְבָבָם לְחָקֶיךָ. טַעַם וּמַשְׁקֶה חָשְׂכוּ חֲשׁוּקֶיךָ.
בְּקָרְאִי עֲנֵנִי. יוֹם טָכוּס לְעַנּוֹת נֶפֶשׁ דְּבֵקֶיךָ.
טוֹב לִי כִּי עֻנֵּיתִי. לְמַעַן אֶלְמַד חֻקֶּיךָ:

אֱלֹהִים אֵלִי אַתָּה.
חַנּוּן הַנֶּעֱרָץ בְּסוֹד שַׂרְפֵי מְעוֹנָי.
זָכְרֵנִי וּפָקְדֵנִי בְּהִתְחַנְּנִי בְּהֶגְיוֹנָי.
בְּקָרְאִי עֲנֵנִי. יוֹם קָרֹא אֶקְרָא בְּמַקְהֵלוֹת אֱמוּנָי.
נִשְׁמַת כָּל־חַי. תְּבָרֵךְ אֶת־שִׁמְךָ יְיָ:

נִשְׁמַת כָּל־חַי תְּבָרֵךְ אֶת־שִׁמְךָ יְיָ אֱלֹהֵינוּ. וְרוּחַ כָּל־בָּשָׂר תְּפָאֵר וּתְרוֹמֵם זִכְרְךָ מַלְכֵּנוּ תָּמִיד: מִן הָעוֹלָם וְעַד הָעוֹלָם אַתָּה אֵל. וּמִבַּלְעָדֶיךָ אֵין לָנוּ מֶלֶךְ גּוֹאֵל וּמוֹשִׁיעַ פּוֹדֶה וּמַצִּיל וְעוֹנֶה וּמְרַחֵם. בְּכָל־עֵת צָרָה וְצוּקָה אֵין לָנוּ מֶלֶךְ עוֹזֵר וְסוֹמֵךְ זוּלָתֶךָ: אֱלֹהֵי הָרִאשׁוֹנִים וְהָאַחֲרוֹנִים. אֱלוֹהַּ כָּל־בְּרִיּוֹת. אֲדוֹן כָּל־תּוֹלָדוֹת הַמְהֻלָּל בְּכָל־הַתִּשְׁבָּחוֹת. הַמְנַהֵג עוֹלָמוֹ בְּחֶסֶד וּבְרִיּוֹתָיו בְּרַחֲמִים: וַיְיָ לֹא יָנוּם וְלֹא יִישָׁן. הַמְעוֹרֵר יְשֵׁנִים וְהַמֵּקִיץ נִרְדָּמִים. מְחַיֵּה מֵתִים וְרוֹפֵא חוֹלִים. פּוֹקֵחַ עִוְרִים וְזוֹקֵף כְּפוּפִים. לְךָ לְבַדְּךָ אֲנַחְנוּ מוֹדִים:

Gott, du bist mein Gott.
Du kommst rechtzeitig mit einem Heilmittel, um mich zu heilen:
Du hast einen Tag zur Versöhnung bestimmt, an dem es dir gefällt, mich zu krönen.

Erhöre mich, wenn ich dich rufe
an dem Tag, an dem die Stricke, die uns gebunden hatten,
zerissen sind.
„Wasche mich von meiner Schuld rein;
reinige mich von meiner Sünde.“ *(Ps 51,4)*

Gott, du bist mein Gott.
Wir haben unsere Herzen gereinigt für deine Satzungen. Auf Geschmack und Getränk haben wir aus Liebe zu dir verzichtet.

Erhöre mich, wenn ich dich rufe,
an dem Tag, an dem die Seelen derer, die an dir hängen,
sich Lasten auferlegen.
„Es ist gut für mich, dass ich gedemütigt werde,
denn dadurch lerne ich deine Satzungen.“ *(Ps 119,71)*

Gott, du bist mein Gott.
Als gnädig wirst du bei den Engeln in der Höhe geehrt. Erinnere dich an mich; sorge für mich, wenn ich in meinem Gebet zu dir flehe.

Erhöre mich, wenn ich dich rufe,
an dem Tag, an dem ich in der Versammlung der Glaubenden rufe:
„Alles, was atmet und lebt, preise, Ewiger, deinen Namen.“

(Ibn Gawirol)

DAS GEBET DER SCHÖPFUNG

Alles, was atmet und lebt, preise deinen Namen, Ewiger, unser Gott; jedes Wesen aus Körper und Geist verherrliche und erhebe deinen Ruhm. Du bist Gott von Ewigkeit zu Ewigkeit. Außer dir haben wir niemanden, der über uns regiert, der uns erlöst und hilft, rettet und befreit, der uns antwortet und sich unser erbarmt. Zur Zeit der Not und der Angst haben wir niemanden, der sich für uns verantwortlich weiß, als dich, niemanden, der uns hilft und uns stützt, außer dir, du Gott der ersten und der letzten Dinge, Gott aller Geschöpfe, Gott aller Generationen, dir wird auf vielfältige Weise Lob gesungen, du lenkst den Lauf der Welt in Güte und deine Geschöpfe in Erbarmen. Ja, du, Gott, schläfst und schlummerst nicht. Vielmehr lässt du die Schlafenden erwachen und weckst die Eingeschlafenen auf. Du schenkst Leben angesichts des Todes und heilst die Kranken. Du öffnest den Blinden die Augen und richtest die Gebeugten auf. Dir allein gebührt unser Dank.

תְּאַמֵּץ עַל כָּל־מַה־שֶּׁבָּרָאתָ בְּעוֹלָמֶךָ:
עַל הַשֶּׁמֶשׁ כִּי תִזְרַח וְכִי תָבוֹא.
וְעַל הַיָּרֵחַ כִּי יַעֲמֹד בַּחֲצִי הַשָּׁמַיִם.
וְעַל הַכּוֹכָבִים כִּי יוֹרוּ חִצָּם לָאָרֶץ.
וְעִתִּים כִּי יַקְדִּירוּ וְיַאַסְפוּ נָגְהָם.
וְעַל הַשָּׁמַיִם כִּי עִתִּים יַזְהִירוּ.
וְעִתִּים יַאְפִּילוּ וְיִלְבְּשׁוּ קַדְרוּת.
וְעַל הַבְּרָקִים כִּי יְרוֹצֵצוּ. וְעַל הַחֲצָצִים כִּי יִתְהַלָּכוּ.
וְעַל הַסּוּפָה כִּי תִשֹּׁב. וְעַל הַסְּעָרָה כִּי תִסְתָּעֵר.
וְעַל הֶעָבִים כִּי יַזְרִבוּ מַיִם. וּשְׁחָקִים כִּי יִתְּנוּ קוֹל.
וְעַל הַמָּטָר כִּי יֵרֵד בְּשֶׁפַע.
וְעַל זֶרֶם מַיִם כַּבִּירִים שׁוֹטְפִים לָאָרֶץ.
וְעַל הָאָרֶץ כִּי תַדְשִׁיא דֶשֶׁא.
וְעַל עֵץ פְּרִי כִּי יִתֵּן פִּרְיוֹ.
וְעַל הַחַיִּים בְּהִזָּרֵעַ. וְהַשְׁבִּיר וְהוֹלִיד.
וְכֹחַ בַּחוּרִים וַהֲדַר זְקֵנִים.
וְעַל הַיּוֹם כִּי יָאִיר לָנוּ.
וְעַל הַלַּיְלָה כִּי יַחְשִׁיךְ בַּעֲדֵנוּ.
וְעַל הֶחֳדָשִׁים כִּי יִתְחַדָּשׁוּ.
וְעַל הַשָּׁנִים כִּי תִשְׁתַּנֶּינָה.
וְעַל מַמְלְכוֹת הָאָרֶץ כִּי תִתֵּן לָהֶם מֶמְשָׁלָה.
גַּם אַתָּה תַּחֲלִיפֵם. וְתַעֲמִיד אֲחֵרִים תַּחְתָּם.
וְעַל עַמְּךָ יִשְׂרָאֵל אֲשֶׁר יִסַּרְתָּם בְּמִשְׁפָּט.
גַּם אַתָּה תְּשִׁיבֵם. וְתַחֲזִירֵם לְקַדְמָתָם.
לְמַעְלָה מִכָּל־הַשִּׁירוֹת וְהַתִּשְׁבָּחוֹת יִתְקַדֵּשׁ שְׁמֶךָ.
הָאֵל הָאַבִּיר הָאַמִּיץ:
הַנִּזְכָּר עַל הָאָרֶץ וְהִיא רוֹעֶדֶת.
וְעַל הַבְּרָקִים וְהֵם רָצִים.

Du erweist deine Macht durch das, was du in deiner Welt geschaffen:
durch die Sonne, wenn sie auf- und untergeht,
und durch den Mond in der Mitte am Himmel,
durch die Sterne, die ihre Strahlen zur Erde senden,
oder auch dunkel sind und ihren Glanz für sich behalten,
durch den Himmel, der machmal hell erstrahlt
und machmal finster ist, in Dunkelheit gehüllt,
durch die zuckenden Blitze, wie Pfeile hier und da geworfen,
durch den Orkan, der weht, und durch den Sturm, der bläst,
durch die Wolken, die vom Wasser triefen,
und den Himmel, der Rauschen von sich gibt,
durch den Regen, der in Fülle fällt,
durch Wasserströme, die die Erde überfluten,
durch die Erde, die frisches Gras hervorbringt,
durch Obstbäume und die Frucht, die an ihnen wächst,
durch das Leben, das gesät wird, reift und geboren wird,
die Kraft der Jungen und die Pracht der Alten,
durch den Tag, der uns Licht bringt,
durch die Nacht, die uns in Dunkel hüllt,
durch die Monate, die sich für uns erneuern,
durch die Jahre, die für uns wechseln,
durch die Regierungen der Erde, die auf ihr herrschen,
du bist es, der sie vorübergehen lässt
und neue an ihrer Statt errichtet.
durch dein Volk Israel, das du züchtigst im Gericht,
du bist es, der es umkehren lässt, und wiederherstellt.
Über allen Liedern und Preisungen ist dein Name geheiligt,
Gott aller Stärke und Macht.

Gott spricht
zum **A**ll, und es besteht,
zu den **B**litzen, und sie laufen,

תְּאַמֵּץ עַל כָּל־מַה־שֶּׁבָּרָאתָ בְּעוֹלָמֶךָ:
עַל הַשֶּׁמֶשׁ כִּי תִזְרַח וְכִי תָבוֹא.
וְעַל הַיָּרֵחַ כִּי יַעֲמֹד בַּחֲצִי הַשָּׁמַיִם.
וְעַל הַכּוֹכָבִים כִּי יוֹרוּ חִצָּם לָאָרֶץ.
וְעִתִּים כִּי יַקְדִּירוּ וְיַאַסְפוּ נָגְהָם.
וְעַל הַשָּׁמַיִם כִּי עִתִּים יַזְהִירוּ.
וְעִתִּים יַאְפִּילוּ וְיִלְבְּשׁוּ קַדְרוּת.
וְעַל הַבְּרָקִים כִּי יְרוֹצֵצוּ. וְעַל הַחֲצָצִים כִּי יִתְהַלָּכוּ.
וְעַל הַסּוּפָה כִּי תָשֹׁב. וְעַל הַסְּעָרָה כִּי תִסְתָּעֵר.
וְעַל הֶעָבִים כִּי יַזְרְבוּ מַיִם. וּשְׁחָקִים כִּי יִתְּנוּ קוֹל.
וְעַל הַמָּטָר כִּי יֵרֵד בְּשֶׁפַע.
וְעַל זֶרֶם מַיִם כַּבִּירִים שׁוֹטְפִים לָאָרֶץ.
וְעַל הָאָרֶץ כִּי תַדְשִׁיא דֶשֶׁא.
וְעַל עֵץ פְּרִי כִּי יִתֵּן פִּרְיוֹ.
וְעַל הַחַיִּים בְּהִזָּרַע. וְהַשְׁבִּיר וְהוֹלִיד.
וְכֹחַ בַּחוּרִים וַהֲדַר זְקֵנִים.
וְעַל הַיּוֹם כִּי יָאִיר לָנוּ.
וְעַל הַלַּיְלָה כִּי יַחְשִׁיךְ בַּעֲדֵנוּ.
וְעַל הַחֳדָשִׁים כִּי יִתְחַדָּשׁוּ.
וְעַל הַשָּׁנִים כִּי תִשְׁתַּנֶּינָה.
וְעַל מַמְלְכוֹת הָאָרֶץ כִּי תִתֵּן לָהֶם מֶמְשָׁלָה.
גַּם אַתָּה תַּחֲלִיפֵם. וְתַעֲמִיד אֲחֵרִים תַּחְתָּם.
וְעַל עַמְּךָ יִשְׂרָאֵל אֲשֶׁר יִסַּרְתָּם בְּמִשְׁפָּט.
גַּם אַתָּה תְּשִׁיבֵם. וְתַחֲזִירֵם לְקַדְמָתָם.
לְמַעְלָה מִכָּל־הַשִּׁירוֹת וְהַתִּשְׁבָּחוֹת יִתְקַדֵּשׁ שִׁמְךָ.
הָאֵל הָאַבִּיר הָאַמִּיץ:
הַנִּזְכָּר עַל הָאָרֶץ וְהִיא רוֹעֶדֶת.
וְעַל הַבְּרָקִים וְהֵם רָצִים.

zur **C**haosflut, und sie breitet sich aus,
zum **D**onner, und er endet,
zur **E**rde, und sie bebt,
zum **F**elsen, und er spendet Wasser,
zum **G**ebirge, und es spaltet sich,
zu **H**eißen Kohlen, und sie verlöschen,
zur **K**ette, und sie reißt,
zum **L**ebewesen, und es gebiert,
zum **M**eer, und es spaltet sich,
zum **N**och-nicht-Geborenen, und es kommt hervor,
zur **O**ffenen Wunde, und sie heilt,
zur **P**est, und sie wütet,
zum **Q**uellfluss, und er fließt zurück,
zum **R**aubtier, und es kehrt wieder,
zum **S**atan, und er verschwindet,
zum **T**örichten, und er hört zu,
zum **U**rgestein, und es zerschmettert,
zur **V**erletzung, und sie heilt,
zu den **W**ellen, und sie stehen,
zum **Z**ittern, und es kommt zur Ruhe.

All dies geschieht durch das Wort deines heiligen Namens.
Denn alle, die deinen Namen kennen,
beugen sich deinem Namen.
Und wer ihn bewahrt, ruft ihn in Ehrfurcht an,
in Reinheit und in Heiligkeit.
Denn wegen deiner Herrlichkeit
hältst du ihn vor so vielen Menschen verborgen,
und er wird niemanden bekannt gemacht außer denen, die sich für hilfsbedürftig und demütig halten und vor Gott Ehrfurcht haben,
denen, die sich nicht zum Zorn reißen lassen und nicht ihre eigenen Maßstäbe für die alleingültigen halten.
Doch in jeder Generation machst du etwas von deinem Geheimnis deutlich.

(Saadja Gaon)

הָאֵל בְּתַעֲצֻמוֹת עֻזֶּךָ.

הַגָּדוֹל בִּכְבוֹד שְׁמֶךָ.

הַגִּבּוֹר לָנֶצַח.

וְהַנּוֹרָא בְּנוֹרְאוֹתֶיךָ:

הַמֶּלֶךְ

יוֹשֵׁב עַל כִּסֵּא רָם וְנִשָּׂא.
שׁוֹכֵן עַד מָרוֹם וְקָדוֹשׁ שְׁמוֹ.
וְכָתוּב. רַנְּנוּ צַדִּיקִים בַּיהוָה לַיְשָׁרִים נָאוָה תְהִלָּה:

בְּפִי **יְ**שָׁרִים תִּתְ**ר**וֹמָם
וּבְדִבְרֵי **צַ**דִּיקִים תִּתְ**בָּ**רַךְ
וּבִלְשׁוֹן **חֲ**סִידִים תִּתְ**קַ**דָּשׁ
וּבְקֶרֶב **קְ**דוֹשִׁים תִּתְ**הַ**לָּל:

וּבְמַקְהֲלוֹת רִבְבוֹת עַמְּךָ בֵּית יִשְׂרָאֵל בְּרִנָּה יִתְפָּאַר שִׁמְךָ מַלְכֵּנוּ בְּכָל־דּוֹר וָדוֹר. שֶׁכֵּן חוֹבַת כָּל־הַיְצוּרִים לְפָנֶיךָ יְיָ אֱלֹהֵינוּ וֵאלֹהֵי אֲבוֹתֵינוּ לְהוֹדוֹת לְהַלֵּל לְשַׁבֵּחַ לְפָאֵר לְרוֹמֵם לְהַדֵּר לְבָרֵךְ לְעַלֵּה וּלְקַלֵּס עַל כָּל־דִּבְרֵי שִׁירוֹת וְתִשְׁבְּחוֹת דָּוִד בֶּן־יִשַׁי עַבְדְּךָ מְשִׁיחֶךָ:

יִשְׁתַּבַּח שִׁמְךָ לָעַד מַלְכֵּנוּ. הָאֵל הַמֶּלֶךְ הַגָּדוֹל וְהַקָּדוֹשׁ בַּשָּׁמַיִם וּבָאָרֶץ. כִּי לְךָ נָאֶה יְיָ אֱלֹהֵינוּ וֵאלֹהֵי אֲבוֹתֵינוּ לְעוֹלָם וָעֶד שִׁיר וּשְׁבָחָה. קְדֻשָּׁה וּמַלְכוּת. בְּרָכוֹת וְהוֹדָאוֹת לְשִׁמְךָ הַגָּדוֹל וְהַקָּדוֹשׁ. וּמֵעוֹלָם וְעַד־עוֹלָם אַתָּה אֵל: בָּרוּךְ אַתָּה יְיָ. בּוֹרֵא כָּל־הַנְּשָׁמוֹת. רִבּוֹן כָּל־הַמַּעֲשִׂים. מֶלֶךְ חַי הָעוֹלָמִים:

GOTT REGIERT

Wir nennen dich

GOTT aufgrund der Fülle deiner Kraft.

DU BIST GROSS aufgrund der Herrlichkeit deines Ruhms.

DU BIST MÄCHTIG für immer.

DIR GEBÜHRT UNSERE EHRFURCHT aufgrund deiner Ehrfurcht weckenden Taten.

GOTT REGIERT,

Gott herrscht in Erhabenheit und Transzendenz.
Gottes Gegenwart ist allumfassend; Gottes Name ist heilig!

Es steht geschrieben:
Jubelt Gott zu, ihr Gerechten.
Für die Frommen ist es angenehm, Gott zu loben. *(Ps 33,1)*

Durch den Mund der Ehrlichen wird Gott gerühmt,
durch die Worte der Gerechten wird Gott gepriesen,
durch die Zunge der Frommen wird Gott geheiligt,
inmitten der Heiligen wird Gott gelobt.

In den großen Chören deines Volkes Israel wird in allen Generationen dein Name, Gott aller Macht, im Gesang verherrlicht. Ewiger, unser Gott und Gott unserer Vorfahren, alle Geschöpfe haben dir zu danken, dir zu singen und dich zu loben. Alles, was du geschaffen hast, hat dich zu verherrlichen, dich zu rühmen und deinen Ruhm zu verbreiten. Alles, was lebt, soll dich preisen, dich erheben und dich würdigen – mit den Worten der Lieder und Hymnen deines Knechtes David, dem Sohn Isaïs, deines Gesalbten.

DIE PFLICHT ZU LOBEN

Gepriesen sei dein Name bis in Ewigkeit, Gott. Du bist groß und heilig, du regierst im Himmel und auf Erden. Ja, du bist würdig, dass man dich, unseren Gott und Gott unserer Vorfahren, immer und ewig in Lied und Lob preise. Heiligkeit und Herrschaft, Preis und Dank gebühren deinem großen und heiligen Namen. Von jeher bis in alle Ewigkeit warst und bist du Gott. Gepriesen seist du, Ewiger. Alles, was lebt, hast du geschaffen. Alle Geschöpfe sind dein. Du herrschst über das Leben.

Hier kann das חצי קדיש *gelesen werden.*

ברכו

בָּרְכוּ אֶת־יְיָ הַמְבֹרָךְ:

בָּרוּךְ יְיָ הַמְבֹרָךְ לְעוֹלָם וָעֶד:

יוצר

בָּרוּךְ אַתָּה יְיָ אֱלֹהֵינוּ מֶלֶךְ הָעוֹלָם. יוֹצֵר אוֹר וּבוֹרֵא חֹשֶׁךְ. עֹשֶׂה שָׁלוֹם וּבוֹרֵא אֶת־הַכֹּל: הַכֹּל יוֹדוּךְ. וְהַכֹּל יְשַׁבְּחוּךְ. וְהַכֹּל יֹאמְרוּ אֵין קָדוֹשׁ כַּייָ: הַמֵּאִיר לָעוֹלָם כֻּלּוֹ וּלְיוֹשְׁבָיו וּבְטוּבוֹ מְחַדֵּשׁ בְּכָל־יוֹם תָּמִיד מַעֲשֵׂה בְרֵאשִׁית: מָה רַבּוּ מַעֲשֶׂיךָ יְיָ. כֻּלָּם בְּחָכְמָה עָשִׂיתָ. מָלְאָה הָאָרֶץ קִנְיָנֶךָ: הַמֶּלֶךְ הַמְרוֹמָם לְבַדּוֹ מֵאָז. הַמְשֻׁבָּח וְהַמְפֹאָר וְהַמִּתְנַשֵּׂא מִימוֹת עוֹלָם:

Das folgende Gedicht zum Thema des Jozer kann hier gelesen werden:

סְלַח לְגוֹי קָדוֹשׁ. בְּיוֹם קָדוֹשׁ. מָרוֹם וְקָדוֹשׁ:
חָטָאנוּ צוּרֵנוּ. סְלַח לָנוּ יוֹצְרֵנוּ:

אָז בְּיוֹם כִּפּוּר סְלִיחָה הוֹרֵיתָ.
אוֹר וּמְחִילָה לְעַם זוּ קָנִיתָ:
בְּסָלְחָךְ לַעֲוֹנוֹת וַחֲטָאֵי עֵדָה.
בֶּעָשׂוֹר סְמוּכִים בְּבֵית הַוַּעֲדָה:

גָּבְרוּ חֲטָאִים בַּאֲנִי יְשֵׁנָה.
גָּשׁ יוֹם אֶחָד בִּימֵי שָׁנָה:
דּוֹבְבוּ בְּתַחֲנוּן לְמוֹחֵל וְסוֹלֵחַ.
דּוֹפְקֵי בִתְשׁוּבָה לְיוֹצֵר אוֹר וְסַלָּח:

הַמְתֵּק הָאוֹר לִסְלִיחָתִי
הָעֵת תַּעֲנֶה וְתֹאמַר סָלַחְתִּי:
וְתָאִיר עֵינֵינוּ וְתַעֲבוֹר עַל פֶּשַׁע.
וְחוֹטְאֵי בִשְׁגָגָה אַל נָא תָּמִית בְּרֶשַׁע:

Hier kann das Chazi-Kaddisch gelesen werden.

AUFRUF ZUM LOB

Lasst uns Gott preisen; Gott gebührt unsere Ehre!

Gepriesen sei Gott; Gott gebührt unsere Ehre auf immer und ewig!

GOTT SCHAFFT UND ERHÄLT

Gepriesen seist du, Ewiger, unser Gott; du regierst die Welt. Du lässt das Licht scheinen, aber schaffst auch die Finsternis, du bringst Frieden, du schaffst alles. Alles lobt dich und alles preist dich, alles sagt: Nichts ist heilig wie der lebendige Gott! Du gibst der ganzen Welt und all ihren Bewohnern Licht, und durch deine Güte erneuerst du deine Schöpfung Tag für Tag. Wie zahlreich sind deine Werke, Gott. Sie alle hast du in Weisheit gemacht. Die Erde ist erfüllt mit deinem Eigentum. Gott, du allein bist erhöht seit jeher. Du wirst gepriesen und verherrlicht und erhoben seit den Tagen der Vorzeit.

Das folgende Gedicht zum Thema des Jozer kann hier gelesen werden:

Vergib dem heiligen Volk an diesem heiligen Tag.
Gott, du bist erhaben und heilig.
Wir haben uns verfehlt, Gott, unser Fels!
Vergib uns, Gott, schöpferische Kraft!

Am Versöhnungstag damals hast du dein Volk die Vergebung gelehrt,
und Licht und Verzeihung das Volk, das du dir erworben hast,
Bei ihrer Zusammenkunft am zehnten Tag im Haus der Begegnung,
als du die Verkehrungen vergabst
und die Verfehlungen der Gemeinde.

Chronisch sind meine Verfehlungen gewachsen,
während ich dahinlebte wie im Schlaf,
da nahte sich der von allen Tagen des Jahres besondere Tag.
Da bat man flehentlich um Verzeihung und Vergebung,
pochte an die Tore des Schöpfers des Lichts, und Gott vergab.

Erhöre mich jetzt, lass mich das liebliche Licht erfahren,
durch das du mir vergibst, und sprich: „Ich habe vergeben!"
Fülle unsere Augen wieder mit Glanz.
Sieh über unsere Eigensüchtigkeit hinweg
und über die bewussten Verfehlungen.

זַדְנוּ וְהִרְשַׁעְנוּ בְּרֹעַ מַעֲלָלֵינוּ.
זֶה צַדִּיק אַתָּה עַל כָּל־הַבָּא עָלֵינוּ:
חָטָאנוּ לְךָ מֶלֶךְ עוֹלָמִים.
חָנְכֵנוּ בְּאוֹרְךָ וְלֹא נֵצֵא נִכְלָמִים:

טוֹב וְסַלָּח לְךָ הִיא הַצְּדָקָה.
טַהֲרֵנוּ בְּמַעְיָנְךָ לוֹבֵשׁ צְדָקָה:
יוֹמָם וָלַיְלָה שָׁפַכְנוּ לֵב וָנֶפֶשׁ.
יִזְרַח לָנוּ אוֹר בְּכִפּוּר עִנּוּי נֶפֶשׁ:

כְּחַנּוּן תְּחַפֵּשׂ סִתְרֵי מַעֲשִׂים.
כְּרַחוּם תְּסַלַּח עֲוֹנוֹת עֲמוּסִים:
לְמַעַן נָרוּץ בְּאוֹר פָּנֶיךָ.
לֹא נֵצֵא הַיּוֹם רֵיקָם מִלְּפָנֶיךָ:

מַלְבִּין כַּשֶּׁלֶג חֲטָאֵי עַמָּךְ.
מְקוֹר חַיִּים וָחֶסֶד עִמָּךְ:
נָבוֹאָה עָדֶיךָ זוֹכֵר הַבְּרִית.
נַהֲלֵנוּ בְּאוֹרְךָ כְּמוֹ נִסְתָּר בְּנַחַל כְּרִית:

שַׂר הַמְכַפֵּר בְּעַד צֹאן מַרְעִית.
סוֹכְכֵנוּ בְּאוֹרְךָ כְּסוֹכֶת מַרְאִית:
עֲנֵנוּ אָבִינוּ מִמַּעֲמַקִּים.
עוֹרֵר כְּאוֹר נֹגַהּ שׁוֹשַׁנַּת הָעֲמָקִים:

פְּתַח לָנוּ שַׁעַר וְתַעֲלֶה תְפִלָּה.
פָּנֶיךָ נְחַלֶּה שׁוֹכֵן מָעְלָה:
צֵאָתֵנוּ תְּנַקֶּה וּבְחֵטְא לֹא נִתְחַקֵּק.
צָרְפֵנוּ כְּכֶסֶף שִׁבְעָתַיִם מְזֻקָּק:

Groß ist die Menge unserer schlechten Taten.
Wir waren arrogant und boshaft.
Du aber bist gerecht, trotz allem, was über uns gekommen ist, denn wir
Haben uns gegen dich verfehlt, Gott aller Macht.
Erziehe uns durch dein Licht,
damit wir nicht als Beschämte hinausgehen.

Ja, du bist gut und du vergibst. Bei dir ist Gerechtigkeit.
Reinige uns in deinen Quellwassern; Gerechtigkeit ist dein
Kleid. Tag und Nacht schütten wir Herz und Seele vor dir aus.
Lass doch Licht über uns scheinen,
indem du der demütigen Seele Versöhnung schaffst.

Lass deine Gnade walten und forsche nach unseren geheimen Taten.
Weil du barmherzig bist, vergib die Verkehrungen der Beladenen.
Mögen wir im Lichte deines Angesichtes laufen.
Lass uns heute nicht leer von dir weggehen.

Nie versiegend ist deine Quelle und die Liebe, die bei dir ist.
Lass die Verfehlungen deines Volkes weiß werden wie Schnee.
O Gott, wir kommen zu dir. Du erinnerst dich an den Bund.
Leite uns in deinem Licht, wie du Elia geleitet hast.

Prächtiger Gott, schaffe Sühne für die Schafe deiner Weide,
beschirme uns in deinem Licht wie Mose, der dich sah.
Quelle unseres Lebens, erhöre uns aus den Tiefen,
wecke Israel, die Lilie der Täler, wie das strahlende Licht.

Reiß dein Tor auf, lass die Gebete aufsteigen.
Wir suchen deine Gegenwart, obwohl du so fern scheinst.
Sorge dafür, dass unser Ausgang rein sei,
behafte uns nicht bei unserer Verfehlung.
Läutere uns wie siebenfach geläutertes Silber.

קָרְבֵנוּ לְיֶשְׁעֲךָ בְּאוֹר שְׁנֵי עֲפָרִים.
קוֹרְאֵי קְדֻשַּׁת יוֹם כִּפּוּרִים:
רְעֵנוּ כְּקֶדֶם וְתָאֳרֵנוּ יֻנְהַר.
רַחוּם הַקְשִׁיבָה וַעֲשֵׂה אַל תְּאַחַר:

שָׁפַכְנוּ כַּמַּיִם אַבְנֵי לְבוֹת.
שַׁחַר אוֹר יַגִּיהַּ בּוֹחֵן לְבָבוֹת:
תְּחַטְּאֵנוּ בְּאֵזוֹב וְנִטְהַר בְּיוֹם סְלִיחָתִי.
תַּקְשִׁיב סְלַח נָא וְתֹאמַר סָלַחְתִּי:

סְלַח לְגוֹי קָדוֹשׁ. בְּיוֹם קָדוֹשׁ. מָרוֹם וְקָדוֹשׁ:

אֱלֹהֵי עוֹלָם. בְּרַחֲמֶיךָ הָרַבִּים רַחֵם עָלֵינוּ. אֲדוֹן עֻזֵּנוּ. צוּר מִשְׂגַּבֵּנוּ. מָגֵן יִשְׁעֵנוּ. מִשְׂגָּב בַּעֲדֵנוּ: בָּרוּךְ אַתָּה יְיָ. יוֹצֵר הַמְּאוֹרוֹת:

אהבה רבה

אַהֲבָה רַבָּה אֲהַבְתָּנוּ יְיָ אֱלֹהֵינוּ. חֶמְלָה גְדוֹלָה וִיתֵרָה חָמַלְתָּ עָלֵינוּ: אָבִינוּ מַלְכֵּנוּ. בַּעֲבוּר שִׁמְךָ הַגָּדוֹל וּבַעֲבוּר אֲבוֹתֵינוּ שֶׁבָּטְחוּ בָךְ. וַתְּלַמְּדֵם חֻקֵּי חַיִּים לַעֲשׂוֹת רְצוֹנְךָ בְּלֵבָב שָׁלֵם. כֵּן תְּחָנֵּנוּ: הָאֵר עֵינֵינוּ בְּתוֹרָתֶךָ. וְדַבֵּק לִבֵּנוּ בְּמִצְוֹתֶיךָ. וְיַחֵד לְבָבֵנוּ לְאַהֲבָה וּלְיִרְאָה אֶת־שְׁמֶךָ. לְמַעַן לֹא נֵבוֹשׁ וְלֹא נִכָּלֵם. כִּי אֵל פּוֹעֵל יְשׁוּעוֹת אָתָּה. וּבָנוּ בָחַרְתָּ מִכָּל־עַם וְלָשׁוֹן. וְקֵרַבְתָּנוּ מַלְכֵּנוּ לְשִׁמְךָ הַגָּדוֹל בְּאַהֲבָה. לְהוֹדוֹת לְךָ וּלְיַחֶדְךָ וּלְאַהֲבָה אֶת־שְׁמֶךָ: בָּרוּךְ אַתָּה יְיָ. הַבּוֹחֵר בְּעַמּוֹ יִשְׂרָאֵל בְּאַהֲבָה:

Teilhaben mögen wir an deinem Heil
durch das Licht Moses und Aarons,
die die Heiligkeit dieses Tages bekannt gemacht haben.
Und weide uns wie früher. Lass die Erleuchteten wieder erstrahlen.
Du bist barmherzig. Höre zu und handle. Zögere nicht!

Wie Wasser haben wir unsere steinernen Herzen hingeschüttet.
Lass das Morgenlicht erstrahlen, Gott, du prüfst die Herzen. Der
Zweig des Ysops möge mich entsündigen, damit ich gereinigt werde
am Tag meiner Vergebung.
Höre zu, vergib und sprich dein: „Ich habe vergeben!"

Vergib dem heiligen Volk an diesem heiligen Tag. Gott, du bist erhaben und heilig.

Ewiger Gott, in deinem großen Erbarmen erbarme dich über uns. Gott, du bist unsere Kraft. Du bist der Fels, den wir als Zufluchtsort haben. Du bist der Schutzschild zu unserem Heil. Du allein bist unsere Zuflucht! Gepriesen seist du, Ewiger. Du schaffst das Licht.

GOTT LIEBT ISRAEL

Mit großer Liebe hast du uns geliebt; mit großer und überreichlicher Sanftmut hast du uns angenommen – um deines Namens willen und wegen unserer Vorfahren, die auf dich vertrauten. Du hast sie die lebenserhaltenden Satzungen gelehrt, damit sie deinen Willen tun sollten mit ungeteiltem Herzen, so erweise uns deine Gnade. Erleuchte unsere Augen durch deine Thora. Binde unser Herz an deine Gebote. Lass unser Leben von Liebe und von der Achtung vor Gott geprägt sein, damit wir niemals unsere Selbstachtung verlieren noch je beschämt sein müssen, denn du bist Gott, der uns Hilfe zuteil werden lässt. Uns hast du erwählt aus allen Völkern und Nationen, und aufgrund deiner Liebe hast du es uns ermöglicht, uns dir zu nahen, um dich zu loben, deine Einzigartigkeit zu bezeugen und dich zu lieben, Ewiger, unser Gott. Gepriesen seist du, Ewiger. Du hast dein Volk Israel in Liebe erwählt.

שמע ישראל

שְׁמַע יִשְׂרָאֵל. יְהוָֹה אֱלֹהֵינוּ יְהוָֹה אֶחָד:

בָּרוּךְ שֵׁם כְּבוֹד מַלְכוּתוֹ לְעוֹלָם וָעֶד:

וְאָהַבְתָּ אֵת יְהוָֹה אֱלֹהֶיךָ. בְּכָל־לְבָבְךָ וּבְכָל־נַפְשְׁךָ וּבְכָל־מְאֹדֶךָ: וְהָיוּ הַדְּבָרִים הָאֵלֶּה אֲשֶׁר אָנֹכִי מְצַוְּךָ הַיּוֹם עַל־לְבָבֶךָ: וְשִׁנַּנְתָּם לְבָנֶיךָ וְדִבַּרְתָּ בָּם. בְּשִׁבְתְּךָ בְּבֵיתֶךָ וּבְלֶכְתְּךָ בַדֶּרֶךְ וּבְשָׁכְבְּךָ וּבְקוּמֶךָ: וּקְשַׁרְתָּם לְאוֹת עַל־יָדֶךָ. וְהָיוּ לְטֹטָפֹת בֵּין עֵינֶיךָ: וּכְתַבְתָּם עַל־מְזֻזוֹת בֵּיתֶךָ וּבִשְׁעָרֶיךָ:

In der Stille können die beiden traditionellen Abschnitte des Sch'ma gelesen werden (S. 410) oder die folgenden Abschnitte:

הִגְדַּלְתִּי מַעֲשָׂי בָּנִיתִי לִי בָּתִּים. נָטַעְתִּי לִי כְּרָמִים: עָשִׂיתִי לִי גַּנּוֹת וּפַרְדֵּסִים. וְנָטַעְתִּי בָהֶם עֵץ כָּל־פֶּרִי: עָשִׂיתִי לִי בְּרֵכוֹת מָיִם לְהַשְׁקוֹת מֵהֶם יַעַר צוֹמֵחַ עֵצִים: קָנִיתִי עֲבָדִים וּשְׁפָחוֹת וּבְנֵי־בַיִת הָיָה לִי. גַּם מִקְנֶה בָקָר וָצֹאן הַרְבֵּה הָיָה לִי מִכֹּל שֶׁהָיוּ לְפָנַי בִּירוּשָׁלָיִם: כָּנַסְתִּי לִי גַּם־כֶּסֶף וְזָהָב וּסְגֻלַּת מְלָכִים וְהַמְּדִינוֹת. עָשִׂיתִי לִי שָׁרִים וְשָׁרוֹת וְתַעֲנֻגוֹת בְּנֵי הָאָדָם שִׁדָּה וְשִׁדּוֹת: וְגָדַלְתִּי וְהוֹסַפְתִּי מִכֹּל שֶׁהָיָה לְפָנַי בִּירוּשָׁלָיִם אַף חָכְמָתִי עָמְדָה לִּי:

וְכֹל אֲשֶׁר שָׁאֲלוּ עֵינַי לֹא אָצַלְתִּי מֵהֶם. לֹא־מָנַעְתִּי אֶת־לִבִּי מִכָּל־שִׂמְחָה כִּי־לִבִּי שָׂמֵחַ מִכָּל־עֲמָלִי. וְזֶה־הָיָה חֶלְקִי מִכָּל־עֲמָלִי: וּפָנִיתִי אֲנִי בְּכָל־מַעֲשַׂי שֶׁעָשׂוּ יָדַי וּבֶעָמָל שֶׁעָמַלְתִּי לַעֲשׂוֹת. וְהִנֵּה הַכֹּל הֶבֶל וּרְעוּת רוּחַ וְאֵין יִתְרוֹן תַּחַת הַשָּׁמֶשׁ:

בַּמָּה אֲקַדֵּם יְהוָֹה. אִכַּף לֵאלֹהֵי מָרוֹם. הַאֲקַדְּמֶנּוּ בְעוֹלוֹת בַּעֲגָלִים בְּנֵי שָׁנָה: הֲיִרְצֶה יְיָ בְּאַלְפֵי אֵילִים בְּרִבְבוֹת נַחֲלֵי־שָׁמֶן. הַאֶתֵּן בְּכוֹרִי פִּשְׁעִי פְּרִי בִטְנִי חַטַּאת נַפְשִׁי: הִגִּיד לְךָ אָדָם מַה־טּוֹב וּמָה־יְיָ דּוֹרֵשׁ מִמְּךָ. כִּי אִם־עֲשׂוֹת מִשְׁפָּט וְאַהֲבַת חֶסֶד וְהַצְנֵעַ לֶכֶת עִם־אֱלֹהֶיךָ:

ISRAELS GOTT

Höre Israel, der Ewige ist Gott, der Ewige ist einzig. *(Dtn 6,4)*
Gepriesen sei Gottes ruhmreiche Herrschaft immer und ewig! *(mJoma 6,2)*

Darum sollst du den Ewigen, deinen Gott, lieben mit ganzem Herzen, mit ganzer Seele und mit ganzer Kraft. Diese Worte, auf die ich dich heute verpflichte, sollen auf deinem Herzen geschrieben stehen. Du sollst sie deinen Kindern erzählen. Du sollst von ihnen reden, wenn du zu Hause sitzt und wenn du auf der Straße gehst, wenn du dich schlafen legst und wenn du aufstehst. Du sollst sie als Zeichen um dein Handgelenk binden. Sie sollen als Merkzeichen auf deiner Stirn sein. Du sollst sie auf die Türpfosten deines Hauses und in deine Tore schreiben. *(Dtn 6,5-9)*

In der Stille können die beiden traditionellen Abschnitte des Sch'ma gelesen werden (S. 411) oder die folgenden Abschnitte:

DIE VERGÄNGLICHEN WERTE

Ich habe große Dinge vollbracht: Ich habe mir Häuser gebaut. Ich habe mir Weinberge gepflanzt. Ich legte mir Gärten und Parkanlagen an. Ich pflanzte darin alle möglichen Obstbäume. Ich legte Teiche an, um daraus den sprossenden Baumbestand zu bewässern. Ich kaufte Sklaven und Sklavinnen, obwohl ich schon hausgeborene Sklaven besaß. Ich hatte Großvieh und Kleinvieh, mehr als alle meine Vorgänger in Jerusalem je besaßen. Ich hortete auch Silber und Gold und den Schatz von Königen und Provinzen. Ich besorgte mir Sänger und Sängerinnen und die Lust eines Menschen: Eine große Anzahl Dienerinnen. Ich hatte schon Großes vollbracht aber ich vermehrte alles noch mehr, so dass ich alle mein Vorgänger in Jerusalem übertraf. Mein Wissen stand mir zur Verfügung. Was immer meine Augen sich wünschten, verwehrte ich ihnen nicht. Ich musste meinem Herzen keine einzige Freude vorenthalten, denn mein Herz konnte sich immer an meinen ganzen Leistungen freuen. Und das war mein Anteil, den ich durch meine Leistung erworben hatte. Doch dann dachte ich über alle meine Taten nach, die meine Hände getan hatten, und über die Leistungen, die ich vollbracht hatte. Siehe, alles ist vergängliches Gut und eitles Streben. Es gibt keinen Gewinn unter der Sonne. *(Koh 2,4-11)*

DIE BLEIBENDEN WERTE

Womit soll ich in Gottes Gegenwart kommen, was soll ich Gott in der Höhe bringen, wenn ich mich vor ihm verbeuge? Hat Gott Gefallen an tausenden von Widdern, an zehntausenden Bächen von Öl? Soll ich meinen Erstgeborenen geben für meine Frevel, die Frucht meines Leibes für die Sünde meiner Seele? Es ist dir gesagt, Mensch, was gut ist. Was anderes erwartet Gott von dir, außer dass du Recht und solidarische Liebe übst und in Bescheidenheit mit deinem Gott mitgehst? *(Micha 6,6-8)*

והיה אם שמע

וְהָיָה אִם־שָׁמֹעַ תִּשְׁמְעוּ אֶל־מִצְוֹתַי אֲשֶׁר אָנֹכִי מְצַוֶּה אֶתְכֶם הַיּוֹם. לְאַהֲבָה אֶת־יְהוָֹה אֱלֹהֵיכֶם וּלְעָבְדוֹ בְּכָל־לְבַבְכֶם וּבְכָל־נַפְשְׁכֶם: וְנָתַתִּי מְטַר־אַרְצְכֶם בְּעִתּוֹ יוֹרֶה וּמַלְקוֹשׁ. וְאָסַפְתָּ דְגָנֶךָ וְתִירֹשְׁךָ וְיִצְהָרֶךָ: וְנָתַתִּי עֵשֶׂב בְּשָׂדְךָ לִבְהֶמְתֶּךָ. וְאָכַלְתָּ וְשָׂבָעְתָּ: הִשָּׁמְרוּ לָכֶם פֶּן־יִפְתֶּה לְבַבְכֶם. וְסַרְתֶּם וַעֲבַדְתֶּם אֱלֹהִים אֲחֵרִים וְהִשְׁתַּחֲוִיתֶם לָהֶם: וְחָרָה אַף־יְהוָֹה בָּכֶם וְעָצַר אֶת־הַשָּׁמַיִם וְלֹא־יִהְיֶה מָטָר וְהָאֲדָמָה לֹא תִתֵּן אֶת־יְבוּלָהּ. וַאֲבַדְתֶּם מְהֵרָה מֵעַל הָאָרֶץ הַטֹּבָה אֲשֶׁר יְהוָֹה נֹתֵן לָכֶם: וְשַׂמְתֶּם אֶת־דְּבָרַי אֵלֶּה עַל־לְבַבְכֶם וְעַל־נַפְשְׁכֶם. וּקְשַׁרְתֶּם אֹתָם לְאוֹת עַל־יֶדְכֶם וְהָיוּ לְטוֹטָפֹת בֵּין עֵינֵיכֶם: וְלִמַּדְתֶּם אֹתָם אֶת־בְּנֵיכֶם לְדַבֵּר בָּם. בְּשִׁבְתְּךָ בְּבֵיתֶךָ וּבְלֶכְתְּךָ בַדֶּרֶךְ וּבְשָׁכְבְּךָ וּבְקוּמֶךָ: וּכְתַבְתָּם עַל־מְזוּזוֹת בֵּיתֶךָ וּבִשְׁעָרֶיךָ: לְמַעַן יִרְבּוּ יְמֵיכֶם וִימֵי בְנֵיכֶם עַל הָאֲדָמָה אֲשֶׁר נִשְׁבַּע יְהוָֹה לַאֲבֹתֵיכֶם לָתֵת לָהֶם. כִּימֵי הַשָּׁמַיִם עַל־הָאָרֶץ:

ויאמר יהוה

וַיֹּאמֶר יְהוָֹה אֶל־מֹשֶׁה לֵּאמֹר: דַּבֵּר אֶל־בְּנֵי יִשְׂרָאֵל וְאָמַרְתָּ אֲלֵיהֶם וְעָשׂוּ לָהֶם צִיצִת עַל־כַּנְפֵי בִגְדֵיהֶם לְדֹרֹתָם. וְנָתְנוּ עַל־צִיצִת הַכָּנָף פְּתִיל תְּכֵלֶת: וְהָיָה לָכֶם לְצִיצִת וּרְאִיתֶם אֹתוֹ וּזְכַרְתֶּם אֶת־כָּל־מִצְוֹת יְהוָֹה וַעֲשִׂיתֶם אֹתָם. וְלֹא־תָתֻרוּ אַחֲרֵי לְבַבְכֶם וְאַחֲרֵי עֵינֵיכֶם אֲשֶׁר־אַתֶּם זֹנִים אַחֲרֵיהֶם: לְמַעַן תִּזְכְּרוּ וַעֲשִׂיתֶם אֶת־כָּל־מִצְוֹתָי. וִהְיִיתֶם קְדֹשִׁים לֵאלֹהֵיכֶם: אֲנִי יְהוָֹה אֱלֹהֵיכֶם אֲשֶׁר הוֹצֵאתִי אֶתְכֶם מֵאֶרֶץ מִצְרַיִם לִהְיוֹת לָכֶם לֵאלֹהִים. **אֲנִי יְהוָֹה אֱלֹהֵיכֶם:**

DIE TRADITIONELLEN ABSCHNITTE

Und wenn ihr auf meine Gebote hört, auf die ich euch heute verpflichte, wenn ihr also den Ewigen, euren Gott, liebt und ihm mit ganzem Herzen und mit ganzer Seele dient, dann gebe ich eurem Land seinen Regen zur rechten Zeit, den Frühregen im Herbst und den Spätregen im Frühjahr, und du kannst Korn, Most und Öl ernten; dann gebe ich deinem Vieh sein Gras auf dem Feld, und du kannst essen und satt werden. Aber nehmt euch in Acht! Lasst euer Herz nicht verführt werden, weicht nicht vom Weg ab, dient nicht anderen Göttern und werft euch nicht vor ihnen nieder! Sonst wird der Zorn des Ewigen gegen euch entbrennen; er wird den Himmel zuschließen, es wird kein Regen fallen, der Acker wird keinen Ertrag bringen, und ihr werdet unverzüglich aus dem prächtigen Land getilgt sein, das der Ewige euch geben will. Diese meine Worte sollt ihr auf euer Herz und eure Seele schreiben. Ihr sollt sie als Zeichen um das Handgelenk binden. Sie sollen als Merkzeichen auf eurer Stirn sein. Ihr sollt sie eure Kinder lehren und ihnen davon erzählen, wenn du zu Hause sitzt und wenn du auf der Straße gehst, wenn du dich hinlegst und wenn du aufstehst. Du sollst sie auf die Türpfosten deines Hauses und in deine Tore schreiben. Damit ihr und eure Kinder lange in dem Land lebt, das der Ewige euren Vorfahren geschworen hat zu geben; so zahlreich sollen eure Tage darin sein wie die Tage, die sich der Himmel über der Erde wölbt.

(Dtn 11,13-21)

Der Ewige sprach zu Mose: Rede zu den Kindern Israels und sage ihnen, sie sollen sich Quasten an die Enden ihrer Gewänder nähen, von Generation zu Generation. An den Quasten sollen sie einen blauen Faden anbringen. Es sollen Merkquasten für euch sein: Wenn ihr sie seht, dann sollt ihr euch an alle Gebote des Ewigen erinnern und sie tun. Ihr sollt eurem Herzen und euren Augen nicht nachgeben, wenn sie euch zur Untreue verleiten wollen. Durch sie erinnert ihr euch an alle meine Gebote und werdet sie beachten und so eurem Gott heilig sein. Ich bin der Ewige, euer Gott; ich habe euch aus Ägypten herausgeführt, um für euch Gott zu sein; Ich, der Ewige, bin euer Gott.

(Num 15, 37-41)

Nach einer Zeit der Stille wird der Gottesdienst hier fortgesetzt:

גאולה

אֱמֶת וְיַצִּיב וְקַיָּם וּמְקֻבָּל וְטוֹב הַדָּבָר הַזֶּה עָלֵינוּ לְעוֹלָם וָעֶד: אֱמֶת אֱלֹהֵי עוֹלָם מַלְכֵּנוּ. צוּר יַעֲקֹב מָגֵן יִשְׁעֵנוּ. לְדוֹר וָדוֹר הוּא קַיָּם. וּמַלְכוּתוֹ וֶאֱמוּנָתוֹ לָעַד קַיָּמֶת: אֱמֶת שֶׁאַתָּה הוּא יְיָ אֱלֹהֵינוּ וֵאלֹהֵי אֲבוֹתֵינוּ. פּוֹדֵנוּ וּמַצִּילֵנוּ. מֵעוֹלָם הוּא שְׁמֶךָ. אֵין אֱלֹהִים זוּלָתֶךָ:

עֶזְרַת אֲבוֹתֵינוּ אַתָּה הוּא מֵעוֹלָם. מָגֵן וּמוֹשִׁיעַ לָהֶם וְלִבְנֵיהֶם אַחֲרֵיהֶם בְּכָל־דּוֹר וָדוֹר: אַשְׁרֵי אִישׁ שֶׁיִּשְׁמַע לְמִצְוֹתֶיךָ. וְתוֹרָתְךָ וּדְבָרְךָ יָשִׂים עַל־לִבּוֹ: אֱמֶת אַתָּה הוּא רִאשׁוֹן. וְאַתָּה הוּא אַחֲרוֹן. וּמִבַּלְעָדֶיךָ אֵין לָנוּ מֶלֶךְ גּוֹאֵל וּמוֹשִׁיעַ:

צוּר יִשְׂרָאֵל. קוּמָה בְּעֶזְרַת יִשְׂרָאֵל. גֹּאֲלֵנוּ יְיָ צְבָאוֹת שְׁמוֹ קְדוֹשׁ יִשְׂרָאֵל. בָּרוּךְ אַתָּה יְיָ גָּאַל יִשְׂרָאֵל:

אֲדֹנָי שְׂפָתַי תִּפְתָּח. וּפִי יַגִּיד תְּהִלָּתֶךָ:

Einer der beiden folgenden Absätze:

אבות

בָּרוּךְ אַתָּה יְיָ אֱלֹהֵינוּ וֵאלֹהֵי אֲבוֹתֵינוּ. אֱלֹהֵי אַבְרָהָם. אֱלֹהֵי יִצְחָק. וֵאלֹהֵי יַעֲקֹב. הָאֵל הַגָּדוֹל הַגִּבּוֹר וְהַנּוֹרָא. אֵל עֶלְיוֹן. גּוֹמֵל חֲסָדִים טוֹבִים קוֹנֵה הַכֹּל וְזוֹכֵר חַסְדֵי אָבוֹת וּמֵבִיא גוֹאֵל לִבְנֵי בְנֵיהֶם לְמַעַן שְׁמוֹ בְּאַהֲבָה:

ואמהות

בָּרוּךְ אַתָּה יְיָ אֱלֹהֵינוּ וֵאלֹהֵי אֲבוֹתֵינוּ וְאִמּוֹתֵינוּ. אֱלֹהֵי אַבְרָהָם וֵאלֹהֵי שָׂרָה. אֱלֹהֵי יִצְחָק וֵאלֹהֵי רִבְקָה. אֱלֹהֵי יַעֲקֹב אֱלֹהֵי רָחֵל וֵאלֹהֵי לֵאָה. הָאֵל הַגָּדוֹל הַגִּבּוֹר וְהַנּוֹרָא. אֵל עֶלְיוֹן. גּוֹמֵל חֲסָדִים טוֹבִים קוֹנֵה הַכֹּל וְזוֹכֵר חַסְדֵי אָבוֹת וְאִמָּהוֹת וּמֵבִיא גוֹאֵל לִבְנֵי בְנֵיהֶם לְמַעַן שְׁמוֹ בְּאַהֲבָה:

זָכְרֵנוּ לַחַיִּים מֶלֶךְ חָפֵץ בַּחַיִּים. וְכָתְבֵנוּ בְּסֵפֶר הַחַיִּים. לְמַעַנְךָ אֱלֹהִים חַיִּים:

Nach einer Zeit der Stille wird der Gottesdienst hier fortgesetzt:

DIE WAHRHEIT UND DIE ERLÖSUNG

Dieses Wort ist die Wahrheit. Allezeit ist es für uns gültig, anerkannt und gut. Es ist wahr, dass du bis in Ewigkeit Gott bist und über uns regierst. Du bist der Fels Jakobs, der Schutzschild zu unserem Heil. Beständig bist du von Generation zu Generation. Deine Herrschaft und deine Treue haben immerwährenden Bestand. Du, Ewiger, bist in Wahrheit unser Gott und der Gott unserer Vorfahren. Unser Erlöser und unser Erretter – das ist von jeher dein Name. Es gibt keinen anderen Gott außer dir.

Dic Hilfe unserer Vorfahren warst du seit eh und je. Du warst für sie ein Schutzschild. Du warst ihre Hilfe – für sie und für ihre Kinder und ihre Enkel in jeder Generation. Glücklich ist der Mensch, der sich nach deinen Geboten richtet und sich deine Weisung und dein Wort zu Herzen nimmt. Dies ist wahr: Du bist der Anfang und du bist das Ende. Und außer dir gibt es für uns nichts, das uns erlösen und helfen kann.

Fels Israels, erhebe dich, um Israel zu helfen! Unser Erlöser, der alle Kreatur versorgt, Heiliger Israels, das ist sein Name. Gepriesen seist du, Ewiger. Du erlöst Israel .

Gott, öffne meine Lippen, dass mein Mund deinen Ruhm verkünde!
(Ps 51,17)

Einer der beiden folgenden Absätze:

GOTT ALLER GENERATIONEN

Gepriesen seist du, Ewiger, unser Gott und Gott unserer Väter, Gott Abrahams, Gott Isaaks und Gott Jakobs. Du bist groß und mächtig. Dir gebührt unsere Ehrfurcht. Du bist über alles erhaben. Du vollbringst Wohltaten. Alles hältst du in deiner Hand. Du erinnerst dich an die Frömmigkeit unserer Vorfahren und bringst deshalb liebevoll ihren Enkeln Erlösung um deines Names willen.

Gepriesen seist du, Ewiger, unser Gott und Gott unserer Väter und Mütter, Gott Abrahams und Gott Saras, Gott Isaaks und Gott Rebekkas, Gott Jakobs, Gott Rahels und Gott Leas. Du bist groß und mächtig. Dir gebührt unsere Ehrfurcht. Du bist über alles erhaben. Du vollbringst Wohltaten. Alles hältst du in deiner Hand. Du erinnerst dich an die Frömmigkeit unserer Vorfahren und bringst deshalb liebevoll ihren Enkeln Erlösung um deines Namens willen.

Denke an uns, damit wir leben, Gott, du liebst das Leben! Schreibe uns in das Buch des Lebens um deines Namens willen, lebendiger Gott!

מֶלֶךְ עוֹזֵר
וּמוֹשִׁיעַ וּמָגֵן. בָּרוּךְ   מֶלֶךְ עוֹזֵר וּמוֹשִׁיעַ וּמָגֵן. בָּרוּךְ
אַתָּה יְיָ. מָגֵן אַבְרָהָם: אַתָּה יְיָ. מָגֵן אַבְרָהָם וְשָׂרָה:

גבורות

אַתָּה גִּבּוֹר לְעוֹלָם יְיָ. מְחַיֵּה מֵתִים אַתָּה רַב לְהוֹשִׁיעַ. מְכַלְכֵּל חַיִּים בְּחֶסֶד. מְחַיֵּה מֵתִים בְּרַחֲמִים רַבִּים. סוֹמֵךְ נוֹפְלִים. וְרוֹפֵא חוֹלִים. וּמַתִּיר אֲסוּרִים. וּמְקַיֵּם אֱמוּנָתוֹ לִישֵׁנֵי עָפָר: מִי כָמוֹךָ בַּעַל גְּבוּרוֹת וּמִי דּוֹמֶה לָּךְ. מֶלֶךְ מֵמִית וּמְחַיֶּה. וּמַצְמִיחַ יְשׁוּעָה:

מִי כָמוֹךָ אַב הָרַחֲמִים זוֹכֵר יְצוּרָיו לַחַיִּים בְּרַחֲמִים:

וְנֶאֱמָן אַתָּה לְהַחֲיוֹת מֵתִים. בָּרוּךְ אַתָּה יְיָ. מְחַיֵּה הַמֵּתִים:

קדושת השם

נַעֲרִיצְךָ וְנַקְדִּישְׁךָ כְּשֵׁם שֶׁמַּקְדִּישִׁים אוֹתוֹ בִּשְׁמֵי מָרוֹם כַּכָּתוּב עַל יַד נְבִיאֶךָ. וְקָרָא זֶה אֶל זֶה וְאָמַר.

קָדוֹשׁ קָדוֹשׁ קָדוֹשׁ יְיָ צְבָאוֹת. מְלֹא כָל־הָאָרֶץ כְּבוֹדוֹ:

כְּבוֹדוֹ מָלֵא עוֹלָם מְשָׁרְתָיו שׁוֹאֲלִים זֶה לָזֶה אַיֵּה מְקוֹם כְּבוֹדוֹ. לְעֻמָּתָם בָּרוּךְ יֹאמֵרוּ.

בָּרוּךְ כְּבוֹד יְיָ מִמְּקוֹמוֹ:

מִמְּקוֹמוֹ הוּא יִפֶן בְּרַחֲמִים וְיָחוֹן עַם הַמְיַחֲדִים שְׁמוֹ עֶרֶב וָבֹקֶר בְּכָל־יוֹם תָּמִיד פַּעֲמַיִם בְּאַהֲבָה שְׁמַע אוֹמְרִים.

שְׁמַע יִשְׂרָאֵל יְיָ אֱלֹהֵינוּ יְיָ אֶחָד:

אֶחָד הוּא אֱלֹהֵינוּ הוּא אָבִינוּ הוּא מַלְכֵּנוּ הוּא מוֹשִׁיעֵנוּ. וְהוּא יַשְׁמִיעֵנוּ בְּרַחֲמָיו שֵׁנִית לְעֵינֵי כָּל־חַי לִהְיוֹת לָכֶם לֵאלֹהִים:

Du wachst über unser Leben und hilfst uns, du bist Rettung und Schild. Gepriesen seist du, Ewiger, unser Gott, Schutzschild Abrahams.

Du wachst über unser Leben und hilfst uns, du bist Rettung und Schild. Gepriesen seist du, Ewiger, unser Gott, Schutzschild Abrahams und Saras.

GOTT IST MÄCHTIG

Du bist die nie erschöpfende Kraft, du schenkst Leben angesichts des Todes. Vielfältig sind deine Wege zu helfen. Die Lebenden ernährst du in Güte. In großem Erbarmen schaffst du Leben angesichts des Todes. Du stützt die Fallenden. Du heilst die Kranken. Du machst die Gebundenen los und hältst die Treue denen, die im Staube schlafen. Wer ist wie du, der solche Kraft hätte, und wer ist dir gleich? – Du, Gott, hast Macht über Tod und Leben, und du lässt Hilfe sprossen.

Wer ist wie du, Quelle aller Barmherzigkeit! In Barmherzigkeit gedenkst du deiner Geschöpfe und schenkst ihnen Leben.

Du bist treu, Leben angesichts des Todes zu schaffen. Gepriesen seist du, Ewiger. Du schenkst Leben angesichts des Todes.

GOTT IST HEILIG

Wir wollen dich verehren und heiligen und deinen Ruhm auf der Erde so groß machen wie im Himmel, denn es heißt bei dem Propheten: Sie riefen einander zu:

Heilig, heilig, heilig ist der Schöpfer aller Kreatur. Die ganze Welt ist mit Gottes Gegenwart erfüllt. *(Jes 6,3)*

Gottes Gegenwart erfüllt die Erde. Die, die dir dienen, fragen einander: Wo ist der Ort der Gegenwart Gottes? Als Antwort rufen sie: Gepriesen!

Gepriesen sei die Gegenwart Gottes an jedem Ort. *(Ez 3,12)*

Mögest du dich zu uns wenden und Gnade erweisen dem Volk, das die Einheit deines Namens morgens und abends verkündet, das täglich zweimal in Liebe zu dir das Sch'ma rezitiert.

Höre Israel, der Ewige ist unser Gott, der Ewige ist einzig!

(Dtn 6,4)

Einzig ist unser Gott. Einzig ist Gott – Gott hat uns geschaffen und sorgt für uns. Einzig ist Gott – Gott regiert über uns. Einzig ist Gott – Gott hilft uns. Gott, du lässt es uns neu hören, in Gegenwart aller lebendigen Wesen, dass du unser Gott bist:

אֲנִי יְיָ אֱלֹהֵיכֶם:

אַדִּיר אַדִּירֵנוּ יְיָ אֲדוֹנֵנוּ. מָה אַדִּיר שִׁמְךָ בְּכָל־הָאָרֶץ. וְהָיָה יְיָ לְמֶלֶךְ עַל־כָּל־הָאָרֶץ. בַּיּוֹם הַהוּא יִהְיֶה יְיָ אֶחָד וּשְׁמוֹ אֶחָד: וּבְדִבְרֵי קָדְשְׁךָ כָּתוּב לֵאמֹר.

יִמְלֹךְ יְיָ לְעוֹלָם אֱלֹהַיִךְ צִיּוֹן לְדֹר וָדֹר. הַלְלוּיָהּ:

לְדוֹר וָדוֹר נַגִּיד גָּדְלֶךָ. וּלְנֵצַח נְצָחִים קְדֻשָּׁתְךָ נַקְדִּישׁ. וְשִׁבְחֲךָ אֱלֹהֵינוּ מִפִּינוּ לֹא יָמוּשׁ לְעוֹלָם וָעֶד. כִּי אֵל מֶלֶךְ גָּדוֹל וְקָדוֹשׁ אָתָּה.

וּבְכֵן תֵּן פַּחְדְּךָ יְיָ אֱלֹהֵינוּ עַל כָּל־מַעֲשֶׂיךָ וְאֵימָתְךָ עַל כָּל־מַה־שֶּׁבָּרָאתָ. וְיִירָאוּךָ כָּל־הַמַּעֲשִׂים וְיִשְׁתַּחֲווּ לְפָנֶיךָ כָּל־הַבְּרוּאִים. וְיֵעָשׂוּ כֻלָּם אֲגֻדָּה אַחַת לַעֲשׂוֹת רְצוֹנְךָ בְּלֵבָב שָׁלֵם. כְּמוֹ שֶׁיָּדַעְנוּ יְיָ אֱלֹהֵינוּ שֶׁהַשִּׁלְטוֹן לְפָנֶיךָ. עֹז בְּיָדְךָ וּגְבוּרָה בִּימִינֶךָ וְשִׁמְךָ נוֹרָא עַל כָּל־מַה־שֶּׁבָּרָאתָ:

וּבְכֵן תֵּן כָּבוֹד יְיָ לְעַמֶּךָ תְּהִלָּה לִירֵאֶיךָ וְתִקְוָה לְדוֹרְשֶׁיךָ וּפִתְחוֹן פֶּה לַמְיַחֲלִים לָךְ. שִׂמְחָה לְאַרְצֶךָ וְשָׂשׂוֹן לְעִירֶךָ וּצְמִיחַת קֶרֶן לְדָוִד עַבְדֶּךָ וַעֲרִיכַת נֵר לְבֶן־יִשַׁי מְשִׁיחֶךָ בִּמְהֵרָה בְיָמֵינוּ:

וּבְכֵן צַדִּיקִים יִרְאוּ וְיִשְׂמָחוּ וִישָׁרִים יַעֲלֹזוּ וַחֲסִידִים בְּרִנָּה יָגִילוּ. וְעוֹלָתָה תִּקְפָּץ־פִּיהָ וְכָל־הָרִשְׁעָה כֻּלָּהּ כְּעָשָׁן תִּכְלֶה כִּי תַעֲבִיר מֶמְשֶׁלֶת זָדוֹן מִן הָאָרֶץ:

וְתִמְלֹךְ אַתָּה יְיָ לְבַדֶּךָ עַל כָּל־מַעֲשֶׂיךָ בְּהַר צִיּוֹן מִשְׁכַּן כְּבוֹדֶךָ וּבִירוּשָׁלַיִם עִיר קָדְשֶׁךָ. כַּכָּתוּב בְּדִבְרֵי קָדְשֶׁךָ.

יִמְלֹךְ יְיָ לְעוֹלָם אֱלֹהַיִךְ צִיּוֹן לְדֹר וָדֹר הַלְלוּיָהּ:

Ich, der Ewige, bin euer Gott. *(Num 15,41)*

Gott voller Macht, du hast Macht über uns. Wie machtvoll ist dein Name auf der ganzen Erde! *(Ps 8,2)* Einst wird Gott über die ganze Erde herrschen. An jenem Tag wird Gott einzig sein und sein Name einzig. *(Sach 14,9)* Und es steht in deinen heiligen Worten geschrieben:

Gott herrscht allezeit, dein Gott, Zion, regiert bis in Ewigkeit. Halleluja! *(Ps 146,10)*

Von Generation zu Generation wollen wir deine Größe erzählen und von Ewigkeit zu Ewigkeit deine Heiligkeit verkünden. Das Lob, das wir dir, unserem Gott, bringen, soll niemals aus unseren Mündern weichen, denn du bist Gott, du regierst in Größe und Heiligkeit. Gepriesen seist du, Ewiger, heiliger Gott.

Und so lass nun, Ewiger, unser Gott, die Scheu vor dir über alle deine Werke kommen und ein ehrfürchtiges Bangen vor dir über alles, was du erschaffen hast, damit alle deine Geschöpfe dir Ehrfurcht erweisen und alle Menschen dich in Demut verehren. So werden sie alle eine Gemeinschaft bilden, die deinen Willen von ganzem Herzen erfüllt. Denn wir wissen ja, Ewiger, unser Gott, dass dir die Herrschaft gehört. Deine Hand hat Kraft und deine Rechte hat Macht. Alles, was du geschaffen hast, bezeugt deinen Namen, dem die Ehrfurcht gebührt.

Und so bringe nun dein Volk zu Ehren und alle, die dich fürchten, zu Ruhm. Gib allen, die dich suchen, Hoffnung und allen, die auf dich hoffen, Freimut. Erfülle dein Land mit Freude und deine Stadt mit Jubel. Lass das Werk der Erlösung, das mit deinem Knecht David begann, neu erblühen. Lass das Licht der messianischen Zeit schon in unserer Zeit erstrahlen.

Und so mögen nun die Gerechten dies sehen und sich freuen. Die Aufrichtigen werden fröhlich sein, und die Glaubenden werden jubelnd singen. Dem Unrecht aber wird der Mund gestopft werden, und alles Böse wird wie Rauch vergehen, wenn du die Herrschaft der Bosheit von der Erde verschwinden lässt.

Dann wirst du, Gott, allein über alle deine Werke regieren, über den Berg Zion, den Ort deiner Gegenwart und über Jerusalem, die Stadt deiner Heiligkeit, wie in deinen heiligen Worten geschrieben steht:

Gott herrscht allezeit, dein Gott, Zion, regiert bis in Ewigkeit. Halleluja! *(Ps 146,10)*

קָדוֹשׁ אַתָּה וְנוֹרָא שְׁמֶךָ וְאֵין אֱלוֹהַּ מִבַּלְעָדֶיךָ. כַּכָּתוּב:
וַיִּגְבַּהּ יְיָ צְבָאוֹת בַּמִּשְׁפָּט. וְהָאֵל הַקָּדוֹשׁ נִקְדַּשׁ בִּצְדָקָה.
בָּרוּךְ אַתָּה יְיָ. הַמֶּלֶךְ הַקָּדוֹשׁ:

קדושת השם

אַתָּה בְחַרְתָּנוּ מִכָּל־הָעַמִּים. אָהַבְתָּ אוֹתָנוּ. וְרָצִיתָ בָּנוּ. וְרוֹמַמְתָּנוּ מִכָּל־הַלְּשׁוֹנוֹת. וְקִדַּשְׁתָּנוּ בְּמִצְוֹתֶיךָ. וְקֵרַבְתָּנוּ מַלְכֵּנוּ לַעֲבוֹדָתֶךָ. וְשִׁמְךָ הַגָּדוֹל וְהַקָּדוֹשׁ עָלֵינוּ קָרָאתָ: וַתִּתֶּן לָנוּ יְיָ אֱלֹהֵינוּ בְּאַהֲבָה אֶת־יוֹם (הַמָּנוֹחַ הַזֶּה. וְאֶת־יוֹם) הַכִּפּוּרִים הַזֶּה. אֶת־יוֹם סְלִיחַת הֶעָוֹן הַזֶּה. אֶת־יוֹם מִקְרָא קֹדֶשׁ הַזֶּה. לִמְחִילָה. וְלִסְלִיחָה. וּלְכַפָּרָה. וְלִמְחוֹל בּוֹ אֶת־כָּל־עֲוֹנוֹתֵינוּ. (בְּאַהֲבָה) מִקְרָא קֹדֶשׁ. זֵכֶר לִיצִיאַת מִצְרָיִם:

אֱלֹהֵינוּ וֵאלֹהֵי אֲבוֹתֵינוּ. מְחַל לַעֲוֹנוֹתֵינוּ בְּיוֹם (הַמָּנוֹחַ הַזֶּה וּבְיוֹם) הַכִּפּוּרִים הַזֶּה. מְחֵה וְהַעֲבֵר פְּשָׁעֵינוּ וְחַטֹּאתֵינוּ מִנֶּגֶד עֵינֶיךָ: כָּאָמוּר. אָנֹכִי אָנֹכִי הוּא מֹחֶה פְשָׁעֶיךָ לְמַעֲנִי. וְחַטֹּאתֶיךָ לֹא אֶזְכֹּר: וְנֶאֱמַר. מָחִיתִי כָעָב פְּשָׁעֶיךָ וְכֶעָנָן חַטֹּאתֶיךָ. שׁוּבָה אֵלַי כִּי גְאַלְתִּיךָ: וְנֶאֱמַר. כִּי בַיּוֹם הַזֶּה יְכַפֵּר עֲלֵיכֶם לְטַהֵר אֶתְכֶם. מִכֹּל חַטֹּאתֵיכֶם לִפְנֵי יְיָ תִּטְהָרוּ:

יעלה ויבא

אֱלֹהֵינוּ וֵאלֹהֵי אֲבוֹתֵינוּ יַעֲלֶה וְיָבֹא. יַגִּיעַ וְיֵרָאֶה. זִכְרוֹנֵנוּ וּפִקְדוֹנֵנוּ. וְזִכְרוֹן אֲבוֹתֵינוּ. וְזִכְרוֹן מָשִׁיחַ בֶּן־דָּוִד עַבְדֶּךָ. וְזִכְרוֹן יְרוּשָׁלַיִם עִיר קָדְשֶׁךָ. וְזִכְרוֹן כָּל־עַמְּךָ בֵּית יִשְׂרָאֵל לְפָנֶיךָ לִפְלֵיטָה וּלְטוֹבָה. לְחֵן וּלְחֶסֶד. וּלְרַחֲמִים. בְּיוֹם (הַמָּנוֹחַ הַזֶּה וּבְיוֹם) הַכִּפּוּרִים הַזֶּה. לְרַחֵם בּוֹ עָלֵינוּ וּלְהוֹשִׁיעֵנוּ:
זָכְרֵנוּ יְיָ אֱלֹהֵינוּ בּוֹ לְטוֹבָה. אָמֵן:
וּפָקְדֵנוּ בוֹ לִבְרָכָה. אָמֵן:
וְהוֹשִׁיעֵנוּ בוֹ לְחַיִּים טוֹבִים: אָמֵן:

Heilig bist du; deinem Namen gebührt Ehrfurcht. Es gibt keinen Gott außer dir, wie geschrieben ist:
Der Gott aller Geschöpfe ist erhaben im Gericht. Der Gott der Heiligkeit ist geheiligt durch Gerechtigkeit. *(Jes 5,16)*
Gepriesen seist du, Ewiger. Du regierst und du bist heilig.

DER FESTTAG IST HEILIG

Du hast uns aus allen Völkern erwählt. Du hast uns lieb und hast Gefallen an uns. Du hast uns eine besondere Stellung unter allen Völkern gegeben, indem du uns durch deine Gebote geheiligt hast. Du hast uns in deinen Dienst gestellt. Wir sind nach deinem großen und heiligen Namen benannt. Ewiger, unser Gott, du schenkst uns in deiner Liebe (diesen Tag der Ruhe und) diesen Tag der Versöhnung; diesen Tag der Vergebung unserer Verkehrung, diesen Tag heiliger Versammlung zur Verzeihung, Vergebung und Versöhnung, an dem du alle unsere Verkehrungen verzeihst. Er ist eine heilige Versammlung (in Liebe), eine Erinnung an den Auszug aus Ägypten.

Unser Gott und Gott unserer Vorfahren, (an diesem Tag der Ruhe und) an diesem Tag der Versöhnung verzeih unsere Verkehrungen. Entferne unsere eigensüchtigen Taten und Gedanken und lass unsere Verfehlungen an deinen Augen vorüberziehen, wie es heißt: Ich, ja, ich entferne deine eigensüchtigen Taten und Gedanken um meinetwillen. An deine Verfehlungen will ich nicht mehr denken. *(Jes 43,25)*
Und es heißt: Ich lasse deine eigensüchtigen Taten und Gedanken wie eine Wolke vergehen und deine Verfehlungen wie Rauch. Kehre um zu mir, denn ich habe dich erlöst! *(Jes 44,22)*
Und es heißt: An diesem Tag wird euch Versöhnung geschaffen, damit ihr rein werdet. Von all euren Verfehlungen vor dem Ewigen werdet ihr rein sein. *(Lev 16,30)*

Unser Gott und Gott unserer Vorfahren, das Gedenken an uns und die Verantwortung für uns, das Gedenken an unsere Vorfahren und an die messianische Zeit, das Gedenken an Jerusalem, die Stadt deiner Heiligkeit, und an die ganze Familie Israels mögen zu dir gelangen und vor dich kommen; sie mögen dich erreichen und wahrgenommen werden. Es geschehe, damit wir deine Rettung und Güte erfahren, damit uns deine Gnade und Liebe zuteil werden.
Ewiger, unser Gott, heute, (an diesem Tag der Ruhe und) an diesem Tag der Versöhnung
denke an uns, damit wir Gutes erfahren – Amen.
Schenke uns deinen Segen – Amen.
Hilf uns zu einem guten Leben – Amen.

וּבִדְבַר יְשׁוּעָה וְרַחֲמִים חוּס וְחָנֵּנוּ. כִּי אֵלֶיךָ עֵינֵינוּ. כִּי אֵל מֶלֶךְ חַנּוּן וְרַחוּם אָתָּה:

אֱלֹהֵינוּ וֵאלֹהֵי אֲבוֹתֵינוּ. מְלֹךְ עַל כָּל־הָעוֹלָם כֻּלּוֹ בִּכְבוֹדֶךָ. וְהִנָּשֵׂא עַל כָּל־הָאָרֶץ בִּיקָרֶךָ. וְהוֹפַע בַּהֲדַר גְּאוֹן עֻזֶּךָ. עַל כָּל־יוֹשְׁבֵי תֵבֵל אַרְצֶךָ: וְיֵדַע כָּל־פָּעוּל כִּי אַתָּה פְעַלְתּוֹ. וְיָבִין כָּל־יָצוּר כִּי אַתָּה יְצַרְתּוֹ. וְיֹאמַר כֹּל־אֲשֶׁר נְשָׁמָה בְאַפּוֹ. יְיָ אֱלֹהֵי יִשְׂרָאֵל מֶלֶךְ. וּמַלְכוּתוֹ בַּכֹּל מָשָׁלָה:

אֱלֹהֵינוּ וֵאלֹהֵי אֲבוֹתֵינוּ (רְצֵה בִמְנוּחָתֵנוּ) קַדְּשֵׁנוּ בְּמִצְוֹתֶיךָ. וְתֵן חֶלְקֵנוּ בְּתוֹרָתֶךָ. שַׂבְּעֵנוּ מִטּוּבֶךָ. וְשַׂמְּחֵנוּ בִּישׁוּעָתֶךָ. (וְהַנְחִילֵנוּ יְיָ אֱלֹהֵינוּ בְּאַהֲבָה וּבְרָצוֹן שַׁבַּת קָדְשֶׁךָ. וְיָנוּחוּ בָהּ יִשְׂרָאֵל מְקַדְּשֵׁי שְׁמֶךָ.) וְטַהֵר לִבֵּנוּ לְעָבְדְּךָ בֶּאֱמֶת. כִּי אַתָּה אֱלֹהִים אֱמֶת. וּדְבָרְךָ אֱמֶת וְקַיָּם לָעַד. בָּרוּךְ אַתָּה יְיָ. מֶלֶךְ מוֹחֵל וְסוֹלֵחַ לַעֲוֹנוֹתֵינוּ וְלַעֲוֹנוֹת עַמּוֹ בֵּית יִשְׂרָאֵל. וּמַעֲבִיר אַשְׁמוֹתֵינוּ בְּכָל־שָׁנָה וְשָׁנָה. מֶלֶךְ עַל כָּל־הָאָרֶץ מְקַדֵּשׁ (הַשַּׁבָּת וְ)יִשְׂרָאֵל וְיוֹם הַכִּפּוּרִים:

עבודה

רְצֵה יְיָ אֱלֹהֵינוּ בְּעַמְּךָ יִשְׂרָאֵל. וְלִתְפִלָּתָם שְׁעֵה. וּבְרַחֲמֶיךָ הָרַבִּים תַּחְפֹּץ בָּנוּ וְתַשְׁרֶה שְׁכִינָתְךָ עַל צִיּוֹן. וְתֶחֱזֶינָה עֵינֵינוּ בְּשׁוּבְךָ לְצִיּוֹן בְּרַחֲמִים. בָּרוּךְ אַתָּה יְיָ. הַמַּחֲזִיר שְׁכִינָתוֹ לְצִיּוֹן:

הודאה

מוֹדִים אֲנַחְנוּ לָךְ שָׁאַתָּה הוּא יְיָ אֱלֹהֵינוּ וֵאלֹהֵי אֲבוֹתֵינוּ לְעוֹלָם וָעֶד. צוּרֵנוּ צוּר חַיֵּינוּ וּמָגֵן יִשְׁעֵנוּ אַתָּה הוּא לְדוֹר וָדוֹר: נוֹדֶה לְךָ וּנְסַפֵּר תְּהִלָּתֶךָ עַל חַיֵּינוּ הַמְּסוּרִים בְּיָדֶךָ. וְעַל נִשְׁמוֹתֵינוּ הַפְּקוּדוֹת לָךְ. וְעַל נִסֶּיךָ שֶׁבְּכָל־יוֹם עִמָּנוּ. וְעַל נִפְלְאוֹתֶיךָ וְטוֹבוֹתֶיךָ שֶׁבְּכָל־עֵת עֶרֶב וָבֹקֶר וְצָהֳרָיִם: הַטּוֹב כִּי לֹא כָלוּ רַחֲמֶיךָ. הַמְרַחֵם כִּי לֹא תַמּוּ חֲסָדֶיךָ. כִּי מֵעוֹלָם קִוִּינוּ לָךְ:

Du hast uns Hilfe und Erbarmen versprochen, deshalb erbarme dich über uns und zeige uns deine Gnade. Denn auf dich richtet sich unser Blick, du bist die Quelle aller Gnade und allen Erbarmens.

Gott und Gott unserer Vorfahren, lass deine Gegenwart die ganze Welt beherrschen. Bringe dein Ansehen in der ganzen Welt zu Ehren. Lass die Größe deiner Kraft deutlich sichtbar werden für alle, die auf der Erde wohnen. Jedes Geschöpf soll wissen, dass du es geschaffen hast, und jede Gestalt soll begreifen, dass du sie gestaltet hast. Alles, was atmet, soll bekennen: Der Ewige, Israels Gott, herrscht. Und Gottes Herrschaft erstreckt sich über alles.

Unser Gott und Gott unserer Vorfahren, (habe Gefallen an unserer Ruhe,) lass unser Leben auf dich ausgerichtet sein und hilf uns, deine Gebote zu beachten. Lass deine Weisung zu unserem eigenen Anliegen werden. Sättige uns mit deiner Güte. Erfreue uns mit deiner Hilfe. (In Liebe und in Wohlgefallen lass uns, Gott, den Schabbat zu eigen machen, und lass an ihm ganz Israel, das dich sucht, zur Ruhe kommen.) Reinige unsere Herzen, dass sie dir in Wahrhaftigkeit dienen. Ja, du bist wahrhaftig Gott. Dein Wort ist wahrhaftig und hat für immer Gültigkeit. Gepriesen seist du, Ewiger, du regierst und du verzeihst. Du vergibst unsere Verkehrungen und die Verkehrungen deines Volkes, der Familie Israels. Jahr für Jahr lässt du unsere Schuld vergehen. Gepriesen seist du, Ewiger; du regierst über die ganze Erde. Du hast (den Schabbat,) dein Volk Israel und diesen Tag der Versöhnung geheiligt.

DANK UND FRIEDENSBITTE

Habe Gefallen an deinem Volk Israel und höre seine Gebete. In großem Erbarmen finde Gefallen an uns und lass deine Gegenwart über Zion ruhen. Lass unsere Augen Ausschau halten nach deiner Rückkehr zum Zion in Erbarmen.
Gepriesen seist du, Ewiger. Du lässt deine Gegenwart nach Zion zurückkehren.

Wir danken dir, denn du bist der Ewige, unser Gott und der Gott unserer Vorfahren, seit eh und je. Wir danken dir, denn du bist unser Fels und das Fundament, auf dem unser Leben ruht. Deine Hilfe haben wir zum Schutzschild – Fels und Schutzschild bist du uns seit jeher. Wir loben dich und erzählen von deinem Ruhm. Wir loben dich für unser Leben, das in deine Hand gegeben ist, und für unsere Seele, die dir anvertraut ist; für die Zeichen deiner Gegenwart, die uns täglich umgeben, für die Wunder und Wohltaten zu jeder Zeit, abends, morgens und mittags. Du bist gut, denn dein Erbarmen wird niemals aufhören. Du bist barmherzig, denn deine Gnade wird niemals versiegen. Von jeher hofften wir auf dich!

וְעַל כֻּלָּם יִתְבָּרַךְ וְיִתְרוֹמַם וְיִתְנַשֵּׂא תָּמִיד שִׁמְךָ מַלְכֵּנוּ לְעוֹלָם וָעֶד: וּכְתוֹב לְחַיִּים טוֹבִים כָּל־בְּנֵי בְרִיתֶךָ: וְכָל־הַחַיִּים יוֹדוּךָ סֶּלָה. וִיהַלְלוּ וִיבָרְכוּ אֶת־שִׁמְךָ הַגָּדוֹל בֶּאֱמֶת. הָאֵל יְשׁוּעָתֵנוּ וְעֶזְרָתֵנוּ סֶלָה: בָּרוּךְ אַתָּה יְיָ. הַטּוֹב שִׁמְךָ וּלְךָ נָאֶה לְהוֹדוֹת:

ברכת שלום

שִׂים שָׁלוֹם טוֹבָה וּבְרָכָה חַיִּים חֵן וָחֶסֶד צְדָקָה וְרַחֲמִים עָלֵינוּ. וּבָרְכֵנוּ אָבִינוּ כֻּלָּנוּ יַחַד בְּאוֹר פָּנֶיךָ. כִּי בְאוֹר פָּנֶיךָ נָתַתָּ לָנוּ יְיָ אֱלֹהֵינוּ תּוֹרָה וְחַיִּים. אַהֲבָה וָחֶסֶד. צְדָקָה וְרַחֲמִים. בְּרָכָה וְשָׁלוֹם. וְטוֹב בְּעֵינֶיךָ לְבָרֵךְ אֶת־עַמְּךָ יִשְׂרָאֵל בְּרָב־עֹז וּבְשָׁלוֹם: בְּסֵפֶר חַיִּים נִזָּכֵר וְנִכָּתֵב לְפָנֶיךָ אֲנַחְנוּ וְכָל־עַמְּךָ בֵּית יִשְׂרָאֵל לְחַיִּים טוֹבִים וּלְשָׁלוֹם: בָּרוּךְ אַתָּה יְיָ. הַמְבָרֵךְ אֶת־עַמּוֹ יִשְׂרָאֵל בַּשָּׁלוֹם:

וידוי

Bevor eine Frau geheilt werden kann,
muss sie ihre Krankheit erkennen.
Bevor ein Mensch das Licht finden kann,
muss er um seine eigene Dunkelheit wissen.
Bevor einem Volk vergeben werden kann,
muss es seine Sünden bekennen.
Wir bekennen unsere Sünden und diejenigen anderer Frauen,
denn wir tragen füreinander Verantwortung.
Heile uns, Gott, und geleite uns durch die Dunkelheit zum Licht.

Für all dies preisen wir dich und erheben und rühmen deinen Namen, unser Herrscher, allezeit.

Schreibe uns und alle Kinder deines Bundes für ein gutes Leben ein. Alles, was lebt, möge dir danken. Und man soll deinen großen Namen loben und preisen in Wahrhaftigkeit. Preisen soll man dich, Gott, unsere Hilfe und unsere Rettung. Gepriesen seist du, Ewiger. „Guter Gott" – das ist dein Name. Schön ist es, dich zu loben.

Schenke uns Frieden und Gutes. Segne uns und schütze unser Leben. Lass deine Gnade und Güte über uns walten. Deine Gerechtigkeit und dein Erbarmen mögen uns stets begleiten. Quelle allen Erbarmens, sei unter uns gegenwärtig. Denn deine Gegenwart gab uns die Thora und sie gab uns unser Leben, die Liebe und Güte, die Gerechtigkeit und das Erbarmen, sie gab uns Segen und Frieden. Ja, es gefällt dir, dein Volk Israel mit Stärke und Frieden zu segnen.

In das Buch des Lebens mögest du uns und dein ganzes Volk Israel eintragen, damit du an uns denkst und unser Leben erhältst, damit du uns Gutes schenkst und uns Frieden gibst.

Gepriesen seist du, Ewiger. Du segnest dein Volk Israel mit Frieden.

WIDUI

Bevor ein Mann geheilt werden kann,
muss er seine Krankheit erkennen.
Bevor ein Mensch das Licht finden kann,
muss er um seine eigene Dunkelheit wissen.
Bevor einem Volk vergeben werden kann,
muss es seine Sünden bekennen.
Wir bekennen unsere Sünden und diejenigen anderer Männer,
denn wir tragen füreinander Verantwortung.
Heile uns, Gott, und geleite uns durch die Dunkelheit zum Licht.

Die folgende Meditation kann laut gelesen werden:

עַד יוֹם מוֹתוֹ תְּחַכֶּה לוֹ לִתְשׁוּבָה. לְהַנְטוֹתוֹ לִתְחִיָּה:

אֱנוֹשׁ מַה יִּזְכֶּה. וּצְבָא דֹק לֹא זַכּוּ בְעֵינֶיךָ:

בַּלַּחִים אִם תִּבְעַר הָאֵשׁ. מַה בֶּחָצִיר יָבֵשׁ:

גָּלוּי לְךָ חֹשֶׁךְ כְּמוֹ אוֹר. מְשׁוֹטֵט כֹּל בְּעַיִן:

דִּירָתְךָ בַּסֵּתֶר. וּגְלוּיוֹת לְךָ כָּל־נִסְתָּרוֹת:

הַדָּן יְחִידִי. וְהוּא בְאֶחָד וּמִי יְשִׁיבֶנּוּ:

וְעַל גּוֹי וְעַל אָדָם יַחַד יִנְטֶה קָו. וְאֵין מִי יַרְשִׁיעַ:

זֹאת יָבִין כָּל־יְצִיר. וְלֹא יַתְעוּ יֵצֶר לַחֲטֹא לְיוֹצֵר:

חֲתֻלַּת בְּאֵרוֹ חֲפִירַת בּוֹרוֹ. חֶשְׁבּוֹן בּוֹרְאוֹ:

טָמֵא מִשְּׂאֵרוֹ. וּמְטַמֵּא בְּעוֹדוֹ. וּמְטַמֵּא בְּמוֹתוֹ:

יְמֵי חַיָּיו תֹּהוּ וְלֵילוֹתָיו בֹּהוּ. וְעִנְיָנָיו הָבֶל:

כַּחֲלוֹם מֵהָקִיץ נִדְמָה. בַּלָּהוֹת יְבַעֲתוּהוּ תָמִיד:

לַיְלָה לֹא יִשְׁכַּב. יוֹמָם לֹא יָנוּחַ. עַד יֵרָדֵם בַּקֶּבֶר:

מַה יִּתְאוֹנֵן אָדָם חַי. דַּיּוֹ אֲשֶׁר הוּא חָי:

נוֹלָד לְעָמָל וִיגִיעָה. אַשְׁרָיו אִם יְהִי יְגִיעוֹ בְּדַת אֱמֶת:

Die folgende Meditation kann laut gelesen werden:

Bis zum Todestag wartest du auf die Umkehr eines Menschen,
wartest du darauf, dass er sich nach dir ausstreckt, um zu leben.

Ach, wie kann je ein Mensch für unschuldig befunden werden,
selbst die himmlischen Mächte sind nicht unschuldig vor dir.
Blühende Bäume werden vom Feuer verbrannt,
um wieviel mehr die, die sind wie „vertrocknetes Gras"?

Chaos und Finsternis sind vor dir offenbar wie das Licht,
überall hin blickt dein Auge.
Deine Wohnung ist im Verborgenen,
und alles Verborgene ist offenkundig für dich.

Einzigartig ist dein Richteramt,
du richtest allein, wer könnte widersprechen?
Für alle Völker und jeden Menschen
legst du die Richtschnur aus,
wer könnte sie je übertreten?

Gar jedes Geschöpf sollte dieses begreifen,
damit der Trieb es nicht verführt,
sich gegen den Schöpfer zu verfehlen.
Hatte der Mutterleib den Menschen umhüllt,
einst wird seine Grube gegraben;
seinem Schöpfer schuldet er Rechenschaft.

In Unreinheit wird er einst sterben,
denn unrein ist sein Fleisch, und in Unreinheit lebt er.
Ja, die Tage seines Lebens sind „Irrsal", seine Nächte „Wirrsal",
und seine Geschäfte sind eitel.

Kannst mit einem Traum ihn vergleichen, der erschreckt,
Schrecken bedrohen ihn stets;
Lange liegt er wach in der Nacht, am Tag kommt er nicht zur Ruhe,
bis er im Grabe schläft.

Mit welchem Grund kann der lebende Mensch sich beklagen?
Es sei ihm genug, dass er lebt!
Nur zur Mühe und Arbeit wurde er geboren,
glücklich soll er sein, wenn er seine Arbeit in Rechtschaffenheit tut.

סוֹפוֹ עַל רֹאשׁוֹ מוֹכִיחַ. וְלָמָּה יַחֲנִיף:

עוֹד חוֹתָמוֹ מְעִידוֹ עַל פָּעֳלוֹ. וּמַה יִגְנֹב דָּעַת:

פּוֹעַל צְדָקוֹת אִם יְהִי. יְלַוּוּהוּ לְבֵית עוֹלָמוֹ:

צוֹפֶה בְחָכְמָה אִם יְהִי. עִמּוֹ תִּתְלוֹנֵן בְּכֶלְחוֹ:

קָצוּף בְּדָמִים וּבְמִרְמָה אִם יְהִי. חֲרוּצִים יָמָיו:

רְצוֹנוֹ וְחֶפְצוֹ בִּהְיוֹת בְּמוּסָר. יָנוּב בְּשֵׂיבָה טוֹבָה:

שֵׁם טוֹב אִם יִקְנֶה. מִשֵּׁמוֹת נְעִימִים אֲשֶׁר יִקָּרֵא:

תַּחַת כֵּן יוֹם הַמִּיתָה מִיּוֹם לֵדָה הוּטָב:

עַד יוֹם מוֹתוֹ תְּחַכֶּה לּוֹ לִתְשׁוּבָה. לְהַנְטוֹתוֹ לִתְחִיָּה:

אֱלֹהֵינוּ וֵאלֹהֵי אֲבוֹתֵינוּ תָּבֹא לְפָנֶיךָ תְּפִלָּתֵנוּ. וְאַל תִּתְעַלַּם מִתְּחִנָּתֵנוּ: שֶׁאֵין אֲנַחְנוּ עַזֵּי פָנִים וּקְשֵׁי עֹרֶף לוֹמַר לְפָנֶיךָ יְיָ אֱלֹהֵינוּ וֵאלֹהֵי אֲבוֹתֵינוּ. צַדִּיקִים אֲנַחְנוּ וְלֹא חָטָאנוּ: אֲבָל אֲנַחְנוּ וַאֲבוֹתֵינוּ חָטָאנוּ:

אשמנו אָשַׁמְנוּ. בָּגַדְנוּ. גָּזַלְנוּ. דִּבַּרְנוּ דֹפִי:

הֶעֱוִינוּ. וְהִרְשַׁעְנוּ. זַדְנוּ. חָמַסְנוּ. טָפַלְנוּ שֶׁקֶר:

יָעַצְנוּ רָע. כִּזַּבְנוּ. לַצְנוּ. מָרַדְנוּ. נִאַצְנוּ:

סָרַרְנוּ. עָוִינוּ. פָּשַׁעְנוּ. צָרַרְנוּ. קִשִּׁינוּ עֹרֶף:

רָשַׁעְנוּ. שִׁחַתְנוּ. תִּעַבְנוּ. תָּעִינוּ. תִּעְתָּעְנוּ:

Offenkundig lehrt sein Ende das Wesen seines Anfangs,
warum also sollte er heucheln?
Passieren wird es, dass sein eig'nes Siegel seine Taten bezeugt,
was also sollte er das göttliche Wissen täuschen?

Rechtes – wenn er dies tat, was kann ihm dann geschehen?
Es wird ihn bis in die ewige Heimat begleiten.
Strebte er nach Weisheit, was kann ihm dann geschehen?
Sie wird bei ihm bleiben bis ins hohe Alter.

Töten und betrügen, wenn das sein Leben war,
dann werden seine Tage davoneilen.
Und wenn er sich willentlich der Züchtigung unterstellt,
dann wird er in einem gesegneten Alter erblühen.

Wenn er sich einen guten Namen erwirbt,
dann ist das mehr wert als alle schönen Namen,
mit denen man ihn nennt.
Zuletzt, wenn er nach einem solchen Leben stirbt,
dann ist der Tag des Todes besser als der Tag der Geburt.

Bis zum Todestag wartest du auf die Umkehr eines Menschen,
wartest du darauf, dass er sich nach dir ausstreckt, um zu leben.

UNSER BEKENNTNIS

Unser Gott und Gott unserer Vorfahren, lass unsere Gebete dich erreichen. Sei nicht taub für unsere Bitte um Erbarmen. Denn wir sind nicht so hochmütig und nicht so stur, dass wir in deiner Gegenwart, unser Gott und Gott unserer Vorfahren, behaupten würden, wir seien gerecht und hätten nicht gesündigt. Vielmehr bekennen wir: Wir und unsere Vorfahren haben gesündigt.

Wir waren **A**rrogant, **B**oshaft und **C**harakterlos. Wir haben **D**iebstahl begangen und uns **E**ingeschmeichelt. Wir haben **F**revelhaft gehandelt und **G**etötet. Wir sind **H**artnäckig gewesen und haben andere **I**rregeführt. Wir haben ohne **J**ede Vorsicht über andere geredet und waren **K**altherzig. Wir haben **L**ügen erdichtet, **M**acht missbraucht und die **N**ot anderer übersehen. Wir haben gegen die **O**bhut Gottes rebelliert und uns von **P**restige-Gedanken leiten lassen.Wir haben anderen **Q**ualen zugefügt und **R**atschläge erteilt, die schlecht waren. Wir haben uns **S**chuldig gemacht und sind **T**reulos gewesen. Wir waren Gott **U**ngehorsam und haben uns **V**erfehlt. Wir haben Gottes **W**eisung unbeachtet gelassen und **X**-beliebige eigene Wünsche in sie hineingelesen. Unser Verhalten war **Z**erstörerisch.

(Kommentar zu „Aschamnu" im Glossar)

סַרְנוּ מִמִּצְוֹתֶיךָ וּמִמִּשְׁפָּטֶיךָ הַטּוֹבִים. וְלֹא שָׁוָה לָנוּ: וְאַתָּה צַדִּיק עַל כָּל־הַבָּא עָלֵינוּ. כִּי אֱמֶת עָשִׂיתָ וַאֲנַחְנוּ הִרְשָׁעְנוּ:

מַה־נֹּאמַר לְפָנֶיךָ יוֹשֵׁב מָרוֹם. וּמַה־נְּסַפֵּר לְפָנֶיךָ שׁוֹכֵן שְׁחָקִים. הֲלֹא הַנִּסְתָּרוֹת וְהַנִּגְלוֹת אַתָּה יוֹדֵעַ:
אַתָּה מֵבִין תַּעֲלוּמוֹת לֵב. אֶפֶס לְךָ נִגְלוֹת וְגַם נִסְתָּרוֹת:
אַתָּה יוֹדֵעַ רָזֵי עוֹלָם. וְתַעֲלֻמוֹת סִתְרֵי כָל־חָי:
אַתָּה חוֹפֵשׂ כָּל־חַדְרֵי בָטֶן. רוֹאֶה כְלָיוֹת וָלֵב: אֵין דָּבָר נֶעְלָם מִמֶּךָּ. וְאֵין נִסְתָּר מִנֶּגֶד עֵינֶיךָ:

יְהִי רָצוֹן מִלְּפָנֶיךָ יְיָ אֱלֹהֵינוּ וֵאלֹהֵי אֲבוֹתֵינוּ. שֶׁתְּכַפֵּר לָנוּ עַל־כָּל־חַטֹּאתֵינוּ. וְתִמְחַל לָנוּ עַל־כָּל־עֲוֹנוֹתֵינוּ. וְתִסְלַח לָנוּ עַל־כָּל־פְּשָׁעֵינוּ:

על חטא
א

עַל חֵטְא שֶׁחָטָאנוּ לְפָנֶיךָ בְּטִפְשׁוּת פֶּה.
וְעַל חֵטְא שֶׁחָטָאנוּ לְפָנֶיךָ בִּבְלִי דָעַת:
עַל חֵטְא שֶׁחָטָאנוּ לְפָנֶיךָ בְּמַשָּׂא וּבְמַתָּן.
וְעַל חֵטְא שֶׁחָטָאנוּ לְפָנֶיךָ בְּחֹזֶק יָד:
עַל חֵטְא שֶׁחָטָאנוּ לְפָנֶיךָ בְּכַפַּת שֹׁחַד.
וְעַל חֵטְא שֶׁחָטָאנוּ לְפָנֶיךָ בְּאֹנֶס:

וְעַל כֻּלָּם אֱלוֹהַּ סְלִיחוֹת סְלַח לָנוּ. מְחַל לָנוּ. כַּפֶּר־לָנוּ:

עַל חֵטְא שֶׁחָטָאנוּ לְפָנֶיךָ בִּלְשׁוֹן הָרָע.
וְעַל חֵטְא שֶׁחָטָאנוּ לְפָנֶיךָ בְּלָצוֹן:
עַל חֵטְא שֶׁחָטָאנוּ לְפָנֶיךָ בְּנֶשֶׁךְ וּבְמַרְבִּית.
וְעַל חֵטְא שֶׁחָטָאנוּ לְפָנֶיךָ בְּשִׂקּוּר עָיִן:
עַל חֵטְא שֶׁחָטָאנוּ לְפָנֶיךָ בִּרְכִילוּת.
וְעַל חֵטְא שֶׁחָטָאנוּ לְפָנֶיךָ בְּרָצוֹן:

Wir sind von deinen Geboten und von deinen guten Satzungen abgewichen. Doch es hat uns nichts genützt. Du aber hast gerecht gehandelt bei all dem, was über uns gekommen ist. Ja, du hast uns Treue erwiesen, wir aber taten Unrecht. *(Neh 9,33)*

Gott, du bist uns so fern – was könnten wir in deiner Gegenwart sagen? Gott, du bist uns so hoch überlegen wie der Himmel über uns – was könnten wir dir erzählen? Doch dir ist alles Geheime und alles Offenkundige bekannt. Du verstehst die verborgenen Sehnsüchte des Herzens. Du lässt dich von Äußerlichkeiten nicht täuschen, und nichts ist vor dir verborgen. Du kennst die Rätsel der Welt! Du weißt um die gehüteten Geheimnisse aller Lebewesen. Du kennst das Innerste des Körpers. Du weißt um die Gefühle und Gedanken. Nichts ist vor dir versteckt, nichts deinem Blick verborgen.

Ewiger, unser Gott und Gott unserer Vorfahren,
gib uns Versöhnung für all unsere Verfehlungen.
Verzeih uns all unsere Verkehrungen.
Vergib uns all unsere eigensüchtigen Taten und Gedanken.

BEKENNTNIS

Unsere Verfehlung vor dir durch törichtes Reden,
und unsere Verfehlung vor dir durch ungenügendes Nachdenken;
unsere Verfehlung vor dir in geschäftlichen Dingen,
und unsere Verfehlung vor dir durch Gewaltanwendung;
unsere Verfehlung vor dir durch Bestechung,
und alle unsere Verfehlungen vor dir durch Ausübung von Zwang:

Sie alle, Gott aller Vergebung:
Vergib uns, verzeih uns und gib uns Versöhnung!

Unsere Verfehlung vor dir durch eine böse Zunge,
und unsere Verfehlung vor dir durch Spott;
unsere Verfehlung vor dir durch finanzielle Gier,
und unsere Verfehlung vor dir durch Verführung;
unsere Verfehlung vor dir durch üble Nachrede,
alle unsere Verfehlungen vor dir aus freiem Entschluss:

וְעַל כֻּלָּם אֱלוֹהַּ סְלִיחוֹת סְלַח לָנוּ. מְחַל לָנוּ. כַּפֶּר־לָנוּ:

עַל חֵטְא שֶׁחָטָאנוּ לְפָנֶיךָ בִּצְדִיַּת רֵעַ.
וְעַל חֵטְא שֶׁחָטָאנוּ לְפָנֶיךָ בְּאִמּוּץ הַלֵּב:
עַל חֵטְא שֶׁחָטָאנוּ לְפָנֶיךָ בְּעֵינַיִם רָמוֹת.
וְעַל חֵטְא שֶׁחָטָאנוּ לְפָנֶיךָ בְּתִמְהוֹן לֵבָב:
עַל חֵטְא שֶׁחָטָאנוּ לְפָנֶיךָ בְּיֵצֶר הָרָע.
וְעַל חֵטְא שֶׁחָטָאנוּ לְפָנֶיךָ בַּסֵּתֶר:

וְעַל כֻּלָּם אֱלוֹהַּ סְלִיחוֹת סְלַח לָנוּ. מְחַל לָנוּ. כַּפֶּר־לָנוּ:

יְיָ אֱלֹהַי וֵאלֹהֵי אֲבוֹתַי. הִנֵּה אֲנִי לְפָנֶיךָ כִּכְלִי מָלֵא בוּשָׁה וּכְלִימָה. הוֹרֵנִי יְיָ אֱלֹהִים מֶלֶךְ רַחוּם וְחַנּוּן לָכֹף־אֶת יִצְרִי לְהִשְׁתַּעְבֵּד לָךְ שֶׁלֹּא אֶחֱטָא. וּמַה שֶּׁחָטָאתִי לְפָנֶיךָ מְחֹק בְּרַחֲמֶיךָ הָרַבִּים. אֲבָל לֹא עַל יְדֵי יִסּוּרִים רָעִים:

אלהי נצור

אֱלֹהַי נְצוֹר לְשׁוֹנִי מֵרָע. וְשִׂפְתוֹתַי מִדַּבֵּר מִרְמָה. וְלִמְקַלְלַי נַפְשִׁי תִדּוֹם. וְנַפְשִׁי כֶּעָפָר לַכֹּל תִּהְיֶה: פְּתַח לִבִּי בְּתוֹרָתֶךָ. וְאַחֲרֵי מִצְוֹתֶיךָ תִּרְדּוֹף נַפְשִׁי. וְכָל־הַקָּמִים עָלַי לְרָעָה מְהֵרָה הָפֵר עֲצָתָם וְקַלְקֵל מַחְשְׁבוֹתָם: יִהְיוּ לְרָצוֹן אִמְרֵי־פִי. וְהֶגְיוֹן לִבִּי לְפָנֶיךָ. יְהוָֹה צוּרִי וְגֹאֲלִי:

SELICHOT FÜR DAS MORGENGEBET

Wir lesen die Selichot, die Hymnen auf die Vergebung und die Bitten der Vergangenheit, denn in den Worten unserer Vorfahren kommt unser eigener Glaube zur Sprache. Wir sprechen zu Gott mit den Worten anderer Menschen, möge Gott durch sie zu uns sprechen. Die Sprache hat sich geändert, aber die Bedürfnisse sind gleich geblieben. Wir singen und beten die Selichot in Aufrichtigkeit. Mögen sie für uns von derselben Frische durchdrungen sein wie damals, als sie zum ersten Mal gebetet worden sind.

Sie alle, Gott aller Vergebung:
Vergib uns, verzeih uns und gib uns Versöhnung!

Unsere Verfehlung vor dir durch böse Pläne gegen Mitmenschen,
und unsere Verfehlung vor dir durch Sturheit;
unsere Verfehlung vor dir durch Arroganz,
und unsere Verfehlung vor dir durch Verzweiflung;
unsere Verfehlung vor dir durch den bösen Trieb,
alle unsere Verfehlungen vor dir im Verborgenen:

Sie alle, Gott aller Vergebung:
Vergib uns, verzeih uns und gib uns Versöhnung!

(Kommentar zu „Al Chet" im Glossar.)

Ewiger, mein Gott, und Gott meiner Vorfahren, ich bin ein Gefäß voller Schmach und Schande. Gott, du regierst in Gnade und Barmherzigkeit, lehre mich, meinen Trieb zu bezwingen; lehre mich, dir zu dienen, damit ich nicht sündige. In deinem großen Erbarmen tilge aus, wo ich mich gegen dich verfehlt habe, aber tilge es nicht durch Leid und schlimme Krankheiten. *(bJoma 87b)*

MEDITATION

Mein Gott, bewahre meine Zunge vor böser Rede und meine Lippen vor Lüge. Denen gegenüber, die mir Böses wollen, lass mich angemessen reagieren, und meine Seele möge gelassen bleiben, was auch geschieht. Mache mich bereit für deine Weisung. Nach deinen Geboten will ich leben. Eilig aber zerbrich die Pläne derer, die Böses gegen mich ersinnen, und vernichte ihre Gedanken. Die Worte meines Mundes und meine Gedanken mögen dir angenehm sein, Ewiger, mein Fels und mein Heil.
(Ps 19,15) *(bBer 17a)*

SELICHOT FÜR DAS MORGENGEBET

Wir lesen die Selichot, die Hymnen auf die Vergebung und die Bitten der Vergangenheit, denn in den Worten unserer Vorfahren kommt unser eigener Glaube zur Sprache. Wir sprechen zu Gott mit den Worten anderer Menschen, möge Gott durch sie zu uns sprechen. Die Sprache hat sich geändert, aber die Bedürfnisse sind gleich geblieben. Wir singen und beten die Selichot in Aufrichtigkeit. Mögen sie für uns von derselben Frische durchdrungen sein wie damals, als sie zum ersten Mal gebetet worden sind.

Hier kann der folgende Abschnitt bzw. der auf der gegenüberliegenden Seite gelesen werden:

Wir wollen über unsere Vergangenheit nachdenken, über unser gemeinsames Erbe als Kinder Israels.

Möge die Beständigkeit unseres jüdischen Volkes nicht als ein Selbstzweck betrachtet werden, sondern nur als ein Weg und ein Mittel. Mögen wir unser Leben als Juden allein zu dem Zweck leben, unser Erbe lebendig zu erhalten und das Feuer weiter brennen zu lassen, das unsere Propheten entfacht haben. Mögen wir, wie unsere Vorfahren, uns auch heute gegen die Massen erheben und mit aller Macht gegen ihre Dummheiten und ihre Ängste protestieren. Mögen wir auch heute ein Licht sein für die, die in der Dunkelheit stolpern.

In dieser Hoffnung wollen wir den Ruf wiederholen, den unser Volk hervorbrachte, während die Menschen um es herum tausend Götzen verehrten: „Höre Israel, der Ewige ist Gott, der Ewige ist einzig!“

(nach einem Text aus dem Gottesdienst der Newark Free Synagogue, 1924)

דּוֹדִי לִי וַאֲנִי לוֹ
הוּא לִי לֵאלֹהִים וַאֲנִי לוֹ לְעַם
הוּא לִי לְאָב וַאֲנִי לוֹ לְבֵן
הוּא לִי לְרוֹעֶה וַאֲנִי לוֹ לְצֹאן
הוּא לִי לְשׁוֹמֵר וַאֲנִי לוֹ לְכֶרֶם
הוּא קִלְּסַנִי וַאֲנִי קִלַּסְתִּיו
הוּא קְרָאַנִי גּוֹי אֶחָד וַאֲנִי מְיַחֵד אֶת שְׁמוֹ
כְּשֶׁיִּהְיֶה לִי דָּבָר וְלֹא תְבַעְתִּי אֶלָּא מִיָּדוֹ
כְּשֶׁיִּהְיֶה לוֹ דָּבָר לֹא תָבַע אוֹתוֹ אֶלָּא מִמֶּנִּי
שֶׁנֶּאֱמַר דַּבֵּר אֶל בְּנֵי יִשְׂרָאֵל
צַו אֶת־בְּנֵי יִשְׂרָאֵל
כְּשֶׁהָיְתָה לִי צָרָה לֹא תָבַעְתִּי אֶלָּא מִמֶּנּוּ
וּכְשֶׁהָיָה לוֹ דָּבָר לֹא תָבַע אֶלָּא מִמֶּנִּי
שֶׁנֶּאֱמַר עִמּוֹ אָנֹכִי בְצָרָה:

Hier kann der folgende Abschnitt bzw. der auf der gegenüberliegenden Seite gelesen werden:

Gott, was bedeutet es für dich, dass ich jüdisch bin? Welche Lehren vermittelst du mir durch die Siege und Niederlagen unserer Geschichte? Warum ziehen wir von Land zu Land, um unsere Ruhe bei dir zu finden?

Hilf mir, deine Gegenwart in den jüdischen Gebeten zu finden und deine Liebe in unserem Lachen. Lege deine Vergebung über unser Versagen und deine Beständigkeit über unsere Leiden.

Und wenn ich oder die, die ich liebe, verzagen und den Mut verlieren, dann erneuere dein Werk der Erlösung in uns. Pflanze die Aufrichtigkeit deiner Propheten und die Treue unserer Lehrer und Märtyrer wieder in uns ein. Erneuere die Leidenschaft und Freundlichkeit deines Volkes.

Gott, hilf uns, diese Gaben nicht für eitle Zwecke oder zur Selbstverherrlichung zu nutzen, sondern dazu, Freude in die Welt zu bringen und einen jüdischen Segen zu all deinen Kindern.

GOTTES VOLK

Mein Geliebter gehört zu mir und ich gehöre zu ihm.
Gott ist mein Gott, und ich bin Gottes Volk.
Gott ist mein Vater und ich bin Gottes Sohn.
Gott behütet mich und ich bin Gottes Herde.
Gott umsorgt mich und ich bin Gottes Weinberg.

(Schir Ha-Schirim Rabba 2,16)

Gott preist mich und ich preise Gott.
Gott nannte mich ein einzigartiges Volk und ich bekenne die Einzigartigkeit des göttlichen Namens.
Wenn ich etwas brauche, erbitte ich es von niemandem, nur von Gott und wenn Gott etwas braucht, erbittet Gott es von niemandem, nur von mir, denn es wird immer wieder gesagt: „Rede zu den Kindern Israels"; „Befiehl den Kindern Israels".
Wenn ich in einer Notlage bin, wende ich mich an niemanden, nur an Gott und wenn Gott etwas braucht, wendet er sich an niemanden, nur an mich, denn es ist gesagt: „Ich bin bei ihm in der Not." *(Ps 91,15)*

אֵין אַדִּיר כַּאדֹנָי וְאֵין בָּרוּךְ כְּבֶן עַמְרָם

אֵין גְּדוֹלָה כַּתּוֹרָה וְאֵין דּוֹרְשֶׁיהָ כְּיִשְׂרָאֵל:

מִפִּי אֵל. מִפִּי אֵל יְבֹרַךְ כָּל־יִשְׂרָאֵל:

אֵין הָדוּר כַּאדֹנָי וְאֵין וָתִיק כְּבֶן עַמְרָם

אֵין זַכָּה כַּתּוֹרָה וְאֵין חֲכָמֶיהָ כְּיִשְׂרָאֵל:

מִפִּי אֵל. מִפִּי אֵל יְבֹרַךְ כָּל־יִשְׂרָאֵל:

אֵין טָהוֹר כַּאדֹנָי וְאֵין יָחִיד כְּבֶן עַמְרָם

אֵין כַּבִּירָה כַּתּוֹרָה וְאֵין לוֹמְדֶיהָ כְּיִשְׂרָאֵל:

מִפִּי אֵל. מִפִּי אֵל יְבֹרַךְ כָּל־יִשְׂרָאֵל:

אֵין מֶלֶךְ כַּאדֹנָי וְאֵין נָבִיא כְּבֶן עַמְרָם

אֵין סְגוּלָה כַּתּוֹרָה וְאֵין עוֹסְקֶיהָ כְּיִשְׂרָאֵל:

מִפִּי אֵל. מִפִּי אֵל יְבֹרַךְ כָּל־יִשְׂרָאֵל:

אֵין פּוֹדֶה כַּאדֹנָי וְאֵין צַדִּיק כְּבֶן עַמְרָם

אֵין קְדוֹשָׁה כַּתּוֹרָה וְאֵין רוֹמְמֶיהָ כְּיִשְׂרָאֵל:

מִפִּי אֵל. מִפִּי אֵל יְבֹרַךְ כָּל־יִשְׂרָאֵל:

אֵין קָדוֹשׁ כַּאדֹנָי וְאֵין רַבִּי כְּבֶן עַמְרָם

אֵין שְׁמִירָה כַּתּוֹרָה וְאֵין תּוֹמְכֶיהָ כְּיִשְׂרָאֵל:

מִפִּי אֵל. מִפִּי אֵל יְבֹרַךְ כָּל־יִשְׂרָאֵל:

אָמַר רַבִּי לֵוִי. נִרְאָה לָהֶן הַקָּדוֹשׁ בָּרוּךְ הוּא כְּאִיקוֹנִין הַזּוּ שֶׁיֵּשׁ לָהּ פָּנִים מִכָּל־מָקוֹם: אֶלֶף בְּנֵי אָדָם מַבִּיטִין בָּהּ וְהִיא מַבֶּטֶת בְּכוּלָּן:

Niemand ist mächtig wie unser Gott,
niemand gelobt wie Amrams Sohn,
nichts ist so groß wie die Thora,
niemand sucht sie so wie Israel.
Gottes Mund, Gottes Mund:
ja, er segnet ganz Israel.

Niemand ist prächtig wie unser Gott,
niemand so fromm wie Amrams Sohn,
nichts so wirkend wie die Thora,
niemand durch sie weise wie Israel.
Gottes Mund, Gottes Mund:
ja, er segnet ganz Israel.

Niemand ist rein wie unser Gott,
niemand einzig wie Amrams Sohn,
nichts ist so machtvoll wie die Thora,
niemand lernt sie so wie Israel.
Gottes Mund, Gottes Mund:
ja, er segnet ganz Israel.

Niemand herrscht wie unser Gott,
niemand prophezeit wie Amrams Sohn,
nichts ist ein Besitz wie die Thora,
niemand müht sich um sie wie Israel.
Gottes Mund, Gottes Mund:
ja, er segnet ganz Israel.

Niemand erlöst wie unser Gott,
niemand ist gerecht wie Amrams Sohn,
nichts ist so heilig wie die Thora,
niemand durch sie hoch wie Israel.
Gottes Mund, Gottes Mund:
ja, er segnet ganz Israel.

Niemand ist heilig wie unser Gott,
niemand ein Lehrer wie Amrams Sohn,
nichts beschützt so wie die Thora,
niemand von ihr gestützt wie Israel.
Gottes Mund, Gottes Mund:
ja, er segnet ganz Israel.

(Kommentar zu „Mi-Pi El" im Glossar.)

GLEICHNISSE FÜR GOTT

Rabbi Levi sagte: Gott – Gottes Heiligkeit sei gepriesen! – erscheint für Israel wie ein Bild, auf dem überall viele Gesichter zu sehen sind. Tausende von Menschen betrachten es und es sieht jeden von ihnen an.

(Pesikta de Raw Kahana 12,25)

Gott, wenn wir von dir reden, benutzen wir tausende von Bildern und versuchen, die Wahrheit in ihnen zu entdecken. Wenn wir uns zu der Kraft bekennen, die deine Schöpfung durchwaltet, reden wir davon, dass du wie ein König regierst. Wenn wir deine Nähe spüren und ein Wunder, das uns berührt, erfahren wir dich wie einen Vater und wie eine Mutter als die Quelle des Lebens. Hilf uns, dass wir trotz der Namen, die wir dir geben, über sie hinaus gelangen und deine Gegenwart in unserem Leben finden.

רִבּוֹנוֹ שֶׁל עוֹלָם. מִנְהַג בֵּית דִּינְךָ הַצֶּדֶק. לֹא כְמִנְהַג בָּתֵּי דִינִין שֶׁל בָּשָׂר וָדָם: כִּי מִדַּת בָּשָׂר וָדָם. כְּשֶׁאָדָם תּוֹבֵעַ אֶת־חֲבֵרוֹ בְּמָמוֹן. יָבֹא אֶל הַדַּיָּן: אִם יִכְפּוֹר יִנָּצֵל מִן הַמָּמוֹן. וְאִם מוֹדֶה מִתְחַיֵּיב לִתֵּן: וּבֵית דִּינְךָ הַצֶּדֶק לֹא כַךְ הִיא. אֶלָּא אִם יִכְפּוֹר אוֹי לוֹ אוֹי לְנַפְשׁוֹ. וְאִם מוֹדֶה וְעוֹזֵב. אַתָּה תְרַחֲמֶהוּ. וְתַצִּיל אֶת־נַפְשׁוֹ מִדִּינָהּ שֶׁל גֵּהִינָּם. וְיִוָּדַע הַיּוֹם עוֹז רַחֲמֶיךָ. בְּהַעֲבִיר אֶת־חַטַּאת עַמֶּךָ. הַמִּתְוַדִּים לְפָנֶיךָ וְאוֹמְרִים:

שׁוֹפֵט כָּל־הָאָרֶץ וְאֹתָהּ בְּמִשְׁפָּט יַעֲמִיד.
נָא חַיִּים וָחֶסֶד עַל עַם עָנִי תַּצְמִיד.
אֶת־תְּפִלַּת הַשַּׁחַר בִּמְקוֹם עוֹלָה תַעֲמִיד.
כְּעֹלַת הַבֹּקֶר אֲשֶׁר לְעֹלַת הַתָּמִיד:

לוֹבֵשׁ צְדָקָה וּמַעֲטֶה. לְךָ לְבַד הַיִּתְרוֹן.
אִם אֵין בָּנוּ מַעֲשִׂים. זָכְרָה יְשֵׁנֵי חֶבְרוֹן.
וְהֵם יַעֲלוּ לְזִכָּרוֹן. לִפְנֵי יְיָ תָּמִיד.
כְּעֹלַת הַבֹּקֶר אֲשֶׁר לְעֹלַת הַתָּמִיד:

Gott, wenn wir von dir reden, benutzen wir tausende von Bildern und versuchen, die Wahrheit in ihnen zu entdecken. Wenn wir uns zu der Kraft bekennen, die deine Schöpfung durchwaltet, reden wir davon, dass du wie ein König regierst. Wenn wir deine Nähe spüren und ein Wunder, das uns berührt, erfahren wir dich wie einen Vater und wie eine Mutter als die Quelle des Lebens. Hilf uns, dass wir trotz der Namen, die wir dir geben, über sie hinaus gelangen und deine Gegenwart in unserem Leben finden.

DAS GERICHT ÜBER ISRAEL

Gott, du regierst über die ganze Welt. Die Art und Weise deines gerechten Gerichtshofs ist anders als die der Gerichtshöfe der Menschen. Denn die Art und Weise eines menschlichen Gerichthofs ist folgende: Wenn ein Mensch von seinem Mitmenschen Geld fordert, geht er zu einem Richter. Wenn sein Mitmensch die Schuld leugnet, ist er von der Bezahlung befreit; wenn er sie zugibt, muss er bezahlen. Dein gerechter Gerichtshof aber ist nicht so, sondern wenn eine Person ihre Schuld leugnet: wehe ihr, wehe ihrer Seele! Aber wenn sie sie zugibt und von ihr ablässt, dann erbarmst du dich über sie. Dann rettest du ihre Seele vor dem Gericht der ewigen Bestrafung. An diesem Tag wird die Kraft deines Erbarmens bekannt werden, wenn du die Schuld deines Volkes vorübergehen lässt, die es vor dir bekennt und spricht:

EIN PIJJUT ANSTELLE DES MORGENOPFERS

Du richtest die ganze Welt
und stellst sie vor Gericht.
Schenke dem hilfsbedürftigen Volk
Leben und Liebe.
Nimm die Gebete am Morgen an anstelle der Brandopfer,
anstelle des Brandopfers am Morgen,
das ein tägliches Opfer war.

Du bist in Gerechtigkeit und Recht gekleidet.
Von dir allein kommt Gewinn.
Wenn wir keine guten Taten haben,
dann denke die, die in Hebron schlafen,
mögen sie dir in Erinnerung sein, beständiger Gott,
anstelle des Brandopfers am Morgen,
das ein tägliches Opfer war.

חִזְקוּ וְאַמְּצוּ לְבַבְכֶם. עִמִּי בָּאֵל מָעֻזּוֹ.
וְעֵדוֹתָיו כִּי תִנְצוֹרוּ גַּם אֶת־זוֹ לְעֻמַּת זוֹ.
יְכַפֵּר בְּעַד חַטֹּאתֵיכֶם. וְיִזְכֹּר רַחֵם בְּרָגְזוֹ.
דִּרְשׁוּ יְיָ וְעֻזּוֹ. בַּקְּשׁוּ פָנָיו תָּמִיד.
כְּעֹלַת הַבֹּקֶר אֲשֶׁר לְעֹלַת הַתָּמִיד:

Heute stehen wir in der Gegenwart Gottes, und wir wissen, dass wir ein Teil von Israel sind. Als Israel sind wir zu einer besonderen Aufgabe berufen und heute werden wir als Volk gerichtet. Als Einzelne sind wir alle zu unserem je besonderen Leben berufen, und heute werden wir als Einzelne beurteilt. Dies sind die Aufgaben, zu denen wir berufen sind:

קְדֹשִׁים תִּהְיוּ כִּי קָדוֹשׁ אֲנִי יְיָ אֱלֹהֵיכֶם:

Der Mensch muß lernen, an seine Freiheit zu glauben. Er muß glauben, daß sie, wenn sonst vielleicht auch überall beschränkt, Gott gegenüber ohne Grenzen ist. *(Franz Rosenzweig)*

לִמְדוּ הֵיטֵב. דִּרְשׁוּ מִשְׁפָּט:

Jeder von uns ist teilweise verantwortlich für das Böse um uns herum, wenn wir dabei versagen, uns mit unseren eigenen inneren Dunkelheiten auseinanderzusetzen. *(Molly Tuby)*

וְאָהַבְתָּ אֵת יְהוָֹה אֱלֹהֶיךָ. בְּכָל־לְבָבְךָ וּבְכָל־נַפְשְׁךָ וּבְכָל־מְאֹדֶךָ:

Schwerwiegender als Adams Essen der verbotenen Frucht war, dass er sich anschließend vor Gott versteckte, nachdem er gegessen hatte. So ist der Mensch: Er versteckt sich, er flieht, er hat ein Alibi. Gott ist weniger entfernt als wir denken; wenn wir uns nach Gott sehnen, schwindet seine Ferne. *(Abraham Joshua Heschel)*

וְאָהַבְתָּ לְרֵעֲךָ כָּמוֹךָ אֲנִי יְהוָֹה:

Jeder von uns ist für einen kurzen Aufenthalt hier; keiner weiß, zu welchem Zweck, obwohl man manchmal glaubt, man ahne ihn. Doch … wir wissen es aus unserem täglichen Leben, dass wir um der andern willen hier sind. *(Albert Einstein)*

Stärkt und ermutigt eure Herzen, mein Volk,
dessen Zuflucht bei Gott ist.
Wenn ihr Gottes Satzungen haltet,
jede einzelne beachtet,
dann wird Gott Sühne bringen für eure Verfehlungen
und sich im Zorn an das Erbarmen erinnern.
Sucht Gott und Gottes Kraft.
Sucht beständig Gottes Angesicht,
anstelle des Brandopfers am Morgen,
das ein tägliches Opfer war.

(Sch'lomo ben Abun zugeschrieben; Kommentar zu „Schofet kol ha-Arez" im Glossar.)

DIE AUFGABEN ISRAELS

Heute stehen wir in der Gegenwart Gottes, und wir wissen, dass wir ein Teil von Israel sind. Als Israel sind wir zu einer besonderen Aufgabe berufen und heute werden wir als Volk gerichtet. Als Einzelne sind wir alle zu unserem je besonderen Leben berufen, und heute werden wir als Einzelne beurteilt. Dies sind die Aufgaben, zu denen wir berufen sind:

Ihr sollt heilig sein, denn ich, der Ewige, euer Gott, bin heilig. *(Lev 19,2)*

Der Mensch muß lernen, an seine Freiheit zu glauben. Er muß glauben, daß sie, wenn sonst vielleicht auch überall beschränkt, Gott gegenüber ohne Grenzen ist. *(Franz Rosenzweig)*

Lernt, Gutes zu tun. Sorgt für das Recht! *(Jes 1,17)*

Jeder von uns ist teilweise verantwortlich für das Böse um uns herum, wenn wir dabei versagen, uns mit unseren eigenen inneren Dunkelheiten auseinanderzusetzen. *(Molly Tuby)*

Du sollst den Ewigen, deinen Gott, lieben mit ganzem Herzen, mit ganzer Seele und mit ganzer Kraft. *(Dtn 6,5)*

Schwerwiegender als Adams Essen der verbotenen Frucht war, dass er sich anschließend vor Gott versteckte, nachdem er gegessen hatte. So ist der Mensch: Er versteckt sich, er flieht, er hat ein Alibi. Gott ist weniger entfernt als wir denken; wenn wir uns nach Gott sehnen, schwindet seine Ferne. *(Abraham Joshua Heschel)*

Du sollst deinen Mitmenschen lieben wie dich selbst, ich bin der Ewige! *(Lev 19,18)*

Jeder von uns ist für einen kurzen Aufenthalt hier; keiner weiß, zu welchem Zweck, obwohl man manchmal glaubt, man ahne ihn. Doch … wir wissen es aus unserem täglichen Leben, dass wir um der andern willen hier sind. *(Albert Einstein)*

וְאָהַבְתָּ לוֹ כָּמוֹךָ כִּי־גֵרִים הֱיִיתֶם בְּאֶרֶץ מִצְרָיִם:

Eine Person anzuerkennen ist das Bekenntnis, dass sie unersetzlich ist. Sie zu verletzen bedeutet, ihr zu sagen, dass sie entbehrlich ist, dass sie nicht gebraucht wird. *(Joseph B. Soloveitchik)*

אַתֶּם עֵדַי נְאֻם־יְיָ וְעַבְדִּי אֲשֶׁר בָּחָרְתִּי:

Jedes Volk in der Menschheit ist eine Frage, welche Gott durch ein Volk an die Menschheit richtet, und jedes Volk soll von seinem Platz aus, mit seinen Gaben und Möglichkeiten, darauf antworten, um seiner selbst willen und um der Menschheit willen. *(Leo Baeck)*

נָקֵל מִהְיוֹתְךָ לִי עֶבֶד לְהָקִים אֶת־שִׁבְטֵי יַעֲקֹב.
וּנְתַתִּיךָ לְאוֹר גּוֹיִם:

Auf sich selbst begrenzt zu sein bedeutet, zum Tode verurteilt zu sein; für das Unbegrenzte zu leben bedeutet, vom Tod befreit zu sein. *(Martin Buber)*

דַּרְכְּךָ אֱלֹהֵינוּ לְהַאֲרִיךְ אַפֶּךָ לָרָעִים וְלַטּוֹבִים. וְהִיא תְהִלָּתֶךָ:
לְמַעַנְךָ אֱלֹהֵינוּ עֲשֵׂה וְלֹא לָנוּ. רְאֵה עֲמִידָתֵנוּ דַּלִּים וְרֵקִים

אָנוּ עַזֵּי פָנִים וְאַתָּה רַחוּם וְחַנּוּן:
אָנוּ קְשֵׁי עֹרֶף וְאַתָּה אֶרֶךְ אַפַּיִם:
אָנוּ מְלֵאֵי עָוֹן וְאַתָּה מָלֵא רַחֲמִים:
אָנוּ יָמֵינוּ כְּצֵל עוֹבֵר. וְאַתָּה הוּא וּשְׁנוֹתֶיךָ לֹא יִתָּמּוּ:

חָטָאנוּ צוּרֵנוּ. סְלַח לָנוּ יוֹצְרֵנוּ:
שְׁמַע יִשְׂרָאֵל. יְיָ אֱלֹהֵינוּ יְיָ אֶחָד:
בָּרוּךְ שֵׁם כְּבוֹד מַלְכוּתוֹ לְעוֹלָם וָעֶד:
יְיָ הוּא הָאֱלֹהִים. יְיָ הוּא הָאֱלֹהִים:

Du sollst den Fremden lieben wie dich selbst, denn ihr selbst wart Fremde im Land Ägypten. *(Lev 19,34)*

> Eine Person anzuerkennen ist das Bekenntnis, dass sie unersetzlich ist. Sie zu verletzen bedeutet, ihr zu sagen, dass sie entbehrlich ist, dass sie nicht gebraucht wird. *(Joseph B. Soloveitchik)*

Ihr seid meine Zeuginnen und Zeugen, spricht Gott, und die Knechte und Mägde, die ich erwählt habe. *(Jes 43,10)*

> Jedes Volk in der Menschheit ist eine Frage, welche Gott durch ein Volk an die Menschheit richtet, und jedes Volk soll von seinem Platz aus, mit seinen Gaben und Möglichkeiten, darauf antworten, um seiner selbst willen und um der Menschheit willen. *(Leo Baeck)*

Es ist zu wenig, dass du mir dienst, nur um die Stämme Jakobs wieder aufzurichten… Ich mache dich zu einem Licht für die Völker. *(Jes 49,6)*

> Auf sich selbst begrenzt zu sein bedeutet, zum Tode verurteilt zu sein; für das Unbegrenzte zu leben bedeutet, vom Tod befreit zu sein. *(Martin Buber)*

DIE SÜNDEN ISRAELS

Gott, dein Weg ist die Nachsicht mit Bösen und Guten. Dies ist dein Lob. Um deiner selbst willen handelst du so, nicht um unseretwillen. Sieh uns, die wir hier stehen, arm und ohne gute Werke.

Wir sind erbarmungslos, *(Dtn 28,50)*
du aber bist barmherzig und gnädig. *(Ps 103,8)*
Wir sind stur, *(Dtn 10,16)*
du aber bist nachsichtig. *(Ex 34,6)*
Wir sind voller Schuld,
du aber bist voller Barmherzigkeit.
Unsere Tage sind wie ein flüchtiger Schatten, *(Ps 144,4)*
du aber bleibst stets gleich, und deine Jahre enden nie. *(Ps 102,28)*

Wir haben uns verfehlt, Gott, unser Fels!
Vergib uns, Gott, schöpferische Kraft!
Höre Israel, der Ewige ist Gott, der Ewige ist einzig. *(Dtn 6,4)*
Gepriesen sei Gottes ruhmreiche Herrschaft immer und ewig! *(mJoma 6,2)*
Der Ewige ist Gott; der Ewige ist Gott! *(1. Kön 18,39)*

מְיוּחָד בְּאֶהְיֶה אֲשֶׁר אֶהְיֶה. הוּא הָיָה וְהוּא הֹוֶה וְהוּא יִהְיֶה. הוּא מֵמִית וּמְחַיֶּה. לְפָנָיו לֹא נוֹצַר אֵל: וְאַחֲרָיו לֹא יִהְיֶה:

Das folgende Bekenntnis wird gelesen:

Unser Vater, unser König,
vor dir haben wir gesündigt.

Wir verstecken nichts, entschuldigen nichts.
Wir bekennen: Wir haben gesündigt.

Wir haben die alten Wege verlassen,
warfen die Last der Vergangenheit ab,
sprengten die Ketten unseres Bundes
und wählten den leichteren Weg.

Unser Vater, unser König,
bring uns durch eine vollständige Umkehr zurück zu dir.

Wir schmeichelten uns bei großen Menschen in ihren Schlössern ein
und bei den Reichen in ihren goldenen Städten.
Wir schätzten die Armen gering
und die, die in der Dunkelheit sitzen.

Wir brachten unseren Kindern bei,
den Wert von Reichtum und Titeln zu schätzen
und dies mehr zu erstreben als die Liebe zu Gott,
als den Schatz unserer Tradition
und als die schlichte Güte des menschlichen Herzens.

Unser Vater, unser König,
denke daran, dass wir nur Staub sind.

Wir verschlossen unsere Augen vor Krieg, Hass und Hunger.
Wir verschlossen unsere Ohren für die Ängste der Welt.
Wir hielten unsere Lippen geschlossen und schwiegen,
als die Schwarzen geschmäht und verbrannte Kinder verraten wurden.

Unser Vater, unser König,
tilge in deinem überschwänglichen Erbarmen all die Erinnerungen an unsere Schuld.

Für die Sünde, die wir getan haben,
als wir die alten Wege verließen,

Fortsetzung auf der gegenüberliegenden Seite.

Gott allein wird „Ich bin da“ genannt. *(Ex 3,14)* Gott war und Gott ist und Gott wird sein. Gott tötet und Gott macht lebendig. *(1. Sam 2,6)* Vor Gott wurde kein Gott geschaffen, und nach Gott wird kein Gott mehr sein. *(Jes 43,10)*

Fortsetzung auf der gegenüberliegenden Seite.

Fortsetzung von der gegenüberliegenden Seite.

und die Kerzen verlöschen ließen,
die für unsere Vorfahren brannten.
Für die Sünde, die wir getan haben,
als wir Geld und Status mehr liebten,
als die Heiligen und Gelehrten.
Für die Sünde, die wir getan haben,
als wir unsere Brüder und Schwestern ablehnten,
die auf einem anderen Weg zu derselben Gottheit waren,
die alle annimmt.

Für all dieses bitten wir dich, Gott aller Vergebung:
Vergib uns, verzeih uns, gib uns Versöhnung.

Für die Sünde, die wir getan haben,
als wir unsere verwöhnten Körper schmückten,
während wir die leere Seele unbeachtet ließen
und die Nackheit des Herzens.
Für die Sünde, die wir getan haben,
als wir unser Zuhause nicht so sorgfältig gepflegt haben
wie die Zelte des Lichtes, die heiligen Schreine,
die unsere Mütter in dunkleren Zeiten aufgebaut haben.
Für die Sünde, die wir getan haben,
als wir unsere suchenden Kinder
unerfahren und allein in der Wüste wandern ließen,
ohne Anleitung, ohne den Glauben, Gott für sich persönlich
zu suchen.

Für all dieses bitten wir dich, Gott aller Vergebung:
Vergib uns, verzeih uns, gib uns Versöhnung.

Für die Sünde, die wir getan haben,
als wir stumm durch eine erbarmungslose Welt wanderten,
taub und stumm unter erbarmungslosen Menschen,
während neue Opfer verspottet und benachteiligt wurden.

Für die Sünde, die wir getan haben,
als wir uns abwandten:
von den alten Menschen, die im Dunkeln träumten,
von den Einsamen, die in Stille verschwanden,
von den Fremden, die im vertrockneten Gerstenfeld starben,
von dem Hof, der auf versengter und zerstörter Erde brannte.

Für die Sünde, die wir getan haben,
als wir Blut vergossen, obwohl wir keine andere Wahl hatten,

Fortsetzung auf der gegenüberliegenden Seite.

Der Gottesdienst wird hier fortgesetzt:

כַּךְ יִשְׂרָאֵל עֲתִידִין לַעֲמוֹד בַּדִּין לִפְנֵי הַקָּדוֹשׁ בָּרוּךְ הוּא וְהֵן מִתְיָרְאִין מִן הַדִּין. וּמַלְאֲכֵי הַשָּׁרֵת אָמְרוּ לָהֶם אַל תִּתְיָרְאוּ מִן הַדִּין. אֵין אַתֶּם מַכִּירִין אוֹתוֹ. בֶּן עִירְכֶם הוּא. שֶׁנֶּאֱמַר הוּא יִבְנֶה עִירִי וְגָלוּתִי יְשַׁלֵּחַ. וְשָׁבוּ וְאָמְרוּ לָהֶם אַל תִּתְיָרְאוּ מִן הַדִּין. אֵין אַתֶּם מַכִּירִים אוֹתוֹ. קְרוֹבְכֶם הוּא. שֶׁנֶּאֱמַר לִבְנֵי יִשְׂרָאֵל עַם קְרֹבוֹ. וְשָׁבוּ וְאָמְרוּ לָהֶם. אֵין אַתֶּם מַכִּירִים אוֹתוֹ אֲחִיכֶם הוּא. שֶׁנֶּאֱמַר לְמַעַן אַחַי וְרֵעָי. וְיוֹתֵר מִכֵּן אֲבִיכֶם הוּא. הֲלֹא הוּא אָבִיךָ קָּנֶךָ:

אֵל מֶלֶךְ יוֹשֵׁב עַל כִּסֵּא רַחֲמִים מִתְנַהֵג בַּחֲסִידוּת. מוֹחֵל עֲוֹנוֹת עַמּוֹ. מַרְבֶּה מְחִילָה לְחַטָּאִים וּסְלִיחָה לְפוֹשְׁעִים. עוֹשֶׂה צְדָקוֹת עִם כָּל־בָּשָׂר וְרוּחַ. לֹא כְרָעָתָם לָהֶם גּוֹמֵל: אֵל הוֹרֵתָנוּ מִדּוֹת טוּבְךָ וְרַחֲמֶיךָ. כַּכָּתוּב בְּתוֹרָתֶךָ. וַיֵּרֶד יְיָ בֶּעָנָן. וַיִּתְיַצֵּב עִמּוֹ שָׁם. וַיִּקְרָא בְשֵׁם יְיָ. וַיַּעֲבֹר יְיָ עַל פָּנָיו וַיִּקְרָא:

Fortsetzung von der gegenüberliegenden Seite:

wenn unsere Kinder leben und unser Land überleben sollte,
wenn unsere Obstgärten wieder blühen und unsere goldene Stadt
zu David und dem Gott Israels zurückkehren wollte.

Für all dieses bitten wir dich, Gott aller Vergebung:
Vergib uns, verzeih uns, gib uns Versöhnung.

Und vergib der Welt,
die gegen uns gesündigt hat.

(Pamela Melnikoff)

Der Gottesdienst wird hier fortgesetzt:

Wenn Israel in der Zukunft im Gerichtshof vor Gott – Gottes Heiligkeit sei gepriesen! – stehen wird und sich vor dem Gericht fürchtet, dann werden die Dienstengel zu ihnen sagen: „Fürchtet euch nicht vor dem Gericht! Seid ihr Gott nicht gut bekannt? Hat Gott nicht Bürgerrecht in eurer Stadt? Denn es heißt doch *(Jes 45,13)*: Cyros wird meine Stadt bauen und meine Verbannten wird er freilassen." Und außerdem werden sie zu ihnen sagen: „Fürchtet euch nicht vor dem Gericht! Seid ihr Gott nicht gut bekannt? Ist Gott nicht mit euch verwandt? Denn es heißt doch *(Ps 148,14)*: Den Kindern Israels, dem Volk seiner Verwandtschaft." Und außerdem werden sie zu ihnen sagen: „Seid ihr Gott nicht gut bekannt? Seid ihr nicht geschwisterlich verbunden? Denn es heißt doch *(Ps 122,8)*: Für meinen Bruder und Freund. Ja, noch viel mehr als das, er ist für euch wie ein Vater und wie eine Mutter: Ist Gott nicht euer Vater? Hat nicht Gott euch geschaffen?" *(Dtn 32,6)*

(Midrasch Tehillim 118,10 zu Ps 118,7)

DIE BARMHERZIGKEIT GOTTES

Gott, du regierst durch Barmherzigkeit; Liebe prägt alles, was du tust. Du verzeihst die Verkehrungen deines Volkes. Auf vielfältige Weise verzeihst du seine Verfehlungen und vergibst seine eigensüchtigen Taten. Alle Menschen lässt du deine aufrichtende Gerechtigkeit erfahren. Du handelst nicht an ihnen, wie es ihrer Boshaftigkeit entsprechen würde. Gott, du hast uns deine guten und barmherzigen Eigenschaften wissen lassen, denn in deiner Thora steht geschrieben: „Der Ewige kam in einer Wolke hinab und stellte sich neben ihn. Er rief den Namen des Ewigen an.
Und der Ewige zog an ihm vorüber, und er rief:

יְיָ יְיָ אֵל רַחוּם וְחַנּוּן. אֶרֶךְ אַפַּיִם וְרַב חֶסֶד וֶאֱמֶת: נֹצֵר חֶסֶד לָאֲלָפִים נֹשֵׂא עָוֹן וָפֶשַׁע וְחַטָּאָה וְנַקֵּה:

סְלַח לָנוּ אָבִינוּ. כִּי בְרֹב אִוַּלְתֵּנוּ שָׁגִינוּ:
מְחַל לָנוּ מַלְכֵּנוּ. כִּי רַבּוּ עֲוֹנֵינוּ:
הַאֲזִינָה יְהוָֹה תְּפִלָּתֵנוּ. הַקְשִׁיבָה בְּקוֹל תַּחֲנוּנֵינוּ:
הַקְשִׁיבָה לְקוֹל שַׁוְעָתֵנוּ מַלְכֵּנוּ וֵאלֹהֵינוּ. כִּי אֵלֶיךָ נִתְפַּלֵּל:
שִׁמְעָה יְהוָֹה צֶדֶק. הַקְשִׁיבָה רִנָּתֵנוּ. הַאֲזִינָה תְפִלָּתֵנוּ בְּלֹא שִׂפְתֵי מִרְמָה:
אָנָּא יְהוָֹה אֱלֹהֵי הַשָּׁמַיִם הָאֵל הַגָּדוֹל וְהַנּוֹרָא. תְּהִי נָא אָזְנְךָ קַשֶּׁבֶת וְעֵינֶיךָ פְתוּחוֹת לִשְׁמֹעַ אֶל תְּפִלַּת עַבְדְּךָ וְעַמְּךָ יִשְׂרָאֵל:

כְּרַחֵם אָב עַל בָּנִים. כֵּן תְּרַחֵם יְהוָֹה עָלֵינוּ:
לַיהוָֹה הַיְשׁוּעָה. עַל עַמְּךָ בִרְכָתֶךָ סֶּלָה:
יְהוָֹה צְבָאוֹת עִמָּנוּ. מִשְׂגָּב־לָנוּ אֱלֹהֵי יַעֲקֹב סֶלָה:
יְהוָֹה צְבָאוֹת. אַשְׁרֵי אָדָם בּוֹטֵחַ בָּךְ:
יְהוָֹה הוֹשִׁיעָה. הַמֶּלֶךְ יַעֲנֵנוּ בְיוֹם קָרְאֵנוּ:
סְלַח נָא לַעֲוֹן הָעָם הַזֶּה כְּגֹדֶל חַסְדֶּךָ. וְכַאֲשֶׁר נָשָׂאתָה לָעָם הַזֶּה מִמִּצְרַיִם וְעַד הֵנָּה: וַיֹּאמֶר יְיָ סָלַחְתִּי כִּדְבָרֶךָ:

אֱלֹהֵינוּ וֵאלֹהֵי אֲבוֹתֵינוּ. אַל תַּעַזְבֵנוּ. וְאַל תִּטְּשֵׁנוּ. וְאַל תַּכְלִימֵנוּ. וְאַל תָּפֵר בְּרִיתְךָ אִתָּנוּ: קָרְבֵנוּ לְתוֹרָתֶךָ. לַמְּדֵנוּ מִצְוֹתֶיךָ. הוֹרֵנוּ דְרָכֶיךָ. הַט לִבֵּנוּ לְיִרְאָה אֶת־שְׁמֶךָ: וּמוֹל אֶת־לְבָבֵנוּ לְאַהֲבָתֶךָ. וְנָשׁוּב אֵלֶיךָ בֶּאֱמֶת וּבְלֵב שָׁלֵם.
וּלְמַעַן שִׁמְךָ הַגָּדוֹל תִּסְלַח וּתְכַפֵּר לַעֲוֹנֵנוּ. כַּכָּתוּב בְּדִבְרֵי קָדְשֶׁךָ. לְמַעַן שִׁמְךָ יְיָ וְסָלַחְתָּ לַעֲוֹנֵנוּ. כִּי רַב הוּא:

Der Ewige, der Ewige, Gott, barmherzig und gnädig, nachsichtig, von unendlicher Liebe und Treue; bewahrt Gnade bis in die tausendste Generation, vergibt Verkehrung, Eigensüchtigkeit und Verfehlung und befreit.“ *(Ex 34,5-7)*

Quelle unseres Lebens, vergib uns,
denn durch unsere große Torheit sind wir ins Verderben gestürzt.
Ursprung aller Macht, verzeih uns,
denn unsere Verkehrungen sind viele.
Gott, höre unser Gebet,
achte auf unser Flehen!
Unser Gott, du regierst die Welt,
achte auf unseren Hilferuf, denn wir beten zu dir.
Gott, höre die gerechte Sache! Achte auf unsere Gesänge.
Höre unser aufrichtig gesprochenes Gebet.
Ach Gott im Himmel, du bist groß und zu fürchten,
habe doch achtsame Ohren und offene Augen,
höre das Gebet derer, die dir dienen, das Gebet deines Volkes Israel.

Wie Eltern sich über ihre Kinder erbarmen,
so erbarmt sich Gott über die, die Gott achten. *(Ps 103,13)*
Bei Gott findet man Hilfe.
Dein Segen komme auf dein Volk! *(Ps 3,9)*
Der Gott aller Geschöpfe ist bei uns,
der Gott Jakobs ist unser Schutz. *(Ps 46,4.8)*
Gott aller Geschöpfe, glücklich ist der Mensch,
der auf dich vertraut! *(Ps 84,13)*
Hilf uns, Gott! Du regierst.
Antworte uns, wenn wir zu dir rufen. *(Ps 20,10)*
Verzeih nun diesem Volk seine Sünde, denn deine Liebe ist groß, und du hast diesem Volk auch bisher vergeben, von Ägypten bis jetzt. Und Gott sprach: „Auf dein Wort hin habe ich vergeben.“ *(Num 14,19-20)*

WIR SIND GOTTES VOLK

Unser Gott und Gott unserer Vorfahren, „verlass uns nicht und gib uns nicht auf!“ *(1. Kön 8,57)* Beschäme uns nicht und brich nicht den Bund, den du mit uns geschlossen hast. Bring uns deine Weisung nahe, lehre uns deine Gebote und zeige uns den Weg zu dir. Lass unser Herz willig sein, deinem Namen Ehrfurcht zu erweisen. Beschneide unsere Herzen für die Liebe zu dir. Dann wollen wir in Aufrichtigkeit und von ganzem Herzen zu dir umkehren. Um deines großen Namens willen vergib und sühne unsere Verkehrungen, wie in deinen heiligen Worten geschrieben steht: Um deines Namens willen, Gott, vergib uns unsere Verkehrung, denn sie ist groß. *(Ps 25,11)*

STILLES BEKENNTNIS

Unser Gott und Gott aller Geschöpfe, in der Stille erinnern wir uns an unsere geheimen Sünden und unsere persönlichen Verfehlungen aus dem Jahr, das nun vergangen ist. Einige sind vielleicht keinem Menschen bekannt. Doch du kennst sie. Wir bitten dich um Hilfe und Vergebung.

Hier sollte eine Zeit gelassen werden für die stille Meditation und das stille Bekenntnis.

אֱלֹהֵינוּ וֵאלֹהֵי אֲבוֹתֵינוּ. סְלַח לָנוּ. מְחַל לָנוּ. כַּפֶּר לָנוּ:

כִּי אָנוּ עַמֶּךָ וְאַתָּה אֱלֹהֵינוּ: אָנוּ בָנֶיךָ וְאַתָּה אָבִינוּ:

אָנוּ עֲבָדֶיךָ וְאַתָּה אֲדוֹנֵנוּ: אָנוּ קְהָלֶךָ וְאַתָּה חֶלְקֵנוּ:

אָנוּ נַחֲלָתֶךָ וְאַתָּה גוֹרָלֵנוּ: אָנוּ צֹאנֶךָ וְאַתָּה רוֹעֵנוּ:

אָנוּ כַרְמֶךָ וְאַתָּה נוֹטְרֵנוּ: אָנוּ פְעֻלָּתֶךָ וְאַתָּה יוֹצְרֵנוּ:

אָנוּ רַעְיָתֶךָ וְאַתָּה דוֹדֵנוּ: אָנוּ סְגֻלָּתֶךָ וְאַתָּה קְרוֹבֵנוּ:

אָנוּ עַמֶּךָ וְאַתָּה מַלְכֵּנוּ: אָנוּ מַאֲמִירֶיךָ וְאַתָּה מַאֲמִירֵנוּ.

מָה־אָנוּ. מֶה־חַיֵּינוּ. מֶה־חַסְדֵּנוּ. מַה־צִּדְקוֹתֵינוּ. מַה־יִּשְׁעֵנוּ. מַה־כֹּחֵנוּ. מַה־גְּבוּרָתֵנוּ. מַה־נֹּאמַר לְפָנֶיךָ יְיָ אֱלֹהֵינוּ וֵאלֹהֵי אֲבוֹתֵינוּ:

STILLES BEKENNTNIS

Unser Gott und Gott aller Geschöpfe, in der Stille erinnern wir uns an unsere geheimen Sünden und unsere persönlichen Verfehlungen aus dem Jahr, das nun vergangen ist. Einige sind vielleicht keinem Menschen bekannt. Doch du kennst sie. Wir bitten dich um Hilfe und Vergebung.

Hier sollte eine Zeit gelassen werden für die stille Meditation und das stille Bekenntnis.

Für alles dieses bitten wir dich, Gott aller Vergebung:
Vergib uns, verzeih uns, gib uns Versöhnung.

Denn wir sind dein Volk; du bist unser Gott.
Wir sind deine Kinder; du bist uns Vater und Mutter.
Wir sind deine Knechte und Mägde; du gebietest uns.
Wir sind deine Gemeinde; du bist unser Teil.
Wir sind dein Erbe; du bist unser Schicksal.
Wir sind deine Herde; du weidest uns.
Wir sind dein Weinberg; du pflegst uns.
Wir sind dein Werk; du hast uns geschaffen.
Wir sind die von dir Geliebten; du liebst uns.
Wir sind dein Eigentum; du bist uns nahe.
Wir sind dein Volk; du regierst über uns.
Wir bringen dich zu Ehren; du bringst uns zu Ehren.

(vgl. Schir Ha-Schirim Rabba 2,16)

Was sind wir? Was ist unser Leben? Was ist unsere Liebe? Was ist unsere Gerechtigkeit? Was sind unsere Erfolge? Was ist unsere Kraft? Was ist unsere Macht? Ewiger, unser Gott und Gott unserer Vorfahren, was könnten wir in deiner Gegenwart sagen?

Der folgende Abschnitt oder der auf der gegenüberliegenden Seite wird hier gelesen.

WER SIND WIR?

Das Tragischste in dieser jüdischen Tragödie des zwanzigsten Jahrhunderts war, daß die, die sie erlitten, keinen Sinn mehr in ihr finden konnten und keine Schuld. All die Ausgetriebenen der mittelalterlichen Zeiten, ihre Urväter und Ahnen, sie hatten zumindest gewußt, wofür sie litten: für ihren Glauben, für ihr Gesetz. Sie besaßen noch als Talisman der Seele, was diese von heute längst verloren, das unverbrüchliche Vertrauen in ihren Gott. … Jetzt erst, da man sie alle zusammenwarf und wie Schmutz auf den Straßen zusammenkehrte, die Bankdirektoren aus ihren Berliner Palais und die Synagogendiener aus den orthodoxen Gemeinden, die Pariser Philosophieprofessoren und die rumänischen Droschkenkutscher, die Leichenwäscher und Nobelpreisträger, die Konzertsängerinnen und die Klageweiber der Begräbnisse, die Schriftsteller und die Branntweinbrenner, die Besitzenden und die Besitzlosen, die Großen und die Kleinen, die Frommen und die Aufgeklärten, die Wucherer und die Weisen, die Zionisten und die Assimilierten, die Aschkenasim und die Sephardim, die Gerechten und die Ungerechten und hinter ihnen noch die verstörte Schar derer, die längst dem Fluche entflüchtet zu sein glaubten, die Getauften und die Gemischten – jetzt erst zwang man den Juden zum erstenmal seit Hunderten Jahren wieder eine Gemeinsamkeit auf, die sie längst nicht mehr empfunden, die seit Ägypten immer wiederkehrende Gemeinsamkeit der Austreibung. Aber warum dies Schicksal ihnen und immer wieder ihnen allein? Was war der Grund, was der Sinn, was das Ziel dieser sinnlosen Verfolgung? Man trieb sie aus den Ländern und gab ihnen kein Land. Man sagte: lebt nicht mit uns, aber man sagte ihnen nicht, wo sie leben sollten. Man gab ihnen Schuld und verweigerte ihnen jedes Mittel, sie zu sühnen. Und so starrten sie sich an auf der Flucht mit brennenden Augen – warum ich? Warum du? Warum ich mit dir, den ich nicht kenne, dessen Sprache ich nicht verstehe, dessen Denkweise ich nicht fasse, mit dem mich nichts verbindet? Warum wir alle? Und keiner wußte Antwort.

(Stefan Zweig)

WER WIR SIND

Der folgende Abschnitt oder der auf der gegenüberliegenden Seite wird hier gelesen.

Eine rabbinische Homilie erzählt, dass Gott den Sinai allen Nationen anbot. Niemand wollte ihn. Sogar das jüdische Volk wollte ihn nicht. Da nahm Gott den Berg Sinai und drängte ihn dem jüdischen Volk auf, so dass es nicht entfliehen konnte. So mussten sie das jüdische Volk werden. … Das jüdische Volk wurde zu dem, was es ist, durch einen Akt Gottes, des Schöpfers von Himmel und Erde. …

Wer möchte jüdisch sein? Wir stellen diese Frage … für das ganze jüdische Volk. Die Antwort kann im Leben der biblischen Propheten gefunden werden: Wer unter ihnen wollte ein Prophet sein? Die Antwort ist: Niemand. Aber sie übten ihre heilige Berufung aus, und sie taten ihren Dienst gut, ein Beispiel für kommende Generationen.

Heilig bedeutet ausgesondert. Die Kohlen, die die Lippen Jesajas reinigten, erinnern an das Leiden, das das Ausgesondertsein bedeutet. Ist das jüdische Volk eine Gemeinschaft, die an Gott glaubt? … Das jüdische Volk hat eine Beziehung zu Gott, die sogar wichtiger ist als die, die nur durch den Glauben begründet wird. … Juden, die nach allem, was in Auschwitz passiert ist, Juden bleiben wollen, sind wahre Juden. Das jüdische Volk war immer ein Volk von Überlebenden. Sie wollten nicht das Vorrecht aufgeben, zum „Rest" zu gehören; sie wollten lieber zu den Verfolgten als zu den Verfolgern gehören. Das jüdische Volk im „glühenden Feuerofen" der Geschichte, das dennoch wie Daniel und seine Freunde unverletzt blieb, ist umgeben von dem Wunder Gottes, das er durch das jüdische Volk in der Geschichte der Heiden vollbringt.

Das jüdische Volk, das ausgesonderte Volk und als solches das heilige Volk, ist ein von Gott geschaffenes Volk. In unserer Vornehmheit und unserer Schäbigkeit, in unserer kulturellen Veredelung und in unserer Anstößigkeit, in unserer Ausdauer und in unserer Schwäche, in unserer Ehre und in der Beschämung der Entmenschlichung in Auschwitz – wir sind das Volk Gottes; ein Volk, das nicht nur aus An-Gott-Glaubenden besteht – dies sind wir auch – sondern vielmehr ein Volk, in dem alle, die Juden selbst und auch die Heiden, ihrem Gott im Himmel begegnen, der „den Tod für immer beseitigen wird, … der auf der ganzen Erde die Schande von seinem Volk wegnehmen wird" *(Jes 25,8)*. Wir haben uns nicht dafür entschieden, jüdisch zu sein. Gott hat sich für uns entschieden.

(Ignaz Maybaum)

שְׁמַע קוֹלֵנוּ יְיָ אֱלֹהֵינוּ. חוּס וְרַחֵם עָלֵינוּ. וְקַבֵּל בְּרַחֲמִים וּבְרָצוֹן אֶת־תְּפִלָּתֵנוּ:

הֲשִׁיבֵנוּ יְיָ אֵלֶיךָ וְנָשׁוּבָה. חַדֵּשׁ יָמֵינוּ כְּקֶדֶם:

אֲמָרֵינוּ הַאֲזִינָה יְיָ. בִּינָה הֲגִיגֵנוּ:

יִהְיוּ לְרָצוֹן אִמְרֵי פִינוּ וְהֶגְיוֹן לִבֵּנוּ לְפָנֶיךָ יְיָ צוּרֵנוּ וְגוֹאֲלֵנוּ:

אַל תַּשְׁלִיכֵנוּ מִלְּפָנֶיךָ. וְרוּחַ קָדְשְׁךָ אַל תִּקַּח מִמֶּנּוּ:

אַל תַּשְׁלִיכֵנוּ לְעֵת זִקְנָה. כִּכְלוֹת כֹּחֵנוּ אַל תַּעַזְבֵנוּ:

אַל תַּעַזְבֵנוּ יְיָ אֱלֹהֵינוּ. אַל תִּרְחַק מִמֶּנּוּ:

כִּי לְךָ יְיָ הוֹחָלְנוּ. אַתָּה תַעֲנֶה יְיָ אֱלֹהֵינוּ:

Einer der folgenden Abschnitte:

א אֱלֹהֵינוּ שֶׁבַּשָּׁמַיִם. שְׁמַע קוֹלֵנוּ וְקַבֵּל תְּפִלָּתֵנוּ בְּרָצוֹן:

אֱלֹהֵינוּ שֶׁבַּשָּׁמַיִם. בְּרִיתְךָ זְכוֹר וְאַל תַּשְׁכָּחֵנוּ:

אֱלֹהֵינוּ שֶׁבַּשָּׁמַיִם. דְּרַשְׁנוּךָ הִמָּצֵא לָנוּ:

אֱלֹהֵינוּ שֶׁבַּשָּׁמַיִם. נִקְרָא וְאַתָּה תַעֲנֵנוּ:

אֱלֹהֵינוּ שֶׁבַּשָּׁמַיִם. חֲמוֹל עָלֵינוּ וְעַל עוֹלָלֵינוּ וְטַפֵּינוּ:

אֱלֹהֵינוּ שֶׁבַּשָּׁמַיִם. טַהֲרֵנוּ מֵעֲוֹנֵינוּ:

אֱלֹהֵינוּ שֶׁבַּשָּׁמַיִם. כָּתְבֵנוּ בְּסֵפֶר מְזוֹנוֹת וּפַרְנָסָה טוֹבָה:

אֱלֹהֵינוּ שֶׁבַּשָּׁמַיִם. מַלֵּא מִשְׁאֲלוֹת לִבֵּנוּ לְטוֹבָה:

אֱלֹהֵינוּ שֶׁבַּשָּׁמַיִם. פְּדֵנוּ מִידֵי אוֹיְבֵינוּ:

אֱלֹהֵינוּ שֶׁבַּשָּׁמַיִם. צַדְּקֵנוּ בְּמִשְׁפָּטֶיךָ:

אֱלֹהֵינוּ שֶׁבַּשָּׁמַיִם. קָרֵב לָנוּ יוֹם הַיְשׁוּעָה:

אֱלֹהֵינוּ שֶׁבַּשָּׁמַיִם. קָרְבֵנוּ לַעֲבוֹדָתֶךָ:

אֱלֹהֵינוּ שֶׁבַּשָּׁמַיִם. רְאֵה בָּעֳנִי עַמְּךָ יִשְׂרָאֵל:

אֱלֹהֵינוּ שֶׁבַּשָּׁמַיִם. רְפָא חוֹלֵי עַמְּךָ יִשְׂרָאֵל:

אֱלֹהֵינוּ שֶׁבַּשָּׁמַיִם. שִׂית שַׁלְוָה בְּמוֹשְׁבוֹתֵינוּ:

אֱלֹהֵינוּ שֶׁבַּשָּׁמַיִם. תֵּן שָׁלוֹם בָּאָרֶץ:

Ewiger, unser Gott, höre unsere Stimme.
Habe Mitleid und erbarme dich über uns.
In Erbarmen und in Wohlwollen höre unser Gebet. *(Amida)*
Gott, bring uns zu dir zurück, dann können wir zu dir zurückkehren.
Erneuere unsere Tage, damit sie werden wie früher. *(Kld 5,21)*
Gott, schenke uns'ren Worten Gehör,
achte auf unser Seufzen. *(Ps 5,2)*
Die Worte, die wir sprechen,
und unsere Gedanken mögen dir angenehm sein,
Ewiger, unser Fels und unser Heil. *(Ps. 19,15)*
Vertreibe uns nicht aus deiner Nähe
und nimm deinen heiligen Geist nicht von uns. *(Ps 51,13)*
Vertreibe uns nicht aus deiner Nähe, wenn wir alt sind.
Verlass uns nicht, wenn unsere Kräfte schwinden! *(Ps 71,9)*
Ewiger, unser Gott, verlass uns nicht!
Halte dich nicht von uns fern. *(Ps 38,22)*
Denn wir verlassen uns auf dich, Gott.
Du wirst uns Antwort geben, Ewiger, unser Gott. *(Ps 38,16)*

Einer der folgenden Abschnitte:

I UNSER GOTT IM HIMMEL

Unser Gott im Himmel, höre unsere Stimme und nimm unsere Gebete wohlwollend an.
Unser Gott im Himmel, erinnere dich an deinen Bund und vergiss uns nicht.
Unser Gott im Himmel, wir suchen dich; lass dich von uns finden.
Unser Gott im Himmel, wir rufen; du mögest uns erhören.
Unser Gott im Himmel, erbarme dich über uns, über unsere Kinder und Säuglinge.
Unser Gott im Himmel, reinige uns von unseren Verkehrungen.
Unser Gott im Himmel, schreibe uns ein in das Buch der Ernährung und des guten Auskommens.
Unser Gott im Himmel, erfülle die Bitten unseres Herzens, uns zum Guten.
Unser Gott im Himmel, befreie uns aus der Gewalt von Feinden.
Unser Gott im Himmel, schaffe uns Recht durch dein Gericht.
Unser Gott im Himmel, bringe die Zeit des Heils näher.
Unser Gott im Himmel, nimm uns in deinen Dienst.
Unser Gott im Himmel, sieh die Hilfsbedürftigkeit deines Volkes Israel.
Unser Gott im Himmel, heile die Kranken deines Volkes Israel.
Unser Gott im Himmel, lass uns in Sicherheit wohnen.
Unser Gott im Himmel, gib dem Land Frieden.

אֱלֹהֵינוּ שֶׁבַּשָּׁמַיִם. תֵּן זֶרַע לַזּוֹרֵעַ וְלֶחֶם לָאוֹכֵל:
אֱלֹהֵינוּ שֶׁבַּשָּׁמַיִם. תֵּן לֶחֶם לְפִי הַטָּף:
אֱלֹהֵינוּ שֶׁבַּשָּׁמַיִם. תִּכּוֹן תְּפִלָּתֵנוּ קְטֹרֶת לְפָנֶיךָ:

ב אָבִינוּ מַלְכֵּנוּ. חָטָאנוּ לְפָנֶיךָ:
אָבִינוּ מַלְכֵּנוּ. אֵין לָנוּ מֶלֶךְ זוּלָתֶךָ:
אָבִינוּ מַלְכֵּנוּ. עֲשֵׂה עִמָּנוּ לְמַעַן שְׁמֶךָ:
אָבִינוּ מַלְכֵּנוּ. חַדֵּשׁ עָלֵינוּ שָׁנָה טוֹבָה:
אָבִינוּ מַלְכֵּנוּ. כַּלֵּה דֶּבֶר וְחֶרֶב וְרָעָב וּשְׁבִי וּמַשְׁחִית וּמַגֵּפָה מִבְּנֵי בְרִיתֶךָ:
אָבִינוּ מַלְכֵּנוּ. בַּטֵּל מֵעָלֵינוּ כָּל־גְּזֵרוֹת קָשׁוֹת:
אָבִינוּ מַלְכֵּנוּ. שְׁלַח רְפוּאָה שְׁלֵמָה לְחוֹלֵי עַמֶּךָ:
אָבִינוּ מַלְכֵּנוּ. מְחַל לָנוּ וּסְלַח לְכָל־עֲוֹנוֹתֵינוּ:
אָבִינוּ מַלְכֵּנוּ. כָּתְבֵנוּ בְּסֵפֶר פַּרְנָסָה וְכַלְכָּלָה:
אָבִינוּ מַלְכֵּנוּ. זָכוֹר כִּי עָפָר אֲנָחְנוּ:
אָבִינוּ מַלְכֵּנוּ. זָכְרֵנוּ לְחַיִּים טוֹבִים:
אָבִינוּ מַלְכֵּנוּ. כָּתְבֵנוּ בְּסֵפֶר גְּאֻלָּה וִישׁוּעָה:
אָבִינוּ מַלְכֵּנוּ. הָרֵם קֶרֶן יִשְׂרָאֵל עַמֶּךָ:
אָבִינוּ מַלְכֵּנוּ. הַחֲזִירֵנוּ בִּתְשׁוּבָה שְׁלֵמָה לְפָנֶיךָ:
אָבִינוּ מַלְכֵּנוּ. שְׁמַע קוֹלֵנוּ חוּס וְרַחֵם עָלֵינוּ:
אָבִינוּ מַלְכֵּנוּ. חֲמוֹל עָלֵינוּ וְעַל עוֹלָלֵינוּ וְטַפֵּינוּ:
אָבִינוּ מַלְכֵּנוּ. תְּהִי הַשָּׁעָה הַזּאת שְׁעַת רַחֲמִים וְעֵת רָצוֹן מִלְּפָנֶיךָ:
אָבִינוּ מַלְכֵּנוּ. עֲשֵׂה לְמַעַן הֲרוּגִים עַל שֵׁם קָדְשֶׁךָ:
אָבִינוּ מַלְכֵּנוּ. אַל תְּשִׁיבֵנוּ רֵיקָם מִלְּפָנֶיךָ:

אָבִינוּ מַלְכֵּנוּ. חָנֵּנוּ וַעֲנֵנוּ. כִּי אֵין בָּנוּ מַעֲשִׂים. עֲשֵׂה עִמָּנוּ צְדָקָה וָחֶסֶד וְהוֹשִׁיעֵנוּ:

Unser Gott im Himmel, gib den Säenden Saat und den Essenden Brot.
Unser Gott im Himmel, gib Nahrung für unsere Kleinkinder.
Unser Gott im Himmel, lass unsere Gebete zu dir aufsteigen wie die Rauchopfer vergangener Zeiten.

II UNSER VATER, UNSER KÖNIG

Unser Vater, unser König, wir haben uns vor dir verfehlt.
Unser Vater, unser König, niemand und nichts hat Macht über uns außer dir.
Unser Vater, unser König, handle an uns um deines Namens willen.
Unser Vater, unser König, lass das neue Jahr für uns ein gutes Jahr werden.
Unser Vater, unser König, wende Krankheit, Gewalt, Hunger, Gefangenschaft, zerstörerische Mächte und Verletzungen von uns ab.
Unser Vater, unser König, lass die Gesetze verschwinden, die andere benachteiligen.
Unser Vater, unser König, gib den Kranken deines Volkes Genesung.
Unser Vater, unser König, verzeih uns und vergib alle unsere Verkehrungen.
Unser Vater, unser König, schreibe uns ein im Buch des guten Auskommens und des guten Lebensunterhaltes.
Unser Vater, unser König, denke daran, dass wir Staub sind.
Unser Vater, unser König, denke an uns, damit wir ein gutes Leben haben.
Unser Vater, unser König, schreibe uns ein im Buch der Erlösung und Hilfe.
Unser Vater, unser König, gib deinem Volke Israel Kraft.
Unser Vater, unser König, gib uns die Kraft für eine vollständige Umkehr zu dir.
Unser Vater, unser König, höre unsere Stimme, ergreife Partei für uns und erbarme dich über uns.
Unser Vater, unser König, erbarme dich über uns, über unsere Kinder und Kleinkinder.
Unser Vater, unser König, lass diesen Augenblick eine Zeit des Erbarmens und eine Zeit deines Wohlgefallens sein.
Unser Vater, unser König, sei uns gnädig um derer willen, die um deines Namens willen getötet wurden.
Unser Vater, unser König, lass uns nicht leer von dir fortgehen.
Unser Vater, unser König, sei uns gnädig und erhöre uns, denn wir haben keine Taten vorzuweisen.
Erweise uns Wohltätigkeit und Liebe und hilf uns.

סדר קריאת התורה

אֵין כָּמְוֹךָ בָאֱלֹהִים אֲדֹנָי וְאֵין
כְּמַעֲשֶׂיךָ: מַלְכוּתְךָ מַלְכוּת כָּל־
עֹלָמִים וּמֶמְשַׁלְתְּךָ בְּכָל־דּוֹר וָדֹר: יְיָ
מֶלֶךְ יְיָ מָלָךְ יְיָ יִמְלֹךְ לְעֹלָם וָעֶד: יְיָ
עֹז לְעַמּוֹ יִתֵּן יְיָ יְבָרֵךְ אֶת־עַמּוֹ
בַשָּׁלוֹם:

אַב הָרַחֲמִים הֵיטִיבָה
בִרְצוֹנְךָ אֶת־צִיּוֹן.
כִּי־בְךָ לְבַד בָּטָחְנוּ.
מֶלֶךְ אֵל רָם וְנִשָּׂא
אֲדוֹן עוֹלָמִים:

תּוֹרַת יְהוָֹה תְּמִימָה מְשִׁיבַת נָפֶשׁ
עֵדוּת יְהוָֹה נֶאֱמָנָה מַחְכִּימַת פֶּתִי:
פִּקּוּדֵי יְהוָֹה יְשָׁרִים מְשַׂמְּחֵי־לֵב
מִצְוַת יְהוָֹה בָּרָה מְאִירַת עֵינָיִם:
יִרְאַת יְהוָֹה טְהוֹרָה עוֹמֶדֶת לָעַד
מִשְׁפְּטֵי־יְהוָֹה אֱמֶת צָדְקוּ יַחְדָּו:

וַיְהִי בִּנְסֹעַ הָאָרֹן. וַיֹּאמֶר מֹשֶׁה: קוּמָה יְיָ. וְיָפֻצוּ אֹיְבֶיךָ. וְיָנֻסוּ מְשַׂנְאֶיךָ מִפָּנֶיךָ: כִּי מִצִּיּוֹן תֵּצֵא תוֹרָה. וּדְבַר־יְיָ מִירוּשָׁלָיִם:

יְיָ יְיָ אֵל רַחוּם וְחַנּוּן. אֶרֶךְ אַפַּיִם וְרַב חֶסֶד וֶאֱמֶת: נֹצֵר חֶסֶד לָאֲלָפִים נֹשֵׂא עָוֹן וָפֶשַׁע וְחַטָּאָה וְנַקֵּה:

ORDNUNG DER THORALESUNG

Ewiger, unter den Göttern ist keiner wie du, und nichts gleicht den Werken, die du geschaffen hast. *(Ps 86,8)*
Dein Königtum ist ein Königtum für ewige Zeiten, deine Herrschaft währt von Generation zu Generation. *(Ps 145,13)*
Gott regiert, Gott hat regiert, und regieren wird Gott bis in Ewigkeit.
Gott gebe dem Gottesvolk Kraft, Gott segne das Gottesvolk mit Frieden. *(Ps 29,11)*

Ursprung allen Erbarmens, erweise Zion Gutes und erbaue Jerusalems Mauern, denn auf dich allein vertrauen wir. Du herrschst über alles. Du bist groß und mächtig. Du regierst über die ganze Welt.

Gottes Thora ist beständig.
Sie erneuert die Seele.
Gottes Anordnung ist bewährt.
Sie lässt den Toren weise werden.
Gottes Dienstanweisung ist gerecht.
Sie erfreut das Herz.
Gottes Gebot ist klar.
Es erleuchtet die Augen.
Die Gottesfurcht ist rein.
Sie besteht für immer.
Gottes Rechtssprüche sind wahrhaftig.
Sie sind alle gerecht.

(Ps 19, 8-10)

Wenn die Lade aufbrach, sagte Mose:
Erhebe dich, Gott, dann zerstreuen sich deine Feinde,
dann fliehen deine Gegner vor dir, *(Num 10,35)*
denn die Thora wird von Zion herkommen
und Gottes Wort von Jerusalem. *(Jes 2,3)*

Der Ewige, der Ewige, Gott, barmherzig und gnädig, nachsichtig, von unendlicher Liebe und Treue; bewahrt Gnade bis in die tausendste Generation, vergibt Verkehrung, Eigensüchtigkeit und Verfehlung und befreit. *(Ex 34,6f)*

עשרת הדברות

וַיְדַבֵּר אֱלֹהִים אֵת כָּל־הַדְּבָרִים הָאֵלֶּה לֵאמֹר:

א אָנֹכִי יְהוָֹה אֱלֹהֶיךָ אֲשֶׁר הוֹצֵאתִיךָ מֵאֶרֶץ מִצְרַיִם מִבֵּית עֲבָדִים:

ב לֹא־יִהְיֶה לְךָ אֱלֹהִים אֲחֵרִים עַל־פָּנָי: לֹא־תַעֲשֶׂה לְךָ פֶסֶל וְכָל־תְּמוּנָה אֲשֶׁר בַּשָּׁמַיִם מִמַּעַל וַאֲשֶׁר בָּאָרֶץ מִתַּחַת וַאֲשֶׁר בַּמַּיִם מִתַּחַת לָאָרֶץ: לֹא־תִשְׁתַּחֲוֶה לָהֶם וְלֹא תָעָבְדֵם כִּי אָנֹכִי יְהוָֹה אֱלֹהֶיךָ אֵל קַנָּא פֹּקֵד עֲוֹן אָבֹת עַל־בָּנִים עַל־שִׁלֵּשִׁים וְעַל־רִבֵּעִים לְשֹׂנְאָי: וְעֹשֶׂה חֶסֶד לַאֲלָפִים לְאֹהֲבַי וּלְשֹׁמְרֵי מִצְוֹתָי:

ג לֹא תִשָּׂא אֶת־שֵׁם־יְהוָֹה אֱלֹהֶיךָ לַשָּׁוְא כִּי לֹא יְנַקֶּה יְהוָֹה אֵת אֲשֶׁר־יִשָּׂא אֶת־שְׁמוֹ לַשָּׁוְא:

ד זָכוֹר אֶת־יוֹם הַשַּׁבָּת לְקַדְּשׁוֹ: שֵׁשֶׁת יָמִים תַּעֲבֹד וְעָשִׂיתָ כָּל־מְלַאכְתֶּךָ: וְיוֹם הַשְּׁבִיעִי שַׁבָּת לַיהוָֹה אֱלֹהֶיךָ לֹא־תַעֲשֶׂה כָל־מְלָאכָה אַתָּה וּבִנְךָ וּבִתֶּךָ עַבְדְּךָ וַאֲמָתְךָ וּבְהֶמְתֶּךָ וְגֵרְךָ אֲשֶׁר בִּשְׁעָרֶיךָ: כִּי שֵׁשֶׁת־יָמִים עָשָׂה יְהוָֹה אֶת־הַשָּׁמַיִם וְאֶת־הָאָרֶץ אֶת־הַיָּם וְאֶת־כָּל־אֲשֶׁר־בָּם וַיָּנַח בַּיּוֹם הַשְּׁבִיעִי · עַל־כֵּן בֵּרַךְ יְהוָֹה אֶת־יוֹם הַשַּׁבָּת וַיְקַדְּשֵׁהוּ:

ה כַּבֵּד אֶת־אָבִיךָ וְאֶת־אִמֶּךָ לְמַעַן יַאֲרִכוּן יָמֶיךָ עַל הָאֲדָמָה אֲשֶׁר־יְהוָֹה אֱלֹהֶיךָ נֹתֵן לָךְ:

ו לֹא תִרְצָח:

ז לֹא תִנְאָף:

ח לֹא תִגְנֹב:

ט לֹא־תַעֲנֶה בְרֵעֲךָ עֵד שָׁקֶר:

י לֹא תַחְמֹד בֵּית רֵעֶךָ לֹא תַחְמֹד · אֵשֶׁת רֵעֶךָ וְעַבְדּוֹ וַאֲמָתוֹ וְשׁוֹרוֹ וַחֲמֹרוֹ וְכֹל אֲשֶׁר לְרֵעֶךָ:

DIE ZEHN WORTE

Dann sprach Gott die folgenden Worte:

1. Ich bin der Ewige, dein Gott, ich habe dich aus Ägypten geführt, aus dem Sklavenhaus.
2. Du sollst keine anderen Götter haben vor mir. Du sollst dir kein Bild machen und keine Darstellung von irgendetwas, das oben im Himmel ist, das unten auf der Erde ist und das unter der Erde im Wasser ist. Du sollst dich nicht vor ihnen niederwerfen und ihnen nicht dienen. Denn ich, der Ewige, dein Gott, bin ein eifersüchtiger Gott. Ich suche die Schuld der Eltern an den Kindern heim, an der dritten und vierten Generation derer, die mich hassen. Aber ich erweise meine Gnade an tausenden von Generationen derer, die mich lieben und meine Gebote halten.
3. Du sollst den Namen des Ewigen, deines Gottes, nicht missbrauchen, denn Gott wird den nicht ungestraft lassen, der den Namen Gottes missbraucht.
4. Gedenke des Schabbattages, um ihn heilig zu halten! Sechs Tage sollst du arbeiten und dein Werk verrichten. Der siebte Tag aber ist ein Ruhetag, dem Ewigen, deinem Gott, geweiht. An ihm sollst du keine Arbeit tun, weder du selbst, noch dein Sohn, deine Tochter, dein Knecht, dein Magd, dein Vieh und deine Fremden. Denn in sechs Tagen hat Gott den Himmel und die Erde gemacht, und das Meer und alles, was darin ist, am siebten Tag aber hat Gott geruht. Darum hat der Ewige den Schabbat gesegnet und ihn für heilig erklärt.
5. Ehre deinen Vater und deine Mutter, damit du lange lebst in dem Land, das der Ewige, dein Gott, dir gibt.
6. Du sollst nicht morden.
7. Du sollst nicht die Ehe brechen.
8. Du sollst nicht stehlen.
9. Du sollst nicht falsch gegen deinen Nächsten aussagen.
10. Du sollst nicht nach dem Haus deines Nächsten verlangen. Du sollst nicht nach der Frau deines Nächsten verlangen, nach seinem Sklaven oder seiner Sklavin, seinem Rind oder seinem Esel oder nach irgendetwas, das deinem Nächsten gehört.

(Ex 20,1-17)

בָּרוּךְ שֶׁנָּתַן תּוֹרָה לְעַמּוֹ יִשְׂרָאֵל בִּקְדֻשָּׁתוֹ:
שְׁמַע יִשְׂרָאֵל יְהוָֹה אֱלֹהֵינוּ יְהוָֹה אֶחָד:
אֶחָד אֱלֹהֵינוּ גָּדוֹל אֲדוֹנֵינוּ קָדוֹשׁ וְנוֹרָא שְׁמוֹ:
גַּדְּלוּ לַיהוָֹה אִתִּי וּנְרוֹמְמָה שְׁמוֹ יַחְדָּו:

לְךָ יְהוָֹה הַגְּדֻלָּה וְהַגְּבוּרָה וְהַתִּפְאֶרֶת וְהַנֵּצַח וְהַהוֹד כִּי־כֹל בַּשָּׁמַיִם וּבָאָרֶץ לְךָ יְהוָֹה הַמַּמְלָכָה וְהַמִּתְנַשֵּׂא לְכֹל לְרֹאשׁ: רוֹמְמוּ יְהוָֹה אֱלֹהֵינוּ וְהִשְׁתַּחֲווּ לַהֲדֹם רַגְלָיו. קָדוֹשׁ הוּא: רוֹמְמוּ יְהוָֹה אֱלֹהֵינוּ וְהִשְׁתַּחֲווּ לְהַר קָדְשׁוֹ. כִּי קָדוֹשׁ יְהוָֹה אֱלֹהֵינוּ:

אֵין קָדוֹשׁ כַּיהוָֹה כִּי־אֵין בִּלְתֶּךָ. וְאֵין צוּר כֵּאלֹהֵינוּ: כִּי מִי אֱלוֹהַּ מִבַּלְעֲדֵי יְהוָֹה. וּמִי צוּר זוּלָתִי אֱלֹהֵינוּ: תּוֹרָה צִוָּה־לָנוּ מֹשֶׁה. מוֹרָשָׁה קְהִלַּת יַעֲקֹב: עֵץ־חַיִּים הִיא לַמַּחֲזִיקִים בָּהּ. וְתֹמְכֶיהָ מְאֻשָּׁר: דְּרָכֶיהָ דַרְכֵי־נֹעַם. וְכָל־נְתִיבוֹתֶיהָ שָׁלוֹם: שָׁלוֹם רָב לְאֹהֲבֵי תוֹרָתֶךָ. וְאֵין־לָמוֹ מִכְשׁוֹל: יְהוָֹה עֹז לְעַמּוֹ יִתֵּן. יְהוָֹה יְבָרֵךְ אֶת־עַמּוֹ בַשָּׁלוֹם: כִּי שֵׁם יְהוָֹה אֶקְרָא. הָבוּ גֹדֶל לֵאלֹהֵינוּ: הַכֹּל תְּנוּ עֹז לֵאלֹהִים. וּתְנוּ כָבוֹד לַתּוֹרָה:

וְזֹאת הַתּוֹרָה אֲשֶׁר־שָׂם מֹשֶׁה. לִפְנֵי בְּנֵי יִשְׂרָאֵל: תּוֹרָה צִוָּה־לָנוּ מֹשֶׁה. מוֹרָשָׁה קְהִלַּת יַעֲקֹב: הָאֵל תָּמִים דַּרְכּוֹ. אִמְרַת יְהוָֹה צְרוּפָה. מָגֵן הוּא לְכֹל הַחוֹסִים בּוֹ:

Vor der Thoralesung:

בָּרְכוּ אֶת־יְיָ הַמְבֹרָךְ:
בָּרוּךְ יְיָ הַמְבֹרָךְ לְעוֹלָם וָעֶד:
בָּרוּךְ אַתָּה יְיָ אֱלֹהֵינוּ מֶלֶךְ הָעוֹלָם. אֲשֶׁר בָּחַר־בָּנוּ מִכָּל־הָעַמִּים. וְנָתַן־לָנוּ אֶת־תּוֹרָתוֹ. בָּרוּךְ אַתָּה יְיָ. נוֹתֵן הַתּוֹרָה:

THORALESUNG

Gepriesen sei Gott; Gott gab Israel in göttlicher Heiligkeit die Thora.
Höre Israel, der Ewige ist Gott, der Ewige ist einzig! *(Dtn 6,4)*
Einzigartig ist unser Gott. Gott ist groß und Gott herrscht.
Heilig ist Gottes Name und furchtgebietend! *(Ps 147,5)*
Preiset mit mir den lebendigen Gott
und lasst uns miteinander den Namen Gottes erhöhen! *(Ps 34,4)*

Dein Eigen, Gott, sind Größe und Macht, Ruhm, Pracht und Hoheit. Dir gehört alles im Himmel und auf Erden. Dein, Gott, ist die Herrschaft und du erhebst dich als Haupt über alles. *(1. Chron 29,11)* Rühmt den Ewigen, unsern Gott; werft euch am Schemel der Füße Gottes nieder! Denn Gott ist heilig. Rühmt den Ewigen, unsern Gott, werft euch nieder an Gottes heiligem Berge! Denn heilig ist der Ewige, unser Gott. *(Ps 99,5.9)*

Niemand ist heilig, nur der Ewige; denn außer dem Ewigen gibt es keinen Gott; niemand ist ein Fels wie unser Gott. *(1. Sam 2,2)* Ja, wer ist Gott, als allein der Ewige, wer ist ein Fels, wenn nicht unser Gott? *(Ps 18,32)*. Mose hat uns die Thora übergeben, der Erbbesitz der Gemeinde Jakobs. *(Dtn 33,4)* Wer nach ihr greift, dem ist sie ein Lebensbaum, wer sie festhält, ist glücklich zu preisen. *(Spr 3,18)* Ihre Wege sind Wege der Freude, all ihre Pfade führen zum Glück. *(Spr 3,17)* Alle, die deine Weisung lieben, empfangen Heil in Fülle; es trifft sie kein Unheil. *(Ps 119,165)* Gott gebe dem Gottesvolk Kraft, Gott segne das Gottesvolk mit Frieden. *(Ps 29,11)* Alles verkünde die Kraft Gottes und die Herrlichkeit der göttlichen Weisung!

Dies ist die Thora, die Mose den Kindern Israels gegeben hat. *(Dtn 4,44)* Mose hat uns die Thora übergeben, der Erbbesitz der Gemeinde Jakobs. *(Dtn 33,4)* Vollkommen ist Gottes Weg, das Wort des Ewigen ist im Feuer geläutert. Gott ist ein Schutzschild für alle, die sich bei ihm bergen. *(Ps 18,31)*

Vor der Thoralesung:

Lasst uns Gott preisen; Gott gebührt unsere Ehre!
Gepriesen sei Gott; Gott gebührt unsere Ehre auf immer und ewig!
Gepriesen seist du, Ewiger, unser Gott, du regierst die Welt. Aus allen Völkern hast du uns erwählt, um uns deine Thora zu geben. Gepriesen seist du, Ewiger. Du gibst die Thora.

THORALESUNG

Nach der Thoralesung:

בָּרוּךְ אַתָּה יְיָ אֱלֹהֵינוּ מֶלֶךְ הָעוֹלָם. אֲשֶׁר נָתַן־לָנוּ תּוֹרַת אֱמֶת. וְחַיֵּי עוֹלָם נָטַע בְּתוֹכֵנוּ. בָּרוּךְ אַתָּה יְיָ. נוֹתֵן הַתּוֹרָה:

Vor der Haftara:

בָּרוּךְ אַתָּה יְיָ אֱלֹהֵינוּ מֶלֶךְ הָעוֹלָם. אֲשֶׁר בָּחַר בִּנְבִיאִים טוֹבִים וְרָצָה בְדִבְרֵיהֶם הַנֶּאֱמָרִים בֶּאֱמֶת: בָּרוּךְ אַתָּה יְיָ. הַבּוֹחֵר בַּתּוֹרָה וּבְמֹשֶׁה עַבְדּוֹ וּבְיִשְׂרָאֵל עַמּוֹ וּבִנְבִיאֵי הָאֱמֶת וָצֶדֶק:

Nach der Haftara:

עַל־הַתּוֹרָה וְעַל־הָעֲבוֹדָה וְעַל־הַנְּבִיאִים. (וְעַל־יוֹם הַשַּׁבָּת הַזֶּה) וְעַל־יוֹם הַכִּפּוּרִים הַזֶּה שֶׁנָּתַתָּ לָּנוּ יְיָ אֱלֹהֵינוּ (לִקְדֻשָּׁה וְלִמְנוּחָה.) לִמְחִילָה וְלִסְלִיחָה וּלְכַפָּרָה. לְכָבוֹד וּלְתִפְאָרֶת: עַל־הַכֹּל יְיָ אֱלֹהֵינוּ אֲנַחְנוּ מוֹדִים לָךְ וּמְבָרְכִים אוֹתָךְ. יִתְבָּרַךְ שִׁמְךָ בְּפִי כָל־חַי תָּמִיד לְעוֹלָם וָעֶד. וּדְבָרְךָ מַלְכֵּנוּ אֱמֶת וְקַיָּם לָעַד: בָּרוּךְ אַתָּה יְיָ. מֶלֶךְ מוֹחֵל וְסוֹלֵחַ לַעֲוֹנוֹתֵינוּ וְלַעֲוֹנוֹת עַמּוֹ בֵּית יִשְׂרָאֵל. וּמַעֲבִיר אַשְׁמוֹתֵינוּ בְּכָל־שָׁנָה וְשָׁנָה. מֶלֶךְ עַל כָּל־הָאָרֶץ מְקַדֵּשׁ (הַשַּׁבָּת וְ) יִשְׂרָאֵל וְיוֹם הַכִּפּוּרִים:

Das folgende oder das Gebet auf der gegenüberliegenden Seite:

I GEBET FÜR DIE REGIERUNG

Gott, schenke der Regierung dieses Landes deine Weisheit; sei mit denen, die unser Land leiten und mit allen, die für die Sicherheit und das Wohlergehen unseres Landes Verantwortung tragen.

Gib uns allen die Kraft, unseren Verpflichtungen in Liebe nachzukommen, damit Gerechtigkeit und Güte in unserem Land wohnen. Lass unsere Herzen mit Frieden erfüllt sein. Lass die Verantwortlichen unseres Landes einander in Achtung begegnen. Lass sie sich einig sein in der Liebe zum Guten und in dem Willen, Gewalt und Streit abzuwehren. Gemeinsam mit allen Nationen dieser Welt lass uns nach Frieden und Gerechtigkeit streben, damit wir und die kommenden Generationen in Frieden leben.

Darin möge unser Land seine Ehre finden und seinen Ruhm darin, dass es mitwirkt an der Erlösung und an der Verwirklichung der Herrschaft Gottes auf der Erde. Amen.

Nach der Thoralesung:

Gepriesen seist du, Ewiger, unser Gott; du regierst die Welt. Du hast uns die Weisung zur Wahrheit gegeben und ewiges Leben in uns eingepflanzt. Gepriesen seist du, Ewiger. Du gibst die Thora.

Vor der Haftara:

Gepriesen seist du, Ewiger, unser Gott; du regierst die Welt. Du hast gute Propheten erwählt. Du hattest Gefallen an ihren Worten, weil sie der Wahrheit entsprachen. Gepriesen seist du, Ewiger, unser Gott. Du hast die Thora, deinen Knecht Mose, dein Volk Israel und die wahren und gerechten Propheten erwählt.

Nach der Haftara:

Für die Thora, für den Gottesdienst, für die Worte der Propheten, für (diesen Schabbattag und) diesen Tag der Versöhnung, den du uns zur Besinnung auf die (Heiligkeit, Ruhe,) zur Verzeihung, zur Vergebung und zur Versöhung gibst und zur Herrlichkeit und Pracht gewährst, dafür danken wir dir und preisen dich, Ewiger, unser Gott. Dein Name möge durch jeden Mund stets gepriesen werden, immer und ewig. Dein Wort ist wahr und hat für immer Gültigkeit. Gepriesen seist du, Ewiger, du regierst und du verzeihst. Du vergibst unsere Verkehrungen und die Verkehrungen deines Volkes, der Familie Israels. Jahr für Jahr lässt du unsere Schuld vergehen. Gepriesen seist du, Ewiger; du regierst über die ganze Erde. Du hast (den Schabbat,) dein Volk Israel und diesen Tag der Versöhnung geheiligt.

II

GEBET FÜR INTERNATIONALE VERSTÄNDIGUNG

Das folgende oder das Gebet auf der gegenüberliegenden Seite:

Gott, Quelle des Friedens, sei mit denjenigen, die die Geschicke der Welt lenken, damit Stolz und Prahlerei ein Ende nehmen und die Herrschaft der Arroganz aus unserer Zeit verschwindet. Gib ihnen den Mut, die Wahrheit zu sagen, und die Demut, anderen zuhören zu können. Hilf uns allen, dass uns das Wohl unserer Mitmenschen wichtiger ist als unsere eigenen ehrgeizigen Ziele. Hilf uns, dass uns mehr an der Wahrheit liegt, auch wenn sie uns schadet, als an einer Lüge, die uns nützt. Dadurch können wir aufrecht stehen, frei und unbelastet von Furcht und Verdächtigungen und bereit, einander zu vertrauen.

Hilf jedem und jeder von uns, den eigenen Beitrag zur Verständigung und das eigene Opfer für den Frieden zu geben, damit wir in Frieden mit uns selbst und in Frieden mit unseren Mitmenschen leben. Dann können wir in Gelassenheit beginnen, dein Reich in dieser Welt zu bauen, bis die Erde erfüllt ist von der Erkenntnis Gottes, wie das Meer mit Wasser gefüllt ist. Amen.

אֱלֹהֵינוּ וֵאלֹהֵי אֲבוֹתֵינוּ שְׁלַח־נָא בִּרְכָתְךָ עַל־מְדִינַת־יִשְׂרָאֵל וְעַל־כָּל־יוֹשְׁבֶיהָ. שְׁלַח־נָא אוֹרְךָ וַאֲמִתְּךָ לְמַנְהִיגֵי־הָעָם וְהַדְרִיכֵם בְּחָכְמָה וּבִתְבוּנָה כְּדֵי שֶׁיִּשְׁרוֹר שָׁלוֹם בִּגְבוּלוֹתֶיהָ וְשַׁלְוָה בְּבָתֶּיהָ. רוּחַ־אַחֲוָה וַהֲבָנָה הֲדָדִית תְּנַפֵּא כָּל־פֶּצַע וְחַבּוּרָה. תִּקְוַת־עַמָּהּ וַעֲבוֹדַת־בָּנֶיהָ תַּגְשִׁמְנָה אֶת־חֲזוֹן־הַנְּבִיאִים: כִּי מִצִּיּוֹן תֵּצֵא תוֹרָה וּדְבַר־יְיָ מִירוּשָׁלָיִם. אָמֵן:

מִי שֶׁבֵּרַךְ אֲבוֹתֵינוּ אַבְרָהָם יִצְחָק וְיַעֲקֹב וְאִמּוֹתֵינוּ שָׂרָה רִבְקָה רָחֵל וְלֵאָה הוּא יְבָרֵךְ אֶת־כָּל־הַקָּהָל הַקָּדוֹשׁ הַזֶּה עִם כָּל־קְהִלּוֹת הַקֹּדֶשׁ. הֵם וּנְשֵׁיהֶם וּבְנֵיהֶם וּבְנוֹתֵיהֶם וְכֹל אֲשֶׁר לָהֶם. וּמִי שֶׁמְּיַחֲדִים בָּתֵּי כְנֵסִיּוֹת לִתְפִלָּה. וּמִי שֶׁבָּאִים בְּתוֹכָם לְהִתְפַּלֵּל. וּמִי שֶׁנּוֹתְנִים נֵר לַמָּאוֹר וְיַיִן לְקִדּוּשׁ וּלְהַבְדָּלָה וּפַת לָאוֹרְחִים וּצְדָקָה לָעֲנִיִּים. וְכָל־מִי שֶׁעוֹסְקִים בְּצָרְכֵי צִבּוּר בֶּאֱמוּנָה.

מֶלֶךְ עוֹלָמִים יְבָרֵךְ אֶתְכֶם וִיזַכֶּה אֶתְכֶם. וְיִשְׁמַע קוֹל תְּפִלּוֹתֵיכֶם. וְיִפְדֶּה וְיַצִּיל אֶתְכֶם מִכָּל־צָרָה וְצוּקָה. וְחֶסֶד יְהוָה יְהִי בְּסַעְדְּכֶם וְיָגֵן בַּעַדְכֶם. וְיִפְרוֹשׂ סֻכַּת שְׁלוֹמוֹ עֲלֵיכֶם וְיִטַּע בֵּינֵיכֶם אַהֲבָה וְאַחֲוָה שָׁלוֹם וְרֵעוּת לְעוֹלָם.

יְהוָה אֱלֹהֵי אֲבוֹתֵיכֶם וְאִמּוֹתֵיכֶם יֹסֵף עֲלֵיכֶם כָּכֶם אֶלֶף פְּעָמִים וִיבָרֵךְ אֶתְכֶם כַּאֲשֶׁר דִּבֶּר־לָכֶם. וְכֵן יְהִי רָצוֹן. אָמֵן:

יְהַלְלוּ אֶת־שֵׁם יְיָ כִּי־נִשְׂגָּב שְׁמוֹ לְבַדּוֹ. הוֹדוֹ עַל־אֶרֶץ וְשָׁמָיִם: וַיָּרֶם קֶרֶן לְעַמּוֹ תְּהִלָּה לְכָל־חֲסִידָיו לִבְנֵי יִשְׂרָאֵל עַם־קְרֹבוֹ. הַלְלוּיָהּ:

GEBET FÜR DEN STAAT ISRAEL

Unser Gott und Gott unserer Vorfahren, wir bitten dich um deinen Segen für den Staat Israel und für alle, die in ihm wohnen. Sende seinen Verantwortlichen dein Licht und deine Wahrheit, lass sie in Weisheit und Einsicht regieren, so dass Friede an den Grenzen des Landes herrscht und Sicherheit in den Häusern aller, die dort wohnen. Der Geist der Verbundenheit und gegenseitiges Verständnis mögen alle Wunden und Verletzungen heilen. Lass allen, die dort leben, Barmherzigkeit und Wahrhaftigkeit zuteil werden, so dass erfüllt werde, was die Propheten schauten: Die Thora wird von Zion herkommen und Gottes Wort von Jerusalem. *(Jes 2,3)*

GEBETE FÜR DIE GEMEINDE

Gott hat unsere Väter Abraham, Isaak und Jakob und unsere Mütter Sara, Rebekka, Lea und Rahel gesegnet. Möge Gott auch unsere Gemeinde segnen, zusammen mit allen anderen Gemeinden. Gottes Segen sei mit ihnen, ihren Familien und mit allem, was zu ihnen gehört. Gottes Segen sei mit allen, die Synagogen als Orte des Gebets unterhalten, und mit denen, die dort hineinkommen, um zu beten. Gottes Segen sei mit allen, die den Schabbatkerzen ihr Licht geben und den Wein für den Kiddusch und die Hawdala bereiten. Gottes Segen sei mit allen, die Fremde bewirten und den Randgruppen unserer Gesellschaft Hilfe und Anerkennung zuteil werden lassen.Gottes Segen sei mit allen, die zum Wohle der Gemeinschaft mit Aufrichtigkeit tätig sind.

Gott, dem die ganze Welt untertan ist, segne euch und schätze euch. Gott möge eure Gebete hören und euch befreien und erretten aus aller Bedrängnis und Not. Die Güte Gottes sei mit euch, sie stärke und schütze euch. Sie breite ihren Frieden über euch aus wie ein Zelt. Sie lasse Liebe, Geschwisterlichkeit, Friede und Freundschaft tief in euch verwurzelt sein.

Möge der Gott unserer Väter und Mütter euch vielfältig vermehren und euch segnen, seinem Versprechen gemäß. Möge dies Gottes Wille sein! Amen.

DIE ROLLE WIRD ZURÜCKGEBRACHT

Loben soll man den Namen Gottes,
denn Gottes Name allein ist erhaben,
Gottes Hoheit strahlt über Erde und Himmel.
Dem Gottesvolk verleiht Gott Macht,
das ist ein Ruhm für alle, die an Gott glauben,
für Israels Kinder, das Volk, das sich Gott nahen darf.
Halleluja – Lobet Gott! *(Ps 148,13 u. 14)*

תהלים
כד

לְדָוִד מִזְמוֹר

לַיהוָה הָאָרֶץ וּמְלוֹאָהּ תֵּבֵל וְיֹשְׁבֵי בָהּ:
כִּי־הוּא עַל־יַמִּים יְסָדָהּ וְעַל־נְהָרוֹת יְכוֹנְנֶהָ:
מִי־יַעֲלֶה בְהַר־יְהוָה וּמִי־יָקוּם בִּמְקוֹם קָדְשׁוֹ:
נְקִי כַפַּיִם וּבַר־לֵבָב אֲשֶׁר לֹא־נָשָׂא לַשָּׁוְא נַפְשׁוֹ
וְלֹא נִשְׁבַּע לְמִרְמָה:
יִשָּׂא בְרָכָה מֵאֵת יְהוָה וּצְדָקָה מֵאֱלֹהֵי יִשְׁעוֹ:
זֶה דּוֹר דֹּרְשָׁיו מְבַקְשֵׁי פָנֶיךָ יַעֲקֹב סֶלָה:
שְׂאוּ שְׁעָרִים רָאשֵׁיכֶם וְהִנָּשְׂאוּ פִּתְחֵי עוֹלָם וְיָבוֹא
מֶלֶךְ הַכָּבוֹד:
מִי זֶה מֶלֶךְ הַכָּבוֹד יְהוָה עִזּוּז וְגִבּוֹר יְהוָה גִּבּוֹר
מִלְחָמָה:
שְׂאוּ שְׁעָרִים רָאשֵׁיכֶם וּשְׂאוּ פִּתְחֵי עוֹלָם
וְיָבֹא מֶלֶךְ הַכָּבוֹד.
מִי הוּא זֶה מֶלֶךְ הַכָּבוֹד יְהוָה צְבָאוֹת הוּא מֶלֶךְ
הַכָּבוֹד סֶלָה:

תהלים
כט

מִזְמוֹר לְדָוִד

הָבוּ לַיהוָה בְּנֵי אֵלִים הָבוּ לַיהוָה כָּבוֹד וָעֹז:
הָבוּ לַיהוָה כְּבוֹד שְׁמוֹ הִשְׁתַּחֲווּ לַיהוָה
בְּהַדְרַת־קֹדֶשׁ:

PSALM 24

Ein Psalm Davids

Gott gehört die Erde und was sie erfüllt,
das Festland und die darauf wohnen.
Denn Gott hat es auf den Meeren gegründet,
es über den Strömen befestigt.

Wer darf zu Gottes Berg hinaufziehen?
Wer darf an heiliger Stätte stehen?
Wer reine Hände hat
und ein lauteres Herz,
wer nicht betrügt
und keine falschen Eide schwört.

Ein solcher Mensch wird Segen von Gott empfangen
und Wohltaten von Gott; Gott ist seine Hilfe.
Dies sind die Menschen, die nach Gott fragen,
die deine Gegenwart suchen, Gott Jakobs.

Ihr Tore, hebt euch nach oben,
hebt euch, ihr uralten Pforten,
denn es kommt der König der Ehre.
Wer ist der König der Ehre?
Gott, stark und gewaltig,
Gott, mächtig im Kampf.

Ihr Tore, hebt euch nach oben,
hebt euch, ihr uralten Pforten,
denn es kommt der König der Ehre.
Wer ist der König der Ehre?
Gott, der alles geschaffen hat,
das ist der König der Ehre.

PSALM 29

Ein Psalm Davids

Bringt dar dem Ewigen, ihr Himmlischen,
bringt dar dem Ewigen Lob und Ehre!
Bringt dar dem Ewigen die Ehre seines Namens,
werft euch vor Gott nieder in heiligem Schmuck!

קוֹל יְהוָֹה עַל־הַמָּיִם אֵל־הַכָּבוֹד הִרְעִים
יְהוָֹה עַל־מַיִם רַבִּים:
קוֹל־יְהוָֹה בַּכֹּחַ קוֹל יְהוָֹה בֶּהָדָר:
קוֹל יְהוָֹה שֹׁבֵר אֲרָזִים וַיְשַׁבֵּר יְהוָֹה אֶת־אַרְזֵי הַלְּבָנוֹן:
וַיַּרְקִידֵם כְּמוֹ־עֵגֶל לְבָנוֹן וְשִׂרְיוֹן כְּמוֹ בֶן־רְאֵמִים:
קוֹל־יְהוָֹה חֹצֵב לַהֲבוֹת אֵשׁ:
קוֹל יְהוָֹה יָחִיל מִדְבָּר יָחִיל יְהוָֹה מִדְבַּר קָדֵשׁ:
קוֹל יְהוָֹה יְחוֹלֵל אַיָּלוֹת וַיֶּחֱשֹׂף יְעָרוֹת
וּבְהֵיכָלוֹ כֻּלּוֹ אֹמֵר כָּבוֹד:
יְהוָֹה לַמַּבּוּל יָשָׁב וַיֵּשֶׁב יְהוָֹה מֶלֶךְ לְעוֹלָם:
יְהוָֹה עֹז לְעַמּוֹ יִתֵּן יְהוָֹה יְבָרֵךְ אֶת־עַמּוֹ בַשָּׁלוֹם:

Die Thoralesung endet mit einem der folgenden Gebete:

שְׁכֹן יְהוָֹה בְּתוֹךְ
עַמֶּךָ וְתָנוּחַ רוּחֲךָ
בְּבֵית תְּפִלָּתֶךָ כִּי
כָל־פֶּה וְכָל־לָשׁוֹן
יִתְּנוּ הוֹד וְהָדָר
לְמַלְכוּתֶךָ: כִּי לֶקַח
טוֹב נָתַתִּי לָכֶם
תּוֹרָתִי אַל־תַּעֲזֹבוּ:
הֲשִׁיבֵנוּ יְהוָֹה אֵלֶיךָ
וְנָשׁוּבָה חַדֵּשׁ יָמֵינוּ
כְּקֶדֶם:

וּבְנֻחֹה יֹאמַר: שׁוּבָה יְיָ רִבְבוֹת
אַלְפֵי יִשְׂרָאֵל: קוּמָה יְיָ לִמְנוּחָתֶךָ
אַתָּה וַאֲרוֹן עֻזֶּךָ: כֹּהֲנֶיךָ יִלְבְּשׁוּ־צֶדֶק
וַחֲסִידֶיךָ יְרַנֵּנוּ: בַּעֲבוּר דָּוִד עַבְדֶּךָ
אַל־תָּשֵׁב פְּנֵי מְשִׁיחֶךָ: כִּי לֶקַח טוֹב
נָתַתִּי לָכֶם תּוֹרָתִי אַל־תַּעֲזֹבוּ: עֵץ
חַיִּים הִיא לַמַּחֲזִיקִים בָּהּ וְתֹמְכֶיהָ
מְאֻשָּׁר: דְּרָכֶיהָ דַרְכֵי־נֹעַם וְכָל־
נְתִיבוֹתֶיהָ שָׁלוֹם:
הֲשִׁיבֵנוּ יְהוָֹה אֵלֶיךָ וְנָשׁוּבָה חַדֵּשׁ
יָמֵינוּ כְּקֶדֶם:

Die Stimme Gottes erschallt über den Wassern.
Der Gott der Herrlichkeit donnert,
der Ewige über gewaltigen Wassern.
Die Stimme Gottes ertönt mit Macht,
die Stimme des Ewigen voll Majestät.

Die Stimme Gottes zerbricht die Zedern,
der Ewige zerschmettert die Zedern des Libanon.
Gott lässt den Libanon hüpfen wie ein Kalb,
wie einen Wildstier den Hermon.
Die Stimme Gottes sprüht flammendes Feuer,
die Stimme Gottes lässt die Wüste beben,
beben lässt Gott die Wüste von Kadesch.

Die Stimme Gottes wirbelt Eichen empor,
ganze Wälder reißt sie kahl.
In Gottes Palast rufen alle: O herrlicher Gott!

Der Ewige thront über der Flut,
Gott thront königlich bis in Ewigkeit.

Gott gebe dem Gottesvolk Kraft,
Gott segne das Gottesvolk mit Frieden.

Die Thoralesung endet mit einem der folgenden Gebete:

ISRAEL KEHRT ZURÜCK

Gott, sei in deinem Volk gegenwärtig und lass deinen Geist wohnen im Haus deines Lobes, denn jeder Mund und jede Zunge sollen dir Lob singen und deine Herrschaft preisen. Denn du hast gesagt: Eine gute Lehre gebe ich euch. Lasst nicht ab von meiner Thora! *(Spr 4,2)* Gott, bring uns zu dir zurück, dann können wir zu dir zurückkehren. Erneuere unsere Tage, damit sie werden wie früher. *(Kld 5,21)*

Wenn man haltmachte, sagte man: Lass dich nieder, Gott, bei den zehntausendmal Tausenden Israels! *(Num 10,36)* Erhebe dich, Gott, komm an den Ort deiner Ruhe, du und deine machtvolle Lade! Deine Priester sollen sich mit Gerechtigkeit bekleiden, und deine Frommen sollen jubeln. Weil David dein Knecht ist, weise deinen Gesalbten nicht ab! *(Ps 132,8-10)* Denn eine gute Lehre gebe ich euch. Lasst nicht ab von meiner Thora! *(Spr 4,2)* Wer nach ihr greift, dem ist sie ein Lebensbaum, wer sie festhält, ist glücklich zu preisen. *(Spr 3,18)* Ihre Wege sind Wege der Freude, all ihre Pfade führen zum Glück. *(Spr 3,17)* Gott, bring uns zu dir zurück, dann können wir zu dir zurückkehren. Erneuere unsere Tage, damit sie werden wie früher. *(Kld 5,21)*

גדול יהיה כבוד הבית הזה האחרון מן

תפלת מוסף ליום כפור

MUSSAFGEBET FÜR JOM KIPPUR

MEDITATION ZUM MUSSAFGEBET FÜR JOM KIPPUR

Im Mussafgebet erreichen wir den intensivsten Moment des Tages. Er ist das Zentrum des Geheimnisses, in das wir reisen und vieles weist darauf hin: Hier lesen wir über die Handlungen des Hohen Priesters in der Vergangenheit, von seinen Gebeten für sich selbst und seine Familie, die Priester und die ganze Familie Israels. Es war in diesem Augenblick, dass der Gottesname laut ausgesprochen wurde – der heiligste Name, gesprochen von dem heiligsten Menschen, am heiligsten Tag, am heiligsten Ort.

Dieses Geschehen besiegelt die Bedeutung des Mussafgebets, doch gibt es auch persönliche Hinweise, die in unseren persönlichen Erfahrungen und in unserem Leben widerhallen. Denn wir begegnen darin äußerst direkt und auf unmissverständliche Art und Weise unserer eigenen Sterblichkeit:

„Aus Staub wurde der Mensch geschaffen und zum Staub kehrt er wieder zurück. Die Tage seines Lebens verbringt er mit der Sorge um sein Brot. Er gleicht einem Tongefäß, das leicht zerbricht. Er ist wie das Gras, das schnell verdorrt, wie eine Blume, die bald verwelkt, ein Schatten, der vorübergeht, eine Wolke, die schwindet, ein verwehender Wind, Staub in der Luft, fliehender Traum."

Und in einer deutlichen, kompromisslosen Sprache werden sogar verschiedene Todesarten ausgesprochen, wenn wir an einer Stelle sagen: „für die, die durch Feuer oder durch Wasser sterben werden, durch die Gewalt von Menschen oder durch Tiere, durch Hunger oder durch Durst, durch Katastrophen, Seuchen oder Hinrichtung."

Wir, die wir uns vor dem Tod verstecken und ihn in die Stationen der Krankenhäuser abschieben, wir, die wir nicht über den Tod sprechen können und keine Worte für das Sterben finden, gerade uns wird aufgetragen, uns mit unserem eigenen Ende zu beschäftigen.

Doch das ist noch nicht alles. Noch einmal lässt uns die Symbolik des Rituals keine Ruhe. Zwei Böcke werden nach dem Zufallsprinzip ausgesucht, der eine dazu, in die Wüste geschickt zu werden, der andere dazu, zu Gott zu kommen, der eine zum Tod, der andere zum Leben. Die Hände, die auf ihre Köpfe gelegt werden, zeigen, dass sie stellvertretend für uns stehen; sie repräsentieren uns, sie erinnern uns erneut daran, dass wir herausgefordert werden zu wählen. Indem wir unserem Tod ins Auge sehen, werden wir herausgefordert, Rechenschaft über unser Leben zu geben. Alle Entschuldigungen sind nun fern von uns. Unsere Errungenschaften und unser Versagen wurden festgehalten und notiert; sie stehen nun für sich selbst oder vergehen von selbst, sie sind Geschichte. Einzig die Seele bleibt.

Und das ist noch nicht alles. Seit dem Mittelalter gibt es ein Gedicht in der aschkenasischen Liturgie, das vom Tod der zehn Märtyrer spricht, die zur Zeit der römischen Verfolgung starben, weil sie Thora lehrten. Es ist ein großer Aufschrei der Angst über die Verwirrung der Grausamkeit des jüdischen Geschicks während der Kreuzzüge. Es ist eine Erinnerung an den Preis, den zahllose Generationen für ihr standhaftes Festhalten an ihrem Glauben bezahlen mussten. Es ist ein Gedenken an das Schicksal der sechs Millionen, die ermordet wurden und ein schreiender Protest dagegen. Es ist eine kompromisslose Erinnerung daran, dass wir unter Umständen selbst einen Preis für unsere eigenartige Berufung bezahlen müssen, selbst, wenn sie uns nur einmal im Jahr zu dieser Zeit und an diesem Ort zusammenbringt. Denn hierin liegt die letzte Frage, die das Wesen unseres Lebens und seinen Sinn durchdringt: Wofür sind wir bereit zu sterben?

Der Tag wird vorübergehen. Der Augenblick kann nicht festgehalten werden, und wir bewegen uns langsam wieder von diesem Geheimnis fort nach draußen in die Welt.

(Jonathan Magonet)

תְּפִלַּת מוּסָף לְיוֹם כִּפּוּר

תפלת שליח צבור

הִנְנִי הֶעָנִי מִמַּעַשׂ נִרְעָשׁ וְנִפְחָד מִפַּחַד יוֹשֵׁב תְּהִלּוֹת יִשְׂרָאֵל: בָּאתִי לַעֲמֹד וּלְחַנֵּן לְפָנֶיךָ עַל עַמְּךָ יִשְׂרָאֵל אֲשֶׁר שְׁלָחוּנִי. אַף עַל פִּי שֶׁאֵינִי כְדַי וְהָגוּן לְכָךְ: עַל כֵּן אֲבַקֶּשְׁךָ אֱלֹהֵי אַבְרָהָם אֱלֹהֵי יִצְחָק וֵאלֹהֵי יַעֲקֹב. יְיָ יְיָ אֵל רַחוּם וְחַנּוּן. אֱלֹהֵי יִשְׂרָאֵל. שַׁדַּי אָיֹם וְנוֹרָא: הֱיֵה נָא מַצְלִיחַ דַּרְכִּי אֲשֶׁר אָנֹכִי הוֹלֵךְ. לַעֲמֹד לְבַקֵּשׁ רַחֲמִים עָלַי וְעַל שׁוֹלְחָי:

וְנָא אַל תַּפְשִׁיעֵם בְּחַטֹּאתַי וְאַל תְּחַיְּבֵם בַּעֲוֹנוֹתַי. כִּי חוֹטֵא וּפוֹשֵׁעַ אָנִי: וְאַל יִכָּלְמוּ בִּפְשָׁעַי וְאַל יֵבוֹשׁוּ בִי וְאַל אֵבוֹשָׁה בָהֶם:

וְקַבֵּל תְּפִלָּתִי כִּתְפִלַּת זָקֵן וְרָגִיל וּפִרְקוֹ נָאֶה וּזְקָנוֹ מְגֻדָּל וְקוֹלוֹ נָעִים. וּמְעֹרָב בְּדַעַת עִם הַבְּרִיּוֹת:

וִיהִי נָא דִגְלֵנוּ עָלֶיךָ אַהֲבָה וְעַל כָּל־פְּשָׁעִים תְּכַסֶּה בְּאַהֲבָה: וְכָל־צָרוֹת וְרָעוֹת הֲפָךְ־לָנוּ וּלְכָל־יִשְׂרָאֵל לְשָׂשׂוֹן וּלְשִׂמְחָה לְחַיִּים וּלְשָׁלוֹם: הָאֱמֶת וְהַשָּׁלוֹם אֱהָבוּ וְלֹא יְהִי שׁוּם מִכְשׁוֹל בִּתְפִלָּתִי:

אֲתָאנוּ לְחַלּוֹת פָּנֶיךָ. כִּי חֶסֶד וֶאֱמֶת יְקַדְּמוּ פָנֶיךָ: נָא אַל תְּבִישֵׁנוּ. נָא אַל תְּשִׁיבֵנוּ רֵיקָם מִלְּפָנֶיךָ: סְלַח לָנוּ. שְׁלַח לָנוּ יְשׁוּעָה וְרַחֲמִים מִמְּעוֹנֶךָ:

אֲתָאנוּ לְבַקֵּשׁ מִמְּךָ כַּפָּרָה. אָיֹם וְנוֹרָא. מִשְׂגָּב לְעִתּוֹת בַּצָּרָה: תְּחַיֵּינוּ. תְּחָנֵּנוּ. וּבְשִׁמְךָ נִקְרָא: סְלַח לָנוּ. וּשְׁלַח לָנוּ סְלִיחָה וְרַחֲמִים מִמְּעוֹנֶךָ:

אוֹחִילָה לָאֵל. אֲחַלֶּה פָנָיו. אֶשְׁאֲלָה מִמֶּנּוּ מַעֲנֵה לָשׁוֹן: אֲשֶׁר־בִּקְהַל עָם אָשִׁיר עֻזּוֹ. אַבִּיעָה רְנָנוֹת בְּעַד מִפְעָלָיו: לְאָדָם מַעַרְכֵי־לֵב. וּמֵיְיָ מַעֲנֵה לָשׁוֹן:

MUSSAFGEBET FÜR JOM KIPPUR

GEBET FÜR DEN SCH'LIACH ZIBBUR

Ich bin arm an guten Taten, und wenn ich an die Gegenwart der Gottheit denke, die „in den Lobliedern Israels gegenwärtig ist" *(Ps 22,4)*, dann bin ich ergriffen und voller Scheu. Ich bin gekommen, um den Dienst vor dir zu tun und um Gnade zu erflehen für das Volk Israel, das mich geschickt hat, obwohl ich nicht würdig bin und nicht geeignet für eine solche Aufgabe. Deshalb bitte ich dich, Gott Abrahams, Gott Isaaks und Gott Jakobs, Ewiger, Ewiger, Gott, barmherzig und gnädig, Gott Israels, transzendent, Ehrfurcht und Schrecken erregend: Ich bitte dich, lass mich einen Weg finden, für mich selbst und für meine Gemeinde Vergebung zu erlangen.

Behafte sie nicht bei ihrer Eigensüchtigkeit wegen meiner Verfehlungen, bringe sie nicht in Schuld wegen meiner Verkehrungen, denn ich bin voller Verkehrung und Eigensüchtigkeit. Vernichte sie nicht wegen meiner Eigensüchtigkeit, lass sie nicht meinetwegen in Schande geraten und gib, dass ich ihnen keine Schande bereite.

Sondern nimm mein Gebet an, als wäre es das Gebet eines ehrwürdigen und erfahrenen Menschen, als wäre es das Gebet eines Menschen, dessen Gegenwart dir lieb ist, der lebenserfahren ist, dessen Stimme angenehm und dessen Güte allen Geschöpfen bekannt ist.

Liebe sollte auf unsere Fahnen geschrieben sein. *(Hld 2,4)* Deshalb verwandle alle unsere eigensüchtigen Taten in Liebe, *(Spr 10,12)* und alle Not und alles Böse wandle für uns und für ganz Israel in Jubel und Freude, in Leben und Frieden. Wahrheit und Friede – dies sollt ihr lieben! *(Sach 8,19)* – Gott, finde nun keinen Stein des Anstoßes in meinem Gebet.

Wir sind gekommen, um deine Gegenwart zu suchen, denn bei dir sind Güte und Treue. Lass uns nicht beschämt werden. Lass uns nicht leer von dir weggehen. Vergib uns! Gib uns Hilfe und Erbarmen vom dem Ort, an dem du wohnst.

Wir sind gekommen, um Versöhnung zu suchen, denn dir gilt uns're Furcht und Ehrfurcht. Du bist die Zuflucht in Zeiten der Not. Gib neues Leben, gib uns Gnade, wenn wir zu dir beten. Vergib uns! Gib uns Vergebung und Erbarmen von dem Ort, an dem du wohnst.

Ich warte auf Gott. Ich suche Gottes Gegenwart. Ich bitte Gott um Antwort. Hier in meiner Gemeinde singe ich von der Stärke Gottes. Ich singe von Gottes wunderbaren Taten. Es ist des Menschen Auftrag, sein Herz für das Gebet zu öffnen; die Antwort kommt von Gott.

אֲדֹנָי שְׂפָתַי תִּפְתָּח. וּפִי יַגִּיד תְּהִלָּתֶךָ:

Einer der beiden folgenden Absätze:

אבות ואמהות

בָּרוּךְ אַתָּה יְיָ אֱלֹהֵינוּ וֵאלֹהֵי אֲבוֹתֵינוּ וְאִמּוֹתֵינוּ. אֱלֹהֵי אַבְרָהָם וֵאלֹהֵי שָׂרָה. אֱלֹהֵי יִצְחָק וֵאלֹהֵי רִבְקָה. אֱלֹהֵי יַעֲקֹב אֱלֹהֵי רָחֵל וֵאלֹהֵי לֵאָה. הָאֵל הַגָּדוֹל הַגִּבּוֹר וְהַנּוֹרָא. אֵל עֶלְיוֹן. גּוֹמֵל חֲסָדִים טוֹבִים קוֹנֵה הַכֹּל וְזוֹכֵר חַסְדֵי אָבוֹת וְאִמָּהוֹת וּמֵבִיא גוֹאֵל לִבְנֵי בְנֵיהֶם לְמַעַן שְׁמוֹ בְּאַהֲבָה:

בָּרוּךְ אַתָּה יְיָ אֱלֹהֵינוּ וֵאלֹהֵי אֲבוֹתֵינוּ. אֱלֹהֵי אַבְרָהָם. אֱלֹהֵי יִצְחָק. וֵאלֹהֵי יַעֲקֹב. הָאֵל הַגָּדוֹל הַגִּבּוֹר וְהַנּוֹרָא. אֵל עֶלְיוֹן. גּוֹמֵל חֲסָדִים טוֹבִים קוֹנֵה הַכֹּל וְזוֹכֵר חַסְדֵי אָבוֹת וּמֵבִיא גוֹאֵל לִבְנֵי בְנֵיהֶם לְמַעַן שְׁמוֹ בְּאַהֲבָה:

זָכְרֵנוּ לְחַיִּים מֶלֶךְ חָפֵץ בַּחַיִּים. וְכָתְבֵנוּ בְּסֵפֶר הַחַיִּים. לְמַעַנְךָ אֱלֹהִים חַיִּים:

מֶלֶךְ עוֹזֵר וּמוֹשִׁיעַ וּמָגֵן. בָּרוּךְ אַתָּה יְיָ. מָגֵן אַבְרָהָם וְשָׂרָה:

מֶלֶךְ עוֹזֵר וּמוֹשִׁיעַ וּמָגֵן. בָּרוּךְ אַתָּה יְיָ. מָגֵן אַבְרָהָם:

גבורות

אַתָּה גִּבּוֹר לְעוֹלָם יְיָ. מְחַיֵּה מֵתִים אַתָּה רַב לְהוֹשִׁיעַ. מְכַלְכֵּל חַיִּים בְּחֶסֶד. מְחַיֵּה מֵתִים בְּרַחֲמִים רַבִּים. סוֹמֵךְ נוֹפְלִים. וְרוֹפֵא חוֹלִים. וּמַתִּיר אֲסוּרִים. וּמְקַיֵּם אֱמוּנָתוֹ לִישֵׁנֵי עָפָר: מִי כָמוֹךְ בַּעַל גְּבוּרוֹת וּמִי דּוֹמֶה לָּךְ. מֶלֶךְ מֵמִית וּמְחַיֶּה. וּמַצְמִיחַ יְשׁוּעָה:

מִי כָמוֹךָ אַב הָרַחֲמִים זוֹכֵר יְצוּרָיו לַחַיִּים בְּרַחֲמִים:

וְנֶאֱמָן אַתָּה לְהַחֲיוֹת מֵתִים. בָּרוּךְ אַתָּה יְיָ. מְחַיֵּה הַמֵּתִים:

Gott, öffne meine Lippen, dass mein Mund deinen Ruhm verkünde! *(Ps 51,17)*

Einer der beiden folgenden Absätze:

GOTT ALLER GENERATIONEN

Gepriesen seist du, Ewiger, unser Gott und Gott unserer Väter, Gott Abrahams, Gott Isaaks und Gott Jakobs. Du bist groß und mächtig. Dir gebührt unsere Ehrfurcht. Du bist über alles erhaben. Du vollbringst Wohltaten. Alles hältst du in deiner Hand. Du erinnerst dich an die Frömmigkeit unserer Vorfahren und bringst deshalb liebevoll ihren Enkeln Erlösung um deines Namens willen.

Gepriesen seist du, Ewiger, unser Gott und Gott unserer Väter und Mütter, Gott Abrahams und Gott Saras, Gott Isaaks und Gott Rebekkas, Gott Jakobs, Gott Rahels und Gott Leas. Du bist groß und mächtig. Dir gebührt unsere Ehrfurcht. Du bist über alles erhaben. Du vollbringst Wohltaten. Alles hältst du in deiner Hand. Du erinnerst dich an die Frömmigkeit unserer Vorfahren und bringst deshalb liebevoll ihren Enkeln Erlösung um deines Namens willen.

Denke an uns, damit wir leben, Gott, du liebst das Leben! Schreibe uns in das Buch des Lebens um deines Namens willen, lebendiger Gott!

Du wachst über unser Leben und hilfst uns, du bist Rettung und Schild. Gepriesen seist du, Ewiger, unser Gott, Schutzschild Abrahams.

Du wachst über unser Leben und hilfst uns, du bist Rettung und Schild. Gepriesen seist du, Ewiger, unser Gott, Schutzschild Abrahams und Saras.

GOTT IST MÄCHTIG

Du bist die nie erschöpfende Kraft, du schenkst Leben angesichts des Todes. Vielfältig sind deine Wege zu helfen. Die Lebenden ernährst du in Güte. In großem Erbarmen schaffst du Leben angesichts des Todes. Du stützt die Fallenden. Du heilst die Kranken. Du machst die Gebundenen los und hältst die Treue denen, die im Staube schlafen. Wer ist wie du, der solche Kraft hätte, und wer ist dir gleich? – Du, Gott, hast Macht über Tod und Leben, und du lässt Hilfe sprossen.

Wer ist wie du, Quelle aller Barmherzigkeit! In Barmherzigkeit gedenkst du deiner Geschöpfe und schenkst ihnen Leben.

Du bist treu, Leben angesichts des Todes zu schaffen. Gepriesen seist du, Ewiger. Du schenkst Leben angesichts des Todes.

קדושת השם

וּבְכֵן לְךָ תַעֲלֶה קְדֻשָּׁה כִּי אַתָּה אֱלֹהֵינוּ מֶלֶךְ:

ונתנה תקף

וּנְתַנֶּה תֹּקֶף קְדֻשַּׁת הַיּוֹם כִּי הוּא נוֹרָא וְאָיֹם. וּבוֹ תִנָּשֵׂא מַלְכוּתֶךָ וְיִכּוֹן בְּחֶסֶד כִּסְאֶךָ וְתֵשֵׁב עָלָיו בֶּאֱמֶת. אֱמֶת כִּי אַתָּה הוּא דַיָּן וּמוֹכִיחַ וְיוֹדֵעַ וָעֵד. וְכוֹתֵב וְחוֹתֵם וְסוֹפֵר וּמוֹנֶה. וְתִזְכֹּר כָּל־הַנִּשְׁכָּחוֹת. וְתִפְתַּח אֶת־סֵפֶר הַזִּכְרוֹנוֹת. וּמֵאֵלָיו יִקָּרֵא וְחוֹתַם יַד כָּל־אָדָם בּוֹ:

וּבְשׁוֹפָר גָּדוֹל יִתָּקַע וְקוֹל דְּמָמָה דַקָּה יִשָּׁמַע. וּמַלְאָכִים יֵחָפֵזוּן וְחִיל וּרְעָדָה יֹאחֵזוּן וְיֹאמְרוּ הִנֵּה יוֹם הַדִּין: לִפְקֹד עַל צְבָא מָרוֹם בַּדִּין כִּי לֹא יִזְכּוּ בְעֵינֶיךָ בַּדִּין. וְכָל־בָּאֵי עוֹלָם יַעַבְרוּן לְפָנֶיךָ כִּבְנֵי מָרוֹן: כְּבַקָּרַת רוֹעֶה עֶדְרוֹ מַעֲבִיר צֹאנוֹ תַּחַת שִׁבְטוֹ. כֵּן תַּעֲבִיר וְתִסְפֹּר וְתִמְנֶה וְתִפְקֹד נֶפֶשׁ כָּל־חָי. וְתַחְתֹּךְ קִצְבָה לְכָל־בְּרִיָּה וְתִכְתֹּב אֶת־גְּזַר דִּינָם:

בְּרֹאשׁ הַשָּׁנָה יִכָּתֵבוּן
וּבְיוֹם צוֹם כִּפּוּר יֵחָתֵמוּן:

כַּמָּה יַעַבְרוּן וְכַמָּה יִבָּרֵאוּן. מִי יִחְיֶה וּמִי יָמוּת. מִי בְקִצּוֹ וּמִי לֹא בְקִצּוֹ. מִי בָאֵשׁ וּמִי בַמַּיִם. מִי בַחֶרֶב וּמִי בַחַיָּה. מִי בָרָעָב וּמִי בַצָּמָא. מִי בָרַעַשׁ וּמִי בַמַּגֵּפָה. מִי בַחֲנִיקָה וּמִי בַסְּקִילָה: מִי יָנוּחַ וּמִי יָנוּעַ. מִי יִשָּׁקֵט וּמִי יִטָּרֵף. מִי יִשָּׁלֵו וּמִי יִתְיַסָּר. מִי יֵעָנִי וּמִי יֵעָשֵׁר. מִי יֻשְׁפַּל וּמִי יָרוּם:

וּתְשׁוּבָה וּתְפִלָּה וּצְדָקָה
מַעֲבִירִין אֶת־רֹעַ הַגְּזֵרָה:

GOTT IST HEILIG

Und so lass nun die Gebete, mit denen wir dich heiligen, zu dir aufsteigen, denn du bist unser Gott und du regierst.

U-NETANNE TOQEF

Wir wollen die Heiligkeit dieses Tages verkünden, denn dieser Tag weckt Gefühle der Ehrfurcht für dich. An diesem Tag werden wir von deiner Herrschaft bewegt und überwältigt. Dein Königsthron ist auf Gnade gegründet, und du regierst auf ihm in Wahrhaftigkeit. Es ist wahr: Du sprichst Recht und legst die Beweise vor. Du machst die Tatsachen bekannt und bezeugst sie. Du schreibst auf und besiegelst. Du berichtest und zählst auf. Du bringst längst vergessene Taten in Erinnerung. Du öffnest das Buch der Erinnerungen. Es spricht für sich selbst, denn es enthält die Handschrift eines jeden Menschen.

Das große Schofar wird geblasen, und eine ruhige, leise Stimme ist zu hören. Gottes Boten werden unruhig, Angst und Bangen überfällt sie, und sie sagen: Dies ist der Tag des Gerichts! An ihm werden Himmel und Erde im Gericht geprüft, denn niemand ist unschuldig vor deinen Augen im Gericht. Und du lässt alle, die die Welt bewohnen, wie Lämmer an dir vorüberziehen. Wie ein Hirte, der seine Herde überprüft und jedes Tier unter seinem Stab vorbeiziehen lässt, so lässt du die Seelen aller Lebenwesen an dir vorüberziehen, prüfst, zählst und bewertest. Und du beschließt das Geschick eines jeden Geschöpfs und schreibst seinen Urteilsspruch.

Am Neujahrsfest denken wir darüber nach,
wie das Urteil gefällt wird;
am Versöhnungstag denken wir darüber nach,
wie das Urteil besiegelt wird,

für die, die aus dem Leben scheiden und für die, die geboren werden; für die, die ihre Zeit leben und für die, die vor ihrer Zeit sterben werden; für die, die durch Feuer oder durch Wasser sterben werden, durch die Gewalt von Menschen oder durch Tiere, durch Hunger oder durch Durst, durch Katastrophen, Seuchen oder Hinrichtung; für die, die ruhen und für die, die auf Wanderschaft sind; für die, die sicher sein werden und für die, die gequält sein werden; für die, die verarmen und für die, die zu Wohlstand kommen werden; für die, die versagen und für die, die erfolgreich sein werden.

Doch durch Umkehr, Gebet und gute Taten
kann die Härte unseres Schicksals verwandelt werden.

כִּי כְשִׁמְךָ כֵּן תְּהִלָּתֶךָ. קָשֶׁה לִכְעֹס וְנוֹחַ לִרְצוֹת: כִּי לֹא תַחְפֹּץ בְּמוֹת הַמֵּת כִּי אִם בְּשׁוּבוֹ מִדַּרְכּוֹ וְחָיָה: וְעַד יוֹם מוֹתוֹ תְּחַכֶּה־לּוֹ. אִם יָשׁוּב מִיַּד תְּקַבְּלוֹ:

אֱמֶת כִּי אַתָּה הוּא יוֹצְרָם וְיוֹדֵעַ יִצְרָם כִּי הֵם בָּשָׂר וָדָם:

אָדָם יְסוֹדוֹ מֵעָפָר וְסוֹפוֹ לֶעָפָר: בְּנַפְשׁוֹ יָבִיא לַחְמוֹ: מָשׁוּל כַּחֶרֶס הַנִּשְׁבָּר. כְּחָצִיר יָבֵשׁ וּכְצִיץ נוֹבֵל. כְּצֵל עוֹבֵר וּכְעָנָן כָּלָה. וּכְרוּחַ נוֹשָׁבֶת. וּכְאָבָק פּוֹרֵחַ וְכַחֲלוֹם יָעוּף:

וְאַתָּה הוּא מֶלֶךְ אֵל חַי וְקַיָּם:

אֵין קִצְבָה לִשְׁנוֹתֶיךָ וְאֵין קֵץ לְאֹרֶךְ יָמֶיךָ: וְאֵין שִׁעוּר לְמַרְכְּבוֹת כְּבוֹדֶךָ וְאֵין פֵּרוּשׁ לְעֵילוֹם שְׁמֶךָ: שִׁמְךָ נָאֶה לְךָ וְאַתָּה נָאֶה לִשְׁמֶךָ. וּשְׁמֵנוּ קָרָאתָ בִשְׁמֶךָ:

עֲשֵׂה לְמַעַן שְׁמֶךָ וְקַדֵּשׁ אֶת־שִׁמְךָ עַל מַקְדִּישֵׁי שְׁמֶךָ. בַּעֲבוּר כְּבוֹד שִׁמְךָ הַנַּעֲרָץ וְהַנִּקְדָּשׁ כְּסוֹד שִׂיחַ שַׂרְפֵי־קֹדֶשׁ הַמַּקְדִּישִׁים שִׁמְךָ בַּקֹּדֶשׁ. דָּרֵי מַעְלָה עִם דָּרֵי מַטָּה כַּכָּתוּב עַל יַד נְבִיאֶךָ. וְקָרָא זֶה אֶל זֶה וְאָמַר.

קָדוֹשׁ קָדוֹשׁ קָדוֹשׁ יְיָ צְבָאוֹת מְלֹא כָל־הָאָרֶץ כְּבוֹדוֹ:

כְּבוֹדוֹ מָלֵא עוֹלָם מְשָׁרְתָיו שׁוֹאֲלִים זֶה לָזֶה אַיֵּה מְקוֹם כְּבוֹדוֹ. לְעֻמָּתָם בָּרוּךְ יֹאמֵרוּ.

בָּרוּךְ כְּבוֹד יְיָ מִמְּקוֹמוֹ:

מִמְּקוֹמוֹ הוּא יִפֶן בְּרַחֲמִים וְיָחֹן עַם הַמְיַחֲדִים שְׁמוֹ עֶרֶב וָבֹקֶר בְּכָל־יוֹם תָּמִיד פַּעֲמַיִם בְּאַהֲבָה שְׁמַע אוֹמְרִים.

Denn du machst deinem Namen Ehre: Du bist schwer zu erzürnen und leicht zu beschwichtigen. Du hast keinen Gefallen daran, dass jemand stirbt, sondern dass jemand von seinen Wegen umkehrt und lebt. Bis zum Todestag wartest du auf den Menschen, und wenn ein Mensch umkehrt, nimmst du ihn sofort an.

Es ist wahr: Du bist der Schöpfer der Menschen,
und du weißt um ihre Geschöpflichkeit.
Du weißt, dass sie sterblich sind.

Aus Staub wurde der Mensch geschaffen, und zum Staub kehrt er wieder zurück. Die Tage seines Lebens verbringt er mit der Sorge um sein Brot. Er gleicht einem Tongefäß, das leicht zerbricht. Er ist wie das Gras, das schnell verdorrt, wie eine Blume, die bald verwelkt, ein Schatten, der vorübergeht, eine Wolke, die schwindet, ein verwehender Wind, Staub in der Luft, fliehender Traum.

Du aber bist Gott, du regierst,
du bist allmächtig, lebendig und beständig!

Deine Jahre haben kein Ende, und deine Lebenszeit ist unbegrenzt. Unerforschlich ist deine Herrlichkeit, unerklärlich das Geheimnis deines Namens. Dein Name entspricht dir, und du entsprichst deinem Namen. Und wir sind nach deinem Namen benannt.

Handle nun um deines Namens willen und lass deinen Namen heilig sein über denen, die deinen Namen heiligen. Um der Herrlichkeit deines Namens willen werde er verehrt und geheiligt von denen in der Höhe, ebenso wie von denen in der Tiefe, mit den Worten des geheimnissvollen Gebetes der Seraphim, die deinen Namen in Heiligkeit heiligen, denn es heißt bei dem Propheten: Sie riefen einander zu:

Heilig, heilig, heilig ist der Schöpfer aller Kreatur.
Die ganze Welt ist mit Gottes Gegenwart erfüllt. *(Jes 6,3)*

Gottes Gegenwart erfüllt die Erde. Die, die dir dienen, fragen einander: „Wo ist der Ort der Gegenwart Gottes?" Als Antwort rufen sie: „Gepriesen!"

Gepriesen sei die Gegenwart Gottes an jedem Ort. *(Ez 3,12)*

Mögest du dich zu uns wenden und von deinem Ort her dem Volk, das die Einheit deines Namens morgens und abends verkündet, Gnade erweisen, dem Volk, das täglich zweimal in Liebe zu dir das „Höre Israel" rezitiert.

שְׁמַע יִשְׂרָאֵל יְיָ אֱלֹהֵינוּ יְיָ אֶחָד:

אֶחָד הוּא אֱלֹהֵינוּ הוּא אָבִינוּ הוּא מַלְכֵּנוּ הוּא מוֹשִׁיעֵנוּ. וְהוּא יַשְׁמִיעֵנוּ בְּרַחֲמָיו שֵׁנִית לְעֵינֵי כָּל־חָי. לִהְיוֹת לָכֶם לֵאלֹהִים:

אֲנִי יְיָ אֱלֹהֵיכֶם:

אַדִּיר אַדִּירֵנוּ יְיָ אֲדוֹנֵינוּ. מָה אַדִּיר שִׁמְךָ בְּכָל־הָאָרֶץ. וְהָיָה יְיָ לְמֶלֶךְ עַל־כָּל־הָאָרֶץ. בַּיּוֹם הַהוּא יִהְיֶה יְיָ אֶחָד וּשְׁמוֹ אֶחָד: וּבְדִבְרֵי קָדְשְׁךָ כָּתוּב לֵאמֹר.

יִמְלֹךְ יְיָ לְעוֹלָם אֱלֹהַיִךְ צִיּוֹן לְדֹר וָדֹר הַלְלוּיָהּ:

לְדוֹר וָדוֹר נַגִּיד גָּדְלֶךָ. וּלְנֵצַח נְצָחִים קְדֻשָּׁתְךָ נַקְדִּישׁ. וְשִׁבְחֲךָ אֱלֹהֵינוּ מִפִּינוּ לֹא יָמוּשׁ לְעוֹלָם וָעֶד. כִּי אֵל מֶלֶךְ גָּדוֹל וְקָדוֹשׁ אָתָּה:

וּבְכֵן תֵּן פַּחְדְּךָ יְיָ אֱלֹהֵינוּ עַל כָּל־מַעֲשֶׂיךָ וְאֵימָתְךָ עַל כָּל־מַה־שֶּׁבָּרָאתָ. וְיִירָאוּךָ כָּל־הַמַּעֲשִׂים וְיִשְׁתַּחֲווּ לְפָנֶיךָ כָּל־הַבְּרוּאִים. וְיֵעָשׂוּ כֻלָּם אֲגֻדָּה אַחַת לַעֲשׂוֹת רְצוֹנְךָ בְּלֵבָב שָׁלֵם. כְּמוֹ שֶׁיָּדַעְנוּ יְיָ אֱלֹהֵינוּ שֶׁהַשִּׁלְטוֹן לְפָנֶיךָ. עֹז בְּיָדְךָ וּגְבוּרָה בִימִינֶךָ וְשִׁמְךָ נוֹרָא עַל כָּל־מַה־שֶּׁבָּרָאתָ:

וּבְכֵן תֵּן כָּבוֹד יְיָ לְעַמֶּךָ תְּהִלָּה לִירֵאֶיךָ וְתִקְוָה לְדוֹרְשֶׁיךָ וּפִתְחוֹן פֶּה לַמְיַחֲלִים לָךְ. שִׂמְחָה לְאַרְצֶךָ וְשָׂשׂוֹן לְעִירֶךָ וּצְמִיחַת קֶרֶן לְדָוִד עַבְדֶּךָ וַעֲרִיכַת נֵר לְבֶן־יִשַׁי מְשִׁיחֶךָ בִּמְהֵרָה בְיָמֵינוּ:

Höre Israel, der Ewige ist unser Gott,
der Ewige ist einzig! *(Dtn 6,4)*

Einzig ist unser Gott. Einzig ist Gott – Gott hat uns geschaffen und sorgt für uns. Einzig ist Gott – Gott regiert über uns. Einzig ist Gott – Gott hilft uns. Gott, du lässt es uns neu hören, in Gegenwart aller lebendigen Wesen, dass du unser Gott bist:

Ich, der Ewige, bin euer Gott. *(Num 15,41)*

Unser Gott, du bist mächtig. Gott, du herrschst über uns. Wie gewaltig ist dein Name auf der ganzen Erde! Dann wird Gott über die ganze Erde herrschen. An jenem Tag wird Gott einzig sein und sein Name einzig. Und in deinen heiligen Worten steht geschrieben:

Gott herrscht allezeit, dein Gott, Zion, regiert bis in Ewigkeit.
Halleluja! *(Ps 146,10)*

Von Generation zu Generation wollen wir deine Größe erzählen und von Ewigkeit zu Ewigkeit deine Heiligkeit verkünden. Das Lob, das wir dir, unserem Gott, bringen, soll niemals aus unseren Mündern weichen, denn du bist Gott, du regierst in Größe und Heiligkeit.

Und so lass nun, Ewiger, unser Gott, die Scheu vor dir über alle deine Werke kommen und ein ehrfürchtiges Bangen vor dir über alles, was du erschaffen hast, damit alle deine Geschöpfe dir Ehrfurcht erweisen und alle Menschen dich in Demut verehren. So werden sie alle eine Gemeinschaft bilden, die deinen Willen von ganzem Herzen erfüllt. Denn wir wissen ja, Ewiger, unser Gott, dass dir die Herrschaft gehört. Deine Hand hat Kraft und deine Rechte hat Macht. Alles, was du geschaffen hast, bezeugt deinen Namen, dem die Ehrfurcht gebührt.

Und so bringe nun dein Volk zu Ehren und alle, die dich fürchten, zu Ruhm. Gib allen, die dich suchen, Hoffnung und allen, die auf dich hoffen, Freimut. Erfülle dein Land mit Freude und deine Stadt mit Jubel. Lass das Werk der Erlösung, das mit deinem Knecht David begann, neu erblühen. Lass das Licht der messianischen Zeit schon in unserer Zeit erstrahlen.

וּבְכֵן צַדִּיקִים יִרְאוּ וְיִשְׂמָחוּ וִישָׁרִים יַעֲלֹזוּ וַחֲסִידִים בְּרִנָּה יָגִֽילוּ. וְעוֹלָֽתָה תִּקְפָּץ־פִּֽיהָ וְכָל־הָרִשְׁעָה כֻּלָּהּ כְּעָשָׁן תִּכְלֶה כִּי תַעֲבִיר מֶמְשֶֽׁלֶת זָדוֹן מִן הָאָֽרֶץ:

וְתִמְלֹךְ אַתָּה יְיָ לְבַדֶּֽךָ עַל כָּל־מַעֲשֶֽׂיךָ בְּהַר צִיּוֹן מִשְׁכַּן כְּבוֹדֶֽךָ וּבִירוּשָׁלַֽיִם עִיר קָדְשֶֽׁךָ. כַּכָּתוּב בְּדִבְרֵי קָדְשֶֽׁךָ.

יִמְלֹךְ יְיָ לְעוֹלָם אֱלֹהַֽיִךְ צִיּוֹן לְדֹר וָדֹר הַלְלוּיָהּ:

קָדוֹשׁ אַתָּה וְנוֹרָא שְׁמֶֽךָ וְאֵין אֱלֽוֹהַּ מִבַּלְעָדֶֽיךָ. כַּכָּתוּב: וַיִּגְבַּהּ יְיָ צְבָאוֹת בַּמִּשְׁפָּט. וְהָאֵל הַקָּדוֹשׁ נִקְדַּשׁ בִּצְדָקָה.

בָּרוּךְ אַתָּה יְיָ. הַמֶּֽלֶךְ הַקָּדוֹשׁ:

קדושת היום

אַתָּה בְחַרְתָּֽנוּ מִכָּל־הָעַמִּים. אָהַֽבְתָּ אוֹתָֽנוּ. וְרָצִֽיתָ בָּֽנוּ. וְרוֹמַמְתָּֽנוּ מִכָּל־הַלְּשׁוֹנוֹת. וְקִדַּשְׁתָּֽנוּ בְּמִצְוֹתֶֽיךָ. וְקֵרַבְתָּֽנוּ מַלְכֵּֽנוּ לַעֲבוֹדָתֶֽךָ. וְשִׁמְךָ הַגָּדוֹל וְהַקָּדוֹשׁ עָלֵֽינוּ קָרָֽאתָ: וַתִּתֶּן־לָֽנוּ יְיָ אֱלֹהֵֽינוּ בְּאַהֲבָה אֶת־יוֹם (הַמְּנוֹחַ הַזֶּה. וְאֶת־יוֹם) הַכִּפּוּרִים הַזֶּה. אֶת יוֹם מִקְרָא קֹֽדֶשׁ הַזֶּה. לִמְחִילָה. וְלִסְלִיחָה. וּלְכַפָּרָה. וְלִמְחוֹל בּוֹ אֶת כָּל־ עֲוֹנוֹתֵֽינוּ. בְּאַהֲבָה מִקְרָא קֹֽדֶשׁ. זֵֽכֶר לִיצִיאַת מִצְרָֽיִם:

DIE GEMEINDE UND DIE, DIE DEN GOTTESDIENST LEITEN, BEREITEN SICH AUF DIE AWODA VOR

אֱלֹהֵֽינוּ וֵאלֹהֵי אֲבוֹתֵֽינוּ. הֱיֵה עִם פִּיּוֹת שְׁלוּחֵי עַמְּךָ בֵּית יִשְׂרָאֵל. הָעוֹמְדִים לְפָנֶֽיךָ הַיּוֹם. לְבַקֵּשׁ רַחֲמִים וְתַחֲנוּנִים עַל עַמְּךָ יִשְׂרָאֵל: הֲבִינֵם מַה־שֶּׁיֹּאמְרוּ. וְאַל יִכָּשְׁלוּ

Und so mögen nun die Gerechten dies sehen und sich freuen. Die Aufrichtigen werden fröhlich sein, und die Glaubenden werden jubelnd singen. Dem Unrecht aber wird der Mund gestopft werden, und alles Böse wird wie Rauch vergehen, wenn du die Herrschaft der Bosheit von der Erde verschwinden lässt.

Dann wirst du, Gott, allein über alle deine Werke regieren, über den Berg Zion, den Ort deiner Gegenwart und über Jerusalem, die Stadt deiner Heiligkeit, wie in deinen heiligen Worten geschrieben steht:

Gott herrscht allezeit, dein Gott, Zion, regiert bis in Ewigkeit. Halleluja!
(Ps 146,10)

Heilig bist du; deinem Namen gebührt Ehrfurcht. Es gibt keinen Gott außer dir, wie geschrieben steht: Der Gott aller Geschöpfe ist erhaben im Gericht. Der Gott der Heiligkeit ist geheiligt durch Gerechtigkeit.
(Jes 5,16)

Gepriesen seist du, Ewiger. Du herrschst und du bist heilig.

DER FESTTAG IST HEILIG

Du hast uns aus allen Völkern erwählt. Du hast uns lieb und hast Gefallen an uns. Du hast uns eine besondere Stellung unter allen Völkern gegeben, indem du uns durch deine Gebote geheiligt hast. Du hast uns in deinen Dienst gestellt. Wir sind nach deinem großen und heiligen Namen benannt. Ewiger, unser Gott, du schenkst uns in deiner Liebe (diesen Tag der Ruhe und) diesen Tag der Versöhnung; diesen Tag der Vergebung unserer Verkehrung, diesen Tag heiliger Versammlung zur Verzeihung, Vergebung und Versöhnung, an dem du alle unsere Verkehrungen verzeihst. Er ist eine heilige Versammlung (in Liebe), eine Erinnerung an den Auszug aus Ägypten.

DIE GEMEINDE UND DIE, DIE DEN GOTTESDIENST LEITEN, BEREITEN SICH AUF DIE AWODA VOR

Unser Gott und Gott unserer Vorfahren, sei mit unseren Lippen und mit den Lippen derer, die das Gebet deines Volkes, des Hauses Israels, leiten. Sie stehen heute vor dir, um um Barmherzigkeit und Gnade für dein Volk Israel zu bitten. Lass sie verstehen, was gesagt wird. Lass ihre

בִּלְשׁוֹנָם. וְאַל יֹאמְרוּ לְפָנֶיךָ דָּבָר שֶׁלֹּא כִרְצוֹנֶךָ. כְּמוֹ שֶׁיְּדַעְנוּ יְיָ אֱלֹהֵינוּ. שֶׁחֲנוּנֶיךָ הֵם חֲנוּנִים. וּמְרוּחָמֶיךָ הֵם מְרוּחָמִים: כַּכָּתוּב בְּתוֹרַת מֹשֶׁה עַבְדֶּךָ. וַיֹּאמֶר אֲנִי אַעֲבִיר כָּל־טוּבִי עַל־פָּנֶיךָ. וְקָרָאתִי בְשֵׁם יְיָ לְפָנֶיךָ. וְחַנֹּתִי אֶת־אֲשֶׁר אָחֹן. וְרִחַמְתִּי אֶת־אֲשֶׁר אֲרַחֵם:

אתה כוננת

אַתָּה כּוֹנַנְתָּ עוֹלָם מֵרֹאשׁ. יָסַדְתָּ תֵּבֵל וְהַכֹּל פָּעָלְתָּ. וּבְרִיּוֹת בָּהּ יָצַרְתָּ:

בְּשׁוּרְךָ עוֹלָם תֹּהוּ וָבֹהוּ. וְחֹשֶׁךְ עַל פְּנֵי תְהוֹם. גֵּרַשְׁתָּ אֹפֶל וְהִצַּבְתָּ נֹגַהּ:

גֹּלֶם צַלְמְךָ מִן הָאֲדָמָה יָצַרְתָּ. וְעַל עֵץ הַדַּעַת אֹתוֹ פָּקַדְתָּ:

דְּבָרְךָ זָנַח וְנִגְרַשׁ מֵעֵדֶן. וְלֹא כִלִּיתוֹ לְמַעַן הֱיוֹתוֹ יְצִיר כַּפֶּיךָ:

הִגְדַּלְתָּ פִּרְיוֹ וּבֵרַכְתָּ זַרְעוֹ וְהִפְרִיתָם בְּטוּבְךָ וְהוֹשַׁבְתָּם שָׁקֶט:

וַיִּפְרְקוּ עֹל וַיֹּאמְרוּ לָאֵל סוּר מִמֶּנּוּ. וַהֲסִירוֹתָ יָד כְּרֶגַע כְּחָצִיר אֻמְלָלוּ:

זָכַרְתָּ בְּרִית לְתָמִים בְּדוֹרוֹ. וּבִזְכוּתוֹ שַׂמְתָּ לְעוֹלָם שְׁאֵרִית:

חֹק בְּרִית קֶשֶׁת לְמַעֲנוֹ כָּרַתָּ. וּבְאַהֲבַת נִיחוֹחוֹ בָּנָיו בֵּרַכְתָּ:

טָעוּ בְּעָשְׁרָם. וַיֹּאמְרוּ הָבָה נִבְנֶה־לָּנוּ עִיר וּמִגְדָּל וְרֹאשׁוֹ בַשָּׁמָיִם:

יָחִיד אַב הֲמוֹן פִּתְאוֹם כְּכוֹכָב זָרַח מֵאוּר כַּשְׂדִּים לְהָאִיר בַּחֹשֶׁךְ:

כַּעַסְךָ הֵפֵרְתָּ בְּשׁוּרְךָ פָּעֳלוֹ. וּלְעֵת שֵׂיבָתוֹ לְבָבוֹ חָקַרְתָּ.

Zunge sie nicht zu Fall bringen. Lass sie nichts sagen, was dir nicht gefällt. Denn wir wissen, Ewiger, unser Gott, dass du denen gnädig bist, denen du gnädig sein willst und denen Barmherzigkeit erweist, denen du Barmherzigkeit erweisen willst. Denn so steht es in der Thora Moses, deines Knechtes: „Gott sagte: Ich will meine Güte an dir vorüberziehen lassen und den Namen des Ewigen vor dir ausrufen. Ich erweise Gnade, wem ich Gnade erweisen will. Ich zeige Barmherzigkeit, wem ich Barmherzigkeit zeigen will.“ *(Ex 33,19)*

EINE GEHEILIGTE GESCHICHTE

Am Anfang hast du die Welt erschaffen. Du hast die Erde gegründet und alles gemacht. Geschöpfe hast du auf der Erde geschaffen.

Beim Anblick der Welt war sie wüst und leer, und Dunkelheit war auf dem Wasser. Du hast die Finsternis vertrieben und strahlendes Licht erschaffen.

Creaturen hast du aus dem Erdboden gebildet, die deinem Bilde gleichen. Den Baum der Erkenntnis hast du ihnen anvertraut.

Deinen Weg verwarfen sie und wurden aus Eden vertrieben. Du aber hast sie nicht vernichtet, denn sie waren die Werke deiner Hand.

Erhaben hast du ihre Nachkommen werden lassen und hast ihren Samen gesegnet. Du hast sie fruchtbar sein lassen in deiner Güte und dafür gesorgt, dass sie in Frieden wohnen.

Fort aber warfen sie das Joch und sagten zu Gott: „Geh weg von uns!“. Du hast sogleich deine Hand von ihnen genommen, und sie vertrockneten wie Gras.

Gedacht hast du an den Bund mit Noah, der vollkommen war unter allen in seiner Generation. Seinetwegen hast du der Welt einen Rest erhalten.

Hoch am Himmel hast du seinetwegen den Bogen des Bundes eingesetzt, dass er an ihn erinnere.

In ihrem Wohlstand irrten sie ab und sagten: „Auf, lasst uns eine Stadt bauen und einen Turm, der bis zum Himmel reicht!“

Keiner war wie Abraham, der Vater der Menge, der plötzlich wie ein Stern aus Ur in Chaldäa erstrahlte und die Dunkelheit erleuchtet hat.

Liebend schwand dein Zorn, als du sahst, was er tat. In hohem Alter hast du sein Herz geprüft.

לְוְיַת חֵן וָחֶסֶד מִמֶּנּוּ הוֹצֵאתָ. טְלֶה טָהוֹר מִכֶּבֶשׂ נִבְחָר:
מִגִּזְעוֹ אִישׁ תָּם הוֹצֵאתָ חָתוּם בִּבְרִיתְךָ. מֵרֶחֶם לְקָח:
נָתַתָּ לוֹ שְׁנֵים עָשָׂר שְׁבָטִים. אֲהוּבֵי עֶלְיוֹן מִבֶּטֶן נִקְרָאוּ:

שַׂמְתָּ עַל לֵוִי לִוְיַת חֵן וָחֶסֶד. מִכָּל־אֶחָיו כֶּתֶר לוֹ עִטַּרְתָּ:
עַמְרָם נִבְחָר מִזֶּרַע לֵוִי. אַהֲרֹן קְדוֹשׁ יְיָ מִשָּׁרָשָׁיו קִדַּשְׁתּוֹ:
פְּאַרְתּוֹ בְּבִגְדֵי קֹדֶשׁ. וּבְקָרְבְּנוֹתָיו רָצִיתָ לְכַפֵּר בְּעַד עַמֶּךָ:

צִיץ וּמְעִיל חֹשֶׁן וְאֵפוֹד. כְּתֹנֶת וּמִכְנְסֵי בַד. מִצְנֶפֶת וְאַבְנֵט:
קָרְבְּנוֹת פָּרִים וְעוֹלַת כְּבָשִׂים. וּשְׁחִיטַת שְׂעִירִים וְנִתּוּחַ אֵלִים:
רֵיחַ קְטֹרֶת רֹקַח מֶרְקַחַת. וּבִיעוּר גֶּחָלִים וּזְרִיקַת דָּם:
שַׁוְעַת קְטֹרֶת וּתְפִלַּת אֱמֶת. וּקְדֻשָּׁתוֹ מְכַפֶּרֶת עַל עֲוֹנוֹתֵינוּ:

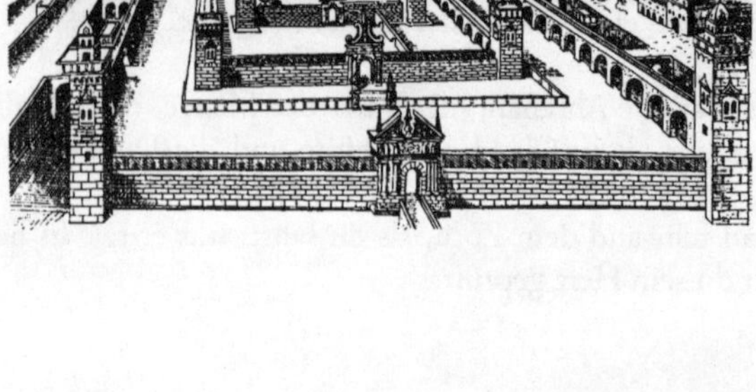

Mit dem Kranz der Gnade und Güte war Isaak gekrönt, den du aus ihm hervorgehen ließest. Als reines Lamm hast du ihn aus den Lämmern erwählt.

Nach ihm kam Jakob, der vollkommene Mann. Er wurde durch deinen Bund besiegelt. Von Mutterleib an hast du ihn erwählt und

Ordnetest an, dass von ihm zwölf Stämme kämen, die von Gott geliebt und von Mutterleib an erwählt waren.

Priesterlich war Levis Bestimmung. Von allen Brüdern hast du ihn mit der Krone gekrönt.

Reich gesegnet hast du Amram, da du aus seinem Samen Levi erwählt hast. Aaron, den Heiligen Gottes, hast du aus seiner Wurzel geheiligt.

Schön schmückte er sich mit den heiligen Kleidern. Seine Gaben haben dir gefallen, um Sühne zu schaffen für dein Volk:

Turban und Gürtel, Diadem, Obergewand, Brustschild und Efod, Leinenkleid und Untergewand;

Unzählige Stiere, das Brandopfer der Lämmer, das Schlachten der Bökke und das Zerschneiden der Widder;

Verbrennen von glühenden Kohlen und Versprengen von Blut;

Wohlriechendes Räucheropfer, Würzwerk und Salben;

Zudem auch die Beobachtung des Räucherwerks und das wahrhaftige Gebet. Die Heiligkeit all dieser Dinge sühnte unsere Sünden.

(Kommentar zu „Atta Chonanta“ im Glossar.)

Ihr, die ihr dieses alte Ritual kennt, bedenkt und bewegt es in euren Herzen. Erforscht es immer und immer wieder, denn euer Leben ist darin enthalten. Die Worte kamen über die Jahrhunderte hin zu uns. Obwohl die Böcke, der Tempel und die Priester nun verschwunden sind, bleiben die Fragen von Reinheit, Sünde und Opfer. Sie gestalten unser Leben und verwandeln unser Geschick.

Die Rituale sind verschwunden, durch Veränderungen überholt oder mit der Zeit beiseite gelassen. Wir wollen die Hinweise der Vergangenheit prüfen; sie sind Symbole für unser Leben auf der Erde. Wie der Hohe Priester bereiten wir uns selber darauf vor, ihnen in Reinheit und Wahrhaftigkeit zu begegnen. Wir lesen eine uns fremde Sprache vergangener Symbole und suchen den Sinn unseres Lebens in dieser Welt.

עבודה

DAS EINTRETEN DES HOHEN PRIESTERS
DAS ERSTE BEKENNTNIS FÜR IHN SELBST UND SEINE FAMILIE

בְּזֹאת בָּא הַכֹּהֵן הַגָּדוֹל אֶל הַקֹּדֶשׁ:

בְּפַר הַחַטָּאת אֲשֶׁר לוֹ לְכַפֵּר בַּעֲדוֹ וּבְעַד בֵּיתוֹ. וְסָמַךְ יָדָיו עַל רֹאשׁ הַפָּר. וְכֵן הִתְוַדָּה:

אָנָּא הַשֵּׁם. חָטָאתִי. עָוִיתִי. פָּשַׁעְתִּי לְפָנֶיךָ אֲנִי וּבֵיתִי: אָנָּא בַּשֵּׁם. כַּפֶּר־נָא לַחֲטָאִים וְלַעֲוֹנוֹת וְלַפְּשָׁעִים. שֶׁחָטָאתִי. וְשֶׁעָוִיתִי. וְשֶׁפָּשַׁעְתִּי לְפָנֶיךָ אֲנִי וּבֵיתִי: כַּכָּתוּב בְּתוֹרַת מֹשֶׁה עַבְדֶּךָ מִפִּי כְבוֹדֶךָ. **כִּי בַיּוֹם הַזֶּה יְכַפֵּר עֲלֵיכֶם לְטַהֵר אֶתְכֶם. מִכֹּל חַטֹּאתֵיכֶם לִפְנֵי יְהוָֹה. .**

וְהַכֹּהֲנִים וְהָעָם הָעוֹמְדִים בָּעֲזָרָה. כְּשֶׁהָיוּ שׁוֹמְעִים אֶת־הַשֵּׁם הַנִּכְבָּד וְהַנּוֹרָא מְפֹרָשׁ יוֹצֵא מִפִּי כֹּהֵן גָּדוֹל בִּקְדֻשָּׁה וּבְטָהֳרָה. הָיוּ כּוֹרְעִים וּמִשְׁתַּחֲוִים וּמוֹדִים וְנוֹפְלִים עַל פְּנֵיהֶם וְאוֹמְרִים.

בָּרוּךְ שֵׁם כְּבוֹד מַלְכוּתוֹ לְעוֹלָם וָעֶד:

וְאַף הוּא הָיָה מִתְכַּוֵּן לִגְמֹר אֶת־הַשֵּׁם כְּנֶגֶד הַמְבָרְכִים וְאוֹמֵר לָהֶם.

. . . תִּטְהָרוּ:

DER TEMPELGOTTESDIENST AM VERSÖHNUNGSTAG

DAS EINTRETEN DES HOHEN PRIESTERS DAS ERSTE BEKENNTNIS FÜR IHN SELBST UND SEINE FAMILIE

Der Hohe Priester betrat das Heiligtum mit dem Sündopfer-Stier, der für ihn und seine Familie Sühne bewirken sollte. Er legte seine Hände auf den Kopf des Stieres und bekannte:

O GÖTTLICHER NAME, ich und meine Familie, wir haben uns vor dir verfehlt; wir haben verkehrte und eigensüchtige Taten getan.
O GÖTTLICHER NAME, schaffe Sühne für die Verfehlungen, durch die wir uns vor dir verfehlt haben; die Verkehrungen, die wir vor dir getan haben; die eigensüchtigen Taten, mit denen wir uns gegen dich aufgelehnt haben – ich und meine Familie. Denn so steht es in der Thora Moses, deines Knechtes, geschrieben:

„An diesem Tag wird euch Versöhnung geschaffen, damit ihr rein werdet. Von all euren Verfehlungen vor dem Ewigen …"

Als die Priester und das Volk im Vorhof den GÖTTLICHEN NAMEN, der zu ehren und zu fürchten ist, durch den Hohen Priester in Heiligkeit und Reinheit deutlich ausgesprochen hörten, knieten sie nieder, verneigten sich, dankten, warfen sich zu Boden und sprachen:

„Gepriesen sei Gottes ruhmreiche Herrschaft immer und ewig!"

Der Hohe Priester achtete darauf, den Namen vor den Preisenden zu vollenden, und sprach ihnen dann zu:

„… ihr werdet rein sein." *(Lev 16,30)*

DER HOHE PRIESTER

Wo ist dieser Hohe Priester, der kam, um uns zu dienen? Wo ist er heute unter uns?

Seitdem der Tempel zerstört ist, kommt kein Hoher Priester, um unserem Volk zu dienen. Doch der heilige Auftrag geht weiter, auch wenn es sein Amt nicht mehr gibt. Jeder und jede von uns ist nun Priester und Priesterin in einem „Königreich von Priestern." (Ex 19,6) *Wir bekennen unsere Schuld und bitten gleichzeitig um Gnade für*

DAS ZWEITE BEKENNTNIS FÜR DIE PRIESTERSCHAFT

וְלָקַח אֶת־שְׁנֵי הַשְּׂעִירִים וְהֶעֱמִיד אוֹתָם לִפְנֵי יְיָ. וְנָתַן עֲלֵיהֶם גּוֹרָלוֹת. גּוֹרָל אֶחָד לַייָ. וְגוֹרָל אֶחָד לַעֲזָאזֵל: וּבָא אֶל פַּר הַחַטָּאת אֲשֶׁר לוֹ. לְכַפֵּר בַּעֲדוֹ וּבְעַד בֵּיתוֹ וּבְעַד אֶחָיו הַכֹּהֲנִים. וְהִתְוַדָּה:

אָנָּא הַשֵּׁם. חָטָאתִי. עָוִיתִי. פָּשַׁעְתִּי לְפָנֶיךָ אֲנִי וּבֵיתִי. וּבְנֵי אַהֲרֹן עַם קְדוֹשֶׁךָ: אָנָּא בַּשֵּׁם. כַּפֶּר־נָא לַחֲטָאִים לַעֲוֹנוֹת וְלַפְּשָׁעִים. שֶׁחָטָאתִי. וְשֶׁעָוִיתִי. וְשֶׁפָּשַׁעְתִּי לְפָנֶיךָ אֲנִי וּבֵיתִי. וּבְנֵי אַהֲרֹן עַם קְדוֹשֶׁךָ. כַּכָּתוּב בְּתוֹרַת מֹשֶׁה עַבְדֶּךָ מִפִּי כְבוֹדֶךָ. **כִּי בַיּוֹם הַזֶּה יְכַפֵּר עֲלֵיכֶם לְטַהֵר אֶתְכֶם. מִכֹּל חַטֹּאתֵיכֶם לִפְנֵי יְהוָה...**

וְהַכֹּהֲנִים וְהָעָם הָעוֹמְדִים בָּעֲזָרָה. כְּשֶׁהָיוּ שׁוֹמְעִים אֶת־הַשֵּׁם הַנִּכְבָּד וְהַנּוֹרָא מְפֹרָשׁ יוֹצֵא מִפִּי כֹּהֵן גָּדוֹל בִּקְדֻשָּׁה וּבְטָהֳרָה. הָיוּ כּוֹרְעִים וּמִשְׁתַּחֲוִים וּמוֹדִים וְנוֹפְלִים עַל פְּנֵיהֶם וְאוֹמְרִים.

בָּרוּךְ שֵׁם כְּבוֹד מַלְכוּתוֹ לְעוֹלָם וָעֶד:

וְאַף הוּא הָיָה מִתְכַּוֵּן לִגְמֹר אֶת־הַשֵּׁם כְּנֶגֶד הַמְבָרְכִים וְאוֹמֵר לָהֶם. . . . **תִּטְהָרוּ:**

sie. Obwohl wir sterblich und schwach sind, sind wir Mittler für eine Gnade und Herrlichkeit, die weit über unseren Verstand hinausgeht.

DIE WEISSEN KLEIDER

Der Hohe Priester hatte weiße Leinenkleider an. Was bedeutet diese weiße Farbe für uns?

Es ist das Weiß des Kittels und der weiße Mantel der Thorarolle. Es ist die Reinheit, aus der wir kommen, und die Reinheit, in die wir zurückkehren, denn „die Seele, die du mir geschenkt hast, ist rein".

DAS ZWEITE BEKENNTNIS FÜR DIE PRIESTERSCHAFT

Der Hohe Priester nahm zwei Böcke und brachte sie in die Gegenwart Gottes. Er nahm die Lose. Durch Los wurde der eine für Gott bestimmt und der andere als Sündenbock für unser Volk. Er ging zu dem Sündopferstier, der bei ihm war und der für ihn, seine Familie und die Priesterschaft Sühne bewirken sollte. Er bekannte:

O GÖTTLICHER NAME, ich, meine Familie und deine heilige Priesterschaft, wir haben uns vor dir verfehlt; wir haben verkehrte und eigensüchtige Taten getan.
O GÖTTLICHER NAME, schaffe Sühne für die Verfehlungen, durch die wir uns vor dir verfehlt haben; die Verkehrungen, die wir vor dir getan haben; die eigensüchtigen Taten, mit denen wir uns gegen dich aufgelehnt haben – ich, meine Familie und deine heilige Priesterschaft. Denn so steht es in der Thora Moses, deines Knechtes, geschrieben:

„An diesem Tag wird euch Versöhnung geschaffen, damit ihr rein werdet. Von all euren Verfehlungen vor dem Ewigen …"

Als die Priester und das Volk im Vorhof den GÖTTLICHEN NAMEN, der zu ehren und zu fürchten ist, durch den Hohen Priester in Heiligkeit und Reinheit deutlich ausgesprochen hörten, knieten sie nieder, verneigten sich, dankten, warfen sich zu Boden und sprachen:

„Gepriesen sei Gottes ruhmreiche Herrschaft immer und ewig!"

Der Hohe Priester achtete darauf, den Namen vor den Preisenden zu vollenden, und sprach ihnen dann zu:

„… ihr werdet rein sein." ***(Lev 16,30)***

DER EINTRITT IN DAS ALLERHEILIGSTE

וְשָׁחַט אֶת־פַּר הַחַטָּאת אֲשֶׁר לוֹ. וְקִבֵּל אֶת־דָּמוֹ. וְלָקַח מְלֹא הַמַּחְתָּה גַּחֲלֵי אֵשׁ מֵעַל הַמִּזְבֵּחַ מִלִּפְנֵי יְיָ. וּמְלֹא חָפְנָיו קְטֹרֶת סַמִּים דַּקָּה. וְהֵבִיא מִבֵּית לַפָּרֹכֶת. וְנָתַן אֶת־הַקְּטֹרֶת עַל הָאֵשׁ לִפְנֵי יְיָ: וְלָקַח מִדַּם הַפָּר. וְהִזָּה בְאֶצְבָּעוֹ עַל הַכַּפֹּרֶת וְלִפְנֵי הַכַּפֹּרֶת שֶׁבַע פְּעָמִים:

DIE TIERE

Welche Bedeutung können die Tiere, die für das Opfer bereitgestellt wurden, heute für uns haben?

Sie stellen den Reichtum dar, der uns gegeben worden ist und den Reichtum, den wir aufgeben müssen. Denn wir werden selbst zu einem Teil unseres Besitzes, und wenn wir unsere Besitztümer nicht opfern können, dann sind wir nicht frei.

DER TEMPEL

Der Tempel wurde vor langer Zeit zerstört, und nur wenig erinnert heute an seine frühere Größe. Wo ist heute der Ort der Gegenwart Gottes? Wo lässt Gott uns seine Gegenwart erfahren?

Unsere Tische sind Gottes Altar, unsere Häuser und Synagogen sind Gottes Heiligtümer. Gottes Gegenwart wird im Gebet offenbar. Gott errichtet sich eine Wohnung in unseren Herzen.

DER EINTRITT IN DAS ALLERHEILIGSTE

Der Hohe Priester schlachtete den Sündopferstier, der bei ihm war. Er fing sein Blut auf. Er nahm eine Räucherpfanne voller glühender Kohlen von dem Altar, der vor Gott stand. Er füllte seine Hände mit feinem, wohlriechendem Räucherwerk und brachte es hinter den Vorhang. Er nahm das Räucherwerk vom Feuer, das vor Gott brannte. Er nahm etwas von dem Blut des Stieres und sprengte es mit seinem Finger an den Ort, an dem Gott gegenwärtig war, und siebenmal vor diesen Ort.

DER VORHANG

Ein Vorhang trennte den Hohen Priester von Gott und die sichtbaren Riten von Gottes unsichtbarer Gegenwart. Doch wir sind ein „Königreich von Priestern" geworden, und nichts kann uns von Gott trennen, denn Gottes Gegenwart ist überall.

Ein Geheimnis umgibt unser Leben. Was vor ihm war und was nach ihm kommt, ist wie hinter einem Vorhang für unsere Augen verborgen. Aber mit unserem Opfer der Güte und den Opfern des täglichen Lebens wird der Vorhang geöffnet. Wir erkennen den Sinn unserer Zeit auf der Erde und Gottes Gegenwart in uns.

DAS RÄUCHEROPFER

Der Duft des Räucheropfers ist verschwunden, und der Geruch der Gewürze ist verflogen. Damals haben sie das Heiligtum gereinigt. Was reinigt die Erinnerung daran in uns?

Der Duft des Räucheropfers ist die Gegenwart Gottes, die uns umgibt. Unser Leben wird geheiligt durch den Wohlgeruch von Gebeten und Güte. Zusammen reinigen sie das Heiligtum, das in uns ist, und dieses Heiligtum, in dem wir beten.

DAS DRITTE BEKENNTNIS FÜR GANZ ISRAEL

וְשָׁחַט אֶת־הַשָּׂעִיר אֲשֶׁר עָלָה עָלָיו הַגּוֹרָל לַיְיָ. וְעָשָׂה אֶת־דָּמוֹ כַּאֲשֶׁר עָשָׂה לְדַם הַפָּר: וְיָצָא אֶל הַמִּזְבֵּחַ אֲשֶׁר לִפְנֵי יְהוָֹה. וְלָקַח מִדַּם הַפָּר וּמִדַּם הַשָּׂעִיר. וְנָתַן עַל קַרְנוֹת הַמִּזְבֵּחַ סָבִיב. וְהִזָּה עָלָיו שֶׁבַע פְּעָמִים: וּבָא אֶל הַשָּׂעִיר הֶחָי. וְסָמַךְ אֶת־שְׁתֵּי יָדָיו עַל רֹאשׁוֹ. וְהִתְוַדָּה עָלָיו אֶת־כָּל־עֲוֹנוֹת בְּנֵי יִשְׂרָאֵל וְאֶת־כָּל־פִּשְׁעֵיהֶם:

אָנָּא הַשֵּׁם. חָטְאוּ. עָווּ. פָּשְׁעוּ לְפָנֶיךָ עַמְּךָ בֵּית יִשְׂרָאֵל: אָנָּא בַּשֵּׁם. כַּפֶּר־נָא לַחֲטָאִים לַעֲוֹנוֹת וְלַפְּשָׁעִים. שֶׁחָטְאוּ. וְשֶׁעָווּ. וְשֶׁפָּשְׁעוּ לְפָנֶיךָ עַמְּךָ בֵּית יִשְׂרָאֵל.

כַּכָּתוּב בְּתוֹרַת מֹשֶׁה עַבְדֶּךָ. כִּי בַיּוֹם הַזֶּה יְכַפֵּר עֲלֵיכֶם לְטַהֵר אֶתְכֶם. מִכֹּל חַטֹּאתֵיכֶם לִפְנֵי יְהוָֹה. . .

וְהַכֹּהֲנִים וְהָעָם הָעוֹמְדִים בָּעֲזָרָה. כְּשֶׁהָיוּ שׁוֹמְעִים אֶת־הַשֵּׁם הַנִּכְבָּד וְהַנּוֹרָא מְפֹרָשׁ יוֹצֵא מִפִּי כֹהֵן גָּדוֹל בִּקְדֻשָּׁה וּבְטָהֳרָה. הָיוּ כּוֹרְעִים וּמִשְׁתַּחֲוִים וּמוֹדִים וְנוֹפְלִים עַל פְּנֵיהֶם וְאוֹמְרִים.

בָּרוּךְ שֵׁם כְּבוֹד מַלְכוּתוֹ לְעוֹלָם וָעֶד:

**וְאַף הוּא הָיָה מִתְכַּוֵּן לִגְמֹר
אֶת־הַשֵּׁם כְּנֶגֶד הַמְבָרְכִים
וְאוֹמֵר לָהֶם.
. . . תִּטְהָרוּ:**

DAS DRITTE BEKENNTNIS FÜR GANZ ISRAEL

Der Hohe Priester schlachtete den Bock, den das Los für Gott bestimmt hatte. Mit dem Blut vollzog er denselben Ritus, den er bereits mit dem Blut des Stieres vollzogen hatten. Und er trat hinaus zu dem Altar, der vor Gott stand. Er nahm etwas von dem Blut des Stieres und etwas von dem Blut des Bocks und strich es an die Hörner an den Ecken des Altars. Er besprengte sie siebenmal. Dann ging er zu dem lebendigen Bock, legte seine Hände auf seinen Kopf und bekannte über ihm alle Verkehrungen Israels und alle seine eigensüchtigen Taten:

O GÖTTLICHER NAME, wir, dein Volk Israel, haben uns vor dir verfehlt; wir haben verkehrte und eigensüchtige Taten getan.
O GÖTTLICHER NAME, schaffe Sühne für die Verfehlungen, durch die wir uns vor dir verfehlt haben; die Verkehrungen, die wir vor dir getan haben; die eigensüchtigen Taten, mit denen wir uns gegen dich aufgelehnt haben – wir, dein Volk Israel. Denn so steht es in der Thora Moses, deines Knechtes, geschrieben:

„An diesem Tag wird euch Versöhnung geschaffen, damit ihr rein werdet. Von all euren Verfehlungen vor dem Ewigen …“

Als die Priester und das Volk im Vorhof den GÖTTLICHEN NAMEN, der zu ehren und zu fürchten ist, durch den Hohen Priester in Heiligkeit und Reinheit deutlich ausgesprochen hörten, knieten sie nieder, verneigten sich, dankten, warfen sich zu Boden und sprachen:

„Gepriesen sei Gottes ruhmreiche Herrschaft immer und ewig!“

Der Hohe Priester achtete darauf, den Namen vor den Preisenden zu vollenden, und sprach ihnen dann zu:

„… ihr werdet rein sein!“ *(Lev 16,30)*

DER ORT DER GEGENWART GOTTES

Der Ort der Gegenwart Gottes wird mit Blut besprengt, mit Opferblut. Hat die Barmherzigkeit solche Opfer nötig? Verlangt die Vergebung nach solchen Ritualen?

Nicht nur mit Worten allein suchen wir die Vergebung, sondern mit dem Opfer unseres Reichtums und unserer Zeit, dem Opfer unseres täglichen Lebens und dem Opfer eines gebrochenen und reumütigen Herzens.

DAS BLUT

Blut wird an den Altar gesprengt und wir schrecken zurück. Fordert Gott das Blut von Stieren? Und heute, wo Tempel, Priester und Opfer verschwunden sind, wessen Blut muss es dann sein?

ASASEL

וְשִׁלַּח אֶת־הַשָּׂעִיר בְּיַד אִישׁ עִתִּי הַמִּדְבָּרָה: וְיָצָא וְעָשָׂה אֶת־עֹלָתוֹ וְאֶת־עוֹלַת הָעָם. וְכִפֶּר בַּעֲדוֹ וּבְעַד הָעָם:

DAS GEBET DES HOHEN PRIESTERS

וְכַךְ הָיְתָה תְּפִלָּתוֹ שֶׁל כֹּהֵן גָּדוֹל בְּיוֹם הַכִּפּוּרִים בְּצֵאתוֹ מִבֵּית קֹדֶשׁ הַקֳּדָשִׁים בְּשָׁלוֹם בְּלִי פֶגַע:

יְהִי רָצוֹן מִלְּפָנֶיךָ יְיָ אֱלֹהֵינוּ וֵאלֹהֵי אֲבוֹתֵינוּ. שֶׁתְּהִי הַשָּׁנָה הַזֹּאת הַבָּאָה עָלֵינוּ וְעַל כָּל־עַמְּךָ בֵּית יִשְׂרָאֵל שְׁנַת אֹסֶם. שְׁנַת בְּרָכָה. שְׁנַת גְּזֵרוֹת טוֹבוֹת מִלְּפָנֶיךָ. שְׁנַת דָּגָן תִּירוֹשׁ וְיִצְהָר. שְׁנַת הַרְוָחָה וְהַצְלָחָה. שְׁנַת וִעוּד בֵּית מִקְדָּשֶׁךָ. שְׁנַת זוֹל. שְׁנַת חַיִּים טוֹבִים מִלְּפָנֶיךָ. שָׁנָה טְלוּלָה וּגְשׁוּמָה אִם שְׁחוּנָה. שְׁנַת יַמְתִּיקוּ מְגָדִים אֶת־תְּנוּבָתָם. שְׁנַת כַּפָּרָה עַל כָּל־עֲוֹנוֹתֵינוּ. שְׁנַת לַחְמֵנוּ וּמֵימֵינוּ תְּבָרֵךְ. שְׁנַת מַשָּׂא וּמַתָּן. שְׁנַת נָבוֹא לְבֵית מִקְדָּשֵׁנוּ. שְׁנַת שֹׂבַע. שְׁנַת עֹנֶג. שְׁנַת פְּרִי בִטְנֵנוּ

Es muss unseres sein – das Blut unseres Lebens. Wir müssen mehr opfern, als das, was wir besitzen. Wir müssen das opfern, was wir sind. Denn alles, was wir haben und was wir sind, ist das Eigentum Gottes.

ASASEL

Und er schickte den Bock in die Wüste, durch einen Menschen, der eigens dafür ausgesucht wurde. Dann ging er hinaus und brachte ein Brandopfer für sich selbst dar und ein Brandopfer für das Volk. Und er bewirkte Sühne für sich und für das Volk.

DER SÜNDENBOCK

Wenn wir an den Sündenbock für Asasel denken, ein Tier, das in die Wüste geschickt wurde, dann denken wir an die ungesühnten Sünden, das Böse, dessen Folgen bleiben, an die Menschen, die nicht gebetet haben, an die schrecklichen Dinge, die in Unwissenheit geschehen sind, an den scharlachroten Faden der Beschämung in unserer Geschichte und an alles, was unversöhnt geblieben ist vor dir. Dies alles wurde nicht in die Tiefen des Meeres geworfen, und kein Bock nimmt es jetzt mit in die Wüste. Aber du kannst dies alles in die Vergessenheit versenken und wiedergutmachen, was ungetan blieb. Möge dies dein Wille sein!

DAS GEBET DES HOHEN PRIESTERS

Dies war das Gebet des Hohen Priesters am Versöhnungstag, wenn er wohlbehalten und unversehrt aus dem Allerheiligsten hinauskam:

Ewiger, unser Gott und Gott unserer Vorfahren, lass uns und dein ganzen Volk, das Haus Israels, das vor uns liegende Jahr erleben als ein Jahr, in dem du unseren **A**usgang und Eingang segnest; ein **b**illiges Jahr; ein Jahr, in dem du uns **C**hancen gibst, in deinem Haus zu sein; ein Jahr, in dem du **d**einen guten Schatz für uns öffnest; ein Jahr, in dem du uns ein **e**rfreuliches Schicksal bestimmst; ein Jahr, in dem du die **F**rucht unseres Leibes und die Frucht unseres Erdbodens segnest; ein Jahr, in dem du uns die **G**emeinschaft in deinem Haus erfahren lässt; ein Jahr voller **H**eiterkeit; ein Jahr, in dem wir **i**n unser Land voll Freude ziehen können; ein Jahr mit **K**auf und Verkauf; ein Jahr mit **L**eben, das du gewährst und das gut ist; ein Jahr, reich an **M**ost, Öl und Getreide; ein Jahr, in dem du **n**achsichtig zu uns bist; ein Jahr **o**hne Mangel; ein Jahr, in dem du **p**rächtige, süße Früchte reifen lässt; ein Jahr voll mit **r**eicher

וּפְרִי אַדְמָתֵנוּ תְּבָרֵךְ. שְׁנַת צֵאתֵנוּ וּבוֹאֵנוּ תְּבָרֵךְ. שְׁנַת קְהָלֵנוּ תּוֹשִׁיעַ. שְׁנַת רַחֲמֶיךָ יִכָּמְרוּ עָלֵינוּ. שְׁנַת שָׁלוֹם וְשַׁלְוָה. שָׁנָה שֶׁתַּעֲלֵנוּ שְׂמֵחִים לְאַרְצֵנוּ. שְׁנַת אוֹצָרְךָ הַטּוֹב תִּפְתַּח לָנוּ. שָׁנָה שֶׁלֹּא יִצְטָרְכוּ עַמְּךָ בֵּית יִשְׂרָאֵל זֶה לָזֶה וְלֹא לְעַם אַחֵר בְּתִתְּךָ בְּרָכָה בְּמַעֲשֵׂה יְדֵיהֶם:

וְעַל אַנְשֵׁי הַשָּׁרוֹן הָיָה אוֹמֵר: יְהִי רָצוֹן מִלְּפָנֶיךָ יְיָ אֱלֹהֵינוּ וֵאלֹהֵי אֲבוֹתֵינוּ. שֶׁלֹּא יֵעָשׂוּ בָתֵּיהֶם קִבְרֵיהֶם:

DER WEG ZUR SÜHNE IN DER ZEIT NACH DEM TEMPEL

אָכֵן כָּל־אֵלֶּה בִּהְיוֹת הַהֵיכָל עַל יְסוֹדוֹתָיו. וּמִקְדַּשׁ הַקֹּדֶשׁ עַל מְכוֹנוֹתָיו. וְכֹהֵן גָּדוֹל עוֹמֵד וּמְשָׁרֵת. דּוֹרוֹ רָאוּ וְשָׂמֵחוּ: וְעַתָּה יְיָ אֱלֹהֵינוּ. חָרַב מִקְדָּשׁ. וּבָטְלָה עֲבוֹדָה. הָיָה לְאֵין מַחְמַד כָּל־עָיִן: עֲוֹנוֹת אֲבוֹתֵינוּ הֶחֱרִיבוּ נָוֶה. וְחַטֹּאתֵינוּ הֶאֱרִיכוּ קִצּוֹ. אֲבָל זִכְרוֹן דְּבָרִים יְהִי סְלִיחָתֵנוּ. וְעִנּוּי נַפְשֵׁנוּ תְּהִי כַפָּרָתֵנוּ: וּבְרַחֲמֶיךָ הָרַבִּים נָתַתָּ לָנוּ יְיָ אֱלֹהֵינוּ אֶת־יוֹם הַכִּפּוּרִים הַזֶּה לִסְלִיחַת עָוֹן וּלְכַפָּרַת פֶּשַׁע:

כַּכָּתוּב בְּתוֹרַת מֹשֶׁה עַבְדֶּךָ. כִּי בַיּוֹם הַזֶּה יְכַפֵּר עֲלֵיכֶם לְטַהֵר אֶתְכֶם. מִכֹּל חַטֹּאתֵיכֶם לִפְנֵי יְיָ תִּטְהָרוּ:

וְנֶאֱמַר. קְחוּ עִמָּכֶם דְּבָרִים וְשׁוּבוּ אֶל יְיָ. אִמְרוּ אֵלָיו כָּל־תִּשָּׂא עָוֹן וְקַח־טוֹב. וּנְשַׁלְּמָה פָרִים שְׂפָתֵינוּ:

Ernte; ein Jahr voller **S**egen; ein Jahr mit **T**au, Regen und Wärme; ein Jahr, in dem du **u**nsere Stimme hörst; ein Jahr mit **V**ergebung unserer Schuld; ein Jahr voller **W**ohlstand und Glück; ein Jahr, in dem wir eine **Z**eit des Friedens und der Sicherheit erleben.
Ein Jahr, in dem niemand in deinem Volk, der Familie Israels, von einem anderen lebensnotwendig abhängig ist und dein Volk nicht von einem anderen Volk lebensnotwendig abhängig ist, weil du das Werk ihrer Hände segnest.

Und für die, die in der Scharon-Ebene wohnen, in ständiger Gefahr vor Erdbeben, sagte der Hohe Priester: Ewiger, unser Gott und Gott unserer Vorfahren, lass ihre Häuser nicht zu ihren Gräbern werden.

DER WEG ZUR SÜHNE IN DER ZEIT NACH DEM TEMPEL

Wahrlich, all dies geschah, als der Tempel bestand,
als das Allerheiligste vorhanden war.
Da trat ein Hoher Priester auf und diente,
und seine Generation schaute zu und wurde froh.
Nun aber, Ewiger, unser Gott, ist der Tempel zerstört.
Aufgehört hat der Tempelgottesdienst.
Was früher die Augen erfreute, ist nun nicht mehr da.
Die Verkehrungen unserer Vorfahren haben vieles zerstört,
was schön war,
unsere Verfehlungen lassen die Zerstörung andauern.
Doch die Erinnung an die Dinge, sie ist unsere Vergebung,
und die Demut unserer Seelen, dies ist unsere Sühne.
Ewiger, unser Gott, in deinem großen Erbarmen
hast du uns diesen Versöhnungstag geschenkt,
zur Vergebung unserer Verkehrung
und zur Sühne unserer Eigensucht.

Wie es in der Thora Moses, deines Knechtes, geschrieben steht:
„An diesem Tag wird euch Versöhnung geschaffen, damit ihr rein werdet. Von all euren Verfehlungen vor dem Ewigen werdet ihr rein sein.“ *(Lev 16,30)*

Und es ist gesagt:
„Nehmt Worte mit euch und kehrt zu Gott um. Sprecht zu Gott: Schaffe die verkehrten Taten fort und nimm das Gute an. Lass uns die Stiere durch unsere Lippen entgelten.“ *(Hos 14,3)*

אָמַר רַבָּן יוֹחָנָן בֶּן זַכַּאי אַל יֵרַע לְךָ. יֵשׁ לָנוּ. כַּפָּרָה אַחַת שֶׁהִיא כָמוֹתָהּ: וְאֵיזֶה. זֶה גְּמִילוּת חֲסָדִים:

אֵל מֶלֶךְ יוֹשֵׁב עַל כִּסֵּא רַחֲמִים מִתְנַהֵג בַּחֲסִידוּת. מוֹחֵל עֲוֹנוֹת עַמּוֹ. מַרְבֶּה מְחִילָה לְחַטָּאִים וּסְלִיחָה לְפוֹשְׁעִים. עוֹשֶׂה צְדָקוֹת עִם כָּל־בָּשָׂר וְרוּחַ. לֹא כְרָעָתָם לָהֶם גּוֹמֵל: אֵל הוֹרֵתָנוּ מִדּוֹת טוּבְךָ וְרַחֲמֶיךָ. כַּכָּתוּב בְּתוֹרָתֶךָ. וַיֵּרֶד יְיָ בֶּעָנָן. וַיִּתְיַצֵּב עִמּוֹ שָׁם. וַיִּקְרָא בְשֵׁם יְיָ. וַיַּעֲבֹר יְיָ עַל פָּנָיו וַיִּקְרָא: **יְיָ יְיָ אֵל רַחוּם וְחַנּוּן. אֶרֶךְ אַפַּיִם וְרַב חֶסֶד וֶאֱמֶת: נֹצֵר חֶסֶד לָאֲלָפִים נֹשֵׂא עָוֹן וָפֶשַׁע וְחַטָּאָה וְנַקֵּה:**

יעלה ויבא

אֱלֹהֵינוּ וֵאלֹהֵי אֲבוֹתֵינוּ יַעֲלֶה וְיָבֹא. יַגִּיעַ וְיֵרָאֶה. זִכְרוֹנֵנוּ וּפִקְדוֹנֵנוּ. וְזִכְרוֹן אֲבוֹתֵינוּ. וְזִכְרוֹן מָשִׁיחַ בֶּן־דָּוִד עַבְדֶּךָ. וְזִכְרוֹן יְרוּשָׁלַיִם עִיר קָדְשֶׁךָ. וְזִכְרוֹן כָּל־עַמְּךָ בֵּית יִשְׂרָאֵל לְפָנֶיךָ לִפְלֵיטָה וּלְטוֹבָה. לְחֵן וּלְחֶסֶד. וּלְרַחֲמִים. בְּיוֹם (הַמָּנוֹחַ הַזֶּה וּבְיוֹם) הַכִּפּוּרִים הַזֶּה. לְרַחֵם בּוֹ עָלֵינוּ וּלְהוֹשִׁיעֵנוּ:

זָכְרֵנוּ יְיָ אֱלֹהֵינוּ בּוֹ לְטוֹבָה. אָמֵן:

וּפָקְדֵנוּ בוֹ לִבְרָכָה. אָמֵן:

וְהוֹשִׁיעֵנוּ בוֹ לְחַיִּים טוֹבִים: אָמֵן:

וּבִדְבַר יְשׁוּעָה וְרַחֲמִים חוּס וְחָנֵּנוּ. כִּי אֵלֶיךָ עֵינֵינוּ. כִּי אֵל מֶלֶךְ חַנּוּן וְרַחוּם אָתָּה:

אֱלֹהֵינוּ וֵאלֹהֵי אֲבוֹתֵינוּ. מְלֹךְ עַל כָּל־הָעוֹלָם כֻּלּוֹ בִּכְבוֹדֶךָ. וְהִנָּשֵׂא עַל כָּל־הָאָרֶץ בִּיקָרֶךָ. וְהוֹפַע בַּהֲדַר גְּאוֹן עֻזֶּךָ. עַל כָּל־יוֹשְׁבֵי תֵבֵל אַרְצֶךָ: וְיֵדַע כָּל־פָּעוּל כִּי אַתָּה פְעַלְתּוֹ. וְיָבִין כָּל־יָצוּר כִּי אַתָּה יְצַרְתּוֹ. וְיֹאמַר כָּל־אֲשֶׁר נְשָׁמָה בְאַפּוֹ. יְיָ אֱלֹהֵי יִשְׂרָאֵל מֶלֶךְ. וּמַלְכוּתוֹ בַּכֹּל מָשָׁלָה:

Rabbi Jochanan ben Zakkai sagte:
Verzagt nicht. Es gibt eine andere Sühne, die an Stelle des Tempelgottesdienstes sühnt. – Was ist das? – Dies sind die Werke der Nächstenliebe.

DIE BARMHERZIGKEIT GOTTES

Gott, du regierst durch Barmherzigkeit; Liebe prägt alles, was du tust. Du verzeihst die Verkehrungen deines Volkes. Auf vielfältige Weise verzeihst du seine Verfehlungen und vergibst seine eigensüchtigen Taten. Alle Menschen lässt du deine aufrichtende Gerechtigkeit erfahren. Du handelst nicht an ihnen, wie es ihrer Boshaftigkeit entsprechen würde. Gott, du hast uns deine guten und barmherzigen Eigenschaften wissen lassen, denn in deiner Thora steht geschrieben: „Der Ewige kam in einer Wolke hinab und stellte sich neben ihn. Er rief den Namen des Ewigen an. Und der Ewige zog an ihm vorüber, und er rief:
Der Ewige, der Ewige, Gott, barmherzig und gnädig, nachsichtig, von unendlicher Liebe und Treue; bewahrt Gnade bis in die tausendste Generation, vergibt Verkehrung, Eigensüchtigkeit und Verfehlung und befreit.“ *(Ex 34,5-7)*

Unser Gott und Gott unserer Vorfahren, das Gedenken an uns und die Verantwortung für uns, das Gedenken an unsere Vorfahren und an die messianische Zeit, das Gedenken an Jerusalem, die Stadt deiner Heiligkeit, und an die ganze Familie Israels mögen zu dir gelangen und vor dich kommen; sie mögen dich erreichen und wahrgenommen werden. Es geschehe, damit wir deine Rettung und Güte erfahren, damit uns deine Gnade und Liebe zuteil werden.
Ewiger, unser Gott, heute, (an diesem Tag der Ruhe und) an diesem Tag der Versöhnung
denke an uns, damit wir Gutes erfahren – Amen.
Schenke uns deinen Segen – Amen.
Hilf uns zu einem guten Leben – Amen.
Du hast uns Hilfe und Erbarmen versprochen, deshalb erbarme dich über uns und zeige uns deine Gnade. Denn auf dich richtet sich unser Blick, du bist die Quelle aller Gnade und allen Erbarmens.

Gott und Gott unserer Vorfahren, lass deine Gegenwart die ganze Welt beherrschen. Bringe dein Ansehen in der ganzen Welt zu Ehren. Lass die Größe deiner Kraft deutlich sichtbar werden für alle, die auf der Erde wohnen. Jedes Geschöpf soll wissen, dass du es geschaffen hast, und jede Gestalt soll begreifen, dass du sie gestaltet hast. Alles, was atmet, soll bekennen: Der Ewige, Israels Gott, herrscht. Und Gottes Herrschaft erstreckt sich über alles.

אֱלֹהֵינוּ וֵאלֹהֵי אֲבוֹתֵינוּ (רְצֵה בִמְנוּחָתֵנוּ) קַדְּשֵׁנוּ בְּמִצְוֹתֶיךָ. וְתֵן חֶלְקֵנוּ בְּתוֹרָתֶךָ. שַׂבְּעֵנוּ מִטּוּבֶךָ. וְשַׂמְּחֵנוּ בִּישׁוּעָתֶךָ. (וְהַנְחִילֵנוּ יְיָ אֱלֹהֵינוּ בְּאַהֲבָה וּבְרָצוֹן שַׁבַּת קָדְשֶׁךָ. וְיָנוּחוּ בָהּ יִשְׂרָאֵל מְקַדְּשֵׁי שְׁמֶךָ.) וְטַהֵר לִבֵּנוּ לְעָבְדְּךָ בֶּאֱמֶת. כִּי אַתָּה אֱלֹהִים אֱמֶת. וּדְבָרְךָ אֱמֶת וְקַיָּם לָעַד. בָּרוּךְ אַתָּה יְיָ. מֶלֶךְ מוֹחֵל וְסוֹלֵחַ לַעֲוֹנוֹתֵינוּ וְלַעֲוֹנוֹת עַמּוֹ בֵּית יִשְׂרָאֵל. וּמַעֲבִיר אַשְׁמוֹתֵינוּ בְּכָל־שָׁנָה וְשָׁנָה. מֶלֶךְ עַל כָּל־הָאָרֶץ מְקַדֵּשׁ (הַשַּׁבָּת וְ)יִשְׂרָאֵל וְיוֹם הַכִּפּוּרִים:

עבודה

רְצֵה יְיָ אֱלֹהֵינוּ בְּעַמְּךָ יִשְׂרָאֵל. וְלִתְפִלָּתָם שְׁעֵה. וּבְרַחֲמֶיךָ הָרַבִּים תַּחְפֹּץ בָּנוּ וְתַשְׁרֶה שְׁכִינָתְךָ עַל צִיּוֹן. וְתֶחֱזֶינָה עֵינֵינוּ בְּשׁוּבְךָ לְצִיּוֹן בְּרַחֲמִים. בָּרוּךְ אַתָּה יְיָ. הַמַּחֲזִיר שְׁכִינָתוֹ לְצִיּוֹן:

הודאה

מוֹדִים אֲנַחְנוּ לָךְ שָׁאַתָּה הוּא יְיָ אֱלֹהֵינוּ וֵאלֹהֵי אֲבוֹתֵינוּ לְעוֹלָם וָעֶד. צוּרֵנוּ צוּר חַיֵּינוּ וּמָגֵן יִשְׁעֵנוּ אַתָּה הוּא לְדוֹר וָדוֹר: נוֹדֶה לְּךָ וּנְסַפֵּר תְּהִלָּתֶךָ עַל חַיֵּינוּ הַמְּסוּרִים בְּיָדֶךָ. וְעַל נִשְׁמוֹתֵינוּ הַפְּקוּדוֹת לָךְ. וְעַל נִסֶּיךָ שֶׁבְּכָל־יוֹם עִמָּנוּ. וְעַל נִפְלְאוֹתֶיךָ וְטוֹבוֹתֶיךָ שֶׁבְּכָל־עֵת עֶרֶב וָבֹקֶר וְצָהֳרָיִם: הַטּוֹב כִּי לֹא כָלוּ רַחֲמֶיךָ. הַמְרַחֵם כִּי לֹא תַמּוּ חֲסָדֶיךָ. כִּי מֵעוֹלָם קִוִּינוּ לָךְ:

וְעַל כֻּלָּם יִתְבָּרַךְ וְיִתְרוֹמַם וְיִתְנַשֵּׂא תָּמִיד שִׁמְךָ מַלְכֵּנוּ לְעוֹלָם וָעֶד: וּכְתוֹב לְחַיִּים טוֹבִים כָּל־בְּנֵי בְרִיתֶךָ: וְכָל־הַחַיִּים יוֹדוּךָ סֶּלָה. וִיהַלְלוּ וִיבָרְכוּ אֶת־שִׁמְךָ הַגָּדוֹל בֶּאֱמֶת. הָאֵל יְשׁוּעָתֵנוּ וְעֶזְרָתֵנוּ סֶלָה: בָּרוּךְ אַתָּה יְיָ. הַטּוֹב שִׁמְךָ וּלְךָ נָאֶה לְהוֹדוֹת:

Unser Gott und Gott unserer Vorfahren, (habe Gefallen an unserer Ruhe,) lass unser Leben auf dich ausgerichtet sein und hilf uns, deine Gebote zu beachten. Lass deine Weisung zu unserem eigenen Anliegen werden. Sättige uns mit deiner Güte. Erfreue uns mit deiner Hilfe. (In Liebe und in Wohlgefallen lass uns, Gott, den Schabbat zu eigen machen, und lass an ihm ganz Israel, das dich sucht, zur Ruhe kommen.) Reinige unsere Herzen, dass sie dir in Wahrhaftigkeit dienen. Ja, du bist wahrhaftig Gott. Dein Wort ist wahrhaftig und hat für immer Gültigkeit. Gepriesen seist du, Ewiger, du regierst und du verzeihst. Du vergibst unsere Verkehrungen und die Verkehrungen deines Volkes, der Familie Israels. Jahr für Jahr lässt du unsere Schuld vergehen. Gepriesen seist du, Ewiger; du regierst über die ganze Erde. Du hast (den Schabbat,) dein Volk Israel und diesen Tag der Versöhnung geheiligt.

DANK UND FRIEDENSBITTE

Habe Gefallen an deinem Volk Israel und höre seine Gebete. In großem Erbarmen finde Gefallen an uns und lass deine Gegenwart über Zion ruhen. Lass unsere Augen Ausschau halten nach deiner Rückkehr zum Zion in Erbarmen. Gepriesen seist du, Ewiger. Du lässt deine Gegenwart nach Zion zurückkehren.

Wir danken dir, denn du bist der Ewige, unser Gott und der Gott unserer Vorfahren, seit eh und je. Wir danken dir, denn du bist unser Fels und das Fundament, auf dem unser Leben ruht. Deine Hilfe haben wir zum Schutzschild – Fels und Schutzschild bist du uns seit jeher. Wir loben dich und erzählen von deinem Ruhm. Wir loben dich für unser Leben, das in deine Hand gegeben ist, und für unsere Seele, die dir anvertraut ist; für die Zeichen deiner Gegenwart, die uns täglich umgeben, für die Wunder und Wohltaten zu jeder Zeit, abends, morgens und mittags. Du bist gut, denn dein Erbarmen wird niemals aufhören. Du bist barmherzig, denn deine Gnade wird niemals versiegen. Von jeher hofften wir auf dich!

Für all dies preisen wir dich und erheben und rühmen deinen Namen, unser Herrscher, allezeit.

Schreibe uns und alle Kinder deines Bundes für ein gutes Leben ein.

Alles, was lebt, möge dir danken. Und man soll deinen großen Namen loben und preisen in Wahrhaftigkeit. Preisen soll man dich, Gott, unsere Hilfe und unsere Rettung. Gepriesen seist du, Ewiger. „Guter Gott“ – das ist dein Name. Schön ist es, dich zu loben.

ברכת שלום

שִׂים שָׁלוֹם טוֹבָה וּבְרָכָה חַיִּים חֵן וָחֶסֶד צְדָקָה וְרַחֲמִים עָלֵינוּ. וּבָרְכֵנוּ אָבִינוּ כֻּלָּנוּ יַחַד בְּאוֹר פָּנֶיךָ. כִּי בְאוֹר פָּנֶיךָ נָתַתָּ לָנוּ יְיָ אֱלֹהֵינוּ תּוֹרָה וְחַיִּים. אַהֲבָה וָחֶסֶד. צְדָקָה וְרַחֲמִים. בְּרָכָה וְשָׁלוֹם. וְטוֹב בְּעֵינֶיךָ לְבָרֵךְ אֶת־עַמְּךָ יִשְׂרָאֵל בְּרָב־עֹז וּבְשָׁלוֹם: בְּסֵפֶר חַיִּים נִזָּכֵר וְנִכָּתֵב לְפָנֶיךָ אֲנַחְנוּ וְכָל־עַמְּךָ בֵּית יִשְׂרָאֵל לְחַיִּים טוֹבִים וּלְשָׁלוֹם: בָּרוּךְ אַתָּה יְיָ. הַמְבָרֵךְ אֶת־עַמּוֹ יִשְׂרָאֵל בַּשָּׁלוֹם:

וידוי

Bevor eine Frau geheilt werden kann,
muss sie ihre Krankheit erkennen.
Bevor ein Mensch das Licht finden kann,
muss er um seine eigene Dunkelheit wissen.
Bevor einem Volk vergeben werden kann,
muss es seine Sünden bekennen.
Wir bekennen unsere Sünden und diejenigen anderer Frauen,
denn wir tragen füreinander Verantwortung.
Heile uns, Gott, und geleite uns durch die Dunkelheit zum Licht.

אֱלֹהֵינוּ וֵאלֹהֵי אֲבוֹתֵינוּ תָּבֹא לְפָנֶיךָ תְּפִלָּתֵנוּ. וְאַל תִּתְעַלַּם מִתְּחִנָּתֵנוּ: שֶׁאֵין אֲנַחְנוּ עַזֵּי פָנִים וּקְשֵׁי עֹרֶף לוֹמַר לְפָנֶיךָ יְיָ אֱלֹהֵינוּ וֵאלֹהֵי אֲבוֹתֵינוּ. צַדִּיקִים אֲנַחְנוּ וְלֹא חָטָאנוּ: אֲבָל אֲנַחְנוּ וַאֲבוֹתֵינוּ חָטָאנוּ:

In der Vergangenheit bekannte der Hohe Priester seine Sünden, zusammen mit den Sünden seiner Familie und seiner Priesterschaft. Er fastete und opferte Stiere und Böcke, den Reichtum jener Zeit. In unserer Zeit sind auch wir Priesterinnen und Priester. Wir versuchen, Heiligkeit in unser Leben und in unsere Häuser zu bringen. Wir tragen keine priesterliche Kleidung, aber wie der Hohe Priester suchen wir nach der Wahrheit und nach dem Mut, sie zu bekennen.

Schenke uns Frieden und Gutes. Segne uns und schütze unser Leben. Lass deine Gnade und Güte über uns walten. Deine Gerechtigkeit und dein Erbarmen mögen uns stets begleiten. Quelle allen Erbarmens, sei unter uns gegenwärtig. Denn deine Gegenwart gab uns die Thora und sie gab uns unser Leben, die Liebe und Güte, die Gerechtigkeit und das Erbarmen, sie gab uns Segen und Frieden. Ja, es gefällt dir, dein Volk Israel mit Stärke und Frieden zu segnen.

In das Buch des Lebens mögest du uns und dein ganzes Volk Israel eintragen, damit du an uns denkst und unser Leben erhältst, damit du uns Gutes schenkst und uns Frieden gibst.

Gepriesen seist du, Ewiger. Du segnest dein Volk Israel mit Frieden.

WIDUI

Bevor ein Mann geheilt werden kann,
muss er seine Krankheit erkennen.
Bevor ein Mensch das Licht finden kann,
muss er um seine eigene Dunkelheit wissen.
Bevor einem Volk vergeben werden kann,
muss es seine Sünden bekennen.
Wir bekennen unsere Sünden und diejenigen anderer Männer,
denn wir tragen füreinander Verantwortung.
Heile uns, Gott, und geleite uns durch die Dunkelheit zum Licht.

Unser Gott und Gott unserer Vorfahren, lass unsere Gebete dich erreichen. Sei nicht taub für unsere Bitte um Erbarmen. Denn wir sind nicht so hochmütig und nicht so stur, dass wir in deiner Gegenwart, unser Gott und Gott unserer Vorfahren, behaupten würden, wir seien gerecht und hätten nicht gesündigt. Vielmehr bekennen wir: Wir und unsere Vorfahren haben gesündigt.

In der Vergangenheit bekannte der Hohe Priester seine Sünden, zusammen mit den Sünden seiner Familie und seiner Priesterschaft. Er fastete und opferte Stiere und Böcke, den Reichtum jener Zeit. In unserer Zeit sind auch wir Priesterinnen und Priester. Wir versuchen, Heiligkeit in unser Leben und in unsere Häuser zu bringen. Wir tragen keine priesterliche Kleidung, aber wie der Hohe Priester suchen wir nach der Wahrheit und nach dem Mut, sie zu bekennen.

אָמַר רַבִּי יִצְחָק עַכְשָׁיו אֵין לָנוּ לֹא נָבִיא וְלֹא כֹהֵן לֹא קָרְבָּן וְלֹא מִקְדָּשׁ וְלֹא מִזְבֵּחַ שֶׁמְּכַפֵּר עָלֵינוּ. וּמִיּוֹם שֶׁחָרַב בֵּית הַמִּקְדָּשׁ לֹא נִשְׁתַּיֵּר בְּיָדֵינוּ אֶלָּא תְּפִלָּה. לְפִיכָךְ. יְיָ שְׁמָעָה יְיָ סְלָחָה:

VORBEREITUNG ZUM BEKENNTNIS

Wir wollen über das Kleinliche und Gemeine in uns nachdenken, die kleinen Sünden, die uns von Gott entfernen, unsere Betrügereien, unser falsches Bewerten und unser Versagen darin, so zu sein, wie Gott uns wollte. Gott aller Vergebung, wir denken an die Kranken, die wir nicht besucht haben; an die, die uns brauchten, und denen wir nicht halfen; an die Menschen, die wir warten ließen und an alle, die wir im Stich gelassen haben. Dies tut uns aufrichtig leid. Wir haben andere nicht ermordet, aber wir haben sie verletzt – und unsere Seele. Wir haben wahrscheinlich nicht gestohlen, aber wir haben andere betrogen – und uns selbst. Für dies alles bitten wir: Vergib uns, verzeih uns, gib uns Versöhnung.

Hier kann das folgende Bekenntnis oder dasjenige auf der gegenüberliegenden Seite gelesen werden:

Dass wir uns vorgedrängt haben,
dass wir auf Kosten anderer telefoniert haben,
dass wir gesagt haben: „Damit hab' ich nichts zu tun!"

סְלַח לָנוּ. מְחַל לָנוּ. כַּפֶּר־לָנוּ:

Dass wir Verantwortung abgeschoben haben,
dass wir andere und uns selbst betrogen haben,
dass wir gesagt haben: „Das ist nicht fair!"

סְלַח לָנוּ. מְחַל לָנוּ. כַּפֶּר־לָנוּ:

Dass wir uns in die Seelen anderer eingemischt haben,
dass wir die Bedürfnisse ihrer Körpers vernachlässigt haben,
dass wir gesagt haben: „Bin ich etwa der Hüter meines Bruders oder die Hüterin meiner Schwester?"

סְלַח לָנוּ. מְחַל לָנוּ. כַּפֶּר־לָנוּ:

Dass wir unsere Steuern nach eigenem Gutdünken bezahlt haben,
dass wir kleinere Diebstähle begangen und andere betrogen haben,
dass wir gesagt haben: „Warum denn ich?"

Rabbi Jizchaq sagte: Es gibt jetzt keinen Propheten mehr für uns, und es gibt jene Dinge nicht mehr, die Sühne für uns bewirken könnten: die Priester und die Opfergaben, den Tempel und den Altar. Seit dem Tag, an dem der Tempel zerstört wurde, ist uns nichts übrig geblieben als das Gebet. Darum, Gott, höre! Gott, vergib!

(Midrasch Tehillim 5,7)

VORBEREITUNG ZUM BEKENNTNIS

Wir wollen über das Kleinliche und Gemeine in uns nachdenken, die kleinen Sünden, die uns von Gott entfernen, unsere Betrügereien, unser falsches Bewerten und unser Versagen darin, so zu sein, wie Gott uns wollte. Gott aller Vergebung, wir denken an die Kranken, die wir nicht besucht haben; an die, die uns brauchten, und denen wir nicht halfen; an die Menschen, die wir warten ließen und an alle, die wir im Stich gelassen haben. Dies tut uns aufrichtig leid. Wir haben andere nicht ermordet, aber wir haben sie verletzt – und unsere Seele. Wir haben wahrscheinlich nicht gestohlen, aber wir haben andere betrogen – und uns selbst. Für dies alles bitten wir: Vergib uns, verzeih uns, gib uns Versöhnung.

Hier kann das folgende Bekenntnis oder dasjenige auf der gegenüberliegenden Seite gelesen werden:

DIE WAHRHEIT

Gott, hilf uns die Wahrheit zu suchen; hilf uns, sie zu erkennen, wenn wir sie gefunden haben, was immer sie konkret auch sei. Lass uns demütig vor ihr sein und sie achten, denn wenn wir die Wahrheit finden, dann finden wir dich.

Gott, hilf uns, deine Wahrheit nicht zu verfälschen oder zu versuchen, sie billiger zu bekommen, indem wir uns unwürdige Bilder von dir machen und dich durch unser Vorurteil kleiner machen. Hilf uns, dass wir dich nicht nach unserem eigenen Interesse verzerren und dich so bruchstückhaft machen, wie wir selbst es sind.

Und wenn wir deine Wahrheit gefunden und erkannt haben, dann öffne unsere Herzen und unser Denken, Gott, damit wir sie annehmen können. Denn wenn wir sie annehmen, können wir wachsen, nicht nur an Jahren, sondern an ewigen Werten, an Großzügigkeit und Güte. Durch sie können wir die vergangenen Jahre in ihrem wahren Licht sehen und unsere Verletzungen und Enttäuschungen loslassen und die Bitterkeit, die sie in uns bewirkt haben.

Ewiger, unser Gott, deine Wahrheit ist unser Licht und unser Schutzschild. Leite uns nicht nur zu den Wahrheiten über andere, sondern

סְלַח לָנוּ. מְחַל לָנוּ. כַּפֶּר־לָנוּ:

Dass wir andere Menschen im Stich gelassen haben,
dass wir vor Schwierigkeiten weggelaufen sind,
dass wir gesagt haben: „Wen kümmert's denn?"

סְלַח לָנוּ. מְחַל לָנוּ. כַּפֶּר־לָנוּ:

Dass wir keine Verantwortung übernommen haben,
dass wir vorgetäuscht haben, gut zu sein,
dass wir gesagt haben: „Wer wird's denn je erfahren?"

וְעַל כֻּלָּם אֱלוֹהַּ סְלִיחוֹת סְלַח לָנוּ. מְחַל לָנוּ. כַּפֶּר־לָנוּ:

DIE OPFER IN UNSEREM ALLTAG

Gott, hilf uns, deine Größe in kleinen Dingen zu erkennen, deinen Glanz in unseren gut ausgeführten Aufgaben und deine Ewigkeit in unserem täglichen Leben. Unsere Verpflichtungen, unsere Fürsorge und all die Mühe, die wir uns füreinander machen, sie sind die Opfer, die wir dir täglich bringen. Unser Verstand kann dich nicht erfassen, und doch wohnst du in unseren Herzen. Du bist so groß, dass du siehst, was Menschen nicht wahrnehmen.

אֵלּוּ דְבָרִים שֶׁאָדָם אוֹכֵל פֵּרוֹתֵיהֶם בָּעוֹלָם הַזֶּה וְהַקֶּרֶן קַיֶּמֶת לוֹ לָעוֹלָם הַבָּא. וְאֵלּוּ הֵן. כִּבּוּד אָב וָאֵם וּגְמִילוּת חֲסָדִים וְהַשְׁכָּמַת בֵּית הַמִּדְרָשׁ שַׁחֲרִית וְעַרְבִית וְהַכְנָסַת אוֹרְחִים וּבִקּוּר חוֹלִים וְהַכְנָסַת כַּלָּה וּלְוָיַת הַמֵּת וְעִיּוּן תְּפִלָּה וַהֲבָאַת שָׁלוֹם בֵּין אָדָם לַחֲבֵרוֹ. וְתַלְמוּד תּוֹרָה כְּנֶגֶד כֻּלָּם:

DAS LERNEN DURCH GÜTE

Wir erinnern uns an die Güte, die uns durch so viele Menschen zuteil geworden ist, und der wir unser Leben verdanken. Wir erinnern uns an die Armut unserer Vorfahren, an ihren stillen Kampf und ihre Opfer, die sie brachten, damit wir ein besseres Leben haben würden. Wir erinnern uns an alle, Fremde oder Freunde, die uns geholfen haben, durch Freundlichkeit, durch finanzielle Mittel oder durch ihr Beispiel. Auf ihren Opfern und Gaben ist unser Leben gegründet. Gottes Thora ist

auch zur Wahrheit über uns selbst, zu der Wahrheit unseres täglichen Lebens. Für unser Ausweichen und unser Vermeiden, unseren Mangel an Verständnis und unseren täglichen Selbstbetrug vergib uns, verzeih uns, gib uns Versöhung.

וְעַל כֻּלָּם אֱלוֹהַּ סְלִיחוֹת סְלַח לָנוּ. מְחַל לָנוּ. כַּפֶּר־לָנוּ׃

DIE OPFER IN UNSEREM ALLTAG

Gott, hilf uns, deine Größe in kleinen Dingen zu erkennen, deinen Glanz in unseren gut ausgeführten Aufgaben und deine Ewigkeit in unserem täglichen Leben. Unsere Verpflichtungen, unsere Fürsorge und all die Mühe, die wir uns füreinander machen, sie sind die Opfer, die wir dir täglich bringen. Unser Verstand kann dich nicht erfassen, und doch wohnst du in unseren Herzen. Du bist so groß, dass du siehst, was Menschen nicht wahrnehmen.

Von folgenden Dingen genießt der Mensch die Früchte in dieser Welt, und der Gewinn bleibt ihm für die kommende Welt erhalten:
die Ehrerbietung gegen Vater und Mutter,
die Taten der Großzügigkeit und der Liebe,
das Lernen in der Synagoge, früh am Morgen und am Abend, die Gastfreundschaft gegenüber Fremden, das Besuchen von Kranken, das Hereinführen der Braut,
die Begleitung von Sterbenden, die Hingabe im Gebet,
das Friedenstiften zwischen zwei Menschen.
Das Studium aber der Thora leitet zu all diesem an.

(mPea1,1 + bSchab 127a)

DAS LERNEN DURCH GÜTE

Wir erinnern uns an die Güte, die uns durch so viele Menschen zuteil geworden ist, und der wir unser Leben verdanken. Wir erinnern uns an die Armut unserer Vorfahren, an ihren stillen Kampf und ihre Opfer, die sie brachten, damit wir ein besseres Leben haben würden. Wir erinnern uns an alle, Fremde oder Freunde, die uns geholfen haben, durch Freundlichkeit, durch finanzielle Mittel oder durch ihr Beispiel. Auf ihren Opfern und Gaben ist unser Leben gegründet. Gottes Thora ist im Leben vieler Menschen geschrieben; wir mögen sie nicht kennen, aber Gott sind sie bekannt. Wir lesen das Buch des Lebens und stehen demütig vor Größe dieser Menschen.

Einer oder mehrere der folgenden Abschnitte können laut oder in der Stille gelesen werden:

Das Leben der Unbekannten *I*

DAS OPFER DER ARMUT

Annie P., 44 *Allen Street*, vorderstes Mietshaus, zweite Etage. Der Ehemann Louis P. kam vor drei Jahren hierher. Vor einem Jahr ließ er seine Frau und die drei Kinder nachkommen. Seit dieser Zeit machte sein Handwerk, das des Schusters, unglücklicherweise immer stärkere Gewinn-Einbußen. Sie half, indem sie waschen ging und ähnliche Arbeiten übernahm. Doch vor zwei Monaten hat er sie verlassen, obwohl sie steif und fest behauptet, er sei nach Odessa zurückgegangen, um seiner früheren Arbeit nachzugehen. Das kleinste Kind, Meyer P., fünf Jahre alt, fiel vom Tisch und verletzte sich an der Hüfte. Sieben Monate lag er in der orthopädischen Klinik, 42ste Straße. Er wurde als unheilbar mit einer Stützschiene entlassen. ... Die Mutter ist durch ihre Schwangerschaft völlig gebunden. Das behinderte Kind hat Schmerzen und will getragen werden. Sie hatten keine eigenen Räume, sondern bezahlten fünf Dollar pro Monat an Hanna A., eine ehrliche Schneiderin, die der Familie erlaubte, auf ihrer Etage zu übernachten. ... Am Sonntag sah ich sie. Am Montag füllte ich den Antrag für Meyers Aufnahme in das Montefiori-Haus aus ... Am Dienstag ging ich zur *Hebrew Sheltering Guardian Society*, traf den Heimleiter und erhielt die Zusage, am Donnerstag eine Unterbringung für die beiden gesunden Kinder zu erhalten. ... Donnerstag nachmittag haben wir die beiden Kinder gewaschen und angekleidet, ich ließ sie nachmittags in genanntem Heim zurück und hinterließ dem Heimleiter meine Adresse, damit er für den Notfall eine Ansprechpartnerin hatte. Sie haben in ganz Amerika niemanden außer ihrer Mutter.

(Lillian Wald (1867-1940),
Fallberichte ihrer Pionier-Sozialarbeit
unter armen Immigranten in den USA.)

im Leben vieler Menschen geschrieben; wir mögen sie nicht kennen, aber Gott sind sie bekannt. Wir lesen das Buch des Lebens und stehen demütig vor Größe dieser Menschen.

Einer oder mehrere der folgenden Abschnitte können laut oder in der Stille gelesen werden:

II *Ein Ehemann kehrt aus dem Krieg zurück*

DAS OPFER DES STOLZES

Du sagst deinen Freunden Gute Nacht, und du weißt, dass du sie morgen wiedersehen wirst, gesund und munter wie du selbst. Anders ist es dort, wo dein Mann ist. Dort gibt es Kameraden; sie sind ihm in Freundschaft enger verbunden, als du es jemals sein wirst. Er hat sie witzig gesehen oder wild, gedankenversunken, und dann gebrochen oder tot. Einige gingen winkend fort und mit einer lebenslustigen Obszönität und kamen niemals mehr zurück. Wir kennen solche Erfahrungen nicht. Wir ziehen es klugerweise vor, unser Denken gegen sie zu verschließen. …

Ich habe versucht zu sagen, dass Frauen während eines Krieges das leichtere Los zufällt. Doch wenn der Krieg vorbei ist – dann müssen wir die Dinge in die Hand nehmen. In Wahrheit beginnt die Arbeit der Frauen, wenn der Krieg zu Ende ist, sie beginnt mit dem Tag, an dem ihre Männer zu ihnen nach Hause zurückkehren. Denn: Wer ist dieser Mann, der da zu dir zurückkommt? Du kanntest ihn, wie er war; du brauchst nur deine Augen zu schließen, dann siehst du ihn klar und deutlich. Du hörst seine Stimme in jedem Augenblick der Stille. Wer aber wird er sein, dieser Fremde, der zurückkehrt? Wie wirst du eine Brücke über den Graben schlagen können, der euch getrennt hat? – Und dies ist nicht der kleine Graben von einigen Monaten oder Kilometern. Er hat die Welt brennen gesehen. Er kommt zurück zu deinem neuen roten Kleid. Er hat Ehre und Schrecken, Dreck und Würde erfahren; er wird dir zuhören, wenn du vom Erfolg beim Tanz in der Kantine erzählst, von dem enttäuschenden Polsterer und der Gelenkentzündung deiner Tante. Was hast du diesem Mann zu bieten? … Da waren Menschen, die du nie kennengelernt hast, mit denen er Witze gemacht hat, die du nie verstehen könntest und Gespräche geführt hat, die für deine Ohren völlig fremd wären. In seinen Erinnerungen gibt es Bilder, die er dir niemals wird zeigen können. An diesem prägenden Teil seines Lebens hast du keinen Anteil. … Dinge, die dir für immer unerreichbar bleiben, zu viel und zu groß für Neid. Das ist der Ausgangspunkt, von wo aus du beginnst, einen Freund zu gewinnen – in diesem Fremden aus einer anderen Welt. *(Dorothy Parker)*

Wohltätigkeit

III

DAS OFPER DES BESITZES

An den allseits geehrten Rabbiner Ephraim, Mitglied der großen Versammlung, Sohn des Rabbiners Schemarja, seligen Angedenkens, und die Ältesten, die würdigen und hochgeehrten Männer, möge Gott sie segnen, von Euren Freunden in der Gemeinde in Alexandrien, beste Grüße! … Ihr seid der Förderer der Armen und die Hilfe der Bedürftigen, Ihr seid hochgelehrt, Ihr habt das Gute gegen den bösen Trieb siegen lassen. Ihr seid auf dem richtigen Weg und übt Gerechtigkeit. Wir lassen Euch wissen, dass wir stets für Euch beten. Möge Gott Euch Friede und Sicherheit erhalten!

Wir wenden uns heute an Euch wegen einer gefangenen Frau, die aus Byzanz gebracht wurde. Wir haben sie für 24 Denare neben der üblichen Steuer losgekauft. Ihr habt uns 12 Denare gesandt. Wir haben den Restbetrag und die Steuern bezahlt. Wenig später brachten Seeleute zwei weitere Gefangene, einer von ihnen ist ein freundlicher junger Mann, der über Thorakenntnisse verfügt, der andere ein zehnjähriger Junge. Als wir sie in der Gewalt der Piraten sahen und mitbekamen, wie sie sie vor unseren Augen schlugen und ängstigten, bekamen wir Mitleid mit ihnen und versprachen, sie loszukaufen. Kaum hatten wir dies beschlossen, da traf ein anderes Schiff mit Gefangenen ein, unter ihnen ein Arzt und seine Frau. So gerieten wir wieder in eine schwierige und verzweifelte Lage. Wir sind kräftemäßig überfordert, denn die Steuern sind hoch und die Zeiten sind kritisch.

(Alexandria, erste Hälfte des 11. Jh. n.d.Z.)

מַה־נֹּאמַר לְפָנֶיךָ יוֹשֵׁב מָרוֹם. וּמַה־נְּסַפֵּר לְפָנֶיךָ שׁוֹכֵן שְׁחָקִים. הֲלֹא הַנִּסְתָּרוֹת וְהַנִּגְלוֹת אַתָּה יוֹדֵעַ:
אַתָּה מֵבִין תַּעֲלוּמוֹת לֵב. אֶפֶס לְךָ נִגְלוֹת וְגַם נִסְתָּרוֹת:
אַתָּה יוֹדֵעַ רָזֵי עוֹלָם. וְתַעֲלֻמוֹת סִתְרֵי כָל־חָי:
אַתָּה חוֹפֵשׂ כָּל־חַדְרֵי בָטֶן. רוֹאֶה כְלָיוֹת וָלֵב: אֵין דָּבָר נֶעֱלָב מִמֶּךָּ. וְאֵין נִסְתָּר מִנֶּגֶד עֵינֶיךָ:

יְהִי רָצוֹן מִלְּפָנֶיךָ יְיָ אֱלֹהֵינוּ וֵאלֹהֵי אֲבוֹתֵינוּ. שֶׁתְּכַפֵּר לָנוּ עַל־כָּל־חַטֹּאתֵינוּ. וְתִמְחַל לָנוּ עַל־כָּל־עֲוֹנוֹתֵינוּ. וְתִסְלַד לָנוּ עַל־כָּל־פְּשָׁעֵינוּ:

IV *Liebe spenden*

DAS OPFER DES AB-SCHIEDS

Am Abend, als wir allein waren, ließ meine Mutter mich auf ihrem Fußschemel sitzen, und während ihre geschickten Finger die Stricknadeln auf und ab bewegten, sah sie in meine Augen – so als ob sie versuchte, so viel wie möglich von mir in sich aufzunehmen für die kommenden Monate der Trennung. „Du schreibst uns doch, Liebling?“, fragte sie ununterbrochen. „Und sollte ich sterben, während du fort bist, du wirst in deinen Gebeten an mich denken.“ …

Im Augenblick des Aufbruchs (von Osteuropa nach Amerika), als der Zug in den Bahnhof einfuhr, verlor sie die Kontrolle über ihre Gefühle. Als sie mich ein letztes Mal umarmte, wurde ihr Schluchzen heftig, und Vater musste uns trennen. Die Art und Weise, wie sie mich umschlungen hielt, hatte etwas Verzweifeltes, das ich damals nicht verstand. Jetzt begreife ich es. Ich sah sie nie wieder.

(Marcus Ravage)

Gott, du bist uns so fern – was könnten wir in deiner Gegenwart sagen? Gott, du bist uns so hoch überlegen wie der Himmel über uns – was könnten wir dir erzählen? Doch dir ist alles Geheime und alles Offenkundige bekannt. Du verstehst die verborgenen Sehnsüchte des Herzens. Du lässt dich von Äußerlichkeiten nicht täuschen, und nichts ist vor dir verborgen. Du kennst die Rätsel der Welt! Du weißt um die gehüteten Geheimnisse aller Lebewesen. Du kennst das Innerste des Körpers. Du weißt um die Gefühle und Gedanken. Nichts ist vor dir versteckt, nichts deinem Blick verborgen.

Ewiger, unser Gott und Gott unserer Vorfahren,
gib uns Versöhnung für all unsere Verfehlungen.
Verzeih uns all unsere Verkehrungen.
Vergib uns all unsere eigensüchtigen Taten und Gedanken.

יְיָ אֱלֹהַי וֵאלֹהֵי אֲבוֹתַי. הִנֵּה אֲנִי לְפָנֶיךָ כִּכְלִי מָלֵא בוּשָׁה וּכְלִימָּה. הוֹרֵנִי יְיָ אֱלֹהִים מֶלֶךְ רַחוּם וְחַנּוּן לָכוֹף־אֶת יִצְרִי לְהִשְׁתַּעְבֶּד לָךְ שֶׁלֹּא אֶחֱטָא. וּמַה שֶּׁחָטָאתִי לְפָנֶיךָ מְחֹק בְּרַחֲמֶיךָ הָרַבִּים. אֲבָל לֹא עַל יְדֵי יִסּוּרִים רָעִים:

אלהי נצור

אֱלֹהַי נְצוֹר לְשׁוֹנִי מֵרָע. וְשִׂפְתוֹתַי מִדַּבֵּר מִרְמָה. וְלִמְקַלְלַי נַפְשִׁי תִדּוֹם. וְנַפְשִׁי כֶּעָפָר לַכֹּל תִּהְיֶה: פְּתַח לִבִּי בְּתוֹרָתֶךָ. וְאַחֲרֵי מִצְוֹתֶיךָ תִּרְדּוֹף נַפְשִׁי. וְכָל־הַקָּמִים עָלַי לְרָעָה מְהֵרָה הָפֵר עֲצָתָם וְקַלְקֵל מַחְשְׁבוֹתָם: יִהְיוּ לְרָצוֹן אִמְרֵי־פִי. וְהֶגְיוֹן לִבִּי לְפָנֶיךָ. יְהוָֹה צוּרִי וְגֹאֲלִי:

עֹשֶׂה שָׁלוֹם בִּמְרוֹמָיו. הוּא יַעֲשֶׂה שָׁלוֹם עָלֵינוּ וְעַל כָּל־יִשְׂרָאֵל. וְאִמְרוּ אָמֵן:

SELICHOT FÜR DAS MUSSAFGEBET AN JOM KIPPUR

Wir beten nun die Selichot, die Gedichte über die Vergebung, die Lieder des Flehens, die Bitten unserer Vorfahren. Mögen die Gedanken unserer Herzen den Worten entsprechen, die laut über unsere Lippen kommen.

Der Tempelgottesdienst hat aufgehört, doch der Gottesdienst Israels dauert an. Obwohl Stiere, Tempel und Priester verschwunden sind, bleiben die Fragen der Reinheit, der Sünde und der Opfer. Sie prägen unser Leben und wandeln unser Schicksal.

יִשְׂרָאֵל עֲבָדֶיךָ. לְפָנֶיךָ נֶאֱסָפִים. מִתְאַוִּים סְלִיחָתֶךָ. וּלְיִשְׁעֲךָ נִכְסָפִים:

אָנָּא שְׁעֵה שַׁוְעָתָם. כְּמוֹ קָרְבַּן מוּסָפִים. הָאֵל הַנֹּצֵר חֶסֶד לָאֲלָפִים:

יִשְׂרָאֵל עֲבָדֶיךָ. הַהוֹלְכִים שְׁחוֹחַ. מִשְׁתַּטְּחִים וּמִתְנַפְּלִים. לָאֵל נֶאְדָּר בַּכֹּחַ:

Ewiger, mein Gott, und Gott meiner Vorfahren, ich bin ein Gefäß voller Schmach und Schande. Gott, du regierst in Gnade und Barmherzigkeit, lehre mich, meinen Trieb zu bezwingen; lehre mich, dir zu dienen, damit ich nicht sündige. In deinem großen Erbarmen tilge aus, wo ich mich gegen dich verfehlt habe, aber tilge es nicht durch Leid und schlimme Krankheiten. *(bJoma 87b)*

MEDITATION

Mein Gott, bewahre meine Zunge vor böser Rede und meine Lippen vor Lüge. Denen gegenüber, die mir Böses wollen, lass mich angemessen reagieren, und meine Seele möge gelassen bleiben, was auch geschieht. Mache mich bereit für deine Weisung. Nach deinen Geboten will ich leben. Eilig aber zerbrich die Pläne derer, die Böses gegen mich ersinnen, und vernichte ihre Gedanken. „Die Worte meines Mundes und meine Gedanken mögen dir angenehm sein, Ewiger, mein Fels und mein Heil.“ *(Ps 19,15)* *(bBer 17a)*

Gott schafft Frieden in der Höhe. Möge Gott uns und ganz Israel Frieden geben. Darauf sprecht: Amen.

SELICHOT FÜR DAS MUSSAFGEBET AN JOM KIPPUR

Wir beten nun die Selichot, die Gedichte über die Vergebung, die Lieder des Flehens, die Bitten unserer Vorfahren. Mögen die Gedanken unserer Herzen den Worten entsprechen, die laut über unsere Lippen kommen.

Der Tempelgottesdienst hat aufgehört, doch der Gottesdienst Israels dauert an. Obwohl Stiere, Tempel und Priester verschwunden sind, bleiben die Fragen der Reinheit, der Sünde und der Opfer. Sie prägen unser Leben und wandeln unser Schicksal.

Israel, deine Knechte und Mägde, sie haben sich vor dir versammelt;
sie bitten um deine Vergebung und sehnen sich nach deinem Heil.

Nimm doch wahr ihren Schrei wie Mussafopfergaben.
Gott, denn du bewahrst Gnade bis in die tausendste Generation. *(Ex 34,7)*

Israel, deine Knechte und Mägde, sie kommen in Demut;
sie werfen sich nieder und fallen zu Boden vor Gottes gewaltiger Kraft.

אָנָּא שְׁעֵה שַׁוְעָתָם. כְּמוֹ רֵיחַ נִחוֹחִים. הָאֵל הַנֹּצֵר חֶסֶד לָאֲלָפִים:

יִשְׂרָאֵל עֲבָדֶיךָ. עָלֶיךָ נִסְמָכִים. וְאֶל רַחֲמֶיךָ פוֹנִים. וּלְיִשְׁעֲךָ חוֹכִים:

אָנָּא שְׁעֵה שַׁוְעָתָם. כְּמוֹ עוֹלוֹת וּנְסָכִים הָאֵל הַנֹּצֵר חֶסֶד לָאֲלָפִים:

יִשְׂרָאֵל עֲבָדֶיךָ. נִדְהָמִים וְנִפְעָמִים. וּמֵעֹצֶם חַטֹּאתָם. קְרָאָם פַּחַד וְאֵימִים:

אָנָּא שְׁעֵה שַׁוְעָתָם. כְּקָרְבָּנוֹת וּשְׁלָמִים. הָאֵל הַנֹּצֵר חֶסֶד לָאֲלָפִים:

יִשְׂרָאֵל עֲבָדֶיךָ. נֶאֱנָחִים וְנֶאֱנָקִים. וְעַל חַסְדְּךָ נִשְׁעָנִים. וְאִם הֵם מְטּוֹב רֵקִים:

אָנָּא שְׁעֵה שַׁוְעָתָם. כְּמוֹ חַלּוֹת וּרְקִיקִים. הָאֵל הַנֹּצֵר חֶסֶד לָאֲלָפִים:

Der Gottesdienst wird hier fortgesetzt:

DIE MÄRTYRER

Die Pracht des Tempelgottesdienstes gibt es nicht mehr. Gott, sei bei uns, wenn wir uns nun an eine Pracht erinnern, die wir nicht sehen können, und an die stille Heldenhaftigkeit und den Mut unzähliger Juden in allen Jahrhunderten der Wanderschaft und des Exils. Jede Generation hat dir gedient und dich bezeugt und versucht, deinen Willen in der Welt zu tun. Erinnere dich um unseretwillen an das größte Opfer, den Kiddusch Ha-Schem, die Heiligung deines Namens durch unser Leben.

„Ewiger, unser Gott, nimm voller Liebe und Wohlgefallen Israels Brandopfer und Gebete an." Was sind die Brandopfer? – Die Märtyrer der jüdischen Geschichte, sie sind die Brandopfer Israels, denn es heißt: „Denke daran, Jakob, und du Israel, dass du mein Knecht bist. Ich habe dich geschaffen. Du bist mein Knecht. Israel, ich vergesse dich nicht!"

(Jes 44,21)

Der Gottesdienst wird auf der gegenüberliegenden Seite fortgesetzt.

Nimm doch wahr ihren Schrei, wie den lieblichen Duft.
Gott, denn du bewahrst Gnade bis in die tausendste Generation.

(Ex 34,7)

Israel, deine Knechte und Mägde, sie verlassen sich auf dich;
sie wenden sich an dein Erbarmen und auf deine Hilfe hoffen sie.

Nimm doch wahr ihren Schrei, wie Brand- und Trankopfer.
Gott, denn du bewahrst Gnade bis in die tausendste Generation.

(Ex 34,7)

Israel, deine Knechte und Mägde, sie sind beunruhigt und bestürzt,
wegen ihrer vielen Verfehlungen rufen sie in Furcht und Schrecken.

Nimm doch wahr ihren Schrei, wie Opfergaben und Opfermahle.
Gott, denn du bewahrst Gnade bis in die tausendste Generation.

(Ex 34,7)

Israel, deine Knechte und Mägde, sie seufzen und sie stöhnen;
sie vertrauen auf deine Güte, wenn sie ohne gute Werke vor dir stehen.

Nimm doch wahr ihren Schrei, wie die Brote und Opferkuchen.
Gott, denn du bewahrst Gnade bis in die tausendste Generation.

(Ex 34,7)

Der Gottesdienst wird auf der gegenüberliegenden Seite fortgesetzt.

Fortsetzung von S. 518:

Wir erinnern uns an die zehn Märtyrer aus der Zeit der römischen Verfolgung, die gestorben sind, um die Thora zu bewahren. Möge jeder von ihnen als ein Zeuge für alle die stehen, die wir hier nicht mit Namen nennen können, und für alle die, deren Namen mit ihnen starben.

Schim'on ben Gamliël	שִׁמְעוֹן בֶּן גַּמְלִיאֵל
Jischmaël, der Hohe Priester	יִשְׁמָעֵאל כֹּהֵן גָּדוֹל
Akiwa ben Josef	עֲקִיבָא בֶּן יוֹסֵף
Chananja ben Teradjon	חֲנַנְיָא בֶּן תְּרַדְיוֹן
Chuzpit, der Übersetzer	חוּצְפִּית הַמְּתֻרְגְּמָן
El'azar ben Schamu'a	אֶלְעָזָר בֶּן שַׁמּוּעַ

Chanina ben Chachinai	חֲנִינָא בֶּן חֲכִינַאי
Jeschewaw, der Gelehrte	יְשֵׁבָב הַסּוֹפֵר
Jehuda ben Dama	יְהוּדָה בֶּן דָּמָה
Jehuda ben Bawa	יְהוּדָה בֶּן בָּבָא

אֵלֶּה אֶזְכְּרָה וְנַפְשִׁי עָלַי אֶשְׁפְּכָה.
כִּי בְלָעוּנוּ זֵדִים כְּעוּגָה בְּלִי הֲפוּכָה:
זֹאת קְרָאַתְנוּ וְסִפַּרְנוּ בְשִׁנּוּן.
וְשָׁפַכְנוּ לֵב שָׁפוּל וְאָנוּן:
מִמָּרוֹם הַסְכֵּת תַּחֲנוּן:
יְיָ יְיָ אֵל רַחוּם וְחַנּוּן:

Dieses will ich gedenken
und ausschütten meine Seele in mir. *(Ps 42, 5)*
Denn Übermütige verzehrten uns
wie einen Brotlaib, den keiner gewendet. *(Hos 7,8f)*
Dies ist uns geschehen,
erzählend prägen wir es uns ein *(Dtn 6,7)*
und schütten aus das gepeinigte und gedemütigte Herz. *(Ps 62,9)*
Aus der Höhe vernimm das Gebet,
Ewiger, Ewiger, Gott, barmherzig und gnädig. *(Ex 34,6)*

DAS MARTYRIUM RABBI AKIWAS

Als man Rabbi Akiwa zur Hinrichtung führte – es war gerade die Zeit des Schma-Lesens – zerfurchte man sein Fleisch mit eisernen Kämmen. Da nahm er das Joch der Gottesherrschaft auf sich. Seine Schüler sprachen: Unser Meister, auch jetzt! Er erwiderte ihnen: „Mein ganzes Leben lang war ich über den Schriftvers betrübt: „mit deiner ganzen Seele“, das heißt „sogar wenn deine Seele genommen wird“. Ich dachte: Wann wird es mir je möglich sein, dies zu erfüllen? Und nun, wo es mir möglich ist, sollte ich es nicht erfüllen?“ Und er dehnte das Wort *ächad* – „einzig“ – so lange, dass ihn seine Seele bei *ächad* verließ. *(bBer 61b)*

Wenn ein Mensch die Entscheidung getroffen hat, für die Heiligung des Namens zu sterben, dann können die Menschen ihm alle erdenklichen Leiden zufügen, er wird empfindungslos bleiben. Dass dies tatsächlich so ist, zeigt die Tatsache, dass kein Mensch das Feuer berühren kann, ohne beim geringsten Kontakt aufzuschreien, selbst wenn er entschlossen war, seinen Schrei zu unterdrücken. Aber wir alle wissen, dass Märtyrer nicht schreien.

(Aus den Responsen des Meïr von Rothenburg, der als Gefangener starb, weil er es um der Schwierigkeiten willen, die er der Gemeinde bereitet hätte, abgelehnt hatte, freigekauft zu werden.)

DAS GEBET VON MÄRTYRERN

בָּרוּךְ אַתָּה יְיָ אֱלֹהֵינוּ מֶלֶךְ הָעוֹלָם. אֲשֶׁר קִדְּשָׁנוּ
בְּמִצְוֹתָיו וְצִוָּנוּ לְאַהֲבָה אֶת־שִׁמְךָ הַגָּדוֹל וְהַנּוֹרָא אֲשֶׁר הָיָה
הוֹוֶה וְיִהְיֶה בְּכָל־לְבָבֵנוּ וּבְכָל־נַפְשֵׁנוּ וּלְקַדֵּשׁ אֶת־שִׁמְךָ בָּרַבִּים
בָּרוּךְ אַתָּה יְיָ הַמְקַדֵּשׁ אֶת־שְׁמוֹ בָּרַבִּים:

Gepriesen seist du, Ewiger, unser Gott; du regierst die Welt. Du hast uns durch deine Gebote geheiligt und hast uns aufgetragen, deinen Namen zu lieben, der groß ist und dem Ehrfucht gebührt, der war und der ist und der sein wird – in unseren Herzen und in allen Seelen. Du hast uns aufgetragen, deinen Namen in der Öffentlichkeit zu heiligen. Gepriesen seist du, Ewiger. Die Heiligkeit deines Namens wird in der Öffentlichkeit bekannt.

Wir stehen vor dem tiefsten Geheimnis dieses Versöhnungstages, wir stehen an der Schwelle zwischen Leben und Tod. Denn gegen unseren Willen wurden wir geboren, gegen unseren Willen leben wir, gegen unseren Willen werden wir sterben. Dann werden wir gegen unseren Willen Rechenschaft ablegen müssen vor Gott – Gott hat die höchste Macht und Gottes Heiligkeit sei gepriesen! *(vgl. Sprüche der Väter 4,29)*

Gott, viele Leidensgeschichten werden uns in Erinnerung gerufen. Leid erfüllt uns, während wir der Leiden der Vergangenheit und der Leiden unserer eigenen Zeit gedenken. Hilf uns, die richtigen Lehren daraus zu ziehen. Lass uns aus den Leidensgeschichten lernen, wie wir unser Leben führen können und wie unsere Großzügigkeit wachsen kann. Lass sie uns nicht in Dunkelheit und Verzweiflung treiben.

וְלֹא כָל־אָהוּב אָהוּב
וְלֹא כָל־שָׂנאוּי שָׂנאוּי
יֵשׁ שְׂנוּאִים בְּמַטָּה וַאֲהוּבִים בְּמַעְלָה
שְׂנְאָתֵנוּ כִּי אֲהַבְנוּךָ. קָדוֹשׁ:

Nicht alle, die beliebt sind, sind geliebt.
Nicht alle, die verhasst sind, sind gehasst.
Einige sind von Menschen gehasst und von Gott geliebt.
Verhasste sind wir, denn wir lieben dich, heiliger Gott.

(Jannai)

Einer oder mehrere der folgenden fünf Abschnitte über das Martyrium unserer eigenen Zeit können hier gelesen werden.

I GOTT IM LICHT

Einige sahen ein Licht in der Dunkelheit, das jenseits unseres Blickfeldes liegt, und ihr Leben und Tod wurde verwandelt. Gewöhnliche Leute sahen dieses Licht, und es machte sie außergewöhnlich. Menschen, von denen wir es nicht erwartet hätten, traten auf und bezeugten dieses Licht und seine Reinheit. Sie selbst wurden zu einem Licht für andere und sind es auch heute für uns. „Licht ist für die Gerechten ausgesät."

(Ps 97,11)

Einer der beiden oder beide folgenden Abschnitte können hier gelesen werden:

„Mit dem vollen Gewicht meiner Autorität als euer Rabbiner befehle ich euch, mich hier zu verlassen. Ihr müsst fliehen und euch retten. Gebt Acht auf eure Körper und auf eure Seelen. Bringt euer Leben nicht unnötig in Gefahr wegen des Blitzstrahls, der von außen einschlägt, aber denkt auch nicht nur einen flüchtigen Moment lang, dass ihr euer Leben opfern müsstet um innerer, geistlicher Werte willen. Ich bitte euch und beschwöre euch, dass ihr stets all jener aus unserem Volk gedenkt, die der Hand der Mörder zum Opfer fielen. Es ist nicht Sache von Menschen, darüber zu urteilen, wer von ihnen heilig ist und wer nicht. Jeder Mensch, der von den Bösen abgeschlachtet wurde, ist als heilig anzusehen. Meine lieben Studierenden, behaltet das Nehardea Litauens, die Jeschiwe von Slabodka, stets in Erinnerung. Und wenn wieder Sicherheit und Ruhe in der Welt eingekehrt sind, werdet nicht müde, den Ruhm, die Weisheit, die Thora und die litauischen Lehren weiterzugeben, dieses schöne und ethische Leben, das die Juden hier lebten. Werdet nicht verbittert durch die Klagen und Tränen. Redet mit Ruhe und Gelassenheit über diese Dinge, so wie es unsere Weisen in dem Midrasch *Echa Rabbati* getan haben und handelt so, wie es unsere heiligen Gelehrten getan haben: Lasst eure Worte strömen und druckt sie als Buchstaben ab. Das ist die größte Vergeltung, die ihr an diesen bösen Menschen übten könnt. Trotz des wütenden Zorns unserer Feinde werden die heiligen Seelen unserer Brüder und Schwestern dann lebendig bleiben. Diese Bösen planten, ihre Namen von der Erdoberfläche zu vertilgen, aber Menschen können Buchstaben nicht vernichten. Denn Worte haben Flügel. Sie erheben sich zur himmlischen Höhe und bleiben bis in Ewigkeit.

(Rabbi Nahum Janchiker – die letzte Mahnpredigt in der Musar-Jeschiwe in Slabodka, Kovno, wenige Augenblicke vor der deutschen Invasion.)

Das ist das Schwierige in dieser Zeit, Ideale, Träume, schöne Erwartungen kommen noch nicht auf oder sie werden durch die grauenhafteste Wirklichkeit getroffen und so vollständig zerstört. Es ist ein großes Wunder daß ich nicht all meine Erwartungen aufgegeben habe, denn sie scheinen absurd und unausführbar. Trotzdem halte ich sie fest, trotz allem weil ich noch immer an die innere Güte der Menschen glaube.

Es ist mit zum einen unmöglich alles aufzubauen auf der Basis von Tod, Elend und Verwirrung, ich sehe wie die Welt langsam immer mehr in eine Wüste verwandelt wird, ich höre den anrollenden Donner immer lauter der auch uns töten wird, ich fühle das Leid von Millionen Menschen mit und doch wenn ich zum Himmel schaue, denke ich daß dies alles sich wieder zum Guten wenden wird, daß auch diese Härte aufhören wird, daß wieder Ruhe und Frieden in die Weltordnung kommen wird. Inzwischen muß ich meine Vorstellungen hoch und trocken halten, in den Zeiten die kommen, sind sie vielleicht doch noch auszuführen! *(Anne Frank, Samstag 15, Juli 1944)*

Einer der beiden oder beide folgenden Abschnitte können hier gelesen oder gesungen werden:

אֵלֶּה אֶזְכְּרָה וְנַפְשִׁי עָלַי אֶשְׁפְּכָה.
כִּי בְלָעוּנוּ זֵדִים כְּעוּגָה בְּלִי הֲפוּכָה:
זֹאת קְרָאַתְנוּ וְסִפַּרְנוּ בְּשִׁנּוּן.
וְשָׁפַכְנוּ לֵב שָׁפוּל וְאָנוּן:
מִמָּרוֹם הַסְכֵּת תַּחֲנוּן:
יְיָ יְיָ אֵל רַחוּם וְחַנּוּן:

Dieses will ich gedenken
und ausschütten meine Seele in mir. *(Ps 42, 5)*
Denn Übermütige verzehrten uns
wie einen Brotlaib, den keiner gewendet. *(Hos 7,8f)*
Dies ist uns geschehen,

erzählend prägen wir es uns ein *(Dtn 6,7)*
und schütten aus das gepeinigte und gedemütigte Herz. *(Ps 62,9)*
Aus der Höhe vernimm das Gebet,
Ewiger, Ewiger, Gott, barmherzig und gnädig. *(Ex 34,6)*

בְּיָדוֹ אַפְקִיד רוּחִי. בְּעֵת אִישַׁן וְאָעִירָה:
וְעִם רוּחִי גְּוִיָּתִי. אֲדֹנָי לִי וְלֹא אִירָא:

Mein Geist birgt sich in deiner Hand,
stets, sei ich schla- fend oder wach.
Und auch mein Leib birgt sich in dir.
ich fürcht mich nicht, du bist bei mir.

Der Gottesdienst kann mit weiteren der folgenden Abschnitte fortgesetzt werden oder mit ansche emuna *auf S. 532f.*

II GOTT IN DER DUNKELHEIT

Einige sahen keinen Sinn, der ihnen eingeleuchtet hätte, und konnten nur vertrauen. Gott erschien ihnen in der Dunkelheit ihres Glaubens, nicht in Übereinstimmung mit dem Licht ihres Verstandes. Und doch fanden sie die Kraft, der Dunkelheit und dem Vertrauen zu begegnen. Wir sehen das Licht, zu dem solche Leute geworden sind und ihr Glaube erleuchtet uns, obwohl sie das Licht in sich selbst nicht gesehen haben.

Einer der beiden oder beide folgenden Abschnitte können hier gelesen werden:

In der Tat gibt es kein Gebiet unseres Daseins, auf dem das Schicksal seine Furchen nicht tief in unser Leben eingegraben hätte. Wir sprechen nicht von dem Wegfall an äußerem Ansehen, auch nicht von der Trennung von altgewohnten und liebgewordenen Tätigkeiten, die viele ein neues Leben beginnen heißt. Sondern wir fühlen, dass wir, wie seit langem keine Generation vor uns, dem Schicksal nackt gegenüberstehen. Nichts ist für uns mehr sicher; der Boden, auf dem unsere Füße stehen, ist ins Wanken geraten, und noch ist für die meisten von uns ungewiß, auf welchem Teil der Erdoberfläche sie einen neuen festen Halt finden werden. …

Da überkommt manchen von uns die Furcht, dass das Leben unbegreiflich mit ihm spiele, und verwirrt beginnt er selbst, sein Leben gering zu achten. Über all diesem aber steht als Schlimmstes die innere

Unruhe, die sich vieler unserer Menschen bemächtigt hat, jene Furcht vor dem Morgen, die sie das Heute nicht ertragen lässt. Wie Mühlräder kreisen in ihrem Hirn immer wieder die gleichen Sorgen und Gedanken, Nerven zermürbend und Kräfte zerstörend. Es scheint, als solle sich an ihnen der furchtbarste Fluch erfüllen, den die Bibel auszusprechen weiß: „Am Morgen sollst du sprechen: wäre es nur erst Abend – und am Abend, wäre es nur erst Morgen!“ …

Nackt stehen wir vor dem Schickal. Aber dadurch sind wir nicht nur von manchen bisherigen Hifsmitteln frei, sondern auch frei von dem Ballast der Vorurteile, Gewohnheiten und Konventionen, die unser Blickfeld verengten. Wir wollen uns der Situation nicht verschließen, und wir wollen uns auch keinem unverpflichtenden Fatalismus hingeben. Aber wir wollen unser Leben lieben, weil, nicht obgleich es sich uns in seiner ganzen elementaren Kraft offenbart hat.

Mit solchen Empfindungen bereiten wir uns auf die Hohen Tage unseres Jahres vor.

(Der Morgen 14 (1938), S. 222-224
– einer der letzten Artikel, der in einer jüdischen Zeitschrift
in Deutschland kurz vor dem Zweiten Weltkrieg veröffentlich wurde.)

Ich habe diese Lektion über den Glauben nicht in einem theologischen Seminar gelernt – das kam viel später – sondern in einem elenden, kleinen Konzentrationslager in Schlesien, das groteskerweise „Liebe-Rose“ genannt wurde. Es war in dem kalten Winter 1944, und obwohl wir keinerlei Kalender hatten, holte mein Vater, der dort mein Mitgefangener war, mich und einige unserer Freunde in eine Ecke in der Baracke. Er verkündigte, es sei der Abend von Chanukka. Er holte eine etwas merkwürdig geformte Tonschale hervor und begann, einen Docht anzuzünden, der in seiner kostbaren, nun geschmolzenen Margarine-Ration lag. Bevor er den Segen sprechen konnte, protestierte ich gegen eine derartige Verschwendung von Lebensmitteln. Er schaute zu mir, dann zu der Lampe, und schließlich sagte er: „Du und ich, wir haben gesehen, dass es möglich ist, bis zu drei Wochen ohne Nahrung zu leben. Einmal haben wir fast drei Tage ohne Wasser gelebt. Aber du kannst keine drei Minuten lang ohne Hoffnung leben!“

(Hugo Gryn)

Einer der beiden oder beide folgenden Abschnitte können hier gelesen oder gesungen werden:

אֵלֶּה אֶזְכְּרָה וְנַפְשִׁי עָלַי אֶשְׁפְּכָה.
כִּי בְלָעוּנוּ זֵדִים כְּעוּגָה בְּלִי הֲפוּכָה:
זֹאת קְרָאַתְנוּ וְסִפַּרְנוּ בְּשִׁנּוּן.

וְשָׁפְכֵנוּ לֵב שָׁפוּל וְאָנוּן:
מִמָּרוֹם הַסְכֵּת תַּחֲנוּן:
יְיָ יְיָ אֵל רַחוּם וְחַנּוּן:

Dieses will ich gedenken
und ausschütten meine Seele in mir. *(Ps 42, 5)*
Denn Übermütige verzehrten uns
wie einen Brotlaib, den keiner gewendet. *(Hos 7,8f)*
Dies ist uns geschehen,
erzählend prägen wir es uns ein *(Dtn 6,7)*
und schütten aus das gepeinigte und gedemütigte Herz. *(Ps 62,9)*
Aus der Höhe vernimm das Gebet,
Ewiger, Ewiger, Gott, barmherzig und gnädig. *(Ex 34,6)*

אֲנִי מַאֲמִין בֶּאֱמוּנָה שְׁלֵמָה בְּבִיאַת הַמָּשִׁיחַ. וְאַף עַל־פִּי שֶׁיִּתְמַהְמֵהַּ עִם כָּל־זֶה אֲחַכֶּה־לוֹ בְּכָל־יוֹם שֶׁיָּבֹא:

Ich glaube daran und bin fest überzeugt,
dass sie kommt, die messianische Zeit.
Selbst wenn ihr Kommen sich verzögert,
warte ich auf sie und mache mich für sie bereit.

Der Gottesdienst kann mit weiteren der folgenden Abschnitte fortgesetzt werden oder mit ansche emuna *auf S. 532f.*

III DIE TREUE ZEUGENSCHAFT

Wir erinnern uns an die, die ihrer Illusionen und falschen Hoffnungen beraubt wurden, und die versucht haben, an der Wahrheit festzuhalten, die sie bezeugt haben, und sie treu zu berichten. Sie sahen die Tiefen, sie kannten den Schrecken, aber sie suchten keine Zuflucht in einem Trost, der zu billig war. Wir ehren sie, deine treuen Zeuginnen und Zeugen, die für uns das Buch ihres Lebens und ihrer Zeit geschrieben haben mit Worten, die nicht lügen.

Einer der beiden oder beide folgenden Abschnitte können hier gelesen werden:

Einige meiner Freunde und Bekannten, die das Geheimnis meines Tagebuches kennen, drängen mich in ihrer Verzweiflung, mit dem Schreiben aufzuhören. „Warum? Zu welchem Zweck? Wirst du seine Veröffentlichung erleben? Werden diese deine Worte spätere Generationen je erreichen? Wie? Wenn du deportiert wirst, kannst du es nicht mitnehmen, weil die Nazis jede deiner Bewegungen beobachten. Und selbst wenn es dir gelingt, das Tagebuch zu verstecken, wenn du Warschau verlässt, wirst du zweifellos auf dem Weg sterben, denn deine Kräfte lassen nach. Und wenn du nicht an Erschöpfung stirbst, dann durch das Nazischwert. Denn nicht einem einzigen Deportierten wird es gelingen, bis zum Ende des Krieges durchzuhalten."

Doch trotzdem weigere ich mich, auf sie zu hören. Ich fühle, dass die Fortsetzung dieses Tagebuches bis zum Ende meiner körperlichen und geistigen Kraft ein historischer Auftrag ist, den ich nicht aufgeben darf. Mein Verstand ist noch klar, mein Bedürfnis zu berichten ungestillt, obwohl seit fünf Tagen keine vernünftige Nahrung mehr über meine Lippen gekommen ist. Darum will ich mein Tagebuch nicht verstummen lassen.

(Chaim Kaplan, Tagebucheintrag vom 26. Juli 1942)

Lasst uns still sein, so still wie die leeren Häuser in den leeren Straßen unseres Ghettos. In dieser alles beherrschenden Stille liegt die Kraft und die Tiefe unseres Schmerzes und das Seufzen, das eines Tages das Gewissen der Welt erschüttern wird. …

Eine Gruppe von Ärzten, die selbst ständig unter dem Hunger litt, entschied sich, die Wirklichkeit ihres alltäglichen grauenhaften Lebens zu ihrem Forschungsobjekt zu machen. Die schrecklichen Bedingungen außer Acht lassend, die für den Fortschritt der Arbeit völlig ungeeignet waren, arbeiteten alle diese Ärzte mit äußerster Hingabe und Leidenschaft. Die Krankenhäuser waren in provisorischen Gebäuden eingerichtet, die für diesen Zweck völlig ungeeignet waren, und der Mangel an Apparaten, Chemikalien und anderen Utensilien erschwerte die Forschung. Viele unserer ärztlichen Kollegen litten selbst an Hunger. Trotzdem unterbrach niemand seine Arbeit, und still, bescheiden, ohne irgendwelche Werbung, wurde die Arbeit getan. In fünf Monaten wurde ein Material gesammelt, für das man unter normalen Umständen ein ganzen Jahr gebraucht hätte. Es war, als wüssten wir alle im Unterbewusstsein, dass die Arbeit jede Minute unterbrochen werden könnte. …

Diese Arbeit wird nun veröffentlicht. Es ist eine „unvollendete Symphonie", reich an Bedeutung, geschrieben von jüdischen Ärzten im Jahr 1942. Ein Detail sollte nicht übergangen werden: Die Arbeit an dem Manuskript geschah in einem nichtzerstörten Raum eines Friedhofgebäudes. Dies ist das Symbol unserer Lebens- und Arbeitsumstände. …

Einige Worte, um euch, ihr jüdischen Ärzte, zu ehren. Was habe ich euch zu sagen, meinen lieben Kollegen und Leidensgenossen? Ihr seid ein Teil von uns allen. Versklavung, Hunger, Deportation, jene Todesgestalten in unserem Ghetto, sie sind auch euer Vermächtnis. Und ihr konntet durch eure Arbeit dem Henker die Antwort geben: *Non omnis moriar* – „Ich werde nicht gänzlich sterben".

(Dr. Israel Milejkowski,
Vorsitzender der Abteilung für öffentliche Gesundheit
der Jüdischen Selbstverwaltung in Warschau, Oktober 1942)

Einer der beiden oder beide folgenden Abschnitte können hier gelesen oder gesungen werden:

אֵלֶּה אֶזְכְּרָה וְנַפְשִׁי עָלַי אֶשְׁפְּכָה.
כִּי בְלָעוּנוּ זֵדִים כְּעוּגָה בְּלִי הֲפוּכָה:
זֹאת קְרָאַתְנוּ וְסִפַּרְנוּ בְּשִׁנּוּן.
וְשָׁפַכְנוּ לֵב שָׁפוּל וְאָנוּן:
מִמָּרוֹם הַסְכֵּת תַּחֲנוּן
יְיָ יְיָ אֵל רַחוּם וְחַנּוּן:

Dieses will ich gedenken
und ausschütten meine Seele in mir. *(Ps 42, 5)*
Denn Übermütige verzehrten uns
wie einen Brotlaib, den keiner gewendet. *(Hos 7,8f)*
Dies ist uns geschehen,
erzählend prägen wir es uns ein *(Dtn 6,7)*
und schütten aus das gepeinigte und gedemütigte Herz. *(Ps 62,9)*
Aus der Höhe vernimm das Gebet,
Ewiger, Ewiger, Gott, barmherzig und gnädig. *(Ex 34,6)*

כִּי עוֹד נַפְשִׁי דְרוֹר שׁוֹאֶפֶת.
לֹא מְכַרְתִּיהָ לְעֵגֶל־פָּז.
כִּי עוֹד אַאֲמִין גַּם בָּאָדָם.
גַּם בְּרוּחוֹ. רוּחַ עָז:

Denn immer noch strebt meine Seele nach Freiheit, ich habe sie noch nicht an das goldene Kalb verkauft. Denn immer noch glaube ich an den Menschen, an seinen Geist, seinen starken Verstand.

Der Gottesdienst kann mit weiteren der folgenden Abschnitte fortgesetzt werden oder mit ansche emuna *auf S. 532f.*

IV DIE EHRLICHE FRAGE

Wir denken an die, die kein Licht sahen, die sich zu keinem Glauben bekannten und keine Antworten fanden. Wie sie sind wir allein gelassen mit unseren Fragen, denn in diesem Leben werden wir den Lohn für die Gerechten nicht sehen.

Einer der beiden oder beide folgenden Abschnitte können hier gelesen werden:

Der Krieg ist vorüber, die Menschen haben eine Menge zerbombter Gebäude gesehen. Sie empfinden in ihren eigenen Häusern nun nicht mehr jene Sicherheit und Wärme, die sie früher empfunden hatten. Es ist etwas geschehen, und sie kommen darüber nicht hinweg. Selbst im Laufe vieler Jahre werden sie nicht darüber hinwegkommen. Wir haben wieder Lampen auf unseren Tischen und Blumenvasen und die Bilder von denen, die wir lieben, aber wir glauben nicht mehr an diese Dinge, weil wir sie einst aufgeben mussten ohne gewarnt zu werden oder weil wir sinnlos in den Trümmern nach ihnen suchen mussten. …
Wenn du dies einmal durchgemacht hast, wird die Erfahrung des Bösen niemals in Vergessenheit geraten. Alle, die zerbombte Häuser gesehen haben, wissen es allzugut, wie zerbrechlich Blumenvasen und Gemälde und saubere weiße Wände sind. … Aber wir sind nicht schutzlos gegen diese Furcht. Wir haben eine Tapferkeit und eine Widerstandsfähigkeit, die andere vor uns nicht gekannt haben. … Wir sind gezwungen, weiter zu gehen und eine innere Ruhe zu finden, die sich nicht auf Teppichen und Blumenvasen gründet. …

Wer von uns würde nicht gerne seinen Kopf irgendwo hinlegen, wer wünschte sich nicht eine kuschelig warme, gemütliche Ecke, in die er hineinkriechen könnte. Aber es gibt keinen Frieden für die Menschenkinder. Wer von uns hat noch nicht das eine oder andere Mal davon geträumt, sich auf etwas Weichem und Bequemen zu betten, sich beruhigt zu fühlen und im Besitz einer gewissen Sicherheit zu sein, des einen oder anderen Glaubens, und Ruhe zu haben. Nun aber sind all die alten Sicherheiten zerschmettert worden, und der Glaube war nie nur ein Ruheplatz. … Doch wir sind an diese unsere Ängste gebunden und tief im Innern glücklich über unser menschliches Schicksal.

(Natalia Ginzburg; Turin 1946)

Als eine Überlebende kann ich bezeugen, dass viele von denen, die überlebt haben, mit eingezogenen Antennen durch die Welt des Konzentrationslagers gegangen sind, getrennt von der Wahrheit, von der Wirklichkeit, vom normalen Menschsein und den menschlichen Werten. Dies alles hat man durch andere Regeln und andere Rituale ersetzt, die jetzt vielleicht verrückt erscheinen oder pervertiert. Um zu überleben, hatte man nur die Wahl, seine Menschlichkeit zu verlieren oder eine neue zu erfinden; seine Würde zu verlieren oder neue Symbole zu finden, um sie zu bewahren. Man machte weiter, indem man sofort vergaß, was einem am Tag zuvor angetan worden war oder was man selbst getan hatte, nur um fähig zu sein, den nächsten Sturm auszuhalten.

Das einzige, was von ihrem menschlichen Antlitz übrig geblieben war, war für viele ein Gefühl der Scham darüber, ein Leiden ertragen zu können, das andere nicht aushalten konnten; zu überleben, was andere nicht überlebten; von der ewigen Frage gequält zu werden: Überlebte man die anderen, weil man weniger sensibel war? Oder schlimmer: lebte man in irgendeiner Weise auf Kosten von dem Tod der anderen? Es gibt unter den Überlebenden kaum einen Menschen, der sich nicht, ausgesprochen oder unausgesprochen, von seinen getöteten Genossen verfolgt und verklagt fühlt, oder der nicht im tiefsten Innern seiner Seele fühlt, dass sein Leben im Angesicht des Todes nur eine kurze Gnadenfrist ist. In diesem Sinne ist man noch nicht in die Welt der Lebenden zurückgekehrt. Man wartet hier lediglich auf den letzten Ruf.

(Vera Elyashiv)

Einer der beiden oder beide folgenden Abschnitte können hier gelesen oder gesungen werden:

אֵלֶּה אֶזְכְּרָה וְנַפְשִׁי עָלַי אֶשְׁפְּכָה.
כִּי בְלָעוּנוּ זֵדִים כְּעוּגָה בְּלִי הֲפוּכָה:
זֹאת קְרָאַתְנוּ וְסִפַּרְנוּ בְּשִׁנּוּן.
וְשָׁפַכְנוּ לֵב שָׁפוּל וְאָנוּן:
מִמָּרוֹם הַסְכֵּת תַּחֲנוּן:
יְיָ יְיָ אֵל רַחוּם וְחַנּוּן:

Dies will ich gedenken
und ausschütten meine Seele in mir. *(Ps 42, 5)*
Denn Übermütige verzehrten uns
wie einen Brotlaib, den keiner gewendet. *(Hos 7,8f)*
Dies ist uns geschehen,
erzählend prägen wir es uns ein *(Dtn 6,7)*
und schütten aus das gepeinigte und gedemütigte Herz. *(Ps 62,9)*
Aus der Höhe vernimm das Gebet,
Ewiger, Ewiger, Gott, barmherzig und gnädig. *(Ex 34,6)*

כָּל־הָעוֹלָם כֻּלּוֹ גֶּשֶׁר צַר מְאֹד. וְהָעִקָּר לֹא לְפַחֵד כְּלָל:

Die ganze Welt ist eine sehr schmale Brücke.
Und es kommt darauf an, dass wir furchtlos sind.

(Nachman von Braclaw)

Der Gottesdienst kann mit dem folgenden Abschnitt fortgesetzt werden oder mit ansche emuna *auf S. 532f.*

V DIE WIRKLICHKEIT DES GLAUBENS

Gott, wir schauen zu dir, unserem wahren Zentrum und dem Zentrum von allem: den Siegen und Niederlagen unseres Lebens, unseren Erfolgen und unserem Versagen. Denn in dir allein können wir Befriedigung finden, und in dir allein findet die Schöpfung ihre Erfüllung. Wir legen unser Leiden in deine Hände – obwohl wir seinen Sinn nicht verstehen, möge es zum Guten dienen.

Einer der beiden oder beide folgenden Abschnitte können hier gelesen werden:

Gott, denke nicht nur an die Männer und Frauen guten Willens, sondern auch an die mit bösem Willen. Doch erinnere dich nicht an die Leiden, die sie uns zugefügt haben. Erinnere dich an die Früchte, die wir durch dieses Leiden gebracht haben, unsere Kameradschaft, unsere Loyalität, unsere Demut, unseren Mut, unsere Großzügigkeit, die Größe des Herzens, die daraus gewachsen ist. Und wenn sie zum Gericht kommen, lass alle Früchte, die wir hervorgebracht haben, ihre Vergebung sein.

(Gebet einer unbekannten Frau, gefunden auf einem Stück Einwickelpapier im Konzentrationslager Ravensbrück)

Ich glaube an die Sonne, auch wenn sie nicht scheint,
ich glaube an die Liebe, auch wenn ich sie nicht spür',
ich glaube an Gott, auch wenn er schweigt.

(Inschrift an der Wand einer Raums in Köln, in dem Jüdinnen und Juden vor den Nationalsozialisten versteckt wurden.)

Einer der beiden oder beide folgenden Abschnitte können hier gelesen oder gesungen werden:

אֵלֶּה אֶזְכְּרָה וְנַפְשִׁי עָלַי אֶשְׁפְּכָה.
כִּי בְלָעוּנוּ זֵדִים כְּעוּגָה בְּלִי הֲפוּכָה:
זֹאת קְרָאַתְנוּ וְסִפַּרְנוּ בְּשִׁנּוּן.
וְשָׁפַכְנוּ לֵב שָׁפוּל וְאָנוּן:

מִמָּרוֹם הַסְכֵּת תַּחֲנוּן:
יְיָ יְיָ אֵל רַחוּם וְחַנּוּן:

Dieses will ich gedenken
und ausschütten meine Seele in mir. *(Ps 42, 5)*
Denn Übermütige verzehrten uns
wie einen Brotlaib, den keiner gewendet. *(Hos 7,8f)*
Dies ist uns geschehen,
erzählend prägen wir es uns ein *(Dtn 6,7)*
und schütten aus das gepeinigte und gedemütigte Herz. *(Ps 62,9)*
Aus der Höhe vernimm das Gebet,
Ewiger, Ewiger, Gott, barmherzig und gnädig. *(Ex 34,6)*

Der Gottesdienst wird auf der gegenüberliegenden Seite fortgesetzt.

Der Gottesdienst wird hier fortgesetzt:

אנשי אמונה

אַנְשֵׁי אֱמוּנָה אָבָדוּ. בָּאִים בְּכֹחַ מַעֲשֵׂיהֶם:
גִּבּוֹרִים לַעֲמוֹד בַּפֶּרֶץ. דּוֹחִים אֶת־הַגְּזֵרוֹת:
הָיוּ לָנוּ לְחוֹמָה. וּלְמַחֲסֶה בְּיוֹם זָעַם:
זוֹעֲכִים אַף בְּלַחֲשָׁם. חֵמָה עָצְרוּ בְּשַׁוְעָם:
טֶרֶם קְרָאוּךָ עֲנִיתָם. יוֹדְעִים לַעֲתוֹר וּלְרַצּוֹת:
כְּאָב רִחַמְתָּ לְמַעֲנָם. לֹא הֱשִׁיבוֹתָ פְּנֵיהֶם רֵיקָם:
מֵרֹב עֲוֹנֵינוּ אָבַדְנוּם. נֶאֶסְפוּ מֶנּוּ בַּחֲטָאֵינוּ:
סַפּוּ גוֹדְרֵי גָדֵר. צָמְתוּ מְשִׁיבֵי חֵמָה:
קָמִים בַּפֶּרֶץ אַיִן. רְאוּיִם לְרַצּוֹתְךָ אָפֵסוּ:
שׁוֹטַטְנוּ בְּאַרְבַּע פִּנּוֹת. תְּרוּפָה לֹא מָצָאנוּ:
שַׁבְנוּ אֵלֶיךָ בְּבֹשֶׁת פָּנֵינוּ. לְחַלּוֹתְךָ אֵל בְּעֵת סְלִיחָתֵנוּ:

מִמַּעֲמַקִּים קְרָאתִיךָ יְהוָֹה:
אֲדֹנָי שִׁמְעָה בְקוֹלִי תִּהְיֶינָה אָזְנֶיךָ קַשֻּׁבוֹת לְקוֹל תַּחֲנוּנָי:
קִוִּיתִי יְהוָֹה קִוְּתָה נַפְשִׁי וְלִדְבָרוֹ הוֹחָלְתִּי:
נַפְשִׁי לַאדֹנָי מִשֹּׁמְרִים לַבֹּקֶר שֹׁמְרִים לַבֹּקֶר:

Aus den Tiefen rufe ich, Gott, zu dir.
Gott, höre meine Stimme!
Lass deine Ohren aufmerksam sein
auf die Stimme meines Flehens.
Ich hoffe auf Gott,
meine Seele hat Hoffnung.
Ich warte auf Gottes Wort.
Ich sehne mich nach Gott
mehr als Wächter am Morgen,
die das Morgenrot herbeisehnen.

(Ps 130, 1.5-6)

Der Gottesdienst wird hier fortgesetzt:

IM DIENST GOTTES

Die Menschen der Treue sind verschwunden,
die ihre Stärke in ihren guten Taten gefunden;
Sie besaßen die Kraft, um in die Bresche zu springen
und beschlossenes Unheil zum Schweigen zu bringen.
Sie umgaben uns wie schützende Mauern
als Zuflucht in Zeiten, wo der Zorn schien zu dauern;
Sie verlöschten den Zorn mit ihren Gesängen,
sie konnten den Grimm durch ihr Beten verdrängen.
Sie empfingen – eh sie riefen – die Antwort,
sie konnten beten, kannten das Vergebungswort.
Du hast sie mit Elternliebe geliebt
und sie nie leer von dir weggeschickt.
Verschwunden sind die, die Mauern gebildet;
vernichtet die, die den Zorn getilget.
Fort sind, die in der Bresche gestanden
und die deine Gunst zu suchen verstanden.
In allen Richtungen irren wir umher
und finden keine Heilmittel mehr.
In Demut kehren wir zurück zu dir,
um Vergebung zu suchen, jetzt und hier.

אֵל מֶֽלֶךְ יוֹשֵׁב עַל כִּסֵּא רַחֲמִים מִתְנַהֵג בַּחֲסִידוּת. מוֹחֵל עֲוֹנוֹת עַמּוֹ. מַרְבֶּה מְחִילָה לְחַטָּאִים וּסְלִיחָה לְפוֹשְׁעִים. עוֹשֶׂה צְדָקוֹת עִם כָּל־בָּשָׂר וְרוּחַ. לֹא כְרָעָתָם לָהֶם גּוֹמֵל: אֵל הוֹרֵֽתָנוּ מִדּוֹת טוּבְךָ וְרַחֲמֶֽיךָ. כַּכָּתוּב בְּתוֹרָתֶֽךָ. וַיֵּֽרֶד יְיָ בֶּעָנָן. וַיִּתְיַצֵּב עִמּוֹ שָׁם. וַיִּקְרָא בְשֵׁם יְיָ. וַיַּעֲבֹר יְיָ עַל פָּנָיו וַיִּקְרָא: **יְיָ יְיָ אֵל רַחוּם וְחַנּוּן. אֶֽרֶךְ אַפַּֽיִם וְרַב חֶֽסֶד וֶאֱמֶת: נֹצֵר חֶֽסֶד לָאֲלָפִים נֹשֵׂא עָוֹן וָפֶֽשַׁע וְחַטָּאָה וְנַקֵּה:**

DIE BARMHERZIGKEIT GOTTES

Gott, du regierst durch Barmherzigkeit; Liebe prägt alles, was du tust. Du verzeihst die Verkehrungen deines Volkes. Auf vielfältige Weise verzeihst du seine Verfehlungen und vergibst seine eigensüchtigen Taten. Alle Menschen lässt du deine aufrichtende Gerechtigkeit erfahren. Du handelst nicht an ihnen, wie es ihrer Boshaftigkeit entsprechen würde. Gott, du hast uns deine guten und barmherzigen Eigenschaften wissen lassen, denn in deiner Thora steht geschrieben: „Der Ewige kam in einer Wolke hinab und stellte sich neben ihn. Er rief den Namen des Ewigen an.
Und der Ewige zog an ihm vorüber, und er rief:
Der Ewige, der Ewige, Gott, barmherzig und gnädig, nachsichtig, von unendlicher Liebe und Treue; bewahrt Gnade bis in die tausendste Generation, vergibt Verkehrung, Eigensüchtigkeit und Verfehlung und befreit.“ *(Ex 34,5-7)*

Deine Gedanken, Gott, sind nicht unsere Gedanken, und deine Wege sind nicht unsere Wege. Wir zittern über den Unterschied zwischen ihnen. Dein Erfolg ist nicht der Erfolg der Welt, und du kannst siegen, selbst wenn wir versagen. Was ist Erfolg in deinen Augen? Was ist dein Sieg in unsern Augen? Lass uns sehen, was wir gewonnen haben und was wir in deinen Augen verloren haben, denn du siehst die Wahrheit. Wir erinnern uns an den unbekannten Gottesknecht, dessen Schicksal an das Schicksal unseres Volkes erinnert:

הִנֵּה יַשְׂכִּיל עַבְדִּי יָרוּם וְנִשָּׂא וְגָבַהּ מְאֹד:
כַּאֲשֶׁר שָׁמְמוּ עָלֶיךָ רַבִּים
כֵּן־מִשְׁחַת מֵאִישׁ מַרְאֵהוּ וְתֹאֲרוֹ מִבְּנֵי אָדָם:
כֵּן יַזֶּה גּוֹיִם רַבִּים עָלָיו יִקְפְּצוּ מְלָכִים פִּיהֶם
כִּי אֲשֶׁר לֹא־סֻפַּר לָהֶם רָאוּ וַאֲשֶׁר לֹא־שָׁמְעוּ הִתְבּוֹנָנוּ:
מִי הֶאֱמִין לִשְׁמֻעָתֵנוּ וּזְרוֹעַ יְהוָה עַל־מִי נִגְלָתָה:
וַיַּעַל כַּיּוֹנֵק לְפָנָיו וְכַשֹּׁרֶשׁ מֵאֶרֶץ צִיָּה
לֹא־תֹאַר לוֹ וְלֹא הָדָר וְנִרְאֵהוּ וְלֹא־מַרְאֶה וְנֶחְמְדֵהוּ:
נִבְזֶה וַחֲדַל אִישִׁים אִישׁ מַכְאֹבוֹת וִידוּעַ חֹלִי
וּכְמַסְתֵּר פָּנִים מִמֶּנּוּ נִבְזֶה וְלֹא חֲשַׁבְנֻהוּ:
אָכֵן חֳלָיֵנוּ הוּא נָשָׂא וּמַכְאֹבֵינוּ סְבָלָם
וַאֲנַחְנוּ חֲשַׁבְנֻהוּ נָגוּעַ מֻכֵּה אֱלֹהִים וּמְעֻנֶּה:
וְהוּא מְחֹלָל מִפְּשָׁעֵינוּ מְדֻכָּא מֵעֲוֹנֹתֵינוּ
מוּסַר שְׁלוֹמֵנוּ עָלָיו וּבַחֲבֻרָתוֹ נִרְפָּא־לָנוּ:
כֻּלָּנוּ כַּצֹּאן תָּעִינוּ אִישׁ לְדַרְכּוֹ פָּנִינוּ
וַיהוָה הִפְגִּיעַ בּוֹ אֵת עֲוֹן כֻּלָּנוּ:
נִגַּשׂ וְהוּא נַעֲנֶה וְלֹא יִפְתַּח־פִּיו
כַּשֶּׂה לַטֶּבַח יוּבָל וּכְרָחֵל לִפְנֵי גֹזְזֶיהָ נֶאֱלָמָה
וְלֹא יִפְתַּח פִּיו:
מֵעֹצֶר וּמִמִּשְׁפָּט לֻקָּח וְאֶת־דּוֹרוֹ מִי יְשׂוֹחֵחַ
כִּי נִגְזַר מֵאֶרֶץ חַיִּים מִפֶּשַׁע עַמִּי נֶגַע לָמוֹ:
וַיִּתֵּן אֶת־רְשָׁעִים קִבְרוֹ וְאֶת־עָשִׁיר בְּמֹתָיו

Seht, mein Knecht wird Erfolg haben,
er wird sich erheben, wird emporgehoben, ragt hoch.
So wie sich viele über ihn entsetzten,
weil seine Erscheinung so unmenschlich entstellt,
seine Gestalt nicht mehr die eines Menschen war,
so wird er viele Völker ins Staunen bringen,
Könige werden sprachlos sein über ihn.
Denn nie Erzähltes werden sie schauen,
und was sie nie gehört, das werden sie erfahren.
„Wer glaubte unserer Botschaft,
wem wurde Gottes Macht offenbar?
Wie ein Keimling spross er vor Gott empor,
wie eine Wurzel in einem dürren Land.
Er hatte keine Gestalt, wir sahen keine Pracht
und keine Erscheinung, die wir begehrt hätten.
Er war von den Menschen verachtet und gemieden,
ein Mann der Schmerzen und vertraut mit Krankheit.
Wie einer, der sein Gesicht vor uns verhüllen muss,
war er verachtet, und wir schätzten ihn nicht.
Doch unsere Kankheit ist's, die er getragen hat,
und unsere Schmerzen hat er erlitten.
Wir aber glaubten ihn gestraft,
von Gott geschlagen und erniedrigt.
Doch er wurde durch unsere eigensüchtigen Taten verwundet
und durch unsere Verkehrungen zermalmt.
Die Züchtigung traf ihn zu unserem Wohl,
und durch seine Striemen sind wir geheilt.
Wir alle irrten umher wie die Schafe,
ein jeder sah nur auf seinen Weg.
Der Ewige aber ließ ihn die Verkehrung von uns allen treffen.
Bedrängt war er und gedemütigt,
doch tat er seinen Mund nicht auf,
wie ein Schaf, das zur Schlachtbank geführt wird,
wie ein Mutterschaf, das vor seinen Scherern verstummt,
so tat er seinen Mund nicht auf.
Aus Haft und Gericht wurde er herausgenommen,
doch wer von seinen Zeitgenossen kam darüber zur Besinnung?
Ja, er wurde aus dem Lande der Lebendigen vertrieben,
die Eigensüchtigkeit meines Volkes traf ihn wie ein Schlag.
Bei den Ungerechten gab man ihm sein Grab,
bei dem Reichen seine Ruhestätte,

עַל לֹא־חָמָס עָשָׂה וְלֹא מִרְמָה בְּפִיו:
וַיהוָה חָפֵץ דַּכְּאוֹ הֶחֱלִי אִם־תָּשִׂים אָשָׁם נַפְשׁוֹ
יִרְאֶה זֶרַע יַאֲרִיךְ יָמִים וְחֵפֶץ יְהוָה בְּיָדוֹ יִצְלָח:
מֵעֲמַל נַפְשׁוֹ יִרְאֶה יִשְׂבָּע בְּדַעְתּוֹ
יַצְדִּיק צַדִּיק עַבְדִּי לָרַבִּים וַעֲוֹנֹתָם הוּא יִסְבֹּל:
לָכֵן אֲחַלֶּק־לוֹ בָרַבִּים וְאֶת־עֲצוּמִים יְחַלֵּק שָׁלָל.
תַּחַת אֲשֶׁר הֶעֱרָה לַמָּוֶת נַפְשׁוֹ וְאֶת־פֹּשְׁעִים
נִמְנָה וְהוּא חֵטְא־רַבִּים נָשָׂא וְלַפֹּשְׁעִים יַפְגִּיעַ:

תָּמַהְנוּ מֵרָעוֹת. תָּשַׁשׁ כֹּחֵנוּ מִצָּרוֹת: שַׁחְנוּ עַד לִמְאֹד. שָׁפַלְנוּ עַד עָפָר: רַחוּם כֵּן הִיא מִדָּתֵנוּ. קְשֵׁי עֹרֶף וּמַמְרִים אֲנַחְנוּ: צָעַקְנוּ בְּפִינוּ חָטָאנוּ. פְּתַלְתּוֹל וְעִקֵּשׁ לִבֵּנוּ: עֶלְיוֹן רַחֲמֶיךָ מֵעוֹלָם. סְלִיחָה עִמְּךָ הִיא: נִחָם עַל הָרָעָה. מְקוֹר הַטּוֹב וְהַחֶסֶד: לֹא תִתְעַלַּם בְּעִתּוֹת כָּאֵלֶּה. כִּי בְצָרָה גְדוֹלָה אֲנָחְנוּ:

אֲנִי הוּא הַשּׁוֹאֵל. בְּעַד בֵּית יִשְׂרָאֵל. וַאֲנִי אֶדְרֹשׁ אֶל אֵל. וְאָשִׂים דִּבְרָתִי:
בְּקִירוֹת הַלְּבָבוֹת. אַנְחוֹתַי רַבּוֹת. לְבָבִי אֵיךְ סַבּוֹת. לְאֵל צוּר יְשׁוּעָתִי:
גְּבוּרוֹתָיו הִפְלִיא. אֱלֹהִים יְיָ חֵילִי. וְעָשָׂה מִשְׁכָּן לִי. וְיָגַעְתִּי וּמָצָאתִי:
דְּבָרוֹ גַּם מִלָּא. אֱלֹהַי אֵשׁ אוֹכְלָה. וְהֶעֱלֵיתִי עוֹלָה. וְגַם שָׁעָה לְמִנְחָתִי:

obwohl er keinerlei Gewalt geübt
und kein Trug in seinem Mund gewesen.
Es war Gottes Wille, dass er mit Krankheit geschlagen wurde;
wenn er sich opfert, um Versöhnung mit Gott zu erlangen,
dann wird er Nachkommen haben und seine Tage verlängern,
und der Wille des Ewigen wird durch seine Hand gelingen."
„Nach der Pein seiner Seele wird er sich an Erkenntnis sättigen.
Durch seine Erfahrung wird mein Knecht, der Gerechte,
vielen zu Gerechtigkeit verhelfen,
ihre Verkehrungen hat er getragen.
Deshalb werde ich ihm seinen Anteil bei den Großen geben,
und mit den Mächtigen wird er Beute teilen,
denn er hat dem Tod sein Leben hingegossen
und war unter die gezählt, die sich gegen Gott auflehnen.
Er trug die Verfehlung von vielen,
und für die Eigensüchtigen ließ er sich treffen."

(Jes 52,13-53,12)

Fassungslos sind wir angesichts des Bösen. Unsere Kraft lässt nach angesichts der Not. Denn tief wurden wir gebeugt, tief sind wir erniedrigt. „Barmherzig" – das ist dein Name! Wir aber sind stur und widerspenstig. Unsere Münder sagen: Wir haben gesündigt! Unsere Herzen aber bleiben falsch und verkehrt. Gott in der Höhe, du bist barmherzig seit jeher. Bei dir ist Vergebung. Quelle aller Güte und Liebe, lass dich des Bösen gereuen! Verbirg dich nicht in Zeiten wie dieser, denn wir erleiden große Not!

Als jemand, der fragt, komme ich, und frage für das Haus Israel.
Ich wende mich suchend an Gott; vor Gott bringe ich meine Sache.

Bekümmert ist mein Herz durch das, was geschieht.
Wie kann es sich da an Gott wenden, den Fels, der meine Hilfe ist?

Gott hat wunderbare Taten getan. Gott, der Ewige, ist meine Kraft. Gott hat sich meinetwillen eine Wohnung bereitet. Wenn ich müde war, fand ich dort zur Ruh.

Die göttliche Verheißung hat Gott erfüllt. Mein Gott ist ein verzehrendes Feuer.
Gott ließ mein Brandopfer aufsteigen und nahm meine Gabe an.

Einst, als der Rauch des Opfers den Ort der Gegenwart Gottes bedeckte,

כְּכַסֵּה הַקְּטֹרֶת. פְּנֵי הַכַּפֹּרֶת. בְּקִרְבִּי תִּפְאֶרֶת. וְהוּרַמְתִּי וְהוּנָפְתִּי:

לְפָנִים הָיְתָה זֹאת. וְעַתָּה בְּרְגָזוֹת. לְלַעַג וּלְבִיזוֹת. אֲשֶׁר מַעֲשֵׂי קִפַּחְתִּי:

מְאֹד תָּרוּ עֵינָי. וְהִכְבַּדְתִּי אָזְנָי. צַדִּיק הוּא יְיָ. כִּי פִיהוּ מָרִיתִי:

נְלוֹזִים אָהַבְתִּי. וְצֶדֶק שָׂנֵאתִי. וּמַעֲשַׂי קִלְקַלְתִּי. הָרָעוֹתִי אֲשֶׁר עָשִׂיתִי:

סְלַח נָא לַעֲוֹנוֹת. אֱלֹהִים מִמְּעוֹנוֹת. רְאֵה נְפָשׁוֹת נַעֲנוֹת. וְהִנֵּה נָא זָקַנְתִּי:

עֲשֵׂה נָא נִפְלָאוֹת. אֱלֹהֵי הַצְּבָאוֹת. עֲנֵנִי נוֹרָאוֹת. וְאַל תֶּחֱרַשׁ לְדִמְעָתִי:

צְפֵה אֶל עֶלְבּוֹנִי. וְאַל נָא לַעֲוֹנִי. עֲשֵׂה אֵל דִּין עָנִי. וְאַל אֶרְאֶה בְּרָעָתִי:

רְאֵה גוֹאֲלִי מִכְיִי. שְׁמַע קוֹל בִּכְיִי. וְגַם תִּדְרֹשׁ דָּכְיִי. וְאַל תִּדְרֹשׁ לְחַטָּאתִי:

שְׁמַע קוֹל נְאוּמִי. וְתִדְרֹשׁ אֶת־שְׁלוֹמִי. וּמַה בֶּצַע בְּדָמִי. אֱלֵי שַׁחַת בְּרִדְתִּי:

תְּהִלָּתְךָ אֲסַפֵּר. וְחַטָּאתִי כַּפֵּר. דְּבָרֵי אַל תָּפֵר. וְתָקֵם נָא אֲלֻמָּתִי:

בִּנְךָ נִמְכַּר גְּאָלוֹ. וּבָרֵךְ אֶת־חֵילוֹ. וּמָתַי תֹּאמַר לוֹ. יָדַעְתִּי בְנִי יָדַעְתִּי:

רְאִיתִיךָ סוֹבֵל. בְּצָרוֹת מִתְחַבֵּל. שְׁמַעְתִּיךָ קוֹבֵל. וְגָאַלְתִּי וְהִצַּלְתִּי:

חֲזֵה אֶת־שִׁפְלוּתִי. וְרַחֵם עַל עֲדָתִי. וְאַל תַּעְלֵם אָזְנְךָ. לְרַוְחָתִי וּלְשַׁוְעָתִי:

erfüllte sich mein Inneres mit Glanz. Ich wurde aufgerichtet und ermutigt.

Früher pflegte es so zu sein. Jetzt aber ist die Zeit des Zorns.
Ich erfahre Spott und Verachtung, denn ich ließ es an guten Taten fehlen.

Ganz durchtränkt ist mein Auge, doch meine Ohren hören schwer.
Du, Ewiger, aber bist gerecht, denn ich war widerspenstig gegen dein Wort, und

Habe geliebt, was verkehrt war, das Richtige habe ich gehasst.
Meine Taten waren verdorben und böse war, was ich tat.

Ja, vergib die Verkehrungen, Gott im Himmel!
Sieh auf die bedrängten Seelen; sieh, wie sehr ich gealtert bin.

Kannst doch Wunder bewirken, du Gott aller Geschöpfe!
Erhöre mich durch machtvolle Taten. Schweige nicht zu meinen Tränen!

Lege deine Aufmerksamkeit auf die Verleumdung, die ich erfahre, nicht auf Verkehrung, die ich tat.
Schaffe dem Gedemütigten Recht! Sieh nicht auf meine Bosheit!

Mein gebeugtes Geschick sieh an! Höre mein lautes Weinen!
Beachte meine Zerbrochenheit. Beachte nicht meine Verfehlung.

O höre die Stimme meines Wortes. Bemühe dich um Frieden für mich!
Welchen Vorteil hätte mein Blut, das Klagen, wenn ich zur Grube fahre?

Preisend will ich deinem Ruhm erzählen. Schaffe Sühne für meine Verfehlung.
Lass mein Wort nicht umsonst sein. Richte meine Garbe auf.

Rette dein Kind, das verkauft ist. Segne es mit Kraft.
Wann endlich wirst du sprechen: „Ich weiß es, mein Kind! Ich weiß!

Siehe, ich habe gesehen, welche Lasten du trägst und in welcher Not du zugrunde gehst!
Ich habe dein Schreien um Hilfe gehört. Ich will dich erlösen und retten."

Schau, wie gedemütigt wir sind! Erbarme dich über meine Gemeinde.
Wende deine Ohren nicht ab von meiner Bitte und von meinem Gebet!

(Baruch ben Samuel aus Mainz)

Hier sollte eine Zeit gelassen werden für die stille Meditation und das stille Bekenntnis.

אֱלֹהֵינוּ וֵאלֹהֵי אֲבוֹתֵינוּ. סְלַח לָנוּ. מְחַל לָנוּ. כַּפֶּר לָנוּ:

כִּי אָנוּ עַמֶּךָ וְאַתָּה אֱלֹהֵינוּ: אָנוּ בָנֶיךָ וְאַתָּה אָבִינוּ:

אָנוּ עֲבָדֶיךָ וְאַתָּה אֲדוֹנֵנוּ: אָנוּ קְהָלֶךָ וְאַתָּה חֶלְקֵנוּ:

אָנוּ נַחֲלָתֶךָ וְאַתָּה גוֹרָלֵנוּ: אָנוּ צֹאנֶךָ וְאַתָּה רוֹעֵנוּ:

אָנוּ כַרְמֶךָ וְאַתָּה נוֹטְרֵנוּ: אָנוּ פְעֻלָּתֶךָ וְאַתָּה יוֹצְרֵנוּ:

אָנוּ רַעְיָתֶךָ וְאַתָּה דוֹדֵנוּ: אָנוּ סְגֻלָּתֶךָ וְאַתָּה קְרוֹבֵנוּ:

אָנוּ עַמֶּךָ וְאַתָּה מַלְכֵּנוּ: אָנוּ מַאֲמִירֶיךָ וְאַתָּה מַאֲמִירֵנוּ.

Der folgende Abschnitt oder derjenige auf der gegenüberliegenden Seite können hier gelesen werden.

Der Weg zum Leben ist dem Menschen gewiesen, und dieser Weg verliert sich nie, auch im Tode nicht, hört niemals auf, sein Weg zu sein. Die Richtung des Lebens, wie seine Tiefe, streckt sich über die Grenze des Erdendaseins hinaus. Über Anfang und Ende hin bleibt die Nähe Gottes, bleibt der ewige Grund und das ewige Ziel. Das Leben des Menschen ist mehr als die Daseinsenge hienieden. Sie mit allen ihren Mängeln und Schranken, ihren Nöten und Leiden ist, wie die alten Gleichnisse sagen, eine Stätte der „Vorbereitung“ nur, „eine Vorhalle“; sie ist „das Leben der Stunde“. Das wahre Leben ist „das ewige Leben“. Der

Hier sollte eine Zeit gelassen werden für die stille Meditation und das stille Bekenntnis.

Unser Gott und Gott unserer Vorfahren, vergib uns, verzeih uns, gib uns Versöhnung.

Denn wir sind dein Volk; du bist unser Gott.
Wir sind deine Kinder; du bist uns Vater und Mutter.
Wir sind deine Knechte und Mägde; du gebietest uns.
Wir sind deine Gemeinde; du bist unser Teil.
Wir sind dein Erbe; du bist unser Schicksal.
Wir sind deine Herde; du weidest uns.
Wir sind dein Weinberg; du pflegst uns.
Wir sind dein Werk; du hast uns geschaffen.
Wir sind die von dir Geliebten; du liebst uns.
Wir sind dein Eigentum; du bist uns nahe.
Wir sind dein Volk; du regierst über uns.
Wir bringen dich zu Ehren; du bringst uns zu Ehren.

(vgl. Schir Ha-Schirim Rabba 2,16)

Der folgende Abschnitt oder derjenige auf der gegenüberliegenden Seite können hier gelesen werden.

Dies ist unser Vermächtnis und dies ist unsere Erbschaft, um daraus das Beste zu machen, was wir können.
Möge das Leid unserer Geschichte unser Leben nicht verbittern. Möge es uns nicht in die Verzweiflung stürzen; möge es unsere Visionen nicht verbiegen und verzerren. Denn dann wären jene, die den Märtyrertod starben, umsonst gestorben. Und jene, die als sinnlose Opfer starben, hätten keine Erlösung. Mögen diese Opfer deutlich machen, dass Terror und Leiden von der Erde verschwinden werden. Mögen diese Märtyrer und Märtyrerinnen uns die Hoffnung auf das Leben geben, das keinen Tod kennt:

Mensch ist dazu bestimmt, anders als diese Welt zu sein, heilig zu sein. Als das Ebenbild Gottes gehört er dem anderen, dem höheren Leben an; er ist „ein Kind der kommenden Welt“. Als die Kraft, als die Wirklichkeit seines Daseins ist das Seelische, das Gute in ihn eingepflanzt, und dieses Wirkliche seines Lebens ist über Sterben und Untergang erhaben. Sein Leben bleibt Leben auch über den Tod hinaus.

(Leo Baeck)

Wir standen vor Gott am Tor zum Allerheiligsten und haben unsere Versöhnung gesucht, um wieder eins mit Gott zu sein. Nun beginnen wir unseren Weg zurück in die Welt, den Weg, der uns heimführen wird.

הַצְנֵעַ לֶכֶת עִם־אֱלֹהֶיךָ. פָּסוּק זֶה כָּתוּב מֵעַל לַשַּׁעַר שֶׁבּוֹ יוֹצְאִים מֵאוֹר הַתַּעֲלוּמוֹת הַמּוּפְלָא שֶׁל הַמִּקְדָּשׁ הָאֱלוֹהִי אֲשֶׁר בּוֹ לֹא יַעֲמוֹד אָדָם וָחָי: וְאֶל מַה נִּפְתָּחוֹת דַּלְתוֹת הַשַּׁעַר: הֲלֹא יָדַעְתָּ. **הַחַיִּים**

אבינו מלכנו

אָבִינוּ מַלְכֵּנוּ. חָטָאנוּ לְפָנֶיךָ:
אָבִינוּ מַלְכֵּנוּ. אֵין לָנוּ מֶלֶךְ זוּלָתֶךָ:
אָבִינוּ מַלְכֵּנוּ. עֲשֵׂה עִמָּנוּ לְמַעַן שְׁמֶךָ:
אָבִינוּ מַלְכֵּנוּ. חַדֵּשׁ עָלֵינוּ שָׁנָה טוֹבָה:
אָבִינוּ מַלְכֵּנוּ. כַּלֵּה דֶּבֶר וְחֶרֶב וְרָעָב וּשְׁבִי וּמַשְׁחִית וּמַגֵּפָה מִבְּנֵי בְרִיתֶךָ:
אָבִינוּ מַלְכֵּנוּ. בַּטֵּל מֵעָלֵינוּ כָּל־גְּזֵרוֹת קָשׁוֹת:
אָבִינוּ מַלְכֵּנוּ. שְׁלַח רְפוּאָה שְׁלֵמָה לְחוֹלֵי עַמֶּךָ:
אָבִינוּ מַלְכֵּנוּ. מְחַל לָנוּ וּסְלַח לְכָל־עֲוֹנוֹתֵינוּ:
אָבִינוּ מַלְכֵּנוּ. כָּתְבֵנוּ בְּסֵפֶר פַּרְנָסָה וְכַלְכָּלָה:
אָבִינוּ מַלְכֵּנוּ. זְכוֹר כִּי עָפָר אֲנָחְנוּ:
אָבִינוּ מַלְכֵּנוּ. זָכְרֵנוּ לְחַיִּים טוֹבִים:

Es gibt Sterne,
deren Licht die Erde erst dann erreicht,
wenn sie selbst längst zerfallen und verschwunden sind.
Es gibt Menschen,
deren strahlende Erinnerung die Welt erleuchtet,
nachdem sie von ihr gegangen sind.
Diese Lichter,
die in der dunkelsten Nacht scheinen,
sie sind es, die uns den Weg erleuchten.

(Hanna Senesh)

Wir standen vor Gott am Tor zum Allerheiligsten und haben unsere Versöhnung gesucht, um wieder eins mit Gott zu sein. Nun beginnen wir unseren Weg zurück in die Welt, den Weg, der uns heimführen wird.

Einfältig wandeln mit deinem Gott – die Worte stehen über dem Tor, dem Tor, das aus dem geheimnisvoll-wunderbaren Leuchten des göttlichen Heiligtums, darin kein Mensch leben bleiben kann, herausführt. Wohinaus aber öffnen sich die Flügel des Tors? Du weißt es nicht? **INS LEBEN.**

(Franz Rosenzweig)

UNSER VATER, UNSER KÖNIG

Unser Vater, unser König, wir haben uns vor dir verfehlt.
Unser Vater, unser König, niemand und nichts hat Macht über uns außer dir.
Unser Vater, unser König, handle an uns um deines Namens willen.
Unser Vater, unser König, lass das neue Jahr für uns ein gutes Jahr werden.
Unser Vater, unser König, wende Krankheit, Gewalt, Hunger, Gefangenschaft, zerstörerische Mächte und Verletzungen von uns ab.
Unser Vater, unser König, lass die Gesetze verschwinden, die andere benachteiligen.
Unser Vater, unser König, gib den Kranken deines Volks Genesung.
Unser Vater, unser König, verzeih uns und vergib alle unsere Verkehrungen.
Unser Vater, unser König, schreibe uns ein im Buch des guten Auskommens und des guten Lebensunterhaltes.
Unser Vater, unser König, denke daran, dass wir Staub sind.
Unser Vater, unser König, denke an uns, damit wir ein gutes Leben haben.

אָבִינוּ מַלְכֵּנוּ. כָּתְבֵנוּ בְּסֵפֶר גְּאֻלָּה וִישׁוּעָה:
אָבִינוּ מַלְכֵּנוּ. הָרֵם קֶרֶן יִשְׂרָאֵל עַמֶּךָ:
אָבִינוּ מַלְכֵּנוּ. הַחֲזִירֵנוּ בִּתְשׁוּבָה שְׁלֵמָה לְפָנֶיךָ:
אָבִינוּ מַלְכֵּנוּ. שְׁמַע קוֹלֵנוּ חוּס וְרַחֵם עָלֵינוּ:
אָבִינוּ מַלְכֵּנוּ. חֲמוֹל עָלֵינוּ וְעַל עוֹלָלֵינוּ וְטַפֵּינוּ:
אָבִינוּ מַלְכֵּנוּ. תְּהִי הַשָּׁעָה הַזֹּאת שְׁעַת רַחֲמִים
וְעֵת רָצוֹן מִלְּפָנֶיךָ:
אָבִינוּ מַלְכֵּנוּ. עֲשֵׂה לְמַעַן הֲרוּגִים עַל שֵׁם קָדְשֶׁךָ:
אָבִינוּ מַלְכֵּנוּ. אַל תְּשִׁיבֵנוּ רֵיקָם מִלְּפָנֶיךָ:
אָבִינוּ מַלְכֵּנוּ. חָנֵּנוּ וַעֲנֵנוּ. כִּי אֵין בָּנוּ מַעֲשִׂים.
עֲשֵׂה עִמָּנוּ צְדָקָה וָחֶסֶד וְהוֹשִׁיעֵנוּ:

כְּרַחֵם אָב עַל־בָּנִים רִחַם יְהוָֹה עַל־יְרֵאָיו:
כִּי־הוּא יָדַע יִצְרֵנוּ זָכוּר כִּי־עָפָר אֲנָחְנוּ:

היום תאמצנו

הַיּוֹם תְּאַמְּצֵנוּ.
הַיּוֹם תְּבָרְכֵנוּ.
הַיּוֹם תְּגַדְּלֵנוּ.
הַיּוֹם תִּדְרְשֵׁנוּ לְטוֹבָה.
הַיּוֹם תִּשְׁמַע שַׁוְעָתֵנוּ.
הַיּוֹם תְּטַהֲרֵנוּ מֵעֲוֹנֵינוּ.
הַיּוֹם תְּיַשֵּׁר כָּל אוֹרְחוֹתֵינוּ.
הַיּוֹם תְּקַבֵּל בְּרַחֲמִים וּבְרָצוֹן אֶת־תְּפִלָּתֵנוּ.
הַיּוֹם תִּתְמְכֵנוּ בִּימִין צִדְקֶךָ.
הַיּוֹם תִּזְכְּרֵנוּ לְחַיִּים טוֹבִים.

Unser Vater, unser König, schreibe uns ein im Buch der Erlösung und Hilfe.
Unser Vater, unser König, gib deinem Volke Israel Kraft.
Unser Vater, unser König, gib uns die Kraft für eine vollständige Umkehr zu dir.
Unser Vater, unser König, höre unsere Stimme, ergreife Partei für uns und erbarme dich über uns.
Unser Vater, unser König, erbarme dich über uns, über unsere Kinder und Kleinkinder.
Unser Vater, unser König, lass diesen Augenblick eine Zeit des Erbarmens und eine Zeit deines Wohlgefallens sein.
Unser Vater, unser König, sei uns gnädig um derer willen, die um deines Namens willen getötet wurden.
Unser Vater, unser König, lass uns nicht leer von dir fortgehen.

Unser Vater, unser König, sei uns gnädig und erhöre uns, denn wir haben keine Taten vorzuweisen.
Erweise uns Wohltätigkeit und Liebe und hilf uns.

Wie sich ein Vater über seine Kinder erbarmt,
so erbarmt sich Gott über die, die Gott achten.
Denn Gott weiß, was für Gebilde wir sind.
Gott denkt daran, dass wir nur Staub sind.

(Ps 103, 13f)

Am heutigen Tag gib uns Kraft. Amen.
Am heutigen Tag gib uns Segen. Amen.
Am heutigen Tag mache uns groß. Amen.
Am heutigen Tag suche uns zu unserem Guten. Amen.
Am heutigen Tag höre unseren Schrei nach Hilfe. Amen.
Am heutigen Tag reinige uns von unseren Verkehrungen. Amen.
Am heutigen Tag berichtige unsere Wege. Amen.
Am heutigen Tag nimm unser Gebet in Erbarmen und Wohlgefallen an. Amen.
Am heutigen Tag stütze uns durch deine starke und wohltuende Hand. Amen.
Am heutigen Tag erinnere dich an uns, damit wir ein gutes Leben haben. Amen.

עָלֵינוּ לְשַׁבֵּחַ לַאֲדוֹן הַכֹּל לָתֵת גְּדֻלָּה לְיוֹצֵר בְּרֵאשִׁית. אֲשֶׁר בָּחַר־בָּנוּ מִכָּל־הָעַמִּים. וְנָתַן־לָנוּ אֶת־תּוֹרָתוֹ. וַאֲנַחְנוּ כֹּרְעִים וּמִשְׁתַּחֲוִים וּמוֹדִים לִפְנֵי מֶלֶךְ מַלְכֵי הַמְּלָכִים הַקָּדוֹשׁ בָּרוּךְ הוּא. שֶׁהוּא נוֹטֶה שָׁמַיִם וְיוֹסֵד אָרֶץ. וּמוֹשַׁב יְקָרוֹ בַּשָּׁמַיִם מִמַּעַל וּשְׁכִינַת עֻזּוֹ בְּגָבְהֵי מְרוֹמִים: הוּא אֱלֹהֵינוּ. אֵין עוֹד. אֱמֶת מַלְכֵּנוּ. אֶפֶס זוּלָתוֹ. כַּכָּתוּב בְּתוֹרָתוֹ. וְיָדַעְתָּ הַיּוֹם וַהֲשֵׁבֹתָ אֶל־לְבָבֶךָ כִּי יְיָ הוּא הָאֱלֹהִים בַּשָּׁמַיִם מִמַּעַל וְעַל־הָאָרֶץ מִתָּחַת אֵין עוֹד:

עַל־כֵּן נְקַוֶּה לְךָ יְיָ אֱלֹהֵינוּ לִרְאוֹת מְהֵרָה בְּתִפְאֶרֶת עֻזֶּךָ. לְהַעֲבִיר גִּלּוּלִים מִן הָאָרֶץ וְהָאֱלִילִים כָּרוֹת יִכָּרֵתוּן. לְתַקֵּן עוֹלָם בְּמַלְכוּת שַׁדַּי וְכָל־בְּנֵי בָשָׂר יִקְרְאוּ בִשְׁמֶךָ. לְהַפְנוֹת אֵלֶיךָ כָּל־רִשְׁעֵי אָרֶץ: יַכִּירוּ וְיֵדְעוּ כָּל־יוֹשְׁבֵי תֵבֵל כִּי לְךָ תִּכְרַע כָּל־בֶּרֶךְ תִּשָּׁבַע כָּל־לָשׁוֹן: לְפָנֶיךָ יְיָ אֱלֹהֵינוּ יִכְרְעוּ וְיִפּוֹלוּ. וְלִכְבוֹד שִׁמְךָ יְקָר יִתֵּנוּ. וִיקַבְּלוּ כֻלָּם אֶת־עֹל מַלְכוּתֶךָ. וְתִמְלוֹךְ עֲלֵיהֶם מְהֵרָה לְעוֹלָם וָעֶד. כִּי הַמַּלְכוּת שֶׁלְּךָ הִיא וּלְעוֹלְמֵי עַד תִּמְלוֹךְ בְּכָבוֹד. כַּכָּתוּב בְּתוֹרָתֶךָ. יְיָ יִמְלֹךְ לְעוֹלָם וָעֶד: וְנֶאֱמַר. וְהָיָה יְיָ לְמֶלֶךְ עַל־כָּל־הָאָרֶץ בַּיּוֹם הַהוּא יִהְיֶה יְיָ אֶחָד וּשְׁמוֹ אֶחָד:

קדיש שלם

יִתְגַּדַּל וְיִתְקַדַּשׁ שְׁמֵהּ רַבָּא בְּעָלְמָא דִּי־בְרָא כִרְעוּתֵהּ. וְיַמְלִיךְ מַלְכוּתֵהּ בְּחַיֵּיכוֹן וּבְיוֹמֵיכוֹן וּבְחַיֵּי דְּכָל־בֵּית יִשְׂרָאֵל בַּעֲגָלָא וּבִזְמַן קָרִיב. וְאִמְרוּ אָמֵן:

יְהֵא שְׁמֵהּ רַבָּא מְבָרַךְ לְעָלַם וּלְעָלְמֵי עָלְמַיָּא.

יִתְבָּרַךְ וְיִשְׁתַּבַּח וְיִתְפָּאַר וְיִתְרוֹמַם וְיִתְנַשֵּׂא וְיִתְהַדַּר וְיִתְעַלֶּה

UNSERE AUFGABE

Es ist unsere Aufgabe, den Ewigen, der alles in seinen Händen hält, zu preisen und die Größe des Schöpfers aller Anfänge anzuerkennen. Gott hat uns aus allen Völkern erwählt um uns die Thora zu geben. Wir knien nieder; wir verneigen uns und danken in der Gegenwart des allmächtigen Gottes, Gott regiert über alle Herrschenden in der Welt, Gottes Heiligkeit sei gepriesen! Denn Gott hat die Weite des Himmels geschaffen und die Erde gegründet. Gottes Ehre ist so umfassend wie der Himmel über uns, und Gottes Kraft reicht bis in die fernsten Höhen. Der lebendige Gott ist unser Gott – niemand sonst. Gott ist unser Leben anvertraut – niemandem außer Gott! So wie es geschrieben ist in der Thora: Heute sollst du erkennen und dir zu Herzen nehmen: Der Ewige ist der Gott im Himmel droben und auf der Erde unten, niemand sonst. *(Dtn 4,39)*

UNSERE HOFFNUNG FÜR DIE MENSCHHEIT

Darum hoffen wir darauf, Ewiger, unser Gott, dass deine Stärke bald für uns sichtbar wird, dass die Anbetung des Geldes von der Erde verschwinden und dass Vorurteile und Aberglaube ausgerottet werden; dass die Welt von deiner Herrschaft geprägt ist und alle Menschen deinen Namen anrufen; dass alle Ungerechten der Welt sich dir zuwenden.

Alle Bewohner der Erde sollen erkennen und wissen, dass sich vor dir jedes Knie beugt und jede Zunge bei dir schwört. Vor dir, Ewiger, unser Gott, wird man sich beugen und niederfallen, und man wird der Herrlichkeit deines Namens Achtung erweisen. Alle werden deine Herrschaft anerkennen, und du wirst bald über alle herrschen, von nun an bis in Ewigkeit. Denn dir allein gebührt die Herrschaft, und du herrschst bis in alle Ewigkeit in Herrlichkeit, wie es geschrieben steht in deiner Thora: Gott regiert für immer und ewig. *(Ex 15,18)* Und es ist gesagt: Dann wird Gott über die ganze Erde herrschen. An jenem Tag wird Gott einzig sein und sein Name einzig. *(Sach 14,9)*

Verherrlicht und geheiligt werde Gottes großer Name
in der Welt, die Gott nach eig'nem Ratschluss schuf.
Gottes Reich erstehe in eurem Leben und zu euren Zeiten
und im Leben ganz Israels schnell und bald.
Darauf sprecht: Amen.

Gottes großer Name sei gepriesen,
immerzu und bis in Ewigkeit!

Gottes Name sei gepriesen und gelobt,
Gottes Name sei verherrlicht und erhoben.

וְיִתְהַלַּל שְׁמֵהּ דִּי־קֻדְשָׁא. בְּרִיךְ הוּא. לְעֵלָּא לְעֵלָּא מִן־כָּל־בִּרְכָתָא וְשִׁירָתָא תֻּשְׁבְּחָתָא וְנֶחֱמָתָא דִּי־אֲמִירָן בְּעָלְמָא. וְאִמְרוּ אָמֵן:

יְהֵא שְׁלָמָא רַבָּא מִן־שְׁמַיָּא וְחַיִּים עָלֵינוּ וְעַל־כָּל־יִשְׂרָאֵל. וְאִמְרוּ אָמֵן:

עֹשֶׂה שָׁלוֹם בִּמְרוֹמָיו הוּא יַעֲשֶׂה שָׁלוֹם עָלֵינוּ וְעַל־כָּל־יִשְׂרָאֵל. וְאִמְרוּ אָמֵן:

אֲדוֹן עוֹלָם אֲשֶׁר מָלַךְ· בְּטֶרֶם כָּל־יְצִיר נִבְרָא:
לְעֵת נַעֲשָׂה כְחֶפְצוֹ כֹּל· אֲזַי מֶלֶךְ שְׁמוֹ נִקְרָא:
וְאַחֲרֵי כִּכְלוֹת הַכֹּל· לְבַדּוֹ יִמְלוֹךְ נוֹרָא:
וְהוּא הָיָה· וְהוּא הֹוֶה· וְהוּא יִהְיֶה בְּתִפְאָרָה:
וְהוּא אֶחָד וְאֵין שֵׁנִי· לְהַמְשִׁילוֹ לְהַחְבִּירָה:
בְּלִי רֵאשִׁית בְּלִי תַכְלִית· וְלוֹ הָעֹז וְהַמִּשְׂרָה:
וְהוּא אֵלִי וְחַי גּוֹאֲלִי· וְצוּר חֶבְלִי בְּיוֹם צָרָה:
וְהוּא נִסִּי וּמָנוּסִי· מְנָת כּוֹסִי בְּיוֹם אֶקְרָא:
בְּיָדוֹ אַפְקִיד רוּחִי· בְּעֵת אִישַׁן וְאָעִירָה:
וְעִם רוּחִי גְּוִיָּתִי· אֲדֹנָי לִי וְלֹא אִירָא:

Gottes Name sei verehrt und gerühmt,
Gottes Name sei gefeiert und besungen.
Gepriesen sei er über allem Lob und jedem Lied,
hoch über allem Preis und jedem Trost der Welt.
Darauf sprecht: Amen.

Frieden in Fülle komme vom Himmel,
Leben für uns und ganz Israel.
Darauf sprecht: Amen.

Gott schafft Frieden in der Höhe.
Möge Gott uns und ganz Israel Frieden geben.
Darauf sprecht: Amen.

Gott aller Welt, du hast regiert,
eh' ein Geschöpf geschaffen ward.
Als einst durch dich das All entstand,
da ward dein Nam' „König" genannt.

Und einst am Ende aller Zeit
wirst du allein regiern in Macht.
Du warst, du bist, und du wirst sein,
die Herrlichkeit ist dir allein.

Einzig bist du, und keiner ist
vergleichbar dir, Gott aller Welt.
Du bist ohn' Anfang und ohn' End',
du hast die Macht, bist der Regent.

Du bist mein Gott, du rettest mich,
du bist mein Fels, bin ich in Not.
Du bist mein Schutz, mein Zufluchtsort,
versorgest mich, wenn ich dich ruf.

Mein Geist birgt sich in deiner Hand,
stets, sei ich schla- fend oder wach.
Und auch mein Leib birgt sich in dir.
ich fürcht mich nicht, du bist bei mir.

הפטורה למנחה יום כפור

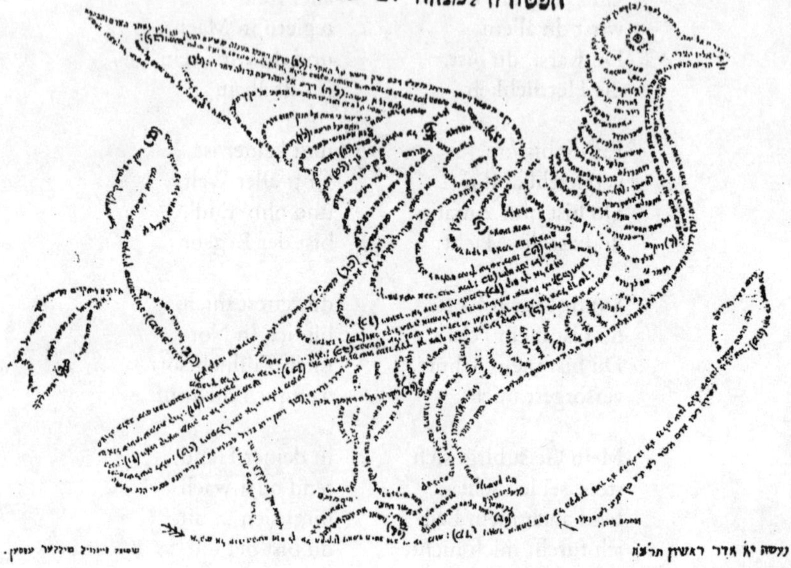

נעשה יא׳ אדר ראשון תרצ״ה

שמואל זיינוויל מיללער עסקין.

תפלת מנחה ליום כפור

NACHMITTAGSGEBET FÜR JOM KIPPUR

MEDITATIONEN ZUM NACHMITTAGSGEBET FÜR JOM KIPPUR

Wir lassen den Gedanken an den Tod noch nicht ganz hinter uns, denn im Jizkor werden wir uns an unsere eigenen Familienangehörigen erinnern, die nicht mehr unter uns sind. Aber die Tendenz des Gottesdienstes ist nun eine andere. Denn wir feiern die großartige Sturheit, die mutwillige Blindheit, die kindischen Wutanfälle und die unübertreffliche Selbstsüchtigkeit des größten jüdischen Propeten: Jona. Er ist der Größte, denn er ist der einzige, der tatsächlich bewirkt hat, dass seine Zeitgenossen umkehrten; er ist der größte, denn sein Verhalten ist uns allzu vertraut: Es ist besonders unsinnig, besonders menschlich, besonders jüdisch – er ist einer von uns!

Gott sagt: „Geh nach Ninive!“, er rennt los, aber zum anderen Ende der Welt. „Erzähle deinen größten Feinden, dass Gottes Liebe sie erreicht.“ – Jona bestreitet Gottes Recht, so großzügig zu sein. Er gibt fünf widerwillige Worte der Warnung Gottes von sich – und Welten geraten in Bewegung. Die Dinge werden unbequem, als sein Schatten verschwindet, da beschäftigt er sich plötzlich mit der Natur, mit ihrer Erhaltung und mit der Ökologie. Er ist ärgerlich und unmöglich und herrlich – und er ist einer von uns.

Warum wird im Mincha-Gottesdienst über Jona gelesen? Die Lehren, die er uns bringt, geben uns einige Antworten: Da ist die Kraft der Entscheidung, zu Gott umzukehren. Und da ist die Warnung, dass das Fasten allein bedeutungslos bleibt, wenn es nicht von der Absicht begleitet wird, unsere Wege zu ändern. Aber Jona erzählt uns auch etwas über die Welt draußen, in die wir bald zurückkehren werden mit ihren Ninives, jenen, die uns schon von weitem Angst machen und jenen, die wir selbst aufbauen helfen. Er reißt uns von uns selbst los hin zu der Welt, für die wir Verantwortung tragen. Während wir am Vormittag in unser jüdisches Gewissen eingetaucht sind, werden wir am Abend wieder neu erfahren, was wir mit der ganzen Menschheit teilen, denn wir sind dazu berufen, mit zwei Identitäten zu leben und mit zwei Aspekten unserer Berufung.

Es ist nicht leicht für uns, diese beiden Pole unserer Existenz zusammenzuhalten, unserer jüdischen Existenz treu zu bleiben und unseren Gefühlen für unsere Mitmenschen. Allzuoft wählen wir das eine auf Kosten des anderen. Entweder lassen wir unsere jüdische Identität auf der Strecke, vielleicht unbewusst, vielleicht, weil wir den Eindruck haben, sie schränke unser Menschsein oder unsere Angelegenheiten in irgendeiner Weise ein. Sicherlich kann ein engstirniges Judentum so auf uns wirken. Oder aber wir begeben uns in ein äußerliches oder auch rein innerliches Ghetto, teilweise als Antwort auf die feindliche äußere Welt, teilweise ist es aber auch ein Maßstab für unsere eigene innere Unsicherheit.

Die beiden Enden in der Mitte zusammenzuhalten, ist eine große jüdische Kunst, und eine, die wir in so vielen Bereichen unseres Lebens ausüben, indem wir die Spannung zwischen unseren persönlichen Bedürfnissen und den Bedürfnissen der Gesellschaft aushalten, zwischen den Forderungen unserer eigenen Tradition und den ebenso drängenden Herausforderungen der heutigen Wirklichkeit.

Im Mincha-Gebet werden wir zurückgerufen, uns wieder mit diesem steilen Balance-Akt zu beschäftigen, der unser Volk prägt: immer am Rande zu gehen, gleichzeitig nach innen und nach außen orientiert zu sein, stets hin- und hergerissen zu sein und doch einen inneren Frieden zu suchen, der nicht auf den äußeren Erfolgen in der Welt beruht oder auf unserer Anerkennung innerhalb des Ghettos. Irgendwo in uns ist der Ort, an dem wir Gott begegnet sind, und dies ist der Bezugspunkt, zu dem wir an diesem Tag zurückkehren. Es ist der Drehpunkt, der Welten verändern kann. Es ist der stille Mittelpunkt, der die Welt trägt und erhält.

Die Welt mit ihren Aufgaben wartet auf uns. Nun ist es an der Zeit, dieses stille Zentrum zu finden, bevor wir die Welt erneut betreten. Jetzt ist die Zeit der Versöhnung.

(Jonathan Magonet)

EINE ZEIT DER STILLE VOR DEM NACHMITTAGSGEBET

Jetzt ist die Zeit der Stille an diesem Tag. Die Welt hat sich sanft von uns entfernt. Wir wissen, sie wird zurückkehren, aber für einen Moment liegt sie am Horizont der Zeit, am Rande unseres Bewusstseins. Die Welt mit ihren Erfolgen und ihrem Versagen, ihrem Prunk und ihrem Stolz ist in den Hintergrund getreten. Wir sind befreit von dem äußeren Schein der Dinge.

Jetzt ist die Zeit der Leere zwischen zwei Welten. Die Vergangenheit ist zurückgewichen, und die Zukunft hat noch keine Kraft. Wir sind frei, mit unseren Gedanken allein zu sein, in unsere Seele zu reisen und Gott zu begegnen.

Jetzt ist die Zeit der Wahrheit, in der wir der Wahrheit begegnen können, ungetrübt durch Hoffnung oder Furcht, durch Gewinn oder Verlust. Die Ruhe dieses Schabbats aller Schabbatot hat unsere Seele berührt. In dieser Stille können wir all das zugeben, was wir nicht wagen zu sagen; wir können in Wahrhaftigkeit all das bekennen, was wir selbst denen, die wir lieben, nicht erzählen könnten. Gott der Wahrheit, wir verlassen uns auf dich, dass du uns in die Wahrheit leitest.

Jetzt ist die Zeit des Aufbruchs, um das ewige Leben zu berühren – das machtvolle Leben, von dem wir kommen; das verborgene Leben, zu dem wir gehen; das sanfte Leben, das unseren Körper, unser Bewusstsein und unsere Seele ernährt, das uns durch Sünde und Opfer zu Frieden und Güte führt und dazu, eins zu sein mit Gott.

Gott segne dich und behüte dich;
Gottes Angesicht leuchte über dir; Gott sei dir gnädig;
Gottes Angesicht sei über dir erhoben; Gott gebe dir Frieden.

(Lionel Blue)

EIN PERSÖNLICHES BEKENNTNIS

Wie können wir in der Gegenwart eines Meisters stehen, so groß wie du? Nur deshalb, weil du wie ein freundlicher Vater und wie eine freundliche Mutter zu uns bist. Du weißt, was unser Herz betrübt.

Schicke mein Gebet nicht leer zurück. Gott der Barmherzigkeit und der Gerechtigkeit, beständig rufen wir zu dir, denn wir wissen, dass du auf die Gebete deines Volkes wartest, jeden Tag und jeden Augenblick.

Mein Gott und Gott meiner Eltern, mögen meine kleinen Gebete und Bekenntnisse dir so gefallen, als ob ich zu den großen, gerechten und frommen Menschen gehörte.

(nach einem mittelalterlichen Gebet einer Jüdin)

Gott, du bist mein treuster Freund und meine treuste Freundin. Ich bekenne dir mein Bedürfnis nach Freundschaft. Manchmal fühle ich mich im Stich gelassen, oder sogar verraten. Hilf mir, mich an die Situationen zu erinnern, in denen ich anderen nicht die Treue gehalten oder sie fallen gelassen habe. Vielleicht verbindet mich dann mein Scheitern mit ihnen, denn ich verstehe dadurch ihr Verhalten, wenn ich sie auch nicht lieben kann.

Ich bekenne dir die Momente, in denen ich mich ungeliebt gefühlt habe oder in denen ich unfähig war, genug zu lieben. Gott, du bist die Kraft der Liebe. Gib mir in dem vor mir liegenden Jahr die Kraft zu lieben, die Kraft zu geben, ohne etwas dafür zu erwarten, und zu empfangen, ohne mich dafür zu rechtfertigen.

Ich bekenne dir die Wünsche meines Herzens, für die ich mich schäme, und die Vorurteile in meinem Geist, die weder richtig noch berechtigt sind, denn dir, Gott, vertraue ich. Gib mir den Mut, mich ihnen zu stellen. Hilf mir, dass ich sie als meine eigenen annehme und dass ich sie mit deiner Hilfe korrigiere.

Ich bekenne dir alle meine Fehler und Unvollkommenheiten, denn du, Gott, bist vollkommen. Du kennst sie besser, als ich sie selbst kenne, aber du möchtest, dass ich mich offen zu ihnen bekenne. Ich bekenne meine Heuchelei und Selbstgefälligkeit, meinen Mangel an Gefühlen und meine doppelte Moral. Es fällt mir nicht leicht, all dies zu sehen. Hilf mir, dass ich es sehe.

Ich bekenne dir die Situationen, in denen ich eingebildet und stur gewesen bin, denn du, Gott, bist geduldig. Lass mich zur Vernunft kommen. Hilf, dass ich mich selbst so sehen kann, wie andere mich sehen, und mich damit zufriedengeben kann.

Ich bekenne dir alle meinen kleinen und dummen Taten. Gott, du verstehst mich. Beschämt erinnere ich mich an meine Gemeinheiten, meine Notlügen, meine Taktlosigkeiten und Halbwahrheiten. Bewahre mich davor, anderen oder mir selbst etwas vorzumachen.

In Stille können weitere Bekenntnisse angefügt werden.

Am Ende dieser Zeit der Stille will ich zurückschauen auf das vergangene Jahr und mich an all das Gute erinnern, das es gebracht hat:

Ich denke an die Freundschaften, die entstanden sind, die Witze die ich gehört und erzählt habe.

Ich denke an die Momente, in denen ich Dummen mit Gelassenheit begegnen konnte und den Leuten, die mich verärgert haben oder undankbar waren.

Ich denke an die Momente, in denen sie mir mit Gelassenheit begegnen konnten.

Ich denken an die Gelegenheiten, in denen die Größe meines eigenen Mutes und meiner Großzügigkeit mich selbst und andere überrascht hat.

Ich denke an die Zeiten, in denen ich es gewagt habe, über mich selbst nachzudenken und festgestellt habe, dass ich allein sein kann.

Ich denke an alles, was spontan und unberechenbar in mir war, wo es schien, als entdeckte ich die Unschuld der Kindheit wieder.

Ich denke an die Krankheiten, vor denen ich bewahrt geblieben bin, die Katastrophen, die niemals eingetreten sind, und meine Sorge über Dinge, die nie geschehen sind.

Ich denke an die Augenblicke, in denen ich wusste: Ich habe eine Seele.

In Stille können weitere Erinnerungen angefügt werden.

In diesen Erinnerungen an das vergangene Jahr beginne ich, deine Gegenwart zu sehen und dein Wesen zu verstehen. Ich sehe den Schatz, der für die Ehrlichen verwahrt ist und erkenne die Freude über dein Heil.

(Lionel Blue)

תפלת מנחה ליום כפור

תהלים
נ

מִזְמוֹר לְאָסָף

אֵל אֱלֹהִים יְהוָֹה דִּבֶּר וַיִּקְרָא־אָרֶץ
מִמִּזְרַח־שֶׁמֶשׁ עַד־מְבֹאוֹ׃
מִצִּיּוֹן מִכְלַל־יֹפִי אֱלֹהִים הוֹפִיעַ׃

יָבֹא אֱלֹהֵינוּ וְאַל־יֶחֱרַשׁ אֵשׁ־לְפָנָיו תֹּאכֵל
וּסְבִיבָיו נִשְׂעֲרָה מְאֹד׃

יִקְרָא אֶל־הַשָּׁמַיִם מֵעָל וְאֶל־הָאָרֶץ לָדִין עַמּוֹ׃
אִסְפוּ־לִי חֲסִידָי כֹּרְתֵי בְרִיתִי עֲלֵי־זָבַח׃
וַיַּגִּידוּ שָׁמַיִם צִדְקוֹ כִּי־אֱלֹהִים שֹׁפֵט הוּא סֶלָה׃

שִׁמְעָה עַמִּי וַאֲדַבֵּרָה יִשְׂרָאֵל וְאָעִידָה בָּךְ
אֱלֹהִים אֱלֹהֶיךָ אָנֹכִי׃

לֹא עַל־זְבָחֶיךָ אוֹכִיחֶךָ וְעוֹלֹתֶיךָ לְנֶגְדִּי תָמִיד׃
לֹא־אֶקַּח מִבֵּיתְךָ פָר מִמִּכְלְאֹתֶיךָ עַתּוּדִים׃

כִּי־לִי כָל־חַיְתוֹ־יָעַר בְּהֵמוֹת בְּהַרְרֵי־אָלֶף׃
יָדַעְתִּי כָּל־עוֹף הָרִים וְזִיז שָׂדַי עִמָּדִי׃

אִם־אֶרְעַב לֹא־אֹמַר לָךְ כִּי־לִי תֵבֵל וּמְלֹאָהּ׃
הַאוֹכַל בְּשַׂר אַבִּירִים וְדַם עַתּוּדִים אֶשְׁתֶּה׃

זְבַח לֵאלֹהִים תּוֹדָה וְשַׁלֵּם לְעֶלְיוֹן נְדָרֶיךָ׃
וּקְרָאֵנִי בְּיוֹם צָרָה אֲחַלֶּצְךָ וּתְכַבְּדֵנִי׃

NACHMITTAGSGEBET FÜR JOM KIPPUR

PSALM
50
DAS URTEIL ÜBER DIE WELT

Ein Psalm Asafs

Gott, Gott aller Gerechtigkeit, Gott aller Barmherzigkeit,
Gott hat die Erde angesprochen und ruft sie.
Vom Aufgang der Sonne bis zu ihrem Untergang,
vom Zion her, dem Ort vollkommener Schönheit,
ist Gott erschienen.

Unser Gott kommt und schweigt nicht.
Vor Gott her frisst ein Feuer,
um Gott herum ist heftiger Sturm.
Gott ruft den Himmel oben,
wie auch die Erde, zum Gericht.

"Versammelt mir alle, die mir vertrauen,
die durch ihr Opfer einen Bund mit mir schlossen!"

Der Himmel wird Gottes gerechtes Urteil verkünden,
denn Gott selbst spricht Recht.

Höre mein Volk, ich will zu dir reden.
Israel, ich will gegen dich zeugen.
Ich selbst, Gott, dein Gott.

Ich weise dich nicht wegen deiner Opfer zurecht,
deine Brandopfer sind ständig vor mir.
Ich will die Stiere aus deinem Haus nicht nehmen
und auch nicht die Böcke aus deinen Schafhürden.

Denn alle Tiere des Waldes gehören mir,
alles Wild in tausenden von Gebirgen.
Ich kenne jeden Vogel in den Bergen,
und das Getier des Feldes gehört zu mir.

Wenn ich Hunger hätte, bräuchte ich es dir nicht zu sagen,
denn der ganze Erdball gehört mir.
Esse ich etwa das Fleisch von Stieren?
Oder trinke ich das Blut von Böcken?

Opfere Gott Dank
und erfülle die Gelübde, die du Gott in der Höhe gemacht hast.
Rufe mich an in Zeiten der Not,
ich werde dich erretten, und du wirst mir Ehre erweisen.

וְלָרָשָׁע אָמַר אֱלֹהִים מַה־לְּךָ לְסַפֵּר חֻקָּי וַתִּשָּׂא בְרִיתִי
עֲלֵי־פִיךָ:

וְאַתָּה שָׂנֵאתָ מוּסָר וַתַּשְׁלֵךְ דְּבָרַי אַחֲרֶיךָ:

אִם־רָאִיתָ גַנָּב וַתִּרֶץ עִמּוֹ וְעִם מְנָאֲפִים חֶלְקֶךָ:

פִּיךָ שָׁלַחְתָּ בְרָעָה וּלְשׁוֹנְךָ תַּצְמִיד מִרְמָה:

תֵּשֵׁב בְּאָחִיךָ תְדַבֵּר בְּבֶן־אִמְּךָ תִּתֶּן־דֹּפִי:

אֵלֶּה עָשִׂיתָ וְהֶחֱרַשְׁתִּי דִּמִּיתָ הֱיוֹת־אֶהְיֶה כָמוֹךָ אוֹכִיחֲךָ
וְאֶעֶרְכָה לְעֵינֶיךָ:

בִּינוּ־נָא זֹאת שֹׁכְחֵי אֱלוֹהַּ פֶּן־אֶטְרֹף וְאֵין מַצִּיל:

זֹבֵחַ תּוֹדָה יְכַבְּדָנְנִי וְשָׂם דֶּרֶךְ אַרְאֶנּוּ בְּיֵשַׁע אֱלֹהִים:

תהלים

קלט

א־יח,כג־כד

לַמְנַצֵּחַ לְדָוִד מִזְמוֹר

יְהוָֹה חֲקַרְתַּנִי וַתֵּדָע:

אַתָּה יָדַעְתָּ שִׁבְתִּי וְקוּמִי בַּנְתָּה לְרֵעִי מֵרָחוֹק:

אָרְחִי וְרִבְעִי זֵרִיתָ וְכָל־דְּרָכַי הִסְכַּנְתָּה:

כִּי אֵין מִלָּה בִּלְשׁוֹנִי הֵן יְהוָֹה יָדַעְתָּ כֻלָּהּ:

אָחוֹר וָקֶדֶם צַרְתָּנִי וַתָּשֶׁת עָלַי כַּפֶּכָה:

פְּלִיאָה דַעַת מִמֶּנִּי נִשְׂגְּבָה לֹא־אוּכַל לָהּ:

אָנָה אֵלֵךְ מֵרוּחֶךָ וְאָנָה מִפָּנֶיךָ אֶבְרָח:

Aber zu den Ungerechten sagt Gott:
Was redet ihr von meinen Satzungen,
und was nehmt ihr meinen Bund in den Mund?
Wo ihr doch die Züchtigung hasst
und meine Worte übergeht.

Wenn ihr jemanden seht, der stiehlt, dann lauft ihr mit,
bei denen, die die Ehe brechen, fühlt ihr euch zu Hause.
Dein Mund fließt über von Lästerreden,
und deine Zunge knüpft Lügengewebe.

Du ziehst über deine Mitmenschen her,
sogar die engsten Verwandten verleumdest du.

Dies alles tust du, und wenn ich schwiege,
würdest du mich für deinesgleichen halten.
Ich werde dich ermahnen
und es vor deinen Augen auflisten.

Begreift dies doch, ihr, die ihr Gott vergesst,
damit ich euch nicht zerreiße
und niemand da ist, der euch rettet.

Opfert Dank und erweist mir Ehre;
wer auf dem rechten Weg ist,
den lasse ich das göttliche Heil schauen.

PSALM
139
1-18.23-24

DAS URTEIL ÜBER MICH

Für den Chorleiter. Ein Psalm Davids.

Gott, du erforschst und du kennst mich.
Ob ich lieg' oder stehe, ist dir bekannt.
Meine Gedanken verstehst du von ferne.
Ob ich geh' oder ruhe, das weißt du.
All meine Wege sind dir bekannt.
Ja, kein Wort ist auf meiner Zunge,
das du, Gott, nicht schon wüsstest.
Von hinten, von vorn umschließt du mich,
auf mir liegt deine Hand.
Zu sonderbar ist dieses Wissen für mich,
zu hoch, ich kann ihm nicht folgen.

Wohin könnt' ich deinem Geist entrinnen,
wohin vor deinem Angesicht fliehen?

אִם־אֶסַּק שָׁמַיִם שָׁם אָתָּה וְאַצִּיעָה שְּׁאוֹל הִנֶּךָּ:
אֶשָּׂא כַנְפֵי־שָׁחַר אֶשְׁכְּנָה בְּאַחֲרִית יָם:
גַּם־שָׁם יָדְךָ תַנְחֵנִי וְתֹאחֲזֵנִי יְמִינֶךָ:
וָאֹמַר אַךְ־חֹשֶׁךְ יְשׁוּפֵנִי וְלַיְלָה אוֹר בַּעֲדֵנִי:
גַּם־חֹשֶׁךְ לֹא־יַחְשִׁיךְ מִמֶּךָּ וְלַיְלָה כַּיּוֹם יָאִיר
כַּחֲשֵׁיכָה כָּאוֹרָה:
כִּי־אַתָּה קָנִיתָ כִלְיֹתָי תְּסֻכֵּנִי בְּבֶטֶן אִמִּי:
אוֹדְךָ עַל כִּי נוֹרָאוֹת נִפְלֵיתִי נִפְלָאִים מַעֲשֶׂיךָ
וְנַפְשִׁי יֹדַעַת מְאֹד:
לֹא־נִכְחַד עָצְמִי מִמֶּךָּ אֲשֶׁר־עֻשֵּׂיתִי בַסֵּתֶר
רֻקַּמְתִּי בְּתַחְתִּיּוֹת אָרֶץ:
גָּלְמִי רָאוּ עֵינֶיךָ וְעַל־סִפְרְךָ כֻּלָּם יִכָּתֵבוּ
יָמִים יֻצָּרוּ וְלֹא אֶחָד בָּהֶם:
וְלִי מַה־יָּקְרוּ רֵעֶיךָ אֵל מֶה עָצְמוּ רָאשֵׁיהֶם:
אֶסְפְּרֵם מֵחוֹל יִרְבּוּן הֱקִיצֹתִי וְעוֹדִי עִמָּךְ:
חָקְרֵנִי אֵל וְדַע לְבָבִי בְּחָנֵנִי וְדַע שַׂרְעַפָּי:
וּרְאֵה אִם־דֶּרֶךְ־עֹצֶב בִּי וּנְחֵנִי בְּדֶרֶךְ עוֹלָם:

וַיַּסֵּב הַמֶּלֶךְ אֶת־פָּנָיו וַיְבָרֶךְ אֵת כָּל־קְהַל יִשְׂרָאֵל. וְכָל־קְהַל
יִשְׂרָאֵל עֹמֵד: וַיֹּאמֶר. וְשָׁמַעְתָּ אֶל־תְּחִנַּת עַבְדְּךָ וְעַמְּךָ יִשְׂרָאֵל
אֲשֶׁר יִתְפַּלְלוּ אֶל־הַמָּקוֹם הַזֶּה. וְאַתָּה תִּשְׁמַע אֶל־מְקוֹם שִׁבְתְּךָ
אֶל־הַשָּׁמַיִם וְשָׁמַעְתָּ וְסָלָחְתָּ:

Würde ich den Himmel erklimmen, so bist du schon da.
  Würde ich in die Unterwelt hinabsteigen, bist du auch da.
Nähme ich als Flügel das Morgenrot
  und wohnte am äußersten Meer,
auch dort würde deine Hand mich leiten,
  deine rechte Hand mich ergreifen.
Spräche ich: Finsternis soll mich bedecken
  und Nacht soll statt Licht um mich sein,
dann wäre die Finsternis nicht finster für dich,
  die Nacht wäre hell wie der Tag,
  ja, Finsternis wäre wie Licht.
Denn du hast mein Innerstes geschaffen,
  du hast mich im Mutterleib gewebt.
Ich lobe dich, denn Ehrfurcht weckt, was du an mir getan hast,
  wunderbar sind deine Werke,
  ich weiß es allzugut.
Mein Gebein war dir nicht verborgen,
  als es im Verborgenen gemacht wurde,
als es gewirkt wurde in den Tiefen der Erde.
  Deine Augen sahen meine noch unfertige Gestalt.
Alle Tage waren in dein Buch geschrieben,
  sie waren gebildet, als noch keiner von ihnen war.
Wie seltsam für mich sind deine Gedanken, Gott,
  wie groß ist ihre Summe.
Wollte ich sie zählen, wären sie mehr als der Sand am Meer,
  käme ich bis ans Ende, so wäre ich immer noch bei dir.
…
Erforsche mich, Gott, kenne mein Herz.
  Prüfe mich, wisse um meine Sorgen.
Sieh, ob in mir der Weg zur Verzweiflung ist,
  und leite mich auf dem Weg zur Ewigkeit.

Dann wandte sich König Salomo um und segnete die ganze Gemeinde Israels. Und die ganze Gemeinde Israels stand auf. Und er sagte: … Höre auf das Gebet deines Knechtes und deines Volkes Israel, dass sie an diesem Ort beten. Höre sie in deiner Wohnstätte, im Himmel. Höre sie und vergib.…

וְגַם אֶל־הַנָּכְרִי אֲשֶׁר לֹא מֵעַמְּךָ יִשְׂרָאֵל הוּא וּבָא מֵאֶרֶץ רְחוֹקָה לְמַעַן שְׁמֶךָ: וּבָא וְהִתְפַּלֵּל אֶל־הַבַּיִת הַזֶּה: אַתָּה תִּשְׁמַע הַשָּׁמַיִם מְכוֹן שִׁבְתֶּךָ. וְעָשִׂיתָ כְּכֹל אֲשֶׁר יִקְרָא אֵלֶיךָ הַנָּכְרִי לְמַעַן יֵדְעוּן כָּל־עַמֵּי הָאָרֶץ אֶת־שְׁמֶךָ. לְיִרְאָה אֹתְךָ כְּעַמְּךָ יִשְׂרָאֵל:

וַיְהִי בִּנְסֹעַ הָאָרֹן. וַיֹּאמֶר מֹשֶׁה: קוּמָה יְיָ. וְיָפֻצוּ אֹיְבֶיךָ. וְיָנֻסוּ מְשַׂנְאֶיךָ מִפָּנֶיךָ: כִּי מִצִּיּוֹן תֵּצֵא תוֹרָה. וּדְבַר־יְיָ מִירוּשָׁלָיִם:

כִּי מִצִּיּוֹן תֵּצֵא תוֹרָה וּדְבַר־יְיָ מִירוּשָׁלָיִם:

בָּרוּךְ שֶׁנָּתַן תּוֹרָה לְעַמּוֹ יִשְׂרָאֵל בִּקְדֻשָּׁתוֹ:

גַּדְּלוּ לַיהוָה אִתִּי וּנְרוֹמְמָה שְׁמוֹ יַחְדָּו:

לְךָ יְהוָה הַגְּדֻלָּה וְהַגְּבוּרָה וְהַתִּפְאֶרֶת וְהַנֵּצַח וְהַהוֹד כִּי־כֹל בַּשָּׁמַיִם וּבָאָרֶץ לְךָ יְהוָה הַמַּמְלָכָה וְהַמִּתְנַשֵּׂא לְכֹל לְרֹאשׁ: רוֹמְמוּ יְהוָה אֱלֹהֵינוּ. וְהִשְׁתַּחֲווּ לַהֲדֹם רַגְלָיו. קָדוֹשׁ הוּא: רוֹמְמוּ יְהוָה אֱלֹהֵינוּ. וְהִשְׁתַּחֲווּ לְהַר קָדְשׁוֹ. כִּי קָדוֹשׁ יְהוָה אֱלֹהֵינוּ:

אֵין קָדוֹשׁ כַּיהוָה כִּי־אֵין בִּלְתֶּךָ. וְאֵין צוּר כֵּאלֹהֵינוּ: כִּי מִי אֱלוֹהַּ מִבַּלְעֲדֵי יְהוָה. וּמִי צוּר זוּלָתִי אֱלֹהֵינוּ: תּוֹרָה צִוָּה־לָנוּ מֹשֶׁה. מוֹרָשָׁה קְהִלַּת יַעֲקֹב: עֵץ־חַיִּים הִיא לַמַּחֲזִיקִים בָּהּ. וְתֹמְכֶיהָ מְאֻשָּׁר: דְּרָכֶיהָ דַרְכֵי־נֹעַם. וְכָל־נְתִיבֹתֶיהָ שָׁלוֹם: שָׁלוֹם רָב לְאֹהֲבֵי תוֹרָתֶךָ. וְאֵין־לָמוֹ מִכְשׁוֹל: יְהוָה עֹז לְעַמּוֹ יִתֵּן. יְהוָה יְבָרֵךְ אֶת־עַמּוֹ בַשָּׁלוֹם: כִּי שֵׁם יְהוָה אֶקְרָא. הָבוּ גֹדֶל לֵאלֹהֵינוּ: הַכֹּל תְּנוּ עֹז לֵאלֹהִים. וּתְנוּ כָבוֹד לַתּוֹרָה:

Und auch wenn Fremde, die nicht zu deinem Volk Israel gehören, von weit her kommen um deines Namens willen, … wenn sie kommen, um in diesem Haus zu beten, dann höre sie im Himmel, dem Ort, wo du wohnst, und tue alles, worum die Fremden dich bitten, damit alle Völker der Erde deinen Namen kennenlernen und auf dich vertrauen, wie dein Volk Israel auf dich vertraut.

(1. Kön 8, 14.30.31.42b-43)

Die Thora wird von Zion herkommen und Gottes Wort von Jerusalem. *(Jes 2,3)*

Wenn die Lade aufbrach, sagte Mose: Erhebe dich, Gott, dann zerstreuen sich deine Feinde, dann fliehen deine Gegner vor dir, *(Num 10,35)* denn die Thora wird von Zion herkommen und Gottes Wort von Jerusalem. *(Jes 2,3)*

Gepriesen sei Gott; Gott gab Israel in göttlicher Heiligkeit die Thora.

Preiset mit mir den lebendigen Gott,
und lasst uns miteinander den Namen Gottes erhöhen! *(Ps 34,4)*

Dein Eigen, Gott, sind Größe und Macht, Ruhm, Pracht und Hoheit. Dir gehört alles im Himmel und auf Erden. Dein, Gott, ist die Herrschaft, und du erhebst dich als Haupt über alles. *(1. Chron 29,11)* Rühmt den Ewigen, unsern Gott; werft euch am Schemel der Füße Gottes nieder! Denn Gott ist heilig. Rühmt den Ewigen, unsern Gott, werft euch nieder an Gottes heiligem Berge! Denn heilig ist der Ewige, unser Gott. *(Ps 99,5.9)*

Niemand ist heilig, nur der Ewige; denn außer dem Ewigen gibt es keinen Gott; niemand ist ein Fels wie unser Gott. *(1. Sam 2,2)* Ja, wer ist Gott, als allein der Ewige, wer ist ein Fels, wenn nicht unser Gott? *(Ps 18,32)* Mose hat uns die Thora übergeben, der Erbbesitz der Gemeinde Jakobs. *(Dtn 33,4)* Wer nach ihr greift, dem ist sie ein Lebensbaum, wer sie festhält, ist glücklich zu preisen. *(Spr 3,18)* Ihre Wege sind Wege der Freude, all ihre Pfade führen zum Glück. *(Spr 3,17)* Alle, die deine Weisung lieben, empfangen Heil in Fülle; es trifft sie kein Unheil. *(Ps 119,165)* Gott gebe dem Gottesvolk Kraft, Gott segne das Gottesvolk mit Frieden. *(Ps 29,11)* Alles verkünde die Kraft Gottes und die Herrlichkeit der göttlichen Weisung!

וְזֹאת הַתּוֹרָה אֲשֶׁר־שָׂם מֹשֶׁה. לִפְנֵי בְּנֵי יִשְׂרָאֵל: תּוֹרָה צִוָּה־לָנוּ מֹשֶׁה. מוֹרָשָׁה קְהִלַּת יַעֲקֹב: הָאֵל תָּמִים דַּרְכּוֹ. אִמְרַת יְהֹוָה צְרוּפָה. מָגֵן הוּא לְכֹל הַחוֹסִים בּוֹ:

Vor der Thoralesung:

בָּרְכוּ אֶת־יְיָ הַמְבֹרָךְ:

בָּרוּךְ יְיָ הַמְבֹרָךְ לְעוֹלָם וָעֶד:

בָּרוּךְ אַתָּה יְיָ אֱלֹהֵינוּ מֶלֶךְ הָעוֹלָם. אֲשֶׁר בָּחַר־בָּנוּ מִכָּל־הָעַמִּים. וְנָתַן־לָנוּ אֶת־תּוֹרָתוֹ. בָּרוּךְ אַתָּה יְיָ. נוֹתֵן הַתּוֹרָה:

THORALESUNG

Nach der Thoralesung:

בָּרוּךְ אַתָּה יְיָ אֱלֹהֵינוּ מֶלֶךְ הָעוֹלָם. אֲשֶׁר נָתַן־לָנוּ תּוֹרַת אֱמֶת. וְחַיֵּי עוֹלָם נָטַע בְּתוֹכֵנוּ. בָּרוּךְ אַתָּה יְיָ. נוֹתֵן הַתּוֹרָה:

Vor der Haftara:

בָּרוּךְ אַתָּה יְיָ אֱלֹהֵינוּ מֶלֶךְ הָעוֹלָם. אֲשֶׁר בָּחַר בִּנְבִיאִים טוֹבִים וְרָצָה בְדִבְרֵיהֶם הַנֶּאֱמָרִים בֶּאֱמֶת: בָּרוּךְ אַתָּה יְיָ. הַבּוֹחֵר בַּתּוֹרָה וּבְמֹשֶׁה עַבְדּוֹ וּבְיִשְׂרָאֵל עַמּוֹ וּבִנְבִיאֵי הָאֱמֶת וָצֶדֶק:

Nach der Haftara:

עַל־הַתּוֹרָה וְעַל־הָעֲבוֹדָה וְעַל־הַנְּבִיאִים. (וְעַל־יוֹם הַשַּׁבָּת הַזֶּה) וְעַל־יוֹם הַכִּפּוּרִים הַזֶּה שֶׁנָּתַתָּ לָּנוּ יְיָ אֱלֹהֵינוּ (לִקְדֻשָּׁה וְלִמְנוּחָה.) לִמְחִילָה וְלִסְלִיחָה וּלְכַפָּרָה. לְכָבוֹד וּלְתִפְאָרֶת: עַל־הַכֹּל יְיָ אֱלֹהֵינוּ אֲנַחְנוּ מוֹדִים לָךְ וּמְבָרְכִים אוֹתָךְ. יִתְבָּרַךְ שִׁמְךָ בְּפִי כָּל־חַי תָּמִיד לְעוֹלָם וָעֶד. וּדְבָרְךָ מַלְכֵּנוּ אֱמֶת וְקַיָּם לָעַד: בָּרוּךְ אַתָּה יְיָ. מֶלֶךְ מוֹחֵל וְסוֹלֵחַ לַעֲוֹנוֹתֵינוּ וְלַעֲוֹנוֹת עַמּוֹ בֵּית יִשְׂרָאֵל. וּמַעֲבִיר אַשְׁמוֹתֵינוּ בְּכָל־שָׁנָה וְשָׁנָה. מֶלֶךְ עַל כָּל־הָאָרֶץ מְקַדֵּשׁ (הַשַּׁבָּת וְ) יִשְׂרָאֵל וְיוֹם הַכִּפּוּרִים:

Dies ist die Thora, die Mose den Kindern Israels gegeben hat. *(Dtn 4,44)* Mose hat uns die Thora übergeben, der Erbbesitz der Gemeinde Jakobs. *(Dtn 33,4)* Vollkommen ist Gottes Weg, das Wort des Ewigen ist im Feuer geläutert. Gott ist ein Schutzschild für alle, die sich bei ihm bergen. *(Ps 18,31)*

Vor der Thoralesung:

Lasst uns Gott preisen; Gott gebührt unsere Ehre!
Gepriesen sei Gott; Gott gebührt unsere Ehre auf immer und ewig!
Gepriesen seist du, Ewiger, unser Gott, du regierst die Welt. Aus allen Völkern hast du uns erwählt um uns deine Thora zu geben. Gepriesen seist du, Ewiger. Du gibst die Thora.

THORALESUNG

Nach der Thoralesung:

Gepriesen seist du, Ewiger, unser Gott; du regierst die Welt. Du hast uns die Weisung zur Wahrheit gegeben und ewiges Leben in uns eingepflanzt. Gepriesen seist du, Ewiger. Du gibst die Thora.

Vor der Haftara:

Gepriesen seist du, Ewiger, unser Gott; du regierst die Welt. Du hast gute Propheten erwählt. Du hattest Gefallen an ihren Worten, weil sie der Wahrheit entsprachen. Gepriesen seist du, Ewiger, unser Gott. Du hast die Thora, deinen Knecht Mose, dein Volk Israel und die wahren und gerechten Propheten erwählt.

Nach der Haftara:

Für die Thora, für den Gottesdienst, für die Worte der Propheten, für (diesen Schabbattag und) diesen Tag der Versöhnung, den du uns zur Besinnung auf die (Heiligkeit, Ruhe,) zur Verzeihung, zur Vergebung und zur Versöhung gibst und zur Herrlichkeit und Pracht gewährst, dafür danken wir dir und preisen dich, Ewiger, unser Gott. Dein Name möge durch jeden Mund stets gepriesen werden, immer und ewig. Dein Wort ist wahr und hat für immer Gültigkeit. Gepriesen seist du, Ewiger, du regierst und du verzeihst. Du vergibst unsere Verkehrungen und die Verkehrungen deines Volkes, der Familie Israels. Jahr für Jahr lässt du unsere Schuld vergehen. Gepriesen seist du, Ewiger; du regierst über die ganze Erde. Du hast (den Schabbat,) dein Volk Israel und diesen Tag der Versöhnung geheiligt.

יְהַלְלוּ אֶת־שֵׁם יְיָ כִּי־נִשְׂגָּב שְׁמוֹ לְבַדּוֹ.
הוֹדוֹ עַל־אֶרֶץ וְשָׁמָיִם: וַיָּרֶם קֶרֶן לְעַמּוֹ תְּהִלָּה
לְכָל־חֲסִידָיו לִבְנֵי יִשְׂרָאֵל עַם־קְרֹבוֹ. הַלְלוּיָהּ:

תהלים
כד

לְדָוִד מִזְמוֹר

לַיהוָֹה הָאָרֶץ וּמְלוֹאָהּ תֵּבֵל וְיֹשְׁבֵי בָהּ:
כִּי־הוּא עַל־יַמִּים יְסָדָהּ וְעַל־נְהָרוֹת יְכוֹנְנֶהָ:
מִי־יַעֲלֶה בְהַר־יְהוָֹה וּמִי־יָקוּם בִּמְקוֹם קָדְשׁוֹ:
נְקִי כַפַּיִם וּבַר־לֵבָב אֲשֶׁר לֹא־נָשָׂא לַשָּׁוְא נַפְשׁוֹ
וְלֹא נִשְׁבַּע לְמִרְמָה:
יִשָּׂא בְרָכָה מֵאֵת יְהוָֹה וּצְדָקָה מֵאֱלֹהֵי יִשְׁעוֹ:
זֶה דּוֹר דֹּרְשָׁיו מְבַקְשֵׁי פָנֶיךָ יַעֲקֹב סֶלָה:
שְׂאוּ שְׁעָרִים רָאשֵׁיכֶם וְהִנָּשְׂאוּ פִּתְחֵי עוֹלָם וְיָבוֹא
מֶלֶךְ הַכָּבוֹד:
מִי זֶה מֶלֶךְ הַכָּבוֹד יְהוָֹה עִזּוּז וְגִבּוֹר יְהוָֹה גִּבּוֹר
מִלְחָמָה:
שְׂאוּ שְׁעָרִים רָאשֵׁיכֶם וּשְׂאוּ פִּתְחֵי עוֹלָם
וְיָבֹא מֶלֶךְ הַכָּבוֹד.
מִי הוּא זֶה מֶלֶךְ הַכָּבוֹד יְהוָֹה צְבָאוֹת הוּא מֶלֶךְ
הַכָּבוֹד סֶלָה:

DIE ROLLE WIRD ZURÜCKGEBRACHT

Loben soll man den Namen Gottes,
denn Gottes Name allein ist erhaben,
Gottes Hoheit strahlt über Erde und Himmel.
Dem Gottesvolk verleiht Gott Macht,
das ist ein Ruhm für alle, die an Gott glauben,
für Israels Kinder, das Volk, das sich Gott nahen darf.
Halleluja – Lobet Gott! *(Ps 148,13 u. 14)*

PSALM 24

Ein Psalm Davids

Gott gehört die Erde und was sie erfüllt,
das Festland und die darauf wohnen.
Denn Gott hat es auf den Meeren gegründet,
es über den Strömen befestigt.

Wer darf zu Gottes Berg hinaufziehen?
Wer darf an heiliger Stätte stehen?
Wer reine Hände hat
und ein lauteres Herz,
wer nicht betrügt
und keine falschen Eide schwört.

Ein solcher Mensch wird Segen von Gott empfangen
und Wohltaten von Gott; Gott ist seine Hilfe.
Dies sind die Menschen, die nach Gott fragen,
die deine Gegenwart suchen, Gott Jakobs.

Ihr Tore, hebt euch nach oben,
hebt euch, ihr uralten Pforten,
denn es kommt der König der Ehre.
Wer ist der König der Ehre?
Gott, stark und gewaltig,
Gott, mächtig im Kampf.

Ihr Tore, hebt euch nach oben,
hebt euch, ihr uralten Pforten,
denn es kommt der König der Ehre.
Wer ist der König der Ehre?
Gott, der alles geschaffen hat,
das ist der König der Ehre.

תהלים
כט

מִזְמוֹר לְדָוִד

הָבוּ לַיהוָֹה בְּנֵי אֵלִים הָבוּ לַיהוָֹה כָּבוֹד וָעֹז:
הָבוּ לַיהוָֹה כְּבוֹד שְׁמוֹ הִשְׁתַּחֲווּ לַיהוָֹה בְּהַדְרַת־
קֹדֶשׁ:
קוֹל יְהוָֹה עַל־הַמָּיִם אֵל־הַכָּבוֹד הִרְעִים
יְהוָֹה עַל־מַיִם רַבִּים:
קוֹל־יְהוָֹה בַּכֹּחַ קוֹל יְהוָֹה בֶּהָדָר:
קוֹל יְהוָֹה שֹׁבֵר אֲרָזִים וַיְשַׁבֵּר יְהוָֹה אֶת־אַרְזֵי
הַלְּבָנוֹן:
וַיַּרְקִידֵם כְּמוֹ־עֵגֶל לְבָנוֹן וְשִׂרְיוֹן כְּמוֹ בֶן־רְאֵמִים:
קוֹל־יְהוָֹה חֹצֵב לַהֲבוֹת אֵשׁ:
קוֹל יְהוָֹה יָחִיל מִדְבָּר יָחִיל יְהוָֹה מִדְבַּר קָדֵשׁ:
קוֹל יְהוָֹה יְחוֹלֵל אַיָּלוֹת וַיֶּחֱשֹׂף יְעָרוֹת
וּבְהֵיכָלוֹ כֻּלּוֹ אֹמֵר כָּבוֹד:
יְהוָֹה לַמַּבּוּל יָשָׁב וַיֵּשֶׁב יְהוָֹה מֶלֶךְ לְעוֹלָם:
יְהוָֹה עֹז לְעַמּוֹ יִתֵּן יְהוָֹה יְבָרֵךְ אֶת־עַמּוֹ בַשָּׁלוֹם:

PSALM
29

Ein Psalm Davids

Bringt dar dem Ewigen, ihr Himmlischen,
bringt dar dem Ewigen Lob und Ehre!
Bringt dar dem Ewigen die Ehre seines Namens,
werft euch vor Gott nieder in heiligem Schmuck!

Die Stimme Gottes erschallt über den Wassern.
Der Gott der Herrlichkeit donnert,
der Ewige über gewaltigen Wassern.
Die Stimme Gottes ertönt mit Macht,
die Stimme des Ewigen voll Majestät.

Die Stimme Gottes zerbricht die Zedern,
der Ewige zerschmettert die Zedern des Libanon.
Gott lässt den Libanon hüpfen wie ein Kalb,
wie einen Wildstier den Hermon.
Die Stimme Gottes sprüht flammendes Feuer,
die Stimme Gottes lässt die Wüste beben,
beben lässt Gott die Wüste von Kadesch.

Die Stimme Gottes wirbelt Eichen empor,
ganze Wälder reißt sie kahl.
In Gottes Palast rufen alle: O herrlicher Gott!

Der Ewige thront über der Flut,
Gott thront königlich bis in Ewigkeit.

Gott gebe dem Gottesvolk Kraft,
Gott segne das Gottesvolk mit Frieden.

שְׁכֹן יְהוָה בְּתוֹךְ
עַמֶּךָ וְתָנוּחַ רוּחֲךָ
בְּבֵית תְּפִלָּתֶךָ כִּי
כָל־פֶּה וְכָל־לָשׁוֹן
יִתְּנוּ הוֹד וְהָדָר
לְמַלְכוּתֶךָ: כִּי לֶקַח
טוֹב נָתַתִּי לָכֶם
תּוֹרָתִי אַל־תַּעֲזֹבוּ:
הֲשִׁיבֵנוּ יְהוָה אֵלֶיךָ
וְנָשׁוּבָה חַדֵּשׁ יָמֵינוּ
כְּקֶדֶם:

וּבְנֻחֹה יֹאמַר: שׁוּבָה יְיָ רִבְבוֹת
אַלְפֵי יִשְׂרָאֵל: קוּמָה יְיָ לִמְנוּחָתֶךָ
אַתָּה וַאֲרוֹן עֻזֶּךָ: כֹּהֲנֶיךָ יִלְבְּשׁוּ־צֶדֶק
וַחֲסִידֶיךָ יְרַנֵּנוּ: בַּעֲבוּר דָּוִד עַבְדֶּךָ
אַל־תָּשֵׁב פְּנֵי מְשִׁיחֶךָ: כִּי לֶקַח טוֹב
נָתַתִּי לָכֶם תּוֹרָתִי אַל־תַּעֲזֹבוּ: עֵץ
חַיִּים הִיא לַמַּחֲזִיקִים בָּהּ וְתֹמְכֶיהָ
מְאֻשָּׁר: דְּרָכֶיהָ דַרְכֵי־נֹעַם וְכָל־
נְתִיבוֹתֶיהָ שָׁלוֹם:
הֲשִׁיבֵנוּ יְהוָה אֵלֶיךָ וְנָשׁוּבָה חַדֵּשׁ
יָמֵינוּ כְּקֶדֶם:

יְהִי יְיָ אֱלֹהֵינוּ עִמָּנוּ. כַּאֲשֶׁר הָיָה עִם אֲבוֹתֵינוּ. אַל יַעַזְבֵנוּ וְאַל יִטְּשֵׁנוּ: לְהַטּוֹת לְבָבֵנוּ אֵלָיו. לָלֶכֶת בְּכָל־דְּרָכָיו. וְלִשְׁמֹר מִצְוֹתָיו וְחֻקָּיו וּמִשְׁפָּטָיו. אֲשֶׁר צִוָּה אֶת־אֲבֹתֵינוּ: וְיִהְיוּ דְבָרַי אֵלֶּה אֲשֶׁר הִתְחַנַּנְתִּי לִפְנֵי יְיָ. קְרֹבִים אֶל יְיָ אֱלֹהֵינוּ יוֹמָם וָלָיְלָה. לַעֲשׂוֹת מִשְׁפַּט עַבְדּוֹ וּמִשְׁפַּט עַמּוֹ יִשְׂרָאֵל דְּבַר־יוֹם בְּיוֹמוֹ: לְמַעַן דַּעַת כָּל־עַמֵּי הָאָרֶץ כִּי יְיָ הוּא הָאֱלֹהִים. אֵין עוֹד:

ISRAEL KEHRT ZURÜCK

Gott, sei in deinem Volk gegenwärtig und lass deinen Geist wohnen im Haus deines Lobes, denn jeder Mund und jede Zunge sollen dir Lob singen und deine Herrschaft preisen. Denn du hast gesagt: Eine gute Lehre gebe ich euch. Lasst nicht ab von meiner Thora! *(Spr 4,2)* Gott, bring uns zu dir zurück, dann können wir zu dir zurückkehren. Erneuere unsere Tage, damit sie werden wie früher. *(Kld 5,21)*

Wenn man haltmachte, sagte man: Lass dich nieder, Gott, bei den zehntausendmal Tausenden Israels! *(Num 10,36)* Erhebe dich, Gott, komm an den Ort deiner Ruhe, du und deine machtvolle Lade! Deine Priester sollen sich mit Gerechtigkeit bekleiden, und deine Frommen sollen jubeln. Weil David dein Knecht ist, weise deinen Gesalbten nicht ab! *(Ps 132,8-10)* Denn eine gute Lehre gebe ich euch. Lasst nicht ab von meiner Thora! *(Spr 4,2)* Wer nach ihr greift, dem ist sie ein Lebensbaum, wer sie festhält, ist glücklich zu preisen. *(Spr 3,18)* Ihre Wege sind Wege der Freude, all ihre Pfade führen zum Glück. *(Spr 3,17)* Gott, bring uns zu dir zurück, dann können wir zu dir zurückkehren. Erneuere unsere Tage, damit sie werden wie früher. *(Kld 5,21)*

Möge der Ewige, unser Gott, mit uns sein, wie Gott mit unseren Vorfahren gewesen ist. Möge Gott uns nicht verlassen und nicht aufgeben, damit wir unser Herz an Gott hängen und in Gottes Wegen gehen; damit wir Gottes Gebote und Satzungen und Rechtsordnungen beachten, die er unseren Vorfahren aufgetragen hat. Mögen diese Worte, die ich bete, den Ewigen erreichen. Mögen sie dem Ewigen, unserem Gott, Tag und Nacht vor Augen sein, damit Gott dem Menschen, der ihm dient, Recht schafft, damit Gott Israel Recht schafft, in jeder Angelegenheit am Tag und in der Nacht. Denn dann werden alle Völker der Erde erkennen, dass der Ewige Gott ist, und niemand und nichts sonst.

אחר קריאת התורה

NACH DEM ABSCHLUSS DER THORA-LESUNG

Gott, du zeigst dich in der Geschichte von Jona, und wir beziehen ihre Bedeutung auf uns selbst, denn Ninive ist die Welt, die umkehrt, und wir sind Israel, ihr unwilliger Prophet. Du hast uns erwählt, damit wir dich kennenlernen und lieben. Diese Kenntnis ist unser Ruhm und diese Liebe unsere Last. Sie sind das Geheimnis unseres Sieges über die Zeit und der Sinn der Schicksalsschläge, die wir ertragen mussten. Sie sind unsere Krone und unsere Schande.

Gott, dieses Wissen ist zu sonderbar für uns. Dadurch offenbarst du unsere Verwandtschaft zu Freunden und Feinden, unsere Verpflichtung gegenüber denen, die uns lieben und gegenüber denen, die uns hassen, in einer Welt, in der alles und alle dein Werk sind.

Wenn wir nicht für andere da sind, sind wir nicht Israel. Es ist unsere Aufgabe, den Gefangenen zur Freiheit zu verhelfen, den Heimatlosen Zuflucht zu geben und den Hungernden Nahrung. Es ist unsere Aufgabe, die Saat der Freundschaft auf einem unfreundlichen Boden zu säen, Feinde zu versöhnen und unseren Unterdrückern die Erlösung zu bringen. Wir sind deine Kinder, Gott, und wir gestalten dein Reich auf der Erde.

Wir können nicht umhin, uns daran zu erinnern, was wir der Welt gegeben haben und wie die Welt uns dies gedankt hat. Aber dein Gebot ist jenseits aller Berechungen und unsere Sendung als Israel jenseits aller Aufrechnung. Wir lesen von den Prüfungen Jonas und von seinen Reisen. Wir erinnern uns an unsere eigenen und die unseres Volkes. Doch weil wir Israel sind, das du erwählt hast, deshalb rufen wir noch immer: Gott aller Vergebung: Vergib uns, verzeih uns, gib uns Versöhnung. In den Augen der Menschen haben wir wundervolle Werke vollbracht, doch in deinen Augen war es nicht genug, und heute bist allein du es, der uns beurteilt.

עַל־כֵּן נְקַוֶּה לְּךָ יְיָ אֱלֹהֵינוּ לִרְאוֹת מְהֵרָה בְּתִפְאֶרֶת עֻזֶּךָ. לְהַעֲבִיר גִּלּוּלִים מִן הָאָרֶץ וְהָאֱלִילִים כָּרוֹת יִכָּרֵתוּן. לְתַקֵּן עוֹלָם בְּמַלְכוּת שַׁדַּי וְכָל־בְּנֵי בָשָׂר יִקְרְאוּ בִשְׁמֶךָ. לְהַפְנוֹת אֵלֶיךָ כָּל־רִשְׁעֵי אָרֶץ: יַכִּירוּ וְיֵדְעוּ כָּל־יוֹשְׁבֵי תֵבֵל כִּי לְךָ תִּכְרַע כָּל־בֶּרֶךְ תִּשָּׁבַע כָּל־לָשׁוֹן: לְפָנֶיךָ יְיָ אֱלֹהֵינוּ יִכְרְעוּ וְיִפֹּלוּ. וְלִכְבוֹד שִׁמְךָ יְקָר יִתֵּנוּ. וִיקַבְּלוּ כֻלָּם אֶת־עֹל מַלְכוּתֶךָ. וְתִמְלוֹךְ עֲלֵיהֶם מְהֵרָה לְעוֹלָם וָעֶד. כִּי הַמַּלְכוּת שֶׁלְּךָ הִיא וּלְעוֹלְמֵי עַד תִּמְלוֹךְ בְּכָבוֹד. כַּכָּתוּב בְּתוֹרָתֶךָ. יְיָ יִמְלֹךְ לְעוֹלָם וָעֶד: וְנֶאֱמַר. וְהָיָה יְיָ לְמֶלֶךְ עַל־כָּל־הָאָרֶץ בַּיּוֹם הַהוּא יִהְיֶה יְיָ אֶחָד וּשְׁמוֹ אֶחָד:

תהלים פד

לַמְנַצֵּחַ עַל־הַגִּתִּית לִבְנֵי־קֹרַח מִזְמוֹר:

מַה־יְּדִידוֹת מִשְׁכְּנוֹתֶיךָ יְהוָה צְבָאוֹת:

נִכְסְפָה וְגַם־כָּלְתָה נַפְשִׁי לְחַצְרוֹת יְהוָה

לִבִּי וּבְשָׂרִי יְרַנְּנוּ אֶל אֵל־חָי:

גַּם־צִפּוֹר מָצְאָה בַיִת

וּדְרוֹר קֵן לָהּ אֲשֶׁר־שָׁתָה אֶפְרֹחֶיהָ

אֶת־מִזְבְּחוֹתֶיךָ יְהוָה צְבָאוֹת מַלְכִּי וֵאלֹהָי:

אַשְׁרֵי יוֹשְׁבֵי בֵיתֶךָ עוֹד יְהַלְלוּךָ סֶּלָה:

אַשְׁרֵי אָדָם עוֹז־לוֹ בָךְ מְסִלּוֹת בִּלְבָבָם:

Darum hoffen wir darauf, Ewiger, unser Gott, dass deine Stärke bald für uns sichtbar wird, dass die Anbetung des Geldes von der Erde verschwinden und dass Vorurteile und Aberglaube ausgerottet werden; dass die Welt von deiner Herrschaft geprägt ist und alle Menschen deinen Namen anrufen; dass alle Ungerechten der Welt sich dir zuwenden.
Alle Bewohner der Erde sollen erkennen und wissen, dass sich vor dir jedes Knie beugt und jede Zunge bei dir schwört. Vor dir, Ewiger, unser Gott, wird man sich beugen und niederfallen, und man wird der Herrlichkeit deines Namens Achtung erweisen. Alle werden deine Herrschaft anerkennen, und du wirst bald über alle herrschen, von nun an bis in Ewigkeit. Denn dir allein gebührt die Herrschaft, und du herrschst bis in alle Ewigkeit in Herrlichkeit, wie es geschrieben steht in deiner Thora: Gott regiert für immer und ewig. *(Ex 15,18)* Und es ist gesagt: Dann wird Gott über die ganze Erde herrschen. An jenem Tag wird Gott einzig sein und sein Name einzig. *(Sach 14,9)*

PSALM 84 *DIE FREUDE AN GOTT*

Dem Chorleiter. Auf der Gittit. Von den Söhnen Korachs. Ein Psalm.

Wie liebenswert sind deine Wohnungen,
  Gott aller Geschöpfe.
Meine Seele verlangt, ja sehnt sich
  nach den Vorhöfen Gottes.
Mein Verstand und mein Körper
  preisen den lebendigen Gott.

Selbst der Sperling fand ein Zuhause,
  die Schwalbe ihr Nest
  für ihre Jungen
an deinen Altären, Gott aller Geschöpfe,
  du regierst über mich;
  du bist mein Gott.

Glücklich sollen die sein, die in deinem Hause wohnen
  und dich immerfort loben.
Glücklich sollen die Pilger sein, die in dir Kraft schöpfen,
  wenn sie in ihren Herzen mit dir unterwegs sind.

עֹבְרֵי בְּעֵמֶק הַבָּכָא מַעְיָן יְשִׁיתוּהוּ
גַּם־בְּרָכוֹת יַעְטֶה מוֹרֶה:
יֵלְכוּ מֵחַיִל אֶל־חָיִל יֵרָאֶה אֶל־אֱלֹהִים בְּצִיּוֹן:
יְהוָֹה אֱלֹהִים צְבָאוֹת שִׁמְעָה תְפִלָּתִי
הַאֲזִינָה אֱלֹהֵי יַעֲקֹב סֶלָה:
מָגִנֵּנוּ רְאֵה אֱלֹהִים וְהַבֵּט פְּנֵי מְשִׁיחֶךָ:
כִּי טוֹב־יוֹם בַּחֲצֵרֶיךָ מֵאָלֶף בָּחַרְתִּי הִסְתּוֹפֵף בְּבֵית אֱלֹהַי
מִדּוּר בְּאָהֳלֵי־רֶשַׁע:

כִּי שֶׁמֶשׁ וּמָגֵן יְהוָֹה אֱלֹהִים חֵן וְכָבוֹד יִתֵּן יְהוָֹה
לֹא יִמְנַע־טוֹב לַהֹלְכִים בְּתָמִים:

יְהוָֹה צְבָאוֹת אַשְׁרֵי אָדָם בֹּטֵחַ בָּךְ:

אשרי **אַשְׁרֵי** יוֹשְׁבֵי בֵיתֶךָ עוֹד יְהַלְלוּךָ סֶּלָה:
אַשְׁרֵי הָעָם שֶׁכָּכָה לּוֹ
אַשְׁרֵי הָעָם שֶׁיְהוָֹה אֱלֹהָיו:

Ziehen sie durch ein Tränental,
wird es ihnen zum Quellgrund,
und der Frühregen erfüllt es mit Segen.
Sie pilgern von einer Kraftquelle zur anderen,
bis sie vor Gott auf dem Zion erscheinen.

Ewiger, Gott aller Geschöpfe,
höre mein Gebet.
Höre zu, Gott Jakobs.
Gott, unser Schutzschild, sieh her!
Schau deinen Gesalbten an!

Denn ein Tag in deinen Vorhöfen
ist besser als tausend andere.
Ich will lieber an der Schwelle des Hauses meines Gottes stehen,
als in den Zelten der Ungerechten wohnen.

Ja, Gott ist Sonne und Schutzschild,
Gott gibt Gnade und Ruhm.
Gott wird denen nichts Gutes vorenthalten,
die in Treue zu Gott unterwegs sind.

Gott aller Geschöpfe,
Glücklich ist der Mensch, der auf dich vertraut!

DAS VERTRAUEN ZU GOTT

Glücklich sind die, die in deinem Haus wohnen,
die dich allezeit loben! *(Ps 84,5)*
Glücklich ist das Volk, von dem dies gilt:
Glücklich ist das Volk, dessen Gott der Ewige ist. *(Ps 144,15)*

תהלים
קמה

תְּהִלָּה לְדָוִד

אֲרוֹמִמְךָ אֱלוֹהַי הַמֶּלֶךְ וַאֲבָרְכָה שִׁמְךָ לְעוֹלָם וָעֶד׃

בְּכָל־יוֹם אֲבָרְכֶךָּ וַאֲהַלְלָה שִׁמְךָ לְעוֹלָם וָעֶד׃

גָּדוֹל יְהֹוָה וּמְהֻלָּל מְאֹד וְלִגְדֻלָּתוֹ אֵין חֵקֶר׃

דּוֹר לְדוֹר יְשַׁבַּח מַעֲשֶׂיךָ וּגְבוּרֹתֶיךָ יַגִּידוּ׃

הֲדַר כְּבוֹד הוֹדֶךָ וְדִבְרֵי נִפְלְאֹתֶיךָ אָשִׂיחָה׃

וֶעֱזוּז נוֹרְאוֹתֶיךָ יֹאמֵרוּ וּגְדוּלָּתְךָ אֲסַפְּרֶנָּה׃

זֵכֶר רַב־טוּבְךָ יַבִּיעוּ וְצִדְקָתְךָ יְרַנֵּנוּ׃

חַנּוּן וְרַחוּם יְהֹוָה אֶרֶךְ אַפַּיִם וּגְדָל־חָסֶד׃

טוֹב־יְהֹוָה לַכֹּל וְרַחֲמָיו עַל־כָּל־מַעֲשָׂיו׃

יוֹדוּךָ יְהֹוָה כָּל־מַעֲשֶׂיךָ וַחֲסִידֶיךָ יְבָרְכוּכָה׃

כְּבוֹד מַלְכוּתְךָ יֹאמֵרוּ וּגְבוּרָתְךָ יְדַבֵּרוּ׃

לְהוֹדִיעַ לִבְנֵי הָאָדָם גְּבוּרֹתָיו וּכְבוֹד הֲדַר מַלְכוּתוֹ׃

מַלְכוּתְךָ מַלְכוּת כָּל־עֹלָמִים וּמֶמְשַׁלְתְּךָ בְּכָל־דּוֹר וָדֹר׃

סוֹמֵךְ יְהֹוָה לְכָל־הַנֹּפְלִים וְזוֹקֵף לְכָל־הַכְּפוּפִים׃

עֵינֵי־כֹל אֵלֶיךָ יְשַׂבֵּרוּ וְאַתָּה נוֹתֵן־לָהֶם אֶת־אָכְלָם בְּעִתּוֹ׃

פּוֹתֵחַ אֶת־יָדֶךָ וּמַשְׂבִּיעַ לְכָל־חַי רָצוֹן׃

PSALM
145

Ein Loblied Davids

Allezeit will ich meinen Gott rühmen, Gott regiert,
und den Namen Gottes preisen.
Betend preise ich dich täglich,
und lobe deinen Namen immer und ewig.
Creatürliches kann deine Größe nicht erforschen,
der Ewige ist groß und hoch zu loben!

Deine Werke werden von einer Generation zur anderen gerühmt,
deine großartigen Taten verkünden sie.
Erzählen will ich vom herrlichen Glanz deiner Hoheit,
von deinen wunderbaren Werken will ich reden.
Für deine glaubenweckenden Taten preist man dich,
von deiner Größe will ich berichten.
Groß ist deine Güte, an die sie erinnern,
sie singen von deiner Gerechtigkeit.

Huldvoll und gnädig ist Gott,
nachsichtig und unendlich liebevoll.
Ja, Gott ist gut zu allen,
Gottes Barmherzigkeit gilt allen Geschöpfen.

Kein Werk gibt es, das dich, Gott, nicht lobt,
alle, die an dich glauben, preisen dich.

Lobend erzählen sie von deiner Herrschaft,
und reden von deiner Macht.
Mögen alle Menschen die Macht Gottes erfahren
und die herrliche Pracht der Herrschaft Gottes.
Nicht endend ist deine Herrschaft,
deine Macht erstreckt sich über alle Generationen.

O Ewiger, du stützt alle, die fallen,
und richtest alle Gedemütigten auf.
Rastlos richten sich die Augen aller auf dich,
und du gibst ihnen ihre Nahrung zur rechten Zeit.
Sanft tust du ihnen deine Hand auf
und machst alle Lebewesen zu ihrem Wohlgefallen satt.

צַדִּיק יְהוָה בְּכָל־דְּרָכָיו וְחָסִיד בְּכָל־מַעֲשָׂיו:

קָרוֹב יְהוָה לְכָל־קֹרְאָיו לְכֹל אֲשֶׁר יִקְרָאֻהוּ בֶאֱמֶת:

רְצוֹן־יְרֵאָיו יַעֲשֶׂה וְאֶת־שַׁוְעָתָם יִשְׁמַע וְיוֹשִׁיעֵם:

שׁוֹמֵר יְהוָה אֶת־כָּל־אֹהֲבָיו וְאֵת כָּל־הָרְשָׁעִים יַשְׁמִיד:

תְּהִלַּת יְהוָה יְדַבֶּר־פִּי וִיבָרֵךְ כָּל־בָּשָׂר שֵׁם קָדְשׁוֹ לְעוֹלָם וָעֶד:

וַאֲנַחְנוּ נְבָרֵךְ יָהּ מֵעַתָּה וְעַד־עוֹלָם. הַלְלוּיָהּ:

Hier kann das חצי קדיש *gelesen werden.*

אֲדֹנָי שְׂפָתַי תִּפְתָּח. וּפִי יַגִּיד תְּהִלָּתֶךָ:

Einer der beiden folgenden Absätze:

אבות ואמהות

בָּרוּךְ אַתָּה יְיָ אֱלֹהֵינוּ וֵאלֹהֵי אֲבוֹתֵינוּ. אֱלֹהֵי אַבְרָהָם. אֱלֹהֵי יִצְחָק. וֵאלֹהֵי יַעֲקֹב. הָאֵל הַגָּדוֹל הַגִּבּוֹר וְהַנּוֹרָא. אֵל עֶלְיוֹן. גּוֹמֵל חֲסָדִים טוֹבִים קוֹנֵה הַכֹּל וְזוֹכֵר חַסְדֵי אָבוֹת וּמֵבִיא גוֹאֵל לִבְנֵי בְנֵיהֶם לְמַעַן שְׁמוֹ בְּאַהֲבָה:

בָּרוּךְ אַתָּה יְיָ אֱלֹהֵינוּ וֵאלֹהֵי אֲבוֹתֵינוּ וְאִמּוֹתֵינוּ. אֱלֹהֵי אַבְרָהָם וֵאלֹהֵי שָׂרָה. אֱלֹהֵי יִצְחָק וֵאלֹהֵי רִבְקָה. אֱלֹהֵי יַעֲקֹב אֱלֹהֵי רָחֵל וֵאלֹהֵי לֵאָה. הָאֵל הַגָּדוֹל הַגִּבּוֹר וְהַנּוֹרָא. אֵל עֶלְיוֹן. גּוֹמֵל חֲסָדִים טוֹבִים קוֹנֵה הַכֹּל וְזוֹכֵר חַסְדֵי אָבוֹת וְאִמָּהוֹת וּמֵבִיא גוֹאֵל לִבְנֵי בְנֵיהֶם לְמַעַן שְׁמוֹ בְּאַהֲבָה:

זָכְרֵנוּ לַחַיִּים מֶלֶךְ חָפֵץ בַּחַיִּים. וְכָתְבֵנוּ בְּסֵפֶר הַחַיִּים. לְמַעַנְךָ אֱלֹהִים חַיִּים:

מֶלֶךְ עוֹזֵר וּמוֹשִׁיעַ וּמָגֵן. בָּרוּךְ אַתָּה יְיָ. מָגֵן אַבְרָהָם:

מֶלֶךְ עוֹזֵר וּמוֹשִׁיעַ וּמָגֵן. בָּרוּךְ אַתָּה יְיָ. מָגֵן אַבְרָהָם וְשָׂרָה:

Treu und gerecht ist der Ewige in allen seinen Wegen,
liebevoll in allen seinen Taten.

Unser Gott ist all denen nahe, die zu Gott rufen,
allen, die Gott in Aufrichtigkeit anrufen.
Vollbringen wird Gott den Willen derer, die auf Gott vertrauen.
Gott hört ihr Schreien und hilft ihnen.
Wachend gibt Gott Acht auf alle, die Gott lieben,
alle Ungerechtigkeit aber vertilgt Gott.

Zu allen Zeiten preise alles Fleisch Gottes heiligen Namen,
und mein Mund erzähle von Gottes Lob!

Lasst uns den Ewigen preisen, von nun an bis in Ewigkeit. Halleluja.

Hier kann das Chazi-Kaddisch gelesen werden.

Gott, öffne meine Lippen, dass mein Mund deinen Ruhm verkünde! *(Ps 51,17)*

Einer der beiden folgenden Absätze:

GOTT ALLER GENERATIONEN

Gepriesen seist du, Ewiger, unser Gott und Gott unserer Väter, Gott Abrahams, Gott Isaaks und Gott Jakobs. Du bist groß und mächtig. Dir gebührt unsere Ehrfurcht. Du bist über alles erhaben. Du vollbringst Wohltaten. Alles hältst du in deiner Hand. Du erinnerst dich an die Frömmigkeit unserer Vorfahren und bringst deshalb liebevoll ihren Enkeln Erlösung um deines Namens willen.

Gepriesen seist du, Ewiger, unser Gott und Gott unserer Väter und Mütter, Gott Abrahams und Gott Saras, Gott Isaaks und Gott Rebekkas, Gott Jakobs, Gott Rahels und Gott Leas. Du bist groß und mächtig. Dir gebührt unsere Ehrfurcht. Du bist über alles erhaben. Du vollbringst Wohltaten. Alles hältst du in deiner Hand. Du erinnerst dich an die Frömmigkeit unserer Vorfahren und bringst deshalb liebevoll ihren Enkeln Erlösung um deines Namens willen.

Denke an uns, damit wir leben, Gott, du liebst das Leben! Schreibe uns in das Buch des Lebens um deines Namens willen, lebendiger Gott!

Du wachst über unser Leben und hilfst uns, du bist Rettung und Schild. Gepriesen seist du, Ewiger, unser Gott, Schutzschild Abrahams.

Du wachst über unser Leben und hilfst uns, du bist Rettung und Schild. Gepriesen seist du, Ewiger, unser Gott, Schutzschild Abrahams und Saras.

גבורות

אַתָּה גִּבּוֹר לְעוֹלָם יְיָ. מְחַיֵּה מֵתִים אַתָּה רַב לְהוֹשִׁיעַ. מְכַלְכֵּל חַיִּים בְּחֶסֶד. מְחַיֵּה מֵתִים בְּרַחֲמִים רַבִּים. סוֹמֵךְ נוֹפְלִים. וְרוֹפֵא חוֹלִים. וּמַתִּיר אֲסוּרִים. וּמְקַיֵּם אֱמוּנָתוֹ לִישֵׁנֵי עָפָר: מִי כָמוֹךָ בַּעַל גְּבוּרוֹת וּמִי דוֹמֶה לָּךְ. מֶלֶךְ מֵמִית וּמְחַיֶּה. וּמַצְמִיחַ יְשׁוּעָה:

מִי כָמוֹךָ אַב הָרַחֲמִים זוֹכֵר יְצוּרָיו לַחַיִּים בְּרַחֲמִים:

וְנֶאֱמָן אַתָּה לְהַחֲיוֹת מֵתִים. בָּרוּךְ אַתָּה יְיָ. מְחַיֵּה הַמֵּתִים:

קדושת השם

אַתָּה קָדוֹשׁ וְשִׁמְךָ קָדוֹשׁ וּקְדוֹשִׁים בְּכָל־יוֹם יְהַלְלוּךָ סֶּלָה.

קָדוֹשׁ קָדוֹשׁ קָדוֹשׁ יְיָ צְבָאוֹת. מְלֹא כָל־הָאָרֶץ כְּבוֹדוֹ:

וּבְכֵן תֵּן פַּחְדְּךָ יְיָ אֱלֹהֵינוּ עַל כָּל־מַעֲשֶׂיךָ וְאֵימָתְךָ עַל כָּל־מַה־שֶּׁבָּרָאתָ. וְיִירָאוּךָ כָּל־הַמַּעֲשִׂים וְיִשְׁתַּחֲווּ לְפָנֶיךָ כָּל־הַבְּרוּאִים. וְיֵעָשׂוּ כֻלָּם אֲגֻדָּה אַחַת לַעֲשׂוֹת רְצוֹנְךָ בְּלֵבָב שָׁלֵם. כְּמוֹ שֶׁיָּדַעְנוּ יְיָ אֱלֹהֵינוּ שֶׁהַשִּׁלְטוֹן לְפָנֶיךָ. עֹז בְּיָדְךָ וּגְבוּרָה בִימִינֶךָ וְשִׁמְךָ נוֹרָא עַל כָּל־מַה־שֶּׁבָּרָאתָ:

וּבְכֵן תֵּן כָּבוֹד יְיָ לְעַמֶּךָ תְּהִלָּה לִירֵאֶיךָ וְתִקְוָה לְדוֹרְשֶׁיךָ וּפִתְחוֹן פֶּה לַמְיַחֲלִים לָךְ. שִׂמְחָה לְאַרְצֶךָ וְשָׂשׂוֹן לְעִירֶךָ וּצְמִיחַת קֶרֶן לְדָוִד עַבְדֶּךָ וַעֲרִיכַת נֵר לְבֶן־יִשַׁי מְשִׁיחֶךָ בִּמְהֵרָה בְיָמֵינוּ:

וּבְכֵן צַדִּיקִים יִרְאוּ וְיִשְׂמָחוּ וִישָׁרִים יַעֲלֹזוּ וַחֲסִידִים בְּרִנָּה יָגִילוּ. וְעוֹלָתָה תִּקְפָּץ־פִּיהָ וְכָל־הָרִשְׁעָה כֻּלָּהּ כְּעָשָׁן תִּכְלֶה כִּי תַעֲבִיר מֶמְשֶׁלֶת זָדוֹן מִן הָאָרֶץ:

GOTT IST MÄCHTIG

Du bist die nie erschöpfende Kraft, du schenkst Leben angesichts des Todes. Vielfältig sind deine Wege zu helfen. Die Lebenden ernährst du in Güte. In großem Erbarmen schaffst du Leben angesichts des Todes. Du stützt die Fallenden. Du heilst die Kranken. Du machst die Gebundenen los und hältst die Treue denen, die im Staube schlafen. Wer ist wie du, der solche Kraft hätte, und wer ist dir gleich? – Du, Gott, hast Macht über Tod und Leben, und du lässt Hilfe sprossen.

> Wer ist wie du, Quelle aller Barmherzigkeit! In Barmherzigkeit gedenkst du deiner Geschöpfe und schenkst ihnen Leben.

Du bist treu, Leben angesichts des Todes zu schaffen. Gepriesen seist du, Ewiger. Du schenkst Leben angesichts des Todes.

GOTT IST HEILIG

Heilig bist du, heilig ist dein Name, Heilige preisen dich Tag für Tag.

Heilig, heilig, heilig ist der Schöpfer aller Kreatur.
Die ganze Welt ist mit Gottes Gegenwart erfüllt. *(Jes 6,3)*

Und so lass nun, Ewiger, unser Gott, die Scheu vor dir über alle deine Werke kommen und ein ehrfürchtiges Bangen vor dir über alles, was du erschaffen hast, damit alle deine Geschöpfe dir Ehrfurcht erweisen und alle Menschen dich in Demut verehren. So werden sie alle eine Gemeinschaft bilden, die deinen Willen von ganzem Herzen erfüllt. Denn wir wissen ja, Ewiger, unser Gott, dass dir die Herrschaft gehört. Deine Hand hat Kraft und deine Rechte hat Macht. Alles, was du geschaffen hast, bezeugt deinen Namen, dem die Ehrfurcht gebührt.

Und so bringe nun dein Volk zu Ehren und alle, die dich fürchten, zu Ruhm. Gib allen, die dich suchen, Hoffnung und allen, die auf dich hoffen, Freimut. Erfülle dein Land mit Freude und deine Stadt mit Jubel. Lass das Werk der Erlösung, das mit deinem Knecht David begann, neu erblühen. Lass das Licht der messianischen Zeit schon in unserer Zeit erstrahlen.

Und so mögen nun die Gerechten dies sehen und sich freuen. Die Aufrichtigen werden fröhlich sein, und die Glaubenden werden jubelnd singen. Dem Unrecht aber wird der Mund gestopft werden, und alles Böse wird wie Rauch vergehen, wenn du die Herrschaft der Bosheit von der Erde verschwinden lässt.

וְתִמְלֹךְ אַתָּה יְיָ לְבַדֶּךָ עַל כָּל־מַעֲשֶׂיךָ בְּהַר צִיּוֹן מִשְׁכַּן כְּבוֹדֶךָ וּבִירוּשָׁלַיִם עִיר קָדְשֶׁךָ. כַּכָּתוּב בְּדִבְרֵי קָדְשֶׁךָ.

יִמְלֹךְ יְיָ לְעוֹלָם אֱלֹהַיִךְ צִיּוֹן לְדֹר וָדֹר הַלְלוּיָהּ:

קָדוֹשׁ אַתָּה וְנוֹרָא שְׁמֶךָ וְאֵין אֱלוֹהַּ מִבַּלְעָדֶיךָ. כַּכָּתוּב: וַיִּגְבַּהּ יְיָ צְבָאוֹת בַּמִּשְׁפָּט. וְהָאֵל הַקָּדוֹשׁ נִקְדַּשׁ בִּצְדָקָה.

בָּרוּךְ אַתָּה יְיָ. הַמֶּלֶךְ הַקָּדוֹשׁ:

קדושת היום

אַתָּה בְחַרְתָּנוּ מִכָּל־הָעַמִּים. אָהַבְתָּ אוֹתָנוּ. וְרָצִיתָ בָּנוּ. וְרוֹמַמְתָּנוּ מִכָּל־הַלְּשׁוֹנוֹת. וְקִדַּשְׁתָּנוּ בְּמִצְוֹתֶיךָ. וְקֵרַבְתָּנוּ מַלְכֵּנוּ לַעֲבוֹדָתֶךָ. וְשִׁמְךָ הַגָּדוֹל וְהַקָּדוֹשׁ עָלֵינוּ קָרָאתָ: וַתִּתֶּן־לָנוּ יְיָ אֱלֹהֵינוּ בְּאַהֲבָה אֶת־יוֹם (הַמָּנוֹחַ הַזֶּה. וְאֶת־יוֹם) הַכִּפּוּרִים הַזֶּה. אֶת יוֹם מִקְרָא קֹדֶשׁ הַזֶּה. לִמְחִילָה. וְלִסְלִיחָה. וּלְכַפָּרָה. וְלִמְחוֹל בּוֹ אֶת כָּל־ עֲוֹנוֹתֵינוּ. בְּאַהֲבָה מִקְרָא קֹדֶשׁ. זֵכֶר לִיצִיאַת מִצְרָיִם:

אֱלֹהֵינוּ וֵאלֹהֵי אֲבוֹתֵינוּ. מְחַל לַעֲוֹנוֹתֵינוּ בְּיוֹם (הַמָּנוֹחַ הַזֶּה וּבְיוֹם) הַכִּפּוּרִים הַזֶּה. מְחֵה וְהַעֲבֵר פְּשָׁעֵינוּ וְחַטֹּאתֵינוּ מִנֶּגֶד עֵינֶיךָ: כָּאָמוּר. אָנֹכִי אָנֹכִי הוּא מֹחֶה פְשָׁעֶיךָ לְמַעֲנִי. וְחַטֹּאתֶיךָ לֹא אֶזְכֹּר: וְנֶאֱמַר. מָחִיתִי כָעָב פְּשָׁעֶיךָ וְכֶעָנָן חַטֹּאתֶיךָ. שׁוּבָה אֵלַי כִּי גְאַלְתִּיךָ: וְנֶאֱמַר. כִּי בַיּוֹם הַזֶּה יְכַפֵּר עֲלֵיכֶם לְטַהֵר אֶתְכֶם. מִכֹּל חַטֹּאתֵיכֶם לִפְנֵי יְיָ תִּטְהָרוּ:

יעלה ויבא

אֱלֹהֵינוּ וֵאלֹהֵי אֲבוֹתֵינוּ יַעֲלֶה וְיָבֹא. יַגִּיעַ וְיֵרָאֶה. זִכְרוֹנֵנוּ וּפִקְדוֹנֵנוּ. וְזִכְרוֹן אֲבוֹתֵינוּ. וְזִכְרוֹן מָשִׁיחַ בֶּן־דָּוִד עַבְדֶּךָ. וְזִכְרוֹן יְרוּשָׁלַיִם עִיר קָדְשֶׁךָ. וְזִכְרוֹן כָּל־עַמְּךָ בֵּית יִשְׂרָאֵל

Dann wirst du, Gott, allein über alle deine Werke regieren, über den Berg Zion, den Ort deiner Gegenwart und über Jerusalem, die Stadt deiner Heiligkeit, wie in deinen heiligen Worten geschrieben steht:

Gott herrscht allezeit, dein Gott, Zion, regiert bis in Ewigkeit. Halleluja!

(Ps 146,10)

Heilig bist du; deinem Namen gebührt Ehrfurcht. Es gibt keinen Gott außer dir, wie geschrieben steht: Der Gott aller Geschöpfe ist erhaben im Gericht. Der Gott der Heiligkeit ist geheiligt durch Gerechtigkeit.

(Jes 5,16)

Gepriesen seist du, Ewiger. Du herrschst und du bist heilig.

DER FESTTAG IST HEILIG

Du hast uns aus allen Völkern erwählt. Du hast uns lieb und hast Gefallen an uns. Du hast uns eine besondere Stellung unter allen Völkern gegeben, indem du uns durch deine Gebote geheiligt hast. Du hast uns in deinen Dienst gestellt. Wir sind nach deinem großen und heiligen Namen benannt. Ewiger, unser Gott, du schenkst uns in deiner Liebe (diesen Tag der Ruhe und) diesen Tag der Versöhnung; diesen Tag der Vergebung unserer Verkehrung, diesen Tag heiliger Versammlung zur Verzeihung, Vergebung und Versöhnung, an dem du alle unsere Verkehrungen verzeihst. Er ist eine heilige Versammlung (in Liebe), eine Erinnerung an den Auszug aus Ägypten.

Unser Gott und Gott unserer Vorfahren, (an diesem Tag der Ruhe und) an diesem Tag der Versöhnung verzeih unsere Verkehrungen. Entferne unsere eigensüchtigen Taten und Gedanken und lass unsere Verfehlungen an deinen Augen vorüberziehen, wie es heißt: Ich, ja, ich entferne deine eigensüchtigen Taten und Gedanken um meinetwillen. An deine Verfehlungen will ich nicht mehr denken. *(Jes 43,25)* Und es heißt: Ich lasse deine eigensüchtigen Taten und Gedanken wie eine Wolke vergehen und deine Verfehlungen wie Rauch. Kehre um zu mir, denn ich habe dich erlöst! *(Jes 44,22)* Und es heißt: An diesem Tag wird euch Versöhnung geschaffen, damit ihr rein werdet. Von all euren Verfehlungen vor dem Ewigen werdet ihr rein sein. *(Lev 16,30)*

Unser Gott und Gott unserer Vorfahren, das Gedenken an uns und die Verantwortung für uns, das Gedenken an unsere Vorfahren und an die messianische Zeit, das Gedenken an Jerusalem, die Stadt deiner Heiligkeit, und an die ganze Familie Israels mögen zu dir gelangen und vor

לְפָנֶיךָ לִפְלֵיטָה וּלְטוֹבָה. לְחֵן וּלְחֶסֶד. וּלְרַחֲמִים. בְּיוֹם (הַמָּנוֹחַ הַזֶּה וּבְיוֹם) הַכִּפּוּרִים הַזֶּה. לְרַחֵם בּוֹ עָלֵינוּ וּלְהוֹשִׁיעֵנוּ:

זָכְרֵנוּ יְיָ אֱלֹהֵינוּ בּוֹ לְטוֹבָה. אָמֵן:

וּפָקְדֵנוּ בוֹ לִבְרָכָה. אָמֵן:

וְהוֹשִׁיעֵנוּ בוֹ לְחַיִּים טוֹבִים: אָמֵן:

וּבִדְבַר יְשׁוּעָה וְרַחֲמִים חוּס וְחָנֵּנוּ. כִּי אֵלֶיךָ עֵינֵינוּ. כִּי אֵל מֶלֶךְ חַנּוּן וְרַחוּם אָתָּה:

אֱלֹהֵינוּ וֵאלֹהֵי אֲבוֹתֵינוּ. מְלֹךְ עַל כָּל־הָעוֹלָם כֻּלוֹ בִּכְבוֹדֶךָ. וְהִנָּשֵׂא עַל כָּל־הָאָרֶץ בִּיקָרֶךָ. וְהוֹפַע בַּהֲדַר גְּאוֹן עֻזֶּךָ. עַל כָּל־יוֹשְׁבֵי תֵבֵל אַרְצֶךָ: וְיֵדַע כָּל־פָּעוּל כִּי אַתָּה פְעַלְתּוֹ. וְיָבִין כָּל־יָצוּר כִּי אַתָּה יְצַרְתּוֹ. וְיֹאמַר כָּל־אֲשֶׁר נְשָׁמָה בְאַפּוֹ. יְיָ אֱלֹהֵי יִשְׂרָאֵל מֶלֶךְ. וּמַלְכוּתוֹ בַּכֹּל מָשָׁלָה:

אֱלֹהֵינוּ וֵאלֹהֵי אֲבוֹתֵינוּ (רְצֵה בִמְנוּחָתֵנוּ) קַדְּשֵׁנוּ בְּמִצְוֹתֶיךָ. וְתֵן חֶלְקֵנוּ בְּתוֹרָתֶךָ. שַׂבְּעֵנוּ מִטּוּבֶךָ. וְשַׂמְּחֵנוּ בִּישׁוּעָתֶךָ. (וְהַנְחִילֵנוּ יְיָ אֱלֹהֵינוּ בְּאַהֲבָה וּבְרָצוֹן שַׁבַּת קָדְשֶׁךָ. וְיָנוּחוּ בָהּ יִשְׂרָאֵל מְקַדְּשֵׁי שְׁמֶךָ.) וְטַהֵר לִבֵּנוּ לְעָבְדְּךָ בֶּאֱמֶת. כִּי אַתָּה אֱלֹהִים אֱמֶת. וּדְבָרְךָ אֱמֶת וְקַיָּם לָעַד. בָּרוּךְ אַתָּה יְיָ. מֶלֶךְ מוֹחֵל וְסוֹלֵחַ לַעֲוֹנוֹתֵינוּ וְלַעֲוֹנוֹת עַמּוֹ בֵּית יִשְׂרָאֵל. וּמַעֲבִיר אַשְׁמוֹתֵינוּ בְּכָל־שָׁנָה וְשָׁנָה. מֶלֶךְ עַל כָּל־הָאָרֶץ מְקַדֵּשׁ (הַשַּׁבָּת וְ)יִשְׂרָאֵל וְיוֹם הַכִּפּוּרִים:

רְצֵה יְיָ אֱלֹהֵינוּ בְּעַמְּךָ יִשְׂרָאֵל. וְלִתְפִלָּתָם שְׁעֵה. וּבְרַחֲמֶיךָ הָרַבִּים תַּחְפֹּץ בָּנוּ וְתַשְׁרֶה שְׁכִינָתְךָ עַל צִיּוֹן. וְתֶחֱזֶינָה עֵינֵינוּ בְּשׁוּבְךָ לְצִיּוֹן בְּרַחֲמִים. בָּרוּךְ אַתָּה יְיָ. הַמַּחֲזִיר שְׁכִינָתוֹ לְצִיּוֹן: עבודה

dich kommen; sie mögen dich erreichen und wahrgenommen werden. Es geschehe, damit wir deine Rettung und Güte erfahren, damit uns deine Gnade und Liebe zuteil werden. Ewiger, unser Gott, heute, (an diesem Tag der Ruhe und) an diesem Tag der Versöhnung

denke an uns, damit wir Gutes erfahren – Amen.
Schenke uns deinen Segen – Amen.
Hilf uns zu einem guten Leben – Amen.

Du hast uns Hilfe und Erbarmen versprochen, deshalb erbarme dich über uns und zeige uns deine Gnade. Denn auf dich richtet sich unser Blick, du bist die Quelle aller Gnade und allen Erbarmens.

Gott und Gott unserer Vorfahren, lass deine Gegenwart die ganze Welt beherrschen. Bringe dein Ansehen in der ganzen Welt zu Ehren. Lass die Größe deiner Kraft deutlich sichtbar werden für alle, die auf der Erde wohnen. Jedes Geschöpf soll wissen, dass du es geschaffen hast, und jede Gestalt soll begreifen, dass du sie gestaltet hast. Alles, was atmet, soll bekennen: Der Ewige, Israels Gott, herrscht. Und Gottes Herrschaft erstreckt sich über alles.

Unser Gott und Gott unserer Vorfahren, (habe Gefallen an unserer Ruhe,) lass unser Leben auf dich ausgerichtet sein und hilf uns, deine Gebote zu beachten. Lass deine Weisung zu unserem eigenen Anliegen werden. Sättige uns mit deiner Güte. Erfreue uns mit deiner Hilfe. (In Liebe und in Wohlgefallen lass uns, Gott, den Schabbat zu eigen machen, und lass an ihm ganz Israel, das dich sucht, zur Ruhe kommen.) Reinige unsere Herzen, dass sie dir in Wahrhaftigkeit dienen. Ja, du bist wahrhaftig Gott. Dein Wort ist wahrhaftig und hat für immer Gültigkeit. Gepriesen seist du, Ewiger, du regierst und du verzeihst. Du vergibst unsere Verkehrungen und die Verkehrungen deines Volkes, der Familie Israels. Jahr für Jahr lässt du unsere Schuld vergehen. Gepriesen seist du, Ewiger; du regierst über die ganze Erde. Du hast (den Schabbat,) dein Volk Israel und diesen Tag der Versöhnung geheiligt.

DANK UND FRIEDENSBITTE

Habe Gefallen an deinem Volk Israel und höre seine Gebete. In großem Erbarmen finde Gefallen an uns und lass deine Gegenwart über Zion ruhen. Lass unsere Augen Ausschau halten nach deiner Rückkehr zum Zion in Erbarmen.

Gepriesen seist du, Ewiger. Du lässt deine Gegenwart nach Zion zurückkehren.

הודאה

מוֹדִים אֲנַחְנוּ לָךְ שָׁאַתָּה הוּא יְיָ אֱלֹהֵינוּ וֵאלֹהֵי אֲבוֹתֵינוּ לְעוֹלָם וָעֶד. צוּרֵנוּ צוּר חַיֵּינוּ וּמָגֵן יִשְׁעֵנוּ אַתָּה הוּא לְדוֹר וָדוֹר: נוֹדֶה לְךָ וּנְסַפֵּר תְּהִלָּתֶךָ עַל חַיֵּינוּ הַמְּסוּרִים בְּיָדֶךָ. וְעַל נִשְׁמוֹתֵינוּ הַפְּקוּדוֹת לָךְ. וְעַל נִסֶּיךָ שֶׁבְּכָל־יוֹם עִמָּנוּ. וְעַל נִפְלְאוֹתֶיךָ וְטוֹבוֹתֶיךָ שֶׁבְּכָל־עֵת עֶרֶב וָבֹקֶר וְצָהֳרָיִם: הַטּוֹב כִּי לֹא כָלוּ רַחֲמֶיךָ. הַמְרַחֵם כִּי לֹא תַמּוּ חֲסָדֶיךָ. כִּי מֵעוֹלָם קִוִּינוּ לָךְ:

וְעַל כֻּלָּם יִתְבָּרַךְ וְיִתְרוֹמַם וְיִתְנַשֵּׂא תָּמִיד שִׁמְךָ מַלְכֵּנוּ לְעוֹלָם וָעֶד: וּכְתוֹב לְחַיִּים טוֹבִים כָּל־בְּנֵי בְרִיתֶךָ: וְכָל־הַחַיִּים יוֹדוּךָ סֶּלָה. וִיהַלְלוּ וִיבָרְכוּ אֶת־שִׁמְךָ הַגָּדוֹל בֶּאֱמֶת. הָאֵל יְשׁוּעָתֵנוּ וְעֶזְרָתֵנוּ סֶלָה: בָּרוּךְ אַתָּה יְיָ. הַטּוֹב שִׁמְךָ וּלְךָ נָאֶה לְהוֹדוֹת:

ברכת שלום

שָׁלוֹם רָב עַל יִשְׂרָאֵל עַמְּךָ תָּשִׂים לְעוֹלָם. כִּי אַתָּה הוּא מֶלֶךְ אָדוֹן לְכָל־הַשָּׁלוֹם. וְטוֹב בְּעֵינֶיךָ לְבָרֵךְ אֶת־עַמְּךָ יִשְׂרָאֵל בְּכָל־עֵת וּבְכָל־שָׁעָה בִּשְׁלוֹמֶךָ: בְּסֵפֶר חַיִּים נִזָּכֵר וְנִכָּתֵב לְפָנֶיךָ אֲנַחְנוּ וְכָל־עַמְּךָ בֵּית יִשְׂרָאֵל לְחַיִּים טוֹבִים וּלְשָׁלוֹם: בָּרוּךְ אַתָּה יְיָ. הַמְבָרֵךְ אֶת־עַמּוֹ יִשְׂרָאֵל בַּשָּׁלוֹם:

וידוי

Bevor eine Frau geheilt werden kann,
muss sie ihre Krankheit erkennen.
Bevor ein Mensch das Licht finden kann,
muss er um seine eigene Dunkelheit wissen.
Bevor einem Volk vergeben werden kann,
muss es seine Sünden bekennen.
Wir bekennen unsere Sünden und diejenigen anderer Frauen,
denn wir tragen füreinander Verantwortung.
Heile uns, Gott, und geleite uns durch die Dunkelheit zum Licht.

Wir danken dir, denn du bist der Ewige, unser Gott und der Gott unserer Vorfahren, seit eh und je. Wir danken dir, denn du bist unser Fels und das Fundament, auf dem unser Leben ruht. Deine Hilfe haben wir zum Schutzschild – Fels und Schutzschild bist du uns seit jeher. Wir loben dich und erzählen von deinem Ruhm. Wir loben dich für unser Leben, das in deine Hand gegeben ist, und für unsere Seele, die dir anvertraut ist; für die Zeichen deiner Gegenwart, die uns täglich umgeben, für die Wunder und Wohltaten zu jeder Zeit, abends, morgens und mittags. Du bist gut, denn dein Erbarmen wird niemals aufhören. Du bist barmherzig, denn deine Gnade wird niemals versiegen. Von jeher hofften wir auf dich!

Für all dies preisen wir dich und erheben und rühmen deinen Namen, unser Herrscher, allezeit.

Schreibe uns und alle Kinder deines Bundes für ein gutes Leben ein.

Alles, was lebt, möge dir danken. Und man soll deinen großen Namen loben und preisen in Wahrhaftigkeit. Preisen soll man dich, Gott, unsere Hilfe und unsere Rettung. Gepriesen seist du, Ewiger. „Guter Gott“ – das ist dein Name. Schön ist es, dich zu loben.

Frieden in Fülle verleihe deinem Volk Israel zu jeder Zeit, denn du hast die Macht, du bist der Ursprung des Friedens. Du mögest Freude daran haben, dein Volk Israel mit deinem Frieden zu segnen, zu jeder Zeit und zu jeder Stunde.

In das Buch des Lebens mögest du uns und dein ganzes Volk Israel eintragen, damit du an uns denkst und unser Leben erhältst, damit du uns Gutes schenkst und uns Frieden gibst.

Gepriesen seist du, Ewiger. Du segnest dein Volk Israel mit Frieden.

WIDUI

Bevor ein Mann geheilt werden kann,
muss er seine Krankheit erkennen.
Bevor ein Mensch das Licht finden kann,
muss er um seine eigene Dunkelheit wissen.
Bevor einem Volk vergeben werden kann,
muss es seine Sünden bekennen.
Wir bekennen unsere Sünden und diejenigen anderer Männer,
denn wir tragen füreinander Verantwortung.
Heile uns, Gott, und geleite uns durch die Dunkelheit zum Licht.

מִי יִתְּנֵנִי עֶבֶד אֱלוֹהַּ עוֹשֵׂנִי.
וִירַחֲקֵנִי כָּל־דּוֹד. וְהוּא יְקָרִיבֵנִי:

יוֹצְרִי וְרוֹעִי. נַפְשִׁי וְגֵוִי קָנִיתָ:
בַּנְתָּ לְרֵעִי. וּמַחְשְׁבוֹתַי רָאִיתָ:
אָרְחִי וְרִבְעִי. וְכָל־דְּרָכַי זֵרִיתָ:
אִם תַּעְזְרֵנִי. מִי זֶה אֲשֶׁר יַכְשִׁילֵנִי:
אוֹ תַעְצְרֵנִי. מִי זֶה אֲשֶׁר יַתִּירֵנִי:

מִי יִתְּנֵנִי...

הָמוּ קְרָבַי. לִהְיוֹת קְרוֹבִים אֵלֶיךָ:
אוּלָם עֲצָבַי יַרְחִקוּם מֵעָלֶיךָ:
יָטוּ נְתִיבַי מֵעַל נְתִיב מַעְגָּלֶיךָ:
יָהּ לַמְּדֵנִי. וּבַאֲמִתְּךָ הַדְרִיכֵנִי:
וּלְאַט נַחֲנִי בַּדִּין. וְאַל תַּרְשִׁיעֵנִי:

מִי יִתְּנֵנִי...

וַאֲנִי בְעֶדְנָה לַעֲשׂוֹת רְצוֹנְךָ מִתְרַפֶּה:
אַף כִּי בְזִקְנָה מַה־זֶּה אֲיַחֵל וַאֲצַפֶּה:
אֵל נָא רְפָא נָא. כִּי עִמְּךָ אֵל הַמְרַפֵּא:
יוֹם תִּתְּשֵׁנִי זִקְנָה. וְכֹחִי יְנַשְּׁנִי:
אַל תִּטְּשֵׁנִי אֵלִי. וְאַל תַּעַזְבֵנִי:

מִי יִתְּנֵנִי...

דַּכָּא וְאֻמְלַל אֵשֵׁב. וְחָרֵד לִרְגָעַי:
עָרֹם וְשׁוֹלָל אֵלֵךְ בְּהַבְלֵי תַעְתּוּעַי:
וַאֲנִי מְחוֹלָל מֵרֹב זְדוֹנַי וּפְשָׁעַי:

Wenn ich nur Gott dienen könnte, Gott, meinem Schöpfer,
wenn auch alle Menschen sich von mir fern hielten,
würde Gott mir nahe sein!

Du hast mich gebildet, du behütest mich,
meine Seele, meinen Leib, du hast sie geschaffen.
Du kennst mein Sinnen, und meine Gedanken siehst du.
Mein Gehen und mein Liegen, alle meine Wege prüfst du.
Wenn du mir hilfst, wer kann mich dann zum Fallen bringen?
Wenn du mich bindest, wer kann mich dann befreien?

Wenn ich nur Gott dienen könnte, Gott, meinem Schöpfer,
wenn auch alle Menschen sich von mir fern hielten,
würde Gott mir nahe sein!

Mein Herz sehnt sich danach, dir nahe zu sein,
doch meine Sorgen halten mich von dir fern.
Meine Wege bogen ab von deinem geraden Weg.
Gott, unterweise mich. Leite mich in deiner Wahrheit.
Führe mich sanft zum Gericht, lass mich nicht verurteilt werden.

Wenn ich nur Gott dienen könnte, Gott, meinem Schöpfer,
wenn auch alle Menschen sich von mir fern hielten,
würde Gott mir nahe sein!

In meiner Lebenslust wurde ich nachlässig, deinen Willen zu tun.
Ach, wenn ich alt bin, worauf werde ich hoffen können,
worauf dann schauen?
Gott, bitte lass mich genesen, denn bei dir, Gott, ist das,
was Heilung schafft.
Die Zeit wird mich älter machen; meine Kraft wird mich vergessen.
Vergiss mich nicht, mein Gott. Verlass mich nicht!

Wenn ich nur Gott dienen könnte, Gott, meinem Schöpfer,
wenn auch alle Menschen sich von mir fern hielten,
würde Gott mir nahe sein!

Bedrückt und geschwächt sitze ich da,
besorgt über die Zeit, die mir bleibt.
Nackt und bloß wandere ich mitten in meinen eitlen Illusionen.
Groß ist mein Hochmut und meine Eigensucht;
durch sie bin ich entweiht.

בֵּינְךָ וּבֵינִי עָוֹן אֲשֶׁר יַבְדִּילֵנִי:
וַיַּחְשְׁכֵנִי מֵרְאוֹת בְּאוֹרְךָ עֵינָי:

מִי יִתְּנֵנִי . . .

הַטֵּה לְבָבִי לַעֲבוֹד עֲבוֹדַת מַלְכוּתֶךָ.
וּמַחֲשָׁבִי טַהֵר לְדֵעָה אֱלָהוּתֶךָ.
וּבְעֵת כְּאֵבִי אַל־נָא תְאַחֵר רְפָאוּתֶךָ:
אֵלִי עֲנֵנִי אַל־תֶּחֱשֶׁה וּתְעַנֵּנִי:
מַהֵר עֲנֵנִי וֶאֱמוֹר לְעַבְדְּךָ הִנֵּנִי:

מִי יִתְּנֵנִי עֶבֶד אֱלוֹהַּ עוֹשֵׂנִי.
וְיִרְחָקֵנִי כָּל־דּוֹד. וְהוּא יְקָרִיבֵנִי:

Wir bekennen unsere Sünde und bringen sie in das Licht unserer eigenen Erkenntnis und in das Licht der Vergebung Gottes. Durch unser Bekennen können wir rein werden. Gott, befreie uns von der Last unseres Versagens. Hilf, dass unsere Vergangenheit uns nicht gefangen hält. Schenke uns einen neuen Anfang.

על חטא ב

עַל חֵטְא שֶׁחָטָאנוּ לְפָנֶיךָ בְּמַאֲכָל וּבְמִשְׁתֶּה.
וְעַל חֵטְא שֶׁחָטָאנוּ לְפָנֶיךָ בְּהוֹנָאַת רֵעַ:
עַל חֵטְא שֶׁחָטָאנוּ לְפָנֶיךָ בְּזִלְזוּל הוֹרִים וּמוֹרִים.
וְעַל חֵטְא שֶׁחָטָאנוּ לְפָנֶיךָ בְּגִלּוּי עֲרָיוֹת:
עַל חֵטְא שֶׁחָטָאנוּ לְפָנֶיךָ בְּרִיצַת רַגְלַיִם לְהָרַע.
וְעַל חֵטְא שֶׁחָטָאנוּ לְפָנֶיךָ בְּגָלוּי:

וְעַל כֻּלָּם אֱלוֹהַּ סְלִיחוֹת סְלַח לָנוּ. מְחַל לָנוּ. כַּפֶּר־לָנוּ:

Zwischen dir und mir steht die Verkehrung, die mich von dir trennt.
Meine Augen sind umnebelt, so dass sie dein Licht nicht sehen.

Wenn ich nur Gott dienen könnte, Gott, meinem Schöpfer,
wenn auch alle Menschen sich von mir fern hielten,
würde Gott mir nahe sein!

Mache mein Herz bereit, an dem Aufbau deines Reiches mitzuwirken.
Reinige meine Gedanken, damit sie deine Göttlichkeit erkennen.
In Zeiten der Schmerzen säume nicht mit deinen Heilmitteln.
Mein Gott, erhöre mich. Bleibe nicht stumm,
und lass mich nicht länger leiden.
Antworte bald und sprich zu dem Menschen, der dir dient:
„Hier bin ich!"

Wenn ich nur Gott dienen könnte, Gott, meinem Schöpfer,
wenn auch alle Menschen sich von mir fern hielten,
würde Gott mir nahe sein!

(Jehuda ha-Levi)

Wir bekennen unsere Sünde und bringen sie in das Licht unserer eigenen Erkenntnis und in das Licht der Vergebung Gottes. Durch unser Bekennen können wir rein werden. Gott, befreie uns von der Last unseres Versagens. Hilf, dass unsere Vergangenheit uns nicht gefangen hält. Schenke uns einen neuen Anfang.

BEKENNTNIS

Unsere Verfehlung vor dir durch übermäßiges Essen und Trinken,
und unsere Verfehlung vor dir durch Betrug;
unsere Verfehlung vor dir durch Geringschätzung von
Eltern und Lehrenden,
und unsere Verfehlung vor dir durch Missbrauch von Sexualität;
unsere Verfehlung vor dir durch Mitläufertum,
alle unsere Verfehlungen vor dir in aller Öffentlichkeit:

Sie alle, Gott aller Vergebung:
Vergib uns, verzeih uns und gib uns Versöhnung!

עַל חֵטְא שֶׁחָטָאנוּ לְפָנֶיךָ בְּשִׂנְאַת חִנָּם.
וְעַל חֵטְא שֶׁחָטָאנוּ לְפָנֶיךָ בְּצָרוּת עָיִן:
עַל חֵטְא שֶׁחָטָאנוּ לְפָנֶיךָ בִּתְשׂוּמֶת יָד.
וְעַל חֵטְא שֶׁחָטָאנוּ לְפָנֶיךָ בְּקַשְׁיוּת עֹרֶף:
עַל חֵטְא שֶׁחָטָאנוּ לְפָנֶיךָ בִּפְלִילוּת.
וְעַל חֵטְא שֶׁחָטָאנוּ לְפָנֶיךָ בְּשׁוֹגֵג:

וְעַל כֻּלָּם אֱלוֹהַּ סְלִיחוֹת סְלַח לָנוּ. מְחַל לָנוּ. כַּפֶּר־לָנוּ:

עַל חֵטְא שֶׁחָטָאנוּ לְפָנֶיךָ בְּכַחַשׁ וּבְכָזָב.
וְעַל חֵטְא שֶׁחָטָאנוּ לְפָנֶיךָ בִּשְׁבוּעַת שָׁוְא:
עַל חֵטְא שֶׁחָטָאנוּ לְפָנֶיךָ בְּחִלּוּל הַשֵּׁם.
וְעַל חֵטְא שֶׁחָטָאנוּ לְפָנֶיךָ בִּפְרִיקַת עֹל:
עַל חֵטְא שֶׁחָטָאנוּ לְפָנֶיךָ בְּדִבּוּר פֶּה.
וְעַל חֵטְא שֶׁחָטָאנוּ לְפָנֶיךָ בְּמֵזִיד:

וְעַל כֻּלָּם אֱלוֹהַּ סְלִיחוֹת סְלַח לָנוּ. מְחַל לָנוּ. כַּפֶּר לָנוּ:

יְיָ אֱלֹהַי וֵאלֹהֵי אֲבוֹתַי. הִנֵּה אֲנִי לְפָנֶיךָ כִּכְלִי מָלֵא בוּשָׁה וּכְלִימָה. הוֹרֵנִי יְיָ אֱלֹהִים מֶלֶךְ רַחוּם וְחַנּוּן לָכֹף־אֶת יִצְרִי לְהִשְׁתַּעְבֵּד לָךְ שֶׁלֹּא אֶחֱטָא. וּמַה שֶּׁחָטָאתִי לְפָנֶיךָ מְחֹל בְּרַחֲמֶיךָ הָרַבִּים. אֲבָל לֹא עַל יְדֵי יִסּוּרִים רָעִים:

אֱלֹהַי נְצוֹר לְשׁוֹנִי מֵרָע. וְשִׂפְתוֹתַי מִדַּבֵּר מִרְמָה. וְלִמְקַלְלַי נַפְשִׁי תִדּוֹם. וְנַפְשִׁי כֶּעָפָר לַכֹּל תִּהְיֶה: פְּתַח לִבִּי בְּתוֹרָתֶךָ.

Unsere Verfehlung vor dir durch grundlosen Hass,
und unsere Verfehlung vor dir durch Neid;
unsere Verfehlung vor dir durch Missbrauch von Vertrauen,
und unsere Verfehlung vor dir durch falschen Stolz;
die Verfehlung, die wir vor dir taten durch ein vorschnelles Urteil,
alle unsere Verfehlungen vor dir mit Absicht:

Sie alle, Gott aller Vergebung:
Vergib uns, verzeih uns und gib uns Versöhnung!

Unsere Verfehlung vor dir durch Lüge und Täuschung,
und unsere Verfehlung vor dir durch Meineid;
unsere Verfehlung vor dir durch Verachtung deines Namens,
und unsere Verfehlung vor dir durch Vernachlässigung unserer religiösen Pflicht;
unsere Verfehlung vor dir durch unaufrichtiges Bekenntnis,
alle unsere Verfehlungen vor dir ohne Absicht:

Sie alle, Gott aller Vergebung:
Vergib uns, verzeih uns und gib uns Versöhnung!

(Kommentar zu „Al Chet" im Glossar.)

Ewiger, mein Gott, und Gott meiner Vorfahren, ich bin ein Gefäß voller Schmach und Schande. Gott, du regierst in Gnade und Barmherzigkeit, lehre mich, meinen Trieb zu bezwingen; lehre mich, dir zu dienen, damit ich nicht sündige. In deinem großen Erbarmen tilge aus, wo ich mich gegen dich verfehlt habe, aber tilge es nicht durch Leid und schlimme Krankheiten. *(bJoma 87b)*

MEDITATION Mein Gott, bewahre meine Zunge vor böser Rede und meine Lippen vor Lüge. Denen gegenüber, die mir Böses wollen, lass mich angemes-

וְאַחֲרֵי מִצְוֹתֶיךָ תִּרְדּוֹף נַפְשִׁי. וְכָל־הַקָּמִים עָלַי לְרָעָה מְהֵרָה
הָפֵר עֲצָתָם וְקַלְקֵל מַחְשְׁבוֹתָם: יִהְיוּ לְרָצוֹן אִמְרֵי־פִי. וְהֶגְיוֹן
לִבִּי לְפָנֶיךָ. יְהוָה צוּרִי וְגֹאֲלִי:

עֹשֶׂה שָׁלוֹם בִּמְרוֹמָיו. הוּא יַעֲשֶׂה שָׁלוֹם עָלֵינוּ וְעַל כָּל־
יִשְׂרָאֵל. וְאִמְרוּ אָמֵן:

SELICHOT FÜR DAS NACHMITTAGSGEBET

Wir lesen die Selichot, die Hymnen auf die Vergebung und die Bitten der Vergangenheit, denn in den Worten unserer Vorfahren kommt unser eigener Glaube zur Sprache. Wir sprechen zu Gott mit den Worten anderer Menschen, möge Gott durch sie zu uns sprechen. Die Sprache hat sich geändert, aber die Bedürfnisse sind gleich geblieben. Wir singen und beten die Selichot in Aufrichtigkeit. Mögen sie für uns von derselben Frische durchdrungen sein wie damals, als sie zum ersten Mal gebetet worden sind.

אָמַר רַבִּי סִימוֹן. בְּשָׁעָה שֶׁבָּא הַקָּדוֹשׁ בָּרוּךְ הוּא לִבְרֹאת
אֶת־אָדָם הָרִאשׁוֹן נַעֲשׂוּ מַלְאֲכֵי הַשָּׁרֵת כִּתִּים כִּתִּים וַחֲבוּרוֹת
חֲבוּרוֹת: מֵהֶם אוֹמְרִים. יִבָּרֵא וּמֵהֶם אוֹמְרִים. אַל יִבָּרֵא: הָדָא
הוּא דִכְתִיב. חֶסֶד וֶאֱמֶת נִפְגָּשׁוּ צֶדֶק וְשָׁלוֹם נָשָׁקוּ: חֶסֶד אוֹמֵר.
יִבָּרֵא שֶׁהוּא גוֹמֵל חֲסָדִים: וֶאֱמֶת אוֹמֵר. אַל יִבָּרֵא שֶׁכֻּלּוֹ
שְׁקָרִים: צֶדֶק אוֹמֵר. יִבָּרֵא שֶׁהוּא עוֹשֶׂה צְדָקוֹת: שָׁלוֹם אוֹמֵר.
אַל יִבָּרֵא דְּכֻלֵּהּ קְטָטָה:

תהלים

קל

שִׁיר הַמַּעֲלוֹת

מִמַּעֲמַקִּים קְרָאתִיךָ יְהוָה:

אֲדֹנָי שִׁמְעָה בְקוֹלִי תִּהְיֶינָה אָזְנֶיךָ קַשֻּׁבוֹת לְקוֹל
תַּחֲנוּנָי:

אִם־עֲוֹנוֹת תִּשְׁמָר־יָהּ אֲדֹנָי מִי יַעֲמֹד:

כִּי־עִמְּךָ הַסְּלִיחָה לְמַעַן תִּוָּרֵא:

קִוִּיתִי יְהוָה קִוְּתָה נַפְשִׁי וְלִדְבָרוֹ הוֹחָלְתִּי:

sen reagieren, und meine Seele möge gelassen bleiben, was auch geschieht. Mache mich bereit für deine Weisung. Nach deinen Geboten will ich leben. Eilig aber zerbrich die Pläne derer, die Böses gegen mich ersinnen, und vernichte ihre Gedanken. „Die Worte meines Mundes und meine Gedanken mögen dir angenehm sein, Ewiger, mein Fels und mein Heil.“ *(Ps 19,15)* *(bBer 17a)*

SELICHOT FÜR DAS NACHMITTAGSGEBET

Wir lesen die Selichot, die Hymnen auf die Vergebung und die Bitten der Vergangenheit, denn in den Worten unserer Vorfahren kommt unser eigener Glaube zur Sprache. Wir sprechen zu Gott mit den Worten anderer Menschen, möge Gott durch sie zu uns sprechen. Die Sprache hat sich geändert, aber die Bedürfnisse sind gleich geblieben. Wir singen und beten die Selichot in Aufrichtigkeit. Mögen sie für uns von derselben Frische durchdrungen sein wie damals, als sie zum ersten Mal gebetet worden sind.

Rabbi Schim'on sagte: Als Gott – Gottes Heiligkeit sei gepriesen! – den ersten Menschen erschuf, entstanden unter den Dienstengeln mehrere Gruppen und Parteien. Die einen sagten: „Er möge erschaffen werden.“ Die anderen sagten: „Er möge nicht erschaffen werden“. Deshalb steht geschrieben: „Liebe und Wahrheit begegnen sich; Gerechtigkeit und Friede küssen sich.“ *(Ps 85,11)* Die Liebe sagt: „Er möge erschaffen werden, denn er wird Werke der Liebe vollbringen.“ Und die Wahrheit sagt: „Er möge nicht geschaffen werden, denn er ist voller Lügen.“ Die Gerechtigkeit sagt: „Er möge geschaffen werden, denn er wird Werke der Gerechtigkeit vollbringen.“ Der Friede sagt: „Er möge nicht geschaffen werden, denn er ist voller Streit.“ *(Bereschit Rabba 8,5)*

PSALM 130

Ein Wallfahrtslied

Aus den Tiefen rufe ich, Gott, zu dir.
Gott, höre meine Stimme!
Lass deine Ohren aufmerksam sein
auf die Stimme meines Flehens.
Wenn du, Gott, auf unsere Verkehrungen achten würdest,
Gott, wer könnte dann bestehen?
Doch bei dir ist Vergebung,
damit man dir in Ehrfurcht dient.
Ich hoffe auf Gott,
meine Seele hat Hoffnung.
Ich warte auf Gottes Wort.

נַפְשִׁי לַאדֹנָי מִשֹּׁמְרִים לַבֹּקֶר שֹׁמְרִים לַבֹּקֶר:

יַחֵל יִשְׂרָאֵל אֶל־יְיָ כִּי־עִם־יְיָ הַחֶסֶד

וְהַרְבֵּה עִמּוֹ פְדוּת:

וְהוּא יִפְדֶּה אֶת־יִשְׂרָאֵל מִכֹּל עֲוֹנֹתָיו:

Hier kann der folgende Abschnitt oder der auf der gegenüberliegenden Seite gelesen werden.

NACH DEM BILD DES MENSCHEN

Es war in Buchenwald, dass ich von Juden, Christen, Muslimen und Heiden, von Briten, Serben, Rumänen, Albanern, Polen und Italienern gelernt habe, dass ich nur ein weiterer leidender Mensch war; dass die Sprache, die meine Mutter mich gelehrt hatte, meine ungarischen Erinnerungen und die Tradition meines Landes nur künstliche Barrieren waren zwischen mir und anderen. Denn im Grunde, als Menschheit, sind wir alle eins. Ein Schlag ins Gesicht verletzt einen Engländer genauso wie einen Deutschen, einen Ungarn oder einen Schwarzen. Der Schmerz ist derselbe. Nur unsere Einstellung zum Schmerz ist unterschiedlich, je nach den kulturellen Gegebenheiten des Landes und des Einzelnen. Unsere Träume – jeder träumte in einer anderen Sprache – drückten denselben Traum in der Sprache aller Menschen aus: Wir alle sehnten uns nach Frieden, nach Sicherheit, nach einem Leben frei von Furcht. Und in seiner eigenen Weise suchte jeder von uns, unabhängig von Nationalitätsunterschieden … nach dem Sinn – oder der Sinnlosigkeit – von Leben und Tod, vom Glauben an Gott oder der Leugnung Gottes, von der Sehnsucht nach einer Frau, in deren Schoß wir unseren gequälten Kopf hätten ausruhen lassen können. …

Ich habe gelernt, dass in mir selbst und in den anderen der Mörder und der Menschenfreund Seite an Seite leben, das schwache Kind neben dem gierigen Erwachsenen. Es war eine der größten Entdeckungen meines Lebens, dass ich in keiner Weise überlegen bin, dass ich mich nicht von den anderen unterscheide, dass ich nur ein Glied in einer großen Kette bin. Von da an beschloss ich, denen eine Stütze zu sein, die fielen, selbst dann, wenn ich selbst es nötig hatte, gestützt zu werden. Wenn jemand widerwärtig, gierig oder selbstsüchtig war, dann erinnerte ich mich an all die Gelegenheiten, wo auch ich widerwärtig, gierig und selbstsüchtig war. Buchenwald hat mich gelehrt, mir selbst gegenüber tolerant zu werden und dadurch auch anderen gegenüber tolerant zu sein. Möglicherweise hätte ich dies auch ohne Buchenwald gelernt. Aber ich hätte es viel später gelernt – vielleicht zu spät.

(Eugene Heimler)

Ich sehne mich nach Gott
mehr als Wächter am Morgen,
die das Morgenrot herbeisehnen.
Hoffe, Israel, auf Gott!
Denn bei Gott ist Güte,
bei ihm ist Erlösung in Fülle.
Gott wird Israel von all seinen Verkehrungen erlösen.

Hier kann der folgende Abschnitt oder der auf der gegenüberliegenden Seite gelesen werden.

NACH DEM BILD GOTTES

Am Anfang wurde nur ein einziger Mensch geschaffen, um dich zu lehren, dass, wenn jemand eine Seele vernichtet, es ihm die Schrift anrechnet, als hätte er eine ganze Welt vernichtet, und wenn jemand eine Seele erhält, es ihm die Schrift anrechnet, als hätte er eine ganze Welt erhalten. Auch wegen des Friedens unter den Menschen, damit niemand zu seinem Mitmenschen sagen kann: Mein Ahn war größer als deiner. … Und endlich auch, um die Größe Gottes – Gottes Heiligkeit sei gepriesen! – zu verkünden; wenn ein Mensch mehrere Münzen mit einem Stempel prägt, so gleichen sie alle einander. Gott, der über alles regiert – Gottes Heiligkeit sei gepriesen! – prägt jeden Menschen mit dem Stempel des ersten Menschen, und doch gleicht nicht einer dem anderen. Daher muss auch jeder einzelne sagen: „Meinetwillen ist die Welt erschaffen worden.“ *(mSanhedrin 4,5)*

Gott sagte zu Mose: „Siehe, ich stehe vor dir… .“ Gott – Gottes Heiligkeit sei gepriesen! – sagte damit: „Wo immer du die Fußspuren eines Menschen findest, da bin ich vor dir.“ *(Mechilta)*

Warum ist die Thora nicht innerhalb des Landes Israel gegeben worden? – Damit die Nationen der Welt keine Ausrede haben und sagen können: „Die Thora ist im Land Israel gegeben worden, deshalb nehmen wir sie nicht an.“ Darum also wurde sie in der Wüste, in einem Niemandsland, in aller Öffentlichkeit und in aller Offenheit gegeben. Drei Dingen gleicht die Thora: Der Wüste, dem Feuer und dem Regen. Denn wie diese Dinge für alle Lebewesen umsonst sind, so sind auch die Worte der Thora für alle Lebenwesen umsonst. *(Mechilta Bechodesch 5)*

Ich bezeuge bei Himmel und Erde: Sei ein Mensch jüdisch oder nichtjüdisch, Mann oder Frau, versklavt oder frei – auf allen Menschen ruht der Geist Gottes allein nach dem Maß ihrer guten Werke.

(Seder Elijahu Rabbah)

אַתָּה אָדוֹן וַאֲנִי עֶבֶד: וּמִי יְרַחֵם עַל עֶבֶד. הֲלֹא אָדוֹן:

אַתָּה בּוֹרֵא וַאֲנִי בּוֹלֶה: וּמִי יְרַחֵם עַל בּוֹלֶה. הֲלֹא בּוֹרֵא:

אַתָּה דַּיָּן וַאֲנִי נִדָּן: וּמִי יְרַחֵם עַל נִדָּן. הֲלֹא דַּיָּן:

אַתָּה וָעֶד וַאֲנִי לָבוּד: וּמִי יְרַחֵם עַל לָבוּד. הֲלֹא וָעֶד:

אַתָּה חַי וַאֲנִי מֵת: וּמִי יְרַחֵם עַל מֵת. הֲלֹא חַי:

אַתָּה יוֹצֵר וַאֲנִי חֹמֶר: וּמִי יְרַחֵם עַל חֹמֶר. הֲלֹא יוֹצֵר:

אַתָּה לַהַב וַאֲנִי קַשׁ: וּמִי יְרַחֵם עַל קַשׁ. הֲלֹא לַהַב:

אַתָּה שׁוֹמֵעַ וַאֲנִי קוֹרֵא: וּמִי יְרַחֵם עַל קוֹרֵא. הֲלֹא שׁוֹמֵעַ:

אַתָּה תְּחִלָּה וַאֲנִי סוֹף: וּמִי יְרַחֵם עַל סוֹף. הֲלֹא תְּחִלָּה:

יְיָ מֶלֶךְ. יְיָ מָלָךְ. יְיָ יִמְלֹךְ לְעוֹלָם וָעֶד:

בְּטֶרֶם שְׁחָקִים וַאֲרָקִים נִמְתָּחוּ. יְיָ מֶלֶךְ:
וְעַד לֹא מְאוֹרוֹת זָרָחוּ. יְיָ מָלָךְ:
וְהָאָרֶץ כַּבֶּגֶד תִּבְלֶה. וְשָׁמַיִם כְּעָשָׁן נִמְלָחוּ.
יְיָ יִמְלֹךְ לְעוֹלָם וָעֶד:

יְיָ מֶלֶךְ. יְיָ מָלָךְ. יְיָ יִמְלֹךְ לְעוֹלָם וָעֶד:

וְעַד לֹא עָשָׂה אֶרֶץ וְחוּצוֹת. יְיָ מֶלֶךְ:
וּבַהֲכִינוֹ יְצוּרִים עֲלֵי אֲרָצוֹת. יְיָ מָלָךְ:
וְעֵת יְקַבֵּץ נְפוּצִים מֵאַרְבַּע נְפוּצוֹת.
יְיָ יִמְלֹךְ לְעוֹלָם וָעֶד:

יְיָ מֶלֶךְ. יְיָ מָלָךְ. יְיָ יִמְלֹךְ לְעוֹלָם וָעֶד:

Du gebietest, ich aber diene. Wer könnte sich der Dienenden erbarmen als nur jemand, der gebietet?
Du erschaffst, ich aber vergehe. Wer könnte sich der Vergänglichen erbarmen als nur jemand, der erschafft?
Du sprichst Recht, ich aber bin angeklagt. Wer könnte sich der Angeklagten erbarmen, als nur jemand, der Recht spricht?
Du bist ewig, ich aber bin unvollkommen. Wer könnte sich der Unvollkommenen erbarmen, als nur jemand, der ewig ist?
Du bist lebendig, ich aber bin sterblich. Wer könnte sich der Sterblichen erbarmen, als nur jemand, der lebendig ist?
Du bist der Töpfer, ich aber bin der Ton. Wer könnte sich des Tons erbarmen, als nur der Töpfer?
Du bist die Flamme, ich aber bin das Stroh. Wer könnte sich des Strohs erbarmen, als nur die Flamme?
Du hörst, ich aber rufe. Wer könnte sich der Rufenden erbarmen, als nur jemand, der hört?
Du bist der Anfang, ich aber bin das Ende. Wer könnte sich des Endes erbarmen, als nur der Anfang?

(von einem unbekannten, mittelalterlichen Verfasser)

Gott regiert, Gott hat regiert,
und regieren wird Gott bis in Ewigkeit.

Bevor das himmlische Gewölbe gespannt,
und der Erdboden ausgebreitet war:
„Gott regiert.“
Bevor die himmlischen Lichter schienen:
„Gott hat regiert.“
Wenn einst die Erde abgenutzt ist wie ein altes Kleid,
der Himmel wie Rauch auseinanderreißt:
„Regieren wird Gott bis in Ewigkeit.“

Gott regiert, Gott hat regiert,
und regieren wird Gott bis in Ewigkeit.

Als das Land und die Länder noch nicht geschaffen:
„Gott regiert.“
Als die Gestalten die Länder bewohnten:
„Gott hat regiert.“
Wenn einst die Zerstreuten von überall gesammelt sind:
„Regieren wird Gott bis in Ewigkeit.“

Gott regiert, Gott hat regiert,
und regieren wird Gott bis in Ewigkeit.

אָבִינוּ מַלְכֵּנוּ. פַּמַּלְיָא שֶׁל מֶלֶךְ מָה עָלֶיהָ: לִהְיוֹת מְחַקָּה לַמֶּלֶךְ:

מָה הַמָּקוֹם נִקְרָא רַחוּם וְחַנּוּן אַף אַתָּה הֱוֵי רַחוּם וְחַנּוּן: ...
מָה הַקָּדוֹשׁ בָּרוּךְ הוּא נִקְרָא צַדִּיק ... אַף אַתָּה הֱוֵי צַדִּיק:
מָה הַקָּדוֹשׁ בָּרוּךְ הוּא נִקְרָא חָסִיד ... אַף אַתָּה הֱוֵי חָסִיד:

אָבִינוּ מַלְכֵּנוּ. אִיקוֹנְיָא מְהַלֶּכֶת לִפְנֵי הָאָדָם וְהַכָּרוּזוֹת כּוֹרְזִין לְפָנָיו: וּמַה הֵן אוֹמְרִין: תְּנוּ מָקוֹם לָאִיקוֹנִין שֶׁל הַקָּדוֹשׁ בָּרוּךְ הוּא:

לְכוּ נַפִּיל פָּנֵינוּ בְּנַפְשׁוֹת נֶאֱנָחוֹת.
וְנִשָּׂא אֶת־לְבָבֵנוּ לְאֵל אֱלֹהֵי הָרוּחוֹת.
אוּלַי הוּא עָלֵינוּ יָחוֹן וְיַמְצִיא הֲנָחוֹת.
וְאִם רַבּוּ עֲוֹנֵינוּ וְלֹא עֲשִׂינוּ נְכוֹחוֹת.
לַיְיָ אֱלֹהֵינוּ הָרַחֲמִים וְהַסְּלִיחוֹת:

חַסְדֵי יְהוָֹה הֲלֹא הֵם רַבִּים מִמַּעֲשֵׂינוּ.
בֹּאוּ וְנִבְטַח עֲלֵיהֶם וּנְשִׂימֵם מַחְסֵנוּ.
וּמָנוֹס נִמְצָא בָהֶם מִפְּנֵי אַף עוֹשֵׂנוּ.
וְאִם לֹא נִבְרַח אֲלֵיהֶם אָן יְהִי נוּסֵנוּ.
מְהֵרָה יוֹשְׁבֵי שׁוּחוֹת. לִשְׁפּוֹךְ נָא דֵי שִׂיחוֹת.
לַיְיָ אֱלֹהֵינוּ הָרַחֲמִים וְהַסְּלִיחוֹת:

יָדַעְנוּ כִּי אֲנַחְנוּ אֲשֵׁמִים לַעֲמוֹד נֶגְדּוֹ.
אָכֵן לֹא שָׁכַחְנוּ כִּי הוּא נִשְׂגָּב לְבַדּוֹ.
וְאִם בְּרִיתוֹ זָנַחְנוּ יִגְדַּל עַל כֹּל חַסְדּוֹ.
בְּזֹאת דְּבָרִים לָקַחְנוּ הַיּוֹם מְלֵאֵי פַּחְדּוֹ.
וְנַפְשֵׁנוּ בְּטוּחוֹת כִּי הוּא אֱלוֹהַּ סְלִיחוֹת.
לַיְיָ אֱלֹהֵינוּ הָרַחֲמִים וְהַסְּלִיחוֹת:

NACH DER ART GOTTES

Unser Vater, unser König, die Angestellten eines Königs, welche Aufgabe fällt ihnen zu? – Den König nachzuahmen./?

(Yalqut Schim'oni I Qedoschim § 604 [186a])

Wie Gott „barmherzig und gnädig" genannt wird, so sei auch du barmherzig und gnädig! …
Wie Gott – Gottes Heiligkeit sei gepriesen! – „gerecht" genannt wird …, so sei auch du gerecht.
Wie Gott – Gottes Heiligkeit sei gepreisen! – „treu" genannt wird …, so sei auch du treu. *(Sifre Ekew)*

Unser Vater, unser König, eine Engelprozession ging vor dem Menschen her und die Rufer riefen vor ihm her und riefen: „Macht Platz für das Bild Gottes, Gottes Heiligkeit sei gepriesen!"

(Dewarim Rabba 4,4)

VERTRAUEN AUF GOTT

Kommt, lasst uns niederfallen in Demut,
unsere Herzen erheben zu dem Gott über alle Mächte.
Gott kann uns gnädig sein, lässt uns Befreiung finden,
denn obwohl uns're Verkehrungen groß sind,
unser Tun nicht ehrlich war,
bei dem Ewigen, unserem Gott, ist Vergebung und Erbarmen.

Ist Gottes Liebe nicht größer als all unser Tun?
Auf sie lasst uns trauen, hier uns're Zuflucht suchen;
sie sei uns Asyl vor dem Zorn des Schöpfers.
Wenn nicht zu ihr, wohin sonst könnten wir fliehen?
Die schnell Vergänglichen mögen aufrichtig beten.
Bei dem Ewigen, unserem Gott, ist Vergebung und Erbarmen.

Wir wissen: Wir sind unwürdig, vor Gott zu stehen.
Darum vergessen wir nicht: Gott allein ist erhaben.
Wenn wir den Bund Gottes verwarfen,
Gottes Liebe ist immer noch größer.
Deswegen wagen wir es, ergreifen das Wort
und vertrauen darauf: Gott ist ein Gott der Vergebung.
Bei dem Ewigen, unserem Gott, ist Vergebung und Erbarmen.

אֵין לֶעָנִי בְּטוֹחַ בְּמַעֲשָׂיו לִמְחוֹת עֲוֹנָיו.
רַק מַהֵר לְקַחַ תַּחֲנוּן לְהוֹעִיל לְפָנָיו.
וּלְהִתְעַטֵּף שְׁחוֹחַ כְּעֶבֶד לִפְנֵי אֲדוֹנָיו.
כִּי יַרְבֶּה לִסְלוֹחַ לְשׁוֹחֵר לְחַלּוֹת פָּנָיו.
וִידֵי רַחֲמָיו מְתוּחוֹת מֵאַרְבַּע הָרוּחוֹת.
לַיְיָ אֱלֹהֵינוּ הָרַחֲמִים וְהַסְּלִיחוֹת:

אָמַר אַבְרָהָם. אִם עוֹלָם אַתָּה מְבַקֵּשׁ אֵין דִּין. וְאִם דִּין אַתָּה מְבַקֵּשׁ אֵין עוֹלָם: וּמָה אַתָּה תּוֹפֵשׂ חֶבֶל בִּתְרֵין רֵאשִׁין אַתְּ בָּעֵי עָלְמָא וּבָעֵי דִינָא: סַב לָךְ חַד מִנַּיְהוּ וְאִם לֵית אַתְּ מְוַתֵּר צִבְחַר. לֵית עָלְמָא יָכִיל קָאֵם:

אָנָּא בְּקָרְאֵנוּ. לְקוֹל שַׁוְעֵנוּ. יְיָ שְׁמָעָה:
אָנָּא בְּרַחֲמֶיךָ. עֲוֹן בִּצְעֵנוּ. יְיָ סְלָחָה:

דְּבָרִים לָקַחְתִּי. שְׁמַע יְיָ: וְחֵטְא בּוֹ נִלְכַּדְתִּי. סְלַח יְיָ
וּמִמְּעוֹן שָׁמֶיךָ. שְׁמַע יְיָ: וְחַטַּאת עַמֶּךָ. סְלַח יְיָ
יוֹם עָרְכִי שְׁבָחָה. שְׁמַע יְיָ: מְשׁוּבָה נִצָּחָה. סְלַח יְיָ
דַּלִּים וְאֶבְיוֹנִים. שְׁמַע יְיָ: אֲדֻמִּים כַּשָּׁנִים. סְלַח יְיָ
חֲרֵדִים נֶגְדֶּךָ. שְׁמַע יְיָ: וְלִי אֲנִי עַבְדֶּךָ. סְלַח יְיָ
זְמִירוֹת מַהֲלָלַי. שְׁמַע יְיָ: וְרוֹעַ מַעֲלָלַי. סְלַח יְיָ
קוֹל שְׁאֵרִית יַעֲקֹב. שְׁמַע יְיָ: עֲוֹן כָּל־לֵב עָקוֹב. סְלַח יְיָ

אָנָּא בְּקָרְאֵנוּ. לְקוֹל שַׁוְעֵנוּ. יְיָ שְׁמָעָה:
אָנָּא בְּרַחֲמֶיךָ. עֲוֹן בִּצְעֵנוּ. יְיָ סְלָחָה:

Ein Armer hat keine Taten, die seine Verkehrungen tilgen könnten.
Nimm das Flehen ohne Zögern, dass es für ihn vor dich gelange,
und er verneigend sich verbeuge wie ein Knecht vor seinen Herrn.
Großzügig vergibt Gott denen, die die göttliche Gegenwart suchen,
und weit ausgestreckt sind Gottes barmherzige Arme.
Bei dem Ewigen, unserem Gott, ist Vergebung und Erbarmen.

(Chija al Daudi zugeschrieben)

Abraham sagte (zu Gott): „Wenn du die Welt erhalten willst, gibt es kein gerechtes Urteil. Wenn es ein gerechtes Urteil gibt, kann die Welt nicht erhalten werden. Du kannst das Seil nicht an beiden Enden ziehen. An dem einen Ende ist die Welt, an dem anderen ist das Gericht. Ergreife das eine oder das andere. Wenn du Kompromisse suchst, dann kann die Welt nicht bestehen."

(Bereschit Rabba 49,9)

Wenn wir rufen, Gott, bitte höre die Stimme unsres Rufs.
In deinem Erbarmen, Gott, vergib die Verkehrung, die wir taten.

Ich ergreife das Wort, höre, Gott!
Doch Sünde belastet mich schwer, Gott, vergib!
Von deinen himmlischen Höhen, höre, Gott!
Und die Sünde deines Volkes, Gott, vergib!
Diesen Tag verbrachte ich mit Lobpreis, höre, Gott!
Die andauernde Abtrünnigkeit, Gott, vergib!
Die Armen und Geringen, höre, Gott!
Die scharlachroten Sünden, Gott, vergib!
Die, die zitternd vor dir stehen, höre, Gott!
Und mir, deinem Knecht, deiner Magd, Gott, vergib!
Die Lieder, die ich dir singe, höre, Gott!
Und die Bosheit meiner Taten, Gott, vergib!
Die Stimme des Restes von Jakob, höre, Gott!
Die Verkehrung eines jeden abtrünnigen Herzens, Gott, vergib!

Wenn wir rufen, Gott, bitte höre die Stimme unsres Rufs.
In deinem Erbarmen, Gott, vergib die Verkehrung, die wir taten.

(David ben Bekoda)

Der Gottesdienst wird hier fortgesetzt:

Gott, wir haben dir die Sünden des Alltags bekannt, die kleinen Betrügereien und die Ausflüchte, die wir machen. Hilf uns nun zu sehen, dass wir auch an den großen Versagen und Verbrechen in unserer Welt beteiligt sind, durch unsere Taten oder durch unsere Gleichgültigkeit.

Wir verschwenden, was wir haben – unsere Nahrungsmittel, unseren Treibstoff, unseren Reichtum, unsere Gaben – und sehen dann überrascht auf die Zerstörung unserer Welt.

Was wir nicht aus der Erde gesprengt oder gebohrt haben, das verschmutzen wir.

Was wir nicht verschmutzen, töten wir.

Wir sehen es nicht – oder wollen es nicht sehen – welche Zerstörung wir anrichten. Später tut es uns leid.

Wir haben uns schuldig gemacht.	אָשַֽׁמְנוּ.
Wir sind treulos gewesen.	בָּגַֽדְנוּ.
Wir haben Diebstahl begangen.	גָּזַֽלְנוּ.
Wir haben andere verleumdet.	דִּבַּֽרְנוּ דֹפִי:

Wir versuchen kaum, einander zu verstehen.

Wir ziehen eine selbstgerechte Arroganz dem Zuhören vor.

Wir lieben unsere Vorurteile und füllen das Universum mit unseren Ängsten.

Wir wissen, dass das keine Lösung ist, dass es sinnlos ist, dass es den Hass und die Bitterkeit vermehrt.

Trotzdem gelingt es uns nicht, den Krieg aus der Welt zu schaffen.

Wir haben Dinge verkehrt	הֶעֱוִֽינוּ.
und böse gehandelt.	וְהִרְשַֽׁעְנוּ.
Wir waren arrogant	זַֽדְנוּ.
und haben Gewalt angewendet.	חָמַֽסְנוּ.
Wir haben Lügen erdichtet.	טָפַֽלְנוּ שֶֽׁקֶר:

Wir schneiden uns selbst von der Wahrheit ab, und die Wirklichkeit dient zu unserer Unterhaltung.

Wir verstecken uns hinter Zerstreuungen und Spielzeugen.

Das Leiden anderer weckt Spannung und Nervenkitzel, aber wir sind einsam und verloren, wenn wir unserem eigenen Leiden und Tod gegenüberstehen.

Wir sind oberflächlich.

Fortsetzung auf der gegenüberliegenden Seite.

Fortsetzung von der gegenüberliegenden Seite:

Wir haben schlechte Ratschläge erteilt	יָעַצְנוּ רָע.
und gelogen.	כִּזַּבְנוּ.
Wir waren verletzend	לַצְנוּ.
und rebellisch.	מָרַדְנוּ.
Wir haben gelästert.	נִאַצְנוּ:

Unsere Macht kennt keine Grenzen, und doch sind wir unfähig, Nahrung für ein hungerndes Kind zu finden oder eine Heimat für Flüchtlinge.
Unser Wissen ist grenzenlos, und wir konstruieren die Waffen, die uns zerstören werden.
Wir sind reich an Kunst, Kultur und Einsichten, doch unsere Gefühle sind zurückgeblieben wie die Wutanfälle eines selbstsüchtigen Kindes.
Wir leben am Rande unserer selbst, in Furcht vor der Dunkelheit in uns und vor der Leere.
Wir sind hohl.

Wir waren widerspenstig	סָרַרְנוּ.
und haben uns verfehlt.	עָוִינוּ.
Wir haben in Eigensucht gehandelt	פָּשַׁעְנוּ.
und andere unterdrückt.	צָרַרְנוּ.
Wir sind hartnäckig gewesen.	קִשִּׁינוּ עֹרֶף:

Wir wissen nicht, wer wir sind, darum langweilt uns, was wir haben.
Wenn wir frustiert sind, suchen wir die Gründe außerhalb unserer selbst.
Wir wenden Gewalt an.
Wir erklären, begründen und rechtfertigen unsere Gier nach Macht, Sicherheit und Kontrolle
und tun dies manchmal in deinem Namen.
Wir dienen anderen Göttern.

Wir haben gegen Gott gehandelt.	רָשַׁעְנוּ.
und waren zerstörerisch.	שִׁחַתְנוּ.
Wir haben ruiniert.	תִּעַבְנוּ.
und ließen uns irreführen.	תָּעִינוּ.
Wir haben andere irregeführt.	תִּעְתָּעְנוּ:

אֵל מֶלֶךְ יוֹשֵׁב עַל כִּסֵּא רַחֲמִים מִתְנַהֵג בַּחֲסִידוּת. מוֹחֵל עֲוֹנוֹת עַמּוֹ. מַרְבֶּה מְחִילָה לְחַטָּאִים וּסְלִיחָה לְפוֹשְׁעִים. עוֹשֶׂה צְדָקוֹת עִם כָּל־בָּשָׂר וְרוּחַ. לֹא כְרָעָתָם לָהֶם גּוֹמֵל: אֵל הוֹרֵתָנוּ מִדּוֹת טוּבְךָ וְרַחֲמֶיךָ. כַּכָּתוּב בְּתוֹרָתֶךָ. וַיֵּרֶד יְיָ בֶּעָנָן. וַיִּתְיַצֵּב עִמּוֹ שָׁם. וַיִּקְרָא בְשֵׁם יְיָ. וַיַּעֲבֹר יְיָ עַל פָּנָיו וַיִּקְרָא: **יְיָ יְיָ אֵל רַחוּם וְחַנּוּן. אֶרֶךְ אַפַּיִם וְרַב חֶסֶד וֶאֱמֶת: נֹצֵר חֶסֶד לָאֲלָפִים נֹשֵׂא עָוֹן וָפֶשַׁע וְחַטָּאָה וְנַקֵּה:**

אֵל אֶרֶךְ אַפַּיִם. וְרַב חֶסֶד וֶאֱמֶת. אַל בְּאַפְּךָ תוֹכִיחֵנוּ. חוּסָה יְהוָֹה עַל יִשְׂרָאֵל עַמֶּךָ. וְהוֹשִׁיעֵנוּ מִכָּל־רָע:

חָטָאנוּ לְךָ.
אָדוֹן סְלַח נָא.
כְּרוֹב רַחֲמֶיךָ אֵל:

אֵל אֶרֶךְ אַפַּיִם וּמָלֵא רַחֲמִים. אַל תַּסְתֵּר פָּנֶיךָ מִמֶּנּוּ. חוּסָה יְהוָֹה עַל שְׁאֵרִית יִשְׂרָאֵל עַמֶּךָ. וְהַצִּילֵנוּ מִכָּל־רָע:

חָטָאנוּ לְךָ.
אָדוֹן סְלַח נָא.
כְּרוֹב רַחֲמֶיךָ אֵל:

DIE BARMHERZIGKEIT GOTTES …

Gott, du regierst durch Barmherzigkeit; Liebe prägt alles, was du tust. Du verzeihst die Verkehrungen deines Volkes. Auf vielfältige Weise verzeihst du seine Verfehlungen und vergibst seine eigensüchtigen Taten. Alle Menschen lässt du deine aufrichtende Gerechtigkeit erfahren. Du handelst nicht an ihnen, wie es ihrer Boshaftigkeit entsprechen würde. Gott, du hast uns deine guten und barmherzigen Eigenschaften wissen lassen, denn in deiner Thora steht geschrieben: „Der Ewige kam in einer Wolke hinab und stellte sich neben ihn. Er rief den Namen des Ewigen an. Und der Ewige zog an ihm vorüber, und er rief:
Der Ewige, der Ewige, Gott, barmherzig und gnädig, nachsichtig, von unendlicher Liebe und Treue; bewahrt Gnade bis in die tausendste Generation, vergibt Verkehrung, Eigensüchtigkeit und Verfehlung und befreit.“ *(Ex 34,5-7)*

… AUFGRUND DERER WIR UNS AN GOTT WENDEN

Gott, nachsichtig, von unendlicher Liebe und Treue, strafe uns nicht in deinem Zorn. Erbarme dich, Ewiger, über dein Volk Israel. Hilf uns aus allem Bösen.

Wir haben gegen dich gesündigt,
Gott, vergib uns!
Denn deine Barmherzigkeit, Gott, ist groß.

Gott, nachsichtig und voller Erbarmen, verbirg dein Angesicht nicht vor uns. Erbarme dich, Ewiger, über den Rest deines Volkes Israel. Errette uns aus allem Bösen.

Wir haben gegen dich gesündigt,
Gott, vergib uns!
Denn deine Barmherzigkeit, Gott, ist groß.

יָהּ שְׁמַע אֶבְיוֹנֶיךָ. הַמְחַלִּים פָּנֶיךָ.
אָבִינוּ לְבָנֶיךָ. אַל תַּעְלֵם אָזְנֶךָ:

יָהּ מִמַּעֲמַקִּים. יִקְרְאוּ מֵרוֹב מְצוּקִים.
אַל נָא תְּשִׁיבֵם רֵיקִים הַיּוֹם מִלְּפָנֶיךָ:
יָהּ שְׁמַע אֶבְיוֹנֶיךָ. הַמְחַלִּים פָּנֶיךָ.
אָבִינוּ לְבָנֶיךָ. אַל תַּעְלֵם אָזְנֶךָ:

הוּתָם וַעֲוֹנָם. מְחֵה וְרִבֵּי זְדוֹנָם.
וְאִם לֹא תַעֲשֶׂה לְמַעֲנָם. עֲשֵׂה צוּרִי לְמַעֲנֶךָ:
יָהּ שְׁמַע אֶבְיוֹנֶיךָ. הַמְחַלִּים פָּנֶיךָ.
אָבִינוּ לְבָנֶיךָ. אַל תַּעְלֵם אָזְנֶךָ:

וּמְחֵה הַיּוֹם חוֹבָם. וּרְצֵה כְּמוֹ שַׁי נִיבָם.
וּלְךָ תָּכִין לִבָּם. וְגַם תַּקְשִׁיב אָזְנֶךָ:
יָהּ שְׁמַע אֶבְיוֹנֶיךָ. הַמְחַלִּים פָּנֶיךָ.
אָבִינוּ לְבָנֶיךָ. אַל תַּעְלֵם אָזְנֶךָ:

דִּמְעַת פְּנֵיהֶם תִּשְׁעֶה. וְתֶאֱסוֹף עֵדֶר תּוֹעֶה.
וְתָקִים לְךָ רוֹעֶה. וּפְקוֹד בְּטוּב צֹאנֶךָ:
יָהּ שְׁמַע אֶבְיוֹנֶיךָ. הַמְחַלִּים פָּנֶיךָ.
אָבִינוּ לְבָנֶיךָ. אַל תַּעְלֵם אָזְנֶךָ:

הוֹלְכֵי בְּדֶרֶךְ נְכוֹחָה. תְּבַשְּׂרֵם הַיּוֹם סְלִיחָה.
וּבִתְפִלַּת הַמִּנְחָה. הַמְצִיאֵם חִנֶּךָ:
יָהּ שְׁמַע אֶבְיוֹנֶיךָ. הַמְחַלִּים פָּנֶיךָ.
אָבִינוּ לְבָנֶיךָ. אַל תַּעְלֵם אָזְנֶךָ:

Gott, höre das Volk, das dich braucht, das deine Gegenwart sucht;
du bist verantwortlich für deine Kinder, verstopfe deine Ohren nicht!

Gott, aus den Tiefen, aus großen Bedrängnissen rufen sie.
Lass sie nicht mit leeren Händen heute von dir gehn.

Gott, höre das Volk, das dich braucht, das deine Gegenwart sucht;
du bist verantwortlich für deine Kinder, verstopfe deine Ohren nicht!

Tilge ihre verderbten Taten, ihre Sünden,
die Menge ihrer Überheblichkeit –
wenn du es nicht ihretwegen tust, mein Fels,
so tue es um deinetwillen.

Gott, höre das Volk, das dich braucht, das deine Gegenwart sucht;
du bist verantwortlich für deine Kinder, verstopfe deine Ohren nicht!

Tilge heute ihre Schuld;
Wie ein Geschenk mögen dir die Früchte ihrer Lippen gefallen.
Auf dich richten sie ihre Herzen,
richte du deine Aufmerkamkeit auf sie.

Gott, höre das Volk, das dich braucht, das deine Gegenwart sucht;
du bist verantwortlich für deine Kinder, verstopfe deine Ohren nicht!

Höre ihre Tränen. Sammle die streunende Herde.
Lass sie einen Hirten haben und kümmere dich um deine Schafe!

Gott, höre das Volk, das dich braucht, das deine Gegenwart sucht;
du bist verantwortlich für deine Kinder, verstopfe deine Ohren nicht!

Die, die auf dem rechten Wege sind,
erfreue sie durch das Wort der Vergebung.
Und lass sie im Nachmittagsgebet deine Gnade finden.

Gott, höre das Volk, das dich braucht, das deine Gegenwart sucht;
du bist verantwortlich für deine Kinder, verstopfe deine Ohren nicht!

(Jehuda ha-Levi)

Der folgende Abschnitt oder der auf der gegenüberliegenden Seite kann hier gelesen werden.

Im Laboratorium oder in Feldversuchen erforschen wir die lebendige Welt. In der Synagoge erforschen wir die lebendigen Beziehungen, in denen wir und die anderen leben.

Unser gesamter Fortschritt als wissende Seelen hängt davon ab, dass wir die Erforschung der natürlichen Wüste in uns selbst mit der natürlichen Wüste um uns herum in Einklang bringen.

Herrschaft ist wie Objektivität eine Illusion, solange nicht das Wissen, das frei verfügbar ist und das durch Religion und Wissenschaft erlangt werden kann, in uns und durch unsere Taten vereint wird. Höre Israel, das Staunen und die Achtung in der Religion und in der Wissenschaft sind eins.

In unsere Hand wurden Heerscharen von Pflanzen und Tieren gegeben. Viele haben wir ausgerottet, tausende sind durch uns gefährdet, viele ohne das Wissen der Wissenschaft, der Rest, ohne dass es überhaupt jemand weiß.

In der Welt, die Gott nach eigenem Ratschluss geschaffen hat, ist die Menschheit, als ein Teil davon nicht größer als das Ganze. Unser Überleben und unser Fortschritt in der Wüste hängen davon ab, inwieweit wir den Willen Gottes in dem Laboratorium unserer Seele erkennen und in der Synagoge, die die Welt ist. Ojektivität, Herrschaft und Heiligkeit sind eins.

Und Gott sah alles, was Gott gemacht hatte, und siehe, es war sehr gut. Zu bewahren bedeutet, den Willen Gottes zu erfüllen, als wäre es unser eigener Wille. Der Rest ist Auslegung.

(Nick Carter)

Der folgende Abschnitt oder der auf der gegenüberliegenden Seite kann hier gelesen werden.

Gepriesen seist du, Ewiger, unser Gott; du regierst Welten. Du hast den Tag und die Nacht geschaffen
– dennoch eine Einheit;
die graue Morgendämmerung, das goldene Tageslicht, die abendlichen Schatten und die schwarze Nacht;
das Wachsen, das Sein, das Schaffen und das Vergehen des Menschen
– dennoch eine Einheit.

Gepriesen seist du, Ewiger, unser Gott. Du hast Mann und Frau geschaffen
– dennoch eine Einheit.

Gepriesen seist du, Ewiger, unser Gott. Du hast den guten und den bösen Trieb geschaffen
– dennoch eine Einheit.

Gepriesen seist du, Ewiger, unser Gott. Du hast sechs Arbeitstage und einen Ruhetag geschaffen
– dennoch eine Einheit.

Gepriesen seist du, Ewiger, unser Gott. Du regierst über alle Regierenden; du regierst über dein Reich
– dennoch eine Einheit.

Gepriesen seist du, Ewiger, unser Gott, Gott Abrahams, Gott Isaaks, Gott Jakobs, Gott Saras, Gott Rebekkas, Gott Rahels, Gott Leas, Gott Israels, Gott der Menschheit
– dennoch eine Einheit.

Gepriesen seist du, Ewiger, unser Gott, Gott des Gerichts, Gott der Gerechtigkeit, Gott der Wunder, Gott der Nähe, du regierst über uns, du lehrst uns, du gibst uns Leben
– dennoch eine Einheit.

Gepriesen sei das Leben aller Welten.

(Jan Fuchs)

Einer der beiden folgenden Pijjutim:

א

וְיֶאֱתָיוּ כֹל לְעָבְדֶךָ
וִיבָֽרְכוּ שֵׁם כְּבוֹדֶךָ
וְיַגִּידוּ בָאִיִּים צִדְקֶךָ
וְיִדְרְשׁוּךָ עַמִּים לֹא יְדָעוּךָ
וִיהַלְלְוּךָ כָּל־אַפְסֵי־אָֽרֶץ
וְיֹאמְרוּ תָמִיד יִגְדַּל יְיָ:
וְיִזְנְחוּ אֶת־עֲצַבֵּיהֶם
וְיַחְפְּרוּ עִם פְּסִילֵיהֶם
וְיַטּוּ שְׁכֶם אֶחָד לְעָבְדֶךָ
וְיִירָאְוּךָ מְבַקְשֵׁי פָּנֶיךָ
וְיַכִּירוּ כֹּחַ מַלְכוּתֶךָ
וִילַמְּדוּ תוֹעִים בִּינָה
וִימַלְלוּ אֶת־גְּבוּרָתֶךָ
וִינַשְּׂאְוּךָ מִתְנַשֵּׂא לְכֹל לְרֹאשׁ:
וִיסַלְדוּ בְחִילָה פָּנֶיךָ
וִיעַטְּרְוּךָ נֵֽזֶר תִּפְאָרָה
וְיִפְצְחוּ הָרִים רִנָּה
וְיִצְהֲלוּ אִיִּים בְּמָלְכֶךָ
וִיקַבְּלוּ עֹל מַלְכוּתְךָ עֲלֵיהֶם
וִירוֹמְמְוּךָ בִּקְהַל עָם
וְיִשְׁמְעוּ רְחוֹקִים וְיָבֽוֹאוּ
וְיִתְּנוּ לְךָ כֶּֽתֶר מְלוּכָה:

Einer der beiden folgenden Pijjutim:

I

Alle werden kommen, um dir anbetend zu dienen.
Bald werden sie deinen herrlichen Namen bekennen.
Die Inseln werden die **C**hance haben, deine Gerechtigkeit zu kennen,
die Völker, die **d**ich nicht gekannt haben, werden dich suchen.
Die **E**nden der Erde werden dich ehren
und **f**ortwährend offen bekennen: "Gott ist groß!"
Sie werden ihre **G**ötzenbilder aufgeben
und ihre **h**eidnischen Götter verhöhnen.
Sie werden **i**n Einmütigkeit die Schulter neigen, um in deinen Dienst zu treten.
Keinen wird es geben, der dich nicht achtet; alle werden kommen, um deine Gegenwart zu suchen.
Die Kraft deines Reiches werden sie **l**ernen,
und sie werden die **m**utlos Umherirrenden Einsicht lehren.
Sie werden deine machtvollen Taten **n**acherzählen
und dich über alles **o**hne Ausnahme erheben.
Sie werden in deiner Gegenwart hüpfen, zu deinem **P**reis tanzen.
Sie werden dich mit einer **r**uhmreichen Krone rühmen,
und die Berge werden Gesänge **s**ingen.
Tausende von Inseln werden über deine Herrschaft triumphieren.
Und sie werden sich dem Joch deiner Herrschaft unterwerfen.
Sie werden dich **v**erehren in der Versammlung des Volkes.
Weit entfernt Wohnende werden es vernehmen und e**x**tra deswegen kommen.
Ja, sie alle **z**usammen werden dich mit der Königskrone zieren.

ב אלהינו שבשמים

אֱלֹהֵינוּ שֶׁבַּשָּׁמַיִם. שְׁמַע קוֹלֵנוּ וְקַבֵּל תְּפִלָּתֵנוּ בְּרָצוֹן:
אֱלֹהֵינוּ שֶׁבַּשָּׁמַיִם. בְּרִיתְךָ זְכוֹר וְאַל תִּשְׁכָּחֵנוּ:
אֱלֹהֵינוּ שֶׁבַּשָּׁמַיִם. דְּרַשְׁנוּךְ הִמָּצֵא לָנוּ:
אֱלֹהֵינוּ שֶׁבַּשָּׁמַיִם. נִקְרָא וְאַתָּה תַּעֲנֵנוּ:
אֱלֹהֵינוּ שֶׁבַּשָּׁמַיִם. חֲמוֹל עָלֵינוּ וְעַל עוֹלָלֵינוּ וְטַפֵּינוּ:
אֱלֹהֵינוּ שֶׁבַּשָּׁמַיִם. טַהֲרֵנוּ מֵעֲוֹנֵינוּ:
אֱלֹהֵינוּ שֶׁבַּשָּׁמַיִם. כָּתְבֵנוּ בְּסֵפֶר מְזוֹנוֹת וּפַרְנָסָה טוֹבָה:
אֱלֹהֵינוּ שֶׁבַּשָּׁמַיִם. מַלֵּא מִשְׁאֲלוֹת לִבֵּנוּ לְטוֹבָה:
אֱלֹהֵינוּ שֶׁבַּשָּׁמַיִם. פְּדֵנוּ מִידֵי אוֹיְבֵינוּ:
אֱלֹהֵינוּ שֶׁבַּשָּׁמַיִם. צַדְּקֵנוּ בְּמִשְׁפָּטֶךָ:
אֱלֹהֵינוּ שֶׁבַּשָּׁמַיִם. קָרֵב לָנוּ יוֹם הַיְשׁוּעָה:
אֱלֹהֵינוּ שֶׁבַּשָּׁמַיִם. קָרְבֵנוּ לַעֲבוֹדָתֶךָ:
אֱלֹהֵינוּ שֶׁבַּשָּׁמַיִם. רְאֵה בָּעֳנִי עַמְּךָ יִשְׂרָאֵל:
אֱלֹהֵינוּ שֶׁבַּשָּׁמַיִם. רְפָא חוֹלֵי עַמְּךָ יִשְׂרָאֵל:
אֱלֹהֵינוּ שֶׁבַּשָּׁמַיִם. שִׁית שַׁלְוָה בְּמוֹשְׁבוֹתֵינוּ:
אֱלֹהֵינוּ שֶׁבַּשָּׁמַיִם. תֵּן שָׁלוֹם בָּאָרֶץ:
אֱלֹהֵינוּ שֶׁבַּשָּׁמַיִם. תֵּן זֶרַע לַזּוֹרֵעַ וְלֶחֶם לָאוֹכֵל:
אֱלֹהֵינוּ שֶׁבַּשָּׁמַיִם. תֵּן לֶחֶם לְפִי הַטָּף:
אֱלֹהֵינוּ שֶׁבַּשָּׁמַיִם. תִּכּוֹן תְּפִלָּתֵנוּ קְטֹרֶת לְפָנֶיךָ:

II UNSER GOTT IM HIMMEL

Unser Gott im Himmel, höre unsere Stimme und nimm unsere Gebete wohlwollend an.
Unser Gott im Himmel, erinnere dich an deinen Bund und vergiss uns nicht.
Unser Gott im Himmel, wir suchen dich; lass dich von uns finden.
Unser Gott im Himmel, wir rufen; du mögest uns erhören.
Unser Gott im Himmel, erbarme dich über uns, über unsere Kinder und Säuglinge.
Unser Gott im Himmel, reinige uns von unseren Verkehrungen.
Unser Gott im Himmel, schreibe uns ein in das Buch der Ernährung und des guten Auskommens.
Unser Gott im Himmel, erfülle die Bitten unseres Herzens, uns zum Guten.
Unser Gott im Himmel, befreie uns aus der Gewalt von Feinden.
Unser Gott im Himmel, schaffe uns Recht durch dein Gericht.
Unser Gott im Himmel, bringe die Zeit des Heils näher.
Unser Gott im Himmel, nimm uns in deinen Dienst.
Unser Gott im Himmel, sieh die Hilfsbedürftigkeit deines Volkes Israel.
Unser Gott im Himmel, heile die Kranken deines Volkes Israel.
Unser Gott im Himmel, lass uns in Sicherheit wohnen.
Unser Gott im Himmel, gib dem Land Frieden.
Unser Gott im Himmel, gib den Säenden Saat und den Essenden Brot.
Unser Gott im Himmel, gib Nahrung für unsere Kleinkinder.
Unser Gott im Himmel, lass unsere Gebete zu dir aufsteigen wie die Rauchopfer vergangener Zeiten.

Unser Gott im Himmel, [illegible] Andenken.
Unser Gott im Himmel, schreibe uns ein in das Buch [illegible] und des guten Angedenkens.
Unser Gott im Himmel, erfülle die Wünsche unseres Herzens, uns zum Guten.
Unser Gott im Himmel, rette uns aus der Gewalt von Feinden.
Unser Gott im Himmel, wende das Recht durch dein Gericht.
Unser Gott im Himmel, bringe die Zeit des Heils näher.
Unser Gott im Himmel, nimm uns in deinen Dienst.
Unser Gott im Himmel, sende die Aufrichtigkeit deines Volkes Israel.
Unser Gott im Himmel, stelle die Herrlichkeit deines Volkes Israel.
Unser Gott im Himmel, lass uns in Sicherheit wohnen.
Unser Gott im Himmel, gib Brot und Frieden.
Unser Gott im Himmel, gib den Säenden Saat und den Essenden Brot.
Unser Gott im Himmel, gib Nahrung für unsere Kleinkinder.
Unser Gott im Himmel, lass unsere Gebete zu dir aufsteigen wie die Rauchopfer vergangener Zeiten.

יזכור

JISKOR-GEBET

יזכור

Alle oder eine Auswahl der folgenden sieben Abschnitte kann hier gelesen werden:

לַכֹּל זְמָן וְעֵת לְכָל־חֵפֶץ תַּחַת הַשָּׁמָיִם׃ **א** *UNSERE FRAGEN*
עֵת לָלֶדֶת וְעֵת לָמוּת
עֵת לָטַעַת וְעֵת לַעֲקוֹר נָטוּעַ׃
עֵת לַהֲרוֹג וְעֵת לִרְפּוֹא
עֵת לִפְרוֹץ וְעֵת לִבְנוֹת׃
עֵת לִבְכּוֹת׃
מַה־יִּתְרוֹן הָעוֹשֶׂה בַּאֲשֶׁר הוּא עָמֵל׃

מָה־אָנוּ. מֶה־חַיֵּינוּ. מֶה־חַסְדֵּנוּ. מַה־צִּדְקוֹתֵינוּ. מַה־יְּשׁוּעָתֵנוּ
מַה־כֹּחֵנוּ. מַה־גְּבוּרָתֵנוּ׃
יְהֹוָה מָה־אָדָם וַתֵּדָעֵהוּ. בֶּן־אֱנוֹשׁ וַתְּחַשְּׁבֵהוּ׃

אָדָם יְלוּד אִשָּׁה קְצַר יָמִים וּשְׂבַע־רֹגֶז׃

אֱנוֹשׁ כֶּחָצִיר יָמָיו. כְּצִיץ הַשָּׂדֶה כֵּן יָצִיץ׃
כִּי רוּחַ עָבְרָה־בּוֹ וְאֵינֶנּוּ. וְלֹא־יַכִּירֶנּוּ עוֹד מְקוֹמוֹ׃
וְחֶסֶד יְהֹוָה מֵעוֹלָם וְעַד־עוֹלָם עַל־יְרֵאָיו.
וְצִדְקָתוֹ לִבְנֵי בָנִים׃
לוּ חָכְמוּ יַשְׂכִּילוּ זֹאת. יָבִינוּ לְאַחֲרִיתָם׃
כִּי לֹא בְמוֹתוֹ יִקַּח הַכֹּל. לֹא־יֵרֵד אַחֲרָיו כְּבוֹדוֹ׃
שְׁמָר־תָּם וּרְאֵה יָשָׁר. כִּי־אַחֲרִית לְאִישׁ שָׁלוֹם׃
פּוֹדֶה יְהֹוָה נֶפֶשׁ עֲבָדָיו. וְלֹא יֶאְשְׁמוּ כָּל־הַחוֹסִים
בּוֹ׃

JISKOR-GEBET

Alle oder eine Auswahl der folgenden sieben Abschnitte kann hier gelesen werden:

I
UNSERE FRAGEN

Alles hat seine Stunde. Für jedes Geschehen unter dem Himmel gibt es eine bestimmte Zeit:
eine Zeit zum Gebären und eine Zeit zum Sterben,
eine Zeit zum Pflanzen und eine Zeit zum Abernten des Gepflanzten,
eine Zeit zum Töten und eine Zeit zum Heilen,
eine Zeit zum Niederreißen und eine Zeit zum Bauen,
eine Zeit zum Trauern …
Welchen Vorteil hat ein Mensch von all seinen Mühen?
(Koh 3,1-4.9)

Was sind wir? Was ist unser Leben? Was ist unsere Liebe? Was ist unsere Gerechtigkeit? Was sind unsere Erfolge? Was ist unsere Kraft? Was ist unsere Macht?
Was ist der Mensch, dass du ihn kennst,
das Menschenkind, dass du an es denkst? *(Ps 144,3)*

Ein Mensch, von einer Frau geboren,
kurz sind seine Tage und voller Unruhe. *(Hi 14,1)*

Ein Mensch ist wie ein Grashalm,
seine Lebenszeit wie eine Blume auf dem Feld.
Weht ein Sturm darüber, vergeht sie und ist nicht mehr da,
und man kennt nicht einmal mehr ihren Ort.
Die Güte Gottes aber besteht immer und ewig
über denen, die Gott achten,
und Gottes Wohltätigkeit überdauert die Generationen.
(Ps 103,15-17)

Wären die Menschen weise, würden sie dieses verstehen,
sie würden ihre Zukunft begreifen: *(Dtn 32,29)*

Denn in den Tod nimmt man nichts mit.
Der Ruhm eines Menschen steigt nicht mit hinunter.
(Ps 49,18)

Bewahre den Vollkommenen
und gib Acht auf den Rechtschaffenen,
denn es gibt eine Zukunft für die Menschen des Friedens.
(Ps 37,37)

Gott erlöst die Seele seiner Knechte und Mägde.
Niemand, der bei Gott Zuflucht sucht, nimmt Schaden.
(Ps 34,23)

ב
DAS GEHEIMNIS

Wir leben unser Leben, aber wir kennen sein Wesen kaum. Denn wir kommen von einem Geheimnis her, und zu diesem Geheimnis kehren wir wieder zurück. Sogar mitten im Leben ist es unser Begleiter, denn ab dem Moment unserer Geburt beginnen wir unsere Reise zum Grab, das unsere Pläne verschlingt und unsere Hoffnungen beerdigt und gleichgültig ist gegenüber unserem Erfolg und unserem Scheitern.

יְהוָה מָה־אָדָם וַתֵּדָעֵהוּ. בֶּן־אֱנוֹשׁ וַתְּחַשְּׁבֵהוּ:
אָדָם לַהֶבֶל דָּמָה. יָמָיו כְּצֵל עוֹבֵר:
בַּבֹּקֶר יָצִיץ וְחָלָף. לָעֶרֶב יְמוֹלֵל וְיָבֵשׁ:

ג
תהלים
צ
DAS UNERREICHBARE

Wir leben rastlos und vermischen ewig Bleibendes mit dem, was vergeht. Unsere Augen lassen sich nicht durch das Sehen befriedigen, unsere Ohren nicht durch das Hören. Unsere Begierden sind unstillbar. Wie Mose auf dem Berg Nebo erblicken wir das verheißene Land von ferne, aber wir können es nicht betreten. Wir kämpfen für Ziele, die wir nie erreichen werden, und nur durch den Tod werden diese Kämpfe beendet. Wie Kinder, die über ihren Spielsachen einschlafen, lockern wir den Griff, mit dem wir unseren Besitz festhalten, und der Tod überwältigt uns.

תָּשֵׁב אֱנוֹשׁ עַד־דַּכָּא וַתֹּאמֶר שׁוּבוּ בְנֵי־אָדָם:
כִּי אֶלֶף שָׁנִים בְּעֵינֶיךָ כְּיוֹם אֶתְמוֹל כִּי יַעֲבֹר
וְאַשְׁמוּרָה בַלָּיְלָה:

זְרַמְתָּם שֵׁנָה יִהְיוּ בַּבֹּקֶר כֶּחָצִיר יַחֲלֹף:
בַּבֹּקֶר יָצִיץ וְחָלָף. לָעֶרֶב יְמוֹלֵל וְיָבֵשׁ:
כִּלִּינוּ שָׁנֵינוּ כְמוֹ־הֶגֶה:

יְמֵי־שְׁנוֹתֵינוּ בָהֶם שִׁבְעִים שָׁנָה
וְאִם בִּגְבוּרֹת שְׁמוֹנִים שָׁנָה
וְרָהְבָּם עָמָל וָאָוֶן כִּי־גָז חִישׁ וַנָּעֻפָה:
לִמְנוֹת יָמֵינוּ כֵּן הוֹדַע וְנָבִא לְבַב חָכְמָה:

II DAS GEHEIMNIS

Wir leben unser Leben, aber wir kennen sein Wesen kaum. Denn wir kommen von einem Geheimnis her, und zu diesem Geheimnis kehren wir wieder zurück. Sogar mitten im Leben ist es unser Begleiter, denn ab dem Moment unserer Geburt beginnen wir unsere Reise zum Grab, das unsere Pläne verschlingt und unsere Hoffnungen beerdigt und gleichgültig ist gegenüber unserem Erfolg und unserem Scheitern.

Was ist der Mensch, dass du ihn kennst,
  das Menschenkind, dass du an es denkst?
Der Mensch gleicht einem Luftzug,
  alle seine Tage sind wie ein flüchtiger Schatten.

(Ps 144,3 u. 4)

Am Morgen sprießt er und wächst,
  abends ist er verwelkt und vertrocknet. *(Ps 90,6)*

III PSALM 90 *DAS UNERREICHBARE*

Wir leben rastlos und vermischen ewig Bleibendes mit dem, was vergeht. Unsere Augen lassen sich nicht durch das Sehen befriedigen, unsere Ohren nicht durch das Hören. Unsere Begierden sind unstillbar. Wie Mose auf dem Berg Nebo erblicken wir das verheißene Land von ferne, aber wir können es nicht betreten. Wir kämpfen für Ziele, die wir nie erreichen werden, und nur durch den Tod werden diese Kämpfe beendet. Wie Kinder, die über ihren Spielsachen einschlafen, lockern wir den Griff, mit dem wir unseren Besitz festhalten, und der Tod überwältigt uns.

Du lässt einen Menschen zum Staub zurückkehren
  und sprichst: Kommt zurück, Menschenkinder.
Ja, tausend Jahre sind in deinen Augen
  wie der Tag, der gestern vergangen ist
  und wie eine Nachwache.
Du setzt ihnen ein Ende, sie sind wie ein Schlaf;
  wie ein Gras, das am Morgen wächst.
Am Morgen sprießt es und wächst,
  abends ist es verwelkt und vertrocknet.
  Unsere Jahre schwinden wie ein Seufzen.
Unsere Lebenszeit dauert 70 Jahre,
  oder, wenn es hoch kommt, 80 Jahre,
und sie sind voll von Mühe und Leere;
  ja, schnell ziehen sie vorüber und fliegen davon.
Wer ahnt die Kraft deines Zorns,
  oder wüsste, wie groß die Furcht vor deinem Ärger ist?
Lehre uns, unsere Tage zu zählen,
  dann erhalten wir ein weises Herz.

שׁוּבָה יְהוָה עַד־מָתָי וְהִנָּחֵם עַל־עֲבָדֶיךָ׃
יֵרָאֶה אֶל־עֲבָדֶיךָ פָעֳלֶךָ וַהֲדָרְךָ עַל־בְּנֵיהֶם׃

ד
UNSERE SEELE

Wir sehen auf unseren Besitz. Er scheint uns so sicher, und doch sind wir Fremde in dieser Welt. Unsere Zeit hier geht vorbei, wie die Zeit derer, die vor uns gewesen sind. Wir gleichen einem Tongefäß, das leicht zerbricht. Wir sind wie das Gras, das schnell verdorrt, wie eine Blume, die bald verwelkt, ein Schatten, der vorübergeht, eine Wolke, die schwindet, ein verwehender Wind, Staub in der Luft, fliehender Traum. – Denn alles ist flüchtig, außer einer reinen Seele.

אֱלֹהַי. נְשָׁמָה שֶׁנָּתַתָּ־בִּי טְהוֹרָה. אַתָּה בְרָאתָהּ. אַתָּה יְצַרְתָּהּ. אַתָּה נְפַחְתָּהּ בִּי. וְאַתָּה מְשַׁמְּרָהּ בְּקִרְבִּי. וְאַתָּה עָתִיד לִטְּלָהּ מִמֶּנִּי לְחַיֵּי עוֹלָם׃ כָּל־זְמַן שֶׁהַנְּשָׁמָה בְקִרְבִּי מוֹדֶה אֲנִי לְפָנֶיךָ יְיָ אֱלֹהַי וֵאלֹהֵי אֲבוֹתַי. שֶׁאַתָּה הוּא רִבּוֹן כָּל־הַמַּעֲשִׂים. מוֹשֵׁל בְּכָל־הַבְּרִיּוֹת. אֲדוֹן כָּל־הַנְּשָׁמוֹת׃ בָּרוּךְ אַתָּה יְיָ. הַמַּחֲזִיר נְשָׁמוֹת לַמֵּתִים׃

ה
GOTT IN UNS

Wir stellen uns den Geheimnissen von Leben und Tod und ewigem Leben. Wir setzen unser Vertrauen auf Gott, dem wir nie genug Vertrauen schenkten. Doch Gott ist das Leben in unserer Seele, und Gottes Bild das Gute, das in uns ist. Nur durch das Wort Gottes sind wir, das Volk Gottes, bis zu diesem Tag erhalten geblieben und leben.

תהלים
קכא

שִׁיר לַמַּעֲלוֹת

אֶשָּׂא עֵינַי אֶל־הֶהָרִים מֵאַיִן יָבֹא עֶזְרִי׃
עֶזְרִי מֵעִם יְהוָה עֹשֵׂה שָׁמַיִם וָאָרֶץ׃
אַל־יִתֵּן לַמּוֹט רַגְלֶךָ אַל־יָנוּם שֹׁמְרֶךָ׃
הִנֵּה לֹא־יָנוּם וְלֹא יִישָׁן שׁוֹמֵר יִשְׂרָאֵל׃

Kehre doch endlich um, Gott!
  Erbarme dich über die, die dir dienen.
Lass die, die dir dienen, dein Werk sehen,
  zeige deinen Kindern deine Pracht.

(Ps 90, 3-6.9b-13.16)

IV UNSERE SEELE

Wir sehen auf unseren Besitz. Er scheint uns so sicher, und doch sind wir Fremde in dieser Welt. Unsere Zeit hier geht vorbei, wie die Zeit derer, die vor uns gewesen sind. Wir gleichen einem Tongefäß, das leicht zerbricht. Wir sind wie das Gras, das schnell verdorrt, wie eine Blume, die bald verwelkt, ein Schatten, der vorübergeht, eine Wolke, die schwindet, ein verwehender Wind, Staub in der Luft, fliehender Traum. – Denn alles ist flüchtig, außer einer reinen Seele.

Mein Gott, die Seele, die du mir geschenkt hast, ist rein. Du hast sie geschaffen. Du hast sie sich entwickeln lassen. Du hast sie mir eingehaucht. Du behütest sie in mir. Du wirst sie mir eines Tages nehmen und in ewiges Leben verwandeln. Mein Gott und Gott meiner Vorfahren, solange die Seele in mir ist, will ich dir danken, denn du waltest über alle Geschöpfe, du herrschst über alle Kreatur. Alles Leben ist in deiner Hand. Gepriesen seist du, Ewiger. Du bringst den Toten ihre Seelen zurück. *(bBer 60b)*

V GOTT IN UNS

Wir stellen uns den Geheimnissen von Leben und Tod und ewigem Leben. Wir setzen unser Vertrauen auf Gott, dem wir nie genug Vertrauen schenkten. Doch Gott ist das Leben in unserer Seele, und Gottes Bild das Gute, das in uns ist. Nur durch das Wort Gottes sind wir, das Volk Gottes, bis zu diesem Tag erhalten geblieben und leben.

PSALM 121

Ein Wallfahrtslied

Ich hebe meine Augen auf zu den Bergen:
  woher kommt Hilfe für mich?
Meine Hilfe kommt von Gott.
  Gott hat Himmel und Erde gemacht.
Gott lässt deinen Fuß nicht gleiten,
  Gott behütet dich und schläft nicht.
Siehe, Gott behütet Israel.
  Gott schläft und schlummert nicht.

יְהוָה שֹׁמְרֶךָ יְהוָה צִלְּךָ עַל־יַד יְמִינֶךָ׃

יוֹמָם הַשֶּׁמֶשׁ לֹא־יַכֶּכָּה וְיָרֵחַ בַּלָּיְלָה׃

יְהוָה יִשְׁמָרְךָ מִכָּל־רָע יִשְׁמֹר אֶת־נַפְשֶׁךָ׃

יְהוָה יִשְׁמָר־צֵאתְךָ וּבוֹאֶךָ מֵעַתָּה וְעַד־עוֹלָם׃

ו

DAS GRAB

Gott, wir schauen in das Grab und suchen dein Gleichnis.
Wir sehen in unsere eigene Dunkelheit, um dein Bild zu finden.
Wir werden getröstet, denn nach deinem Bild und Gleichnis wurden wir geschaffen, und du hast ewiges Leben in uns eingepflanzt.
Mit unseren Augen sehen wir die Welt, die wir alle verlassen müssen.
Mit unserem Geist werden wir der Wirklichkeit gewahr, in die wir hineingehen.
Wir sterben nicht in das Grab hinein, sondern in die Liebe Gottes, unseres Schöpfers.

אַךְ־אֱלֹהִים יִפְדֶּה־נַפְשִׁי מִיַּד שְׁאוֹל כִּי יִקָּחֵנִי סֶלָה׃
כָּלָה שְׁאֵרִי וּלְבָבִי צוּר־לְבָבִי וְחֶלְקִי אֱלֹהִים לְעוֹלָם׃
וְיָשֹׁב הֶעָפָר עַל־הָאָרֶץ כְּשֶׁהָיָה וְהָרוּחַ תָּשׁוּב אֶל־
הָאֱלֹהִים אֲשֶׁר נְתָנָהּ׃
אֲנִי בְּצֶדֶק אֶחֱזֶה פָנֶיךָ אֶשְׂבְּעָה בְהָקִיץ תְּמוּנָתֶךָ׃

ז

WAS BLEIBT

Lasst uns Mut haben, bereits in dieser Welt an Dingen festhalten, die nicht vergehen werden; an allem, das nicht berührt wird vom Vorübergehen der Jahre, an allem, das nicht zerbricht oder zerfällt; an den Erinnerungen, die nicht von Scham, Selbstvorwürfen oder gegenseitigen Beschuldigungen zersetzt sind; an unserem Bewusstsein für Gott im Gebet.

Gott, hilf uns, dass wir eine engere Beziehung zu dem Glauben bekommen, der die Jahrhunderte überdauert hat, zu der Wohltätigkeit, die vor dem Tod rettet und zu deiner Stimme in uns. Hilf uns zu erkennen, wer wir sind: Kinder des Lichts und der Ewigkeit.

Gott behütet dich. Gott gibt dir Schatten.
und steht dir zur Seite.
Am Tage wird dir die Sonne nicht schaden,
noch der Mond in der Nacht.
Gott behüte dich vor allem Bösen.
Gott behüte deine Seele.
Gott behüte deinen Ausgang und Eingang
von nun an bis in Ewigkeit.

VI DAS GRAB

Gott, wir schauen in das Grab und suchen dein Gleichnis.
Wir sehen in unsere eigene Dunkelheit, um dein Bild zu finden.
Wir werden getröstet, denn nach deinem Bild und Gleichnis wurden wir geschaffen, und du hast ewiges Leben in uns eingepflanzt.
Mit unseren Augen sehen wir die Welt, die wir alle verlassen müssen.
Mit unserem Geist werden wir der Wirklichkeit gewahr, in die wir hineingehen.
Wir sterben nicht in das Grab hinein, sondern in die Liebe Gottes, unseres Schöpfers.

Gott wird meine Seele loskaufen aus der Macht der Totenwelt,
ja, Gott nimmt mich auf. *(Ps 49,16)*
Mein Fleisch und mein Herz werden vergehen;
aber Gott ist die felsenfeste Kraft meines Herzens
und mein Schicksal in Ewigkeit. *(Ps 73,26)*
Nur der Staub wird zur Erde zurückkehren, wo er herkam;
der Geist wird zu Gott zurückkehren, der ihn gegeben hat. *(Koh 12,7)*
Ich will in Gerechtigkeit dein Angesicht schauen.
Wenn ich vom Tode erwache, will ich mich sattsehen an
deiner Gestalt. *(Ps 17,15)*

VII WAS BLEIBT

Lasst uns Mut haben, bereits in dieser Welt an Dingen festhalten, die nicht vergehen werden; an allem, das nicht berührt wird vom Vorübergehen der Jahre, an allem, das nicht zerbricht oder zerfällt; an den Erinnerungen, die nicht von Scham, Selbstvorwürfen oder gegenseitigen Beschuldigungen zersetzt sind; an unserem Bewusstsein für Gott im Gebet.

Gott, hilf uns, dass wir eine engere Beziehung zu dem Glauben bekommen, der die Jahrhunderte überdauert hat, zu der Wohltätigkeit, die vor dem Tod rettet und zu deiner Stimme in uns. Hilf uns zu erkennen, wer wir sind: Kinder des Lichts und der Ewigkeit.

תהלים
צא

יֹשֵׁב בְּסֵתֶר עֶלְיוֹן בְּצֵל שַׁדַּי יִתְלוֹנָן׃
אֹמַר לַיהוָה מַחְסִי וּמְצוּדָתִי אֱלֹהַי אֶבְטַח־בּוֹ׃
כִּי הוּא יַצִּילְךָ מִפַּח יָקוּשׁ מִדֶּבֶר הַוּוֹת׃
בְּאֶבְרָתוֹ יָסֶךְ לָךְ וְתַחַת־כְּנָפָיו תֶּחְסֶה צִנָּה וְסֹחֵרָה
אֲמִתּוֹ׃
כִּי־אַתָּה יְהוָה מַחְסִי עֶלְיוֹן שַׂמְתָּ מְעוֹנֶךָ׃
עַל־שַׁחַל וָפֶתֶן תִּדְרֹךְ תִּרְמֹס כְּפִיר וְתַנִּין׃
כִּי בִי חָשַׁק וַאֲפַלְּטֵהוּ אֲשַׂגְּבֵהוּ כִּי־יָדַע שְׁמִי׃
יִקְרָאֵנִי וְאֶעֱנֵהוּ עִמּוֹ־אָנֹכִי בְצָרָה אֲחַלְּצֵהוּ
וַאֲכַבְּדֵהוּ׃
אֹרֶךְ יָמִים אַשְׂבִּיעֵהוּ וְאַרְאֵהוּ בִּישׁוּעָתִי׃

Der Gottesdienst wird hier fortgesetzt:

UNSERE LIEBEN

Wir denken an alle, die vor uns gewesen sind und von uns fort in das ewige Leben gegangen sind, von dem sie herkamen. Die Zeit hat zwar unsere Schmerzen gelindert, aber sie hat die Erinnerung an sie nicht getilgt. Wir haben Leid erlebt, wir haben den Tod gesehen, und in beidem suchen wir die Gegenwart Gottes.

Wir wenden uns an dich, allmächtiger Gott, Quelle aller Barmherzigkeit, und bitten dich, uns mit unseren Lieben zusammenzubinden im Bund des Lebens. Im Gebet werfen wir einen Blick in eine Welt jenseits unseres Verstands. In dir finden alle Geschöpfe ihre Heimat und ihre Ruhe. Durch dich werden alle unsere Sorgen gestillt, und unsere verlangende Seele wird befriedigt. O Leben aller Welten, in dir können wir dem Leben begegnen.

PSALM
91

Wer im Schutze Gottes wohnt,
wer sich im Schatten Schaddais niederlässt,
der darf zu Gott sagen: Meine Zuflucht und meine Festung,
meine Gottheit, auf die ich mich verlasse.
Denn Gott wird dich aus der Falle des Fängers erretten,
aus dem endgültigen Verderben.
Gottes Kraft beschirmt dich.
In Gottes Gegenwart kannst du dich bergen.
Gottes Wahrheit ist ein Schutzschild und eine Schutzmauer.
Weil Gott deine Zuflucht ist,
du bei Gott deine Wohnung gewählt hast,
darum schreitest du über Bedrohung und Gift hinweg,
trittst neue Ängste und Böses mit Füßen.
„Wenn jemand sich völlig auf mich verlässt,
dann rette ich diesen Menschen.
Ich schütze ihn, denn er kennt meinen Namen.
Wenn er mich anruft, antworte ich ihm.
Ich bin mit ihm zur Zeit der Not.
Ich rette ihn und bringe ihn zu Ehren.
Sein Leben lang will ich für ihn sorgen
und ihn meine Hilfe erfahren lassen.“

(Ps 91, 1-4.9.13-16)

Der Gottesdienst wird hier fortgesetzt:

UNSERE LIEBEN

Wir denken an alle, die vor uns gewesen sind und von uns fort in das ewige Leben gegangen sind, von dem sie herkamen. Die Zeit hat zwar unsere Schmerzen gelindert, aber sie hat die Erinnerung an sie nicht getilgt. Wir haben Leid erlebt, wir haben den Tod gesehen, und in beidem suchen wir die Gegenwart Gottes.

Wir wenden uns an dich, allmächtiger Gott, Quelle aller Barmherzigkeit, und bitten dich, uns mit unseren Lieben zusammenzubinden im Bund des Lebens. Im Gebet werfen wir einen Blick in eine Welt jenseits unseres Verstands. In dir finden alle Geschöpfe ihre Heimat und ihre Ruhe. Durch dich werden alle unsere Sorgen gestillt, und unsere verlangende Seele wird befriedigt. O Leben aller Welten, in dir können wir dem Leben begegnen.

זָכְרֵנוּ לַחַיִּים מֶלֶךְ חָפֵץ בַּחַיִּים. וְכָתְבֵנוּ בְּסֵפֶר הַחַיִּים. לְמַעַנְךָ אֱלֹהִים חַיִּים:

אַתָּה גִּבּוֹר לְעוֹלָם יְיָ. מְחַיֵּה מֵתִים אַתָּה רַב לְהוֹשִׁיעַ. מְכַלְכֵּל חַיִּים בְּחֶסֶד. מְחַיֵּה מֵתִים בְּרַחֲמִים רַבִּים. סוֹמֵךְ נוֹפְלִים. וְרוֹפֵא חוֹלִים. וּמַתִּיר אֲסוּרִים. וּמְקַיֵּם אֱמוּנָתוֹ לִישֵׁנֵי עָפָר: מִי כָמוֹךָ בַּעַל גְּבוּרוֹת וּמִי דּוֹמֶה לָּךְ. מֶלֶךְ מֵמִית וּמְחַיֶּה. וּמַצְמִיחַ יְשׁוּעָה: וְנֶאֱמָן אַתָּה לְהַחֲיוֹת מֵתִים:

יזכור

אֲהַלְלָה־נָא אַנְשֵׁי חֶסֶד אֲבוֹתֵינוּ בְּדוֹרוֹתָם:
רֹב כָּבוֹד חָלַק לָהֶם עֶלְיוֹן וְגָדְלוֹ מִימוֹת עוֹלָם:
רוֹדֵי אֶרֶץ בְּמַלְכוּתָם וְאַנְשֵׁי־שֵׁם בִּגְבוּרָתָם:
יוֹעֲצִים בִּתְבוּנָתָם וְחוֹזֵי־כֹל בִּנְבוּאָתָם:
שָׂרֵי גוֹיִם בִּמְזִמָּתָם וְרוֹזְנִים בִּמְחֻקְרוֹתָם:
חַכְמֵי שִׂיחַ בְּסִפְרָתָם וּמוֹשְׁלִים בְּמִשְׁמְרוֹתָם:
חוֹקְרֵי מִזְמוֹר עַל־חֹק נוֹשְׂאֵי מָשָׁל בִּכְתָב:
אַנְשֵׁי חַיִל וְסוֹמְכֵי־כֹחַ וְשׁוֹקְטִים עַל־מְכוֹנָתָם:
כָּל־אֵלֶּה בְּדוֹרָם נִכְבָּדוּ וּבִימֵיהֶם תִּפְאַרְתָּם:
יֵשׁ־מֵהֶם הִנִּיחוּ שֵׁם לְהִשְׁתָּעוֹת בְּנַחֲלָתָם:
וְיֵשׁ מֵהֶם אֲשֶׁר אֵין־לוֹ זֵכֶר וַיִּשְׁבְּתוּ כַּאֲשֶׁר שָׁבָתוּ:
כַּאֲשֶׁר לֹא־הָיוּ הָיוּ וּבְנֵיהֶם מֵאַחֲרֵיהֶם:

Denke an uns, damit wir leben, Gott, du liebst das Leben! Schreibe uns in das Buch des Lebens um deines Namens willen, lebendiger Gott!

Du bist die nie erschöpfende Kraft, du schenkst Leben angesichts des Todes. Vielfältig sind deine Wege zu helfen. Die Lebenden ernährst du in Güte. In großem Erbarmen schaffst du Leben angesichts des Todes. Du stützt die Fallenden. Du heilst die Kranken. Du machst die Gebundenen los und hältst die Treue denen, die im Staube schlafen. Wer ist wie du, der solche Kraft hätte, und wer ist dir gleich? – Du, Gott, hast Macht über Tod und Leben, und du lässt Hilfe sprossen.

Wer ist wie du, Quelle aller Barmherzigkeit! In Barmherzigkeit gedenkst du deiner Geschöpfe und schenkst ihnen Leben.

Du bist treu, Leben angesichts des Todes zu schaffen. Gepriesen seist du, Ewiger. Du schenkst Leben angesichts des Todes.

Gott möge gedenken. יזכור

UNSERE HELDINNEN UND HELDEN

Rühmen will ich die ruhmreichen Menschen,
unsere Vorfahren aus vergangenen Generationen.
Der Höchste hat große Ehre unter ihnen ausgeteilt
und die Größe Gottes seit den Tagen der Vorzeit.
In Herrschaftlichkeit schritten sie über die Erde,
sie waren berühmte Menschen durch ihre Macht.
Sie erteilten Ratschläge aufgrund ihrer Einsicht
und haben alle Dinge prophetisch durchschaut.
Sie hatten Leitungsfunktionen wegen ihrer einsichtigen Pläne
und waren Würdenträger wegen ihres kenntnisreichen Wissens.
Sie waren redegewandt durch ihrer Kenntnis der Schriften,
und ihre bildhaften Worte beruhten auf ihrer Lebenserfahrung.
Sie dichteten Lieder im Versmaß
und schrieben Gleichnisse nieder.
Tüchtige Menschen, die sich auf ihre Kräfte verlassen konnten
und die in Sicherheit in ihren Wohnungen wohnten,
sie alle wurden von ihren Zeitgenossen geehrt
und erlebten ihren Ruhm in ihren Tagen.
Manche von ihnen ließen ihren Namen zurück,
so dass man ihren Ruhm überliefert hat.
Andere sind ohne Nachruhm geblieben,
sie vergingen, sobald sie vergangen waren.
Sie sind, als wären sie nie gewesen,
und ebenso sind es auch ihre Kinder. *(Sirach 44,1-9)*

אַב הָרַחֲמִים שׁוֹכֵן בַּמְּרוֹמִים בְּרַחֲמָיו הָעֲצוּמִים.
יִפְקוֹד בְּרַחֲמִים הַחֲסִידִים וְהַיְשָׁרִים וְהַתְּמִימִים. קְהִלּוֹת הַ
שֶׁמָּסְרוּ נַפְשָׁם עַל קְדֻשַּׁת הַשֵּׁם. הַנֶּאֱהָבִים וְהַנְּעִימִים בְּחַ
וּבְמוֹתָם לֹא נִפְרָדוּ. מִנְּשָׁרִים קַלּוּ. וּמֵאֲרָיוֹת גָּבֵרוּ. לַעֲ
רְצוֹן קוֹנָם וְחֵפֶץ צוּרָם. יִזְכְּרֵם אֱלֹהֵינוּ לְטוֹבָה. עִם
צַדִּיקֵי עוֹלָם:

שׁוֹמֵר יִשְׂרָאֵל שְׁמוֹר שְׁאֵרִית יִשְׂרָאֵל
וְאַל יֹאבַד יִשְׂרָאֵל הָאוֹמְרִים שְׁמַע יִשְׂרָאֵל.
שׁוֹמֵר גּוֹי אֶחָד שְׁמוֹר שְׁאֵרִית עַם אֶחָד
וְאַל יֹאבַד גּוֹי אֶחָד הַמְיַחֲדִים שִׁמְךָ יְהוָֹה אֱלֹהֵינוּ
יְהוָֹה אֶחָד.
שׁוֹמֵר גּוֹי קָדוֹשׁ שְׁמוֹר שְׁאֵרִית עַם קָדוֹשׁ
וְאַל יֹאבַד גּוֹי קָדוֹשׁ הַמְשַׁלְּשִׁים בְּשִׁלּוּשׁ קְדֻשָּׁה
לְקָדוֹשׁ:

Alle oder eine Auswahl der folgenden drei Abschnitte kann hier gelesen werden:

Gott möge unserer Märtyrer und Märtyrerinnen gedenken. יזכור I

Wir gedenken der sechs Millionen Toten und aller, die starben, als Wahnsinn die Welt regierte und das Böse in der Welt wohnte. Wir gedenken derer, die wir gekannt haben und derer, von denen selbst der Name verloren ist.

Wir trauern um alle, die mit ihnen starben, um ihre Güte und um ihre Weisheit, die die Welt hätten retten und so viele Wunden hätten heilen können. Wir trauern um den Geist und den Humor, der starb, um das Lernen und das Lachen, das für immer verloren ist. Die Welt ist ärmer geworden, und unsere Herzen werden kalt, wenn wir an die großen Dinge denken, die hätten sein können.

Wir sind dankbar für ihr Beispiel an Anstand und Güte. Wie Kerzen leuchten sie aus der Dunkelheit jener Jahre heraus, und in ihrem Licht erkennen wir, was gut ist – und was böse.

Wir gedenken jener nichtjüdischen Männer und Frauen, die den Mut

UNSERE MÄRTYRER

Quelle aller Barmherzigkeit, die uns barmherzig umgibt, du kümmerst dich voller Barmherzigkeit um die Frommen, Rechtschaffenen und Vollkommenen, die heiligen Gemeinden, die ihr Leben zur Heiligung des Namens geopfert haben. Sie waren beliebt und geliebt während ihres Lebens; durch ihren Tod wurden sie nicht voneinander getrennt. Beschwingter als die Adler und stärker als die Löwen war ihre Entschlossenheit, den Willen ihres Schöpfers zu erfüllen und den Wünschen ihres Felsens zu entsprechen. Unser Gott möge sich zum Guten an sie erinnern, gemeinsam mit all den übrigen Gerechten der Welt.

Du behütest Israel. *(Ps 121,4)*
Behüte des Rest Israels.
Lass Israel nicht zugrunde gehen,
das das „Höre Israel“ spricht.

Du behütest das einzigartige Volk. *(2. Sam 7,23)*
Behüte den Rest des einzigartigen Volkes.
Lass „das einzigartige Volk“ nicht zugrunde gehen,
das die Einzigartigkeit deines Namens verkündet:
„Der Ewige ist Gott, der Ewige ist einzig“.

Du behütest das heilige Volk. *(Ex 19,6)*
Behüte des Rest des heiligen Volkes.
Lass das heilige Volk nicht zugrunde gehen,
das dreimal das „Heilig, Heilig, Heilig“ spricht.

Alle oder eine Auswahl der folgenden drei Abschnitte kann hier gelesen werden:

II

Gott möge unserer Pioniere gedenken. יזכור

Wir danken dir für alle, die ihr Leben gelassen haben für die Wiedererrichtung des Staates Israels, ein Wunder, das unsere Augen gesehen haben. Sie waren das Zeichen der Hoffnung, das aus Leiden erwachsen ist, der Frühling, der in das trockene, traurige Tal Einzug hielt, die Rose, die in der Wüste erblühte.

Wir werden demütig, wenn wir an den Reichtum denken, der uns durch ihr Opfer und ihr Leiden zugekommen ist. Der Ruhm und die Last dieses Erbes prägen unser Leben.

In der Stille gedenken wir derer, die ihr Leben für andere opferten und Gottes Namen auf der Erde geheiligt haben.

hatten, außerhalb der Masse zu stehen und mit uns zu leiden. Auch sie sind deine Zeuginnen und Zeugen, eine Quelle der Hoffnung, wenn wir zu verzweifeln drohen.

Um des Leids unseres Volkes willen möge eine solche Zeit nie wieder kommen. Möge ihr Opfer nicht umsonst gewesen sein. In unserem täglichen Kampf gegen Grausamkeit und Vorurteile, gegen Tyrannei und Verfolgung gibt uns die Erinnerung an sie Kraft und leitet uns.

In der Stille gedenken wir derer, die Gottes Namen auf der Erde geheiligt haben.

שִׁוִּיתִי יְהוָה לְנֶגְדִּי תָמִיד כִּי מִימִינִי בַּל־אֶמּוֹט׃
לָכֵן שָׂמַח לִבִּי וַיָּגֶל כְּבוֹדִי אַף־בְּשָׂרִי יִשְׁכֹּן לָבֶטַח׃

Ich weiß Gott mir stets gegenüber.
Wenn Gott mir zur Rechten ist,
nie werde ich wanken.
Darum freut sich mein Herz,
jauchzt meine Ehre,
ja, mein Fleisch wird sicher wohnen. *(Ps 16,8f)*

Gott möge unserer Familienangehörigen, Freundinnen und Freunde gedenken. יזכור

Wir erinnern uns an alle, die wir kannten und liebgewonnen haben und die die Grenze zwischen Leben und Tod überschritten haben.

Wir denken an alle, die wir geliebt haben, und an alle, die wir nie genug geliebt haben. Die Ruhe dieser Tage erleichtert unseren Schmerz und ihre Heiligkeit reinigt unsere Erinnerungen. Gott, wir danken dir für alles, was du uns durch sie gegeben hast.

Sie leben im Licht der Ewigkeit und sie leben in uns, denn sie haben uns geprägt. Während ihres Lebens waren sie uns ein Vorbild für Liebe und Mut; durch ihren Tod werfen wir einen Blick in die Ewigkeit.

Wir nennen in unserem Herzen die Namen derer, die für uns leuchten wie die Sterne am Himmel, die Namen von Eltern und Kindern, Partnerinnen und Partnern, Verwandten, Freundinnen und Freunden.

עֹשֶׂה שָׁלוֹם בִּמְרוֹמָיו. הוּא יַעֲשֶׂה שָׁלוֹם עָלֵינוּ וְעַל כָּל־
יִשְׂרָאֵל. וְאִמְרוּ אָמֵן:

Gott schafft Frieden in der Höhe.
Möge Gott uns und ganz Israel Frieden geben.
Darauf sprecht: Amen.

III *Gott möge der Glieder unserer Gemeinde gedenken.* יזכור

Wir erinnern uns in Liebe an die Glieder unserer Gemeinde, die seit dem letzten Versöhnungstag von uns gegangen sind.

Wir danken Gott für ihr Leben und für alles, was wir von ihnen empfangen haben. Sie werden uns unvergessen bleiben. Ihre guten Taten sind ihr lebendiges Zeugnis. Möge Gott sich an sie erinnern, wenn wir ihre Namen in unseren Herzen nennen.

הֲשִׁיבֵנוּ יְהוָֹה אֵלֶיךָ וְנָשׁוּבָה חַדֵּשׁ
יָמֵינוּ כְּקֶדֶם:

Gott, bring uns zu dir zurück,
dann können wir zu dir zurückkehren.
Erneuere unsere Tage,
damit sie werden wie früher. *(Kld 5,21)*

Gott möge unserer Familienangehörigen, Freundinnen und Freunde gedenken. יזכור

Wir erinnern uns an alle, die wir kannten und liebgewonnen haben und die die Grenze zwischen Leben und Tod überschritten haben.

Wir denken an alle, die wir geliebt haben, und an alle, die wir nie genug geliebt haben. Die Ruhe dieser Tage erleichtert unseren Schmerz und ihre Heiligkeit reinigt unsere Erinnerungen. Gott, wir danken dir für alles, was du uns durch sie gegeben hast.

Sie leben im Licht der Ewigkeit und sie leben in uns, denn sie haben uns geprägt. Während ihres Lebens waren sie uns ein Vorbild für Liebe und Mut; durch ihren Tod werfen wir einen Blick in die Ewigkeit.

Wir nennen in unserem Herzen die Namen derer, die für uns leuchten wie die Sterne am Himmel, die Namen von Eltern und Kindern, Partnerinnen und Partnern, Verwandten, Freundinnen und Freunden.

Möge Gott der Seele meiner Mutter gedenken, die in ihre ewige Heimat eingekehrt ist und nun im Schutz Gottes ruht. Meine Wohltätigkeit und meine Gebete mögen ein Denkmal für sie sein. Möge ihre Güte in mir weiterleben. Möge Gott uns zusammenbinden im Bund des Lebens. Gott sei ihr Erbteil, sie ruhe in Frieden. Amen. *FÜR DIE MUTTER*

Möge Gott der Seele meiner Partnerin gedenken, die in ihre ewige Heimat eingekehrt ist und nun im Schutz Gottes ruht. Meine Wohltätigkeit und meine Gebete mögen ein Denkmal sein für ihre Liebe und Zuneigung, an die ich mich stets erinnere. Möge ihre Seele eingebunden sein im Bund des Lebens. Gott sei ihr Erbteil, sie ruhe in Frieden. Amen. *FÜR DIE PARTNERIN*

Möge Gott der Seele meiner Tochter gedenken, die in ihre ewige Heimat eingekehrt ist und nun im Schutz Gottes ruht. Meine Wohltätigkeit und meine Gebete mögen ein Denkmal sein für all das, was sie mir in der Zeit, in der wir zusammen waren, bedeutet hat. Möge Gott unsere Beziehung im Bund des Lebens wiederherstellen. Gott sei ihr Erbteil, sie ruhe in Frieden. Amen. *FÜR EINE TOCHTER*

Möge Gott der Seele meiner Schwester gedenken, die in ihre ewige Heimat eingekehrt ist und nun im Schutz Gottes ruht. Meine Wohltätigkeit und meine Gebete mögen ein Denkmal sein für den Bund zwischen uns, den die Jahre nicht tilgen können. Möge Gott uns im Bund des Lebens wieder vereinen. Gott sei ihr Erbteil, sie ruhe in Frieden. Amen. *FÜR EINE SCHWESTER*

Möge Gott der Seele von … gedenken, die in ihre ewige Heimat eingekehrt ist und nun im Schutze Gottes ruht. Meine Wohltätigkeit und meine Gebete mögen ein Denkmal für sie sein, und uns im Geist verbinden. Möge Gott uns im Bund des Lebens wieder zusammenführen. Gott sei ihr Erbteil, und sie ruhe in Frieden. Amen. *FÜR EINE VERWANDTE*

FÜR DEN VATER

Möge Gott der Seele meines Vaters gedenken, der in seine ewige Heimat eingekehrt ist und nun im Schutz Gottes ruht. Meine Wohltätigkeit und meine Gebete mögen ein Denkmal für ihn sein. Möge seine Güte in mir weiterleben. Möge Gott uns zusammenbinden im Bund des Lebens. Gott sei sein Erbteil, er ruhe in Frieden. Amen.

FÜR DEN PARTNER

Möge Gott der Seele meines Partners gedenken, der in seine ewige Heimat eingekehrt ist und nun im Schutz Gottes ruht. Meine Wohltätigkeit und meine Gebete mögen ein Denkmal sein für seine Liebe und Zuneigung, an die ich mich stets erinnere. Möge seine Seele eingebunden sein im Bund des Lebens. Gott sei sein Erbteil, er ruhe in Frieden. Amen.

FÜR EINEN SOHN

Möge Gott der Seele meines Sohnes gedenken, der in seine ewige Heimat eingekehrt ist und nun im Schutz Gottes ruht. Meine Wohltätigkeit und meine Gebete mögen ein Denkmal sein für all das, was er mir in der Zeit, in der wir zusammen waren, bedeutet hat. Möge Gott unsere Beziehung im Bund des Lebens wiederherstellen. Gott sei sein Erbteil, er ruhe in Frieden. Amen.

FÜR EINEN BRUDER

Möge Gott der Seele meines Bruders gedenken, der in seine ewige Heimat eingekehrt ist und nun im Schutz Gottes ruht. Meine Wohltätigkeit und meine Gebete mögen ein Denkmal sein für den Bund zwischen uns, den die Jahre nicht tilgen können. Möge Gott uns im Bund des Lebens wieder vereinen. Gott sei sein Erbteil, er ruhe in Frieden. Amen.

FÜR EINEN VERWANDTEN

Möge Gott der Seele von … gedenken, der in seine ewige Heimat eingekehrt ist und nun im Schutz Gottes ruht. Meine Wohltätigkeit und meine Gebete mögen ein Denkmal für ihn sein und uns im Geist verbinden. Möge Gott uns im Bund des Lebens wieder zusammenführen. Gott sei sein Erbteil, er ruhe in Frieden. Amen.

FÜR EINE FREUNDIN

Möge Gott der Seele meiner Freundin gedenken, die in ihre ewige Heimat eingekehrt ist und nun im Schutze Gottes ruht. Meine Wohltätigkeit und meine Gebete mögen ein Denkmal für sie sein und ein bleibendes Zeichen unserer Freundschaft. Möge Gott uns im Bund des Lebens zusammenbinden. Gott sei ihr Erbteil, und sie ruhe in Frieden. Amen.

FÜR EINE LEHRERIN

Möge Gott der Seele meiner Lehrerin gedenken, die in ihre ewige Heimat eingekehrt ist und nun im Schutze Gottes ruht. Meine Wohltätigkeit und meine Gebete mögen ein Denkmal für sie sein. Möge ich die Weisheit, die sie mich lehrte, anderen weitergeben. Möge dies unsere Seelen verbinden und uns näher zu Gott führen. Gott sei ihr Erbteil, und sie ruhe in Frieden. Amen.

Möge Gott mich stärken, während ich mich erinnere.

Möge Gott mich durch die Erinnerung an diese Menschen trösten und mich durch das Gute, das sie taten, heiligen. Gott hat sie in die Ewigkeit geführt, möge er uns zusammenführen im Bund des Lebens.

אֵל מָלֵא רַחֲמִים שׁוֹכֵן בַּמְּרוֹמִים. הַמְצֵא מְנוּחָה נְכוֹנָה תַּחַת כַּנְפֵי הַשְּׁכִינָה. בְּמַעֲלוֹת קְדוֹשִׁים וּטְהוֹרִים. כְּזוֹהַר הָרָקִיעַ מַזְהִירִים. אֶת־נִשְׁמוֹת הַנִּכְבָּדִים וְהָאֲהוּבִים שֶׁהָלְכוּ לְעוֹלָמָם. אָנָּא בַּעַל הָרַחֲמִים הַסְתִּירֵם בְּסֵתֶר כְּנָפֶיךָ לְעוֹלָמִים. וּצְרוֹר בִּצְרוֹר הַחַיִּים אֶת־נִשְׁמָתָם. יְיָ הוּא נַחֲלָתָם וְיָנוּחוּ בְּשָׁלוֹם עַל מִשְׁכָּבָם. וְנֹאמַר אָמֵן:

FÜR EINEN FREUND Möge Gott der Seele meines Freundes gedenken, der in seine ewige Heimat eingekehrt ist und nun im Schutz Gottes ruht. Meine Wohltätigkeit und meine Gebete mögen ein Denkmal für ihn sein und ein bleibendes Zeichen unserer Freundschaft. Möge Gott uns im Bund des Lebens zusammenbinden. Gott sei sein Erbteil, er ruhe in Frieden. Amen.

FÜR EINEN LEHRER Möge Gott der Seele meines Lehrers gedenken, der in seine ewige Heimat eingekehrt ist und nun im Schutz Gottes ruht. Meine Wohltätigkeit und meine Gebete mögen ein Denkmal für ihn sein. Möge ich die Weisheit, die er mich lehrte, anderen weitergeben. Möge dies unsere Seelen verbinden und uns näher zu Gott führen. Gott sei sein Erbteil, er ruhe in Frieden. Amen.

Möge Gott mich stärken, während ich mich erinnere.

Möge Gott mich durch die Erinnerung an diese Menschen trösten und mich durch das Gute, das sie taten, heiligen. Gott hat sie in die Ewigkeit geführt, möge er uns zusammenführen im Bund des Lebens.

GEBET ZUM GEDENKEN Gott in der Höhe, bei dir ist Barmherzigkeit in Fülle. Lass die Seelen derer, die wir ehrten und liebten und die nun in die Ewigkeit eingekehrt sind, ungestört in deiner Gegenwart ruhen. Lass sie wie die Lichter am Himmel leuchten, zusammen mit den Heiligen und Reinen in der Höhe. Gott voller Barmherzigkeit, lass ihre Seelen bis in Ewigkeit in deiner Gegenwart geborgen sein. Nimm ihr Leben auf in den Bund des Lebens. Gott, du bist ihr Schicksal. Lass sie an ihren Ruhestätten in Frieden ruhen. Darauf sprecht: Amen.

קדיש שלם

יִתְגַּדַּל וְיִתְקַדַּשׁ שְׁמֵהּ רַבָּא בְּעָלְמָא דִּי־בְרָא כִרְעוּתֵהּ. וְיַמְלִיךְ מַלְכוּתֵהּ בְּחַיֵּיכוֹן וּבְיוֹמֵיכוֹן וּבְחַיֵּי דִּי־כָל־בֵּית יִשְׂרָאֵל בַּעֲגָלָא וּבִזְמַן קָרִיב. וְאִמְרוּ אָמֵן:

יְהֵא שְׁמֵהּ רַבָּא מְבָרַךְ לְעָלַם וּלְעָלְמֵי עָלְמַיָּא.

יִתְבָּרַךְ וְיִשְׁתַּבַּח וְיִתְפָּאַר וְיִתְרוֹמַם וְיִתְנַשֵּׂא וְיִתְהַדַּר וְיִתְעַלֶּה וְיִתְהַלַּל שְׁמֵהּ דִּי־קֻדְשָׁא. בְּרִיךְ הוּא. לְעֵלָּא לְעֵלָּא מִן־כָּל־בִּרְכָתָא וְשִׁירָתָא תֻּשְׁבְּחָתָא וְנֶחֱמָתָא דִּי־אֲמִירָן בְּעָלְמָא. וְאִמְרוּ אָמֵן:

יְהֵא שְׁלָמָא רַבָּא מִן־שְׁמַיָּא וְחַיִּים עָלֵינוּ וְעַל־כָּל־יִשְׂרָאֵל. וְאִמְרוּ אָמֵן:

עֹשֶׂה שָׁלוֹם בִּמְרוֹמָיו. הוּא יַעֲשֶׂה שָׁלוֹם עָלֵינוּ וְעַל כָּל־יִשְׂרָאֵל. וְאִמְרוּ אָמֵן:

Einige Gemeinden beenden das Jizkor-Gebet mit Psalm 23:

תהלים כג

מִזְמוֹר לְדָוִד

יְהוָֹה רֹעִי לֹא אֶחְסָר:

בִּנְאוֹת דֶּשֶׁא יַרְבִּיצֵנִי עַל־מֵי מְנֻחוֹת יְנַהֲלֵנִי:

נַפְשִׁי יְשׁוֹבֵב יַנְחֵנִי בְמַעְגְּלֵי־צֶדֶק לְמַעַן שְׁמוֹ:

גַּם כִּי־אֵלֵךְ בְּגֵיא צַלְמָוֶת לֹא־אִירָא רָע כִּי־אַתָּה עִמָּדִי

שִׁבְטְךָ וּמִשְׁעַנְתֶּךָ הֵמָּה יְנַחֲמֻנִי:

Verherrlicht und geheiligt werde Gottes großer Name
in der Welt, die Gott nach eig'nem Ratschluss schuf.
Gottes Reich erstehe in eurem Leben und zu euren Zeiten
und im Leben ganz Israels schnell und bald.
Darauf sprecht: Amen.

Gottes großer Name sei gepriesen,
immerzu und bis in Ewigkeit!

Gottes Name sei gepriesen und gelobt,
Gottes Name sei verherrlicht und erhoben.
Gottes Name sei verehrt und gerühmt,
Gottes Name sei gefeiert und besungen.
Gepriesen sei er über allem Lob und jedem Lied,
hoch über allem Preis und jedem Trost der Welt.
Darauf sprecht: Amen.

Frieden in Fülle komme vom Himmel,
Leben für uns und ganz Israel.
Darauf sprecht: Amen.

Gott schafft Frieden in der Höhe.
Möge Gott uns und ganz Israel Frieden geben.
Darauf sprecht: Amen.

Einige Gemeinden beenden das Jizkor-Gebet mit Psalm 23:

PSALM
23

Gott ist mein Hirte.
Mir wird es an nichts fehlen.

Gott lässt mich auf grünen Wiesen weiden
und führt mich zum Wasser, wo ich Ruhe finde.
Gott belebt und stärkt meine Seele.

Gott führt mich auf Wegen der Gerechtigkeit
um des göttlichen Namens willen.

Selbst wenn ich im Tal des Todes gehe,
fürchte ich nichts Böses,
weil du bei mir bist.
Dein Stab und deine Stütze,
sie geben mir Halt.

תַּעֲרֹךְ לְפָנַי שֻׁלְחָן נֶגֶד צֹרְרָי דִּשַּׁנְתָּ בַשֶּׁמֶן רֹאשִׁי כּוֹסִי רְוָיָה׃

אַךְ טוֹב וָחֶסֶד יִרְדְּפוּנִי כָּל־יְמֵי חַיָּי

וְשַׁבְתִּי בְּבֵית־יְהוָה לְאֹרֶךְ יָמִים׃

Du deckst für mich einen Tisch,
trotz meiner Feinde.
Du salbst meinen Kopf mit Öl.
Mein Becher ist voll bis zum Rand.

Güte und Liebe werden mich alle Tage
meines Lebens begleiten,
und ich werde in Gottes Haus wohnen
mein Leben lang.

תפלת נעילה ליום כפור

SCHLUSSGEBET FÜR JOM KIPPUR
(NEÏLA)

MEDITATION
ZUM SCHLUSSGEBET FÜR JOM KIPPUR

Neïla ist voller Bilder der Endgültigkeit: Die Tore, die geschlossen werden, das Buch, das gesiegelt wird, das Urteil, das Israel und der Welt ausgehändigt wird. Alle äußeren Bilder im Neïla-Gottesdienst umschreiben eine Dringlichkeit, eine Entscheidungssituation, eine letzte Chance, in eine Sicherheit zu fliehen. Es ist, als sähen wir tausende von Seelen, die zu den sich schließenden Türen strömen und verzweifelt versuchen, noch hineinzukommen, bevor die Türen zuschlagen.

Dies ist ein Teil der Wahrheit dieser letzten Momente des Jom Kippur – und doch gibt es auch noch eine andere, eine innere Dimension. Denn da gibt es auch ein Gefühl von Erleichterug, von Ruhe und Gewissheit. Denn wenn Israel seine Aufgabe heute erfüllt hat, wird auch Gott das tun, was Gott durch die Jahrhunderte hindurch immer wieder neu verheißen hat: „Auf dein Wort hin habe ich vergeben“ *(Num 14,19-20)*. Denn dies ist der weiße Fasttag, nicht der schwarze. Es ist eine Zeit der Freude über die Gewissheit der Versöhnung und des Nach-Hause-Kommens.

Für wieviele Menschen gibt es keine Erleichterung, keine Linderung des Leids, kein Gefühl, eine Reise gut hinter sich gebracht zu haben und jetzt nach Hause zu kommen. Wir sind von unserem inneren Leben, von dem inneren Leben unserer Tradition so entfremdet, dass diese jährliche Inszenierung zu wenig bringt und zu spät kommt, vielleicht zu spät. Vielleicht ist es wahr, dass es mehr darauf ankommt, was du mitbringst, als darauf, was du mitnimmst. Aber dabei wird oft vorausgesetzt, was man mitbringen solle, seien die formalen Maßstäbe der Beachtung der Regeln, der Glaubenspraxis und die Beachtung jüdischer Formen, und allein diese machten die Reise erst möglich.

Es ist wahr, dass sie für viele der Weg sind, aber es gibt kein Leben ohne seine Verpflichtungen, ohne seinen Kampf um Werte und seine Suche nach Sinn. In der heutigen, bruchstückhaften Welt, wo wir von den Resten unserer Tradition leben, als Teil des Restes unseres Volkes, ist es nicht leicht zu wissen, worin die Wahrheit unserer jüdischen Aufgabe besteht. Doch wir sollten uns nicht von Gefühlen des Augenblicks betrügen lassen – oder sogar von der Abwesenheit solcher Gefühle.

Denn die Reise durch den Jom Kippur war eine wirkliche Reise, eine Reise, die wir nicht danach beurteilen dürfen, was wir an ihrem Ende fühlen, sondern danach, wie wir unser Leben in den folgenden Tagen, Wochen und Jahren führen, nach dem der letzte Schofar-Ton nicht nur die höchsten Höhen des Himmels durchdrungen hat, sondern auch die tiefsten Tiefen unserer Seelen.

(Jonathan Magonet)

תפלת נעילה ליום כפור

אֵל נוֹרָא עֲלִילָה   אֵל נוֹרָא עֲלִילָה
הַמְצֵא לָנוּ מְחִילָה   בְּשַׁעַת הַנְּעִילָה:

מְתֵי מִסְפָּר קְרוּאִים   לְךָ עַיִן נוֹשְׂאִים
וּמְסַלְּדִים בְּחִילָה   בְּשַׁעַת הַנְּעִילָה:

שׁוֹפְכִים לְךָ נַפְשָׁם   מְחֵה פִּשְׁעָם וְכַחֲשָׁם
הַמְצִיאֵם מְחִילָה   בְּשַׁעַת הַנְּעִילָה:

הֱיֵה לָהֶם לְסִתְרָה   וְחַלְּצֵם מִמְּאֵרָה
וְחָתְמֵם לְהוֹד וּלְגִילָה   בְּשַׁעַת הַנְּעִילָה:

חֹן אוֹתָם וְרַחֵם   וְכָל־לוֹחֵץ וְלוֹחֵם
עֲשֵׂה בָהֶם פְּלִילָה   בְּשַׁעַת הַנְּעִילָה:

זְכֹר צִדְקַת אֲבִיהֶם   וְחַדֵּשׁ אֶת־יְמֵיהֶם
כְּקֶדֶם וּתְחִלָּה   בְּשַׁעַת הַנְּעִילָה:

קְרָא נָא שְׁנַת רָצוֹן   וְהָשֵׁב שְׁאֵרִית הַצֹּאן
לְאָהֳלִיבָה וְאָהֳלָה   בְּשַׁעַת הַנְּעִילָה:

SCHLUSSGEBET FÜR JOM KIPPUR (NEÏLA)

Gott, groß an Taten,
Gott, groß an Taten,
lass uns Vergebung finden
zur Zeit, da die Tore sich schließen.

Die „wenige Leute" Genannten, *(Dtn 4,27)*
sie heben zu dir ihren Blick,
sie winden sich in ihrem Leid,
zur Zeit, da die Tore sich schließen.

Sie schütten ihre Seelen vor dir aus,
tilge ihren Frevel, ihre Lüge.
Lass sie Verzeihung finden
zur Zeit, da die Tore sich schließen.

Sei ihnen Schutz
und rette sie vor dem Fluch.
Besiegle sie zur Ehre und zur Freude,
zur Zeit, da die Tore sich schließen.

Sei ihnen gnädig, erbarme dich.
Gegen jeden, der sie bedrückt und bedrängt,
bring ihnen Hilfe,
zur Zeit, da die Tore sich schließen.

Denke an die Gerechtigkeit ihrer Vorfahren
und erneuere ihre Tage
wie vordem und am Anfang
zur Zeit, da die Tore sich schließen.

Rufe aus ein wohlgefälliges Jahr.
Lass den Rest der Schafe
wieder Ehre und Herrlichkeit finden
zur Zeit, da die Tore sich schließen.

(Moses ibn Esra)

Wir kommen zu dir
als ein heimatloses Volk,
das Zuflucht sucht.

אָתָֽאנוּ לְחַלּוֹת פָּנֶֽיךָ. כִּי חֶֽסֶד וֶֽאֱמֶת יְקַדְּמוּ פָנֶֽיךָ: נָא אַל תְּבִישֵֽׁנוּ. נָא אַל תְּשִׁיבֵֽנוּ רֵיקָם מִלְּפָנֶֽיךָ: סְלַח לָֽנוּ. שְׁלַח לָֽנוּ יְשׁוּעָה וְרַחֲמִים מִמְּעוֹנֶֽיךָ:

אָתָֽאנוּ לְבַקֵּשׁ מִמְּךָ כַּפָּרָה. אָיוֹם וְנוֹרָא. מִשְׂגָּב לְעִתּוֹת בַּצָּרָה: תְּחַיֵּֽינוּ. תְּחָנֵּֽנוּ. וּבְשִׁמְךָ נִקְרָא: סְלַח לָֽנוּ. וּשְׁלַח לָֽנוּ סְלִיחָה וְרַחֲמִים מִמְּעוֹנֶֽיךָ:

אוֹחִֽילָה לָאֵל. אֲחַלֶּה פָנָיו. אֶשְׁאֲלָה מִמֶּֽנּוּ מַעֲנֶה לָשׁוֹן: אֲשֶׁר בִּקְהַל עַם אָשִׁיר עֻזּוֹ. אַבִּֽיעָה רְנָנוֹת בְּעַד מִפְעָלָיו: לְאָדָם מַעַרְכֵי־לֵב. וּמֵיְיָ מַעֲנֵה לָשׁוֹן:

Neïla ist gekommen und bald werden die Tore zur Barmherzigkeit schließen. Das, was getan ist, kann nie mehr zurückgeholt werden. Denn Zeit allein heilt die Wunden nicht, die wir tragen und die wir zufügen. Wir haben ein wenig gebetet, wir waren ein wenig zerknirscht, wir haben um viel Vergebung gebetet und viel weniger dafür getan, um sie zu verdienen. Unsere Sünden werden nicht in die Tiefen des Meeres geworfen, und kein Sündenbock trägt sie in die Wüste. Sie sind immer noch bei uns, sie sind unsere vertrauten und unwillkommenen Begleiter, an unsere Seele gefesselt.

Deshalb wenden wir uns ab von unserer Klugheit, von unserem Selbstvertrauen und unserem Stolz und kommen zu dir als Empfangende, als ein heimatloses Volk, das Zuflucht sucht, als Versagende, die zumindest ihr Versagen zugeben können. Der Tag geht zu Ende, und wir können nicht länger auf unsere eigenen guten Taten Bezug nehmen, sondern auf deine Gutmütigkeit. Unsere Gedanken irren nicht länger herum, um dich zu suchen, sondern wir warten geduldig, dass du uns findest. In der Zeit, in der die Tore sich schließen, wissen wir, dass jeder und jede von uns in deinen Augen wertvoll ist. Du bist unsere Hoffnung.

Wir sind gekommen, um deine Gegenwart zu suchen,
denn bei dir sind Güte und Treue.
Lass uns nicht beschämt werden.
Lass uns nicht leer von dir weggehen.
Vergib uns! Gib uns Hilfe und Erbarmen
von dem Ort, an dem du wohnst.

Wir sind gekommen, um Versöhnung zu suchen,
denn dir gilt uns're Furcht und Ehrfurcht.
Du bist die Zuflucht in Zeiten der Not.
Gib neues Leben, gib uns Gnade, wenn wir zu dir beten.
Vergib uns! Gib uns Vergebung und Erbarmen
von dem Ort, an dem du wohnst.

Ich warte auf Gott. Ich suche Gottes Gegenwart. Ich bitte Gott um Antwort. Hier in meiner Gemeinde singe ich von der Stärke Gottes. Ich singe von Gottes wunderbaren Taten. Es ist des Menschen Auftrag, sein Herz für das Gebet zu öffnen; die Antwort kommt von Gott.

אֲדֹנָי שְׂפָתַי תִּפְתָּח. וּפִי יַגִּיד תְּהִלָּתֶךָ:

Einer der beiden folgenden Absätze:

אבות ואמהות

בָּרוּךְ אַתָּה יְיָ אֱלֹהֵינוּ
וֵאלֹהֵי אֲבוֹתֵינוּ. אֱלֹהֵי
אַבְרָהָם. אֱלֹהֵי יִצְחָק.
וֵאלֹהֵי יַעֲקֹב. הָאֵל
הַגָּדוֹל הַגִּבּוֹר וְהַנּוֹרָא.
אֵל עֶלְיוֹן. גּוֹמֵל חֲסָדִים
טוֹבִים קוֹנֵה הַכֹּל וְזוֹכֵר
חַסְדֵי אָבוֹת וּמֵבִיא גוֹאֵל
לִבְנֵי בְנֵיהֶם לְמַעַן שְׁמוֹ
בְּאַהֲבָה: מֶלֶךְ עוֹזֵר

בָּרוּךְ אַתָּה יְיָ אֱלֹהֵינוּ וֵאלֹהֵי
אֲבוֹתֵינוּ וְאִמּוֹתֵינוּ. אֱלֹהֵי
אַבְרָהָם וֵאלֹהֵי שָׂרָה. אֱלֹהֵי
יִצְחָק וֵאלֹהֵי רִבְקָה. אֱלֹהֵי
יַעֲקֹב אֱלֹהֵי רָחֵל וֵאלֹהֵי לֵאָה.
הָאֵל הַגָּדוֹל הַגִּבּוֹר וְהַנּוֹרָא.
אֵל עֶלְיוֹן. גּוֹמֵל חֲסָדִים טוֹבִים
קוֹנֵה הַכֹּל וְזוֹכֵר חַסְדֵי אָבוֹת
וְאִמָּהוֹת וּמֵבִיא גוֹאֵל לִבְנֵי
בְנֵיהֶם לְמַעַן שְׁמוֹ בְּאַהֲבָה:

זָכְרֵנוּ לְחַיִּים מֶלֶךְ חָפֵץ בַּחַיִּים. וְחָתְמֵנוּ בְּסֵפֶר הַחַיִּים. לְמַעַנְךָ אֱלֹהִים חַיִּים:

מֶלֶךְ עוֹזֵר

וּמוֹשִׁיעַ וּמָגֵן. בָּרוּךְ
אַתָּה יְיָ. מָגֵן אַבְרָהָם:

מֶלֶךְ עוֹזֵר וּמוֹשִׁיעַ וּמָגֵן. בָּרוּךְ
אַתָּה יְיָ. מָגֵן אַבְרָהָם וְשָׂרָה:

גבורות

אַתָּה גִּבּוֹר לְעוֹלָם יְיָ. מְחַיֵּה מֵתִים אַתָּה רַב לְהוֹשִׁיעַ. מְכַלְכֵּל חַיִּים בְּחֶסֶד. מְחַיֵּה מֵתִים בְּרַחֲמִים רַבִּים. סוֹמֵךְ נוֹפְלִים. וְרוֹפֵא חוֹלִים. וּמַתִּיר אֲסוּרִים. וּמְקַיֵּם אֱמוּנָתוֹ לִישֵׁנֵי עָפָר: מִי כָמוֹךָ בַּעַל גְּבוּרוֹת וּמִי דּוֹמֶה לָּךְ. מֶלֶךְ מֵמִית וּמְחַיֶּה. וּמַצְמִיחַ יְשׁוּעָה:

מִי כָמוֹךָ אַב הָרַחֲמִים זוֹכֵר יְצוּרָיו לַחַיִּים בְּרַחֲמִים:

וְנֶאֱמָן אַתָּה לְהַחֲיוֹת מֵתִים. בָּרוּךְ אַתָּה יְיָ. מְחַיֵּה הַמֵּתִים:

Gott, öffne meine Lippen, dass mein Mund deinen Ruhm verkünde! *(Ps 51,17)*

Einer der beiden folgenden Absätze:

GOTT ALLER GENERATIONEN

Gepriesen seist du, Ewiger, unser Gott und Gott unserer Väter, Gott Abrahams, Gott Isaaks und Gott Jakobs. Du bist groß und mächtig. Dir gebührt unsere Ehrfurcht. Du bist über alles erhaben. Du vollbringst Wohltaten. Alles hältst du in deiner Hand. Du erinnerst dich an die Frömmigkeit unserer Vorfahren und bringst deshalb liebevoll ihren Enkeln Erlösung um deines Namens willen.

Gepriesen seist du, Ewiger, unser Gott und Gott unserer Väter und Mütter, Gott Abrahams und Gott Saras, Gott Isaaks und Gott Rebekkas, Gott Jakobs, Gott Rahels und Gott Leas. Du bist groß und mächtig. Dir gebührt unsere Ehrfurcht. Du bist über alles erhaben. Du vollbringst Wohltaten. Alles hältst du in deiner Hand. Du erinnerst dich an die Frömmigkeit unserer Vorfahren und bringst deshalb liebevoll ihren Enkeln Erlösung um deines Namens willen.

> Denke an uns, damit wir leben, Gott, du liebst das Leben! Versiegele uns im Buch des Lebens um deines Namens willen, lebendiger Gott!

Du wachst über unser Leben und hilfst uns, du bist Rettung und Schild. Gepriesen seist du, Ewiger, unser Gott, Schutzschild Abrahams.

Du wachst über unser Leben und hilfst uns, du bist Rettung und Schild. Gepriesen seist du, Ewiger, unser Gott, Schutzschild Abrahams und Saras.

GOTT IST MÄCHTIG

Du bist die nie erschöpfende Kraft, du schenkst Leben angesichts des Todes. Vielfältig sind deine Wege zu helfen. Die Lebenden ernährst du in Güte. In großem Erbarmen schaffst du Leben angesichts des Todes. Du stützt die Fallenden. Du heilst die Kranken. Du machst die Gebundenen los und hältst die Treue denen, die im Staube schlafen. Wer ist wie du, der solche Kraft hätte, und wer ist dir gleich? – Du, Gott, hast Macht über Tod und Leben, und du lässt Hilfe sprossen.

> Wer ist wie du, Quelle aller Barmherzigkeit! In Barmherzigkeit gedenkst du deiner Geschöpfe und schenkst ihnen Leben.

Du bist treu, Leben angesichts des Todes zu schaffen. Gepriesen seist du, Ewiger. Du schenkst Leben angesichts des Todes.

קדושת השם

אַתָּה קָדוֹשׁ וְשִׁמְךָ קָדוֹשׁ וּקְדוֹשִׁים בְּכָל־יוֹם יְהַלְלוּךָ סֶּלָה.

קָדוֹשׁ קָדוֹשׁ קָדוֹשׁ יְיָ צְבָאוֹת. מְלֹא כָל־הָאָרֶץ כְּבוֹדוֹ:

וּבְכֵן תֵּן פַּחְדְּךָ יְיָ אֱלֹהֵינוּ עַל כָּל־מַעֲשֶׂיךָ וְאֵימָתְךָ עַל כָּל־מַה־שֶּׁבָּרָאתָ. וְיִירָאוּךָ כָּל־הַמַּעֲשִׂים וְיִשְׁתַּחֲווּ לְפָנֶיךָ כָּל־הַבְּרוּאִים. וְיֵעָשׂוּ כֻלָּם אֲגֻדָּה אַחַת לַעֲשׂוֹת רְצוֹנְךָ בְּלֵבָב שָׁלֵם. כְּמוֹ שֶׁיָּדַעְנוּ יְיָ אֱלֹהֵינוּ שֶׁהַשִּׁלְטוֹן לְפָנֶיךָ. עֹז בְּיָדְךָ וּגְבוּרָה בִּימִינֶךָ וְשִׁמְךָ נוֹרָא עַל כָּל־מַה־שֶּׁבָּרָאתָ:

וּבְכֵן תֵּן כָּבוֹד יְיָ לְעַמֶּךָ תְּהִלָּה לִירֵאֶיךָ וְתִקְוָה לְדוֹרְשֶׁיךָ וּפִתְחוֹן פֶּה לַמְיַחֲלִים לָךְ. שִׂמְחָה לְאַרְצֶךָ וְשָׂשׂוֹן לְעִירֶךָ וּצְמִיחַת קֶרֶן לְדָוִד עַבְדֶּךָ וַעֲרִיכַת נֵר לְבֶן־יִשַׁי מְשִׁיחֶךָ בִּמְהֵרָה בְיָמֵינוּ:

וּבְכֵן צַדִּיקִים יִרְאוּ וְיִשְׂמָחוּ וִישָׁרִים יַעֲלֹזוּ וַחֲסִידִים בְּרִנָּה יָגִילוּ. וְעוֹלָתָה תִּקְפָּץ־פִּיהָ וְכָל־הָרִשְׁעָה כֻּלָּהּ כְּעָשָׁן תִּכְלֶה כִּי תַעֲבִיר מֶמְשֶׁלֶת זָדוֹן מִן הָאָרֶץ:

וְתִמְלֹךְ אַתָּה יְיָ לְבַדֶּךָ עַל כָּל־מַעֲשֶׂיךָ בְּהַר צִיּוֹן מִשְׁכַּן כְּבוֹדֶךָ וּבִירוּשָׁלַיִם עִיר קָדְשֶׁךָ. כַּכָּתוּב בְּדִבְרֵי קָדְשֶׁךָ.

יִמְלֹךְ יְיָ לְעוֹלָם אֱלֹהַיִךְ צִיּוֹן לְדֹר וָדֹר הַלְלוּיָהּ:

קָדוֹשׁ אַתָּה וְנוֹרָא שְׁמֶךָ וְאֵין אֱלוֹהַּ מִבַּלְעָדֶיךָ. כַּכָּתוּב:
וַיִּגְבַּהּ יְיָ צְבָאוֹת בַּמִּשְׁפָּט. וְהָאֵל הַקָּדוֹשׁ נִקְדַּשׁ בִּצְדָקָה.

בָּרוּךְ אַתָּה יְיָ. הַמֶּלֶךְ הַקָּדוֹשׁ:

GOTT IST HEILIG

Heilig bist du, heilig ist dein Name, Heilige preisen dich Tag für Tag.

Heilig, heilig, heilig ist der Schöpfer aller Kreatur. Die ganze Welt ist mit Gottes Gegenwart erfüllt. *(Jes 6,3)*

Und so lass nun, Ewiger, unser Gott, die Scheu vor dir über alle deine Werke kommen und ein ehrfürchtiges Bangen vor dir über alles, was du erschaffen hast, damit alle deine Geschöpfe dir Ehrfurcht erweisen und alle Menschen dich in Demut verehren. So werden sie alle eine Gemeinschaft bilden, die deinen Willen von ganzem Herzen erfüllt. Denn wir wissen ja, Ewiger, unser Gott, dass dir die Herrschaft gehört. Deine Hand hat Kraft und deine Rechte hat Macht. Alles, was du geschaffen hast, bezeugt deinen Namen, dem die Ehrfurcht gebührt.

Und so bringe nun dein Volk zu Ehren und alle, die dich fürchten, zu Ruhm. Gib allen, die dich suchen, Hoffnung und allen, die auf dich hoffen, Freimut. Erfülle dein Land mit Freude und deine Stadt mit Jubel. Lass das Werk der Erlösung, das mit deinem Knecht David begann, neu erblühen. Lass das Licht der messianischen Zeit schon in unserer Zeit erstrahlen.

Und so mögen nun die Gerechten dies sehen und sich freuen. Die Aufrichtigen werden fröhlich sein, und die Glaubenden werden jubelnd singen. Dem Unrecht aber wird der Mund gestopft werden, und alles Böse wird wie Rauch vergehen, wenn du die Herrschaft der Bosheit von der Erde verschwinden lässt.

Dann wirst du, Gott, allein über alle deine Werke regieren, über den Berg Zion, den Ort deiner Gegenwart und über Jerusalem, die Stadt deiner Heiligkeit, wie in deinen heiligen Worten geschrieben steht:

Gott herrscht allezeit, dein Gott, Zion, regiert bis in Ewigkeit. Halleluja! *(Ps 146,10)*

Heilig bist du; deinem Namen gebührt Ehrfurcht. Es gibt keinen Gott außer dir, wie geschrieben steht: Der Gott aller Geschöpfe ist erhaben im Gericht. Der Gott der Heiligkeit ist geheiligt durch Gerechtigkeit. *(Jes 5,16)*

Gepriesen seist du, Ewiger. Du herrschst und du bist heilig.

קדושת היום

אַתָּה בְחַרְתָּנוּ מִכָּל־הָעַמִּים. אָהַבְתָּ אוֹתָנוּ. וְרָצִיתָ בָּנוּ. וְרוֹמַמְתָּנוּ מִכָּל־הַלְּשׁוֹנוֹת. וְקִדַּשְׁתָּנוּ בְּמִצְוֹתֶיךָ. וְקֵרַבְתָּנוּ מַלְכֵּנוּ לַעֲבוֹדָתֶךָ. וְשִׁמְךָ הַגָּדוֹל וְהַקָּדוֹשׁ עָלֵינוּ קָרָאתָ: וַתִּתֶּן־לָנוּ יְיָ אֱלֹהֵינוּ בְּאַהֲבָה אֶת־יוֹם (הַמָּנוֹחַ הַזֶּה. וְאֶת־יוֹם) הַכִּפּוּרִים הַזֶּה. אֶת יוֹם מִקְרָא קֹדֶשׁ הַזֶּה. לִמְחִילָה. וְלִסְלִיחָה. וּלְכַפָּרָה. וְלִמְחוֹל בּוֹ אֶת כָּל־ עֲוֹנוֹתֵינוּ. בְּאַהֲבָה מִקְרָא קֹדֶשׁ. זֵכֶר לִיצִיאַת מִצְרָיִם:

אֱלֹהֵינוּ וֵאלֹהֵי אֲבוֹתֵינוּ. מְחַל לַעֲוֹנוֹתֵינוּ בְּיוֹם (הַמָּנוֹחַ הַזֶּה וּבְיוֹם) הַכִּפּוּרִים הַזֶּה. מְחֵה וְהַעֲבֵר פְּשָׁעֵינוּ וְחַטֹּאתֵינוּ מִנֶּגֶד עֵינֶיךָ: כָּאָמוּר. אָנֹכִי אָנֹכִי הוּא מֹחֶה פְשָׁעֶיךָ לְמַעֲנִי. וְחַטֹּאתֶיךָ לֹא אֶזְכֹּר: וְנֶאֱמַר. מָחִיתִי כָעָב פְּשָׁעֶיךָ וְכֶעָנָן חַטֹּאתֶיךָ. שׁוּבָה אֵלַי כִּי גְאַלְתִּיךָ: וְנֶאֱמַר. כִּי בַיּוֹם הַזֶּה יְכַפֵּר עֲלֵיכֶם לְטַהֵר אֶתְכֶם. מִכֹּל חַטֹּאתֵיכֶם לִפְנֵי יְיָ תִּטְהָרוּ:

יעלה ויבא

אֱלֹהֵינוּ וֵאלֹהֵי אֲבוֹתֵינוּ יַעֲלֶה וְיָבֹא. יַגִּיעַ וְיֵרָאֶה. זִכְרוֹנֵנוּ וּפִקְדוֹנֵנוּ. וְזִכְרוֹן אֲבוֹתֵינוּ. וְזִכְרוֹן מָשִׁיחַ בֶּן־דָּוִד עַבְדֶּךָ. וְזִכְרוֹן יְרוּשָׁלַיִם עִיר קָדְשֶׁךָ. וְזִכְרוֹן כָּל־עַמְּךָ בֵּית יִשְׂרָאֵל לְפָנֶיךָ לִפְלֵיטָה וּלְטוֹבָה. לְחֵן וּלְחֶסֶד. וּלְרַחֲמִים. בְּיוֹם (הַמָּנוֹחַ הַזֶּה וּבְיוֹם) הַכִּפּוּרִים הַזֶּה. לְרַחֵם בּוֹ עָלֵינוּ וּלְהוֹשִׁיעֵנוּ:

זָכְרֵנוּ יְיָ אֱלֹהֵינוּ בּוֹ לְטוֹבָה. אָמֵן:

וּפָקְדֵנוּ בוֹ לִבְרָכָה. אָמֵן:

וְהוֹשִׁיעֵנוּ בוֹ לְחַיִּים טוֹבִים: אָמֵן:

וּבִדְבַר יְשׁוּעָה וְרַחֲמִים חוּס וְחָנֵּנוּ. כִּי אֵלֶיךָ עֵינֵינוּ. כִּי אֵל מֶלֶךְ חַנּוּן וְרַחוּם אָתָּה:

DER FESTTAG IST HEILIG

Du hast uns aus allen Völkern erwählt. Du hast uns lieb und hast Gefallen an uns. Du hast uns eine besondere Stellung unter allen Völkern gegeben, indem du uns durch deine Gebote geheiligt hast. Du hast uns in deinen Dienst gestellt. Wir sind nach deinem großen und heiligen Namen benannt. Ewiger, unser Gott, du schenkst uns in deiner Liebe (diesen Tag der Ruhe und) diesen Tag der Versöhnung; diesen Tag der Vergebung unserer Verkehrung, diesen Tag heiliger Versammlung zur Verzeihung, Vergebung und Versöhnung, an dem du alle unsere Verkehrungen verzeihst. Er ist eine heilige Versammlung (in Liebe), eine Erinnerung an den Auszug aus Ägypten.

Unser Gott und Gott unserer Vorfahren, (an diesem Tag der Ruhe und) an diesem Tag der Versöhnung verzeih unsere Verkehrungen. Entferne unsere eigensüchtigen Taten und Gedanken und lass unsere Verfehlungen an deinen Augen vorüberziehen, wie es heißt: Ich, ja, ich entferne deine eigensüchtigen Taten und Gedanken um meinetwillen. An deine Verfehlungen will ich nicht mehr denken. *(Jes 43,25)* Und es heißt: Ich lasse deine eigensüchtigen Taten und Gedanken wie eine Wolke vergehen und deine Verfehlungen wie Rauch. Kehre um zu mir, denn ich habe dich erlöst! *(Jes 44,22)* Und es heißt: An diesem Tag wird euch Versöhnung geschaffen, damit ihr rein werdet. Von all euren Verfehlungen vor dem Ewigen werdet ihr rein sein. *(Lev 16,30)*

Unser Gott und Gott unserer Vorfahren, das Gedenken an uns und die Verantwortung für uns, das Gedenken an unsere Vorfahren und an die messianische Zeit, das Gedenken an Jerusalem, die Stadt deiner Heiligkeit, und an die ganze Familie Israels mögen zu dir gelangen und vor dich kommen; sie mögen dich erreichen und wahrgenommen werden. Es geschehe, damit wir deine Rettung und Güte erfahren, damit uns deine Gnade und Liebe zuteil werden. Ewiger, unser Gott, heute, (an diesem Tag der Ruhe und) an diesem Tag der Versöhnung
denke an uns, damit wir Gutes erfahren – Amen.
Schenke uns deinen Segen – Amen.
Hilf uns zu einem guten Leben – Amen.
Du hast uns Hilfe und Erbarmen versprochen, deshalb erbarme dich über uns und zeige uns deine Gnade. Denn auf dich richtet sich unser Blick, du bist die Quelle aller Gnade und allen Erbarmens.

אֱלֹהֵינוּ וֵאלֹהֵי אֲבוֹתֵינוּ. מְלֹךְ עַל כָּל־הָעוֹלָם כֻּלּוֹ בִּכְבוֹדֶךָ. וְהִנָּשֵׂא עַל כָּל־הָאָרֶץ בִּיקָרֶךָ. וְהוֹפַע בַּהֲדַר גְּאוֹן עֻזֶּךָ. עַל כָּל־יוֹשְׁבֵי תֵבֵל אַרְצֶךָ: וְיֵדַע כָּל־פָּעוּל כִּי אַתָּה פְעַלְתּוֹ. וְיָבִין כָּל־יָצוּר כִּי אַתָּה יְצַרְתּוֹ. וְיֹאמַר כֹּל אֲשֶׁר נְשָׁמָה בְאַפּוֹ. יְיָ אֱלֹהֵי יִשְׂרָאֵל מֶלֶךְ. וּמַלְכוּתוֹ בַּכֹּל מָשָׁלָה:

אֱלֹהֵינוּ וֵאלֹהֵי אֲבוֹתֵינוּ (רְצֵה בִמְנוּחָתֵנוּ) קַדְּשֵׁנוּ בְּמִצְוֹתֶיךָ. וְתֵן חֶלְקֵנוּ בְּתוֹרָתֶךָ. שַׂבְּעֵנוּ מִטּוּבֶךָ. וְשַׂמְּחֵנוּ בִּישׁוּעָתֶךָ. (וְהַנְחִילֵנוּ יְיָ אֱלֹהֵינוּ בְּאַהֲבָה וּבְרָצוֹן שַׁבַּת קָדְשֶׁךָ. וְיָנוּחוּ בָהּ יִשְׂרָאֵל מְקַדְּשֵׁי שְׁמֶךָ.) וְטַהֵר לִבֵּנוּ לְעָבְדְּךָ בֶּאֱמֶת. כִּי אַתָּה אֱלֹהִים אֱמֶת. וּדְבָרְךָ אֱמֶת וְקַיָּם לָעַד. בָּרוּךְ אַתָּה יְיָ. מֶלֶךְ מוֹחֵל וְסוֹלֵחַ לַעֲוֹנוֹתֵינוּ וְלַעֲוֹנוֹת עַמּוֹ בֵּית יִשְׂרָאֵל. וּמַעֲבִיר אַשְׁמוֹתֵינוּ בְּכָל־שָׁנָה וְשָׁנָה. מֶלֶךְ עַל כָּל־הָאָרֶץ מְקַדֵּשׁ (הַשַּׁבָּת וְ)יִשְׂרָאֵל וְיוֹם הַכִּפּוּרִים:

עבודה

רְצֵה יְיָ אֱלֹהֵינוּ בְּעַמְּךָ יִשְׂרָאֵל. וְלִתְפִלָּתָם שְׁעֵה. וּבְרַחֲמֶיךָ הָרַבִּים תַּחְפֹּץ בָּנוּ וְתַשְׁרֶה שְׁכִינָתְךָ עַל צִיּוֹן. וְתֶחֱזֶינָה עֵינֵינוּ בְּשׁוּבְךָ לְצִיּוֹן בְּרַחֲמִים. בָּרוּךְ אַתָּה יְיָ. הַמַּחֲזִיר שְׁכִינָתוֹ לְצִיּוֹן:

הודאה

מוֹדִים אֲנַחְנוּ לָךְ שָׁאַתָּה הוּא יְיָ אֱלֹהֵינוּ וֵאלֹהֵי אֲבוֹתֵינוּ לְעוֹלָם וָעֶד. צוּרֵנוּ צוּר חַיֵּינוּ וּמָגֵן יִשְׁעֵנוּ אַתָּה הוּא לְדוֹר וָדוֹר: נוֹדֶה לְךָ וּנְסַפֵּר תְּהִלָּתֶךָ עַל חַיֵּינוּ הַמְּסוּרִים בְּיָדֶךָ. וְעַל נִשְׁמוֹתֵינוּ הַפְּקוּדוֹת לָךְ. וְעַל נִסֶּיךָ שֶׁבְּכָל־יוֹם עִמָּנוּ. וְעַל נִפְלְאוֹתֶיךָ וְטוֹבוֹתֶיךָ שֶׁבְּכָל־עֵת עֶרֶב וָבֹקֶר וְצָהֳרָיִם: הַטּוֹב כִּי לֹא כָלוּ רַחֲמֶיךָ. הַמְרַחֵם כִּי לֹא תַמּוּ חֲסָדֶיךָ. כִּי מֵעוֹלָם קִוִּינוּ לָךְ:

Gott und Gott unserer Vorfahren, lass deine Gegenwart die ganze Welt beherrschen. Bringe dein Ansehen in der ganzen Welt zu Ehren. Lass die Größe deiner Kraft deutlich sichtbar werden für alle, die auf der Erde wohnen. Jedes Geschöpf soll wissen, dass du es geschaffen hast, und jede Gestalt soll begreifen, dass du sie gestaltet hast. Alles, was atmet, soll bekennen: Der Ewige, Israels Gott, herrscht. Und Gottes Herrschaft erstreckt sich über alles.

Unser Gott und Gott unserer Vorfahren, (habe Gefallen an unserer Ruhe,) lass unser Leben auf dich ausgerichtet sein und hilf uns, deine Gebote zu beachten. Lass deine Weisung zu unserem eigenen Anliegen werden. Sättige uns mit deiner Güte. Erfreue uns mit deiner Hilfe. (In Liebe und in Wohlgefallen lass uns, Gott, den Schabbat zu eigen machen, und lass an ihm ganz Israel, das dich sucht, zur Ruhe kommen.) Reinige unsere Herzen, dass sie dir in Wahrhaftigkeit dienen. Ja, du bist wahrhaftig Gott. Dein Wort ist wahrhaftig und hat für immer Gültigkeit. Gepriesen seist du, Ewiger, du regierst und du verzeihst. Du vergibst unsere Verkehrungen und die Verkehrungen deines Volkes, der Familie Israels. Jahr für Jahr lässt du unsere Schuld vergehen. Gepriesen seist du, Ewiger; du regierst über die ganze Erde. Du hast (den Schabbat,) dein Volk Israel und diesen Tag der Versöhnung geheiligt.

DANK UND FRIEDENSBITTE

Habe Gefallen an deinem Volk Israel und höre seine Gebete. In großem Erbarmen finde Gefallen an uns und lass deine Gegenwart über Zion ruhen. Lass unsere Augen Ausschau halten nach deiner Rückkehr zum Zion in Erbarmen. Gepriesen seist du, Ewiger. Du lässt deine Gegenwart nach Zion zurückkehren.

Wir danken dir, denn du bist der Ewige, unser Gott und der Gott unserer Vorfahren, seit eh und je. Wir danken dir, denn du bist unser Fels und das Fundament, auf dem unser Leben ruht. Deine Hilfe haben wir zum Schutzschild – Fels und Schutzschild bist du uns seit jeher. Wir loben dich und erzählen von deinem Ruhm. Wir loben dich für unser Leben, das in deine Hand gegeben ist, und für unsere Seele, die dir anvertraut ist; für die Zeichen deiner Gegenwart, die uns täglich umgeben, für die Wunder und Wohltaten zu jeder Zeit, abends, morgens und mittags. Du bist gut, denn dein Erbarmen wird niemals aufhören. Du bist barmherzig, denn deine Gnade wird niemals versiegen. Von jeher hofften wir auf dich!

וְעַל כֻּלָּם יִתְבָּרַךְ וְיִתְרוֹמַם וְיִתְנַשֵּׂא תָּמִיד שִׁמְךָ מַלְכֵּנוּ לְעוֹלָם וָעֶד: וּכְתוֹב לְחַיִּים טוֹבִים כָּל־בְּנֵי בְרִיתֶךָ: וְכָל־הַחַיִּים יוֹדוּךָ סֶּלָה. וִיהַלְלוּ וִיבָרְכוּ אֶת־שִׁמְךָ הַגָּדוֹל בֶּאֱמֶת. הָאֵל יְשׁוּעָתֵנוּ וְעֶזְרָתֵנוּ סֶלָה: בָּרוּךְ אַתָּה יְיָ. הַטּוֹב שִׁמְךָ וּלְךָ נָאֶה לְהוֹדוֹת:

ברכת שלום

שִׂים שָׁלוֹם טוֹבָה וּבְרָכָה חַיִּים חֵן וָחֶסֶד צְדָקָה וְרַחֲמִים עָלֵינוּ. וּבָרְכֵנוּ אָבִינוּ כֻּלָּנוּ יַחַד בְּאוֹר פָּנֶיךָ. כִּי בְאוֹר פָּנֶיךָ נָתַתָּ לָנוּ יְיָ אֱלֹהֵינוּ תּוֹרָה וְחַיִּים. אַהֲבָה וָחֶסֶד. צְדָקָה וְרַחֲמִים. בְּרָכָה וְשָׁלוֹם. וְטוֹב בְּעֵינֶיךָ לְבָרֵךְ אֶת־עַמְּךָ יִשְׂרָאֵל בְּרָב־עֹז וּבְשָׁלוֹם:

בְּסֵפֶר חַיִּים נִזָּכֵר וְנֵחָתֵם לְפָנֶיךָ אֲנַחְנוּ וְכָל־עַמְּךָ בֵּית יִשְׂרָאֵל לְחַיִּים טוֹבִים וּלְשָׁלוֹם:

בָּרוּךְ אַתָּה יְיָ. הַמְבָרֵךְ אֶת־עַמּוֹ יִשְׂרָאֵל בַּשָּׁלוֹם:

וידוי

Bevor eine Frau geheilt werden kann,
muss sie ihre Krankheit erkennen.
Bevor ein Mensch das Licht finden kann,
muss er um seine eigene Dunkelheit wissen.
Bevor einem Volk vergeben werden kann,
muss es seine Sünden bekennen.
Wir bekennen unsere Sünden und diejenigen anderer Frauen,
denn wir tragen füreinander Verantwortung.
Heile uns, Gott, und geleite uns durch die Dunkelheit zum Licht.

Für all dies preisen wir dich und erheben und rühmen deinen Namen, unser Herrscher, allezeit.

Schreibe uns und alle Kinder deines Bundes für ein gutes Leben ein.

Alles, was lebt, möge dir danken. Und man soll deinen großen Namen loben und preisen in Wahrhaftigkeit. Preisen soll man dich, Gott, unsere Hilfe und unsere Rettung. Gepriesen seist du, Ewiger. „Guter Gott" – das ist dein Name. Schön ist es, dich zu loben.

Schenke uns Frieden und Gutes. Segne uns und schütze unser Leben. Lass deine Gnade und Güte über uns walten. Deine Gerechtigkeit und dein Erbarmen mögen uns stets begleiten. Quelle allen Erbarmens, sei unter uns gegenwärtig. Denn deine Gegenwart gab uns die Thora und sie gab uns unser Leben, die Liebe und Güte, die Gerechtigkeit und das Erbarmen, sie gab uns Segen und Frieden. Ja, es gefällt dir, dein Volk Israel mit Stärke und Frieden zu segnen.

Im Buch des Lebens mögest du uns und dein ganzes Volk Israel versiegeln, damit du an uns denkst und unser Leben erhältst, damit du uns Gutes schenkst und uns Frieden gibst.

Gepriesen seist du, Ewiger. Du segnest dein Volk Israel mit Frieden.

WIDUI

Bevor ein Mann geheilt werden kann,
muss er seine Krankheit erkennen.
Bevor ein Mensch das Licht finden kann,
muss er um seine eigene Dunkelheit wissen.
Bevor einem Volk vergeben werden kann,
muss es seine Sünden bekennen.
Wir bekennen unsere Sünden und diejenigen anderer Männer,
denn wir tragen füreinander Verantwortung.
Heile uns, Gott, und geleite uns durch die Dunkelheit zum Licht.

Der Gottesdienst wird hier fortgesetzt:

Gott, ich möchte dir nicht in den Ohren liegen oder mich wiederholen oder dir meine Liste der Sünden erneut vortragen. Du kanntest die Liste, bevor dieser Tag begonnen hat. Ich habe sie mehr für mich selbst als für dich gesagt. Du kennst sogar alle Sünden, die mir noch unbekannt sind, Sünden, die ich vor mir selbst versteckt habe oder die ich aus Dummheit nicht sehe.

Ich bekenne, dass ich verantwortlich bin für vieles, was unrecht gewesen ist. Ich habe versucht, mehr aus dem Leben herauszuholen, als ich bereit war zu geben. Ich habe nie gelernt, die richtige Frage zu stellen. Ich fragte nicht: „Was kann ich dem Leben geben?", sondern: „Was gibt das Leben mir?" Vielleicht habe ich andere betrogen, mit Sicherheit jedoch habe ich mich selbst um viele Dinge betrogen, die ich hätte haben können: um Freundschaft, Liebe und Selbstrespekt.

Ich bekenne, dass viele meiner Probleme entstanden sind, weil ich die Wahrheit über mich selbst oder über mein eigenes Leben nicht wirklich wissen wollte. Ich habe versucht zu kaufen, was nicht käuflich ist. Ich habe Dauerhaftigkeit von vergänglichen Dingen erwartet. Ich bin der Menge gefolgt, weil ich nicht den Mut hatte, allein zu stehen.

Fortsetzung auf der gegenüberliegenden Seite.

אֱלֹהֵינוּ וֵאלֹהֵי אֲבוֹתֵינוּ תָּבֹא לְפָנֶיךָ תְּפִלָּתֵנוּ. וְאַל תִּתְעַלַּם מִתְּחִנָּתֵנוּ: שֶׁאֵין אֲנַחְנוּ עַזֵּי פָנִים וּקְשֵׁי עֹרֶף לוֹמַר לְפָנֶיךָ יְיָ אֱלֹהֵינוּ וֵאלֹהֵי אֲבוֹתֵינוּ. צַדִּיקִים אֲנַחְנוּ וְלֹא חָטָאנוּ: אֲבָל אֲנַחְנוּ וַאֲבוֹתֵינוּ חָטָאנוּ:

אשמנו — **אָ**שַׁמְנוּ. **בָּ**גַדְנוּ. **גָּ**זַלְנוּ. **דִּ**בַּרְנוּ דֹפִי:

הֶעֱוִינוּ. **וְ**הִרְשַׁעְנוּ. **זַ**דְנוּ. **חָ**מַסְנוּ. **טָ**פַלְנוּ שֶׁקֶר:

יָעַצְנוּ רָע. **כִּ**זַּבְנוּ. **לַ**צְנוּ. **מָ**רַדְנוּ. **נִ**אַצְנוּ:

סָרַרְנוּ. **עָ**וִינוּ. **פָּ**שַׁעְנוּ. **צָ**רַרְנוּ. **קִ**שִּׁינוּ עֹרֶף:

רָשַׁעְנוּ. **שִׁ**חַתְנוּ. **תִּ**עַבְנוּ. תָּעִינוּ. תִּעְתָּעְנוּ:

Fortsetzung auf der gegenüberliegenden Seite.

Und ich bekenne, dass ich mein Wissen über dich habe schwinden lassen. Viele Hoffnungen und Träume sind gestorben, weil ich ihnen nicht vertraut haben, obwohl sie Zeichen deiner Gegenwart in meinem Leben waren.

Ich bin heute durch so viele Gebete gestolpert, ich habe so viele Worte ausgesprochen, dass ich teilweise das Gefühl für ihre Bedeutung verloren habe. Ich bin verblüfft über ihre Sicherheiten und ihre Forderungen. Lass zumindest dieses Bekenntnis wahr sein, lass es mein eigenes Gebet sein.

Denn ich bekenne, dass viele meiner Bekenntnisse nicht wirklich wahr waren. Ich habe mir für die verkehrten Dinge die Schuld gegeben. Ich habe meine Versäumnisse erwähnt, aber nicht meine Sünden. Ich habe vorgegeben, jemand anderes zu sein, nicht die Person, die du geschaffen hast.

Ich bin zu gering, um dich zu erreichen, und du bist zu groß für mich, um dich zu begreifen. Deshalb will ich versuchen, still zu sein und in dieser Stille geduldig zu warten, bis du mich findest. Du bist so groß, du kannst dich zu mir herabbeugen, und deine Liebe kann die Distanz zwischen uns überbrücken, die mein Verstand nicht zurücklegen kann.
Vergib mir, verzeih mir, gib mir Versöhnung.

UNSER BEKENNTNIS

Unser Gott und Gott unserer Vorfahren, lass unsere Gebete dich erreichen. Sei nicht taub für unsere Bitte um Erbarmen. Denn wir sind nicht so hochmütig und nicht so stur, dass wir in deiner Gegenwart, unser Gott und Gott unserer Vorfahren, behaupten würden, wir seien gerecht und hätten nicht gesündigt. Vielmehr bekennen wir: Wir und unsere Vorfahren haben gesündigt.

Wir waren **A**rrogant, **B**oshaft und **C**harakterlos. Wir haben **D**iebstahl begangen und uns **E**ingeschmeichelt. Wir haben **F**revelhaft gehandelt und **G**etötet. Wir sind **H**artnäckig gewesen und haben andere **I**rregeführt. Wir haben ohne **J**ede Vorsicht über andere geredet und waren **K**altherzig. Wir haben **L**ügen erdichtet, **M**acht missbraucht und die **N**ot anderer übersehen. Wir haben gegen die **O**bhut Gottes rebelliert und uns von **P**restige-Gedanken leiten lassen. Wir haben anderen **Q**ualen zugefügt und **R**atschläge erteilt, die schlecht waren. Wir haben uns **S**chuldig gemacht und sind **T**reulos gewesen. Wir waren Gott **U**ngehorsam und haben uns **V**erfehlt. Wir haben Gottes **W**eisung unbeachtet gelassen und **X**-beliebige eigene Wünsche in sie hineingelesen. Unser Verhalten war **Z**erstörerisch.

(Kommentar zu „Aschamnu" im Glossar.)

סַרְנוּ מִמִּצְוֹתֶיךָ וּמִמִּשְׁפָּטֶיךָ הַטּוֹבִים. וְלֹא שָׁוָה לָנוּ: וְאַתָּה צַדִּיק עַל כָּל־הַבָּא עָלֵינוּ. כִּי אֱמֶת עָשִׂיתָ וַאֲנַחְנוּ הִרְשָׁעְנוּ:

מַה־נֹּאמַר לְפָנֶיךָ יוֹשֵׁב מָרוֹם. וּמַה־נְּסַפֵּר לְפָנֶיךָ שׁוֹכֵן שְׁחָקִים. הֲלֹא הַנִּסְתָּרוֹת וְהַנִּגְלוֹת אַתָּה יוֹדֵעַ:
אַתָּה מֵבִין תַּעֲלוּמוֹת לֵב. אֶפֶס לְךָ נִגְלוֹת וְגַם נִסְתָּרוֹת:
אַתָּה יוֹדֵעַ רָזֵי עוֹלָם. וְתַעֲלֻמוֹת סִתְרֵי כָל־חָי:
אַתָּה חוֹפֵשׂ כָּל־חַדְרֵי בָטֶן. רוֹאֶה כְלָיוֹת וָלֵב: אֵין דָּבָר נֶעְלָם מִמֶּךָּ. וְאֵין נִסְתָּר מִנֶּגֶד עֵינֶיךָ:
יְהִי רָצוֹן מִלְּפָנֶיךָ יְיָ אֱלֹהֵינוּ וֵאלֹהֵי אֲבוֹתֵינוּ. שֶׁתְּכַפֵּר לָנוּ עַל־כָּל־חַטֹּאתֵינוּ. וְתִמְחַל לָנוּ עַל־כָּל־עֲוֹנוֹתֵינוּ. וְתִסְלַח לָנוּ עַל־כָּל־פְּשָׁעֵינוּ:

אתה נותן יד לפושעים

אַתָּה נוֹתֵן יָד לְפוֹשְׁעִים. וִימִינְךָ פְשׁוּטָה לְקַבֵּל שָׁבִים: וַתְּלַמְּדֵנוּ יְיָ אֱלֹהֵינוּ לְהִתְוַדּוֹת לְפָנֶיךָ עַל־כָּל־עֲוֹנוֹתֵינוּ. לְמַעַן נֶחְדַּל מֵעֹשֶׁק יָדֵינוּ. וּתְקַבְּלֵנוּ בִּתְשׁוּבָה שְׁלֵמָה לְפָנֶיךָ כְּאִשִּׁים וּכְנִיחוֹחִים. לְמַעַן דְּבָרֶיךָ אֲשֶׁר אָמָרְתָּ: אֵין קֵץ לְאִשֵּׁי חוֹבוֹתֵינוּ. וְאֵין מִסְפָּר לְנִיחוֹחֵי אַשְׁמָתֵנוּ:

וְאַתָּה יוֹדֵעַ שֶׁאַחֲרִיתֵנוּ רִמָּה וְתוֹלֵעָה. לְפִיכָךְ הִרְבֵּיתָ סְלִיחָתֵנוּ: מָה אָנוּ. מֶה חַיֵּינוּ. מֶה חַסְדֵּנוּ. מַה־צִּדְקֵנוּ. מַה־יִּשְׁעֵנוּ. מַה־כֹּחֵנוּ. מַה־גְּבוּרָתֵנוּ. וּמַה־נֹּאמַר לְפָנֶיךָ יְיָ אֱלֹהֵינוּ וֵאלֹהֵי אֲבוֹתֵינוּ. הֲלֹא הַגִּבּוֹרִים כְּאַיִן לְפָנֶיךָ. וְאַנְשֵׁי הַשֵּׁם כְּלֹא הָיוּ. וַחֲכָמִים כִּבְלִי מַדָּע. וּנְבוֹנִים כִּבְלִי הַשְׂכֵּל. כִּי רוֹב מַעֲשֵׂיהֶם תֹּהוּ וִימֵי חַיֵּיהֶם הֶבֶל לְפָנֶיךָ. וּמוֹתַר הָאָדָם מִן הַבְּהֵמָה אָיִן כִּי הַכֹּל הָבֶל. לְבַד הַנְּשָׁמָה הַטְּהוֹרָה שֶׁהִיא עֲתִידָה לִתֵּן דִּין וְחֶשְׁבּוֹן לִפְנֵי כִסֵּא כְבוֹדֶךָ:

Wir sind von deinen Geboten und von deinen guten Satzungen abgewichen. Doch es hat uns nichts genützt. Du aber hast gerecht gehandelt bei all dem, was über uns gekommen ist. Ja, du hast uns Treue erwiesen, wir aber taten Unrecht. *(Neh 9,33)*

Gott, du bist uns so fern – was könnten wir in deiner Gegenwart sagen? Gott, du bist uns so hoch überlegen wie der Himmel über uns – was könnten wir dir erzählen? Doch dir ist alles Geheime und alles Offenkundige bekannt. Du verstehst die verborgenen Sehnsüchte des Herzens. Du lässt dich von Äußerlichkeiten nicht täuschen, und nichts ist vor dir verborgen. Du kennst die Rätsel der Welt! Du weißt um die gehüteten Geheimnisse aller Lebewesen. Du kennst das Innerste des Körpers. Du weißt um die Gefühle und Gedanken. Nichts ist vor dir versteckt, nichts deinem Blick verborgen.

Ewiger, unser Gott und Gott unserer Vorfahren,
gib uns Versöhnung für all unsere Verfehlungen.
Verzeih uns all unsere Verkehrungen.
Vergib uns all unsere eigensüchtigen Taten und Gedanken.

DIE ENTGEGENSTRECKTE HAND GOTTES

Du reichst denen, die sich gegen dich auflehnen, deine Hand. Dein rechter Arm ist denen entgegengestreckt, die umkehren. Ewiger, unser Gott, du hast uns gelehrt, alle unsere Verkehrungen in deiner Gegenwart zu bekennen, damit wir aufhören, Gewalt zu üben. Deinen Worten gemäß wirst du unsere vollständige Umkehr annehmen, als hätten wir dir Feueropfer dargebracht oder Wohlgerüche aufsteigen lassen. Endlos wären die Feueropfer, die wir für unsere Schulden bringen müssten, und unzählig die Wohlgerüche, die für unsere Verschuldungen aufsteigen müssten.

Du aber kennst unser Ende: Es ist Wurm und Made. Deshalb hast du die Mittel zur Vergebung vermehrt. Was sind wir? Was ist unser Leben? Was ist unsere Liebe? Was ist unsere Gerechtigkeit? Was sind unsere Erfolge? Was ist unsere Kraft? Was ist unsere Macht? Ewiger, unser Gott und Gott unserer Vorfahren, was könnten wir in deiner Gegenwart sagen? Ist nicht unsere Kraft wie nichts vor dir? Und sind nicht ruhmreiche Menschen so, als wären sie nie gewesen? Sind nicht Kluge vor dir wie solche ohne Wissen, und Intelligente wie solche ohne Einsicht? Ja, die meisten unserer Werke sind vor dir wie Nichtigkeiten, und die Tage unseres Lebens sind wie nichts vor dir. Sogar „der Vorrang des Menschen vor den Tieren wird bedeutungslos" *(Koh 3,19)*. Ja, alles ist wie nichts vor dir – außer einer reinen Seele. Denn diese wird eines Tages in ihrer Verantwortlichkeit ernst genommen werden vor dem Thron deiner Herrlichkeit.

אתה הבדלת

אַתָּה הִבְדַּלְתָּ אֱנוֹשׁ מֵרֹאשׁ. וַתַּכִּירֵהוּ לַעֲמוֹד לְפָנֶיךָ: כִּי מִי יֹאמַר לְךָ מַה־תִּפְעָל. וְאִם יִצְדַּק מַה־יִּתֶּן לָךְ: וַתִּתֶּן לָנוּ יְיָ אֱלֹהֵינוּ בְּאַהֲבָה אֶת־יוֹם (הַמָּנוֹחַ הַזֶּה וְאֶת־יוֹם) הַכִּפּוּרִים הַזֶּה. קֵץ וּמְחִילָה וּסְלִיחָה עַל־כָּל־עֲוֹנוֹתֵינוּ. לְמַעַן נֶחְדַּל מֵעֹשֶׁק יָדֵינוּ. וְנָשׁוּב אֵלֶיךָ לַעֲשׂוֹת חֻקֵּי רְצוֹנְךָ בְּלֵבָב שָׁלֵם: וְאַתָּה בְּרַחֲמֶיךָ הָרַבִּים רַחֵם עָלֵינוּ. כִּי לֹא תַחְפּוֹץ בְּהַשְׁחָתַת עוֹלָם:

שֶׁנֶּאֱמַר. דִּרְשׁוּ יְהוָֹה בְּהִמָּצְאוֹ קְרָאֻהוּ בִּהְיוֹתוֹ קָרוֹב:

וְנֶאֱמַר. יַעֲזֹב רָשָׁע דַּרְכּוֹ וְאִישׁ אָוֶן מַחְשְׁבוֹתָיו. וְיָשֹׁב אֶל־יְהוָֹה וִירַחֲמֵהוּ. וְאֶל אֱלֹהֵינוּ כִּי יַרְבֶּה לִסְלוֹחַ:

וְאַתָּה אֱלוֹהַ סְלִיחוֹת חַנּוּן וְרַחוּם אֶרֶךְ אַפַּיִם וְרַב חֶסֶד וֶאֱמֶת וּמַרְבֶּה לְהֵיטִיב. וְרוֹצֶה אַתָּה בִּתְשׁוּבַת רְשָׁעִים. וְאֵין אַתָּה חָפֵץ בְּמִיתָתָם:

שֶׁנֶּאֱמַר. אֱמֹר אֲלֵיהֶם חַי־אָנִי נְאֻם אֲדֹנָי יֱהוִֹה אִם־אֶחְפֹּץ בְּמוֹת הָרָשָׁע. כִּי אִם־בְּשׁוּב רָשָׁע מִדַּרְכּוֹ וְחָיָה. שׁוּבוּ שׁוּבוּ מִדַּרְכֵיכֶם הָרָעִים וְלָמָּה תָמוּתוּ בֵּית יִשְׂרָאֵל:

וְנֶאֱמַר. כִּי לֹא אֶחְפֹּץ בְּמוֹת הַמֵּת נְאֻם אֲדֹנָי יֱהוִֹה. וְהָשִׁיבוּ וִחְיוּ:

כִּי אַתָּה סָלְחָן לְיִשְׂרָאֵל. וּמָחֳלָן לְשִׁבְטֵי יְשֻׁרוּן בְּכָל־דּוֹר וָדוֹר. וּמִבַּלְעָדֶיךָ אֵין לָנוּ מֶלֶךְ מוֹחֵל וְסוֹלֵחַ:

יְיָ אֱלֹהַי וֵאלֹהֵי אֲבוֹתַי. הִנֵּה אֲנִי לְפָנֶיךָ כִּכְלִי מָלֵא בוּשָׁה וּכְלִימָה. הוֹרֵנִי יְיָ אֱלֹהִים מֶלֶךְ רַחוּם וְחַנּוּן לָכֹף־אֶת יִצְרִי לְהִשְׁתַּעְבֵּד לָךְ שֶׁלֹּא אֶחֱטָא. וּמַה שֶׁחָטָאתִי לְפָנֶיךָ מְחֹק בְּרַחֲמֶיךָ הָרַבִּים. אֲבָל לֹא עַל יְדֵי יִסּוּרִים רָעִים:

אלהי נצור

אֱלֹהַי נְצוֹר לְשׁוֹנִי מֵרָע. וְשִׂפְתוֹתַי מִדַּבֵּר מִרְמָה. וְלִמְקַלְלַי נַפְשִׁי תִדּוֹם. וְנַפְשִׁי כֶּעָפָר לַכֹּל תִּהְיֶה: פְּתַח לִבִּי בְּתוֹרָתֶךָ וְאַחֲרֵי מִצְוֹתֶיךָ תִּרְדּוֹף נַפְשִׁי. וְכָל־הַקָּמִים עָלַי לְרָעָה מְהֵרָה

Du hast die Menschen von Anfang an von allen Geschöpfen unterschieden und sie dazu bestimmt, deine Gegenwart zu erkennen. Doch wer könnte dich über dein Tun zur Rechenschaft ziehen. Selbst die Gerechten, was könnten sie dir geben? Du aber, Ewiger, unser Gott, hast uns in Liebe diesen Tag der (Ruhe und diesen Tag der) Versöhnung geschenkt. Er bedeutet das Ende all unserer Verkehrungen, ihre Verzeihung und Vergebung, damit wir aufhören, Gewalt zu üben und damit wir zu dir zu zurückkehren, um von ganzem Herzen deinen Willen zu tun.

Du wirst dich in deinem großen Erbarmen über uns erbarmen, denn du hast keinen Gefallen an der Zerstörung der Welt, wie gesagt ist: Sucht Gott, denn Gott ist zu finden! Betet zu Gott, denn Gott ist nahe! *(Jes 55,6)*

Und es ist gesagt: Der Ungerechte verlasse seinen Weg, der Mensch, der Böses im Sinn hat, lasse ab von seinen Gedanken. Zu unserem Gott soll er zurückkehren, dann wird Gott sich seiner erbarmen, denn bei unserem Gott ist viel Vergebung. *(Jes 55,7)*

Du bist ein Gott der Vergebung, gnädig und barmherzig, nachsichtig, von unendlicher Liebe und Treue und erfinderisch darin, Gutes zu tun. Dir gefällt es, wenn Ungerechte umkehren, du hast keinen Gefallen an ihrem Tod. Denn es ist gesagt: Sage zu ihnen: So wahr ich leben, Ausspruch Gottes, des Ewigen, habe ich Gefallen am Tod eines Ungerechten? Nein, sondern dass ein Ungerechter umkehrt von seinen Wegen und lebt. Kehrt um! Kehrt um von euren bösen Wegen. Warum wollt ihr sterben, Familie Israels? *(Ez 33,11)*

Und es ist gesagt: Ich habe keinen Gefallen am Tod eines Menschen, Ausspruch Gottes, des Ewigen. Kehrt um und lebt! *(Ez 18,32)*

Ja, in dir ist Vergebung für Israel, in dir ist Verzeihung für Jeschurun in jeder Generation. Und außer dir haben wir niemanden, der über uns regiert, der uns verzeiht und vergibt.

Ewiger, mein Gott, und Gott meiner Vorfahren, ich bin ein Gefäß voller Schmach und Schande. Gott, du regierst in Gnade und Barmherzigkeit, lehre mich, meinen Trieb zu bezwingen; lehre mich, dir zu dienen, damit ich nicht sündige. In deinem großen Erbarmen tilge aus, wo ich mich gegen dich verfehlt habe, aber tilge es nicht durch Leid und schlimme Krankheiten. *(bJoma 87b)*

MEDITATION Mein Gott, bewahre meine Zunge vor böser Rede und meine Lippen vor Lüge. Denen gegenüber, die mir Böses wollen, lass mich angemessen reagieren, und meine Seele möge gelassen bleiben, was auch geschieht.

הָפֵר עֲצָתָם וְקַלְקֵל מַחְשְׁבוֹתָם: יִהְיוּ לְרָצוֹן אִמְרֵי־פִי. וְהֶגְיוֹן לִבִּי לְפָנֶיךָ. יְהוָֹה צוּרִי וְגֹאֲלִי:

עֹשֶׂה שָׁלוֹם בִּמְרוֹמָיו הוּא יַעֲשֶׂה שָׁלוֹם עָלֵינוּ וְעַל־כָּל־יִשְׂרָאֵל. וְאִמְרוּ אָמֵן:

SELICHOT FÜR NEÏLA

Wir beten nun die Selichot, die Gedichte über die Vergebung, in denen die Bitten unserer Vorfahren ausgedrückt sind. Mögen die Gedanken unseres Herzens übereinstimmen mit den Worten unseres Mundes, zur Zeit, da die Tore zur Barmherzigkeit sich schließen.

פְּתַח לָנוּ שַׁעַר. בְּעֵת נְעִילַת שַׁעַר. כִּי פָנָה יוֹם:
הַיּוֹם יִפְנֶה. הַשֶּׁמֶשׁ יָבוֹא וְיִפְנֶה. נָבוֹאָה שְׁעָרֶיךָ:
אָנָּא אֵל נָא. שָׂא נָא. סְלַח נָא. מְחַל נָא. חֲמָל־נָא.
רַחֶם־נָא. כַּפֶּר־נָא. כְּבשׁ חֵטְא וְעָוֹן:

Wenn das Tageslicht schwindet, sehen wir die Dunkelheit in der Welt.

Mache mich bereit für deine Weisung. Nach deinen Geboten will ich leben. Eilig aber zerbrich die Pläne derer, die Böses gegen mich ersinnen, und vernichte ihre Gedanken. „Die Worte meines Mundes und meine Gedanken mögen dir angenehm sein, Ewiger, mein Fels und mein Heil.“ *(Ps 19,15)* *(bBer 17a)*

Gott schafft Frieden in der Höhe.
Möge Gott uns und ganz Israel Frieden geben.
Darauf sprecht: Amen.

SELICHOT FÜR NEÏLA

Wir beten nun die Selichot, die Gedichte über die Vergebung, in denen die Bitten unserer Vorfahren ausgedrückt sind. Mögen die Gedanken unseres Herzens übereinstimmen mit den Worten unseres Mundes, zur Zeit, da die Tore zur Barmherzigkeit sich schließen.

DIE TORE ZUR BARMHERZIGKEIT

Öffne uns das Tor zur Zeit, da die Tore sich schließen, denn der Tag hat sich geneigt.
Der Tag neigt sich, die Sonne geht unter. Lass uns durch deine Tore gehen.
Bitte, o Gott, vergib doch, verzeih doch, hab' Nachsicht, verschon' doch, erbarm' dich, sühn' doch, zertritt doch die Sünde und Schuld.

Wenn das Licht des Tages vergeht, beten wir um Licht. Wir denken an das Ehrliche und Gute, an die Lichter, die in unserer Geschichte geschienen haben. Wir denken an das Licht, das in jedem und jeder scheint und auch in uns. Wir erkennen dieses Licht, und wir kennen es: Es ist das Licht der Güte, es ist Gott.

Wenn das Licht des Tages vergeht, begegnen wir der Dunkelheit der Welt und der Dunkelheit, die auch in uns selbst ist. Viel Arbeit wartet jeden Augenblick auf uns und fordert uns heraus: Die Hungrigen brauchen unsere Nahrung, die Vernachlässigten brauchen unsere Liebe, die An-den-Rand-Gedrängten brauchen unser Verständnis. Wir brauchen dein Licht, damit wir sie nicht enttäuschen oder in der Dunkelheit zurücklassen.

Wenn das Licht des Tages vergeht, wenden wir uns der Dunkelheit zu, die in uns liegt: Den Wunden, die nie heilen werden, dem Wachstum von Bitterkeit und Neid, das die Zeit nicht verschwinden lässt, dem Hass, den wir gegen andere hegen, und die Abneigung, die wir uns selbst gegenüber empfinden.

סְלַח־לָֽנוּ אָבִֽינוּ כִּי חָטָֽאנוּ.
מְחַל־לָֽנוּ מַלְכֵּֽנוּ כִּי פָשָֽׁעְנוּ.
כִּי אַתָּה יְיָ טוֹב וְסַלָּח וְרַב חֶֽסֶד לְכָל קֹרְאֶֽיךָ:
כִּי עִמְּךָ הַסְּלִיחָה לְמַֽעַן תִּוָּרֵא:
אִם עֲוֹנוֹת תִּשְׁמָר־יָהּ אֲדֹנָי מִי יַעֲמוֹד:
כְּרַחֵם אָב עַל בָּנִים. כֵּן תְּרַחֵם יְהֹוָה עָלֵֽינוּ:
סְלַח נָא לַעֲוֹן הָעָם הַזֶּה כְּגֹֽדֶל חַסְדֶּֽךָ:
וְכַאֲשֶׁר נָשָֽׂאתָה לָעָם הַזֶּה מִמִּצְרַֽיִם וְעַד הֵֽנָּה:

אֶנְקַת מְסַלְּדֶֽיךָ. תַּֽעַל לִפְנֵי כִסֵּא כְבוֹדֶֽךָ. מַלֵּא מִשְׁאֲלוֹת עַם מְיַחֲדֶֽיךָ. שׁוֹמֵֽעַ תְּפִלַּת בָּאֵי עָדֶֽיךָ:

יִשְׂרָאֵל נוֹשַׁע בַּֽיְיָ תְּשׁוּעַת עוֹלָמִים. גַּם הַיּוֹם יִוָּשְׁעוּ מִפִּֽיךָ שׁוֹכֵן מְרוֹמִים. כִּי אַתָּה רַב סְלִיחוֹת וּבַֽעַל הָרַחֲמִים:

יַחְבִּיאֵֽנוּ צֵל יָדוֹ תַּֽחַת כַּנְפֵי הַשְּׁכִינָה. חוֹן יָחֹן כִּי יִבְחוֹן לֵב עָקוֹב לְהָכִינָה. קֽוּמָה נָּא אֱלֹהֵֽינוּ. עֻזָּה עֻזִּי נָא. יְיָ לְשַׁוְעָתֵֽנוּ הַאֲזִֽינָה:

יַשְׁמִיעֵֽנוּ סָלַֽחְתִּי יוֹשֵׁב בְּסֵֽתֶר עֶלְיוֹן. בִּימִין יֶֽשַׁע לְהִוָּשַֽׁע עַם עָנִי וְאֶבְיוֹן. בְּשַׁוְעֵֽנוּ אֵלֶֽיךָ נוֹרָאוֹת בְּצֶֽדֶק תַּעֲנֵֽנוּ. יְיָ הֱיֵה עוֹזֵר לָֽנוּ:

UNSERE SÜNDE

Quelle unseres Lebens, vergib uns,
denn wir haben gesündigt.
Ursprung aller Macht, verzeih uns,
denn wir haben uns verfehlt.
Denn du, Gott, bist gut und verzeihst!
Groß ist deine Güte, die du dem Menschen erweist,
der zu dir betet. *(Ps 86,5)*
Denn bei dir ist Vergebung,
damit man dir in Ehrfurcht dient. *(Ps 130,4)*
Wenn du, Gott, auf unsere Verkehrungen achten würdest,
Gott, wer könnte dann bestehen? *(Ps 130,3)*
Wie Eltern sich über ihre Kinder erbarmen,
so erbarmt sich Gott über die, die Gott achten *(Ps 103, 13)*
Verzeih nun diesem Volk seine Sünde,
denn deine Liebe ist groß,
und du hast diesem Volk auch bisher vergeben,
von Ägypten bis jetzt. *(Num 14,19)*

DAS WESEN GOTTES

Das Rufen derer, die an dich glauben, steige auf zum Thron deiner Herrlichkeit. Erfülle die Wünsche des Volkes, das dazu bestimmt wurde, dich zu preisen. Höre das Gebet aller, die zu dir kommen.

Allezeit findet Israel bei dem Ewigen Hilfe. Lass ihm auch heute geholfen werden durch dein Wort, Gott in der Höhe. Denn bei dir ist viel Vergebung, und du bist die Quelle der Barmherzigkeit.

Der Schatten der Hand Gottes birgt uns. In der Gegenwart Gottes sind wir geborgen. Gott wird uns gnädig sein, denn Gott erforscht jedes Herz, das krumme Dinge ersinnt, um es wieder in Ordnung zu bringen. Erhebe dich doch, unser Gott. Stärke uns doch! Ewiger, höre unseren Hilferuf.

Gott, du wohnst in Höhen, die für uns verborgen sind. Lass uns dein „Ich habe vergeben“ *(Num 14,20)* hören. Hilf deinem hilfsbedürftigen und armen Volk durch deine helfende Hand. Antworte mit Gerechtigkeit, wenn wir voller Ehrfurcht zu dir um Hilfe rufen. Ewiger, sei unsere Hilfe!

יְיָ יְיָ אֵל רַחוּם וְחַנּוּן. אֶרֶךְ אַפַּיִם וְרַב חֶסֶד וֶאֱמֶת. נֹצֵר חֶסֶד לָאֲלָפִים. נֹשֵׂא עָוֹן וָפֶשַׁע וְחַטָּאָה וְנַקֵּה: אֶזְכְּרָה אֱלֹהִים וְאֶהֱמָיָה. בִּרְאוֹתִי כָּל־עִיר עַל תִּלָּהּ בְּנוּיָה. וְעִיר הָאֱלֹהִים מֻשְׁפֶּלֶת עַד שְׁאוֹל תַּחְתִּיָּה. וּבְכָל זֹאת אָנוּ לְיָהּ וְעֵינֵינוּ לְיָהּ:

יְיָ יְיָ אֵל רַחוּם וְחַנּוּן. אֶרֶךְ אַפַּיִם וְרַב חֶסֶד וֶאֱמֶת. נֹצֵר חֶסֶד לָאֲלָפִים. נֹשֵׂא עָוֹן וָפֶשַׁע וְחַטָּאָה וְנַקֵּה:

Wir sind mit der Sünde vertraut geworden. Fragmente der Thora liegen zerrissen in unserem Leben. Die Nächstenliebe ist an der Berechnung vertrocknet, und die Funken der Reinheit sind verloschen. Und doch kommen wir zum Jom Kippur, und Gott, der sagte: „Ich habe vergeben", flüstert es uns erneut zu und wartet auf unsere Antwort.

Wie soll sie aussehen? Welche Form kann sie annehmen?
Lasst uns wiedergutmachen,
  was wiedergutgemacht werden kann.
Lasst uns den Gewinn zurückgeben,
  den wir durch Ungerechtigkeit eingebracht haben.
Lasst uns Frieden schließen
  mit unserem verletzten Bruder, unserer verletzten Schwester.
Wir wollen die Person, der wir Unrecht getan haben,
  wieder zu Ehren bringen.
Wir wollen uns zu dem bekennen, was falsch bei uns selbst ist.
Wir wollen zurecht bringen,
  was in unseren Familien im Argen liegt.
Wir wollen uns die Freude am Leben nicht rauben lassen.

Möge Gott uns den Mut geben, diese Dinge zu tun und uns helfen, unser Leben zu erneuern. Und wenn wir unsere Aufgabe beendet haben, möge Gott uns erlauben, das Licht, das für die Gerechten entfacht ist, zu genießen, damit Gott sich an uns erfreut.

Die Tore zu Gottes Barmherzigkeit stehen immer noch offen. Lasst uns eintreten.

Der Ewige, der Ewige, Gott, barmherzig und gnädig, nachsichtig, von unendlicher Liebe und Treue; bewahrt Gnade bis in die tausendste Generation, vergibt Verkehrung, Eigensüchtigkeit und Verfehlung und befreit. *(Ex 34, 6f)*

Ich denke an Gott, und es betrübt mich, wenn ich an all die Dörfer und Städte denke, die so sicher gebaut zu sein schienen und nun spurlos verschwunden sind. Doch trotz allem gehören wir dennoch zu Gott, und unsere Augen sind auf Gott gerichtet.

Der Ewige, der Ewige, Gott, barmherzig und gnädig, nachsichtig, von unendlicher Liebe und Treue; bewahrt Gnade bis in die tausendste Generation, vergibt Verkehrung, Eigensüchtigkeit und Verfehlung und befreit. *(Ex 34,6f)*

(Übersetzung aus dem Englischen)

רַחֵם נָא קְהַל עֲדַת יְשֻׁרוּן. סְלַח וּמְחַל עֲוֹנָם.
וְהוֹשִׁיעֵנוּ אֱלֹהֵי יִשְׁעֵנוּ:

שַׁעֲרֵי שָׁמַיִם פְּתַח. וְאוֹצָרְךָ הַטּוֹב לָנוּ תִפְתַּח. תּוֹשִׁיעַ וְרִיב אַל תִּמְתַּח.
וְהוֹשִׁיעֵנוּ אֱלֹהֵי יִשְׁעֵנוּ:

שְׁמַע קוֹלֵנוּ יְהוָֹה אֱלֹהֵינוּ. חוּס וְרַחֵם עָלֵינוּ וְקַבֵּל בְּרַחֲמִים וּבְרָצוֹן אֶת תְּפִלָּתֵנוּ:
הֲשִׁיבֵנוּ יְהוָֹה אֵלֶיךָ וְנָשׁוּבָה. חַדֵּשׁ יָמֵינוּ כְּקֶדֶם:

הִנֵּה יָמִים בָּאִים נְאֻם־יְהוָֹה. וְכָרַתִּי אֶת־בֵּית יִשְׂרָאֵל וְאֶת־בֵּית יְהוּדָה בְּרִית חֲדָשָׁה: לֹא כַבְּרִית אֲשֶׁר כָּרַתִּי אֶת־אֲבוֹתָם בְּיוֹם הֶחֱזִיקִי בְיָדָם לְהוֹצִיאָם מֵאֶרֶץ מִצְרָיִם. אֲשֶׁר־הֵמָּה הֵפֵרוּ אֶת־בְּרִיתִי וְאָנֹכִי בָּעַלְתִּי בָם נְאֻם־יְהוָֹה: כִּי זֹאת הַבְּרִית אֲשֶׁר אֶכְרֹת אֶת־בֵּית יִשְׂרָאֵל אַחֲרֵי הַיָּמִים הָהֵם נְאֻם־יְהוָֹה. נָתַתִּי אֶת־תּוֹרָתִי בְּקִרְבָּם וְעַל־לִבָּם אֶכְתֲּבֶנָּה. וְהָיִיתִי לָהֶם לֵאלֹהִים וְהֵמָּה יִהְיוּ־לִי לְעָם: וְלֹא יְלַמְּדוּ עוֹד אִישׁ אֶת־רֵעֵהוּ וְאִישׁ אֶת־אָחִיו לֵאמֹר דְּעוּ אֶת־יְיָ. כִּי כוּלָּם יֵדְעוּ אוֹתִי לְמִקְּטַנָּם וְעַד־גְּדוֹלָם נְאֻם־יְהוָֹה. כִּי אֶסְלַח לַעֲוֹנָם. וּלְחַטָּאתָם לֹא אֶזְכָּר־עוֹד:

Erbarme dich über die Versammlung der Gemeinden Jeschuruns.
Vergib und verzeih ihre Schuld.
Hilf uns, Gott unserer Hilfe.
Öffne die Tore des Himmels.
Und öffne deinen Schatz der Güte für uns.
Hilf uns und ergreife Partei für uns. Lass uns nicht im Stich.
Hilf uns, Gott unserer Hilfe.

Höre unsere Stimme, unser Gott. Habe Mitleid
und erbarme dich über uns.
In Erbarmen und in Wohlwollen höre unser Gebet.

Gott, bring uns zu dir zurück, dann können wir zu dir zurückkehren.
Erneuere unsere Tage, damit sie werden wie früher. *(Kld 5,21)*

UMKEHR Siehe, es werden Tagen kommen – Ausspruch Gottes – in denen ich mit dem Haus Israel und dem Haus Juda einen neuen Bund schließen werde, anders, als der Bund war, den ich mit ihren Vorfahren geschlossen habe, als ich sie bei der Hand nahm, um sie aus Ägypten herauszuführen. Diesen Bund haben sie gebrochen, obwohl ich ihr Eigentümer war – Ausspruch Gottes. Sondern dies wird der Bund sein, den ich nach jenen Tagen mit dem Haus Israel schließen werde – Ausspruch Gottes: Ich werde meine Thora in sie hineinlegen und sie auf ihre Herzen schreiben. Ich werde ihr Gott sein und sie mein Volk. Sie werden nicht mehr einander lehren müssen: ‚Erkennt Gott!', denn alle werden mich kennen, von den Kleinen bis hin zu den Großen – Ausspruch Gottes. Ich werde ihnen ihre Schuld verzeihen und an ihre Sünden nicht mehr denken.

(Jer 31,31-34)

Wenn die Sonne
der Gerechtigkeit
aufgehen wird…

אֱלֹהֵינוּ וֵאלֹהֵי אֲבוֹתֵינוּ. אַל תַּעַזְבֵנוּ. וְאַל תִּטְּשֵׁנוּ. וְאַל תַּכְלִימֵנוּ. וְאַל תָּפֵר בְּרִיתְךָ אִתָּנוּ: קָרְבֵנוּ לְתוֹרָתֶךָ. לַמְּדֵנוּ מִצְוֹתֶיךָ. הוֹרֵנוּ דְרָכֶיךָ. הַט לִבֵּנוּ לְיִרְאָה אֶת־שְׁמֶךָ: וּמוֹל אֶת־לְבָבֵנוּ לְאַהֲבָתֶךָ. וְנָשׁוּב אֵלֶיךָ בֶּאֱמֶת וּבְלֵב שָׁלֵם.
וּלְמַעַן שִׁמְךָ הַגָּדוֹל תִּמְחוֹל וְתִסְלַח לַעֲוֹנֵנוּ. כַּכָּתוּב בְּדִבְרֵי קָדְשֶׁךָ. לְמַעַן שִׁמְךָ יְיָ וְסָלַחְתָּ לַעֲוֹנֵנוּ. כִּי רַב הוּא:

אֱלֹהֵינוּ וֵאלֹהֵי אֲבוֹתֵינוּ. סְלַח לָנוּ. מְחַל לָנוּ. כַּפֶּר לָנוּ:

כִּי אָנוּ עַמֶּךָ וְאַתָּה אֱלֹהֵינוּ: אָנוּ בָנֶיךָ וְאַתָּה אָבִינוּ:
אָנוּ עֲבָדֶיךָ וְאַתָּה אֲדוֹנֵנוּ: אָנוּ קְהָלֶךָ וְאַתָּה חֶלְקֵנוּ:
אָנוּ נַחֲלָתֶךָ וְאַתָּה גוֹרָלֵנוּ: אָנוּ צֹאנֶךָ וְאַתָּה רוֹעֵנוּ:
אָנוּ כַרְמֶךָ וְאַתָּה נוֹטְרֵנוּ: אָנוּ פְעֻלָּתֶךָ וְאַתָּה יוֹצְרֵנוּ:
אָנוּ רַעְיָתֶךָ וְאַתָּה דוֹדֵנוּ: אָנוּ סְגֻלָּתֶךָ וְאַתָּה קְרוֹבֵנוּ:
אָנוּ עַמֶּךָ וְאַתָּה מַלְכֵּנוּ: אָנוּ מַאֲמִירֶיךָ וְאַתָּה מַאֲמִירֵנוּ:

Wenn das Licht des Tages vergeht, richten wir unseren Blick auf jene andere Zeit, die wir in Träumen sehen und die die Propheten kannten, wenn die Sonne der Gerechtigkeit über allen Kreaturen aufgehen wird. Dann werden wir alle erkennen, dass wir, wenn wir teilen, Zufriedenheit finden; dass wir, wenn wir andere lieben, geliebt werden; dass uns vergeben wird, wenn wir anderen vergeben; dass wir gesegnet werden, wenn wir andere segnen.

Wenn das Licht des Tages vergeht, geht deine Verheißung für uns auf wie ein Stern am nächtlichen Himmel, der Orientierung gibt: „Du wirst ein Segen sein … und durch dich sollen alle Familien der Erde gesegnet werden." *(Gen 12,2-3)*

WIR SIND GOTTES VOLK

Unser Gott und Gott unserer Vorfahren, verlass uns nicht und gib uns nicht auf! *(1. Kön 8,57)* Beschäme uns nicht und brich nicht den Bund, den du mit uns geschlossen hast. Bring uns deine Weisung nahe, lehre uns deine Gebote und zeige uns den Weg zu dir. Lass unser Herz willig sein, deinem Namen Ehrfurcht zu erweisen. Beschneide unsere Herzen für die Liebe zu dir. Dann wollen wir in Aufrichtigkeit und von ganzem Herzen zu dir umkehren. Um deines großen Namens willen vergib und sühne unsere Verkehrungen, wie in deinen heiligen Worten geschrieben steht: Um deines Namens willen, Gott, vergib uns unsere Verkehrung, denn sie ist groß. *(Ps 25,11)*

Unser Gott und Gott unserer Vorfahren,
vergib uns, verzeih uns, gib uns Versöhnung.

Denn wir sind dein Volk; du bist unser Gott.
Wir sind deine Kinder; du bist uns Vater und Mutter.
Wir sind deine Knechte und Mägde; du gebietest uns.
Wir sind deine Gemeinde; du bist unser Teil.
Wir sind dein Erbe; du bist unser Schicksal.
Wir sind deine Herde; du weidest uns.
Wir sind dein Weinberg; du pflegst uns.
Wir sind dein Werk; du hast uns geschaffen.
Wir sind die von dir Geliebten; du liebst uns.
Wir sind dein Eigentum; du bist uns nahe.
Wir sind dein Volk; du regierst über uns.
Wir bringen dich zu Ehren; du bringst uns zu Ehren.

(vgl. Schir Ha-Schirim Rabba 2,16)

וַיְהִי דְבַר־יְהוָה אֵלַי לֵאמֹר:
בְּטֶרֶם אֶצָּרְךָ בַבֶּטֶן יְדַעְתִּיךָ
וּבְטֶרֶם תֵּצֵא מֵרֶחֶם הִקְדַּשְׁתִּיךָ:

כִּי־אַתָּה גֹחִי מִבָּטֶן מַבְטִיחִי עַל־שְׁדֵי אִמִּי: אַל־תִּרְחַק מִמֶּנִּי:

כְּאִישׁ אֲשֶׁר אִמּוֹ תְּנַחֲמֶנּוּ. כֵּן אָנֹכִי אֲנַחֶמְכֶם:

חַטֹּאות נְעוּרַי וּפְשָׁעַי אַל־תִּזְכֹּר. כְּחַסְדְּךָ זְכָר־לִי־אַתָּה:

זָכַרְתִּי לָךְ חֶסֶד נְעוּרַיִךְ אַהֲבַת כְּלוּלֹתָיִךְ.
לֶכְתֵּךְ אַחֲרַי בַּמִּדְבָּר בְּאֶרֶץ לֹא זְרוּעָה:

מִי־לִי בַשָּׁמָיִם.
וְעִמְּךָ לֹא־חָפַצְתִּי בָאָרֶץ:
כָּלָה שְׁאֵרִי וּלְבָבִי
צוּר־לְבָבִי וְחֶלְקִי
אֱלֹהִים לְעוֹלָם:

וְאֵרַשְׂתִּיךְ לִי לְעוֹלָם.
וְאֵרַשְׂתִּיךְ לִי בְּצֶדֶק וּבְמִשְׁפָּט וּבְחֶסֶד וּבְרַחֲמִים.
וְאֵרַשְׂתִּיךְ לִי בֶּאֱמוּנָה וְיָדַעַתְּ אֶת־יְיָ:

אָנָה אֵלֵךְ מֵרוּחֶךָ וְאָנָה מִפָּנֶיךָ אֶבְרָח:
אִם־אֶסַּק שָׁמַיִם שָׁם אָתָּה וְאַצִּיעָה שְּׁאוֹל הִנֶּךָּ:

נִדְרַשְׁתִּי לְלוֹא שָׁאָלוּ.
נִמְצֵאתִי לְלֹא בִקְשֻׁנִי
אָמַרְתִּי הִנֵּנִי הִנֵּנִי.
אֶל־גּוֹי לֹא קֹרָא בִשְׁמִי:

Es geschah das Wort des Ewigen zu mir, das lautete:
„Ehe du geboren wurdest, habe ich dich gekannt.
Ehe du das Licht der Welt erblicktest,
habe ich dich geheiligt.“ *(Jer 1,4-5)*

> Du hast mich aus dem Mutterleib herausgezogen,
> du hast mich Geborgenheit finden lassen
> an der Brust meiner Mutter. Sei mir nicht fern! *(Ps 22,10.12)*

Wie ein Mensch von seiner Mutter getröstet wird,
so tröste ich euch. *(Jes 66,13)*

> Denke nicht an die Verfehlungen meiner Jugendzeit
> und an meine Taten, die gegen dich gerichtet waren,
> sondern erinnere dich an deine Liebe zu mir. *(Ps 25,7)*

Ich gedenke der Treue deiner Jugendzeit,
der Liebe deiner Brautzeit,
als du mir in die Wüste gefolgt bist,
in eine Gegend, in der man nicht säen kann. *(Jer 2,2)*

> Wen hab' ich noch im Himmel,
> und neben dir begehr' ich nichts auf Erden!
> Mein Fleisch, mein Herz vergeht,
> doch meines Herzens Fels und Teil,
> Gott, bleibt in Ewigkeit. *(Ps 73,25-26)*

Ich verlobe mich mit dir für ewige Zeiten.
Ich verlobe mich mit dir in Gerechtigkeit und Recht,
in Liebe und Erbarmen.
Ich verlobe mich mit dir in Treue
– und du wirst den Ewigen erkennen. *(Hos 2,21-22)*

> Wohin könnt' ich deinem Geist entrinnen?
> Wohin vor deinem Angesicht fliehen?
> Würde ich den Himmel erklimmen,
> so bist du schon da.
> Würde ich in die Unterwelt hinabsteigen,
> bist du auch da. *(Ps 139,7-8)*

Ich ließ mich suchen von denen, die nicht nach mir gefragt hatten,
ich ließ mich finden von denen, die nicht nach mir gesucht hatten. Ich sagte zu einem Volk, das nicht nach meinem Namen benannt ist:
„Hier bin ich, ja, hier!“ *(Jes 65,1)*

כֵּן בַּקֹּדֶשׁ חֲזִיתִיךָ לִרְאוֹת עֻזְּךָ וּכְבוֹדֶךָ:
צָמְאָה לְךָ נַפְשִׁי כָּמַהּ לְךָ בְשָׂרִי:

וּקְרָאתֶם אֹתִי וַהֲלַכְתֶּם וְהִתְפַּלַּלְתֶּם אֵלָי.
וְשָׁמַעְתִּי אֲלֵיכֶם:
וּבִקַּשְׁתֶּם אֹתִי וּמְצָאתֶם.
כִּי תִדְרְשֻׁנִי בְּכָל־לְבַבְכֶם.
וְנִמְצֵאתִי לָכֶם:

אַל־תַּשְׁלִיכֵנִי לְעֵת זִקְנָה
כִּכְלוֹת כֹּחִי אַל־תַּעַזְבֵנִי:

וְעַד־זִקְנָה אֲנִי הוּא וְעַד־שֵׂיבָה אֲנִי אֶסְבֹּל.
אֲנִי עָשִׂיתִי וַאֲנִי אֶשָּׂא וַאֲנִי אֶסְבֹּל וַאֲמַלֵּט:

וַאֲנִי תָמִיד עִמָּךְ אָחַזְתָּ בְּיַד־יְמִינִי:
בַּעֲצָתְךָ תַנְחֵנִי וְאַחַר כָּבוֹד תִּקָּחֵנִי:

Sei du unser Leitstern auf unserer Reise …

Darum halte ich im Heiligtum Ausschau nach dir,
um deine Macht und Herrlichkeit zu sehen.
Meine Seele dürstet nach dir.
Nach dir schmachtet mein Leib. *(Ps 63,3.2)*

Wenn ihr mich ruft, wenn ihr zu mir kommt und zu mir betet,
werde ich euch hören.
Wenn ihr mich sucht, werdet ihr mich finden;
ja, wenn ihr mich von ganzem Herzen sucht,
dann werde ich mich von euch finden lassen
– Ausspruch Gottes. *(Jer 29,12-14)*

Vertreibe mich nicht aus deiner Nähe, wenn ich alt bin.
Verlass mich nicht, wenn meine Kräfte schwinden! *(Ps 71,9)*

Bis ins Alter werde ich euch tragen,
und bis zum Greisenalter werde ich euch stützen.
Ich schaffe und ich trage,
ich stütze und ich rette. *(Jes 46,4)*

Ich aber bleibe stets bei dir,
du hältst meine rechte Hand fest.
Du leitest mich durch deine Ratschlüsse
und nimmst mich am Ende in Ehren auf. *(Ps 73,23-24)*

Der Tag vergeht, die Sonne ist untergegangen. Unser Gott im Himmel, bringe die Zweifel, die in uns aufsteigen, und unser inneres Chaos zur Ruhe, damit der Frieden Einzug in unsere Herzen hält und dort Wohnung nimmt, dein Friede, der kommt, wenn wir anderen vergeben und du uns vergibst.

Bald werden wir dieses Haus des Gebets verlassen und in unsere eigenen Häuser zurückkehren. Möge der Frieden, den wir hier durch unser Beten und Fasten gesucht haben, uns nach Hause begleiten, damit wir dort Geborgenheit finden in den Stürmen des Lebens, damit unser Zuhause all das Großzügige und Gute in uns birgt vor allem, was falsch ist und gemein.

Denn du hast uns ein anderes Zuhause bereitet, wenn unsere Zeit auf der Erde zu Ende ist, eine ewige Heimat, sicherer als alle irdischen Häuser, die wir kennen. Bald werden in der Abenddämmerung die Sterne aufgehen. Sei du unser Leitstern auf unserer Reise zum ewigen Leben. Und wenn die Tore dieser Welt schließen, öffne die Tore der Barmherzigkeit für uns, und wir treten ein.

תהלים

לב

לְדָוִד מַשְׂכִּיל

אַשְׁרֵי נְשׂוּי־פֶּשַׁע כְּסוּי חֲטָאָה:
אַשְׁרֵי־אָדָם לֹא יַחְשֹׁב יְהוָֹה לוֹ עָוֹן.
וְאֵין בְּרוּחוֹ רְמִיָּה:
כִּי־הֶחֱרַשְׁתִּי בָּלוּ עֲצָמָי.
בְּשַׁאֲגָתִי כָּל־הַיּוֹם:
כִּי יוֹמָם וָלַיְלָה תִּכְבַּד עָלַי יָדֶךָ
נֶהְפַּךְ לְשַׁדִּי.
בְּחַרְבֹנֵי קַיִץ סֶלָה:

חַטָּאתִי אוֹדִיעֲךָ וַעֲוֺנִי לֹא־כִסִּיתִי.
אָמַרְתִּי אוֹדֶה עֲלֵי פְשָׁעַי לַיהוָֹה.
וְאַתָּה נָשָׂאתָ עֲוֺן חַטָּאתִי סֶלָה:
עַל־זֹאת יִתְפַּלֵּל כָּל־חָסִיד אֵלֶיךָ לְעֵת מְצֹא.
רַק לְשֵׁטֶף מַיִם רַבִּים. אֵלָיו לֹא יַגִּיעוּ:
אַתָּה סֵתֶר לִי. מִצַּר תִּצְּרֵנִי.
רָנֵּי פַלֵּט תְּסוֹבְבֵנִי סֶלָה:
אַשְׂכִּילְךָ וְאוֹרְךָ בְּדֶרֶךְ־זוּ תֵלֵךְ.
אִיעֲצָה עָלֶיךָ עֵינִי:
אַל־תִּהְיוּ כְּסוּס כְּפֶרֶד אֵין הָבִין.
בְּמֶתֶג־וָרֶסֶן עֶדְיוֹ לִבְלוֹם. בַּל קְרוֹב אֵלֶיךָ:
רַבִּים מַכְאוֹבִים לָרָשָׁע.
וְהַבּוֹטֵחַ בַּיהוָֹה. חֶסֶד יְסוֹבְבֶנּוּ:
שִׂמְחוּ בַיהוָֹה וְגִילוּ צַדִּיקִים. וְהַרְנִינוּ כָּל־יִשְׁרֵי־לֵב:

PSALM
32

Für David. Ein Weisheitslied.

Glücklich sind die, deren Schuld vergeben ist,
deren Sünde zugedeckt wurde.
Glücklich ist der Mensch, dem Gott seine Vergehen nicht anrechnet,
und in dessen Geist keine Unehrlichkeit ist.

Ich wollte meine Schuld verschweigen,
doch davon wurden meine Knochen morsch,
weil ich den ganzen Tag stöhnte.
Tag und Nacht lag deine Hand schwer auf mir,
sie ließ meine Lebenskraft verdorren
wie in der schlimmsten Sommerhitze.
Meine Sünde will ich dich wissen lassen,
und meine Schuld will ich nicht vertuschen.
Ich spreche: „Ich bekenne Gott meine Freveltaten."
Da hast du meine Schuld und Sünde vergeben.
Deshalb beten alle Glaubenden zu dir:
du lässt dich zur rechten Zeit finden.
und wenn Wasserfluten gegen sie anströmen,
werden sie nicht mitgerissen.
Du bist mein Schutz. Du rettest mich aus der Not.
Mit Rettungsjubel umgibst du mich.
Ich will dich unterweisen und dir den Weg zeigen, den du gehen sollst.
Ich will dich beraten. Ich gebe auf dich Acht.
Sei nicht wie ein unverständiges Pferd oder Maultier,
das man mit seinem Schmuck, Zaumzeug und Zügel, bändigt –
Das sei dir ferne!

Ein Ungerechter hat viele Schmerzen zu erleiden,
wer aber auf Gott vertraut, ist von Liebe umgeben.
Freut euch über Gott, jubelt, ihr Gerechten!
Jubelt laut, alle ihr Rechtschaffenen!

אָבִינוּ מַלְכֵּנוּ. חָטָאנוּ לְפָנֶיךָ:
אָבִינוּ מַלְכֵּנוּ. אֵין לָנוּ מֶלֶךְ זוּלָתֶךָ:
אָבִינוּ מַלְכֵּנוּ. עֲשֵׂה עִמָּנוּ לְמַעַן שְׁמֶךָ:
אָבִינוּ מַלְכֵּנוּ. חַדֵּשׁ עָלֵינוּ שָׁנָה טוֹבָה:
אָבִינוּ מַלְכֵּנוּ. כַּלֵּה דֶּבֶר וְחֶרֶב וְרָעָב וּשְׁבִי וּמַשְׁחִית וּמַגֵּפָה מִבְּנֵי בְרִיתֶךָ:
אָבִינוּ מַלְכֵּנוּ. בַּטֵּל מֵעָלֵינוּ כָּל־גְּזֵרוֹת קָשׁוֹת:
אָבִינוּ מַלְכֵּנוּ. שְׁלַח רְפוּאָה שְׁלֵמָה לְחוֹלֵי עַמֶּךָ:
אָבִינוּ מַלְכֵּנוּ. מְחַל לָנוּ וּסְלַח לְכָל־עֲוֹנוֹתֵינוּ:
אָבִינוּ מַלְכֵּנוּ. חָתְמֵינוּ בְּסֵפֶר פַּרְנָסָה וְכַלְכָּלָה:
אָבִינוּ מַלְכֵּנוּ. זְכוֹר כִּי עָפָר אֲנָחְנוּ:
אָבִינוּ מַלְכֵּנוּ. זָכְרֵנוּ לְחַיִּים טוֹבִים:
אָבִינוּ מַלְכֵּנוּ חָתְמֵינוּ בְּסֵפֶר גְּאֻלָּה וִישׁוּעָה:
אָבִינוּ מַלְכֵּנוּ. הָרֵם קֶרֶן יִשְׂרָאֵל עַמֶּךָ:
אָבִינוּ מַלְכֵּנוּ. הַחֲזִירֵנוּ בִּתְשׁוּבָה שְׁלֵמָה לְפָנֶיךָ:
אָבִינוּ מַלְכֵּנוּ. שְׁמַע קוֹלֵנוּ חוּס וְרַחֵם עָלֵינוּ:
אָבִינוּ מַלְכֵּנוּ. חֲמוֹל עָלֵינוּ וְעַל עוֹלָלֵינוּ וְטַפֵּינוּ:
אָבִינוּ מַלְכֵּנוּ. תְּהֵי הַשָּׁעָה הַזֹּאת שְׁעַת רַחֲמִים וְעֵת רָצוֹן מִלְּפָנֶיךָ:
אָבִינוּ מַלְכֵּנוּ. עֲשֵׂה לְמַעַן הֲרוּגִים עַל שֵׁם קָדְשֶׁךָ:
אָבִינוּ מַלְכֵּנוּ. אַל תְּשִׁיבֵנוּ רֵיקָם מִלְּפָנֶיךָ:

אָבִינוּ מַלְכֵּנוּ. חָנֵּנוּ וַעֲנֵנוּ. כִּי אֵין בָּנוּ מַעֲשִׂים. עֲשֵׂה עִמָּנוּ צְדָקָה וָחֶסֶד וְהוֹשִׁיעֵנוּ:

UNSER VATER, UNSER KÖNIG

Unser Vater, unser König, wir haben uns vor dir verfehlt.
Unser Vater, unser König, niemand und nichts hat Macht über uns außer dir.
Unser Vater, unser König, handle an uns um deines Namens willen.
Unser Vater, unser König, lass das neue Jahr für uns ein gutes Jahr werden.
Unser Vater, unser König, wende Krankheit, Gewalt, Hunger, Gefangenschaft, zerstörerische Mächte und Verletzungen von uns ab.
Unser Vater, unser König, lass die Gesetze verschwinden, die andere benachteiligen.
Unser Vater, unser König, gib den Kranken deines Volks Genesung.
Unser Vater, unser König, verzeih uns und vergib alle unsere Verkehrungen.
Unser Vater, unser König, versiegele uns im Buch des guten Auskommens und des guten Lebensunterhaltes.
Unser Vater, unser König, denke daran, dass wir Staub sind.
Unser Vater, unser König, denke an uns, damit wir ein gutes Leben haben.
Unser Vater, unser König, versiegele uns im Buch der Erlösung und Hilfe.
Unser Vater, unser König, gib deinem Volke Israel Kraft.
Unser Vater, unser König, gib uns die Kraft für eine vollständige Umkehr zu dir.
Unser Vater, unser König, höre unsere Stimme, ergreife Partei für uns und erbarme dich über uns.
Unser Vater, unser König, erbarme dich über uns, über unsere Kinder und Kleinkinder.
Unser Vater, unser König, lass diesen Augenblick eine Zeit des Erbarmens und eine Zeit deines Wohlgefallens sein.
Unser Vater, unser König, sei uns gnädig um derer willen, die um deines Namens willen getötet wurden.
Unser Vater, unser König, lass uns nicht leer von dir fortgehen.

Unser Vater, unser König, sei uns gnädig und erhöre uns, denn wir haben keine Taten vorzuweisen.
Erweise uns Wohltätigkeit und Liebe und hilf uns.

שְׁמַע יִשְׂרָאֵל. יְהוָֹה אֱלֹהֵינוּ יְהוָֹה אֶחָד:

בָּרוּךְ שֵׁם כְּבוֹד מַלְכוּתוֹ לְעוֹלָם וָעֶד:

יְהוָֹה הוּא הָאֱלֹהִים:

תקיעה גדולה

In einigen Gemeinden wird der priesterliche Segen gegeben. Die Hawdala findet sich auf S. 700.

יְבָרֶכְךָ יְיָ וְיִשְׁמְרֶךָ.

יָאֵר יְיָ פָּנָיו אֵלֶיךָ וִיחֻנֶּךָּ.

יִשָּׂא יְיָ פָּנָיו אֵלֶיךָ וְיָשֵׂם לְךָ שָׁלוֹם:

לְשָׁנָה הַבָּאָה בִּירוּשָׁלָיִם:

לֵךְ אֱכֹל בְּשִׂמְחָה לַחְמֶךָ. וּשְׁתֵה בְלֶב־טוֹב יֵינֶךָ.
כִּי כְבָר רָצָה הָאֱלֹהִים אֶת־מַעֲשֶׂיךָ:

Höre Israel, der Ewige ist Gott, der Ewige ist einzig.

Gepriesen sei Gottes ruhmreiche Herrschaft immer und ewig!

Der Ewige allein ist Gott!

TEKIA GEDOLA

In einigen Gemeinden wird der priesterliche Segen gegeben. Die Hawdala findet sich auf S. 701.

Gott segne dich und behüte dich;
Gottes Angesicht leuchte über dir; Gott sei dir gnädig;
Gottes Angesicht sei über dir erhoben; Gott gebe dir Frieden.

Nächstes Jahr in Jerusalem!

Geh, iss in Freuden dein Brot,
guten Herzens trinke deinen Wein,
denn längst hat Gott dein Tun begnadet.

(Koh 9,7 B/R)

ZWEI PARABELN ZUM ABSCHLUSS

Als Mose auf den Berg Sinai stieg, um die Thora zu empfangen, erschien zu seinen Füßen eine Wolke. Sie öffnete sich, und er ging hinein, er ging, als liefe er auf festem Boden. Dann traf er den Engel Kemuël, den Türhüter, der der Vorgesetzte über die Wächter am Eingang zum Himmel ist. Er fuhr Mose scharf an: „Was tust du hier, Sohn Amrams, an diesem Ort, der den Engeln des Feuers gehört?" Mose antwortete: „Ich komme mit der Erlaubnis des Höchsten – Gottes Heiligkeit sei gepriesen! –, um die Thora in Empfang zu nehmen und sie hinunter zu Israel zu bringen." Aber Kemuël ließ ihn nicht eintreten. Mose drängte ihn zur Seite und ging weiter.

Dann erschien der Engel Hadarniël, der 60 Myriaden Parasangen größer ist als die anderen Engel. Als er sprach, kamen Blitze aus seinem Mund. Und mit donnernder Stimme fuhr er Mose an: „Was tust du hier, Sohn Amrams?" Mose erschrak und wäre von der Wolke gefallen, hätte Gott nicht Mitleid mit ihm gehabt. Gott sprach zu Hadarniël, und plötzlich wurde dieser Engel wie ein Diener des Mose und führte ihn zu dem nächsten Engel, Sandalfon, vor dem selbst er sich fürchtete. Aber wieder griff Gott ein, und Mose wurde Schritt für Schritt an all den Engeln vorbeigeführt, die die Thora bewachten, bis er sie erreichte.

(nach Pesikta Rabbati 20)

Vor dem Gesetz steht ein Türhüter. Zu diesem Türhüter kommt ein Mann vom Lande und bittet um Eintritt in das Gesetz. Aber der Türhüter sagt, daß er ihm jetzt den Eintritt nicht gewähren könne. Der Mann überlegt und fragt dann, ob er also später werde eintreten dürfen. „Es ist möglich", sagt der Türhüter, „jetzt aber nicht." Da das Tor zum Gesetz offen steht wie immer und der Türhüter beiseite tritt, bückt sich der Mann, um durch das Tor in das Innere zu sehen. Als der Türhüter das merkt, lacht er und sagt: „Wenn es dich so lockt, versuche es doch, trotz meines Verbotes hineinzugehen. Merke aber: Ich bin mächtig. Und ich bin nur der unterste Türhüter. Von Saal zu Saal stehn aber Türhüter, einer mächtiger als der andere. Schon den Anblick des dritten kann nicht einmal mehr ich ertragen." Solche Schwierigkeiten hat der Mann vom Lande nicht erwartet; das Gesetz soll doch jedem und immer zugänglich sein, denkt er, aber als er jetzt den Türhüter in seinem Pelzmantel genauer ansieht, seine große Spitznase, den langen, dünnen, schwarzen tatarischen Bart, entschließt er sich, doch lieber zu warten, bis er die Erlaubnis zum Eintritt bekommt. Der Türhüter gibt ihm einen Schemel und läßt ihn seitwärts von der Tür sich niedersetzen. Dort sitzt er Tage und Jahre. Er macht viele Versuche, eingelassen zu werden, und ermüdet den Türhüter durch seine Bitten. Der Türhüter stellt öfters kleine Verhöre mit ihm an, fragt ihn über seine Heimat aus und nach vielem andern, es sind aber teilnahmslose Fragen, wie sie große Herren stellen, und zum Schluß sagt er ihm immer wieder, daß er ihn noch nicht einlassen könne. Der Mann, der sich für seine Reise mit vielem ausgerüstet hat, verwendet alles, und sei es noch so wertvoll, um den Türhüter zu bestechen. Dieser nimmt zwar alles an, aber sagt dabei: „Ich nehme es nur an, damit du nicht glaubst, etwas versäumt zu haben." Während der vielen Jahre beobachtet der Mann den Türhüter fast ununterbrochen. Er vergißt die andern Türhüter und dieser erste scheint ihm das einzige Hindernis für den Eintritt in das Gesetz. Er verflucht den unglücklichen Zufall, in den ersten Jahren rücksichtslos und laut, später, als er alt wird, brummt er nur noch vor sich hin. Er wird kindisch, und, da er in dem jahrelangen Studium des Türhüters auch die Flöhe in seinem Pelzkragen erkannt hat, bittet er auch die Flöhe, ihm zu helfen und den Türhüter umzustimmen. Schließlich wird sein Augenlicht schwach, und er weiß nicht, ob es um ihn wirklich dunkler wird, oder ob ihn nur seine Augen täuschen. Wohl aber erkennt er jetzt im Dunkel einen Glanz, der unverlöschlich aus der Türe des Gesetzes bricht. Nun lebt er nicht mehr lange. Vor seinem Tode sammeln sich in seinem Kopfe alle Erfahrungen der ganzen Zeit zu einer Frage, die er bisher an den Türhüter noch nicht gestellt hat. Er winkt ihm zu, da er seinen erstarrenden Körper nicht mehr aufrichten kann. Der Türhüter muß sich tief zu ihm hinunterneigen, denn der Größenunterschied hat sich sehr zu ungunsten des Mannes verändert. „Was willst du denn jetzt noch wissen?" fragt der Türhüter, „du bist unersättlich." „Alle streben doch nach dem Gesetz," sagt der Mann, „wieso kommt es, daß in den vielen Jahren niemand außer mir Einlass verlangt hat?" Der Türhüter erkennt, daß der Mann schon an seinem Ende ist, und, um sein vergehendes Gehör noch zu erreichen, brüllt er ihn an: „Hier konnte niemand sonst Einlaß erhalten, denn dieser Eingang war nur für dich bestimmt. Ich gehe jetzt und schließe ihn."

(Franz Kafka)

HÄUSLICHE GEBETE UND GRUSSFORMELN

HÄUSLICHE GEBETE UND GRUSSFORMELN

GRUSSFORMELN

Zum neuen Jahr:

Singular
לְשָׁנָה טוֹבָה תִּכָּתֵב:
לְשָׁנָה טוֹבָה תִּכָּתֵבִי:

Plural
לְשָׁנָה טוֹבָה תִּכָּתֵבוּ:
לְשָׁנָה טוֹבָה תִּכָּתַבְנָה

כְּתִיבָה טוֹבָה

Während der Zehn Bußtage:

Singular
לְשָׁנָה טוֹבָה תֵּחָתֵם
לְשָׁנָה טוֹבָה תֵּחָתֵמִי

Plural
לְשָׁנָה טוֹבָה תֵּחָתֵמוּ
לְשָׁנָה טוֹבָה תֵּחָתֵמְנָה

Am Versöhnungstag:

חֲתִימָה טוֹבָה
גְּמַר חֲתִימָה טוֹבָה

Am Ende des Versöhnungstages:

שָׁנָה טוֹבָה

ROSCH HA-SCHANA

Nach dem Anzünden der Kerzen:

בָּרוּךְ אַתָּה יְיָ אֱלֹהֵינוּ מֶלֶךְ הָעוֹלָם. אֲשֶׁר קִדְּשָׁנוּ בְּמִצְוֹתָיו
וְצִוָּנוּ לְהַדְלִיק נֵר שֶׁל (שַׁבָּת וְ)יוֹם טוֹב.

Segnung der Kinder:

Für Jungen:
יְשִׂמְךָ אֱלֹהִים כְּאֶפְרַיִם
וְכִמְנַשֶּׁה:

Für Mädchen:
יְשִׂמֵךְ אֱלֹהִים כְּשָׂרָה רִבְקָה
רָחֵל וְלֵאָה:

יְבָרֶכְךָ יְיָ וְיִשְׁמְרֶךָ.
יָאֵר יְיָ פָּנָיו אֵלֶיךָ וִיחֻנֶּךָּ.
יִשָּׂא יְיָ פָּנָיו אֵלֶיךָ וְיָשֵׂם לְךָ שָׁלוֹם:

HÄUSLICHE GEBETE UND GRUSSFORMELN

GRUSSFORMELN

Zum neuen Jahr:

„Möge dir ein gutes Jahr eingeschrieben werden!“

„Möge euch ein gutes Jahr eingeschrieben werden!“

„Einen guten Eintrag!“ (in das Buch des Lebens)

Während der Zehn Bußtage:

„Möge dir ein gutes Jahr besiegelt werden!“

„Möge euch ein gutes Jahr besiegelt werden!“

Am Versöhnungstag:

„Eine gute Besiegelung!“ (im Buch des Lebens)

„Eine endgültige und gute Siegelung!“

Am Ende des Versöhnungstages:

„Ein gutes Jahr!“

ROSCH HA-SCHANA

Nach dem Anzünden der Kerzen:

Gepriesen seist du, Ewiger, unser Gott; du regierst die Welt. Du hast uns durch deine Gebote geheiligt und uns aufgetragen, die (Schabbatkerzen und die) Festtagskerzen anzuzünden.

Segnung der Kinder:

Für Jungen:

Möge Gott dich segnen wie Ephraim und Manasse.

Für Mädchen:

Möge Gott dich segnen wie Sara, Rebekka, Rahel und Lea.

Gott segne dich und behüte dich;
Gottes Angesicht leuchte über dir; Gott sei dir gnädig;
Gottes Angesicht sei über dir erhoben; Gott gebe dir Frieden.

Wenn Rosch Ha-Schana auf einen Schabbat fällt:

וַיְהִי־עֶרֶב וַיְהִי־בֹקֶר יוֹם הַשִּׁשִּׁי. וַיְכֻלּוּ הַשָּׁמַיִם וְהָאָרֶץ וְכָל־צְבָאָם: וַיְכַל אֱלֹהִים בַּיּוֹם הַשְּׁבִיעִי מְלַאכְתּוֹ אֲשֶׁר עָשָׂה. וַיִּשְׁבֹּת בַּיּוֹם הַשְּׁבִיעִי מִכָּל־מְלַאכְתּוֹ אֲשֶׁר עָשָׂה: וַיְבָרֶךְ אֱלֹהִים אֶת־יוֹם הַשְּׁבִיעִי וַיְקַדֵּשׁ אֹתוֹ. כִּי בוֹ שָׁבַת מִכָּל־מְלַאכְתּוֹ אֲשֶׁר בָּרָא אֱלֹהִים לַעֲשׂוֹת:

Lobspruch über den Wein:

בָּרוּךְ אַתָּה יְיָ אֱלֹהֵינוּ מֶלֶךְ הָעוֹלָם. בּוֹרֵא פְּרִי הַגָּפֶן:

Lobspruch über den Tag:

בָּרוּךְ אַתָּה יְיָ אֱלֹהֵינוּ מֶלֶךְ הָעוֹלָם. אֲשֶׁר בָּחַר בָּנוּ מִכָּל־עָם. וְרוֹמְמָנוּ מִכָּל־לָשׁוֹן. וְקִדְּשָׁנוּ בְּמִצְוֹתָיו: וַתִּתֶּן לָנוּ יְיָ אֱלֹהֵינוּ בְּאַהֲבָה אֶת־יוֹם (הַשַּׁבָּת הַזֶּה וְאֶת־יוֹם) הַזִּכָּרוֹן הַזֶּה. יוֹם תְּרוּעָה (בְּאַהֲבָה) מִקְרָא קֹדֶשׁ. זֵכֶר לִיצִיאַת מִצְרָיִם. כִּי בָנוּ בָחַרְתָּ. וְאוֹתָנוּ קִדַּשְׁתָּ מִכָּל־הָעַמִּים. וּדְבָרְךָ אֱמֶת וְקַיָּם לָעַד: בָּרוּךְ אַתָּה יְיָ מֶלֶךְ עַל כָּל־הָאָרֶץ מְקַדֵּשׁ (הַשַּׁבָּת וְ)יִשְׂרָאֵל וְיוֹם הַזִּכָּרוֹן.

An einem Samstagabend wird hinzugefügt:

בָּרוּךְ אַתָּה יְיָ אֱלֹהֵינוּ מֶלֶךְ הָעוֹלָם. בּוֹרֵא מְאוֹרֵי הָאֵשׁ:

בָּרוּךְ אַתָּה יְיָ אֱלֹהֵינוּ מֶלֶךְ הָעוֹלָם. הַמַּבְדִּיל בֵּין קֹדֶשׁ לְחוֹל בֵּין אוֹר לְחֹשֶׁךְ בֵּין יִשְׂרָאֵל לָעַמִּים. בֵּין יוֹם הַשְּׁבִיעִי לְשֵׁשֶׁת יְמֵי הַמַּעֲשֶׂה. בֵּין קְדֻשַּׁת שַׁבָּת לִקְדֻשַּׁת יוֹם טוֹב הִבְדַּלְתָּ. וְאֶת יוֹם הַשְּׁבִיעִי מִשֵּׁשֶׁת יְמֵי הַמַּעֲשֶׂה קִדַּשְׁתָּ: הִבְדַּלְתָּ וְקִדַּשְׁתָּ אֶת־עַמְּךָ יִשְׂרָאֵל בִּקְדֻשָּׁתֶךָ: בָּרוּךְ אַתָּה יְיָ. הַמַּבְדִּיל בֵּין קֹדֶשׁ לְקֹדֶשׁ:

Wenn Rosch Ha-Schana auf einen Schabbat fällt:

Und es wurde Abend und Morgen, der sechste Tag. So wurden Himmel und Erde vollendet und alles, was dort lebt. Am siebten Tag vollendete Gott das Schöpfungswerk und ruhte am siebten Tage, nachdem das ganze Werk vollbracht worden war. Und Gott segnete den siebten Tag und erklärte ihn für heilig; denn an ihm ruhte Gott, nachdem die ganze Schöpfung vollendet worden war. *(Gen 2,1-3)*

Lobspruch über den Wein:

Gepriesen seist du, Ewiger, unser Gott; du regierst die Welt. Du hast die Frucht des Weinstocks geschaffen.

Lobspruch über den Tag:

Gepriesen seist du, Ewiger, unser Gott; du regierst die Welt. Du hast uns aus allen Völkern erwählt und von allen Nationen erhöht, damit wir durch deine Gebote geheiligt würden. Ewiger, unser Gott, du schenkst uns in Liebe diesen (Schabbattag und diesen) Tag der Erinnerung, den Tag des Schofarblasens (in Liebe), einen Tag „heiliger Gemeinschaft", der an den Auszug aus Ägypten erinnert. Du hast uns dazu erwählt, heilig zu sein unter allen Völkern. Dein Wort ist wahr und hat für immer Gültigkeit. Ewiger, du regierst über die ganze Welt. Du hast (den Schabbat,) Israel und den Tag der Erinnerung geheiligt.

An einem Samstagabend wird hinzugefügt:

Gepriesen seist du, Ewiger, unser Gott; du regierst die Welt. Du hast das Licht des Feuers geschaffen.

Gepriesen seist du, Ewiger, unser Gott; du regierst die Welt. Du trennst das Heilige vom Profanen, das Licht von der Finsternis, Israel von den Völkern, den siebten Tag von den übrigen sechs Werktagen. Du unterscheidest zwischen der Heiligkeit des Schabbat und der Heiligkeit des Festtages. Den siebten Tag hast du vor den sechs Werktagen geheiligt. Durch deine Heiligkeit hast du dein Volk Israel geheiligt und ausgesondert. Gepriesen seist du, Ewiger. Du trennst das Heilige vom Heiligen.

Vor dem Trinken des Weins am ersten Tag:

בָּרוּךְ אַתָּה יְיָ אֱלֹהֵינוּ מֶלֶךְ הָעוֹלָם. שֶׁהֶחֱיָנוּ וְקִיְּמָנוּ וְהִגִּיעָנוּ לַזְּמַן הַזֶּה:

Lobspruch über das Brot:

בָּרוּךְ אַתָּה יְיָ אֱלֹהֵינוּ מֶלֶךְ הָעוֹלָם. הַמּוֹצִיא לֶחֶם מִן הָאָרֶץ:

Vor dem Essen eines in Honig getauchten Apfels:

בָּרוּךְ אַתָּה יְיָ אֱלֹהֵינוּ מֶלֶךְ הָעוֹלָם. בּוֹרֵא פְּרִי הָעֵץ:

Nach dem Essen des in Honig getauchten Apfels:

יְהִי רָצוֹן מִלְּפָנֶיךָ יְיָ אֱלֹהֵינוּ וֵאלֹהֵי אֲבוֹתֵינוּ. שֶׁתְּחַדֵּשׁ עָלֵינוּ שָׁנָה טוֹבָה וּמְתוּקָה.

Am zweiten Abend von Rosch Ha-Schana wird der folgende Lobspruch über eine neue Frucht oder ein neues Kleidungsstück gesagt:

בָּרוּךְ אַתָּה יְיָ אֱלֹהֵינוּ מֶלֶךְ הָעוֹלָם. שֶׁהֶחֱיָנוּ וְקִיְּמָנוּ וְהִגִּיעָנוּ לַזְּמַן הַזֶּה:

Vor dem Trinken des Weins am ersten Tag:

Gepriesen seist du, Ewiger, unser Gott; du regierst die Welt. Du hast uns am Leben erhalten und bewahrt. Und nun hast du uns diese Zeit erreichen lassen.

Lobspruch über das Brot:

Gepriesen seist du, Ewiger, unser Gott; du regierst die Welt. Du lässt die Erde Nahrung hervorbringen.

Vor dem Essen eines in Honig getauchten Apfels:

Gepriesen seist du, Ewiger, unser Gott; du regierst die Welt. Du hast die Frucht des Baumes geschaffen.

Nach dem Essen des in Honig getauchten Apfels:

Ewiger, unser Gott und Gott unserer Vorfahren, es möge dein Wille sein, uns ein gutes und süßes neues Jahr zu geben.

Am zweiten Abend von Rosch Ha-Schana wird der folgende Lobspruch über eine neue Frucht oder ein neues Kleidungsstück gesagt:

Gepriesen seist du, Ewiger, unser Gott; du regierst die Welt. Du hast uns am Leben erhalten und bewahrt. Und nun hast du uns diese Zeit erreichen lassen.

ליום כפור

Eine Meditation, wenn es Brauch ist, eine Jahrzeit-Kerze zum Gedenken an die verstorbenen Verwandten anzuzünden:

Ich zünde diese Kerze an und denke an die Seelen von ………………, die ihren Weg aus dieser Welt in die Liebe und Ewigkeit Gottes gegangen sind. Ich denke mit Dankbarkeit an all das, was ich durch ihr Leben gelernt habe, an ihre Liebe zu mir und an ihre Güte. Möge die Erinnerung an sie in mir leben und wachsen und mich freundlicher und verständnisvoller werden lassen. Möge Gott, der ihrer in Treue gedenkt, sie einbinden in den Bund des Lebens.

Nach dem Anzünden der Kerzen:

בָּרוּךְ אַתָּה יְיָ אֱלֹהֵינוּ מֶלֶךְ הָעוֹלָם. אֲשֶׁר קִדְּשָׁנוּ
בְּמִצְוֹתָיו וְצִוָּנוּ לְהַדְלִיק נֵר שֶׁל (שַׁבָּת וְשֶׁל) יוֹם הַכִּפּוּרִים

Alle antworten:

בָּרוּךְ אַתָּה יְיָ אֱלֹהֵינוּ מֶלֶךְ הָעוֹלָם. שֶׁהֶחֱיָנוּ וְקִיְּמָנוּ
וְהִגִּיעָנוּ לַזְּמַן הַזֶּה:

Diejenigen, die aus gesundheitlichen Gründen verpflichtet sind, etwas zu essen, sollten das Folgende sagen:

בָּרוּךְ אַתָּה יְיָ אֱלֹהֵינוּ מֶלֶךְ הָעוֹלָם. אֲשֶׁר קִדְּשָׁנוּ
בְּמִצְוֹתָיו וְצִוָּנוּ עַל פִּקּוּחַ נֶפֶשׁ:

הבדלה

Am Schabbat:

הִנֵּה אֵל יְשׁוּעָתִי אֶבְטַח וְלֹא אֶפְחָד · כִּי עָזִּי וְזִמְרָת יָהּ יְיָ
וַיְהִי־לִי לִישׁוּעָה: וּשְׁאַבְתֶּם מַיִם בְּשָׂשׂוֹן מִמַּעַיְנֵי הַיְשׁוּעָה:
לַיְיָ הַיְשׁוּעָה עַל־עַמְּךָ בִרְכָתֶךָ סֶּלָה: יְיָ צְבָאוֹת עִמָּנוּ
מִשְׂגָּב־לָנוּ אֱלֹהֵי יַעֲקֹב סֶלָה: לַיְּהוּדִים הָיְתָה אוֹרָה
וְשִׂמְחָה וְשָׂשֹׂן וִיקָר · כֵּן תִּהְיֶה לָּנוּ: כּוֹס־יְשׁוּעוֹת אֶשָּׂא
וּבְשֵׁם יְיָ אֶקְרָא:

JOM KIPPUR

Eine Meditation, wenn es Brauch ist, eine Jahrzeit-Kerze zum Gedenken an die verstorbenen Verwandten anzuzünden:

Ich zünde diese Kerze an und denke an die Seelen von ...., die ihren Weg aus dieser Welt in die Liebe und Ewigkeit Gottes gegangen sind. Ich denke mit Dankbarkeit an all das, was ich durch ihr Leben gelernt habe, an ihre Liebe zu mir und an ihre Güte. Möge die Erinnerung an sie in mir leben und wachsen und mich freundlicher und verständnisvoller werden lassen. Möge Gott, der ihrer in Treue gedenkt, sie einbinden in den Bund des Lebens.

Nach dem Anzünden der Kerzen:

Gepriesen seist du, Ewiger, unser Gott; du regierst die Welt. Du hast uns durch deine Gebote geheiligt und uns aufgetragen, die (Schabbatkerzen und die) Jom Kippur-Kerzen anzuzünden.

Alle antworten:

Gepriesen seist du, Ewiger, unser Gott; du regierst die Welt. Du hast uns am Leben erhalten und bewahrt. Und nun hast du uns diese Zeit erreichen lassen.

Diejenigen, die aus gesundheitlichen Gründen verpflichtet sind, etwas zu essen, sollten das Folgende sagen:

Gepriesen seist du, Ewiger, unser Gott; du regierst die Welt. Du hast uns durch deine Gebote geheiligt und hast uns aufgetragen, unser Leben zu erhalten.

HAWDALA

Am Schabbat:

Gott ist meine Rettung; ich will Gott vertrauen und niemals verzagen. Denn Gott ist meine Stärke und mein Loblied. Gott wurde meine Hilfe. Ihr werdet Wasser schöpfen voller Freude aus den Quellen des Heils. *(Jes 12,2)* Bei Gott findet man Hilfe; auf dein Volk komme Segen. *(Ps 3,9)* Der Gott aller Geschöpfe ist bei uns, der Gott Jakobs ist unser Schutz. *(Ps 46, 8.12)* Die Juden waren glücklich, sie jauchzten vor Freude und waren wieder geehrt *(Est 8,16)* – So geschehe es auch uns! Ich will den Kelch des Heils erheben und den Namen Gottes anrufen. *(Ps 116,13)*

Man hebt den Becher mit Wein und sagt:

בָּרוּךְ אַתָּה יְיָ אֱלֹהֵינוּ מֶלֶךְ הָעוֹלָם. בּוֹרֵא פְּרִי הַגָּפֶן:

Nur am Schabbat:

Man nimmt den Behälter mit den Gewürzen und sagt, bevor man daran riecht:

בָּרוּךְ אַתָּה יְיָ אֱלֹהֵינוּ מֶלֶךְ הָעוֹלָם. בּוֹרֵא מִינֵי בְשָׂמִים:

Man hält die Hände gegen das Licht und sagt:

בָּרוּךְ אַתָּה יְיָ אֱלֹהֵינוּ מֶלֶךְ הָעוֹלָם. בּוֹרֵא מְאוֹרֵי הָאֵשׁ:

Man nimmt den Becher mit Wein wieder in die Hand und sagt:

בָּרוּךְ אַתָּה יְיָ אֱלֹהֵינוּ מֶלֶךְ הָעוֹלָם. הַמַּבְדִּיל בֵּין קֹדֶשׁ לְחוֹל וּבֵין אוֹר לְחֹשֶׁךְ וּבֵין יִשְׂרָאֵל לָעַמִּים. וּבֵין יוֹם הַשְּׁבִיעִי לְשֵׁשֶׁת יְמֵי הַמַּעֲשֶׂה. בָּרוּךְ אַתָּה יְיָ הַמַּבְדִּיל בֵּין קֹדֶשׁ לְחוֹל:

Man trinkt den größten Teil des Bechers und schüttet den Rest aus, um damit das Licht zu löschen.

Es ist üblich, am Ende des Versöhnungstages mit dem Bau der Laubhütte zu beginnen:

בָּרוּךְ אַתָּה יְיָ אֱלֹהֵינוּ מֶלֶךְ הָעוֹלָם. אֲשֶׁר קִדְּשָׁנוּ בְּמִצְוֹתָיו וְצִוָּנוּ לִבְנוֹת סוּכָּה:

Man hebt den Becher mit Wein und sagt:

Gepriesen seist du, Ewiger, unser Gott; du regierst die Welt. Du hast die Frucht des Weinstocks geschaffen.

Nur am Schabbat:

Man nimmt den Behälter mit den Gewürzen und sagt, bevor man daran riecht:

Gepriesen seist du, Ewiger, unser Gott; du regierst die Welt. Du hast verschiedene Arten von Gewürzen geschaffen.

Man hält die Hände gegen das Licht und sagt:

Gepriesen seist du, Ewiger, unser Gott; du regierst die Welt. Du hast das Licht des Feuers geschaffen.

Man nimmt den Becher mit Wein wieder in die Hand und sagt:

Gepriesen seist du, Ewiger, unser Gott; du regierst die Welt. Du trennst das Heilige vom Profanen, das Licht von der Finsternis, Israel von den Völkern, den siebten Tag von den übrigen sechs Werktagen. Gepriesen seist du, Ewiger. Du trennst das Heilige vom Profanen.

Man trinkt den größten Teil des Bechers und schüttet den Rest aus, um damit das Licht zu löschen.

Am Ende des Versöhnungstages:

Gott, sei mit uns, wenn wir zuhause sind und in das Alltagsleben zurückkehren. Sei mit uns, wenn wir auf der Straße gehen, und wenn wir unserer Arbeit nachgehen, wenn wir Zeit für unsere Gemeinde verbringen, wenn wir liegen und wenn wir aufstehen.

Du bist der Ursprung, von dem wir herkommen, und das Ziel, auf das wir zugehen. Du bist die Ursache und der Grund unserer Reise. Nur in deinem Licht können wir sehen, was wahr ist und was falsch, was beständig ist und was vergeht; was wir sind, was unser Erfolg ist und was unser Versagen.

Wir versuchen nicht, für unmögliche Dinge zu bitten. Leite uns einen Schritt weiter auf dem Weg, den du für uns und für unser Volk seit langem vorgesehen hast, zu unserem eigenen Wohl und zum Wohle der Welt.

Es ist üblich, am Ende des Versöhnungstages mit dem Bau der Laubhütte zu beginnen:

Gepriesen seist du, Ewiger, unser Gott; du regierst die Welt. Du hast uns durch deine Gebote geheiligt und hast uns aufgetragen, eine Laubhütte zu bauen.

ברכת המזון

תהלים

קכו

שִׁיר הַמַּעֲלוֹת.

בְּשׁוּב יְהוָה אֶת־שִׁיבַת צִיּוֹן הָיִינוּ כְּחֹלְמִים:
אָז יִמָּלֵא שְׂחוֹק פִּינוּ וּלְשׁוֹנֵנוּ רִנָּה
אָז יֹאמְרוּ בַגּוֹיִם הִגְדִּיל יְהוָה לַעֲשׂוֹת עִם־אֵלֶּה:
הִגְדִּיל יְהוָה לַעֲשׂוֹת עִמָּנוּ הָיִינוּ שְׂמֵחִים:
שׁוּבָה יְהוָה אֶת־שְׁבִיתֵנוּ כַּאֲפִיקִים בַּנֶּגֶב:
הַזֹּרְעִים בְּדִמְעָה בְּרִנָּה יִקְצֹרוּ:
הָלוֹךְ יֵלֵךְ וּבָכֹה נֹשֵׂא מֶשֶׁךְ־הַזָּרַע
בֹּא־יָבֹא בְרִנָּה נֹשֵׂא אֲלֻמֹּתָיו:

רַבּוֹתַי וּגְבִרוֹתַי נְבָרֵךְ:

Alle antworten:

יְהִי שֵׁם יְיָ מְבֹרָךְ מֵעַתָּה וְעַד עוֹלָם:

בִּרְשׁוּת רַבּוֹתַי וּגְבִרוֹתַי נְבָרֵךְ (אֱלֹהֵינוּ) שֶׁאָכַלְנוּ מִשֶּׁלּוֹ:

Alle antworten:

בָּרוּךְ (אֱלֹהֵינוּ) שֶׁאָכַלְנוּ מִשֶּׁלּוֹ וּבְטוּבוֹ חָיִינוּ:

בָּרוּךְ הוּא וּבָרוּךְ שְׁמוֹ:

TISCHGEBET NACH DER MAHLZEIT

PSALM 126

Als Gott das Los der Gefangenschaft Zions wendete,
da waren wir alle wie Träumende.
Da war unser Mund voll Lachen
und unsere Zunge voll Jubel.

Da sagte man unter den Völkern:
„Gott hat Großes an ihnen getan."
Ja, Großes hat Gott uns getan.
Wir waren fröhlich.

Wende doch, Gott, unser Geschick,
wie du versiegte Bäche im Negev wieder füllst.
Die, die mit Tränen säen,
werden in Jubel ernten.

Weinend gehen sie hinaus
und tragen den Samen zur Aussaat.
Jubelnd kommen sie wieder
und bringen ihre Ernte ein.

Lasst uns das Tischgebet sprechen!

Alle antworten:

Der Name Gottes sei gepriesen, von nun an bis in Ewigkeit!

Mit eurer Erlaubnis, lasst uns Gott preisen;
Gottes Nahrung haben wir gegessen.

Alle antworten:

Gepriesen sei Gott;
Gottes Nahrung haben wir gegessen
und durch Gottes Güte leben wir!

Gepriesen sei Gott und gepriesen sei Gottes Name!

ברכת חזן

בָּרוּךְ אַתָּה יְיָ אֱלֹהֵינוּ מֶלֶךְ הָעוֹלָם. הַזָּן אֶת־הָעוֹלָם כֻּלּוֹ. בְּטוּבוֹ בְּחֵן בְּחֶסֶד וּבְרַחֲמִים. הוּא נוֹתֵן לֶחֶם לְכָל־בָּשָׂר. כִּי לְעוֹלָם חַסְדּוֹ: וּבְטוּבוֹ הַגָּדוֹל תָּמִיד לֹא־חָסַר לָנוּ וְאַל יֶחְסַר־לָנוּ מָזוֹן לְעוֹלָם וָעֶד בַּעֲבוּר שְׁמוֹ הַגָּדוֹל. כִּי הוּא זָן וּמְפַרְנֵס לַכֹּל וּמֵטִיב לַכֹּל וּמֵכִין מָזוֹן לְכָל־בְּרִיּוֹתָיו אֲשֶׁר בָּרָא. בָּרוּךְ אַתָּה יְיָ. הַזָּן אֶת־הַכֹּל:

ברכת הארץ

נוֹדֶה לְּךָ יְיָ אֱלֹהֵינוּ עַל שֶׁהִנְחַלְתָּ לַאֲבוֹתֵינוּ אֶרֶץ חֶמְדָּה טוֹבָה וּרְחָבָה. בְּרִית וְתוֹרָה. וְלֶחֶם לָשׂוֹבַע. כַּכָּתוּב. וְאָכַלְתָּ וְשָׂבָעְתָּ וּבֵרַכְתָּ אֶת־יְיָ אֱלֹהֶיךָ עַל־הָאָרֶץ הַטֹּבָה אֲשֶׁר נָתַן־לָךְ. בָּרוּךְ אַתָּה יְיָ. עַל־הָאָרֶץ וְעַל־הַמָּזוֹן:

ברכת ירושלים

רַחֵם יְיָ אֱלֹהֵינוּ עַל־יִשְׂרָאֵל עַמֶּךָ. וְעַל יְרוּשָׁלַיִם עִירֶךָ. וְעַל צִיּוֹן מִשְׁכַּן כְּבוֹדֶךָ. אֱלֹהֵינוּ אָבִינוּ. רְעֵנוּ זוּנֵנוּ פַּרְנְסֵנוּ וְכַלְכְּלֵנוּ וְהַרְוִיחֵנוּ. וְהַרְוַח־לָנוּ יְיָ אֱלֹהֵינוּ מְהֵרָה מִכָּל־צָרוֹתֵינוּ: וְנָא אַל־תַּצְרִיכֵנוּ יְיָ אֱלֹהֵינוּ לֹא לִידֵי מַתְּנַת בָּשָׂר וָדָם וְלֹא לִידֵי הַלְוָאָתָם. כִּי אִם לְיָדְךָ הַמְּלֵאָה הַפְּתוּחָה הַקְּדוֹשָׁה וְהָרְחָבָה. שֶׁלֹּא נֵבוֹשׁ וְלֹא נִכָּלֵם לְעוֹלָם וָעֶד:

Am Schabbat fügt man hier ein:

רְצֵה וְהַחֲלִיצֵנוּ יְיָ אֱלֹהֵינוּ בְּמִצְוֹתֶיךָ וּבְמִצְוַת יוֹם הַשְּׁבִיעִי הַשַּׁבָּת הַגָּדוֹל וְהַקָּדוֹשׁ הַזֶּה. כִּי יוֹם זֶה גָּדוֹל וְקָדוֹשׁ הוּא לְפָנֶיךָ לִשְׁבָּת־בּוֹ וְלָנוּחַ בּוֹ בְּאַהֲבָה כְּמִצְוַת רְצוֹנֶךָ. בִּרְצוֹנְךָ הָנִיחַ לָנוּ יְיָ אֱלֹהֵינוּ שֶׁלֹּא תְהִי צָרָה וְיָגוֹן וַאֲנָחָה בְּיוֹם מְנוּחָתֵנוּ. וְהַרְאֵנוּ יְיָ אֱלֹהֵינוּ בְּנֶחָמַת צִיּוֹן עִירֶךָ. וּבְבִנְיַן יְרוּשָׁלַיִם עִיר קָדְשֶׁךָ. כִּי אַתָּה הוּא בַּעַל הַיְשׁוּעוֹת וּבַעַל הַנֶּחָמוֹת:

DIE SPEISEN

Gepriesen seist du, Ewiger, unser Gott; du regierst die Welt. Du ernährst die ganze Welt in Güte und in Gnade, in Freundlichkeit und Erbarmen. Du gibst allen Lebewesen Nahrung, denn deine Gnade hat kein Ende. Durch deine große Güte und durch die Größe deines Ruhms haben wir niemals Mangel erlitten. Lass uns niemals Mangel erleiden! Denn du ernährst und versorgst alle, du erweist allen Gutes, und mit Nahrung versorgst du alle Geschöpfe, die du geschaffen hast. Gepriesen seist du, Ewiger. Du ernährst alle.

DAS LAND

Wir danken dir für das begehrenswerte, gute und weiträumige Land, das du unseren Vorfahren gegeben hast; für den Bund, den du mit ihnen geschlossen hast und für die Thora; für die Nahrung, die du zur Sättigung gibst, wie geschrieben steht: „Wenn du gegessen hast und satt geworden bist, dann preise den Ewigen, deinen Gott, für das gute Land, das Gott dir gab.“ *(Dtn 8,10)*

JERUSALEM

Erbarme dich über dein Volk Israel und über Jerusalem, deine Stadt und über Zion, den Ort, an dem deine Gegenwart wohnt. Ewiger, unser Gott, Ursprung unseres Lebens, behüte uns, ernähre uns, und stille unseren Hunger. Erhalte unser Leben, und beseitige bald alle unsere Notlagen. Lass uns nicht angewiesen sein auf die Spenden von Menschen oder auf Darlehen, sondern nur auf deine volle, geöffnete, heilige und reiche Hand, damit wir nicht beschämt sind, noch je unsere Selbstachtung verlieren.

Am Schabbat fügt man hier ein:

Lass uns Kraft schöpfen aus deinen Geboten und aus dem Gebot des siebten Tages, des großen und heiligen Schabbats. Denn dieser Tag gilt als groß und heilig bei dir, dass man an ihm zur Ruhe komme und innehalte. Er soll von Liebe bestimmt sein, gemäß deines Gebotes. Es sei dein Wille, Ewiger, unser Gott, dass wir Ruhe finden, dass keine Not, kein Kummer und keine Sorge uns am Tag der Ruhe belasten. Lass uns die Tröstung deiner Stadt Zion erfahren und die Erbauung deiner heiligen Stadt Jerusalem sehen. Denn bei dir ist alle Befreiung, bei dir ist aller Trost.

יעלה ויבא

An Rosch Ha-Schana fügt man hier ein:

אֱלֹהֵינוּ וֵאלֹהֵי אֲבוֹתֵינוּ יַעֲלֶה וְיָבֹא. וְיַגִּיעַ וְיֵרָאֶה. זִכְרוֹנֵנוּ וּפִקְדוֹנֵנוּ. וְזִכְרוֹן אֲבוֹתֵינוּ. וְזִכְרוֹן מָשִׁיחַ בֶּן־דָּוִד עַבְדֶּךָ. וְזִכְרוֹן יְרוּשָׁלַיִם עִיר קָדְשֶׁךָ. וְזִכְרוֹן כָּל־עַמְּךָ בֵּית יִשְׂרָאֵל לְפָנֶיךָ. לִפְלֵיטָה וּלְטוֹבָה. לְחֵן וּלְחֶסֶד. וּלְרַחֲמִים. בְּיוֹם הַזִּכָּרוֹן הַזֶּה.

זָכְרֵנוּ יְיָ אֱלֹהֵינוּ בּוֹ לְטוֹבָה. אָמֵן:

וּפָקְדֵנוּ בוֹ לִבְרָכָה. אָמֵן:

וְהוֹשִׁיעֵנוּ בוֹ לְחַיִּים טוֹבִים: אָמֵן:

וּבִדְבַר יְשׁוּעָה וְרַחֲמִים חוּס וְחָנֵּנוּ. כִּי אֵלֶיךָ עֵינֵינוּ. כִּי אֵל מֶלֶךְ חַנּוּן וְרַחוּם אָתָּה:

ברכת הטוב והמטיב

וּבְנֵה יְרוּשָׁלַיִם עִיר הַקֹּדֶשׁ בִּמְהֵרָה בְיָמֵינוּ. בָּרוּךְ אַתָּה יְיָ. בּוֹנֵה בְרַחֲמָיו יְרוּשָׁלָיִם. אָמֵן:

בָּרוּךְ אַתָּה יְיָ אֱלֹהֵינוּ מֶלֶךְ הָעוֹלָם. הָאֵל אָבִינוּ מַלְכֵּנוּ. אַדִּירֵנוּ בּוֹרְאֵנוּ גֹּאֲלֵנוּ יוֹצְרֵנוּ קְדוֹשֵׁנוּ קְדוֹשׁ יַעֲקֹב. רוֹעֵנוּ רוֹעֵה יִשְׂרָאֵל. הַמֶּלֶךְ הַטּוֹב וְהַמֵּטִיב לַכֹּל. שֶׁבְּכָל־יוֹם וָיוֹם הוּא הֵטִיב הוּא מֵטִיב הוּא יֵיטִיב לָנוּ: הוּא גְמָלָנוּ הוּא גוֹמְלֵנוּ הוּא יִגְמְלֵנוּ לָעַד. לְחֵן לְחֶסֶד וּלְרַחֲמִים וּלְרֶוַח. הַצָּלָה וְהַצְלָחָה בְּרָכָה וִישׁוּעָה. נֶחָמָה פַּרְנָסָה וְכַלְכָּלָה. וְרַחֲמִים וְחַיִּים וְשָׁלוֹם וְכָל־טוֹב. וּמִכָּל־טוּב אַל יְחַסְּרֵנוּ:

בקשות נוספות

הָרַחֲמָן. הוּא יִמְלוֹךְ עָלֵינוּ לְעוֹלָם וָעֶד:

הָרַחֲמָן. הוּא יִתְבָּרַךְ בַּשָּׁמַיִם וּבָאָרֶץ:

הָרַחֲמָן. הוּא יִשְׁתַּבַּח לְדוֹר דּוֹרִים. וְיִתְפָּאַר בָּנוּ לָנֶצַח נְצָחִים. וְיִתְהַדַּר בָּנוּ לָעַד וּלְעוֹלְמֵי עוֹלָמִים:

הָרַחֲמָן. הוּא יְפַרְנְסֵנוּ בְּכָבוֹד:

הָרַחֲמָן. הוּא יִשְׁבּוֹר עֻלֵּנוּ מֵעַל צַוָּארֵנוּ. וְהוּא יוֹלִיכֵנוּ קוֹמְמִיּוּת לְאַרְצֵנוּ:

An Rosch Ha-Schana fügt man hier ein:

Unser Gott und Gott unserer Vorfahren, das Gedenken an uns und die Verantwortung für uns, das Gedenken an unsere Vorfahren und an die messianische Zeit, das Gedenken an Jerusalem, die Stadt deiner Heiligkeit, und an die ganze Familie Israels mögen zu dir gelangen und vor dich kommen; sie mögen dich erreichen und wahrgenommen werden. Es geschehe, damit wir deine Rettung und Güte erfahren, damit uns deine Gnade und Liebe zuteil werden. Ewiger, unser Gott, heute, (an diesem Tag der Ruhe und) an diesem Tag der Erinnerung
denke an uns, damit wir Gutes erfahren – Amen.
Schenke uns deinen Segen – Amen.
Hilf uns zu einem guten Leben – Amen.
Du hast uns Hilfe und Erbarmen versprochen, deshalb erbarme dich über uns und zeige uns deine Gnade. Denn auf dich richtet sich unser Blick, du bist die Quelle aller Gnade und allen Erbarmens.

DIE GÜTE

Erbaue Jerusalem, deine heilige Stadt, bald und in unseren Tagen. Gepriesen seist du, Ewiger, unser Gott. Du erbaust Jerusalem in deinem Erbarmen. Amen.

Gepriesen seist du, Ewiger, unser Gott; du regierst die Welt. Du bist Gott, der Ursprung unseres Lebens und die Quelle unserer Kraft. Du bist mächtig, du lässt Neues entstehen, du erlöst, du hast alles geschaffen, du bist für uns heilig, wie du für Jakob heilig warst. Du behütest uns, wie du Israel behütet hast. Du regierst die Welt in Güte und ernährst alles, was lebt. Ja, Tag für Tag hast du uns Gutes erwiesen, erweist du uns Gutes, wirst du uns Gutes erweisen. Gnade und Freundlichkeit, Erbarmen und Tröstung hast du uns erwiesen, erweist du uns, und wirst du uns stets erweisen. Bei dir finden wir Rettung. Von dir kommt Gelingen, Segen und Hilfe, Trost und Versorgung. Du gibst Nahrung. Du ergreifst Partei für uns. Du erhältst das Leben und stiftest Frieden. Von dir kommt alles Gute. Lass uns niemals an Gutem Mangel leiden.

Gott, du bist barmherzig. – Regiere über uns immer und ewig.

Gott, du bist barmherzig. – Im Himmel und auf Erden lobe man Gott.

Gott, du bist barmherzig. – Gepriesen sei Gott immer und ewig.
Geehrt werde Gott bis in Ewigkeit. Gott soll man allezeit loben.

Gott, du bist barmherzig. – Ernähre uns auf auf eine Weise,
die uns nicht entehrt.

Gott, du bist barmherzig. – Zerbrich das Joch auf unserer Schulter
und lass uns aufrecht in unserem Lande gehen.

הָרַחֲמָן. הוּא יִשְׁלַח בְּרָכָה מְרֻבָּה בַּבַּיִת הַזֶּה. וְעַל שֻׁלְחָן זֶה שֶׁאָכַלְנוּ עָלָיו:

הָרַחֲמָן. הוּא יִשְׁלַח לָנוּ אֶת־אֵלִיָּה הַנָּבִיא זָכוּר לַטּוֹב: וִיבַשֶּׂר־לָנוּ בְּשׂוֹרוֹת טוֹבוֹת יְשׁוּעוֹת וְנֶחָמוֹת:

הָרַחֲמָן. הוּא יְבָרֵךְ אֶת־כָּל־הַמְּסֻבִּין כָּאן (אֶת־בַּעַל הַבַּיִת הַזֶּה אוֹתוֹ וְאֶת־אִשְׁתּוֹ וְאֶת־כָּל־אֲשֶׁר לָהֶם). אוֹתָנוּ וְאֶת־כָּל־אֲשֶׁר לָנוּ. כְּמוֹ שֶׁנִּתְבָּרְכוּ אֲבוֹתֵינוּ אַבְרָהָם יִצְחָק וְיַעֲקֹב בַּכֹּל מִכֹּל כֹּל. כֵּן יְבָרֵךְ אוֹתָנוּ כֻּלָּנוּ יַחַד בִּבְרָכָה שְׁלֵמָה. וְנֹאמַר אָמֵן:

בַּמָּרוֹם יְלַמְּדוּ עֲלֵיהֶם וְעָלֵינוּ זְכוּת שֶׁתְּהֵי לְמִשְׁמֶרֶת שָׁלוֹם. וְנִשָּׂא בְרָכָה מֵאֵת יְיָ וּצְדָקָה מֵאֱלֹהֵי יִשְׁעֵנוּ. וְנִמְצָא־חֵן וְשֵׂכֶל טוֹב בְּעֵינֵי אֱלֹהִים וְאָדָם:

Am Schabbat fügt man hier ein:

הָרַחֲמָן. הוּא יַנְחִילֵנוּ יוֹם שֶׁכֻּלּוֹ שַׁבָּת וּמְנוּחָה לְחַיֵּי הָעוֹלָמִים:

An Rosch Ha-Schana fügt man hier ein:

הָרַחֲמָן. הוּא יְחַדֵּשׁ עָלֵינוּ אֶת־הַשָּׁנָה הַזֹּאת לְטוֹבָה וְלִבְרָכָה:

הָרַחֲמָן. הוּא יְזַכֵּנוּ לִימוֹת הַמָּשִׁיחַ וּלְחַיֵּי הָעוֹלָם הַבָּא:

מַגְדִּיל (מִגְדּוֹל) יְשׁוּעוֹת מַלְכּוֹ וְעֹשֶׂה חֶסֶד לִמְשִׁיחוֹ לְדָוִד וּלְזַרְעוֹ עַד־עוֹלָם: עֹשֶׂה שָׁלוֹם בִּמְרוֹמָיו הוּא יַעֲשֶׂה שָׁלוֹם עָלֵינוּ וְעַל כָּל־יִשְׂרָאֵל וְאִמְרוּ אָמֵן:

אָכַלְנוּ וְשָׂבָעְנוּ. אַל־נָא נִתְעַלֵּם מִצָּרְכֵי־רֵעֵינוּ וְאַל־תְּאַטַּמְנָה אָזְנֵינוּ מִצַּעֲקָתָם לְמָזוֹן. פְּקַח עֵינֵינוּ וּפְתַח לְבָבֵנוּ וְנִתְחַלְּקָה בְּמַתְּנוֹתֶיךָ לְמַעַן חִסּוּל־הָרָעָב וְהַמַּחְסוֹר מֵעוֹלָמֵנוּ:

יְיָ עֹז לְעַמּוֹ יִתֵּן יְיָ יְבָרֵךְ אֶת־עַמּוֹ בַשָּׁלוֹם:

Gott, du bist barmherzig. – Schenke diesem Haus und allen, die an diesem Tisch mit uns gegessen haben, deinen reichen Segen.

Gott, du bist barmherzig. – Sende den Propheten Elia (Zum Guten sei seiner gedacht!), denn er wird uns frohe Botschaft, Hilfe und Trost bringen.

Gott, du bist barmherzig. – Segne alle, die hier mit uns gegessen haben (den Eigentümer und die Eigentümerin dieses Hauses und alles, was zu ihnen gehört). Wie Gott unsere Erzväter Abraham, Isaak und Jakob gesegnet hat, so segne Gott jeden und jede von uns auf seine und ihre Art und alles, was uns gehört. Er segne uns alle miteinander mit vollkommenem Segen. Darauf sprecht: Amen.

In der Höhe möge man zu ihrer und unserer Gunst urteilen, damit der Friede bewahrt bleibe. Wir werden den Segen Gottes tragen und Wohltaten von Gott, unserer Hilfe. Und wir mögen Gunst und Verständnis finden bei Gott und den Menschen.

Am Schabbat fügt man hier ein:

Gott, du bist barmherzig. – Lass uns einen Tag erleben, der erfüllt ist vom Schabbatfrieden und von der Ruhe des ewigen Lebens.

An Rosch Ha-Schana fügt man hier ein:

Gott, du bist barmherzig. – Lass uns in dem neuen Jahr Gutes und Segen erfahren.

Gott, du bist barmherzig. – Möge Gott uns würdig finden für die messianische Zeit und das Leben in der kommenden Welt.

Gott macht das Heil des Königs groß *(Ps 18,51)* (Am Schabbat: Gott ist eine Burg des Heils *[2. Sam 22,51]*), Gnade erweist Gott seinem Messias, David und seinen Nachkommen bis in Ewigkeit.

Gott schafft Frieden in der Höhe. Möge Gott uns und ganz Israel Frieden geben. Darauf sprecht: Amen.

Wir haben gegessen und sind satt geworden. Lass uns nun nicht blind sein für die Bedürfnisse anderer oder taub für ihren Schrei nach Nahrung. Öffne unsere Augen und unsere Herzen, so dass wir unsere Gaben teilen können. Hilf uns, Hunger und Mangel aus der Welt zu vertreiben.

Gott gebe dem Gottesvolk Kraft,
Gott segne das Gottesvolk mit Frieden. *(Ps 29,11)*

GLOSSAR

mit Informationen über Autorinnen und Autoren,
Begriffserklärungen und Kommentaren zu einzelnen Gebetstexten.

Die Seitenzahl in Klammern am Ende eines jeden Abschnitts gibt an, wo der Autor bzw. die Autorin oder der betreffende Begriff im Buch vorkommt. Wo dies möglich war, wird die genaue Quellenangabe des zitierten Textes genannt. Bei biblischen Belegen sind nur größere Textabschnitte mit jeweils nur einer Belegstelle angegeben.

ADON HA-SELICHOT („Herr der Vergebungen"): Dieser Pijjut listet in alphabetischer Reihenfolge Eigenschaften Gottes auf. Sie basieren sämtlich auf biblischen Wendungen, die jedoch so abgeändert wurden, dass eine alphabetische Reihenfolge möglich war und sich alle Begriffe auf die Silbe *-ot* reimen. Die biblischen Quellen (nach der Reihenfolge des hebräischen Textes) sind: Ps 103,8; 1. Chron 29,17; Hiob 11,6-8; Jes 45,19; Ps 111,3f; Lev 26,42/Dtn 4,31; Jer 17,10; Ps 119,68; Ps 51,8; Mi 7,19; Jes 59,17; Ps 51,6; Ex 15,11; Ps 103,3; Ps 20,2; Ps 74,12; Jes 41,4; Ps 68,5; Prov 15,29; Hiob 36,4. Die deutsche Übersetzung gibt die hebräischen Wendungen wieder, ,jedoch in einer anderen Reihenfolge, um die alphabetische Struktur des Textes auch im Deutschen erscheinen zu lassen. Um einen inklusiven Sprachstil zu bekommen, wurden die Partizipien bzw. Adjektive als direkte Anrede übersetzt. *(S. 334/5)*

ADON OLAM („Herr der Welt"): Mittelalterliche rhythmische Hymne mit zehn, in der sefardischen Tradition mit zwölf Versen, die beides, Gottes transzendentes und immanentes Wesen beschreibt. Der Name des Verfassers des Liedes ist unbekannt. Der deutsche Text ist auf verschiedene Melodien dieses Liedes singbar. *(S. 114/5)*

AGNON, SCH'MUËL JOSEF (1888-1970): Hebräischer Schriftsteller. Geboren in Galizien, emigrierte 1907 nach Palästina, erhielt 1966 den Nobelpreis für Literatur. Autor von "The Bridal Canopy", "Days of Awe". *(S. 21)*

AHAI GAON (680-752): Erster rabbinischer Autor nach Abschluss des Talmuds, Verfasser von *Sche'elot* („Fragen"), einer Sammlung von Rechtsfragen, die in Anlehnung an die *Thora gesammelt sind. *(S. 26)*

AHAWA RABBA („Mit großer Liebe"): Name des zweitens Lobspruches vor dem **Sch'ma* am Morgen. *(S. 76/7)*

AKIWA BEN JOSEF (50-135): Der bekannteste der sog. Tannaïten, der Lehrer zur Zeit der *Mischna. Er begann sein Studium erst im hohen Alter, führte eine Systematisierung des Gesetzes ein und entwickelte hermeneutische Regeln zur Bibelinterpretation. Er unterstützte den Bar Kochba Aufstand, in dem er als Märtyrer starb. *(S. 519; 520)*

AL CHET („Für die Verfehlung"), auch *Widui gadol* „großes Sündenbekenntnis": Die in diesem Machzor verwendete Form ist eine Mischform aus der aschkenasischen und der sefardischen Überlieferung dieses Pijjut. In der aschkenasischen Form hat das Gedicht 44 Zeilen, die paarweise alphabetisch angeordnet sind. In der hier abgedruckten Form ist versucht worden, die Aufzählung thematisch anzuordnen; als Gliederungskriterium diente je ein Satz aus der sefardischen Tradition des Gedichts, mit denen jeder Abschnitt jeweils endet. *(S. 342/3ff)*

ALENU („An uns…"): Uspründlich der einleitende Teil des Abschnitts **Malchujot* der *Rosch Ha-Schana* Liturige, die später zum Abschluss der täglichen Gottesdienste verwendet wurde. Der erste Abschnitt betont die Erwählung und Aufgabe Israels, der zweite verleiht der Hoffnung der Menschheit Ausdruck. *(S. 110/1ff; 252/3ff)*

ALKABEZ, SCH'LOMO HA-LEVI (1505-1576): *Kabbalistischer und mystischer Dichter, Verfasser der Hymne **Lecha Dodi. (S. 53)*

AM *Amos.

AMIDA („Stehen“): Das zentrale Gebet des Gottesdienstes. Es wird gelegentlich nach seiner ursprünglichen Anzahl der Bitten *Schemone Esre* „Achtzehnbittengebet“ genannt oder aufgrund der zentralen Stellung im Gottesdienst *Ha-Tefilla* („Das Gebet“). Die ersten Abschnitte verkündigen die Kontinuität der Generationen, Gottes Macht zu erlösen und Gottes Heiligkeit. Am Schabbat und an Festtagen werden die mittleren Benediktionen (4-16) durch eine speziell für den Tag bestimmte Benediktion ersetzt. *(S. 82/3ff; 000ff)*

AMOS: Prophet des 8. Jh. v.d.Z. Er kämpfte gegen Unmoral und Ungerechtigkeit in einer Zeit politischer und wirtschaftlicher Blüte. (3,1-2: *S. 259*; 5,12-15.23f: *S. 79ff*; u.ö.)

ANI MA'AMIN („Ich glaube“): Die ersten Worte eines Liedes über die Messiaserwartung. *(S. 526)*

ANSCHE EMUNA („Die Männer der Treue“): Eine recht alte Dichtung, bereits im 10. Jh. sind verschiedene Versionen von ihr bekannt. Ziel des Gebetes ist die Mahnung, zu Gott umzukehren. Der hebräische Text besitzt ein alphabetisches Akrostichon und einen regelmäßigen Rhythmus. Die deutsche Übersetzung ist eine neue Nachdichtung des hebräischen Textes, einige Ideen entstanden anhand der Nachdichtungen verschiedener Versionen dieses Textes von Leopold Zunz, Die Synagogale Poesie des Mittelalters, 1920, S. 158ff, entnahm. *(S. 353)*

ASAPH: Zwölf Psalmen werden Asaph zugeschrieben (50, 73-83), vielleicht ist der Tempelmusiker zur Zeit Davids gemeint (vgl. 1. Chron 16, 4-7).

ASASEL: Name des Ortes, an den einer der beiden Böcke im Tempelgottesdienst am *Jom Kippur* als Sühne für die Sünden des Volkes geschickt wurde (Lev 16, 8.21-22). *(S. 499)*

ASCHAMNU („Wir sind schuldig“), auch *Widui Qatan* „kleines Sündenbekenntnis“: Eine alphabetische Folge von Begriffen, die in der Bibel das Volk Israel von sich selbst bekannt oder die Gott durch einen Prophet dem Volk vorgeworfen hat. (In der Reihenfolge des hebräischen Textes: Ez 22,4 u.ö.; Jer 9,1 u.ö.; Mi 2,2; Ps 50,20; 1. Kön 8,47; Neh 9,33 u.ö.; Dan 1,43; Ez 22,26 u.ö.; Hiob 13,4; Ez 11,2; Ps 78,36; Jes 28,22; Dan 9,5; Jes 5,24 u.ö.; Jes 65,2 u.ö.; Dan 9,5; Kld 3,42; Am 5,12; Jer 7,26 u.ö.; Dan 9,15 u.ö.; Ex 32,7; Am 5,10; Jes 53,6; 2. Chron 36,16.) Im Gewand biblischer Sprache werden so die Sünden des ganzen Volkes zu jeder Zeit bekannt. Die deutsche Übersetzung gibt den hebräischen Text wieder, ist an einigen Stellen jedoch keine wörtliche, sondern sinngemäße Übersetzung und bringt die Wendungen in einer anderen Reihenfolge, um die alphabetische Struktur des Textes auch im Deutschen erscheinen zu lassen. *(S. 136/7)*

ATTA CHONANTA („Du hast geschaffen“): Diese Dichtung ist eine der sog. Awoda-Dichtungen, der poetischen Darstellungen des Tempelgottesdienstes am Jom Kippur. Typisch für alle diese Dichtungen ist, dass sie die Geschichte von der Schöpfung bis zum Tempeldienst am Versöhnungstag darstellen. Die hier abgedruckte Awoda ist ein Teil aus der ältesten uns erhaltenen und geht auf Jose ben Jose (4. Jh.?) zurück. *(S. 486/7)*

AWINU MALKENU („Unser Vater, unser König“): Eine alte Litanei ohne einheitliche poetische Struktur, ursprünglich wohl ein Bittgebet gegen Dürre (vgl. bTaan 25b). Die Litanei setzt sich aus einer Reihe von Bitten zusammen, deren Anzahl variiert und in denen um das persönliche Wohlergehen im neuen Jahr gebetet wird. *(S. 182/3)*

AWODA („Dienst"): Opfergottesdienst im Tempel. Deswegen die Bezeichnung des Teils im Mussafgottesdienst am Jom Kippur, der den Tempelgottesdienst in Erinnerung bringt. Die Gebete des hohen Priesters *(S. 491-497)* entstammen der Mischna: mJoma 3,8; 4,2; 6,2); die Beschreibung der Reaktion der Priester im Vorhof stammt aus mJoma 6,2. Die jeden Abschnitt einleitenden Texte stammen aus Lev 16.

B/R: Übersetzung von *Buber/*Rosenzweig. *(S. 331; 339; 589.* Vgl. auch *S. 337)*

BA'AL SCHEM TOW („Besitzer eines guten Namens"), ISRAEL BEN ELIËSER (1700-1760): Gründer der *chassidischen Bewegung. Er betonte die Freude an der Erfüllung der Gebote und popularisierte Anschauungen der jüdischen Mystik (*Kabbala). *(S. 18; 145)*

BACHJA IBN PAKUDA *Ibn Pakuda, Bachja:

BAECK, LEO (1873-1956): Liberaler deutscher Rabbiner und Theologe, Dozent für Midrasch und Homiletik an der Hochschule für die Wissenschaft des Judentums in Berlin. Haupt der deutschen jüdischen Gemeinden während des Nationalsozialismus. Er weigerte sich, seine Gemeinden zu verlassen und zu emigrieren, 1943 wurde er nach Theresienstadt deportiert. Er überlebte das Konzentrationslager und zog 1945 nach London. Seine wichtigsten Werke sind: „Das Wesen des Judentums" (1905) und „Dieses Volk" (1955/57). (*S. 24:* Das Wesen des Judentums [1905] 6. Aufl. 1960, 216; *S. 145*; *S. 256*: Das Wesen des Judentums [1905] 6. Aufl. 1960, 137; *S. 441*: Dieses Volk S. 316 (Werke Bd 2, 1996, 367); *S. 542ff*: Das Wesen des Judentums, Wiesbaden 6. Aufl. 1995, 200f.

BARUCH BEN SAMUEL AUS MAINZ (ca. 1150-1221): Gelehrter und Verfasser von *Pijjutim. (*S. 541*)

BBER *Berachot.

BERACHOT („Lobsprüche"): Erster Traktat der *Mischna, Teil der Ordnung *Zeraïm* „Saaten". Er handelt von der Rezitation des *Sch'ma* und von verschiedenen Lobsprüchen sowie vom Gebet allgemein. (11b: *S. 71*; 17a: *S. 97*; 28b: *S. 18*; 33b: *S. 69*; 60b: *S. 39*; *S. 41*; 61b: *S. 520*)

BERESCHIT RABBA: Ein Midrasch-Kommentar zum Buch Genesis (hebr.: *Bereschit* „Am Anfang"). (8,5: *S. 599*; 9,7: *S. 371*; 22,6: *S. 371*; 49,9: *S. 607*)

BERKOVITS, ELIËSER (1900-1992): Rabbiner, Theologe, Zionist. Geboren in Siebenbürgen. Verließ Deutschland 1939 und war vor seiner Immigration in die USA in Gemeinden in England (Leeds) und Australien tätig. Autor von: Faith after the Holocaust. (*S. 276*)

BLUE, LIONEL (geb.1930): Britischer Reformrabbiner, ehemaliger *Aw Bet Din* des Reformjudentums, Arbeit beim BBC. Mitherausgeber des *Daily and Sabbath, High Holy Day und Pilgrim Festival Prayer Book* des RSGB. Dozent für Gebet und Vergleichende Religionswissenschaft am *Leo Baeck College*, London. Autor von „Wie kommt ein Jude in den Himmel?". (*S. 126f*; 330ff; 555ff)

BRAUDE, WILLIAM GORDON (1907-1988): Amerikanischer Rabbiner und wissenschaftlicher Theologe. Geboren im litauischen Telz, kam 1920 in die USA. Autor einer kommentierten Übersetzung von *Pesikta Rabbati und *Midrasch Tehillim ins Englische. (*S. 252*)

BUBER, MARTIN (1878-1965): Geboren in Wien, Philosoph, Bibelgelehrter und Theologe, bekannt durch seine Bücher über den *Chassidismus und seine Philosophie des Dialogs, die vor allem in seinem Werk „Ich und Du" (1923) zum Ausdruck kommt. Emigrierte 1938 nach Palästina, leidenschaftlicher Anwalt für eine jüdisch-arabische Verständigung. (*S. 16:* Die Chassidischen Bücher, 34; *S. 24*: Die Erzählungen der Chassidim, 784f; *S. 26*: Zwiesprache; in: Das dialogische Prinzip, Darmstadt, 5. Aufl.

1984, 157f; *S. 157*: Die Erzählungen der Chassidim, 35; *S. 255*: vgl. Chassidische Geschichten, 434; *S. 371*: vgl. Chassidische Geschichten, 34; *S. 375*: vgl. Erzählungen der Chassidim, 746; *S. 397*: Erzählungen der Chassidim S. 33; *S. 441*.)

BUNAM VON PZYSHA, SIMCHA (1765-1827): Chassidischer Rebbe mit intellektuellem Ansatz. Sein Thema war vor allem die Suche nach der inneren Wahrheit. (*S. 377:* vgl. M. Buber, Erzählungen der Chassidim, 746)

CARTER, NICK (Aaron ben Scholem; geb. 1927): Südafrikanischer Umweltschützer, vor allem in Fragen des Artenschutzes und der Atomenergie engagiert. (*S. 377; 614*)

CHALUZIM: Zionistische Pionierorganisation, die zu Beginn des Jahrhunderts in Osteuropa entstand und jüdische Jugendliche in aller Welt auf das Leben in Palästina vorbereitete.

CHASSIDISCH; CHASSIDISMUS: Eine religiöse und soziale Bewegung, die in der getrübten Stimmung Osteuropas nach dem Chmielknicke Massaker und den Verfolgungen entstand und sich rasch entwickelte. Sie hat Parallelen mit anderen religiösen Strömungen dieser Zeit. Die Gegner der *Chassidim* („Fromme") waren die sog. *Mitnagdim* („Gegner") (Elija, Gaon von Wilna).

CHAZI-KADDISCH („Halb-Kaddisch"): Eine gekürzte Version des *Kaddisch-Gebetes, in der die letzten beiden Abschnitte „Frieden in Fülle…" und „Gott schafft Frieden…" nicht gesagt werden.

CHIJA AL DAUDI (gest.1154): Spanischer Dichter von *Pijjutim. (*S. 607*)

CHRON *Chronik.

CHRONIK; hebr. *Diwre ha-Jamim* („Ereignisse der Tage"): Zwei sehr junge Bücher der Bibel, die parallel zu den Geschichten der Bücher *Samuel und *Könige über die Regierungszeit *Davids und Salomos berichten, dabei jedoch ein idealisierendes Bild von David entwerfen und alle negativen Züge Davids übergehen. (I 29,10-15.17-18: *S. 391; u.ö.*)

COOPER, HOWARD: Zeitgenössischer britischer Rabbiner und Psychotherapeut. Absolvent des Leo Baeck Colleges, London. Herausgeber von „Soul Searching". Aktiv im Christlich-jüdischen Dialog in Großbritannien. (*S. 370*)

DAN *Daniel.

DANIEL, YULI (1925-1988): Russischer Dichter, Übersetzer und Satiriker. Wurde 1966 nach fortwährenden Verhören zusammen mit seinem Kollegen Andrey Sinyavsky inhaftiert, 1970 freigelassen und aus Moskau vertrieben. (*S. 275*)

DANIEL: Ein Buch der Bibel, das um 165 v.d.Z. entstand und größtenteils in der Verwaltungssprache jener Zeit, dem sog. Reichsaramäischen geschrieben ist. Es enthält sechs Erzählungen über Erlebnisse Daniels und seiner Freunde in Babylon und die Berichte einiger Träume und Visionen Daniels. Ziel des Buches ist die Mahnung, Gott auch in schwierigen Zeiten treu zu bleiben. (9,18f: *S. 41*)

DAVID (König Israels ca. 1000-960 v.d.Z.): Die Tradition schrieb ihm mehrere Psalmen zu.

DAVID BEN BEKODA: Zeitgenössischer israelischer Dichter. (*S. 607*)

DEUTERONOMIUM (griech. „Zweites Gesetz"); hebr. *Dewarim* („Worte"): Fünftes Buch der Bibel, weitgehend eine Wiederholung der Ereignisse und Gesetze während der 40jährigen Wüstenzeit nach dem Auszug aus Ägypten, die als die letzte Rede Moses an das Volk gestaltet ist. (6,4-9: *S. 59*; 11,13-21: *S. 199*; u.ö.)

DEWARIM RABBA: Midrasch-Kommentar über das Buch *Deuteronomium (hebr. *Dewarim* „Worte"). (4,4: *S. 605*)

DTN *Deuteronomium.

EINSTEIN, ALBERT (1879-1955): Deutscher Physiker, entdeckte die Relativitätstheorie, Nobelpreisträger. Siedelte 1933 nach USA über. Leidenschaftlicher Zionist. *(S. 439)*

ELE EZKERA („Dieses gedenke ich"): Ein alphabetisches Gedicht, das nach dem ersten Kreuzzug unter dem Eindruck des jüdischen Leidens verfasst wurde. Es erinnert an zehn Märtyrer, die zur Zeit Hadrians von den Römern hingerichtet wurden. In der aschkenasischen Tradition wird es am Jom Kippur rezitiert. In diesem Machzor dient es als liturgischer Rahmen für die Erinnerung an jüdisches Leid. (*S. 520*)

ELUL: Der Monat des jüdischen Kalenders, der dem Tischri vorangeht, in dem **Rosch Ha-Schana* liegt. Traditionell wird er als die Zeit der Vorbereitung auf die Hohen Feiertage angesehen.

ELYASHIV, VERA (geb. 1929): Litauische Dichterin und Journalistin. Überlebte das Konzentrationslager, kam als illegale Immigrantin nach Palästina. 1963 zog sie nach London. (*S. 530*)

EST *Esther.

ESTHER: Junges Buch der Bibel, das die Festlegende des Purimfestes enthält: Esther, einer jüdischen Frau im Harem des persischen Königs, gelingt es, ihr Volk vor der von Haman geplanten Vernichtung zu retten.

EX *Exodus.

EXODUS (griech. „Auszug"); hebr. *Schemot* („Namen"): Zweites Buch der Bibel, das den Auszug der Israeliten aus Ägypten schildert und den Empfang des göttlichen Gesetzes am Sinai. (20,1-17: *S. 458/9*; 31,16-17: *S. 60/1*; 34,5-7: *S. 350/1*; u.ö.)

EZ *Ezechiel

EZECHIEL: Biblischer Prophet des 6. Jh. v.d.Z. zur Zeit des babylonischen Exils. (18,26-32: *S. 218/9*)

FRANK, ANNE (1929-1945): Geboren in Deutschland, wuchs in den Niederlanden auf, starb im Konzentrationslager Bergen Belsen. Ihre Tagebücher schildern das Leben ihrer Familie, während diese sich in Amsterdam vor den Nationalsozialisten versteckte. (*S. 30*; *145; 523*[zitiert wurde nach der deutschen Übersetzung des holländischen Originals von Mirjam Pressler, 1988.])

FRANKL, VIKTOR E. (geb. 1905): Österreichischer Psychiater. Überlebender von Auschwitz. Schöpfer der Logotherapie, einer therapeutischen Methode, die auf der Suche nach dem Sinn des Lebens basiert. Verfasser von „...trotzdem Ja zum Leben sagen. Ein Psychologe erlebt das Konzentrationslager" (1977). (*S. 16*: ...trotzdem Ja zum Leben sagen, 124f; *S. 211*: ...trotzdem Ja zum Leben sagen, 108; *S. 261)*

FREUD, SIGMUND (1856-1939): Österreichischer Arzt und Psychologe, Entdecker des „Unterbewussten", Begründer der Psychoanalyse. Floh 1938 nach London. (*S. 18*)

FUCHS, JAN (geb. 1912): Sozialarbeiter, geboren in der ehemaligen Tschechoslowakei, zog 1945 nach England. *(S. 615)*

GEN *Genesis.

GENESIS (griech. „Entstehung"); hebr. *Bereschit* („Am Anfang"): Erstes Buch der Bibel, das die Ursprünge der Welt und die Geschichte der Erzväter und -mütter schildert. (2,1-3: *S. 86/7*; 4,1-9: *S. 304/5*; u.ö.)

GINZBURG, NATALIA (1917-1991): Italienische Schriftstellerin, Verfasserin von Romanen, Essays und Theaterstücken. Ihr erster Mann, ein Opfer der Nationalsozialisten, starb 1944 in einem Gefängnis in Rom. Sie schrieb u.a. „Family Sayings" und „Nie sollst du mich befragen". (*S. 331ff*, 529)

GRYN, HUGO (1930-1996): Reformrabbiner. Geboren in der ehemaligen Tschechoslowakei, überlebte Auschwitz. Ehemaliger geschäftsführender Direktor der World

Union for Progressive Judaism. Kam 1964 als *Senior Minister* der *West London Synagogue* nach England. (*S. 525*)

HA-LEVI, Jehuda *Jehuda ben Sch'muel ha-Levi.

HAB *Habakuk.

HABAKUK: Prophet des 7. Jh. v.d.Z. Das biblische Buch enthält Klagen, Weherufe gegen den Eroberer des Landes und im 3. Kapitel ein Gebet Habakuks.

HAFTARA („Entlassung"): Die Lesung eines Abschnitts aus den Propheten, die am Schabbat auf die Lesung der *Thora folgt. Sie ist jeweils so ausgewählt, dass ihr Inhalt einen Bezug zum gelesenen Thora-Abschnitt hat.

HA-JOM HARAT OLAM („Dieser Tag gebiert die Welt"): Titel eines Liedes im Mussafgebet für *Rosch Ha-Schana.* Die deutsche Übersetzung entstand in Anlehnung an die Nachdichtung des Textes im Gebetbuch für die neue Synagoge in Berlin, Theil II, 1881, S. 159. (S. 266/6)

HASCHKIWENU („Lass uns ruhen"): Name des zweiten Lobspruches nach dem Sch'ma am Abend. (*S. 60/1*)

HAWDALA („Unterscheidung"): Gottesdienst zur Verabschiedung des Schabbat.

HEIMLER, EUGENE (1922-1991): Dichter, Schriftsteller und psychiatrisch arbeitender Sozialarbeiter. Geboren in Ungarn, überlebte Auschwitz und ließ sich 1947 in England nieder. Seine Lagererfahrungen hielt er in dem Buch „Night of the Mist" (Dt.: „Bei Nacht und Nebel") fest, seine folgende Wiedereingliederung in die Gesellschaft in „A Link in the Chain". Professor für *Human Social Functioning* an der Universität von Calgary, Canada. (*S. 27,* 600)

HESCHEL, ABRAHAM JOSHUA (1907-1972): Geboren in Warschau, Studium an der Jüdischen Hochschule in Berlin, wurde 1938 aus Deutschland ausgewiesen und emigrierte in die USA. Theologie und Rabbiner der amerikanischen konservativen Bewegung. Professor für jüdische Ethik und Mystik am *Jewish Theological Seminary* von Amerika. Seine Werke sind u.a. „Die Prophetie"; „Der Mensch fragt nach Gott. Untersuchungen zum Gebet und zur Symbolik"; „Der Sabbat. Seine Bedeutung für den heutigen Menschen". (*S. 22*; 439)

HIOB: Buch der Bibel, verfasst im 6. Jh. v.d.Z., in dem ein Mensch, hier symbolisiert in der Person Hiobs, mit dem Problem des Leidens eines Unschuldigen ringt.

HIRSCH, SAMSON RAPHAEL (1808-1888): Geboren in Hamburg, Studium an der Mannheimer Talmudhochschule, Landesrabbiner in Oldenburg, ab 1851 Rabbiner in Frankfurt am Main. Gründer der Neo-Orthodoxie, die eine Verbindung zwischen westlicher Kultur und jüdischer traditioneller Praktik anstrebte. (*S. 180*; 265; 279)

HLD *Hoheslied.

HOHESLIED; hebr. *Schir ha-Schirim* („Lied der Lieder"): Eine Sammlung von Liebesliedern in der Bibel. Nach seiner Sprache zu urteilen ein recht junges bilbisches Buch, obwohl es dem König *Salomo zugeschrieben ist.

HOS *Hosea.

HOSEA: Prophet des 8. Jh. v.d.Z. Er prophezeite in den letzten Jahren des Nordreichs Israel und verglich den Bund zwischen Gott und Israel mit der schwierigen Beziehung zu seiner Frau. (2,21-22: *S. 39*; u.ö.)

IBN ESRA, MOSES BEN JA'AKOW (ca. 1055-1135): Hebräisch und arabisch schreibender Dichter, Philosoph und Literaturkritiker. Geboren in Granada, lebte in ständiger Wanderschaft im christlichen Spanien nach der Eroberung durch die Almoraviden. *(S. 651)*

IBN GAWIROL, SCH'LOMO BEN JEHUDA (1021-1056): Spanischer Dichter und neuplatonischer Philosoph. Sein Hauptwerk, *Mekor Chajim* („Quelle des Lebens") ist in einer lateinischen Fassung *Fons vitae* erhalten. Verfasser des philosophischen Gedichtes **Keter Malkut* "Königskrone", das in der sefardischen Tradition in der Nacht oder bei Tagesanbruch von Jom Kippur gelesen wird. (*S. 65*; 73ff; 393ff)

IBN PAQUDA, BACHJA (1050-1120): Religionsphilosoph. Verfasser des arabischen Werkes „Herzenspflichten", das von Jehuda ibn Tibbon ins Hebräische übersetzt wurde *(Sefer Chowot ha-Lewawot)*; darin werden in großer Ähnlichkeit mit arabischen Mystikern das Vertauen zu Gott, Demut und Askese betont. (*S. 261*; 281f)

JA'ALE TACHANUNENU: Ein mittelalterlicher *Pijjut, dessen Grundstruktur durch Wendungen aus **ja'ale we-jawo*, und eine Anlehnung an Lev. 23,32 gebildet ist. Dazwischen wird in umgekehrt-alphabetischer Reihenfolge in jeder Zeile jeweils ein Wort eingefügt, das unsere Beziehung zu Gott umschreibt. Auf diese Weise wird erfleht, dass Gott unsere Bemühungen, mit ihm in Beziehung zu kommen, am Versöhnungstag annehmen möge. Die deutsche Übersetzung gibt den hebräischen Text wieder, teilweise in freierer Übersetzung, und bringt die einzelnen Wörter der Aufzählung in einer anderen Reihenfolge, um die alphabetische Struktur des Pijjut auch in der Übersetzung erscheinen zu lassen. (*S. 329ff*)

JA'ALE WE-JAWO („Es möge aufsteigen und kommen"): Ein Einschub in die Amida an Neumonds- und Festtagen, in dem um das Wohlergehen im neuen Monat (an *Rosch Ha-Schana* im Neuen Jahr) bzw. an diesem Festtag gebetet wird. (*S. 172/3; 314/5*)

JACOBS, LOUIS (geb. 1920): Britischer Rabbiner der konservativen Bewegung und Theologe, ehemaliger Dozent für Talmud am *Leo Baeck College*, London. Schrieb u.a. „We Have Reason to Believe", „Chassidic Prayer", „Principles of the Jewish Faith". (*S. 27*; 30; 280)

JALQUT SCHIM'ONI („Sammlung Schim'ons"): Sammlung von *Midrasch-Stoffen für die ganze Bibel. Zusammengestellt von Schim'on von Frankfurt am Main im 13. Jh. (*S. 605*)

JANCHIKER, RABBI NAHUM: Musar-Rabbiner, Schulhaupt der Jeschiwe in Slobodka; Litauen. (*S. 523*)

JANNAI: Palästinischer Dichter von *Pijjutim. ca. 6.-7. Jh. (*S. 522*)

JEHUDA BEN SCH'MUËL HA-LEVI (arab.: *Abulhassan*; ca. 1075-1141): Spanischer Dichter von *Pijjutim, Philosoph und Arzt. Verließ zur Zeit des zweiten Kreuzzuges in hohem Alter Spanien, um nach Palästina zu emigrieren, und starb auf dieser Reise. Sein Werk *Sefer Ha-Kusari* (Der Kusari) ist eine Darstellung des jüdischen Glaubens, Lebens und Denkens in Form einer Disputation vor dem König des Chasarenreiches. Zu 95 seiner Hymnen und Gedichte schuf Franz *Rosenzweig deutsche Übersetzungen, in denen er versuchte, Sprachstil, Poetik und Rhythmus des Hebräischen nachzuahmen (Ges. Schr. IV/1). (*S. 69*– Hebr. Text und Übersetzung: Rosenzweig, Ges.Schr. IV/1 68f; *S. 159*: Rosenzweig, Ges. Schr. IV, 36f; *S. 321*: Rosenzweig, Ges. Schr. IV, 106f; *S. 595*; *S. 613*)

JER *Jeremia.

JEREMIA: Name eines biblischen Buches. Prophet des 7. Jh. v.d.Z. Er kündigte die Zerstörung des Südreichs Juda und des Tempels an. Schließlich verkündet er jedoch eine Botschaft der Hoffnung für die Menschen im Exil. (29,12-14: *S. 63*; 31,31-34: *S. 165, u.ö.*)

JES *Jesaja.

JESAJA: Das biblische Buch „Jesaja" enthält vermutlich drei Teile, Kap. 1-39, 40-54; 55-66. Der erste entstand vor dem Exil, die beiden anderen im, bzw. nach dem Exil. „Protojesaja" war vermutlich ein wohlhabender Priester im Jerusalem des 8. Jh. v.d.Z. "Deuterojesaja" war ein Prophet oder eine Prophetengruppe zur Zeit des babylonischen Exils. Mit großen Nachdruck wird hier dem Monotheismus Ausdruck verliehen: ein Gott, ein Schöpfer aller Menschen. „Tritojesaja" enthält Heilsprophetien aus der Zeit nach dem Exil. (1,14-18,27: *S. 79*; 52,13-53,12: *S. 536/7ff*; 55, 1-3.6-9: *S. 164/5ff*; 56,1-7: *S. 98/9*; u.ö.)

JIGDAL („Gerühmt..."): Eine kurze, poetische Zusammenfassung der 13 Glaubensartikel des *Maimonides. Vermutlich wurde sie von Daniel ben Juda verfasst. Der deutsche Text ist singbar. (*S. 188/9*)

JIZKOR („Er möge sich erinnern"): Ein Gebet zum Gedenken an Verstorbene, das traditionell am **Jom Kippur* und an den Pilgerfesten gebetet wird.

JOCHANAN BEN ZAKKAI: Rabbiner des 1. Jh. d.Z., Schüler Hillels und Oberhaupt der pharisäischen Bewegung. Während des Aufstands gegen Rom (66-70) gehörte er zu den Anhängern der Friedenspartei. Von seinen Schülern wurde er in einem Sarg aus Jerusalem herausgebracht, und ihm wurde anschließend erlaubt, in Jawne ein Lehrhaus zu gründen. Jawne wurde zum neuen Zentrum des Judentums. (*S. 17f; S. 145; S. 502/3*)

JOM KIPPUR („Versöhnungstag"): Der 10. Tag nach dem Neujahrsfest (**Rosch Ha-Schana*), ein Tag, der mit Fasten und Beten verbracht wird. Im Zentrum steht die Reue der Seele und die Sühne für die Sünden. Er bildet den Abschluss der *Zehn Bußtage, an dem das Herz eines Menschen gewogen, der Urteilsspruch mitgeteilt und der Mensch eingeschrieben und besiegelt wird im Buch des Lebens.

JOMA („Der Tag"): Traktat in *Mischna und *Talmud innerhalb der Ordnung *Moëd* („Zeiten"). Er handelt vom *Jom Kippur. (m6,2 : *S. 59*; m8,9: *S. 278*; b86b: *S. 21;* b87b: *S. 15*)

JOSEPH, MORRIS (1848-1934): Britischer Reformrabbiner und Theologe. Rabbiner an der *West London Synagogue.* Autor von „Judaism as Creed and Life". Er brachte einen konservativere Tendenz in die britische Reformbewegung. Er arbeitete an der Herausgabe der 6. Auflage der *Forms of Prayer* von 1931 mit, die einige liturgische Neuerungen enthielten, die bis heute im britischen Reformjudentum beibehalten wurden. (*S. 265*)

KABBALA („Tradition"): Eine mystisch-spekulative Strömung im Mittelalter. Grundlage ist der Glaube an eine absolute Jenseitigkeit Gottes, der sich der Welt durch zehn Wirkweisen, den sog. *S'firot* vermittelt. Die klassische Kabbala schuf einen eigenen Bibelkommentar, den **Sohar.* Die Liturgie wurde zeitweilig stark mit kabbalistischen Bräuchen bereichert.

KABBALIST: Anhänger der *Kabbala.

KADDISCH (aram. „heilig"): Ursprünglich rezitierte man dieses Gebet am Ende einer Studieneinheit. Später wurde es in den Gottesdienst aufgenommen. Man sprach es zum Gedenken an große Gelehrte und kam auf diese Weise dem Auftrag nach, dass man Gott sowohl im Leid als auch in der Freude preisen solle. Als die Definition darüber, wer als Gelehrter zu gelten habe, strittig wurde, betete man es zum Gedenken an alle Verstorbenen. Es ist in aramäischer Sprache, der Umgangssprache jener Zeit, damit es alle verstehen konnten. (*S. 112/3*)

KAFKA, FRANZ (1883-1924): Tschechischer Schriftsteller, dessen Werke die Angst und Verzweiflung des Menschen in der westlichen Welt ausdrücken. Schrieb u.a. „Das Urteil" (1912); „Die Verwandlung" (1912) und viele Aphorismen. (*S. 295*: Der Aufbruch, in: Ders., Die Erzählungen 1961, S. 329; *S. 690f*: Vor dem Gesetz, in: Ein Landarzt; Erzählungen S. 135)

KAPLAN, CHAJIM AARON (1880-?1942): Russischstämmiger Lehrer und Pädagoge. Schrieb einen Augenzeugenbericht über die Besetzung des Warschauer Ghettos durch die Nationalsozialisten vom 1. September 1939 bis August 1942, der zwanzig Jahre später gefunden wurde. Das Tagebuch wurde als „Buch der Agonie. Das Warschauer Tagebuch des Chaim A. Kaplan“ (engl. 1965; dt. 1967) veröffentlicht. (*S. 527*)

KETER MALKUT („Königskrone“): Eine von Sch'lomo *ibn Gawirol im 11. Jh. geschriebene Dichtung, deren Name aus Esther 1,11.2,17 stammt und die traditionell am Versöhnungstag gelesen wird. Sie ist im Original etwa 40mal so lang wie der hier abgedruckte Text. Der vollständige Text beginnt mit einer langen philosophischen Beschreibung des Wesens Gottes und der Welt und mündet in eine Anzahl von Bußgebeten. Der abgedruckte Text bringt einige Zitate aus dem Beginn und dem Ende dieses Gedichts. Der hebräische Text ist in einem poetischen, mittelalterlichen Hebräisch verfasst, das sich jedoch aus etlichen biblischen Wörtern und Wendungen zusammensetzt. *(S. 72l3ff)*

KIDDUSCH („Heiligung“): Lobspruch, der zu Hause oder in der Synagoge gesprochen wird, um den Schabbat, bzw. den Festtag zu segnen. Oft wird er über Wein gesprochen, dem Zeichen der Freude.

KITTEL: Jiddische Bezeichnung für das traditionell an *Rosch Ha-Schana* und *Jom Kippur* (und auch bei der Hochzeit und Bestattung) getragene Kleidungsstück. Seine weiße Farbe symbolisiert die Reinheit und festliche Freude.

KIZZUR SCHULCHAN ARUCH („Kurzfassung des Schulchan Aruch“): Von Salomo Ganzfried (1804-1886) geschaffene vereinfachte Ausgabe des mittelalterlichen Gesetzeskodex *Schulchan Aruch* („Gedeckter Tisch“). (*S. 274f*)

KLAGELIEDER; hebr.: Echa („Ach wie…!“): Buch der Bibel, das Klagelieder über die Zerstörung des Südreiches Juda, Jerusalems und des Tempels im Jahr 586 v.d.Z. enthält und traditionell am 9. Aw gelesen wird. (5,21: *S. 69;109*)

KLD *Klagelieder.

KOH *Kohelet.

KOHELET („Die Versammelnde“) oder Prediger: Biblisches Buch aus der zweiten Hälfte des 3. Jh. v.d.Z., das von der Tradition dem König *Salomo zugeschrieben wurde. Es kritisiert die Anschauung der Weisheitstheologie, gute Taten würden durch gutes Geschick belohnt. (2,4-11: *S. 409*; 3,1-4.9: *S. 623*; u.ö.)

KOL NIDRE („Alle Gelübde“): a) Der Abendgottesdienst an *Jom Kippur*, dessen Name von dem eröffnenden Gebet stammt, in dem um die Aufhebung aller Gelübde gebeten wird, die ein Mensch Gott gemacht hatte. b) Name eines in nachtalmudischer Zeit entstandenen Gebetes für den Abendgottesdienst am Jom Kippur. Es war ursprünglich auf die Vergangenheit bezogen, ab dem 12. Jh. kam eine Mischfom auf, in der für die Vergangenheit und für die Zukunft gebetet wird. Man bittet um die Lösung von freiwillig übernommenen Gelübden etc., die das Verhältnis der eigenen Person zu Gott betreffen und nicht erfüllt werden können. (vgl. mJoma 8,9: „Der Versöhnungstag sühnt die Sünden zwischen einem Menschen und Gott. Die Sünden zwischen einem Menschen und seinem Mitmenschen sühnt der Versöhnungstag nicht.“) Aus seinem Zusammenhang herausgelöst wurde jedoch gerade dieses Gebet im Laufe der Geschichte in antijudaistischen Argumentationen immer wieder in dieser Weise missverstanden und auf die Bedenklichkeit jüdischer Eide verwiesen – so zum Beispiel in der Religionsdisputation in Paris im Jahr 1240. – *Die wörtliche Übersetzung des aramäischen Gebetstextes lautet:* „Alle Gelübde, Verzichtserklärungen, Bannsprüche, Entsagungen, Umschreibungen von Gelübden, Selbstbestrafungen und Schwüre, die wir von diesem Versöhnungstag an bis zum kommenden Versöhnungstag, der zu unserem Wohle kommen möge, geloben und schwören werden, die wir uns selbst auferlegen und an die wir uns binden werden, sie alle will ich bereuen. Sie alle seien aufgelöst, erlassen und aufgehoben, für ungültig und vernichtet erklärt, ohne Rechtskraft und Bestand. Unsere Gelübde seien keine Gelübde, unsere Verbote seien keine Verbote, unsere Schwüre seien keine Schwüre." (*S. 288*)

KÖN *Könige.

KÖNIGE; hebr. *M'lachim*: Zwei Bücher der Bibel, in denen die Geschichte Israels vom Ende der Regierungszeit Davids bis zur Zerstörung des Südreichs Judas geschildert wird.

KORCZAK, JANUSZ (Henryk Goldszmidt; 1878-1942): Polnischer Autor, Sozialarbeiter und Pionier der Kindererziehung. Er bestand darauf, 200 Waisenkinder, die in seiner Obhut standen, nach Treblinka zu begleiten, und ging mit ihnen in den Tod. (*S. 294*: Tagebuch aus dem Warschauer Ghetto 1942, Göttingen 1992, 20)

LANDAU, ZISCHA (1889-1937): Jiddischer Dichter, Verfasser von Theaterstücken und Übersetzer. Geboren in Polen, ließ sich 1906 in den Vereinigten Staaten nieder. Unter dem Eindruck jüdischen Leidens während des ersten Weltkrieges schrieb er über jüdisch-nationale Themen. (*S. 32*)

LECHA DODI („Auf, mein Geliebter"): Ein Gedicht, das von Sch'lomo Halevi *Alkabez verfasst wurde. Es entstand bei den *Kabbalisten in Safed, die am *Erew Schabbat* hinaus auf die Felder gingen um den Schabbat feierlich zu begrüßen. Dieser Brauch verbreitete sich und bildete den Anlass von einigen Dichtungen dazu. Die bekannteste ist Lecha Dodi. (*S. 50(1ff*)

LEV *Levitikus.

LEVITIKUS (griech.: „die Priesterschaft betreffend"); hebr. *Wajjikra* („Und er rief"): Das dritte Buch der Bibel, das vor allem Bestimmungen über die Priesterschaft, die Opfer und rituelle Reinheit enthält. (16: *S. 490ff*; u.ö.)

LUCAS, ALICE (1852-1935): Britische Dichterin und Übersetzerin von mittelalterlicher Poesie. (*S. 23*; 388)

MACHZOR („Zyklus"): Ordnung der Gebete für die Festtage.

MAGONET, JONATHAN (geb. 1942): Britischer Reformrabbiner, promovierter Theologe, Rektor des *Leo Baeck Colleges*, London, Vizepräsident der *World Union for Progressive Judaism*. Mitherausgeber des *Daily and Sabbath Prayer Book, High Holy Day Prayer Book* und *Festival Prayer Book* des RSGB. Autor von „Wie ein Rabbiner seine Bibel liest"; „Schöne, Heldinnen, Narren"; „A Rabbi reads the Psalms"; „Mit der Bibel durch das jüdische Jahr". (*S. 282ff*; 472f; 554f; 648f)

MAIMONIDES, RABBI MOSES BEN MAIMON (RAMBAN) (1135-1204): Philosoph, Halachist und Arzt. Geboren im spanischen Cordoba, lebte ab ca. 1166 in Cairo. Verfasser von „*Mischne Thora*", in der er alle halachischen Themen des *Talmud diskutiert und „*More ha-Newuhim*" („Führer der Verirrten"), einer Darstellung des jüdischen Glaubens, die stark von der aristotelischen Philosophie geprägt ist. Er war einer der größten jüdischen Rechtsgelehrten seiner Zeit. (*S. 20*, 180, 210, 265, 278)

MAL *Maleachi.

MALCHUJOT („Königtum"): Abschnitt am Ende des Mussafgebets an *Rosch Ha-Schana*, das Gottes Königtum zum Thema hat. (*S. 252/3ff*)

MALEACHI („Mein Bote"): Name eines biblischen Propheten im 5. Jh. v.d.Z.

MAYBAUM, IGNAZ (1897-1976): Reformrabbiner und Theologe. Geboren in Wien, floh 1939 vor den Nationalsozialisten nach England. Erster Dozent für Theologie und vergleichende Religionswissenschaft am *Leo Baeck College*, London. Zu seinen Werken gehören u.a. „*The Synagogue and Society*"; „*The Face of God after Auschwitz*" sowie „*Trialogue*". (*S. 451*)

MECHILTA („Richtschnur"): Halachischer Midrasch aus dem 2. Jh. d.Z. über das Buch Exodus, der Rabbi Jischmaël zugeschrieben wird. (*S. 601 [2x]*)

MEÏR VON ROTHENBURG (1220-1293): Geboren in Worms, wo er auch begraben ist. Ab Mitte des 13. Jh. Leiter der Gemeinde in Rothenburg ob der Tauber. Er starb als Gefangener, weil er es um der Schwierigkeiten willen, die er der Gemeinde bereitet hätte, abgelehnt hatte, freigekauft zu werden. Er war der bedeutendste Talmudlehrer des 13. Jh. in Deutschland, schrieb u.a. das *Sefer Sche'elot u-Teschuwoth*, in dem er Antworten auf Anfragen deutscher Gemeinden gibt, und verfasste ein Klagelied über die Talmudverbrennung in Paris 1244. (*S. 289*; 521)

MELNIKOFF, PAMELA: Zeitgenössische britische Journalistin und Autorin. (*S. 442ff*)

MENACHEM MENDEL VON LUBAWITSCH (SCHNEERSOHN; 1789-1866): Chassidischer Rebbe, Führer des *Chabad*-Chassidismus, Autor von *Zemach Zaddiq*, einer Schrift über das jüdische Gesetz. (*S. 19*)

MENACHEM MENDEL VON KOZK (1787-1859): Polnischer Chassid, bekannt für seine kompromisslose Suche nach der Wahrheit. (*S. 24:* Zitiert nach Buber, Erzählungen der Chassidim, 784f)

MENDELSOHN, MOSES (1729-1786): Philosoph, Schriftsteller der Aufklärung. Geboren in Dessau, studierte in Berlin. Er versuchte, sich dem Judentum mit modernen kulturellen und wissenschaftlichen Methoden anzunähern, wurde zu einem geistlichen Führer des deutschen Judentums. Er schuf eine deutsche Übersetzung des Pentateuch; die üblich gewordene Übersetzung „Der Ewige" für das Tetragramm geht auf sie zurück. Er war ein Freund von G.E. Lessing, dessen „Nathan der Weise" Mendelsohn darstellt. (*S. 145*)

MI *Micha.

MICHA: Prophet des 8. Jh. v.d.Z., der im Südreich Juda prophezeite. Er kritisierte soziale Ungerechtigkeit, kündigte das Exil an und die Rückkehr des jüdischen Volkes. (6,6-8: *S. 409; u.ö.*)

MIDRASCH („Erklärung"): Rabbinische Auslegung mit entweder stärker rechtlichem („halachischer Midrasch") oder stärker erzählendem („aggadischer Midrasch") Charakter, gelegentlich in Form von Gleichnissen formuliert.

MIDRASCH TEHILLIM (*Schocher Tow*): Homilienmidrasch über das Buch der Psalmen (hebr. Tehillim) aus dem 10. Jh. (5,7: *S. 509*; 118,10: *S. 445*; 118,19: *S. 31*)

MILEJKOWKSI, ISRAEL (gest. 1943): Vorsitzender der Abteilung für öffentliche Gesundheit der Jüdischen Selbstverwaltung in Warschau, Oktober 1942. (*S. 528*)

MI-PI EL („Aus Gottes Mund"). Ein alphabetisches Akrostichon, das Gott, Mose, die Thora und Israel preist. Die ungewöhnlich hohe Stellung, die Mose in diesem Lied zugeschrieben wird, ist überraschend. Vielleicht ist es eine jüdische Anwort auf islamische Theologie, die die einzigartige Rolle ihres Propheten hervorhebt. Eine derartige Verherrlichung Moses ist in der mittelalterlichen jüdischen Poesie nicht selten. (Kommentar aus: Kol Ha-Neschama, dem Sidur der rekonstruktionisten Bewegung Amerikas, 1993, p. 224.) Die dt. Übers. ist auf die Melodie des Liedes singbar.

MISCHNA („mündliche Überlieferung"): Schriftliche Fixierung von Rechtsmaterialien der mündlichen Tradition, die von Rabbi Jehuda Ha-Nassi im 2. Jh. n.d.Z. gesammelt wurden. Die Materialien sind in sechs Ordnungen untergliedert: (1) *Zeraim* („Saaten"), die vorwiegend landwirtschaftliche Bestimmungen enthält, jedoch mit einem Traktat über das Gebet beginnt. (2) *Moëd* („Zeiten"), enthält Richtlinien über den Schabbat, die Festtage, etc. (3) *Naschim* („Frauen"), enthält Richtlinien über Ehe, Scheidung und Gelübde. (4) *Nezikin* („Beschädigungen"), enthält Richtlinien zum Zivil- und Strafrecht. (5) *Qodaschim* („Heiliges"), enthält Richtlinien zur

Schächtung, zum Opfer und zu sakralen Gegenständen. (6) *Tohorot* („Reines"), enthält Richtlinien zur rituellen Reinheit. Jede Ordnung ist wiederum in einzelne Traktate unterteilt; die Mischna enthält insgesamt 63 Traktate, zu denen später ein Kommentar verfasst worden ist, die sog. Gemarra. Mischna und Gemarra zusammen bilden den *Talmud.

MUSSAF („Zusatz"): Zusätzliches Gebet am Schabbat oder an Festtagen, das auf das Morgengebet folgt und dem Zusatzopfer im Tempel entspricht.

NACHMAN VON BRACLAW (1772-1811): Chassidischer Rabbi und Asketiker, einer der Hauptvertreter des osteuropäischen *Chassidismus. Er benutzte Geschichten und Gleichnisse, um seine mystische Theologie zu illustrieren. Urenkel von *Baal Schem Tow. (*S. 17*: zit. nach Martin Buber, Die Chassidischen Bücher, 34; *S. 69* [2x]; 157 zit nach Martin Buber, Die Erzählungen der Chassidim 35; *S. 255*; 371 zit. nach M. Buber, Die Chassidischen Bücher S. 34; *S. 156* zit. nach Martin Buber, Erzählungen der Chassidim S. 33; *S. 531*)

NAJARA, ISRAEL (1555-1625): Hebräisch schreibender Dichter, geboren in Damaskus, ließ sich in Palästina nieder. Eines seiner Hauptthemen ist das Leiden des jüdischen Volkes und die Erlösung. Verfasser der Hymne *Ja Ribbon*, die am *Erew Schabbat* gesungen wird. (*S. 49*)

NEH *Nehemia.

NEHEMIA: Name eines biblischen Buches, das von Nehemia berichtet, einem Statthalter Judas im 5. Jh. v.d.Z, nach der Rückkehr eines Teiles derer, die in Babylon exiliert waren und dem Wiederaufbau des Tempels in Jerusalem. (8,1-8: *S. 233*; u.ö.)

NEÏLA („Verschließen"): Abschlussgottesdienst am Jom Kippur, dessen Name sich wohl ursprünglich auf das Verschließen der Tore des Tempels bezog, heute auf die Vorstellung, die Tore des Himmels, die während des Gebetes offen standen, um die Betenden zu empfangen, würden sich schließen.

NEWMAN, JEFFREY (geb. 1941): Britischer Reformrabbiner. Absolvent des Leo Baeck Colleges, London. (*S. 34*)

NUM *Numeri.

NUMERI (griech. „Zahlen"); hebr. Bemidbar („In der Wüste"): Viertes Buch der Bibel, das die Erfahrung der Israeliten während der Zeit der Wüstenwanderung schildert. (6,24-26: *S. 18/9*; 10,35: *S. 99*; 10,36: *S. 109*; u.ö.)

O GOTT NACH DIR ALLEIN: „Nicht zurück auf den Ursprung, sondern aus der Mitte des Lebens blickt dieses Gedicht.... Aus der Mitte des Lebens, die ... vom Tod umfangen ist ..., die Tod schon mitten im Leben sein kann. Aber auch ... Leben noch mitten im Tod. Dieses Entweder-Oder des von Gott Entfernt- und des an Ihn Geschmiegtseins sammelt die ganze Energie in das was zwischen beiden liegt: die Umkehr der Buße. Vor dem Auge steigt in immer neuen Bildern das Ende auf, die Jugend ist vorbei, die Gewalt der Triebe, der Welt, die doch Gott selbst dem Menschen ins Herz gegeben *(Pred. 3,11)*, scheint riesengroß, unüberwindlich. Der Mantel der guten Werke ist herabgesunken. Nackt und bloß kann sich der Mensch mit keiner andren Gerechtigkeit bedecken als mit der Gottes selber. Und so wird das letzte Wort seiner Umkehr kein andres sein können als das, womit sie anhieb, das Wort als das ihm zuerst und als letztes von den Lippen ging. Denn diese Sehnsucht ist die Erfüllung, wie sie die Leere war. Sichsehnenmüssen wird zu Sichsehnendürfen. Gott gefunden haben ist kein Abschluß, sondern selber ein Anfang. Suchen und Finden unterscheiden sich hier nicht..., nur jenes ein zeitliches und dieses ein ewiges. Das Wort der Sehnsucht sprechen beide." – Franz Rosenzweig, Gesammelte Schriften IV 1983, 106f. (*S. 320/1ff*)

ORCHOT ZADDIQIM („Wege der Gerechten"): Größeres hebräisches ethisches Werk, vermutlich aus dem 15. Jh. Sein Verfasser ist unbekannt. (*S. 15*)

PARKER, DOROTHY (1893-1967): Amerikanische Dichterin und Autorin, schuf sich den Ruf, kritisch und humorvoll zu sein. In vielen ihrer Werke verbirgt sich hinter einen lockeren Fassade ein tiefer Ernst. (*S. 513*)

PEA („Ecke"): Traktat in der *Mischna und im *Talmud innerhalb der Ordnung Zeraïm ("Saaten"). Er enthält Richtlinien über die Nächtenliebe an den Armen. (*S. 511*)

PESIKTA DE RAW KAHANA (Pesikta = aram. „der Bibelabschnitt"): Sammlung von *Midraschim über die Bibelabschnitte für die Festtage und besondere *Schabbatot*, vermutlich im 5. Jh. entstanden. (12,25: *S. 347*; 24,7: *S. 157*)

PESIKTA RABBATI („große Pesikta"): Sammlung von *Midraschim über die Bibelabschnitte für die Festtage und besondere *Schabbatot*, vermutlich im 7. Jh. entstanden. (20: *S. 690*; 27: *S. 255*; 44: *S. 349*)

PETUCHOWSKI, JAKOB JOSEPH (1925-1991): Reformrabbiner, wissenschaftlicher Theologe. Geboren in Berlin, emigrierte 1939 nach England, siedelte 1948 in die Vereinigten Staaten über. Bronstein-Professur für Jüdisch-Christliche Studien am *Hebrew Union College* in Cincinnatti, Ohio. Seit Mitte der 70er Jahre hat er auch im deutschsprachigen Raum den christlich-jüdischen Dialog durch zahlreiche Veröffentlichungen beeinflusst. Seine Werke sind u.a.: „Ever Since Sinai"; „Prayerbook Reform in Europe"; „Beten im Judentum"; „When Jews and Christians Meet"; „Es lehrten unsere Meister"; „Gottesdienst des Herzens"; „Feiertage des Herrn" sowie „Mein Judesein", seine Autobiographie. (*S. 22*: Beten im Judentum, 1976, S. 58)

PIJJUT; Pl.: Pijjutim: Liturgische, poetische Ausschmückung eines Stammgebetes; sie waren v.a. in der Zeit zwischen dem 10. und 13. Jh. beliebt.

PS *Psalmen.

PSALMEN; hebr. Tehillim („Preisungen"): Eine Sammlung von 150 Gedichten und Liedern in der Bibel, die für den Tempelgottesdienst und zur privaten Andacht geschrieben wurden. Die Sammlung wird traditionell dem König *David zugeschrieben als ihr Autor und Sammler, doch in Wirklichkeit spiegeln sie sehr verschiedene Epochen der Geschichte Israels und sehr unterschiedliche Erfahrungen verschiedener Zeiten wider. *Die folgenden Psalmen bzw. Psalmabschnitte sind vollständig zitiert:* Psalm 5,1-4: *S. 118/9*; Psalm 23: *S. 642/3ff*; Psalm 24: *S. 106/7ff*; Psalm 29: *S. 104/4ff*; Psalm 32: *S. 684/5*; Psalm 39: *S. 128/9ff*; Psalm 40,8-9: *S. 328/9;* Psalm 47: *S. 238/9ff*; Psalm 50: *S. 558/9*; Psalm 81: *S. 204/5*; Psalm 84: *S. 576/7*; Psalm 90: *S. 386/7; 624/5*; Psalm 91: *S. 630/1* Psalm 92: *S. 54/5*; Psalm 93: *S. 56/7*; Psalm 98: *S. 48/9*; Psalm 103: *S. 298/9ff*; Psalm 104,1-4: *S. 36/6*; Psalm 121: *S. 626/7*; Psalm 126: *S. 704/5*; Psalm 130: *S. 134/5*; Psalm 132,8-10: *S. 108/9;* Psalm 134: *S. 118*; Psalm 139, 1-18.23f: *S. 216/7ff*; Psalm 145: *S. 580/1ff*; Psalm 148: *S. 104/5*)

QIDDUSCHIN: Traktat in *Mischna und *Talmud innerhalb der Ordnung Naschim („Frauen"). Er enthält Bestimmungen zur Ehe und allgemeine Sittenregeln sowie Richtlinien zum Erwerb von Gütern. (40b: *S. 180*)

RABBI ZE'ERA: Im Talmud erwähnter Rabbiner aus dem 3. Jh., stammte aus Babylonien, wirkte in Palästina. (*S. 20*)

RACHEL (Pseudonym für Rachel Bluwstein; 1890-1931): Hebräisch schreibende lyrische Dichterin. Geboren in Russland, emigrierte 1909 nach Palästina. Sie wird als die „Stimme" der ersten Pioniere angesehen. (*S. 131*)

RASCHI (Abkürzung für RABBI SCH'LOMO JIZCHAQI; 1040-1105): Französischer Rabbiner und leitender Gelehrter seiner Zeit. Die erste gedruckte hebräische Bibel war mit seinem Kommentar versehen. Sein Kommentar zum *Talmud wird bis heute als ein Standardhilfsmittel betrachtet. (*S. 18*)

RAVAGE, MARCUS: Zeitgenössischer amerikanischer Schriftsteller. (*S. 515*)

REISEN, ABRAHAM (1876-1953): Russischer Abstammung. Einer der bekanntesten jiddischen Schriftsteller und Dichter. Siedelte 1908 nach Amerika über. (*S. 25*)

ROSCH HA-SCHANA: Traktat in *Mischna und *Talmud innerhalb der Ordnung Moëd „Zeiten". Er behandelt Fragen des Kalenders und das Thema „Lohn und Strafe". (16b: *S. 161;* 34b: *S. 253*)

ROSENZWEIG, FRANZ (1886-1929): Deutscher Religionsphilosoph; wuchs in einer assimilierten Familie auf, stand kurz vor der Konversion zum Christentum, doch durch den Eindruck, den ein Jom-Kippur-Gottesdienst auf ihn machte, entdeckte er das Judentum neu, dem er fortan treu blieb. Gründer und Leiter des Frankfurter Jüdischen Lehrhauses. In den letzten Jahres seines Lebens, in denen er zunehmend unfähig wurde, sich zu bewegen und zu sprechen, übersetzte er die Gedichte von *Jehuda ha-Levi, der ihm theologisch besonders nahe stand. Ab 1924 begann er eine deutsche Bibelübersetzung, die erst 1961 von *Buber vollendet wurde. Sein Hauptwerk ist: „Stern der Erlösung" (1921). (*S. 22*: Der Stern der Erlösung S. 361; *S. 69*: Gesammelte Schriften IV 1983, 107; *S. 159*: Ges. Schr. IV, 36f; *S. 265*: Der Stern der Erlösung, S. 360; *S. 321*: Ges. Schr. IV, 106f; *S. 439*: Der Stern der Erlösung S. 296f; *S. 545*: Der Stern der Erlösung S. 472)

SAADJA GAON (892-942): Grammatiker, Bibelkommentator, Philosoph und Halachist. Geboren in Oberägypten, ließ sich in Bagdad nieder. Schuf eine arabische Bibelübersetzung sowie das erste Gebetbuch in unserem Sinne mit vollständig ausgeführten Gebetstexten. Er gilt als der größte Gelehrte seiner Zeit, hatte eine führende Position im Streit gegen die Karäer. (*S. 265*; 399)

SACH *Sacharja.

SACHARJA: Prophet des 6. Jh. v.d.Z. Er kritisierte das mangelnde Interesse der aus Babylon Zurückkehrenden, den Tempel wieder zu errichten. In sechs „Nachtgesichten" sah er das kommende Heil des Volkes.

SACKS, OLIVER: Zeitgenössischer britischer Mediziner, Facharzt für Neurologie in den Vereinigten Staaten. Autor von "Zeit des Erwachens" (Dt. 1991), einer Studie über die Erfahrung und Natur von Krankheit. (*S. 279ff*)

SALOMO (König Israels 10. Jh. v.d.Z.): Sohn von *David und Batseba.

SAM *Samuel.

SAMUEL: Zwei Bücher der Bibel, die die Geschichte Israels von Samuel, dem letzten der sog. „Richter" bis zum Ende der Regierungszeit Davids nachzeichnen. (II 12,1-7: *S. 305*; u.ö.)

SANHEDRIN („Versammlung"): Traktat in *Mischna und *Talmud innerhalb der Ordnung Nezikin („Beschädigungen"). Er enthält Bestimmungen über Rechtsverfahren und strafrechtliche Bestimmungen. (m4,5: *S. 601*; b37a *S. 20*)

SCHA'ARE TESCHUWA („Tore der Umkehr"): Ein mittelalterliches Werk aus dem 13. Jh. über die Buße, verfasst von dem Spanier Jona ben Awraham Gerondi (1200-1263). (2,14: *S. 127*)

SCHABBAT SCHUWA: Der Schabbat, der in dem Zeitraum der Zehn Bußtage liegt. Er ist nach dem ersten Wort der vorgesehenen Haftara benannt: „Kehre um (*schuwa*) Israel, zu Gott!" (Hos 14,2).

SCHABBAT: Traktat in *Mischna und *Talmud innerhalb der Ordnung Moëd („Zeiten"). Er enthält Richtlinien zur Einhaltung des Schabbats. (31a: *S. 180*; 127a: *S. 511*)

SCHEMOT RABBA: Midrasch-Kommentar über das Buch Exodus (Hebr. *Schemot*

„Namen"). (*S. 28*)

SCHEWARIM *Schofar. Die hebräische Wurzel *sch-w-r* bedeutet „zerbrechen".

SCHIMMEL MOSCHE (geb. 1904): Aus Lemberg. Polnischer Dichter, der dazu überging, jiddisch zu schreiben. (*S. 29*)

SCHIR HA-SCHIRIM Rabba: Midrasch Kommentar über das Hohe Lied (hebr.: *Schir ha-Schirim*). (2,16: *S. 141*)

SCH'LIACH ZIBBUR („Gesandter der Gemeinde"): Der Leiter/die Leiterin eines Gebets in einem öffentlichen Gottesdienst.

SCH'LOMO BEN ABUN: Spanischer Dichter aus dem 11. oder 12. Jh.

SCH'LOMO HA-LEVI ALKABEZ *Alkabez, Schlomo ha-Levi.

SCH'LOMO VON KARLIN (Schlomo ben Meïr Halevi; 1738-1792): Litauischer Rebbe, führender Kopf der Karliner *Chassidim. (*S. 255* vgl. Martin Buber, Chassidische Geschichten, 1949, 434)

SCH'MA („Höre!"): Eines der zentralen Bestandteile des Gottesdienstes, in der die Einzigkeit Gottes betont wird. Es enthält drei Abschnitte: Dtn 6,4-9; 11,13-21; Num 15,37-41. Indem man den ersten Abschnitt rezitiert, nimmt man das „Joch der Gottesherrschaft" auf sich.

SCHMELKE VON NICKOLSBURG (Samuel Schmelke Horowitz; 1726-1778): Polnischer Rebbe, Mystiker und führende Gestalt der *Chassidim. (*S. 261*)

SCHOAH („Vernichtung"): Hebräische Bezeichnung für die planvolle Vernichtung der Jüdinnen und Juden im Nationalsozialismus. Dieser Begriff wird von Jüdinnen und Juden anstelle der üblich gewordenen, von seiner Bedeutung her aber fraglichen Begriffs „Holocaust" (griech.: „Brandopfer") verwendet.

SCHOFAR: Musikinstrument, das aus dem Horn eines Tieres (gewöhnlich eines Widders) hergestellt wird, und das an den Hohen Feiertagen und während des *Elul geblasen wird, um die Menschen zur Umkehr zu rufen. Es gibt drei unterschiedliche Weisen, es zu blasen: *Teki'a* – ein langer Ton; *Schewarim* – drei kürzere Töne; *Teru'a* – neun kurze Töne in schneller Folge; *Teki'a Gedola* – der abschließende Ton, ein lang angehaltenes *Teki'a*. (*S. 241*)

SCHOFAROT: Abschnitt am Ende des Mussafgebets zu *Rosch Ha-Schana*, in dem es um das Blasen des Schofar geht. (*S. 262/3ff*)

SCHOFET KOL HA-AREZ („Der Richter der ganzen Welt"): Dieses Gedicht greift die Einrichtung des Tamid-Opfers im Tempel auf und stellt ihm die gegenwärtigen Entsprechungen gegenüber. Das Wort tamid „regelmäßig, beständig" ist ein Leitbegriff des hebräischen Textes. Nicht nur dieses bestimmte Opfer, sondern auch Gott selbst und die Suche nach Gottes Angesicht sind „tamid". In den ersten drei Zeilen wurde die normale hebräische Satzstellung aufgegeben und das Verb, das auf -mit endet, jeweils ans Ende gestellt, um die ersten Verse des Gedichtes auf das Wort tamid reimen zu lassen, das durch diesen Reim besonders betont ist. (*S. 439*)

SEDER ELIJAHU RABBA (*Tanna dewe Eliyahu*): Homiletischer *Midrasch über das Buch Genesis, vermutlich aus dem 10. Jh. Auch unter dem Namen *Aggadat Bereschit* bekannt. (*S. 601*)

SEFER HA-CHINUCH („Buch der Erziehung"): Geschrieben im 13. Jh. von Aaron ha-Levi aus Barcelona. Es erklärt die 613 Ge- und Verbote in der Reihenfolge, wie sie in den wöchentlichen Abschnitten der *Thora vorkommen. (*S. 261; 265*)

SELICHOT („Vergebungsbitten"): Bußgebete, die während des Monats Elul und während der zehn Bußtage gebetet werden.

SENESH, HANNA (1921-1944): Geboren in Ungarn, siedelte 1939 nach Palästina über. Nahm als freiwillige Helferin an einer Befreiungsaktion teil und kam mit einem Fallschirm zurück nach Ungarn. Sie wurde gefasst und erschossen. Einige ihrer Gedichte wurden vertont. (*S. 545*)

SIFRE („Die Bücher"): Halachischer *Midrasch über die Bücher *Numeri und *Deuteronomium, nach dem 4. Jh. entstanden. (*S. 255; 605*)

SIRACH: Buch der Bibel, zwischen 190-170 v.d.Z. von Jeschua ben Sira verfasst. Es ist zwar ursprünglich hebräisch geschrieben, war aber lange Zeit nur in der Überlieferung des griechischen Kanon bekannt. Das Buch enthält in poetischer Form Preislieder auf die Weisheit und über ethisches Verhalten, Hymnen auf die Freundschaft und eine Darstellung der Geschichte Israels anhand seiner großen Gestalten. (44,1-9: *S. 633*)

SOLOVEICHIK, JOSEPH DOV BAER VON BRISK (1820-1892): Litauischer Talmudist, Schulhaupt der Jeschiwe in Volozhn. Verbrachte die meiste Zeit seines Lebens mit Wohltätigkeit und Nächstenliebe. (*S. 439*)

SPR *Sprichwörter.

SPRICHWÖRTER; hebr.: *Mischle* („Vergleichungen"): Spät entstandenes Buch der Bibel, gemeinsam mit *Kohelet und *Hiob gehört es zur sog. „Weisheitsliteratur". Es enthält Aphorismen, Mahnungen, die Weisheit zu suchen, etc. Es schließt mit *Eschet Chajil*, dem „Lob auf die tüchtige Frau", das traditionell am *Erew Schabbat* gelesen wird.

SPRÜCHE DER VÄTER (*Pirqe Awot*): Traktat der *Mischna innerhalb der Ordnung „*Nezikin*" („Beschädigungen"). Er beinhaltet eine Sammlung rabbinischer Lebensweisheiten. (1,14: *S. 15*; 2,1: *S. 18; 26*; 3,8: *S. 255*; 3,19f: *S. 16*; 3,20: *S. 159*; 4,29: *S. 261;* 375; 5,19: *S. 377*; 6,5: *S. 377*)

STEINSALTZ, ADIN (geb. 1937): Israelischer Rabbiner, wissenschaftlicher Theologe und Mystiker. Herausgeber eines modernen hebräischen Kommentars zum Talmud, Autor eines Kommentars zu den Geschichten von *Nachman von Braclaw. (*S. 70*)

SUKKA („Hütte"): Traktat in *Mischna und *Talmud innerhalb der Ordnung *Moëd*. Er enthält Bestimmungen über das Laubhüttenfest. (52a: *S. 17; 371ff*)

SUSSJA MESCHULLAM VON HANIPOL (gest. 1800): Chassidischer Rebbe. Schüler des „Großen Maggid" Rabbi Dow Bär von Mesritsch, dem größten Schüler des *Baal schem Tow.

TALLIT: Gebetsschal, der bei jedem Morgengebet und im *Kol Nidre* Gottesdienst getragen wird.

TALMUD („Lehre"): Eine Sammlung von rabbinischen Kommentaren über die *Mischna aus der Zeit zwischen dem 2. bis 5. Jh., die sowohl religiöse wie zivile Problemfelder umfasst. Es ist eine bunte Mischung von Gesetzen, Bräuchen, Diskussionen, Geschichten und *obiter dicta*. Der Talmud wurde die Grundlage für jüdische Praxis in der ganzen Welt. Es gibt zwei Versionen, die eine wurde um 400 n.d.Z. in Palästina zusammengestellt *(Talmud Jeruschalmi)*; die andere 100 - 300 Jahre später in Babylonien *(Talmud Bawli)*. Letzterer setzte sich schießlich als autoritativ durch.

TASCHLICH („Du wirst werfen"): Eine Zeremonie an einem See oder Fluß an *Rosch Ha-Schana*. Dabei werden Brotkrumen ins Wasser geworden als symbolische Darstellung von Mi 7,19 „Du wirst alle ihre Sünden in die Tiefen des Meeres werfen".

TEKI'A *Schofar. Die hebräische Wurzel *T-K-'* bedeutet „blasen, ins Horn stoßen".

TEKI'A GEDOLA („großes *Teki'a*") *Schofar.

TERU'A *Schofar. Die hebräische Wurzel *R-W-'* bedeutet „zujubeln, lärmen, ins Schofar stoßen".

THORA („Weisung"): Im engeren Sinne die hebräische Bezeichung für die fünf Bücher Mose (griech.: Pentateuch „Fünfbuch"); im weiteren Sinne kann der Begriff auch für die gesamte Bibel und die folgende mündliche Auslegung bezogen werden.

TRIEB; GUTER UND BÖSER (*Jetzer ha-tow; Jetzer ha-ra*): Bezeichnungen der rabbinischen Psychologie für die beiden Triebe im Menschen, den Trieb zum Guten und den Trieb zum Bösen (vgl. Bereschit Rabba 14,7; bBer 61a). Der "Böse Trieb" ist nicht per se schlecht, sondern es ist die Leidenschaft in allen menschlichen Aktivitäten, die auch zum Guten und Heiligen gelenkt werden kann.

TUBY, MOLLY: Zeitgenössische Psychoanalytikerin nach Jung. Geboren in Ägypten, wohnhaft in England. Betreibt analytische Auslegung biblischer Geschichten. (*S. 439*)

TUSSMANN, MALKA HEIFETZ (1896-1987): Jiddische Dichterin und Übersetzerin. Geboren in der Ukraine, siedelte 1912 in die Vereinigten Staaten über. (*S. 129*; 387)

U-NETANNE TOKEF („Wir wollen die Größe [der Heiligkeit dieses Tages] erzählen"): Anfangsworte eines *Pijjut im Mussafgottesdienst zu Rosch Ha-Schana und Jom Kippur, der den Tag des Gerichts zum Thema hat. Er wird Kalonymus ben Meschullam (11. Jh.) zugeschrieben. In der Legende wird er mit dem Märtyrer Rabbi Amnon von Mainz in Beziehung gebracht. (*S. 246/7ff*; 478/9ff)

VIEVORKA, ABRAHAM (1887-1935): Geboren in Polen, lebte in London. Autoren- und Herausgebertätigkeit für jiddische Zeitschriften. 1919 ging er nach Russland, gestorben in Kiew. Dichter und Dramaturg. (*S. 127*)

WALD, LILLIAN (1867-1940): Sozialarbeiterin in den Vereinigten Staaten und Verfechterin sozialer Reformen. (*S. 512*)

WER GLEICHT DIR: Gedicht von Jehuda ha-Levi. Rosenzweig gibt dazu die folgende Erklärung: „Die Unvergleichlichkeit Gottes, die diese Dichtung … singt, kann den Menschen grade zum besinnlichen Vergleich veranlassen: was ist er denn nebem dem Unvergleichlichen, er, der sehr Vergleichliche, das 'welke Blatt'? er, dessen Erkenntnis des Schöpfers im Nichtfragen gipfelt, er, der den göttlichen Halt seines Lebens findet in der Bindung an die menschliche Pflicht, er, dem nur aus dem Geheimnis, das er sich selber bleibt, die Seligkeit der Freiheit wächst, er, der den eignen Willen nur in der Unterordnung unter Seinen verwirklichen kann? In der nachdenklichen Abwandlung dieses Vergleichs umschreibt das Gedicht die Allmacht des Unvergleichlichen." Zur Übersetzung: Z. 1 des dt. Textes: Wörtlich: „…der Tiefen offenbart"; Z. 2: Wörtlich: „… Wundertäter!"; Z. 18: Wörtlich: „kein Ding ist ihm zu wunderbar." (F. Rosenzweig, Ges. Schr. IV, S. 36f) (*S. 158/9*)

WIDUI („Bekenntnis"): Öffentliches Sündenbekenntnis. Es besteht unter anderem aus den Gebeten **Aschamnu* und **Al Chet*.

WIE TON: Anfang eines Gedichtes aus den Selichot-Gebeten für den Jom Kippur Abendgottesdienst. Der Hebräische Text ist ein Spiel mit dem Bibelvers Jer 18,6: „…siehe, wie Ton in der Hand des Töpfers, so seid ihr in meiner Hand, Haus Israel". In jeder Strophe werden jeweils nur 6 Wörter verändert, die ersten drei Zeilen enden auf einem Reim. Das letzte Wort aller Strophen *Jezer* „Trieb", könnte bewusst das Substantiv aus Jer 18,6 *Jozer* „Töpfer" anklingen lassen. – Die deutsche Übersetzung entnahm einige Ideen aus der Nachdichtung von M. Landau, Festgebete der Israeliten, Wien/Budapest 1905, die jedoch rhythmisch überarbeitet und teilweise sprachlich verändert wurden. (*S. 119/20ff*)

YEHOASCH (Salomo Baumgarten; 1872-1927): Jiddischer Dichter und Bibelübersetzer. Geboren in Litauen, lebte in den Vereinigten Staaten und Palästina. Übersetzte die Bibel ins Jiddische. (*S. 388*)

ZEF *Zefanja.

ZEFANJA: Prophet des 7. Jh. v.d.Z. Inhalt seiner Verkündigung war vor allem das Ende aller Zeit.

ZEHN BUSSTAGE: Die zehn Tage von *Jom Kippur* bis *Rosch Ha-Schana.*

ZELDA (Zelda Mischkovsky; 1914-1984): Hebräische Dichterin. Geboren in der Ukraine, siedelte 1925 nach Palästina über. Ihre Gedichte bringen eine tiefe Religiosität zum Ausdruck. (*S. 297*)

ZICHRONOT („Erinnerungen"): Abschnitt am Ende des Rosch Ha-Schana Mussafgebets über die Erinnerung Gottes an Israel.

ZWEIG, STEFAN (1881-1942): Österreichischer Schriftsteller. Schrieb Biographien, Essays, Theaterstücke und Gedichte. Floh vor den Nazis nach Rio de Janeiro, wo er sich gemeinsam mit seiner Frau zum Suizid entschloss. Zu seinen Werken gehören u.a. „Sternstunden der Menschheit" (1927), in dem er in dichterischen Essays Menschen und Ereignisse der europäischen Geschichte deutet; „Die Schachnovelle" (1941) über den Zustand der Seele unter der Oberfläche einer gutbürgerlichen Existenz; „Die Welt von Gestern. Erinnerungen eines Europäers" (1944), seine Autobiographie. (*S. 450*: Die Welt von Gestern. S. 482-484)

ZYL, WERNER VAN DER (1902 - 1984): Geboren in Schwerte, Westfalen. 1933 Abschluss an der Hochschule für die Wissenschaft des Judentums in Berlin. Gemeindedienst in Berlin bis 1939, dann ging er auf Drängen *Leo Baecks nach England. Arbeit mit Flüchtlingskindern; Rabbiner an der *North Western Reform Synagogue* und *West London Synagogue.* Einer der Initiatoren und der erste *Director of Studies* des Leo Baeck Colleges. (*S. 34*)

ABBILDUNGSNACHWEIS UND INFORMATIONEN ZU DEN KÜNSTLERN

S. 148 Jacob Pins (geb. 1917): Israelischer Grafiker, geboren in Deutschland, 1936 nach Israel emigriert, Studien bei Jakob Steinhardt. *Trees ans Schadows* aus: *Landscapes, The Dvir Publishing Co. Tel Aviv* 1955.

S. 190 Glenn Sujo (geb. 1952 in Argentinien). Studien an der *Slade School* und dem *Courtauld Institute*, Lehrtätigkeit in Großbritannien und USA. *Lamenting Wall*, 1973/1993 aus der Sammlung des Künstlers, urspr. ohne hebr. Schriftzug.

S. 192, 364; 672 Abram Games (geb. 1914). Britischer Grafiker und Designer. Von ihm stammt u.a. das Cover der Encyclopaedia Judaica. Die Grafik zu „Am Neujahrsfest denken wir darüber nach..." wurde eigens für *Forms of Prayer vol III* geschaffen.

S. 272 Aus: *Forms of Prayer vol III*, zwischen p. 223 und 224.

S. 360 Aus: *Forms of Prayer vol III*, zwischen p. 839-840, Bibeltext geändert.

S. 470 Holzschnitt Venedig 16. Jh.; aus: H. Hammer-Schenk, Synagogen in Deutschland, Hamburg 1981, Abb. 239.

S. 488-498 Aus: *Forms of Prayer vol III*, p. 466-476.

S. 534 Yehuda Bacon (geb. 1929), tschechischer Künstler, überlebte das Konzentrationslager und wurde 1946 nach Israel gebracht. Leiter der Abteilung „Kupferstich und Lithographie" der *Bezalel School of Art* in Jerusalem. Aus: *Forms of Prayer vol* III, p. 508.

S. 552 Sch'muël S. Müller, Text der zweiten Lesung aus dem Buch Jona als Mikrographie in Form einer Taube (hebr.: *jona*), hergestellt in Essen am 11. Adar I 5659 (1935). Aus: Stationen jüdischen Lebens. Katalogbuch zur gleichnamigen Ausstellung in der Alten Synagoge Essen, Bonn 1990, S. 28.

S. 574 Aus: *Forms of Prayer vol III*, p. 550.

S. 618 Ephraim Moses Lilien (1874-1925). Österreichischer Illustrator und Grafiker; der erste Künstler, der sich für die Zionistische Bewegung einsetzte. Sein Jona-Bild stammt aus seiner dreibändigen illustrierten Bibel. Aus: *Forms of Prayer vol III*, p. 523.

S. 619 Bearbeitete Grafik von S. 618.

S. 620 Aus: *Forms of Prayer vol II*, p. 335.

S. 646 Jakob Steinhardt (1887-1968): Israelischer Grafiker und künstlerischer Lehrer. Geboren in Polen, Studien in Paris und Berlin. Ließ sich 1933 in Jerusalem nieder. Leiter der *Bezalel School of Art*, Jerusalem. (*Street with Trees No 187* aus *Woodcuts pub. The Jerusalem Art Publishing Society*, Jerusalem), S. 652 (*Street in a Little Town*); S. 670 (*Street with Gate* 1949), S. 678 (*Morning Mood* 1918), S. 682 (*In the Cabin*) aus: *Woodcuts of Jakob Steinhardt* ed. Leon Kolb, Benuart Co, San Francisco 1959.

QUELLENNACHWEIS

S. 16,211 Victor E. Frankl, ... trotzdem Ja zum Leben sagen, Kösel Verlag, München 7. Aufl. 1995.

S. 17.371,379 *Nachman von Braclaw*, aus: Martin Buber, Die Chassidischen Bücher, Schocken Publishing House Ltd., Tel Aviv.

S. 22, 265, 438, 545 Franz Rosenzweig, Der Stern der Erlösung, Suhrkamp Verlag, Frankfurt am Main 1988, © Martinus Nijhoff Publishers, Den Haag.

S. 22 Jakob J. Petuchowski, Beten im Judentum, Verlag katholisches Bibelwerk, Stuttgart 1976 (vergriffen; Neuaufl. im Gütersloher Verlag in Vorbereitung).

S. 24, 257, 573f. Leo Baeck, Das Wesen des Judentums, Leo Baeck Werke, Bd. 1, © Chr. Kaiser/Gütersloher Verlagshaus, Gütersloh 1997.

S. 24 (*Menachem Mendel von Kotzk*); 156 (*Nachman von Braclaw*), 255 (*Sch'lomo von Karlin*), 377 (*Bunam von Pszycha*) Aus: Martin Buber, Erzählungen der Chassidim, Manesse Verlag, Conzett & Huber, 1949.

S. 26 aus: Martin Buber, Zwiesprache; in: Ders., Das dialogische Prinzip, Verlag Lambert Schneider, Gerlingen 8. Aufl. 1997.

S. 30, 523 Anne Frank, Anne Frank Tagebuch. Einzig autorisierte und ergänzte Fassung Otto H. Frank und Mirjam Pressler. © 1991 Anne Frank Fond, Basel. Alle Rechte vorbehalten S. Fischer Verlag GmbH, Frankfurt am Main.

S. 68, 69, 159, 321ff. Franz Rosenzweig, Sprachdenken im Übersetzen. Hymnen und Gedichte des Jehuda Halevi. Gesammelte Schriften IV/1 1983. © Martinus Nijhoff Publishers, Den Haag.

S. 295, 691 Franz Kafka, Die Erzählungen, S. Fischer Verlag, Frankfurt am Main 1961.

S. 440, 441 Leo Baeck, Dieses Volk, Leo Baeck Werke, Bd. 2. © Chr. Kaiser/Gütersloher Verlagshaus, Gütersloh 1996.

S. 450 Stefan Zweig, Die Welt von gestern. © Berman-Fischer A.B., Stockholm 1944. Alle Rechte vorbehalten. S. Fischer Verlag, Frankfurt am Main.

Nicht alle Quellen, Rechtsinhaber bzw. Autorenadressen konnten ausfindig gemacht werden. Der Verlag ist für entsprechende Hinweise dankbar. Rechtsansprüche bleiben bewahrt.

ANMERKUNGEN ZUM GEBRAUCH DES MACHSORS

ZUM INHALT

Der Machzor ist eine Art *kol bo*, ein Buch, „in dem alles enthalten ist", was für die Zeit der Umkehr benötigt wird. Er enthält das folgende Material:

KALENDER

Er enthält einen Kalender für den Monat Elul (S. 14-34) mit Meditationen für jeden Tag dieses Monats. Ein weiterer Kalender für die Zehn Bußtage (S. 274-284) enthält Meditationen für diese Tage und den Schabbat Schuwa.

GOTTESDIENSTE

Die täglichen Gottesdienste während des Monats Elul, der Zehn Bußtage und der Gottesdienst für Schabbat *Schuwa* finden sich auf S. 36-115. Aus Platzgründen wurden Abschnitte, die in allen Gottesdiensten verwendet werden, nur einmal abgedruckt. Eine Reihe von Verweisen gibt an, wo der jeweilige Gottesdienst fortgesetzt wird.

Ein Selichot-Gebet findet sich auf S. 118ff.

Es folgen das Abend- und Morgengebet für *Rosch ha-Schana.* Obwohl es in einigen Gemeinden inzwischen üblich geworden ist, einen zweiten Tag zu feiern, gib es keine allgemein anerkannte Liturgie für diese Situation. Die meisten Gemeinden stellen sich ihren eigenen Gottesdienst dafür selbst zusammen. Im Unterschied zum normalen Schabbat-Morgengebet in unseren Gemeinden enthält das Morgengebet für *Rosch ha-Schana* ein Mussafgebet. Dies bedeutet, dass der größte Teil des neuen Materials speziell für diesen Tag am Ende des Gottesdienstes erscheint. Um hier keinen Zeitdruck zu haben, ziehen es einige Gemeinden vor, den Eingangsteil zu kürzen, um so Zeit zu gewinnen für das Ende des Gottesdienstes. Damit dies möglich ist, wurde auf S. 194/5 ein Hinweis eingefügt, dass die Eingangsgebete ausgelassen werden können und darauf verwiesen, dass der Gottesdienst auf S. 210/1 fortgesetzt wird nach dem Hinweis: "Wenn die Eingangsgebete ausgelassen werden, wird der Gottesdienst hier fortgesetzt".

Für den *Jom Kippur* werden vollständig alle fünf Gottesdienste angeboten. Jeder Gottesdienst hat die Amida zum Zentrum, gefolgt von einer Reihe von Bekenntnissen, *Widui,* und einer Reihe von Abschnitten, die die *Selichot,* die Bitten um Vergebung, bilden.

Letztere sind thematisch organisiert, indem Material aus dem Midrasch, Pijjutim, moderne Studientexte und Abschnitte, die im Wechsel gelesen werden können, geboten werden. In den *Widui-* und *Selichot-*Abschnitten gibt es öffentliche Bekenntnisse, ein traditionelles und ein modernes. Auf diese Weise wird die vollständige Zahl der zehn Bekenntnisse, die an diesem Tag zu bekennen sind, erbracht. Die Struktur dieser fünf Gottesdienste ist so aufgebaut, dass das Mussafgebet, der zusätzliche Gottesdienst für *Jom Kippur,* eine zentrale Stellung erhält und damit den intensivsten Abschnitt des Rituals an diesem Tag bildet. Die beiden Gottesdienste davor, *Kol Nidre* und *Schacharit,* führen zu ihm hin, die zwei Gottesdienste danach, *Mincha* und *Neïla* führen zurück in die Realität des Alltags. Wir hoffen, dass diese neue strukturelle Klarheit sowie die beigefügten Meditationen helfen, die Bedeutung dieses Gottesdienstes zurückzugewinnen.

MEDITATIONEN UND STUDIENTEXTE

Vor den Gottesdiensten am *Jom Kippur* findet sich eine kurze Einführung in das Thema des betreffenden Gottesdienstes.

HÄUSLICHE GEBETE

Die häuslichen Gebete beinhalten Lobsprüche für die Festtage, das Tischgebet nach der Mahlzeit, die *Hawdala* nach dem *Jom Kippur* und die Grußformeln für die Festtage.

GLOSSAR
Das Glossar enthält Informationen über bestimmte hebräische Begriffe, die im Buch verwendet worden sind, Informationen über die verschiedenen Autorinnen und Autoren, die zitiert wurden, die genaue Quellenangabe des betreffenden Zitats, sofern es möglich war, diese zu finden, und kurze Kommentierungen zu einigen der verwendeten Pijjutim.
SYNOPTISCHE ÜBERSICHT
DAS JÜDISCHE GEBETBUCH - FORMS OF PRAYER
Um die Möglichkeit mehrsprachiger Gottesdienste zu erleichtern, wurde am Ende des Bandes eine Übersicht darüber gegeben, welche Seite des Gebetbuches der betreffenden Seite in den *Forms of Prayer* entspricht.

HINWEISE ZUR BENUTZUNG

Die Gottesdienste sind so gestaltet, dass sie das wesentliche Material zur allgemeinen Verwendung bereitstellen und eine Anzahl von Wahlmöglichkeiten oder Alternativen für besondere Situationen bieten. Wenn ein Chor oder ein Rabbiner anwesend ist, wird es das Wesen und die Dauer von bestimmten Abschnitten beeinflussen. Man sollte die Freiheit besitzen, die Wahl- oder Auslassungsmöglichkeiten zu nutzen und nicht davon ausgehen, alles in diesem Buch müsse zu dieser besonderen Gelegenheit gelesen werden. Wir empfehlen deshalb die sorgfältige Vorbereitung und Auswahl der Abschnitte einige Zeit vor den Gottesdiensten. In Zweifelsfällen darüber, ob etwas ausgelassen werden kann oder nicht, sollte man sich Beratung suchen.

ZUM HEBRÄISCHEN TEXT

Im Allgemeinen folgt die Gestaltung des hebräischen Textes derjenigen des ersten Bandes des Gebetbuchs. Eine Neuerung ist das „lange“ *Qamez* mit einer verlängerten vertikalen Linie. Es wird benutzt, um den kurzen Vokal Qamez, der als „o“ ausgesprochen wird, anzuzeigen. Der andere wichtige Hinweis auf die Betonung ist das *Meteq*. Es wird aus zwei Gründen gesetzt: Wenn die Betonung eines Wortes auf der *Paenultima* liegt, nicht, wie erwartet, auf der letzten Silbe eines Wortes, wird ein *Meteq*-Zeichen benutzt, zum Beispiel bei *anàchnu* oder *awìnu*. Es wird auch benutzt, um anzuzeigen, dass das *Qamez* lang ausgesprochen wird, wie zum Beispiel in *bar'chu* oder *w'scham'ru*. An einer Stelle in den Morgengebeten für *Rosch ha-Schana* und *Jom Kippur* werden zwei alternative hebräische Lesungen verwendet. An beiden Stellen während des im Wechsel zu lesenden Abschnittes, der auf den täglichen Lobsprüchen am Morgen basiert, werden die letzten Worte des Lobspruchs in der maskulinen Form, *nochri* und *aved*, und in der femininen Form, *nochrija* und *schiwcha*, gegeben. Der Leser/die Leserin möge die geeignete Form währen, ebenso jeder Leser/jede Leserin in der Gemeinde.

BESONDERE SEITENGESTALTUNG

Die Gestaltung der Seiten ist dieselbe wie im ersten Band des Gebetbuches, der hebräische Text auf der rechten, der deutsche Text auf der linken Seite. An einigen Stellen jedoch, bedingt durch den Charakter des Gottesdienstes, folgen hebräische und englische Texte aufeinander. An diesen Stellen beginnt der Text auf der rechten Seite und wird auf der linken fortgesetzt. In der Regel tritt dieser Fall an bestimmten Stellen ein, die besonders gekennzeichnet sind, in seltenen Fällen betrifft es nur eine einzige Seite oder nur eine halbe Seite. Bei der Vorbereitung des Gottesdienstes sollte bedacht werden, die Gemeinde, die die Stücke liest, darauf hinzuweisen, um Verwirrungen zu vermeiden.

SYNOPTISCHE ÜBERSICHT
DAS JÜDISCHE GEBETBUCH – FORMS OF PRAYER

Das jüdische Gebetbuch (S. der dt. Übers.)	= *Forms of Prayer* (p. of engl. transl.)
167	145
167	147
169	147
171	149
173	149
173	151
175	151
175	153
177	153
177	155
179	157
180	156
181	157
183	159
185	161
187	163
189	165
193	173
195	175
197	177
199	177
199	179
201	179
201	181
203	181
203	183
205	183
205	185
207	185
207	187
209	187
210	188
211	189
213	191
215	193
217	195
219	197
221	199
223	201
225	203
113	91
113	93
115	93
118	94
119	95
121	97
123	97
123	99
125	99
125	101
126	100
127	101
129	101
127	102
129	103
131	103
131	105
133	107
133	109
135	109
135	111
138	112
139	113
140	114
141	115
142	116
143	117
145	119
147	121
151	131
153	133
155	135
156	136
157	137
159	139
161	139
161	141
163	143
165	143
165	145
15-34	3-18
37	21
39	23
41	25
43	27
45	29
47	31
49	33
51f	35
55	37
57	39
59	41
61	43
63	45
65	47
67	49
69	51
70	52
71	53
73	55
75	57
77	59
79	61
81	63
83	65
85	67
87	69
89	69
91	71
93	73
95	75
97	77
99	79
101	81
103	83
105	85
107	87
109	87
109	89
111	91

Das jüdische Gebetbuch (S. der dt. Übers.)	= *Forms of Prayer* (p. of engl. transl.)
341	319
341	321
343	321
345	321
345	323
347	325
349	327
351	329
353	331
355	333
357	333
357	335
359	335
359	337
362	343
363	344
365	347
367	349
369	349
369	351
370	352
371	351
371	353
373	353
373	355
375	355
375	357
377	357
377	359
379	359
379	361
381	361
381	363
383	363
383	365
385	365
387	367
388	368
389	369
391	371
393	373
375	395
397	377
399	379
401	381
403	383
293	275
293	277
295	277
295	279
297	279
297	281
299	281
299	283
301	283
301	285
303	285
303	287
305	287
305	289
307	289
307	291
309	291
309	293
311	293
311	295
313	295
313	297
315	297
315	299
317	299
319	301
321	301
321	303
323	303
323	305
325	305
325	307
327	307
329	309
330	310
331	311
332	310
333	311
333	313
332	312
335	313
335	315
337	315
337	317
339	317
339	319
227	205
229	207
231	209
233	209
233	211
235	211
235	213
237	213
237	215
238	215
239	215
239	217
241	217
241	219
243	219
243	221
245	221
245	223
247	225
249	225
227	249
251	227
251	229
253	229
253	231
255	231
255	233
257	233
257	235
259	235
261	237
263	239
265	241
267	243
269	243
269	245
271	245
271	247
274-281	248-257
282	264
283	265
284	265
286	271
287	271
289	273
291	275

Das jüdische Gebetbuch (S. der dt. Übers.)	= *Forms of Prayer* (p. of engl. transl.)
521	497
522	497
522	498
523	498
523	499
524	499
524	500
525	500
525	501
526	501
527	501
527	502
528	502
528	503
529	503
529	504
530	504
530	505
531	505
531	506
532	506
532	507
533	507
533	509
535	509
537	511
539	511
539	513
540	515
542f	516
543f	517
544	516
545	517
545	519
547	519
549	521
551	523
554	531
555	532
556	533
557	533
557	534
559	537
561	539
563	541
565	543

Das jüdische Gebetbuch (S. der dt. Übers.)	= *Forms of Prayer* (p. of engl. transl.)
473	452
475	455
477	457
479	457
479	459
481	459
481	461
483	461
483	463
485	463
485	465
489	467
491	469
493	469
493	471
495	471
495	473
497	473
497	475
499	475
499	477
501	477
501	479
503	479
503	481
505	481
505	483
507	483
507	485
509	485
509	487
510	488
511	487
512	488
513	489
513	491
514	490
515	491
517	491
517	493
518	494
518	495
519	495
520	495
520	496
521	496

Das jüdische Gebetbuch (S. der dt. Übers.)	= *Forms of Prayer* (p. of engl. transl.)
405	385
407	387
409	389
411	391
413	393
413	393
415	395
417	395
417	397
419	397
419	399
421	399
421	401
423	401
425	403
427	405
429	407
431	409
432	410
433	411
435	413
437	415
439	415
439	417
441	417
441	419
442	420
443	419
443	421
445	423
447	423
447	425
449	425
449	427
450	426
451	427
453	429
455	431
457	433
459	435
461	437
463	439
465	441
467	443
469	445
472	451

Das jüdische Gebetbuch (S. der dt. Übers.)	=	*Forms of Prayer* (p. of engl. transl.)
663		645
667		645
667		647
669		647
669		649
671		649
671		651
673		651
673		653
675		653
675		655
677		655
679		657
681		657
681		659
683		659
683		661
685		661
685		663
687		663
687		665
589		665
590		666
591		667
695		669
697		671
699		673
701		675
703		677
705		679
707		681
709		683
711		685

Das jüdische Gebetbuch (S. der dt. Übers.)	=	*Forms of Prayer* (p. of engl. transl.)
623		607
624		608
625		609
627		611
629		613
631		615
633		615
633		617
634		618
635		617
635		619
636		618
636		620
637		619
637		621
638		620
638		622
639		621
639		623
640		622
641		623
643		625
645		625
648f		630
651		633
653		635
655		637
657		637
657		639
659		639
659		641
661		641
661		643
663		643

Das jüdische Gebetbuch (S. der dt. Übers.)	=	*Forms of Prayer* (p. of engl. transl.)
567		545
569		547
571		549
573		549
573		551
575		551
577		553
579		555
581		557
583		559
585		559
585		561
587		561
587		563
589		563
589		565
591		565
593		567
595		569
597		571
599		573
600		574
601		575
603		577
605		579
607		581
608		582
609		583
611		585
613		587
614		588
615		589
617		589
619		591

תם ונשלם שבח לאל בורא עולם